국제안보의 이해

이론과 실제

Peter Hough·
Shahin Malik·
Andrew Moran·
Bruce Pilbeam 지음
고봉준, 김지용 옮김

명인문화사

국제안보의 이해: 이론과 실제

제1쇄 펴낸 날 2019년 11월 30일

지은이 Peter Hough, Shahin Malik, Andrew Moran, Bruce Pilbeam
옮긴이 고봉준, 김지용
펴낸이 박선영
주 간 김계동
디자인 전수연
교 정 김유원

펴낸곳 명인문화사
등 록 제2005-77호(2005.11.10)
주 소 서울시 송파구 백제고분로 36가길 15 미주빌딩 202호
이메일 myunginbooks@hanmail.net
전 화 02)416-3059
팩 스 02)417-3095

ISBN 979-11-6193-022-0
가 격 30,000원

이 도서의 국립중앙도서관 출판예정도서목록(CIP)은 서지정보유통지원시스템 홈페이지(http://seoji.nl.go.kr)와 국가자료종합목록 구축시스템(http://kolis-net.nl.go.kr)에서 이용하실 수 있습니다. (CIP제어번호 : CIP2019048846)

International Security Studies: Theory and Practice

By Peter Hough, Shahin Malik, Andrew Moran and Bruce Pilbeam

간략목차

제1부 개념과 이론 — 1

1장 안보연구의 기초 3
2장 안보로의 전통적 경로: 현실주의와 자유주의 12
3장 전통에의 도전: 비판안보연구 32
4장 페미니스트 안보연구 46
5장 인간안보 61
6장 안보의 구성 77

제2부 군사안보 — 91

7장 전쟁과 평화 93
8장 새로운 전쟁, 세계화, 실패국가 111
9장 핵확산 128
10장 재래식무기 국제거래 144
11장 테러리즘 163
12장 종교와 국제분쟁 180
13장 정보와 안보 196
14장 민간군사보안기업의 등장 212

제3부 국제기구와 안보 — 231

15장 환경안보 233
16장 범죄와 안보 249
17장 식량안보 265
18장 보건과 안보 282
19장 재난과 안보 297

제4부 국제기구와 안보 317
20장 유엔과 보호책임 319
21장 북대서양조약기구: 지속성과 변화 340
22장 지역안보기구들 356

제5부 사례연구 379
23장 미국: 탈냉전과 9·11 이후 시대의 역할을 찾아서 381
24장 러시아, 흑해 지역 그리고 안보 392
25장 중국: 안보와 위협인식 404
26장 유럽에서의 안보: 제도구축의 승리? 414
27장 아프리카에서의 안보 424
28장 북극 435
29장 아랍의 봄과 민주주의: 문제점과 전망 447
30장 이스라엘-팔레스타인 분쟁 456
31장 라틴 아메리카의 인간안보, 국가안보 그리고 환경안보: 볼리비아와 브라질 466
32장 한반도의 기회: 남한과 북한에서의 인간안보, 환경안보 그리고 국가안보 476
33장 우주와 안보 486
34장 결론: 다음은 어디로? 497

세부목차

역자 서문 xiii

제1부 개념과 이론

1장 안보연구의 기초 3
서론 3
안보연구의 현황: 초기의 발전 4
탈냉전 시기 7
결론 10

2장 안보로의 전통적 경로: 현실주의와 자유주의 12
서론 12
국가에 대한 전통주의의 집중 13
현실주의와 안보연구 14
자유주의 전통과 안보연구 20
전통주의 관점 내의 핵심 단층선: '안보딜레마' 23
비판적 혁명에서의 생존: 1990년대의 전통주의 25
전통주의 접근법과 9·11 26
전통주의 접근법은 오늘날 얼마나 적실한가? 28
결론 30

3장 전통에의 도전: 비판안보연구 32
서론 33
무엇이 '비판적'인 것인가? 34
문제해결이론과 비판이론 35
다른 비판적 접근법들 40
결론 44

4장 페미니스트 안보연구 46
서론 46
페미니즘 47
페미니스트 정치이론 48
페미니스트 국제관계 49
페미니스트 안보연구 51
여성과 평화의 관계 52
전쟁에 대한 페미니스트적 관점 54
페미니스트 안보와 인간안보의 관계 58
결론 59

5장 인간안보 61
서론 61
인간안보의 정의 63
유엔의 폭넓은 인간안보 관점의 문제점 68
외교정책 의제에의 인간안보 통합 70
결론 75

6장 안보의 구성 77
서론 77
구성주의 78

구성주의와 안보연구 및 코펜하겐학파의 관련성 84
전통적·비판적 접근법의 교집합 87
결론 89

제2부 군사안보

7장 전쟁과 평화 93
서론 93
전쟁이란 무엇인가? 평화란 무엇인가? 94
전쟁의 원인 98
21세기 전쟁 102
지속가능한 평화의 구축 106
결론 108

8장 새로운 전쟁, 세계화, 실패국가 111
서론 111
새로운 전쟁 명제 112
세계화의 영향 114
'실패'국가의 문제 120
비판적 관점들 124
새로운 전쟁 명제 124
세계화 125
실패국가 126
결론 126

9장 핵확산 128
서론 128
분열폭탄 129
융합폭탄 129
핵무기의 영향 130
투발 수단 130
확산과 비확산에 대한 이론들 133
왈츠 대 세이건: 논쟁 134
확산과의 씨름 135
비국가 행위자들 138
글로벌 제로 140
제로 대안에 대한 반대 140
결론 141

10장 재래식무기 국제거래 144
서론 144
세계의 선호 무기들 145
소형무기 및 경화기의 특징과 영향 146
현대 국제 무기거래 147
무기거래의 두 측면: 합법과 불법 150
옹호자와 비판자들 153
무기거래의 통제와 규제: 과거, 현재 그리고 미래 156
결론 161

11장 테러리즘 163
서론 163
테러리즘의 정의 164
누가 테러리스트인가? 168
국가도 테러리스트가 될 수 있는가? 171
테러리즘과 세계화 173
테러리즘과의 싸움 175
결론 177

12장 종교와 국제분쟁 180
서론 180
종교와 국제분쟁: 일반적 관찰 181
종교, 세속화 및 국제분쟁 182
종교의 '부활'과 국제분쟁 184
9·11 이후 종교와 관련된 국제분쟁: 헌팅턴의 주장이 타당한 것인가? 187
결론 194

13장 정보와 안보 196
- 서론 196
- 정보의 정의? 198
- 정보의 역할 198
- 정보 주기 200
- 실패의 문제 202
- 정보의 '회색'지대 204
- 책임성 205
- 이제 우리는 모두 정보요원이다 208
- 정보기관들과 사이버전쟁 208
- 결론 210

14장 민간군사보안기업의 등장 212
- 서론 212
- 민간군사보안기업이란 무엇인가? 213
- 새로운 용병? 214
- 민간군사보안기업의 대두 220
- 누가 왜 민간군사보안기업을 고용하는가 221
- 민간군사보안기업의 부정적 측면 224
- 시장의 통제 227
- 결론 228

제3부 국제기구와 안보

15장 환경안보 233
- 서론 233
- 환경안보 문제화의 이론적 측면 235
- 환경안보의 실제 238
- 환경안보 문제화의 장점과 단점 242
- 결론 247

16장 범죄와 안보 249
- 서론: 범죄의 세계화 250
- 범죄와 국가안보 256
- 범죄와 인간안보 257
- 초국가적 범죄에 대한 국제적인 정치적 대응 258
- 결론 262

17장 식량안보 265
- 서론 265
- 기근 266
- 기아 269
- 식량안보와 국제정치경제 이론들 275
- 결론 280

18장 보건과 안보 282
- 서론: 불건강의 세계화 282
- 보건의 국가안보 문제화 288
- 보건의 인간안보 문제화 290
- 결론 294

19장 재난과 안보 297
- 서론 297
- 인재와 사고 304
- 재난에의 취약성 306
- 재난에 대한 국제정책 309
- 결론 314

제4부 국제기구와 안보

20장 유엔과 보호책임 319
서론 319
집단안보: 전쟁과 분쟁의 해결책? 320
유엔: 목적과 역사 321
조직과 권력 323
총회 323
사무국 324
안전보장이사회 324
국제분쟁에 대처하는 힘 325
냉전: 집단안보에서 평화유지로 326
탈냉전 시대: 변화된 시대에 걸맞은 변화된 유엔? 330
인도적 개입과 평화유지의 새로운 유형들 331
조사대상이 되고 있는 유엔 333
21세기: 보호책임? 334
결론 338

21장 북대서양조약기구: 지속성과 변화 340
서론 340
NATO의 기원 342
NATO는 냉전종식 이후에도 왜 존재하는가? 345
NATO의 확장과 '평화를 위한 동반자관계' 345
러시아와 NATO 346
세계화와 새로운 위협들의 출현 348
유럽 대 NATO? 349
정치적 응집력과 정치적 개혁 350
NATO의 미래 352
결론 354

22장 지역안보기구들 356
서론 357
제도화되지 않은 지역안보협력 357
유럽 지역 정부간국제기구로부터의 안보 파급효과 361
아프리카 지역 정부간국제기구로부터의 안보 파급효과 366
중동 지역 정부간국제기구로부터의 안보 파급효과 368
아시아 및 태평양 지역 정부간국제기구로부터의 안보 파급효과 369
미주 지역 정부간국제기구로부터의 안보 파급효과 370
지역주의가 글로벌 안보에 이르는 길인가? 371
지역안보기구와 유엔 374
결론 375

제5부 사례연구

23장 미국: 탈냉전과 9·11 이후 시대의 역할을 찾아서 381
안보와 부시 대통령 시대 381
부시독트린 382
아프가니스탄 383
이라크 384
부시의 유산 385
오바마의 외교정책 386
미국 국력의 미래 389
결론 390

24장 러시아, 흑해 지역 그리고 안보 392
서론 392
변방에서 중심으로 393
흑해 지역을 냉각시킨 분쟁 395

주권민주주의 397
유라시아주의 대 대서양주의 399
유럽통합과 대척점에 서있는 탈소비에트 지역주의 400
우크라이나 위기 401
결론 402

25장 중국: 안보와 위협인식 404
서론 404
국가안보 405
결론 412

26장 유럽에서의 안보: 제도구축의 승리? 414
서론 414
국가 간 체제의 안정화: '안보공동체' 건설 415
안보: 국가 간 관계를 넘어서 418
안정성에 대한 도전들 419
결론 422

27장 아프리카에서의 안보 424
서론 424
국가안보 425
인간안보 429
결론 433

28장 북극 435
서론 436
북극과 국가안보 436
북극에서의 인간안보 442
결론 445

29장 아랍의 봄과 민주주의: 문제점과 전망 447
서론 447
정치, 종교 그리고 아랍의 봄 448
아랍국가에서의 종교, 민주화 그리고 시민의 자유 450
결론 454

30장 이스라엘-팔레스타인 분쟁 456
서론 456
역사적 개론 457
영토와 국경 459
종교의 영향 461
예루살렘 463
점령지역에 있는 유대인 정착촌 464
안보와 테러 464
결론 465

31장 라틴 아메리카의 인간안보, 국가안보 그리고 환경안보: 볼리비아와 브라질 466
서론 466
볼리비아 468
브라질 471
결론 473

32장 한반도의 기회: 남한과 북한에서의 인간안보, 환경안보 그리고 국가안보 476
서론: 수사와 현실 476
남북한에 대한 몇 가지 편견들 477
북한의 위협 480
한반도 안보딜레마의 이면 482
결론 484

33장 우주와 안보 486
서론 486
우주와 하드파워 488
우주와 비군사적 활용 491
우주와 위협 494
결론 496

34장 결론: 다음은 어디로? 497
서론 497
주제의 폭넓은 다양성 501

용어해설 504
참고문헌 509
찾아보기 533
저자 소개 538
역자 소개 542

도해목차

글상자

1.1 24시간 뉴스 3
1.2 안보: 다양한 시각 8
2.1 전통주의의 이해 12
2.2 모겐소의 정치현실주의 6원칙 16
2.3 존 허즈 24
3.1 개인 대 국가 32
3.2 개인안보의 약화 38
4.1 왜 페미니스트 안보연구를 해야 하는가? 46
4.2 여성에 대한 폭력 55
4.3 성불평등지수 57
5.1 유엔개발프로그램(UNDP), 『인간개발보고서』(1994) 61
5.2 인간 보호를 위한 주요 협약들 64
5.3 인간이 직면한 위협들 66
5.4 프레젤즈의 위협 스펙트럼 70
6.1 웬트: '무정부 상태는 국가가 만들어내는 것' 77
6.2 주요 학자: 존 러기, 『세계정치의 구성: 국제 제도주의에 관한 에세이』 83
6.3 '만사'가 안보이슈가 되는 것을 방지하는 방법 87
6.4 실재하지 않는 위협의 안보화 89
7.1 전쟁의 본질 93
7.2 전쟁의 유형 95
7.3 드론의 정치학 106
7.4 자유주의 평화 명제 109
8.1 포스트 클라우제비츠 세계? 111
8.2 사례연구: 소말리아 115
8.3 사례연구: 시에라리온 121
8.4 국가 취약도의 측정 123
9.1 히로시마와 나가사키 128
9.2 2014년 전 세계 핵탄두 추정치 131
9.3 이란의 핵 야망 137
9.4 핵사고 139
9.5 글로벌 비확산 레짐의 발전 142
10.1 '죽음의 상인' 144
10.2 소형무기, 경화기, 탄약, 폭약 146
10.3 국제 무기밀매: 냉전부터 탈냉전 시기까지 152
10.4 특정 재래식무기 사용을 금지하거나 제한하는 주요 국제조약 158
10.5 무기거래조약(2013) 160
11.1 테러리즘과 9·11의 여파 163
11.2 현대 테러리즘의 4가지 물결 164
11.3 아네르스 브레이비크 사례 165
11.4 테러리즘의 정의 167
11.5 알카에다 168
11.6 2013년에 테러 공격이 가장 빈번했던 10개국 170
11.7 국가도 테러리스트가 될 수 있는가? 사례연구 172
12.1 종교의 국제정치적 도래 180
12.2 세속화의 개념 183
12.3 이론적 관점과 종교의 부활 185

12.4 9·11과 헌팅턴의 명제 190
12.5 헌팅턴에 대한 비판 191
13.1 스턱스넷 196
13.2 정보기관들 197
13.3 정보의 목적 199
13.4 정보의 원천 202
14.1 용병에 대하여 212
14.2 4대 주요 민간군사보안기업 215
14.3 민간군사보안기업의 주요 활동 222
14.4 이라크에서 민간군사보안기업의 학대 의혹 226
15.1 유엔 안전보장이사회와 환경문제 233
16.1 코카인과 안보 249
17.1 2007~2008년 아프리카 식량 폭동 265
17.2 식량안보와 관련된 포스트-2015 개발 목표 280
18.1 부시와 '에이즈와의 전쟁' 282
19.1 2011년 일본 쓰나미 297
19.2 2011년 인도주의 비상사태 대응 검토 보고서 313
20.1 르완다 대학살 319
20.2 평화에 대한 위협에 대처할 수 있는 유엔의 힘 327
20.3 평화와 안보 활동의 영역 329
20.4 보호책임-군사적 개입을 위한 원칙들 335
20.5 R2P에 대한 찬반 주장들 337
21.1 북대서양조약기구(NATO) 340
21.2 NATO 가입국 344
21.3 리비아 348
21.4 네트워크군 구상 352
22.1 정부간국제기구(IGOs)와 2011년의 리비아 개입 356
22.2 유엔과 지역안보기구의 동반자관계 375
23.1 단극체제의 종말? 381
24.1 신냉전? 392
25.1 중국의 국가안보전략 404
26.1 유럽에서의 폭력 414
29.1 아랍의 봄 447
30.1 국가(國歌) 456
31.1 볼리비아와 브라질: 두 개의 다른 사례연구 466
32.1 목표 476
33.1 우주공간의 군사화에 관한 상반된 관점 486
34.1 자기 자신과 전쟁 중인 학문 497

표

10.1 주요 무기 수출입 상위국 150
15.1 2010년 공해로 인한 전 세계 사망자 237
16.1 초국가적 범죄로 인한 비용 258
16.2 유엔초국가조직범죄협약 261
18.1 세계의 치명적 질병들 291
19.1 2008년 전 세계 사망자 유형 298
19.2 자연재난 유형별 연간 평균 사망자 304
27.1 아프리카인들의 가장 큰 두려움 425
27.2 빈곤의 대가 – 부와 기대수명 429
28.1 북극에 매장된 석유와 가스 추정치 437

도표

7.1 전사자의 감소 추세 103
7.2 전쟁의 유형 104
19.1 자연재난으로 인한 전 세계 사망자 298
20.1 유엔체계 323
22.1 유럽의 안보 정부간국제기구들 간에 중첩되는 회원국 361
28.1 북극 435

역자 서문

이 책의 번역을 시작할 때 전혀 예상하지 못했던 시간이 경과한 후에야 역자 서문을 쓰게 되었다. 그간 국제정치 전공자로서 안보와 관련된 강의를 십 수 년 동안 진행하였지만, 아직까지 단일한 교재를 사용한 적이 없었다. 그 이유는 좋은 교재는 영어로 쓰여진 것이 대부분이어서 학부 수준에서 제대로 활용하기가 힘들고, 번역된 교재는 이론적인 논의에 보다 집중되어 어렵거나 국제안보의 광범위한 실상을 균형 있게 다룬다고 보기 힘들었기 때문이다. 따라서 학부생들에게 필요하다고 판단되는 부분을 역자가 취사선택하여 강의를 진행하다 보면 다른 한편으로 일관된 체계가 부족해지는 아쉬움을 가지곤 하였다.

그런 와중에 명인문화사에서 이 책의 번역을 부탁하여 고민 끝에 번역 작업을 수락하였다. 고민을 했던 이유는 지난 작업의 경험을 통해 번역이 상당한 집중과 시간을 필요로 하는 것임을 잘 알고 있었기 때문이고, 이 책이 이전 책보다 분량이 상당히 많았기 때문이다. 그런 고민에도 불구하고 번역을 결심했던 이유는 이 책이 그간 역자의 아쉬움을 충족시켜줄 수 있는 장점을 많이 가지고 있었기 때문이다.

우선 이 책은 미국적 세계관을 다분히 반영하고 있는 국제정치학의 주류 이론적 관점과 이슈의 편향성을 탈피하여 보다 균형 있는 관점을 소개하고 중요한 이슈들을 충실히 다루고 있다. 해당 분야의 전문가로 참여한 필진들이 관련 이슈를 학부생들이 이해하기 쉽게 풀어나가는 과정에서 필요한 부분을 글상자로 부연설명하고 각 장의 말미에 핵심내용을 요약하는 등 교육적인 장점도 가지고 있다. 그렇다고 다른 교재에서 많이 다뤄졌던 이론적 논의도 소홀히 하지 않으면서, 동시에 전통적 군사안보 이슈도 국가 간 전쟁 위주에서 테러리즘과 비전통적 국제분쟁을 포함할 수 있도록 확장하고 있다. 또한 총 5개의 비군사안보의 대표적 이슈를 선정하여 기존 국제안보 교재에서 충실히 다루지 못했던 이슈들의 쟁점을 충실히 소개하고 있다. 이러한 비전통적인 안보 이슈는 전통적 국가이익 추구의 관행을 답습하는 국가들 수준이 아닌 다자주의적 접근의 필요성을 가지는 것으로 이 책은 이와 관련하여 여러 국제기구들의 역할과 그 한계에 대해서도 토론한다.

아울러 북한 비핵화가 동북아시아에 더욱 큰 중요성을 가지는 것과 마찬가지로 세계화 현상이 심화된 현재의 지구상에도 지역적 중심 의제가 다양하게 존재한다. 이 책은 그런 점에도 주목하여 세계 여러 지역별로 상대적 중요성이 높은 주제들을 소개하고 있다. 한 마디로 이 책은 그간 인간 삶의 거의 모든 차원에 영향을 미치지만 다소 협소한 관점에서 이해되어 왔던 안보에 대한 이해의 지평을 넓히는 책이라고 할 수 있다. 물론 이런 지평의 확대가 전통적인 시각에서 볼 때에는 국제정치학에서 가장 중요한 개념 중의 하나인 안보의 개념과 그 내용을 지나치게 확장하여 오히려 그에 대한 적절한 이해를 방해하는 일종의 개념적 확장(conceptual stretching)에 해당할 수도 있다. 그럼에도 불구하고 21세기 들어서 안보 영역에 있어서 복합성이 심화되고 그 범주가 확장되고 있음은 주지의 사실이고, 그런 의미에서 이 책은 자체로 중요한 의미를 지닌다고 할 수 있다.

애초의 우려대로 이 책의 번역은 결코 쉽게 진행되지 않았다. 늘 그렇듯이 일상적인 대학교의 업무로 역자가 시간에 쫓기면서 작업에 많은 차질이 생겨 명인문화사에 많은 어려움을 가중시켰다. 중간에 번역 작업의 분담을 흔쾌히 수락해준 김지용 교수의 도움이 없었다면 아마 이 결과물은 세상에 나오지 못했을 지도 모른다. 그런 어려움을 감내해주신 명인문화사 관계자분들과 공동번역자께 감사의 말씀을 드린다.

2019년 고봉준

제1부
개념과 이론

1장 안보연구의 기초 _ 샤힌 말리크 … 3

2장 안보로의 전통적 경로: 현실주의와 자유주의 _ 에드워드 스미스 … 12

3장 전통에의 도전: 비판안보연구 _ 샤힌 말리크 … 32

4장 페미니스트 안보연구 _ 웬디 스톡스 … 46

5장 인간안보 _ 샤힌 말리크 … 61

6장 안보의 구성 _ 샤힌 말리크 … 77

1장 안보연구의 기초

샤힌 말리크(Shahin Malik)

글상자 1.1 24시간 뉴스

냉전이 종식된 이래 우리는 'CNN효과' 또는 '24시간 뉴스' 등으로 지칭되는 극적인 발전을 목격해왔다. 우리는 이제 더 이상 우리 주변에서 벌어지고 있는 최신 소식을 얻기 위해 '10시 뉴스'를 기다리지 않아도 된다. 이는 하루 종일 지속적으로 방송되는 다수의 뉴스 네트워크 중 하나에 접속할 수 있기 때문이다. 무수한 보도 중에 지진, 쓰나미, 또는 다른 자연재해에 관한 기사가 있을 때가 있다. 아울러, 기자들은 세계의 여러 지역에서 벌어지는 갈등을 보도하기 위해 '전장으로부터 실황중계'를 할 수도 있다. 다른 기자들은 난민들의 고초, 빈곤이나 에이즈와 같은 질병의 영향, 그리고 수백만 명을 몰살시킬 수 있는 장기간 잠복하는 계통의 인플루엔자로 초래되는 위험에 대해 보도할 것이다. 더 가까이에는 개인 또는 다수의 사람들의 살인 또는 강간, 경제 문제, 실업자 숫자, 가정폭력 사례, 또는 환경문제 등에 대한 보도가 있을 것이다. 특정한 날에 주요 뉴스 기사가 무엇이 될 것인지 확신을 가지고 예견할 수 없지만, 위에서 언급한 것 중 몇 개가 등장할 것이라는 점은 분명하다.

서론

한 학문 분야의 특징을 이해하기 위해서는 그 핵심 개념을 이해하는 것이 필요하다. 국제안보연구 분야도 마찬가지이다. 이 분야의 많은 연구들은 '안보'의 개념에 집중해왔고 현재도 마찬가지이다. 그러나 지난 20여 년간 쓰인 모든 것에도 불구하고 이 개념의 정의에 대한 합의는 분명하지 않다. 이런 현실을 염두에 두고 이 책의 세 가지 주요 목적을 밝힌다. 첫째, 이 책은 국제안보연구 분야의 주요 개념과 이론을 검토함으로써 분야 내의 지적 논쟁을 정리하는 것을 목적으로 한다. 둘째, 이 책은 최근 안보 환경을 개략적으로 설명하는 것을 목적으로 한다. 이를 위해 이 책은 무력충돌만이 아니라 환경, 인권, 테러리즘의 영향, 국제기구의 역할 및 식량안보 등의 다양한 주제를 다룬다. 마지막으로 책의 마지막 부분에서는 앞에서 다뤄진 가장 중요한 양상을 기반으로 여러 중요한 지역 및 주제별 사례연구를 제공한다.

이 책의 구체적 내용에 들어가기 전에 본 장은 책의 전체적인 개요를 설명한다. 먼저 이 장은 안보연구 분야의 발전을 추적한 후에 책의 각 부분의 목적과 그것이 어떻게 서로 연결되어 있는지를 서술한다. 이를 위해 책을 보다 더 쉽게 활용할 수 있도록 주요 장의 내용을 간략히 언급한다.

안보연구의 현황: 초기의 발전

가장 기초적으로 '안보'란 우리가 소중히 여기는 가치의 보호를 의미한다. 따라서 우리 모두는 안보를 성취하는 데 관심을 가진다. 우리는 안보를 탐색하고, 부단하게 추구하고, 타인의 안보를 부정하고, 스스로를 위한 안보를 달성했을 때 그것을 향유한다. 확실히 안전하고 잘 보호됨을 느끼는 것은 인류의 가장 중요한 염원 중의 하나이다. 그러나 우리의 부단한 안보 추구는 가장 격렬한 논쟁의 주제이고, 오늘날까지도 이 획득하기 힘든 재화를 얻기 위한 최선의 방법에 대해서 확신하지 못한다. 여기에 이 분야의 사상가들이 직면한 여러 문제가 더해진다. 개념으로서의 '안보'는 단순히 안전 또는 어떤 실체의 보호를 의미한다. 전통적으로 첫 번째 문제는 우선시되고 안전이 도모되어야 할 대상이 국가, 개인, 또 다른 단위 중 어떤 것인지에 관련된다. 정확한 용어를 빌리자면, 학자들은 '안보의 대상(referent object)'이 무엇이 되어야 하는지에 대해 논쟁한다. 이 논쟁은 과거 20년동안 계속되어온 것처럼 현재까지도 지속되며, 주로 '국가'를 중요시하는 그룹과 기본 단위는 개인이 되어야 한다고 주장하는 그룹 사이에서 진행된다. 그러나 이것이 문제의 끝이 아니다. 왜냐하면 두 번째로 관련된 질문인 우리가 직면한 위협의 본질이 무엇인가 하는 점이 남아있기 때문이다. 마찬가지로 학문 세계는 다양한 의견으로 나뉘는데, 그 중에 군사력이 세계정치의 핵심적 요소이고 주요 행위자는 국가라는 주장이 상당수이다. 이 때문에 국가는 지속적으로 다른 국가의 가능한 공격으로부터 자신을 끊임없이 보호할 필요가 있다. 그러나 국가와 군사력에 집중하는 것은 너무 편협하고 국가와 개인이 직면해야 하는 폭넓은 위협을 고려하지 않는다는 견해도 영향력을 확대하고 있다.

이제 이렇게 국가와 군사력을 강조하는 견해가 어디서 비롯되었는지에 대한 중요한 질문으로 시작한다. 가능한 답변 중 하나는 안보연구가 상당한 기반을 공유하는 국제관계(IR: International Relations) 분야에서 찾을 수 있다. 국제적 사건을 전문적으로 연구하는 최초의 대학 학과는 1919년에 에버리스트위스(Aberystwyth)대학교에 설립되었는데, 중요하게 다뤄졌던 주제에는 전쟁의 원인이 포함되었다. 이후 국제관계의 주제는 지대하게 증대되어, 인간의 조건에 전례 없는 방식으로 영향을 미친 중요한 사건들을 목도한 세기말과 더불어 2001년 9월 11일의 테러 공격도 포함되기에 이르렀다. 20세기에 인류는 두 차례 세계대전을 경험한 것만이 아니라 엄청난 파괴력을 지닌 무기를 개발(및 사용)하였다. 20세기 전반부는 유럽에서 발생하여 당시 세계의 모든 강대국이 참전하였던 제1차 세계대전(1914~1918년)에 지배되었다. 20년 후 독일이 폴란드를 침공함으로써 제2차 세계대전(1939~1945년)이 시작되어 결국 이 전쟁에는 모든 강대국들과 다수의 국가들이 참전하게 되었다. 1945년 5월 7일에 독일이 연합국에게 항복하였지만, 아시아에서 일본에 대한 전쟁은 미국이 나가사키와 히로시마에 원자폭탄을 투하할 때까지 지속되었다. 1945년 8월 일본의 두 도시에 대한 이 공격이 아시아에서의 제2차 세계대전의 종식을 촉진하였지만, 그것은 또한 초강대국 경쟁, 군비경쟁, 과학기술 경쟁 그리고 전면전 직전의 갈등으로 점철된 시기로 이어졌다. '냉전'이란 단어가 1945년부터 1989년 사이의 시기를 묘사하기 위해 흔히 사용되는데, 비록 이 시기 미국과 소련 사이의 상호 적대감의 정도는 다를 수 있지만 몇 가지 특징을 분석할 필요가 있다.

냉전은 두 초강대국 사이의 극심한 정치·경제적 경쟁관계로 특징 지워진다. 더 중요한 점은 이 경쟁이 군사 영역으로까지 확대되어 두 국가가 엄청난 양의 핵무기를 생산하게 하는 군비경쟁으로 귀결되었다는 것이다. 이 시기에 현실주의이론(Realist theory)이 국가의 행동과 군사적 방법과 다른 수단을 통한 안보의 추구를 설명하는 강력한 기반을 제공하였다. 냉전이 제공한 강력한 증거를 기반으로 다수의 분석가들은 전쟁과 갈등이 국제체제의 핵심적 특징이라고 결론을 내렸다. 이런 체제 내에서 국가는 주요 행위자이고, 그들은 세계의 문제를 조정할 수 있는 글로벌 권위체가 부재한 무정부(anarchy)라는 조건 하에 존재하게 된다. 국가는 지속적으로 자국의 안보를 추구할 수밖에 없는데, 이를 위해 계속하여 군사력을 증강시키고, 자원을 안정적으로 확보하고, 다른 국가에 대해 균형을 취함으로써 자국의 권력(power)을 증대시키려고 노력한다. 이 견해에 따르면 신뢰나 우정은 국가 간에 없으며, 갈등이 분명히 가능하다는 믿음은 국가의 생존을 확보하는 것이 우선적인 관심사가 되게 한다.

현실주의이론은 미국에서는 **국가안보연구**(*National Security Studies*), 영국 대학에서는 **전략연구**(*Strategic Studies*)로 명명된 신생 학문 분야의 지적인 기반을 제공하였다. 이 분야가 1940년대부터 1980년대까지 안보와 관련된 사고를 지배하였고, 관련 전문가들이 정치, 지리, 경제적 과정 그리고 군사력이 국가의 안보에 대한 우려와 어떻게 연결되어 있는지를 고민하기 시작하였다. 결국 이 분야는 국가의 군사안보에 집중하게 되었다. 이와 함께 현실주의의 득세, 핵무기혁명, 그리고 갈수록 소련이 적대적이 된다는 인식 등이 이런 제한성을 정당화하기에 충분한 근거를 제공했다. 따라서 이 분야의 전문가들은 자연히 억지이론, 군비통제(arms control), 군축(disarmament), 예방전쟁(preventive war), 핵 금기(nuclear taboo) 및 과학기술이 전쟁에 미치는 영향 등의 주제에 관심을 가지게 되었다. 그러나 주요 목적이 초강대국 사이의 충돌 가능성을 분석하기 위한 것이었음에도 불구하고, 안보연구는 이읏고 편협한 관심과 보다 광범위한 안보 우려와 다른 안보대상에 대한 무시 때문에 큰 비판에 직면하게 되었다.

이 편협한 관심과 비군사적 이슈를 무시하는 경향 때문에 안보연구는 곧 다수 학자들로부터 재정비에 대한 요구를 받게 되었다. 이런 움직임을 초기에 대표했던 이는 울만(Richard Ullman)과 매튜스(Jessica Mathews)이다. 1980년대에 울만은 냉전의 전 시기를 통틀어 "워싱턴의 모든 행정부는 미국의 국가안보를 과도하게 군사적 관점에서 정의하였고," 이는 국가가 직면하고 있는 다수의 비군사적 위협을 경시하게 만들었다고 주장하였다. 그는 핵 갈등을 (지진과 같은) 자연재해와 비교하면서 후자도 마찬가지로 파괴적이라고 강조하였다. 1983년에 간행된 "Redefining Security"라는 논문에서 울만은 국가안보에 대한 위협을 "한 국가 주민들의 삶의 질을 극단적으로 그리고 상대적으로 장기간에 걸쳐 저하되도록 위협하는 행동이나 일련의 사건들"이라고 정의하였다 (Ullman, 1983). 이어 1989년에 매튜스는 안보의 개념이 "글로벌 환경에 대한 점증하는 위협에 대한 관심을 포함시키도록" 재고되어야 한다고 강조함으로써 비슷한 주장을 펼쳤다 (Mathews, 1989). 그녀는 다음과 같이 주장하였다.

> 1990년대는 무엇이 국가안보를 구성하는지에 대한 재정의를 요구할 것이다. 1970년대에 미국경제가 더 이상 과거와 같은 독립적인 힘이 아니라 다른 많은 나라들의 경제정책으로부터 강한 영향을 받는다는 점이 명백해지자 그 개념은 국제경제를 포함해서 확장되었다. 이제 전 세계적인 개발이 국가안보 정의의 유사한 확대를 통해 자원, 환경 및 인구통계학적 이슈를 포함해야 할 필요를 제시하고 있다. (Mathews, 1989: 162)

이와 관련하여 『인간, 국가, 공포(*People, States and Fear*)』보다 영향력이 있는 책은 많지 않다. 1983년에 부잔(Barry Buzan)이 출간한 이 책은 국가안보의 구체적인 비군사적 요소의 존재를 많은 이들이 인정할 수 있도록 하는 데에 성공하였다. 그는 국가의 군사안보를 단지 하나의 특질일 뿐이고 국가는 자국의 정치체제, 경제적 자원, 그리고 사회 및 환경에 보다 더 주의를 기울일 필요가 있다고 주장하였다. 그러나 보다 넓은 주제를 포함하는 연구의 발전은 지체되었는데, 그 주된 이유는 1979년 소련의 아프가니스탄 침공과 데탕트(detente)의 종식을 포함하는 일련의 주요 사건들 때문이었다. 이 단계에서 안보연구는 "군사력의 위협, 사용, 통제"로 정의되는 제한적이고 전통주의적 관점의 안보에 매진하는 것으로 보였다 (Walt, 1991: 212). 1980년대에도 새로운 비군사적 통찰들이 등장하였지만, 억지, 핵 및 재래식 군사력 균형 그리고 초강대국들의 전력투사능력 등이 핵심적인 주제로 남아 있었다.

냉전은 미국으로 하여금 안보정책을 좁은 군사적 관점에서 보게 하였을 뿐만 아니라 안보에 대한 학술적 연구도 군사화하였다는 점에서 확실히 중요한 영향을 미쳤다. 1989년에 냉전이 종식되고 두 초강대국 사이의 긴장이 감소되고 나서야 비로소 제한적인 전략연구를 탈피하여 보다 광범위하고 다방면에 걸친 안보연구의 주제가 성공적으로 연구되기에 이르렀다. 이러한 재정비는 당시 영향력을 확대하고 있던 전략연구가 탈냉전 시기 안보우려를 다루는 데에 더 이상 적절하지 않다는 전제에 기반을 두고 있었다. 갑자기 부잔, 매튜스, 울만 등 학자의 초기 저작이 관심을 끌기 시작하였다. 이 분야의 관심을 군사력에 대한 집중으로부터 결정적으로 전환시킨 것은 1991년도에 증보판으로 재출간된 부잔의 『인간, 국가, 공포(*People, States and Fear*)』였다.

탈냉전 시기

냉전종식과 부잔의 출간 이후에 안보연구에 어떤 일이 있었는가? 이에 대해 쉽게 답하기는 힘들고, 그것이 바로 이 책을 저술한 이유 중 하나이다. 그러나 한 가지는 분명하다. 즉, 안보연구가 확대되어 이제는 과거의 국제관계 분야에서 독립을 요구할 정도에 이르렀다는 것이다. 우선 대략 아래와 같이 세 개의 분야에 관심을 가질 필요가 있다.

- 안보의 정의
- 안보연구에 있어서 이론의 역할
- 안보연구 주제의 특징

이 책은 이들 이슈를 다루기 위해 순서로 배치되었다. 우선 제1부에서는 안보의 개념과 이 분야를 조명하는 데 있어서 이론이 기여하는 역할에 대해 다룬다. 제2부에서는 안보연구와 군사력의 사용 간의 지속적인 관련성에 대해 다룬다. 제3부에서는 안보연구의 광범위한 비군사적 요소들에 대해 논의한다.

안보의 정의와 본서 이용법

이 책이 뒤에서 보여주는 것처럼, 안보를 정의하는 것은 더 이상 간단한 일이 아니다. 냉전은 아마 국가안보의 군사적 요인에만 집중함으로써 이 개념을 단순화하는 데 성공했는지도 모른다. 그러나 탈냉전 시기에는 학자들 사이에 주요한 분파가 드러나고 있다. 그 차이는 대부분 안보연구의 핵심 지위를 위해 경쟁하는 다양한 이론적 전통을 기반으로 하고 있다. 글상자 1.2는 중요한 차이를 보여주는 다양한 견해를 정리하고 있다.

이러한 개념의 다차원적인 속성은 안보연구에 관심을 가지는 이들에게 큰 혼란을 초래하였고, 이렇게 산재하는 여러 의견을 간략히 이해하는 거의 유일한 방법은 각각 귀중한 공헌을 해온 다양한 이론적 전통의 가치를 인정하는 것이 될 것이다. 이런 점을 염두에 두고, 또한 가능한 광범위한 안보 개념을 다루기 위해 다음과 같이 각 장을 배치하였다. 제1부에서는 안보연구 분야의 주요 이론적 전통을 소개한다. 이 분야에 미친 전통적 관점의 영향력을 고려하여 2장에서는 냉전 동안 현실주의와 자유주의가 어떻게 전략연구의 발전에 영향을 미쳤는지를 살펴본다. 3장은 안보연구에 있어서 가장 중요한 발전 중의 하나인 주요 안보대상에 대한 논쟁을 자세히 다룬다. 크라우스(Keith Krause)와 윌리엄스(Michael Williams)가 1997년에 출간한 책이 비판적 안보연구로 명명된 접근법 전체에 큰 영향을 미쳤다. 그들은 단일한 비판이론을 발전시키려 하지 않았다. 그들의 의도는 대신 안보에 대한 전통적 개념의 편협성에 대한 반론을 제기하려는 것이었다. 그들의 노력은 성공했고 1997년 이후 안보연구의 영역은 상당히 확대되었다. 오늘날 안보연구 분야에서 국가는 더 이상 핵심 안보대상이 아니고, 개인, 사회 및 환경 등의 중심성을 강조하는 다양한 접근법들이 등장

글상자 1.2 안보: 다양한 시각

전통적 관점: "안보연구의 주요 관심사는 식별이 용이하다 … 그것은 전쟁이라는 현상이다. 안보연구는 국가 간의 갈등은 언제나 가능하고 … 따라서, 안보연구는 군사력의 위협, 사용, 통제에 대한 연구로 정의가 가능하다" (Walt, 1991: 212).

"안보 그 자체는, 일어나야 하는 전쟁의 결과가 패배가 아닐 것이라는 비교적 높은 기대와 결부된, 전쟁으로부터의 상대적 자유로움이다" (Bellamy, 1981: 102).

비판적 안보연구: "해방은 인간을 … 자신들이 자유롭게 할 것을 선택하지 못하도록 하는 육체적·인간적 제약 … 으로부터 벗어나게 하는 것이다. 안보와 해방은 하나의 동전의 양면이다. 권력이나 질서가 아니라 해방이 진정한 안보를 생산한다. 이론적으로 해방이 안보다" (Booth, 1991: 319).

인간안보: " … 모든 인류의 삶의 중요한 핵심을 인간의 자유와 인간적 실현을 증진시키는 방식으로 보호하기 위해서. 인간안보는 근본적 자유, 즉 삶의 본질인 자유를 보호하는 것을 의미한다. 그것은 사람을 위중한(가혹한), 만연한(광범위한) 위협과 환경으로부터 보호하는 것을 의미한다. 그것은 인간의 장점과 열망 위에 쌓인 과정을 이용하는 것을 의미한다. 그것은 더불어 인간에게 생존, 생기 그리고 존엄이라는 기본적 토대를 제공하는 정치적, 사회적, 환경적, 경제적, 군사적, 문화적 체제를 구축하는 것을 의미한다" (Commission on Human Security, 2003: 4).

페미니즘: "페미니스트 관점은 국가중심적 접근법의 남성우위적 기초에 대해 매우 비판적이며 남성적 가치와 페미니스트 가치의 결합이 국가안보를 넘어서 인간안보의 목표들을 달성하는 방법에 대한 실천적 기제와 이론적 통찰을 제공한다" (Hudson, 1998).

하였다.

아울러 3장은 독자들에게 탈구조주의(Post-Structuralism)와 탈식민주의(Post-Colonial)를 포함한 이 분야의 최근 발전을 소개한다. 본질적으로는 매우 다양하지만, 일반적으로 전자는 안보의 개념에 대해 확고부동한 지식을 추구하는 전통주의적 목표에 대해 문제를 제기한다. 예를 들어, 현실주의는 국가 주권, 군사력 및 무정부 국제체제라는 개념에 전적으로 의존하고, 이 전통의 지지자들은 이러한 전제를 무조건적으로 수용한다. 탈구조주의자들은 현실주의와 같은 이론은 그 핵심 개념이 특정한 문화적 위치에 의해 제한되어 왔다는 점을 인지하지 못하고 따라서 중요한 오인과 편견에 취약하다는 점을 지적한다. 그렇다면 현실주의적 관련 개념의 이해가 잘못된 전제에 기반을 두고 있을 가능성이 열린다. 이에 따라 3장은 어떻게 탈구조주의자들이 언어학적이고 담론적인 실천 밖에 있는 개념들의 수용을 거부하는지를 강조할 것이다.

3장의 나머지 부분은 역시 비판적 안보연구의 관점에서 제2차 세계대전 이후에 만연했던 안보연구 분야의 유럽중심주의적 편향을 비판해온 탈식민주의의 점증하는 영향에 대해 다룬다. 이 분야의 연구자들은 현재의 안보연구가 그 전제처럼 세계안보의 일부만을 대표함으로써 결국 비유럽 세계는 안보 개념의 분석에 있어서 심각한 고려의 대상에서 제외되어 왔다는 점에서 심각한 우려를 표명해왔다. 마찬가지로 젠더(gender)와 관련된 4장은 안보에 대한 페미니스트 관점이 강력한 전통주의적 설명에 직면하여 어떻게 안보연구의 주변에 머물러 왔는지를 보여준다. 현실주의에 의해 강조되는 틀은 무정부 국제체제가 국가로 하여금 다른 국가로부터의 군사적 위협에 주의할 수밖에 없게 만든다는 것이다. 이런 주장은 국제체제가 갈등에 지배되고, 군인, 외교관, 장군 그리고 그들의 정치적 지배자로 주로 구성된 것 같은 인상을 준다. 페미니스트 관점은 국가의 안보를 지키기 위해서 여성과 같은 집단을 주변화하고 결과적으로 그들의 독립적 행위자로서의 가치를 축소하는 남성우위적 관점에 반대한다. 따라서 4장에서 설명하는 것처럼 페미니스트 관점은 여성과 같이 소외된 집단이 보다 중심에 자리하면 안보연구가 어떻게 될 것인지를 강조함으로써 기존 안보연구의 결점에 대해 주의를 환기시키고자 노력한다.

5장과 6장은 각각 인간안보와 사회구성주의가 안보연구 분야에 미친 영향에 대해 다룬다. 1990년대 중반 유엔(UN)에 의해 처음 제시된 이래 인간안보 개념의 지지자들은 전통적 접근법의 국가중심적 그리고 군사중심적 관점을 극복할 필요가 있다고 주장해왔다. 따라서 인간안보에 대한 5장은 안보를 군사적 요인 외에도 (특히) 개발, 경제, 환경 및 보건과 관련된 요소로 구성된 다차원적인 것으로 이해해야 한다는 점을 보여줄 것이다. 이어서 6장에서는 사회구성주의 등장의 중요성을 다룬다. 사회구성주의는 학자들이 안보 개념에 대한 전통적 접근법에 의해 부과된 경직성에 저항하는 데 중요한 역할을 해왔다. 부잔과 위버(Ole Weaver)에 의해 주도된 코펜하겐학파(Copenhagen School)로 불리기도 하는 이 전통은 **안보화**(*Securitiation*)라는 개념을 도입하였다. 이 개념은 하나의 이슈를 평범한 일상 정치 영역에서 나오게 하여 거기에 보다 높은 특별한 지위를 부여하는 과정이라고 정의할 수 있다. 이것은 정치인과 같이 사회 내의 유력한 행위자가 특정 이슈가 언론, 정치 및 사회적 관심을 특별히 더 받아야 한다고 광범위한 공동체를 설득하려는 시도인 **화행**(*speech act*)으로 일컬어지는 과정에 따라 달라진다. 새로운 이슈에 대해 계속적으로 언급하게 되면 시민들은 그 새롭게 구성된 위협의 심각성을 받아들이게 되고, 이 단계에서 그 이슈는 "**안보문제화된다.**"

제2부에서는 안보에 대한 전통적 접근법의 중요성과 지속성을 고려하여 주로 군사적 이슈를 다룬다. 포함된 목록은 모든 것을 망라한 것은 아니지만 각 장은 여전히 국제사회가 직면하고 있는 많은 전통적인 군사적 이슈에 대한 개요를 잘 정리하고 있다고 확신한다. 다뤄지는 주제는 냉전 및 탈냉전 시기 핵억지의 역할, 핵확산, 국제 무기거래, 테러리즘, 종교가 갈등에 미치는 영향, 정보, 전쟁원인, 안보민영화의 영향 그리고 취약(failing)국가 또는 실패(failed)국가에 의해 야기되는 안보문제 등 광범위하다. 다수의 전략가들은 핵억지가 냉전 시기 두 초강대국 사이의 안정의 기반을 제공했다는 점에는 동의하지만, 이제 핵 지형이 보다 복잡해진 9·11테러 이후 시기에도 그것이 계

속 성공적일 수 있는지에 대해서는 의문을 제기한다. 북한, 인도, 파키스탄 같은 국가는 핵무장 문턱(nuclear threshold)을 최근에 이미 넘었고, 이제 문제는 그들이 자국 대량살상무기(WMDs)의 억지 능력을 기존 핵보유 국가들과 같은 방식으로 이해할 것인가 하는 점이다. 핵무기 보유국가로서 파키스탄의 상황은 이 나라가 폭력적인 무장폭동을 경험하고 있다는 점에서 특히 주목할 일이다. 하나의 핵탄두가 테러리스트 수중에 들어가는 악몽과 같은 시나리오는 결코 간과되어서 안 된다. 따라서 제2부의 각 장은 전통적인 우려가 여전히 국제안보와 관련하여 핵심적인 주제로 남아있음을 보여줄 것이다.

제1부의 여러 장에서 현실주의와 같은 전통적 접근법에서 국가중심적으로 군사에 초점을 맞추는 것을 이제는 많은 학자들이 부적절하다고 간주하고 있음을 보여주려고 하였다. 이에 따라 제3부에서는 안보에 대한 보다 광범위한 이해를 소개한다. 사실, 여기에서 다뤄지는 많은 주제들은 전통적인 틀 내에서 적절히 분석되어질 수 없고, 환경, 식량 및 보건안보, 인간안보, 자연재해의 안보적 함의 등의 주제는 안보 개념의 확장을 통해서 고려되어져야만 한다. 제4부에서는 주제를 전환하여 유엔과 북대서양조약기구(NATO: North Atlantic Treaty Organization)를 포함하여 세계적 영향을 미치는 몇 개의 안보관련 국제기구를 다룬다. 이들과 다른 지역적 기구들의 운명은 다소 엇갈려 왔는데 제4부에서는 이들의 정신과 목적 및 이들이 직면한 문제들에 대해 정리한다.

마지막으로, 안보연구와 관련된 대부분의 교재들은 개념과 이론적 특징들을 정리하기 위해 사례를 활용하는데, 하나의 책에 다수의 상세한 사례연구를 포함시키지는 않는다. 장기간의 강의 경험에서 필자들은 안보연구의 개념과 이론적 기반의 중요성을 인정하면서도 실제적인 수준에서 그것들을 연결시키는 데 어려움을 겪는 학생들을 많이 접해왔다. 지역적인 사례연구를 다루는 제5부에서는 앞에서 다룬 핵심적 개념과 아이디어를 최근의 주요 현안에 접목시키는 데 주력한다. 학생들은 사례연구의 형태로 실질적인 예를 제공받을 때 다뤄지는 개념에 대해 보다 잘 이해할 것으로 믿는다. 각 장에서는 약간의 인간안보 관련 주제는 물론 탈냉전 시기 강대국의 목표들로부터 여러 지역의 안보역학까지 폭넓은 이슈를 다루게 된다.

결론

안보 개념의 모호성을 보여주는 것 외에도 이 장은 안보연구 분야에서 다뤄지는 다양한 이슈들을 강조하였다. 이 책은 여전히 논쟁의 주요한 원천인 안보 개념에 대해 지속적으로 문제제기를 하면서도 이들 다양한 이슈에 대해 소개할 것이다. 어떤 학자들은 전통적인 집중성을 유지해야 한다고 주장하는 반면 다른 학자들은 추가적 확장을 선호한다. 왈트(Stephen Walt)와 같은 전통주의적 학자들은 안보연구의 초점은 "군사력의 위협, 사용 및 통제에 대한 연구"로 한정되어야 한다고 주장한다 (Walt, 1991: 212). 그들은 안보의 개념과 안보연구가 지나치게 확장되면 지적 일관성을 상실할 것이라고 우려한다. 그러나 이 책에서 다뤄지는 모든 주제들이 근본적으로 중요한 안보의 요소이며, 따라서 이들에 대한 토론의 장이 존재해야 한다는 점을 명심해야 한다.

요점

1. 안보연구 분야의 주요 논쟁 중 일부는 어떤 실체가 주요 안보대상(referent object)으로 우선시 되어야 하는 것이었다.
2. 냉전 시기 두 초강대국 사이의 군사적, 정치적, 경제적 경쟁 관계가 안보연구의 폭을 극도로 축소시켜서 많은 분석가들이 국제체제의 주요 특징은 전쟁과 갈등이라고 결론짓게 하였다.
3. 냉전의 종식은 안보연구의 편협한 국가·군사 중심적 속성에 문제를 제기하는 다양한 관점의 출현을 가능하게 하였다.
4. 이들 새로운 관점은 안보연구의 폭을 확장하여 이제는 안보에는 군사적 요인만이 아니라 비군사적 요인도 존재한다는 점이 널리 인정되고 있다.

추천도서

Booth, K. 'Security and Emancipation', *Review of International Studies*, vol. 17, no. 4, 1991, 313–326.

Buzan, B. *People, States and Fear: An Agenda for International Security Studies in the Post-Cold War Era*, 2nd edition, London: Harvester Wheatsheaf, 1991.

Buzan, B., Weaver, O. and de Wilde, J. *Security: A New Framework for Analysis*, Boulder: Lynne Rienner Publishers, 1997.

Commission on Human Security (CHS), *Human Security Now: Final Report*, New York: CHS, 2003.

Krause, K. and Williams, M. *Critical Security Studies: Concepts and Cases*, London: UCL Press Ltd, 1997.

Mathews, J. 'Redefining Security', *Foreign Affairs*, vol. 68, no. 2, Spring 1989, 162–177.

Ullman, R. 'Redefining Security', *International Security*, vol. 8, no. 1, Summer 1983, 129–153.

Walt, S.M. 'The Renaissance of Security Studies', *International Studies Quarterly*, vol. 35, no. 2, June 1991, 211–239.

2장 안보로의 전통적 경로: 현실주의와 자유주의

에드워드 스미스(Edward Smith)

글상자 2.1 전통주의의 이해

현대 국제안보연구자들에게 가장 오랜 어려움 중의 하나는 이 분야의 '전통적 접근'이라고 여겨지는 것을 어떻게 인식하는가이다. 일견 냉전에 의해 그 핵심주장이 입증된 듯한 신현실주의 학자들, 그리고 그에 대응하는 신자유주의 학자들도 상당한 정도로 국가라는 안보대상을 중심으로 안보연구의 구축을 시도하였다. 이 장은 국제안보에 대한 전통주의적 접근과 그에 이어지는 지식 계보의 개요를 제공한다. 여기에서는 국제안보연구에 있어서 국가중심 접근법의 지속성에 대한 몇 가지 설명을 시도한다. 아울러 이 장에서는 대안적 형태의 정치공동체로 점진적으로 이동하고 있는 세계에서 안보 개념을 논의할 때 국민국가 개념을 고집하는 학자들이 어떻게 타당성을 유지할 수 있는지 정당화를 시도한다.

서론

하나의 학문 분야로 편입된 이후에 안보연구는 논쟁을 주도한 세 개의 근본적인 질문 — 안보의 대상은 무엇인가? 안보대상이 직면한 위협은 무엇인가? 그리고 그런 위협에 대해 어떻게 안보를 제공할 것인가? — 에 기반을 두어 왔다. 국제안보연구(ISS: International Security Studies)의 전통주의적 학자들은 주로 현실주의 또는 자유주의의 이론으로부터 영감을 받았는데, 이들에게 있어서 첫 번째 질문에 대한 대답은 간단하게 국가이다. 이들에게 있어서 세계화의 과정은 강력하기는 하지만 국제체제의 가장 근본적인 속성을 변화시키는 데에 실패하였다. 그것은 바로 1648년 베스트팔렌 조약(Treaty of Westphalia)에 의해 수립된 주권국가 행위자로 구성된 세계이다. 국제체제에 대해 대체로 정태적인 개념을 따르는 전통주의적 관점의 지지자들은, 많은 ISS 학자들이 새로운 안보대상을 우선시하고 새로운 불안 요인들을 정의하고 있는 세계에서도 자신들의 국가 간 분쟁에 대한 지속적인 집중이 전적으로 정당화된다고 주장한다.

그러나 특히 안보연구의 보다 비판적 해석(3장부터 6장까지 참조)을 강조하는 학자들에 의해 사용되는 포괄적 용어로써 '전통주의'라는 개념은 안보연구에 있어서 현실주의와 자유주의 이론 간의 많은 중요한 논쟁을 감춘다. 이들 논쟁은 주로 국가가 당면한 위협은 무엇인지, 그리고 그런 위협에 대해 국가의 안보는 어떻게 확보될 수 있는지와 관련된다. 이 장은 이 논쟁을 보다 상세히 살피고, 안보를 하나의 개념으로 정의함에 있어서 양 전통의 특징적 접근법을 강조하기 위해 그들의 지적 계보를 추적할 것이다. 이를 통해 독자들은 ISS 내의 전통주의적 사고에 대해 알아보고, ISS에 대한 전통주의적 접근법 내의 공통점과 차이점을 개괄하고, ISS 내에서 생성된 비판적 혁명에 대항하는 광범위한 전통주의적 학파의 위치를 파악할 수 있게 될 것이다.

국가에 대한 전통주의의 집중

전술한 것처럼 안보연구에 있어서 '전통주의'라는 단어는 안보에 대한 현실주의 및 자유주의 관점을 포괄한다. 그리고 이 양 전통에는 고전현실주의(Classical Realism), 신현실주의(Neorealism), 자유이상주의(Liberal Idealism) 및 신자유제도주의(Neoliberal Institutionalism) 등의 다양한 이론적 갈래가 포함된다. '전통주의'라는 단어를 가능하게 하는 것은 이들 모든 접근법이 하나의 결정적 특징을 공유하고 있기 때문이다. 따라서 비판적 안보이론가들은 안보연구에 있어서 전통주의의 단일성이라는 관념을 제시하는데, 이는 바로 국가를 유일한 분석의 대상으로 인정한다는 점이다. 이런 점은 가끔 ISS나 국제관계를 새롭게 공부하는 학생들을 혼란스럽게 한다. 왜냐하면 다양한 고전적 자유주의 전통에서는 개인(*individual*) 행위자의 중심적 역할, 그리고 신현실주의 이론에서는 국제체제(*international system*)를 근본적으로 강조하기 때문이다. 그러나 양 전통이 국가의 행동에 영향을 주는 '하향식' 또는 '상향식' 압력을 각각 강조한다는 차이에도 불구하고 모든 전통주의적 ISS의 관점에서는 국가의 행위가 여전히 가장 근본적인 이슈라는 점에 유의할 필요가 있다.

그렇다면 왜 하나의 실체로써의 국가가 제2차 세계대전 이후 전통주의적 안보 개념을 주도하였을까? 이 시기에는 예를 들어, 콜롬비아의 게릴라 전쟁, 영국의 국내 테러리즘 및 세계적인 에이즈(AIDS) 확산 등 단순히 국가 간 갈등의 일부로는 설명할 수 없는 다수의 중요한 안보우려가 존재했다. 그럼에도 불구하고 전통주의적 접근법은 ISS 내의 핵심 분석대상으로서의 국가의 지위를 그대로 유지시켰다. 여기에는 이론적, 역사적 이유가 존재한다. 이론적 관점에서 전통주의자들은 주권 국민국가(nation-states)가 본질적으로 유지되고 있는 베스트팔렌 국제체제의 '기본 구성요소(building block)'로 지속될 것이라고 주장한다. 그들은 사람들이 우선적으로 국가를 통해 자신들의 (국가)정체성을 규정하고, 세계정치에 있어서 국가가 가장 정교한 인간 공동체의 단위이며, 더욱 중요한 것은 국제체제에 있어서 국가가 조직화된 폭력(따라서 **권력**)의 유일하게 합법적이고 유의미한 보유자라고 주장한다. 이런 명제는 냉전이라는 역사적 맥락에 의해 강화되었다. 왜냐하면 미국과 소련 사이의 핵 교착상태가 ISS의 선구자였던 전략연구 분야에서 집중적인 관심사항으로 자리했기 때문이다.

그러나 ISS의 현실주의 및 자유주의 전문가들이 자신들의 분석대상을 어떻게 인식하는지는 분명히 구분되어야 한다. 현실주의자들에게 있어서 국민국가는 군사력으로 정의되는 권력의 축적이라는 고정적이고 선결적인 국가이익을 가지고 있는 합리적 단일 행위자이다. 따라서 현실주의 이론가들은 국가 하위의 수준은 대부분 무시하는데, 이는 그들이 인간 본성의 결점(고전현실주의자) 또는 무정부 국제체제의 압력(신현실주의자)으로부터 비롯되는 국가 간 이기적 행동의 균일성을 가정하기 때문이다. 반면 자유주의자들은 비록 탈실증주의 비판가들의 지적처럼 합리적 행위자로서의 국가라는 관점을 유지하기는 하지만 국가를 단일 행위자로 개념화하는 것에 찬성하지 않는다. 그보다 자유주의자들은 어떤 국내적 집단을 정부(따라서 국가)가 대표하기 위해 노력하는지, 또는 어떻게 비정부 행위자가 국가 간 협력을 촉진하는 데 도움을 줄 수 있는지 등의 다양한 국가 하위 수준의 이슈를 탐구한다. 나중에 이 장에서 논의되는 것처럼, **자유평화이론가**(*Liberal Peace Theorists*)들은 국가 행위자의 '블랙박스'를 열고 칸트(Immanuel Kant)의 견해를 받아들여 특정 국가의 국내정치체제가 다른 국가에 대한 행동에 직접적으로 관련될 수 있다고 주장한 바 있다.

따라서 ISS 내 두 전통적 접근법은 기본적으로 국제안보의 국가중심적 개념화의 고수를 통해 연결되어 있다. 냉전 시기에는 이것이 특별한 흡인력을 가지는 대중적인 분석의 관점이어서 현실주의와 자유주의 접근법이 안보연구의 핵심적인 지위를 차지하였다. 그러나 탈냉전 시기에 들어서 이러한 국가중심성은 개인이나 사회 등 새롭고 보다 적실한 분석대상을 포함시키려는 전문가들로부터 비판을 촉발하였다. 이렇게 국가를 최우선적인 안보대상으로 활용할 것인지에 대한 격렬한 논쟁이 국제안보에 대한 전통주의(실증주의)적 접근과 보다 새로운 비판적(탈실증주의) 접근을 가장 명확히 차별화한다고 할 수 있고, 전자는 국가중심주의의 고수라는 구심점을 가지는 반면, 후자는 이런 국가중심주의에 대한 비판이라는 점에서만 결속된다고 할 수 있다. 그러나 국제안보와 관련된 다수의 새로운 관점들도 분석의 대상으로서 국가를 전적으로 부정하는 것은 아니고, 다만 ISS 범주에 포함되는 대안적 안보대상의 적실성에 대한 전통주의의 거부를 반대하는 것이다.

현실주의와 안보연구

이제 안보 개념에 대한 현실주의 접근법을 검토한다. 심지어 현재도 많은 이들이 ISS에 대한 가장 지배적이고 전형적인 접근법이라고 간주하는 현실주의는 안보에 대한 투박하지만 강력한 해석을 제공한다. 즉 그 개념을 의도적으로 좁혀서 국가를 유일한 안보대상으로 분석하고 안보위협을 전적으로 군사력의 관점에서 기술한다. 현실주의의 전통은 국가 간 갈등이 안보불안의 주된 요인인 무정부 국제체제에서 국가는 생존을 추구하고, 따라서 국가가 안보를 달성하는 유일한 방법은 자국의 군사력을 극대화시키는 것이라고 이해한다. 그러나 ISS 학습자들은 현실주의가 단일하고 통일된 설명 이론이 아니라 다수의 중요한 개념적 갈래를 포괄하여 발전하는 이론적 전통임을 이해하는 것이 중요하다. 모든 현실주의이론은 실제로 세계정치의 갈등적 속성을 강조하는 국가중심적 안보 개념을 받아들인다. 그러나 현실주의의 각 분파는 왜 그런 갈등이 불가피하게 발생하는지 그 원인에 대해서는 다소 다른 견해를 보인다.

현실주의가 ISS라는 분야에서 지속성과 영향력 측면에서 필적할 수 없다고 한다면, 특히 탈냉전 시기에 현실주의에 집중된 비판의 정도도 필적할 수 없다고 할 수 있다. 비판가들은 현실주의 전통이 현대 세계정치 연구에 부적절하고, 국가 간 갈등만을 고집스럽게 강조하는 이론적 시대착오가 현실주의의 현 시기에 대한 설명력을 약화시킨다고 계속하여 지적한다. 그럼에도 불구하고 현실주의 전통은 국제안보의 이슈들을 다룰 때 대단히 탄력적임을 입증하여 왔으며 그에 대한 비판가들이 공격하지 못할 만큼 탁월한 지위를 유지하고 있다.

국제관계의 '고전현실주의' 전통

투키디데스(Thucydides)의 『펠로폰네소스전쟁사(*History of the Peloponnesian War*)』로까지 거슬러 올라가는 지적 계보를 자랑하는 정치현실주의(Political Realism)는 종종 세계정치 연구의 지배적인 이론적 전통으로 불리어왔다. 투키디데스 외에도 마키아벨리(Niccolo Machiavelli)의 『군주론(*The Prince*)』 또는 홉스(Thomas Hobbes)의 『리바이어던(*Leviathan*)』도 현실주의 전통의 중요한 저작이다. 왜냐하면 이들은 모두 세계정치의 이기적이고 갈등적인 속성을 강조하기 때문이다. 여기에 군사전략가 손자(孫子)와 클라우제비츠(Carl von Clausewitz)의 저작들을 추가할 수 있는데, 이들은 전쟁이 국가 간 정치의 불가피한 연속임을 제시함으로써 현실주의 정치에 명확한 군사적 차원을 구축하였다. 이런 관념은 리슐리외(Armand Richelieu), 마자랭(Jules Mazarin), 메테르니히(Klemens Metternich)와 비스마르크(Otto von Bismarck)와 같은 유명한 정치인들이 계승하여 실천했던 **현실정치**(*realpolitik*)의 원칙들과 함께 17세기부터 20세기 초반까지 유럽의 왕조 국가들의 외교정책에도 마찬가지로 기본이 되었다 (Lynn-Jones, 1999: 57).

제1차 세계대전 이후 국제관계가 하나의 학문분야로 발전할 때 카(E.H. Carr), 니버(Reinhold Niebuhr)와 스파이크만(Nicholas Spykman) 등 '고전현실주의' 세대가 전간기 국제체제에 대해 대체로 비관적인 해석을 제시하도록 영감을 준 사람들이 바로 이들이다. 이들은 자신들이 순진하고 '유토피아적'이라고 간주하는 국제관계의 자유주의 학자들의 분석을 비판하고 인간 개인의 결함이 있는 — 또는 사악한 — 본성이 불가피하게 국가들의 공격적 행동으로 발현된다고 주장하였다. 국가 간 갈등에 대한 이러한 '첫 번째 이미지' 해석 속에서, 현실주의자는 특히 국제연맹(League of Nations)에 대해 비판적이어서 그것이 결국은 회원 국가들의 이기심에 희생될 것이라고 주장하였다. 국제연맹의 실패와 1939년 제2차 세계대전의 발발은 특히 자조에 기반한 국제체제 내의 국가 간 갈등의 불가피한 발생과 관련하여 세계정치에 대한 고전현실주의의 해석에서 비관주의를 상당히 입증한 것처럼 보였다.

냉전과 전략연구에 있어서 현실주의의 중심성

그러나 새롭게 인정되기 시작한 현재의 국제안보연구의 전신인 **전략연구**(*Strategic Studies*)라는 학문 분야에서 현실주의적 사고의 중심성을 공고히하고 향후 40여 년 동안 '안보'의 지형을 현실주의 이론가 세대가 지배할 수 있게 한 것은 바로 1945년 냉전의 시작이었다. 이 시기 중요한 현실주의 저작인 모겐소(Hans Morgenthau)의 『국가간의 정치(*Politics among Nations: the Struggle for Power and Peace*)』가 1948년에 출간되었는데 이 책은 권력 극대화로 정의되는 국가이익에 대한 강조를 통해 고전현실주의의 세계관을 가장 잘 표현했다고 평가된다. 모겐소는 1951년에 출간된 『국가이익의 옹호(*In Defense of the National Interest*)』라는 책에서 제2차 세계대전 이후 미국 외교정책의 유일한 기반으로서 국가이익의 중요성을 재차 강조함으로써 핵심 주장을 다시 제기하였다. 그의 주장은 전략연구 분야의 오스굿(Robert Osgood), 월퍼스(Arnold Wolfers) 및 키신저(Henry Kissinger) 등의 다른 주요 학자들의 연구에 반영이 되었고, 이들은 모두 위협에 대응하기 위한 기축 통화가 군사력의 극대화가 되는 전적으로 현실주의적인 관점에서 안보를 국가중심적인 개념으로 정의하는 데 공헌하였다.

비록 모겐소의 저작이 현실주의 세계관의 정교화에 중요한 기여를 한 것은 사실이지만, 현실주의가 안보 개념을 정의함에 있어서 지배적인 이론적 접근법이 되는 데에는 동시에 전개된 양극 국제체제와 핵무기의 개발의 영향이 컸다. 실제로 초강대국 경쟁자들 사이의 핵 교착 상태는 국가안보, 지정학, 영토 주권 및 군사력에 대한 관념들을 명확히 연결시켜서 케난(George Kennan)과 니츠(Paul Nitze) 등이 새로운 안보 개념을 지지하도록 하였다. 이것은 곧 트루먼(Harry Truman) 행정부 내에서 국가안보법(National Security Act, 1947)의 도움으로 제도화되어 국방부, 국가안전보장회의(NSC) 및 중앙정보국(CIA)의 창설로 이어졌다. 3년 후에는 니츠의 악명높은 문서인

글상자 2.2 모겐소의 정치현실주의 6원칙

1. 정치는 객관적 법칙에 의해 지배된다.
2. 국제정치는 권력으로 정의되는 이익 개념을 통해 이해되어야 한다.
3. 권력은 변화할 수 있지만 이익은 계속된다.
4. 보편적인 도덕적 원칙은 국가의 행동에는 적용될 수 없다.
5. 보편적으로 합의된 도덕적 체계는 없다.
6. 정치 영역은 자율적이다.

NSC-68이 등장하였는데, 이 문서는 이후 냉전을 전반적으로 관통하는 미국 외교정책의 청사진인 동시에 미국의 재래식 및 핵 군사력에 기반을 둔 봉쇄전략을 통해서 소련의 위협에 맞서야 한다는 맥락에서 미국의 안보이익을 체계화한 것이다.

따라서 냉전 초기에 고전현실주의는 전략연구 내의 지배적인 이론적 패러다임으로 등장하여 단순히 무엇이 국제정치의 주요 이슈인지(초강대국 경쟁관계)만이 아니라 어떻게(봉쇄, 핵억지 등) 그런 문제가 당시 정책결정자들에 의해 다뤄져야 하는지도 좌우하였다. 체제적 양극성과 핵무기 투발수단의 발전이라는 이중의 새로운 압력은 고전현실주의 전통 내에 잘 수용되는 방향으로 국제체제를 형성하였고, 이는 1950년대 말까지 전략연구 분야를 지배하게 되었다. 왜냐하면 안보의 다른 측면들은 이러한 국가중심적, 군사력 중심의 패러다임 내에서 단호히 소외되었기 때문이다 (Buzan and Hansen, 2009: 27). 이런 과정이 전략연구 내에서 '안보'와 '전략' 개념을 병합하게 하였고, 이런 현상은 1990년대 ISS 내에서 비판적 혁명이 시작되기 전까지 지속되었다.

신현실주의의 등장

1970년대까지 미국과 소련이 반탄도미사일(ABM: anti-ballistic missile)조약, 전략무기감축협정 I (START I : Strategic Arms Reduction Treaty I) 및 START II 등 다수의 중요한 군비통제협정을 체결하면서 냉전은 다소 해빙이 되기 시작하였다. 역설적으로 닉슨(Richard Nixon) 행정부가 추구했던 비이념적인 현실정치 전략과 결과적인 소련과의 데탕트 시기는 많은 학자들에게 국제체제는 고전현실주의자들이 계속 주장했던 것처럼 융통성이 없지도 비관적이지도 않다는 증거를 제공하였다. 따라서 많은 자유주의자들은 전략연구의 중심에 자리한 현실주의 세계관에 의문을 제기하고 세계정치에 대한 대안적 해석을 추구하여 결국은 국제관계 분야와 다양한 그 하위 분야에서 '자유주의 시대(Liberal Age)'를 촉진하게 되었다. 현실주의의 설명력은 1973년의 석유파동과 1979년의 제2차 석유파동 등의 사건들이 국가 간 군사적 갈등이라는 전통주의적 관점 내에서 다뤄질 수 없었던 '안보'위협에 대한 국가의 취약성을 여실히 보여줌에 따라 더욱 약화되었다.

그러나 1979년에 왈츠(Kenneth Waltz)는 『국제정치이론(*Theory of International Politics*)』이란 책을 출간함으로써 현실주의 전통의 부활을 시도하였다. 이 책에서 왈츠는 본질적으로 갈등적인 국제체제의 기본적 요인으로서의 인간 본성에 대한 강조로부터 현실주의 전통을 이동시켰다. 대신 왈츠는 국제정치에 대한 체제적 수준의 해석을 제시하여 갈등적 국제체제에 대한 현실주의 인식을 재확인하는 동시에 인간 본성에 자리한 악이 아니라 '구조적 무정부(structural anarchy)'라는 조직 원리(ordering principle) 때문에 국가 간 갈등이 불가피해진다고 강조하였다. 왈츠는 국가가 개별적 능력에 있어서는 차이를 가지지만 그들이 존재하는 국제체제 내에 중앙 권위체가 없다는 점에서 근본적으로 유사하다고 주장하였다. 사활이 국가의 유일한 목표가 될 수 있고 — 또한 되어야 하는 — 자조적이고 갈등적 환경을 조성하는 것이 바로 이 무정부의 '조직 원리'인 것이다 (Waltz,

1979: 93).

ISS의 관점에서 본다면 여러 이유에서 신현실주의의 출현은 의미가 있었다. 첫째, 구조적 무정부의 영향력에 대한 강조에도 불구하고, 신현실주의는 불가피하게 정례적 국가 간 갈등을 목도할 수밖에 없는 자조적 체제에서 활동하는 국가의 권력 극대화라는 관점에서 안보의 개념을 정의하고자 하는 전통주의적 성향을 따랐다. 둘째, 신현실주의는 세계정치의 갈등적 속성의 근본적 원인으로서 개인의 결함있는 본성을 강조하는 고전현실주의의 주장을 포기하고, ISS의 전통주의 갈래 내에서 다음 세대의 논쟁이 주로 인간 본성의 특징이 아니라 무정부 국제체제의 결과에 집중될 수 있도록 하였다. 셋째, 왈츠는 신현실주의가 자연과학의 방법론적 엄밀성과 같은 명확하고 검증가능한 개념적 틀을 현실주의에 부여했고, 이는 기존 현실주의의 국제정치 분석에서는 빠져있던 것이라고 주장하였다. 마지막으로, 신현실주의는 전통주의 학자들이 다양한 국가들 사이의 능력 배분이 국제체제의 안정성에 어떻게 영향을 미치는지 더 잘 분석하도록 강제하였는데, 특히 관심사는 냉전의 여러 사건들을 더 잘 설명하는 것이 체제 내의 극성이었는지 아니면 핵무기의 존재였는지 여부였고 이는 왈츠가 15년 전에 처음 제기한 질문을 부활시켰다 (Buzan and Hansen, 2009: 68). 안정과 관련된 경향성을 고려할 때 다극(혹은 심지어 단극)체제보다 양극체제가 선호된다는 왈츠의 주장은 유명하다. 이 주장은 ISS 내에서 다양한 새로운 연구 경향에 영향을 미쳤는데, 특히 왈츠와 미어샤이머(John Mearsheimer)는 핵무기가 안정에 미치는 영향을 인정하여 이에 대해 핵억지라는 주제로 집중적으로 연구하였다 (예를 들어, Mearsheimer, 1993 참조).

현실주의 전통 내의 논쟁

ISS와 관련하여 현실주의 전통 내에서 특히 중요한 것은 **방어현실주의**(*Defensive Realism*)와 **공격현실주의**(*Offensive Realism*)가 국가의 행동과 국제체제에 대하여 서로 다른 접근을 한다는 점이다. **방어현실주의**는 왈츠, 왈트(Stephen Walt), 저비스(Robert Jervis) 등 특정 국가의 안보 우려는 — 비록 일시적으로만 가능하지만 — 일련의 상대적 이득의 증진을 통해 만족될 수 있다는 주장에 동의하는 측을 의미한다. 반면, 미어샤이머와 같은 **공격현실주의자**는 권력 극대화를 위해 경쟁하는 국가들로 가득한 무정부 세계에서 국가는 자국의 안보에 대해 결코 확신할 수 없고 따라서 이득의 증가에 의존하기보다는 공격적으로 권력을 확대하기 위해 모든 기회를 활용해야 한다고 주장한다.

미어샤이머의 단행본 『강대국 국제정치의 비극(*The Tragedy of Great Power Politics*)』에서 잘 정리된 **공격현실주의**는 국가의 안보 욕구는 결코 충족되어질 수 없다는 전제를 바탕으로 한다. 따라서 국가는 기회가 있을 때마다 권력을 적극적으로 극대화하도록 강요당한다. 이에 국가의 목표는 패권적 권력(hegemonic power)의 상태를 달성하는 것이 되는데, 이것이 권력을 추구하는 경쟁 국가로부터의 도전에 효과적인 보호를 제공하는 유일한 방책인 것이다 (Mearsheimer, 2001). 따라서 **공격현실주의자**에게 있어 국가에 대한 총체적 안보는 거의 달성할 수 없는 것이고 국가 간 갈등은 본질적으로 불가피하다. 반면 **방어현실주의자**는 **공격현실주의자**의 명시적인 비관주의를 피하고 대신 생존만을 추구하는 국가들의 안보 우려를 보증하기 위한 세력균형(balance-of-power) 장치에 보다 큰 믿음을 부여한다. 핵무기와 특히 2차 공격 능력의 보유가 공수(offence-defence) 균형을 방어에 유리하게 만들어, 그런 무기를 보유한 국가는 경쟁국가의 불확실한 의도와 상관없이 일정 정도 안보를 보장받게 된다는 것이 그 주장이다.

그런데 그러한 구분의 결과가 ISS에 주는 함의는 무엇인가? 구조적 무정부와 그것이 가지는 국가의 행위에 대한 결정력에 대한 상호 강조는 유일한 분석 대상으로서 국가의 지위만큼 신현실주의 진영 내에서 이론의 여지가 없다. 마찬가지로, 국제안보에 대한 개념화는 국가가 어떻게 무정부 국제체제에서 생존할 수 있는가를 핵심 질문으로 삼는다는 점에서 근본적으로 동일하다. 따라서 두 이론은 이론적 관점에서는 근본적으로 같은 옷에서 떨어져 나온 것이라고 할 수 있다. 유일하게 의미있는 차이는 국제체제 내에서 국가 간 충돌의 **빈도**와 **정도**에 대한 인식과 관련된다. 미어샤이머의 부상하는 중국의 위협에 대한 해석은 두 관점의 대조를 용이하게 한다. 국가가 권력 극대화라는 끝없는 욕망을 가지고 있다고 주장하는 **공격현실주의자들**은 중국의 전략은 신속하게 아시아에서 유일한 지역 패권국이 되는 것이고 그 과정에서 일본과 러시아 등 이웃의 권력 기반을 침식한다고 주장할 것이다. 그런 전략은 미국의 적극적인 반작용을 초래할 가능성이 높아 새로운 '냉전'과 같은 상황으로 귀결될 수도 있다. 반면, **방어현실주의자들**은 중국과 미국 사이의 안보경쟁은 어느 정도 불가피하다고 인정하지만, 중국이 패권보다는 우위(pre-eminence) 전략을 추구할 가능성이 높다고 지적한다. 그들의 주장에 따르면 중국은 경쟁자의 어떠한 반균형(counter-balancing) 행위도 방지할 수 있도록 지역 권력을 점진적으로 증가시키는 것을 선택할 것이다. 왜냐하면 핵억지력을 보유하거나 그런 잠재력을 가지고 있는 다수의 경쟁자들을 가지고 있는 중국으로서는 반균형 초래가 매력적이지 않기 때문이다. 따라서 **방어현실주의자들**은 중국의 지역 패권에 대한 열망을 저지하는 것은 그 팽창에 대한 확고한 핵봉쇄의 전망이라고 주장한다 (Mearsheimer, 2006: 83-86).

요약: 안보연구의 현실주의 전통

ISS의 현실주의 전통은 무정부 국제체제로부터 비롯되는 국제체제의 부동의 항구적인 특징인 주권국가들 간 **불안정**(*insecurity*)에 대한 연구라고 이해할 수 있다. 고전현실주의에서 신현실주의(그리고 그 변종)로의 이동은 현실주의의 전쟁 원인에 대한 인식을 '첫 번째 이미지(인간 본성)'로부터 '세 번째 이미지(국제체제)' 분석으로 이동시켰다. 그러나 여전히 현실주의는 냉전 초기에 전략연구에서 주류의 지위를 차지하게 된 국가중심적이고 군사력에 집중한 국가안보 개념에서 탈피하지 못했다 (Waltz, 1959). 냉전 시기는 초강대국 간의 양극적 핵 경쟁으로 현실주의이론의 설명력을 정점에 이르게 하였다. 따라서 국가 간 갈등이 국제체제의 영구적 특징으로 인정되어야 하고, 안보 개념은 국가 주권에 대한 협소한 군사적 위협의 관점으로만 정의되어야 한다는 현실주의의 세계정치에 대한 인식이 확인된 것으로 보였다.

앞에서 강조한 것처럼 ISS의 모든 현실주의 학자들은 주요 분석 대상으로서 주권국가의 지위를 인정하고, 권력을 추구하는 이들 주체들 간의 불가피한 (군사적) 충돌의 주기에 주목한다. 오늘날에도 ISS의 현실주의 학자들은 안보 개념의 '확장(broadening)'과 '심화(deepening)'라는 이중의 과정에 여전히 반대하면서, 왈트의 경우처럼, ISS가 안보의 개념을 재정의하는 시도 속에서 비국가 행위자와 환경 재난, 질병, 기아 및 사회적 문제들과 같은 비군사적 위협을 포함시킴으로써 이론적 일관성을 상실할 위기에 직면했다고 주장한다. 현실주의자들은 국제체제가 시간의 흘러도 거의 변하지 않았고, 심지어 탈냉전 시기에도 여전히 무정부 국제체제라는 존재는 세계정치에 있어서 국가 간 갈등의 영속성을 보장하는 데 기여한다고 주장한다. 따라서 현실주의자들은 협소한 국가중심적 안보 개념, 군사력의 관점에서 정의되는 국력의 개념이 향후에도 세계정치를 당위론의 차원이 아니라 현실 그대로를 설명하는 데 기여한다고 주장한다.

현실주의자와 유사하게 자유주의 학자들은 일반적으로 국제체제가 일정 정도의 무정부로 특징지어지고, 억제되지 않는다면 종종 세계정치가 현실주의자들이 전망하는 것처럼 국가 간 충돌의 주기 속으로 퇴보할 수 있다는 점을 인정한다. 그러나 자유주의자들에게 중요한 것은 국가 간 충돌의 발생이 가능하기는 하지만 현실주의 전통의 주장처럼 불가피한 것은 아니라는 점이다. 따라서 안보에 대한 자유주의 전통은 국가 간 충돌의 가능성을 낮추는 방법에 대한 해석에 주로 집중한다.

다양한 자유주의 전통을 종합적으로 다루기는 힘들지만, ISS연구자들이 익숙한 세 갈래의 주류 자유주의 접근법을 살펴볼 수 있다. 각각은 국가가 어떻게 자국 안보에 대한 위협에 가장 잘 대응할 수 있는가 하는 질문에 대해 서로 다른 관점을 제시한다. **자유이상주의**(*Liberal Idealism*)는 국제평화의 도구로 법적으로 정의된 집단안보의 사용에 중점을 둔다. **자유평화이론**은 민주주의 국가체제의 확산이 국제 갈등을 방지하는 가장 효과적인 기제임을 강조한다. 그리고 **신자유제도주의**는 국가 간 협력을 촉진하고 구조적 무정부의 압력을 상쇄하기 위해 국제제도의 활용을 강조한다.

자유주의 전통과 안보연구

ISS의 전통주의의 중요한 다른 날개는 자유주의 관점이다. 안보의 개념과 관련된 자유주의적 아이디어는 현실주의와 마찬가지로 스미스(Adam Smith), 벤담(Jeremy Bentham), 아마 가장 중요하게는 칸트 등으로 거슬러 올라가는 풍부하고 다양한 지적 전통으로부터 영감을 얻을 수 있다.

자유이상주의

현실주의 비판가들로부터 '공상적 이상주의(utopianism)'라고 비판받는 자유이상주의는 전간기 및 제28대 미국대통령 윌슨(Woodrow Wilson)의 견해와 밀접한 관련이 있다. 국제정치학의 "제1 대논쟁(First Great Debate)"으로 일컬어졌던 대립 속에서 윌슨이 지지한 자유이상주의는 인간 본성의 핵심에 자리한 근본적 선(善)을 강조함으로써 윌슨 동시대의 현실주의자들과는 근본적으로 다른 견해를 제시하였다. 윌슨은 그의 이론적 후예들처럼 국가 간의 갈등은 국내정치 영역에서 가능한 수준의 법과 질서를 국제체제에 제공하기 위한 기제에 의해 완화되지 않는 이상 세계정치의 중요한 특징으로 남을 수 있음을 인정한다. 따라서 윌슨은 아마 최초의 제도화된 집단안보 사례로서 보편적 법적 헌장에 의해 안내되고 필요시 강제 수단으로써 구성원들의 집단적 군사력을 활용할 수 있는 **국제연맹**을 제안하였다. 국제연맹이 궁극적으로 제2차 세계대전의 발발을 방지하지 못했다는 점에서는 실패했지만, 국제연맹에 반영된 국제법과 집단안보의 중시는 80년 후에까지 이어져 국가 간 갈등의 방지와 관련된 자유주의적 이상주의 관점의 버팀목이 되었다.

현대적 형태의 자유이상주의는 근본적으로 긍정적인 인간 본성이 국가들 사이의 평화적 협력과 공존을 촉진할 수 있는 집단안보, 민주적 거버넌스, 자결 및 다른 기제의 중요성을 강조한다. 가장 순수한 형태의 자유이상주의는 역사의 기록물이라고 할 수 있지만, 그럼에도 불구하고 ISS와 그 이웃인 평화연구 분야에 중요한 발자취를 남겼다. 그 지지자들은 인간 개인의 긍정적 본성을 관리하는 데에 실패한 제도적 구조를 식별하고 개혁하는 노력을 기울인다. 예들 들면, 케글리(Charles Kegley)는 1993년에 윌슨주의 사상이 탈냉전 시기에 다시 적실성을 회복하고 있을지 모른다고 주장하였다. 왜냐하면 이 시기에 전통적인 현실주의의 **현실정치** 관념의 설명력이 심각하게 제한되었고, 집단안보와 국제제도에 대한 새로운 강조는 80년 전에 제시되었던 윌슨주의 세계정치 인식과 아주 유사한 것이었기 때문이다 (Kegley, 1993: 134).

자유평화이론

현대에 와서 점진적으로 부상한 자유평화이론은 칸트의 『영구평화론(*Perpetual Peace*)』에서 제시된 아이디어에서 영감을 받았다. 칸트는 헌법적 공화정을 갖춘 국가는 국가 간 분쟁에 개입할 가능성이 보다 적을 것이라는 단순하지만 강력한 명제를 제시하였다. 칸트는 군사적 충돌의 발생으로 가장 부정적인 영향을 받는 것이 바로 민간인들이며, 정치과정에 적극적으로 참여할 기회가 주어진다면 시민들은 자국 정책결정자들의 행동을 제어하는 요소로 역할을 할 것이라고 판단하였다. 칸트에게 있어서 공화정은 지도자들로 하여금 반-분쟁적(conflict-averse) 유권자들에게 책임을 지도록 만들고, 따라서 헌법을 통해 대중의 대표성을 보장하는 국가는 절대군주제 국가 또는 독재체제를 가지고 있는 국가보다 국제체제에서 보다 평화적일 가능성이 높다.

칸트의 사고는 현대 자유평화이론가들이 수용하여 자유민주주의 국가는 다른 자유민주주의 국가와 전쟁을 하지 않는다는 분명하고 명확한 명제를 만들었다. 비록 절대적인 관점에서 자유민주주의가 가장 평화적인 정치체라는 주장을 정당화할 경험적 증거는 없지만, '민주국가들 사이의 평화(separate peace of democracies)'라는 개념은 광범위한 지지를 획득하여 어떤 학자들은 그것을 국제정치 분야에서 가장 '경험적 법칙

(empirical law)'에 근접한 것이라고 지칭하기도 한다 (Layne, 1994: 8). 민주평화 현상의 정확한 이유에 대해서는 그 지지자들이 여전히 논의를 진행 중이지만 ISS에 주는 함의는 아주 분명하다. 국가 간 충돌의 발생은 가능한 시간과 장소에 자유민주주의를 확산시킴으로써 가장 잘 줄어들 수 있다.

신자유제도주의

현대 국제정치 분야에서 자유주의의 주류 이론으로 인정되는 신자유제도주의도 마찬가지로 ISS 하위 분야에서 자유주의적 생각을 발전시키는 데에 크게 기여하였다. 이 점은 특히 신현실주의의 구조적 무정부의 결정론적 해석에 대한 거부에서 뚜렷하게 드러난다. 대부분의 신자유주의자들에게 있어서, 보다 상위의 주권체가 없다는 점에서는 무정부 국제체제는 존재하는 것이다. 그러나 그들은 그것이 왈츠와 같은 신현실주의자가 주장하는 것과 같은 정도로 국가의 행동에 영향을 준다는 점을 받아들이지는 않는다. 신자유주의자들은 신현실주의자들의 '무정부' 개념의 사용이 명확하게 정의되지 않아 신현실주의자들 스스로도 복수의 단순하고도 상반되는 개념적 해석을 제시한다고 강조한다. 따라서 무정부가 국제체제가 영원히 국가 간 갈등으로 점철될 것이라는 증거로 받아들여질 수 없고, 받아들여져서도 안 된다는 것이다 (Milner, 1993: 68).

따라서 신자유제도주의자들의 목표는 국제체제의 구조적 무정부가 국가들로 하여금 영구적인 국가 간 갈등의 주기에 가둔다는 신현실주의자들의 핵심적 관념에 도전하는 것이다. 신자유주의자들은 무정부 체제 내에서 국가 간에 협력적 상호작용이 타국 의도의 불확실성을 완화하고 서로 간 합의를 '위반(cheating)'하지 못하도록 방지하는 외부의 강제 기제의 부재로 인해 위협받는다는 점을 인정한다. 그러나 그들은 무정부 국제체제의 조건하에서 국가 간 협력 가능성이 최소한이라는 신현실주의자들의 주장을 거부하고, 다른 국가의 행위에 대한 오인과 혼동에서 비롯되는 국가행동에 대한 압력을 극복하는 효과적 기제로서 국제제도의 영향력을 제시한다. 그러한 제도는 여러 국가가 다자적 협상의 중재, 상호 군사 사찰의 주선, 군비통제 프로그램의 추진, 국제기구의 설립 등을 포함하는 다양한 방식으로 소통과 투명성을 증대시키도록 도울 수 있다. 이들 모두는 국가가 자국의 안보 필요에 가해지는 구조적 무정부의 부정적 영향을 회피할 수 있도록 해준다.

마지막으로 신자유주의의 협력의 경제적 차원에 대한 집중이 안보 개념의 '확장'을 시도하는 전통주의적 접근법의 분명한 실례를 대표한다는 점에서 신자유주의는 ISS 내에서 특히 중요성을 지닌다. 코헤인(Robert Keohane)과 나이(Joseph Nye)의 『권력과 상호의존(*Power and Interdependence*)』이란 저서의 주장에 고무되어, 신자유주의자들은 군사력의 외교정책 수단으로서의 가치가 감소하고 있으며 이는 국가가 세계화된 환경에서 번영에 필요한 더 많은 경제적 상호작용을 추구하기 때문이라고 강조한다 (Keohane and Nye, 2001). '하드파워(hard power, 경성권력)'의 능력은 신자유주의자들에게도 여전히 중요하지만, 신자유주의자들은 국가들이 모든 수준에서 초국가적인 경제적 연결을 발전시키고 있다고 주장하고 이것이 국가 간 충돌의 가능성을 축소시킨다고 강조한다. 왜냐하면 충돌은 모든 참여 당사자들에게 부정적인 경제적 결과를 초래할 것이기 때문이다. 따라서 코헤인과 나이의 관점은 부잔이 편협한 현실주의적 관념으로부터 벗어나 안보 개념을 재정의 하는데 필수적이라고 언급한 경제적 차원을 결합시킨 것이라고 할 수 있다 (Buzan, 1991). 그리고 이러한 접근은 자유주의자들이 국제안보 해석을 '확장'시키는 데에 제한적으로나마 의지를 가지고 있음을 입증한다.

요약: 안보연구의 자유주의 전통

이 장에서 논의된 다양한 갈래를 고려한다면 안보와 관련한 단일한 자유주의'이론'을 논하는 것은 잘못된 것이라는 점이 자명해진다. 현실주의 경우처럼 자유주의도 국제안보에 대한 하나의 접근법 또는 철학이라고 보는 것이 가장 적합할 것이고, 여기에는 국제안보의 문제를 다룸에 있어서 복수의 경쟁적인 이론적 주장이 포함된다. 각각은 국제체제 내에서 국가 간 갈등을 줄이는 문제에 대해 신자유주의자들의 제도적 해법부터 자유이상주의자들의 집단안보 관념까지를 포함하는 서로 다른 해법을 제시한다.

그러나 자유주의 전통 내에서 공통 연계를 구성하는 복수의 중요한 요소가 존재한다. 철학적인 관점에서 자유주의 전통은 근본적으로 낙관적이어서 안보에 대한 모든 자유주의적 접근법은 국제체제 내에서의 변화와 진보의 가능성을 강조한다. 모든 자유주의 접근법 — 그리고 모든 현실주의 접근법 — 은 국가를 핵심적 분석 대상으로 정의하고 국가 간 군사적 갈등을 국제체제 내의 우선적 안보불안 요인이라고 강조한다. 그러나 현실주의와는 달리 자유주의 접근법은 국제체제의 무정부가 불가피하게 불신과 갈등으로 점철된 국제체제로 현실화한다는 주장을 거부한다. 물론 자유주의자들은 세계정치에 있어서 일정 정도의 국가 간 갈등이 항상 존재할 수 있음을 인정한다. 그럼에도 불구하고 자유주의자들은 그런 갈등이 국가들이 협력을 통해 공동의 안보이익을 실현할 수 있는 다원적 안보공동체를 발전시킴으로써 상당 부분 완화될 수 있다고 낙관적으로 생각한다.

전통주의 관점 내의 핵심 단층선: '안보딜레마'

ISS 내의 전통주의적 접근법을 이론적인 단일체로 간주하는 경향에도 불구하고, 현실주의와 자유주의 전통은 고유한 특징을 지니며 국제안보라는 이슈에 다소 다르게 접근한다. 둘 다 안보 개념의 정의에 있어 국가중심적 접근을 취하고 국제정치 분석에 있어서 실증주의적 인식론을 채택하는데, 관념적 구조보다는 권력의 물질적 구조에 집중한다. 그럼에도 불구하고, 현실주의와 자유주의 전통 간에 국제관계 및 ISS연구와 관련된 주요 개념에 있어서는 몇 가지 중요한 차이점이 도출될 수 있다. 예를 들어, 앞에서 현실주의자와 자유주의자들 모두 무정부 개념을 자주 언급한다는 점을 지적했지만, 그 내포된 의미는 뚜렷이 구분된다. 즉 현실주의자들이 무정부가 국가 간 갈등을 결정론적으로 추동한다고 간주하는 것에 반해, 자유주의자들이 보는 무정부는 문자 그대로 권위체가 부재한 상태인 것이다. 아울러 현재 ISS의 전통주의 파벌 내에 존재하는 방법론적 논쟁에도 주목할 필요가 있는데, 세계정치의 연구에 있어서 역사주의와 '전통적 방법(classical method)'을 크게 선호하는 왈트와 같은 현실주의자들은 평화연구 등 현대 자유주의 연구에서 차용하는 게임이론적(formalised), 계량적 방법을 거부한다.

그러나 ISS 내의 전통주의 파벌 내의 가장 중요한 구분은 '안보딜레마(security dilemma)'라는 질문과 관련이 있다. 1950년에 허즈(John Herz)에 의해 명명된 '안보딜레마'는 전략연구 분야와 관련된 가장 중요한 개념 중의 하나로 빠르게 자리하였고, 현재도 ISS 내의 현실주의 학파에 있어서는 중심적인 개념으로 남아 있다. 이 개념은 어느 한 국가의 안보 요구를 충족시키기 위한 시도가 아무리 그 의도가 평화적이라고 해도, 자신들의 행동을 본질적으로 방어적이라고 해석하는 다른 국가들의 불안을 증가시키게 되는 구조적 문제를 지칭한다 (Herz, 1950: 157). 다른 말로 표현하면, 상대적 이득(*relative* gains)이 절대적 이득(*absolute* gains)보다 더 중요한 무정부 국제체제에서는 어느 일국의 안보능력 강화가 그런 수단을 공격적인 것으로 인식하는 경쟁 국가의 반작용을 촉발하는 상황에 종종 처하게 된다는 것이다. 이런 딜레마는 국가의 공격적 행위와 방어적 행위가 잘 구분되지 않거나 특정 군사기술의 방어적 및 공격적 적용이 힘든 상황에서 보다 발생할 가능성이 높아진다. 현실주의자들은 '안보딜레마'를 국제체제의 만성적이고 불가피한 특징으로 간주하는데, 따라서 이 개념은 ISS에 대한 현실주의적 접근법의 기반 중의 하나로 자리했다.

ISS의 자유주의 전통은 허즈가 언급한 '안보딜레마'의 불가피성과 영속성을 거부하고, 국가는 현실주의자들이 주장하는 것처럼 무정부의 포로가 아니라고 주장한다. 자유주의자들에게 있어서 '안보딜레마'란 실제이기 보다는 인식의 문제이고, 이는 국가가 종종 경쟁국의 방어적 의도를 공격적 행위로 잘못 생각함으로써 경쟁 국가의 의도를 오인하기 때문에 발생한다 (Buzan and Hansen, 2009:

글상자 2.3 **존 허즈**

허즈(John Herz, 1908~2005년)는 20세기 안보 개념과 관련된 가장 중요한 공헌을 한 학자 중 하나이다. 그가 '안보딜레마'로 명명한 개념을 소개함으로써, 허즈는 국제질서의 취약성과 안정 확보의 어려움에 대해 상세히 설명하였다. 허즈는 종종 현실주의자로 인식되지만 인간 본성의 근본적 성격에 대한 현실주의-자유주의 논쟁을 실제로는 인정하지 않았다. 대신 그는 국제안보 분야에 있어서 진정한 구분은 국가 행위자의 불가피한 이기주의를 다루는 방법에 주목하는 측과 이기주의를 국제정치의 부동의 측면이라고 간주하는 측 사이에 존재한다고 주장하였다. 즉 국제안보 분야에 있어서 핵심 질문은 '안보딜레마'가 극복될 수 있는지 여부라는 것이다. 이 주제는 1980년대 진행된 신현실주의자와 신자유주의자 사이의 논쟁의 핵심적 내용이 된다.

33). 따라서 무정부 국제체제의 이러한 결과는 특히 공격력과 방어력을 차별화하도록 국가 간 소통과 투명성을 제고하는 기제를 도입함으로써 회피될 수 있다. 신자유주의자들에게 있어서 해답은 급속히 국가 간 충돌로 악화시킬 수 있는 오인의 발생을 최소화하는 데에 도움이 되는 국제제도와 협정의 활용에 있다. 자유이상주의자들 또는 현실주의자의 '안보딜레마' 불가피성 주장을 거부하고 — 위에서 논의한 — 집단안보 기제가 잠재적 경쟁국들 사이에 신뢰와 협력의 네트워크를 구축하여 국가 간 충돌의 가능성을 감소시킬 수 있다고 주장한다. 이것은 비록 다른 처방에 따른 것이지만 ISS 내 다른 자유주의 분파와 동일한 전망이다.

비판적 혁명에서의 생존: 1990년대의 전통주의

소련의 붕괴와 냉전의 종식은 제2차 세계대전 이후 최초로 국제체제 내의 권력을 재분배하였고 국제관계 및 관련된 하부 분야의 연구에 큰 충격을 주었다. 비평가들은 ISS에 대한 전통주의 접근법들의 적실성을 문제시하기 시작하여 특히 현실주의 전통에 비판을 집중하였는데, 이는 소위 세계정치에 대한 설명적 이론이었던 현실주의가 냉전의 종식을 전망하는 데 실패했기 때문만이 아니라 현실주의가 이 양극체제의 지속성과 안정성을 주장했었기 때문이다. 탈냉전기에 전통적 안보 개념에 대한 불만에 착안하여 냉전 시기의 국가중심 및 군사력 중심(3장과 6장 참조)에서 벗어나서 두 초강대국 간의 핵 경쟁에 대한 전통주의의 강조 때문에 소외되었던 안보위협을 연구하고자 하는 학자들에 의해 다수의 새로운 접근법들이 도입되었다. 비로소 ISS 분야에서 주류였던 전통주의적 접근법에 대한 개념적 도전이 이론적 전통의 외부에서 제기되었다. 비판안보연구와 인간안보 학자들이 안보 개념의 '확장'과 '심화'라는 이중의 과정에 직면한 분야에서 발판을 구축하려고 노력하였다.

ISS 내의 전통주의, 그 중에서도 현실주의 전통이 1990년대에 심각한 도전에 직면했다는 점은 부정할 수 없다. 실제로 쇠락하던 신현실주의 공동체가 탈냉전기에 자신들의 지위를 재정립하려고 했던 시도들은 대부분 그 추세를 멈추는 데 효과적이지 못했다. 따라서 미어샤이머, 왈츠, 왈트 등의 현실주의 안보 의제 활성화 노력은 거의 성과를 거두지 못하였다. 왈츠는 양극 시기의 지속성과 안정성에 대한 기존 신현실주의의 확신에 대해 다소 신중히 접근하면서 냉전의 종식에도 불구하고 세계정치의 근본적 원칙은 변하지 않았다고 주장하였으나, 이에 대한 ISS 공동체 내의 지지는 거의 없었다 (Waltz, 2000: 39). 마찬가지로 탈냉전기 유럽은 호전적인 통일 독일 때문에 심각한 불안정을 경험할 가능성이 있고 (Mearsheimer, 1990), 이런 새로운 세계질서에 국제기구는 큰 역할을 못할 것 (Mearsheimer, 1994)이라는 미어샤이머의 주장은 자유주의 및 비판안보 연구자들로부터 동시에 광범위한 비판에 직면하였다. 냉전 막바지에 출간된 왈트의 저서는 현실주의 전통을 국가행동에 대한 세력균형적 해석으로부터 '위협균형(balance of threat)' 모델로 변화시키려는 시도였다. 이는 현실주의 전통 내에서 가장 창의적인 이론적 진전으로 안보 인식이 최소한 권력 배분의 실제에 못지않게 중요하다는 점을 인정하는 것이었다. 그러나 부잔의 지적처럼 이런 변화는 한계를 지니는 것이어서, 새로운 비판적 접근법이 안보에 대한 객관적 정의를 부정하는 데 반해 이는 객관적 안보 개념에 대한 주관적 해석을 도입하는 것이라고 할 수 있다 (Buzan and Hansen, 2009: 33).

ISS 내 우월적 지위의 종식과 마찬가지로 현실주의는 1990년대에 전통주의 가족 내에서도 지배적 이론으로서의 지위를 상실하게 되었다. 왜냐하면 세계가 소위 '자유주의 시대'로 이행하고 있었기 때문이다. 냉전의 종식은 의심할 여지없이 현실주의 학자들만 아니라 자유주의 학자들도 놀라게 하였다. 하지만 자유주의 학자들은 현실주의 학자들보다 새로운 '단극' 세계의 삶에 적응할 수 있는 준비가 더 잘 되어 있었다. 자유주의 학자들은 최소한 경제적 차원에서 안보의 범위를 '확장'할 의지가 있었으며 무정부 국제체제에 대해 상대적으로 덜 결정론적인 개념 정의를 하였기에, 국가 간 협력, 자결, 그리고 집단안보가 최소한 유럽과 미주에서 중요한 계기를 확보하던 환경에서 잘 적응할 수 있게 되었다. 비록 여전히 국가중심성과 실증주의 인식론에 대한 비판안보 학자들의 질문으로부터 자유롭지는 않았지만, 자유주의 전통은 관련 이론 내에서 1990년대의 여러 사건들을 다루는 데 큰 어려움을 겪지 않았다. 예를 들어, 자유평화이론가들은 냉전의 종식을 초래한 유럽의 민주화 물결이 보다 평화적이고 자유주의적인 민주주의 체제의 확산을 통해 향후 국가 간 충돌(과 국제적 불안)의 가능성을 줄이는 데 기여하였다고 주장한 바 있다.

1990년대 ISS 내 비판적 혁명에도 불구하고 전통주의 접근법은 국가 간 협력, 억지이론, 무정부 국제체제의 성격 등과 관련하여 상당히 많은 연구를 진행하였다. 현실주의자와 자유주의자들은 현실세계정치의 가장 중요한 측면을 다루는 데 있어서 ISS 내 전통주의의 역량을 강조함으로써 지속적으로 탈실증주의적 비판으로부터 자신들의 연구를 방어하였다. 코헤인과 저명한 페미니스트 학자인 티크너(J. Ann Tickner) 사이의 논쟁은 ISS 내 비판적 연구자들에 대한 전통주의 학자의 불만을 잘 드러낸다. 코헤인은 페미니즘과 같은 접근법이 전통주의 이론의 비판을 넘어서 국제안보의 현재적 이슈와 관련한 자신들 고유의 연구 의제와 검증 및 계량화가 가능한 가설을 제시해야 한다고 비판하였다 (Keohane, 1998: 194). 페미니스트와 비판적 이론들이 국제안보와 관련한 고유의 연구 의제를 발전시키는 데에 실패함으로써 전통주의 접근법은 필요한 '숨 돌릴 틈'을 확보하였고 ISS 내 지적 주도권에 큰 손상 없이 1990년대를 탈출하기에 이르렀다.

전통주의 접근법과 9·11

2001년 9월 11일에 미국에 대해 행해진 알카에다(al-Qaeda) 테러리스트 네트워크의 조직화된 공격은 ISS 모든 분파의 학자들로 하여금 자신들의 연구 분야를 철저히 재검증하고 안보 개념과 관련하여 가장 중요한 전제들에 대해 질문하게 하였다. 9·11자살공격은 단지 50년 전 진주만 이래로 미국에 대한 첫 번째 공격만이 아니었다. 그것은 최초의 비국가 행위자의 공격이었다. 이 사건이 알카에다 테러리스트 네트워크로부터의 위협을 충분히 이해하기 위해서 탈국가적인 안보 관점의 필요성을 알리는 것이었는가? 또한 9·11공격은 안보를 전적으로 국가 간 충돌의 관점에서 정의하는 ISS 내 전통주의 접근법에 어떤 의미였는가?

9·11공격과 미국 주도의 후속 대응은 ISS 내 현실주의 공동체에게는 문제이자 동시에 묘하게 안심이 되는 사건이었다. 일부 평론가에게 이 사건들은 세계정치에 있어서 갈등의 영속성을 분명히 보여줌으로써 1990년대 잘못된 '자유주의' 환상을 산산조각 내는 일이었다. 뉴욕과 워싱턴에서 자행된 알카에다의 공격은 특히 신현실주의자들이 보기에 국제체제가 구조적 무정부라는 핵심 조직원칙으로부터 근본적으로 탈피한 것이 아님을 보여주는 증거였다. 그러나 9·11의 사건들은 ISS 내 현실주의자들에게 또한 심각한 문제이기도 하였다. 부잔이 지적하듯이 "세계적으로 네트워크화한 비국가 행위자의 중요성은 전통주의 사고의 기반인 국가중심주의와 합리성 가정에 문제를 제기하였다" (Busan and Hansen, 2009: 229). 현실주의자들은 9·11 이전에는 이런 질문을 회피하여왔지만, '글로벌 테러와의 전쟁(global war on terror)'의 출현으로 이 질문에 직면하게 된 것이었다. 비판가들은 이에 현실주의 안보 개념의 기반인 권력 극대화 원칙에 부합하지 않는 비합리적 비국가 행위자들이 결부된 국제 갈등을 다루는데 있어서 현실주의가 분명한 약점을 가지고 있다고 지적하였다.

9·11의 사건들과 이어지는 아프가니스탄 및 이라크 침공은 자유주의 관점의 학자들도 이해하기 힘든 것은 마찬가지였다. 특히 현실주의 전통에 대한 비판과 마찬가지로 자유주의 전통에 대해서도 국가중심주의의 적실성과 관련된 문제가 제기되었다. 추가적으로 자유주의자들은 과거에 국가 간 갈등의 발생을 억제하는 데 역할을 한다고 주장했던 갈등해결 기제와 관련하여 다수의 중요한 질문에 대답을 해야 했다. 미국(그리고 이라크도)이 국제법적 의무를 아무렇지 않게 어기는 모습은 ISS 내 자유이상주의의 기본 원칙에 대해 근본적 의문을 제기하였고, 마찬가지로 군사적 조치 이전에 문제를 해결하는 데 무능력하게 보인 UN의 모습은 신자유주의자들에게도 문제였다. 또한 비록 세계에서 가장 자유민주주의 국가인 미국과 영국의 행동이 민주평화 명제 그 자체를 위반한 것은 아니었지만, 그들의 행동은 민주주의 국가들 간의 평화적 감정이 왜 비민주주의 국가에 대한 행동에서는 반복되지 않는지를 명확히 정의하는 데 실패한다는 점에서 자유평화이론가들에게도 불편한 문제를 제기하였다.

9·11공격과 이어지는 미국의 대전략과 관련된 논쟁은 국제안보 불안에 대한 현실주의와 자유주의의 처방들 사이에 남아있는 중요한 차이점을 재확인시켰다. 종종 성격상 신보수주의적이라고 여겨진 조지 W. 부시 행정부의 이념적 대응은 사실 국제안보의 대안으로서 민주주의 확산의 중요성을 강조한 칸트적 이상과 사람들의 근본적 선과 자유민주주의를 강조한 윌슨주의적 이상 사이의 극단적 표현이었다. 요컨대 부시독트린은 국제안보 불안에 대한 전통적 자유주의 처방에 군사력의 요소를 추가하였고, 미어샤이머는 이를 '경성 윌슨주의(Wilsonianism with teeth)'로 명명하였다.

이런 관점에서 9·11은 ISS 내의 자유주의 계열을 연장하고 재군사화하였다고 볼 수 있다. 반면, ISS 내 현실주의 계열은 이라크 침공과 지역 내에서 민주주의를 강제로 건설하려는 자유주의적 희망에 대해 회의적이었다. 그들은 '논리와 역사적 경험' 모두 이라크는 다른 모든 국가 행위자와 마찬가지로 소련에 대해 적용되었던 것과 유사한 봉쇄와 억지라는 이중적 전략에 의해 다뤄질 수 있다고 주장하였다. 현실주의자에게 있어서 후세인(Saddam Hussein) 정권의 잔인성은 논점을 벗어난 것이고 그것이 이라크가 지역 내에서 상당한 정도의 일관성을 보여주었다는 사실을 바꾸는 것은 아니었다. 이는 무정부 국제체제 하에서 생존을 위한 압력에 영향을 받았기 때문이라는 것이다.

그러나 가장 중요한 점은 ISS의 전통적 접근법에 놀라운 지속성이 있었다는 점이다. 미국이 비국가 행위자로부터 공격을 받았음에도 불구하고, 현실주의자와 자유주의자 양자 모두 그 공격에 대한 대응에 있어서 알카에다 테러 네트워크 자체보다는 국제 테러리즘의 후원자 또는 배후 추정자들을 다루기 위한 국가중심적이고 (군사력을 사용한) 권력중심적 행동을 선호하였다. 전통주의자에게 있어서 이는 지난 60년간 존재했던 국가중심적 안보위협이라는 근본적 국제체제의 성격이 탈냉전 시기에도 크게 변하지 않았기에 자신들 접근법의 적용성을 입증하는 것이었다. 인간안보나 비판안보 이론가들에게는 전통주의자들이 알카에다의 성장 배경이 되는 근본적인 원인을 다루는 데 실패하고 합리적 행위자 모델에 국가 하위의 주체를 통합시키는 처방을 하지 못하는 것이야말로 ISS 내 전통주의가 냉전의 종식과 함께 끝났음을 여실히 보여주는 것이었다.

전통주의 접근법은 오늘날 얼마나 적실한가?

안보 개념의 '확장'과 '심화' 과정이 지속되어 21세기에 탄력을 획득하는 가운데 냉전 시기의 전통주의적 접근법이 현대 ISS 의제에 적실성을 가질 수 있을 것인가? 비판가들은 전통주의적 접근, 특히 현실주의이론의 접근법이 고루하고, 한물갔으며, 글로벌화하고 탈국가주의적 세계체제의 시급한 안보현안을 다루는 데 적절하지 않다는 이유로 전적으로 부정한다. 그들은 연구의 대상으로서 국가에 완고하게 집착하는 점을 문제시하면서 최근 ISS 내 새로운 비판적 접근법의 핵심에 자리한 실패국가, 국제 테러리즘, 경제 침체, 환경 재난, 세계적 유행병, 세계적 빈곤문제 등 일련의 신생 위협을 주변화하면서 전통주의자들이 어떻게 세계정치와 국제안보에 대해 설명적 이론을 제공할 수 있는지 질문한다.

그렇다면 전통주의는 안보연구 분야에서 미래가 있는가? 그 대답은 불가불 그렇다는 것이지만 문제는 어느 정도까지인가 하는 것이다. 부잔과 한센(Lene Hansen)은 전통주의 학자들이 탈냉전 시기에 두 개의 대조적인 진영으로 후퇴하였음을 시사하였다. 즉 새로 조명되는 ISS를 근본적으로 포기하고 현실주의자는 안보연구로, 자유주의자는 평화연구라는 그들의 '상위(parent)' 연구 분야로 복귀하였다는 것이다 (Busan and Hansen, 2009: 157). 이것은 기본적으로 양극의 핵 경쟁체제의 붕괴가 냉전기 전통주의 접근법들을 본질적으로 연결했던 공통의 안보 개념을 지워버렸기 때문이다. 그러나 이것은 동시에 양 진영의 방법론적 선호의 차이에서도 비롯되는 것이다. 현실주의자들은 역사주의의 활용을 선호하는 반면, 자유주의자들은 국제안보에 있어서 갈수록 게임이론적(formalised) 통계적 접근을 선호하여 왔다. 현실주의자들의 초점은 권력정치의 분석으로 대부분 전환되었는데 기존 신현실주의 이론은 미국과 중국, 인도와 파키스탄처럼 국가들의 양자 간 관계에 대해 여전히 중요한 통찰력을 발휘할 수 있다. 반면 자유주의 학자들은 앞에서 논의한 자유주의적 접근법에 바탕을 두고 갈등해결의 새로운 전략과 기제를 촉진하기 위한 '실증주의 평화연구'에 몰두하였다. 연구 의제에서의 이러한 구별에도 불구하고, 전통주의자 접근법들 간의 차이는 전통주의 접근법과 비판적 접근법 간의 구분에 비해 여전히 미미하다. 대표적인 예로 핵억지와 관련하여 현실주의자와 자유주의자간에 국제안보와 관련한 강타를 교환했던 왈츠-세이건(Scott Sagan) 논쟁을 들 수 있다. 이 논쟁은 결국 현실주의 방법론에 입각한 군사주의적, 국가중심적 틀 내에 머물렀고, 양자 간 유일한 논쟁점은 국가들의 안보딜레마를 무력화하는 데 미치는 핵확산의 효과였다(Sagan and Waltz, 2002).

이론적 측면에서 최근의 신고전현실주의(neo-classical Realism)의 부상이 현실주의 전통이 현대 ISS 내에서 적실성을 유지하는 데 있어서 가장 유망한 발전이라고 볼 수 있다. 국제관계에 있어서 이제는 지배적인 구성주의 접근법의 비판을 받아들여 일련의 현실주의자들은 세계정치 분석에 간주관적(intersubjective) 요인들을 결합할 필요를 인정하였다. 즉 이들 신고전현실주의자들은 물질적 구조의 분석을 넘어서 관념적 과정의 역할을 받아들여 신현실주의 선조에 대한 가장 중요한 비판 중의 하나, 즉 고르바쵸프(Mikhail Gorbachev)-레이건(Ronald Reagan) 시기 미소 위협 인식의 변화 등과 같은 국제체제에서의 급변을 설명하지 못한다는 비판에 대응할 수 있게 되었다. 구조적 요인들을 국내정치 과정들과 연계함으로써 고전현실주의 적근법은 근본적으로 신현실주의 이론과 구성주의적 방법론을 연결시켜서 외교정책이론을 제공한다. 이는 왈츠가 상정한 순수 국제정치이론과는 대조적으로 단위수준의 행위자가 항상 체제수준의 압력의 포로가 아니라는 점을 인정하는 것이다.

그러나 이런 노력도 전통주의적 접근법에 대한 비판에 부응하기에는 충분하지 않아, 많은 이들이 신고전현실주의로의 이동 역시 현실주의자들과 인간안보 또는 비판안보 연구자들 사이 마찰의 근본적 요인인 군사주의적 국가중심성을 극복하는 데에는 실패했다고 주장하였다. 물론 이것은 현실주의 전통이 안보 개념의 '확장' 또는 '심화'에 기본적으로 관심이 없다는 점에서 놀라운 일은 아니다. 예를 들어, 왈트와 같은 학자는 국제안보연구가 탈냉전 시기에도 국가 행위자에 의한 군사력의 사용과 이득으로 의도적으로 제한되어야 한다고 지속적으로 주장한다. 그 이유는 일관적인 이론적 틀 내에 수용되기 힘든 새로운 안보'위협들'로 과부화할 위험성이 있는 이 분야의 지적 경계를 유지하기 위해서라는 것이다.

현실주의 전통에 비교할 정도의 비판을 경험하

지는 않았지만, ISS 내 자유주의 전통도 냉전기 안보 개념을 탈피하지 못했다는 공격을 받아왔다. 그 비판의 핵심은 자유주의 전통 역시 현실주의 전통과 마찬가지로 기본적으로 편협한 국가중심적 접근법을 가지고 있다는 것이다. 더 나아가 탈실증주의자들은 ISS 내 자유주의 전통이 근본적으로 서구중심적이라고 공격하면서 서구식 민주주의와 국제법 개념에 바탕을 두고 있는 접근법이 그런 관념이 거의 통용되지 않았던 아프리카와 같은 지역에 실제로 적용될 수 있는지 문제를 제기한다. 요약하자면, 자유주의 접근법에 대한 비판은, 그 역시 실증주의적이고 보편주의적인 국가 간 갈등 이론에 머물러서 자유주의자들이 차별화하려고 했던 현실주의자들과 마찬가지로 제한적이고 편협한 안보 개념의 이해를 보여준다는 점이다.

결론

비판안보 연구자들로부터의 상당한 공격에도 불구하고 전통주의적 접근법들은 현대 ISS연구의 필요불가결한 부분이다. 국제안보에 대한 현실주의 및 자유주의 관점 모두 다소 간의 성공을 수반하여 ISS 내 전통주의, 특히 신현실주의의 결함을 가장 두드러지게 드러내었던 냉전종식 이후 20여 년 동안 유지된 강력한 설명 이론을 제공한다. 주류 국제관계 분야에서와 마찬가지로 현실주의(그보다 적지만, 자유주의)의 종말에 대한 예측은 지극히 시기상조였음이 입증되었는데, 이는 두 전통이 자신들의 핵심 가정에 대한 탈실증주의적 공격에 대해 놀라운 탄력을 보여주었기 때문이다.

이들이 ISS 담론에서 장수하는 것은 아마 접근법의 핵심에 자리한 단순함 때문일 것이다. 비판가들은 전통주의 접근법들에 대해 분석 대상의 '심화'에 저항하거나 사회적 또는 환경적 차원으로 안보 개념을 '확장'하는 데 실패했다고 비난할 수는 있다. 그러나 이에 대한 전통주의자들의 대답은 국가 간 갈등에 대한 연구가 현재도 세계정치의 연구와 관련된 가장 중요한 이슈 중의 하나라는 것이다. 전통주의자들은 세계화의 과정도 세계정치 영역에 있어서 가장 중요하고 기본적인 단위로서의 국가의 역할을 바꾸지 못했으며, 따라서 국제안보에 대한 그들의 베스트팔렌적 개념은 **국가 주권**, **권력**, 무엇보다도 **무정부**로 정의되는 국제환경에서 여전히 유효하다고 주장한다. 즉 전통주의자들은 자신들의 접근법이 국제체제의 가장 중요한 특징들을 여전히 잘 설명한다고 주장하는 것이다. 그들은 자신들의 제한적인 국제안보 이해에서 제외한 이슈들을 설명하지도 않고 설명하려 노력하지도 않는다. 그들은 무정부 국제체제 내에서 주권국가 행위자들 사이의 갈등(또는 협력)을 연구하는 데 주력하는 것이다.

비판가들은 그런 접근법을 계속하여 비웃을 것이다. 특히 현실주의는 빈곤, 질병, 자연재해 등의 위협의 영향을 실감하는 다양한 국가 하위 및 초국가 행위자들은 물론이고 새로운 탈실증주의 안보 의제에서 중요성을 확대하고 있는 다양한 이슈들을 무시하기 때문이다. ISS 내 전통주의가 그 지위를 유지하는 것은 새로 부상하는 비판적 접근법 중 어느 것도 '상위정치'를 안보 개념정의의 중심에 위치시키는 사람들로부터 벗어나는 동력을 만들어 내지 못했기 때문이다. 따라서 오늘날에도 냉전기 관념들이 ISS 내 현대적 사고의 근간을 제공하고 있다. 이후의 장들에서 다뤄지는 것처럼, 비판안보연구의 가장 큰 단점은 그 다양한 갈래들이 ISS 내에서 지난 60년 동안 발전해온 전통주의적 연구가 생산해낸 핵심 가정들과 결론에 대해 직접적으로 도전하는 설명력있는 이론을 구축하는데 실패했다는 것이다. 린-존스(Sean Lynn-Jones)는 20년 전에 국제관계 및 관련 세부 분야에 있어서 현실주의의 우월적 지위에 대한 가장 중요한 도전은 이전 10년의 비판안보 프로젝트가 아니라 **자유평화이론**으로부터 비롯된다고 주장한 바 있다.

요점

1. 국제안보에 대한 전통주의적 관점들은 국가를 정치공동체의 주된 형태로 주목하고 안보연구에 있어서 가장 중요한 연구 대상으로 간주한다는 점에서 공통점을 지닌다.
2. 전통주의적 접근법들은 무엇보다도 안보에 대한 군사적 해석을 우선시하는 경향이 있다.
3. 전통주의적 관점 내에서 핵심적 구분은 '안보딜레마'라는 질문과 관련된다. 현실주의자들은 안보딜레마를 국제안보의 항구적 특징으로 이해하는 반면, 자유주의자들은 국가들이 협력을 통해 그 문제를 완화할 수 있는 능력에 대해 보다 낙관적이다.
4. 9·11의 사건들과 이어지는 미국 주도 연합의 대응은 전통적 안보 관념을 고집하는 이들에게 새로운 도전이다. 테러리즘과 같은 초국가적 안보문제가 국가를 가장 중요한 안보대상으로 하는 안보 개념에 어떻게 결합될 수 있는가?
5. 지난 20년간 진행된 ISS 내 의미 있는 '비판적 혁명'에도 불구하고, 이 분야에서 전통주의적 안보 개념은 왈트와 같은 학자들의 연구 결과를 토대로 지속되고 있다.

추천도서

Buzan, B. People, *States and Fears: An Agenda for International Security Studies in the Post-Cold War Era*, Boulder, CO: Lynne Rienner, 1991.

Kolodziej, E.A. *Security and International Relations*, Cambridge: Cambridge University Press, 2005.

Lynn-Jones, S.M. 'Realism and Security Studies', in C.A. Snyder (ed.), *Contemporary Security and Strategy*, New York: Routledge, 1999.

Mearsheimer, J.J. and Walt, S.M. 'An Unnecessary War', *Foreign Policy*, no. 134, January/February, 2003, 50−59.

Russett, B.M. and Oneal, J.R. *Triangulating Peace: Democracy, Interdependence, and International Organizations*, New York: W.W. Norton and Company, 2001.

Walt, S.M. 'The Renaissance of Security Studies', *International Studies Quarterly*, vol. 35, no. 2, June 1991, 211−239.

3장 전통에의 도전: 비판안보연구

샤힌 말리크(Shahin Malik)

글상자 3.1 개인 대 국가

주권국가들이 주도하는 세계에서는 개인들의 안보는 국가안보와 밀접히 연계된다고 생각할 수 있다. 우리는 이런 전제를 부정하지 않는다. 다만 우리는 국가가 자국 시민, 영토, 그리고 다른 국가 자산을 보호하는 데 실패하는 상황을 생각해볼 것을 권유한다. 아울러 국가가 가혹한 법률, 특정 집단의 박해 및 다른 수단을 통해 개인의 안보를 의도적으로 약화시키는 상황을 고려할 필요가 있다.

최근의 세 가지 역사적 사건은 자연재해에 직면한 국가의 무력함을 잘 보여준다. 2004년의 인도네시아 쓰나미는 25만 명 이상의 사망자를 발생시켰고, 14개 이상의 나라에서 수백만 명의 이재민을 발생시켰다. 2010년 파키스탄의 홍수는 50만 채 이상의 가옥, 5,000마일의 도로, 7,000개의 학교를 파괴하였고, 260만 에이커의 경작지를 침수시켰다. 보다 최근인 2011년에 일본 북부 해안에서 발생한 지진이 전 사회를 황폐화한 커다란 쓰나미를 발생시켜 2만 5,000명 이상이 사망하고 후쿠시마 원자력발전소를 심각하게 손상시켜 3개의 원자로가 완전히 용융되었다. 이런 사건들을 볼 때, 노자(老子, 도교의 창시자)가 6세기경에 쓴 다음과 같은 문구가 매우 적절한 것으로 보인다.

> 천하에 물보다 유연하고
> 순종적이거나 부드러운 것은 없다.
> 그러나 그것이 공격하면 무엇도 그것을 버텨
> 낼 수 없다.
>
> (노자[老子])

(노자, 이 구절은 노자 도덕경 78장의 일부로 영문 번역을 다시 한글로 옮겼으므로 원문의 내용과는 다소 차이가 있을 수 있음 – 역자 주)

서론

2장에서 냉전기 대부분 안보연구 분야는 무력의 통제, 위협 또는 사용에 집중하였음을 논의하였다(Nye and Lynn-Jones, 1988: 5-27). 국가는 무력의 사용자이자 주된 대상으로 간주되었다. 이런 이유 때문에 안보연구 분야는 국가에 대한 군사적 위협에 제한적으로 집중하려는 학자들에 의해 전통적으로 주도되어 왔다. 이러한 국가중심적 관점은 현실주의와 자유주의라는 두 개의 이론에 의해 강화되었고, 이들은 장기간 전면에서 국제 갈등이라는 끊임없는 문제에 대한 해결책을 제시함으로써 안보연구에서 핵심적인 역할을 수행하였다. 이들의 핵심적 주장은 안보의 주된 수령인은 국가이고 사회 자원의 많은 부분이 국가를 보호하는 데 투여되어야 한다는 것이다. 특히 현실주의는 이 분야가 애초에 군사적 문제에 집중하도록 하는 배경으로 작용하였고, 냉전기의 사건들은 학자들과 정치인들이 이런 방향으로 관점을 제한하는 것을 정당화하였다. 2장에서 논의한 것처럼, 적대적인 소련이라는 인식과 두 초강대국 사이의 핵 경쟁은 군사적 관점의 안보와 관련된 주제들의 중요성을 증대시켰다.

그러나 안보에 대한 현실주의의 설명은 편협한 시각과 비군사적 이슈에 대한 무시로 강한 비판에 직면하였다. 비판의 쟁점은 보편적으로 수용되는 안보에 대한 정의가 없기 때문에 안보연구의 재조정이 시급히 필요하다는 것이었다. 이런 맥락에서 안보연구 분야는 복합적 성격을 가지지만 동시에 활력을 가지고 있음을 알 수 있다. 가장 큰 목소리를 내는 반대자들은 비판안보연구(CSS: Critical Security Studies)라는 하위 분야에서 찾을 수 있다. 이 분야에는 상당히 많은 학자들과 견해가 모여 그들의 반대 목소리를 높이고 있다. 비판적 접근법의 본질을 이해하는 것은 쉽지 않다. 왜냐하면 그들의 견해가 단일한 통합적 이론을 구성하지 않기 때문이다. 실제로 『비판안보연구(*Critical Security Studies*)』라는 제목으로 1997년에 처음 출간된 책에서 크라우스와 윌리엄스는 이 용어와 관련되어 있는 다수의 다른 관점들을 하나로 모으는 것이 자신들의 의도였다고 선언하였다.

단일한 비판적 관점이 존재하지 않기 때문에 '비판안보'가 의미하는 것이 무엇인지 정확히 이해하는 것은 쉽지 않은 일이다. 가장 기본적인 수준에서 비판적이라는 것은 '판단을 내리는 능력'을 의미하고, 이것이 여러 비판적 접근법들의 공통점이라고 해도 무방할 것이다. 여러 접근법들은 모두 현실주의와 같은 전통주의적 접근법들이 안보연구에 부여한 특정 제한에 대해 비판적이고, 따라서 그들은 그런 제한을 우회하기 위해 상당한 노력을 기울인다. 가장 중요한 제한점 중의 하나는 오직 국가만이 군사력과 영토에 대해 합법적 통제력을 지닌다는 견해이다. 이러한 견해는 결국 국가에 특별한 지위를 부여하는 영향을 가지게 된다. 국가는 가장 우선적 실체이자 핵심 안보대상이 되어 다른 모든 실체와 안보 유형을 국가 하위 수준으로 격하시킨다.

앞의 글 상자에서 자연재해가 개인의 안보를 위협하는 사례들을 제시하였다. 많은 비판이론가들은 바로 이런 맥락에서 개인의 안보란 무엇인가라는 질문을 제기한다. 종종 국가안보가 그 구성원들의 안보와 밀접히 연관된다는 점을 부정하지는 않는다. 하지만 역사는 국가가 적극적으로 자국 시민들의 안보를 침해하거나 자연재해의 경우에서처럼 그들을 보호할 능력이 없음을 보여주는 수많은 사례로 점철되어 왔다 (글상자 3.2 참조). 2장은 현실주의가 국가안보와 개인안보를 구분하는 데 어려움을 겪는다는 점을 지적하였다. 비판이론가들은 바로 이런 무관심에 주목한다. 결과적으로 모든 비판적 접근법들은 협소한 안보 정의에 대해 부단히 교전하면서 이 분야의 주제에 대한 비판을 제시한다. 이런 비판을 통해 안보의 개념은 다양한 맥락에서 꾸준히 사용되어 왔지만 그 의미는 고정된 것이 아니라는 점을 인정하게 된다. 냉전은 이 분야의 경계를 상당한 정도로 제한하게 했지만, 동시에 개인들, 학자들, 사회적 단체들 그리고 세계적 운동들은 미소 군사경쟁 외에도 다수의 안보불안이 존재함을 끊임없이 상기시켰다. 실제로 비판적 접근법들은 안보의 의미가 단일할 수 있다는 전통주의적 견해에 반대한다. 이러한 다층적 견해는 안보대상의 성격에 대한 분석으로부터 출발한다. 국가, 특히 강대국은 일반적으로 다른 국가의 군사력으로부터 오는 위협을 경험하고, 따라서 자신의 군사적 자산을 강화함으로써 그에 대응한다. 비판이론가들에게 있어서 중요한 것은 다른 잠재적 행위자들 — 개인이나 집단 — 이 다른 방식으로 위협받을 수 있다는 점을 인정하는 것이다. 따라서 비판이론가들은 안보대상의 성격, 그리고 더 나아가 '안보'의 의미에 대해 끊임없이 질문할 때에만 만족할 수 있다.

무엇이 '비판적'인 것인가?

비판적 접근법은 단일 통합이론이 아니며, 안보 개념을 재정의하려고 하는 이들이 모두 스스로를 비판이론가로 생각하지도 않는다. 또한 대안적 안보대상을 고려하기는 하지만 비판적 접근법과 지적 기반을 공유하지 않는 접근법들도 존재한다. 그 중의 하나가 5장에서 자세히 다뤄지는 인간안보 접근법이다. 즉 비판안보연구는 여러 갈래를 포괄하는 광범위한 접근법이다. 그 시발점은 1994년에 크라우스와 윌리엄스에 의해 조직된 학술회의였다. 요크 국제안보연구센터(York Centre for International and Security Studies, 원서에는 Strategic Studies로 되어 있으나 이는 오기로 판단됨 – 역자 주)에서 착안된 아이디어를 바탕으로 한 그들의 목적은 안보에 대한 단일한 비판적 접근법을 발전시키는 것이 아니라 전통적인 군사적이고 국가중심적 사고들에 의해 강요된 관점의 제한성과 관련된 다양한 우려를 기반으로 한 것이었다. 그들은 왜 국가에 그렇게 많은 관심이 주어졌는지 질문하고, 그러한 국가 우위 상황에서 어떻게 다른 실체들이 소외되었는지 드러내려 하였다. 그들은 '비판적'이라는 포괄적 용어 하에 전통주의적 접근법에 대한 다양한 비판들을 망라하였다. 그 학술회의의 발표문들은 『비판안보연구』라는 제목으로 1997년에 출간되었는데, 이는 단일한 체제의 제시가 '아니라' 주류 담론에 반대하는 이들 사이에 토론을 촉구하려는 명백한 의도를 가진 것이었다. 그러한 노력은 하나의 무대를 창출하는 데에 성공하였고 따라서 안보연구에 있어서 소외되어왔던 다양한 고민들이 전통주의적 접근법에 의해 강요된 제한성과 관련하여 제기될 수 있었다.

『비판안보연구』에 수록되었던 다양한 접근법들 중에는 안보대상에 대한 문제제기만이 아니라 안보는 군사안보 이상의 것임을 주장하는 시각도 있었다. 이런 접근법은 전통주의적 접근법이 안보를 연구함에 있어서 차용했던 방법들도 아울러 비판하였다. 현실주의는 자신의 방법이 객관적이고 과학적(실증주의적)임을 주장하였다. 그러나 이런 방법은 인간의 상호작용을 분석하는 데 적절하지 않음이 점차 인식되었고, 현재 비판적 관점은 탈실증주의적 방식의 지식과 이해를 강조한다. 이러한 접근법들에는 페미니즘과 사회구성주의가 포함되는데, 이 둘에 대해서는 이 책의 별도의 장에서 자세히 다룬다. 이 장에서는 그 외 몇 가지 비판적 관점들의 핵심을 간략히 소개하는데, 여기에는 콕스(Robert Cox)가 제기한 문제해결(problem-solving)이론과 비판이론과의 구분, 부스(Ken Booth)의 웰시학파(Welsh School), 탈구조주의와 탈식민주의가 포함된다. 이들 모두 현실주의와 같은 소위 실증주의의 제한적이고, 군사적이고, 국가중심적인 성격에 반대한다.

문제해결이론과 비판이론

이론은 세상에 대한 이해를 증진하는 것 외에도 목적과 유용성을 드러냄으로써 자신의 존재를 정당화할 필요가 있다. 이 점이 이제는 보편화된 질문들, 즉 비판적 접근법의 목적은 무엇인가, 그리고 안보연구에서 이론이 강조되는 이유는 무엇인가라는 질문을 중요시하는 안보연구자들을 혼란스럽게 할 수 있다. 이 두 가지 질문에 대해서는 다음과 같은 콕스의 유명한 금언으로 답을 할 수 있다. "이론은 항상 누군가를 위한, 그리고 어떤 목적을 위한 것이다" (Cox, 1995: 85). 이는 비판적 접근법의 배경에 있는 핵심 목적을 적절히 보여주지만, 동시에 안보연구에 있어서 이론의 중요성도 강조한다 — 즉, 이론은 사람들의 삶을 개선하는 과정을 창출하는 목적을 위해 존재한다. 비판이론가들은 이를 '해방'이라고 일컫는다.

콕스는 더 나아가 비판이론과 그가 '문제해결' 이론이라고 칭한 전통주의적 접근법을 구분함으로써 안보연구에 중요한 비교점을 제시하였다. 그는 이론을 우리 주변을 이해하는 도구로, 결정적으로는 위에서 언급한 '해방의 과정'과 연계하여 세상을 더 낫게 변화시키는 기반으로서 바라봤다. 따라서 콕스는 이론의 두 가지 구별되는 목표를 강조하였다. 첫째는 자유주의나 현실주의와 같은 접근법들에 의해 명시된 문제해결이라는 목표이다. 이 경우 이론은 국제체제의 문제들을 정의하고 문제가 있는 과정을 교정하기 위한 지침을 제공함으로써 그 체제가 원만히 작동할 수 있도록 한다. 콕스도 문제해결이론의 이런 측면을 부정하지 않는다는 점은 중요하다. 실제 그는 이런 이론의 강점이 국제체제의 기존 정치구조 내 문제를 식별하여 체제를 불안정하게 만들 수 있는 모순들을 고립시켜 제시하는 수단으로서의 가치에 있다는 점을 인정한다. 예를 들어, 국가 간 군사적 불균형이 지역 내 불안정을 증가시키는 문제로 이어진다면, 신현실주의와 같은 문제해결이론은 안정성을 가능한 안정성 재구축 조치로 대립하는 국가들 간의 군사적 균형을 구축하는 방안을 제시할 수 있다.

그러나 비판이론가들은 문제해결이론의 이런 제한적 목표에 만족하지 않는다. 왜냐하면 이런 이론은 특히 국제체제 내 기존 질서에 대한 수용을 기반으로 하기 때문이다. 그렇다면 문제해결이론은 기본적으로 국제체제 내에서 직면하게 되는 문제에 대한 해결책을 판별하기 위해 기존의 국가기구와 단순히 함께 일하는 것을 의미한다. '세상을 있는 그대로' 수용하는 이러한 결과는 체제의 기존 구조의 영구화에 기여하는 것이고, 만약 그런 구조가 근본적으로 공정하지 않다면 문제해결이론은 어떠한 해방의 결과를 제공하는 데에 실패하게 된다. 바로 이 점에서 비판이론이 문제해결식 접근법들과 가장 큰 차이를 보인다. 세상을 있는 그대로 수용하기를 거부하는 것이 현실주의와 자유주의 같은 전통적 이론에 대한 비판이론의 불만족을 표출하는 기반을 구성한다. 이들 전통주의적 접근법에서는 국제체제에 대한 이해가 국가 간 상호작용 방식에 대한 추가적 이해의 본질을 구성하는 특정한 경직되고 고정된 전제를 기반으로 한다. 예를 들어, 무정부가 그런 전제 중의 하나인데, 현실주의와 자유주의(그리고 이들의 최근 '신' 유형도 함께)에 있어서 이는 국제체제의 근본적이고 확고부동한 조건이다.

이런 종류의 경직성은 비판이론과 양립할 수 없는데, 콕스와 같은 비판이론가들은 자신들의 이론화가 기존 질서의 수용을 거부한다는 측면에서 전통적 이론보다 월등히 우월하다고 주장한다. 이는 기존 체제가 실제로 공정한지 여부를 판단하기 위해 그 질서의 성격과 기원을 문제삼는, 핵심 목표에 의해 강화된다. 바로 이런 목표가 비판이론가들이 자신들의 이론화가 해방을 기반으로 한다고 주장할 수 있는 근거이다. 문제해결이론의 암묵적 전제가 되는 구조적 조건을 문제시함으로써 비판이론가들은 모든 유형의 이론가들에게 국제체제를 이해하기 위한 자신들의 접근법 자체에 질문을 하도록 기여하여 왔다. 비판이론은 국가적, 지역적, 혹은 세계적 기구를 주어진 것으로 받아들이지 않고 그 기원과 사람들의 삶을 개선할 수 있는 변화의 과정의 일부가 될 수 있는지 여부에 대해 질문한다. 비판이론가들은 더 나아가 문제해결이론이 체제를 있는 그대로 수용함으로써 내부에 불공정한 실천을 포함하는 국제체제의 현상을 영구화하는 데 기여할 뿐이라고 주장한다. 비판이론은 사색적임을 표방하는데, 만약 사회적 조사의 목적이 기존 실천에 대해 의심하고 인류의 삶을 개선하기 위한 변화를 불러오는 것이라고 한다면, 비판적 이론화는 그런 변화를 실현하기 위한 지침의 역할을 수행하기에 가장 적합하다. 비판이론가들은 국제체제가 자연발생적으로 존재할 수 없으며 창조된 것이라는 점을 상기시키려 노력한다. 만약 그렇다면 그 구조와 과정이 인간을 억압하고 해롭게 하기보다는 해방시키는 방식으로 '창조'될 수 있는 것이다.

인간안보 접근법과 콕스의 견해를 비교하면 유용한 함의를 도출할 수 있다. 인간안보에 대한 최초의 개념화는 국제관계, 개발학 및 전략연구를 포함하는 다양한 주제들을 기반으로 한 1994년 유엔의 보고서에서 비롯되었다. 이 인간중심적 접근법은 국제안보를 위한 상징으로서 '결핍으로부터의 자유(freedom from want)'와 '공포로부터의 자유(freedom from fear)' 양자를 강조한다.

이 접근법이 도입된 이래 일본, 노르웨이, 캐나다 등이 접근법의 다양한 요소들을 채택하였고, 인간안보의 핵심적인 목표는 국가가 개인의 안보를 지키고 증진시킨다는 약속을 할 수 있게 만든다는 것이다. 이것이 인간안보 접근법에 **강한 정책 지향성**을 부여하였고, 몇 국가가 이를 정책의 틀로 채택함으로써 인간안보 접근법은 국가에 대한 도전을 꺼린다는 비난으로 이어졌다. 역으로, 비판이론은 국가를 개인안보 불안의 주요 원인 중의 하나로 간주하고 인간안보가 국가권력의 '실제'를 인정한다고 비판한다 (글상자 3.2 참조). 인간안보 접근법은 개인을 안보의 대상으로 부각시킨 것으로 보이긴 하지만, '국가 주권', '세력균형' 또는 '국가안보' 등의 전통적 구조를 반대하지 않는다. 이는 인간안보가 보이는 것처럼 국가에 대해 비판적이 아닐 수 있음을 의미하며, 바로 이 점이 콕스에 영감을 받은 비판이론가들에게는 가장 중요한 실패로 간주된다.

위와 같은 간략한 논의를 통해 비판적 접근법의 기본 요소를 파악할 수 있다. 스스로를 비판이론가로 부르는 사람들이 공유하는 가장 핵심적 요소는 편협한 국가중심적 군사안보에 대한 강조의 분명한 거부이다. 이런 요소가 군사적 영역을 초월하여 안보 개념을 심화하고, 개인의 불안을 증대시키는 것이 실제로는 국가라는 견해를 강화하는 영향을 미쳐왔다. 전통주의자들은 국가안보가 최고의 중요성을 지닌다고 간주하고 개인의 안보는 국가안보와 불가분의 관계라고 주장한다. 국가에 대한 이런 강조는 국제체제의 지배적 조건이 무정부이기 때문에 국가가 자신의 운명의 궁극적 결정권자가 된다는 현실주의자들의 주장에 의해 강화된다. 다른 어떤 기관도 국가와 그 이익 또는 물리적 안녕을 '보호'할 수 없는 것이다. 결과적으로 국제체제 내 다른 국가의 공격적 욕망으로부터 자신을 보호하기 위해 국가는 스스로의 의지, 잠재력, 군사력, 그리고 외교적 역량에 의존할 수밖에 없게 된다. 그렇다면 이런 관점에서는 분명히 국가 이외의 다른 안보 대상이 존재할 수 없고 개인의 중요성은 단지 국가의 부속물의 수준으로 격하되게 된다. 이런 견해를 국가로부터 개인으로 안보연구 분야를 재조정하려는 이들은 잘 받아들이지 않는데, 이들은 그에 대응하여 국가 스스로가 종종 의도적으로 개인을 해친다는 점을 강조한다. 글상자 3.2의 사례들은 국가와 개인 사이의 그런 갈등을 보여준다.

위의 사례들은 여러 이슈에 주목하게 하는데, 그 중에서 가장 중요한 질문은 다음과 같다. 국가가 등을 돌렸을 때 개인을 돌보는 것은 누구의 책임인가? UN과 국제사회가 개입하여 취약한 시민들을 보호하는 역할을 수행해야 한다고 주장하는 것은 너무 단순하다. 이는 국제사회가 시민들이 위협받고 살해당하는 상황에 개입하지 않았다고 얘기하는 것이 아니다. 실제로 1945년 이래 UN의 역사를 보면 다수의 개입 사례를 확인할 수 있다. 그러나 대부분의 개입 사례에서 공통적으로 관찰되는 것은 결과가 애매하거나 부정적이었다는 것이다. UN이 평화와 안보를 확보하는 데 실패하거나 기존 상황을 악화시켜 결과적으로 시민들의 안보를 감소시켰다는 것이다. 이 장에서 이들 사례를 자세히 다룰 수는 없고 국제연합을 다루는 장에서 관련 중요 이슈와 사례들을 설명할 것이다. 역사적으로 보면 국가가 자국 시민에 대해 야만적 행

글상자 3.2 개인안보의 약화

국가가 자국 시민을 위협했던 사례는 무수한데, 아래의 예가 그 중 대표적이다.

살롯 사(Saloth Sar, 과거 크메르 루즈의 지도자인데 흔히 폴 포트로 불렸다 – 역자 주)**와 캄보디아의 킬링필드(Killing Fields).** 국가가 자국 시민에 대해 저지른 가장 최악의 사례 중 하나가 캄보디아의 살롯 사 정권이 1970년대에 저지른 것이다. 총리(1976~1979년)로 재임하는 가운데, 농장의 대규모 집단화, 그리고 교육, 종교, 사유재산 및 통화의 폐지가 그의 정책에 포함되었다. 농장에서의 강제 노동, 의료 부족, 정권에 저항하는 사람들의 숙청이 200만, 즉 전체 인구의 거의 3분의 1이 사망하는 결과를 초래했다.

사담 후세인(Saddam Hussein)과 할라브자(Halabja, 1986~1989년). 이란-이라크전쟁(1980~1988년) 때, 자국민에 대한 역사상 가장 끔찍한 화학 공격이 1988년 3월에 발생하였다. 당시 이라크 대통령이었던 후세인은 쿠르드 도시인 할라브자에 화학무기를 투하했다. 그 공격으로 대략 오천 명이 사망했고 만 명 가량이 부상했다. 이후에도 질병과 선천적 장애 등의 후유증으로 많은 이들이 사망했다. 할라브자는 1986년부터 1989년까지 후세인 정권이 북부 이라크 지역의 쿠르드 주민들을 대상으로 진행한 광범위한 작전의 일부였다. 안팔(*Anfal*)로 알려진 이라크 군대에 의한 이 공격은 육상 및 공중 작전을 통한 민간 시설의 파괴, 대량 난민의 발생과 즉결 처형, 그리고 화학무기 공격까지 이어졌다. 이 공격으로 사천 개 이상의 쿠르드 마을이 파괴되고, 200만 명 이상이 사망하고, 350만 이라크 쿠르드 인구의 3분의 1 이상이 난민으로 남게 되었다. 이 작전은 국제사회가 대량학살 사례는 물론 반인륜적 범죄로 인정하여 왔다.

짐바브웨의 로버트 무가베(Robert Mugabe). 짐바브웨에서 무가베는 과거에는 물론 현재에도 여전히 해방자로 인식된다. 1980년 선거에서 그가 압승을 거두게 한 것도 백인 소수자에 저항하는 해방운동에서의 역할 때문이었다. 1980년부터 1987년까지 총리로 재직한 이후 그는 최초의 국가 원수가 되었고 아직도 그 지위를 유지하고 있다. 최근 짐바브웨의 폭력은 불공평한 토지 분배로 귀결된 식민통치의 결과이다. 즉 소수의 짐바브웨 백인들이 대부분의 비옥한 농경지를 보유하게 된 것이다. 애초에 무가베 정권은 토지를 백인으로부터 흑인 주민에게로 재분배하는 논쟁적인 프로그램을 시작함으로써 이런 불공평을 시정할 것으로 기대되었다. 많은 이들이 식민적 불공정을 바로잡는 것으로 칭송했지만, 그 과정은 많은 국가들의 비판에 직면했다. 특히 영국은 무가베가 폭력적인 방법으로 토지를 수탈했다고 비판했다. 이런 폭력에는 여성 강간과 그의 원칙 및 정책에 반대하는 인사와 시민들에 대한 살해가 포함되었다.

동을 하는 사례가 많았고, 이 특정 실체가 종종 개인안보를 약화시키는 데 적극적으로 행동했다는 데에 큰 의심이 없게 된다. 따라서 웰시학파를 포함하는 모든 갈래의 비판이론가들이 국가에 대한 고유한 견해를 가지고 있다고 할 수 있다. 즉 국가는 최종 수혜자라기보다는 개인안보를 달성하기 위한 수단으로서 기능해야 한다는 것이다.

부스와 웰시학파

개인의 해방과 최종 수혜자가 아닌 안보 제공자로서의 국가라는 주제는 부스(Ken Booth)에 의해 더 진전되었다. 그는 진정한 안보란 해방이 인간 개인을 위한 것일 때 달성될 수 있다고 주장하였다. 부스는 이런 생각을 1991년에 발간된 "Security and Emancipation"이란 논문과 이를 계승한 두 권의 책 — 『비판안보연구와 세계정치(*Critical Security Studies and World Politics*)』(2005) 및 『세계안보이론(*Theory of World Security*)』(2007) — 에서 제시하였는데, 이는 비판이론을 강화하려는 결정적 노력이라고 할 수 있다. 이들 저작에서 부스는 안보 개념의 과감한 재정의를 요구했고 안보연구에서 개인의 해방이 새로운 방향이 되어야 한다고 선언했다. 그가 웨일즈 에버리스트위스대학에 적을 두었기 때문에 그의 주장은 웰시학파라고 명명되었다. 웰시학파가 다른 비판적 접근법과 뚜렷이 구별되는 점은 비판이론의 프랑크푸르트학파(Frankfurt School)와 밀접히 연결된 견해에 영향을 받은 후기 마르크스주의자(post-Marxist)와 관련된다는 점이다.

무엇보다도 부스는 두 개의 요인을 특히 강조했다. 첫째, 해방이 반드시 안보연구의 주 목적이 되는 지위로 격상되어야 한다. 둘째, 안보이슈에 대한 모든 형태의 연구가 자기성찰적이어야 하고 규범적 기반을 가져야 한다. 궁극적으로 이는 이 전통의 핵심 목적인 인간해방에 대한 관심과 잘 어울린다. 전통주의자들의 견해는 객관성을 강조함으로써 웰시학파의 규범적 중요성을 폄하하였다. 그러나 스미스(Steve Smith)의 주장처럼 "안보의 의미를 정의함에 있어 중립적인 자리란 없고, 모든 정의는 이론 의존적이고 결과적으로 모든 정의는 규범적 위임을 반영한다" (Smith, 2005: 28). 따라서 부스는 해방을 하나의 특전으로 묘사하고, "진정한(견실한) 안보는 사람과 집단이 다른 이들의 안보를 빼앗지 않는 경우에만 달성될 수 있다" (Booth, 1991: 319)고 주장한다.

사실상 부스에게 있어 안보와 해방은 하나의 동전의 양면이고, 이런 접근법은 군사력을 우선시하는 현실주의의 국가중심적 견해에 반대한다. 부스의 해방은 개인이 '그들이 자유롭게 선택한 것을 이행하지 못하도록 하는 물리적·인간적 제약'으로부터 자유로울 때 달성되는 것이다. 부스는 계속하여 "전쟁 및 전쟁의 위협도 빈곤, 부실 교육, 정치 탄압 등과 마찬가지로 그런 제약 중의 하나이다"라고 강조한다 (Booth, 1991: 319). 이런 해방의 관점을 통해 부스는 전통주의적 접근법의 문제해결적 성격을 탈피할 수 있었다. 결국 부스가 현실주의의 국가중심적 견해에 반대하는 것은 현실주의가 안보의 기본적 수혜자로서의 국가를 받아들이기 때문이다. 부스는 이를 비논리적이라고 간주하고 그 자체로서가 아니라 개인의 안보를 달성하기 위한 수단으로서의 국가를 강조한다. 부스는 이를 집과 거주자 관계의 유추를 통해 적절히 설명한다.

> 집이 유지될 필요는 있다. 그러나 만약 홍수, 부식 그리고 도난으로부터 집을 보호하기 위해 거주자의 행복을 희생하면서까지 과도한 비용

> 과 노력을 들인다면, 그것은 비논리적이다. 분명히 거주자의 행복과 주거지의 상태는 연관이 되지만, 과연 누구의 안보가 우선적인지에 대해 의문이 있을 수 있는가?
>
> (Booth, 1991: 320)

마지막으로, 부스는 국가 자체를 거부하거나 현실주의자의 세계정치 인식을 무시하지도 않는다. 하지만 그는 정치는 진화할 필요가 있으며 현실주의와 같은 전통주의적 접근법이 대체적으로 무시하는 윤리적이고 인간중심적인 고민에 대해 보다 많이 주의를 기울여야 한다고 주장한다. 현실주의자들은 국가를 격상시킴으로써 다른 모든 가능한 안보대상을 배제시키는 큰 대가를 치르게 한다. 바로 이점이 부스와 콕스 같은 비판이론가들이 아주 부당하다고 지적하는 부분이다. 특히 부스는 개인의 중요성을 강조함으로써 안보연구 분야의 지평을 확장하는 데 크게 기여하였다. 그는 더 나아가 어디서나 사람들이 인권 탄압, 내전, 정치적 탄압, 부패, 환경파괴 및 거버넌스의 부재 등을 포함하는 다양한 위협의 조합으로부터 안보를 위협받는다고 주장하면서, 전통주의의 패권에 대해 저항할 것을 독려한다. 이것은 강한 실천적 요인이 해방에 존재하고 그것이 비현실적인 공상적 목표가 아니라는 점을 시사한다. 부스는 집단, 사람들과 개인들의 일상적 투쟁이 바로 해방의 개념이 구축될 수 있는 기반을 제공한다고 강조한다.

다른 비판적 접근법들

비판안보연구는 분명 현실주의와 같은 전통주의적 접근법들이 당연하게 간주했던 몇 가지 주요 요소에 대해 문제제기를 하는 데 성공적이었다. 현실주의는 국제 현실의 출중한 행위자로서의 국가를 맹목적이고 절대적으로 수용하는데, 이는 종종 개인을 위협하는 것이 국가 자체임을 강조하는 비판이론가들의 면밀한 검토의 대상이었다. 비판안보연구의 도래는 이 분야의 영역을 현저히 확장하였고 이는 환영받을 수밖에 없는 일이다. 그러나 비판적 접근법에 대한 분석은 두 개의 다른 전통 — 탈구조주의와 탈식민주의를 다뤄야 완성될 수 있다. 이들 역시 현실주의와 같은 전통주의적 이론들의 전제 중 많은 부분에 대해 이견을 제기하기 때문에 이들을 비판적 접근법을 다루는 장에 포함시키는 것은 의미가 있다. 탈구조주의는 우리가 국제적 현실의 어떤 측면이든 이해해야 한다면, 현실주의(또는 자유주의)와 같은 전통주의 접근법이 채택하는 과학적(실증주의적) 방법의 특징인 사전 결정된 설명을 수용하기보다는 해석과 숙고에 보다 많은 중요성을 부여해야 한다고 주장한다. 탈식민주의 접근법은 한 발 더 나아가 안보연구의 서구 중심성을 지적하고, 이 분야가 대부분 과거 유럽국가들의 식민지였던 개발도상 지역이 직면한 특유의 문제를 분석하는 데 필요한 적절한 이론적 도구를 보유하고 있는지를 의문시한다. 우리는 개발도상 지역의 역사적, 정치적, 사회적 문화적 맥락이 그들이 직면한 안보문제를 분석하기 위한 고유의 이론적 기준을 필요로 한다고 주장한다.

탈구조주의

탈구조주의는 확실히 복잡한 개념이어서 이해를

위해서는 일정 정도의 단순화가 필요하다. 그 하나의 방법은 '구조주의'라는 용어를 생각해보는 것이다. 왜냐하면 탈구조주의는 이 접근법을 극복하는 것을 목표로 하고 그 주요 전제에 대해 반대하기 때문이다. 구조주의는 21세기 전반부에 발전하였고, 그 영향력은 여전히 사회과학 분야에서 지속된다. 구조주의는 확실하고 객관적인 지식에 도달해야 할 필요를 강조하면서 결정론적이고 몰역사적(a-historical)인 것을 모색하였다. 안보연구에 있어서 현실주의 등의 이론은, 실증주의에 입각한 확실하고 객관적인 지식이 국제적 현실을 이해하는 기초를 형성한다고 주장한다. 구조주의자들은 더 나아가 사회가 특정하고 미리 결정된 구조와 양식에 따라 조직되기 때문에 이들 구조를 분석함으로써 정치학, 사회학, 국제관계학, 심지어 안보연구 분야에서도 실증주의적 방법론 — 비록 이는 사회과학보다는 자연과학에 더 적합한 접근법이긴 하지만 — 의 객관적 원칙들을 채택하여 관련 현상들에 대한 분석이 가능하다고 주장한다.

구조주의는 소쉬르(Ferdinand de Saussure)로부터 강한 영향을 받은 언어이론으로 출발하였는데, 그는 언어가 성공적으로 소통되기 위해서는 따라야 할 확정적인 구조가 있다고 주장하였다. 다른 분야에서 이를 원용하여 적용하기 시작하였고 그 핵심은 결정론, 객관성 및 몰역사성의 강조였다. 예를 들어, 비고(Didier Bigo)는 안보연구 분야에 체화된 지식은 정치학자들에 의해 부과된 엄밀성으로부터 강한 영향을 받아왔다고 주장한다.

> [그들은] 역사적이고 사회적인 궤적을 (종속 및 독립) '변수들'로 바꾸는 '사례연구' 방법은 물론 합리적 선택이론과 일반적 추상화를 선호한다. 결과적으로, 이 분야의 주요 개념들은 귀화(naturalized)되고 본질화(essentialized)되었다 — 즉, 그 고유의 역사성을 상실하게 되었다. 이론은 '과학적 법칙'을 모방하기 위한 시도 속에서 순수한 추상화와 최소의 서술로 연결되었다.
>
> (Bigo, 2013: 121)

구조주의의 뿌리는 근대성과 계몽에서 찾을 수 있다 — 이 중 전자는 봉건주의로부터 자본주의로의 전환, 산업화의 도래, 세속화, 합리성, 그리고 국민국가의 득세를 강조했다. 다른 한편으로 계몽은 중세주의 전통의 특징인 종교 교리와 미신을 버릴 수 있는 인간의 사고 능력을 강조했다. 이런 문화 운동이 18세기 유럽을 지배하였고, 인간의 선천적 사고능력의 강조 외에도 과학적 과정을 통해 획득된 지식의 중요성이 강조되었다. 결과적으로 미신, 불관용, 교회나 국가에 의한 학대가 사회 내의 합리적 구조와 제도에 의지함으로써 대체되어야 할 사회악으로 인식되기에 이르렀다. 이 영향은 안보연구 분야에 여전히 남아서 현실주의와 같은 전통주의적 접근법들은 세계가 어떻게 작동하는지에 대한 지식을 구성함에 있어서 근대주의적이고 실증주의적인 기반에 의존하고 있다. 더 나아가 이 지식은 객관적, 가치중립적, 그리고 과학적이라고 서술된다. 안보연구에 있어서 이론화의 상당 부분은 여전히 현실주의 세계관에 심하게 의존하고, 책의 다른 부분에서 서술하는 것처럼 현실주의 지식은, 군사적 수월성이 국가행동을 규정하는 무정부 환경에서 유사한 주체와 공간을 같이하는, 이성적으로 행동하는 국가라는 관점에 주로 의존한다. 저명한 탈구조주의자인 애슐리(Richard Ashley)는 그런 접근법들이 '기존 질서를 자연적 질서로 취급'하게 하는 논리의 함정에 빠진다고 본다 (Ashley, 1986: 259).

따라서 탈구조주의는 구조주의 개념에 의해 부과된 엄밀성으로 간주되는 것의 극복을 시도한다는 점에서 이 장에서 소개한 다른 비판적 접근법과 몇 가지 핵심적 요인을 공유한다. 탈구조주의의 지식 구성에 있어서 실증주의 방법론을 부정하고 비판의 필요성을 인정하는 것은 다른 비판이론들에서도 핵심 목표이다. 그러나 탈구조주의는 현실주의와 같은 객관적이고 과학적인 웅장한 서술에 의한 주장의 인정 거부로 대별되는 급진적 의제 때문에 차별화된다. 탈구조주의자들은 지식이 결코 고정적이지 않으며, 불안정하고, 예측불가능하며 불규칙적이라는 견해에 상당히 개방적이다. 이것은 현실주의와 같은 전통주의 접근법을 거부하는 것은 물론, 더 나아가서 부스에 의해 시작된 비판안보연구의 웰시학파의 기본을 이루는 해방과 인간의 사회적 진보라는 생각에도 거침없이 문제를 제기한다. (안보연구를 포함하여) 인간의 삶에 대한 지식을 구성한다고 주장하는 영향력 있는 서술에 대한 탈구조주의의 비판은 인정할만한 목표이지만, 그런 삶에 대한 대안적 선택권을 제시하지 못한다는 것은 종종 탈구조주의의 심각한 한계로 지적된다.

탈구조주의는 쉽게 이해하기 힘든 접근법이지만, 데리다(Jacques Derrida)와 같은 다수의 사상가들이 몇 가지 공통 주제를 강조하여 왔다. 그는 '로고스중심주의(logocentricism, logocentrism이 일반적으로 사용되는 단어임 – 역자 주)'라는 개념을 사용하여 텍스트 내의 특정 요소가 다른 것보다 더 중요성을 가지게 되는 방식에 대해 언급하였다. 로고스중심주의는 텍스트 내 이중성(포함/배제 또는 내부/외부)의 구성과 관련이 있는데, 이것은 대립하는 주제들 간에 위계의 구축으로 이어진다. 안보연구에 있어 가장 유명한 이분법적 관계는 무정부와 주권 사이의 관계에서 찾아볼 수 있다. 현실주의와 같은 전통주의 접근법은 확고히 구축된 주권적 실체로서의 국가 개념에 최고의 중요성을 부여한다. 국가의 내부는 법치, 안정, 그리고 외부에 존재하는 무정부로부터 안전한 환경으로 특징지어진다. 반면 외부는 법치가 부재하고 국가들 간 사활적 지속적 충돌 가능성으로 대표되는 준-홉스주의적(quasi-Hobbesian) 조건으로 간주된다. 따라서 현실주의에 있어 국가는 내·외부 공간, 주권과 무정부, 우리와 그들, 그리고 의무와 소홀 사이의 구분을 확고히 한다. 그러나 애슐리는 국제관계의 국가중심적 설명의 특권화가 자연스럽고 필연적인 것으로 간주되어온 방식에 대해 문제를 제기한다. 예를 들어, 그는 주권이라는 개념은 그것이 각 국가 내부의 고도의 합의에 크게 의존한다는 점에서 문제가 있다고 주장한다. 더 나아가 그는 주권에 대한 이런 서술은 국가 내부의 차이들이 무시될 때에만 타당하고, 이것이 균일성의 인상을 부여한다고 주장한다 (Ashley, 1989).

탈구조주의 사상에 중요한 기여를 한 또 다른 인물인 푸코(Michel Foucault)는 벤담(Jeremy Bentham)의 파놉티콘(panopticon) 개념을 원용하여 특정 서술이 다른 것보다 특권화하는 방식을 보여주었다. 벤담은 파놉티콘을 지속적 감시 도구로 기능하는 감옥으로 간주하였다. 이 방식으로 건축된 감옥에서 수형자는 누구도 중앙의 높은 곳에 위치한 간수를 볼 수 없고, 반면에 간수는 항상 수형자 모두를 감시할 수 있다. 이러한 생각은 그 어떤 수형자도 자신이 감시되고 있는 순간을 알 수가 없고, 이것이 만들어내는 정신적 불확실성이 수형자들이 스스로를 규율하도록 하는 데 충분하다고 생각하는 데에서 기인한 것이다.

푸코가 벤담의 파놉티콘 개념을 사회가 어떻게 두 층위에서 기능하는지를 설명하기 위한 은유로 사용했다는 점은 특별한 중요성을 가진다. 그 첫째는 내·외부 이원론의 개념이다. 이는 내부에 있는 것은 무엇이든 일련의 적절한 도덕률을 따르고 좋은 것으로 인식되는 반면, 외부는 부적절하고, 위험하고, 부차적인 법칙에 따라 기능한다고 보는 것이다. 이는 앞에서 언급했던 무정부/주권의 이분법과 밀접히 연결된다. 둘째는 파놉티콘이 현대사회에서 권력의 상징으로 기능하는 방식에 관계된다. 1975년에 출간된 『감시와 처벌(*Discipline and Punish*)』에서 푸코는 어떻게 근대의 제도들 — 군대, 병원, 학교 등 — 이 시간이 지나면서 파놉티콘과 같은 성격을 획득하였는지를 보여주었다 (Foucault, 1975). 이들 위계적 구조의 통제권을 가진 이들은 하급자들에 대해 거의 상시 감시 능력을 가질 수 있고, 이런 감시는 기술이 진전함에 따라 한층 강화되어 와다. 오늘날 거의 보이지 않는 감시 기술이 일반 대중들에게 그들의 일상생활을 들여다보는 것이 가능하다는 점을 항상 상기시킨다. 푸코는 사회에 대한 감시가 완성되었다고 주장할 것이다.

탈구조주의는 1980년대에 국제관계학 분야에 진입하였고, 바로 이어 안보연구 분야에도 진입하였다. 위에서 언급한 푸코, 데리다 및 애슐리 외에도 데어 데리안(James Der Derian)과 샤피로(Michael Shapiro) 같은 다수의 영향력 있는 탈구조주의 사상가들이 있다. 그들의 초기 연구는 주로 현실주의 및 신현실주의와 같은 전통주의 접근법들의 지식에 기반을 둔 주장을 비판하는 데 집중되었다. 1980년대 후반의 글에서 그들의 의도는 어떻게 이들 접근법이 세계정치에 대해 주장될 수 있었던 것에 중요한 제한을 가했는지를 보여주는 데에 있었다. 그들의 권력, 국가와 무정부에 대한 제한적이고 엄격한 전제는 그들의 실증주의적 입장과 분야에 대한 지배력과 함께 결합하여, 연구 주제를 규정하기만 한 것 아니라 제기될 수 있는 질문의 종류까지 정의하였다. 탈구조주의자들은 그런 제한에 대해 반기를 들었고, 전통주의 접근법이 새로운 초국가적 행위자들의 역할을 무시할 뿐만 아니라 세계의 가난하고, 탄압받고, 소외된 사람들을 주변화한다고 비판하여 왔다. 따라서 탈구조주의의 핵심은 명확히 '비판적'인 것이고, 탈구조주의의 주류 접근법에 대한 전투에는 강한 윤리적 함의가 있는 것으로 보인다.

탈식민주의

안보연구에 있어서 비판적 접근법에 대한 논의에 있어서 탈식민주의라는 새로운 발전을 소개할 필요가 있다. 이 장에서 소개된 다른 접근법과 탈식민주의가 공유하는 점은 안보에 대한 주류 설명에 대해 비판적인 성향을 보인다는 것이다. 탈구조주의 연구들은 안보연구 분야의 서구적 성향을 비판적으로 고발한다. 탈식민주의는 아울러 현실주의와 같은 주류 접근법들의 패권에 반기를 든다는 점에서 탈구조주의와 상당한 기반을 공유한다. 예를 들어, 양자는 세계화와 탈식민화가 세계정치를 상당히 변화시켰고, 이 요인이 전통적인 현실주의자들이 자신들의 접근법이 변화를 설명하기에 적절하지 않다는 점을 인정하게 하는 데 충분할 것이라는 전제를 공유한다. 탈식민주의 및 탈구조주의 사상사들은 현실주의와 같은 접근법이 대안적 견해와 행위자들을 주변화하면서 동시에 여전히 안보연구의 주변부에 위치한 집단, 개인 및 아이디어로부터의 인정을 위한 청원을 무시하는 데 성공해온 방식에 대해 불평하여 왔다.

따라서 탈식민주의 연구의 중요한 목적은 안보에 대한 서구적 고려의 분석에 있어서 개발도상 지역이 자리하지 못한 것에 대한 도전이다. 실제로 안보연구의 강한 유럽 중심적 성향은 이 분야가 전통적으로 주권국가 간의 투쟁, 특히 전쟁과 평화의 문제에 주로 집중해온 방식에 반영되어 왔다. 이런 특징은 특히 군사력 균형을 유지함으로써 국가 주권을 보호할 필요를 중심으로 강대국 정치가 진행되던 냉전 시기에 강화되었다. 이는 안보연구 분야가 구 식민지 국가들이 직면한 고유의 문제들을 다루는 데 필요한 이론적 도구를 개발하는 데 대체로 실패했다는 것을 의미한다. 비판안보연구는 안보에 있어서 무시받는 비군사·안보 요소를 다루는 방향으로 진전한 것이 사실이다. 하지만 이런 진전도 서구중심주의의 영역에 여전히 남아있다는 지적이 있다. 예를 들어, 윌킨슨(Claire Wilkinson)은 안보와 국가에 대한 서구적 이해가 어떻게든 보편적으로 적용된다는 코펜하겐학파의 추정을 불신한다 (Wilkinson, 2007).

결론

비판안보연구는 확실히 도전적 분야이다. 그것은 다수의 다양한 관점을 포괄하는 광범위한 분야이고 이제 안보연구에서 중요한 위치를 차지할 정도로 진화해왔다. 비록 분야 내 다양한 지지지자들 사이에 이견이 존재하는 것도 사실이지만, 그럼에도 불구하고 몇 가지 핵심적 요인을 추려낼 수 있다. 초기 사상가들의 집결 계기는 현실주의와 같은 전통적 안보이론의 군사적·국가중심적 핵심에 대한 불만이었다. 이 장에서 소개한 비판적 접근법들은 전통주의 접근법의 군사안보 및 국가 주권에 대한 강조가 종종 개인의 안보를 희생한다는 점에서 전통주의적 접근법의 한계를 지적한다. 이들 견해는 전통주의적 사고에 있어서 윤리적 차원이 부재하다는 점에 대해서도 매우 비판적이다. 부스의 해방 개념, 국제 구조가 근본적으로 정의로운지 여부에 대한 콕스의 우려, 그리고 비서구 국가의 개인과 사회가 직면하고 있는 문제에 대한 고려를 강조하는 탈식민주의의 움직임들은 안보연구의 규범적 영역을 상당한 정도로 확장하여 왔다.

요점

1. 비판안보연구는 안보연구에 있어서 전통적인 군사 및 국가중심적인 편협한 경향을 비판하는 다수의 갈래를 포함하는 광범위한 하위 분야이다.

2. 부스는 국가로부터 개인으로 관심을 전환시키려 한다. 그에게 있어서 개인의 해방은 진정한 안보를 달성하기 위한 유일한 방법이다.
3. 콕스는 문제해결이론과 자신의 비판이론을 구분한다. 전자는 세상을 있는 그대로 받아들이고 그것이 근본적으로 공정한지 여부에 대해서 고민하지 않는 반면, 후자는 불공정한 구조와 실천을 변화시키려 한다.
4. 탈구조주의 연구는 현실주의와 신현실주의와 같은 접근법의 지식에 대한 주장을 비판한다. 그들의 의도는 전통적 접근법이 어떻게 세계정치에 대해 주장되어야 하는 것에 제약을 가하는지를 보여주는 것이었다.
5. 탈식민주의 접근법은 비판이론이란 하위 분야를 포함한 안보연구 분야 전체가 개발도상 지역이 직면하고 있는 고유한 문제를 소외시킨다고 비판한다.

추천도서

Ashley, R. "Living on Borderlines: Man, Post Structuralism, and War", in J. Der Derian and M.J. Shapiro (eds), *International/Intertextual Relations: Postmodern Readings of World Politics*, Lexington, Mass: Lexington Books, 1989.

Booth, K. "Security and Emancipation", *Review of International Studies*, vol. 17, no. 4, October 1991, 313-326.

Buzan, B. and Hansen, L. *The Evolution of International Security Studies*, Cambridge: Cambridge University Press, 2009.

Cox, R. "Social forces, states and world orders: beyond international relations theory", *Millennium: Journal of International Studics*, vol. 10, no. 2, 1981, 126-155.

Foucault, M. *Discipline and Punish: The Birth of the Prison*, London: Penguin Books, first translation 1978.

Krause, K. and Williams, M. *Critical Security Studies: Concepts and Strategies*, London: Routledge, 1997.

4장 페미니스트 안보연구

웬디 스톡스(Wendy Stokes)

글상자 4.1 왜 페미니스트 안보연구를 해야 하는가?

- "페미니즘이 정치이다" (Phillips, 1998: 1).
- "젠더(gender)를 향한 침묵이 국제안보 분야에서보다 더 귀를 먹게 하는 곳은 없다" (Wadley, 2010: 39).
- "국가안보와 관련된 여성의 역할은 명확하지 않았다. 국가와 그 내부의 남성이 보호하는 대상으로 정의되는 여성들은 자신의 보호 상태에 대해 거의 통제력이 없다" (Tickner, 1992: 28).
- "여성성 또는 남성성을 '인간'이라는 단어로 통합하면 안보 실천의 성별적 기반을 은폐하는 실질적 위험이 존재한다" (Hudson, 2005: 157).
- "보편성의 이름으로 현실주의자들은 특정 남자의 경험을 기반으로 한 세계관을 구축하였다. 따라서 그 세계관은 우리에게 오직 실제의 일부만을 보여준다" (Tickner, 1992: 30).
- "따라서 인간안보의 성인지적(gender-sensitive) 개념은 반드시 여성들의 일상적 경험을 광범위한 구조적, 세계적 정치 과정 및 구조와 연결시켜야 한다" (Hudson, 2005: 164).

서론

페미니스트 안보연구는 안보에 대한 비판적 접근법 중 하나이다. 다른 비판적 접근법과 마찬가지로, 페미니스트 안보연구는 안보의 정의를 확대할 것을 요구한다. 이는 최소한 여성의 경험, 역할, 전쟁과 국가안보에 전쟁과 국가안보 인식에 대한 고려가 포함되고, 보다 발전된 형태로는 가정폭력, 경제, 식량 및 환경안보는 물론이고 '국가안보' 개념의 성인지적 특성을 고려한 다양한 기준을 포함하여 '안보' 개념을 확장할 것을 요구하는 것이다. 페미니즘이 안보연구에 어떻게 맞물리는지 이해하기 위하여 이 장은 페미니즘에 대한 개략적 소개를 시작으로 페미니스트 정치이론과 페미니스트 국제관계이론, 그리고 이어서 페미니스트 안보연구를 다룬다. 안보에 대한 페미니스트 접근법이란 표제로, 이 장은 전쟁과 평화에 대한 관점 및 인간안보와의 관계를 검토한다.

페미니즘

다른 어떤 정치이론보다도 페미니즘은 일상 생활의 실천에 기반을 두고 있다. 불평등에 대한 페미니즘의 개념화는 일상 생활에서 남성과 여성 간의 차이와 불평등에 대한 관찰을 기반으로 한다. 변화에 대한 개념화는 여성운동의 실천을 만드는 개인과 집단의 실천을 기반으로 한다.

여성운동은 '물결'로 묘사된다. 첫 번째 물결은 19세기와 20세기 초반에 있었던 투표와 정치 참여에 대한 요구였다. 두 번째 물결은 20세기 중반에 있었던 완전한 법적·사회적 평등을 위한 요구였다. 세 번째 물결은 보다 분산되지만 여러 사회로 하여금 다양한 폭력과 배제적 행위들을 인식하도록 하고 있다.

이들 물결 사이에서 여성운동은 침체되고 페미니스트이론은 수면 아래로 가라앉아 책, 대학 학과, 그리고 비정기적 소설이나 희곡에서 존재하였지만 대부분 대중들의 삶속에서는 눈에 띄지 않거나 심지어 조롱당하기도 하였다. 20세기 후반에 한동안의 휴지기를 보낸 후, 여성들은 다시 움직이고 있다. 페멘(Femen, 우크라이나 기반의 글로벌 여성운동 단체 - 역자 주), 여성예산그룹(Women's Budget Group, 영국의 여성운동 단체 - 역자 주), 소녀교육(the education of girls), 여성할례(FGM: female genital mutilation) 반대, 그리고 무력분쟁 시 성폭력 반대 운동 등이 대서특필된 몇 가지 여성운동 움직임의 사례이다.

여기서의 목적은 페미니즘 일반을 기술하거나 분석하는 것이 아니라, 국제관계와 안보연구에 있어서 그 역할을 검토하는 것이다. 그러나 특정 내용으로 들어가기 전에 일반적인 것을 이해하는 것이 중요하다. 페미니스트이론은 무미건조하고 학술적인 구성이 아니다. 이것은 수동적이지도 않고 완전하지도 않다. 이것은 사회와 인간관계에 대한 성장하고, 적응하고, 학습하는 이론이어서, 우리가 젠더와 관련된 실천에 대응하는 방식을 결정하는 것은 물론 그런 실천을 따르기도 한다.

이론의 기본 구성요소를 이해하고자 하는 소장 학자를 대상으로 하는 이 책과 같은 교재는 페미니스트이론의 다양한 학파에 대한 기술로 시작하는 경향이 있다. 그러나 그런 '학파'라는 개념은 우리가 어떻게 세상을 이론화하는지 그 실재를 타당하게 반영하지 못하고, 페미니즘의 현재적이고 변화하는 특징을 반영하지 못한다. 페미니스트이론의 모든 갈래는 성불평등이 사회전반에 걸친 불평등 행위와 세상의 작동에 대한 잘못된 믿음 양자를 뒷받침한다는 인식을 공유한다. 페미니즘과 여성운동에 참여하는 저술가와 활동가들은 불평등을 어떻게 다뤄야하는지는 물론 불평등이 어떻게 표현되고 초래되는지에 대한 인식에 있어서 다양한 스펙트럼을 보여준다. 그들은 성불평등이 보이는 다양한 영역에 관심을 가지며, 차별, 착취, 무시 등 서로 다른 사례에 주안점을 부여한다.

페미니스트이론을 뚜껑에 이름이 적힌 깔끔한 상자로 분류하기보다는, 페미니스트 아이디어 전체를 하나의 스펙트럼으로 보는 것이 낫다. 그 한 끝에는 남성과 여성이 본질적으로 다르다 — 즉 남성스럽고, 여성스럽다 — 는 아이디어가 자리하고, 다른 끝에는 젠더를 포함하는 모든 사회생활은 사회적으로 구성되고 변화된다는 아이디어가 자리한다. 그 연속선을 따라 남성과 여성의 역할, 세상에서의 젠더와 권력에 대한 의견들의 차이가 존재하고, 아울러 정치학, 사회학, 인류학, 심리학, 정신분석학, 진화론 및 다른 학습법으로부터 온 다양한 통찰이 자리한다. 아울러 불평등을 다루는 방식, 즉 여성이 남성과 같은 선택을 할 수 있게 만드는 기회균등 전략, 또는 남성과 여성에 허용되는 기회를 바꾸는 보다 근본적인 사회구조의 변화를 통할 것인지에 대해서는 의견의 다양성이 존재한다.

비록 그 이름 자체는 비교적 새로운 것이지만, 페미니즘은 19세기로 거슬러 올라가는 오랜 역사를 지닌다. 14세기 프랑스의 드 피잔(Christine de Pizan)과 다른 이들의 초기 공헌이 있기는 하지만, 근대 페미니스트 사상은 18세기 후반에서 자취를 찾을 수 있는데, 이는 당시 미국 및 프랑스 혁명과 계몽주의 사상의 영향을 받아 나왔다고 할 수 있다. 프랑스 저술가 드 구즈(Olympe de Gouges), 마들렌(Madeleine de Puisieux), 콩도르세(Nicolas de Condorcet)는 미국의 애덤스(Abigail Adams), 그림케(Sarah Moore Grimke), 모트(Lucretia Mott) 등 활동가와 영국의 울스턴크래프트(Mary Wollstonecraft)와 매컬레이(Catherine Macaulay) 등의 저술가와 함께 향후 200년 동안의 서구 페미니즘의 초석을 세웠다. 그것은 본질적으로 정치적이고 비판적인 일련의 관념과 실천이었다. 그것은 기술적이고, 분석적이며, 규범적이다. 그것은 불평등과 성차별적 권력을 관찰하고, 그 기원과 표출을 분석하며, 그것을 극복하여 새로운 미래를 달성하기 위한 수단을 이론화한다.

이 장은 정치학, 국제관계학 및 안보연구라는 밀접한 관계가 있는 분야에서의 페미니즘의 발전을 검토한다. 페미니스트 안보이론들을 검토하면서, 주로 페미니스트 안보이론의 성장, 비판이론으로서의 위치, 평화에 대한 양면적 초점, 그리고 인간안보 접근법과의 공통점을 살펴볼 것이다.

페미니스트 정치이론

우리가 통상 페미니스트 정치이론으로 생각하는 부분은 1960년대 여성운동의 두 번째 물결 이후 성장하여 왔다. 이들 운동에 깊게 자리한 페미니스트 저술가들은 젠더 문제 — 남성과 여성의 차별적이고 불평등한 사회적 구성, 그리고 남성과 여성의 불평등한 권력 — 를 급여 불평등, 지위 불평등, 가정폭력, 그리고 성폭력과 같은 사회적 구조와 행위의 연구를 통해 이해하려 하였다. 그들은 젠더 차별과 불평등이 어떻게 시간과 장소를 가로질러 존재하는지를 이해하기 위해 전문직, 공직, 가족, 법률, 사회적 관행뿐만 아니라 문학작품, 영화, 연극, 그리고 미술작품들도 검토하였다. 이 시기 지도적 주제는 가부장제와 지배였다. 그 핵심은 남성적 가치와 남성에 여성적 가치와 여성보다 특전을 부여하는 지배적인 사회적 구조가 존재하고, 이것이 여성에 대한 남성의 지배로 이어진다는 것이다. 물론 이런 생각은 지나친 단순화이고 계급, 인종 및 다른 변수가 젠더 권력에 결부된다는 점도 이해되었다. 하지만 젠더가 권력 불균형의 관계라는 주장은 차별받지 않는 정치 행위자를 상정해온 사상 분야에 있어서 중요한 수정이었다. 이것은 공적·사적 영역의 개념으로 표현되었다. 이것은 정치적 사고의 발전에 중요한 역할을 해온 인간의 삶과 행동의 분리를 의미한다. 공적 영역은 정치적 삶의 세계로서 모든 시민이 평등하게 접근할 수 있는 곳이며, 공동체 삶을 구성하는 결정들이 만들어지고 실행되는 곳이다. 반면 사적 영역은 가정과 보살핌의 세계로 정치와 집단 의사결정으로부터 배제된 곳이다. 역사적으로 공적 영역은 남성 시민의 영역이었는데, 이들은 사적 영역에도 접근할 수 있었다. 반면 사적 영역은 여성, 아동, 노예의 영역이었고, 이들은 공적 영역에 접근할 수 없었다.

페미니스트 정치이론은 서양 정치사상의 규범을 비판한다. 즉 만약 여성과 여성이 하는 일을 마르크스(Karl Marx)나 홉스(Thomas Hobbes)의 이론에 포함시키면 매우 다른 결과를 얻게 될 것이라고 지적한다. 예를 들어, 마르크스의 혁명 이후 남성이 사냥하고, 낚시하고, 철학적으로 사색하는 동안 장보고, 요리하고, 청소하고, 아동들을 돌보는 것은 누구인가라는 오킨(Susan Moller Okin)의 질문은 유명하다. 아울러 인류가 만인이 서로 경쟁하고 서로를 두려워하면서 사는 홉스적 자연상태에 어떻게 스스로 영속시키는지에 대해 궁금해 할 수밖에 없다. 따라서 페미니스트 정치이론은 여성을 포함하고 공적·사적 영역의 경계를 허물면 민주주의, 평등, 자유, 합의 및 대표성 등의 개념의 의미를 근본적으로 바꿀 수 있다고 지적하면서 우선 민주주의와 정치적 대표성과 관련된 독자적 이론을 개발하기 시작하였다.

페미니스트 정치의 경로는 『다른 역할, 다른 목소리(*Different Roles, Different Voices*)』라는 책에 로벤더스키(Joni Lovenduski)가 쓴 서장에 잘 정리되어 있다. 그 서장에서 필자는 정치연구에 대한 페미니스트적 기여의 발전의 기원을 전통적인 정치 주제의 연구에 여성을 포함시킨 것에서 찾고 있다. 이어 분야의 범위가 확장되어 제도권 정치인 의회와 정당 외에 존재하는 대안적 정치 무대도 포함되었는데, 그 예로는 지역 정부, 압력단체 및 사회운동 등을 포함할 수 있다. 이는 정치이론과 제도를 뒷받침하는 전제와 가치 및 그것들이 연구되는 방식에 대한 성인지적 비판으로 이어졌다 (Lovenduski, 1994: ix–xvi).

페미니스트 국제관계

국제관계 분야에는 페미니스트 차원이 늦게 수용되었다. 즉 대부분의 생활 영역이나 학문 분야보다 늦었다는 의미이다. 실천이자 학문적 연구 분야로 IR과 페미니즘이 동시에 발전했음에도 불구하고, 양자 사이에는 1990년대까지 실질적 접점이 없었다. 오랫동안 국제관계의 실천만이 압도적으로 남성에 의해 수행된 것이 아니었다. 그에 대한 연구도 IR의 세계를 갈등하는 국민국가 사이의 높은 수준의 상호작용과 그 갈등의 해결이라고 상당히 단순하게 인식했던 남성들에 의해 주도되었다. IR 학자들은 자신들의 초점이 국민국가이고 성별, 인종 및 연령 등은 대규모 정치의 움직임 속에서 보이지 않기 때문에, 개인과 그들 간 차이는 연구의 대상으로 적절하지 않다고 주장할 수 있다. 그러나 그런 주장은 국민국가가 하나의 동질한 실체임을 전제로 하는 것이다. 이는 20세기가 입증한 모든 것과 정반대 주장이자, 지난 30년간 최대의 분쟁 원인을 부정하는 것이다.

티크너(J. Anne Tickner)는 2004년의 논문에서 이 문제를 자세히 설명한다. 티크너에 따르면 IR이론과 페미니즘 이론 자체의 본질적 특성 때문에 그 둘을 어울리게 하는 것이 매우 힘들다. IR이론은 자연과학의 논리를 따르는 성향이 있다. "대부분의 현실주의자를 포함하는 전통적 IR에 있어서 이론 구축의 목표는 검증가능하고 국제체제에서 국가의 안보추구 행위를 설명하는 데 도움이 되는 명제를 만들어내는 것이었다" (Tickner, 2004: 44). 반면, 페미니스트이론은 "명백히 규범적이고 종종 해방적이다. 주로 남성에 대한 지식에 기초한 객관성과 보편성에 대한 주장은 반드시 의문시되어야 한다고 믿는 페미니스트들은 그들이 '실천적 지식(practical knowledge)'이라고 명명한 것 또는 사람들의 매일의 일상에서 도출되는 지식을 발전시키고자 한다. 하향식보다는 상향식 지식을 선호하는 페미니스트들은 이론이 정치적 실천과 분리될 수 없다고 믿는다" (Tickner, 2004: 45).

그럼에도 불구하고 페미니스트 접근법들이 IR 연구에 도입되기 시작하였고 현재는 이 분야에서 여성(과 젠더)이 고려되고 구성되어온 방식을 분석하고, 이 새로운 주제 영역에서 이론화를 시도하는 저작들이 증가하고 있다. 페미니스트 국제관계는 지식에 대한 비판적이고 창조적인 접근법이다. 아울러 페미니스트 국제관계는 연구 주류에 대한 비판과 '여성첨가(adding women in)' 접근법으로 불리는 것을 넘어서 대안적 관점을 생산하려 한다 (Youngs, 2004 참고). 페미니스트 정치이론과 마찬가지로 페미니스트 국제관계는 여성이 포함되어야 하고, 여성의 특별한 공간과 경험이 연구 분야에 포함되어야 하며, 페미니스트 관점이 비판적 의제를 분명히 표현하는 국제관계에 대한 비판적 접근법이라고 주장하여 왔다 (Steans, 2013 참고). IR 분야에서 할리데이(Fred Halliday), 페트먼(Ralph Pettman), 부잔 등의 저명한 인사들의 노력에도 불구하고, 이 분야는 전체적으로 성별로 분리된 사람의 관념이나 페미니스트 국제관계를 수용하는 데 매우 더뎠다. 따라서 여성, 젠더, IR에 대한 숙고가 코크번(Cynthia Cockburn), 인로(Cynthia Enloe), 페트먼(Jan Jindy Pettman), 스틴스(Jill Steans), 티크너, 영스(Gillian Youngs) 및 유발-데이비스(Nira Yuval-Davis) 등 여성 학자들의 관심사였다.

가시적인 페미니스트 비판의 등장과 그 영향의 시발은 보통 1989년에 출간된 인로의 『바나나, 해변, 군사기지(*Bananas, Beaches and Bases*)』의 초판으로 거슬러 올라간다. 대략 비슷한 시점에 학술지 『밀레니엄(*Millenium*)』이 첫 호를 여성·젠더와 IR이라는 주제의 특집으로 발행하였고, 이는 1998년과 2008년에도 되풀이되었다. IR연구에 있어서는 여성을 첨가하고, 차별적 정치 공간을 검토하고, 페미니스트 관점을 진전시키는 다양한 갈래들이 초기 페미니스트 정치보다 잘 결합하였다. 그러나 페미니스트 정치비판모델의 전례가 있고, 다른 대부분의 학문 분야에서 페미니스트적 발전이 존재함에도 불구하고, 국제관계 분야는 놀라울 정도로 저항적이었다. 아마 이 분야의 기원이 개인 혹은 그야말로 인간과 거의 관련이 없는 기구나 사건에 대한 연구에서 비롯되었기 때문에, 인간의 차별화, 사건과 정치의 차별화된 영향, 그리고 차별화된 경험은 이 분야에 적절하지 않게 보였을 수 있다. 국제관계 분야가 성숙해지고 국민국가의 본질, 국제기구의 영향, 그리고 정책의 효과에 대해 보다 깊이 고민하기 시작하면서, 국가와 기구 및 정책의 기반이 되는 사람에 대한 고민도 중요성을 획득하였다. 아울러 IR연구자들이 현실주의가 제공하는 것 이상의 이론적 엄밀성을 추구하기 시작하면서, 그들은 몇십 년간 진행된 사회 및 정치이론의 성인지화(gendering)에 직면해야만 했다. 페미니스트 국제관계는 대체로 주류 이론과 동시에 발전하여 왔고, 이제는 상징적으로 덧붙이는 것이 아니라 흡수되고 있다 (페미니스트 IR에 대한 토론은 Youngs, 2004 참고).

페미니스트 안보연구

"정부 간 관계는 자본과 무기에만 의존하는 것이 아니라, 상징, 소비자, 노동자 및 감정 위로자로서의 여성에 대한 통제에도 달려있다"는 인로의 선도적 주장(Enloe, 1989: xii)에 바로 이어서, 티크너가 젠더와 IR에 대한 최초의 교과서 격인 『여성과 국제정치(*Gender in International Relations: Feminist Perspectives in Achieving Global Security*)』를 집필하였다. 1992년에 발간된 이 책의 5개의 장은 IR의 핵심 영역인 국가안보, 경제안보, 생태안보에 페미니스트적 통찰력을 투여하였다 (Tickner, 1992). 그 첫 장은 남성적 IR과 안보 개념화의 문제를 지적하였고, 마지막 장은 세계안보에 대한 '성중립적(non-gendered)' 관점의 개요를 서술하였다. 페미니스트적 또는 성중립적 안보 개념은 '군사적, 경제적, 혹은 성적 폭력의 부재'로 정의된다 (Tickner, 1992: 66). 필자는 IR이론의 발전을 초기 자유주의적 희망으로부터 현실주의, 신현실주의 및 비판적 관점의 성장으로 요약한 후, "현실주의에 대한 비판 중 사실상 분석의 범주로서 젠더에 주의를 기울인 것은 없었다"고 결론을 내린다 (Tickner, 1992: 14).

안보연구에 대해 얘기하자면, 이는 안보의 내용과 그 성취 수단 모두가 여성(또는 어떤 종류의 소수자)의 지위와 경험에 대한 고려 없이, 그리고 안보의 실천이나 이론에 수용된 가치들이 보편적이기보다는 부분적이지 않은지에 대한 숙고 없이 정의되어 왔다는 것을 의미한다. 페미니즘이 안보연구에 대해 제기하는 가장 두드러진 비판은 다른 비판적 관점들도 공유하는 것이다. 즉 안보는 단순히 국민국가 간 무력충돌의 부재 이상을 요구한다는 것이다. 이것은 뜻밖의 주장이 아니다. 페미니스트 분석 외에도 심리학, 사회학 및 인류학 등 다른 학문 분야도 오랜 동안 이런 부분을 인지하여 왔다. 그러나 IR 학자들은 다른 학문 분야의 통찰들을 수용하는 것이 매우 느리다. 안보란 대부분의 사람들에게 있어 종종 인권과 연계된 자유(freedom) 또는 능력과 얽혀있는 일상생활의 실상이다. 이런 관점에서 안보에는 가정과 거리에서의 폭력으로부터의 보호, 경제적 안정, 주거지, 음식 및 물에 대한 접근성, 언제, 누구와 성관계를 하고, 결혼 또는 동거할지, 그리고 언제 아이를 낳을지 여부를 선택할 자유, 여기에 다소 요원한 국가 방위에 대한 고려와 같은 내용이 포함된다.

여성에 대한 고려가 가장 중요하지만, 그것이 젠더에 대한 고려와 같지는 않다. 여성과 함께 젠더를 포함하는 것은 사회적 차이의 본질과 권력 관계에 있어서 그 역할에 대한 숙고를 의미한다. 중요한 점은 트루(Jacqui True)가 남성성에 대한 고려를 도입하여 조합하였다는 점이다. 트루는 남성성(여성성도 아울러)의 형성, 특히 특성 시섬이나 장소에서 지배적 형태의 남성성(패권적 남성성)을 식별하기 위한 연구들에 대해 논의하였다 (True, 2012: 36). 이 점은 우리가 젠더를 논의하면서 방정식의 절반인 남성에 대해 잊어버리거나, 최소한 연구가 불필요한 당연한 것으로 받아들이기 때문에 중요하다. 아울러 가부장제가 모든 남성과 관련되어 있다고 비난하고, 모든 남성이 그것으로부터 혜택을 본다고 가정하는 경향이 있다. 패권적 남성성에 대한 분석은 남성들 사이에도 위계가 있고, 현재의 이상적 남성성에 순응하는 남성들과 사람들은 여성만이 아니라 남성성이 다르게 표출되는 남성에 대해서도 우위에 서게 된다는 점을 보여준다. 현재는 다듬어진 근육을 가지고, 엘리트 교육을 받은 고임금 전문직 메트로섹슈얼 남성이 선두를 달리지만, 과거의 다른 장소에서는 가장 힘세고, 연장자이거나 가장 독실한 자라는 전형이 우월성의 틀을 정의하였다.

비록 다른 비판적 접근법과 공통점이 많지만, 페미니즘은 성인지적 비판과 여성적 관점에 중점을 두는데 이는 다른 비판이론에는 포함되기도 하고 포함되지 않기도 한다. 페미니스트적 관점에서 보자면, 전통적 안보연구는 이중으로 결점이 있다. 우선, 전통적 안보연구는 정책을 만들고 분석함에 있어서 실제로는 대부분 특권적 계급, 집단 및 인종에 속하는 남성의 특권, 가치 및 경험에 의해 형성된 것을 보편적으로 받아들인다는 점에서 '성차별적(gendered)' 입장을 수용하는 것이다. 둘째, 그것은 전반적인 인간 경험을 다루는 대신에 모든 특질이 남성의 것인 시민 개념의 일반적 정의에만 주목한다는 점에서 '성차별적'이다.

다음 절에서는 여성과 평화와의 관계, 갈등에 대한 성인지적 접근법, 그리고 페미니즘과 인간안보의 특이한 관계 등 페미니스트 안보연구의 특별한 요소들에 대해 논의한다.

여성과 평화의 관계

페미니스트 IR은 대체적으로 페미니스트 안보연구와 구별하기 어렵다. 아마 그 이유는 티크너의 1992년 저서의 제목이 시사하듯이, 처음부터 분쟁, 분쟁해결, 군비통제 및 다른 중요 주제에 대한 고려에서 여성을 제외하는 것이 여성의 안보와 관련된 것으로 여겨졌기 때문이다. 여성은 가장 용이하게 평화운동, 화해, 평화로운 시기 등 평화와의 동일시를 통해 전통적인 안보연구에 포함되어 왔다. 이는 여성성을 평화와 관련시키는 데 반하여 남성성을 공격성과 전쟁을 시작하는 행위와 연결하는 페미니즘 내 하나의 경향과 일치한다. 이런 관점은 대중적이었고 그린햄 여성(Greenham Women)과 같은 평화운동 그룹에게는 상당히 유용한 수사였지만, 모든 페미니스트들이 여기에 동의하는 것은 아니다. 많은 이들이 그런 견해가 문제가 있으며, 반대를 만들어내기 위해 환원주의적으로 여성과 남성에 대해 일반화한다고 간주한다. 이는 대략 배려의 정치 또는 모성적 사유로 일컬어지는 페미니스트 접근법과 일치한다. 이 접근법에서는 동정, 용서, 협력을 포함하는 '여성적' 특성이 공격성과 지배 등의 '남성적' 특성을 대조한다. 비록 이 전통에 속하는 저술가들은 성별 특징이 남성과 여성에 선천적임을 전제하는 것은 아니라고 주장하지만, 그들의 이론은 종종 그렇게 해석된다. 비판가들은 또한 배려의 정치가 가족과 사적 관계를 이상화함으로써 그런 관계에 수반될 수 있는 폭압과 감정적 위협을 간과한다고 비판한다. 그럼으로써 공적 영역의 공식적 관계와 사적 영역의 다정한 관계에 대해 다소 과장된 구분을 한다는 것이다. 그럼에도 불구하고 이들 이론은 평화를 여성성과 동일시함으로써 여성에게 평화로의 특별한 접근과 분쟁 및 전쟁의 거부를 부여한다.

평화연구의 측면에서 페미니스트적으로 안보에 접근하는 것이 여성이 남성보다 본질적으로 평화적이라고 간주하는 것과 반드시 같은 것은 아니다. 그러나 실베스터(Christine Sylvester)는 평화연구에 대한 페미니스트의 기여가 무력분쟁에의 여성 참여에 의해 도전받는다고 주장한다 (Sylvester, 2010: 609). 무력분쟁에 대한 이해를 제고하기 위해 페미니스트 연구자들은 어떻게, 언제, 어디서 여성이 능동적인 참여자가 되는지에 대해 조사하였다. 그 목표는 분쟁에 대한 보다 완성된 그림과 참여로 이끄는 요인들에 대한 상향식 관점을 얻고자 하는 것이었다. 앨리슨(Miranda Alison)은 여성이 '본질적으로' 평화적이라는 믿음을 반박하기 위해 반국가 또는 해방('인종민족주의적[ethno-nationalist]') 무장세력에 속한 여성 전투원들의 역할을 분석하였다 (Alison, 2004: 453). 북아일랜드와 스리랑카의 두 분쟁에 집중된 연구에서, 앨리슨은 여성이 여러 범주의 역할을 수행하였음을 발견하였다. 앨리슨은 해당 조직들이 여성을 자신들의 진보적 통합정치의 상징으로서 포함시키고, 자유의 투사로서의 자신들의 도상학에 여성의 이미지를 통합시켰다고 주장하였다 (Alison, 2004: 453). 그리고 앨리슨은 "많은 경우에, 민족주의적 투쟁에 참여한 여성은 전통적이지 않은 젠더 역할을 맡으면서도, 국가나 적으로 인식된 존재에 반대하는 목표를 수행하기 위해서 기존의 보수적인 젠더 이해나 고정관념을 이용하여 왔다"고 덧붙였다 (Alison, 2004: 456). 그러나 앨리슨은 공동체 안보를 위해 남자들과 나란히 그들처럼 투쟁하는 것이 분쟁 이후 여성의 평등을 보장하지는 않는다는 단서를 붙였다. 전투 중 그들의 평등은 현상의 임시 변경으로 여겨진다 (Alison, 2004: 458). 따라서 앨리슨은 다음과 같이 결론을 내렸다. "여성 전투원은 여전히 긴장과 양면성으로 분열되어 있다. 이 글에서 제시된 증거는, 여성이 민족주의 운동에서 군사적 역할을 담당할 때조차, 그들의 존재와 행동이 일부 남성 구성원들에게는 명백히 성별로 구분된(gender-differentiated) 역할에 대한 심리적 안보를 위협하는 것이다" (Alison, 2004: 460).

전투원으로서의 여성을 고려할 때, 저술가들은 여성과 그들의 관점을 평화의 협상과 재구축에 포함시킬 것을 주장한다. 예를 들어, 북아일랜드 분쟁은 왕당파(Loyalist, 분쟁 당사자 중 영국 내 잔존하기를 바라는 측으로 연합파로 불리기도 한다 – 역자 주) 준군사조직 내 여성이 협상에 참여했더라면 보다 신속히 분쟁이 해결될 수 있었을지 모른다고 주장되기도 한다. 시에라리온 사례를 보면, 전투원으로서의 여성의 역할을 평가절하 함으로써 분쟁 후 평화 재구축 과정에서 배제시키는 것은 그 과정을 위태롭게 하였다고 볼 수 있다. 반면 카슈미르와 스리랑카의 여성 전투원들에 대한 연구는 "여성의 투쟁 참여에 대한 이해가 젠더와 분쟁에 대한 학술적 이해를 증진시킬 것임"을 시사한다 (Sjoberg, 2010: Introduction). 따라서 여성의 분쟁 참여에 대한 연구는 상대적으로 여성이 적은 것은 타고난 혐오보다는 젠더 역할과 공적·사적 영역의 사회적 구성의 결과일 가능성이 크다는 점을 제시하고 있다.

만약 여성이 반드시 덜 호전적이지 않다면, 젠더와 분쟁 사이에 다른 연관성이 존재할까? 여성과 평화를 관련짓는 또 다른 접근법은 허드슨 등(Valerie M. Hudson *et al.*)의 연구에서 찾을 수 있다. 이 연구는 여성의 안보를 성평등과 동일시하고 젠더 불평등과 여성의 처우 및 안보를 국가 안보와 연계시킨다. 진화생물학, 심리학, 정치심리학, 사회전파이론(social diffusion theory), 사회학습이론(social learning theory) 등의 분야에서 차용한 광범위한 방법론을 사용하여, 필자들은 젠더의 전개와 구조가 '국가 간 무력충돌과 폭력적인 갈등에 참여하고 그런 갈등에 있어서 공격자가 되며 국제적 분쟁에 결부되었을 때 무력에 의존하려는 국가의 성향'과 상관관계가 있음을 보여준다 (Hudson *et al.*, 2008: 30). 필자들은 다수의 국제적 데이터를 축적하고 종합하였다. 표준적인 통계분석을 활용하여 그들은 여성의 물리적 안보는 국가의 평화로움과 깊게 관련되어 있고, 더 나아가 여성의 물리적 안보는 평화로움을 정의하는 데 있어서 민주주의, 부 또는 이슬람 문화의 지배력보다 더 중요한 변수라고 결론을 내렸다 (Hudson *et al.*, 2008: 39).

지금까지 우리는 여성은 다양한 역할로 갈등과 전쟁에 간여하거나 간여할 수 있음을 살펴보았다. 여성과 평화로움 사이에 단순한 상관관계가 없다 하더라도 — 예를 들면, 여성이 반드시 근본적으로 남성보다 더 평화적이거나 화해적이지는 않다 — 평화롭고 안전한 사회는 보다 많은 성평등이 보장되는 곳일 가능성이 크다. 따라서 안보를 위하여, 그리고 여성을 위하여, 사회는 성·젠더 평등을 극대화하기 위해 노력해야 할 것이다.

전쟁에 대한 페미니스트적 관점

저술가들은 왜 여성이 평화와, 그리고 남성이 전쟁에 보다 관련되는지를 이해하기 위해 노력해왔다. 한편으로 티크너가 지적하듯이, 최근까지 모든 전쟁은 남성에 의해 치러졌을 뿐만 아니라 참전 여부 및 언제, 어디서 싸워야 하는지와 관련된 결정을 내린 것도 모두 남성이었다. 최근 들어 전쟁의 원인을 규명하기 위해 IR 분야를 발전시킨 것도 남성 학자들이었고, 이 분야에서 계속 다수의 연구자가 되는 것도 남성이다. 따라서 티크너는 "IR의 지배적 이론인 현실주의가 '사회적으로 구성된', '이상형'의 남성성과 관련된 권력, 자율성, 자립 및 합리성에 주목하는 것이 놀랍지 않다"고 주장한다 (Tickner, 2004: 44). 다른 한편으로 사회화에 대한 연구는 여자아이는 조심스런 행동에 대해 보상받는 반면 남자아이는, 실제로 공격적이지 않다면, 적극적인 행동에 대해 긍정적인 보답을 받을 가능성이 높다는 점을 보여준다 (Tickner, 2004: 47).

IR의 주류와 마찬가지로 안보연구의 주류는 분쟁과 전쟁이 인간성의 자연적이고 불가피한 조건이라고 간주하는 경향이 있다. 더구나, 냉전의 종식 이후에 내전이나 국가 내 다른 형태의 분쟁이 점차 중요성을 획득하고 있음에도 불구하고, 분쟁과 전쟁은 주로 국민국가 간의 공적 영역에서 발생하는 사건으로 개념화된다. 페미니스트적 분석은 무력충돌을 보다 넓은 폭력의 스펙트럼에 위치시키고, 무력충돌, 가정폭력, 권력구조와 불평등, 그리고 사회적으로 결정된 형태의 젠더 관계 — 단순한 여성성만이 아니라 패권적 남성성 — 를 연결하는 패턴을 찾기 위해 노력한다.

여성 및 어린이들의 경험과 관점에 대한 고려는 페미니스트 비판가들로 하여금 (적어도 두 개

글상자 4.2 여성에 대한 폭력

유엔여성개발기금(UNIFEM: United Nations Development Fund for Women, 현재는 유엔여성기구 UN Women, the United Nations Entity for Gender Equality and the Empowerment of Women로 바뀌었다 – 역자 주)에 따르면, 폭력행위는 15세부터 44세 사이 여성에게 암, 말라리아, 교통사고 및 전쟁을 모두 합친 것보다 더 많은 사망과 장애를 초래한다.[1] 비슷하게, 허드슨 등의 연구는 데이터를 정리하여 20세기에 있어서 전쟁과 사회적 갈등 때문에 사망한 여성의 숫자보다 '여성 수명의 사회적 절하(Societal Devaluation of Female Life)' 때문에 사망한 숫자가 더 많음을 보여준다 (Hudson *et al.*, 2008: 10). 그 외에도 세계은행(World Bank)은 1993년에 여성에 대한 폭력은 가임기 여성에게 있어서 암만큼 심각한 사망의 원인이며, 교통사고나 말라리아를 합친 것보다 더 많이 건강을 해친다고 추정하였다 (World Bank, 1993).

2013년에 발간된 세계보건기구(WHO: World Health Organization) 보고서에 따르면, 전 세계를 통틀어 살해된 여성의 약 38%가 친밀한 파트너(intimate partner)에 의해 피살된 반면, 그 비율이 남성의 경우는 6%에 지나지 않았다 (World Health Organization, 2013). 최근에, 가족에 의한 여성살해(intimate femicide)로 명명된 이 현상은 여성에 대한 폭력 중 가장 심각하고도 주목할 만한 것이다. 폭력의 다른 형태에 대한 수치는 신뢰성이 다소 떨어지지만, 이 보고서에서는 동거인이 있었던 여성들 사이에 친밀한 관계의 폭력(intimate partner violence)의 경험이 30%에 달한다고 지적한다 (World ealth Organization, 2013: 16). 배우자가 아닌 사람에 의한 성폭력(non-partner sexual violence)은 상당히 낮아서, 전체적으로 배우자가 아닌 사람에 의한 성폭력과 친밀한 관계의 성적 혹은 신체적 폭력을 경험한 여성의 비율은 전 세계적으로 35.6%였다 (World Health Organization, 2013; 데이터의 출처는 10~11쪽에 있으며 살인에 관한 데이터는 26쪽에 수록됨).

의)대안적 통찰을 제기하게 한다. 첫째, 가정과 지역의 사적 영역에서의 분쟁은 공적 영역에서의 갈등과 분리될 수 없다. 둘째, 분쟁은 단지 무장한 전투원들만이 아니라 보다 광범위한 사람들에게 영향을 미치는데, 영향을 미치는 방식도 다양할 뿐만 아니라 그 영향은 실제 분쟁보다 더 장기적으로 지속된다. 따라서 국가 안팎의 폭력은 물론 가정폭력과 여성에 대한 범죄도 고려하여 관련성들을 살피고, 분쟁 당시는 물론 이후의 합의된 평화 시기의 민간인들의 역할과 상태를 검토할 필요가 생기는 것이다.

위에서 언급한 것처럼, 허드슨 등은 젠더 평등성과 국민국가의 평화로움 간의 상관관계를 발견한 바 있다. 마찬가지로 카프리올리(Mary Caprioli)는 여성은 공적 영역이나 사적 영역에서 모두 안전하지 않으므로, 양자는 불가분 연결되어 있다고 주장한다. 따라서 공적 영역에서 여성의 안전을 확보하기 위해서, 여성은 사적 영역에서 안전하게 보호되어야 한다 (Caprioli, 2004: 412). 카프리올리는 안보부재를 국가가 자행하는 폭력으로 정의하는 것은 부적절하며 반드시 사회적 폭력이 포함되어야 한다고 주장한다. 1999년 유엔개발프로그램(UNDP: United Nations Development Program)의 『인간개발보고서(*Human Development Report*)』를 인용해서, 카프리올리는 "사회적, 정치적, 그리고 경제적 선택을 하는 데 필요한 자유와 안전을 저해하는 어떤 종류의 차별도 인간안보를 위협한다. 그리고 폭력의 규범과 인간안보의 정반대는 본질적으로 위계적인 사회 구조이다"라고 주장하였다 (Caprioli, 2004: 412-413). 카프리올리는 "사적 영역(단순히 가정만이 아니라 일상생활이 영위되는 모든 장소)에서의 안보는 여성의 안보에 결정적이지만, 종종 공적 권리에 집중하는 일반적인 조치들에서 배제된다"고 주장한다 (Caprioli, 2004: 413).

브라운밀러(Susan Brownmiller) 이래 최근까지의 페미니스트 저술가들은 성폭력이 무력충돌의 진행 중에 만연하다고 주장하면서 그것을 입증할 데이터를 제시하여 왔다. 브라운밀러는 이후의 연구자와 저술가들이 따랐던 선구적인 저서에서 발칸 지역, 아시아 및 아프리카의 분쟁 사례를 관찰하여 많은 설명을 제공하였다. 이제 강간과 다른 형태의 성폭력은 교전 지역에서 만연함이 밝혀지고 있고, 군대를 위한 여성 인신매매와 매춘도 마찬가지이다.

트루는 분쟁 중 여성에 대한 폭력에 대해 논의하면서 강간과 성폭력이 민병대에 의해서만 자행되는 것이 아니라 정규군과 민간인에 의해서도 저질러진다고 지적하였다. 트루는 분쟁의 상황이 여성에 대한 폭력이 하나의 선택이 되는 상황을 조성한다고 강조하였다. 트루는 또한 여성과 아동이 난민 캠프나 재이주 지역 인구의 80%를 차지하고, 분쟁이 종결되더라도 여성은 지속적으로 폭력에 노출되고 이는 그들의 열악한 경제적, 정치적 상황에 의해 악화된다고 지적하였다 (True, 2012: 135). 평화유지군은 성매매에 대한 요구를 증가시키는 것으로 나타났다. 트루는 "아이러니하게도 번성하는 성 산업의 창출이 유엔 코소보임무단(UN mission in Kosovo)의 지속되는 유산 중의 하나이다"라고 주장한다 (True, 2012: 140). 전쟁의 도구로서의 성폭력에 대한 인식을 제고하고 싸우기 위한 최근의 노력이 성폭력을 전쟁 범

글상자 4.3 성불평등지수

카프리올리의 연구 이후 10년 동안 성(불)평등 지수가 개발되어 카프리올리가 접근할 수 있었던 것보다 훨씬 광범위한 불평등이 보다 자세하게 조명될 수 있게 되었다. 그러한 지수에는 2004년에 유엔아프리카경제위원회(United Nations Economic Commission for Africa)에서 도입한 아프리카 젠더와 개발지수(African Gender and Development Index), 2006년에 세계경제포럼(World Economic Forum)에서 마련한 세계 싱 격차지수(Global Gender Gap Index), 그리고 2009년에 경제협력개발기구(OECD: Organisation for Economic Co-operation and Development)가 만들어낸 사회제도와 젠더지수(SIGI: Social Institutions and Gender Index)가 포함된다.

세계경제포럼의 세계 성 격차 보고서(*Global Gender Gap Report*)는 측정 기준으로 경제활동에의 참여와 기회, 교육성과, 건강과 생존, 정치세력화를 사용하였다. 각 지표는 여러 다른 변수를 기초로 한다. 예를 들면, 교육성과는 식자율(literacy), 초등교육 수강, 중등교육 수강 및 고등교육 수강을 기준으로 한다. 2013년의 보고서는 북유럽국가들(아이슬란드, 핀란드, 노르웨이, 스웨덴)을 가장 평등한 국가로 지목하였고, 시리아, 차드, 파키스탄 및 예멘을 가장 불평등한 국가로 열거하였다. 영국은 18번째, 미국은 23번째였다. 영국은 2009년(15번째)보다 덜 평등해진 반면, 미국은 더 평등(2009년에 31번째)해졌다고 볼 수 있다.

사회제도와 젠더지수는 다양한 사회적 지표들을 포함한다. 여기에는 보다 보편적인 지표인 식자율, 중등 및 고등 교육에의 접근성, 보건, 전문직업 및 선출직에서의 남성과 여성의 비율 등은 물론 결혼 나이, 가정폭력 발생정도, 이주의 자유, 토지와 신용거래에의 접근성 등이 포함되어 남성과 여성의 인생 기회를 국가별로 그리고 국가 간에 비교할 수 있다.

죄로 규정하고 여성과 여성의 관점이 평화구축 소위원회에 포함되어야 한다고 강조하는 유엔 결의안 1820호와 1325호를 뒷받침하였다.

전쟁에 대한 페미니스트 관점은 군대와 군사전략을 넘어서 비전투원, 특히 여성과 아동에게 무슨 일이 생기는지를 질문한다. 남성이 출정하면 여성이 공백을 채운다 — 1940년대 영국에서 이는 군수공장과 농장에서 일을 하고, 임금노동자이자 가족을 위해 주부로서 일을 한다는 것을 의미했다. 이는 21세기 분쟁이 있는 세계의 어느 곳에서도 많이 다르지 않다. 현대 전쟁에서는 비전투원이라고 해서 해를 입지 않는 것이 아니다. 베트남전쟁부터 현재까지, 적을 숨겨주는 것으로 의심된 민간인들은 희생자가 될 가능성이 있다. 드론(drone)과 다른 형태의 원거리 공격은 비전투원이 종종 취약해짐을 의미하고, 결과적으로 대부분의 현대전에서 민간인의 사상자가 높아진다. 전쟁은 상처의 유산을 남기는데, 그 중 일부는 사람의 죽음과 장애이다. 다른 일부는 환경적인 것으로 토양, 곡물 및 유전자(DNA)에 미치는 열화 우라늄탄의 영향을 들 수 있다. 또 다른 일부는 경제적인 것으로 생산기반 시설의 파괴를 들 수 있다. 그 외의 전쟁의 흔적으로는 분쟁 종식 이후에도 한 동안 불구 및 살상을 초래하는 지뢰를 들 수 있다.

따라서 무력분쟁에 대한 페미니스트이론은 그것을 고립적으로 보는 것이 아니라 사적, 가정, 지역 및 세계를 연결하는 폭력의 연속선상의 일부로 간주한다. 분쟁에 대한 주류 이론들은 편협하고 남성 중심적인 관점에 의존한다고 비판받는다. 페미니스트이론의 질문은 분쟁이 자체적으로 젠더 권력구조와 남성적 가치의 지배의 결과인가 하는 점이다. 분쟁에 대한 페미니스트 접근법은 연구의 범위를 확장시킨다 — 무장 전투원에서 민간인으로, 분쟁 시기로부터 이후의 시기로, 전쟁의 직접적 영향에서 장소와 시간을 가로지르는 다양하고 광범위한 영향들. 페미니스트 안보연구는 분쟁과 전쟁의 일상성을 의심하고, 이런 전제가 남성적 관점과 가치의 지배로부터 도출되는 것인지 질문하고, 폭력적 분쟁을 사적 영역 및 가정에서의 폭력과 연계시킨다.

페미니스트 안보와 인간안보의 관계

실제로 안전하다는 것 또는 불안하다는 것의 의미는 무엇인가? 경험적 현실 못지않게 인식과 관련이 있는 안보에 있어서, 어떻게 우선순위가 결정되고 정책이 이행되는가? 국제안보와 관련한 지배적인 전제는 인권 이슈와 관점을 끼워 넣음으로써 국가안보에 대한 논쟁을 보다 생활세계(lived-world)를 반영하도록 만들려고 시도한 인간안보 의제의 구현에 의해서 도전받게 되었다. 인간안보는 초점을 국가로부터 개인으로 바꾸었다.

인간안보라는 개념은 1994년의 UNDP의 『인간개발보고서』에서 처음 사용되었다. 이후의 서술로 보완된 이 보고서는 인간안보를 폭넓게 공포로부터의 자유(freedom from fear), 결핍으로부터의 자유(freedom from want), 존엄하게 살 수 있는 자유(freedom to live with dignity)로 정의하였다. 이론가와 활동가들 사이에 개인의 안보를 고려하는 것이 필수적이라는 데에 합의가 존재하지만, 인간안보의 내용에 대해서는 그렇지 않다. 이것은 대체로 개념을 협소하게 해석하는지 광범위하게 해석하는지에 달려있다. 좁은 해석은 폭력에 집중하기는 하지만 관심사를 국가의 개인에 대한 폭력과 폭력에 대한 공포로 확장시킨다. 반면 넓은 해석은 명시적인 폭력을 넘어서 기아, 가난, 질병, 오염 및 다른 덜 명백한 위협도 주목한다. 양자 모두 폭력과 싸우기 위해 군사력보다는 외교, 갈등관리 및 민주주의의 촉진과 보다 평등한 경제발전 등의 비강압적 수단에 주목한다.

인간안보 그 자체와 접근법의 확장은 안보연구의 적절한 초점을 대규모 분쟁의 근절에서 이탈시키고, 이미 다른 분야(개발연구 및 공공 정책)에서 다뤄지고 있는 건강, 식량, 환경 및 경제 문제들을 도입함으로써 이슈를 혼란스럽게 한다는 비판을 받아왔다 (Hoogensen and Stuvøy, 2006: 210). 모든 접근법이 사실상 경쟁적인 것이 아니라 보완적이라는 의견에도 불구하고 인간안보는 논쟁적인 개념과 접근법이 되어 안팎으로부터의 질문에 직면하고 있다. 어떤 학자들과 행동가들은 접근법의 폭에 대해 논쟁하는 반면에, 다른 이들은 국가안보의 전통적인 정의를 옹호한다.

위에서 다룬 협의 및 광의의 접근법 모두 정통 안보연구와 국가안보의 실천에 대해 비판적이고, 여성을 포함시키는 것에 대해 우호적이다. 그리고 양자 모두 페미니스트 해석에 확실히 보다 도움이 된다. 인간안보이론가들과 마찬가지로 페미니스트 안보연구자들은 생활세계를 반영하고 모든 사람들의 관점과 모든 범주의 안보부재를 포함할 수 있도록 안보를 재정의하는 데 집중한다. 양자는 공히 하향적 안보 정의가 현장의 실제를 포착하는 데 적절하지 않다고 주장하면서 안보와 안보부재에 대한 인식이 맥락에 따라 변하는 방식에 주의를 기울인다. 더구나 페미니스트들과 인간안보이론가들은 국가에 대해서 양면적이다. 국가는 보호를 제공하는 반면 개인이나 집단에 위협이 될 수도 있다 (Hoogensen and Stuvøy, 2006: 211 참조). 국가안보를 증진시키는 데 주력하는 정통 접근법은 국가 자체가 사람들을 위험에 처하게 할 가능성을 놓친다. 이는 사생활 침해나 무력분쟁의 시작 같이 여러 형태를 띨 수 있는데, 페미니스트 저술가들은 국가에 대한 양면적 태도를 분명히 한 바 있다. 한편으로 국가는 보호의 수단을 보유하고 복지국가의 방식으로 재분배를 통해 평등을 증진할 수 있다. 그러나 다른 한편으로 불평등이나 권력 불균형을 지속시키거나 조장하는 것도 국가이다. 예를 들자면, 2008년 금융위기에 대응하기 위해 영국에서 복지나 세제의 변화를 도모했을 때 남성보다 여성에게 그 영향이 더 컸다 (True, 2012: 101-105). 이에 대한 보다 전통적인 사례로 결혼, 이혼 및 상속 관련 법령을 들 수 있다. 아울러 역사상의 유부녀법 — 여성은 독립적 권리를 가지지 못하고 아버지, 남편 혹은 형제의 시민권에 포함됨 — 에 대한 역사상의 의존도 마찬가지이다.

따라서 안보연구에 있어서 페미니스트 접근법은 인간안보와 공통점이 많다. 양자는 안보의 본질과 내용에 대한 주류 이론의 전제에 대해 비판적이다. 그리고 양자는 연구의 영역을 국가를 넘어서 일상의 개인의 안보로 확대하고 그 가운데 국가의 역할에 대해 문제를 제기한다.

결론

안보에 대한 페미니스트 접근법은 안보연구에 있어서 본질적인 비판적 관점을 제시한다. 여성운동에 기반을 둔 페미니스트 정치이론, 페미니스트 국제관계이론, 그리고 페미니스트 안보는 여성과 여성적 가치의 경험을 우선시하는 비판적 관점을 제공한다. 안보와 관련된 좁은 의미의 페미니스트적 관점은 전쟁과 평화의 분석에 여성을 추가한다. 반면 넓은 의미의 페미니스트 관점은 빈곤, 환경 및 경제적 형태의 안보·안보부재에 대해 논의하고, 그 가운데 안보의 대안적 구조를 만들어 낸다. 이런 점에서 페미니스트 안보와 개인의 해방과 자유에 집중하는 여타 비판적 이론이 연계되고, 젠더 불평등과 가부장적 권력에 대한 페미니즘적 주제가 정해진다.

페미니즘은 하나의 단일한 접근법이 아니다. 어떤 이론가들은 젠더의 본질주의적 해석에 주목하지만, 젠더 역할의 사회적 구성을 주장하는 것이 보다 보편적이다. 따라서 여성 및 평화 그리고 남성 및 전쟁에 대한 연계의 전제는 의문시된다. 여성이 분쟁에 참여한다는 것은 이미 확인하였고,

그들의 성별에 따라 분쟁으로부터 영향을 받는다는 점을 논의하였다. 보다 중요한 점은 페미니스트 연구자들이 사회가 보다 젠더 평등하게 된다면 분쟁으로부터 보다 자유로워질 것이라고 주장한다는 점이다. 페미니즘과 인간안보는 양자 모두 안보 개념에 대해, 국가의 역할에 상충하는 상향식의 비판적 접근법에 초점을 맞춘다는 점에서 긴밀한 관계가 있다.

요점

1. 페미니스트이론은 단순히 무미건조하고 학술적인 이론이 아니다. 페미니스트이론은 세계에서 젠더의 변화하는 역할에 조응하는 사회와 인간의 학습 이론이다. 마찬가지로 이 이론은 우리가 그러한 변화에 대응하는 틀을 만든다.
2. 페미니스트 국제관계는 여성이 포함되어야 하며, 여성의 특정 공간과 경험이 연구 분야에 포함되어야 하고, 페미니스트 관점은 비판적 의제를 대표하는 국제관계에 대한 비판적 접근법이라고 강조하여 왔다.
3. 페미니스트, 또는 성중립적 안보 개념은 군사적, 경제적, 성적인 것을 막론하고 폭력의 부재로 정의된다.
4. 역사를 통틀어 여성은 남성보다 평화에 보다 많이 관련되어 왔다. 반면 남성은 분쟁과 전쟁에 보다 많이 관련되어 왔다. 페미니스트 연구자들은 분쟁에서의 여성의 역할에 대해 연구하였고, 여성은 수동적인 피해자이기보다 남성과 다른 방식에서 적극적이었다는 점을 확인하였다.
5. 평화와 안보를 동일시한다면, 보다 성평등적인 사회가 보다 안전하다는 흥미로운 점을 확인할 수 있다.
6. 페미니스트 안보연구는 분쟁과 전쟁의 일상성과 전투원 및 분쟁 기간에만 집중하는 편협성에 문제를 제기한다.

주

1) www.unifem.org/gender_issues/violence_against_women/facts_figures.html (검색일: 2014.4.14).

추천도서

Cohn, C., Kinsella, H. and Gibbings, S. "Women, Peace and Security Resolution 1325", *International Feminist Journal of Politics*, vol. 6, no. 1, June 2010, 130-140.

Detraz, N. *International Security and Gender*, Cambridge: Polity Press, 2012.

Enloe, C. *Bananas, Beaches and Bases: Making feminist sense of international politics*, London: Rivers Oram Press, 1989.

Shepherd, L.J. (ed.) *Gender Matters in Global Politics*, London: Routledge, 2010.

______. "The State of Feminist Security Studies: Continuing the Conversation", *International Studies Perspectives*, vol. 14, 2013, 436-439.

Sjoberg, L. (ed.) *Gender and International Security*, London: Routledge, 2010.

Steans, J. *Gender and International Relations*, Cambridge: Polity, 2013.

True, J. *The Political Economy of Violence Against Women*, Oxford: Oxford University Press, 2012.

5장 인간안보

샤힌 말리크(Shahin Malik)

글상자 5.1 유엔개발프로그램(UNDP), 『인간개발보고서』(1994)

대부분 사람들에게 안보부재의 느낌은 세계적인 대격변에서 느껴지는 공포보다 일상생활에 대한 우려에서 기인한다. 그들과 그들 가족이 먹을 것이 충분한가? 그들이 실직할까? 그들의 거리와 이웃이 범죄로부터 안전할까? 그들이 억압적 국가에 의해 고문당할까? 그들이 성별 때문에 폭력의 희생양이 될까? 그들의 종교나 인종적 기원 때문에 박해의 대상이 될까?

(UNDP, 1994: 22)

서론

이 책에서 논의되는 여러 이론적 전통은 서로 다른 관점에서 안보 개념을 다룬다. 예를 들면, 2장은 제2차 세계대전 이래 안보연구에 있어서 현실주의의 지배를 분석하였다. 현실주의의 견해는 국제체제에서 무정부적 환경이 국가로 하여금 군사력을 증강하거나 보다 강력한 국가와 동맹하도록 하게 한다는 전제를 유지한다. 더 나아가 외교정책 결정은 도덕성이라는 무형의 원칙보다 국가안보에 대한 고려를 기반으로 이뤄진다. 예를 들어, 신현실주의는 국가의 안보를 유지하기 위한 상위의 권위체가 부재하는 무정부에 기초한 부동의 국제체제 이미지를 제시한다. 이런 국제체제에서 국가는 자국의 생존에 우선적으로 관심을 가지게 되고 모든 다른 국가를 잠재적 위협으로 간주하게 된다. 현실주의는 안보문제가 제기될 주요 이론으로 존재한다. 그리고 증거들이 그런 지배력을 계속하여 지지한다. 즉 분쟁은 세계정치의 중요한 특징으로 남아있다. 북한, 인도, 파키스탄과 같은 국가들은 대량살상무기를 포함한 무기를 지속적으로 개발하고 있고, 기존의 핵보유국들도 자국의 안보를 증진시키기 위해 핵무기에 여전히 의존한다. 따라서 이 분야에 있어서 현실주의 전통이 지도적 지위를 유지하고 있다는 점을 부정하기 힘들다.

그러나 그 지배력에도 불구하고 현실주의는 국제적 사건에 대해 국가중심적 접근법을 옹호하는 주장을 지나치게 고수한다고 비판을 받아왔다. 이런 틀은 개인과 같은 다른 안보대상에 관심을 두지 못하게 되는 것이다. 실제로 이 관점에서는 국가안보에 주된 중요성이 부여되는 것만이 아니라 시민의 안보는 국가안보와 분리가 될 수 없는 것으로 간주된다. 따라서 여기서는 개인의 안보에 대한 우려와 특정 집단의 안보에 대한 고민이 소외되는 효과가 생기게 된다. 이러한 현실주의 군사 및 국가중심성 고집에 대해 강한 불만을 가지고 비판이론가들은 종종 국가 자체가 개인의 안보를 위협한다는 명제를 대해 주의를 환기시켰다. 결과적으로 부스(Ken Booth)와 같은 이론가들은 안보의 필수적 요소로 개인의 해방을 주창하였고, 콕스 같은 이들은 인간안보를 약화시키는 기존 국제체제의 과정과 구조를 면밀히 검토해야 한다고 주장했다 (3장 참조). 이러한 비판이론가들은 국가는 안보의 주요 수혜자의 위치에서 배제되어야 한다고 주장하고, 개인만이 아니라 다양한 비국가 행위자들을 가능한 안보의 대상으로 제시하였다. 부스 등의 비판이론가들은 안보의 개념을 확장하여 개인적 안보가 국가안보보다 더 중요하다고 인정하는 데 이르렀다. 이러한 현실주의 원리에 대한 반대는 이제 안보연구에 있어서도 만연한데, 이는 1989년의 냉전종식에 의해 중요한 분쟁의 원인 중의 하나, 즉 두 초강대국 사이의 이데올로기적, 군사적 경쟁이 사라진 것에 의해 더욱 고무되었다. 이 강력한 접근법의 운이 최근에 심각하게 쇠락하지 않았다고 할지라도, 냉전의 종식은 분명히 이 책의 다른 부분에서 논의된 비판적 전통을 포함한 많은 반대자들을 만들어내었다.

이 장은 이 주제를 계속 진행하여 개인을 분석의 중심에 위치시키는 것을 추구해온 또 하나의 접근법 — 소위 인간안보 패러다임의 가치에 대해 생각해본다. 이 접근법은 국제안보 분야에 상당한 충격을 주었고, 유엔개발프로그램이 1994년에 발간한『인간개발보고서』를 통해 대중화한 이후 학자, 정치인 및 다른 집단 속의 추종자를 만들었다. 이 보고서는 안보를 생각함에 있어서 냉전적 역학으로부터 인권과 개발에 관한 관심으로 개념적 전환을 장려하는 방안을 모색하였다. 그러나 보고서 발간으로부터 거의 20년이 지났지만, 전통적 안보로부터 보다 인간중심적 접근으로의 패러다임 전환에 대한 초기의 주장은 대체로 실현되지 않은 상황이고, 초기의 성공은 핵심 지지자들 사이의 관심이 점진적으로 축소됨에 따라 정체되어 있다. 이유는 개념 자체가 잘 정의되지 않은데다가 개념의 유엔과의 연계 때문에 국가·군사중심적인 국제관계의 사고에 묶여있는 일부 정책결정자들 사이에 가치가 하락하는 결과가 초래되었기 때문이다.

유엔은 이 개념의 주도적 옹호자였기 때문에, 이 장은 가능한 어디에서든지 인간의 안보를 증진시키기 위해서는 사회적, 인도주의적, 그리고 경제적 이슈를 연계한다는 유엔의 광범위한 시각을 살펴보는 것으로 시작한다. 그러나 유엔의 비전에 대해 국가들이 지지했던 애초의 낙관주의 이후, 여러 사건들이 권력정치의 논리를 재강화하고 전쟁과 평화라는 상위정치적 이슈를 제고하도록 만드는 효과를 발휘하였다. 특히 미국의 두 국가에 대한 침공 — 2001년의 아프가니스탄과 2003년의 이라크 — 으로 이어진 테러와의 전쟁에서 이런 점이 두드러졌다. 이 진행 중인 전쟁은 인간안보의 정수가 전쟁에 참여하는 국가들의 외교정책적 목표들과 양립하기 힘들게 될 가능성을 높였다. 그러나 이런 점에도 불구하고, 인간안보는 지난 20년간 학술적 저술에서 두드러진 주제였기에 주도적 옹호자들의 견해에 대한 분석이 필요하다. 따라서 이 장은 이 개념의 초기 발전과 함께 그 개념을 둘러싼 논란을 살펴본다. 아울러 개념적 인기가 절정에 달한 시점이 세계화라는 현상과 맞물렸다는 점에서 두 현상의 연계가 간략히 분석될 필요가 있다. 마지막으로 이 개념과 유엔의 관련성을 고려한다면 강한 실천적 근거가 암시되는데, 이 장은 비록 서로 상당히 다른 정의와 관점을 가지고 있지만 일본과 캐나다라는 두 국가의 외교정책 의제에 인간안보의 요소가 수용된 과정을 분석한다. 어떤 의미로는 인간안보에 대한 일본과 캐나다의 접근법에 있어서의 차이가 개념 자체 문제의 일부를 반영한다고 할 수 있다.

인간안보의 정의

초기의 발전

개인 해방에 대한 부스의 강조(3장 참조)는 그가 국가보다 인간을 상위에 놓아야 한다고 주장했던 1990년대 초기에 시작되었다. 안보 개념을 결정적으로 재정의해야 한다는 이 요구는 이 분야에서 국가중심적 초점대신 인간중심적 초점을 제공하는 영향을 미쳤다. 이후 국가의 궁극적 안보대상으로서의 가치의 축소를 시도하는 여러 접근법에 기초한 비판안보연구가 갈수록 증가하였다. 이는 이미 다수의 다른 접근법들이 전통적 핵심에 반대하는 상황에서 별도의 분야로써 인간안보가 필요한가라는 질문으로 이어졌다. 인간안보라는 단어는 냉전종식 이후의 저술에서 갈수록 많이 사용되었는데, 이는 인간안보가 핵무기, 군사력, 그리고 국가중심적 선입견에 의해 지배되던 과거로부터의 탈피를 의미하는 것이라는 느낌을 준다.

유엔개발프로그램과 1994년의 『인간개발 보고서』가 이 개념을 대중화했다고 인정된다. 보고서의 현실주의적 국가중심적 안보 개념으로부터의 탈피는 전통적 의제에는 없던 새로운 이슈와 취약성에 대한 관심을 촉구했다는 점에서 중요한 함의를 지닌다. 개인안보의 제공은 새로운 발전이 아니며 그 개념에 내재한 아이디어는 유엔의 활동에도 강력히 시사되어 있다. 제2차 세계대전의 대학살 이후 국가들은 다수의 국제 협약의 추진을 통해 개인을 보호하기 위한 노력을 기울였는데, 그 중 몇 개는 글상자 5.2에 포함되어 있다. 그런 협정은 새로운 규범의 구축으로 이어졌고, 이는 그런 규범을 벗어나는 국가의 행동에 이의를 제기할 수 있는 법적인 기반을 제공한다는 점에서 의미를 가졌다. 여기에 더해 유엔헌장 자체도 평화, 안정, 개발과 사회의 진보를 위한 중요한 관심사가 연결되어 있다고 강조한 바 있다.

그러나 국제정치에 윤리적 기반을 도입하려는 이런 노력에도 불구하고 국가이익, 국가 간 갈등, 무기개발, 그리고 전쟁수행 능력의 극대화가 안보

글상자 5.2 인간 보호를 위한 주요 협약들

- **세계인권선언**(*Universal Declaration of Human Rights*)은 1948년 유엔총회에서 채택되었다. 이는 제2차 세계대전의 대학살에 대한 최초의 범세계적 대응이자 모든 인간에게 부여된 권리를 명시하기 위한 시도였다.
- **집단살해죄의 방지와 처벌에 관한 협약**(*Convention for the Prevention and Punishment of the Crime of Genocide*)은 1951년에 채택되었다. 이 협약은 집단살해의 정의를 시도하였고, 현재 145개 국가가 비준하였다.
- **제네바협약**(*Geneva Conventions*)은 1949년에 최종으로 체결되었는데 각각 지상군, 해군, 전쟁 포로, 민간인을 다루는 총 4개의 개별협약이 존재한다. 이 협약의 핵심은 전쟁 기간 동안 합법 및 비합법에 관한 규칙을 적시했다는 것이다. 그 목적은 취약하고 무방비의 개인을 보호하는 것이다.
- **비상상황 및 무력갈등 하 여성과 아동보호에 관한 선언**(*Declaration on the Proetection of Women and Children in Emergency and Armed Conflict*)은 1974년에 유엔에서 채택되었다. 그 의미는 분쟁 기간에 의도적인 목표가 되는 사람이 종종 아동과 여성이라는 점을 인정했다는 것이다. 이 선언은 박해, 폭력, 비인간적 대우, 집단 체벌 및 취약한 집단에 대한 범죄 행위를 국가들로 하여금 종식시키도록 고무하는 것을 추구한다.

연구 분야와 국제체제 내 다수의 주요 국가의 행동 양자를 지배하였다. 이는 대체로 냉전종식 이후에 이어진 몇 가지 주요 사건들의 맥락에서 설명될 수 있다. 초강대국들 사이의 핵 대결 가능성이 줄어들면서 비군사적 위협을 학계와 정책결정 그룹에 포함시킬 수 있는 기반이 만들어졌다. 동유럽과 다른 지역의 민주화는 인간의 삶과 복지에 대한 관심을 증가시키는 추동력을 제공하였다. 주권과 관련된 베스트팔렌적 관념의 점진적 침식은, 지리적 거리의 축소와 보다 개방적인 국경으로 대변되는 세계화의 영향과 함께 이 분야에서 편협한 국가중심적 핵심에 대한 투쟁에 기여하였다. 이와 함께 글로벌 경제의 자유화는 이미 가난에 시달리던 세계의 여러 지역의 경제적 안보불안을 고조시켰다. 그러나 이 결과 중의 하나로 국제적 규범이 인권, 개발, 빈곤 완화 및 질병과의 투쟁과 같은 분야로 연장되었다.

냉전의 동학을 고려한다면, 왜 이 분야가 협소한 국가·군사중심적인 안보 개념화에 심하게 의존했는지 쉽게 이해할 수 있다. 그러나 유럽(구 유고슬로비아), 아프리카 및 아시아에서 잔혹한 내전의 숫자가 급증함에 따라 안보에 대한 전통적 관점에 대한 대안의 요구가 강화되었다. 이 전쟁들은 전례없는 인도주의적 재난으로 이어져, 수백만 명이 고향을 떠나고, 잔인한 인종 청소, 집단 학살 및 다른 형태의 폭력을 경험하였다. 또한 냉전의 종식은 두 초강대국, 두 개의 유럽, 군비경쟁과 안보딜레마를 기반으로 했던 양극체제의 종말을 의미하였다. 새로운 아이디어는 국가안보와 상위정치에 특전을 부여했던 전통적 모델에 도전하면서 물리적, 국가 간 폭력을 넘어서는 위협을 포괄할 필요성을 강조했다. 예를 들어, 인간안보 옹호자들의 대응은 인간에 대한 위협을 가능한 광범위하게 포함시키는 것이었다. 글상자 5.3은 인간과 공동체가 직면한 위협 유형을 예시한다.

로스차일드(Emma Rothschild)는 이 광범위한 비전을 잘 정리하여, 다음과 같이 인간안보가 아래로는

> '집단과 개인의 안보', 위로는 '국제체제의 안보', 수평적으로는 군사안보부터 "정치적, 경제적, 사회적, 환경적, 또는 '인간안보'" 그리고 사방으로 '위로는 국제기구로, 아래로는 지역기구 및 지방정부로, 옆으로는 비정부기구들, 여론과 언론, 그리고 자연이나 시장의 추상적 힘'에까지 적용된다고 천명하였다.
>
> (Rothschild 1995: 55).

이런 광범위한 맥락에서 인간안보는 '결핍으로부터의 자유(freedom from want)'와 '공포로부터의 자유(freedom from fear)' 양자를 포괄한다고 볼 수 있다. 이는 이 접근법이 국가로 하여금 현실주의에 뿌리를 둔 도덕관념이 없는 국가이익의 기반을 개인에 대한 윤리적 책임으로 대체할 것을 촉구한다는 인상을 준다. 따라서 유엔은 광범위한 비전을 2001년 새천년개발목표(MDGs: Millennium Develpment Goals) 선언을 포함한 다양한 맥락에서 지속시켜왔다. 이들 목표는 빈곤근절, 유아사망률 감소, 질병과의 투쟁 및 환경지속성 확장 등 유엔의 오랜 노력들을 주의 깊게 보완하였다. 따라서 인간안보를 위한 유엔의 비전은 고도로 통합적이고, 인권과 사회의 발전 위해 군국주의의 위협을 넘어서는 전반적인 위협을 포괄한다. 이런 목적을 위해 지지자들은 국가의 행동은 자국 시민들의 안녕을 개선하는 목적을 위해 바뀌어야 함을 강조하면서 이 접근법의 강한 정책지향성을 보여준다.

세계화의 영향

세계화에 관한 다수의 초기 연구들은 주요 기술적 발전의 등장과 그 기술들이 거리 및 그 거리를 가로지르는 데 소요되는 시간의 축소에 기여하는 방식에 집중하였다. 이러한 고도의 연결성은 세계화 낙관주의자들로 하여금 세계의 무역과 여타 문화적, 정치적, 사회적 교환의 극적인 증가를 언급하게 하였다. 물론 냉전의 종식이 구 소련과 서방 진영 사이에 존재하였던 이데올로기적 차이를 제거함으로써 세계화의 동력을 가속화한 것도 사실이다. 그 결과로 두 세계 사이에서 자본주의 시장과 자유무역의 가치에 대한 믿음이 수렴되었다. 자유주의적 아이디어는 무역이 거기에 참여하는 국가들 사이의 평화를 촉진한다는 점을 확인시켜 주는 듯했고, 그동안의 증거는 경제적 상호의존의 증가, 민주평화, 그리고 국가 간 무역이 큰 폭의 갈등 축소와 관계가 있음을 보여주었다. 그러한 많은 연구들은 이런 새로운 과정이 현실주의의 국가 및 군사중심적 전제 하에서 다뤄지기 힘들 뿐만 아니라 세계화가 이런 발전에 기여했다고 강조하였다 (McMillan, 1997).

역으로, 불균등과 빈곤이 항상 존재해왔지만 그것들은 세계화의 영향으로 심각하게 증가하였다는 관점이 냉전종식 이래 점차 보편화된 믿음이기도 했다. 탈냉전 시기의 변화된 환경에 대한

글상자 5.3 인간이 직면한 위협들

자연재해

우리 인간은 항상 자연재해의 영향과 씨름해야 했는데, 그 중 일부는 인명 손실 측면에서 진실로 치명적이었다. 최근에도 국가들이 자연이 던진 최악의 문제에 직면했을 때 대부분 무능력했다는 것이 입증되었다. 기록된 가장 치명적인 열대 저기압(cyclone) 중의 하나가 1970년 11월에 동파키스탄(현재의 방글라데시에서 발생하였다. 볼라 사이클론(Bhola Cyclone)으로 명명된 이 폭풍으로 50만 명이 목숨을 잃었다. 1976년 7월에 20세기 가장 큰 규모(사망자 숫자로)의 지진이 중국의 탕산(唐山)을 덮쳤을 때 65만 명 이상의 사람들이 목숨을 잃은 것으로 추정된다. 보다 최근에는 2010년 아이티에서의 지진으로 16만 명 이상의 사람들이 목숨을 잃었고 엄청난 국제 지원 작전이 시작되었다. 2004년 인도네시아의 쓰나미로 25만 명 가까이 사망하였고 인도양 연안의 다수 국가에서 수백만 명이 피해를 입었다. 부강한 나라들조차 자연재해의 엄청난 파괴적 영향을 예방할 수 없다. 2011년 일본 북부 해안에서 발생한 지진과 그 결과로 초래된 쓰나미는 2만 5,000명의 사망자와 후쿠시마 원자력 발전소의 심각한 피해로 이어졌다. 일본정부는 2013년 8월 현재 애초 용융이 시작된 지점에서 물과 방사선의 누출이 계속되고 있다고 인정한 바 있고, 상황이 완전히 통제되지 않은 상태이다.

빈곤

오늘날 하루에 1.25달러 이하로 생활하는 사람이 거의 13억 명이다. 이는 1981년의 20억 명에서 상당히 줄어든 것이지만, 여전히 세계 인구 중 상당수이며 국제체제의 중요한 도전 중의 하나이다. 이들 숫자가 세계적 현상을 대표하는 것이지만, 인도와 같은 특정 지역은 더 나쁜 영향을 받아 거의 4억 명에 가까운 사람들이 절망적인 빈곤을 경험하고 있다. 아울러 사하라 이남 아프리카 지역 국가의 주민들 중 하루에 1.25달러 이하로 연명하는 사람들 비중이 가장 높다(47%).

현대판 노예제도

오늘날 과거 대서양 노예무역 시기보다 훨씬 많은 노예가 존재한다는 것은 의심의 여지가 없다. 그들이 전체 인구 중 더 작은 비중을 차지하지만, 현대판 노예제도는 역사적으로 운영된 것과는 아주 다른 방식이다. 과거에 노예는 상당한 비용이 들었고, 그들 소유주와 오랜 기간 '관계'를 유지했다. 오늘날, 노예제도는 단순히 한 사람이 다른 한 사람을 소유하는 것이 아니라 매우 다양한 형태와 영향을 포함한다. 여기에는 한 사람의 노동이 빚에 대한 저당에 해당하는 **채무 노동(*bonded labour*)**부터, 한 사람이 다른 사람의 토지에 묶여서 그를 위해 일해야 하는 **농노(*serfdom*)**까지 존재한다. 다른 형태의 강제 노역에는 여권을 빼앗거나 하인이 당국의 눈에 띄지 않게 하는 방식도 있다. 이런 형태의 노예제도가 다 잔인하지만, 아마 가장 끔찍한 것은 전시에 어린이들을 병사로 이용하고, 여성과 어린이들을 성적 착취의 목적으로 밀매하는 것이다. 세계의 모든 국가들이 노예제도를 금지했음에도 불구하고 공무원들의 공모 때문에 그런 행위들이 여전히 존재한다는 점에는 의심의 여지가 없을 것이다.

연구의 선두에는 칼더(Mary Kaldor)와 같은 학자들이 있었다. 칼더는 세계화와 점차 '실패국가(failed state)'로 간주되기 시작한 곳의 다수의 내분과의 관련에 대해 집중적으로 연구하였다. 칼더의 주장은 비록 세계화가 세계 여러 지역의 무수한 사람들의 생활 여건을 상승시키는 데에 일조하였지만, 그것은 또한 제어되지 않고 주로 이윤을 추구하는 자본주의 시장의 급속한 신장 때문에 만연한 빈곤에 기여하기도 하였다는 전제에서 출발한다. 실패의 여러 단계에 있는 취약한 국가들은 세계의 보다 부유한 지역과 경쟁할 수 없었고, 따라서 더한 빈곤과 절망으로 몰렸다. 그런 다수 국가의 결과로 개발도상국들의 수백만 명의 사람들은 안보부재에 직면하게 되었다. 더 나아가 칼더는 세계화에 취약한 국가들은 군대와 경찰력 악화의 결과로 자국 영토에 대한 통제력을 상실하기 시작했다고 강조한다. 세계화에 직면하여 이미 약한 국가의 취약성의 불가피한 상승은 특히 범죄조직, 군벌, 용병 및 다른 행위자 중에서도, 반란군의 득세라는 또 다른 불행한 결과를 초래한다. 이들 집단들은 취약한 국가의 자원을 차지하기 위해 서로 경쟁하기 시작하고 이 경쟁은 종종 폭력적으로 변한다. 칼더의 다소 논쟁적인 주장에 대해서는 실질적인 증거들이 존재하는데, 이는 냉전종식 이후에 일어난 다수의 내전(civil war)에서 찾아볼 수 있다 (Kaldor, 2006).

세계화의 영향에 대해서는 논쟁이 계속되겠지만, UNDP와 같은 기구들이 인간안보에 대한 인식을 형성함에 있어서 그 부정적인 결과를 고려했음에는 의심의 여지가 없다. 실제로 UN의 다수의 주요 인사들이 여러 차례 세계화와 탈냉전 시기 새로운 도전과의 관계를 강조하려고 노력하였다. 하나의 예로 아난(Kofi Annan, 1997년~2007년 사이 유엔 사무총장)은 인간안보를 단순한 폭력적 충돌의 부재 이상의 것으로 간주하였다. 그는 2005년에 다음과 같이 연설한 바 있다.

> 매일 그라운드 제로(Ground Zero, 2001년 9월 11일 알카에다의 테러로 무너진 세계무역센터 자리 – 역자 주)를 지나 일터로 걸어가는 뉴욕의 투자 은행 인사에게 오늘날 가장 큰 위협이 무엇인지 질문해봅시다. 이어서 후천성면역결핍증(AIDS)으로 부모를 잃은 말라위의 열두 살 고아에게 같은 질문을 해봅시다. 당신은 완전히 다른 두 가지 답을 듣게 될 것입니다. 최근의 파괴적인 쓰나미 때문에 온 가족과 마을의 파괴를 경험한 인도네시아 어부에게도 가장 겁나는 것이 무엇인지 질문해봅시다. 그리고 잔인한 민병대와 대규모 폭격을 두려워하는 다르푸르(Darfur) 주민에게 질문해봅시다. 대답은 역시 다양할 것입니다.
>
> (UNGA, 2005).

즉 코피 아난에게 인간안보란 인권에 대한 우려를 포함하여 인간에 대한 다양한 위협을 포함하는 개념으로, 좋은 거버넌스(good governance)와 교육 및 의료시설에 대한 접근성을 강화하는 것을 의미한 것이었다. 이런 목표들에 있어서 핵심에는 빈곤을 줄이고, 경제 성장을 촉진하고, 궁극적으로는 분쟁을 예방하려는 시도들이 자리하였다 (UN Press Release, SG/SM/7382, 8–10 May 2000). 사실 빈곤 완화는 이 넓은 관점에 있어서 핵심이었고 UN은 국가로 하여금 빈곤의 영향을 자국 영토 내에서만이 아니라 다른 곳에서도 줄일 수 있는 정책을 제정하도록 촉구하는 데에 앞장서왔다. "더 큰 자유(*In Larger Freedom*)"라는 제목으로 2005년에 발간된 UN총회의 보고서는 "10억 명 이상의 사람들이 … 하루에 1달러 미만으로 살고 있고, 1,100만 명 이상의 어린이들이 다섯 번째 생일 이전에 사망한다"고 경고함으로써 이런 약속을 더욱 강화하였다 (UNGA, 2005). 또한 이 보고서는 그런 과정에 의해 주도되는 세계는 개인이 자유를 향유하거나 자신들의 완전한 잠재력을 실현시킬 수 있는 기회를 부여받는 세상으로 인정될 수 없다고 지적하였다.

마찬가지로 사다코 오가타(緒方貞子, 1991년~2000년 유엔 고등난민판무관)도 세계화가 전 세계에 걸쳐 개인과 공동체가 직면한 위협들을 확대한다고 보았고, 따라서 인간안보가 개인이 추구하는 안보의 제공에 있어서 성공으로 가는 길이라는 아난의 비전을 지지하였다. 오가타는 고등난민판무관으로서, 수많은 탈냉전 시기 분쟁이 개인과 공동체에 끼친 영향을 직접 목도하였다. 그러나 그녀의 주된 우려는 고등난민판무관실이 다뤘던 그 어떤 위기도 그 기저의 정치적, 사회적, 경제적 이유를 지적하지 않고서는 해결될 수 없다는 점을 인정할 필요가 있다는 것이었다. 이런 믿음은 인간안보가 반드시 확장되어 개인이 경험해온 모든 범주의 위협을 포괄해야 한다는 그녀의 강한 주장과 잘 연결된다. 이런 맥락에서 왜 UN이 개인에게 있어서 '공포로부터의 자유'와 '전쟁으로부터의 자유'를 구분하지 않는지 이해할 수 있다. 이 점에 있어 비록 정확한 정의에 대한 합의가 없지만 국가중심적인 안보로부터 벗어나야 할 필요에 대해서는 대체로 의견이 일치하는 것으로 보인다.

유엔의 폭넓은 인간안보 관점의 문제점

개념적 문제: UN의 인간안보 관점을 지지하는 많은 이들은 심지어 이 개념이 지식만이 아니라 실천의 측면에서도 중요한 전환을 의미한다고 주장한다. 사실 안보, 인권, 개발의 통합은 현실주의의 국가 및 군사중심적 세계관에 의해 부과된 냉전적 경직성으로부터의 중요한 이탈을 대표하는 것처럼 보인다. 하지만 이러한 폭넓은 관점은 많은 비판을 불러왔는데, 학자와 실천가들은 실제로 이런 목표를 달성할 가능성에 대해 우려하였다. 결과적으로 이 개념은 반대자와 개념을 완전히 해체하거나 폭을 줄이려고 시도하는 사람들로부터 많은 도전에 직면하였다. 그런 비판가 중의 한 명인 패리스(Roland Paris)는 인간안보 개념은 정확하게 정의되지 않고, 따라서 충분한 의미를 가지기에는 너무 모호하고 명료하지 않다고 강조하였다. 더 나아가 그는 인간안보 개념과 개발 이슈와의 연계가 단순히 UN의 인간안보 개념 내의 만연한 모호성을 한층 더 키우는 것이라고 간주하였다. 패리스에게 있어서 인간안보는 이렇게 확장적이고 모든 것을 포괄하는 특징 때문에 정책결정자들에게는 어떤 위협을 우선 다뤄야하는지에 대한 지침을 제공하지 못하고 학자들에게는 정확히 무엇을 연구해야 하는지를 제시하지 못하는 것이다 (Paris, 2001: 88). 심지어 UN이 그 개념 내에 포함될 자격이 있는 이슈의 범위를 명확하게 하려는 시도를 하였으나 이것도 분명한 지침을 만드는 데에 거의 도움이 되지 않았다. 예를 들어, 유엔은 인간이 직면한 위협들을 경제, 식량, 건강, 환경, 개인, 공동

체 및 정치 등의 몇 개 범주로 분류하였다. 하지만 이 목록이 얼마나 확장적이고 모두를 포함하는 것인지 쉽게 알 수 있다. 그리고 이 문제는 이 개념의 비판자들에게 UN이 주류 현실주의 담론에 도전하는 하나의 패러다임을 구축하는 데 성공하였다는 주장을 반박할 수 있는 무기를 제공하였다.

1994년 『인간개발 보고서』에 명시된 목표 중 하나는 국가로 하여금 영토의 안보로부터 보다 사람을 강조하는 담론으로의 변화를 수용하도록 영향을 미치는 것이었다. 이는 냉전이 종식됨에 따라 국가들이 군대에 투여되던 자원을 점차 보다 인간 중심적 프로그램에 투여하도록 함으로써 소위 평화배당금(peace dividend)을 활용하게 촉진하는 방법으로 달성될 수 있는 것이었다. 이러한 의제의 결과로 1990년대에 유엔고등난민판무관, 국제이주기구(IMO: International Organization for Migration), 그리고 무력갈등 예방을 위한 글로벌 파트너십(GPPAC: Gobal Partnership for the Prevention of Armed Conflict) 등 엄청나게 많은 수의 국제적 행위자들이 그 개념을 자신들의 담론에 포함시키기 시작하였다. 따라서 인간안보는 탈냉전기 정치적, 경제적, 안보적 도전의 결과로 진화하였다. 그리고 하나의 개념으로서 인간안보는 현재에는 당연히 고려되어야 한다고 인정되는 광범위한 요인들에 의해 영향을 받았다. 여기에는 핵전쟁 가능성의 감소, 유럽 및 다른 지역 여러 나라에서의 민주화, 빈곤층과 권리를 빼앗긴 사람들의 증가, 북반구(global north)와 남반구(global south) 사이의 경제 격차의 증가, 그리고 소형무기 및 경화기(SALW: small arms and light weapons)의 확산으로 비롯되는 잔인한 내전의 등장이 포함되었다.

인간안보는 따라서 상당히 다양한 요인으로부터 영향을 받았고, 그 개념화에 있어서 변이가 존재하고 비록 어떤 정의는 분명하게 인간공동체에 집중하려 노력하기도 하지만, 대부분의 정의는 안보대상으로서 개인을 강조한다. 다른 변이는 생존, 개발, 물리적 안전, 존엄, 또는 실질적인 개인적 자유 등 강조되어야 할 가치를 포함한 여러 영역에서 발생한다. 예를 들어, 바지파이(Kanti Bajpai)는 물리적 안전, 복지 및 개인의 자유에 주안점을 두는 반면 (Bajpai, 2000: 38-39), 프레젤즈(Iztok Prezelj)는 글상자 5.4와 같이 인간안보의 넓은 관점에 포함될 수 있는 '위협의 스펙트럼'을 열거한다.

이 목록은 개인과 인간 공동체가 직면한 위협이 매우 다양하고 하나의 명확한 제목으로 범주화하기가 힘들다는 것을 보여준다. 바로 이런 변이가 인간안보 개념을 둘러싼 혼란을 가중시키는 원인이다 (Prezelj, 2008: 8).

9·11 이후의 세계

위에서 강조한 개념적 문제에 더하여, 인간안보 개념을 각성시키는 데 공헌한 것은 2001년 9월 11일에 뉴욕의 세계무역센터(World Trade Center)에 대한 테러리스트 공격의 영향이었다. 미국은 이 공격 이후 테러리즘에 대한 싸움을 주된 목표로 설정하였고, 이 사건 이후 탈레반(Taliban) 정권이 빈라덴(Osama Bin Laden)의 인도를 거부하면서 당시 미국의 조지 W. 부시 대통령이 2001년 10월 7일에 아프가니스탄을 침공하는 결정을 내리게 되었

글상자 5.4 프레젤즈의 위협 스펙트럼

- 경제적 위협
- 식량 위협
- 건강 위협
- 환경 위협
- 개인 위협
- 공동체 위협
- 정치적 위협
- 인구학적 위협
- 테러리즘을 포함한 모든 종류의 범죄
- 자연재해
- 무력충돌과 전쟁
- 집단학살
- 대인지뢰, 소형무기 및 기타

출처: Prezelj (2008).

다. 그리고 이내 신보수주의자(neoconservative)로부터의 압력을 받은 부시 대통령은 2003년 이라크에 대한 새로운 침공을 개시하였다. 두 개의 침공은 종종 부시독트린(Bush Doctrine)의 맥락에서 설명되는데, 그 핵심은 공격적인 일방주의 정책을 추구하는 것이었고 교토의정서(Kyoto Protocol)의 거부, 1972년에 체결된 반탄도미사일조약(Anti-Ballistic Missile Treaty)의 탈퇴, 그리고 테러리스트 그룹을 지원하는 국가들에 대한 예방전쟁의 추구가 그 대표적인 사례였다.

역으로 인간안보에 대한 UN의 비전은 의심할 여지없이 테러와의 전쟁의 영향을 포함한 모든 형태의 폭력에 대한 강력한 비판이었다. 그러나 이 특정한 전쟁이 대체로 전통주의, 현실주의 관점을 통해 추구되었다는 점을 고려한다면, 이것이 바로 무수히 많은 시민권과 인권 위반의 근본 원인이었다. 이는 필연적으로 인간안보와 테러와의 전쟁으로 표현되는 안보관이 완전히 반대에 있다는 결론에 이르게 한다. 깁슨(Ian Gibson)도 9·11 이후 자유민주주의 국가들의 안보는 "대체로 다른 이들을 희생하면서 안전함을 달성하는 것을 기반으로 한다"고 주장하면서 이런 견해를 지지한다(Gibson, 2004: 158). 이 인용문은 안보의 두 형태 사이의 모순을 잘 요약하지만, 또한 많은 정부들이 안보를 달성하기 위해 보다 전통적인 방식으로 회귀하면서 9·11 이후 인간안보는 더 큰 도전에 직면하고 있다고 주장하는 다양한 의견을 암시한다.

외교정책 의제에의 인간안보 통합

5장과 이 책의 다른 장에서 보여주듯이, 편협한 국가·군사중심적인 전통 안보에 대한 각성은 그것에 대한 격렬한 반대를 촉발하였고, 그 결과 비판안보연구, 코펜하겐학파(Copenhagen School) 및 인간안보 등 다수의 하위분야가 등장하였는데 이들의 공통점은 모두 국가가 아닌 다른 안보대상에 주목한다는 것이었다. 그러나 가장 최근의 인간안보는 그 저변에 강한 실천적 요소를 가지고 있다는 점에서 다른 분야들과 상당히 다르다고 할 수 있다. 국가안보를 보완하려는 인간안보의 경향은 약간의 국가들이 그런 요소들을 자국의 외교정책 의제에 포함시키기 쉽게 만들었다. 이런 요인과 함께, 위협이 다변화하고 그에 대한 해결책은 비강압적인 기제 — 특히 다자주의 기구에 의해서만 다뤄질 수 있다는 인식이 점차 확대되었다. 따라서 '비군사적' 위협을 다뤄야할 필요성이 인간안보의 실천적 본질을 강화했고, 이것이 또한 국가들로 하여금 정책적 관점에서 대응하도록 만들었다.

'더 큰 자유'로 명명된 2005년의 『인간안보 보고서(*Human Security Report*)』는 그것이 1994년 UNDP 보고서를 발전시켰고 인간안보가 외교, 안보 및 개발 정책에 있어서 점차 중요성을 더해간다는 견해를 잘 보여준다는 점에서 특히 중요하다. 그 개념이 국제정치 어휘에 포함된 것만이 아니라 인간안보네트워크(HSN: Human Security Network)와 인간안보위원회(CHS: Commission on Human Security) 설립 등 구체적인 성공 사례들이 존재한다. 그리고 그 배경에 있는 아이디어는 1997년에 대인지뢰의 사용을 금지하는 협정이 마련되는 데에 중요한 역할을 하였다. 아울러 국제형사재판소(ICC: International Criminal Court)의 설립은 인간안보를 고려하지 않고서는 이해될 수 없다. 실제로 이 개념에 포함된 요소들이 캐나다, 일본, 노르웨이 및 스위스를 포함한 많은 국가들의 외교정책 과정에 등장하기 시작하였다. 그러나 그 영향력을 과대평가하지 않아야 한다 — 특히 ICC에 대한 미국의 반대, 미국의 2003년 이라크 침공, 그리고 소위 테러와의 전쟁에 있어서의 수많은 탈법적인 구금과 살해를 고려하면 더욱 그렇다. 그럼에도 불구하고 인간안보가 다수의 국제기구는 물론 여러 국가의 외교정책 담론에 진입하였다는 것은 의심의 여지가 없다.

인간안보의 실천적 기반과 비군사적 위협에 대한 강조는 쉽게 서술되고 이해할 수 있지만, 인간안보의 개념적 기반은 1994년 UNDP 보고서 이후 10여 년이 지난 현재에는 더욱 복잡해졌다. 즉 그것은 모호성으로 둘러싸여 있어서 학계에는 혼란함을, 정책결정의 맥락에서는 좌절감을 발생시킨다. 개념 정의와 실천적 가치에 대한 다양한 의견은 종종 지역에 따라 영향을 받기도 하고, 인간안보가 주된 역할을 하는 기구의 특질에 영향을 받기도 한다. 예를 들어, UN의 틀은 1994년의 UNDP 보고서로부터 많은 영향을 받고 있고, 평화유지, 인도주의 작전 및 난민 관리 등 다양한 방식을 통해 실행되고 있다. 이러한 변이는 국가들이 이 개념을 어떻게 이해하는지에 달려 있다. 그 차이는 너무나 명백하여 정의에 대한 합의 달성을 더욱 방해한다.

일본과 아시아 태평양 지역

인간안보에 대한 일본의 관점은 제2차 세계대전 동안의 일본 역사와 이후에 일본이 지역과 세계에서 수행한 역할의 맥락에서 논의되어야 한다. 1941년부터 1945년 사이에 추축국(Axis power)의 일원으로서 일본은 천연자원에 대한 접근이 제한되어 남아시아에서 적대적 행위를 시작하였고, 싱가포르, 말라야 연방, 버마 및 다른 곳에 대한 통제력을 확보하려 하였다. 1941년 일본의 진주만(Pearl Harbor) 미군 기지에 대한 공격은 일본의 지역 내 공격성을 방지할 수 있는 힘을 가진 유일한 국가를 약화시키려는 의도에서 비롯된 것이었다. 결과적으로 태평양전쟁은 1945년 8월에 미국이 전쟁을 신속히 종식시키기 위해서 두 개의 일본 도시 — 히로시마와 나가사키 — 를 폭격할 때까지 지속되었다. 이후에 일본의 지역 내 행동은 그 본질에 있어서 압도적으로 평화주의적인 헌법에 의해 대체로 결정되어 왔다. 전쟁 동안 이웃 국가들에 대한 일본의 침략 때문에 이후 일본은 이웃 국가들이 자국의 동기를 의심하지 않도록 하는 데에 중점을 두었다. 따라서 펭 얼(Lam Peng Er)이 주장하듯이, 일본은 '지역 내에서 경성안보(hard security) 접근법'을 회피하여 왔다. 인간안보 요소들을 자국의 국제적 행동에 포함시킴으로써 일본은 서남아시아에서 개발원조로부터 자연재해 시 구조 활동까지 광범위한 역할을 할 수 있게 되었다. 더 나아가 일본은 '1996~1998년 사이 아시아 금융위기 여파의 와중에 지역경제의 안정화를 위해 막대한 금융 지원과 통화교환협정을 제공'하기에 이르렀다. 펭 얼은 계속하여 최근 일본이 동티모르, 아체(Aceh) 및 민다나오(Mindanao) 등지에서 평화구축(peacebuilding) 임무를 수행하였고, 2004년 인도네시아의 쓰나미 사태에는 "제2차 세계대전 이후 가장 많은 일본 병력을 인도주의 지원을 위해 파견하였다"고 강조한다 (Peng Er, 2006: 143).

일본은 2001년에 인간안보위원회를 설립함으로써 자국의 단연 비군사적이고 인간 중심적인 안보 관점을 확인시켰다. 개발에 관한 고민이 그 중심에 있었는데, 2003년에 고이즈미 준이치로(小泉 純一郎, 당시 일본 총리)에게 전달된 위원회의 최종 보고서는 폭력적 분쟁의 시기에는 인간의 생명이 보호되어야 한다고 강조했다. 이는 결핍으로부터의 자유와 공포로부터의 자유를 통합하는 인간안보의 폭넓은 지지를 유지하기를 바라는 일본의 희망을 재확인하였다. 1998년에 하노이에서 행한 연설에서 오부치 게이조(小渕 恵三, 1998년부터 2000년까지 총리 재임)는 일본의 우선순위 중 하나는 21세기 세계정치에 있어서 인간중심적인 접근법을 고취시키는 것이라고 선언하였다. 이를 촉진하기 위해 그리고 그 노력을 입증하기 위해 일본은 UN 사무국과 함께 1999년에 인간안보기금(Trust Fund for Human Security)을 설립하여 국제적 활동에 있어서 일본의 비군사적 인간중심적 접근법의 기반을 마련하였다. 실제로 이후 일본의 정부도 폭넓은 인간안보에 대한 비전을 강하게 지지하였고, 이후 모리 요시로(森 喜朗, 오부치의 후임)가 인간안보는 일본 외교의 주요 기둥 중 하나라고 선언함으로써 기존 입장을 재확인해 주었다.

인간안보기금에 대한 추가 재정 부담과 2001년의 인간안보위원회의 설립 또한 폭넓은 인간안보 비전에 대한 일본의 지속적 기여를 보여준다. 특히 일본의 폭넓은 인간안보 비전을 고수하는 것을 보여주는 사례가 2001년 9월 미국에 대한 테러 공격 직후에 있었다. 모리의 후임인 고이즈미는 2001년 12월의 인간안보 국제심포지움(International Symposium on Human Security)에서 행한 연설에서 테러리즘의 근절은 테러리스트의 행위에 대한 전통적인 군사적 대응보다는 '무력충돌, 빈곤 및 다른 사회경제적 요인이 테러리즘의 온상을 창출하기 때문에 개인에 대한 다른 다양한 위협을 다룰 필요성'과 연계되어야 한다고 강조했다 (Koizumi, 2001).

2000년에 열린 유엔 새천년정상회의(Millennium Summit)는 일본으로 하여금 인간안보위원회(CHS)를 주도하게 하면서 위원회의 목적을 다음과 같이 공표하였다.

> 인간의 자유와 성취를 신장시키는 방식으로 모든 인명의 필수적 핵심을 보호하는 것이다. 인간안보는 근본적 자유 — 삶에 있어서 본질적인 자유를 보호하는 것을 의미한다 … 그것은 사람들에게 생존, 생계, 존엄성이라는 기본 요소를 함께 제공할 수 있는 정치적, 사회적, 환경적, 경제적, 군사적 및 문화적 체계를 창출하는 것을 의미한다.
> (Commission on Human Security, 2003: 4).

그러나 CHS의 보고서는 9·11공격 직전에 발표되어서 그 영향력이 상당히 희석되었음을 지적해야 한다. 일본은 적대적이고 점차 강력해지는 중국, 핵무장한 북한 그리고 공세적으로 테러와의 전쟁을 수행하는 동맹국에 직면해 있다. 따라서 혹자는 일본 외교정책의 180도 전환과 인간안보 고민으로부터의 후퇴를 예상할 수도 있다. 그러나 이런 일은 발생하지 않았고, 비록 미국의 테러와의 전쟁을 전적으로 지원한다 하더라도 일본은 유엔과 다수의 UN 기구들과 협력하여 다자주의적 인간안보 목표들을 지속적으로 추진하여 왔다.

오부치는 안보에 대한 인간중심적 접근을 포함하는 외교정책 경로에 일본을 위치시켰다. 이후에도 이는 지속되어 일본이 후원하는 인간안보기금은 다수의 국가에서 개발 프로젝트를 꾸준히 지원해오고 있다. 예를 들어, 2009년 이후 기금은 콩고, 에콰도르, 보스니아 헤르체고비나, 타지키스탄, 파키스탄, 멕시코, 니카라과, 볼리비아, 우즈베키스탄, 필리핀, 콜롬비아, 가봉공화국, 태국 및 네팔 등지에서 다양한 프로젝트를 수행하였다 (MOFA of Japan). 오부치 이후 일본정부는 많은 총리와 정치의 방향 변화와 정책 변화를 경험하였다. 그러한 변화와 개발원조 예산의 삭감에도 불구하고 인간안보를 대세화하려는 일본의 노력은 21세기 첫 10년간 지속되어 왔다.

광범위한 비전에 대한 캐나다의 대응

비록 캐나다가 인간안보 요소들을 자국 외교정책에 포함시키는 실험을 해왔지만 그 결과는 일본의 경우와 많이 다르다. 캐나다는 유엔이 제시한 너무 폭넓은 목표들이 다소 비현실적인 구성이라는 점에서 UN의 광범위한 비전을 비판하여 왔다. 따라서 캐나다의 외교정책은 분쟁과 다른 물리적 재난의 시기에는 1994년의 UNDP 보고서에서 제시된 광범위한 목표들보다 인간의 신체적 보호가 우선시되어야 한다는 견해를 기반으로 한다. 대인지뢰금지협약(APMBC: Anti-Personnel Mine Ban Convention)과 같은 중요한 성취에 오타와가 간여했던 것에서도 알 수 있듯이 1990년대 말까지 캐나다가 그러한 UN의 의제를 강조함에 있어서 중요한 역할을 한 것은 분명하다. 예를 들어, 1996년부터 2000년까지 캐나다 외무장관으로 재임한 엑스워시(Lioyd Axworthy)는 인간안보에 대한 담론이 세계화로부터 비롯되어 점증하는 수준의 상호연결성에 의해 깊은 영향을 받기 시작하였다고 인식하고 "이렇게 상호연결된 세계에서 우리 자신의 안보는 우리 이웃 — 국내외에서 — 의 안보와 불가분의 관계에 있다"고 주장하였다 (Axworthy, 2001). 그는 또한 세계화가 인간의 고통을 확대한 것만이 아니라 그것을 국가만이 아닌 비국가 행위자들에게도 보편적인 우려로 만들었다고 강조하였다.

인간안보네트워크(1998년 설립)에 대한 초기 지원은 국가안보로부터 인간안보로 중점의 전환을 촉진함에 있어서 캐나다의 노력을 잘 보여준다. 이 네트워크를 통해 캐나다는 (위에서 언급한) 대인지뢰를 금지하는 조약의 채택, 그리고 반인륜적 범죄를 저지른 인사들을 기소할 수 있는 장을 제공하는 것을 주목적으로 하는 국제형사재판소의 설립에 영향을 주었다. 따라서 인간안보에 대한 캐나다의 접근법은 국제법과 조약을 통한 사람들의 안전과 인간에 대한 신체적 손상의 방지라는 두 가지 중요한 측면을 포함한다고 할 수 있다. UN의 목표들에 대한 캐나다의 열의는 냉전종식에 따르는 캐나다 외교정책의 변화에 기반을 두었다는 점은 분명하다. 가장 구체적으로는, 뉴펠드(Neufeld)가 지적한 것처럼, 냉전적 현실주의의 대안들을 찾기 위한 분명한 시도가 존재하였다. 외교정책은 이제 '사회적, 환경적 책임'의 전례를 만드는 데에 보다 집중함으로써 '채무 구제를 주도하고, 새롭고, 보다 정의롭고, 지속가능한 국제경제질서를 창출하는 노력에 있어서 지도력을 발휘하는 것'이 되었다 (Canadian Peace Alliance, 1992).

그러나 인간안보와 관련된 캐나다의 실험의 성공은 국내만이 아니라 국제적 환경에도 전적으로 의존하였다는 점을 인정하는 것도 마찬가지로 중요하다. 냉전의 종식과 함께 도래한 소련의 붕괴, 동유럽을 가로지르는 민주화, 그리고 1990~1991년 걸프전쟁에서 후세인의 이라크에 대한 국제사회의 성공 등은 국제정치가 냉전을 지배했던 전통적인 아이디어로부터 결정적으로 벗어나고 있다는 큰 낙관주의로 이어졌다. 그러나 이후에도 국제체제에는 1992년 소말리아 국가의 붕괴, UN의 우유부단함 때문에 80만 명 이상의 사망으로 이어진 1994년 르완다 사태, 구 유고슬라비아의 장기간에 걸친 잔혹한 갈등을 진압하기 위한 북대서양조약기구(NATO)의 개입을 포함하여 많은 충돌이 발생하였다. 1999년 코소보에 대한 NATO의 개입은 캐나다로 하여금 UN의 결핍으로부터의 자유라는 광범위한 관점에서 결정적으로 이탈하게 하는 계기가 되었다. 즉 그 개념의 모호성이 UN의 목표들을 정책으로 전환시킴에 있어서의 문제에 추가 된 것이다. 마지막으로 이런 모든 외부적 압력 중에 가장 주목할 만한 것은 캐나다와 미국과의 관계에서 오는 압력이다. 후자의 인간안보에 대한 회의적 태도는 그 개념이 '소프트파워(soft power, 연성권력)'와 연계되기 때문인데, 이는 안보를 증진시키는 것은 경성 군사력이라는 워싱턴의 견해와는 상당히 다른 것이다.

이런 점을 염두에 두고 2001년 9·11의 영향에 대해 간단히 설명한다. 이 장이 보여주었듯이 인간안보의 개념적 힘은 학자들과 정치인들이 그 실천적 가치에 대해 문제제기하면서 약화되기 시작하였다. 캐나다에서는 2000년에 엑스워시가 퇴임하자마자 그런 일이 발생하였고, 인간안보를 외교정책에 포함시키는 것에서 벗어나야 한다는 압력이 9·11 직후에 확실히 강화되었다. 캐나다가 후원하거나 적극적으로 참여한 많은 인간안보 협약들 —

국제형사재판소, 소형무기 및 경화기협정(Small Arms and Light Weapons Agreements), 그리고 전쟁피해아동협약(Waraffected Children Conventions)과 같은 — 은 미국에 의해서 적극적으로 반대되었다. 결국 캐나다는 남쪽의 이웃국가가 전통적인 군사중심의 안보의 추구를 지속함에 따라서 엄청난 도전에 직면하게 되었다. 그럼에도 불구하고 비록 테러와의 전쟁에서 미국의 입장에 동의하는 다수의 결정을 내렸지만 캐나다는 자유주의적이고 다자주의적 접근법에 의해 영향을 받은 외교정책을 지속적으로 추진해오고 있다.

결론

1990년대 인간안보의 인기는 (다른 국가들과 함께) 캐나다, 일본, 노르웨이 등이 중요한 기여를 해온 인간안보네트워크의 설립으로 이어졌다. UNDP의 노력은 국가들로 하여금 전통주의적 접근법에 드러난 전통적인 군사·국가중심적 관점에서 벗어나 안보를 보다 폭넓게 볼 수 있게 설득하려는 목적을 가지고 있었다. 이런 노력에도 불구하고 이 장이 지적한 것처럼 인간안보 개념은 발전이 미진하고 논쟁의 여지가 많다. 심지어 인간안보의 가장 강력한 지지자들도 그 의미와 관련하여 합의를 도출하는 데에 실패하여 왔다. UNDP의 계획은 인간 개인에 대한 무수한 위협을 포괄한다는 점에서 가장 광범위하다. 그런 광범위한 비전에는 무력분쟁 시 사람들의 신체적 보호뿐만 아니라 재건과 사회의 안정화가 중요한 요소가 되는 분쟁 후 상황에서의 개인의 자율권 강화도 포함된다. 그러나 경제적 안보, 의료 및 교육에의 접근성, 사회적 보호, 개발의 다른 특징들, 심지어는 인권보호 등 이 모두가 함께 결핍으로부터의 자유 관점의 기반을 형성한다. 이런 모두를 아우르는 비전 때문에 많은 학자들과 국가들이 UNDP의 개념은 가치가 떨어진다고 비판하게 하였다. 왜냐하면 정책결정자들이 인간안보의 다양한 선택들에 우선순위를 부여하는 것이 거의 불가능하기 때문이다. 지나치게 광범위한 UN의 견해는 또한 캐나다와 같은 국가들로 하여금 애초의 열의를 잃고 분쟁 시기의 인명의 보호에 보다 중점을 두는 보다 제한적인 정의 — 공포로부터의 자유 관점으로 설명되는 — 로 이동하게 하였다. 일본과 캐나다와 같은 국가들은 그들의 가까운 동맹국이 테러와의 전쟁을 추구함에 따라 압력을 받게 되었고, 이는 그들로 하여금 미국과의 친밀한 관계를 소원하게 하지 않는 인간안보 요소들에 공감할 수밖에 없게 하였다.

요점

1. 인간안보는 유엔개발프로그램의 1994년에 출판된 『인간개발 보고서』에 의해 대중화되었다. 이 보고서는 안보를 생각함에 있어서 냉전의 역학에서 탈피하여 인권과 개발에 대해 고려하는 개념적 전환을 촉진하려 시도하였다.
2. 유엔과의 연결성을 고려한다면 인간안보에는 강한 실천적 요소가 존재한다.
3. 개념적 문제는 학자들, 정치인들 및 비정부기구들(NGOs: Non-Governmental Organizations)이 그 의미에 대한 합의 없이 이 단어를 사용하기 때문에 발생한다. 이런 합의의 부재

는 국가들이 인간개발(결핍으로부터의 자유)에 집중해야 하는지 아니면 인명의 보호(공포로부터의 자유)에 집중해야 하는지에 대한 의견 불일치로 이어진다.

4. 캐나다와 일본 같은 국가들은 인간안보의 요소들을 자국의 외교정책 의제에 포함시켜 왔고 동시에 이 접근법에 있어서 차이를 잘 드러내주는 사례이기도 하다.

5. 테러와의 전쟁은 현실주의 전통이 성공을 계속하여 주장하게 하였다. 이는 인간안보 지지자들에게 심각한 도전을 안겨주었다.

추천도서

Bajpai, K. 'Human Security: Concept and Measurement', *Kroc Institute Occasional Paper (Number 19)*, Notre Dame, Indiana: University of Notre Dame, 2000.

Booth, K. 'Security and Emancipation', *Review of International Studies*, vol. 17, no. 4, October 1991, 313–326.

Gibson, I. 'Human Security Post 9–11: Gender Perspectives and Security Exclusion', *Ritsumeikan Annual Review of International Studies*, vol. 3, 2004, 157–175.

Kaldor, M. 'Wanted: Global Politics', *The Nation*, vol. 273, no. 14, 5 November 2001, 15–18.

Kaldor, M. *New and Old Wars: Organised Violence in a Global Era*, 2nd Edition, Oxford: Polity, 2006.

Paris, R. 'Human Security: Paradigm Shift or Hot Air?', *International Security*, vol. 26, no. 2, Autumn 2001, 87–102.

6장 안보의 구성

샤힌 말리크(Shahin Malik)

글상자 6.1 웬트: '무정부 상태는 국가가 만들어내는 것'

사회구성주의의 창시자로 널리 인정되는 웬트(Alexander Wendt)는 자조(self-help)와 권력정치가 무정부의 불가피한 특징이라는 신현실주의의 관점에 문제를 제기한다. 그는 무정부는 국가들 자신에 의해서 '구성되는' 것으로 다뤄져야 하고, 따라서 무정부는 국제정치의 실천과 국가들이 그것을 인식하는 방식과 분리될 수 없다고 주장한다.

현실주의자들은 무정부가 국제체제의 본질적이고도 확고한 특징이어서 국가들은 그것에 의미를 부여하기보다는 그것이 원하는 바에 단지 반응할 뿐이라고 전제한다. 그러나 일단 무정부가 사회적 구성의 하나로 다뤄진다면 자조와 권력정치가 국가들이 상호작용에 있어서 더 이상 본질적이지 않게 하는 효과를 가지게 된다. 이런 맥락에서 무정부는 더 이상 국제관계를 규정하는 특징이 아니라, 그 정체성이 변화할 수 있는 사회적 구성이 된다.

근본적으로 웬트는 '**과정(*process*)**'이라는 개념을 국제정치와 국가 행위의 이론화에 도입한 것이다 (Wendt, 1992).

서론

앞에서 '안보'의 개념화를 추구하는 다양한 학자들 사이에 본질적인 차이점이 존재함을 논의하였다. 그러한 다양한 변이들 가운데에는 주권국가를 가장 우선적인 안보대상에 위치시키는 것을 반대하는 개념의 확장을 주장하는 그룹들이 존재한다. 앞 장들에서 비판이론가들, 페미니스트들 및 개인의 안보를 감소시키는 것이 종종 국가이고 안보연구의 중점이 국가로부터 인간 개인으로 변화해야 한다고 강조하는 인간안보의 주장들을 소개하였다. 다른 극단에 위치한 **전통주의적** 안보연구자들 — 주로 현실주의자, 신현실주의자 및 심지어는 자유주의자들 — 은 계속하여 자국 영토 안에 거주하는 모든 그룹에 안보를 제공하는 것은 바로 국가이며 따라서 국가의 안보가 우선시되어야 할 필요가 있다고 주장하여 왔다. 그들이 확장된 개념을 거부하는 이유는 그런 움직임이 안보연구 분야의 지적 일관성을 해칠 위험성이 있다는 것이고, 결과적으로 많은 학자들이 안보연구 분야는 '군사력의 위협, 사용 및 통제에 대한 연구'로 엄격히 제한되어야 한다고 주장하여 왔다 (Walt, 1991: 212).

그러나 분열은 여기서 그치지 않는다. 실제로 분열은 전통주의자들에 의해 부과된 좁은 제한을 넘어서 개념의 확장을 추구하던 이들 사이에도 존재한다. 심지어 현실주의와 같은 접근법에 대한 비판에 동참하던 이들도 그들이 식별한 문제를 해결하는 방안에 대해서는 종종 의견이 다르다. 예를 들어, 페미니스트들도 소외된 그룹이 동등한 권리를 획득하는 방법에 대해서 상당히 다르다. 마찬가지로, 앞선 장들에서 강조되었듯이, 비판이론과 인간안보 양자 모두 주요 안보단위로써의 주목을 국가로부터 개인으로 이동시키려고 노력하지만, 그 둘의 개념화와 방법은 다르다. 이런 변이들은 안보가 논쟁의 여지가 있는 개념이고 그 의미에 대한 합의를 거부한다는 점을 잘 보여준다. 이런 점은 이 장에서 소개하는 또 다른 접근법에 의해 더욱 복잡해진다. 즉 구성주의는 현실주의의 편협한 국가·군사중심적 특징을 거부하는 많은 이론적 접근법들 중에서 가장 영향력이 크다고 할 수 있다. 따라서 이 장은 안보연구 분야에 있어서 구성주의의 적실성을 살펴보고, 독자들에게 코펜하겐학파와 관련있는 학자들이 주장하는 '안보화이론(Securitization Theory)'을 소개한다. 구성주의와 안보화이론의 가장 중요한 연계는 양자 모두 **사회적 과정(*social process*)**을 중요시한다는 것이다. 구성주의는 정체성이 형성되고 물질적 객체에 의미가 부여되는 방식에 주목한다. 안보화이론 역시 특정 이슈가 안보문제가 되도록 만드는 과정에 주목한다. 이는 기본적으로 어떤 이슈도 중요한 지위에 올라갈 수 있음을 의미하고, 따라서 안보화이론에 있어서 안보대상은 복수가 될 수 있는 것이다. 이런 요인들을 분석함에 있어서 이 장은 구성주의 전통이 비록 최근에야 안보연구에 진입하였지만 스스로를 현실주의와 같은 편협한 경직성을 가지는 전통주의적 접근법을 비판하는 접근법 중 강력한 경쟁자로 자리매김해왔다고 주장한다.

구성주의

구성주의에 대한 어떠한 토론도 다양한 사회탐구 수행의 방법 간 논쟁의 맥락에서 이뤄져야 한다. 인식론적 질문에 직접 집중함에도 불구하고, 실증주의와 탈실증주의 간 논쟁의 어떤 측면은 구성주의의 이해에 특히 중요하다. 실증주의는 사회적 행동을 설명하기 위해 자연과학의 방법론들을 강조하면서 20세기 전반에 걸쳐 국제정치 연구를 주도하여 왔다. 실증주의 가정을 성급하고 무모하게 채택하는 과정에서 인식론적 질문은 무시당했고, 이는 사건이 과학적으로 설명될 수 없다면 그것들은 타당한 지식으로 이해할 수 없다는 점에서 실제로 분석되어야 할 대상에 엄격한 경계를 만드는 데에 영향을 미쳤다. 현실주의 프로젝트는 실증주의와 밀접히 연결되어 왔으며, 스스로를 세계정치의 근본적인 실재를 드러낼 수 있는 과학적 접근법이라고 주장한다.

따라서 현실주의와 같은 실증주의 접근법은 경험적 관찰을 강조함으로써 실재를 설명하려 시도한다. 이 과정에서 분석자는 스스로를 분석의 과정과 분리할 수 있다. 다른 한편으로 탈실증주의 접근법은 '이해'에 보다 중점을 두고 여기에서 분석자는 분석 과정의 일부로 가정된다. 비판이론이나 탈구조주의와 같은 탈실증주의 접근법의 경우에 있어서는 인간의 이해와 무관하게 존재하는 객관적 실재와 같은 것은 없다. 이런 개념을 이해하는 또 다른 방법은 신(God)을 하나의 예로 사용하는 것이다. 왜냐하면 종교인은 우리의 신에 대한 지식과 상관없이 신이 존재한다고 주장할 것이기 때문이다. 다른 한편으로 신의 존재에 대한 객관적이고 과학적인 증거가 없다는 점을 고려하면, 결국 신은 여러 시대를 거친 상징과 인간의 언어적 실천 안에 구현된 담론적 과정을 통해 태어난 것이라고 주장될 수 있다. 따라서 신은 태양이나 태양계처럼 실질적인 객관적 실체로 '그곳에(out there)' 존재하는 것이 아니라, 하나의 사회적 구성의 산물인 것이다. 그리고 신이 존재한다고 '믿어야' 하는 종교인은 담론의 과정을 통해 종교적 실천을 강화하고 이것이 다시 신의 존재를 강화하게 된다.

실증주의와 탈실증주의 간의 이 논쟁은 국제관계와 안보연구 등의 사회과학 분야의 최근 진보에 대단한 영향을 미쳤고, 구성주의자들의 기여도 이 진행 중인 논쟁의 맥락에서 고려되어야 한다. 그러나 구성주의의 핵심 원칙을 정의하고 확인하는 것은 쉬운 일이 아니다. 왜냐하면 구성주의는 실증주의와 탈실증주의 양자의 특성을 모두 보여주는 폭넓은 접근법이기 때문이다. '관념과 담론'이 세계의 사건들의 설명에 있어서 중요한 요소라는 구성주의의 핵심 전제는 탈구조주의, 비판이론 및 페미니즘 등의 다양한 전통의 연구 저변에 자리한다. 이 책의 다른 부분에서 논의되듯이 이들 '비판적' 접근법들은 모두 안보연구의 전통주의적 편협한 핵심의 경직성을 비판해왔고, 1980년대 이후의 주요 논쟁은 이 점을 반영한다. 다른 한편으로 전통주의자들도 때때로 반격을 가했고, 탈실증주의자들이 국제정치의 '현실세계'에 대해서 거의 논의할 것이 없이 전적으로 메타이론(meta-theoretic)적 논쟁에만 매달린다고 비판하여 왔다.

냉전종식 후 1992년에 출판된 웬트의 논문(글상자 6.1 참조)은 세계정치의 이론화에 있어서 구성주의 프로젝트의 시작을 알렸다. 실증주의자와 탈실증주의자 간 초기 논쟁은 여러 대조적 입장을 포함하면서 진화하였다. 한편에서는 비판이론가와 구성주의자 간의 논쟁, 그리고 다른 한편에서는 구성주의자와 실증주의자의 논쟁. 여기서 공통분모인 구성주의는 전통주의자들의 실증주의에 도전하면서 동시에 비판이론가들로 하여금 전적으로 메타이론적 분석에서 탈피하여 세계정치에 대한 경험적 분석으로 이동하도록 독려했다. 따라서 구성주의는 비록 그 연원을 비판이론에 두고 있지만, 경험적 분석을 점차적으로 강조한다는 측면에서 비판이론과 구별된다. 바로 이런 특징 때문에 구성주의는 실증주의와 탈실증주의 접근법 사이의 '중간지대(middle ground)'를 점한다고 인식되게 된다.

중간지대에 대해서는 보충 설명이 필요하다. 비판이론과 탈구조주의(3장 참조)는 지식에 대한 실증주의 접근법의 과학적 방법에 대해 비판함으로써 문제를 제기하여 왔다. 탈구조주의자들과 함께 비판이론가들은 현실주의와 같은 지배적 접근법의 기반을 약화시키는 데에 적극적인 역할을 하여 왔다. '과학적이고 경험적으로 검증 가능한 사실의 진술 … 단일한 과학적 방법 … (그리고) 인간본성에 대한 합리주의 관념'에 대한 그들의 비판은 실증주의에 내재된 관점을 극적으로 거부한다 (Price and Reus-Smit, 1998: 263). 실제로 탈구조주의자들은 더 나아가서 현실주의와 같은 대서사(meta-narrative)를 모두 거부하고 그들의 모든 것을 포괄하는 설명 및 세계관을 비판한다. 탈구조주의자들은 세상이 고도로 복합적이라고 간주한다. 따라서 그들은 패권적 지위를 획득하려는 모든 서술을 거부한다. 현실주의는 국가, 주권, 권력 및 무정부를 강조하는 다양한 서술 중의 하나에 해당한다. 현실주의는 직접 관찰을 통해 세계정치의 질문들에 대한 인과적 요인을 발견하고자 한다. 그러나 이 과정은 탈실증주의 접근법에서는 제한된 가치만을 가질 뿐이다. 그렇다면 구성주의는 이런 인식론적, 방법론적 논쟁의 어디에 위치하는가?

구성주의의 본질에 대한 의견은 나뉜다. 카젠스타인(Peter Katzenstein)과 같은 학자는 구성주의가 경험주의 인식론과 광범위하게 양립 가능하다고 주장한다 (Katzenstein, 1996). 반면 류스-스미트(Reus-Smit)는 그에 강하게 반대하면서 구성주의의 핵심 가정은 비판이론에 확고히 자리하고 있다고 주장한다. 이 둘은 구성주의에 메타이론적 이슈가 적고 구성주의적 분석이 해석과 증거의 측면에서 주류와 대립하고 있다는 점을 공통적으로 받아들임에도 이런 주장을 하는 것이다 (Price and Reus-Smit, 1998: 260). 마찬가지로 웬트는 비판이론과 구성주의의 연계를 주장하는데, 그에 따르면 비판이론은 (단일 이론이 아니라)탈구조주의, 구성주의 및 몇몇 페미니스트 이론을 포함하는 일종의 이론의 가족(family of theories)이라는 것이다. 그들의 공통분모는 '세계정치가 사회적으로 구성되는 방식'에 대한 고민이다. 웬트는 또한 이런 대전제에는 두 개의 기본 가정이 관련된다고 주장한다. 첫째, 국제정치의 기본적 구조는 전적으로 물질적이기보다 사회적이다. 둘째, 구조는 단순히 행위자의 행동이 아니라 정체성과 이익을 형성한다.

구성주의의 본질은 국제관계가 정체성, 의미, 행위자 자체에 대한 가정, 그리고 실질적으로 사회 현상에 대한 분석가들의 언어학적 해석에 의해 사회적으로 구성된다고 간주하는 데에 있다. 존재론적으로 사회구성주의는 몇 가지 핵심 원칙을 가지고 있다. 그 출발점은 물질적 구조만이 아니라 관념적 구조에도 중요성을 부여한다는 것이다. 전제는 국제관계의 구조가 행동을 제한하기도 하고 형성하기도 한다는 것이다. 예를 들어, 신현실주의자는 체제적 무정부가 궁극적으로 세력균형이나 군사력과 같은 물질적 구조에 의존하도록 국가행동을 형성한다고 강조한다. 반면에 구성주의자들은 관념, 가치, 신념 등도 구조적 특징을 가지고 있어서 사회적, 정치적 행동에 영향을 미칠 수 있다고 주장한다. 그러나 이것이 구성주의자들이 물질적 구조를 거부한다는 의미는 아니다. 실제로 물질적, 관념적 구조 모두 행동을 형성하는 데에 역할을 한다. 그러나 구성주의자들에게 있어서 행위자가 자신들이 처한 물질적 환경을 어떻게 해석할 것인지를 규정하는 것은 의미의 체계이다. 웬트의 주장처럼, "물질적 자원은 그들에게 부여된 공유된 지식을 통해서만 인간에게 의미를 가진다." 이는 신현실주의자의 비사회적(de-socialised) 관점과 대비된다 (Wendt, 1995: 73). 따라서 구성주의자에게 있어 개인은 그 상호작용이 주관성과 해석을 포함하는 사회적 존재이고, 의미는 물질적 세계에 대한 인간의 이해 과정을 통해 창조된다.

호프(Ted Hopf)는 렌즈로서의 '권력'의 개념을 차용하여 관념적 구조와 물질적 구조 개념을 훌륭하게 분석한다. 그는 권력이 주류 이론과 구성주의 이론에서 핵심적이지만 양자의 개념화는 다르다고 주장한다. 그런 차이에도 불구하고 신현실주의와 신자유주의는 물질적 권력 — 군사적 혹은 경제적 — 을 '글로벌 정치에 있어서 단일한 가장 중요한 영향력과 권위의 원천'으로 간주한다. 반면, 구성주의자들은 세계정치를 이해하기 위해서 물질적 권력과 담론 권력 모두가 필요하다고 강조한다. 예를 들어, 호프는 '담론 권력'을 '지식, 관념, 문화 및 언어의 권력'으로 정의한다 (Hopf, 1998: 177). 중요한 구조로서의 관념은 구성주의의 사고에 있어서 핵심이다. 웬트는 더 나아가 물질적 능력 그 자체가 설명하는 것은 많지 않다고 강조하고, "관념이 권력과 이익보다 중요해지는 시점이 언제인지를 물어보는 것은 잘못된 질문이다. 관념은 항상 중요하다. 왜냐하면 권력과 이익은 그것이 중요하다고 생각하게 만드는 공유된 지식이 없이는 영향력을 가지지 않기 때문이다"라고 주장한다 (Wendt, 1995: 74).

둘째, 사회적 상호작용, 주관적 해석 및 국제적 환경에 대한 인간의 이해는 구성주의자들에게는 정체성의 창출이 국제정치의 필연적 모습이라는 의미이다. 정체성은 질서와 예측 가능성을 무정부적 구조에 부여한다. 호프가 얘기하듯이, "정체성이 없는 세상은 무질서의 세상, 치유할 수 없는 불확실성이 만연한 세상, 무정부보다 훨씬 더 위험한 세상"이다. 그는 정체성의 중요성을 다음과 같이 정체성이 수행하는 기능을 제시함으로써 강조한다. "그것은 당신과 다른 이들에게 당신이 누구인지, 그리고 당신에게 다른 이들이 누구인지 확인시켜준다. 누군가가 당신에게 당신이 누구인지 얘기할 때, 정체성은 특정한 영역에서 행동의 선택과 관련하여, 그리고 특정한 행위자와 관련하여 특정한 일련의 이익 또는 선호를 강하게 암시한다" (Hopf, 1998: 175). 즉 정체성이 이익을 알려주고, 이어서 이것은 특정한 형태의 행동을 중요하게 만든다.

따라서 구성주의자들은 정체성과 이익이 긴밀하게 연결되어 있다고 간주한다. 이런 부분을 신현실주의와 신자유주의와 같은 전통주의 이론의 인식과 비교하면, 그 차이는 보다 명확하게 드러난다. 주류 이론들은 이익과 정체성을 외부에서 주어지는 것으로 규정하고, 행위자들이 이미 구축된 이익과 선호를 가지고 서로에게 접근한다고 주장한다. 이런 이론들은 선호를 초래하는 기제에는 관심이 없고, 다만 행위자들이 선호를 충족시키기 위해 어떻게 전략적으로 행동하는지에만 관심을 가진다. 이런 비사회적 관점과는 달리, 구성주의자들은 행위자들이 자신의 이익과 정체성을 발전시키는 방식을 이해하는 것이 필요하다고 주장하는데, 왜냐하면 이런 이해를 통해 전통적 접근법들이 무시했던 다양한 국제정치 현상을 설명해낼 수 있기 때문이다.

예를 들어, 신현실주의는 국제관계의 구조를 자조의 관점에서 개념화한다. 자조는 무정부의 경쟁적 특질을 설명하고 따라서 웬트가 주장하는 것처럼 "특별한 설명력을 부여받고 … 상호작용의 조건을 구성하지만 상호작용으로부터 영향을 받지 않고, 이런 논리에 따르지 않는 국가는 체제로부터 도태될 수 있다" (Wendt, 1992: 393). 이는 그런 특징이 국가나 그들의 상호작용에 외재적임을 보여준다. 자조의 개념은 명확히 시간, 장소, 그리고 국가 상호작용과 독립적으로 존재한다. 그러나 구성주의자들은 이런 논리로는 예를 들어, 왜 어떤 국가는 동맹국이고 다른 국가는 적국인지를 설명할 수 없다고 강조한다. 신현실주의는 국가가 무정부의 영향을 완화시킬 능력에 있어서 자율성이 부족하다고 간주한다. 왜냐하면 앞의 가정이 시간과 장소에 상관없이 엄밀하게 유지되기 때문이다. 마찬가지로 현실주의도 국가이익 개념에 많은 주의를 집중시킨다. 즉 국가의 정책과 행동은 전적으로 무정부와 권력의 배분에 의존하는 국제체제에서 안보의 필요로부터 나오는 것이라는 주장이다. 실제로 현실주의는 국제정치를 권력 투쟁으로 간주하고, 이것이 무정부에 대한 현실주의의 엄격한 관점과 결합하여 현실주의자들은 국가가 항상 충돌의 가능성을 염려한다고 강조한다. 그러나 국가행동의 기초를 전적으로 무정부 국제체제에만 두는 것은 국가 스스로가 그 체제의 특성을 변화시킬 수 있는 가능성을 배제하는 것이다.

탈실증주의자들은 전통주의 접근법이 의존하는 경험주의 인식론이 매우 문제가 많다는 시각을 가진다. 특히 그것이 과정과 해석의 중요성을 간과한다는 것이다. 국가에 가해지는 위협, 국가이익, 그리고 정책 대안을 객관적이고 정확하게 요약해주는 독립적인 실재가 존재한다는 그런 인식론은 필연적으로 결함이 있는 것이다. 왜냐하면 분석자들도 주관적 가치에 취약하고 경험주의가 요구하는 수준의 순수한 객관성을 달성할 수 없기 때문이다. 따라서 이것이 관념이 구성주의 사고에 있어서 핵심이 되는 중요한 이유 중 하나이다. 구성주의는 정체성과 국가이익이 간주관적(intersubjective) 과정을 거쳐 창조되고 변화될 수 있다고 간주한다. 행위자가 객체에 대해 행동하는 방식은 그 객체가 행위자에 가지는 의미에 의존하고, 그 의미는 간주관적으로 구성된다. 웬트의 주장처럼 "국가는 적은 위협적이고 친구는 그렇지 않기 때문에 적에 대해 다르게 행동한다" (그에 반해 신현실주의의 비사회적 설명은 그런 사회적 특성을 구분할 수 없다). 권력의 배분과 국제체제의 무정부적 구조가 국가행동에 미치는 영향을 인정함에도 불구하고, 웬트는 그 과정은 "간주관적 이해와 기대, 그리고 자아와 타자의 개념을 구성하는 지식의 분배에 의존한다"고 믿는다 (Wendt, 1992: 396-397).

구성주의의 또 다른 특징은 상호 구성의 개념인데, 이는 관찰자와 피관찰자가 분리될 수 없다는 인식을 의미한다. 구성주의자들에게 있어 실재란 사회적으로 구성된다. 이는 물질적, 사회적 세계가 서로를 만들거나 구성하는 것과 마찬가지이다. 앞에서 언급한 카젠스타인과 같은 주요 구성주의자들이 실증주의 인식론과 양립 가능한 입장을 취하긴 하지만, 과학의 방법론적 단일성과 관련된 특정한 실증주의 원리는 거부된다. 던(Tim Dunne)의 설명처럼, 이러한 자연주의적 과학주의의 거부는 관찰자의 이익이 관찰되는 대상과 분리될 수 없도록 한다. 이렇게 상호 구성되는 본질은 대상과 관찰자가 하나의 과정의 부분이라는 의미이다 (Dunne, 1995: 373–374). 구성주의 분석에 있어서 이 함의는 지대하다. 왜냐하면 분석자의 실재에 대한 인식이 추가적 중요성을 가지기 때문이다. 또한 이는 동등하게 타당한 복수의 실재가 있음을 인정하는 것이다. 확실히 이 가정은 대서사에 기초한 패권적 주장을 거부하는 탈실증주의에 뿌리를 둔다.

상호 구성의 개념은 또한 구조-행위자 논쟁으로 확대된다. 구성주의자들은 행위자의 행동은 전적으로 사회 구조에 의해 결정되지도 않고 개인 행위자의 결과도 아니라고 주장한다. 대신 그 관계는 상호지향적인 것으로 행위자와 구조가 서로를 구성하는 것이다. 규범적이고 관념적인 구조도 행위자의 행동, 이익, 그리고 정체성에까지 영향을 미친다. 그러나 이들 구조는 행위자 자신의 영향 없이는 애초에 존재할 수 없는 것이다. 이는 전통적인 접근법에 의해 제시되는 설명들과는 분명한 대조를 이룬다. 전통적 접근법의 한 편에서는 행위자가 지배적인 요소로서 행위자의 실천이 구조의 형성에 책임이 있거나, 다른 한편으로 구조가 행위자보다 더 큰 힘을 발휘하여 행위자 실천의 조건과 제약을 정한다. 구성주의의 대안은 행위자와 구조가 분리될 수 없어서 구조는 행위자에 제약을 부과하지만 구조 자체는 행위자의 실천에 의해서만 설명될 수 있다. 구성주의에서 수용한 이 '중간지대'는 무정부에 의해 부과된 구조적 제약에 직면하여 국가들은 상호작용에 있어서 자율성을 가지지 못한다는 신현실주의 입장과 다시 대비될 수 있다. 신현실주의에서 무정부적 구조는 주어지는 것이고 국가들 상호작용의 조건을 형성하는 동시

글상자 6.2 주요 학자: 존 러기, 『세계정치의 구성: 국제 제도주의에 관한 에세이(*Constructing the World Polity: Essays on International Institutionalism*)』, (Routledge, London: 1998).

러기는 제2차 세계대전 이후의 이상주의에 대한 반감 때문에 현실주의이론이 득세하고 이는 국제관계에서 관념적 요인의 폄하로 이어졌다고 주장하여 왔다. 엄밀한 신공리주의적 개념에 기초한 신현실주의와 신자유주의의 관념에 대한 처방이 이런 입장을 더욱 강화하였고, 실증주의와 탈실증주의 사이의 대논쟁이 시작되면서 좁은 제약에서 벗어나기 시작하였다. 러기의 주장처럼 신현실주의와 신자유주의는 "공리주의적 관점의 세계관을 공유한다. 그 정체성이 보전되고, 주어지고, 고정된, 그리고 대부분 … 물질적 이익에 반응하는 이기적인 행위자들로 구성된 원자론적 세계" (p. 3). 반면에 사회구성주의는 "신공리주의가 가정하는 것을 설명하려고 한다. 행위자의 정체성과 이익 … 아울러, 관념적 요인에 … 기능적 유용성 관련 사회적 효능감을 부여한다. 거기에는 행위자가 애초에 자신들의 정체성과 이익을 정의하는 방법을 형성하는 역할도 포함된다" (p. 4).

에 그 상호작용과는 독립적으로 존재하는 것으로 간주된다. 물질적 구조는 물론 사회적 구조의 강조, 사회적 실천의 결과로서의 정체성과 이익의 강조, 구조와 행위자의 상호 구성에 대한 강조, 이러한 언급을 통해 구성주의는 궁극적으로 무정부 상태는 국가들의 사회적 상호작용, 즉 그들의 창조와 그들의 문화적, 언어학적 실천을 통해 '국가가 만들어내는 것'이라는 점을 보여준다 (Wendt, 1992).

구성주의와 안보연구 및 코펜하겐학파의 관련성

따라서 구성주의는 그 핵심 전제에 있어서 신현실주의와 같은 합리주의이론과 구분될 수 있다. 신현실주의나 신자유주의와 같은 이론들은 물질적 구조가 비사회적 세계에 외부로부터 주어진 것으로 전제하는 반면, 구성주의는 국제관계가 물질적 구조와 관념적 구조의 상호작용을 통해 사회적으로 구성된다고 본다. 공유되는 관념과 의미의 체계들, 행위자 자체 및 언어학적 해석에 대한 가정 또한 정치적 행위에 영향을 미치는 구조적 특질을 가진다. 물론 물질적 구조가 묵살되는 것은 아니지만, 구성주의자들에게 물질적 객체의 해석은 그 객체가 개인에게 가지는 의미에 의존하는 것이다. 이것은 결국 인간의 인식과 물질적 세계가 서로를 구성하는 방식의 상호 구성적 과정에 참여하는 양방향적 관계가 된다.

이와 밀접하게 관련되는 것은 구성주의가 정체성 개념에 부여하는 중요성이다. 정체성은 자아와 타자를 규정하지만, 관계와 행동에도 중요한 함의를 지닌다. 즉 결정적으로 정체성이 이익을 알려주게 된다. 이는 신현실주의와 같은 주류 이론과 대비되는데, 신현실주의는 정체성과 이익을 물질적 구조와 같은 방식으로 다룬다. 즉 외부에서 주어지는 것으로 간주한다. 다시 말해서 행위자들은 시공에 상관없이 사전에 인식된 관념을 가지고 국제관계에 접근한다. 이 장이 제시하듯이, 웬트와 같은 구성주의자들은 정체성과 이익이 국제관계의 내생적 요인들이고 간주관적 과정을 통해 형성되고 변화될 수 있는 것임을 주장한다.

따라서 구성주의자에게 있어서 실재는 주관성과 해석이 작용하는 상호작용에 간여하는 개인들에 의해 사회적으로 구성되는 것이다. 실증주의적 인식론적 기반이 완전히 부정되지는 않지만, 동시에 구성주의는 해석, 숙고를 강조하고 구성적 질문을 제기함으로써 '중간지대'에 대한 권리를 주장할 수 있다. 구성주의는 비판이론에 기원을 두고 있다고 성공적으로 주장한다. 그러나 구성주의는 동시에 '실제 세계의 국제관계'에 대한 질문을 함으로써 메타이론적 논쟁을 피한다. 그럼에도 불구하고, 구성주의가 합리주의적 대서사의 패권을 거부함으로써 해석의 영역과 결과적인 복수의 설명에 문호를 개방했다는 점이 중요하다. 해석의 개념과 연계된 것이 분석가와 대상이 더 이상 분리된 것이 아니라 단일 과정의 부분이라는 관점이다. 관찰자의 인식, 의견, 주관성 및 자각이 대상에 의미를 부여함으로써 중립적이고 완전히 객관적인 사실이란 존재하지 않게 된다. 국제관계를 사회적 실천의 산물로 인식한다면, 현실은 동적이 되고 행위자에 의해 변화되거나 재구성될 수 있게 된다. 본질적으로 국제관계는 행위자들이 환경과 자신들이 물질적 세계에 부여한 의미를 어떻게 해석하는지에 의존하게 된다.

마지막으로, 구성주의는 비판이론에 뿌리를 두고 있는 광범위한 접근법이라는 점을 인정할 필요가 있다. 이런 기원은 스스로를 구성주의자로 규정하는 학자들 사이에 상당한 변이로 이어지게 하였다. 예를 들어, 구성주의자들은 세계정치의 구성을 분석함에 있어서 어느 수준에 주목해야 하는지와 관련해 의견이 다르다. 웬트는 국가들의 상호작용을 분석할 때 국내적 문화의 역할을 대체로 중요하게 보지 않는다. 반면 피네모어(Martha Finnemore)와 같은 학자들은 국제적 규범이 국가이익에 미치는 영향에 대한 분석을 시도한다. 카젠스타인이 편집한 책을 보면 국가안보에 대한 위협을 명시함에 있어서 문화와 규범 외에 추가로 정체성 개념을 다수의 구성주의자들이 포함시키고 있음을 쉽게 알 수 있다. 세계정치가 분석되는 방법은 대서양 양쪽에서 각기 다른 접근방식을 보인다. 특히 유럽이 권력과 담론의 분석에 있어서 핵심으로 작동하는 비판적 이해에 보다 많이 가깝다고 할 수 있다. 다른 한편, 종종 '주류(conventional) 구성주의'로 불리는 미국쪽 입장은 정체성과 규범을 분석의 기반으로 한다. 궁극적으로 호프의 담론 권력의 정의는 다음과 같은 전제를 강조하는 것으로 해석될 수 있다. 구성주의자들은 물질 세계에 대한 인간 이해의 모든 적절한 형태가 세계정치가 구성되는 방식에 대한 자각에 핵심적이라는 인식에 보편적으로 신세를 진다.

과정의 중요성

구성주의의 핵심 기여 중의 하나는 국가정책의 수립으로 이어지는 **과정**을 분석할 필요에 대한 강조이다. 이를 설명하기 위해서 서구의 성숙한 자유민주주의 국가끼리는 전쟁하지 않는다는 일반적으로 받아들여지는 가정을 생각해볼 수 있다. 이 가정은 이제 국제관계를 분석하는 학자들과 정책을 수립하고 수행하는 정치인들 사이에서 거의 보편적으로 받아들여진다. 과학적 방법에 의존하고 법칙과 같은 가정에 의존하는 성향이 있는 전통주의적 접근법으로써 자유주의는 이런 주장을 액면 그대로 받아들일 개연성이 있다. 그러나 그렇게 함으로써 그런 조건이 구축되는 기제와 과정을 고려하는 데에 실패한다. 구성주의가 우리로 하여금 보다 광범위한 인과적 기제를 고려할 수 있게 하는 것이 바로 이런 맥락이고, 구성주의는 현실주의나 자유주의와 같은 전통적인 접근법보다 훨씬 광범위한 설명력을 제공할 수 있는 잠재력을 보여준다.

궁극적으로 안보연구의 코펜하겐학파에 의해 주창된 생각에 중요한 맥락적 요인을 제공하는 것이 바로 **과정**에 부여된 중요성이다. 이 학파는 1983년 출간된 부잔(Barry Buzan)의 책 『인간, 국가, 공포(*People, States and Fear*)』의 문제제기를 기반으로 하는 **안보화(*Securitization*)**라는 개념을 내세운다. 이 책에서 부잔은 전통적인 안보 정의는 너무 협소하며 그의 목표는 **정치적**, **군사적**, **사회적**, **경제적** 및 **환경적** 영역 등 이전에는 안보 조망의 부분으로 고려되지 않던 측면을 포괄하는 보다 광범위한 틀을 제시하는 것이라고 주장했다. 각각은 안보의 복합 모순(*problematique*)에 특정한 초점을 제공하지만, 동시에 이들 각 영역은 서로 긴밀하게 연결되어 있었다. 그러나 부잔은 다음과 같이 각각에 관련된 위협 형태의 예를 제시하였다. 군사 부분에 있어서의 안보대상은 국가, 정치적 영역의 경우에 위협을 경험하는 것은 주권이다. 다른 한편으로 사회적 영역에서 "안보대상은 국가로부터 독립적으로 기능할 수 있는 민족이나 종교와 같은 대규모의 집단 정체성이다" (Buzan *et al.*, 1998: 17). 그의 분석에 있어서 필수적 요소는 사회, 개인 및 국가가 위협을 구성하거나 '안보화'할 수 있다는 관점이고, 안보를 정의하는 데 있어서 이러한 구성주의적 접근법이 전통주의자들에 의해 표출되는 좁은 군사중심적 견해로부터 탈피하여 관점을 확장시키게 하였다.

냉전종식과 함께 활성화된 논쟁에 영향을 받아 부잔은 전통주의적 접근법들이 인간이 직면한 광범위한 위협들을 적절하게 설명할 수 있는지 질문하기 시작했다. 결과적으로 부잔은 점차 사회안보에 집중하여 그것이 국가 정체성, 언어 및 종교나 관습처럼 다른 문화적 상징의 유지에 달려있다고 명시하였다. 사회안보의 중요성을 인정하는 방향으로의 전환은, 유럽국가로의 이민과 같은 요인들도 마찬가지로 안보적 우려인데 그런 이슈는 전통적 안보 인식에는 잘 맞지 않는다는 자각으로부터 비롯되었다. 이런 생각은 또 다른 학자인 웨버(Ole Waever, 부잔의 동료)에게 특별한 영향을 주었고, 두 사람은 함께 안보 개념의 확장을 위해 노력을 지속했다. 그들의 방법은 특정한 위협이 그 영향을 줄이기 위해 자원을 투여할 만큼 충분히 심각하게 인식되게 하는 방식을 강조하는 것이었다. 이런 맥락에서 웨버는 안보를 '**화행**(*speech act*)'의 결과로, 안보화는 특정한 이슈가 실존적 위협으로 인식되게 하는 언어학적 과정으로 정의하였다. 웨버에게 있어서 안보화는 첫째, 엘리트들이 하나의 이슈가 안보문제라고 선언하고, 둘째, 그 이슈가 실제로 중요한 문제라는 것을 청중이 수용하는 단계를 걸쳐 이뤄지게 된다. 웨버의 주장처럼, "어떤 것은 그것이 다른 이슈보다 더 중요하고 따라서 절대적 우선권을 부여받아야 한다고 주장될 수 있기 때문에 국제안보의 이슈로 지정된다" (Waever, 1998: 24).

이런 관점에서 **안보화**를 이해하기 위해서 중요한 것은 안보는 사회적 구성의 함수라는 전제이다. 그 기원이 된 냉전종식 시점의 논쟁은 특별히 중요하다. 왜냐하면 그 논쟁은 국가, 사회 및 다른 안보대상에의 광범위한 위협을 설명함에 있어서 전통주의적 접근법의 가치에 대해 문제를 제기했기 때문이다. 냉전의 종식과 궁극적으로 소련의 해체로 긴장이 완화되면서 국가의 안보는 이제 확보되었다는 믿음에 대한 새로운 가정이 생겼고, 따라서 다른 안보대상에 주의를 돌릴 수 있게 되었다. 이 책의 여러 장에서 전통주의적 관점에 대한 다양한 반대자들을 소개하였는데, 여기에는 페미니스트, 비판이론가, 그리고 사회와 공동체의 안정을 위해 인간안보를 강조하는 사람들이 포함된다. 이런 관점들은 국가에 특별한 지위를 부여하면 인간이 개인적 또는 국가 하부 수준에서 직면하고 있는 광범위한 위협을 제대로 인식하는 데 실패한다고 강조한다. 코펜하겐학파도 1990년대 전반에 걸쳐 이런 논쟁에 기여하였고, 그 구성주의적 기원은 안보를 미리 결정된 것으로 간주하는 전통주의적 접근법에 대한 비판에서 분명해진다. 코펜하겐학파는 위협과 안보대상이 그들이 속한 사회적 맥락에서 분리될 수 있다는 현실주의의 가정을 수용하지 않는다. 결과적으로 안보와 위협을 이해하는 유일한 길은 담론적 실천을 통해 위협의 구성으로 이어지는 **과정**을 분석하는 것이다.

안보화 개념은 1990년대 중반에 웨버에 의해 처음 도입되었고, 그가 1998년에 출판한 책 『안보: 분석을 위한 새로운 틀(*Security: A New Framework for Analysis*)』은 이 개념을 더욱 발전시켰다. 안보화는 적절한 안보대상이 직면한 위협에 대한 공유된 사회적 이해를 구성하는 과정을 의미한다. 하나의 이슈는 보통 엘리트에 의해서 실존적 위협으로 제시된다. 그러나 다음 단계도 위협의 구성에 있어서 마찬가지로 중요하다. 청중이 반드시 위협의 실존적 특징을 수용해야 하는 것이다. 왜냐하면 그래야만 비상 절차가 가동되고 이슈가 '일상정치(normal politics)'의 영역에서 제외되어 특별하고 '분리된' 영역에 들어가기 때문이다. 부잔에게 있어서 안보는 '자기 지시적(self-referential)' 실천이다. 왜냐하면 "그런 실천의 과정에서 이슈가 안보이슈가 되기 때문이다 — 반드시 진정한 실존적 위협이 존재하기 때문이 아니라 이슈가 그런 위협으로 제시되기 때문이다" (Buzan *et al*., 1998: 24). 따라서 안보는 사회적 행위자에 의해 틀이 갖춰지는 방식에 의존하게 되고, 안보화 과정을 통해 행위자는 이슈를 하위정치 영역에서 상위정치 영역으로 이동시키게 된다. 두 영역의 차이점은 명확한데, 하위정치는 규칙과 정책결정 절차가 주도하는 반면, 상위정치는 긴박감과 우선순위가 주도한다.

국가 대 국가의 관계에 있어서, 안보화는 평화시에 그들의 관계를 규율했던 규범, 조약 및 다른 규칙의 대체를 필요로 한다. 위협을 느낀 국가는 자신이 직면한 실존적 위협에 대처하기 위해 자신의 자원을 사용할 권리를 주장하게 된다.

전통적·비판적 접근법의 교집합

구성주의가 세계정치를 설명하기 위한 수단으로서 서로 경쟁하는 다양한 접근법들 중에서 유력해졌다는 점은 의심의 여지가 거의 없다. 안보연구 분야에 있어서 안보화이론도 유사한 성공을 거뒀고, 구성주의와 마찬가지로 안보화이론은 안보연구의 새로운 이론들과 전통적 이론들 사이의 중간지대로 자리매김하고 있다. 실제로 젠더나 환경 등 보다 광범위한 이슈는 물론 전통적인 군사적

글상자 6.3 '만사'가 안보이슈가 되는 것을 방지하는 방법

부잔에 따르면, 안보화는 다음과 같은 여러 단계에 전적으로 의존한다.

1. 실존적 위협의 식별
2. 그 위협을 해소하기 위한 행동 필요성의 확립
3. 일상적 조건 하에서 두 단위체 사이의 관계를 규율하던 규칙의 거부

위협도 고려할 수 있는 능력이 안보화이론을 이 분야에서 독특한 지위를 차지할 수 있도록 한다. 구성주의와 안보화이론 사이의 긴밀한 연계는 양자 모두 국제체제의 사건들이 항상 물질적이고 객관적 환경을 반영한다는 전제를 수용하지 않는다는 점에서 중요하다. 구성주의자들은 물질적 세계가 존재하기는 하지만 그것은 인간에 의해 정의되고 해석되어야 한다고 강조하여왔다. 이런 맥락에서 정체성과 관념적 구조가 더 큰 중요성을 획득하게 된다. 마찬가지로, 안보화이론은 안보이슈들이 때로는 세계의 물질적 조건의 반영이기도 하지만, 보다 많은 경우에 그것들이 자신들의 환경을 이해하기 위해 개인, 집단 및 다른 단체가 창조한 결과라는 점을 받아들인다. 사건과 자신들이 처한 조건들을 해석함으로써 이들 개인들은 자신들의 고유한 환경을 구성하고 자신들이 직면한 위협을 실제로 만들어 낼 수 있도록 만든다.

이 책의 다른 부분에서 우리는 안보를 달성하기 위한 열쇠로서 개인의 해방을 강조하는 다양한 비판적 접근법들을 소개한 바 있다. 예를 들어, 웰시학파와 페미니즘은 인간의 해방이 현실주의와 신현실주의에 의해 부과된 좁은 경직성에 의해 속박된다고 간주한다. 비판이론과 안보화이론이 안보연구에 등장한 이래 관련한 많은 연구가 진행되었지만, 양자 간에는 많은 교류가 없었다. 양자의 목표가 서로 상당히 다르기 때문에 양자 사이의 공통점을 강조할 필요가 없다고 생각할 수 있다. 하지만 점차 대중화되는 견해는 양자 사이에 분석적 연계가 존재할 뿐만 아니라 양자가 규범적 가치도 공유한다는 것이다. 예를 들어, 양자가 공유하는 가장 중요한 요소는 양자가 안보에 대한 전통적 틀을 넘어서려 노력하고, 비록 양자가 군사적 요인을 부정하지는 않지만 그것이 다른 영역보다 더 특별하게 취급될 수 없다는 점을 강조한다는 점이다. 더 나아가서 웰시학파와 안보화이론은 개인 수준과 지역 및 세계적 수준에서 복수의 안보대상이 존재한다고 강조한다. 그러나 보다 근본적으로 학자들은 점차 '탈안보화(desecuritization)' 개념을 사용하기 시작하였다. 이는 위협이 해체되어(deconstructed) 더 이상 안보이슈로 인식되지 않게 됨을 의미한다. 안보화의 경우, 화행은 위협의 실존적 본질에 대한 청중의 주의에 주목한다. 이를 통해 언급된 위협은 '일상정치' 외부의 특별한 영역에 자리하게 된다. 그러나 탈안보화의 경우는 안보화 행위와는 정반대인 것으로 보인다. 한 마디로 안보화의 조건들은 탈안보화 과정과 반대로 작용하는 것이다. 만약 화행의 측면에서 보자면, 화자가 위협이 존재하지 않는다고 주장하면 이슈는 일상정치의 영역에서 해소될 수 있다.

마지막으로, 이는 탈안보화가 안보화보다 바람직하다는 인상을 준다. 예를 들어, 실제로 일상의 정치가 예외적인 것으로 보이는 정치보다 더 민주적이라고 주장할 수 있다. 종종 안보화는 본질적으로 실존적 위협의 식별을 포함한다는 점에서 전통적 안보의 전제를 너무 많이 수용하는 것으로 전제되기도 한다. 따라서 비판적 관점의 이론가들은 안보화이론이 '충분히 비판적'이지 않다고 주장한다. 그 이유는 안보화이론이 안보를 주요 안보대상으로서의 국가를 넘어서 확장시키는 데에 기여한 것은 사실이지만 여전히 국가에 특별한 지위를 부여한다는 것이다. 이는 비판적 접근법이 강하게 비판하는 부분이다. 이와 밀접하게 관련된 것은 안보화가 규범적 목표를 위한 공간을 제공하지 못한다는 점이다. 이는 특히 안보화가 일상정치, 즉 민주적이고 다른 규칙 기반의 규범이 존재하는 영역의 실패라고 인식될 수 있다는 점에서 특히 명백하다. 코펜하겐학파가 안보화의 부정적 이미지를 제공한다는 점에서 분석자들은 안보를 살펴보기 위한 보다 비판적 방법과의 연결로서 탈안보화에 주목하게 되었다. 그러나 이 접근법이 여전히 이론화가 덜 되어 있다는 점에서 어려움이 있다.

현실주의와 같은 전통적 이론들은 위에서 언급한 두 요인을 포함하여 이라크의 능력과 같은 물질적 요인을 강조한다. 그러나 구성주의자들은 이런 설명이 너무 제한적이라고 보고 따라서 지역과 더 넓은 세계에 대한 위협으로 이라크나 후세인의 정체성을 강조할 것이다. 이 이슈는 그 침공이 잘못된 정보를 기초로 했다는 것이 이후에 폭로되면서 더욱 복잡하게 되었다. 예를 들어, 2006년 9월 9일 BBC 기사에 따르면 미국 상원 정보위원회(Intelligence Committee)는 후세인 정권과 알카에다 사이의 어떤 연계도 찾지 못했고, 마찬가지로 이라크의 대량살상무기와 관련된 증거도 찾지 못했다. 이런 예를 통해 우리는 안보는 실제로 사회적으로 구성되고 위협은 심지어 실제/객관적인 의미에서 존재하지 않더라도 구성될 수 있다고 결론을 내릴 수 있다.

결론

구성주의는 안보 개념과 관련한 논쟁에 흥미롭고도 중요한 관점을 제공하였다. 국제체제가 일련의 관념과 일단의 사람들에 의한 규범의 체계에 기반을 두어 구성된다는 구성주의의 관점은 매우 획기적이다. 위협을 포함한 사회적 실재의 본질은 일상적으로 그것을 재생산하는 인간에 의존한다. 이들 인간 행위자들은 자신들이 내재되고 항구적으로 상호작용하는 사회적 환경과 별도로 존재하지 않는다. 아울러 이 장에서 소개된 것처럼, 구성주의는 구조에 지대한 중요성을 부여한다. 그러나 그것은 전적으로 물질적인 구조가 아니다. 실제로 관념적 구조는 인간이 실제로 국제체제에 존재하는 물질적 객체를 해석하는 과정에 있어서 중요한 요소이자 그 과정에 적용된다. 물질적이고 합리주의적인 현실주의의 핵심가정에 대한 구성주의의 도전은 성공적이었다. 그리고 세계정치의 구성에 있어서 사회적 과정을 분석할 필요성에 대한 구성주의의 강조는 코펜하겐학파가 주창한 안보화 개

글상자 6.4 실재하지 않는 위협의 안보화

2003년 미국 주도의 이라크 침공은 애초에 두 가지 점에서 정당화되었다.

1. 이라크는 알카에다와 2001년 9월 11일 공격과 관련되었다.
2. 이라크는 대량살상무기를 보유하고 있고, 더 많은 보유를 시도하고 있다.

념의 핵심이다. 구성주의의 이 특별한 분파는 위협이 사회적 구성에 좌우되는 방식을 고려할 수 있는 수단을 안보분석자들에게 제공하였다. 또한 코펜하겐학파는 국제체제의 안보 동학을 이해하기 위해선 행위자의 정체성, 그들의 상호 인식, 그리고 물질적 객체를 인식하는 방식을 참고해야만 한다는 점을 우리가 자각할 수 있게 하였다.

요점

1. 세계정치의 핵심은 국제체제의 특징이나 인간 본성에 의해 결정되기보다는 사회적으로 구성된다.
2. 구성주의는 인간의 의식과 물질적 세계에 대한 인간의 이해에 집중한다.
3. 사회구성주의는 세계정치의 분석에 **과정**이란 개념을 도입하였다.
4. 과정 개념은 사회구성주의와 매우 긴밀한 관계인 안보화이론의 핵심이다.
5. 안보화는 다음과 같은 요인에 의존한다. (a) '화행'을 통해 안보화를 진행하는 행위자. (b) 위협을 받는 안보대상과 보호될 필요. (c) 안보화 행위가 필요하다고 확신할 필요가 있는 청중.

추천도서

Buzan, B. *People, States and Fear: An Agenda for International Security Studies in the Post-Cold War Era*, London: Harvester Wheatsheaf, 1991.

Buzan, B., Waever, O. and De Wilde, J. *Security, A New Framework For Analysis*, London: Lynne Rienner Publishers, 1998.

Dunne, T. 'The social construction of international society', *European Journal of International Relations*, vol. 1, no. 3, 1995, 367–389.

Hopf, T. 'The promise of constructivism in international relations theory', *International Security*, vol. 23, no. 1, Summer 1998, 171–200.

Katzenstein, P. (ed.) *The Culture of National Security: Norms and Identity in World Politics*, New York: Columbia University Press, 1996.

Price, R. and Reus-Smit, C. 'Dangerous liaisons? Critical international theory and constructivism', *European Journal of International Relations*, vol. 4, no. 3, 1998, 259–294.

Ruggie, J. *Constructing the World Polity: Essays on International Institutionalism*, London: Routledge, 1998.

Waever, O. 'Securitization and Desecuritization', in Lipschutz, R. (ed.), *On Security*, New York: Columbia University Press, 1998.

Wendt, A. 'Anarchy is what states make of it: The social construction of power politics', *International Organization*, vol. 46, no. 2, Spring 1992, 391–425.

Wendt, A. 'Constructing international politics', *International Security*, vol. 20, no. 1, Summer 1995, 71–81.

제2부 군사안보

7장 전쟁과 평화 _ 브루스 필빔 … 93
8장 새로운 전쟁, 세계화, 실패국가 _ 브루스 필빔 … 111
9장 핵확산 _ 앤드류 모란 … 128
10장 재래식무기 국제거래 _ 브루스 필빔 … 144
11장 테러리즘 _ 앤드류 모란 … 163
12장 종교와 국제분쟁 _ 제프리 헤인즈 … 180
13장 정보와 안보 _ 앤드류 모란 … 196
14장 민간군사보안기업의 등장 _ 브루스 필빔 … 212

7장 전쟁과 평화

브루스 필빔(Bruce Pilbeam)

글상자 7.1 전쟁의 본질

전쟁은 단순히 다른 수단에 의한 정치의 연속이다.

클라우제비츠(Carl von Clausewitz), *On War* (1832/1984: 87)

서론

전쟁은 인간 사회가 시작된 이래의 특징 중의 하나였다. 전쟁은 대량 인명 손실만이 아니라 경제 발전의 저해, 질병과 기아의 확산, 정부의 전복, 그리고 문화 전체의 파괴의 원인이 되어 왔다. 그러나 동시에 전쟁은 다수의 긍정적인 발전을 촉진하기도 하였다. 예를 들면, 제2차 세계대전 동안 미국정부의 지출은 대공황을 종식시키는 데에 도움이 되었고, 그 전쟁에 참전했던 군인들의 경험의 결과로 미국 군대 내 인종차별의 철폐가 이어졌다. 마찬가지로, 많은 유럽 사회에서 전쟁 이후의 재건에는 의료와 교육과 같은 분야에서 시민들에게 광범위한 복지를 제공하는 국가를 탄생시켰다. 아울러 수많은 의학적, 기술적 진전이 전쟁 동안의 연구와 혁신으로부터 비롯되었다. 따라서 전쟁은 복잡하고 모순되는 현상이다.

전쟁의 본질에 대한 가장 유명한 — 사실, 가장 악명 높은 — 진술 중의 하나는 위에 언급한 19세기 프러시아 군인이자 군사이론가 클라우제비츠의 전쟁은 단순히 다른 수단에 의한 정치의 연속이라는 것이다. 비판가들에게 클라우제비츠의 믿음은 도덕적으로 용납되지 않는 전쟁관을 의미한다. 왜냐하면 그런 견해는 전쟁을 정치인들의 다른 수단인 외교나 제재와 다름없이 취급하고 따라서 이례적이고 섬뜩한 전쟁의 본질을 인식하는 데 실패하기 때문이다. 반면에 또 다른 해석은 클라우제비츠가 단순히 전쟁이 정치적 수단임을 강조한 것뿐이라는 것이다 — 즉 전쟁은 분리된, 독립적인 행동이 아니라 일반적으로 결정적인 목표를 가지고 전쟁을 개시하는 사람들의 광범위한 이익, 전략 및 정책결정 과정과 긴밀히 연결되는 것이다.

여하튼 전쟁을 별개가 아니라 국제안보의 다른 중요한 모든 이슈와 연결되어 있다고 생각하는 것이 필요하다. 오늘날 이는 국력이나 군사력 등 전통적인 이슈만이 아니라 이 책의 다른 장에서 다뤄진 것처럼 세계화나 환경에 대한 우려도 포함한다. 이 장의 목표는 특히 현재의 맥락에서 전쟁의 본질과 원인에 대해서 토론하는 것이지만, 마찬가지로 중요한 것은 평화의 의미와 가능성에 대해 토론하는 것이다.

전쟁이란 무엇인가?
평화란 무엇인가?

"전쟁이란 무엇인가" 그리고 "평화란 무엇인가"라는 이 한 쌍의 질문은 실제보다 매우 간단하게 보인다. 그러나 몇 세기에 걸쳐 저술가들은 전쟁과 평화의 의미에 대해 끊임없이 토론해왔고 그 둘에 대해 명확한 합의가 아직도 없다.

전쟁의 정의부터 보자면, 이 범주에 어떤 형태의 충돌이 포함되어야 하고 어떤 것은 제외되어야 하는지와 관련된 오랜 논쟁이 존재하여 왔다. 모두를 아우르는 정의를 만들어내는 것이 쉽지 않은 또 다른 이유는 많은 다른 유형의 전쟁이 존재하기 때문이다. 글상자 7.2에 사용가능한 다양한 분류 범주가 소개되어 있다. 오늘날 그 일이 더욱 힘들어 지는 것은 전쟁이라는 단어가 정치인들에 의해 전통적 관념의 전쟁과 상관없는 많은 정책의제를 기술하기 위해 사용되기 때문이다. 예를 들자면, 마약과의 전쟁(War on Drugs), 빈곤과의 전쟁(War on Poverty), 암과의 전쟁(War on Cancer)이 진행되거나 과거에 진행되었다. 어떤 이는 심지어 쓰레기와의 전쟁(War on Litter)을 언급하기도 하였다. 9·11테러 공격 이후에는 역시 전통적인 전쟁의 정의에 잘 맞지 않는 테러와의 전쟁(War on Terror)도 등장하였다.

개념들의 정의를 찾기 위해서 많은 경우에 제일 먼저 보는 것은 당연히 사전이다. 가장 잘 알려진 사전 중의 하나인 메리엄-웹스터(Merriam-Webster)는 전쟁을 다음과 같이 정의한다.

> 보통 공개적이고 선포된, 무력이 사용되는 국가 간(between states or nations) 적대적 충돌의 상태
> (www.merriam-webster.com/dictionary/war)

그러나 이 정의는 보통의 일상적인 단어로 사용하기에는 충분하지만, 동시에 개념들에 대한 심도 있고 엄밀한 이해를 위해 일반 사전을 참고하는 것은 한계가 있다는 점을 보여준다. 다음과 같은 두 개의 이슈가 위 정의의 문제를 잘 드러내준다.

첫째, 비록 모든 전쟁이 '선포'되지는 않지만, 수식어 '보통'의 내용도 충분히 고려되지 않았다. 예를 들어, 미국 헌법에 따르면 공식 선전포고는 상원에 의해서만 가능한데, 이런 경우는 제2차 세계대전을 마지막으로 미국 역사상 오직 다섯 차례만 있었다. 따라서 몇 가지만 예를 들면, 베트남, 레바논, 아프가니스탄, 이라크에서의 미국 군사작전은 공식 선전포고 없이 진행되었는데, 많은 사

글상자 7.2 전쟁의 유형

전쟁을 범주화하는 다양한 방식이 존재하고, 여러 유형이 제시되었다. 기존에 제시된 전쟁의 유형에 대한 차이점은 아래와 같이 정리될 수 있다.

국가 간·국가 내·초국가전쟁

- **국가 간** – 주권국가 '사이'
- **국가 내** – 국가 '내부'. 이는 국가와 (국가 내의) 비국가 행위자 간의 내전, 혹은 서로 다른 비국가 단체들 간의 충돌
- **초국가** – 국가와 기존 국가들 '범주 밖'에 속하는 행위자(예를 들면, 국제 테러리스트 그룹) 사이

선전포고한·선전포고 없는 전쟁

- **선전포고** – 최소 한 국가가 전쟁을 선포
- **선전포고 없음** – 공식적 개전 선포 없음

총력적·제한적 전쟁

- **총력전** – 적어도 한 쪽이 완전한 승리를 위해 자신의 모든 자원과 인구를 동원하려 함
- **제한전** – 명확하게 정의되고 제한적인 목표(예: 특정 지역에서 적 축출)를 가지고 군사자원만 동원하여 싸움

재래식·게릴라전쟁

- **재래전** – 전문적이고 조직화된 군대로 싸움
- **게릴라전** – 어느 한 쪽이 대규모의 군대보다는 소규모 전투원으로 매복과 '치고 빠지기'전술을 사용

정복전쟁·해방전쟁

- **정복전** – 보통 영토나 자원의 획득을 위해 국가가 다른 나라의 영토를 침공하여 점령을 시도
- **해방전** – 예속된 사람들이 독립을 획득하여 해방되기 위해 시작. 지배받던 사람들 스스로 또는 외부의 도움과 함께 수행

물론 다른 많은 전쟁의 유형, 예를 들면, 대리전(특히 강대국들이 서로 간에 직접적 충돌을 회피하고 약소국과 같은 제3자를 후원함으로써 대신 싸우게 하는 전쟁)도 있다. 위의 설명은 '일반적 전쟁(war in general)'이란 것은 없고, 대신 아주 다양한 유형의 무력충돌이 존재함을 보여준다.

람들은 이 사례들을 당연히 전쟁이라고 간주한다. 이외에도 선전포고되지 않은 다수의 전쟁이 있다. 예를 들면, 2014년에 러시아가 크림반도 및 우크라이나 영토의 다른 지역에서 군사적 개입을 수행함으로써 당시 러시아가 우크라이나와 선전포고되지 않은 전쟁 상태에 있었다고 볼 수 있다.

둘째로 보다 중요한 점은, 위의 정의가 '국가 간'에 발생하는 무력충돌만 전쟁으로 간주한다는 것이다. 즉, 그런 경우는 문자 그대로 국가 간(*inter-state*)의 전쟁이다. 그러나 이는 국가 내(*intra-state*)의 전쟁 — 특히 르완다, 수단, 리비아 및 시리아에서 발생한 내전과 민족전쟁들을 배제한다. 마찬가지로, 이 정의는 국가와 그 국가 외부에 존재하는 비국가 행위자 간의 초국가(*extra-state*)전쟁도 포함하지 않는다. 예를 들어, 다른 나라의 테러리스트, 군벌 및 무장단체와 무력충돌을 경험하는 국가는 전쟁 상태에 있다고 볼 수 있다. 테러와의 전쟁을 지지하는 사람들은 분명히 이렇게 생각한다.

이런 이유 때문에 다른 정의를 생각해야 할 필요가 생긴다. 클라우제비츠로 돌아가서 본다면, 그는

"전쟁은 무엇인가?"라는 명확한 문제를 제기하고 그에 대해 "우리의 적으로 하여금 우리의 의지에 따르도록 하는 행위"라고 주장하였다 (Clausewitz, 1984: 75). 이 정의는 장점이 있기는 하지만 적어도 표현상 현재에는 문제가 있고, 오늘날 전쟁으로 간주되는 모든 유형의 분쟁을 포괄하지도 못한다. 현대적 정의 중 가장 유용한 것은 다음과 같은 불(Hedley Bull)의 정의이다.

> 전쟁은 정치적 단위체에 의해 서로에 행해지는 조직적 폭력이다. 폭력은 그것이 정치적 단위체에 의해 수행되는 것이 아니라면 전쟁이 아니다. 살인과 전쟁에서의 죽임을 나누는 것은 후자의 대리적이고 공식적인 특징, 그리고 죽임을 행하는 대리인이 속한 단위체의 상징적 책임이다. 마찬가지로, 정치적 단위체의 이름으로 수행되는 폭력은 그것이 또 다른 정치적 단위체에 대해 가해지는 것이 아니라면 전쟁이 아니다.
>
> (Bull, 2012: 178)

불은 현실주의자였다 (2장 참조). 따라서 그의 분석은 국가의 역할에 매우 집중되었다. 그러나 비록 그가 국가의 개입이 전쟁의 정당성(*legitimacy*)에 관한 질문에 영향을 준다고 믿었지만 — 그는 현대에 있어서 정당화될 수 있는 것은 오로지 국가 간의 전쟁이었다고 간주한다 — 그는 전쟁의 정의(*definition*)가 엄격하게 국가 간의 전쟁에만 국한되어야 한다고 주장하지는 않았다.

이와 같이, 위 인용문의 첫 문장은 넓은 범주의 '정치적 단위체(political unit)'라는 개념을 사용했기 때문에 현실주의자와 현실주의자가 아닌 사람(non-Realist) 모두의 지지를 얻을 수 있다. 왜냐하면 그 정의는 다양한 국가 및 비국가 행위자를 포함할 수 있기 때문이다. 불의 정의가 또한 유용한 이유는 그것이 특정 목표(예를 들면, 정복 또는 자위)를 위한 충돌 또는 조직적 폭력 이외의 특별한 방법에 전쟁을 국한시키지 않기 때문이다. 폭력 그 자체도 살인만이 아니라 고문 및 강간 같은 다른 행동도 포함할 수 있는 넓은 범주이다. 폭력이 반드시 정치적 단위체에 의해 서로에 행해져야 한다는 주장에 대해 이의제기가 있을 수 있다 — 예를 들어, '비정치적(non-political)' 민간인에 대해 국가가 후원하는 폭력은 어떤가? — 그러나 불에게 있어서 전쟁을 국내 법집행 기관이 자행하는 폭력과 구분하는 것이 중요하다. 왜냐하면 그런 폭력은 (대부분) 정치적 단위체가 아닌 분리된 개인에 대해 행해지는 것이기 때문이다.

그러나 전쟁과 국경에서의 경미한 교전과 같은 덜 심각한 무력충돌을 어떻게 구분할 것인지에 대한 질문이 여전히 남는다. 이런 구분을 위해 가장 많이 수용되는 정의는 미시간대학교에서 주도하는 전쟁의 상관관계(COW: Correlates of War) 프로젝트에서 사용되는 정의이다. 이 프로젝트는 전쟁의 발생과 특징에 대한 광범위한 통계적 데이터베이스를 유지해오고 있다. 프로젝트는 전쟁을 차별화하기 위해서 1,000명의 전투관련 사망자를 전쟁과 다른 형태의 폭력을 구분하기 위한 적대성의 수준으로 정했다 (Sarkees, 2010: 1). 물론 그 숫자에는 논쟁의 여지가 있다. 그러나 COW의 정의는 전쟁연구에 종사하는 많은 학자들과 저술가들이 사용해오고 있다 (그러나 — 8장에서 논의하듯이 — 현대 분쟁을 연구하는 어떤 이론가들은 최소 전투 사망자 숫자를 전쟁 정의의 기준으로 사용하는 것을 거부한다).

다음은 평화의 정의이다. 이 정의 역시 분명해 보인다. 많은 이들에게 있어 이 단어는 단순히 전쟁 상태의 정반대 조건을 의미한다. 그러나 마찬가지로 여기에도 논쟁의 여지가 있다. 평화의 개념들 사이에 논의될 수 있는 가장 중요한 구분은 '소극적(negative)' 및 '적극적(positive)' 평화인데, 이는 평화연구(peace research) 분야에서 활동하는 사람들이 보편적으로 채택하는 방식이다. 이 구분은 현대 평화연구의 선구적 인물 중 하나인 갈퉁(Johan Galtung)으로부터 비롯되었다(Galtung, 1964). 갈퉁에 따르면 소극적 평화는 단순히 전쟁의 부재를 의미한다. 예를 들어, 분쟁의 당사자들이 무력충돌의 종식에 합의하면 싸움이 더 이상 진행되지 않기 때문에 이는 소극적 평화를 만들어 내는 것이다. 여러 면에서 평화에 대한 이런 생각은 평화라는 단어가 의미하는 바에 대한 보통의 이해와 가깝다.

그러나 갈퉁과 적극적 평화의 다른 옹호자들에 따르면 전적으로 소극적 개념에서만 생각하는 것은 충분하지 않다. 왜냐하면 이는 덜 노골적인 폭력만 아니라 뿌리 깊은 갈등의 원인을 고려하지 못하기 때문이다. 따라서 갈퉁이 제시한 또 다른 구분, 즉 직접적 및 간접적 폭력을 소개할 필요가 있다 (Galtung, 1990). 직접적 폭력이란 살인, 고문 또는 강간처럼 사람들에게 직접적으로 행해지는 노골적이고 공개적인 폭력을 의미한다. 반면 간접적 폭력이란 구조적(사회적 구조와 기제가 내재적 불평등을 만들어 빈곤이나 기아 때문에 사망할 수 있도록 한다) 또는 문화적(한 사회의 신념과 가치가 인종적 또는 종교적 편견과 같은 직접적 또는 구조적 폭력의 배경이 되어 특정한 개인이나 집단의 사망을 정당화한다)인 것이다.

이런 맥락을 따르면 소극적 평화는 보다 구체적으로 직접적 폭력의 부재로 정의할 수 있다. 적극적 평화도 폭력의 부재를 의미하긴 하지만 이는 직접적 형태 외에도 구조적, 문화적 폭력의 근절을 수반한다는 점에서 차이가 있다. 따라서 적극적 평화의 구현을 위해서는 싸움의 중지만이 아니라 제도를 개혁하고, 사회적, 경제적 불평등을 다루고, 사람들의 태도, 가치 및 행동을 변화시키는 것이 요구된다.

이로써 적극적 평화는 소극적 평화보다 훨씬 더 열정적인 개념임이 분명해진다. 또한 이는 훨씬 더 어렵고, 우리로 하여금 단지 좁은 의미의 무력충돌과 관련된 것을 넘어서 다수의 광범위한 정치적, 사회적, 경제적 질문들에 대해 생각하게 만든다. 분명히 이들 질문들을 다루는 것은 전통적 안보 관점의 영역을 넘어서게 하지만, 이 책의 다른 부분, 예를 들면, 인간안보(5장 참조)와 같은 패러다임과는 잘 맞을 수 있다.

적극적 평화 관념에 대한 한 가지 비판은 그것이 '이상주의적(utopian)'이고 성취할 수 없다는 것이다. 결국 우리는 최소한 소극적 평화가 어떤 모습인지 그리고 그것이 실현가능할 수 있다는 점을 안다. 예를 들어, 서유럽과 북미의 국가들은 서로 간에 상대적으로 안정적인 상태의 소극적 평화를 달성했다고 말할 수 있을 것이다. 왜냐하면 그들 사이에서는 수십 년간 무력충돌이 없었기 때문이다. 그러나 과연 적극적 평화를 완전하게 달성하는 일 — 각 국가 내의 직접적 폭력과 아울러 구조적, 문화적 폭력의 제거 — 이 정말 가능한 것인지는 훨씬 더 확실하지 않다. 결국 이 이슈는 편견을 극복하고 근본적인 불평등을 다루는 인류의 능력과 의제에 대해 얼마나 낙관적일 수 있는가의 문제이다.

전쟁의 원인

한 국가가 전쟁을 할 때 보통은 명백한 개전 사유(casus belli) — 예를 들어, 자위(self-defence) 또는 다른 이들의 인권보호 — 를 내세운다. 그러나 이것이 항상 사실이거나, 최소한 국가의 무력 사용의 유일한 이유는 아니다. 전쟁을 시작한 사람들 스스로의 주장에만 의존할 수 없기 때문에, 우리는 전쟁의 원인이 무엇인가라는 질문을 보다 충분히 다룰 필요가 있다.

그러나 이 질문에 대해 숙고하기 시작하자마자 또 다른 이슈들이 제기된다. 예를 들어, 다른 유형의 전쟁은 다른 유형의 설명을 필요로 하는가 — 예를 들어, 국가 간 전쟁과 국가 내 전쟁이라면? 우리는 단일 원인의 설명을 추구해야 하는가, 혹은 다중 원인의 설명을 추구해야 하는가? 그리고 우리가 모든 전쟁에 적용할 수 있는 일반 이론을 만들어 낼 수 있는가, 아니면 개별전쟁은 각각의 특별한 설명이 요구되는가?

특정한 전쟁들은 그 전쟁을 시작하는 사람들의 다양한 동기에 의해 설명될 수 있다 — 예를 들어, 영토 획득, 천연자원 획득, 제국 건설, 제국과의 싸움, 공격에 대한 방어, 공격 가능성의 예방, 복수, 타국민 보호 또는 지원, 또는 정치적 혹은 종교적 신념 체계의 확산 등이다. 대부분 경우에 있어서 여러 원인 — 정치적, 경제적 및 사회적 요인 — 이 존재하고, 어떤 것은 단기적이고 다른 것은 특성상 장기적일 수도 있다. 그러나 국제안보 이해의 맥락에서 전쟁을 보다 더 잘 이해하기 위해서는 보다 더 일반적인 설명을 제공할 수 있는지 고려하는 것이 필요하다.

전쟁의 근본적인 특징과 원인에 대해서는 고대의 저술가인 투키디데스(Thucydides)로부터 현대의 다양한 인사들인 마르크스, 니체(Friedrich W. Nietzsche) 및 프로이드(Sigmund Freud)에 이르기까지 역사가, 정치철학자 및 많은 종류의 다른 사상가들이 탐구하여 왔다. 그러나 현대 전쟁연구에 가장 큰 영향을 미친 저술가는 신현실주의자 왈츠인데, 그의 주장은 여러 이론을 검토하기 위한 귀중한 틀을 제공한다.

그의 저작 『인간, 국가, 전쟁(*Man, the State, and War*)』(1954년 초판 발행) 에서 왈츠는 전쟁의 원인을 위해 제시되었던 모든 다양한 설명들이 세 가지 표제 아래에 위치할 수 있다고 주장하였다. 즉 '인간 내부, 개별 국가의 구조 내부, 국제체제 내부'이다 (Waltz, 2001: 12). 왈츠는 이들을 국제관계의 서로 다른 '이미지(image)'로 묘사하는데, 이 방식으로 이 주제에 대해 고려하는 것이 유용한 이유는 그것이 어떻게 서로 다른 전쟁이론들이 서로 다른 설명의 수준에 주목하는지를 잘 보여주는 '분석 수준(levels of analysis)'을 제시해주기 때문이다. 광범위하게 사용되는 왈츠의 세 가지 이미지 개념은 다음과 같은 설명의 수준으로 구분될 수 있다.

- 개인 수준
- 국가 수준

• 국제체제 수준

개인 수준

개인 수준에 주목하는 전쟁의 설명은 정치 지도자의 자질과 행동, 그 중에서도 호전적이고 공격적인 성향을 특히 검토한다. 따라서, 예를 들어, 제2차 세계대전의 발발은 히틀러(Adolf Hitler) — 및 스탈린(Joseph Stalin)과 같은 동 시대 다른 주요 지도자 — 의 신념, 태도 및 인격(독일의 영토적 확장 필요에 대한 그의 강한 신념)의 관점에서 설명될 수 있다.

왈츠의 설명은 고정적 인간 본성에 대한 관념에 중요성을 부여하는 니버(Reinhold Niebuhr)와 모겐소(Hans Morgenthau) 같은 고전현실주의자의 관점을 구체적으로 고려한다. 특히 인간의 본성은 선천적으로 결함이 있고, 인간은 원래 공격적, 이기적, 경쟁적이라는 그들의 믿음이 전쟁의 발생을 설명할 수 있다. 그러나 왈츠는 인간 본성을 강조하는 이론들을 비판한다. 그 이유는 우리가 인간의 행동을 인간의 고정적 본성 측면에서 설명해야 한다면, 인간 본성은 왜 국가가 전쟁을 하는지 만이 아니라 왜 국가가 평화롭게 지내는 것을 포함한 다른 모든 일을 하는지를 반드시 설명해야 하기 때문이다. 왈츠가 주장하는 것처럼 "인간 본성은 어떤 의미에서는 1914년 전쟁의 원인이었을 수도 있지만, 같은 이유에서 1910년의 평화의 원인이었다" (Waltz, 2001: 28). 다른 말로 하면, 만약 인간 본성이 고정적 상수라면, 왜 인간이 때로는 적대적이고 호전적이고, 다른 때에는 타협하고 서로 평화롭게 공존하는지를 어떻게 설명할 수 있는가?

왈츠는 주로 고전현실주의자와 관련하여 논의하였지만, 그의 주장은 심리학이나 진화생물학 분야의 저술에서 제기된 것처럼 전쟁의 원인을 인간 기질의 내재적인 특징에서 찾으려는 다른 시도들에도 적용될 수 있다. 예를 들어, 전쟁의 원인을 인간의 유전적 프로그래밍의 관점에서 설명하려는 어떤 이론도 인간은 다른 시간과 장소에서 다르게 행동한다는 점을 설명해야만 한다.

국가 수준

국가 수준에 주목하는 이론가들은 전쟁의 원인은 이데올로기, 정부 형태 및 경제체제 등을 포함한 국가 내부의 조직화에서 찾을 수 있다고 주장한다. 전쟁은 어떤 유형의 국가의 특성이 그들로 하여금 전쟁을 정책적 수단으로 사용할 가능성이 크게 만들기 때문에 발생한다. 물론 다른 사상가들이 서로 다른 특징들을 지적할 것이다. 왈츠 분석의 핵심 주제는 자유주의와 마르크스주의이고, 이들에 대해서 차례로 살펴볼 가치가 있다.

자유주의 관점의 핵심은 바로 비자유주의(non-liberal) 국가들이 자신들의 목적을 달성하기 위한 수단으로서 전쟁을 활용할 가능성이 높은 국가들이라는 것이다. 이는 특히 권위주의적이고 군사독재와 같은 비민주(non-democratic) 정권, 그리고 개인의 권리와 자유시장과 같은 다른 자유주의 자산을 수용하지 않는 정권을 의미한다. 이런 견해는 자유주의 철학자인 칸트가 1795년에 쓴 짧은 에세이 "영구평화론(Perpetual Peace)"에서 처음으로 구체화하였다. 여기서 칸트는 영구적 평화를 달성하기 위해 필요하다고 그가 믿은 조건들을 상술하였다 (Kant, 1957). 칸트는 대의정치, 국민의 동의 및 법치 — 오늘날 종종 자유주의 국가의 조건으로 일컬어 짐 — 를 기반으로 하는 국가를 공화정이라고 명명하고, 비공화정 국가는 전쟁을 일으킬 가능성이 훨씬 크다고 주장하였다. 그 이유 중의 하나는 공화정(또는 자유주의) 국가의 지도자들은 전쟁 선포 결정을 포함한 자신들의 결정을 위해 시민들의 동의가 필요하기 때문이다. 그런데 시민들은 실제로 싸우거나 그 비용을 지불해야 하는 등 대부분의 전쟁으로부터 가장 고통을 받는 존재들이기 때문에 무력충돌을 시작하는 데에 당연히 주저하게 된다. 반면 비공화정(또는 비자유주의) 국가의 통치자들은 대중 여론이나 스스로 과도하게 고통 받을 것을 걱정하지 않고 그들이 원할 때 전쟁을 선포할 수 있다. 유사한 믿음이 다른 많은 자유주의자들에 의해 제시되었는데, 여기에 대해서는 나중에 평화의 가능성에 대해 논의할 때 다시 다룬다.

물론 마르크스주의 역시 다른 방식으로 전쟁을 설명하는 다수의 사조를 포함하고 있다. 그러나 이 장의 목적에 따른다면 고전적인 마르크스주의자, 특히 레닌(Vladimir Lenin)의 제국주의론의 견해를 검토하는 것으로 충분할 수 있다. 제국주의에 대한 레닌의 주요 저작인 『제국주의: 자본주의 최고 단계(*Imperialism: The Highest Stage of Capitalism*)』는 제1차 세계대전이 한창이던 1916년에 쓰여 그 전쟁을 분석한다. 레닌의 주장을 이 제한된 공간에서 충분히 평가하기는 불가능하다. 하지만 그 기본적인 논조는 서문의 짧은 문구로부터 확인될 수 있다. 레닌의 견해에 따르면

> 1914년~1918년 사이의 전쟁은 양 측 모두 제국주의적이었다 (즉, 합병적, 포식적, 약탈적 전쟁이다). 그것은 세상을 분배하기 위한, 식민지와 금융 자본 등의 '세력권(spheres of influence)'을 분할하고 재분할하기 위한 전쟁이었다.
>
> (Lenin, 1966: 7–8)

다시 말하자면, 전쟁(현대의 선진 자본주의 시대에)은 제국주의 국가들의 이기적 동기의 산물이다. 특히 그것은 국내적 동기에 의해 지배된다. 국내시장의 침체에 직면하여 제국주의 국가들은 해외로 눈을 돌려 새로운 시장을 찾는다. 그런 이유 때문에 각국은 자국의 이익을 위해 세계를 분할하려고 노력하고, 이것은 주요 열강들을 서로 충돌하게 만든다. 이것이 제1차 세계대전의 원인인데, 당시 각 제국주의 국가는 세계시장에 대한 자국의 접근성을 최대화하기를 원했고 — 다른 국가를 합병하고, 먹이로 삼고, 약탈하였다.

분명히 자유주의와 마르크스주의 이론은 상당히 다르다. 그럼에도 불구하고 왈츠에 따르면, 두 접근법의 공통점은 전쟁의 주요 원인이 국가 내부 구조의 결함에 있다는 믿음이다. 자유주의자에게 있어서 그것은 자유주의적 특질의 결핍 때문인 반면, 마르크스주의자가 보기에는 국가가 해당 자본주의 경제의 탐욕스런 요구를 충족시키도록 내몰리고 그 때문에 전쟁이 발생한다. 왈츠에게 있어 그런 설명들의 치명적인 결점은, 국내적 명령의 관점에서 전쟁을 설명하려 시도함으로써 국가가 진공 상태에서 기능하는 것이 아니라 그들 행동의 많은 부분이 광범위한 국제체제에 의해 좌우된다는 점을 놓친다는 점이다. 왈츠가 주장하듯이, "국제정치 환경은 국가가 행동하는 방식과 많

은 관계가 있다" (Waltz, 2001: 122-123).

왈츠의 분석에 전적으로 동의할 필요는 없다 — 국가 외교정책의 핵심적 운전자가 국내적 요인이라고 믿을 수도 있다 — 하지만 어떻게 전쟁에 관한 이론들이 국가 내부 또는 외부적 특징에 중점을 두는지를 강조하는 것은 여전히 유용하다.

국제체제 수준

위에서 왈츠가 제시한 비판을 토대로 왈츠 고유의 관점이 국제체제 수준에 주목하는 것이라는 점을 발견하는 것은 놀라운 일이 아니다. 따라서 이어서 신현실주의의 전쟁관을 검토해볼 필요가 있다. 국제체제의 무정부적 속성을 강조하는 신현실주의 관점은 2장에서 이미 다뤘기 때문에, 여기에서는 왈츠가 전쟁에 대해 함의가 있다고 지적한 부분만을 제한적으로 다룬다.

우선 왈츠가 그가 논의한 다른 두 수준에서의 설명을 거부하는 것은 아니라는 점을 분명히 할 필요가 있다. 대신 그는 그 두 수준에 주목하여 파악되는 전쟁의 원인들은 왜 **특정** 전쟁이 발생했는지를 설명할 수 있는, 그가 '작용인(efficient cause, 아리스토텔레스가 말한 4대 원인 중의 하나로 운동의 근원을 의미 - 역자 주)'이라고 명명한 것에 해당된다고 주장한다. 즉 예를 들면, 인간 본성의 욕심은 왜 정복전쟁이 시작되는지에 대한 설명의 일부가 될 수 있는 것이다. 그러나 국제체제 전체를 검토해야만 왜 전쟁이 인간사에 있어서 근절할 수 없는 특징인지에 대한 '근본적' 이유를 이해할 수 있다. 이기적이고 자조에 기반을 둔 체제에서 활동하는 국가는 "성공의 전망을 평가한 후 만약 특정 목표를 평화라는 기쁨보다 더 가치가 있다고 생각한다면 그 목표를 달성하기 위해 무력을 사용할 것이다" (Waltz, 2001: 160). 특히 국제체제가 무정부적 — 국가의 행동을 규율할 상위 권위가 부재한 상황에서 — 이기 때문에, 궁극적 결론은 "전쟁은 그것을 예방할 수 있는 것이 없기 때문에 발생한다" (Ibid.: 232). 전적으로 전쟁을 예방하는 것은 세계정부의 창조이다 — 이는 왈츠와 다른 현실주의자들이 실현가능성이 거의 없는 것으로 믿는 일이다.

이들 주장이 얼마나 설득력이 있는지에 대한 평가는 우리가 국제관계에 대한 현실주의적 설명을 얼마나 수용하는지에 달려있다. 특히 왈츠의 전쟁에 대한 설명과 관련해서, 무정부 자체가 전쟁의 존재를 설명하는 충분조건인지는 결코 확실하지 않다고 주장할 수 있다. 설령 전쟁을 예방할 수 없다고 하더라도 무정부 때문에 전쟁이 불가피하다는 것은 아니다. 또한 웬트가 주장하듯이, "자조와 권력정치는 제도이지 무정부의 본질적인 특징이 아니다. **무정부는 국가가 만들어 내는 것이다**" (Wendt, 1992: 395). 전쟁 개시 결정은 의식적 선택이고 국가는 다른 선택을 할 수도 있다. 그들은 서로 싸우지 않고 협력할 수 있다. 그들은 심지어 — 세계정부는 아니지만 — 유엔과 같은 기구를 만들어 국가들로 하여금 전쟁에 의존하지 않고 평화롭게 갈등을 해결할 수 있도록 도울 수 있다.

전쟁의 원인에 대해 각 이론적 입장의 공헌을 여기서 충분히 다루는 데에는 한계가 있는데, 또 다른 이들도 독특한 견해를 제시한다. 예를 들어, 페미니스트 관점에서 왈츠의 주장에 대한 흥미로운 비판은 "Women, the State, and War"라는 제목의 엘슈테인(Jean Elshtain)의 글에서 제시되었다. 이 글에서 필자는 젠더를 또 다른 범주로 추가하는 함의를 고려함으로써 왈츠의 분석 수준에 대해 검토한다 (Elshtain, 2009).

21세기 전쟁

지금까지의 논쟁은 상대적으로 일반적인 관점에서 전쟁을 검토한 것이다. 아래에서는 현대, 특히 21세기 전쟁의 몇 가지 고유한 특징에 대해 살펴볼 것이다. 오늘날 전쟁의 특징을 이해하는 하나의 특별한 방법은 '새로운 전쟁(new wars)' 논지의 관점이다. 이 관점은 현대의 전쟁을 질적으로 과거의 전쟁과는 다른 것으로 간주한다. 이 주제는 8장에서 보다 심도있게 다뤄질 것이다. 아울러 21세기 전쟁의 많은 다양한 측면이 다른 장들에서 검토될 것이다 — 테러리즘(11장), 민간군사보안기업에 대한 의존도의 증가(14장), 석유와 물과 같은 천연자원이 갈등의 촉발에 미치는 영향(15장).

대신 여기서는 세 가지 넓은 흐름과 발전에 주목한다.

전쟁은 쇠퇴하고 있나?

오늘날 전쟁과 관련된 가장 중요한 이슈 중의 하나는 전쟁이 쇠퇴하고 있을 가능성에 관한 것이다. 전쟁의 이미지들이 TV 화면을 채우고, 지구상에서 벌어지고 있는 무력충돌에 대해 세계가 어떻게 대응해야 하는지에 대한 열띤 논쟁이 벌어지지만, 전쟁과 평화 관점에서 바라본 전체적인 그림은 많은 사람들이 추정하는 것보다 훨씬 낙관적이라는 점에서 많은 이들이 놀랄 것이다.

이 관점은 많은 증거에 의해 지지된다. 특히 통계는 최근 수십 년 동안 전쟁으로 인한 사망자 숫자가 급격히 줄어들었음을 보여준다. 이는 도표 7.1의 선을 통해 확인할 수 있다. 전사자는 싸움의 직접적 결과로 사망한 모든 사람(민간인과 군인)을 포함한다. 한 분석가는 이용가능한 데이터를 토대로 다음과 같이 요약한다.

> 21세기에 세계적으로 전쟁 관련 폭력에 의해 직접적으로 사망한 사람의 숫자는 연 평균 약 5만 5,000명 정도이고, 이는 1990년대(연 평균 10만 명)의 절반 수준이며, 다시 이는 냉전 시기(1950년부터 1989년까지 연 평균 18만 명)의 삼분의 일 수준이다. 이는 다시 제2차 세계대전 기간의 100분의 1 수준이다 … 냉전종식 이후 20년간은 살인적 무정부(killer anarchy)의 시기가 아니라 평화를 위해 빠르게 전진하는 시기였다.
>
> (Goldstein, 2011: 1–2)

다른 이들도 비슷한 낙관적 견해를 표출하기도 하였다. 예를 들어, 핀커(Stephen Pinker, 2011)는 인간 사회에서 폭력(단순히 전쟁만이 아니라 살인을 포함한 모든 행태의 폭력)의 장기적이고 역사적인 감소 추세를 확인한 바 있다.

전사자 숫자에 관해 본다면, 그것이 줄어든 중요한 이유는 국가 간 충돌의 발생 빈도가 현격히 줄었기 때문이다. 국가 간의 전쟁은 국가 내의 전쟁보다 훨씬 많은 인명의 손실로 이어지는 경향이 있다. 따라서 이것이 사망자 숫자에 큰 영향을 주었다. 아울러 최근에 발생했던 국가 간 전쟁은 항상

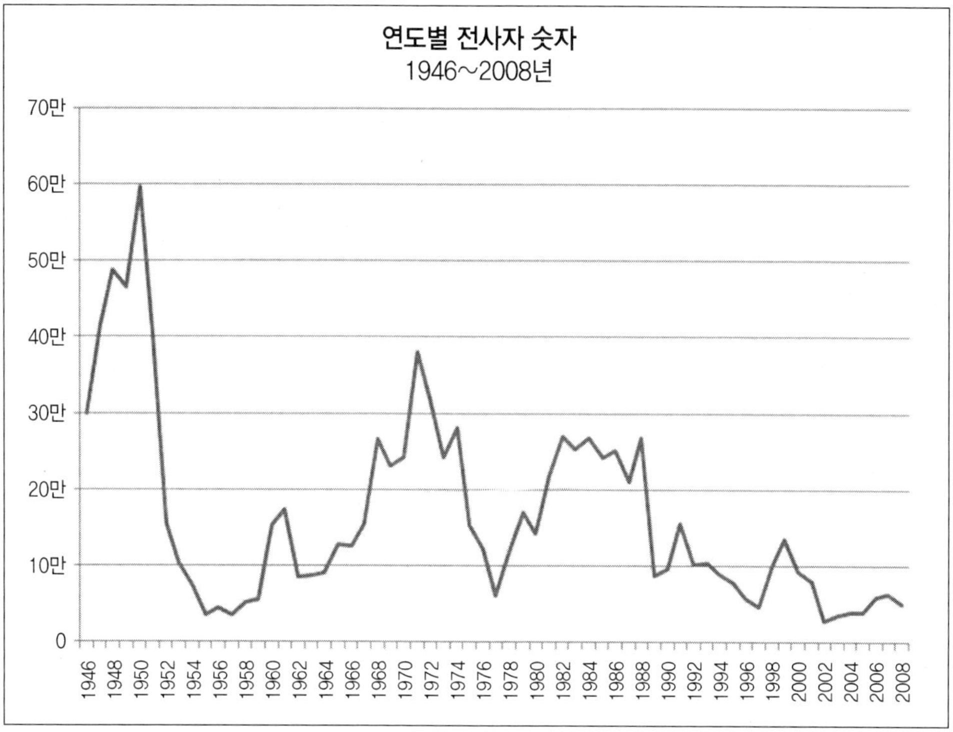

도표 7.1 전사자의 감소 추세

출처: Peace Research Institute Oslo (PRIO), www.prio.org/Data/Armed-Conflict/Battle-Deaths/The-Battle-Deaths-Dataset-version-30 (원 자료는 Lacina and Gleditsch 2005).

가장 파괴적이었던 열강들 사이의 전쟁이 아니었다 (예를 들어, 두 차례의 세계대전을 생각해보라).

그렇다면 이는 전쟁이 근절될 수 없다는 현실주의의 견해가 틀렸다는 것, 그리고 인류가 보편적 평화의 전 세계적 미래를 향해 진전하는 것을 의미하는가? 사실 그런 믿음에 대해 주의해야 하는 여러 이유가 있다.

첫째, 전사자를 계산하는 것은 항상 부정확하고, 따라서 낙관적 믿음이 의존하는 통계에 대해 이의를 제기할 수도 있다. 여러 기관에 의한 많은 현대의 충돌들 — 보스니아에서 르완다와 이라크에 이르기까지 — 에서의 사망자 숫자 추정치는 서로 상당한 정도로 다르다. 아울러 비전통적인 전투원(반란군과 게릴라 전사와 같은)의 사망자 숫자를 정확히 계산하는 것은, 특히 싸움이 벽지에서 발생한다면, 매우 힘들다.

둘째, 간접적(indirect) 사망 — 예를 들어, 전쟁 때문에 초래된 빈곤, 기아, 노숙 및 환경파괴에서 비롯되는 — 을 고려한다면, 숫자는 훨씬 높아질 것이다. 그래도 그 숫자는 여전히 감소하는 추세를 보이겠지만(왜냐하면 지난 전쟁에도 간접적 사망이 추가될 것이기 때문이다), 그럼에도 불구하고 그것은 전쟁이 직접적 전사자만이 아니라 훨씬 많은 인명의 손실에 책임이 있다는 것을 암시한다.

셋째, 과거가 항상 미래에 대한 믿을 수 있는 지침은 아니고, 전사자 숫자의 감소가 필연적으로 지속될 것인지 확실하지도 않다. 세계의 또 다른 큰 충돌 가능성이 영구적으로 완전히 사라졌다는 것은 성급한 주장일 수 있다.

넷째, 전쟁에서의 사망자 숫자가 극적으로 감소했지만, 이것이 전쟁 발생 빈도의 유사한 감소를 의미하는 것은 아니다. 아래에서 검토하듯이 여전히 많은 전쟁이 발생하지만, 그들은 전통적인 국가 간 전쟁과는 단지 다른 유형일 것이다.

전쟁 성격의 변화

위에서 지적한 것처럼, 국가 간 전쟁의 숫자는 현대에 들어서 현저하게 감소하였고, 도표 7.2가 보여주는 것처럼, 냉전종식 이후에 그 숫자는 소수였고 — 21세기에 들어서는 극히 작다고 할 수 있다.

그러나 그래프가 보여주는 것은 냉전 시기보다 냉전종식 이후 국가 내 전쟁(전적으로 한 국가 내 집단들 사이의 싸움인 내전과 분쟁에 일부 외부의 개입이 관찰되는 제3자 개입 내전으로 구분할 수 있다)이 급속히 증가했다는 점이다. 그 숫자는 냉전종식 즈음의 전환기에 정점에 이르렀지만 이후 감소하였다. 앞에서 논의했던 낙관적 견해는 이런 감소만이 아니라 — 우리가 이미 살펴본 것처럼 — 내전에 의한 사망자는 국가 간 전쟁 사망자보다 보통 훨씬 적다는 사실에도 기인한다. 그럼에도 불구하고 21세기 들어 여태까지 매년 거의 서른 개 이상의 국가 내 전쟁이 존재해왔다는 사실은 전쟁이 이제 완전히 사라질 것이라고 믿는 사람들을 주저하게 만들 것이다. 아울러 이런 전쟁 때문에 비롯되는 고통은 사망자 숫자로만 측정

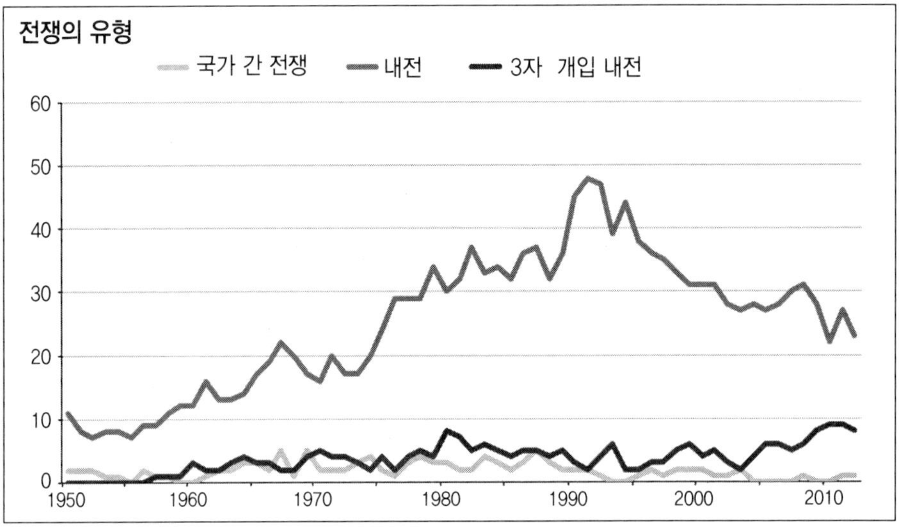

도표 7.2 전쟁의 유형, 1950~2012년

출처: B. Stancil (2013) 'Conflict Data on Military Interventions: Will Syria Be Different?', http://bennstancil.com/will-syria-be-different

될 수 없다 — 생계수단을 상실한 사람들은 집에서 떠나게 되고, 강간 또는 고문을 당하는 사람들도 있는데, 그들 모두 전쟁의 피해자들이다.

추가적으로 두 가지 중요한 요인을 여기에서 언급할 필요가 있다. 첫째, 오늘날 발생하는 전쟁들은 점차 특정 지역에 집중되고 있다. 아프리카와 중동에서 벌어지고 있는 전쟁과 비슷한 수준의 전쟁은 이제 가장 부유하고 가장 발전된 지역에서는 발생하지 않고 있다. 가장 주목할 것은 여러 세기 동안 인류 역사상 가장 유혈이 낭자한 많은 전쟁의 중심이었던 서유럽이 장기간의 상대적 평화를 향유해오고 있다는 점이다.

둘째, 오늘날 벌어지는 내전의 특징은 과거 내전과는 매우 다르다. 예를 들어, 21세기 내전은 명확하게 편이 구분되고 국가가 단일 반군과 대적했던 19세기의 미국 남북전쟁(American Civil War)과 다르다 (Levy and Thompson, 2010: 13). 오늘날 내전에는 종교, 인종 및 정치적 노선에 따라 나뉜 아주 많은 다른 집단들이 관련되고, 국가 자체도 하나의 통합적 행위자와는 거리가 멀다. 즉 오늘날 내전은 믿을 수 없을 정도로 '지저분(messy)'하고, 복합적인 사건이다. 이런 이유 때문에 내전의 해결이 매우 어렵게 된다. 현대의 국가 내 충돌의 특징에 대해서는 8장에서 보다 자세히 논의한다.

변화하는 전쟁기술

21세기 전쟁은 중요한 기술적 발전에 의해 급격히 변모하고 있다. 불과 10년 전만해도 공상과학 소설에서나 등장할 것 같은 다양한 무인기(지상, 공중 및 해상)와 로봇(정찰 및 폭탄 투하용)을 포함한 혁신적인 것들이 이제 전장에 등장하고 있다. 이들 대부분은 인간 조종사에 의해 원격 조정되지만, 가장 최신의 디자인들은 완전히 자율적이다. 초음속 무기와 투명 망토 등에 있어서의 진전도 가시권에 근접한 것으로 보인다.

글상자 7.3은 최근 가장 논란이 많은 발전 중의 하나인 드론에 대해 검토한다. 첨단 기술의 개발에 가장 많이 투자하는 나라들 — 의심할 여지없이 미국이 선두에 있다 — 은 여기에 많은 장점이 있다고 주장한다.

- '스마트(smart)'한 정밀유도 무기는 (아마도) 특정 목표물을 보다 정확히, 즉 무차별적으로 살상하는 것이 아니라 민간 피해를 최소화하면서 타격할 수 있게 할 것이다.
- 무인기는 인간 군인들에게 너무 위험하거나 인간 군인들이 접근하기 힘든 지점에 갈 수 있다.
- 어떤 것은 최소한 저렴하다 — 무인 드론은 확실하게 유인기에 비해 저렴하다.
- 로봇과 무인기는 인간 군인에 비해 더욱 용이하게 소모적이다. 전자의 손실은 미디어와 대중의 분노를 덜 발생시키기 때문에 정치적 비용도 확실히 적다.

하지만, 동시에 이 기술은 많은 정치적, 윤리적 우려를 야기한다. 이 기술을 보유한 국가에게 막대한 군사적 이점을 부여함과 아울러 군사적 충돌 시 감수해야 하는 인적 손실 비용을 현저하게 감소시킴으로써, 이 기술은 오히려 전쟁이 개시될 가능성을 높이는 데 기여할 수 있다. 자동화된 전쟁 수행은 전장에서 아주 멀리 떨어진 무인기 및 로봇 조종사들이 컴퓨터 화면에서 벌어지는 것 이

글상자 7.3 드론의 정치학

무인항공기(UAVs: Unmanned aerial vehicles)는 — 또는 흔하게 불리는 것처럼 드론은 — 미국이 테러와의 전쟁에서 사용함으로써 현대 전쟁의 중요한 특징이 되었다. 처음에는 조지 W. 부시 대통령 하에서, 나중에는 오바마 대통령 하에서 더 많은 숫자의 드론들이 이라크, 아프가니스탄 및 파키스탄 등의 국가에 전개되었다. 드론은 감시와 전투력의 양 측면에서 사용되는데, 특히 후자의 사용에 대해 가장 논란이 많다. 오바마 대통령 재임 기간 초기 5년간 드론 공격으로 인한 사망자의 숫자는 약 2,400명이었다(Sledge, 2014).

미국정부는 드론의 사용을 대테러 전략의 핵심적 수단이라고 방어한다. 특히 미국정부는 무인 드론을 사용함으로써 탈레반과 알카에다의 다수 주요 지도자들을 제거할 수 있었다고 주장한다. 그러나 비판가들은 많은 문제를 제기하는데, 그 중의 하나는 드론의 공격은 드론이 사용되는 국가의 주권을 침해할 수 있으며, 국제법상 불법인 암살에 해당할 수 있으며, 테러리스트와 반란군이 얼마나 합법적 공격목표에 해당하는지에 상관없이 많은 무고한 민간인의 죽음에 책임이 있을 수 있다는 것이다.

드론의 공격은 또한 그 공격이 수행되는 지역 주민들에게 광범위한 적대감과 분노를 발생시킨다는 점에서 비생산적일 수 있다. 예를 들어, 파키스탄에서는 드론의 공격에 대한 대규모 시위와 많은 정치인들의 반대 표시가 있었다. 그럼에도 불구하고, 드론의 사용은 계속될 것으로 보인다.

상으로 현실의 죽음에 직면하지 않게 함으로써 전쟁을 비디오 게임처럼 만드는 것으로 보인다. 다시 말하자면, 전쟁을 '쉽고' '안전하게' 만든다는 것은 전쟁의 공포를 제거하는 것이고, 이는 다시 선진 강대국들로 하여금 개전을 망설이게 하는 요소가 그만큼 줄어든다는 것을 의미할 수 있다.

전쟁 수행이 점차 가상화되는 다른 방식은 사이버전쟁(cyber warfare)의 대두에서 찾아볼 수 있다. 이 유형의 전쟁 수행은 적의 컴퓨터 네트워크를 해킹하여 그 체제를 파괴하거나 정보를 훔치는 것을 의미하고 국가나 비국가 행위자들에 의해 자행될 수 있다. 사이버전쟁과 위에서 다룬 기술적 발전 종류의 중요한 차이점은, 후자는 대체로 가장 부유하고 선진적인 국가의 영역이라고 한다면 컴퓨터 해킹은 군사적 약소국 및 테러리스트 그룹 등 매우 다양한 종류의 행위자에 의해 수행될 수 있다는 것이다. 다른 형태의 기술들이 전쟁 행위자들의 전쟁 수행 능력에 있어서의 격차를 증가시킨다고 한다면, 쉽게 이용할 수 있는 컴퓨터 기술은 그것을 줄일 수 있다.

지속가능한 평화의 구축

모든 전쟁은 궁극적으로 종결된다. 그러나 어떻게 종결되는가는 또 다른 문제이고, 항상 평화가 영속적인 것은 아니다 — 실제로 평화가 수 년 이상 지속되지 않은 많은 사례가 존재한다.

두 전쟁 당사자 사이의 합의 도출의 형태 — 공식 평화조약과 같은 — 로서의 평화는 다양한 방식으로 달성될 수 있다. 그 중 하나는 단순히 관련 당사자들 간의 직접적 협상이다. 그러나 이것이 어려울 수밖에 없거나 불가능한 많은 이유가 있다. 폭력적 무력충돌의 당사자들은 같이 앉아 협상하기에는 종종 너무 적대적이거나 서로를 불신한다. 따라서 외부의 제3자가 중재를 위해 개입하게 된다. 중재자는 양 측과 모두 대화가 가능하고, 새로운 아이디어를 제시하며, 회담을 주선하고, 당사자들의 신뢰의 간극을 좁혀 평화협정을 체결하도록 도울 수 있다. 국제 중재의 유명한 사례가 미국 카터(Jimmy Carter) 대통령이 중재한 1978년의 이스라엘-이집트 간 캠프데이비드협정(Camp David Accords)이었다. 물론 평화 협상을 위해 정치인과 외교관들의 역할만 있는 것은 아니다. 비정부기구(NGOs)와 같은 비국가 행위자도 평화 협상 과정에서 중요한 역할을 할 수 있다. 이는 특히 분쟁 당사자들이 다른 나라의 공식적 대표자들 — 특히 주요 강대국 출신 — 을 잘 신뢰하지 않을 수도 있기 때문이다. 강대국 외교관들은 이해타산적인 방식으로 분쟁을 중재할 가능성이 크기 때문에 그들의 중재안은 중립적이고 공정하다고 받아들여지기 힘들다. 비국가 단체가 개입한 중재의 성공적 사례는 모잠비크 내전을 종식시킨 1992년의 로마평화협정(Rome Peace Accords)이다. 이 협정은 성에지디오(Community of Sant'Egidio, 가톨릭 평신도 모임의 일종)의 중재를 통해 성사되었다.

그러나 평화 정착의 협상이 지속적 평화를 보장하는 것은 결코 아니다. 많은 국가들은 평화협정이 체결되자마자 전쟁 상태로 되돌아갔다. 르완다의 경우를 보자. 1993년에 르완다정부와 반군 사이에 지속된 30년 내전을 종식시키기 위해 아루샤협정(Arusha Accords)이 체결되었다. 그러나 바로 이듬해에 르완다는 정말 끔찍한 폭력 사태로 약 80만 명이 사망하는 결과가 초래되었다. 실제로 많은 국가들이 불행하게도 수십 년간 상대적 평화의 시기와 끔찍한 폭력의 시기를 교대로 경험하는 주기(소말리아의 경우처럼)에 갇혀 왔다. 그렇다면 장기적, 지속가능한(sustainable) 평화를 구축하기 위해 무엇을 할 수 있는가?

이 시점에서 소극적 평화와 적극적 평화의 구분을 재조명할 필요가 있다. 단순히 분쟁 당사자들 사이의 직접적 폭력을 중지시키는 것 — 소극적 평화의 창출 — 은 장기적 평화를 가져오는 데에 대부분 충분하지 않다. 결국, 아마 오랜 세월 서로 싸우고 죽였던 사람들이 하루아침에 기꺼이 과거를 뒤로 하고, 단순히 그들 지도자들이 종이 서류에 서명했다는 이유로 평화롭고 사이좋게 지낼 준비가 될 것이라고 기대하는 것은 종종 매우 순진하고 비현실적인 일이다. 이는 특히 내전의 경우에 더욱 그러하다. 왜냐하면 평화는 사람들에게 그들 자신과 가족들에게 큰 아픔과 고통을 안겨준 사람들과 나란히 함께 살도록 요구하는 것을 의미하기 때문이다.

진정한 평화의 가능성을 위해서는 갈등의 근본적 원인이 다뤄져야한다 — 그리고 아마도 적극적 평화를 창출하기 위한 노력이 진행되어야 한다. 최근, 특히 냉전종식 이후에 등장한 한 가지 방법 — 즉, 자유주의 — 이 전쟁과 갈등의 문제에 대한 보편적 해결책으로 간주되어왔다. 이미 앞에서 전쟁에 대한 자유주의적 견해를 검토하면서 이 아이디어의 이론적 뿌리에 대해서는 살펴보았다. 비자유주의 국가들이 가장 전쟁을 할 가능성이 높은 국가라는 믿음의 명확한 함의는 보다 많은 국가들이 자유주의를 수용할수록 그들이 더 평화적일 것이라는 점이다. 이는 자유주의 정치 모델(예를 들어, 민주화)과 자유주의 경제(자유시장) 양자를 수용하는 것이 영구적 평화를 창출하는 방법이라는 의미이다.

글상자 7.4는 널리 통용되고 있는 그러한 믿음의 주요 형태 — 즉 자유주의 평화 명제를 검토하고 있다. 이 명제에 따르면 자유주의는 국가 간 전쟁을 종식시키는 수단이기도 하지만 때로는 사회가 내부적으로도 평화지향성을 — 내전이나 혁명 및 쿠데타와 같은 현상에 덜 취약하게 — 띠도록 만든다. 어쨌든 평화를 위한 동력으로서의 자유주의에 대한 믿음은 UN을 포함하여 중재와 갈등해소 과정에 참여하는 현대적 행위자들에 의해 광범위하게 수용되었다.

물론 모든 이들이 자유주의적 관점을 받아들이는 것은 아니다. 예를 들어, 이것이 다른 사회의 가치나 문화에 둔감한 특히 서구의 정치와 경제의 모델을 세계적으로 선전하는 것처럼 보인다고 의심하는 이들도 존재한다.

어쨌든 자유주의 이론에 대한 관점에 상관없이 평화구축 — 이 개념 또한 기원을 갈퉁에서 찾을 수 있는데, 지속가능한 평화를 창출하기 위한 조치들을 의미한다 (Galtung, 1976) — 은 분쟁 후(post-conflict) 사회를 위한 다양한 실천적인 처방을 만들 수 있는 접근법으로 발전하여 왔다. 자유주의자와 비자유주의자 모두 그러한 처방들 가운데 상당수를 수용할 수 있게 되었다. 평화구축 활동에 참여하는 이들은 다음과 같은 주요 분야에서 개혁을 실천하려고 노력한다.

- **안보** – 즉, 과거 전투원들의 무장해제와 재통합, 무기 확산의 통제, 책임 있는 경찰, 군대 및 정보기관의 훈련 및 양성.
- **거버넌스(governance)** – 즉, 개인과 집단의 권리를 보호할 수 있도록 헌법 개정, 공공 기관의 부정 척결, 가능한 민주적 구조의 창출.
- **경제** – 즉, 실업과 빈곤 같은 문제의 해결, 공공재정 개혁, 가능한 자유시장 및 자유화 정책의 실천
- **정의** – 즉, 전쟁 범죄를 저지른 사람들에게 책임 추궁, 법조항에 인권 조항 포함, 보다 나은 법률 체계에 대한 접근성 보장.
- **사회** – 즉, 집단들 간 화해를 촉진할 수 있는 조치, 교육 체계의 개혁,소외된 그룹(여성과 소수집단)의 역량강화(empowering).

평화구축 역시 그것이 자유주의적 전제에 얼마나 기반을 두고 있는지와 상관없이 다른 나라의 문제를 해결하기 위해 지나치게 외부 행위자에게 의존하는 하향식 접근법에 기반을 둔다고 비판받아 왔다. 그러나 최근 몇 년 사이 평화구축 활동에 풀뿌리적 활동이 증가하고 있음이 관찰되었다 — 즉 '아래로부터의 평화구축'이다. 이것이 아마도, 여러 사회 내에서 영구적 평화를 창출하는 가장 최선의 희망을 제공하는 것일 수 있다.

결론

남북전쟁 당시 셔먼(William T. Sherman) 장군

글상자 7.4 자유주의 평화 명제

자유주의자들은 그들이 제시한 모델을 민주평화론이라고 지칭하지만 그 모델이 함축하고 있는 평화적 사회의 특징을 보다 잘 반영하려면 자유주의 평화 명제라고 지칭하는 것이 더 적합할 수 있다. 왜냐하면 그 명칭은 정기적 선거만이 유일한 중요 기능이 아니라 — 언론의 자유, 개인의 권리, 법치 및 자유무역 등도 포함되어야 한다는 것을 의미하기 때문이다. 도일(Michael Doyle)은 가장 중요한 현대 이론가 중의 한 명인데, 그는 미묘하고도 세련된 방식으로 자신의 견해를 표현하였다 (Doyle, 2012).

그의 기본적 주장은 매우 간단히 요약될 수 있다 — 자유주의 국가는 서로 전쟁을 하지 않는다. 따라서 모든 국가가 자유주의 국가가 되면 전쟁은 사라질 것이다. 이 명제가 정당화되는 이유는 경험적 증거가 많기 때문이다. 비록 자유주의 국가들이 종종 서로 간에 충돌(*conflict*)을 빚기는 하지만, 그 국가들이 실제 전쟁을 한 사례는 찾기 힘들다. 자유주의 국가에서는 통치자가 개전을 위한 시민의 동의를 확보하는 것이 매우 어려울 것이라는 칸트의 믿음 이외에, 다른 많은 요인도 제시되었다. 예를 들면, 다음과 같다.

- 자유주의 사회는 관용 및 타협(폭력과 공격성 대신)과 같은 가치를 교육과 사회화를 통해 함양한다.
- 자유롭고 개방된 사회가 서로 신뢰하기에 용이하다 (반면 독재자를 신뢰하는 것은 매우 어렵다).
- 자유주의 국가의 지도자들은 행정부와 입법부 간 권력분립 등 많은 제도적 장치 때문에 정책 결정능력이 제한되어 있다. 이는 일련의 광범위한 정치적 지지 없이 전쟁을 개시하는 것이 불가능하다는 것을 의미한다.
- 자유무역에 의해 만들어지는 — 세계화에 의해 가속화된 — 강한 경제적 상호의존이 자유주의 국가들로 하여금 (유럽연합 회원국가들처럼) 서로를 긴밀한 경제적 동반자로 인식하게 하여 전쟁을 기피하게 만든다.

그러나 이 명제는 많은 비판을 받아왔다. 그 중 세 가지를 소개한다.

첫째, 민주주의 국가들 사이의 전쟁 사례들을 확인할 수 있다 — 최근인 2006년에 있었던 이스라엘과 레바논 사이의 전쟁, 그리고 2014년 '선전포고 없이' 시작된 러시아와 우크라이나 간의 전쟁이 여기에 포함될 수 있다. 물론 이들 사례에서 과연 양 측이 자유주의 국가에 속하는지에 대한 해석에는 논란의 여지가 있다 (그들이 민주주의 국가에 해당된다고 믿는 것과는 상관없이).

둘째, 자유주의 국가들 사이의 전쟁을 확인하기 어렵다고 하더라도 자유주의 국가들이 비자유주의 국가들에 대하여 수행한 많은 전쟁 사례들이 존재하는데 그 중 일부는 전자에 의해 시작되었다 (2003년 미국의 이라크 침공을 생각해보라). 이것은 최소한 자유주의적 국민들이 어떤 경우에는 전쟁, 심지어는 불가피하지 않는 전쟁의, 비용을 감수할 준비가 되어 있고 그들의 지도자들은 어떤 조건 하에서는 국가를 전쟁으로 이끌 의지와 능력이 있음을 확인시켜 주는 증거다. 이는 자유주의 국가들 사이의 전쟁의 가능성을 영구히 배제할 수 있는지에 대해 의구심을 낳는다.

셋째, 만약 그것이 바람직하다고 믿는다면, 모두가 자유주의 국가인 세상을 어떻게 달성할 것인지의 이슈가 있다 — 자유주의가 그것을 원하지 않은 이들에게 '강요되어야(imposed)' 하는가? 만약 그렇다면 이는 자유주의가 스스로 공언한 자유와 관용에 위배되는 일종의 자유주의 제국주의를 필요로 하는 것이 아닐까?

은 “전쟁은 지옥이다”라고 선언했다. 이후에도 많은 이들은 그 선언이 전달하는 감정에 공감해왔다. 그러나 전쟁이 인간 실존의 불가피한 측면인가? 심지어 그것이 필요한가? 공격에 맞선 자위는 심지어 그렇게 하는 것을 원하지 않더라도 싸우는 것을 정당화하는 이유라고 광범위하게 받아들여진다. 마찬가지로 ‘정당한’ 전쟁, 즉 억압적이고 살인적인 독재자를 제거하기 위해 싸우는 전쟁과 같이 도덕적인 정당성을 가지는 전쟁을 주장할 수도 있다. 물론 다른 이들은 어떤 전쟁도 정당화될 수 없고 모든 종류의 무력충돌에 대해 평화주의적 반대를 하는 것이 진정한 윤리적 자세라고 주장하여 왔다.

따라서 전쟁은 원칙적으로 매우 어려운 이슈를 제기한다. 우리가 앞에서 논의한 것처럼 전쟁이 왜 발생하는지를 설명하는 여러 방법이 존재한다. 따라서 이는 어떻게 전쟁을 종식시킬 수 있는지를 논의하기 전에 전쟁의 원인에 대한 어떤 설명에 우리가 동의할 수 있는지를 결정해야함을 의미한다 — 만약 우리가 그럴 수 있다고 믿는다면. 최근 수십 년간 자유주의가 전쟁을 방지하는 방법이라는 데에 광범위한 합의가 이뤄져 왔다. 그러나 평화를 확보할 수 있는 다른 대안의 여부, 그리고 다른 신념 체계가 평화를 확보하는 자원을 보유하는지 여부는 논쟁의 대상으로 남아 있다.

요점

1. 전쟁은 정치적 단위체 사이의 조직적 폭력으로 정의될 수 있다.
2. 전쟁에 대한 여러 설명을 구분하는 데 유용한 방법은 분석 수준을 따르는 것인데, 이는 개인, 국가 또는 국제체제로 나뉜다.
3. 21세기 전쟁은 여러 방면에서 변화하였다 — 이제 국가 간 전쟁보다 더 많은 국가 내 전쟁이 발생하고, 기술적 진전은 전쟁 수행 자체를 근본적으로 변화시키고 있다.
4. 지속가능한 평화를 창출하는 것은 명백한 형태의 폭력을 근절시키는 것만 아니라 갈등의 배경이 되는 구조적, 문화적 요인의 해결을 요구한다.
5. 자유주의적 가치와 기관의 부흥은 많은 이들에게 영구적 평화를 달성하기 위한 최선의 방법으로 인식된다 — 물론 비판가들은 이것이 다른 지역 사람들의 고유한 가치와 믿음을 폄하하고 서구적 모델을 다른 사회에 강요하는 수단일 수 있다고 주장한다.

추천도서

Clausewitz, C. von [1832] *On War*, rev. ed., ed. and trans. M. Howard and P. Paret, Princeton, NJ: University Press, [1832] 1984.

Darby, J. and MacGinty, R. (eds) *Contemporary Peacemaking: Conflict, Peace Processes and Post-War Reconstruction*, 2nd ed., Basingstoke: Palgrave Macmillan, 2008.

Levy, J.S. and Thompson, W.R. *Causes of War*, Oxford: Blackwell, 2010.

Sobek, D. *The Causes of War*, Cambridge: Polity Press, 2009.

Waltz, K. *Man, the State, and War: A Theoretical Analysis*, rev. ed., New York: Columbia University Press, 2001.

8장 새로운 전쟁, 세계화, 실패국가

브루스 필빔(Bruce Pilbeam)

글상자 8.1 포스트 클라우제비츠 세계?

앞 장은 유명한 군사이론가인 클라우제비츠(Carl von Clausewitz)의 문구로 시작하였는데, 많은 이들에게 영감을 준 그 문구는 사실 19세기 관점을 반영한 것이다. 클라우제비츠의 접근법은 20세기 전반에 걸쳐 영향력을 유지하였으나, 최근 특히 냉전종식 이후에는 점차 시대에 뒤쳐졌다는 비판에 직면하였다. 실제로 많은 분석가들이 이제는 전쟁에 관한 과거 규칙이 더 이상 적용되지 않는 '탈' 혹은 '포스트 클라우제비츠(post-Clausewitzian)' 세계에 대해 얘기한다.

냉전이 탈냉전으로 전환되던 시점인 1991년에 발간된 책 『전쟁의 변천(*The Transformation of War: The Most Radical Reinterpretation of Armed Conflict Since Clausewitz*)』이 그러한 예에 해당된다. 이 계시적으로 명명된 책에서 저자인 이스라엘의 군사사학자 반 크레펠트(Martin van Creveld)는 바로 이 부분을 지적한 바 있다. 이 책에서 반 크레펠트는 현대 전쟁은 더 이상 국가 간에 대규모의 전문적 군대로만 싸우는 것이 아니라, 산적들, 게릴라 및 테러리스트 등 다른 모든 비국가 행위자들이 참여한다고 강조하였다. 그는 아울러 인종, 종교 및 젠더와 같은 정체성을 둘러싼 이슈들이 (클라우제비츠와 같은)종래의 전쟁에 대한 분석이 중점을 두던 전통적인 정치적, 경제적 종류의 이슈보다 갈등에 있어서 더욱 중심적 역할을 한다고 제시하였다. 과연 이것은 사실인가? 이제 클라우제비츠나 다른 전통적 전쟁 사상가들을 역사의 휴지통에 넣어야 할 때인가?

서론

앞 장에서 21세기의 전쟁은 과거의 전쟁과는 다양한 측면에서 다를 것이라는 점을 논의한 바 있다. 그러나 역사에서 거듭되는 것이 하나 있다면, 그것은 바로 변화이다. 따라서 오늘날 전쟁이 100

년(혹은 30년) 전의 전쟁과 다르다는 사실은 그 자체로 전혀 놀라운 것이 아니다. 20세기의 주요 전쟁은 19세기의 것과는 달랐고, 다시 그것은 18세기의 전쟁과도 같지 않았으며 17세기, 16세기에도 마찬가지다. 이것이 전쟁을 이해하기 위해 완전히 새로운 패러다임이 필요하다는 것을 의미하는가? 아니면 단지 최근의 발전을 설명하기 위해 과거의 것을 갱신하면 되는 것인가?

아래 논의의 핵심은 한 가지 특별한 논쟁인 '새로운 전쟁' 명제에 주목한다. 이 명제는 현대 세계를 이해하기 위해서는 새로운 틀이 필요하다고 제의한다. 갈등의 본질 — 과 다른 많은 것 — 을 새롭게 형성하는 데 책임이 있는 주요 동인은 세계화이다. 따라서 여기에도 상당한 정도의 관심을 기울일 것이다. 아울러 현대적 갈등의 원인과 결과로서 아마 가장 어려운 문제 중의 하나가 실패국가이기 때문에, 이것도 보다 자세히 다뤄진다. 마지막으로 이들 개념과 주장들에 더해진 비판을 요약한다.

새로운 전쟁 명제

'새로운 전쟁'이 현대 전쟁의 특징을 묘사하기 위해 등장한 유일한 용어는 아니다 — '탈근대 전쟁(postmodern wars)'과 '하이브리드 전쟁(hybrid wars)' 같은 용어도 있다 — 그러나 새로운 전쟁이 가장 크고 오래 지속되는 명성을 획득했다. 새로운 전쟁의 가장 중요한 이론가인 칼더(Mary Kaldor)의 유명한 책, 『새로운 전쟁과 낡은 전쟁: 세계화 시대의 조직화된 폭력(*New and Old Wars: Organized Violence in a Global Era*)』은 1999년에 처음 출간되었다. 이어지는 논의는 이 책을 중심으로 진행된다 (비슷한 주장을 한 학자로는 뮌클러[Herfried Münkler, 2005]가 있다).

칼더의 주장은 새로운 전쟁과 낡은 전쟁(후자의 경우 클라우제비츠를 가장 중요한 이론가로 간주한다)을 구분하는 것으로 시작한다. 낡은 전쟁은 19세기와 20세기의 무력충돌로 대표되는 — 20세기의 두 차례의 세계대전과 같은 — "국가와 관련된 유형으로서 전투가 결정적 요인이 된다" (Kaldor, 2012: vi). 반면, 새로운 전쟁은 특히 냉전종식 이후에 만연한 유형으로 "국가와 비국가 행위자 네트워크가 관련되고 대부분의 폭력은 민간인을 대상으로 행해진다."

중요한 점은 칼더가 새로운 전쟁을 내전(civil war)과 혼동해서는 안 된다고 강조한다는 것이다. "새로운 전쟁은 고전적인 국가 간 전쟁 그리고 고전적인 내전 모두와 다르다." 새로운 전쟁은 지저분하고 복잡하다. 그리고 그것은 안팎의 구분을 모호하게 한다. 국가 내의 폭력은 내부와 외부에서 비롯된 행위자들에 의해 자행되고, 종종 국가 및 비국가 행위자들이 관련된 초국가적 연계가 존재한다. 이와 같이 국가 간 또는 국가 내 전쟁이라는 기존의 개념은 현대의 충돌을 설명하기에 적절하지 못하다.

이 모든 것을 감안할 때, 칼더가 오늘날 전쟁의 특징을 전통적 접근법(앞 장에서 논의한 자유주의, 현실주의, 마르크스주의와 같은)과는 매우 다른 방식으로 검토하였다는 것을 이해하는 것이 중요하다. 예를 들어, 칼더는 전사자 숫자(무력충돌에서 전사자가 최소 1,000명 이상 발생할 때 전쟁으로 인정되고 있다)로 전쟁을 정의하기 위해 통용되고 있는 방식을 거부한다. 그 중요한 이유는 새로운 전쟁에서는 사상자 숫자에 대한 충분히 정확한 데이터를 확보할 수 없기 때문이다. 주요 피해자인 민간인 사상자에 대한 추정은 믿을 수 없기로 악명이 높다. 마찬가지로 새로운 전쟁의 숫자가 증가하고 있는지 감소하고 있는지 논의하는 것도 불가능하다. 왜냐하면 새로운 전쟁은 기존에 정의된 국가 간 및 국가 내 전쟁과도 다르기 때문이다. 앞 장에서 제시된 그래프도 새로운 전쟁의 범주 내에서 발생하는 다양한 폭력의 형태를 정확하게 반영하지 못한다. 예를 들어, 새로운 전쟁 패러다임에 따르면 새로운 전쟁과 조직범죄 행동 사이에도 분명한 구분이 존재하지 않는다.

행위자

낡은 전쟁이 주로 국가의 군대에 의해 수행된 형태라면 새로운 전쟁은 국가 및 비국가 행위자 모두에 의해 수행되는 혼재된 형태이다. 여기에는 정규군만이 아니라 군벌들, 지하디스트(jihadist)들, 조직범죄단, 준군사조직, 용병 및 민간군사기업 등이 포함된다. 이런 변화의 중요한 이유는 오늘날 국가가 과거의 전통적 권위를 많이 상실했다는 점에서 기인한다. 특히 조직화된 폭력의 합법적 사용에 대한 독점의 상실도 여기에 포함된다.

목표

낡은 전쟁의 목표는 (전략적 중요성을 지닌 영토 획득 같은)지정학적 또는 (사회주의 전파 같은)이데올로기적인 것이었다. 반면 새로운 전쟁은 정체성 정치의 명분 때문에 발발한다. 칼더에게 정체성 정치는 특정 집단 — 인종적, 종교적, 또는 종족적 정체성 — 의 정체성에 기반을 둔 권력에 대한 주장을 의미한다. 어떤 의미에서 전쟁은 항상 정체성의 충돌로 이해될 수도 있지만 — 예를 들어, 다른 국가들 또는 다른 블록의 국가들 간(냉전 시기처럼) — 칼더는 과거에 그런 정체성은 국가 이익 개념이나 '미래지향적(forward-looking)' 프로젝트와 연계되어 있었다고 주장한다. 그러나 오늘날의 정체성 정치는 다른 논리를 가진다. 오늘날 정체성 정치의 목표는 광범위한 사회적 이익을 반영한 프로그램을 수행하기 위한 것이 아니라 특정 집단의 의제를 고취하기 위해 국가를 독점적으로 활용하려는 것이다. 정체성 정치의 발흥은 (종종 국가를 기반으로 하는)사회주의나 탈식민 민족주의와 같이 보다 포괄적 이데올로기 추구의 쇠락과 긴밀하게 연결된다. 아울러 정체성 정치를 중심으로 한 대중의 동원은 단지 전쟁의 원인이나 도구만이 아니라 새로운 전쟁의 중요한 목표 중 하나이고 이 점이 새로운 전쟁을 낡은 전쟁과 구분하게 한다.

방법

칼더에 따르면 낡은 전쟁에서의 승패는 전투가 결정하였고 그 전투의 양상은 군사적 수단을 통해 영토를 점령하는 것이었다. 새로운 전쟁에서는 전투가 많이 드물어지고 영토는 정치적 수단을 통해 점령된다 — 즉, 그 주민들을 통제함으로써. 예를 들어, 인구강제이주(population displacement,

다른 정체성의 사람들을 강제로 몰아내기)가 하나의 방법이다. 이는 종종 이웃 국가로의 난민 유입의 문제로 이어진다. 영토를 통제하기 위해서 폭력은 적군보다는 주로 민간인에 대해 사용된다. 여성과 아동들이 자주 현대 전쟁의 주된 대상들이 되고, 살해는 물론 성폭력과 고문을 포함한 끔찍한 인권침해의 희생자가 된다.

재원

낡은 전쟁의 재원은 주로 국가에 의해 조달되었고 (예를 들어, 세금이나 차용), 전시 경제는 대단히 중앙 집중화되었다. 새로운 전쟁의 경제는 보통 매우 분산적이고 그 수입이 폭력의 사용에 의존한다. 새로운 전쟁에서는 종종 약탈, 인질, 그리고 석유, 다이아몬드, 마약 또는 사람을 포함한 가치재의 밀매와 같은 '포식적인' 사적(공적이 아니라) 수단을 통해 재원이 조달된다.

새로운 전쟁의 특징 중의 하나는 그 지속성이다. 그런 전쟁은 수년간 지속되는 경우가 많다. 그리고 비록 갈등 강도가 약해지더라도 종종 다시 매우 빠르게 폭발된다. 이런 지속성의 이유는 새로운 전쟁의 참여자들이 '승리'보다 폭력 그 자체의 행사로부터 (정치적, 경제적) 이득을 취하기 때문이다. 따라서 전쟁과 평화를 완전히 분리된 상황으로 인식하는 것은 문제의 소지가 있다. 왜냐하면 그 둘이 종종 서로에게 번져 들어가고 폭력의 위협은 비록 부침이 있더라도 항상 존재하기 때문이다. 또 다른 중요한 특징은 "낡은 전쟁이 국가 건설과 연계되었다면, 새로운 전쟁은 그 반대라는 것이다. 새로운 전쟁은 국가의 해체에 기여하는 경향이 있다" (Kaldor, 2013: 3). 아래에서 논의되는 것처럼, 현대 전쟁은 종종 국가실패에 책임이 있다.

새로운 전쟁 개념을 더 잘 이해하기 위해서 현대의 특정한 분쟁을 검토하는 것이 유용할 수 있다. 칼더 자신도 보스니아-헤르체고비나, 이라크, 아프가니스탄에서의 전쟁을 사례연구로 자세히 검토하였다 (Kaldor, 2012: 32-70, 151-184). 다른 예를 들자면, 소말리아에서의 분쟁도 새로운 전쟁에 잘 맞는 사례라고 할 수 있다 (글상자 8.2 참조).

그런데 무엇이 낡은 전쟁에서 새로운 전쟁으로의 이행을 설명하는가? 부분적으로 그 변화는 냉전종식의 결과일 수 있다. 냉전종식의 중요성에 대한 통설은 양극 세계질서의 소멸이 초강대국 갈등에 의해 억제되어 왔던 오래된 정체성과 적대감이 재출현하게 하였다는 것이다. 따라서 이는 왜 아주 많은 새로운 전쟁이 인종적, 종교적 경쟁에 의해 주도되는지를 설명할 수 있다. 그럼에도 불구하고 소비에트 제국의 해체와 같은 요인의 중요성을 인정하면서도, 칼더는 새로운 전쟁의 도래를 설명함에 있어서 다른 현상의 중요성을 강조한다. 바로 세계화다 (Kaldor, 2012: 71-118). 다음에서 이를 다룬다.

세계화의 영향

세계화란 무엇인가? 세계화는 매우 논쟁적 개념이고, 다른 저술가들이 서로 매우 다른 인식을 제시한다. 어떤 사람들은 경제적 측면에 집중하고, 다

글상자 8.2 사례연구: 소말리아

지난 30년 동안 소말리아가 분쟁으로 고통을 겪어왔지만, 수년간 그 성격은 상당히 변화해 왔다. 새로운 전쟁이론의 관점에서 보면, 소말리아전쟁은 단순히 전통적 의미에서의 내전으로만 묘사될 수 없다.

1980년대 중반에 이르러, 바레 장군(General Siad Barre)의 권위주의 정권에 대한 반대가 정권의 전복을 위해 진지하게 조직화되기 시작했다. 반정부 연합군은 정부 및 군대와 내전으로 생각될 수 있는 싸움을 진행했다. 그러나 이 단계에서도 상황은 이 명칭이 제시하는 것보다 훨씬 복잡했다. 반대파는 굉장히 분열되어 있었고, 바레를 축출하려는 욕구를 넘어서는 통일적 파벌은 거의 없었고, 다양한 외부의 행위자들이 중요한 역할을 하였다. 예를 들어, 에티오피아는 일부 반란 그룹을 지원하였다. 반면, 소말리아는 냉전 시기 초강대국 경쟁에서 미국 추종국 중 하나였기 때문에 수년간 바레정부는 미국의 지원하에 반란군의 도전을 막아낼 수 있었다. 냉전이 종식되면서 미국의 지원이 철회되었고 이는 1991년 반란군이 정부를 몰락시킨 원인의 하나가 되었다. 왜냐하면 바레가 자신의 권력을 유지할 수 있었던 정실주의(patronage system)에 대한 비용을 지불할 능력을 상실했기 때문이다.

그러나 바레가 무너진 이후에 충돌은 전통적인 전쟁의 틀에 수용되기 극히 힘들게 되었다. 소말리아는 바레와 싸우기 위해 (가까스로) 통합되었던 반대파가 급속히 분열되는 혼란의 상태로 서서히 빠져들었다. 특히, 반대파는 씨족(clan)에 따라 분리되었는데, 각 씨족은 자신의 지위와 정체성을 격렬하게 보호하면서 자신의 이익을 극대화하기 위해 투쟁했다 — 이는 정체성 정치가 현대적 충돌의 핵심이라는 생각을 확인해준다. 국가는 해체되고 소말리아는 사실상 무법상태에 빠졌다 — 새로운 전쟁이론이 국가실패에 대해 주장하는 것처럼. 아울러 민간인이 가장 많이 희생 당했다. 가장 충돌이 심했던 1991년부터 1992년 사이에 '씨족 청소(clan cleansing)', 가뭄과 기근, 그리고 기본적 서비스가 붕괴되면서 약 25만 명의 사망자가 발생하였다. 무차별적인 폭행과 성적 학대를 포함한 인권침해 역시 만연하였다. 더구나 약 200만 명의 사람들이 난민이 되어 소말리아를 떠나도록 강요받았고, 많은 다른 사람들이 소말리아 내에서 유민이 되었다.

이 분쟁이 새로운 전쟁이론에 잘 맞는 특징 중에는 정체성을 규정하는 데에 있어서 종교의 중요성이 포함된다 — 특히 소말리아에서 이슬람 국가의 건설을 추진하는 이슬람 그룹이 존재한다. 이 또한 충돌의 지속성에 대한 이론의 주장과도 합치한다 — 소말리아의 전쟁은 수십 년간 지속되었고 훨씬 더 많은 일반 사람들이 죽거나 집을 떠나야 했다. 오늘날 정부가 다시 수립되었지만 싸움은 지속되고 있다.

른 이들은 정치적 차원을 강조한다. 또 다른 사람들은 사회적, 문화적 특징을 강조한다. 마찬가지로 세계화에 회의적인 사람들도 존재한다. 즉 그 실체를 부정하거나 세계화 이론가들이 주장하는 많은 변화가 완전히 새로운 시대를 보장할 만큼 충분히 혁명적이지 않다고 믿는 것이다. 당장은 비판적 관점에 대한 토론은 미뤄둔다. 왜냐하면 우선은 전쟁과 안보의 특징을 이해하는 데에 있어서 세계화 저술가들이 중요하다고 생각하는 것이 무엇인지를 이해하는 것이 중요하기 때문이다.

칼더는 세계화를 다음과 같이 정의한다. "세계적 상호연결성 — 정치적, 경제적, 군사적 및 문화적 — 의 강화, 그리고 정치적 권위의 변화하는 특질" (Kaldor, 2012: 4). 세계화에 대한 다른 많은 정의들처럼, 칼더의 정의에 있어서 핵심은 그것이 인간 행동의 모든 영역에 영향을 미치는 다차원적이고 다면적 현상이라는 사실에 대한 인식과 함께 증가하는 상호연결성에 대한 생각에 있다. 어쨌든 칼더의 정의가 비교적 보편적이고 모두를 아우르는 것이어서 논의를 위한 유용한 출발점이 될 수 있다.

또 다른 중요한 예비적 질문은 언제 세계화가 시작되었는가 하는 것이다. 이에 대해서는 많은 답변이 제시되어 왔다 (O'Rourke and Williamson, 2002 참조). 어떤 이들은 그 기원을 수 세기, 심지어는 천 년 전까지 거슬러 올라가는 것으로 보고, 다른 이들은 그 기원을 18세기에 시작된 산업혁명과 연결하기도 한다. 또 다른 이들은 19세기와 20세기의 여러 시점을 꼽기도 한다. 칼더는 비교적 최근의 시기에 집중하기를 원했다. 칼더는 비록 세계화가 생각보다 이전의 뿌리를 가질 수는 있지만, 질적으로 새로운 현상으로 등장한 것은 1980년대와 1990년대에 이르러서였다고 주장한다. 칼더에게 있어서 이 시점과 관련하여 중요한 것은 그것이 냉전의 종식 시점보다 앞선다는 점이다. 그렇기 때문에 새로운 전쟁이 단순히 냉전종식의 결과라고 설명될 수 없는 것이다. 현대 전쟁의 변화하는 특질을 설명하는 과정은 냉전이 해소되기 이전(*before*)에 시작되었다.

어쨌든, 칼더는 세계화가 다양한 방식으로 전쟁의 특질을 변모시키는 데에 영향을 미쳤다고 판단한다는 점에서 다른 학자들과 공통점이 있다. 다른 많은 분석가들도 새로운 전쟁 명제를 수용하는지의 여부와 상관없이 마찬가지 얘기를 한 바 있다 (예를 들어, Duyvesteyn and Angstrom, 2004; Jung, 2002; Münkler, 2005; Shankar Jha, 2006). 그 중 중요한 논쟁은 이 책의 다른 부분 — 예를 들면, 테러리즘을 용이하게 하는 세계화의 영향은 11장 — 에서 논의한다. 여기에서는 특히 전쟁과 관련하여 세계화 비판가들이 제시한 네 가지 주요 주장을 검토한다.

그것은 국가의 권력과 권위를 침식한다

이 책의 앞에서 논의한 것처럼, 현실주의자들은 국가를 국제안보의 기본 행위자로 간주한다. 그러나 세계화에 대해 저술하는 사람들은 종종 국가의 권력과 권위가 약화되어 왔다고 주장한다. 이 논쟁의 한 쪽 극단에는 오마에(Kenichi Ohmae, 2008)와 같은 '초세계화론자(hyperglobalist)'들이 있는데, 이들은 강력한 세계의 경제적 요인의 작용 때문에 그 권력과 권위 기반이 잠식되어 국가는 소멸 직전에 있다고 주장한다. 이는 우리가 곧 완전히 국경 없는 세상에 살게 될 것임을 의미한다. 만약 이것이 사실이라면, 현실주의만이 아니라 전쟁 및 국제관계에 대한 대부분의 전통적 이론들은 쓸모없게 된다.

이만큼 주장하는 이들이 많지는 않으나, 많은 이들이 초국적 기업의 권력이나 국제기구의 영향력과 같은 정치적 권력에 의해 국가 주권이 위협받고 있다고 주장한다. 전쟁과 관련하여 국가 권위 상실의 함의는 마찬가지로 '새로운 전쟁이론가인' 뮌클러에 의해 다음과 같이 제시되었다. "내전의 지배적 원인은 … 국가의 통치능력 침식이다"(Münkler, 2005: 109). 과거에는 국가가 자국 영토 내의 질서를 유지할 수 있었다면, 세계화의 결과로 그러한 능력이 심각하게 쇠락하였다.

이는 여러 함의를 가진다. 국가 권위가 상실되는 추세 속에서 일어난 다수의 비국가 행위자들 사이의 경쟁과 투쟁은 국가가 통제할 수 없는 충돌을 유발한다. 바로 이 점이 전쟁의 특질을 변화시키는 것이다 — 예를 들어, 일반적으로 국가에 의한 전쟁은 일련의 법과 '전쟁 규칙(rules of war)'에 의해 규율되지만, 비국가 행위자 중심의 전쟁은 보통 그렇지 않다. 아울러 국가의 약화는 민간인이 왜 새로운 전쟁에서 그렇게 피해를 많이 입는지를 설명해준다 — 20장에서 우리는 국가가 자국 시민을 보호할 책임이 있다는 주장을 검토할 것이다. 그러나 만약 국가가 그러기에는 너무 약하다면, 누가 혹은 무엇이 인권침해를 방지할 수 있을 것인가?

세계화의 다른 모든 측면과 마찬가지로 국가 권위의 상실 정도가 동일하지는 않다. 따라서 어떤 국가들 — 특히 선진 국가들 — 은 높은 수준의 권력과 권위를 여전히 보유한다. 다른 국가들, 특히 개발도상국들은 전체적으로 어떤 의미 있는 방식으로 기능하는 국가가 아닐 정도로 약화되었을 수도 있다 — 이에 대해서는 실패국가에 대한 아래의 논의에서 보다 자세히 다룬다.

그것은 인종적, 민족적 및 종교적 갈등을 조장한다

세계화와 전쟁의 관계에 대해 가장 보편적으로 제기되는 주장 중의 하나는 세계화가 인종적, 민족적 및 종교적 갈등을 악화시키는 데에 기여하고, 따라서 그런 점에 집중된 충돌을 불러 일으킨다는 것이다. 여기에는 구 유고슬라비아, 르완다, 수단 및 그루지야 등지에서 발생한 사례들이 포함된다. 이들 지역에서는 서로 다른 인종, 민족, 종교 집단들이 해당 국가의 권력을 차지하기 위해 싸우거나 새로운 국가를 건설하기 위해 독립할 권리를 주장하였다.

어떤 점에서는 세계화가 그런 유형의 충돌에 책임이 있다는 주장은 의외로 보일 수 있다. 왜냐하면 증가하는 상호연결성이 사회 간 그리고 사회 내부 사람들 사이에 더욱 강한 유대감을 만들어 내고, 인종적 동질감, 민족주의 및 종교적 유대감을 약화시킬 것이라고 여겨지기 때문이다. 그러나 비판가들의 주장에 따르면 반작용 역시 세계화 역동성의 한 축을 형성한다. 즉 세계화의 현대화 및 보편화 프로젝트로부터 배제되거나 소외되는, 혹은 위협받는 사람들은 전통과 과거에 뿌리를 둔 정체성에서 안보를 추구하는 방식으로 대응한다는 것이다. 어떤 이들은 이런 종류의 인종적, 민족적, 종교적 정체성을 퇴행적이고, 향수와 신화에 근간하고 있는 것으로 간주하지만, 그렇더라도 이런 정체성에 의존하는 것은 매우 현대적인 측면에서 이해할 수 있다.

다른 말로 하자면, 세계화는 칼더가 낡은 전쟁으로부터의 전환에 있어서 핵심적 요인이라고 지적했던 바로 그 정체성 정치를 활성화하는 책임이 있을 수 있다. 아울러 세계화는 단순히 사람들에게 원치 않는 상호연결을 강요하는 것만이 아니라 더 구체적인 것도 한다고 주장된다. 어떤 이는 세계화는 사실상 서구화(Westernisation) 또는 보다 구체적으로 미국화(Americanisation)를 의미한다고 주장하기도 한다. 결국 세계화는 단지 문화 및 사회 간의 차이를 없애는 것만이 아니라 특정한 믿음과 제도를 확산시키는 것으로 이해할 수 있다 — 정치적으로 이는 자유민주주의, 경제적으로는 자유-시장자본주의, 문화적으로는 할리우드 영화 같은 오락과 코카콜라와 나이키 같은 소비자 브랜드의 형태를 의미한다. 바로 이런 측면에 대해 비서구 사회 사람들이 가장 강하게 대응할 수 있다. 서구적 가치의 세계적 보급은 특히 '근본주의(fundamentalist)' 종교적 정체성의 확산 — 예를 들어, 급진 이슬람주의(radical Islamist) 운동 등에 책임이 있을 수 있다 (12장 참조).

그 경제적 효과는 갈등을 촉발시킨다

가장 두드러진 주장 중의 하나는 세계화가 불평등을 강화하고 증가시킨다는 것이다. 스티글리츠(Joseph Stiglitz)가 간결하게 지적한 것처럼, 세계화의 순수효과(net effect)는 "부자는 더 부자가 되고 가난한 자는 가진 것을 유지하지도 못하게 되는 것이다" (Stiglitz, 2006: 8). 아울러 불평등은 특히 국가 내에서 충돌의 주요 원인으로 자주 언급된다 — 물론 불평등과 폭력적 충돌의 관계는 보다 복잡한 것일 수 있다 (Cramer, 2003). 이는 세계화가 충돌을 조장한다고 다시 비난받을 소지가 있음을 의미한다. 왜냐하면 경쟁하는 행위자들이 자원의 통제와 자신들의 경제적 로트(lots, 주로 경영학에서 한 번에 생산되거나 주문되는 제품의 양을 의미 – 역자 주)를 제고하기 위해 투쟁하기 때문이다.

세계화와 불평등이 관련된 증거는 무엇인가? 여러 연구들이 전체적으로 세계화는 세계적 부의 성장에 기여했다는 점을 보여준다. 그러나 이러한 세계화의 혜택은 균등하게 분배되지 않았다. 예를 들어, 2014년에 발간된 유엔개발프로그램(UNDP) 보고서는 세계화 시대로 명명된 시기(1980년대 중반 이후)에 세계적 불평등이 증가했다는 결론을 내렸다 (UNDP, 2014: 65). 여기에는 국가 간 GDP 격차(특히 선진국과 개발도상국 간)와 국가 내 소득 격차가 포함된다. 116개 국가를 표본으로 했을 때, 1990년대 초부터 2000년대 말 사이의 가계소득 불평등은 고소득 국가에서는 9%, 그리고 저소득 및 중간 소득 국가에서는 11% 상승하였다 (UNDP, 2014: 64). 그 이유에 대해서는 다음과 같은 여러 요인이 제시되었다. 기술적 변화가 숙련된 고학력 기술자에 대한 수요를 증가시키고 비숙련 저학력 노동자에 대한 수요를 감소시켰을 수도 있고, 경제적 자유화와 규제완화가 임금과 고용에 미친 영향 및 노동조직 단체들의 협상력 약화 등도 들 수 있다.

경제적 세계화에 대해 비판하는 이들이 불평등의 요인으로 지목하는 또 다른 것은 금융제도나 주요 국제기구가 개발도상 지역 국가들을 대상으로 강요하고 있는 경제적 자유화와 글로벌 자본주의에 대한 개방이다. 이것은 재앙적 결과를 가져올 수 있다. 왜냐하면 개발도상국 경제는

> 국제통화기금(IMF: International Monetary Fund)과 세계은행(World Bank)의 지침에 따라 글로벌 시장에 맞추어 구조조정을 하라는 극단적인 조치를 따라야 하는 상황이고 … 전면적인 규제완화에 착수하면서 그들은 다시 그들을 저개발이라는 탁한 물에 가라앉히는 예측 불가능하고 통제할 수 없는 금융위기에 의해 주기적으로 흔들리게 된다.
>
> (Gélinas, 2003: 22)

따라서 이것은 폭력적 충돌의 가능성을 너무 높게 하는 허약하고 불안정한 환경을 조성한다.

새로운 전쟁 명제의 관점에서 보자면, 칼더는 국가가 권위를 잃고 해체되기 시작하면서 세계화가 앞에서 논의한 것처럼 고도로 분산적인 '세계화된 전쟁 경제(globalised war economy)'를 창출한다고 주장한다. 칼더는 새로운 전쟁이 "세계화의 극단적 형태로 대표될 수 있는 맥락에서 발생한다"고 주장한다 (Kaldor, 2012: 107). 칼더가 제시하는 그림은 너무나 암울하다. 새로운 전쟁이 발생하는 사회 내에서, 국내의 경제적 생산은 거의 붕괴되고(경제적 자유화, 글로벌 경쟁 및 무력충돌 때문에), 실업률은 최고조에 이르고 인플레이션은 걷잡을 수 없게 된다. 이런 경제는 소수의 가치 있는 상품(석유나 다이아몬드와 같은)이나 외부 자원에 대한 의존도를 극도로 높이게 된다. 최악의 경우에는 통화가 붕괴되고 상품을 화폐로 사용하는 물물교환으로 대체되거나 심지어는 (달러와 같은) 외국 통화에 의해 대체된다. 그런 맥락에서 충돌이 확산되는 것은 놀라운 일이 전혀 아니다.

그것은 갈등에 매우 다양한 유형의 행위자들의 개입을 용이하게 한다

게릴라 전사, 반란군 및 테러리스트 등의 비국가 행위자가 충돌에 있어서 핵심적인 역할을 한다는 것에 대해서는 새로운 전쟁 명제를 소개할 때 이미 다루어졌다. 그렇다면 세계화는 어떻게 여기에 기여하는 것인가?

그 설명의 많은 부분이 국가의 약화와 연결된다. 이는 다른 행위자들 — 군벌과 범죄 조직을 포함한 — 이 메꾸려 시도하는 권력의 공백을 발생시킨다. 마찬가지로 세계화는 국경의 약화 즉 국가가 관리하기 힘든 상황을 의미한다. 바로 이 점이 새로운 전쟁에서 국내와 국제의 구분이 왜 약화될 수밖에 없는지, 그리고 영토 밖의 국가 및 비국가 행위자들이 국경을 넘어 분쟁 지역으로 왜 쉽게 진입할 수 있는지를 설명해준다.

그러나 세계화는 또 다른 심각한 결과를 만들었다. 세계화와 연계된 경제적 자유화와 규제완화의 과정, 그리고 세금과 정부 재정을 축소하라고 국가에 가해지는 압력이 결국 폭력과 전쟁의 '민영화(privatisation)'로 이어지는 것이었다 (Kaldor, 2012: 96; Munkler, 2005: 16). 여기에서 가장 중요한 것은 현대적 충돌에 있어서 '용병(mercenaries)' 및 민간군사보안기업 활동의 증가가 관찰된다는 것이다 — 그들 대부분은 국가에 의해 고용되지만 비국가 행위자이다. 그들은 종종 문제가 있다고 여겨지는데 — 예를 들면, 그들이 정규 군대에 비해 상당히 적은 감독과 규제를 받기 때문이다 — 여기에 대해서는 14장에서 자세히 다룬다.

세계화는 전 세계에서 분쟁에 참여하는 개인들

을 위한 지원 네트워크를 창출함으로써 개인들 간의 거리도 축소시킨다. 예를 들어, 칼더는 비록 분쟁 지역에서 멀리 떨어진 곳에서 생활하지만 재정적, 정치적 지원을 제공하는 디아스포라(diaspora, 세계 각지에 산재하면서도 정체성을 상실하지 않고 세대를 이어온 공동체를 의미 – 역자 주) 그룹의 역할을 강조한다 (Kaldor, 2012: 88-89, 109). 이것이 완전히 새로운 현상은 아니지만, 그 규모는 정보통신기술의 현대적 방식 덕분에 훨씬 확대되었다. 예를 들어, 자이르와 우간다의 투치(Tutsi) 사람들, 독일과 스위스의 코소보계 알바니아 사람들 그리고 중동 지역의 수단과 팔레스타인 노동자들 모두 다른 지역에서 싸우고 있는 자신들의 사람들이라고 믿는 이들에게 물질적, 이데올로기적 지원을 아끼지 않았다.

마지막으로 세계화가 분쟁 당사자들만이 아니라 언론인, 평화운동가 및 인도주의 비정부기구(NGO)를 포함한 훨씬 다양한 비국가 행위자들이 교전 지역에 개입하도록 한다는 점을 유의해야 한다.

위에서 논의한 세계화의 다양한 측면들이 현대의 전쟁에서 확인된다. 글상자 8.3은 시에라리온의 사례를 통해 여기에 대해 추가로 설명한다.

'실패'국가의 문제

칼더는 새로운 전쟁이 국가가 극도로 약하거나 완전히 붕괴된 지역에 집중된다고 주장한다 (Kaldor, 2012: 95-96). 그러나 바로 여기에 용어상 어려움이 아주 많다. 국가의 권위와 정당성이 중대한 도전을 받는 '실패하는(failing)' 상황을 묘사하기 위해 혼란스러울 정도로 많은 용어들이 사용되고 있다. 여기에는 '약한 국가(weak states)', '취약국가(fragile state)', '준국가(quasi states)', '그림자국가(shadow state)', '위기국가(crisis states)', '실패하는 국가(failing state)', '실패국가(failed state)', 그리고 '붕괴국가(collapsed state)'가 포함된다. 이들 많은 용어의 의미, 그들 사이의 차이점, 그리고 용어 간 대체성에 대해 공유된 합의가 존재하지 않는다. 가끔은 이 용어들이 하나의 스펙트럼을 지칭하기 위해 사용되기도 한다 — 예를 들면, 약한 또는 취약국가는 큰 어려움에 직면하고 있지만 여전히 전체적으로는 기능하는 국가인 반면, 실패 또는 붕괴국가는 완전히 와해된 국가이다. 그러나 하나의 용어가 모든 사례를 포괄하도록 사용되기도 하는데, '실패국가'가 이런 경우에 주로 사용된다.

이런 어려움들은 국가실패를 측정하기 위해 가장 많이 인용되는 자료 중의 하나로 여겨지는 평화기금(Fund for Peace)의 연례보고서를 통해 볼 수 있다. 워싱턴 소재 비영리기구가 작성한 그 보고서는 전 세계 국가들의 실패지수를 포함하고 있다. 최초 9년(2005년에 시작)간 보고서는 실패국가지수(Failed States Index)로 명명되었다. 그러나 2014년에 그 이름이 취약국가지수(FSI: Fragile States Index)로 변경되었다. 이 사례를 보면 어떤 용어가 가장 적합한지에 대해 확립된 합의가 없다는 것을 알 수가 있다.

그럼에도 불구하고, FSI는 '실패하는' 국가를 검토하기 위한 좋은 출발점이다. 평화기금의 정의는 다음과 같다.

글상자 8.3 사례연구: 시에라리온

시에라리온 내전은 1991년부터 2002년까지 11년 동안 지속되었다. 전쟁은 혁명연합전선(RUF: Revolutionary United Front) 반군 전사들이 모모(Joseph Momoh) 대통령 정부를 전복시키기 위한 공세를 펼침으로써 시작되었다. 전쟁 종결 시까지 7만 5,000명 이상이 살해되었고 더 많은 사람들이 잔악한 인권침해의 피해자가 되었다. 아울러 수백만 명이 국내외적으로 난민으로 유랑하게 되었다. 이 분쟁에 있어서 세계화의 힘은 어떻게 작동하였는가? 이에 대해서는 네 가지를 지적할 수 있다.

첫째, 전쟁의 기원은 1980년대에 그 나라를 강타한 심각한 경제위기로 거슬러 올라갈 수 있다. 1980년대 말에 이르러서는 경제가 근본적으로 붕괴되어 시에라리온은 극빈의 상태에 처하게 되었다 — 더구나 정부는 공무원들의 급여도 지급할 수 없었는데 이는 필수적인 공공 서비스가 더 이상 제공되지 않았다는 것을 의미한다. 일각의 주장에 따르면 시에라리온정부가 IMF와 세계은행에 의지하려 했을 때, 시에라리온의 위기를 해결하기 위한 그들의 처방은 상황을 더욱 악화시켰다. 왜냐하면 그들은 가혹한 긴축 조치를 요구했는데, 이는 결국 사회복지 지출을 한층 더 줄이도록 하였기 때문이다. 다시 말해서, 외부에서 강제된 경제적 자유화가 시에라리온이 전쟁으로 가도록 하는 사회불안을 악화시키는 데에 기여했던 것이다.

둘째, 심각한 경제 상황과 분쟁의 발발로 국가 자체가 붕괴되었다 — 그리고 전쟁이 확산되면서 약탈, 강도 및 외부 행위자(예를 들면, 라이베리아로부터)의 유입을 방지할 수가 없었다.

셋째, 분쟁의 주요 재원은 시에라리온의 가장 가치 있는 자원인 다이아몬드 생산이었다. 양측은 공히 다이아몬드 광산을 통제하기 위해 싸웠다. 그러나 전쟁을 부채질하고 지속시킨 소위 피의 다이아몬드(blood diamond) — 무력충돌 비용을 충당하기 위해 채굴된 다이아몬드 — 의 밀매는 그 상품에 대한 세계시장이 존재했기 때문에 가능했다.

넷째, 시에라리온 내전은 전쟁의 민영화 현상을 보여준다. 민간군사기업 — 일부는 용병으로 지칭할 수도 있다 — 인 이그제큐티브 아웃컴즈(EO: Executive Outcomes)과 샌드라인 인터내셔널(SI: Sandline International) 둘 다 군사적 서비스를 제공하는 계약을 맺었다 (그러나 이는 논란의 여지가 있었다 — 자세한 내용은 14장 참조).

실패하고 있는 국가는 여러 특징을 보여준다. 그 중 가장 보편적인 것은 영토에 대한 물리적 통제력 또는 합법적 폭력 사용의 독점력 상실이다. 다른 특징들의 예로는 집합적 의사결정을 하는 정당한 권위의 침식, 합리적 공공 서비스 제공 능력의 부재, 국제공동체의 완전한 일원으로서 다른 국가들과 교류할 수 있는 능력의 부재를 들 수 있다.

(http://ffp.statesindex.org/faq#5)

본질적으로 이 정의는 기대되는 핵심적 기능을 국가가 수행하지 못하는 상황을 강조하는 것이다. 이것을 이해하기 위한 최선의 방법은 다음과 같은 질문을 하는 것이다. 국가란 무엇인가? 1918년에

행한 강의에서 독일의 사회학자이자 철학자인 베버(Max Weber)가 다음과 같이 가장 널리 알려지고 영향력 있는 정의를 제시하였다. 국가는 "주어진 영토 내에서 합법적 폭력의 행사에 대한 독점을 (성공적으로)주장하는 공동체이다" (Weber, 1991: 78). 여기에서 FSI 정의와의 유사점과 차이점은 분명하다. 실패하는 국가는 합법적 폭력 사용에 대한 독점권 — 특히 적대적 비국가 행위자에 대한 — 을 잃은(*lost*) 것이다. 그리고 그들은 자신들이 존재하는 영토에 대해서도 통제력이 없다(*not*). '새로운 전쟁이론가'들은 아마 여기에 동의할 것이다 — 예를 들어, 뮌클러는 "국가 정당성의 약화 … 그리고 폭력의 독점에 대한 직접적 도전"이라는 비슷한 용어를 사용한다 (Münkler, 2005: 109).

물론 오늘날에는 베버 당시보다 훨씬 많은 기대가 국가에 투영되고 있고, 따라서 FSI 정의에는 공공 서비스 제공의 책임 및 국제공동체 내의 다른 국가들과의 교류 등 다른 요소들이 포함된다. 어쨌든 FSI가 구성되는 방식 및 계산법이 글상자 8.4에서 소개된다. 사용된 지표들은 국가실패를 연구하는 많은 이들이 중요하다고 식별한 요인(예를 들면, Rotberg, 2004 참조)들의 유형을 잘 정리하고 있다. 여기에는 대규모 유민, 경제적 불평등 및 침체, 인권침해, 그리고 외부 행위자의 개입 등이 포함된다.

2014년에 FSI에 의해 177개 국가의 순위가 매겨졌는데, 상위 10개 국가는 다음과 같았다.

1. 남수단
2. 소말리아
3. 중앙아프리카공화국
4. 콩고민주공화국
5. 수단
6. 차드
7. 아프가니스탄
8. 예멘
9. 아이티
10. 파키스탄

(Fund for Peace, 2014)

분명히, 아프리카국가들이 지수의 상위를 불균형적으로 많이 차지하고 — 가장 '취약한' 여섯 나라가 모두 아프리카국가이다 — 이는 처음 FSI가 만들어질 때부터 마찬가지였다. 열 개 나라 중 다수는 최근에 전쟁으로 분열되었다 (일부에서는 여전히 분쟁이 진행 중이다). 이는 국가실패와 전쟁 사이의 긴밀한 연계를 의미한다 — 이 두 현상이 상호 보완적이기 때문에 사상자는 양 쪽에서 발생한다.

그렇지만, 국가실패의 근본 원인은 무엇인가? 세계화의 역할은 이미 논의하였는데, 그것은 국가의 약화, 불평등의 촉진 및 세계화 과정에 대한 반작용으로서 정체성 정치의 발흥 촉진 등이었다. 앞서 논의한 것처럼 경제적 자유화와 규제완화가 특히 개발도상국가들에 부정적 영향을 미쳤을 수 있는데 그러한 영향들은 개발도상국가들이 왜 국가실패에 취약한지를 설명하는 데 유용할 수 있다.

그러나 여전히 많은 역사적 요인들을 고려해야 하는데, 그 중에 두 가지를 소개한다. 첫째, 많은 개발도상국가들을 계속해서 엉망으로 만드는 식민주의의 많은 유산들이 존재한다. 여기에는 식민주의 국가들에 의해 만들어진 국경이 본질적으로 인위적이라는 사실이 포함되는데 — 종종 단순

글상자 8.4 국가 취약도의 측정

취약국가지수(FSI)는 한 국가가 실패할 취약성을 정량화하기 위한 측정가를 제공하려 한다. 방대한 양의 데이터(신문, 연설, 정부 및 비정부 보고서 등 포함) 분석을 토대로, 각 국가는 아래와 같은 12개 지표를 통해 평가된다. 각 지표에 대해서는 1부터 10까지 점수가 부여되는데, 1이 가장 안정적임을 의미하고, 10은 가장 불안정적임을 의미한다. 이들 점수가 합산되면 각 국가에 대해 총 120의 점수가 부여될 수 있다. 국가들은 등급 순으로 배열되는데, 가장 높은 점수의 국가가 국가실패에 가장 근접하게 된다. 그 지표들은 다음과 같다.

사회지수

1. 인구통계학적 압력의 증가
2. 난민 또는 국내적 유민의 대규모 이동
3. 복수 지향적 집단 불만 또는 집단 피해의식의 유산
4. 만성적이고 지속적인 인간 탈출

경제지수

5. 집단간 불균등한 경제발전
6. 급격하고 심각한 경기침체

정치 및 군사지수

7. 국가의 불법화 또는 비합법화
8. 공공 서비스의 점진적 악화
9. 법치의 중단 또는 자의적 적용 및 광범위한 인권 남용
10. 안보기구가 '국가 내 국가'로 기능
11. 파벌화된 엘리트의 등장
12. 다른 국가 또는 외부 정치적 행위자의 개입

출처: http://ffp.statesindex.org/faq-04-indicators

히 지도에 직선을 그린 것이다 — 이 국경들은 스스로를 하나로 생각하는 사람들을 분리하고 식민역사 이전에는 관련성이 없던 다른 사람들을 같은 국가에서 함께 살도록 하였다. 더구나 민족국가라는 관념 자체는 생경한 것이다. 따라서 다른 유형의 집단적 연대 — 예를 들면, 씨족 또는 종족 — 을 가장 강한 유대로 여겨온 사람들에게는 이것이 서구적 강요라고 주장될 수 있다. 이런 이유 때문에 아프리카에 있는 국가들이 큰 약점과 불안정성을 보이는 것은 놀라운 일이 아니다.

둘째, 냉전의 유산도 존재한다. 이 시기에 두 초강대국은 전 세계에 다수의 의존국가들을 만들었고, 냉전 기간 동안 충성의 대가로 그들에게 경제적, 정치적 및 군사적 지원을 제공하였다. 이것은 부패를 조장하였고, 다수의 억압적이고 권위주의적 정권에 대한 지원을 의미하였다. 그러나 대다수 이런 조치들의 불미스런 성격에도 불구하고 냉전종식과 더불어 그런 지원이 중단되면서 다른 문제들이 발생하였다. 왜냐하면 소련은 더 이상 지원이 불가능했고, 미국은 더 이상 그렇게 많은 국가들을 지원할 필요가 없었기 때문이다. 소말리아 사례(글상자 8.2)에서 보듯이, 초강대국의 지원 중단은 많은 국가들이 실패와 분쟁의 나락으로 추락하도록 하는 데 중요한 역할을 했다.

국가실패는 많은 함의를 가지고 있고, 그 대부분은 이미 언급되었다. 유감스럽게도 그것은 보통

거기에 사는 사람들의 고통이 얼마나 큰지를 가늠하게 해준다. 제대로 기능하는 국가가 없으면 사람들은 경찰, 보건, 교육, 노약자 및 실업자를 위한 혜택 등 현대 국가가 제공하는 모든 서비스에 대한 접근이 제한된다. 다시 말하자면 그것은 전통적 의미에서의 안보를 제공하는 것에서만 실패하는 것이 아니라 인간안보의 요구들을 충족시키는 데에서도 실패함을 의미한다. 국가의 부재 속에서 사람들은 대안적인 제공자를 물색하도록 강요받는다 — 이는 서비스의 제공이 군벌, 범죄조직, 다른 국가나 인도주의 비정부기구들에 의해서 이뤄진다는 의미이다. 그러나 그들의 동기나 그들이 폭력을 사용하는지의 여부와 상관없이, 이들 모두는 제대로 기능하는 국가만큼의 정당성이나 책임성을 갖지는 않는다.

그러나 마지막으로 지적할 함의는 실패국가가 국제안보에 미치는 영향도 존재한다는 점이다. 가장 주목할 만한 것은 실패국가가 국제 테러리스트들의 온상이라는 점이다. 예를 들어, 실패국가는 2001년에 테러와의 전쟁을 시작한 이후 미국정부 내에서 중요한 정책 논쟁의 주제가 되었다. 2003년의 『대테러리즘 국가전략 보고서(*National Strategy for Countering Terrorism*)』가 주장하듯이, 약하고 실패한 국가는 "국제 불안정의 근원이다. 종종 그 국가들은 테러리즘의 은신처가 된다" (Executive Office of the President United States, 2003: 23). 이런 견해는 이후 실패국가 또는 실패하는 국가에 대한 미국의 개입을 정당화하는 데 활용되었다. 그 근거는, 조지 W. 부시 대통령이 주장한 것처럼, 미국은 '반드시 적이 있는 곳에서 싸워야 하기(must take the battle to the enemy)' 때문이다 (Executive Office of the President United States, 2003: 11).

비판적 관점들

여태까지 논의한 많은 주장들이 영향력을 갖고 있기는 하지만 — 그리고 그 개념들 중 일부는 폭넓은 정책 논쟁에 반영되어 왔다는 사실 때문에 — 그들 역시 비판의 대상이 되어 왔다. 아래에서는 그 비판들 중 일부를 다룬다.

새로운 전쟁 명제

새로운 전쟁 명제에 대한 비판 중 현대 전쟁에 있어서 진정으로 새로운 것이 없다는 점이다. 예를 들어, 허스트(Paul Hirst)는 "칼더의 새로운 전쟁의 대부분은 식민시기, 또는 제1차 세계대전 이후 평화 조약들, 또는 냉전으로부터 비롯된 오래된 문제들과 관련된다"고 주장하였다 (Hirst, 2001: 83). 만약 칼더가 검토했던 사례들 — 보스니아, 이라크 및 아프가니스탄을 포함하여 — 을 고려해본다면, 이들 모두가 실제로 허스트가 언급했던 시기(어떤 경우에는 훨씬 이전 시기)로 거슬러 올라가는 뿌리를 가지고 있다.

아울러 새로운 전쟁을 규정하는 것으로 여겨지는 특징들 중 완전히 새로운 것은 없을 수도 있다. 칼더의 생각 가운데 문제의 소지가 될 수 있는 것은 낡은 전쟁에 대한 묘사에 있다 — 즉 낡은 전쟁은 국가의 정규군에 의해 수행되는 전투만을 동반한다는 생각이다. 대체로 이것은 19세기와 20세기의 어떤 전쟁에 대해서는 타당한 설명이 될 수 있지만, 많은 전쟁이 이와는 달랐다는 사실을 무시한다고 비판받을 수도 있다. 예를 들면, 게릴라 및 반란전쟁은 수많은 식민 시대 및 이후의 투쟁에서 드러나듯 전혀 새로운 것이 아니다. 마찬가지로 테러리스트, 군벌 및 용병과 같은 비국가 행위자들도 과거에 이와 같은 전쟁이나 다른 형태의 전쟁에 모두 참여한 바 있었다. 전쟁 동안에 대량의 유민이 발생하는 것도 새로운 것이 아니다 — 예를 들어, 제2차 세계대전 동안에는 수백만 명의 유민이 발생하였다. 마지막으로, 정체성 정치(공격적인 인종적, 민족적 및 종교적 운동) 역시 존재하지 않았던 것이 아니다. 어떤 곳 — 소련의 통제하에 있었던 국가 — 에서 이런 정체성이 냉전 동안에는 억압되었을지 모르지만, 그럼에도 불구하고 존재하였다. 그리고 그 이전 수 세기 동안 많은 분쟁에서 핵심적 역할을 하였다.

또 다른 비판은 새로운 전쟁과 관련하여 제시된 경험적 증거에 대해 의문시한다. 그 중 가장 중요한 것은 낡은 전쟁의 주요 희생자가 제복을 입은 군인들이었던 것에 반해 오늘날에는 다수가 민간인이라는 주장이다. 로버츠(Adam Roberts)가 발견한 것처럼, 그러한 주장은 정책논의를 하는 현대의 연구자들 간에 공유된 통념이다 — 어떤 이들은 탈냉전 시기 분쟁 사상자의 90% 정도가 민간인이라고 주장한다. 그러나 그런 주장의 증거 기반은 확실히 약하다. 특히 전쟁에서 민간인 사망자에 대한 정확한 데이터를 확보하는 것이 얼마나 어려운 일인지를 고려한다면 더욱 그렇다. 더구나 이런 주장은 과거의 전쟁에 대해 왜곡하는 의미도 있다 — 과거의 많은 분쟁에서도 대량의 민간인 살해가 있었다 (제2차 세계대전이 그 하나의 예).

『새로운 전쟁과 낡은 전쟁』의 제3판 후기 (Kaldor, 2012: 202-221)에서 칼더는 몇 가지 비판에 대해 답변을 시도하였다. 새로운 전쟁 명제에 대한 비판과 이에 대한 방어 논리를 둘 다 검토하기 위해서는 이 부분을 읽어볼 필요가 있다.

세계화

어떤 학자들은 세계화에 대해 무조건 회의적이라는 점을 이미 확인하였다 — 따라서 현재의 세계화가 새롭다는 점에서도 도전이 존재한다. 일련의 세계화 회의론자들이 주장하듯이 “세계화된 경제를 향한 강한 경향성은 존재하지 않는다” (Hirst, Thompson and Bromley, 2009: 186). 이런 관점에서는 세계화가 국가를 약화시키거나 전쟁 가능성에 영향을 미치지 않는다. 왜냐하면 세계화는 실제 현상이 아니기 때문이다.

그러나 세계화는 실재하는 현상이며 그것이 전쟁과 평화에 긍정적인 함의를 갖는다고 믿는 낙관적인 사람들도 있다. 7장은 자유주의 평화 명제, 즉 자유주의 국가들은 서로 간에 전쟁을 시작할 가능성이 훨씬 적다라는 주장을 검토하였다 — 즉 세계평화를 보장하는 길은 세계에 자유주의를 확산시키는 것이다. 그러나 이 주장의 지지자들 다수가 정치적 차원에 집중하는 반면 — 주로 평화를 조성하는 민주주의의 가치 — 대안적 접근법은 경제적 측면을 강조하는 것이다 (물론 그 두 가지가 상호보완적일 수 있다). 자유주의 경제를 이런 관점에서 관찰한 학자가 가츠키(Erik Gartzke)이다. 그는 평화를 고취하는 것은 바로 자본주의이고 경제적 세계화가 전쟁의 가능성을 축소시킨다고 하는 '자본주의 평화(capitalist peace)' 명제를 제시한다 (Gartzke, 2006, 2007).

이 주장은 분명히 국가 간 분쟁과 관련해서만 함의를 가진다. 그러나 다른 유형의 충돌과 관련있는 두 번째 논쟁은 세계화가 경제적 번영을 촉진한다는 주장을 중심으로 형성된다. 중요한 점은 한 국가가 번영하면 할수록 그 국가가 민주주의를 수용할 개연성이 높아진다는 — 그리고 민주주의적 제도가 존속하기에 충분할 정도로 안정적이 된다는 주장이다. 자유주의 평화이론에 따르면 민주주의 국가들은 국내외적으로 보다 평화적이고, 세계화는 내부적 분쟁에 있어서도 평화의 원동력이 된다. 되풀이되는 국가 내 분쟁으로 괴로움을 당하는 국가를 위한 해답은, 따라서, 세계화의 힘에 자신들을 한층 더 개방하는 것일 수도 있다.

실패국가

실패국가라는 개념에 대한 비판 중의 하나는 단순히 그 용어가 부정적 의미를 함축한다는 점이다 — 실제로 평화기금이 실패국가지수에서 취약국가지수로 명칭을 변경한 이유도 전자가 묘사하는 국가들이 실패했음을 연상시킬 수 있다는 민감한 사실 때문이다. 따라서 비록 이 개념이 널리 사용되기는 하지만 실패국가라는 용어를 많은 대안들 중 하나로 대치해야 한다는 주장이 있다.

그러나 더 많은 실질적인 비판이 있다. 그 중 하나는 실패국가라는 개념이 종종 너무 모호하고 느슨하게 정의되며, 하나의 개념에 너무 많은 다른 — 사회적, 경제적, 군사적 및 정치적 — 특징들이 부여된다는 점이다. 이는 매우 다른 문제에 직면한 국가들을 모두 하나의 같은 범주에 포함시킴으로써 서로 간 중요한 차이점을 생략해버리게 한다. 비서구 세계 국가들이 실패국가지수의 상위를 차지하는 이유를 설명할 수 있는 또 다른 주장은 그 판단의 기준이 되는 '이상적' 국가 지위의 모델이, 은연중 또는 명시적으로, 서구적이라는 것이다 — 그 결과 사회적 조직의 한 형태가 다른 모든 형태보다 더 많은 특전을 편파적으로 부여받게 된다.

비판가들은 또한 실패국가라는 단어의 사용에 대해 주목하여 왔다. 특히, 그들은 강대국의 약소국에 대한 군사적 개입을 정당화하기 위해 그 단어가 사용되었다는 점을 비판하여 왔다. 이런 관점에서 가장 두드러진 주장 중의 하나는 촘스키(Noam Chomsky)에 의해 제기되었다. 그는 실패국가라는 이름을 가장 가난하고 가장 약한 국가가 아니라 가장 강하고 가장 부유한 나라 미국에 적용함으로써 상황을 반전시켰다 (Chomsky, 2006). 해외에서 군사적 모험을 하면서 국제법의 원칙을 무시하고 자국 및 타국의 시민들의 생명을 위협했기 때문에 미국이야말로 정말 실패국가로 불려야 하는 나라라는 것이다.

결론

전쟁의 특징은 최근에 변화하였는가? 만약 그렇

다면 그 변화를 무엇이 설명할 수 있는가? 이것들은 답변하기가 힘든 질문이다. 특히 대답을 위해 자주 사용되는 개념들 자체가 논란의 대상이기 때문이다. 전쟁이 세계의 많은 부분에 고통을 계속해서 주고 있다는 점에 대해서는 의심의 여지가 없다. 그러나 해법을 찾기 위해서는 왜 이런 일이 발생하는지에 대한 설명이 중요하다. 새로운 전쟁 명제는, 세계화와 '실패'국가의 확산을 포함한 다양한 흐름을 연계하는 장점을 지닌 하나의 대답을 제공한다. 그러나 어떤 이들은 전쟁과 관련된 보다 전통적인 접근법들 — 자유주의, 현실주의 및 마르크스주의적 접근법들 — 역시 완전히 새로운 분석의 틀을 요구하지 않는 방식으로 현대적 형태의 분쟁을 설명한다고 주장할 수 있다. 보스니아, 소말리아, 이라크 및 아프가니스탄 등의 전쟁은 여러 측면에서 자유주의적 가치 및 제도의 결핍, 인간 본성, 세계 및 지역적 권력정치, 계급투쟁 및 한정된 자원에 대한 투쟁 등으로 설명될 수 있다. 다시 말하자면, 서로 다른 이론적 관점들이 서로 다른 설명을 제시하더라도, 이들 분쟁은 과거의 분쟁들이 전통적인 접근법들을 통해 이해되는 방식과 많이 다르지 않게 설명될 수 있을 것이다. 어떤 관점이 가장 설득력이 있는지는 여전히 남아있는 문제이다.

요점

1. 새로운 전쟁 명제는 현대 전쟁이 — 행위자, 목표, 수단 및 재원의 측면에서 과거의 전쟁과는 상당히 다르다고 주장한다.
2. 새로운 전쟁에 참여하는 주체들에는 정규군만이 아니라 군벌, 테러리스트와 게릴라들도 포함된다. 그들은 (최소한) 전통적 지정학 또는 이데올로기적 목표를 위해 싸우기보다는 특정 정체성(인종적, 민족적 및 종교적 목표)을 고취하는 데 목표가 있다.
3. 세계화는 대체로 새로운 전쟁의 확산에 책임이 있을 수 있다 — 국가의 약화, 서로 다른 집단 간의 갈등 조장, 다양한 비국가 행위자들의 개입 촉진 등.
4. 실패국가는 합법적 폭력의 독점과 영토에 대한 통제력을 상실한 국가를 의미하는데 — 이는 대내외적으로 많은 문제를 발생시킨다.
5. 그러나 이들 개념들 — 새로운 전쟁, 세계화 및 실패국가 — 은 모두 비판의 대상인데, 질문은 추세로 정의된 것이 과연 정말로 새로운 것인지, 그리고 결론의 타당성이 확보될 것인지에 집중된다.

추천도서

Duyvesteyn, I. and Angstrom, J. (eds) *Rethinking the Nature of War*, London: Routledge, 2004.

Kaldor, M. *New and Old Wars: Organized Violence in a Global Era*, 3rd ed., Cambridge: Polity Press, 2012.

Münkler, H. *New Wars*, trans. Patrick Camiller, Cambridge: Polity Press, 2005.

Rotberg, R.I. (ed.) *When States Fail: Causes and Consequences*, Princeton, NJ: Princeton University Press, 2004.

Shankar Jha, P. *The Twilight of the Nation State: Globalisation, Chaos and War*, London: Pluto Press, 2006.

9장 핵확산

앤드류 모란(Andrew Moran)

글상자 9.1 히로시마와 나가사키

1945년 8월 6일 오전 8시 15분에 미국은 전시 최초로 원자폭탄을 터뜨렸다. 순식간에 작은 냉장고 크기의 폭탄이 한 도시를 완전히 파괴하고 8만 명 이상을 즉각 사망하게 했다. 삼일 후에 두 번째 폭탄이 나가사키에 투하되었다. 이들 폭발로 사망한 사람들의 합계는 25만 명 이상으로 추정된다.

이 폭탄의 사용은 수많은 사람들을 희생시킨 태평양에서의 잔혹한 전쟁을 종식시킨 수단이라고 정당화되었다. 그것은 또한 소련에 대해서 이 지역에 관여하지 말라고 경고하는 분명한 메시지였고, 미국이 새로 발견한 군사력의 과시였다.

오늘날에도 미국이 제2차 세계대전을 종식시키기 위해 원자폭탄을 사용한 것은 논란의 여지가 있다.

서론

주장하건대, 어떤 기술적 변화도 핵무기보다 안보 이슈에 큰 충격을 주지는 못했다. 특히 핵무기가 국제체제에 미친 영향은 물론 그것이 사용되었을 때 전투원과 민간인에 대해 무차별적이라는 점이 그렇다.

원자폭탄을 일본에 투하한 것에 대하여 유엔 재래식군비위원회(UNCCA: United Nations Commission for Conventional Armaments)는 1948년에 '대량살상무기(WMDs: Weapons of Mass Destruction)'라는 새로운 범주를 도입하였다. 이 범주에는 '원자폭발무기(atomic explosive weapons), 방사능물질무기(radioactive material weapons), 치명적 화학 및 생물학무기, 그리고 그 파괴력이 원자폭탄이나 위에서 언급된 다른 무기에 비견될 수 있는 특징을 가지는 미래에 개발될 무기'가 포함된다.

바로 이러한 무기들이 지니는 파괴력 때문에 냉전 동안 초강대국들은 재래식무기를 통한 대리전을 선택하였다. 그 이유는 우리가 알고 있는 것처럼 전면적인 핵전쟁이 지구상에서 인류를 완전히 파멸시킬 것이라는 두려움 때문이다.

오늘날 9개국이 핵무기를 보유하고 있는데, 더 많은 국가가 핵무기를 개발하기 위해 노력했었고, 현재도 노력 중이라는 데에 우려가 있다. 그들의 핵무기 사용에 대한 우려가 여전히 크기 때문에 기존 핵보유국들은 무기 소유권의 확산을 거부하고 있다. 왜냐하면 핵확산이 국제체제의 불안정을 증가시킬 것으로 우려되기 때문이다.

기본적으로 두 가지 유형의 핵무기가 있다 — 분열폭탄과 융합폭탄이다.

분열폭탄

사상 처음으로 실험된 핵무기는 1945년 7월 6일에 뉴멕시코주 앨러머고도(Alamogordo)에서 터뜨려진 분열폭탄(fission bomb)이다. 흔히 원자폭탄으로 알려진 이것은 1942년 9월에 시작된 영국과 미국 주도의 맨해튼 프로젝트 공동 연구의 결실이었다.

분열무기는 한 유형의 원자가 분열되면서 에너지를 분출할 때 폭발한다. 폭발을 생성시키도록 분열될 수 있는 두 가지 요소는 우라늄-235와 플루토늄이다. 이들을 일반적으로 분열물질이라고 부른다. 분열폭탄을 만드는 데 필요한 물리학과 공학적 지식이 이미 보편화되었고 폭탄을 만들기 위해 필요한 분열물질이 10 내지 100파운드 정도이지만 이들 물질을 획득하는 것은 매우 어렵다. 우라늄을 무기급으로 농축하는 것은 매우 고비용이고, 느리며, 기술적으로 복잡하다. 아울러 이들 물질의 생산과 보유는 국제원자력기구(IAEA: International Atomic Energy Agency)에 의해 면밀히 감시되고 있다.

플루토늄은 저품위(low-grade) 우라늄을 장착한 원자로를 가동시킴으로써 생산된다. 세계 전체에 걸쳐 원자력이 다수의 국가에서 사용되지만, 플루토늄폭탄을 만드는 것은 우라늄폭탄을 만드는 것보다 훨씬 힘들다. 북한이나 이란은 원자력 생산과 같은 평화적 목적을 위해 우라늄을 농축할 권리가 있다고 주장하고 있는데 이것이 바로 논쟁의 중심이다. 사실 이것이 서방세계와 이란 간 합의되기 힘들었던 부분 중의 일부이다.

융합폭탄

열핵(thermo-nuclear)무기 또는 수소폭탄으로 알려진 융합폭탄(fusion bomb)은 한층 더 비싸고 분열폭탄보다 기술적으로 월등하다. 폭발은 수소 원자 두 개를 융합시키는 과정에서 발생하는 에너지를 분출함으로써 이뤄진다. 융합폭탄의 폭발력은 분열폭탄의 수백 배에 이를 수 있다. 예를 들어, 미국 최초의 융합폭탄 실험은 1952년 10월 31일에 태평양의 에니위톡 환초(Eniwetok Atoll)에서 실시되었는데, 그 폭발력은 10메가톤(megaton), 즉 고성능폭약(TNT) 1만 킬로톤(kiloton)에 맞먹는 것이었다. 소련은 1961년 10월 30일에 미츄쉬카만(Mityushikha Bay)의 실험장에서 역사상 가장 강력한 핵무기를 터뜨렸다. 차르 봄바(Tsar Bomba)로 알려진 이 폭탄은 50메가톤의 위력을 가졌고, 천 킬로미터 밖에서도 볼 수 있는 섬광을 발생시켰다. 러시아 과학자들은 이보다 두 배 강력한 폭탄을 개발할 의도를 가지고 있었다.

틀림없이 이들 폭탄의 중요성은 냉전종식 이후 감소하였다. 왜냐하면 테러리스트들이나 소규모의 국가들이 이들을 만들기는 극히 힘들고, 이들 폭탄은 투하목표인 군사시설 또는 도시 이외로까지 파급될 정도로 그 영향이 너무 강력하기 때문에 사용을 고려하기 어렵다.

핵무기의 영향

두 종류의 폭탄 모두 네 가지 방식으로 파괴적이다. 전자기파(EMP: electro-magnetic pulse), 열광 펄스(thermal light pulse), 폭풍(blast), 그리고 핵 방사능(nuclear radiation)이다. 전자기파와 열광 펄스는 폭발의 순간에 발생한다. EMP는 고압의 전하(electrical charge)를 발생시켜 방호되지 않은 전자 체계와 시설을 파괴할 수 있다. 만약 핵무기가 충분히 높은 고도, 예를 들면, 10만 피트(feet)에서 폭발되면 이론적으로는 중간 규모 국가의 전자 체계를 마비시킬 수 있고, 만약 대기권 높은 곳에서 폭발되면 위성 통신을 파괴할 수 있다. 오늘날 대부분의 무역과 통신이 위성 기술을 활용한다는 점을 고려하면, 이는 안보분석가들에게 주요한 고민이 된다.

열광 펄스는 눈을 멀게 하고, 피부를 태우며, 화재를 일으킬 수 있는 열 방사(heat flash)를 발생시킨다. 극단적인 예로, 만약 러시아가 런던 상공에서 차르 봄바를 폭발시킨다면, 그것은 20마일 밖에 있는 건물들을 파괴하거나 태웠을 것이고, 48마일 떨어져 있는 사람들의 노출된 피부에 3도 화상을 입혔을 것이다. 폭발로 인한 폭풍 또는 충격파는 열광 펄스 수초 후에 이어진다. 예를 들어, 1메가톤의 공중 폭발은 시속 470마일의 바람을 발생시키는데 이는 반경 5마일 내 사람들의 50%를 살상하고 그 과정에서 대부분의 건물을 파괴할 수 있다.

폭발의 네 번째 영향은 핵 방사능인데, 이는 폭발 당시 그리고 이후의 낙진으로부터 발생한다. 낙진의 방사능은 폭발로 발생한 방사능 잔해들이 불덩이에 의해 집적되었다가 땅에 떨어지면서 사람들에게 피해를 입힌다. 이는 치명적인 방사선병을 발생시킬 수 있다. 히로시마와 나가사키에 투하된 폭탄의 최초 폭발로 인한 사망자보다 더 많지는 않지만 비슷한 수의 사망자가 폭발 이후의 방사선병에 희생당한 것으로 추정된다.

투발 수단

핵무기 확산에 대해 논의할 때 간과되지 말아야 할 이슈는 어떤 국가가 폭발실험을 하더라도 그것이 반드시 그 국가가 핵무기를 효과적으로 사용할 수 있다는 의미는 아니라는 점이다. 투발 수단은 지극히 중요하다. 그리고 폭탄을 정확한 시간에 정확한 장소에서 폭발시키는 것이 핵심이다.

냉전 초기 핵폭탄이 처음 개발되었을 때, 두 초강대국은 장거리 폭격기로 폭탄을 운반하였다. 그

글상자 9.2 2014년 전 세계 핵탄두 추정치

국가들은 자국이 보유한 핵무기 숫자를 당연히 숨기려 한다. 아래의 숫자는 다양한 출처로부터 추정한 것을 기초로 했다.

국가	배치된 탄두	미배치 탄두	총 보유 탄두
미국	1,585	2,661	4,246
러시아	1,512	2,700	4,212
영국	160	65	225
프랑스	290	10	300
중국	–	–	250
인도	–	–	90~110
파키스탄	–	–	100~120
이스라엘	–	–	80~200
북한	–	–	6~10

배치된 탄두는 미사일 등의 투발 수단에 결합되어 즉각 사용이 가능한 것을 의미한다. 예를 들어, 미국은 대륙간탄도미사일(ICBMs: Intercontinental Ballistic Missiles)과 전략 폭격기를 포함한 여러 투발 수단에 탄두를 장착하고 있다. 영국은 보통 하나의 핵잠수함에 48개의 탄두를 배치한다.

위와 같이 퇴역하여 해체 대기상태에 있는 여분의 미배치 탄두가 존재한다. 이러한 것들을 종합하면 전 세계적인 핵탄두의 숫자는 총 1만 6,000개에 이른다.

출처: 미국과학자협회(Federation of American Scientists), 스톡홀름 국제평화연구소(Stockholm International Peace Research Institute), 미국 국방부(US Department of Defense), 미국 국무부(US State Department), 미국 군비통제협회(Arms Control Association).

중 다수는 상시 대기 상태였는데, 일부는 공격에 대비하기 위해 항상 비행 중이었다. 그러나 1950년대 말에 이르러 두 나라는 미사일 기술을 시험하기 시작했다. 이런 이유 때문에 소련이 스푸트니크(Sputnik) 우주발사에 성공한 것을 미국은 심각하게 우려했다 — 이는 소련이 단순히 위성을 우주로 보내는 데에 성공했다는 것만이 아니라 계획한 적재량을 투발할 수 있게 되었다는 의미였다. 그리고 10년 내에 미국과 소련은 북극을 넘어 30분 내에 목표물을 타격할 수 있는 핵탄두를 탑재한 대륙간탄도미사일을 개발하였다. 여기에 추가하여 하나의 미사일에 다수의 탄두를 탑재할 수 있는 다탄두각개유도미사일(MIRVs: Multiple Independently Targeted Re-entry Vehicles)의 개발도 이루어졌다. 그런 무기개발을 촉진한 것은 많은 숫자, 큰 위력 또는 복수의 적재량으로 "큰 것이 좋다"는 전제였다. 일본에 폭탄이 투하된 지 20년 만에 미국과 소련 두 나라는 상호확증파괴(MAD: Mutual Assured Destruction) 원칙이 작동할 수 있는 충분한 수량의 무기를 보유하였다. 간단히 언급하자면, 한 쪽이 다른 쪽을 먼저 공격 하더라도 공격당한 국가가 제2격으로 보복하기에 충분한 무기를 보유했던 것이다. 그 결과로 초래될 사상자가 최소 수천만 명에 이를 것으로 예상되기 때문에, 상호간 그런 선제공격이 억지되는 것이다.

이 MAD 원칙은 1960년대 말과 1970년대 초에 미국과 소련이 날아오는 미사일을 격추하도록 고안된 반탄도미사일(ABM: anti-ballistic missile) 체제를 개발하기 시작하면서 거의 붕괴되었다. ABM 기술은 일방이 자신은 안전한 상태에서 상대방의 미사일을 요격할 수 있다는 기대를 갖게 하므로 쌍방 모두 선제적으로 1차 공격을 할 유인을 갖게 한다. ABM 기술의 이러한 위험성을 인식한 미소 양국은 반탄도미사일조약을 1972년에 체결하여 ABM 기술의 개발을 제한했다. 레이건(Ronald Reagan) 대통령 때 이르러서 미국은 우주에 반탄도미사일 방어망을 구축하려는 시도를 했다. 이러한 시도는 전략방위구상(SDI: Strategic Defence Initiative)으로 명명되었고 대중에게는 '별들의 전쟁(Star Wars)'으로 알려졌었다. 비록 작동이 입증된 적은 없지만, 어떤 이들은 이 구상이 러시아의 우려를 자극하였고, 양측 간에 있었던 1986년의 레이캬비크(Reykjavik) 핵 정상회담의 난제였다고 주장한다. 당시에 레이건 대통령은 별들의 전쟁 구상을 통해 미국의 모든 반탄도미사일이 제거될 수 있다는 안을 제시했다. 이에 고르바초프(Mikhail Gorbachev)는 10년 내에 모든 핵무기를 폐기할 것을 제한하면서 별들의 전쟁이 계속되는 것에 동의하지 않는다고 주장했고 결국 정상회담은 실패로 끝났다.

1980년대 초반 중거리 및 단거리(Intermediate and Short-Range) 탄도미사일을 개발한 미국이 크루즈(Cruise)와 퍼싱(Pershing) 미사일을 서유럽에 배치하자 소련은 SS-20미사일을 동유럽에 배치했다. 이에 다시 문제가 대두되었다. 장거리 ICBM보다 덜 강력하지만, 이들의 배치는 냉전이 열전이 될 경우 유럽이 전쟁터가 될 것임을 실질적으로 시사 하였다. 이것은 유럽에서의 반핵 운동을 재점화시켰다. 냉전이 종식되면서 이들 무기는 유럽에서 철수하였다.

별들의 전쟁이 현실화될 것이라고 입증된 적은 없지만, 9·11테러 이후 불량국가들이 미국을 향해 발사한 어떤 미사일이라도 요격할 수 있는 지대공 반탄도미사일체제인 국가미사일방어(NMD: National Missile Defense)구축에 대한 요구가 생겼다. 이에 조지 W. 부시 대통령은 이들 요격미사일과 조기경보체제가 체코공화국과 폴란드에 배치될 것이라고 선언하였고 이것은 당연히 러시아의 반발을 샀다. 부시의 NMD 계획은 많은 비난을 받았다 — 그것은 러시아와의 관계를 악화시켰고, 비용이 막대했으며(의회예산국은 15년에서 25년 동안에 소요될 비용이 약 2,380억 달러에 이를 것이라는 추정치를 제시한 바 있다), 9·11공격을 막을 수 없었을 것이다.

핵무기는 두 가지 유형으로 구분될 수 있다. 적국 본토를 목표로 하여 타격할 수 있는 **전략**(*strategic*)무기와 전장에서의 사용을 위해 설계된 **전술**(*tactical*)무기가 그것이다. 냉전 동안에 두 초강대국은 전술 핵무기를 자국의 무기고에 통합시켰다. 그러나 냉전의 종식과 함께 전술무기는 상당한 정도로 감축되었다. 갈등 상황에서 전술무기가 사용될 경우 확전의 위험성을 높일 수 있다는 우려 때문이다.

핵무기에 대한 심리학적 요인 가운데 하나는 그것이 사용되지 않을 것이라는 기대다 — 그것은 궁극적 억지력이다. 소규모로 핵무기를 사용하기 시작하면 금기가 깨져 재래식전쟁이 매우 신속히 확전으로 이어질 수 있다. 이런 이유 때문에 국가들은 전장의 상황에서 사용될 수 있는 '벙커 버스터(bunker buster)'와 같은 저위력 핵무기의 개발에 반대한다. 부시 행정부는 9·11공격에 대한 대응으로 이런 무기의 개발을 고려하였다. 그 무기가 아프가니스탄의 토라보라(Tora Bora) 산악지대에 은거한 테러리스트들에게 효과적이라는 이유에서였다. 미국 의회가 그 계획을 좌절시켰다.

투발 수단도 여전히 중요하다. 2014년 기준으로 북한이 상대적으로 파괴력이 작은 세 개의 탄두를 실험했지만, 여러 차례 발사에 실패했다. 이를 통해 미루어 보건대 북한은 미사일 기술과 관련해서 어려움을 겪고 있는 것으로 보인다. 게다가 북한이 이 어려움을 극복한다 하더라도, 탄두를 미사일에 탑재하는 데에 성공해야 하고 심각한 안보위협이 되기 위해서는 적절한 지점에서 그것을 폭발시킬 수 있어야 한다. 이런 이유 때문에 북한이 미사일을 시험 발사할 때마다 미국과 일본이 깊은 우려를 표명하는 것이다. 그들의 미사일 실험이 더 멀리 비행하는 데 성공할수록 잠재적 위협은 더 커진다 — 그러나 현재 북한은 완전히 무장된 핵미사일에 필요한 종합적 능력을 개발하지는 못했다.

확산과 비확산에 대한 이론들

오늘날 9개국 즉, 미국, 러시아, 영국, 프랑스, 중국, 인도, 파키스탄, 이스라엘 및 북한이 핵무기를 보유하고 있다. 그리고 핵폭탄 제조 능력을 개발하였던 국가들이 있다 — 예를 들어, 브라질, 아르헨티나, 리비아인데, 이들 모두 핵 프로그램을 포기하였다. 반면 남아프리카공화국은 아파르트헤이트(apartheid, 예전 남아프리카공화국의 인종차별 정책 – 역자 주)를 폐기한 후 외부 국가로부터 더 이상 위협받지 않는다고 확신하면서 자국의 핵 능력을 해체하였다. 벨라루스, 카자흐스탄 및 우크라이나는 냉전이 종식되면서 자국에 남았던 핵무기를 러시아에 반환하였다.

핵무기의 확산을 설명하고자했던 초기의 이론들은 그 기술을 획득하려 했던 국가들의 동기에 주목하였다. 그러나 최근, 특히 9·11 사건 이후에, 핵 밀수와 핵 테러리즘과 같은 국가 하부 요인들의 위험성에 대한 우려가 증가하여 왔다.

당연한 주장이지만 국가들은 가장 치명적인 무기의 보유가 자국의 국가안보를 개선할 것이라고 믿는다. 개발의 가장 기본적인 원동력은 억지다. — 상대방이 재래식 전력에서 압도적 우위를 점하는 경우의 재래식 공격과 상대방이 핵무기를 보유하는 경우의 핵공격 모두를 억지하는 것이 목적이다. 예를 들어, 파키스탄은 핵무기개발을 선택할 당시에 인도가 이미 핵무기를 시험했다는 것만 아니라 인도의 재래식 전력의 압도적 우위에 대해서도 우려하였다. 이를테면, 이것은 전형적인 안보 딜레마를 반영한다 — "만약 내 적이 그것을 가지면, 반드시 나도 가져야 한다."

누구에게는 국제적 위신이 중요할 수 있다. 이에 대해 번디(McGeorge Bundy)는 영국과 프랑스가 핵무기를 통해 '마련된 자리(place at the table)'를 유지하기를 원했다고 주장한다 (Bundy, 1988). 그런 자리가 없다고 하더라도 핵 능력을 보유한다면 국제사회에서 무시당하지 않게 된다. 북한이나 파키스탄도 이를 노리고 핵개발을 한 것이다. 적어도 핵무기를 보유하면 외교 협상에 있어서 추가적인 영향력을 가질 수 있다.

또한 국내적 위신의 문제도 있다. 인도의 경우가 여기에 해당하는데, 인도의 과학자들은 해방 조국의 핵 프로그램을 국민적 자부심과 인도 발전의 상징으로 부각시켰다. 이란의 경우도 마찬가지인데 이란 핵 프로그램과 관련된 아흐마디네자드(Mahmoud Ahmadinejad) 전 대통령의 선언이 그 예이다. 이란이 미국의 '악의 축(Axis of Evil)' 리스트에 포함된 2002년 이후에 행해진 그의 연설은 이란의 핵 추구가 지역안보 상 필요에 의한 것만이 아니라 국내정치에 의해서도 영향을 받았음을 시사한다. 그에게 있어서 핵 능력은 이란의 지역 내 지위만이 아니라 자신의 이란 내 개인적 지위와 관련된 문제였던 것이다.

이스라엘의 경우는 위의 두 가지가 결합되었을 수 있다. 이스라엘은 여전히 공식적으로 자국 핵 프로그램의 존재를 인정하지 않고 있지만, 최소 80개의 탄두(더 많으면 200개까지)를 보유하고 있는 것으로 추정된다. 자국의 존재에 대해 대부분 불만스러워 하는 국가들에 둘러싸인 상태에서 핵무기는 이스라엘이 이미 보유한 강력한 재래식 군사력에 추가적인 안보의 층을 제공한다.

테러리스트들이 핵무기를 획득하고자 하는 가장 중요한 이유는 파괴를 극대화하려는 욕구때문이다. 테러리스트가 알카에다처럼 극단적인 경우에는 억지의 원칙이 작동하지 않는다. 왜냐하면 그들은 자신들의 목적 달성을 위해 죽음을 각오하는 비국가 행위자들이기 때문이다. 그들은 보복을 두려워하지 않기 때문에, 핵무기를 사용하지 않을 이유가 없다.

왈츠 대 세이건: 논쟁

핵확산 관련 문제 중의 일부는 이 개념이 실제로 무엇을 의미하는지에 대해 의견이 합치되지 않는다는 점에 있다. 예를 들어, 인도는 1974년에 부분적으로 자국이 그 기술개발에 성공했는지를 시험하기 위해 평화적 핵폭발(PNE: peaceful nuclear explosion)을 실시하였다. 남아프리카공화국도 자국의 핵무기를 폐기하여 핵확산금지조약(NPT: Nuclear Non-Proliferation Treaty)에 가입하기 전에 총 여섯 개의 핵폭탄을 생산하였다. 다수의 국가들이 원자력을 사용고 있거나 이란처럼 원자력 개발 시도를 한다. 이는 무기급 물질을 생산하는 데에 한 발 더 다가서는 기회가 된다. 비록 국제원자력기구(IAEA)가 그런 개발을 감시하는 권위를 가지고 있지만, 국가들의 동기에 대한 우려는 여전히 남아 있다.

핵무기와 관련된 우려의 핵심은 핵확산이 세계의 안정성에 중요한 안보적 위험을 제기하는가의 여부이다. 아래에서는 두 명의 저명한 이론가인 왈츠와 세이건의 논쟁을 소개한다.

신현실주의자인 왈츠는 "더 많은 것이 더 좋을

수 있다"는 의견을 제시한다 (Sagan and Waltz, 2003). 왈츠에게 있어서 국제체제 내 모든 국가의 1차 목표는 자국의 안보를 지키는 것이다. 그렇다면 핵무기의 획득은 논리적이다. 왜냐하면 그것이 국가의 안보를 증진시키고 잠재적 침략자를 억지할 것이기 때문이다. 왈츠는 핵무기의 확산이 더딜 것이라고 믿었다. 이는 1945년 이후 실제 성공적으로 핵무기 실험을 실시한 국가가 소수라는 사실에서 입증된다. 아울러 이 무기가 발생시킬 수 있는 대재앙적 피해 때문에, 왈츠는 무기를 소유하면 무기를 사용하지 말아야 한다는 책임감이 동반된다고 주장하였다. 즉 억지와 방어 능력이 증강되면서 핵전쟁의 가능성이 낮아지는 것이다. 그 이유는 국가가 전쟁에서 핵무기를 사용하면 정상적으로 기능하던 사회인 자국이 파멸에 이르게 된다는 것을 인식하기 때문이다. 자신의 주장을 뒷받침하기 위해 왈츠가 인용한 사례는 쌍방 모두 핵무기를 보유한 파키스탄과 인도 사이의 분쟁이었다. 놀랄 것 없이 왈츠는 '확산 낙관주의자(proliferation optimist)'로 불린다.

세이건은 핵무기의 확산이 긍정적일 것이라는 견해에 도전하면서 보다 비관적인 입장을 취한다. 세이건의 우려는 핵무기의 확산으로 인해 기존 핵보유국이 가지고 있는 제한 장치를 결여하고 무기의 사용을 조장할 군사적 편견을 가질 수 있는 군부나 약한 문민정부의 손에 이들 무기가 들어갈 가능성이다.

세이건은 냉전 시기에 동서 양 진영 간 상대적인 안정감이 존재했음에 주목한다. 이는 정치적 행위 및 관리 행위에 있어서 일정 정도의 합리성과 예측 가능성, 그리고 양측 사이에 어떠한 확전이나 오해 방지를 위한 정리된 의사소통 경로가 존재했기 때문이다. 세이건은 보다 많은 국가들이 핵클럽에 가입하게 될 경우 안정성에 기여한 그러한 요인들이 작동하지 않을 수도 있다는 점을 크게 우려한다. 결국 억지가 실패하고, 의도적 또는 우발적 전쟁이 발생할 수 있는 것이다.

일부 분석가들은 핵확산의 세계화가 핵 충돌의 위험성이 더욱 증대되어 보다 불안정한 '두번째 국면(second phase)'이 도래했다고 주장한다. 이러한 주장은 세이건의 우려를 뒷받침한다. 과거에는 미국과 소련이 단순히 자국의 핵무기의 위력과 숫자를 증강시키는 수직적 확산이 문제였다. 이제는 더 많은 국가들이 그 기술의 획득을 위해 노력하는 수평적 확산이 문제인 것이다. 아울러 이 확산이 지역화되면서 아시아와 중동으로 전파될 것이다. 세이건에게 있어 상황을 개선시킬 수 있는 유일한 길은 핵무기의 확산을 방지하고 세계 확산방지 레짐을 강화하는 것이다.

확산과의 씨름

냉전 시기에 미국과 소련은 다른 국가들이 핵무기 개발을 하지 못하도록 단념시킬 수 있었다. 이는 부분적으로 양측이 각자에게 의존하는 국가들에게 제공한 안보우산의 존재가 충분했기 때문이었다. 그들은 또한 핵무기개발 시도를 염두에 두는 국가들을 적극적으로 억지하려 하였다. 예를 들어, 미국은 한국과 대만이 만약 초보적 핵 프로그램을 지속시키기로 결정하면 양국에 대한 미국의 안보 공약을 철회할 것이라고 위협한 바 있다.

1963년의 대기권핵실험금지조약(Atmospheric Test Ban Treaty)과 NPT와 같은 조약들 또한 확산을 늦추기 위한 조치였다. 그러나 후자의 경우 조약 당사국들이 무기급 분열물질을 생산하고 비핵무기 프로그램을 추구할 수 있도록 하는 약점이 있다고 지적되어 왔다. 특히 문제가 되는 것은 조약에 탈퇴 조항(제10조)이 있다는 점이다. 북한이 2006년에 처음으로 핵실험을 했을 때 활용한 것이 이 부분이다. 다른 국가들은 단순히 이 조약을 체결하지 않았는데, 대표적 국가가 인도와 이스라엘이다.

브라운(Harold Brown)에 따르면 핵무기의 확산을 방지하고, 억지하거나 늦출 수 있는 세 가지 방법이 있다. 여기에는 "의도적 또는 의도하지 않은 무기 및 기술의 확산을 방지하고, 제재를 가하며, 경제적·안보적 유인책을 제공하는 것이 포함된다" (Brown, 2007-8: 14). 브라질과 아르헨티나는 핵보유국이 되는 것이 더 위험하다고 판단했기 때문에 핵보유를 포기할 수 있었고, 냉전이 종식될 때 소련의 위성국이었던 국가들은 핵무기 포기 대가로 경제 및 안보 지원을 받았다. 이란의 경우에는 국제사회의 제재로 인해 국제 협상이 시작되었다. 이외에 선제적인 군사적 공격이 포함될 수 있는데, 이스라엘이 이라크와 시리아의 미심쩍은 핵시설을 공격한 것이 그 예에 해당된다. 또한 이란의 핵 프로그램을 목표로 하여 스턱스넷(Stuxnet)을 사용한 파괴공작(sabotage)도 같은 맥락에 있다.

클린턴(Bill Clinton) 행정부는 1990년대 말에 북한의 플루토늄 추출을 동결시켰던 유인책을 채택했다. 부시 행정부는 이런 접근법을 철회하고 북한이 악의 축의 일부라고 선언했다. 북한이 핵 프로그램을 재가동한 것은 놀랍지 않은 일이다.

또한 기존의 핵무기 재고의 안전을 확보하여 그것들이 불안정한 국가, 더 심각하게는 테러리스트 손에 들어가지 않도록 보장하는 것 역시 중요하다. 이런 이유로 클린턴 행정부는 1990년대에 구소련 위성국가들이 그들의 핵무기를 새로운 러시아에 이전하도록 설득하였다.

원자력을 생산하려는 국가의 갈망에 대한 하나의 해결책은 국제적으로 통제되는 시설에서 우라늄 농축과 연료 처리를 하도록 하는 것인데, 이는 최근 이란과의 논의에서 제기되었다.

확산과 관련된 한 가지 근본적 어려움은 누구는 핵무기를 가질 수 있고 누구는 가질 수 없는지를 결정할 권리를 누가 가지는가이다. 많은 평론가들은 미국이 1974년에 인도가 최초의 핵실험을 했을 때 응징하였지만, 30년이 지난 2005년에는 인도를 핵보유국으로 인정하였을 뿐만 아니라 기술적 지원도 제공하였다고 지적한다. 비록 이것은 부분적으로 미국이 인도와의 전략적 관계를 심화시키기 위해서였지만, 동시에 이는 현재 고립되어 있는 국가가 언젠가는 용서받을 수 있고, 그 과정에서 NPT를 무너뜨릴 수 있음을 의미하는 것은 아닌가? 다른 이들은 왜 인도의 핵무기는 허용되면서 이란의 핵무기는 허용이 안 되는지의 문제를 제기한다.

실제로, 주요 핵보유국들의 행동은 반확산 노력을 계속하여 약화시켰다. NPT 6조는 핵보유국에게 '전면적이고 완전한 군축'에 관한 '협상을 성실히 추구할' 의무를 부여하고 있다. 그럼에도 불구하고, 그들은 사실상 그들의 무기 현대화를 계속해오고 있다. 미국만 보더라도 3,500억 달러를 자국 핵무기 현대화에 투여할 것으로 추정된다. 여기에는 미국 핵잠수함을 위한 신형 미사일과 신형 지상발사 대륙간탄도미사일이 포함되어 있다. 미국은 불량국가로부터의 발사 위협 가능성에 대응하기 위해 유럽에 미사일방어체제를 설치하는 계획을 계속 진행하고 있다. 러시아도 신형 대륙간탄도미사일 시험을 실시했고, 신형 탄도미사일

글상자 9.3 이란의 핵 야망

NPT에 따르면, 국가들은 '차별 없이 평화적 목적을 위해 원자력을 연구, 생산 및 사용할 수 있는 양도할 수 없는 권리'를 가진다. 이란정부는 자국의 원자력 개발 시도를 이 조항을 이용하여 정당화해왔다. 그 이유는 자국의 원유와 가스 매장량이 유한하기 때문에 미래의 에너지안보를 위해서 대안을 찾아야 한다는 것이다.

그러나 미국과 다른 국가들은 이란이 평화적 원자력 프로그램을 넘어서는 개발을 추구하고 있고, 그것이 핵무기 프로그램을 구축하려는 이란 야망의 첫 단계라고 우려한다. 결과적으로 미국은 국제사회의 몇 국가의 도움으로 2006년 이후 이란에 제재를 적용하여 왔는데, 이란은 이를 이란의 경제적 발전을 훼손하려는 영미(Anglo-American)의 음모라고 여긴다.

만약 이란이 무기개발을 추진한 것이라면 이는 다수의 안보 우려에 대한 정당한 대응일 가능성이 높다. 확고한 이란의 적인 이스라엘은 이미 핵무기를 가지고 있다. 시아파인 이란은 수니파가 장악한 중동에 있는 다수의 국가와 사이가 좋지 않다. 북쪽에 있는 터키는 NATO의 회원국이자 미국의 동맹국이면서, 이스라엘과 정치적, 경제적 연계를 가지고 있다. 그리고 동쪽에 있는 수니파 파키스탄도 핵무장하고 있다. 아울러 이란은 오랫동안 자국을 미국의 목표라고 여겨왔다. 1953년에 미국 중앙정보국(CIA: Central Intelligence Agency)은 이란의 쿠데타를 조종하여, 서방에 경도된 왕(Shah)을 옹립하였고, 그는 1979년의 이슬람혁명(Islamic Revolution) 때까지 권좌를 유지했다. 많은 이란인들은 그의 산혹한 정권이 어떻게 미국에 의해 지원받았는지를 기억하고 있고, 미국이 2001년 아프가니스탄, 2003년 이라크 및 2011년 리비아에서처럼 또 다시 정권교체를 시도할 가능성을 두려워한다. 따라서 이란에게 있어 핵무기개발은 억지력으로 기능할 것이다.

왈츠는 이란의 핵보유가 중동에 안정성을 부여할 것으로 믿었다. 그 이유는 그것이 그가 '오랜 기간 동안 불안정을 부채질'해왔다고 주장한 이스라엘의 역내 핵 독점을 상쇄하기 때문이다. 왈츠는 "아랍세계, 유럽, 이스라엘, 그리고 미국의 정책결정자들과 시민들은 핵 능력이 출현한 곳에서는 안정성도 등장하였다는 점을 역사가 보여준다는 점에서 위안을 얻어야 한다"고 말했다 (Waltz, 2012).

다수의 미국, 유럽 및 이스라엘의 정치인들과 분석가들은 이에 동의하지 않는다. 그 이유는 이란의 핵무장이 실제로는 심각한 불안정을 초래하고 중동에서 군비경쟁을 유발할 가능성이 크기 때문이다. 사우디아라비아는 이란이 핵실험에 성공하면 핵무장을 하겠다는 의지를 이미 밝힌 바 있다. 이스라엘도 부시 대통령에게 이란의 핵시설에 대한 폭격을 승인해달라고 요청한 바 있다. 당시 백악관은 그것을 거부했다.

잠수함을 건설하고 있다. 중국도 마찬가지로 핵무기를 현대화하면서 잠수함에 핵무기의 탑재를 시도하고 있다. 인도는 중국을 타격할 수 있는 지상 이동식 발사 미사일 시험에 성공했고, 영국은 트라이던트(Trident)의 대체를 추진하고 있다.

비국가 행위자들

9·11공격 이후에 비국가 행위자, 특히 테러리스트들이 핵무기의 획득을 위해 노력하고 있고 가능한 최악의 살상을 초래하기 위해 그 사용을 주저하지 않을 것이라는 우려가 점증하였다. 이미 언급한 것처럼, 이에 대해서는 억지가 작동하지 않을 가능성이 크다. 왜냐하면 이들 집단은 보복의 관점에서 위험에 처할 자산이 거의 없기 때문이다.

그러나 대중매체의 과장된 이야기에도 불구하고, 테러리스트가 아무런 준비 없이 그런 무기를 만들 가능성은 극히 희박하다. 비록 정보 혁명이 핵무기와 관련된 정보를 월드 와이드 웹(WWW: World Wide Web)을 통해 공유되도록 했고, 그 기술 때문에 핵물질이 비국가 행위자의 수중에 들어갈 수 있게 하는 암시장이 존재하기는 하지만, 필수적인 비용, 기술적·산업적 시설은 아마도 테러리스트 집단의 수준을 넘어선다. 탈마지(Caitlin Talmadge)가 주장하듯이, 플루토늄의 생산은 복잡하고 고비용을 수반하고, 무기급으로 우라늄을 농축하는 것은 큰 건물과 선진 기술을 요구한다(Talmadge, 2007). 만약 테러리스트들이 무기급 물질의 제조 또는 획득에 성공한다 하더라도 그것을 폭탄으로 만들어야 하는 문제가 남아있다. 더구나 그것을 성공적으로 투발하는 수단을 설계하여 제조해야 한다.

물론 이것이 테러리스트들이 그런 시도를 하지 않는다고 주장하는 것은 아니다. 1995년에 도쿄 지하철에서 사린가스 공격을 저지른 옴진리교는 핵물질 제조를 시도하다가 실패한 후에는 러시아로부터 구매하려고 하였다 (Stern, 1999). 테러리스트들은 스스로 핵무기를 개발하기보다는 다음과 같은 다양한 대안 중의 하나를 선택할 가능성이 크다. 붕괴하는 핵국가로부터의 물질 구매, 핵무장을 자체적으로 시도하는 국가로부터의 핵무기 획득, 또는 절도. 마지막 이유 때문에 클린턴 행정부는 냉전종식 이후에 구소련 국가들에 위치한 핵시설을 보호하기 위한 지원을 제공했다. 그러나 절도당한 국가가 그 사실을 국제사회에 알리길 원하지 않을 가능성이 있기 때문에 절도는 여전히 문제점 중의 하나이다.

테러리스트들이 핵무기를 획득하거나 핵물질이나 방사능 물질을 테러에 사용한다 하더라도 핵감식(nuclear forensic)의 발전으로 현재에는 핵무기, 핵물질 및 방사능 물질의 특징을 식별할 수 있고 따라서 테러리스트들이 사용한 핵무기, 핵물질 및 방사능 물질의 원천을 확인할 수 있다. 그렇다면 그 원천에 대해 바로 대응하면서 추후 가능한 핵무기 공격을 좌절시키거나 방해할 수 있고 또는 테러리스트 집단이 획득한 물질의 원천이 되는 국가를 징벌함으로써 억지가 가능할 수 있게 된다. 이는 테러리스트 집단을 지원하거나 간접적으로 지원하는 정부, 군벌 및 다른 이들을 억지하는 수단으로 사용될 수 있다. 예를 들어, 만약 핵물질의 원천이 되는 국가가 추적될 수 있다면 북한은 테러리스트 집단에게 핵물질을 공급하는 것을 이익이 라고 생각하기 힘들 것이다. 이란이 만약 핵무기를 개발한다고 하더라도 마찬가지이다. 이란이 과연 헤즈볼라(Hezbollah, 레바논의 시아파 무장단체 – 역자 주)에게 핵물질을 제공하고 운명을 같이 하려 할 것인가? 그런 행동은 매우 무모하다고

글상자 9.4 핵사고

세이건은 핵무기가 우발적으로 사용될 위험성을 지적한 바 있다. 그러나 핵무기와 관련하여 종종 간과되는 안보위협은 무기가 저장된 곳에서 발생할 수 있는 사고의 위험이다. 원자력 생산과 관련된 유명한 사례로는 1979년 쓰리마일 섬(Three Mile Island), 1986년 체르노빌, 2011년 후쿠시마 제1발전소가 포함된다. 쉴로서(Eric Schlosser, 2013)가 언급한 것처럼, 잘 알려지지 않은 것은 1950년부터 1980년까지 미국에서만 서른 두 번의 '브로큰 애로우(broken arrow)' — 핵 기술이 관련된 사고를 지칭하는 군사 용어 — 가 보고된 바 있다는 점이다.

그 중 가장 심각했던 것은 1980년대 아칸소주 다마스쿠스(Damascus)의 미 공군 기지에서 발생하였다. 당시에 한 기술자가 타이탄(Titan) II — 길이 103피트로 미국이 제조한 가장 큰 ICBM — 미사일에 대한 정기 점검을 실시하던 중에 렌치(socket wrench)를 떨어뜨렸다. 렌치는 미사일의 연료 탱크에 구멍을 내었다. 그 기술자가 문제를 해결하려 시도했지만, 여덟 시간 후에 탱크가 폭발하여 740톤 무게의 사일로(silo, 핵무기의 지하 저장고 – 역자 주) 방폭 문을 200야드 이상 날려 보냈다. 미사일에 장착된 9메가톤 짜리 W-53 열핵 탄두 — 미국 미사일에 장착된 가장 강력한 탄두이자, 일본에 투하된 2개의 원자폭탄을 포함하여 제2차 세계대전 동안 미국이 투하했던 모든 폭탄 위력의 세 배에 달하는 폭발력을 가진 탄두 — 도 마찬가지로 200야드 밖에서 발견되었는데, 비교적 손상이 없었다.

그러나 이것이 유일한 사례는 아니다. 1961년에 B-52 폭격기가 공중에서 파괴되어 두 개의 수소폭탄이 노스캐롤라이나주의 골즈버로(Goldsboro) 근처에 떨어졌다. 이때 두 개의 폭탄 중 하나에서 무장의 여섯 단계 중 다섯 단계가 진행되었다. 만약 그 폭탄이 완전히 무장되었다면, 4메가톤의 폭탄은 충격으로 폭발했을 것이다. 1980년에는 노스다코타주의 그랜드포크스(Grand Forks) 공군기지에 있는 B-52 폭격기의 엔진 하나에 화재가 발생하였다. 이 폭격기에는 네 개의 수소폭탄과 핵탄두를 장착한 여덟 개의 단거리 미사일이 탑재되어 있었다. 화염을 무기로부터 멀어지게 한 강한 바람과 불타는 비행기에 올라간 소방관의 노력 덕분에 대재난이 방지되었다.

이런 사례들은 인간의 오류 가능성과 복잡한 체제의 조합이 위험할 수 있음을 시사한다. 즉 분명히 사소한 일이 대재앙적인 연쇄 반응을 초래할 수 있는 것이다.

쉴로서는 미국이 극도의 고도 기술을 보유하고 있고 핵무기를 운용하는 데 필요한 조직적 역량과 안전 문화를 가지고 있지만 경험이 적고 자원이 빈약한 다른 국가들은 그렇지 않을 수 있다는 점을 우려한다. 결과적으로 이들 무기가 제기하는 위협은 다른 모든 국가들에게는 물론이고 그 보유 국가에게도 매우 심각하다.

말할 수 있다. 그러나 이라크와 이란 두 국가의 사례는 확산방지 레짐에 있어서 정보 수집과 실행에 있어서의 문제를 노출했다.

글로벌 제로

냉전종식 이후 군축에 대한 요구가 여러 차례 있었다. 그 중 가장 놀라운 것은 2007년 미국의 고위 정치인 4명이 제시한 안이다. 그들 중에는 전 국가안보보좌관 키신저(Henry Kissinger)와 전 국무장관 슐츠(George Shultz)가 포함되어 있었다. 그들은 '소련-미국의 상호 억지'는 이제 '쓸모없는(obsolete)' 독트린이 되어 버렸고, 전통적 억지 모델은 테러리스트 집단에게는 통용되지 않을 것이며, 확산의 새로운 시대는 냉전 시기보다 잠재적으로 "더욱 위태롭고, 심리학적으로 혼란스러우며, 경제적으로 더 많은 비용이 들 것"이라고 주장하였다. 따라서 그들은 핵무기 없는 세상을 촉구하였다 (Kissinger *et al.*, 2007). 곧 이어 글로벌 제로 캠페인이 진행되었고, 다수의 국제 위원회가 핵무기 없는 세상을 촉구하였다.

글로벌 제로 캠페인은 당시 새롭게 선출된 미국의 오바마 대통령의 지지를 받았다. 오바마는 2009년 프라하연설에서 "확신을 가지고 미국이 핵무기 없는 세상의 평화와 안보를 추구할 것임"을 선언하였다. 오바마의 선언은 그가 '역사의 이상한 전환'이라고 명명한 것에 기원을 두고 있다. 그는 비록 냉전의 종식으로 세계의 핵전쟁 위협은 감소하였지만, 핵공격의 가능성은 증가하였다고 보았다. 그는 핵물질 및 정보와 관련된 암시장이 핵기술의 확산을 초래할 것이며, 테러리스트들은 "무기를 사고, 제조하거나 훔치려고 벼를 것"이라고 경고하였다. 이는 기존의 글로벌 비확산 레짐에 상당한 압력으로 작용하였다. 그는 "더 많은 사람들과 국가들이 규칙을 위반하면, 우리가 중앙에서 통제할 수 있는 임계치를 지나칠 수 있다"고 우려하였다 (Obama, 2009b).

오바마는 미국이 국가안보전략의 일환으로서의 핵무기 역할이 축소될 것임을 약속하였다. 여기에는 실제 무기 재고의 감축과 다른 국가들의 동참 촉구가 포함되어 있다. 그는 또한 포괄적핵실험금지조약(CTBT: Comprehensive Test Ban Treaty)의 비준, 분열물질 생성 금지를 위한 조약, 개선된 사찰 및 제재를 포함하는 핵확산금지조약의 강화, '4년 내에 지구상의 모든 취약한 핵물질의 안전을 강화할 수 있는 새로운 국제적 노력,' 그리고 2010년에 체결된 러시아와의 새로운 전략무기감축조약(New START: new Strategic Arms Reduction Treaty)의 추진을 촉구하였다. 그러나 그는 미국이 일방적으로 이런 행동을 하지 않을 것임을 인정하였다. 즉 "이들 무기가 존재하는 한 미국은 적을 억지하고 미국 동맹국에 대한 방어를 보장하기 위한 안전하고, 보호되며, 효과적인 무기를 계속 보유하겠다"는 것이다. 미국에게 있어서 안보딜레마는 여전히 남아있는 것이다.

제로 대안에 대한 반대

글로벌 제로 대안(Zero option)에 대한 비판이 없는 것은 아니다. 많은 이들은 세계의 모든 핵무기가 파괴되었음을 검증하는 것이 지극히 힘들 것이라고 주장한다. 다른 이들은 설령 핵무기가 폐기되더라도, 그 기술은 여전히 남아서 다시 활용될 수 있음을 지적한다.

아울러 핵무기 없는 세상이 반드시 보다 안정적인 세상으로 귀결되는 것도 아니다. 재래식무기는 여전히 존재할 것이고, 이는 재래식 전력에서 압도적 우위를 점하는 미국에게 불균형적인 이점을 제공할 것이다. 실제로 브라운(Brown, 2007-2008)에 따르면 '테러와의 전쟁' 동안 몇몇 국가들이 핵무기개발을 시도한 것은 미국의 핵무기 때문이 아니라 미국의 재래식무기 때문이었다. 예를 들면, 비록 이라크와 아프가니스탄에서 핵무기가 사용되지 않았지만, 북한은 자신이 다음 차례라고 두려워했다. 따라서 북한이 핵무기를 개발하도록 추동한 것은 미국의 압도적인 재래식 전력에 대한 공포였을 수도 있다는 것이다. 그는 또한 만약 이란이 핵 프로그램을 가진다고 하더라도 중동에서의 미국의 존재가 초래하는 안보딜레마를 감안한다면 놀라운 일은 아닐 것이라고 주장한다.

이런 이유로, 브라운은 미국의 핵무기 숫자 감축은 잠재적 핵무기 국가의 행동에 미치는 영향이 거의 없을 것이라고 주장한다. 만약 국가가 핵무기를 포기해야 한다면 그 국가는 자국의 안보 우려가 핵무기 포기에 의해 악영향을 받지 않을 것이라는 확신이 있어야 한다. 그런 확신은 경제적 혜택, 외교적 수용, 지역안보 기제 및 안보 확약 등을 포함하는 긍정적, 부정적 강화 조치의 혼합에 의해 제공될 수 있다.

결론

분명한 사실은 제2차 세계대전이 막바지로 치닫던 와중인 히로시마의 운명적 하루 이후 핵확산은 세계적 현상이 되었고 그 결과 군사적, 정치적 관계가 변화했다는 점이다.

1985년 냉전의 절정기에 전 세계적으로 약 6만 5,000개의 핵무기가 있었던 것으로 추정된다. 그 이유는 두 초강대국이 서로 대등해지거나 심지어 앞지르기 위해 노력했기 때문이다. 오늘날에는 주요 핵보유국들이 자국의 핵무기를 급속히 감축시키면서 당시보다는 훨씬 적은 수의 핵무기가 존재한다. 2010년부터 2013년 사이에만 핵탄두 추정치는 2만 2,600개에서 1만 4,615개로 줄어들었다. 그 대부분은 미국과 러시아 간 주요 군축 협정들의 결과였다.

그러나 글로벌 제로 캠페인이 그 목적을 달성할 가능성은 높지 않다. 왜냐하면 주요 핵보유국들이 자국의 무기를 지속적으로 현대화하고 있고, 새로운 국가들이 핵클럽 가입을 시도하고 있기 때문이다. 확산을 제한하고 다른 비확산 조치들에 대한 국제적 지지를 확보하기 위해선 특히 미국과 러시아가 더 많은 핵탄두를 감축하는 모범을 보일 필요가 있다. 현재, 두 국가는 전 세계 핵탄두의 90%를 보유하고 있다. 국가들이 그들의 핵무기 보유량을 감축하고 폐기한다 하더라도 세계의 모든 핵무기가 파괴되었는지를 검증하는 일은 지극히 힘들다.

핵무기 추구의 이유는 국가마다 다를 수 있다. 그러나 근본적으로 그것은 안보와 관련된다. 여기서 위협의 인식은 반드시 핵과 관련된 것이 아니

글상자 9.5 글로벌 비확산 레짐의 발전

핵확산을 방지하기 위한 노력들은 일방적, 양자적, 지역적 및 세계적 조치 등 글로벌 비확산 레짐이라고 불리는 광범위한 방식을 포함한다. 몇 가지 중요한 시기들을 요약하면 아래와 같다.

- 핵확산을 통제하기 위한 최초의 시도인 바루크 계획(Baruch Plan)은 1946년에 유엔에 제안되었다. 이것은 미국과 소련 사이의 큰 견해 차이 때문에 실패하였다.
- 1957년에 핵물질의 평화적 사용을 감독하기 위해 IAEA가 유엔에 의해 창설되었다. 1960년대 중반까지 IAEA는 원자력의 평화적 사용을 보장하기 위한, 안전조치(safeguards)로 불리는, 포괄적인 감시 체제를 시행하기에 이르렀다. 유럽공동체(European Community)는 1958년에 유럽원자력공동체(European Atomic Energy Community)를 창설함으로써 독자적인 성공적 안전조치 체제를 도입하였다.
- 1959년에 남극조약(Antarctic Treaty)이 남극지방에서의 모든 핵폭발과 핵폐기물의 투기를 금지하였다.
- 1963년에 소련, 영국 및 미국은 부분핵실험금지조약(PTBT: Partial Test Ban Treaty)에 합의하였다. 이 조약은 대기권, 수중 및 우주 공간에서의 핵무기 시험을 금지하였다. 이후 실험은 지하에서 시행된다.
- 1967년에 라틴아메리카핵실험금지조약(Treaty for the Prohibition of Nuclear Weapons in Latin America)이 통과되었다.
- 1968년에 채택된 핵확산금지조약(NPT)이 1970년에 발효되었다.
- 1972년에 미국과 소련은 전략무기제한협정(SALT: Strategic Arms Limitation Treaty)에 서명했는데, 이는 배치될 수 있는 반탄도미사일 숫자를 제한하기 위한 것이었다.
- 1987년에 중거리핵미사일폐기조약(INF: Intermediate Nuclear Force Agreement)이 중거리 미사일의 사거리를 제한하였다.
- 1993년에는 제2차 전략무기감축협정(START: Strategic Arms Reduction Treaty II)이 ICBM에 각개유도다탄두(MIRV)의 탑재를 금지하였다.
- 2002년의 모스크바협정(Moscow Treaty)은 러시아와 미국이 냉전의 절정기에 보유했던 핵전력의 수준에서 20% 감축을 명문화하였다.
- 2010년의 new-STRAT는 러시아와 미국의 핵 보유를 각각 1,550개의 실전 배치 전략 탄두로 제한하였다.

포괄적핵실험금지조약(CTBT)과 관련된 협상은 여전히 진행 중이다. 이 조약은 1996년에 UN에서 통과되었는데 아직까지 완전히 비준되지는 않았다. 그리고 분열물질의 생산을 제한하기 위한 분열물질금지조약(FMCT: Fissile Material Cut-off Treaty)도 마찬가지이다. 다른 반확산 조치들은 2004년에 채택된 UN 안보리 결의안 1540, 즉 대량살상무기(WMD)를 획득하려는 개인, 기업 및 다른 행위자들에 대한 제재를 포함한다. 마찬가지로 핵물질의 불법적 거래를 방지하려는 국제적 협력의 노력을 개선하려는 규정들도 계속 자리매김하고 있다.

라 재래식무기와 관련된 것일 수도 있다. 이라크와 아프가니스탄에서 미국의 핵무기는 사용되지 않았다. 그러나 재래식 전력에서의 미국의 압도적 우위는 북한과 이란으로 하여금 핵 프로그램을 개발하도록 추동하는 데에 충분했을 수 있다.

분명한 점은 냉전종식 이후 주요 강대국들에 의한 확산 방지가 더욱 어려워졌다는 것이다. 이는 그들이 제공했던 안보우산의 중요성이 약화되고, 무기의 확산이 점진적이지만 지역화됨으로써 국제사회가 통제하기가 더욱 힘들어졌기 때문이다.

요점

1. 핵무기는 1945년 이후 사용된 적이 없지만, 국가 간 관계의 성격을 근본적으로 변화시켰다.
2. 냉전 동안 핵무기에 의해 제기된 공포, 특히 MAD 원칙은 두 초강대국 사이에 일정 정도의 안정성을 부여하였다.
3. 냉전종식 이후에 확산이 수직적(기존 국가 내에서)인 것에서 수평적(새로운 국가나 테러리스트 등의 비국가 행위자와 관련한)인 것으로 이행될 것이라는 우려가 제기되어 왔다.
4. 어떤 이들은 확산이 안정성을 증가시킬 것이라고 믿는 반면, 다른 이들은 이에 동의하지 않고 핵무기의 확산을 멈출 방법을 찾는다.
5. 비확산 레짐이 성공적이기 위해서는 (안전 보장, 외교적 수용 및 경제적 혜택 등의) 긍정적 요인과 (외교적 고립, 군사적 위협 및 경제제재 등의) 부정적 요인의 조합이 필요할 것이다.

추천도서

Pant, H. (ed.) *Handbook of Nuclear Proliferation*, New York: Routledge, 2012.

Sagan, S. and Waltz, K. *The Spread of Nuclear Weapons: A Debate Renewed* (2nd ed.), New York: Norton, 2003.

Schlosser, E. *Command and Control: Nuclear Weapons, the Damascus Accident, and the Illusion of Safety*, London: Penguin Press, 2013.

Waltz, K. 'Why Iran Should Get the Bomb. Nuclear Balancing Would Mean Stability', *Foreign Affairs*, vol. 91, no. 4, July/August, 2012, 2–5.

Wesley, M. 'It's time to scrap the NPT', *Australian Journal of International Affairs*, vol. 59, no. 3, September, 2005, 283–299.

10장 재래식무기 국제거래

브루스 필빔(Bruce Pilbeam)

글상자 10.1 '죽음의 상인'

국제 무기거래에 있어서 가장 중요하고, 두드러진 인물들 중의 일부는 무기밀매인들이다. 이들은 대가를 받고 사실상 어떤 구매자에게든지 거의 모든 형태의 군사 장비를 제공할 준비가 되어 있다. 현대 모든 밀매자들 중에 가장 악명 높은 이는 바우트(Viktor Bout)이다. 러시아 출생의 무기거래업자인 그는 무기와 다른 군사 장비를 수송하기 위한 비행기를 오십 대 이상 운영하였다. 그는 아프가니스탄의 탈레반부터 라이베리아의 테일러(Charles Taylor) 및 리비아의 카다피 대령에 이르기까지 누구에게나 무기를 제공한 것으로 알려지고 있다. 이런 혐의 때문에 2000년에 당시 영국 외무부 아프리카 담당 차관이었던 헤인(Peter Hain)은 그를 세계의 '가장 중요한 제재방해자(sanction-buster)'이자 '죽음의 상인(merchant of death)'이라고 지칭했다. 2012년에 바우트는 미국정부가 테러리스트 조직으로 지정한 콜롬비아 그룹에 무기를 판매한 혐의로 미국 법원에서 25년 형을 선고받았다. 그러나 바우트의 수송기들이 미국이 주도한 2003년의 침공 직후에 미국정부가 이라크)에 군사 장비를 보내는 데에 사용되었고, 마찬가지로 소말리아 같은 국가에 유엔 평화유지군을 보내는 데에 사용되었다는 사실은 이 세계에서 도덕(과 정치)의 경계선이 얼마나 불분명한지를 잘 보여준다. 국가와 다른 공적 행위자들도 그들의 목적을 충족시킨다면 종종 바우트 같은 인물과 함께 일하기를 선호하기 때문에 마찬가지로 비난받는다.

서론

그 파괴력 때문에 핵무기와 그 확산에 안보연구의 주의가 집중되는 것은 놀라운 일이 아니다. 그러나 제2차 세계대전 이후의 분쟁에 있어서 핵무기가 사용된 경우가 없다. 반면 이후 수십 년간 재래식무기는 전 세계적으로 수천만 명의 살상에 책임이 있다. 정부만이 아니라, 모든 행위자들 — 반란 그룹부터 군벌 및 '테러리스트들'까지 — 이 자신들의 목적 달성을 위해 재래식 형태의 무기에 의존한다. 그리고 국가 및 비국가 행위자들은 재래식무기를 '합법적' 전쟁에서만이 아니라 고문과 집단 학살에 이르기까지 전반적인 인권침해를 저지르는 경우에도 사용한다. 아울러 많은 재래식무기들의 정교함과 치명성의 향상은 재래식무기와 핵무기와 같은 소위 대량살상무기(WMDs) 사이에 뚜렷한 구분이 지극히 힘들게 되었다는 점을 의미한다.

이런 이유 때문에, 재래식무기의 거래를 이해하는 것은 현대 국제안보를 이해하는 데에 필수적이다. 그러나 무기거래 자체에 주목하기 전에 재래식무기의 의미와 중요성에 대해 보다 숙고해볼 필요가 있다.

세계의 선호 무기들

재래식무기란 무엇인가? 재래식무기의 의미를 긍정적이 아니라 부정적으로 정의하는 것이 좀 더 용이할 것이다 — 즉, 아닌 것이 무엇인지를 정의하는 방식으로 말이다. 따라서 가장 간단한 방법은 WMD — 생물학, 화학 및 핵무기(9장에서 논의된 것처럼) — 에 속하지 않는 모든 무기를 재래식무기로 구분하는 것이다.

그러나 재래식무기를 이런 방식으로 정의하는 것은 매우 애매하다. 재래식이라는 제목 하에 포함될 수 있는 무기의 유형에 대해 보 다 잘 이해하기 위해서는 유엔 재래식무기등록제도(UNROCA: United Nations Register of Conventional Arms)를 살펴볼 필요가 있다. 이 제도는 1991년에 무기거래 영역에 있어서 더 많은 투명성을 제공하기 위해 만들어졌다. 이런 목적을 위해 UN 회원국들은 이 제도에 다음과 같은 일곱 가지 범주의 재래식무기의 수출입에 대한 자세한 정보를 제공하도록 되어 있다.

I. 전차(Battle tanks)
II. 전투장갑차(Armoured combat vehicles)
III. 대구경 포병시스템(Large-calibre artillery systems)
IV. 전투기(Combat aircraft)
V. 공격 헬리콥터(Attack helicopters)
VI. 전함(Warships)
VII. 미사일(Missile)과 미사일 발사대(launcher)

위의 일곱 가지 범주에 속한 무기들은 UN에 의해 가장 '공격적'인 유형의 재래식무기로 분류된 것이다. 따라서 이것이 전체를 포함하는 목록은 아니다. 가장 중요한 점은 소형무기 — 개인에 의해 사용될 수 있는 것으로 정의되는 무기 — 는 이들 범주에 등장하지 않는다는 것이다. 물론 국가들은 자발적으로 이들 무기를 무기거래 보고서를 UN에 제출할 때 추가할 수 있다.

소형무기와 관련하여 글상자 10.2는 소형무기 및 경화기(SALW: Small Arms and Light Weapons) — 관련된 탄약 및 폭발물과 함께 — 로 종종 구분되는 범주에 속할 수 있는 무기의 유형을 정리한 1997년 UN 보고서의 목록을 보여준다. 여기에는 회전식 연발권총(revolvers)과 소총(rifles)부터 수류탄과 지뢰까지 포함된다. 물론 이 목록에도 중요하게 빠진 것들이 있다. 왜냐하면 여기에는 오직 현대 무기만 포함되기 때문이다. 따라서 이는 곤봉, 나이프 및 칼 등 인류 역사를 통틀어 개인에 의해 사용되어 왔던, 그리고 오늘날 특히 개발도상국들 세계의 분쟁에서 계속하여 사용되는 다른 많은 무기 종류들이 존재한다는 사실을 간과한다.

SALW와 관련하여 가장 중요한 점은 고도의 전쟁 무기, 예를 들면, 전차, 제트 전투기 및 미사일 시스템 등은 가장 비싼 것 — 가끔은 수십억 달러 — 들이지만, 세계의 여러 분쟁에서 가장 많은 사상자를 발생시키는 것은 종종 상대적으로 간단한 무기들이라는 것이다. 따라서 그 특징과 영향에 대해 좀 더 상세하게 살펴볼 필요가 있다.

소형무기 및 경화기의 특징과 영향

독립 연구기관인 스몰 암스 서베이(Small Arms Survey)에 따르면, 오늘날 세계에는 약 8억 7,500

글상자 10.2 소형무기, 경화기, 탄약, 폭약

(1) 소형무기

① 회전식 연발권총과 자동장전 권총(self-loading pistols)

② 소총과 카빈총(carbines)

③ 기관단총(sub-machine-guns)

④ 돌격용 자동소총(assault rifles)

⑤ 경기관총(light machine-guns)

(2) 경화기

① 중기관총(heavy machine-guns)

② 휴대용 언더배럴 부착식 유탄발사기(hand-held underbarrel and mounted grenade launchers)

③ 휴대용 대공포(portable anti-aircraft guns)

④ 휴대용 대전차포, 무반동총(portable anti-tank guns, recoilless rifles)

⑤ 휴대용 대전차 미사일 및 로켓 시스템 발사기(portable launchers of anti-tank missile and rocket systems)

⑥ 휴대용 대공 미사일 시스템 발사기(portable launchers of anti-aircraft missile systems)

⑦ 100mm 미만 소구경 박격포(mortars)

(3) 탄약 및 폭발물

① 소형무기 탄약통(cartridge) 또는 원형 탄창(rounds)

② 경화기의 포탄(shells) 및 미사일

③ 1회용 대공 및 대전차 미사일 또는 포탄 장착 이동식 컨테이너

④ 대인 및 대전차 수류탄(hand grenades)

⑤ 지뢰

⑥ 화약류

UN 소형무기에 관한 정부 전문가 패널 보고서(1997)

출처: www.un.org/depts/ddar/Firstcom/SGreport52/a52298.html

만 개의 SALW가 있다 (*Small Arms Survey*, 2014). UN 추정에 따르면 SALW가 매년 35만에서 50만 명의 사망자와 100만 명 이상의 치명적이지 않은 부상을 초래한다. 이들 사망과 부상이 모두 무력 충돌에서 발생하는 것은 아니다. 많은 숫자가 범죄 행위와 자살의 결과이다. 그럼에도 불구하고, 전 세계적으로 폭력 행위의 결과로 발생하는 민간 사상자의 90% 이상이 SALW 때문에 초래된다.

SALW를 대형무기와 구분할 수 있는 중요한 방법 중의 하나는 소유권자의 측면에서 보는 것이다. 대부분의 전차, 군함 및 전투기들은 국가가 보유하는 반면에, SALW의 4분의 3 이상은 비국가 행위자가 보유하고 있다. 이들 과반수는 개인이지만, 여기에는 군벌, 반란군, 범죄조직 및 민간군사안보기업 등이 포함된다. 이 외에도 다양한 특징이 SALW와 대형무기를 구분하게 한다. SALW는 상대적으로 저렴하고, 유지보수가 용이하고, 휴대가 더욱 용이하다. 마지막 특징이 매우 중요한데 그것은 숨기기가 훨씬 용이하다는 점이다. 따라서 이들 모든 특징은 대형무기보다 SALW의 통제와 규제가 더욱 어려운 문제가 제기될 수밖에 없음을 의미한다.

SALW는 안보, 분쟁 및 분쟁 후 상황의 관점에서 다수의 특별한 어려움들을 발생시킨다. SALW의 높은 가용성은 종종 특히 가난한 국가에서 분쟁의 지속에 영향을 주는데, 그 이유는 전차나 전투기를 감당하거나 획득할 수 없는 저항군과 반란군들조차도 보편적으로 훨씬 용이하게 소형무기를 획득할 수 있기 때문이다. 그리고 주로 SALW로 수행되는 전쟁에는 그것을 사용할 전투원보다 더 많은 무기가 존재할 수 있다. 바로 이 점이 어린 군인(child soldiers, 전투에 참여하도록 강요당하는 어린이)의 문제와 직결된다. 그들은 매우 쉽게 무기를 보유하게 되고 소형무기 사용법을 배울 수 있다. 다른 중요한 문제는 분쟁 상황에 개입하는 외부의 행위자들 — 구호요원부터 평화유지군에 이르기까지 — 이 빈번하게 SALW로 인한 충격을 받는다는 점이다. 마지막으로 SALW는 분쟁 후 재건과 관련하여 중요한 문제를 수반한다. 이 과정에서 가장 중요한 단계 중의 하나인 분쟁 행위자들의 무장 해제는 SALW가 넘쳐나는 사회에서는 극도로 어려워질 수 있다. 마찬가지로 분쟁 동안의 대인 지뢰 사용의 유산은, 최근 수십 년간 많은 아프리카국가 사례에서 보듯이, 대인 지뢰가 전쟁이 종식된 지 오랜 세월이 지난 후에도 사람들을 살상시킨다는 것이다. 이는 전쟁에 짓밟힌 사회를 재건하는 일이 얼마나 힘든 것인지를 보여준다.

현대 국제 무기거래

무기가 최신의, 가장 선진화된 다양성을 지닌 것이든, 아니면 수세기 된 기술을 바탕으로 한 비교적 간단한 것이든 상관없이, 많은 국가 — 그리고 비국가 행위자들 — 는 스스로 제조할 수 없든지 아니면 다른 이들로부터 구매하는 것이 싸거나 쉽다고 판단할 수 있다. 이 때문에 무기의 국제거래가 발생한다.

글로벌 시장에서 무기를 판매하는 것은 새로운 일이 아니다. 그러나 이 거래는 변화하였고 지난 수년간 다양한 방식으로 진화하였다. 예를 들면, 제2차 세계대전 직후 수십 년간 선진국들의 개발도상 세계와의 무기거래는 지난 분쟁에서 남겨진 이미 낡은 군사 장비의 제공으로 이뤄졌다. 1980년대가 되자 개발도상 세계의 국가들은 가장 최신 무기체계를 요구하여 받기 시작하였고, 그들은 현재도 그렇게 한다.

또 다른 중요한 전개는 최근 거래의 확대는 주로 세계화와 경제적 자유화라는 두 축에 의해 촉진되어 왔다는 것이다. 자유시장과 규제완화를 수용하는 세계적 추세의 일환으로 경제 활동의 다른 부문에서의 장벽과 제한이 낮춰지고 용이해진 것과 마찬가지로, 무기거래에 있어서도 같은 현상이 발생하였다. 마찬가지로, 정보통신 기술의 발전은 보다 빠르고 용이한 매매가 이뤄질 수 있도록 하였고, 교통의 발달 — 지상, 해상 및 항공 — 은 무기의 물리적 인도에 큰 기여를 하였다.

아울러 현대 무기거래를 이해하는 데 중요한 점은 냉전종식의 함의이다. 냉전 동안에는 미국과 소련이라는 두 초강대국들이 국제 무기거래의 지배적 행위자였다. 왜냐하면 우방 국가에 무기를 제공하는 일이 두 나라에게는 자신들의 전략적 이해를 강화하고 증진시키는 데에 중대하다고 간주되었기 때문이다. 따라서 자국의 영향권에 대하여 두 나라는 군사 장비의 주 수출국이 되었다. 그 과정에서 두 나라는 주요 동맹국을 확보하기 위해 이런 수출에 매우 많은 보조를 하고 낮은 이자의 금융을 제공할 준비가 되어 있었다. 또한 두 나라는 여러 경우에 있어서 그들이 무기를 제공하던 정권의 성격 — 그 정권이 얼마나 부패하거나 억압적인지에 상관없이 — 에는 눈을 감았다. 그들의 내부 정치에 대한 우려는 냉전 갈등에서 최우선적 중요성이 부여된 충성도에 비해 대체로 부수적인 것으로 치부되었다.

결과적으로 냉전의 종식은 글로벌 무기거래에 있어서 중요한 변화, 특히 많이 불리한 상황으로의 변화를 가지고 왔다. 부분적으로 이는 국제적 긴장의 완화에 대한 대응으로 전 세계 군비지출이 감소하였기 때문이다 (비록 몇몇 국가들, 특히 미국은 1990년대를 통틀어 가장 높은 수준의 국방비를 유지했지만). 그러나 이는 또한 우방 국가에게 무기를 저렴하게 공급하던 소련이 더 이상 존재하지 않고, 미국도 그렇게 할 긴급한 필요를 느끼지 못했기 때문이었다.

그러나 판매액의 측면에서 냉전종식 직후 시기는 일시적인 문제로 봐야 할 것이다. 왜냐하면 21세기에 무기거래액은 다시 상승 추세에 접어들었기 때문이다. 그럼에도 불구하고, 이런 증가의 원인은 냉전 시기 무기거래를 추동했던 원인과는 매우 다르다. 군비 증가를 설명하는 요인 중의 하나는 2001년 미국에 대한 9·11 테러리스트 공격과 이어서 시작된 테러와의 전쟁으로 초래된 세계적 불안이다. 그러나 이와 동시에 세계의 많은 지역 — 라틴 아메리카, 아시아, 아프리카 및 중동 — 에서는 내부 분쟁이 지속 및 확산되고, 이와 함께 비서방국가의 경제적, 정치적 권력이 강화되면서, 모든 종류의 무기의 획득에 대한 요구를 증가시키게 되었다.

구체적으로 현대 무기거래의 규모와 특징은 무엇인가? 이 부문에서 정확한 정보를 얻기는 힘들다. 왜냐하면 여러 국가들이 무기 수출의 정의와 산정을 다르게 하고, 또한 모든 국가가 정보를 완전히 공개하는 것이 아니기 때문이다 (예를 들어, 중국은 공식적 수치를 제공하지 않는다). 위에서 이미 다룬 것처럼 UN은 주요 무기거래 등록제를 유지하고 있지만, 실제로 모든 회원 국가가 모든 거래를 다 등록하지 않고 있고 소형무기는 자발적 신고의 차원에서만 포함되고 있다.

그러나 많은 연구소들이 무기거래를 파악하고 가능한 정확하게 그 규모에 대한 추정치를 제공하기 위해 노력한다. 이런 자료 중 가장 주목할 만한 것은 스톡홀름국제평화연구소(SIPRI: Stockholm International Peace Research Institute)의 경우인데, 이 연구소는 글로벌 무기거래의 모든 측면에 대한 연구를 출판한다. 이 연구소에 따르면 냉전종식 직후의 깊은 침체기를 거쳐 2002년부터 거래가 빠른 속도로 성장하여 왔다. SIPRI의 추정에 따르면 양적 측면에서 주요 재래식무기의 거래는 2002년부터 2006년 사이에 24% 증가하였고, 2007년부터 2011년 사이에 다시 24% 증가하였다 (SIPRI, 2012).

2008년에 시작된 글로벌 경제침체는 몇몇 국가들이 대응책으로 국방비를 축소하면서 분명 무기거래에도 영향을 미쳤다 — 예를 들면, 이 부분에서의 감축이 다수 유럽국가들 긴축 프로그램의 일부였다. 그러나 동아시아, 북아프리카 및 중동의 다른 국가들은 방위비 지출을 지속하거나 증가시키고 있어서 무기 판매 총량은 급감하지 않았다.

거래의 절대적 규모를 이해하자면 오늘날 글로벌 재래식무기 수출의 총 가치는 700억 달러에 달한다. 이런 규모 때문에 재래식무기의 판매 및 구매가 국제무역의 가장 큰 부문 중의 하나가 된다. 동시에 그 규모만큼이나 흥미로운 것은 이들 무기의 주요 수출 및 수입 당사국들이다.

표 10.1은 두 범주에 있어서 상위 10개 국가를 보여준다. 수출 면에서 미국은 유일한 최대 수출국으로서 세계 전체 수출의 30% 정도를 차지한다. 실제로 미국의 주요 방위산업체 — 록히드 마틴(Lockheed Martin), 보잉(Boeing) 및 노스롭 그루먼(Northrop Grumman) — 는 세계에서 가장 거대한 회사에 속한다. 러시아는 전체 수출의 26%를 차지하는 두 번째 거대 수출국인데, 이는 냉전 시기에 존재했던 측면 중 최소 하나는 완전히 변화하지 않았음을 보여준다. 왜냐하면 과거 냉전 시기 두 경쟁국이 여전히 재래식무기 거래의 과반수를 차지하기 때문이다.

이 숫자들이 보여주는 또 다른 흥미로운 점은 만약 프랑스, 영국 및 중국의 판매를 미국과 러시아의 수출에 합산하면 세계 무기 수출 전체의 70% 이상을 차지하게 된다는 것이다. 이들 다섯 나라가 UN 안전보장이사회(Security Council)의 상임이사국이기 때문에, 국제평화와 안보의 유지를 핵심적 사안으로 다루는 이 조직에 가장 큰 영향력을 가진 국가들이 실상은 전쟁을 위해 세계를 무장시키는 데에 가장 큰 책임을 가진 국가라고 얘기할 수 있다.

이들 국가가 누구에게 무기를 판매하는가? 그 양식은 시간에 따라 상당히 변화하여 왔다. 1950년대와 1960년대에는 유럽이 미국 수출의 가장 큰 단일 시장이었다. 그러나 1980년대에 이르러 개발도상국가들 — 아프리카, 아시아, 특히 중동 — 이 가장 중요한 시장으로 바뀌었다. 표 10.1은 오늘날 아시아국가들이 재래식무기의 가장 큰 구매자임을 보여준다. 즉 인도, 중국, 파키스탄, 한국 및 싱가포르가 상위 다섯 국가이다. 실제로, SIPRI는 모든 아시아국가들의 무기 수입을 합치

표 10.1 주요 무기 수출입 상위국, 2008~2012년

수출국	세계 점유율(%)	수입국	세계 점유율(%)
1. 미국	30	1. 인도	12
2. 러시아	26	2. 중국	6
3. 독일	7	3. 파키스탄	5
4. 프랑스	6	4. 한국	5
5. 중국	5	5. 싱가포르	4
6. 영국	4	6. 알제리	4
7. 스페인	3	7. 호주	4
8. 이탈리아	2	8. 미국	4
9. 우크라이나	2	9. 아랍 에미리트	3
10. 이스라엘	2	10. 사우디아라비아	3

출처: Stockholm International Peace Research Institute (SIPRI), *SIPRI Yearbook 2013: Armaments, Disarmament and International Security*, Summary of chapter on International arms transfers, http://www.sipri.org/yearbook/2013/05.

면 세계 전체의 44%에 이른다고 추정한다. 무기거래에 있어서 이 지역의 중요성이 증가하는 이유는 여러 가지로 설명될 수 있다. 여기에는 이들 국가가 최근에 해적이나 다른 범죄와 싸우는 노력을 기울이고 그들 사이의 영토 분쟁에도 대처하는 상황도 포함된다. 더 광범위하게 보자면, 이 현상은 인도처럼 이 지역 내 국가들의 (정치적, 경제적) 권력의 신장과 자국의 군사력을 확장하고 현대화하려는 수요를 나타낸다.

무기거래의 두 측면: 합법과 불법

글로벌 무기거래를 한 층 더 깊게 이해하기 위해서는 무기의 판매와 구매가 합법적 방식과 불법적 방식 두 가지로 이뤄지고, 합법 시장과 불법 시장 사이에는 현격한 차이가 있다는 점을 이해하는 것이 중요하다. 다음에서 논의되는 것처럼, 이들 시장은 완전히 분리된 것이 아니기 때문에 무엇이 합법적, 그리고 불법적 거래를 구분하게 하는지를 이해할 필요가 있다.

합법적 무기거래

합법적 무기 이전의 주요 수령자는 국가이다. 모든 국가는 자국의 군대와 경찰력을 무장시키기 위해 재래식무기를 구매할 권리를 지닌다. 따라서 대부분의 경우에 국가 간 무기거래는 정당한 거래의 일부로 간주된다. 주요 예외 상황은 나중에 설명하는 것처럼 해당 국가에 금수 조치가 부여된 경우이다. 그러나 금수 조치가 실행되는 상황이 아니라면 국가는 대체로 원하는 어떤 종류의 재래식무기(국제조약에 의해 금지된 경우가 아니라면)

도 자유롭게 구매할 수 있다.

그러나 합법적으로 무기 구매가 허용되는 주체가 국가에 국한되는 것은 아니다. 비록 시민 개인이 탱크나 미사일을 구매하도록 허용하는 나라는 소수이지만, 여러 곳에서 권총이나 소총을 구매하는 것은 전적으로 합법이다. 물론 사적 총기 소유권과 관련된 법조항은 크게 다양하다. 예를 들어, 영국의 경우 소형화기 소지는 법에 의해 매우 제한되지만, 미국에서 사적 개인을 위한 총기 소유권(미국 헌법에 근원을 둔다)은 보다 광범위하여 일반 미국인이 군대급 공격용 무기를 보유하는 것도 합법적이다. 어쨌든 사적 개인에 의한 합법적 총기 소유권은 전 세계적으로 만연하다.

외국에 무기를 합법적으로 판매하기 위해서 무기 생산업체는 특정 고객에게 무기를 팔도록 허용하는 자국 정부가 발행한 수출승인서와 함께, 구매자가 서명한 최종 사용자 증명서가 있어야 한다. 그러나 이 과정이 획일적이지는 않다. 왜냐하면 각국이 수출승인서와 관련하여 개별적인 규칙과 규정을 가지고 있기 때문이다 — 어떤 국가의 정부는 수출업자에게 새로운 판매 계약을 체결할 때마다 새로운 승인서를 취득하도록 하는 반면, 다른 국가에서는 무기 수출업자가 정해진 기간 동안에는 판매 시마다 새로운 승인을 취득할 필요 없이 특정한 고객에게는 무제한으로 판매할 수 있도록 허용한다.

앞에서 경제적 자유화가 무기거래에 큰 도움을 주었다고 지적한 바 있다. 그러나 이는 무기의 합법적 거래가 어떤 의미에서도 순수 자유시장과 유사한 방식으로 작동한다는 의미는 아니다. 특히 주요 무기 생산 국가의 군수산업체들은 해당 국가 정부가 크게 지원하고, 장려하고, 보조금도 지급한다. 예를 들어, 무기 생산 국가의 정부들은 빈번하게 무기박람회(arms fairs)의 조직에 간여하면서 구매자와 판매자 사이의 접촉을 촉진시키려 노력한다. 그러나 이것으로 그치는 것이 아니다. 러시아에서는 국영기업인 로소보로넥스포르트(Rosoboronexport)가 러시아의 모든 무기의 수출과 수입을 관장하는 중개자로 활동한다. 마찬가지로 미국에서는 국방부가 외국 정부에 군사무기(및 관련 서비스와 훈련)의 판매를 촉진하는 중개인 역할을 하는 대외군사판매(FMS: Foreign Military Sales) 프로그램을 운영한다. 이런 경우 무기 제조사는 자신들이 생산하는 무기의 구매자들과 직접적으로 접촉하지 않고 국가가 그 거래를 확보하도록 한다.

그런데 정부는 자국의 군수산업체에게 판매와 시장개척 이상의 도움을 준다. 그들은 거액의 재정적 지원을 통해 군수산업체들을 보증한다. 보조금에는 다양한 형태가 있는데, 직접 지원, 연구개발 자금 지원 및 수출신용(export credit) 등이 포함된다. 이런 종류의 예로 다음을 들 들 수 있다. 2012년 7월에 러시아정부는 15억 루블(rouble)을 자국 군수산업체가 은행으로부터 빌린 돈에 대한 이자를 갚을 수 있도록 지원하였다. 영국의 무기거래 반대운동(CAAT: Campaign Against Arms Trade)은 영국정부가 7억 파운드를 매년 영국의 무기 수출 보조금으로 사용했다고 평가하였다 (CAAT, 2011). 군수산업체에 대한 지원에는 해외 구매자에 융자와 신용거래를 제공하는 간접적 형태도 포함된다. 예를 들어, 2003년에 미국정부는 매우 낮은 금리로 폴란드정부에 38억 달러의 차관을 제공하여 록히드 마틴에서 생산한 F-16 전투기를 48대 구매할 수 있도록 하였다.

불법적 무기거래

무기의 불법 거래는 두 가지 형태의 시장 — 암시장(black market)과 회색시장(grey market) — 으로 구성된다. 암시장에서의 거래는 자체가 불법적이고, 국가 또는 국제법을 위반하는 것이다. 대조적으로 회색시장에서는 엄밀히 말하자면 구매자, 판매자 및 중개자가 불법적으로 행동하지 않는다. 대신 그들은 허점을 이용하고 규정을 회피하는 방법을 찾는다. 즉, 그들은 비록 법 조항을 위반하지는 않더라도 그 정신을 위반하는 것일 수 있다. 이런 특징 때문에, 이 두 시장의 규모를 정확히 평가하는 것은 어렵다. 한 추정에 따르면 소형무기의 불법 거래 시장의 규모는 합법 시장의 10~20%에 이른다 (*Small Arms Survey*, 2002). 암시장과 회색시장의 주요 행위자는 국제 무기거래상인데, 그들은 세계의 분쟁 지역 다수의 배후에서 발견된다. 글상자 10.3은 그들의 역할이 냉전 시기와 탈냉전 시기에 어떻게 달라졌는지를 설명한다.

암시장은 불법적 거래와 관련되기 때문에 정부의 공식적 허가 없이 운영된다. 또한 부패한 정부 관리들이 여기에 간여하기도 한다. 암시장은 합법적 시장에 접근을 할 수 없는 이들이 활용한다. 국가의 경우 보통 무기 구매를 금지하는 공식적 금수조치가 시행되고 있기 때문이다. 다른 다수의 행위자들도 합법적으로 무기를 구매하지 못하도록 제한될 수 있다. 예를 들면, 테러리스트로 지정되는 경우가 그런데, 이들 역시 암시장에 들어오

글상자 10.3 **국제 무기밀매: 냉전부터 탈냉전 시기까지**

서두의 글상자 10.1은 글로벌 무기거래에 있어서 국제 무기밀매자들의 역할을 소개하였다. 냉전은 이런 인물들이 많이 활동하게 하였는데, 그 이유는 두 초강대국들이 자국에 의존하는 국가들과의 무기거래를 비밀리에 성사시킬 제3의 중개인이 필요했고 그러한 필요성을 중개인들이 이용했기 때문이었다. 두 나라가 종종 무기를 매우 부패하고 권위주의적 정권에 제공했기 때문에 두 나라 공히 정치적, 대중적 주시를 회피할 필요를 가졌다.

그러나 냉전의 종식이 국제 무기밀매자들의 기회가 사라짐을 의미하지는 않았다. 예를 들면, 칼라슈니코프(Kalashnikov, 러시아제 자동소총 – 역자 주)부터 탱크에 이르기까지 정치체제가 붕괴된 구 공산권 국가들의 시장으로부터 쏟아져 나온 잉여 군사무기 및 장비는 이 밀매자들에게 또 다른 기회를 제공했다. 즉 그들이 그것들을 세계에 재분배했던 것이다. 아울러 비록 많은 무기밀매자들이 무기 수요를 충족시키기 위해서 UN의 금수조치와 제재를 회피하는 노력을 해야 했지만, 1990년대에 확산된 국가 내 분쟁(특히 앙골라, 소말리아 및 시에라리온)도 이들이 막대한 이득을 취할 수 있도록 만들었다.

게 된다. 소형무기가 암시장에서 가장 흔하게 거래된다. 그리고 불법적 무기밀매가 이뤄지지 않는 분쟁다발 지역은 거의 없다.

회색시장은 암시장보다 훨씬 클 가능성이 있다. 왜냐하면 — 비록 회색시장의 거래가 다수의 윤리적 문제를 제기하지만 — 회색시장 자체가 법률을 위반하지 않기 때문이다. 회색시장의 거래는 냉전 동안 확산되었다. 왜냐하면 미국과 소련 두 나라 모두 우호적 국가에 비밀리에 무기를 제공했기 때문이다. 예를 들어, 미국은 공산주의의 확산을 봉쇄하기 위한 노력의 일환으로 남미의 다수 권위주의 정권을 이런 방식으로 지원하였다. 자국민들에게 끔찍한 인권침해를 자행한 독재자를 지원하는 도덕성의 문제점 때문에, 이러한 무기거래는 심지어 불법이 아닌 경우에도 비밀리에 이뤄졌다. 오늘날 국가는 회색시장에서 계속하여 역할을 수행하는데 다른 국가나 비국가 행위자에게 무기를 제공하는 것이 외교정책 의제에 부합하는 경우에, 그들이 무기를 제공하는 대상의 윤리적 지위가 미심쩍으며, 그들이 대중과 미디어의 감시를 회피하고자 할 때 그렇게 한다.

무기거래의 합법적, 불법적 시장의 차이에도 불구하고 그 양자는 긴밀하게 연결된 것이 사실이다. 대부분의 무기는 주요 무기 생산업체에 의해 합법적으로 제조된다. 따라서 그들 무기는 합법적 공급과정의 일부로 처음에 참여하게 된다. 나중에 그들 무기는 암시장과 회색시장에 들어가게 되는 것이다. 이는 절도(생산업체 자체, 군과 경찰력, 또는 개인으로부터의), 불법적, 기만적 판매(대부분 위조 서류를 활용하여), 그리고 전장에서의 무기 회수 등 다양한 방식으로 발생한다. 심지어 무기거래에 참여하는 주요 국가와 기업들이 자신들의 무기를 합법적으로 판매하더라도 이들 무기가 재판매되거나 국제법에 의해 무기의 획득이 금지된 제3자에게 이전되는 경우가 빈번히 발생한다.

옹호자와 비판자들

이 시점에서 무기거래를 어떻게 인식해야 하는지에 대해 보다 면밀히 검토할 필요가 있다. 대부분의 미디어와 학술적 관심이 집중되는 것은 무기거래의 부정적 측면이라는 점은 확실하다. 그러나 무기거래에 대한 비판자들만 있는 것이 아니라 옹호자들도 존재한다. 따라서 무기거래를 옹호하는 입장에서 제시될 수 있는 주장 중 몇 가지를 살펴볼 필요가 있다.

- 국가는 전통적 안보위협의 측면에서 정당한 우려를 가질 수 있다 — 즉 그들은 폭력으로 자신들을 위협하는 내부적 혹은 외부적 세력, 국가 또는 비국가 행위자들에 직면해 있을 수 있다. 국제 무기거래 없이 다수의 국가가 그런 위협으로부터 자국과 국민들을 보호하는 데 필요한 수단을 생산할 수 없을 수 있다. UN헌장 51조에 따르면 국가는 개별적, 그리고 집단적 자위(self-defence)권을 가진다. 이런 맥락에서 국제법은 정부에 의한 강압력의 사용을 허용한다. 무기거래가 없다면 많은 국가는 이 권리를 행사할 수 없게 된다.
- 경제가 또 하나의 요인일 수 있다. 무기거래는 세계적으로 수백억 달러 가치를 지니기 때문에, 이는 다수의 직업, 심지어 다수의 마을과 도시

가 여기에 의존한다는 것을 의미한다. 대기업들과 어두운 무기밀매자들이 거액을 그들의 활동으로부터 벌어들인다고 비난하는 것은 쉬운 일이지만, 다수의 보통 사람들 또한 생존을 위해 그런 거래에 의존하고 있음을 알아야 한다.

- 또 다른 주장은 평등의 관점에서 제기될 수 있다. 앞에서 살펴본 것처럼, 세계 무기의 주요 공급자는 주요 강대국들이다. 그런데 만약 강대국들이 다른 국가에게 무기 판매를 금지당한다면, 결과는 이들 소수가 군사 기술의 많은 분야에서 더욱 독점력을 공고히 하고 그들이 이미 보유한 군사적 우위의 장점을 더욱 확대하는 것이 될 것이다. 이렇게 질문을 할 수 있다. 왜 부유하고 강력한 국가들에게만 가장 정교한 무기의 보유가 허용되어야 하는가?
- 국가 아닌 다른 그룹에 의한 무기의 사용도 어떤 경우에는 옹호되어질 수 있다 — 예를 들어, 압제적 정권을 전복하기 위한 반란이나 혁명에서 사용되는 경우, 한 국가를 외부의 지배로부터 해방시키려는 독립운동의 경우가 여기에 해당된다. 최소한 몇몇 분쟁에 있어서는 심지어 비국가 행위자에게 무기를 제공하는 행위도 정당화될 수 있다.
- "총은 사람을 죽이지 않는다. 사람이 사람을 죽이는 것이다." 총기 소유권 로비 집단인 전미총기협회(NRA: National Rifle Association)의 유명한 이 구호는 화기 자체는 누구도 죽이지 않는다는 점을 강조하려는 의도를 담고 있다. 즉 그것을 다루는 사람이 그 사용의 결과에 대한 책임이 있다는 것이다. 따라서 비판가들이 어떠한 죽음과 고통을 무기거래의 책임으로 돌리더라도, 그 옹호자들은 그런 비판이 부적절하다고 주장할 것이다 — 정말로 책임이 있는 사람들은 무기 자체나 그것을 생산하고 판매하는 사람들이 아니라 국가의 고용인이거나 테러리스트와 반란군과 같은 행위자이든지 그것을 사용하는 사람들이다 (아래에서 논의하는 것처럼, NRA와 같은 그룹은 부분적으로 이런 논리에 기반을 두고 국가 내부의 총기규제 법규만이 아니라 글로벌 무기거래를 제한하는 법령에도 반대한다).

이 논쟁의 다른 한 쪽에서 무기거래의 비판자들은 이런 옹호 의견에 대한 대응으로 많은 주장을 제기할 수 있다. 앞에서 본 것처럼, 단지 제2차 세계대전 이후의 시기만 보더라도 재래식무기는 전 세계적으로 수백만의 사망에 간여하였고, 현재도 간여하고 있다. 이 중 소화기가 가장 큰 원인 제공자이다. 비판자들에게는 이런 사상자가 의심할여지 없이 가장 큰 우려이다. 그러나 이 모든 것이 글로벌 무기거래의 책임은 아니다 — 특히 주요 강대국을 비롯한 많은 국가들이 자국 군사 장비에 대한 수요를 자국 산업으로부터 충족시키기 때문이다. 그렇다면 국제 무기거래에 가해지는 비판은 구체적으로 어떤 것인가?

- 무기거래는 분쟁에 기름을 붓는다. 무기거래 자체가 분쟁의 원인이라고 주장하기는 매우 힘들다. 다른 장에서 논의한 것처럼 분쟁은 단일 요인에 의해 설명될 수 있는 경우가 극히 드물다. 그러나 글로벌 무기거래와 분쟁의 관계에 대한 약간의 증거가 존재한다 — 예를 들어, 사하라사막 이남의 분쟁에 대한 한 연구는 무기거래가 전쟁 가능성의 증가를 전망할 수 있는 중요한 변수라는 점을 확인하였다 (Craft and Smaldone, 2002). 그러나 무기거래가 분쟁을 더 발생시키는지 여부와 관계없이 그것이 분쟁 기간과 강도

를 증가시킨다고 주장될 수 있다. 아마도 가장 충격적인 상황은 무기 생산 국가가 양측에 무기를 제공하는 것이다 — 예를 들어, 오래 지속된 이란-이라크(1980년부터 1988년까지)전쟁 동안 영국과 미국을 포함한 많은 국가들이 양측에 무기를 공급하였다. 마찬가지로 오늘날 가장 긴박한 갈등 중의 하나인 인도와 파키스탄 사이의 분쟁에서도 동일한 무기거래자들이 두 나라에 무기를 판매하여 왔다.

- 독재자를 지원한다. 권위주의적이고 억압적인 정권에 의해 지배되는 국가에 대한 무기 판매는 그 지배자들이 권력을 유지하게 해준다. 왜냐하면 그것은 정권에게 내부 불만세력을 억압하고 인권남용을 자행할 수 있는 수단을 제공하기 때문이다. 예를 들면, 2011년에 시리아 반군이 아사드(Bashar al-Assad) 정권 — 언론의 자유와 같은 시민권을 침해하고 고문과 집단 학살을 자행한 책임이 있는 정권 — 에 대해 봉기를 개시한 이후 그 정권은 부분적으로는 러시아로부터의 무기 공급이 지속되었기 때문에 정권의 전복을 막아낼 수 있었다. 독재자들에게 물리적 억압의 수단을 제공하는 것 외에도 그들에게 무기를 판매한다는 것은 그들에게 일정한 정당성을 부여한다는 의미이기도 하다. 그렇게 함으로써 그들은 국제사회에서 자국의 합법적 통치자로서 인정된다는 것을 암시하게 되는 것이다.
- 발전을 저해한다. 보다 가난한 국가들이 발전과 관련하여 직면한 가장 큰 문제 중의 하나는 경제를 강화하고, 기반시설을 현대화하고, 교육과 보건 등의 서비스를 개선하는 등의 노력을 무력분쟁이 방해한다는 것이다. 심지어는 무기거래가 분쟁의 원인이거나 그것에 기름을 붓는 여부에 상관없이, 발전을 위해 필요한 분야에 투여될 자원들을 가지고 국가가 무기 구매를 하도록 유도한다는 비난을 받을 수 있다. 예를 들면, 세계에서 가장 가난한 국가 중 하나인 짐바브웨는 기대 수명이 40세 이하이고 식량 부족과 후천성 면역결핍증후군(HIV/AIDS) 등의 심각한 문제가 만연함에도 불구하고 전투기, 장갑차 및 다른 무기들을 해외 특히, 짐바브웨에 대한 가장 큰 공급자인 중국으로부터 구매하는 데에 수억 달러를 쓴다.
- 무기거래는 경제적 혜택이 아니라 심각한 경제적 문제를 초래한다. 무력충돌에서 비롯되는 파괴와 생명의 손실은 그런 분쟁이 발생하는 나라에 많은 경제적 비용을 발생시킨다. 그런데 무기거래가 무기 생산 국가의 시민들에게도 많은 부정적 영향을 미친다고 주장할 수 있다. 그런 정부들이 종종 이 분야에 막대한 보조금을 지급하고 이를 그 나라 납세자들이 부담해야만 하는 경우가 이미 관찰되어 왔다. 이 외에도 비판자들은 높은 수준의 낭비, 심지어는 뇌물과 가격담합 등이 만연한 부패가 군수산업의 특징이라고 비판한다. 세계적인 반부패 비정부기구(NGO)인 국제투명성기구(TI: Transparency International)의 연구에 따르면, 과반수의 정부는 자국 국방부 내의 부패를 방지하기 위해 최소한의 노력만 하고 무기의 구매, 판매 및 분배에 있어서 정부의 역할이란 측면에서 책임성이나 투명성의 제고를 위한 노력을 거의 하지 않는다(Transparency International, 2013). 마찬가지로 이에 대한 비용을 지불하는 것은 결국 세계의 일반 시민들이다.
- 무기거래는 무기 공급 국가에 대해 또 다른 방식으로 보다 심각한 부정적 영향을 미칠 수 있다. 그들이 인도한 무기가 결과적으로 나쁘게 돌아올 수 있는 것이다. 예를 들면, 1980년대에 미국은 아프가니스탄의 무자헤딘(Mujahideen)

전사들이 소련의 점령에 대항하여 싸울 수 있도록 무기를 제공하였다. 그러나 후에 이들 세력 중 탈레반이 등장하여 9·11 이후 테러와의 전쟁에서 미국의 가장 중요한 적이 되었다. 마찬가지로, 북대서양조약기구(NATO)가 2011년에 리비아에 군사적 개입을 실시하였는데, 이에 대항하는 카다피 대령의 정권은 사실 과거에 이탈리아, 프랑스 및 영국을 포함한 NATO 회원국들에 의해 무장을 하였다. 더구나 합법적 및 불법적 무기 시장의 구분이 분명하게 고정된 것이 아니라는 점에서 원래의 구매자와 상관없이 결과적으로 누구의 손에 무기가 들어갈 것인지는 분명하지 않다 — 아마 그들이 사용하는 무기를 제공한 바로 그 국가를 목표로 하는 '테러리스트'의 손에 들어갈 수도 있다.

무기거래의 통제와 규제: 과거, 현재 그리고 미래

최근까지도 무기거래는 세계적으로 합의된 표준이나 규정에 의해 관리되지 않는다는 점에서 대부분의 국제통상 영역과는 구분되어 왔다. 실제로 옥스팜(Oxfam)의 2012년 연구에 따르면, 무기거래보다 바나나 거래와 관련된 국제 규정이 더 많았다 (Oxfam, 2012). 역설적이게도 아마 장난감 총이 실제 총보다 더 꼼꼼한 수출입 통제의 대상일 것이다.

그런데 2013년에 국제 무기거래조약(ATT: Arms Trade Treaty) 협상이 타결되어 100개 국가 이상이 서명하면서 상황은 변화하기 시작하였다. 그러나 이 조약과 그 영향을 살피기 전에 이전 상황을 먼저 고려하는 것이 유용할 것이다.

이전에 존재하던 규정을 보면, 시간이 흐르면서 진전된 것은 국가적, 지역적 및 국제법과 조약의 조각보와 마찬가지여서 일관성 있는 종합적 체제를 가지지 못하였다. 각국은 무기의 수출입과 관련하여 고유한 법규와 행동양식을 가지는데, 그들 사이에는 큰 차이가 존재한다. 바로 이 점이 인도의 합법성 혹은 불법성에 상관없이 무기의 통제를 극히 복잡하게 한다. 또한 불법적 무기밀매를 추적하고 처벌하려는 의지는 국가마다 큰 차이가 있다.

국제적 수준에서 무기 판매와 구매에 관한 가장 강력한 규제는 무기 금수 조치였다. 이 조치는 UN과 같은 국제기구나 개별 국가에 의해 부과되는데, 특정 국가(또는 다른 행위자)에 대한 무기 판매를 금지한다. 이 조치가 발동이 되는 경우는 해당 국가가 심각한 인권유린의 혐의가 있거나 국제평화 및 안보에 심각한 위협을 제기한다고 판단되는 경우에 해당한다. 금수 조치는 해당 국가의 억압적이거나 위협적인 행동에 필요한 수단을 제한하고 — 보통 다른 제재와 병행하여 — 그들의 전반적인 행동을 변화하도록 압박하기 위한 의도를 가진다.

냉전 시기에는 거의 활용되지 않았던 금수 조치는 이후에 보다 빈번하게 실행되어 왔다. 2011년 현재 UN이 부과하고 있는 금수 조치는 13개, 그리고 유럽연합(EU)이 부과하고 있는 조치는 19개이다 (SIPRI, 2012). 예를 들어, UN은 2006년 북한의 핵실험 이후 북한이 핵 프로그램을 폐기하도록 하기 위해 금수 조치를 부과하였다. 보다 최근인 2011년에는 미국과 EU가 시리아정부의 자국민에 대한 폭력 행사에 대해 그런 내부적 탄압을 중단시키려는 의도로 금수 조치를 부과하였다.

금지 조치는 테러리스트, 반란군 및 군벌과 같은 비국가 행위자들에게도 유사하게 적용되어 그들은 종종 금지 구매자 목록에 오른다. 예를 들어, 유엔 안전보장이사회(Security Council)는 (1999년부터) 탈레반과 알카에다, 그리고 그들과 연계된 개인 및 조직에 대해 무기의 수출을 금지하는 다수의 결의안을 통과시켜 왔다. 그리고 다수의 정부가 이들 및 다른 조직에 대해 비슷한 목록을 가지고 있다.

무기 금수 및 금지 조치의 중요한 약점은 그것이 빈번하게 처벌로 이어지지 않고 광범위하게 위반된다는 점이다. 하나의 문제는 이런 조치들이 약하게 또는 최소한으로 실시된다는 점이다. 왜냐하면 종종 국제사회가 충분히 강력하게 이들 조치를 실행하고 감시하는 데 필요한 자원을 투여하는 데에 소극적이기 때문이다. 또 다른 중요한 문제는 이런 위반에 책임이 있는 것이 단순히 무기밀매자들만이 아니라 국가도 마찬가지라는 것이다. 실제로 한 연구는 여태까지 부과된 모든 금수 조치는 무기 수출 국가에 의해 조직적으로 위반되었음을 시사한다 (Moore, 2010). 예를 들어, 중국은 북한과 수단에 대한 UN의 금수 조치를 어겼다고 비난 받아왔는데, 모든 주요 무기 생산 국가들도 금수 조치와 관련하여 유사한 비난을 받아 왔다.

재래식무기의 획득이 허용되는 행위자에 대한 이러한 제한 조치 외에 몇 십 년 동안 생산, 거래 및 사용이 허용되는 유형(*type*)에 대한 통제가 존재하여 왔다. 글상자 10.4는 이런 측면에서 재래식무기에 가해진 제한과 관련된 두 개의 주요 국제 조약의 자세한 내용을 보여주는데, 이들은 지뢰, 소이 무기(불로 목표물을 없애는 무기 – 역자 주) 및 레이저의 사용을 금지하거나 제한하는 목적을 가지고 있다. 그러나 여기에도 중대한 문제들이 존재한다.

첫째, 마찬가지로 검증과 집행의 문제가 있다 — 많은 경우에 있어서 제한 조치의 준수를 보장하는 국제적 행위자들의 감시가 미약하다. 모든 조약과 마찬가지로 집행에 대한 서명국의 의미 있는 확약이 없으면 조약은 한 장의 종이에 불과하다.

둘째, 조약은 그것을 비준한 국가에만 적용된다. 이는 불가피하게 조약의 효과성을 제한한다. 왜냐하면 비준을 하지 않은 국가들은 조항의 적용을 받지 않기 때문이다. 예를 들어, 대인 지뢰를 금지한 1997년의 오타와협약(Ottawa Treaty)의 경우 다수의 주요 무기 생산(및 구매) 국가 — 러시아, 중국, 미국 및 인도 포함 — 가 비준하지 않았다.

셋째, 이들 조약은 제한된 범주의 무기만 다룬다. 포함된 무기의 다수는 놀랍고 끔찍한 효과를 가지는 것이지만, 포함된 무기에는 일정 정도의 선택성과 임의성이 존재한다. 보다 직설적으로 얘기하자면, 지뢰에 의해 폭파되는 것이 기관총에 의해 찢기거나 마체테(machete, 날이 넓고 무거운 칼 – 역자 주)에 의해 난도질당해 죽는 것보다 더 나쁜 것인가? 이 조약들이 완전하고 보편적으로 준수된다고 하더라도, 이 조약들이 '허용되는' 재래식무기의 사용으로부터 초래되는 많은 무력 충돌의 공포를 제거할 수는 없다.

지역 수준에서도 재래식무기의 확산과 오용을 통제하기 위한 다양한 노력들이 전개되어 왔다. 하

글상자 10.4 특정 재래식무기 사용을 금지하거나 제한하는 주요 국제조약

재래식무기와 관련한 가장 중요한 국제조약들 중 하나는 UN의 "과도한 상해 또는 무차별적 효과를 초래할 수 있는 특정 재래식무기의 사용금지 및 제한에 관한 협약(Convention on Prohibitions or Restrictions on the Use of Certain Conventional Weapons which may be deemed to be Excessively Injurious or to have Indiscriminate Effects, 보통 특정 재래식무기금지협약[CCW]을 약칭으로 사용)"이다.

CCW 협상은 1980년에 시작되었는데, 이후 몇 차례에 걸쳐 수정되고 많은 내용이 추가되었다. 애초에 이 조약에는 51개국이 서명하였으나, 현재 서명국은 109개국이다 (물론 모든 국가가 모든 부분에 서명하지는 않았다). 이 조약은 특정 유형의 재래식무기로부터 군인과 민간인을 보호하려는 목적을 가진다. 전체 제목에서 알 수 있듯이 이런 무기는 '과도한 상해'를 초래하거나 '무차별적 효과'를 가지는 것이다. 이 조약의 운영 조문은 강령으로 불리는 아래와 같은 5개의 조항에 포함된다.

- 강령 I: 인체에 검출 불가능한 파편(금속이나 유리의 미세한 조각처럼)을 남기는 무기 금지
- 강령 II: 지뢰, 부비 트랩(booby trap) 및 다른 장치의 (금지가 아닌) 사용 제한(예를 들면, 지뢰는 반드시 명확히 표시된 지뢰밭에 설치되거나 일정 기간이 지난 후에 자가 파괴 또는 자가 비활성화 장치를 가져야 한다. 분쟁이 종식된 후 영토를 관장하는 정부가 지뢰를 제거할 의무를 지닌다.)
- 강령 III: 화염방사기와 같은 소이 무기의 (금지가 아닌) 사용 제한(예를 들면, 이는 민간인에 대해 사용하면 안되고, 삼림 및 다른 초목은 군대가 위장의 목적으로 사용하는 경우에만 목표가 될 수 있다.)
- 강령 IV(1995년 추가): 눈을 멀게 하는 목적으로 설계된 레이저의 사용 금지, 그리고 서명국들이 다른 레이저 무기가 영구적 실명을 초래하지 않도록 모든 노력을 기울이도록 의무화
- 강령 V(2003년 추가): 불발탄, 수류탄 및 폭탄 등 전쟁 잔류 폭발물(explosive remnants of war)의 제거. 강령 II의 지뢰의 경우와 마찬가지로, 분쟁이 종료된 후에 이들 무기의 통제는 그 무기가 발견된 영토를 관할하는 국가에 귀속됨.

또 다른 주요 조약은 대인 지뢰의 사용, 비축, 생산, 이전 금지 및 폐기에 관한 협약(Convention on the Prohibition of the Use, Stockpiling, Production and Transfer of Anti-Personnel Mines and on their Destruction, 또한 오타와협약 또는 대인지뢰금지협약으로 불림)이다. 이 협약은 1997년에 체결되었고 현재 서명국이 161개 국가이다. CCW는 지뢰에 대한 제한만 부과하는 반면, 이 조약은 그 생산과 사용을 전면적으로 금지한다.

나의 사례로 2000년에 아프리카통일기구(OAU: Organisation of African Unity) 회원국들에 의해 채택된 "소형무기 및 경화기의 불법적 확산, 유통 및 밀매에 관한 아프리카의 공동 입장에 관한 바마코선언(Bamako Declaration on an African Common Position on the Illicit Proliferation,

Circulation and Trafficking of Small Arms and Light Weapons"을 들 수 있다. 이후 아프리카연합(AU: African Union) — OAU의 후계 기구 — 이 아프리카 전역에 걸쳐 바마코선언을 이행하기 위한 전략의 개발을 모색하여 왔다. 바마코선언에 포함된 아이디어 중 일부는 모든 회원국이(기존에 없는 나라들이) 다음과 같은 법령을 채택하는 것이다. 여기에는 SALW의 불법적 제조와 밀매의 불법화, 이들 문제를 다루는 법 집행기관의 능력 신장 및 다른 국가들과의 협력과 조정 강화, 합법적으로 획득된 무기의 책임관리, 불법 무기의 자진 포기 촉구, 잉여 또는 구식 무기 재고가 위험한 손에 들어가지 않도록 하기 위해 폐기 등이 포함된다. 소지역의 수준에서 다른 무기통제 합의들이 채택되어 왔는데, 하나의 예가 남아프리카개발공동체(SADC: Southern African Development Community)이다.

이러한 지역적(및 소지역적) 노력의 배경에 있는 근거는 비록 세계적 수준에서 실패하더라도 재래식무기의 확산과의 싸움에서 진보를 촉진하자는 것이었다. 아울러 아프리카의 기구들이 이 문제에 노력을 기울이는 것은 특별한 의미가 있다. 왜냐하면 바로 이 지역이 다수의 현대 무력분쟁이 분출되는 곳이기 때문이다. 그러나 이런 접근법에 두 가지 한계가 존재한다. 첫째, 아프리카와 같은 지역의 중요한 문제는 많은 국가들이 효과적인 무기통제 프로그램을 실행하는 데 필요한 자원을 가지고 있지 않다는 것이다. 둘째, 무기거래가 세계적 현상이기 때문에 지역적 접근이 성취할 수 있는 것도 그만큼 제한적이다.

기존 조약과 지역적 접근법의 결함과 한계를 고려할 때, 보다 광범위한 무기통제를 염두에 두는 사람들의 주요 목표는 세계적 수준의 ATT가 채택되는 것이었다. 이런 주요 흐름은 2001년에 시작된 UN의 "소형무기 및 경화기의 불법 거래에 관련한 모든 측면을 다루는 회의(UN Conference on the Illicit Trade in Small Arms and Light Weapons in All Its Aspects of that year)"에서 비롯되었다. 이후에 ATT를 향한 요구는 특히 NGO 네트워크 — 옥스팜, 국제사면위원회(Amnesty International) 및 소형화기 국제 네트워크(IANSA: International Action Network on Small Arms)를 포함한 무기통제연합(CAC: Control Arms Coalition)의 일부로 활동하는 단체들에 의해 촉진되었다.

2006년에는 이런 조약의 가능성이 UN 내에서 심각하게 논의되기 시작하였고, 총회에서의 숙고를 거친 후 사무총장이 정부 전문가그룹(GGE: Group of Governmental Exports)을 발족시켜서 어떠한 조항들로 구성해야 하는지를 조사 및 연구하게 하였다. ATT를 위한 공식적 협상은 2012년 7월에 뉴욕회의에서 시작되었는데, 여기에는 전 세계 대표들이 참석하였다. 오랜 협상을 거친 후 — 그리고 2013년 3월의 또 다른 회의를 거쳐 — 결국 조약의 최종본에 합의가 이뤄졌고 이는 2013년 4월 2일 총회에서 채택되었다. 2014년 6월 현재, 이 조약에서 118개국이 서명하였고 40개 국가가 비준하였다. 조약의 발효를 위해서는 50개국의 비준이 요구되고, 오직 그렇게 될 때에만 발효될 것이다. 그 주요 조항은 글상자 10.5에 제시되어 있다.

무기통제 지지자들에게 ATT의 창출은 커다란 전진을 의미한다. 그 장점은 다음과 같다. 그것은 상대적으로 광범위한 재래식무기들을 다룬다. 그리고 그것은 (무기 판매 규제와 감시를 포함하여) 수출 국가들에게 몇 가지 중요한 의무를 부여한다. 아울러 그것은 억압적인 정권과 테러리스트와 같이 위험한 비국가 행위자들이 무기를 획득할 능력을 제한할 수 있다. 마지막으로 그것은 (연례보고서의 형태로) 투명성을 제고시킬 수 있다. 아마도 가장 중요한 것은 역사상 처음으로 그것이 재래식무기 거래와 관련된 구속력이 있는 국제표준을 수립한다는 간단한 사실이다.

물론 이 조약은 분명한 약점을 가진다. 첫째, 조약이 다루는 내용에 빈틈이 있다 — 특히 UN 재래식무기등록제도의 범주에 포함되지 않는 것 또는 무엇이 SALW로 간주되어야 하는지를 포함하여. 예를 들면, UN 등록제도는 지원 장치 및 차량(이동과 급유를 위한 것들) 또는 '무인 전투기(drone)'와 같은 가장 최신의 기술적 발전을 다루지 않는다. 둘째, 통제와 감시 책임의 많은 부분이 국가 스스로에 부여되어 있기 때문에 얼마나 독립적인 검증이 이뤄질 수 있는지에 대한 문제가 제기된다. 셋째, 조약의 조항들과 문구가 만들어진 방식이 무기 수출 국가들이 조항들을 회피할 수 있는 구멍을 만들 수도 있다. 예를 들면, 판매가 조약의 조항을 위반했는지를 판단(무기가 심각한 인권침해를 자행하는 데에 사용될 것 같은 상황)함에 있어서, 국가가 반드시 적용해야 하는 판단의 기준은 초래될 부정적 결과의 '우선적(over-riding) 위험성'의 여부를 결정해야 한다는 것이다. 그러나 우선적이라는 단어가 명확하지 않기 때문에, 위험성 수준의 평가는 기본적으로 국가 스스로의 판단에 근거하게 된다 — 만약 그들이 위험성을 제한적이고 최소한이라고 판단한다면 무기의 구매자가 무기를 금지된 목적에 사용했다는 점이 드러나더라도 판매 국가가 판단을 잘못했다고 직면해야 하는 처벌(만약에 있다면)이 무엇인지 확실하지

글상자 10.5 무기거래조약(2013)

ATT는 앞에서 언급한 UN 재래식무기등록제도에 포함된 일곱 개 범주의 재래식무기와 SALW의 거래에 적용된다. 가장 중요한 조항들 중의 일부는 국가로 하여금 다음과 같은 것을 요구한다.

- 국경을 넘나드는 무기의 통제를 위한 기본적인 법적 장치를 채택하고 그 준수를 보장하기 위한 감시 체제 구축
- 국제평화와 안보를 위협할 수 있는 이전의 불허
- 국제 의무 — 예를 들면, UN 무기 금수 조치 및 제네바협약(Geneva Conventions)과 같은 조약의 준수 — 를 위반할 수 있는 이전의 불허
- 의도적 민간인 살상, 인종 청소 또는 집단 학살 등의 심각한 인권침해를 자행하는 정권에 무기 판매 금지
- 테러리스트나 국제범죄 조직 등의 비국가 행위자에게 무기 판매 금지
- 직접 판매한 당사자 외의 다른 행위자에게 무기가 양도되는 것을 방지하는 조치 실시
- 조약에 해당되는 무기 수출입의 구체적 내용과 조항들을 어떻게 실천했는지를 다루는 연례 보고서 제출

출처: www.un.org/disarmament/ATT/docs/Draft_ATT_text_27_Mar_2013-E.pdfa

않게 된다.

그러나 ATT의 성공에 가장 중요한 장애는 글로벌 무기거래의 큰 비중을 차지하는 주요 무기 수출입 국가들이 조약을 결코 비준하지 않을 수 있다는 점이다. 2014년 6월 현재, 영국, 프랑스 및 독일이 조약을 비준하였으나, 중국, 러시아, 인도, 이스라엘 및 미국은 비준하지 않았다.

이들 비준하지 않는 국가들 중 다수는 비준에 반대하는 국내적 의견과 함께 조약에 대한 이견을 가지고 있다. 이 점을 설명하기 위해서는 가장 큰 무기 수출 국가인 미국의 입장을 들여다볼 필요가 있다. 비록 미국 케리(John Kerry) 국무장관이 2013년에 ATT에 서명했지만 미국 상원(채택에 필수인)은 비준하지 않고 있다. 그 이유는 글로벌 무기거래조약의 채택은 미국인들의 무기 소유 권리의 국내적 축소로 이어질 것이라고 믿으면서 개인의 무기 소유 권리를 옹호하는 영향력 있는 다수의 이익집단 — NRA 포함 — 들이 조약에 반대하기 때문이다 (Smith, 2013). 비록 조약 지지자들은 ATT가 국내의 총기 권리에 영향을 주지 않을 것이라고 주장하지만, 이들 집단은 견고하게 반대한다. 총기 권리 주장 집단이 미국 내에서 중요한 정치적 영향력을 가지고 있기 때문에 미국 정치인들 사이에서 ATT의 비준에 필요한 지지를 획득하는 것은 불가능할지 모른다.

비준하지 않은 다른 국가도 비준이 가능하지 않게 하는 고유의 국내정치적 환경을 가지고 있다. 만약 ATT가 발효에 필요한 50개국의 비준이라는 목표를 달성하더라도, 여기에 세계에서 재래식무기를 가장 많이 수출하고 수입하는 국가들이 포함되지 않는다면, 최종 결과는 조약이 정말로 효과적이기 위해 필요한 세계적 범위를 결여하게 될 것이다.

결론

세상에 전쟁과 분쟁이 존재하는 한, 분명히 국제무기거래가 발생할 것이다. 이 거래의 성격은 고정적이지 않고, 21세기에는 재래식무기의 주요 수출입 국가도 변화할 것이다. 그럼에도 불구하고, 거의 확실한 것은 가까운 장래에 그것이 사라지지는 않을 것이라는 점이다.

합법적 무기거래의 경우, 옹호자들은 국가 — 금수 조치에 해당하는 국가 제외 — 가 원하는 모든 무기를 조달할 권리를 당연히 지닌다고 주장한다. 반면 비판자들은 이런 주장이 무기가 그 국가 내에서 살아가는 사람들에 가할 큰 피해를 무시하고, 심지어 애초에 '합법적' 행위자에 의해 구매되고 판매된 무기도 결국 매우 문제가 많은 소유자에게 들어갈 가능성이 있다고 지적한다. 그러나 국제 수준에서 통제하고 규제하려는 노력들은 여태까지 제한된 성공만을 거두었다. 보편적 지지를 획득할 수 있는 무기거래를 규제하는 체제를 구축하는 것이 어려운 이유 중의 하나는 여러 국가의 이익이 매우 다양하다는 점이다. 거래로부터 피해를 보는 국가는 보다 강하게 규제해야 한다는 입장을 가진다. 하지만 주요 무기 제조 국가들은 무기 수출로부터 큰 이윤을 거두는 것만 아니라 세계적 영향력도 얻기 때문에, 그들은 기껏해야 매우 가벼운 규제를 선호한다. 재래식무기의 거래를 주도하는 국가들은 매우 소수이다. 하지만 어떠한 무기통제조약도 그들의 동의가 없으면 성공하지 못할 가능성이 높다.

그러나 결국 무기거래도 고립적으로 생각되어질 수 없고, 국제관계의 큰 그림의 일부로 이해될 수 있다. 즉, 세계가 분쟁, 기아, 정치적 및 사회적 탄압, 그리고 국가 간 및 국가 내 권력 불균형으로 점철되기 때문에 무기거래는 최소한 현재의 형태로 존재한다. 무기거래 반대 운동을 하는 이들은 등식의 공급 측면에 주로 집중하여 무기를 생산하고 판매하는 정부와 기업을 보다 강력히 통제하고 규제하는 방법을 찾는 경향이 있다. 그러나 근본적인 해결은 동등한 관심이 최소한 수요 측면에도 주어질 때 가능하다 — 다른 말로 하면, 왜 국가 및 다른 행위자들이 애초에 무기를 획득하려 하는지를 고민해야 한다는 것이다. 물론 이는 분쟁의 뿌리 깊은 원인과 세계적인 정치적, 경제적 불평등 — 새로운 법과 규정을 통과시키는 것보다 더 어려운 작업이다 — 과 같은 이슈와 씨름해야 함을 의미한다.

요점

1. 재래식무기는 WMD 범주에 속하지 않는 무기로 정의될 수 있는데, 권총부터 전함까지, 특히 SALW는 전 세계적으로 대부분의 분쟁 사망자를 발생시키는 책임이 있다.
2. 국제 무기거래는 큰 산업이다 — 전 세계적으로 무기 수출은 연간 700억 달러 규모이다.
3. 무기거래에는 합법적 거래와 불법적 거래가 존재한다. 그러나 둘 사이의 경계는 고정적이지 않다 — 불법적으로 획득된 무기의 대부분은 전환되기 이전에는 애초에 합법적 거래의 일부로 세상에 나온다.
4. 무기거래에는 옹호자(예를 들면, 모든 국가는 자위를 위해 무장할 권리를 지닌다고 주장)와 비판자(무기거래가 분쟁에 기름을 붓고 고통을 확대하는 역할에 집중)가 있다.
5. 무기거래를 규제하려는 노력은 지금까지 제한적 성공만을 거두었다 — 2013년의 무기거래 조약은 이전의 어떤 조약보다 포괄적이기는 하지만, 그것이 발효를 위한 광범위한 지지를 충분하게 확보할 수 있는지는 지켜봐야 한다.

추천도서

Farah, D. and Braun, S. *Merchant of Death: Money, Guns, Planes, and the Man Who Makes War Possible*, Hoboken, NJ: John Wiley and Sons, 2007.

Feinstein, A. *The Shadow World: Inside the Global Arms Trade*, London: Hamish Hamilton, 2011.

Larsen, J.A. and Wirtz, J.J. (eds) *Arms Control and Cooperative Security*, Boulder, CO: Lynne Rienner Publishers, 2009.

Pierre, A.J. (ed.) *Cascade of Arms: Managing Conventional Weapons Proliferation*, Cambridge, Mass.: World Peace Foundation, 1997.

Stohl, R. and Grillot, S. *The International Arms Trade*, Cambridge: Polity Press, 2009.

11장 테러리즘

앤드류 모란(Andrew Moran)

글상자 11.1 테러리즘과 9·11의 여파

2001년 9월 11일에 알카에다가 주도한 미국에 대한 공격의 여파로, 국제 테러리즘에 대한 우려가 많은 서방국가들의 정치적 의제의 최대 현안으로 부상하였다. 미국의 독자적 대응은 테러에 대한 전쟁을 개시하는 것이었는데, 이는 아프가니스탄과 이라크 두 곳에서 인기 없는 전쟁을 수행하고 내부적으로는 자국 시민들에 대한 감시의 확대로 이어졌다. '잠입해있는 공산주의자(reds under the beds)'라는 냉전 시기의 우려는 증가하는 이슬람 극단주의자들로부터의 위협으로 대체되었다. 런던, 마드리드, 발리 및 다른 곳에서의 계속되는 공격은 많은 이들의 공포를 확인시켜주었다. 서방에 대한 테러리스트 공격 횟수는 이후 매년 감소하고 있지만, 많은 일반인들에게 테러리즘은 실재하는 위협으로 남아 있다.

서론

프랑스혁명은 종종 정치적 결과를 얻기 위해 폭력을 사용하는 수단으로서의 '테러'라는 단어가 처음 등장하는 사례로 인용된다. 그 당시 로베스피에르(Maximilien Robespierre)와 자코뱅파(Jacobins)가 소위 혁명의 적들을 집단 처형했던 '공포 정치(Reign of Terror, 1793년부터 1794년까지)'를 시작하였다. 그러나 그 이전에도 테러리즘으로 부를 수 있는 다수의 사례가 존재하여 왔다. 매년 11월 5일 영국은 1605년에 포크스(Guy Fawkes)와 그의 조력자들이 제임스 1세를 죽이고 영국 의사당을 폭파하려 했던 테러 공격의 실패를 기념한다. 다른 과거의 사례로는 로마제국에 대항한 이스라엘의 열심당(Zealots), 또는 인도의 암살단(Thugs) 등이 포함된다.

그러나 테러리스트의 정의 및 활동에 대해서는 논란의 여지가 남아 있다.

글상자 11.2 현대 테러리즘의 4가지 물결

라포포트(David Rapoport)에 따르면, 근대 역사에는 4가지 테러리즘 물결이 존재한다.

첫 번째 물결은 1880년대에 시작되었는데 러시아와 유럽의 무정부주의 활동이 대표적이다. 당시 테러리스트 그룹들은 대중들을 혁명가들로 바꾸겠다는 희망에서 왕족, 정치인 및 다른 저명인사들의 암살을 기도하였다. 초기의 이런 사례로는 1881년 3월 1일 인민의지파(Narodnaya Volya)에 의한 알렉산드르 2세의 암살이나 차르(Tsarist) 통치에 반대했던 소규모 러시아 입헌주의자 그룹인 인민의 의지(People's Will)가 있다.

두 번째 물결은 1920년대에 시작되어 1960년대까지 지속된다. 이 시기의 대표적인 특징은 식민 통치를 타도하려는 약소국들로 대표되는 강한 반식민주의 운동이다. 이 물결은 제2차 세계대전 이후 인도, 파키스탄, 인도네시아, 나이지리아, 케냐, 베트남, 사이프러스, 이스라엘 및 다른 지역의 독립운동을 통해 절정을 이루었다.

세 번째 물결은 1960년대에 시작되었는데, 당시에 신좌파(New Left)와 공산주의 그룹들이 부패한 정권의 전복과 빈부 간 불평등 증가를 변화시키려는 소위 '도시 게릴라(urban guerrilla)' 그룹의 공격으로 대표되는 테러리스트 공격을 감행하였다. 여기에는 서독의 바더-마인호프(Baader-Meinhof Group, 자본주의 타도를 목표로 했던 구서독의 테러집단 – 역자 주)단, 미국 내의 반베트남전쟁 그룹인 웨더맨(Weathermen), 그리고 라틴아메리카의 다수의 조직들이 포함된다.

마지막 물결은 1979년 이란혁명과 소련의 아프가니스탄 침공으로 시작되었다. 라포포트는 알카에다의 출범으로 절정에 달한 종교 테러리즘의 물결이 여기에서 탄생되었다고 주장한다(Rapoport, 2004).

테러리즘의 정의

슈미트(Alex Schmid)와 종맨(Albert Jongman)은 그들의 저서 『정치적 테러리즘(*Political Terrorism*)』에서 테러리즘에 대해서 구별될 수 있는 100개 이상의 정의가 존재하며 여기에는 '폭력', '정치적 목적', '대상의 무차별성' 그리고 '민간인의 피해'가 포함된다고 주장하였다 (Schmid and Jongman, 2005).

많은 시도에도 불구하고 유엔은 계속하여 하나의 정의에 합의하는 데에 어려움을 겪어 왔다. 2001년 9월 11일에 알카에다가 주도한 미국에 대한 공격(9·11로 지칭) 이후 UN은 테러리즘과 싸우기로 합의하였지만, 실제로는 무엇이 테러리즘인지에 대해 합의할 수 없었다. 일반적으로 사용되는 정의는 미국이 채택한 것인데, 이에 따르면 테러리즘은 "국가보다 하위의 그룹이나 비밀 조직에 의해 보통 청중에 영향을 미치려는 의도로 민간인에 자행되는 사전에 계획된, 정치적인 동기를 가지는 폭력"이다 (Title 22, United States Code, Section 2656f [d]). 이 정의는 사실 1776년에 시작된 미국독립전쟁(American War of Independence)에서 싸웠던 일부 미국 혁명가들에게도 적용될 수 있다.

어떤 사건에 대해서는 테러리스트 공격이라는 거의 보편적 합의가 도출되기도 한다. 그 좋은 예가 9·11인데, 이 사건에서는 19명의 남성이 비행기 4기를 납치하여 2기는 세계무역센터(World Trade Center) 건물에 충돌시키고 1기는 국방부(Pentagon)에 충돌시켰다. 아마 백악관 또는 의회를 목표로 했을 네 번째 비행기는 펜실베이니아 벌판에 추락하였다. 그 결과, 약 3,000명이 사망하였다. 이에 대한 국제적 비난이 절정에 달하여, 빈번하게 미국 외교정책에 대해 비판적이었던 프랑스 일간지 『르몽드(*Le Monde*)』 조차도 "우리는 모두 미국인이다(We are all American)"라고 선언하였다. 그러나 해먼드(Philip Hammond)의 지적처럼 어떤 이슬람교도들은 이 공격을 미국과 서방의 '제국주의적 힘'에 저항하는 이슬람의 '반격'이라고 간주한다 (Hammond, 2003: 83).

자주 인용되는 문구, "한 사람에게는 테러리스트가 다른 사람에게는 자유의 투사이다 (one man's terrorist is another man's freedom fighter)"는 매우 단순하지만 이 논쟁과 관련한 어려움을 잘 드러내준다. 정의들은 객관적이기보다는 주관적이라는 느낌을 주며, 한 국가의 국내정치에 의해 영향을 받는다. 예를 들면, 영국정부와 얼스터 충성파(Ulster loyalist, 영국 성공회와 정부를 지지하는 집단 – 역자 주)에게 아일랜드 공화국군(IRA: Irish Republican Army)이 수행하는 모든 폭력

글상자 11.3 아네르스 브레이비크 사례

2011년 7월 22일에 노르웨이 국적의 백인, 중산층인 아네르스 브레이비크(Anders Breivik)가 차량에 장치한 폭탄을 노르웨이 오슬로의 수상 집무실 밖에서 터뜨려서 7명의 공무원과 1명의 민간인이 사망하고 민간인 30명이 부상당했다. 두 시간 후 그는 우토야섬에서 노르웨이 노동당(Labour Party)과 연계된 청소년 캠프를 향해 총기를 난사하였다. 그는 총 77명을 살해하고, 75명을 부상시켰다.

그가 체포된 후 오래 이어진 재판 과정에서, 브레이비크의 행동이 정신이 온전한 사람이 저지를 수 있는지에 대한 논란이 이어졌다. 제1심 법원이 명령한 정신의학 감정 보고서에 따르면 그렇지 않을 수 있다는 것이었다. 그 이유는 그가 온라인 게임 문화와 우파 선전에 영향을 받아서 '망상형 조현병(paranoid schizophrenia)'에 시달렸다는 것이다. 그러나 이 보고서에 대해 반론이 집중되자 법원은 이례적으로 두 번째 보고서를 제출하도록 하였다. 이 보고서는 브레이비크의 정신이 온전했고, 최악의 경우에도 인격 장애를 표출한 것이라고 결론을 내렸다.

브레이비크 스스로는 자신의 행동이 유럽 내 이슬람 인구 증가가 초래한 위협에 대한 정당한 대응이라고 주장하였다. 아울러 그는 자신이 다문화주의와 좌파 정부 및 정치집단에 반대하는 비슷한 우파 활동가 네트워크의 일부라고 주장하였다. 즉 그는 정치적 이유 때문에 그런 공격을 감행한 것이다.

대부분의 사람들은 그의 행동을 미친 사람의 행동, 그리고 소위 독자적으로 행동하는 '외로운 늑대(lone wolf)'라고 여기지만, 그는 테러리스트로 분류될 수 있는가?

은 테러리즘이다. 그러나 IRA의 정치조직인 신페인당(Sinn Fein, 북아일랜드와 아일랜드공화국의 통합을 원하는 정당 – 역자 주)에게 이는 정당한 폭력이다. 많은 이스라엘 사람들에게 예루살렘에서 터지는 헤즈볼라(Hezbollah)의 자살폭탄이나 하마스(Hamas)의 정기적인 이스라엘 폭격은 테러리스트 행위이다. 그러나 많은 아랍 사람들에게 이스라엘은 가자와 서안지구의 땅을 불법 점령하고 팔레스타인 사람들을 공격하는 테러리스트 국가이다.

심지어 만델라(Nelson Mandela)도 남아프리카공화국의 백인 우월주의 집권당에 의해 테러리스트로 규정되었다. 그러나 세계의 많은 이들에게 그는 아파르트헤이트(apartheid, 인종차별)에 저항한 정당한 투쟁을 한 영웅이었다. 실제로 아프리카민족회의(ANC: African National Congress)의 존재는 인간안보에 대한 근본적인 문제를 제기한 것이었다. 누구의 안보가 더 중요한 것인가 — 그 나라를 통치하는 소수의 백인들, 아니면 2등 시민으로 규정되어 그에 따른 처우를 받는 다수의 예속된 흑인 대중들? 비록 ANC가 그 목적의 실현을 위해 대부분 대중 시위나 태업 등을 활용하였지만, 남아프리카공화국 백인들이 사용하는 영화관과 교회를 폭격한 것은 정당한 것인가?

마키아벨리(Niccolo Machiavelli)의 유명한 말처럼, 오늘의 적이 내일의 친구가 될 수도 있다. 만델라가 유일한 사례가 아니다. 다수의 테러리스트 지도자들이 국가 또는 정치적 집단의 지도자가 되었고, 테러리스트가 합법적 지도자가 됨에 따라 경계는 더욱 희미해진다. 북아일랜드의 부수상(Deputy First Minister)인 맥기네스(Martin McGuinness)가 좋은 사례인데, 그는 과거에 급진주의 IRA의 일원이었다. 베긴(Menachem Begin)과 샤미르(Yitzhak Shamir)는 1940년대에 각각 이르군(Irgun, 팔레스타인 지역에서 활동한 시오니즘 무장단체 – 역자 주)과 레히(Lehi, Fighter for the Freedom of Israel)를 이끌었다. 베긴은 혁명 그룹 파타(Fatah)의 지도자였던 팔레스타인 자치정부 수장 아라파트(Yassir Arafat)와 함께 노벨평화상을 수상하였다. 샤미르는 이후 이스라엘의 총리로 선출되었다.

호프만(Bruce Hoffman)이 가장 훌륭한 설명을 제공하는 것으로 볼 수 있는데, 그는 테러리즘이 "정치적 변화의 추구를 위해 폭력 또는 폭력의 위협을 통해 공포를 의도적으로 창출하거나 이용하는 것"이라고 주장한다 (Hoffman, 2006: 40).

이는 여러 형태를 가질 수 있다. 테러리즘의 심리적 공포는 사람들로 하여금 집을 나서고, 공공장소로 가거나 심지어 대중교통을 이용하는 것을 두려워하는 결과를 초래할 수 있다. 9·11공격 이후 미국에서는 항공기 이용객 숫자가 크게 감소하였다. 2005년 7월 7일에 있었던 런던 대중교통 체계에 대한 폭탄 공격 이후, 많은 이들이 걷거나 자전거를 이용하였다.

목표가 경제적인 것일 수도 있다. 예를 들어, 1992년과 1993년에 런던, 그리고 1996년에 맨체스터에서의 IRA의 트럭폭탄, 1993년과 2001년의 이슬람 극단주의자의 세계무역센터 공격, 그리고 2002년 발리 폭탄테러는 관광업을 목표로 한 것이었다.

테러는 정치적 암살의 형태로 이뤄질 수도 있다. 바더-마인호프단, 붉은 여단(Red Brigade)에 의한 암살, 1979년 IRA의 마운트배튼 경(Lord

글상자 11.4 테러리즘의 정의

호프만은 다른 행위와 테러리즘을 구분 짓는 특징으로 다음을 제시한다.

- 목적과 동기에 있어서 반드시 정치적임
- 폭력 — 또는, 마찬가지로 중요하게, 폭력의 위협
- 즉각적 희생자나 목표를 넘어서는 광범위한 심리적 파급효과를 가지도록 설계
- 식별할 수 있는 지휘계통 또는 공모 세포 구조를 지닌 조직(제복이나 식별할 수 있는 휘장을 착용하지 않은 구성원)에 의해 실시 그리고
- 국가보다 하위의 또는 비국가 행위자에 의해 자행

호프만은 "테러리즘은 권력이 없는 곳에서 권력을 창출하거나 매우 미약한 곳에서 권력을 집중시키기 위해 계획된다. 테러리스트들은 폭력으로 관심을 주목시켜, 지역적 또는 국제적 수준에서 정치적 변화에 영향을 미치기 위해 기존에 없던 지렛대, 영향력 및 권력을 획득하려고 한다"고 주장한다.

(Hoffman, 2006: 1–42)

Mountbatten) 암살, 같은 해 아일랜드 민족해방군(INLA: Irish National Liberation Army)의 니브(Airey Neve) 암살, 그리고 1994년에 실패한 영국 수상 대처(Margaret Thatcher)의 암살 기도 등이 여기에 해당된다.

또 다른 초점은 **군사적**인 것일 수도 있다. 여기에는 이라크와 아프가니스탄의 미군과 영국군에 대한 급조폭발물(IED: Improvised Explosive Devices)의 사용이나 알카에다가 주도한 1998년 미국 **구축함 콜**(*USS Cole*)과 2001년 국방부에 대한 공격이 해당된다.

초국가적 또는 글로벌 테러리즘과 민족 및 지역 테러리즘 사이에 구분을 하는 것이 중요하다. 여기에는 근본적인 차이가 존재한다. 윌킨슨(Paul Wilkinson)에 따르면 차별화될 수 있는 다수의 집단이 있다 (2006: 4). 우선 **인종-민족주의**(*ethno-nationalist*) 집단이 있다. 바스크(Basque) 분리주의자인 바스크 조국과 자유(ETA: Euzkadi Ta Askatasuna), 스리랑카의 타밀타이거(Tamil Tigers), 그리고 통일 아일랜드공화국의 탄생을 위해 노력하는 민족주의자(IRA와 같은)들을 그 예로 들 수 있다. **이데올로기 집단**의 예로는 1970년대와 1980년대에 신공산주의 국가의 창출을 위해 노력했던 이탈리아의 붉은 여단을 들 수 있다. **단일 이슈 집단**에는 지구해방전선(ELF: Earth Liberation Front)과 동물해방전선(ALF: Animal Liberation Front), 또는 미국 내의 반낙태 그룹이 포함된다. **종교적 그룹**에는 우간다의 신의 저항군(Lord's Resistance Army), 도쿄 지하철에서 사린 가스를 사용하여 집단 학살을 기도했던 옴진리교, 중동의 하마스, 그리고 당연히 알카에다가 포함된다. 이들 모든 그룹에서(알카에다는 제외하고), 테러리스트들의 요구는 민족적이거나 지역적인 것이다. 알카에다는 독특하게도 그 목적이 글로벌하다.

글상자 11.5 알카에다

알카에다는 사우디아라비아에서 태어난 빈 라덴(Osama bin Laden)이 아프가니스탄에 침공한 소련에 반대하기 위해서 1988년에 최초로 조직한 단체이다. 그러나 알카에다는 소련을 반대하는 목표를 넘어 무슬림 세계를 포괄하는 친이슬람 칼리프국가(caliphate)의 건설을 요구하기에 이르렀다. 이는 1990년~1991년 사이의 이라크의 쿠웨이트 침공 이후 중동에서 미국의 역할이 증대되는 것에 대한 반대도 포함하는 것이었다. 빈 라덴의 주장에 따르면 미국의 중동 관여와 서방의 영향력 증대는 그가 '변절자(apostate)'로 명명한 부패한 무슬림 정권들을 지원하는 것이었다. 1998년 2월에 알카에다는 "유대인과 십자군에 대항하는 성전을 위한 세계 이슬람전선(World Islamic Front for Jihad Against the Jews and Crusaders)"이라는 제목의 성명을 발표했다. 이 성명은 미국인과 다른 지역의 그 동반자들 — 군인 또는 민간인에 상관없이 — 을 죽이는 것이 모든 무슬림의 의무라고 강조하였다.

알카에다의 폭력 투쟁은 국외에서 행해진 미국에 대한 다수의 공격과 관련된다. 예를 들면, 케냐와 탄자니아 주재 미국 대사관들에 대한 1998년 8월의 폭탄 공격이 있었는데, 이 공격으로 200명 이상이 사망하고 4,000명 이상이 부상당했다. 2000년 10월에는 예멘에 정박한 *USS Cole*호에 폭탄 공격이 있었고, 미국 본토에 대한 9·11공격이 있었다.

2002년 이후, 알카에다는 전 세계에서 다수의 공격을 감행하였고, 현재는 알카에다 아라비아반도, 알카에다 이슬람 마그렙(북아프리카 모로코, 알제리, 튀니지에 걸친 지방 – 역자 주), 알카에다 이라크 등의 그룹들과 연계되어 있다.

2011년 5월 2일에 빈 라덴은 미국 네이비실에 의해 파키스탄 아보타바드(Abbottabad)에 있는 자신의 은신처에서 사살되었다. 대리인 알자와히리(Ayman Al-Zawahiri)가 그를 대체하여 알카에다의 수장으로 활동한다.

누가 테러리스트인가?

안보분석가들은 누가 테러리스트이고 왜 그들이 폭력을 행사하는지와 같은 근본적인 문제를 다룬다. 여기에서는 대중매체와 정치 논쟁에 존재하는 신화를 해체하는 것이 중요하다. 서방의 대중적 인식은 테러리즘이 끊임없는 위협이라는 것인데, 사실 미국과 유럽에서 성공적으로 행해진 공격의 숫자는 세계의 다른 지역과 비교할 때 상대적으로 아주 작다.

예를 들면, 9·11 이후 10년간 미국에서 약 30명이 테러 공격으로 사망하였다. 물론 이 중 16명이 이슬람 동조자에 의해 사망하였는데, 여기에는 2009년 텍사스주 포드후드 기지에서 하산(Nidal Hasan) 소령에 의해 사살된 13명의 군인이 포함된다. 그러나 나머지는 보다 다양한 동기를 가지고 있다. 2001년에 살해된 5명은 나중에 자살한 미국 과학자에 의해 자행된 탄저(anthrax) 공격에 의한 것이 거의 확실하다. 2명은 2009년 애리조나의 미니트맨 미국방위(Minutemen American Defense) 그룹 구성원에 의해 살해된 것으로 의심된다. 2009년에는 캔사스주 위치타(Wichita)에서는 낙태 시술자가 살해당했다. 그리고 2명은 텍사스주 오스틴에서 어떤 사람이 국세청과의 분쟁 때문에 자신의 경비행기를 정부 청사에 충돌시켰을 때 사망하였다. 2012년 8월에는 6명이 위스콘신주 시크(Sikh) 사원에서 백인 우월주의자로 알려진 사람에 의해 살해당했다.

글로벌 테러리즘 데이터베이스(Global Terrorism Database)에 따르면, 미국 내에서의 공격은 2001년 이후 실제로 상당히 감소해서 2002년부터 2010년 사이에 연 평균 16차례 정도인데, 이는 1991년부터 2000년 사이 연 평균 41.3 차례의 공격이 있었던 것과 상당한 대조를 이룬다. 9·11 이전 시기에 대다수의 공격은 국내 테러리스트들에 의해 자행되었다. 그 중에서 가장 악명 높았던 사례는 1995년에 맥베이(Timothy McVeigh)가 저지른, 168명이 숨지고 680명 이상이 부상당한, 오클라호마 시의 앨프레드 P. 뮤러 연방정부청사(Alfred P. Murrah Federal Building)에 대한 폭탄테러였다.

서방에서 일어난 이목을 끄는 사건들, 예를 들면, 3명이 숨지고 264명이 부상당한 2013년의 보스턴 마라톤(Boston Marathon) 공격 같은 것에 미디어가 주목한다. 하지만 9·11 이후 일어난 치명적인 테러리스트 공격은 사실 518명을 살해하고 216명을 부상 당하게 한 2004년 네팔의 군인 막사에 대해 가해진 마오주의(Maoist) 반군에 의한 것이었다 — 희생자의 과반수는 반군 자신들이었다. 서방 미디어는 놀라울 정도로 이 사건을 거의 다루지 않았다.

실제로 미국 국무부에 따르면 지난 10년간 테러리즘에 의한 사망자의 대다수는 서방세계 밖에서 발생하였다. 2013년에는 세계적으로 93개국에서 9,700 차례의 테러리스트 공격으로 1만 7,800명 이상이 사망하였다. 그 대다수는 근동(近東)과 남아시아에서 발생했는데, 공격의 과반수(57%)가 단지 세 나라, 즉, 이라크, 파키스탄, 아프가니스탄에서 발생하였다.

이는 9·11 이후의 세계적 추세에 부합한다. 이는 아울러 또 다른 변화를 반영하는데, 테러리스트 공격의 최다수가 수니 극단주의자들에 의해 자행되고 있으며, 이들 중 가장 많은 부분은 서방의 군대가 아니라 시아 무슬림에 대해 지속적으로 행해진다는 점이다. 다른 말로 하자면, 이슬람 테러리스트들은 통계적으로 비 이슬람교도보다 더 많은 무슬림을 죽인다. 예를 들어, 2013년에 알카에다와 그 관련자들이 2,000명 이상을 살해한 반면, 탈레반은 아프가니스탄과 파키스탄에서 641회에 걸쳐 2,400명을 살해하였다. 나이지리아가 아래 리스트에 오른 이유도 거의 전적으로 이슬람 군사단체인 보코 하람(Boko Haram) 때문이다.

그러나 모든 테러리스트 활동이 종교적인 이유를 가지고 있다고 보는 것은 잘못이다. 세속적, 정치적 그리고 무정부주의 조직들이 2011년에만 2,283회의 공격과 1,926명의 사망에 관련되었다. 이들 그룹은 매우 다양한데, 여기에는 콜롬비아무장혁명군(FARC: Revolutionary Armed Forces of Colombia), 인도마오주의공산당(CPI-Maoist: Communist Party of India-Maoist), 신인민군/필리핀공산당(New People's Army/Communist party of the Philippines) 및 터키의 쿠르디스탄 노동자당(Kurdistan Worker's Party) 등이 포함된다.

글상자 11.6 2013년에 테러 공격이 가장 빈번했던 10개국

국가	공격 횟수	사망자수
이라크	2,852	7,046
파키스탄	2,212	2,891
아프가니스탄	1,443	3,697
인도	690	464
필리핀	652	432
태국	477	253
예맨	424	622
나이지리아	341	2,003
소말리아	331	641
이집트	315	243

출처: National Consortium for the Study of Terrorism and Responses to Terrorism에 의해 수집된 통계, http://www.start.umd.edu/news/majority-2013-terrorist-attacks-occurred-just-few-countries

2010년에만 북아일랜드에서 리얼(Real) IRA와 다른 반체제 그룹에 의해 자행된 테러리스트 공격은 40번이 넘었고, 이에 영국정부는 안보위협이 증가하고 있다는 결론을 내렸다 (*2011 NCTC Annual Report*, 2012; *Contest*, 2011).

많은 사람들이 테러리스트들은 자살폭탄의 형태로 공격할 것이라고 기대하지만, 실제로 2013년에 그 비중은 전체 테러리스트 공격의 5%에 불과했다. 무장 공격과 IED를 활용한 공격이 선호되어 모든 테러리스트 공격의 75% 이상을 차지했다. 그러나 자살폭탄은 극도로 효율적이어 비자살 공격보다 5배나 더 치명적이어서, 자살테러에 의한 사망자는 전체 테러관련 사망자의 21%를 차지한다. 블룸(Mia Bloom)이 지적하듯이 자살테러는 특정 그룹에 더욱 매력적인데, 그 이유는 "자살폭탄범은 최고의 스마트폭탄이자, 방향을 변경하고 거리를 횡단하거나 상황에 따라 폭발을 지연시킬 수 있는 생각하고 호흡하는 미사일"이기 때문이다 (Bloom, 2011: 19).

블룸은 실제 누가 테러리스트인지에 대해 흥미로운 분석을 제시한다. 테러리스트에 대한 서방의 이미지는 자살폭탄테러를 하는 젊고, 독신의 무슬림 남성이다. 블룸은 이런 이미지는 바뀌어야 한다고 주장한다. 왜냐하면 다수의 테러리스트들이 실제로는 여성이기 때문이다. 예를 들어, 여성 자살폭탄범은 종종 남성보다 더 효과적인데, 부분적으로 그 이유는 그들이 남성 고정관념에 잘 맞아 떨어지지 않기 때문이다. 이라크에서 특히 이런 경우가 두드러져서 2007년에 전체 자살폭탄테러 중 여성에 의한 것이 3분의 1을 차지하였다.

또한 세계에서 가장 많은 자살폭탄테러를 감행한 것으로 알려진 스리랑카의 타밀일람 해방 호랑이(Liberation of Tigers of Tamil Eelam) 그룹의 지지자는 무슬림이 아니라 힌두교도이고 그들의 40% 가량이 여성이다.

테러조직 내 여성의 역할이 충분하게 이해되지 않는 이유는 부분적으로 그들이 지휘권이 있는 자리까지 잘 올라가지 않는 경향 때문이다. 다수의 조직 내에서 여성은 강요받기보다는 적극적으로 테러리스트 그룹에 참여를 모색한다는 증거가 발견된다. 그러나 자살폭탄범의 30~60%가 여성인 그룹 내에서도 여성은 거의 중요한 지도자 역할을 하지 못한다. 프롤(Astrid Proll)과 마인호프(Ulrike Meinhof)가 바더-마인호프단 내에서 중요한 지위를 차지했지만, 이 경우는 예외적인 것이다.

실제로 안보의 관점에서 여성의 역할은 점차 소위 프로파일링을 비웃게 만들다. 단적인 예는 드고끄(Muriel Degauque)의 사례이다. 그녀는 이슬람으로 개종한 벨기에 출신으로 2005년 11월 9일에 이라크 바그다드의 미국 호송대를 향해 폭탄이 가득찬 차량을 충돌시켰다 — 이로서 그녀는 자살폭탄테러를 감행한 최초의 서양 여성이 되었다 (Bloom, 2011). 그녀가 성공했던 이유의 일부는 그녀가 보안부대가 대처하라는 경고를 받았던 모습에 부합하지 않았기 때문이다.

국가도 테러리스트가 될 수 있는가?

테러리즘에 대한 모든 정의는 반드시 국가도 테러리스트가 될 수 있다는 점을 고려해야 한다. 역사적으로 볼 때 그런 사례가 많다. 스탈린은 자신의 권력을 공고히 하려고 1930년대에 공산당(Communist Party) 당원과 소수민족 그룹들을 학살하고 추방하면서 테러를 체계적으로 사용했다. 히틀러도 독일 및 유럽에서 비슷한 방식으로 유태인, 집시, 동성애자 및 장애인을 포함하여 600만 명 이상을 학살하였다. 크메르 루주(Khmer Rouge)는 1970년대 중반에 '원년(Year Zero, 공산주의의 새로운 원년이라는 의미 – 역자 주)'으로 돌아가기 위한 운동의 과정에서 서방의 영향력 청산이라는 명분으로 100만 명 이상을 살해하였다. 1970년대에 아르헨티나, 칠레, 그리스의 우익 독재 정권의 '암살단(death squads)'들은 정치적 숙적, 인권 단체 및 국제 구호원, 학생 운동권, 노조, 언론인 및 다른 사람들을 목표로 하였다.

영국도 이런 논쟁으로부터 자유로울 수 없다. 인도의 독립 투쟁 와중인 1919년에 영국은 암리차르(Amritsar, 인도 서북부의 도시 – 역자 주)에서 편잡주의 반란군을 제압하려는 의도에서 총알이 소진될 때까지 발사하여 379명의 민간인을 학살하였다. 최근에 공개된 1950년대에 케냐에서의 영국 활동에 대한 증거 역시 마우-마우(Mau-Mau) 부족에 대한 폭력 사용과 고문을 여실히 드러냈다.

젠킨스(Brian Jenkins)는 "테러리즘이라고 불리는 것은 결국 보는 이의 관점에 의해 결정되는 것으로 보인다. 그 개념의 사용은 도덕적 판단을 암시한다. 그리고 만약 한 측이 반대편에 테러리스트라는 꼬리표를 붙이는 데에 성공하면, 그것은 우회적으로 다른 사람들이 자신들의 도덕적 관점을 채택하도록 설득하게 한다"고 주장한다 (Hoffman, 2006: 32). 즉, 어떠한 정의도 필연적으로 주관적이다. 예를 들어, 국가테러대책센터(NCTC: National Counterterrorism Center)는 2011년에 테러리스트 공격으로 1만 2,500명 이상이 사망하였다고 추정한다. 제2차 세계대전 동안, 연합군의 24시간 동안 지속된 폭격은 드레스덴에서 단 하루에 5배나 많은 사람들을 죽였다. 국제법에 따르면 하나는 범죄이고, 다른 하나는 정당한 전쟁 행위이다.

글상자 11.7 국가도 테러리스트가 될 수 있는가? 사례연구

유엔에서 테러리즘을 정의하고자 할 때 하나의 특별한 난제는 국가 후원 테러리즘의 포함여부였다 — 즉, 자국 시민 또는 다른 국가 시민에게 불법적으로 폭력을 행사하는 국가도 테러리스트로 규정될 수 있는가의 여부였다.

다수의 이슬람 국가들과 그룹들은 포함시키자는 의견을 지지하였다. 그들이 보기에 이스라엘-팔레스타인 분쟁과 러시아-체첸분쟁은 테러리즘의 정의 내에서 국가 폭력의 사용에 해당되기 때문이었다. 서방의 정치인들은 여기에 동의하지 않는 경향이 있다.

그러나 서방의 어떤 평론가들은 개념의 확장을 주장하여 왔다. 촘스키는 아프가니스탄과 이라크 침공, 이스라엘에 대한 지속적 후원, 라틴 아메리카 여러 나라에서 친미정권으로 교체된 사례를 예로 들면서 서방이, 그 중에서도 특히 미국이 국가 후원 테러리즘을 자행하여 왔다고 꾸준히 주장하여 왔다. 이는 헌팅턴(Samuel Huntington)도 지지하는 바이다. 그는 "미국이 주기적으로 여러 나라를 '불량국가(rogue states)'라고 비난하지만, 많은 사람들이 보기에 미국이 불량 초강대국이 되고 있다. … 자신들에게 단일한 최대의 위협이다" (Huntington, 1999).

이런 사례 중 하나는 오바마 정부에 의한 무인통제항공기(UAV: Unmanned Controlled Aerial Vehicles) — 소위 드론 — 사용에 대한 논쟁이다. 2009년에 취임한 이래, 오바마 대통령은 예멘, 파키스탄, 아프가니스탄, 이라크, 리비아, 소말리아 및 필리핀 등에서 목표물을 공격하기 위해 드론의 사용을 6배로 증가시켰다. 파키스탄만 보더라도, 브루킹스연구소(Brookings Institute)의 추정에 따르면, 2004년부터 2012년 사이에 최소한 1,932명의 전투원이 사망하고 1,618명의 비전투원이 사망하였다. 브루킹스는 실제 연간 사망자숫자가 이보다 훨씬 많을 가능성이 있을 것이라고 언급한다 (Guerin, 2012; Livingston and O'Hanlon, 2012).

오바마 정부는 드론의 사용이 미국 지상군의 개입을 최소화하면서 알카에다 지도부의 주요 인사를 성공적으로 제거해왔기 때문에 정당화될 수 있다고 주장한다. 그러나 퓨 리서치센터(Pew Research Center)가 주장하는 것처럼, 드론의 사용은 "미국이 일방적으로 행동하고 다른 국가의 이해를 고려하지 않는다는 인식이 광범위하게 확산"되도록 하였다 (Pew, 2012). 공격으로 사망한 민간인 한 명이 테러리스트 집단의 충원 수단이 되기 때문에, 그런 공격은 테러리즘을 조장하는 것일 수 있다. 이는 또한 미국의 국제법 준수 여부에 대한 중요한 문제를 제기하고, 실제로 민간인이 의도적으로 위험에 처하게 된다면 이는 전쟁 범죄의 요건을 구성할 수 있다.

테러리즘과 세계화

9·11의 흥미로운 결과 중의 하나는 테러리즘이 국제적 의제로 부상했다는 것뿐만 아니라, 그것이 분석가들로 하여금 국내와 국제적 사건의 연계를 검토하고 세계화의 맥락에서 테러리즘의 존재에 대해 고민하도록 만들었다는 것이다.

21세기에 테러리스트들이 사용할 수 있는 기술에는 놀라운 차별성이 있다. 교통, 기술 및 통신에서의 세계적 혁명은 테러리스트 집단에게 새로운 기회를 제공하였다. 특히, 인터넷은 테러리스트들로 하여금 자금과 정보의 이동을 가능하게 하고 전례 없는 방식으로 지지세력을 규합할 수 있게 하였다. 9·11 자체도 아프가니스탄에서 기획되었고, 독일의 함부르크와 미국의 세포조직을 통합한 결과였으며, 공격을 실행하는 데 사용된 자금의 40% 정도가 뉴욕의 세계무역센터의 금융 체계를 통해 유통되었을 가능성이 매우 높다. 비록 테러리스트들이 비행기를 납치하기 위해 커터칼(box-cutter knifes)을 사용하였지만, 그들은 효과적으로 세계화된 수송수단의 궁극적인 양식 — 비행기 — 을 미사일로 바꿨다. 공격은 글로벌 미디어 네트워크를 통해 생중계되어 최대로 노출되었고, 서방 사람들의 마음에 공포를 안겨주었다. 아울러 이 사건은 성공적인 충원 수단이 되었고 빈 라덴을 반서방 운동의 실질적 지도자 반열에 올려놓았다.

기술적 발전과 그 결과로서 통신과 정보 저장 및 검색의 혁명에 힘입어 다양한 그룹이 가시성을 증진시키기 위해 주목할 만한 범주의 새로운 접근법을 활용하였다. 테러리스트 그룹이 자신들의 활동을 촬영하고 CD, DVD 및 인터넷으로 선전하는 것은 드문 일이 아니다. 여러모로 이는 1960년대 말과 1970년대 초에 납치가 텔레비전에 중계되던 것에서 자연스럽게 진전된 것이다. 당시에 납치는 팔레스타인 독립 그룹들이 자신들의 주장에 세계의 주의를 집중시키는 수단이었다. 지난 10년간 아프가니스탄과 이라크에서 서방 군대에 의해 수행된 폭력에 대한 광범위한 보도, 위성 텔레비전을 통한 방송, 웹사이트와 비디오를 통한 선전 등이 급진 이슬람 그룹의 지지 세력 규합에 활용되어 왔다. 관타나모만과 아부그라이브(Abu Ghraib)에서의 수감자 학대 보도와 재판 없이 구금된 인원이 최소 10만 명 정도라는 추정 보도는 한층 더 불을 지폈다.

새로운 기술에 의한 위험은 2012년 11월의 사건에 의해 재확인된다. 당시는 파키스탄의 시아 축제 주간이었고 이 때문에 수니파 극단주의자들의 테러가 우려되는 상황이어서 관계 당국은 전체 휴대전화 네트워크를 끊어버렸다. 네트워크를 끊음으로써 종종 휴대폰에 의해 원격 조정되어 폭발되었던 IED 사용이 어렵게 되어 테러가 예방될 것이라고 기대되었다. 기대와는 달리 수니 테러리스트들은 자살폭탄테러로 전환하였지만, 기술과 관련된 중요한 점은 분명하게 드러났다.

정치인들은 테러리스트가 핵무기 등의 대량살상무기를 손에 넣을 가능성에 대한 두려움을 종종 언급한다. 이 두려움은 그간 드러난 핵물질과 기술의 불법적 거래 때문에 근거가 없는 것이 아니다. 예를 들면, 파키스탄 과학자는 비밀을 다른 정부에 판매하였고, 북한과 같은 불량국가들이 무기를 개발하고 있다. 이는 서류가방 속의 폭탄 — 소위 '더티밤(dirty bomb, 방사능을 누출시키는 재래식폭탄 – 역자 주)' 사용으로 이어질 수 있다고 주장되어 왔다. 그러나 과학자들은 이것이 가능한지에 대해 논쟁하고 있다 — 그리고 실제 테러리스트들에게 더욱 중요한 것은 비용 문제이다. 그런 무기를 개발하는 데에는 막대한 비용과 전문성이 소요될 것이다. 테러리스트들이 선호할만한 무기는 보다 저렴한 무기 — 급조폭발물 또는 자살폭탄이다.

기술의 지속적인 발달은 안보분석가들에게 새로운 우려를 안겨주었다 — 그것은 바로 '서류가방 속의 노트북(laptop in a briefcase)'이다. 여러 정부는 이제 테러리스트 그룹이 사이버공간에서 공익기업(utility company, 전기, 가스, 수도 등을 공급하는 회사 – 역자 주), 국방 네트워크 및 금융기관을 해킹할 것을 우려한다. 여기에는 비용이 거의 들지 않고, 그 원점 추적이 매우 어려우며, 더티밤보다 훨씬 큰 피해를 초래할 수 있다. 이는 범위가 기하급수적인 위협이고, 따라서 많은 정부들이 대처를 위해 거액의 비용을 투여하고 있다.

또한 앞에서 테러리스트 그룹에 의한 '스워밍(swarming, 벌떼처럼 모이는 모습을 지칭 – 역자 주)'의 발전에 대해 논의하였다. 이는 소규모의 테러리스트들이 여러 방향으로부터 결집하여 동시에 하나 또는 다수의 목표물을 공격함으로써 안보기관들의 대응 능력에 과부하가 걸리게 하는 것을 의미한다.

이 방식은 이라크와 아프가니스탄에서 빈번히 사용되어 왔지만, 가장 극적인 사례는 뭄바이에서 2008년 11월에 있었던 라시카르-에-타이바(Lashkar-e-Taiba, 카시미르의 극단적 폭력 테러리스트 그룹 – 역자 주)에 의한 것이다. 당시에 10명이 5개의 2인조 팀으로 분산하여 동시에 여러 지점을 공격하였다. 이들 테러리스트들을 체포하거나 죽이는 데에 삼일 이상이 소요되었는데 그 동안 160명 이상이 사망하였다. 문제는 당시에 보안당국이 동시적인 위협보다 단일 위협에만 대응하도록 준비되었다는 점이다. 9·11과 4명의 자살폭탄테러범이 56명을 살해하고 784명을 부상시킨 2005년 7월 7일의 런던 테러 공격도 스웜 공격이었다.

현대적 기술사용의 증가는 안보 당국 내의 또 다른 논쟁으로 이어졌는데, 이는 테러리스트 그룹을 은신시키는 실패국가의 역할과 관련된다. 비록 실패국가라는 개념을 정의하기가 힘들지만, 아프가니스탄, 파키스탄, 예멘 및 소말리아와 같은 국가들에서 테러리스트 네트워크가 번창한 이유는 그 국가들의 정부와 치안 당국의 효율성 부재에 있다고 말할 수 있다. 그러나 테러리스트들이 번창하기 위해선 사회기반시설과 최신 기술이 필요하다. 스미스(Steve Smith)가 주장한 것처럼, 알카에다는 "국가의 구조적 조직의 위에서가 아니라 그 틈새에서 움직인다" (Smith, 2002).

9·11에 대한 서방의 대응은 이런 변화를 충분히 포용하지 못했다. 아프가니스탄에 대한 침공, 그리고 이후 이라크에 대한 침공을 통해 서방은 현실주의적인 국가중심적 접근을 비국가 행위자에게 강요하려 노력했다. 즉 '테러와의 전쟁(war against terror)'에는 상호 배타적이고 글로벌 이해관계를 지닌 두 적대 세력이 경쟁했던 냉전 시대의 사고방식이 내재되어 있었다. 그런 접근법은 더 이상 적용될 수 없었다. 따라서 비판가들은 어떻게 국가가 국적 없는 조직을 패퇴시킬 수 있는지

질문하였다.

아울러 서방은 9·11에 대해 전략적 실수를 저질렀다. 즉 글로벌 테러리즘과 이를 후원하는 불량국가에만 집중하면서 민족 또는 지역 테러리즘을 경시하고 이들을 단순히 글로벌 폭력 흐름의 지역적 발현에 지나지 않는다고 잘못 간주한 것이다. 알카에다는, 예를 들어, 마그렙에서, 공동의 적 — 미국의 문화적, 경제적, 정치적 및 군사적 권력으로 대표되는 서방의 압제 — 에 저항하기 위해 다른 국가 및 지역의 분쟁을 묶는 노력을 함으로써 이를 활용하였다. 알카에다가 완전히 성공한 것은 아니었다. 왜냐하면 알카에다가 이슬람 주류를 대표하지도 않았고, 그것이 무슬림 세계의 전형도 아니기 때문이다. 그러나 많은 분석가들은 이제 테러리즘의 '알카에다화(al-Qaedafication)'를 언급한다. 이는 런던에서의 7·7 폭탄테러 사례처럼 알카에다와 관계없는 개인들이 테러를 자행하고 자신들이 알카에다의 목표에 동조하거나 그 목표를 주장하는 것을 의미한다. 어떤 사람들은 알카에다가 이제는 다국적으로 가맹점을 운영하는 것과 거의 유사한 방식으로 작동한다고 주장한다.

테러리즘과의 싸움

9·11에 대한 서방의 대응이 주는 교훈 중 하나는 모든 테러리즘을 본질적으로 초국가적이거나 글로벌한 것으로 보는 대신에 민족 및 지역 테러리즘의 특징과 원인을 반드시 살펴야 한다는 것이다. 이렇게 함으로써 테러리즘은 군사적 수단이 아닌 다른 수단에 의해서도 도전받게 된다. 9·11 이전에 테러리스트 활동에 대해 가장 보편적인 대응은 정보 수집과 감시와 같은 전통적 방법이었다. 그 의도는 공격이 개시되기 전에 좌절시키거나, 그 영향력이 축소되도록 하지는 못하더라도 능력을 제한하는 데 충분하도록 구성원들을 체포하는 것이었다. 1960년대 말 미국 연방수사국(FBI)이 웨더맨과 같은 그룹과 싸울 때 이런 접근법을 사용하였다.

보다 최근의 예는 영국 정보 당국이 2006년에 대서양에서 히드로공항을 출발하여 미국으로 비행 중인 항공기 10대를 폭발시키려던 알카에다의 기도를 좌절시킨 것이다. 또 다른 유사 사례는 런던 지하철에서 리신(ricin)을 사용하려던 계획을 적발한 것이다.

두 번째 접근법은 보다 논쟁적인데, 정부가 테러리스트 그룹에 대해 직접적으로 군사적 행동을 취하는 것이다. 아프가니스탄 침공과 알카에다 지도부의 핵심 구성원을 목표로 하는 드론의 사용에 대해서는 이미 논의하였지만, 그 외에도 2009년 스리랑카 군대에 의한 타밀타이거의 폭력적 패퇴 또는 이스라엘 치안군에 의한 하마스 지도부의 암살 등 많은 사례가 존재한다.

군사적 방법은 인기가 없음이 입증되었는데 오히려 테러리스트 그룹을 위한 효과적 충원 수단이 되었다. 예를 들어, 알카에다에 대한 군사적 전략을 시작함으로써 부시 행정부는 빈 라덴을 실제 권력을 훨씬 넘는 수준의 국제적 인물로 부각시켰다. 그를 국제범죄자로 규정하고 여러 국가들과의 정보공유 활동, 치안조치 및 안보와 법집행 기관 사이의 협력 등을 통해 싸우는 방법도 있었다. 그러나 인내심이 필요한 이 방법 대신에 서방은 그

싸움이 군사적 문제임을 암묵적으로 시사한 것이다. 서방은 아프가니스탄과 이라크에 개입함으로써 테러리스트들이 정치적 폭력을 이웃 국가와 다른 곳으로 수출하는 것을 방지하였다고 주장할 수 있다. 그러나 실제로는 이들 국가에 안정을 가져오거나 안보를 증진시키는 데에 거의 도움이 되지 못했다.

테러리스트들은 보다 기술적으로 우월한 적과 싸우기 위해 비전통적이거나 비대칭적인 대응을 활용해 온 것으로 알려진다. 이라크와 아프가니스탄에서 예를 들면, 테러리스트 그룹들은 기술적으로 우위를 가지는 서방의 연합군에 대해 게릴라 방식의 투쟁을 개시하여, IED와 여러 장소에서 수행되는 단기간의 전투 방식을 활용하였다. 종종 그 목적은 전투를 이기는 것이 아니라 양보로 이어질 것이라는 기대 속에서 적의 사기(군대와 국내의 청중)를 꺾으려는 목적이었다.

세 번째 방식은 정치적 해결책으로서 테러리스트들과 그들을 지지하는 세력들의 기본적 동기를 다루는 것이다. 이 접근법은 주로 유럽에서 보편적으로 사용되어 왔다.

북아일랜드에서는 세 가지 방식이 모두 사용되었다. 광범위한 치안 및 정보 수집 활동이 영국 육군, 북아일랜드 군대 및 정보기관의 강력한 대분란(counter-insurgence) 전략과 병행되었다. 1987년 에니스킬렌(Enniskillen)에서 있었던 영령기념일(Remembrance Day) 행진에서 발생한 IRA의 폭탄테러는 그 테러리스트 그룹에 대한 지지가 쇠락하는 결정적 순간이 되었다. 영국정부는 이를 반전의 기회로 삼았다. 1990년대 초부터 영국정부는 북아일랜드 내 가톨릭-민족주의자(Catholic nationalist) 집단의 삶을 개선하려 노력했다. 이것은 북아일랜드 내 친영 프로테스탄트-연합주의자(Protestant unionist) 주류 집단에 의해 소외된 그들의 불만을 제거하여 IRA의 지지기반을 흔들기 위한 것이었다. IRA는 결국 1994년에 휴전에 합의하였고 1997년에 휴전이 최종 확정되었다. 대신 IRA의 정치적 조직인 신페인에게는 성금요일협정(Good Friday Agreement) 및 이후 구성된 정부에서 발언권이 부여되었다.

ETA가 2011년에 종전을 선언하기 이전에 어떻게 종전을 다루는 것이 최선인지 그리고 자신들의 목적을 어떻게 민주적 틀 내에서 달성할 수 있는지를 IRA에게 자문했다고 알려진 것은 흥미롭다. 실제로 테러리스트 그룹들 간의 국제적 협력은 드문 일이 아니다. 1960년대 후반과 1970년대 초반에 팔레스타인 무장단체가 서유럽과 일본의 테러리스트 그룹과 연계되어 있었다고 알려졌으며, IRA도 FARC와 연계되어 있었다고 주장된다.

많은 이들이 현재의 이스라엘-팔레스타인 분쟁에 대한 해결책은 전 세계에 있는 이슬람 극단주의자들의 주요 불만 중의 하나를 제거하는 것이라고 주장한다. 그러나 이는 글로벌 성전(jihad)이라는 이데올로기를 자극하는 유일한 이슈가 아니다. 지역마다 큰 차이가 있다. 알제리에서 지하디스트는 1991년 선거에서 이슬람주의자들이 승리했음에도 친서방 군부가 결과의 수용을 거부함으로써 야기되었다. 파키스탄과 카시미르의 지하디스트들은 그들의 분노를 유대 이스라엘보다는 '힌두 인도'에 보다 집중하고 있으며, 체첸 지하디스트들의 주된 분노의 대상은 러시아이다.

영국과 IRA의 경험은 대부분의 유럽정부가 민

족 테러리즘에 대처할 때 나타나는 공통된 정책 지향성을 보여주고 있다. 즉 보통 테러리스트 행동의 정치적 배경을 고려한다는 것이다. 만약 테러리즘이 약화되어야 한다면 그들의 정치적 목적을 일정부분 수용하는 것이 필요하다는 견해가 항상 공유되어 왔다.

이스라엘 군 정보기관의 수장이었던 하카비(Yehoshaphat Harkabi)는 과거에 "늪이 사라지면, 모기도 사라질 것이다"라고 언급한 바 있다(Chomsky, 2002에서 인용). 그러나 현실은 보다 복잡하다. 일반적 주장은 빈곤, 실업 및 교육의 결핍이 해결되면 테러리즘이 감소될 수 있다는 것이다. 그러나 테러리스트들이 항상 가난하지는 않으며, 물질적 풍요가 반드시 테러리즘을 종식시키지도 않는다. 실제로 세계에서 가장 가난한 50개 국가에서는 테러리즘이 거의 또는 전혀 발생하지 않는다. 많은 테러리스트들이 고학력이고 가난하지 않다는 것을 시사하는 다수의 증거가 존재한다. 이집트, 사우디아라비아와 같은 아랍국가와 북아프리카 지역의 테러리스트들은 가장 부유한 지방과 지역 출신인 경우가 많다. 빈 라덴은 매우 부유한 가정 출신이다. 아울러 실패국가 모델은 많은 테러리스트 그룹들이 민주주의 국가에도 존재했었고 현재도 존재한다는 점에서 의문시된다. IRA, 바더-마인호프, ETA 및 붉은 여단 등은 모두 민주주의 국가에 존재했다. 7·7 테러범은 영국 시민이었다. 맥베이는 미국인이었다.

그렇다면 서방이 알카에다 구성원에게 제공할 수 있는 것이 무엇인가라는 질문이 남는다. 종종 테러리스트들의 요구는 수용될 수 없다. 아일랜드에서 정치적 발언권을 제공한 것은 성금요일협정이 수용되는 첫 걸음이었다. 그것은 휴전을 이끄는 데에 충분했다. 알카에다의 목적은 극단적이고 주류 이슬람을 진정으로 대표하지 않는 이데올로기(미국에서 낙태 클리닉을 공격한 기독교 극단주의자들도 주류 기독교인들을 대표하지 않는다)에 의해 주도된다. 궁극적으로 서방은 자살폭탄테러범을 위한 매력적인 대안을 가지지 못한다. 왜냐하면 그들은 죽음이 남녀 상관없이 자신들을 바로 천국의 사랑이 넘치는 알라(Allah)의 품안으로 보낼 것이라고 믿기 때문이다.

결론

서방에서는 테러리스트 공격의 위협이 정치인, 안보분석가들과 대중들의 뇌리에 자리하였다. 비록 2013년에 전 세계 테러리스트 공격의 숫자는 증가하였지만, 서방에서 그 숫자는 지속적으로 감소하고 있다. 그러나 서방에서는 성공적 공격에 대한 두려움이 상존한다. 물론 그간 다수의 공격 기도가 좌절된 바 있다. 레이드(Richard Reid)는 2001년 12월 22일에 프랑스 파리에서 마이애미로 향하는 비행기 안에서 신발에 숨겨놓은 폭발물의 점화를 시도하다가 제지당했다. 2005년 7월 7일의 런던 폭탄테러 2주 후에, 또 다른 테러리스트 그룹이 그 공격의 모방을 시도하였다. 그러나 폭발물이 터지지 않아 그들의 계획은 실패하였다. 2009년 12월 25일에 압둘무탈랍(Umar Abdulmutallab)은 디트로이트에 착륙하려는 비행기 안에서 속옷에 숨겨놓은 폭탄을 터뜨리려다 실패하였다.

IRA는 1984년에 브라이튼에서 당시 영국의 대

처 총리를 살해하려는 시도가 실패한 후에 다음과 같이 오싹한 성명을 발표한 바 있다. "오늘 우리는 운이 나빴다. 하지만 기억해라 우리는 단 한번만 운이 좋으면 된다. 너희들은 항상 운이 좋아야 할 것이다" (Clutterbuck, 2012). 이것은 악몽과도 같은 안보딜레마이다.

알카에다는 안보연구에 있어서 테러리즘에 대한 인식을 성공적으로 변화시켰다. 국제적 무대에서 대규모의 폭력을 행사할 수 있는 것은 이제는 국가만이 아니다. 국가에 의한 폭력의 독점은 2001년 9월 11일 아침에 종식되었다. 그 이후, 알카에다의 동조자들은 발리, 카사블랑카, 이스탄불, 나이로비, 런던, 마드리드 등을 공격하였고, 여전히 이라크, 아프가니스탄 및 다른 곳에서 공격을 가하고 있다. 어떤 의미에서 전통적인 국경은 무의미하다. 왜냐하면 테러리스트들은 이제 어느 곳이든 공격할 수 있는 기술과 자원을 보유하고 있기 때문이다.

그러나 알카에다가 정말로 글로벌 권력이 될 수 있는지에 대해서는 의심의 여지가 있다. 분명히 알카에다와 다른 조직들 간 연계는 광범위하지만, 그것이 테러리즘의 세계화를 대표하는지에 대해서는 논쟁의 여지가 있다.

보우아지지(Mohamed Bouazizi)가 튀니지에서 경찰의 부패와 학대에 항거하기 위해 분신하면서 2010년 말에 시작된 혁명적인 '아랍의 봄(Arab Spring)'은 알카에다가 주도하지도 고무하지도 않았다. 대신 중동과 북아프리카에서 변화를 이끈 시위대는 일자리와 국민을 대변하지 않는 정권의 종식을 요구하였고, 그 결과 이집트, 튀니지, 리비아 및 예멘에서 부패한 정부들의 실각이 줄줄이 이어졌다. 심지어 시리아에서 발생한 내전은 빈 라덴이 희망했던 수니 칼리프국가의 건설이 아니라 정치적, 경제적 변화에 관한 것이었다.

그러나 알카에다와 그 동조자들부터의 테러 위협은 최소 한 세대 정도는 유지될 것이다. 이는 서방의 아프가니스탄 및 이라크 침공에 대한 '역풍(blowback)', 세계화의 확산, 수니와 시아 무슬림들 사이의 지속적 충돌 때문이다. 실제로 알카에다 및 탈레반과 같은 여러 집단의 공격으로부터 초래되는 사망자의 다수는 무슬림이 무슬림을 살해하는 형국을 보여준다. 그러나 알카에다가 서방에 대한 새로운 공격 방식을 개발할 가능성도 있다. 이는 사이버전쟁 또는 재앙적 수준으로 대량살상을 초래할 수 있는 능력을 지닌 화학무기 등의 새로운 기술을 활용함으로써 가능하다. 이런 이유 때문에 서방의 안보기관은 최고의 경계 수준을 유지하고 있다.

그럼에도 불구하고 안보전략가들이 테러리즘은 종교 극단주의자에 의해 주도된다는 정형화된 생각을 벗어나는 것이 중요하다. 위에서 다룬 것처럼, 테러리즘은 정치적, 경제적 또는 문화적 이유를 위한 것일 수 있다. 아울러 국제 테러리즘보다는 지방과 지역 테러리즘이 여전히 지배적이다. 예를 들어, 2012년 런던 올림픽 기간에 영국 안보당국은 알카에다 동조자들만큼이나 아일랜드 반체제 인사들의 가능한 공격에 주의를 기울였다.

테러리즘과의 싸움에서 효과적인 전략은 반드시 효율적 치안, 정보 수집, 외국 정부 및 정보기관과의 정보공유, 사법부와 대중으로부터의 지지라는 다양한 요인들을 결합하는 것이다. 군사력에만 지나치게 의존하는 것은 비생산적일 수 있다.

분명한 점은 국가 행위자만이 국제관계에 영향을 미친다는 전통적인 현실주의의 주장이 이제는 세계화와 국제 테러리즘의 성장에 의해 심각하게 도전받는다는 점이다. 기술적 변화와 글로벌 미디어의 빠른 보도 추세는 테러리스트들이 운신할 수 있는 전 세계적인 시장을 제공하였다. 서방에서 이는 자유(즉, 일상생활에 대한 규제의 제한)와 사생활(즉, 얼마나 깊게 정부가 시민들의 삶을 조사할 수 있도록 허용되어야 하는가)의 중요성에 대한 첨예한 논쟁으로 이어졌다. 그러나 파키스탄, 이라크, 아프가니스탄에 있는 사람들에게 이 이슈는 더욱 심각한 문제이다. 왜냐하면 서방이 아니라 그들이 세계의 테러리스트 공격으로 가장 심각한 타격을 감내하고 있기 때문이다.

요점

1. 9·11 사건은 국제안보와 관련한 우려를 재조명하였다.
2. 비국가 행위자도 대규모의 피해를 입힐 수 있다.
3. 테러리스트들이 대량살상무기의 획득 및 사용을 추구할 것이라는 우려가 있다.
4. 세계화의 동력들에 힘입은 알카에다의 확산은 국제 테러리스트 네트워크의 위험성을 잘 드러내었다.
5. 테러리즘은 하드파워만 사용해서는 패퇴시킬 수 없다.

추천도서

Booth, K. and Dunne, T. *Terror in Our Time*, Abingdon: Routledge, 2011.

Country Reports on Terrorism, 2013, United States Department of State Publication, 2013. Bureau of Counterterrorism, Released April 2014, U.S. State Department, at http://www.state.gov/documents/organization/225886.pdf (검색일: 2014.5.18).

Farrall, L. 'How Al-Qaeda Works', *Foreign Affairs*, vol. 90, no. 2, March/April 2011, 128–138.

Hoffman, B. (2006), *Inside Terrorism*, Revised and expanded edition, New York: Columbia University Press.

Rapoport, D. 'The Four Waves of Modern Terrorism', in A. Cronin and J. Ludes, (eds) *Attacking Terrorism*. Washington, DC: Georgetown University Press, 2004, 46–73.

Schmid, A. and Jongman, A. *Political Terrorism: A New Guide to Actors, Authors, Concepts, Data-bases, Theories and Literature*, New Brunswick, NJ: Transaction Press, 2005.

12장 종교와 국제분쟁

제프리 헤인즈(Jeffrey Haynes)

글상자 12.1 종교의 국제정치적 도래

2001년 9월 11일의 사건 이후 종교와 분쟁이라는 이슈는 중요한 국제정치적 고민거리가 되었다. 그 날 알카에다 추종자들이 장악한 두 대의 비행기가 뉴욕의 세계무역센터에 충돌하여 3,000명을 사망시키고 세계정치의 새로운 국면의 시작을 알렸다. 이 시기의 특징은 미국과 같은 주요 강대국이 '종교' 관련 분쟁에 연루되는 횟수가 크게 증가하고 있다는 점이다. 9·11의 여파에는 2001년 아프가니스탄 침공, 이라크 점령과 2년 후 후세인 전복, 그리고 세계정치에 있어서 안정과 안보의 저하에 대한 전반적 자각의 증가가 포함된다. 종교는 국가 간 그리고 국가 내 충돌의 핵심적 맥락에 자리하게 되었는데, 국제정치학자들은 이를 이해하는 데에 어려움을 경험하였다. 시의적절하고도 논쟁적인 이 이슈가 이번 장의 주제이다.

서론

현재 다양한 종교 행위자가 국제정치의 여러 면에서 중요할 정도로 영향력을 미치고 있다. 비록 이들 전부는 아니지만 일부는 국제분쟁과 관련된다. 많은 분석가들에게 이는 두 가지 점에서 새롭고 예기치 않은 것이다. 첫째, 최근까지지도 대부분의 국제정치학의 전문가들은 종교가 무시될 수 있다고 믿었다. 왜냐하면 종교가 세계정치의 세속적 맥락에서는 사소한 것으로 보였기 때문이다. 둘째, 1980년대 말의 냉전종식은 국제적 분쟁에 있어서 종교가 간여하는 새로운 시기를 배태했다. 그 대표적인 예가 9·11이다. 이런 두 요인의 전개에 따라 오늘날 국제관계의 대부분 분석가들은 국제적 분쟁에 있어서 종교의 개입을 무시하는 것이 불가능하다는 데에 대체로 동의한다. 이 장은 국제적 분쟁에 대한 종교의 개입을 검토하고, 왜 이런 일이 발생하는지 그리고 21세기의 두 번째 10년에 있어서 이 이슈가 국제관계에 제시하는 일반적 함의가 무엇인지에 대해 논의한다.

종교와 국제분쟁: 일반적 관찰

국제분쟁과 관련된 최근의 모든 예를 대표하는 단일한 사건을 선정하기는 힘들지만, 큰 영향력을 가지는 동시에 많은 논란을 야기한 헌팅턴의 연구(Huntington, 1993, 1996)가 좋은 출발점이 될 것이다. 헌팅턴은 '문명의 충돌(clash of civilizations)'이라고 명명한 것에 대해 서술하였지만, 종교 간 충돌이 그의 연구에서 가장 핵심적인 내용이었다는 점은 명백하다. 헌팅턴에 따르면, (기독교)서방의 안보, 그리고 그 확장으로서의 글로벌 질서는 국제 이슬람의 호전성으로부터 공격받고 있다. 1990년대 말 반서방을 표방하면서 등장한 아프가니스탄과 수단의 이슬람 정권, 알제리에 유사한 정권을 수립하려는 동시대의 협력적 시도, 3,000여명을 살해한 알카에다의 미국 내 공격이었던 9·11의 비극적 사건, 그리고 이어지는 마드리드와 런던에서의 폭탄테러, 미국이 주도한 아프가니스탄(2001)과 이라크(2003) 침공, 그리고 소말리아, 나이지리아, 말리 및 다른 곳에서의 이슬람 과격파들의 반격 등은 헌팅턴 주장에 신뢰성을 부여하는 계기가 되었다. 전 세계적으로 많은 사람들이 9·11과 이어지는 미국의 알카에다 공격에 대한 보복을 폭넓게 종교적이고 문화적인 맥락에서 대응하였다. 한편으로 영국, 이탈리아 및 스페인을 포함한 서방 정부들은 알카에다, 더 일반적으로는 이슬람 테러리즘과 싸우는 미국인들을 강력히 지원하였다. 다른 한편으로, 많은 '보통(ordinary)' 무슬림들은 — 비록 그들 정부는 아닐지라도 — 사건을 다르게 보았다. 그들도 테러리스트의 잔악한 행위의 결과로 무고한 사람들 수천 명이 살해된 것은 바람직하지 않다고 인정하지만, 어떤 무슬림들에게 9·11은 세계적으로 파괴적인 한 국가 — 미국(보다 일반적으로 그 확장으로서의 '서방') — 에 '반격(fight back)'하는 시도를 또한 대표하는 것이었다 (Dolan, 2005). 아울러 다수의 무슬림들은 아프가니스탄과 이라크 두 나라에서 미국이 주도한 징벌적 행동은 정당하지 않고, 9·11 — 그들이 통제할 수 없었던 비극적 사건 — 의 동료 신봉자들을 부당하게 '처벌(punish)'하려고 기획된 것이라고 여겼다 (Shlapentokh, Woods and Shiraev, 2005).

분명 알카에다는 9·11에 대한 무슬림의 반응을 예상하였다 (Haynes, 2005a). 알카에다의 목적은 확실히 미국을 끔찍하게 파괴하는 것이었지만, 그것이 전부는 아니었다. 추가로 알카에다는 글로벌 미디어 구경거리를 연출하기를 희망하였다. 그렇게 함으로써 빈 라덴 개인 — 1980년대 말 아프가니스탄에서의 대소련 투쟁의 위업 때문에 일부 무슬림에게는 이미 영웅이었던 — 과 알카에다는 그들(*their*)을 대신하여 행동하였음을 '짓밟힌 보통 무슬림(downtrodden ordinary Muslims)' 대중에게 보여주기를 원하였다. 따라서 전 세계에 있는 '보통' 무슬림들이 시각적으로 매우 자극적인 쌍둥이 빌딩(Twin Towers) 및 동시에 이뤄졌던 펜타곤(Pentagon)에 대한 공격을 지켜본 중요한 목표 관객이었던 것이다. 빈 라덴과 알카에다에게 있어서 9·11의 주된 목표는 보통의(수니) 무슬림의 관심을 끌고 그들로 하여금 그 공격이 미국에 대한 광범위한 무슬림의 분노임을 이해하도록 장려하는 것이었다. 이는 9·11 이전에 이미, 특히, 1990~1991년 사이에 있었던 이전의 미국 주도의 이라크 침공, 팔레스타인 사람들에 대한 이스라엘의 완강하고도 가혹한 처사, 선출되지 않고 — 알카에다에 따르면 — 이슬람적이지 않은(un-Islamic) 무슬림 세계의 지도자들 예를 들면, 사우디아라비아 국왕에 대한 변함없는 미국정부의 노골적인 지지 등으로 인해 예견된 것이었다.

그러나 위에서 언급한 다수 무슬림에 대한 개별 사건들이 속히 해결된다고 하더라도 미국과 더 나아가 (기독교) 서방에 대한 반감은 빨리 사라지지 않을 것이다. 그것은 잠재적으로 협상과 타협을 통해 해결할 수 있는 유한한 목록의 특정 이슈이기보다 훨씬 더 깊고 더 오랫동안 자리했던 반감과 불안이 원인이다. 그 결과 이들 이슈는 해결하기가 상당히 힘들 것이다. 따라서 특정 불만 요인에 대한 개별적인 해결책이 쉽게 찾아진다 하더라도, 이것이 현 상황에서 (기독교) 서방에 의해 명백하게 주도되는 국제환경을 포함하여 무슬림 불안의 모든 원인을 완벽하게 해결할 수는 없다. 아울러 허렐(Andrew Hurrell, 2002: 197)의 지적처럼, "많은 (무슬림) 분노는 현대화(modernization), 서구화(westernization), 세계화(globalization)에서 비롯된 광범위한 이슬람 근본 흔들기와 연관이 있을 것"이다. 그래서 종교적 분열에 기반을 둔 국제분쟁의 전개에는 독특하면서도 일반적인 이유들이 존재하고, 이러한 이유들이 얽히게 되면 대처하기가 힘들어진다.

이 장은 국제적 분쟁에 대한 종교의 관여라는 이슈를 다룬다. 이를 위해 우선 최근까지도 세계정치는 본질적으로 세속적 — 즉 비종교적이라는 아이디어가 지배적인 오늘날 국제관계의 맥락과 배경을 개관한다. 이어서 국제관계로의 종교의 '귀환'을 살펴보고 이것이 국제분쟁에 가지는 의미를 검토한다. 세 번째 부분은 헌팅턴의 주장으로 돌아가서 탈냉전기 국제분쟁은 (기독교)서방과 무슬림 세계 간의 투쟁에 집중될 것이라는 그의 가정이 얼마나 타당한지 평가할 것이다.

종교, 세속화 및 국제분쟁

국제분쟁에 대한 종교의 재관여의 출발점을 찾는다면 1979년 이란혁명(Iranian Revolution)이 간과될 수 없다. 이는 미국과 이란 사이의 수십 년간의 갈등의 시발점으로서의 의미만 가지는 것이 아니다. 이란혁명은 국제관계에 있어서 종교적 행위자에 관심을 집중시켰다는 점에서 매우 중요하고 더 나아가서 어떻게 종교가 분쟁의 초점이 될 수 있는지를 보여주었다는 점에서 더욱 중요하다. 이 획기적 사건 이전에 종교는 국제관계에 큰 영향을 미치지 못한다는 것이 전반적 인식이었다. 이러한 관심의 결여는 최소한 냉전 기간 동안 세속적 국제안보 이슈가 담론을 지배했다는 것에서 부분적인 이유를 찾을 수 있다 (Almond, Appleby and Sivan, 2003). 서구의 사회과학에서는 다음과 같은 두 가지 전제가 그런 견해를 지지한다. (1) 합리성과 세속성(secularity)은 함께 간다. 그리고 (2) '현대적', 정치적, 경제적 및 사회적 체제는 공개적으로 종교의 가치를 줄이거나 '개인화(privatise)'

하는 세속화 과정을 통해 현대화되어 온 사회에서 관찰된다 (Casanova, 1994). 요약하자면, 세속적인 것이 종교를 대체하는 것도 아니고, 합리성을 대표하는 것도 아니다. 세속성은 근대성, 민주주의 그리고 인권 개념과 관련된 다층적 역사의 하나의 범주이다.

세속화 명제는 제2차 세계대전 직후의 10년을 포함하여 수십 년간 서구 사회과학의 핵심 전제 중 하나였다. 그것은 매우 중요한 두 가지 사상에 활기를 부여하였다. 바로 1950년대와 1960년대 초반의 근대화이론, 그리고 1960년대 말과 1970년대 초반의 종속이론이다. 이 두 학파 모두 국제관계 및 통합된 국민국가의 형성과정이 필수적으로 세속적 참여정치를 동반한다고 주장하였다 — 또

글상자 12.2 **세속화의 개념**

세속화는 일상생활에서 종교의 비중이 크게 줄어듦을 의미하는데, 이는 종교를 중시하던 사회가 무종교적 국가로 변모하면서 종교의 사회적, 정치적 중요성이 상실되는 단방향의 과정이다. '세속화이론'에 따르면 종교와 신앙은 둘 다 **보편적으로**(*universally*) '오직' 사적인 것이 될 운명이다. 결과적으로 종교는 더 이상 중요한 공적 행위자가 아니게 된다. 슈프(Anson Shupe, 1990: 19)가 지적하듯이, "고전적인 세속화 패러다임에 내재한 종교의 탈신비화(demystification)는 도시산업 사회에 있어서 종교적 영향력의 점진적이고, 끈질기며, 지속되는 부식을 상정한다." 사회학자 카사노바(José Casanova, 1994: 17)에 따르면 세속화이론은 스스로를 '근대 사회과학 내에서 진정한 패러다임적 지위를 달성할 수 있는 유일한 이론'일 것이라는 보편주의 주장을 한다. 이는 부분적으로는 19세기 말과 20세기 초반 사회과학의 주요 인물들 — 뒤르켐(Emile Durkheim), 베버(Max Weber), 마르크스(Karl Marx), 콩트(Auguste Comte), 프로이드(Sigmund Freud), 파슨스(Talcott Parsons) 및 스펜서(Herbert Spencer)를 포함하여 — 이 모두 세속화는 근대화의 필수적 양상이고, 이는 '전통'에서 '근대'로 이행하는 모든 사회에 적실성을 가지는 세계적 흐름이라고 주장한 것에서 기인한다. 그들은 "종교의 중요성이 점진적으로 축소되고 산업사회가 도래되면 더 이상 중요하지 않게 된다"는 견해를 공유하였다. 그리고 "종교가 죽어간다는 믿음은 20세기 대부분 동안에 사회과학계의 일반적 통념이 되었다" (Norris and Inglehart, 2004: 3). 그런 주장은 계속하여, 근대화가 그 영역을 확장하면서 종교는 어디에서나 '개인화(privatised)'되어 문화적 영향력을 상실하고 순전히 개인적 문제가 될 것이라고 간주한다. 따라서 종교는 더 이상 사회 변화를 이끌어낼 수 있는 잠재력을 지니는 **집단적**(*collective*) 세력이 아니게 된다. 요약하자면, 스미스(Donald Eugene Smith, 1970: 6)는 거의 반세기 전에 세속화는 "정치 발전 과정에 있어서 가장 근본적인 구조적, 이데올로기적 변화"라고 선언하였다. 세속화는 일방통행로였다. 종교와 신성적 고민이 삶의 비중을 크게 차지하던 사회는 점진적으로 — 그러나 가차없이 — 종교의 권력과 권위의 심각한 축소로 특징지워지는 사회로 이동한다.

는, 거의 도전받지 않았던 당시의 일반적 통념을 암묵적으로 수용하였다. 이론이 '현실세계' 정치에 지침을 주는 사례는, 많은 정치 지도자들 — 당시 식민 지배로부터 벗어나고 있던 광활한 개발 도상 지역에서 — 이 자신들의 종교적 신념 및 문화와 상관없이 하나의 핵심 전제를 가지고 활동했다는 것에서 알 수 있다. 그것은 만약 자신들이 성공적인 국민국가를 건설하고 번성하는 국제관계를 운용하고자 한다면, 특정 종교 및 문화적 주장에서 비롯되는 보편성에서 거리가 먼 이탈적 이데올로기가 아닌 반드시 보편성에 부합하는 중립적 입장을 유지해야 한다는 것이었다. 그렇게 하지 않으면 교조주의가 조장되고, 관용이 축소되며, 분쟁이 촉발되고 (그들은 "'역사'가 우리에게 이것을 말해주지 않는가?"라고 질문한다), 그리고 그 결과 생존할 수 있는 국민국가, 민주주의 및 (세속적) 국제체제의 원활한 운영에 대해 반감을 가지게 된다. 위르겐스마이어(Mark Juergensmeyer, 1993: 27)가 지적한 것처럼, "세속적 민족주의는 중립적일 뿐만 아니라 보편적으로 적용가능하고 도덕적으로 정당하다고 인식되었다." 요약한다면, 17세기 이후 식민주의를 통한 세속적이고 중앙집권적 국가가 등장하고 18세기 이후 국제체제에서 종교가 배제되면서 — 한편으로는 기독교인들 사이, 다른 한편으로는 무슬림과 기독교인들 사이에 있었던 수많은 전쟁에 투영된 '나쁜 영향력' 때문에 — 잠재적 위험성을 갖고 있는 종교는 국내적 국가통합과 국제적 정치안정과 진전을 모색함에 있어서 개입이 허용되지 않아야 하는 부차적 이슈의 범주로 격하되었다. 국제분쟁의 관점에서 보면, 이는 세속적 행위자와 세속적 사상 간의 투쟁만이 중요하다는 것을 의미하고, 미국과 소련이 전 세계적 지배력을 위해 투쟁했던 냉전 기간(1940년대 말부터 1980년대 말까지)은 그런 주장을 경험적으로 지지하는 듯이 보였다.

종교의 '부활'과 국제분쟁

두 개의 중요한 사건 — 1980년대 말의 냉전의 종식, 그리고 몇 년 후 소련의 해체 — 은 세 번째 중요한 사건인 종교의 부활을 수반하였는데, 이는 국제분쟁을 포함한 국제관계를 이해함에 있어 중대한 함의를 가지는 것이었다. 1990년대가 거의 끝나는 시점에 상당히 놀라운 일이 일어나고 있다는 점이 분명해졌다. 20세기는 '거대한 새로운 성당, 회교사원, 사찰이 들어서고, 신앙의 상징과 노래가 어디에서나 드러나는 종교의 부활'과 함께 저물고 있었던 것이다 (Woollacott, 1995). 놀랍게도 종교의 부흥은 한 나라 또는 몇몇 국가에 국한되지 않았다. 대신 그것은 국제관계 전반에 중요한 함의를 지니는 거의 전 세계적인 부흥이었다 (Petito and Hatzopoulos, 2003; Thomas, 2005; Haynes, 2013). 이 현상이 얼마나 놀라운 일인지 설명하기 위해서는 최근 사건들의 맥락을 찾기 위해 역사를 잠시 거슬러 올라갈 필요가 있다.

1648년 베스트팔렌조약(Peace of Westphalia)과 이어지는 현대 국제체제의 발전에 따라, 종교가 초기에 지녔던 국제정치적 중요성은 상실되었다. 이전 — 즉 17세기 중반 이전 — 에는 이슬람과 기독교가 중요한 정치적 행위자였다. 이슬람은 아라비아 중심부에서 거의 천년 동안 동서남북 모든 방향으로 확장하였다. 그 결과 아프리카와 아시아의 광대한 영토와 유럽의 작은 지대(발칸 지역 일부와 이베리아 반도 대부분)가 무슬림의 통제 하에 속하게 되었다. 그러나 서부 유럽에서 점차 중앙집권화하는 기독교 정치체의 확산 — 그들의 우월한 화력과 조직적 기술과 함께 — 에 대응할 수 없게 되면서 이슬람은 압도되었다. 그 결과 15세기 말엽부터 유럽에서는 신앙의 영향이 현저히 줄어들었다. 그러나 전체적으로는 이런 좌절에도 불구하고, 이슬람은 다른 곳에서 종교, 사회, 문화가 전체론적으로 통합된 체제로 발전하였고, 시간이 지나면서 초국가적인 종교 공동체의 확산을 통해 세계적 종교로 자리하게 되었다.

첫째, 현실주의 관점은 보다 상위의 권위체가 부재하기 때문에 항상 국가가 국제관계에서 가장 중요한 요인이라고 주장한다. 국제기구들은 항상 국가에 종속되는 것으로 간주된다. 세계는 경쟁, 갈등 그리고 협력에 기반을 둔 글로벌 국가(*states*)체제이다. 국가는 그들의 번영에 필요한 권력을 획득하기 위해 스스로의 자원에 의존해야만 한다. 비록 일반적 목표를 달성하기 위해, 대부분의 경우처럼 다른 국가들과 협력할 준비가 되었다고 하더라도 그렇다. 심각한 분쟁은 국제체제의 일상적 현상이 아니다. 왜냐하면 평화는 지역과 글로벌 세력균형을 통해 유지되기 때문이다. 현실주의는 미국과 같은 패권적 국가가 국제질서를 구축하고 유지하는 데 있어서 어떠한 역할을 하는지를 탐구하고, 국제체제 내 권력 구조가 정치적 질서의 특징을 형성한다고 강조한다. 요약하자면, 현실주의 분석은 군사력의 중요성을 대단히 강조한다. 왜냐하면 국가는 자신들의 목표를 달성하기 위한 스스로의 노력에 궁극적으로 의존해야만 하기 때문이다. 현실주의는 종교의 역할을 무시하거나 심각하게 경시한다. 왜냐하면 특히 매우 소수 — 만약 있다면 — 의 국가들만이 자신들의 외교정책이 종교적 요인에 의한 것이라고 주장하기 때

글상자 12.3 이론적 관점과 종교의 부활

최근 사회 활동의 모든 수준 — 국제관계·국제정치학 포함[1] — 에서 확인되는 종교의 부활은 서구 사회과학의 완고함에 문제를 제기하였다. 그 완고함은 서구의 사회과학이 종교를 세속적 담론만큼 중요한 사회적 요인으로 다루는 것을 명백히 거부한다 (그리고 그럴 능력이 되지 않는다)는 점이었다. 종교 이슈가 국제관계에서 어떻게 이해되고 있는지를 보여주기 위해서 국제관계와 관련된 네 개의 포괄적 접근법 — 현실주의, 자유주의적 국제주의, 신마르크스주의 및 구성주의 — 이 아래에서 간략하게 언급된다. 이 짧은 검토의 결론은 네 개의 관점 중 어느 것도 종교를 국제분쟁을 포함한 현대 국제관계의 일관된 주요 구성 요인으로 인식하지 않는다는 것이다. 바꿔 말하면, 이는 헌팅턴이 강조한 것처럼 국제분쟁으로의 종교의 '복귀'가 실제로는 독특한 경험이라는 것이고, 구성주의라는 예외를 제외한다면 국제정치이론이 왜 이 현상을 설명하기 어려운지를 보여준다.

문이다 (Haynes, 2013: 58-60).

둘째, 자유주의 패러다임은 국가가 더 이상 자동적으로 세계정치의 핵심 행위자가 아니라는 전제에서 출발한다. 초국가적 관계의 성장은 비국가 행위자, 그 중에서도 초국가적 기업 및 다양한 종류의 국제적 조직 — 알카에다와 같이 국경을 넘는 종교 집단을 포함 — 의 중요성을 의미하는데, 이들은 어떤 개별 국가나 국가군의 통제로부터 독립적일 수 있다 (Haynes, 2005a). 실제로, 국가도 그 자체가 단일 행위자로 간주되지 않는다. 대신, 국가는 관료 조직 및 기구들의 집단으로 구성된다. 글로벌 체제는 무역, 금융, 에너지, 인권, 민주주의 및 생태 등 국내적, 국제적 정책 과정이 수렴되는 여러 다른 이슈 영역의 통합체로 인식된다. 글로벌 상호의존의 운용은 협상, 교섭 및 합의 추구(consensus-seeking)의 과정을 통해 수행된다. 질서는, 현실주의자들의 주장처럼 세력균형이 아니라, 공통의 가치, 규범 및 국제법에 대한 합의적 승인에 의해 유지된다. 다른 말로 하자면, 세계질서에서 국가들이 여전히 기득권을 갖고 있지만, 동시에 세계의 정치과정은 국가만이 아니라 다양한 비국가 행위자들도 포함한다. 자유주의 국제주의적 관점이 종교 행위자가 초국가적으로 중요할 수 있음을 인정함에도 불구하고, 그 중요성은 보편적이기보다는 특정 이슈의 관점 — 예를 들면, 인권문제 — 에서만 다뤄진다.

셋째, 신마르크스주의는 세계 수준에서의 정치과정을 주로 근본적인 계급 갈등이 세계적 규모로 표출된 것으로 이해한다. 그리고 종교는 계급 이슈의 중요한 측면으로 간주하지 않는다. 신마르크스주의는 세계질서가 군사력 구조에 기초해 있다고 보지 않는다는 점에서 현실주의와 다르고, 상호의존의 네트워크에 의해 유지된다고 보지 않는다는 점에서 자유주의적 국제주의와도 구별된다. 신마르크스주의자들에게 있어서 세계질서의 지배적 특징은 세계가 경제력의 측면에서 핵심, 주변, 그리고 반주변이라는 지역으로 구조적으로 분화되어 있다는 점이다. 이는 전통적으로 '북'과 '남' 그리고 공산주의 동구권 사이의 분화로 이해되었으나, 동아시아 신흥공업국의 대두와 동구권의 몰락은 간단한(그리고 지나치게 단순한) 3자적 국제경제 구분을 완전히 무너뜨렸다. 요약하자면, 신마르크스주의자에게 있어서 세계질서는 주도적 자본주의 국가의 권력을 통해 유지되는데, 여기에 유엔과 같은 국제기구, 초국적 기업들, 그리고 국제레짐이 함께 지배적인 자유주의 이념과 서구적 근대화의 세계적 확산을 정당화시킨다 (Haynes, 2013: 64-65).

마지막으로, 국제관계에 대한 접근법으로서 구성주의는 하나의 형태, 관점 또는 패러다임에 국한되지 않는다. 대신 구성주의 접근법들의 공통점은 행위자 — 국가 및 비국가 행위자 모두 — 의 행동을 사회적, 문화적 맥락에서 이해하려고 한다는 점이다. 구성주의자에게 있어서 정치적 결정과정은 관념적, 물질적 관점 양자의 측면에서 이해된다. 따라서 이론적으로 구성주의자들은 현실주의자, 자유주의적 국제주의자 및 신마르크스주의자들보다 문화, 역사 및 종교 등의 요인을 훨씬 중요하게 다룰 것으로 기대된다. 왜냐하면 그런 요인들이 국가는 물론 국가 경계 내로 국한되지 않는 국제관계의 중요한 행위자들의 행동에 결정적 영향을 미치기 때문이다. 요약하자면, 구성주의는 정체성, 규범 및 문화의 핵심적 역할을 인정한다는 점에서 국제정치이론 속에 종교를 포함시키기에 보다 우호적인 이론적 환경을 제공한다고 할 수 있다 (Haynes, 2013: 65-67).

9·11 이후 종교와 관련된 국제분쟁: 헌팅턴의 주장이 타당한 것인가?

여기에서는 종교가 국제분쟁에 복귀했음을 알리는 핵심적 사례로서 9·11에 집중하고, 왜 그런지에 대해 몇 가지 이유를 제시한다. 9·11은 자칫 추상적일 수 있는 문명충돌론이라는 뼈대에 경험적 살을 입혔다. 9·11은 급작스럽게 결정적 중요성을 획득한 두 개의 질문을 강조하였다. 첫째, 우리는 애초에 그런 갈등이 분쟁으로 진전되는 것을 어떻게 예방할 수 있을 것인가? 그리고 둘째로 그런 분쟁이 시작될 때, 그것은 어떻게 신속히 평화롭게 종결될 수 있을 것인가? 첫 번째 질문과 관련해서는, 종파를 초월한 종교 조직들 — 예를 들면, 1970년에 창립된 세계종교평화회의(RfP: Religions for Peace, http://www.religionsforpeace.org/about/) — 가 수십 년간 종교 관련 충돌의 발생을 예방하기 위해 종파를 초월한 화합을 구축하려고 많은 시간, 에너지 및 헌신을 쏟았다. 그러나 RfP가 얼마나 성공적이었는지를 확인하는 것은 불가능하다. 왜냐하면 만약 종교 관련 분쟁 하나가 발발하지 않는다고 해서 분쟁이 예방되었음을 알 수는 없기 때문이다. 다른 한편으로, RfP의 노력들은 종교적 전통들의 공통점이 무엇인지 그리고 국제관계에서 신앙들 간의 갈등을 최소화하고 협력을 증진시키기 위해 무엇이 가능한지를 탐색하는 데에 중요하다.

분명한 것은 갑작스럽고 예상 밖의 해를 끼치는 사건의 전개가 종교 간 대화와 협력을 극히 어렵게 만든다 — 반드시 불가능한 것은 아니지만 — 는 점이다. 이 주장을 9·11공격, 이어서 미국이 주도했던 무슬림 다수국인 아프가니스탄 침공(2001) 및 이라크(2003) 침공, 그리고 알카에다에 의해 제시된 국제적 충돌의 아이디어와 연결된 마드리드(2004)와 런던(2005)을 포함한 유럽에서의 연이은 폭탄 공격과 관련하여 설명하려 한다. 이들 특별한 사건들, 그리고 많은 무슬림들이 미국/서방의 세계 지배 시도라고 간주하는 것에 대한 지속적인 분개심은 거의 확실하게 기독교인들과 무슬림들 사이의 종교 간 대화를 더욱 힘들게 만들었다. 만약 그런 사건들이 없었다면 기독교인들과 무슬림들 간의 대화와 협력이 가능했을지도 모른다.

여기서 우리의 구체적 이슈로 돌아가 보자. 헌팅턴이 종교적 차이와 서구와 무슬림 간의 세계 분쟁을 연결 짓는 생각을 발표한 이후 20년이 경과하였는데, 그의 주장은 경험적으로 얼마나 잘 검증되고 있는가? 헌팅턴의 명제는 국제관계에서 관측되는 종파 간 갈등의 관점에서 우리의 현재를 어느 정도 설명할 수 있는가?

2013년 말리, 2014년 북부 나이지리아에서 이슬람 과격분자들은 알카에다 사상에 충성을 맹세하면서 이슬람 국가의 건설, 기독교인과 다른 비무슬림들의 강제적 추방 또는 개종이라는 목표를 추구할 것임을 강조하였다 (Minteh and Perry, 2013). 앞에서 이미 1979년 이란혁명이 종교적 차이의, 특히 무슬림 이란과 미국 사이의 지속적인 적대감과 관련된, 국제적 분쟁에의 귀환을 의미하는 징조라고 언급하였다. 두 진영 간의 갈등은 다음과 같은 점을 분명하게 보여준다. 우선 서로 다른 가치 체계, 규범 및 신념을 가지는 두 개의 국가와 정부 사이에 공통점을 찾기는 거의 불가능하다. 그리고 세계화 흐름 속에서 두 집단이 접촉할 수밖에 없는데 같이 원만하게 생활할 수 있는지가 중요한 문제로 대두된다.

여기서 핵심적인 주장은 헌팅턴의 논문과 책의 내용이 정확하거나 옳기 때문에 중요하다는 것이 아니다. 대신 나는 두 가지를 주장한다. 첫째, 헌팅턴의 논문이 중요한 이유는 그것이 탈냉전 시기 시대정신(*zeitgeist*), 즉 우리가 '세계화'로 부르는 이 불확실한 시대의 세계를 보는 방식의 하나를 완벽하게 포착했기 때문이다. 둘째, 그것은 세계화 자체와 그것이 전달하는 희망과 공포에 대한 지속적인 선언임을 증명하여 왔다.

그의 주장의 초점 — 서방('미국'이라고 해석)과 이슬람('이슬람 근본주의'로 해석)이 조화롭게 사는 것은 불가능하다 — 이 터무니없을 정도로 단순화된 것이어서, 안정되고 안전하며 불변의 세계에 살다가 갑자기 전후 패러다임이 파편화되는 각본에 직면한 사람들이 경험한 피해망상을 상기시킨다고 보는 것은 큰 의미가 없다. 그렇다면 헌팅턴과 같은 열성적 현실주의자는 무엇을 했는가? 그가 채택한 접근법은 새로운 적('이슬람 근본주의')을 찾아서, 냉전이 시작된 이후 미국 현실주의자들이 소비에트연방(USSR)을 취급했던 것과 같이 '악인(baddie)'의 옷을 입히는 것이었다. 그럼으로써 숙적의 특징을 새로운 국제 '종교' '행위자'인 '이슬람 근본주의'에게로 이전시켰다.

헌팅턴이 최초로 '문명의 충돌' 명제를 제시했던 1990년대 초반에 세계는 50년간의 세속 이데올로기적 양극화와 갈등에서 겨우 빠져나왔다는 점을 상기할 필요가 있다. 오늘날 미국 내 일부의 주장에도 불구하고 미국이 냉전에서 '승리'한 것이 아니라, 소련이 '패배'한 것이다. 전 세계적 지배력에서 미국과 경쟁할 수 없게 되면서 소련의 불안하고 고장나고 염세적인 정치·사회·경제체제는 거의 상상할 수 없을 정도로 짧은 시간에 극적으로 폭발하였다. 분명히 1980년대 중반까지만 해도 강력해보였던 소련과 그 체제, 그리고 거기에 연관된 위성국가들이 1991년에는 더 이상 존재하지 않았다. 이는 균열, 허점, 그리고 진공 상태를 남겼다. 어떻게, 그리고 무엇으로 이것을 메꿀 것인가?

만약 세계화가 USSR을 패배시킨 원동력이었다면 종교가 글로벌 정치에서 오랫동안 도외시 되었던 자신의 지위를 재개할 수 있게 한 것도 바로 세계화이다. 1648년 이후 주변화된 이래, 냉전과 거기에 결부된 세속 이념의 갑작스런 종식이 '종교'로의 새로운 집중을 위한 길을 열었다. 현재, 과거에 단어연상놀이(word association game)를 했던 사람들은 누구나 다 아는 것처럼, '종교'는 '문화'와 거의 동의어이다. 왜냐하면 하나의 문화와 다른 문화를 가장 분명하게 구분짓게 하는 것이 바로 종교적 차이이기 때문이다.

미국에 대한 9·11공격은 국제 갈등에 있어 문화적 그리고 종교적 차이 — 특히 '이슬람 근본주의'와 관련하여 — 의 역할에 대한 논쟁의 주요 사건이었는데, 특히 세계화된 문화적 테러리즘을 대표하는 알카에다가 집중 조명을 받았다. 일부 학자, 분석가 및 정책결정자들 — 특히 미국, 그러나 미국 밖에서도 — 에게 있어서 9·11은 두 개의 문화적 단위체들 간에 헌팅턴의 '문명의 충돌'의 실질적 시작을 의미하는 것이었다. '기독교 서방'과 '이슬람 세계', 그 중에서도 '이슬람 근본주의자'로 명명되는 새로운 집단에 관심이 집중되었다. 물론 그렇다고 헌팅턴의 모든 주장이 맞았다고 말하는 것은 아니다. '기독교 서방'과 '이슬람 근본주의자들' 간의 세계적 수준에서의 문화적 충돌에 대한 그의 주장에 대해 많은 이들이 9·11은 문명 충돌의 시작이 아니라 오히려 초국가적 이슬람 급진주의의 최후라고 반박하여왔다 (최근 말리에서의 사건들, 그리고 나이지리아에서의 보코 하람[Boko Haram, '서구식 교육 금지'] 관련 사건들이 새로운 국면의 시작인지는 지켜봐야 한다). 9·11 사건들이 문화(와 종교)를 국제분쟁 의제의 전면에 자리하게 하였다는 주장에 동의하지 않기란 쉽지 않다. 결과적으로 헌팅턴의 '문명의 충돌' 명제는 새로운 생명을 부여받았다. 이후 10년간 다수의 비평가들 — 특히 미국 내 보수적인 정치적 스펙트럼에 속하는 이들 — 은 '기독교 서방'과 '무슬림 세계' 양자에 본질주의적 특징을 부여하는 일을 꺼리지 않았다. 즉, 9·11 이후에 일부 사람들에게는 세상을 헌팅턴 식 — 비록 매우 단순하지만 — 으로 분리해서 보려는 뚜렷한 경향이 존재하였다. 이런 양극화는 지도상의 직선들 — "이슬람은 유혈이 낭자한 국경을 가진다 (Huntington, 1993: 35, 이슬람과 비이슬람 세계의 충돌을 강조하기 위해 헌팅턴이 사용한 문장 – 역자 주)" — 에 의해 특징지어졌다. 이것은 문화적, 종교적 차이에 의한 분열이라면 현재의 세계화 시대에도 여전히 국경이 의미하는 바가 있음을 잘 보여주는 그림적 표현의 정수였다.

9·11 이후 10여 년이 경과되고 헌팅턴의 논문(1993)과 책(1996)이 출간된 지 20여 년이 지났지만, 우리가 '문명의 충돌'에 대해 아는 것은 무엇인가? 헌팅턴은 자신의 논문에서 '문명들' 내의 의견과 관점의 차이를 익히 알고 있다고 언급했지만, 그는 이것이 '서방'과 '이슬람' 사이의 차이를 규정지은 가치, 규범 및 신념의 분명한 '충돌'보다는 덜 중요하다고 여긴 것 같다. 헌팅턴(Huntington, 1993:25)이 제시한 것처럼 세계가 '일곱, 또는 여덟 개의 주요 문명'으로 구분된다는 생각 자체는 — 최소한 필자에게는 — 분명 터무니없다 (덧붙이자면, "[하나의] 아프리카 문명이 존재할 수 있다 [Ibid.]는 생각 자체는 2014년 나이지리아에서 있었던 사건들, 특히 이슬람 극단주의자들과 평범한 기독교인들 사이의 살인적인 갈등에 의해 틀렸음이 드러난다. 단 '하나의' 아프리카 문명? 그것이 도대체 무엇으로 구성되어 있는지 설명할 수 있는가?"). 다시 한 번, 필자가 보기에 세상이 '일곱, 또는 여덟 개의 주요 문명'으로 구분되었다고 믿는 사람들은 무수히 많은 아이디어, 규범, 신념 및 세계에 대한 인식으로 충만한 세계의 매혹적 모자이크를 이해할 능력을 결여하고 있고 있음을 역사가 입증하고 있다.

1990년대 중반에 헌팅턴이 문명 간의 폭력적이고 갈등적인 속성에 대한 논쟁에 불을 지핀 이후, 종교가 국제분쟁과 그 대척점인 국제협력에 어떤 영향을 미치는지에 대한 연구가 점증하였다.

셋째, 문명 간 충돌이라는 생각은 또 다른 이유

글상자 12.4 9·11과 헌팅턴의 명제

9·11 이후 세계의 몇 가지 특징에 대해서는 논란의 여지가 없다. 2011년 9월 11일, 그리고 이어지는 다수의 테러 사건들은 알카에다나 그 추종자들에 의해 자행되었다. 그리고 이들 사건은 모두 '서방' 목표물에 대한 파괴와 인명 손실이라는 목표를 공유한 이슬람 극단주의자들과 관련되었는데, 그럼에도 불구하고 이는 이스탄불과 카사블랑카에서와 같이 종종 무슬림들의 많은 인명 피해로 연결되었다. 많은 사람들은 미국의 대응 — 부시 행정부의 '테러와의 전쟁' — 이 아프가니스탄, 이라크 및 다른 곳의 무슬림들을 목표로 했다고 무비판적으로 믿었다. 어떤 사람들은 이들 사건이 헌팅턴의 '문명의 충돌' 명제가 옳았음을 입증한다고 주장하였다. 그런 견해에 따르면, 9·11공격과 미국의 대응은 문명 간 충돌에 대한 헌팅턴의 예언이 1990년대 초반에 처음 제시되었을 때보다 이제 보다 구체적이고 보다 타당함을 시사한 것이었다. 그러나 다른 이들은 9·11이 문명의 충돌의 시작이 아니라, 전술했듯이, 특히 급진 이슬람주의가 알제리와 이집트에서 혁명적 변화를 꾀하고자 노력한 최후의 순간이라고 주장한다. 그럼에도 불구하고, 주목해야 할 것은 9·11이 미국과 국제관계 양자에 모두 중요한 영향을 미쳤을 뿐만 아니라 사우디아라비아에서 이슬람 급진주의가 발호하는 데에도 기여했다는 점이다. 이는 빈 라덴이 강조했듯이 그 왕국에 미군이 주둔했기 때문만이 아니다. 사우디아라비아 울라마(*ulema*, 이슬람의 성직자를 의미 – 역자 주)의 역할이 일하지도 않고 국민을 대표하지도 않는 국왕, 그의 대가족, 그리고 기생적 측근의 지배를 지지하고 변명하는 것이라는 점에 대한 자각이 점증한 결과이기도 하였다.

때문에 타당하지 않다. '문명들' 간에 영토적 경계를 명확히 그리는 것은 매우 어렵거나 불가능하고, 그들이 일관된 단위체로 행동한다고 보는 것은 더 힘들다. 헌팅턴의 '충돌하는 문명들' 시나리오가 문제시되는 이유는 일차원적이고 분화되지 않은 범주 — '문명' — 에 주목했기 때문이다. 그 결과, 이슬람, 기독교 및 유대교를 포함한 모든 종교적, 문화적 전통들 내에서 발생하는 다양한 흐름, 충돌 및 의견 불일치를 간과하게 되었다. 더 넓은 관점에서 보면 문화를 본질주의적 가치의 폐쇄적 체제로 간주하는 것은 유용하지 않고, 세계를 엄격히 제한되고, 구분되는 소수의 문명들, 또는 문화들로 구성되어 각각이 고유의 핵심 신념을 가진다고 이해하는 것도 도움이 되지 않는다.

마지막으로, '충돌하는 문명들'이란 이미지는 일반적으로 급진주의 이슬람 폭력, 특별히 알카에다 테러리즘이 이슬람 세계 내의 정부들 중에서도 부패와 '비이슬람적' 관행으로 지속적으로 비난받았던 정부들을 우선적 목표로 한 것이라는 점을 무시한다. 그러나 아랍국가들 전역 및 무슬림 세계 다른 곳에서의 이슬람 그룹의 부상은 단순히 개별 정권들의 실패의 결과만이 아니다 — 이는 또한 보편적인 혜택의 성과를 제공하겠다는 현대화 약속의 실패의 결과이기도 하다. 즉, 최근의 이슬람 그룹의 부활 — 이 중 알카에다는 하나의 측면이지 전체가 아니다 — 에는 발전 및 사회적 실패

글상자 12.5 헌팅턴에 대한 비판

헌팅턴의 주장에 대해서는 다수의 비판이 존재한다. 어떤 이들은, 정치적 이슬람의 다양한 분파들이 기독교의 많은 형태들과 비교할 때 자유민주주의에 대해 질적으로 다른 견해를 가진다고 주장할 수 있지만, 무슬림들 전체(*en masse*)가 금방이라도 서방과 충돌의 시대에 들어갈 준비가 되어있다고 주장하는 것은 전혀 다른 것임을 지적하여 왔다. 비판가들은 아울러 실제로는 여러 '이슬람들(Islams)'이 존재하고 악의적이거나 잘못된 정보를 가진 이들만이 테러리스트 공격을 명백하게 대표적인 단일 — 필연적으로 극단주의적 — 이슬람 사상의 특성으로 단정 짓는다는 점을 지적하였다. 둘째, 9·11이라는 잔악한 행위 — 그리고 뒤이은 런던, 마드리드 및 다른 곳에서의 폭탄 공격 — 는 하나의 국가, 또는 국가 집단에 의하거나 지령에 의해 수행된 것이 아니고 서방국가들은 물론 파키스탄, 사우디아라비아 및 리비아 등 무슬림 국가들도 비난하는 국제 테러조직인 알카에다에 의한 것이다.

에 대한 대중적 환멸과 부패하고 대표성이 없는 정권 — 덧붙이자면, 이들은 설상가상으로 정치체제를 의미 있게 민주화하는 것을 지속적으로 거부한다 — 에 대한 광범위한 혐오감이 자리하고 있다. 결과적으로 공동체적 구조를 파괴하거나 통제하고 그것을 국가와 개인 사이의 연계를 기반으로 한 국민이라는 아이디어로 대체하려는 국가권력에 직면한 상황에서, 다수의 무슬림들에게 이슬람 그룹은 대중의 정치적 열망을 전달하는 중요한 기제이다 (Strindberg and Wärn, 2011).

'정치적 이슬람(political Islam)'을 변수이자 다양한 정치이념으로 생각하는 것이 중요하다. 왜냐하면 그것이 반드시 급진주의나 극단주의와 연결되지는 않기 때문이다. 정치적 이슬람의 다양한 표현들은 분명 급진적 — 예를 들면, 혁명 후 이란이나 1996년부터 2001년 사이에 탈레반에 의해 지배되었던 아프가니스탄 — 이거나, 알카에다와 그에 연계된 모로코부터 인도네시아에 이르는 이슬람 테러리스트들처럼 극단적이다. 그러나 후자 사례의 공통점 — 그들의 정치적 목적을 달성하기 위해 극단적 전술을 사용할 의지 — 이 그들이 동일한 종교적 관점으로 세상을 동일하게 인식한다는 것을 의미하지는 않는다. 예를 들어, 시아파 이란의 정부는 1996년부터 2001년까지 수니파 탈레반이 지배하였던 이웃의 아프가니스탄정부와 공통점 — '이슬람 원칙'의 추구라는 다분히 모호한 아이디어 외에는 — 이 거의 없다. 더욱 큰 공통점은 '온건'하다고 묘사될 수 있는 무슬림 세계의 다수의 그룹들인데, 그들은 극단적 전술을 회피하려고 한다. 지난 20년 동안, 알제리, 튀니지, 모로코, 이집트, 레바논, 터키, 요르단, 쿠웨이트, 바레인, 파키스탄, 말레이시아 및 인도네시아의 모든 이슬람-지향적 후보들과 정당들은 선거 승리를 위해서 다원주의적 경로를 활용하기 위해 노력하였다. 그들은 지역과 전국 수준에서 경쟁하여 의석을 확보하였고, 내각 관료로 충원되었으며, 어떤 경우에는 터키의 사례처럼 권력을 획득하였다. 지난 10년 동안 특히 바레인, 이집트, 이라크, 쿠웨이트, 모로코, 팔레스타인, 파키스탄, 사우디아라비아, 튀니지 및 터키에서의 선거는 많은 국가에서 '이슬람'의 정치적 중요성을 부각시켜왔다. 그들 중 일부는 매우 논쟁의 여지가 있고 호전적이어서 각지의 민주주의 옹호자들의 마음을 얻지 못했다. 그 사례로는 레바논의 헤즈볼라 및 팔레스타인의 하마스를 들 수 있다. 그러나 두 경우에 있어서 그 단체들은 성공적 게릴라 그룹의 특징들과 대규모의 선거 승리를 달성했던 실행 가능한 풀뿌리 정당의 특징들을 결합시켰다고 볼 수 있다.

'온건' 및 '극단적' 정치 이슬람 양자에 적절히 대응하는 이행 가능한 정책을 찾기 위해 서방의 외교정책 결정자들은 세계의 무슬림 다수가 서방을 포함한 세상을 어떻게 인식하는지에 대한 이해를 제고할 방법을 반드시 배워야만 한다. 2011년에 미국에 본부를 둔 퓨 리서치센터가 14개국에서 거의 1만 4,000명을 대상으로 전화 및 대면 인터뷰로 설문조사를 실시하였다. 그 결과 무슬림 인구가 다수인 몇 나라 — 팔레스타인 영토(Palestinian Territories), 터키, 레바논, 이집트 및 요르단 — 의 대다수 사람들은 무슬림들과 서양 사람들 사이의 "관계가 좋지 않다"고 믿고 있으며, 프랑스, 독일, 스페인 및 영국의 대다수 사람들 역시 비슷한 생각을 갖고 있는 것으로 드러났다. 또한 같은 조사에서 러시아, 독일, 미국, 영국, 프랑스 및 스페인의 압도적 다수가 '이슬람 극단주의'에 대해 우려하고, 여러 무슬림 다수 국가 — 팔레스타인 영토, 이집트, 레바논, 파키스탄 및 터키 — 의 반 이상 응답자들 역시 동일한 우려를 갖고 있음이 드러났다 (Pew Research Global Attitudes Project, 2011).

페티토(Fabio Petito, 2007, 2009)는 부분적으로는 헌팅턴의 주장에 대한 대응으로서 문명들의 대화(*dialogue*)를 추구하는 노력이 진행되었고, 그 증거로 유엔이 후원하는 '문명간 연대(Alliance of Civilizations)'가 제도화되었음을 제시한다. 이런 진전을 가능케 한 근본적 배경은 세계질서의 미래에 대한 탈냉전기 논쟁이었다 — 즉, 정치적 필요성으로 점차 인식되고 있는 것을 어떻게 발전시킬 것인가. 보다 평화적이고, 다문화적이며, 정당한 세계질서. 9·11 이후 문명이라는 아이디어 — 그리고 그것과 연결된 문화 간 및 종교 간 대화의 요소들 — 는 대중적 관심과 국제회의의 주제로 확산되었다.

전직 유엔 사무총장 아난(Kofi Annan)은 18명으로 구성된 전문가 그룹 — '고위그룹(High-level Group)'으로 명명 — 을 구성하여 문명적('이종교간'으로 해석) 충돌 이슈를 검토하도록 하였다.[2] 고위그룹은 다음과 같은 두 가지를 주요 목표로 하였다. 첫째, 현재 서로 다른 사회와 문화들 사이에 '양극화(polarisation)'가 초래되는 이유의 탐색, 둘째, 이 이슈를 다룰 수 있는 실천적 행동 프로그램의 결정이다. 숙의 끝에 2000년대 중반 고위그룹은 하나의 보고서를 만들어 회람하였는데, 이는 유엔 문명간 연대(UNAOC)의 실행 계획의 토대를 마련하는 분석과 실천적 제언을 제공하였다. 고위그룹의 보고서에 이어서 2007년 4월에 전직 포르투갈 대통령 삼파이오(Jorge Sampaio)가 당시 반기문 UN 사무총장에 의해 UNAOC의 고위대표(High Representative)에 임명되었다. 삼파이오의 주요 임무는 '문명간 연대'로 알려진 실행 과정을 이끄는 것이었다 (www.unaoc.org). 2007년부터 뉴욕에 위치한 UNAOC 사무국은 파트너 네트워크와 함께 일하려 노력했다. 여기에는 정부, 국제 및 지역 기구, 시민사회 그룹들, 재단 및 민간 부문이 포함된다. 전반적 목표는 다양한 민족과 공동체 사이에 다문화적 관계를 개선하는 것이었다. 풀뿌리 수준에서 UNAOC는 네 가지 영역에 집중하여 다양한 프로젝트를 추진한다. 청소년, 미디어, 교육 및 이민, 이들은 집합적으로 신뢰, 화해 및 상호 존중을 구축하기 위한 노력이다.

문명간 연대 외에도 문명 간의 신뢰 건설에 도움을 주기위한 다른 고위급의 국제적 시도들이 존재한다. 여기에는 문명 간의 대화를 지원하는 유엔교육과학문화기구(UNESCO: United Nations Educational, Scientific and Cultural Organization, www.unesco.org/dialogue2001), 57개 국가로 구성된 이슬람협력기구(Organization of Islamic Cooperation)가 후원하는 이슬람교육과학문화기구(ISESCO: Islamic Educational, Scientific and Cultural Organization, www.isesco.org.ma), 러시아 주도의 세계대중포럼-'문명들의 대화'(World Public Forum-'Dialogue of Civilizations', http://www.wpfdc.org/index.php?lang=en) 그리고 가톨릭 평신도(lay Catholic) 조직인 성에디지오(Sant'Egidio) 공동체 주도의 소위 '국제회의: 사람과 종교들(International Meetings: Peoples and Religions', www.santegidio.org) 등의 행동이 포함된다.

그러나 UNAOC는 그 기구가 유익한 차이를 만들 수 있는 능력을 갖고 있는지를 의심하는 사람들에 의해서 비판받아왔다. 코펜하겐 소재 유럽이슬람사상연구소(Centre for European Islamic Thought)의 연구원인 스피엘하우스(Riem Spielhaus)는 UNAOC가 "자신의 용어에 의해 구속되기 때문에 구체적인 진전의 달성과 관련해서 약점을 가지고 출발했다. 두 문명이 종종 지나치게 단순하게 묘사된다"고 주장한다. 2010년에 독일 신문 『도이체 벨레(*Deutsche Welle*)』와의 인터뷰에서 스피엘하우스는 UNAOC 접근법의 큰 문제는 '서방'과 '이슬람'이라는 용어에서 알 수 있듯이 이분법(binary)적 접근 — 즉, 독립적 두 부분을 포함하는 접근법 — 에서 비롯된다고 주장하였다. 스피엘하우스는 "개인들 간의 대화와 직접적 소통은 폭력적 충돌보다 선호되지만 용어가 이분법적으로 유지된다면 그런 대화와 소통이 해결로 이어질지 아니면 분할을 심화시킬지 알 수 없다"고 덧붙였다. UNAOC에 대한 또 다른 부정적 평가는 독일외교정책협회(DGAP: German Council on Foreign Relations)의 국제전략사고포럼(Forum on International Strategic Thinking) 의장인 보솔트(David Bosold)에 의해서 제기되었다. 그는 UNAOC가 소기의 성과를 달성할 수 있는 기본적 능력을 결여하고 있다고 비판한다. 보솔트가 보기에 중요한 문제는 UNAOC가 하향식 구조이고 시민사회 조직들과의 지속적 연계가 미흡하다는 점이다.

> AOC와 같은 UN의 계획들은 정치 지도자들에게 보다 공개된 정치적 토론을 위한 환경을 제공한다는 상징 정치의 측면에서만 유용하다. … 구체적 결과를 얻기에는 AOC가 최소 두 가지 측면에서 부족하다. 이는 이슬람 세계와 서방 양측의 중요한 부분을 항구적인 대화로 이끌어

> 내기 위한 양측의 시민사회를 연결할 능력을 결여하고 있다. 그렇지 않다는 변명에도 불구하고 이는 풀뿌리 수준이 아니라 엘리트 주도적이다.
>
> Bosold, Amies(2010)에서 인용

보솔트에 따르면 그 문제는 UNAOC가 유엔 외부의 틀을 가지지 못하기 때문에 더욱 악화된다. 현재 많은 이들은 UN이 제2차 세계대전 직후인 1945년 창립 시 계획했던 방식처럼 국제관계의 핵심이 전혀 아니라고 지적한다. 이는 UN이 최근 들어 국제관계에 있어서 적실성을 상실하는 것으로 인식되기 때문에 문제이다. 보솔트가 주장하듯이, "UN 사무총장은 국제적 의제를 설정할 능력을 점차 상실하여 왔다. AOC와 관련해서도 이런 문제가 어떻게 교정될지 알 수 없다" (Amies, 2010).

결론

이 장은 1648년의 베스트팔렌조약과 뒤이은 근대 국제체제의 발전과 함께 종교는 초기에 가졌던 국제정치적 중요성을 서방을 포함한 대부분의 세계에서 상실하였음을 논의하였다. 이런 역사적 맥락을 고려할 때 많은 관찰자와 분석가들이 다시 서방을 포함한 세계의 많은 지역에서 사회적 활동의 모든 수준 — 국제관계 및 국제정치학 포함 — 에서 종교가 부활하는 최근의 현상을 목도한다고 주장하는 것은 매우 놀라운 일이었다. 이 현상은 국제정치이론을 포함하여 서구 사회과학의 완고함에 문제를 제기하였고 그 결과 종교가 세속적 담론과 동등하게 그들 나름의 방식으로 중요한 사회적 요인으로 취급되도록 만들었다. 국제정치학의 네 가지 주요 접근법 — 현실주의, 자유주의적 국제주의, 신마르크스주의 및 구성주의 — 이 간략히 검토되었는데, 이는 이들 접근법이 국제관계에 있어서 종교라는 이슈를 어떻게 이해하는지를 평가하기 위함이었다. 그 결론은 네 접근법 중 어느 것도 종교를 현대 국제관계에 있어서 지속적으로 중요한 요소로 인식하지 않는다는 것이다. 마지막으로 이 장은 20년 전에 영향력 있는 주장을 제기한 이래 여전히 많은 논란을 불러일으키고 있는 헌팅턴의 '문명의 충돌' 명제를 다뤘다. 20년 전에도 그의 주장을 뒷받침할 실증적 데이터가 부재하여 문제가 많았지만, 헌팅턴의 생각은 과거보다 오늘날에 더욱 근거가 미약하다. 그가 공존할 수 없는 서방-무슬림 가치들에 기반을 둔 문명간의 충돌이라고 간주했던 것은 터무니없이 단순한 생각임이 드러났다. 그리고 9·11을 제외하면 그것은 국제적 충돌의 중요한 지속적 원천이 아니다. 따라서 무슬림 세계가 아니라 러시아와 중국의 반자유주의(anti-Liberal) 가치에 초점을 다시 맞출 필요가 있다. 이들의 국제적 가치는 서방의 가치와 같지 않고, 소란을 피울 수는 있지만 세계시민의 전폭적인 지지를 얻기 위한 투쟁에서는 승리할 수 없는 소수의 이슬람 극단주의자들보다 국제평화와 안정에 훨씬 큰 위협을 안겨줄 수도 있다.

요점

1. 현재 다양한 종교 행위자가 여러 중요한 방식으로 국제관계에 간여한다. 그들 전부는 아니지만 일부는 국제적 충돌과 관련된다.

2. 1648년의 베스트팔렌조약과 뒤이은 근대 국제체제의 발전과 함께 종교는 초기에 가졌던 국제정치적 중요성을 서방을 포함한 대부분의 세계에서 상실하였다.
3. 1980년대 말 냉전의 종식은 국제적 충돌에 종교가 개입하는 새로운 시기를 가능하게 하였고, 그 중요한 예는 2001년 9월 11일(9·11)이다.
4. 국제정치학의 '전통적' 이론적 접근법들 중 어느 것도 종교를 현대 국제관계에 있어서 지속적으로 중요한 요소로 인식하지 않는다.
5. 우리가 종교적 차이에서 비롯된 문명 간 충돌을 목도하고 있다는 주장을 뒷받침할 증거는 거의 없다.

주

1) '국제정치학(International Relations)'은 국제관계(international relations)를 연구하는 학문 분야이다.
2) 그룹 구성원은 다음의 주소에서 확인할 수 있다. http://www.un.org/News/Press/docs/2005/sgsm10073.doc.htm.

추천도서

Haynes, J. 'Al-Qaeda: Ideology and action', *Critical Review of International Social and Political Philosophy*, vol. 8, no. 2, 2005a, 177–191.

Haynes, J. 'Review article: Religion and International Relations after "9/11"', *Democratization*, vol. 12, no. 3, 2005b, 398–413.

Haynes, J. *An Introduction to International Relations and Religion*, 2nd ed., London: Pearson, 2013.

Huntington, S. *The Clash of Civilizations*, New York: Simon & Schuster, 1996.

Strindberg, A. and Wärn, M. *Islamism, Religion, Radicalism and Resistance*, Cambridge, UK: Polity, 2011.

13장 정보와 안보

앤드류 모란(Andrew Moran)

글상자 13.1 스턱스넷

2009년에 나탄즈(Natanz)에 있는 이란의 핵시설이 스턱스넷(Stuxnet)으로 불리는 고도의 정교한 컴퓨터 바이러스의 목표가 되었다. USB 플래시 드라이브에 의해 전파된 것으로 생각되는 바이러스는 컴퓨터와 원심분리기를 공격하여 이란의 우라늄 농축 프로그램을 감속시켰다.

증거에 따르면 이스라엘 정보기관인 모사드(Mossad)가 공격했고, 미국의 지원이 있었을 것으로 판단된다.

이스라엘에게 있어서 스턱스넷은 이란 핵 프로그램에 대한 폭격의 대안이었는데, 이는 모사드가 폭격이 폭력의 확전으로 이어져 헤즈볼라, 하마스, 심지어는 시리아를 끌어들일 가능성을 두려워했기 때문이었다.

그것은 틀림없이 세계적 중요성을 가지는 최초의 사이버무기(cyber-weapon)였는데, 결과적으로 이란의 핵 프로그램을 최소 2년은 지연시켰으며 모사드의 주요 성공 사례 중 하나였다.

서론

정보(intelligence)를 연구할 때 개념 정의가 문제가 된다. 다수의 비전문가들에게 정보공동체의 활동은 플레밍(Ian Flemming)의 『제임스 본드(*James Bond*)』와 같은 흥미로운 세계 또는 르카레(John LeCarré)의 『팅커, 테일러, 솔져, 스파이(*Tinker, Tailor, Soldier, Spy*)』에 묘사된 것 같은 대개 단조롭고 어두운 스파이의 지하세계 등 대중문화에 반영된 극단들에 의해 형성되는 경향이 있다. 역사에 관심 있는 이들은 아마도 고대 로마나 엘리자베스 1세 왕정의 스파이들로까지 거슬러 올라갈 것이다.

일반 대중은 세계의 다양한 정보조직들의 활동 결과에 대해 점차 더 알아가고 있다. 아프가니스탄 또는 예멘에서 테러리스트를 목표로 한 드론의 사용, 런던에서 테러 용의자에 대한 경찰의 급습, 또는 비행기 승객들이 휴대할 수 있는 액체에 대한 제한 등이 모두 조치가 취해진 정보의 사례들이다.

그러나 정보조직의 역할에 대해서는 여전히 논란이 많고, 개방성과 책임성이 중요한 민주주의 국가에서 더욱 그렇다. 특히 조직들이 자국 시민들에 대한 정보를 수집할 때 그것이 감청 또는 비밀 활동을 통한 것인지, 또는 테러리스트 네트워크나 계획에 대한 정보 취득을 위해서 고문을 활용하는지 여부가 핵심이다.

글상자 13.2 정보기관들

세계에는 정보와 관련된 다수의 기관들이 존재한다. 다음은 그 중에서 가장 영향력 있는 기관들에 대해 논의한다.

미국은 다수의 정보기관을 보유하고 있고, 그 중 가장 유명한 중앙정보국(CIA: Central Intelligence Agency)은 국외정보를 수집하고 미국 국경 밖에서 비밀 활동을 수행한다. 국가안보국(NSA: National Security Agency)은 세계 각지에서 신호정보(signals intelligence)를 수집한다. 9·11 이후 연방수사국(FBI: Federal Bureau of Investigation)은 미국 내 방첩활동과 대테러 활동에서 역할을 증대시켰고, 국토안보부(Department of Homeland Security)는 테러리스트 활동과 관련된 정보와 첩보가 정보복합체(intelligence community) 전반 및 주와 지방정부 치안 당국 사이에 공유될 수 있도록 하였다.

영국의 저명한 정보기관에는 국내 방첩과 안보를 전담하는 MI5(영국 정보청 보안부로 통칭 군사정보총국 5과[Military Intelligence Section 5]로 불린다 – 역자 주), 해외정보 수집에 주력하는 비밀정보부(Secret Intelligence Service, MI6로 불린다), 그리고 통신정보를 획득하고 정부와 공공 영역에 통신 및 전자 데이터에 대한 조력을 제공하는 정부통신본부(GCHQ: Government Communications Headquarters)가 포함된다.

러시아에서는 연방보안국(FSB: Federal Security Service of the Russian Federation)이 연방보안위원회(Committee of State Security, 냉전 기간에는 KGB로 불림) 활동을 이어서 방첩, 대테러 및 감시를 지속하고 있다. 해외정보국(SVR: Foreign Intelligence Service)은 러시아 연방 밖에서의 정보 및 첩보 활동을 책임진다.

중국에는 최소 다섯 개의 국가안전부(Ministry of State Security) 산하 기관이 다음과 같은 목표를 가지고 활동하고 있는 것으로 알려져 있다. 첫째는 국내안보 유지를 위해 반체제 인사들에 대한 단속이고, 둘째는 해외 정보활동과 관련된 것이다.

이스라엘은 두 개의 핵심적 정보기관을 가지고 있다. 모사드는 해외정보와 특수 작전을 담당하고, 신베트(Shin bet, 히브리어로 정보기관을 의미하는 단어의 첫 자를 따른 것임 – 역자 주)는 국내정보를 담당한다. 두 기관의 최우선적 우려는 테러리즘의 위협과 공격적 국가의 대량살상무기 개발이다.

정보의 정의?

정보복합체의 활동은 확실히 폭력적이고 심지어는 죽음도 초래하긴 하지만, 동시에 정보복합체는 공들여 조사하고 다양한 수단을 통해 첩보(information, information을 첩보로 intelligence를 정보로 구별하여 번역하는 것에 대해서는 이견이 존재하지만 여기서는 관례를 따름 – 역자 주)를 수집한다.

사실상, 첩보는 정보를 이해함에 있어서 핵심적 개념이다. 왜냐하면 워너(Michael Warner)가 지적하듯이 존재하는 모든 첩보가 정보는 아니기 때문이다 (Warner, 2002). 그러나 정보가 의미하는 것이 무엇인지에 대해 다른 견해들이 존재한다.

미국 국가정보위원회(National Intelligence Council) 요원이었던 로웬탈(Mark Lowenthal)은 정보를 "국가안보와 관련하여 중요한 특정 형태의 첩보들이 요청, 수집, 분석되어 정책결정자들에게 제공되는 과정, 그 과정의 결과물, 방첩활동에 의한 그 과정들과 첩보의 보호, 합법적 당국의 요구에 의한 작전의 수행"이라고 정의한다 (Lowenthal, 2012: 8). 슐스키(Abram Shulsky)는 이 정의에 비밀(secrecy) 개념을 덧붙인다. 워너도 이에 동의하면서 '비밀이 없으면 그것은 정보가 아니라', 단지 첩보일 뿐이라고 강조한다 (Shulsky 2002:20). 슐스키는 '반격하는 적이 있는' 국가들 간의 지속적 '투쟁' 때문에 비밀은 필수적이라고 말한다 (Shulsky, 2002: 1-3, 171-176). 더 간단히 말하자면, 로웬탈(Lowenthal, 2012)의 주장처럼, 정부들은 다른 정부에게 어떤 첩보를 숨기려고 한다. 이는 다시 다른 정부들로 하여금 비밀스런 방법을 사용하여 그 첩보가 무엇인지 알아내려고 노력하게 한다.

정보의 역할

워너의 주장처럼 비밀은 중요하다. 왜냐하면 정보는 정책결정자 또는 작전지휘관으로 하여금 효과적 결정을 내릴 수 있도록 해주는 첩보의 한 형태이기 때문이다 (Warner, 2002). 좋은 정보는 잠재적으로 위협적인 사건에 대해 경고하고 그런 위협에 대처하기 위한 올바른 결정을 하는 데 필요한 첩보를 제공함으로써 정책결정자들과 군사기획자들을 도울 수 있다.

결과적으로, 정보는 기밀 상황에서 시행되는 활동이자 산물이 된다. 전통적으로 CIA와 MI6 같은 조직 내에서 정보는 해외 상황의 진전과 그것이 초래할 수 있는 영향에 대해 정책결정자들이 이해할 수 있도록 수집되고 분석되었다. 냉전 시기에 정보는 무기 성능, 병력 숫자 및 기동 등의 군사첩보에 집중되는 경향을 보였다. 비밀공작이 해외에서의 특정한 효과를 염두에 두고 실시되었고, 정보는 정부의 관여가 추적되지 않는 방식으로 외국 정부에 영향을 미치도록 설계되었다. 워너가 지적하듯이, 만약 그것이 공개적인 것이었다면 외교로 볼 수 있는 것이다.

허만(Michael Herman, 1996)은 정보를 군사력이나 경제력과 유사한 하나의 권력으로 정의하고 그것이 국가로 하여금 무력을 글로벌 차원으로 투사할 수 있게 해준다고 본다. 그러나 정보는 정치, 경제, 문화, 사회 및 환경을 포함한 각양각색의 영역에서 수집된다. 세계화의 급속도와 복합

글상자 13.3 정보의 목적

로웬탈(Lowenthal, 2012)은 정보기관이 다음과 같은 네 가지 주요 이유 때문에 존재한다고 설명한다.

1. 전략적 기습(strategic surprise)의 회피. 정보기관의 주 목표는 국가안보에의 위협을 지각하는 것이다 (그러나 9·11공격, 1941년의 진주만 그리고 1973년 이집트와 시리아의 이스라엘에 대한 공격 등을 통해 알 수 있듯이 이것이 항상 작동되는 것은 아니다).
2. 장기적 전문 지식의 제공. 선출직인지 여부에 상관없이 당략에 따르는 과도적 정치인들과 달리, 정보요원들은 경험과 특정 이슈에 대한 지식을 풍부하게 축적한 관료들이다. 이론상으로 그들은 안정성과 공정한 조언을 제공한다. 물론 정보기관이 점차 정치화되는 국가에서는 이 원칙이 계속 악화된다.
3. 정책 과정에 대한 지원. 정책결정자들은 결정을 내리기 위해서 위협 평가, 배경 첩보 및 맥락, 편익, 그리고 예상 결과에 대한 시의적절하고 자세한 정보를 요구한다. 이론상으로 정보기관들은 정부가 결정을 내리는 과정에 필요한 정보를 제공한다.
4. 첩보, 그 필요성 및 방법에 대한 비밀 유지. 정보기관을 특수하게 만드는 것은 바로 비밀 엄수이다.

로웬탈은 정보가 국가안보, 즉 국방, 외교정책 및 국토안보와 치안의 특정 요소와 연관된 이슈를 의미한다고 설명한다.

성으로 인해 정보는 이제 단순히 국가만을 목표로 하지 않고 대신 테러리스트 그룹, 마약 및 인신매매범들, 핵물질 밀수범들과 같은 비국가 행위자들의 활동도 점점 더 추적하고 있다. 실제로 이들 새로운 위협의 위험성 때문에 정보기관들은 점점 더 국내와 국제의 구분을 넘어서 활동해오고 있다.

아울러, 슐스키가 지적하듯이, 정보는 해외 활동에만 국한되지 않는다. 그 주안점이 전적으로 국내적일 수도 있다. 예를 들면, 비민주적 국가는 어떤 형태의 국내정치적 반대도 위협으로 간주할 수 있어서 정보기관으로 하여금 그런 반대를 탐지하고 싸우고 심지어는 방지하기 위한 활동을 수행시킨다. 이것이 중국 내 정보 및 안보기관들에 대해 흔히 제기되는 비난이다. 구소련에서는 KGB가 해외 정보활동의 조정만이 아니라 국내적 법집행기구로서 중요한 역할을 수행하였다.

논쟁적이기는 하나, 민주국가에서도 국가 내 위협이거나 잠재적 위협이라고 여겨지는 개인 또는 단체에 대한 정보가 수집되기도 한다. 예를 들어, 영국에서는 MI5가 과거 아일랜드 공화국군(IRA)과 우익 단체들의 구성원들을 목표로 했었고 현재는 2005년 7월 7일(7·7)에 런던 교통 네트워크를 목표로 여러 차례 폭탄을 터뜨렸던 것과 같은 자생적(home-grown) 이슬람 지하디스트들에 대해 주의를 더 기울여오고 있다.

정보에 대해 대중들이 혼란스럽게 생각하는 것 중 하나는 국가가 자국 동맹국들도 몰래 감시한다는 사실이다. 예를 들어, 미국도 종종 이런 활동을 한다고 비난받아 왔지만, 국가가 그런 활동을 한다는 것이 놀라운 일은 아니다. 미국은 유럽연합(EU) 내에 많은 동맹국들을 가지고 있지만, 동시에 그 동맹국들과 자원 및 시장을 놓고 경쟁하고 있다. 또한 한 동맹국이 미국과 갈등을 초래할 가능성이 있는 제3의 국가와의 관계 개선을 추진할 수도 있다. 이에 부합하는 사례는 2014년 크림반도 합병 이후 러시아 제재에 대한 미국과 유럽연합의 의견 불일치 또는 2003년 이라크 침공 준비기간에 미국이 우방국들을 염탐했던 경험들을 들 수 있다.

국가들은 정보를 서로 다른 방식으로 사용하는 것으로 보인다. 위에서 언급했듯이, 영국 정보부는 주로 자생적 테러리즘에 관심을 가진다. 7·7 폭탄테러 이후 최소 4대의 대서양횡단 여객기를 폭파하려는 시도를 포함하여 다수의 공격이 좌절되었다. 그러나 테러리즘이 유일한 이슈는 아니다. 예를 들어, 2007년 12월에 당시 MI5 국장이었던 에반스(Jonathan Evans)는 영국 은행계 수장들에게 중국 해커에 의한 스파이활동에 대해 경고한 바 있다. 영국정부는 지속적으로 전 KGB 요원이었던 리트비넨코(Alexander Litvinenko)의 죽음에 대해 우려를 표명해오고 있다. 그는 KGB 요원인 루고보이(Andrei Lugovoi)에 의해 러시아 산으로 추정되는 방사능 물질인 폴로늄(polonium)으로 독살된 것으로 여겨지고 있다.

중국 정보기관에 대한 일반적 비난은 그들이 민간 혹은 군사 과학기술을 목표로 하는 스파이 및 사이버공간 활동에 간여한다는 것이다. 실제로 중국과 러시아 두 나라는 민간 혹은 군사용 기술을 스스로 개발하는 데 필요한 비용과 자원을 절약하기 위해 지적 재산을 훔치려고 시도하여 왔다.

냉전 동안에 서독은 바더-마인호프(Baader-Meinhof)단에 의해 자행된 납치, 폭탄테러, 살인 및 항공기 탈취를 포함한 테러리즘을 경험한 바 있다. 1972년 뮌헨올림픽에서는 아랍 극단주의자들이 이스라엘 선수들을 인질로 잡기도 하였다. 오늘날 많은 서방국가들처럼 독일 정보기관은 우익 및 좌익 극단주의자들, 이슬람 테러리스트들 및 스파이 활동을 우려하고 있다.

정보와 법집행 사이의 연계는 흥미롭다. 구소련에서 KGB는 현재 중국의 정보기관처럼 국내의 법집행기구로 활동하였다. MI5는 영국 내에서 경찰과 협력하여 이런 활동을 하고 있지만, CIA나 MI6가 수행하는 것과는 다르다.

정보 주기

정보가 정책결정자나 작전지휘관에 의해 요구되어, 수집되고, 분석되고, 수요자, 즉 결정권자에게 전달되는 과정이 '정보 주기(intelligence cycle)'로 불린다.

오만드(David Omand, 2010: 118)는 전통적인 선형(linear) 정보 주기는 냉전 기간 북대서양조약기구(NATO)의 활동을 통해 살펴볼 수 있다고 말한다. 이는 정보를 요구하는 사람들에 의해 정보기관에 부여되는 우선순위와 요건을 판별하는 것을 의미하는 **방향설정요건**(*direction setting requirements*)으로 시작된다. 이후 해 당 기관 본부로 보내지는 정보의 **수집**(*collection*), **처리**(*processing*)와 **분석**(*analysis*) 그리고 다른 가닥들을 함께 모아 정보의 의미에 대한 판단을 가능하게 하는 **종합정보평가**(*all-source assessment*)로 이어진다. 이후 그 가치에 대한 피드백(feedback)이 가능하도록 **최종이용자에 대한 완제품 전파**(*dissemination of the finished product to the end-users*)가 있다.

대부분 정보기관에서 이와 유사한 주기가 흔히 관찰된다. 예를 들어, CIA는 다섯 개의 정보 주기 단계를 가지고 있다. 기획(planning and direction), 수집, 처리, 분석 및 생산(production) 그리고 전파. FBI 모델은 평가(evaluation) 및 피드백을 마지막 단계에 추가한다.

냉전 시기의 양극적 투쟁은 서방과 소련의 정보기관에게 쉽게 이해할 수 있는 판단 기준을 제공하였다. 당시에는 정보복합체의 활동에 대해서 거의 문제제기가 없었고, 명확한 적과 목적을 지니는 투쟁에 자원이 투여되었다.

그러나 냉전종식 이후, 특히 9·11 사건들 이후에는 안보위협이 변화하면서 적을 규정하는 것이 더욱 어려워진다는 것이 분명해졌다. 예를 들어, 테러리스트들은 미국과 소련이 했던 것처럼 쉽게 식별할 수 있는 체제에서 작동하지 않는다. 실제로 정보기관과 그들의 작전이 더욱 공개된 시대에 테러리스트들은 탐지를 회피할 수 있는 방법을 찾아내었다. 빈 라덴은 위치 파악을 두려워하여 이동전화와 팩스기 사용을 중단하였고, 결과적으로 그를 포착하기까지 수년간의 힘든 정보활동이 소요되었다.

오만드는 현재 요구되는 것은 단순한 주기가 아니라 대화형 네트워크라고 제안한다. 왜냐하면 현재 국제공동체에 문제를 야기하는 공동의 위협이 존재하면서 정보활동도 점차 국제화되고 있기 때문이라는 것이다 (Omand 2010: 119). 결과적으로 정보기관들이 과거라면 아마 하지 않았을 정보공유를 점점 더 강요당하면서, 이는 '알 필요(need to know)'에서 '공유할 필요(need to share)'로 이동하는 정보 세계화의 문화를 창출하였다. 이제 FBI는 CIA와 협력하는 해외 연락 요원들을 보유하고 있고, MI5도 해외에서 MI6와 함께 일하는 요원들을 보유하고 있다. 9·11 직후에 서방 정보기관들은 알카에다 지도부를 추적하고 중동과 아프리카에서 테러리스트 조직의 확산에 대응하기 위해 요르단, 이집트, 리비아 및 다수 아프리카국가들과 공조를 취하였다.

발명의 어머니인 필요성은 국가들로 하여금 '하위정치(low politics)' 범주에서 자신들의 가치에 대해 타협하도록 이끌었다. 이 영역에서는 공동의 정보 목표의 추구에서의 협력이 보다 광범위한 정치적 의미에서의 다툼보다 더욱 중요하다고 간주된다. 따라서 영국은 리비아의 카다피가 리비아의 핵 프로그램을 포기한다고 선언한 후 리비아정부와 비밀들을 공유할 준비를 했고, 더 나아가 나중에 리비아에서 고문을 당했던 한 가족을 홍콩에서 리비아로 송환하는 것에 동의하였다고 알려진다. 궁극적으로 카다피를 퇴위시킨 아랍의 봄은 특히 요르단과 이집트의 '무카바라트(Mukhabarat, 아랍권 국가의 비밀경찰 또는 정보기관 – 역자 주)'를 포함한 이 지역 보안기구들과 이전에 협조해왔던 다수의 서방 정보기관들에게는 특별한 딜레마를 제공하였다.

흥미롭게도, 허만(Herman, 2001)은 정보기관들이 서로 경쟁할 때조차 서로 정보를 종합하고 공유하며, 그 결과 그들은 보다 거시적이고 일관된 그림을 만들 수 있는 공동 노력과 같은 집단적, 혹은 '국제적 선(international good)'을 창출할 수 있다고 주장한다. 이는 경쟁적 정보기관들이 9·11이전에는 잘 사용하지 않던 방식으로 정보를 공유하려 한다는 것을 의미한다. 이런 사례 중 하나는 바로 북한의 세 차례 핵실험을 확인하기 위해 지질학과 공기시료 채취를 활용한 것인데, 당시 다수 기관에서 수집된 정보를 기반으로 하였다.

실패의 문제

모든 정보기관이 심각하게 우려하는 것 중의 하나는 실패이다. 이는 수백 명을 살해하는 테러리스트 음모를 적발하지 못하고, 암살 방지에 실패하거나 중요한 범죄자가 그물을 빠져나가는 것을 의미한다. 미국 정보기관들은 1941년 일본의 진주만 공격을 예측하지 못했다고 비판받았다. 비록 CIA가 1967년에 이스라엘과 이웃 아랍국가들 사이의 6일전쟁(Six Day War)의 발발과 결과를 예견하기는 하였으나 그것을 방지하지는 못하였다. CIA는 1973년에 이집트와 시리아의 이스라엘에 대한 공격을 전망하지 못하였고, 1979년에 이란혁명의 발발을 예견하는 데에 실패하였다.

가장 극적인 예인 9·11공격은 많은 이들에게 있어 엄청난 정보 실패의 사례로 간주된다. 그러나 그 위협은 예견되었었다는 점이 지적되어야 한다. 1990년대 말에 미국 정보기관들은 알카에다와 빈 라덴의 활동들을 감시하였고, 클린턴 정부와 조지 W. 부시 정부에 그 위험성을 경고한 바 있다. 문제는 정보가 취합되고 공유되지 않아 관련 사항들을 연결하는 데에 실패하였다는 것이다. 이

글상자 13.4 정보의 원천

보편적으로 정보의 원천은 다음과 같은 여섯 가지로 정리된다.

인적정보(HUMINT: Human Source Intelligence). 이는 민감한 정보를 알거나 그에 접근할 수 있는 개인으로부터의 정보 수집과 관련된다.

신호정보(SIGINT: Signals Intelligence). 이는 사람들 또는 전자 장비 사이에서 전송되는 신호의 포착으로부터 얻어진다.

영상정보(IMINT: Imagery Intelligence). 이는 전자적으로 또는 광학적으로 필름, 전자표시장치 또는 다른 매체에 기록된 개체의 표시를 포함한다. 이는 시각 사진, 적외선 센서, 레이저, 그리고 전기광학(electro-optics)으로부터 주로 얻어진다.

계측 및 기호정보(MASINT: Measurement and Signature Intelligence). 이는 레이더정보, 핵정보, 또는 화학 및 생물학정보를 포함한다.

공개출처정보(OSINT: Open-Source Intelligence). 이는 인쇄 및 전자 형태, 라디오, 텔레비전, 인터넷 및 상업용 데이터베이스 등 다양한 형태에 등장한 공개적으로 사용할 수 있는 정보이다. 공개출처정보의 수집은 검색 엔진이 혁명적으로 변화시켰다.

지리공간정보(GEOINT: Geospatial Intelligence). 이는 위성, 항공사진, 지도화(mapping) 및 지형자료(terrain data)를 통해 수집된다.

런 문제는 2009년에도 재현되었다. 당시 압둘무탈랍(Umar Farouk Abdulmutallab)은 노스웨스트 항공 여객기를 폭파시키려고 기도하였다. 그는 비행기가 디트로이트에 착륙할 때 속옷 속에 숨겨두었던 플라스틱폭탄을 터뜨리려 하였으나 폭발시키는 데에 실패하였다. 압둘무탈랍은 CIA의 테러리스트 용의자 명부에 등재되어 있었으나, 그가 여행할 당시에는 미국의 '비행금지 승객명단(No Fly List)'에 등재되지 않았었다.

문제의 일부는 항상 예측을 불허하는 사건들(소위 '검은 백조[black swans]', 지극히 예외적 가능성을 가지지만 발생하면 엄청난 파급효과를 가지는 사건 – 역자 주)이 발생할 수 있다는 것이다. 보스턴 마라톤 폭탄테러를 자행한 두 명의 '외로운 늑대들(lone wolves)' 같은 경우는 정보기관의 레이더 상에 존재하지 않았었다. 또한 사건들이 정형화되거나 예측되기에는 너무 복잡할 수도 있다. 예를 들어, 미국 정보기관들은 보우아지지(Mohamed Bouazizi)가 2010년 12월 17일에 튀니지에서 분신자살 한 이후에 아랍의 봄이 가속화되는 속도를 예견하지 못했다.

항상 불편한 놀라움과 새로운 도전이 발생할 수 있다. 럼스펠드(Donald Rumsfeld)의 유명한 말처럼, 항상 '모른다는 사실조차 모르는 것(unknown unknowns)'이 존재할 수 있다. 게다가 답을 모르는 것이 아닐 수도 있다 — 잘못된 질문이 제기되었다는 것을 정보가 발견할 수도 있다. 중요한 점은 정보가 전략적 이해를 제공하고 불확실성을 다룰 수 있도록 도와줄 수는 있지만, 정보가 불확실성을 근절할 수는 없다는 것이다.

정보의 실패는 다른 이유 때문일 수도 있다. 저비스(Robert Jervis, 1976)가 언급했듯이 국가들은 기존에 다른 국가에 대해 가지고 있던 선입견에 부합하도록 정보를 해석하는 경향이 있다. 즉 한 국가는 다른 국가가 항상 예측할 수 있는 패턴을 따를 것이라고 가정한다는 것이다. 이렇게 인식은 견고하게 구축된다.

베츠(Richard Betts, 1978)는 여기에 더해 왜 기습 공격이 성공할 수 있는지를 설명하였다. 그 답은 데이터 수집이 약해서가 아니라 다음과 같은 세 가지 때문이라고 그는 주장한다. 바로 관료주의적 기능장애, 심리학적 인식의 문제 또는 '인지부조화(cognitive dissonance)' 그리고 정책결정자의 과도한 정치적 개입이다. 필라(Paul Pillar, 2012)가 지적하듯이, 미국 외교정책과 관련하여 정보는 대통령의 행동에 있어 결정적 요인이 아닐 수 있다. 대통령은 누구나 고유의 세계관, 개인적 경험 및 역사와 국내정치에 대한 인식을 가질 것이고, 이는 그들이 만드는 결정을 형성하게 된다. 따라서 존슨(Lyndon Johnson)이 1960년대 중반에 남베트남 군사력의 취약성과 미국이 부담하게 될 엄청난 의무에 대해 경고를 받았음에도 불구하고, 그는 도미노처럼 동남아시아에 공산주의가 확산될지도 모른다는 두려움 때문에 정책을 결정했다. 그는 또한 국내정치적 고려와 국내에서는 자유주의적 의제를 추구하면서도 공산주의 침략자에 대해서는 강하게 보여야 할 필요성에 영향을 받았다.

2003년 이라크 침공과 관련해서는 정보복합체가 개전의 위험성을 경고했는데, 조지 W. 부시가 이를 무시했다고 주장될 수 있다. 당시 정보복합체의 보고서는 후세인을 위협으로 간주하지 않았고 이라크 침공이 그 나라의 붕괴로 이어질 수도 있는 위험성에 대해서 경고하였다. 따라서 이는 정보의 실패가 아니라, 대중과 미디어에게 특별한 얘기를 전달하고 싶은 정치인에 의한 첩보의 조작이었다. 정보가 이미 채택된 결정을 정당화하기 위해 생산된 것이다. 하지만 이것이 오류가 만들어진 유일한 이유가 아니었다. 동의하지 않는 사람들조차 부적절한 첩보와 판단에 문제제기를 하지 않는 '집단사고(group think)'가 작동했을 것으로 보인다. 특히 영국정부가 제공한 첩보 중에는 후세인이 아프리카로부터 획득한 물질로 폭탄 제조를 기도한다는 진부한 주장이 있었는데 이에 대한 출처 검증이 부실했다. 당시에 정보가 선택, 분석 및 해석되는 과정을 지배한 정책결정자의 필요가 있었던 것으로 보인다.

9·11의 사건들과 이라크 대량살상무기(WMD) 확보 실패로 인해 미국, 영국, 이스라엘 및 호주를 포함한 다수의 국가들은 실패한 시스템에 비용을 더 투여해야 한다는 결론을 내렸다. 실제로 대규모 재난의 예측 실패가 정보 예산의 증대로 이어지는 경향이 있다는 점은 여러 차례 입증되었다. 9·11 이후 미국의 정보 예산은 10년간 두 배 증가하였다. 오늘날 미국은 최소한 연간 800억 달러를 정보에 투여하는 것으로 추정되지만, 정보활동 자체가 대부분 비밀인 것을 감안하면 실제 숫자는 이보다 더 클 것이다.

정보의 '회색'지대

정보기관들은 정보를 수집하기만 하는 것이 아니라 사건을 비밀리에 형성하기 위해 노력한다 — 이것이 키신저(Henry Kissinger)가 일찍이 외교정책의 '회색지대'로 불렀던 부분이다. 여기에는 정치적 암살, 선거 결과에 대한 영향력 행사, 외국 정부가 권좌에서 축출되도록 돕는 일 또는 방해 공작 등이 포함될 수 있다.

이와 관련된 초기의 사례는 스탈린의 정적인 트로츠키(Leon Trotsky)가 1940년에 멕시코시티에서 러시아 정보기관에 의해 암살당한 것이다. 1973년에는 CIA가 칠레의 쿠데타와 관련되었다. 이스라엘 정보기관은 1972년 뮌헨 올림픽에서 테러리스트 공격을 자행한 이들을 색출하여 사살한 것으로 알려진다. 또한 이스라엘 정보기관은 다수의 이란 핵 과학자들과 헤즈볼라 요원들을 살해하였다고 비난받는다. 아울러 프랑스는 1985년 7월에 뉴질랜드의 한 항구에서 그린피스(Greenpeace) 선박인 레인보우 워리어(*Rainbow Warrior*)를 폭파했고 한 명의 승선자가 사망하였다. 당시 그린피스 활동가들은 그 지역에서 프랑스의 핵실험에 반대하는 선전전을 진행하고 있었다.

이런 행동들은 발뺌의 여지(plausible deniability, 주로 꼬리 자르기나 확실한 증거가 없을 때 책임을 부정하는 것으로 정보조직 보호를 위한 철칙을 의미 – 역자 주)가 보장되는 방식으로 수행된다. 즉 가해자들은 관련성을 부인하는 데 문제가 없을 정도로 자신들의 행적을 감출 수 있지만, 그 영향을 받는 이들은 누가 가해자인지, 또는 최소한 어느 국가의 정보기관이 간여했는지를 알아차릴 수 있게 된다. 미국에게 이는 존슨(Chalmers Johnson, 2000)이 지적한 '역풍(blowback)' 문제를 발생시킨다. 이는 미국 대중에 계획적으로 공개되지 않은 비밀 작전의 의도하지 않은 결과를 의미한다.

예를 들어, 20세기에 미국의 간여에 의해 대체된 남미 정부의 숫자가 40개가 넘는다는 것을 보여준다. 이는 최근에 미국이 이 지역과의 관계를 정상화하는 것을 매우 힘들게 만드는 유산을 남겼다. 빈번하게 미국 외교정책을 비판하는 인사인 촘스키는 미국이 비밀리에 자금을 미국이 선호하는 후보들의 금고에 흘러들어가게 함으로써 저개발 및 개발도상 지역의 민주주의를 전복시키는 데에 중요한 역할을 수행하여 왔다고 비판한다(Chomsky and Otero, 2003).

이란의 경우에 대해서도 마찬가지 비난이 가능하다. 이란에서는 1953년에 민주 정권이 미국 비호 하에 제거되어 친서방 성향 국왕의 부패하고 독재적인 통치가 이어졌는데, 이것이 이 지역에서 미국에 대한 불신의 지속을 설명할 수 있다 — 이는 2003년 이라크 침공에 의해 더 악화되었다.

아마도 역풍의 가장 극적인 사례는 1980년대 아프가니스탄에서 소련에 대항하는 무자헤딘(Mujahideen)을 지원한 것이다. 결국 여기에서 알카에다가 탄생하였다.

실제로, 부분적으로 중동에서의 미국 영향력에 대한 자각에 대응한 것으로 볼 수 있는 알카에다의 등장은, 보통 역풍이 맥락과 상관없이 발생하기 때문에 어떻게 대중들을 혼란스럽게 할 수 있는지 보여준다. 역풍을 조장할 가능성을 만드는 정보기관의 활동은 본질적으로 비밀스러운 것이었다. 따라서 9·11 사건들 이후에 많은 미국인들은 왜 미국이 그런 잔인한 방식으로 공격당했는지에 대해 의아해했다.

비밀 작전이 직접적 군사개입 없이도 민주주의를 촉진시킬 수 있다고 주장하는 사람들도 있다. 그런 사례는 1980년대 폴란드에서의 노동조합 운동 '자유노조(Solidarity)'에 대한 CIA의 지원, 현재 이란의 민주화 운동에 대한 미국의 경제적 지원을 들 수 있다. 뉴턴(Allen Newton, 2011)이 지적하듯이, 정보기관들은 국가와 테러리스트 그룹과 같은 비국가 행위자 간, 심지어는 외교 관계를 갖지 않는 국가와의 대화를 촉진시키는 데에 중요한 역할을 하여왔다. 서방 정치인들은 으레 테러리스트와 대화하지 않을 것이라고 주장한다 (레이건[Ronald Reagan] 대통령과 대처[Margaret Thatcher] 총리 발언이 대표적이다). 그러나 그들의 정보기관들은 지도자들에게 발뺌의 가능성과 동시에 다른 방식으로는 허용되지 않는 접근성을 제공한다.

책임성

코건(Charles Cogan)에 따르면, 9·11의 여파와 빈 라덴에 대한 추적 때문에 미국 정보복합체는 단순히 정보를 수집하는 것을 넘어서서 '수집가(gatherers)가 아닌 사냥꾼(hunters)'이 되었다(Cogan, 2004). 쉐퍼(Jack Shafer)는 다음과 같이 언급한다. "대중의 의견이 거의 또는 전혀 반영되지 않은 상황에서 미국정부는 테러리스트 용의자들을 납치하고, 비밀 감옥을 만들며, '강화된(enhanced)' 심문 기법을 활용하여, 고문하고, 목표물의 살해를 추진하였다" (Shafer, 2014). 촘스키와 다른 이들은 이런 현상이 '감시와 기다림(watch and wait)'의 정보에서 '포획 및 사살(capture and kill)'로의 변화를 의미하는 것이라고 주장한다. 과거에는 암살을 포함한 선제적(pre-emptive) 활동이 부가적인 것으로 여겨졌지만, 부시 행정부 시기에는 중심으로 이동하였다. 오바마 행정부도 정기적으로 드론의 목표가 되어 암살되는 탈레반과 알카에다 구성원의 '살생부(hit list)'를 가지고 있음을 인정한 바 있다. 위에서 언급한 것처럼, 영국 정부 역시 불법적 인도(rendition)에 가담한 바 있고, 현재는 런던에 '비밀 법정(secret court)'을 운용하면서 국가안보와 관련된 사건을 대중의 주목으로부터 분리시키고 있다.

이런 활동들의 도덕성에 대해서는 대단히 논란의 소지가 많고, 어떤 사람들은 이것을 불법적으로 간주한다. 서방에서 이런 회색지대는 민주주의 사회에서의 책임성을 둘러싼 논란을 촉발한다. 특히, 목적이 수단을 정당화하는가의 문제, 더 나아가서, 정보기관이 기밀에 대한 독점적 권력을 가진 상황에서 정치인과 대중이 정말 진실을 알 수 있는가라는 문제도 존재한다.

모이니한(Patrick Moynihan) 상원의원은 1998년에 과도한 비밀은 정책결정자에게 정보에 입각한 결정을 내리는 데에 필요한 유익한 정보를 제한함으로써 국가안보를 위태롭게 할 수 있다고 주장한 바 있다. 그는 그런 사례로 트루먼 대통령 당시에 FBI가 정보누출에 대한 우려 때문에 미국 내에서 활동하던 소련 스파이들의 통시 감청 첩보를 숨겼던 경우를 들었다.

2013년에 있었던 CIA 계약직원 스노든(Edward Snowden)의 폭로로 인해 미국과 영국 정보기관들이 적을 막는 것을 넘어서서 어떻게 국가 내의 또 다른 국가로 변모될 수 있었는지가 주목받게 되었다. 국가안보국(NSA) 컴퓨터에서 나온 그가 폭로한 수천 개의 문서는 NSA와 정보통신본부(GCHQ)가 거대한 감시 프로그램에 어떻게 관련되었는지를 여실히 폭로하였다. 이 프로그램에는 영장 없는 도청, 공용 암호화(public encryption) 소프트웨어의 약회, 광섬유(fibre-optic) 케이블을 통한 다량 채집에 의해 전화와 이메일에서 비롯된 엄청난 규모의 메타데이터(metadata, 데이터베이스에서 관리상 필요한 작성자, 목적, 저장장소 등 속성에 관한 데이터 – 역자 주)의 수집과 저장, 그리고 인터넷, 상업 및 은행 부문에서 의존하는 보안 표준의 기반 약화 등이 포함된다. 이런 대규모 데이터 수집은 NSA가 2003년에 3년 동안 수집할 수 있는 모든 인터넷 데이터를 저장할 수 있는 새로운 시설을 건설하면서 분명해졌다. NSA는 그 시설을 11개월 만에 다 채웠다.

스노든의 폭로와 같은 선례가 있었다. 1971년에 군사 분석가인 엘스버그(Daniel Ellsberg)가 소위 '펜타곤 문서(Pentagon Papers, 제2차 세계대전부터 1968년 5월까지 미국의 인도차이나에서의 활동을 기록 – 역자 주)'를 『뉴욕타임즈(*New York Times*)』에 공개하였는데, 그 문서는 미국의 베트남전쟁에서의 비밀 확전을 드러냈다. 2010년에는 매닝(Bradley Manning)이 훔치고 위키리크스(Wikileaks)가 공개한 외교 전문이 미국을 당황하게 하였다. 이어서 발생한 가장 최근의 사건이 바로 스노든에 의한 것이었다.

가장 파급력이 큰 폭로 중의 하나는 NSA가 세계적으로 최소 35개국 정상들의 전화를 감청하였다는 것이다. 여기에는 메르켈(Angela Merkel)

독일 총리가 포함되었으며, 메르켈은 2014년에 보복 조치로 독일 주재 CIA 지국장을 추방하였다. 브라질 대통령 호세프(Dilma Rousseff)는 이에 대한 항의로 미국 공식 방문을 취소하였다. 이 폭로 때문에 구글, 페이스북, 마이크로소프트, 트위터 및 야후 등 주요 인터넷 회사들이 2013년 12월에 공동으로 스노든이 밝힌 감시 활동에 대해 항의하였다.

MI6 국장 소어스(John Sawers)경은 스노든의 폭로가 알카에다를 "매우 기쁘게 만족시켰다(rubbing their hands with glee)"고 주장하였다. 스노든의 폭로는 NSA가 알카에다의 통신을 가로채는 방법을 구체적으로 언급함으로써 그들로 하여금 감시를 회피할 수 있도록 했을 수도 있다. 그러나 이것이 아마 오래 지속될 수는 없다.

많은 이들이 스노든의 행동이 반역죄라고 주장하지만, 다른 이들은 그를 국가의 권력남용을 지적한 소중한 내부고발자로 간주한다. 하나의 공통적 주장은 폭로를 하는 요원이 그러한 공개가 공공의 이익에 부합되는지 여부에 대해 완전히 확신하지 못할 수도 있다는 것이다. 예를 들어, 매닝 사례의 경우 위키리크스가 온라인에 공개한 내용(즉 그의 얘기를 따르기를 선택한 미디어에 의해 소개된)과 관련해서는 전혀 질적인 관리가 없었다. 하지만 스노든의 경우는 보다 신중하였고 의도적으로 미국과 영국 정보기관이 추적할 수 있는 부분들을 노출시켰다. 특히 그는 정보기관들이 스스로 불법적인 일을 했다고 생각하지 않는다는 사실에 주목하게 하였다. 여기서 중요한 사실은 그들의 활동이 미국 의회와 영국정부에 의해 매우 폭넓은 의미에서 통과된 법률에 의해 보장된다는 점이었다. 개인 데이터의 수집은 미국 대통령 및 의회, 그리고 영국 의회에 의해 재가되었다.

스노든의 폭로는 정보복합체 내의 민간 및 공공 서비스의 연계가 점증하고 있다는 또 다른 상황 전개에 주목하게 만들었다. 증거에 따르면 1/3 가량의 CIA 고용인들이 민간 계약업자들이고 이는 더 이상 정보가 전적으로 국가 기반의 활동이라는 주장을 할 수 없게 되었다는 것을 의미한다. NSA에 의해 수집된 정보는 2,000개의 회사에 고용된 85만 명의 민간인들에 의해서 다뤄지는데, 이 중 48만 3,000명의 계약업자들이 일급비밀 취급인가를 지닌다. 최고 수준의 비밀이 더 이상 국가 공무원의 전유물이 아닌 것이다.

더구나, 미국과 영국에서 정부가 통과시킨 법률에 따르면 고객들에 관한 정보를 보유하는 전기통신 및 인터넷 서비스 업체, 항공사 및 은행 등의 사기업은 국가를 대신하여 정보를 수집하는 역할을 할 것을 점차 요구받아 왔다. 물론 이에 대해 논란이 없는 것은 아니다. 2014년에 유럽사법재판소(European Court of Justice)는 그런 회사들이 시민의 통신 데이터를 최대 2년 동안 보관할 것을 요구하는 EU법의 무효를 선언한 바 있다. 재판소의 결정은 EU의 데이터보유지침(Date Retention Directive)이 사생활과 개인정보라는 두 가지 기본권을 침해하였다는 것이었다. 영국정부는 이에 대해 범죄자들과 테러리스트들로부터 대중을 보호할 필요를 강조하면서 경찰과 보안기관이 이런 정보에 대해 계속하여 접근할 수 있도록 하는 전화 및 인터넷 데이터에 관련한 비상조치 법안들을 통과시키는 것으로 대응하였다.

이제 우리는 모두 정보요원이다

정보기관들이 수집하는 정보 외에도, 다수의 회사들은 현재 자사 서비스 이용자들의 정보를 수집한다. 슈퍼마켓 포인트 카드는 고객이 어떻게, 무엇을, 언제 구매하는지 기록하는데, 이는 종종 고객들이 무료를 대가로 자신과 가족에 관해 제공하는 개인정보에 의해 지원된다. 런던의 '오이스터 카드(Oyster cards, 런던의 교통카드 – 역자 주)'는 개인이 어디를 어떻게 이동했는지를 기록한다.

페이스북이나 마이스페이스(My Space)와 같은 소셜미디어는 새로운 차원의 자기감시(self-surveillance)를 도입하였다. 예를 들어, 페이스북은 사용자의 친구들, 그들이 무엇을 좋아하고 싫어하는지 등에 대해 아주 풍부한 정보를 모을 수 있게 해준다. 이런 정보는 '오퍼메이션(offermation, 요청되지도 않고 쓸모없다고 여겨지는 정보 – 역자 주)'의 형태로 자발적이고 무상으로 제공된다. 이동 전화는 일반 시민들이 친구들의 소재를 추적하는 데에 사용될 수 있다. 영국은 세계에서 1인당 폐쇄회로 티브이(CCTV) 보유 대수가 가장 많은 국가로, 420만 대를 보유하여 세계 전체의 약 20%를 차지한다. 소설『1984』(국가가 개인의 모든 것을 통제하는 전체주의를 비판하는 소설 – 역자 주)의 작가인 오웰(George Orwell)이 거주했던 아파트 주변 200야드 내에만 32개의 CCTV가 있다.

라이언(David Lyon, 2007)에 따르면, 이것이 감시를 일상화하도록 하였다. 그리고 암묵적으로 이는 보다 높은 수준의 감시도 더 잘 수용되도록 만든다. 이는 다음과 같은 상투적 변호로 이어진다. "만약 당신이 숨길 것이 아무 것도 없다면, 왜 국가가 감시를 더 많이 해서는 안 되는가?" 영국의 인권단체 리버티(Liberty)와 같은 집단은 정부가 불필요하게 개인들의 삶의 사생활을 침해하고 있다고 주장하지만, 정보복합체의 어떤 이들은 대중 자신들이 상당히 역설적이게도 스스로 전혀 통제하지 못하는 사기업에 고도로 사적인 정보를 자발적으로 주고 있다고 주장하여 왔다.

비록 이런 주장이 사실일 수 있지만 이제 위험한 점은, 과거에는 민주주의 국가가 자국 시민들을 감시하지 않는다는 견해를 가지고 있었지만 이제 점차 — 모두 안보라는 이름으로 — 감시를 증가시키고 있다는 것이다. 과거 보안기관들은 위협으로 인지된 개인이나 집단들을 감시했다고 알려졌지만 — 예를 들면, '북아일랜드 분쟁(the Troubles)' 당시 IRA 구성원들, 닉슨(Richard M. Nixon)이 미국 사회에의 위협이라고 인식했던 사람들의 명단, 그리고 후버(J. Edgar Hoover)가 집착했던 킹 목사(Martin Luther King)와 민권운동(Civil Rights movement) 구성원들 — 그 감시의 규모는 스노든이 공개한 것에 비하면 미미했다. 이제 단순히 영국에서 미국행 항공편 표를 구매하기 위해서도 영국정부가 구매자에 대한 14종류의 정보를 미국 보안기관과 공유해야 한다.

정보기관들과 사이버전쟁

새로운 기술들이 비밀 활동의 수행 방식 변화에 도움을 주었다. 페리스(John Ferris)는 '테러와의 전쟁' 초기에 당시 럼스펠드 국방장관이 주도한 '군사

혁신(Revolution in Military Affairs)'이 전쟁 수행 방식의 재구성에 영향을 미쳤다고 주장한다. 그 이유는 그것이 대규모의 복합 데이터와 신기술을 유용하게 활용하는 능력을 토대로 병력 규모의 합리화에 크게 의존하였기 때문이다. 이 사례에는 알카에다와 탈레반 구성원을 암살하기 위해 CIA가 전투용 무인항공기(UCAVs: Unmanned Combat Air Vehicles) 또는 드론의 활용을 점증시킨 것이 포함된다.

그러나 아마 신기술 활용의 가장 극적인 사례는 디지털무기(digital weapons)의 개발이다. 분석가들 사이에 이 무기가 언제 최초로 사용되었는지에 대해서는 의견이 나뉜다. 어떤 이들은 최초의 사례가 1982년에 CIA가 시베리아 파이프라인을 폭파하는 데에 사용한 것으로 알려진 소위 '논리폭탄(logic bomb)'이라고 주장하고, 다른 이들은 2007년에 이스라엘이 시리아의 비밀 핵시설을 폭격할 수 있도록 시리아 방어망을 무력화시키는 데에 사용된 칩(chip)을 거론한다. 같은 해에 러시아는 에스토니아에 대규모의 사이버 공격을 감행한 것으로 알려졌다. 스턱스넷의 성공에 대해서는 이미 언급한 바 있다. 각 사례마다 관련 국가 정보기관들이 개입했을 것으로 여겨진다.

디지털무기의 이점은 매우 많다. 드론과 마찬가지로, 이 무기는 군인들을 위험에 빠뜨리지 않고, 부수적 피해(collateral damage)를 발생시키지 않으며, 비밀리에 개발될 수 있다. 마지막으로 상대적으로 저비용이다. 미국이 이제 사이버 공격을 통상적 전쟁 행위로 규정하고 있어서, 이는 아마 21세기 세계 군사전략의 지형을 변화시켰다고 할 수 있을 것이다.

이런 무기를 사용하는 주체가 국가 정보기관들만은 아니다. 현재 소위 '다크넷(dark net, 사이버 범죄 관련 내용을 제공하는 일종의 딥웹 공간 – 역자 주)'에서 활동하고, 세계 각지의 네트워크에 대한 공격(소위 네트워크 침입[intrusion])을 감행하며, 고의적 네트워크 마비프로그램(DDos: Distributed Denial of Service programmes, 이는 웹사이트와 네트워크를 마비시킬 수 있고, '어나니머스[Anonymous]'와 같은 인터넷 무정부주의자들의 유용한 수단이자, 에스토니아에 대한 공격에서 사용된 방법이다) 또는 복합 악성코드(malware)를 활용하는 비국가 행위자도 점차 늘어나고 있다.

2010년에 영국 사이버보안청(Office of Cyber Security)에 보고된 대기업과 정부 기관을 주요 표적으로 한 공격 횟수는 하루 4회였으나, 이 숫자는 2012년에 시간당 500회 이상으로 증가하였고 이조차 증가하는 추세에 있다. 영국에 대한 공격의 급증 때문에 MI5 국장 에반스가 영국의 네트워크 체계에 대한 점증하는 조직적 공격이 가져올 피해에 대해 경고하기에 이르렀다. 공격의 증가를 "정말 놀랍다(astonishing)"고 묘사하면서, 그는 2011년에 단 한 차례의 컴퓨터 침입으로 영국의 한 회사가 8억 파운드의 손실을 입었다고 지적했다 (Glenny, 2011).

서방의 정부와 정보기관들은 이제 컴퓨터 해커와 바이러스로부터의 보호를 최우선 안보이슈로 간주한다. 은행, 방어 시스템 및 기반시설이 갈수록 더 목표가 될 것이라는 공포가 커지면서 잠재적으로 재앙적인 이런 상황 전개에 대응하기 위한 국제 협약이 체결되고 기구가 만들어지고 있다.

결론

냉전 동안, 동서 간의 투쟁은 정보기관들의 역할을 매우 명확히 규정하였는데, 그것은 양 측이 서로 우위를 차지하지 못하도록 하는 것이었다. 그러나 소비에트 연방의 붕괴와 안보 우려의 본질적 변화가 정보기관들의 역할을 증가하는 다수의 이슈, 특히 국제범죄, 무기 확산 및 테러리즘 확산 등에 대응하는 것으로 재정의하였다. 국가중심적 감시로부터의 이러한 이동은 정보 수집 활동의 폭발적 증가로 이어졌다.

세계화의 확산은 또한 전통적인 베스트팔렌 국가중심 모델을 침식하여 해외정보 작전과 국내적 감시를 점차적으로 통합하였다. 예를 들어, 미국 9·11 사건들을 조사했던 독립위원회는 정보복합체가 알카에다 공격을 예보하지 못했던 이유 중의 하나로 국내와 해외 정보기관들 간의 정보공유 실패를 지적하였다. 그러한 정보공유 실패는 더 이상 존재하지 않는다. 심지어 영국에서도 MI5와 MI6의 위치는 비록 서로 떨어져 있지만 두 기관 사이에는 분명한 접촉점이 존재한다. 예를 들어, 자생 테러리즘은 국내정치 혹은 국제정치 하나만 고려해서는 이해될 수 없다.

한편 기술 발달에 따라 고객에 대한 대량의 정보를 수집할 수 있게 된 주요 기업들의 비공식적 역할이 증대되면서 정보조직 내에서 사기업의 역할 증대가 지속되어 왔다. 정보기관들이 비밀리에 데이터를 수집하는 것과는 달리, 소비자들은 흔히 이런 정보를 자발적이면서 무료로 제공한다. 주인을 잘못 만나면 이들 정보는 매우 위험한 방식으로 잘못 사용될 가능성이 있다.

서방에서는 스노든의 폭로로 인해 사생활과 투명성에 대한 논쟁이 촉발되었다. 아울러 미국(그리고 어느 정도는 영국도)이 특별인도조치, 고문, 비밀 구금 시설 등에 간여하였음을 시사하는 문서가 공개되면서 시민들의 자유를 보호한다는 명분으로 정보기관들이 수행하는 활동들 중 일부의 합법성과 관련한 근본적인 질문이 제기되었다.

궁극적으로 정보의 핵심인 은밀성이 논쟁의 중심이다. 국가 및 시민의 안보를 보장하기 위해 어떤 방법이 허용될 수 있는가? 인권과 개인 사생활 원칙을 훼손하는 것이 필요한가? 다수의 비민주적 국가에서 이것은 중요한 질문이 아니다. 그러나 서방에서는 이들 문제가 안보를 증진시키기 위해 정보가 수행하는 역할과 관련한 논쟁의 핵심 주제이고, 한동안 이런 상황이 유지될 것이다.

요점

1. 정보는 분석, 수집 및 비밀 활동 등을 포함한 다양한 활동을 수반한다.
2. 분석이 정책결정자들 일상의 의사결정을 돕고 그것이 부재하다면 자칫 무시될 수 있는 위협을 식별할 수 있게 한다.
3. 정치적 암살과 고문과 같은 비밀 활동은 논란의 여지가 많다.
4. 냉전종식 이후 정보조직들은 정보에 대한 국가중심적인 관점에서 테러리스트 및 국제범죄 조직과 같은 비국가 행위자에 보다 집중하는 쪽으로 점차 이동하여 왔다.
5. 이라크에서 무기를 찾지 못한 일은 정보조직에 대한 의문을 제기하게 하였다.

6. 세계화와 급속한 기술적 변화는 정보의 의미와 정보 수집 및 이용 방식을 변화시켰다.

추천도서

Aldrich, R., Andrew, C. & Wark, W. (eds.) *Secret Intelligence: A Reader*, London: Routledge, 2008.

Johnson, L. (ed.) *Handbook of Intelligence Studies*, London: Routledge, 2009.

Lowenthal, M. *Intelligence: From Secrets to Policy*, 5th edition, Washington DC: CQ Press, 2012.

Omand, D. *Securing the State*, London: Hurst and Company, 2010.

Warner, M. 'Wanted: A Definition of Intelligence', *Studies in Intelligence*, vol. 46, no. 3, 2002, 15–23.

14장 민간군사보안기업의 등장

브루스 필빔(Bruce Pilbeam)

글상자 14.1 용병에 대하여

따라서 나는 군주가 자신의 국가를 지키기 위해 쓸 수 있는 무기는 자신의 것이거나 아니면 용병, 지원부대 또는 그 혼합이라고 주장한다. 용병과 지원부대는 쓸모없고 위험하다. 그리고 어떤 군주가 이들을 기반으로 국가를 지탱한다면, 그는 안정적이지도 안전하지도 않다. 왜냐하면 이들은 분열되어 있고, 야심적이고, 규율이 없으며, 불성실하고, 친구 앞에서는 용감하고 적 앞에서는 비겁하기 때문이다. 이들은 신을 두려워하지도 않고 사람에 대해 충성하지도 않는다. 그리고 공격이 미뤄질 때에만 파괴가 미뤄진다. 왜냐하면 사람들은 평화 시에는 이들에 의해 약탈당하고 전쟁 시에는 적에 의해 약탈당하기 때문이다. 이들은 당신을 위해 기꺼이 목숨을 바치기에는 충분하지 않은 약간의 급료 외에 다른 관심이나 전투를 할 다른 이유가 없다는 것이 사실이다.

마키아벨리(Niccolò Machiavelli),
『군주론(*The Prince*)』 (1532/2010: 90)

서론

국가(또는 개인)에 대한 깊은 충성심이 아닌 경제적 보상을 위해 서비스를 제공하는 군사보안 인력을 고용한다는 생각은 새로운 것이 아니다. 고대 이래로 용병들은 전 세계에서 정규 군대와 함께 많은 전투를 수행하여 왔다. 그러나 16세기 이탈리아 외교관이자 저술가였던 마키아벨리가 쓴 정치 지도자의 권력 획득과 유지에 관하여 여전히 세계에서 가장 유명한 '방법(how-to)' 안내서인, 『군주론』의 위 인용구가 암시하듯이, 많은 이들은 고용된 군대를 의심과 심지어는 멸시의 눈초리로 바라보았다. 이런 이유 때문에 현대의 민간군사보안기업들은 비록 그들이 과거의 역사적 선례와 많은 공통점을 가지고 있음에도 불구하고 용병이라는 이름을 강력히 거부한다. 이 장에서 설명하듯이, 이들 민간 기업이 광범위한 군사보안 활동을 수행하고 있는 여러 이유가 있다. 우리의 찬성 여부에 상관없이 그들은 국제안보 분야의 주요 행위자로 활동할 것이다.

민간군사보안기업이란 무엇인가?

1648년의 베스트팔렌조약(Treaty of Westphalia)으로 거슬러 올라간 시점부터 최근까지 국제문제의 가정은 전쟁 수행의 핵심 주체가 국가라는 것이었다. 그 의미는 전쟁이 보통 둘 이상의 정규군 사이의 충돌이라고 인식되었다는 것이다. 그러나 다른 장에서 논의된 것처럼, 현대적 갈등의 주목할 만한 흐름의 하나는 게릴라, 반란군, 군벌 및 '테러리스트들'과 같은 비국가 행위자들의 개입의 증가이다. 이들 집단에는 민간군사보안기업들도 포함된다. 따라서 전쟁 수행에 있어서 비국가 행위자들의 존재감이 증가하고 있는 맥락에서 보면 이들 조직들이 잘 이해될 수 있다.

민간군사보안 산업은 특히 경제적 관점에서 매우 중요할 정도로 성장하였고, 이 부문에 속한 기업들은 정부와 비정부기구 양자에 의해 활용된다. 구성 측면에서 보자면 이 산업은 매우 거대한 기업의 혼합체이다 — 보통 본사가 미국이나 유럽에 있고, 매우 많은 사람을 고용하고 있으며, 전 세계적으로 수백 개의 소규모 회사를 가지고 있다. 그러나 이 부문 기업들이 수행하는 활동의 민감하고 때로는 비밀스런 특징을 고려하면, 이 산업의 규모와 가치에 대한 정확한 수치 획득은 어렵다. 이 산업 전체를 포괄하는 신뢰할만한 단일 통계 자료는 존재하지 않는다. 하지만 전체적으로 연간 1,000억 달러에서 4,000억 달러 사이의 가치를 가지는 것으로 추정된다 (Pingeot, 2012: 11). 심지어 이 추정치의 하한선도 상당한 규모이다.

아마 이 부문이 어떻게 중요성을 획득하게 되었고 급속히 성장하게 되었는지를 가장 잘 설명할 수 있는 방법은 몇몇 국가들이 군사보안 서비스를 받기 위해 민간 기업들에 의존하게 된 정도를 고려하는 것이다. 예를 들어, 1990년대 초반 구 유고슬라비아에의 군사 개입에서는 50명의 미군마다 1명의 민간 업자가 고용되었던 반면, 2003년부터 이라크에서는 미국 국방부가 미국 정규군 숫자와 대략 비슷한 규모의 민간 업자를 고용하였다 (Krahmann, 2010: 2).

그런데 어떻게 민간군사보안기업을 정의하고 유형화할 수 있는가? 이 영역에 있어서 가장 어려운 점의 하나는 개념의 사용에 있어서 거의 일관성이 없다는 것이다. 예를 들어, 어떤 저술가들은 민간보안기업(PSCs: Private Security Companies)과 민간군사기업(PMCs: Private Military Companies)을 구분하는 반면, 다른 사람들은 두 개념을 호환하여 사용한다. 만약 이 둘이 구분된다면, 그 차이를 이해할 수 있는 가장 일반적인 방법은 국가에 고용되는 군대와 경찰의 차이 정도로 이해하는 것이다. 즉, PSC는 경찰과 비슷한 서비스를 제공하는 조직이고, PMC는 군대와 비슷하다. 둘 다 군사 작전을 기획하고 수행함에 있어서 정규군과 같이 일하거나 그 역할을 대체하고 있다.

이 외에도 다른 많은 분류 체계가 존재한다. 예를 들어, 이 분야의 대표적 저술가의 한 명인 싱어(Peter Singer)는 세 가지 유형으로 민간군사기업을 구분한다. 군사력 제공 기업, 군사자문 기업 그리고 군사지원 기업(Singer, 2003)이다. 그런데 이런 모든 범주화의 문제는 실제로는 구분이 잘 되지 않는다는 것이다. 왜냐하면 이 부문을 주도하는 주요 기업들은 모든 종류의 군사 및 보안 서비스를 상업적 및 정부 고객에게 제공하기 때문이다. 따라서 단일한 통합적 단어인 민간군사보안기업(PMSCs)이 일반적으로 선호되고, 이 장을 통틀어 계속 사용될 것이다.

PMSCs 정의 중 고려할만한 내용은 이들 조직 때문에 2008년에 스위스정부와 국제적십자위원회(ICRC: International Committee of the Red Cross)가 작성한 행동강령인 「몽트뢰문서(Montreux Document on Private Military and Security Companies)」에 담겨있다. 이 강령에 따르면, PMSCs는

> 스스로를 어떻게 규정하는지에 상관없이 군사 및 보안 서비스를 제공하는 사기업들이다. 특히 군사 및 보안 서비스에는 무장 경비 및 호송대와 건물 및 기타 장소에 있는 사람 및 시설의 보호, 무기체계의 정비 운용, 수감자 구금 그리고 현지 병력 및 보안 요원들에 대한 자문 또는 훈련이 포함된다.
>
> (www.icrc.org/eng/resources/documents/misc/montreux-document-170908.htm)

이 정의와 관련된 몇 가지 특징은 강조할 만하다. 첫째, PMSCs는 사업이다 — 따라서 그들은 일반 기업들의 특징을 공유한다. 그들은 소유주인 주주들에 대한 책임을 지고, 계약을 위해 시장에서 경쟁해야 하며, 특히 가장 중요하게, 이윤을 창출해야 한다. 둘째, 이 정의는 많은 기업들이 스스로를 명확하게 PMSCs로 즉각 규정할 수 있도록 묘사하지 않는다는 사실을 의미한다 — 대신 이 부문에 대해 대중이 가지고 있는 부정적 이미지 때문에 '도급업자' 또는 '자문'이라는 이름을 사용한다. 셋째, 이들은 단순히 — 또는 주로 — 협소한 의미에서의 전투 관련 활동뿐만 아니라 국가가 전통적으로 수행하여 왔던 전 방위적 군사보안 활동에 참여한다.

PMSCs의 특별한 사례로 현재 활동 중인 4개의 주요 기업이 글상자 14.2에 소개되어 있다. 대부분의 PMSCs는 자신들이 제공하는 서비스에 대한 정보의 상당 부분을 웹사이트에 공개하고 있다. 그러나 '자기소개(About Us)' 부분에 '용병'이란 단어를 사용한 회사는 전혀 없다. 다음에서는 그들이 그렇게 해야 하는지에 대해 질문하는 것이 유용할 것이다.

새로운 용병?

이와 관련해서 제기되어야 할 관련된 질문은 세 가지이다. 용병이란 무엇인가? PMSCs와 — 만약 있다면 — 용병의 차이는 무엇인가? 그리고 국제법의 테두리 안에서 용병과 PMSCs의 지위는 무엇인가? 여기서는 이들 질문에 대해 답변을 시도한다.

앞에서 언급했듯이 용병이란 단어는 보통 부정적 느낌을 수반한다. 정규군으로 활동하는 군인은 '고귀한' 명분을 위해 봉사하는 — 예를 들면, 국가와 동포를 보호하거나 아니면 다른 훌륭한 대

글상자 14.2 4대 주요 민간군사보안기업

(1) 아카데미(*Academi*) – academi.com

이 회사는 원래 블랙워터(Blackwater)라는 이름을 갖고 있었고, 이라크에서의 매우 논란이 많은 활동 때문에 세계에서 가장 악명 높은 PMSCs 중 하나이다 (글상자 14.3 참조). 블랙워터는 1997년에 미국 네이비실(Navy Seal) 요원이었던 프린스(Erik Prince)에 의해 설립되었다. 그리고 여러 차례의 명칭 변경 후 2011년에 아카데미가 되었다. 웹사이트에 따르면 이 회사는 "시설 보호, 고위층 경호, 사이버 및 물리적 보호 전략, 그리고 군수 기획 및 다른 부문에서의 훈련과 보안 서비스를 원하는 정부와 기업 고객들을 위해 봉사한다." 미국에 본사가 있는 이 회사는 미국 국방부의 최대 민간 보안 계약 업체이고 노스캐롤라이나에 7,000 에이커(acre, 약 28km^2)의 훈련시설을 보유하고 있다.

(2) 트리플캐노피(*Triple Canopy*) – www.triple-canopy.com

2003년에 전직 미국 특수부대(Special Forces) 요원에 의해 설립된 트리플캐노피는 이라크에서의 보안 서비스로 잘 알려져 있는데, 특히 연합군 임시행정처(CPA: Coalition Provisional Authority)의 13개 본부에 대한 보호 활동으로 유명하다. 웹사이트에 따르면, 이 회사는 정부 및 비정부기구(NGO)를 포함한 비정부 행위자들에게 '임무 지원', '통합 보안' 그리고 '훈련'을 제공하고, 아프가니스탄, 우간다 및 인도네시아 등에 고객을 가지고 있으며, 약 5,500명의 인원을 고용하고 있다. 그러나 가끔 PMSCs와 고객 간 사이가 악화되기도 한다. 예를 들어, 2012년에 미국정부는 트리플캐노피를 이라크 보안 계약과 관련하여 사기죄로 고소한 바 있다 (판사는 이 소송을 기각한 바 있다).

(3) 이지스 디펜스서비스(*Aegis Defence Services*) – www.aegisworld.com

이 영국 회사는 논란이 많았던 PMSC인 샌드라인 인터내셔널(Sandline International)의 책임자였던 스파이서(Tim Spicer)가 2002년에 설립하였다 (아래의 논의를 참고). 이 회사는 정부 및 비정부 고객을 위해 전 세계적으로 활동하면서, "몸값요구 납치, 기술 통합, 조언 및 정보, 훈련, 자문, 전략 통신 및 보호 서비스를 제공하였다." 이 회사는 한 때 3,500명 이상을 고용했었고 300대 이상의 차량을 운용했다. 2005년에 이 회사가 휘말린 사건 중의 하나는 이라크에서 이 회사의 고용인 중 여러 명이 민간 차량을 향해 무차별적으로 총격을 가하는 '대표 영상'이 공개된 것이다.

(4) 데피온 인터내셔널(*Defion Internacional*)

페루에 본부가 있는 이 회사는 대부분 남미 출신인 군사 및 보안 요원들을 훈련시켜 세계 각지에 운전사, 경호원 및 군수지원 업무 등에 배치하는데, 필리핀, 두바이 및 이라크에 사무실을 가지고 있다. 이 회사는 이라크 보안 업무, 특히 바그다드의 그린존(Green Zone, 바그다드 내의 특별경계구역 – 역자 주)을 보호하는 보안 활동 요원들을 공급하는 계약을 트리플캐노피와 체결하면서 두드러졌다. 이 회사와 관련된 논쟁 중 하나는 상대적으로 낮은 임금 수준인데, 종종 매우 위험한 상황에서 업무를 수행함에도 불구하고 이 회사 고용인들은 월 평균 천 달러 정도만 받는다는 것이다.

의를 위해 싸우는 — 것으로 인식되는 반면, 용병은 순전히 자기 이익을 위해 싸우는 것처럼 보인다. 특히 그들은 돈을 위해 싸운다. 그러나 사실 정규 군인과 용병의 차이가 완전히 명확했던 적은 없다. 실제로 군인(soldier)이란 단어의 어원은 로마(Roman)의 금화를 의미하는 라틴어(Latin)의 솔리두스(*solidus*)에서 비롯된 것이다. 즉, 이 단어의 원래 의미는 군인이란 그들이 어떤 동기를 가지는지에 상관없이 돈을 받고 싸우는 남성과 여성임을 시사하고 있다. 더구나 개인이 자국 군대에 입대하는 결정을 내릴 때 자기 이익도 최소한 하나의 고려 요인이라는 것은 오늘날에도 여전히 사실이다(의무 복무 또는 징병에 의해 강제로 입대하는 개인을 제외한다면). 이는 제공되는 급여, 교육장학금과 같은 혜택, 또는 군복무가 제공하는 훈련 및 경력 기회 등 때문일 수 있다.

따라서 자기 이익이라는 동기 그 자체가 용병을 규정하는 특징은 아니다. 결과적으로 용병의 특징이 정확히 무엇인지를 파악할 수 있는 보다 공식적 정의를 생각할 필요가 있다. 이 시점에서 국제조약과 국제법에 주목해야 한다.

용병이 중세 이래 존재하여 왔고 그 후 인간 역사를 통틀어 보편적이었음에도 불구하고 20세기 초 즈음에 무력충돌의 주요 행위자로서의 용병은 대부분 사라졌다. 그러나 1960년대와 1970년대에 용병은 다시 상당한 숫자로 증가하였는데, 이는 탈식민화에 의해 창출된 혼란과 격변에 따른 것이었다. 따라서 용병은 아프리카 및 다른 지역의 많은 탈식민 갈등에 있어서 중요한 역할을 수행하면서 종종 인권이나 국제법을 존중하지 않는 행태를 보였다. 갈등에 있어서 용병의 이러한 현대적 문제는 1961년 유엔에 의해 처음 다뤄졌다. 당시 카탕가(Katanga)주는 콩고에서 분리 독립되기 위한 전쟁을 하면서 용병들을 고용하였다. 이어지는 아프리카 전역에서의 용병 활동도 역시 국제적인 주목을 받게 되었다. 이런 일들 때문에 유엔총회와 안전보장이사회(Security Council)를 포함하는 국제단체의 격렬한 비난이 이어졌고, 보다 정확한 정의와 보다 엄중한 금지를 위한 노력이 시작되었다.

이런 배경을 토대로 오늘날 용병의 국제법적 지위를 이해하는 데 가장 중요한 출발점, 즉 1949년 「제네바협약(Geneva Conventions)」의 제1추가의정서(Protocol I amendments)가 1977년에 체결되었다 (이 의정서는 국제적 무력충돌 희생자들의 보호와 관련된 일련의 수정 합의이다). 이 의정서의 핵심 가치는 이것이 현재 174개국에 의해 비준되었다는 것인데, 이는 이 의정서가 — 최소한 이론적으로 — 광범위한 동의와 정당성(비록 이 의정서를 비준하지 않은 중요한 국가에는 인도, 이란 및 가장 중요한 미국이 포함되지만)을 보유한다는 의미이다. 의정서는 다음과 같이 선언하고 있다.

1. 용병은 전투원이나 전쟁 포로가 될 권리를 가지지 않는다.
2. 용병은 다음의 사람에 해당한다.
   (a) 무력충돌에서 싸우기 위해 현지 또는 국외에서 특별히 모집된 자
   (b) 그런 충돌에 직접 참여하는 자
   (c) 근본적으로 사적 이익을 목적으로, 그리고 충돌 당사자에 의하거나 충돌 당사자를 위해 그 당사국 군대의 유사한 지위 및 기능의

전투원에게 약속되거나 지급된 것을 실질적으로 초과하는 물질적 보상을 약속받은 자
(d) 충돌 당사 국민도 아니고 충돌 당사자가 지배하는 영토의 주민이 아닌 자
(e) 충돌 일방의 군대 구성원이 아닌 자
(f) 충돌 당사국이 아닌 나라에 의해 정규군으로서 공적 임무로 파견되지 않았던 자

첫째 부분은 용병으로 정의되는 사람들에게는 명확한 결과가 있음을 시사한다. 전투원으로 인정될 수 있는 권리가 없기 때문에, 만약 전투에 참여하면 그들의 행위는 형사 소추의 대상이 될 수 있다 — 아마도 사형 선고를 포함하여 (정규군과는 달리 용병에 의한 살해는 살인으로 간주될 수 있다). 아울러 그들이 전장에서 잡히면 그들은 전쟁 포로로 대우받을 권리를 가지지 못한다. 따라서 이들은 분쟁 종결 시 본국으로 송환될 권리를 포함한 제네바협약이 포로에게 제공하는 모든 안전 조치에서 배제된다 — 용병은 분쟁 이후에도 몇 년간 심지어 몇 십 년간 수감될 수 있다 (그러나 의정서는 단지 용병은 전투원이나 전쟁 포로 지위를 부여받을 **권리**가 없다는 것만 언급한다는 점에 주목해야 한다. 이는 그들이 그런 지위를 부여받을 수 있는 가능성을 배제하지는 않는다. 더구나 그런 지위가 없다고 하더라도 학대 — 예를 들면, 고문이나 필요한 치료를 거부하는 등 — 는 여전히 제네바협약에 의해 금지된다. 왜냐하면 그것은 비전투원으로 인정되는 사람 누구에게나 해당되기 때문이다).

용병의 정의 자체로 돌아가서 의정서 세부항목의 구체적 부분에 주목할 필요가 있다. 위 2항의 (a)에는 **특별히 모집된** 이라는 구절이 포함되어 있다. 이는 외국 군대에 항구적 또는 장기적 복무를 선택한 사람들(예를 들면, 프랑스 외인부대[French Foreign Legion] 신병)과 용병을 구분한다. (b)는 전투에 **직접** 참여하는 사람으로 범주를 제한한다 — 따라서 훈련, 자문, 정보 및 기술적 지원 등의 서비스를 제공하는 사람들은 용병에서 제외된다.

(c)는 개념 정의의 핵심일 수 있다. 이 구절에서는 용병의 사적 이익이라는 동기를 묘사하기 위해 **근본적으로**라는 단어를 사용하고 있다. 모든 군인이 하나의 동기로서 자기 이익을 가질 수는 있지만 용병은 그것을 **주된** 또는 **최우선적** 동기로 가진다는 것을 의미한다. 더구나 개인이 왜 정규군에 입대하는 대신에 용병의 경로를 선택하는지 설명해 주는 이 동기의 압도적 중요성은 전자보다 후자의 길을 선택할 때 훨씬 많은 보수를 받을 수 있다는 점을 부각시키고 있다.

(d)와 (e)는 용병의 정의를 충돌의 직접 당사자의 구성원이 아닌 '외부인'으로 국한시키려는 의도를 가진다. (e)는 (d)에 대해 불가피한 추가 조항이라고 볼 수 있다. 왜냐하면 한 국가 정규군의 모든 구성원이 반드시 그 국가 국민이 아닐 수 있기 때문이다 — 많은 국가가 군대에 외국 군인들을 고용한다.

(f)는 어떤 사람이 충돌의 외부인이라고 하더라도 용병으로 정의되기 위해서는 또 다른 국가를 대신해서 활동하는 것이 아니라 자신의 독자적 동기로 참여해야만 한다는 점을 시사한다. 이 때문에 다른 국가의 군 인력은 — **공적** 임무를 가질 때 — 용병으로 간주될 수 없게 된다.

의정서의 정의에 따르면 즉각적으로 명백해지

는 것은 그것이 매우 제한적이고, 많은 사람들이 용병에 대해 생각할 때 고려하는 일상적인 이해를 모두 포함하지는 않는다는 점이다. 용병으로 인정되기 위해서 개인은 6가지 기준을 모두 충족시켜야 한다는 점에서 특히 제한적이다. 이런 제한성에는 전투에의 직접 참여 외의 다른 임무를 수행하는 사람들은 용병으로 간주될 수 없다는 사실이 포함된다. 그렇게 하면 직접적인 전투원들에게 간접 지원을 제공하는 많은 영역이 제외되는 결과가 발생한다. 특히 어떤 조건은, 예를 들면, (e), 외부의 군사보안 요원들을 고용하길 원하는 국가들에게 매우 쉬운 허점을 제공한다고 비판받는다. (e)의 조항 때문에, 전투에 직접 참여하고, 충돌 당사자 국민이 아니고, 본래 사적 이익이란 동기를 가진 개인의 경우에도, 고용하는 국가가 쉽게 그들을 정규군 구성원으로 지정할 수 있고 그 경우에는 그들은 정의에 포함되지 않는다.

용병을 정의하고 금지하기 위한 또 다른 중요한 지역적 시도에는 1977년에 체결되어 1985년에 발효된 아프리카 통일기구(OAU: Organization of African Unity, 아프리카연합[AU: African Union]의 전신)의 「아프리카 용병주의 철폐를 위한 협약(Convention for the Elimination of Mercenarism in Africa)」이 포함된다. 세계적으로 가장 중요한 것은 UN의 1989년 「용병 모집과 이용, 대 용병 재정지원 및 용병 훈련에 반대하는 국제협약(International Convention against the Recruitment, Use, Financing and Training of Mercenaries)」인데, 이는 2001년에 발효되었다. 이 협약은 명확하게 용병을 금지하기 때문에, 이 이유만으로도 매우 중요하다. 협약의 1조 1항은 제네바협약의 제1추가의정서에 기초한 용병의 정의를 포함하여 사실상 거의 동일하다. 그러나 1조 2항은 추가적인 조건들을 제시하는데, 이에 따르면 용병은 다음과 같은 사람이다.

(a) 다음과 같은 목적으로 자행되는 계획된 폭력행위에 참여하기 위하여 국내외에서 특별히 고용된 자
  (i) 정부를 전복하거나 한 국가의 헌정질서를 파괴하려는 목적
  (ii) 국가의 영토 보전을 저해하려는 목적
(b) 기본적으로 자신의 상당한 이득을 위하여, 물질적 보상에 대한 약속이나 지급을 받아 참여하게 된 자
(c) 용병 행위의 대상이 된 국가의 국민이나 거주민이 아닌 자
(d) 국가가 공식적으로 파견하지 않은 자
(e) 용병행위가 수행된 영토를 관할하는 국가의 정규 군인이 아닌 자.

(www.un.org/documents/ga/res/44/a44r034.htm)

여기서 흥미로운 점은 (a)의 내용에 전투에의 직접 참여라는 필요조건이 없다는 것이다 — 따라서 예를 들어, 쿠데타의 경우에 단순히 '참여'하기만 하는 개인도 용병으로 간주될 수 있다. 그러나 그런 사람은 여전히 다른 조건들을 충족시켜야 용병으로 간주된다. 의정서의 경우와 마찬가지로 모든 조건을 동시에 충족시켜야 용병으로 간주된다. 이 협약은 오직 33개국만 비준했다는 점도 간과되지 말아야 한다 — 비준하지 않은 나라에는 러시아, 중국, 프랑스, 영국 및 미국(이 5개국 모두 유엔 안전보장이사회 상임이사국이다)이 포함된다.

이런 정의의 관점에서 PMSCs는 어떤 상태인가? 다수의 PMSCs가 제네바의정서나 유엔협약의 몇 가지 기준을 충족시키는 것은 사실이다. 하지만 그들이 '모든' 기준을 충족시키는지는 명확하지 않다. 그들이 국제법상 용병으로 공식적으로 간주되어야 한다면 의정서나 협약을 따라야 하기 때문이다. 특히 PMSCs가 그들이 개입하는 충돌과 관련하여 외부자(의정서의 d와 f 참고)에 해당된다고 하더라도 나머지 조건들을 판단하는 것은 더욱 어렵다.

예를 들면, 동기의 부분은 매우 주관적 이슈가 될 수 있다. 그리고 '사적 이익'은 정의상 아래에서 논의하는 것처럼 영리를 추구하는 모든 조직의 목적인 반면, PMSCs는 스스로 보다 광범위한 공익으로 받아들여질 수 있는 시민의 보호 및 인도주의적 목적의 추구 등과 같은 영역에서의 자신들의 역할을 강조한다. 그럼에도 불구하고, 이런 정의와 관련하여 가장 어려운 점은 전투에의 직접 참여를 강조하는 부분이다. 여기서 문제는 오늘날 PMSCs 고용인들이 특히 공세적인 전투에 직접 참여하는 일이 거의 드물다는 점에 있다. 아래에서 논의되는 것처럼 그들의 주된 임무는 전투 최전선이 아니라 보안 및 군사행동 지원 등 광범위한 영역에 속하는 경향이 있다.

종합적으로 PMSCs를 기존의 용병 정의에 맞추려 할 때의 문제는 관련법과 규정들이 과거에 만들어져 탈식민시기 초기에 존재하던 일련의 조건들을 다루기 위한 것이라는 데에 있다. 오늘날 PMSCs는 다른 세계에서 다른 방식으로 활동한다. 다른 무엇보다도 오늘날의 PMSCs는 전통적 용병보다는 훨씬 전문적이고 '기업적(business-like)' 방식으로 자신들을 표출한다. 그런 변화된 특징을 포괄할 수 있는 보다 넓은 용병의 정의가 채택되어야만 PMSCs가 그 범주에 용이하게 들어갈 수 있을 것이다.

그 이슈는 의미론적인 것 이상이어서 PMSCs의 정당성과 합법성 문제와 직결된다. 만약 그들이 용병과 다르지 않다고 간주된다면, 1989년 유엔협약에 따르면 그들은 전면적으로 금지되어야만 한다는 것을 의미한다. 만약 그렇지 않다면, 그들은 다른 사기업과 유사하게 인정될 수 있다 — 아마 규제를 받아야 하지만, 그럼에도 불구하고 합법적 조직이다.

현 상태에서, PMSCs는 일부의 의구심에도 불구하고 대부분 국가에 의해 합법적인 조직으로 광범위하게 인정받는다. 심지어 그들이 용병으로 간주되더라도 1989년 협약 체결국이 극소수이기 때문에 매우 제한적인 장소에서만 금지될 것이다. 가장 중요한 점은 그들 대부분이 협약을 비준하지 않은 나라에 본부를 가지고 있다는 사실이다. 아울러 유엔과 같은 국제기구도 PMSCs에 대하여 애매한 태도를 보인다는 점이다. 이는 PMSCs가 자신들과 종종 협업하기 때문에 더욱 그렇다.

이 모든 것이 의미하는 바는, PMSCs를 위해 일하는 요원이 (국제적으로 인정되는 정의에 따른)용병도 아니고 충돌 당사국 군대 구성원도 아니라면 그들은 국제법에 따라 — 예를 들어, 제네바협약 — 민간인으로 인정받는다. 그렇다면 그들은 지원 및 방어적 역할을 수행하도록 허용될 수 있지만, 충돌에 직접 참여해서는 안 된다.

PMSCs의 법적 지위에 대한 이슈는 그들을 규제하기 위한 노력들을 검토하면서 다시 다루도록 한다. 여기서는 우선 왜 PMSCs가 현대 국제안보의 지형에서 중요한 부분을 차지할 정도로 성장하였는지를 논의하는 것이 유용할 것이다.

민간군사보안기업의 대두

PMSCs의 대두를 이해하는 한 가지 방법은 전쟁 본질 자체의 변화 관점에서 보는 것이다. 이 부분은 이미 8장에서 '새로운 전쟁' 이론에 대한 논의를 하면서 다루었다. 거기에서는 사적 군사 행위자의 역할을 현대 전쟁의 변화라는 보다 광범위한 주장의 맥락에서 다루었다. 여기서는 그 이론들에서 다룬 일부 요인들을 인용하지만, 동시에 다른 요인들도 고려할 것이다.

앞에서 살펴본 것처럼, 용병에 대한 현대적 논쟁은 그들의 탈식민 충돌에서의 역할 때문에 1960년대에 시작되었다. 그러나 특히 PMSCs의 중요성은 여러 이유로 인해서 탈냉전 시기에 가장 두드러지게 되었다. 다수의 PMSCs가 냉전의 종식 자체와 연결된다.

- 미국과 서유럽의 여러 나라를 포함하여 다수의 국가가 냉전종식 후 군대를 축소하였다. 소련 위협의 부재 때문에 1990년대 초반 이들 국가의 지도자들은 거대한 상비군을 유지할 필요가 없을 것이라고 생각하였다. 따라서 실제 혹은 인식된, 새로운 위협이 등장하였을 때 이들 국가는 인지된 필요성을 충족시킬 수 있는 충분한 병력을 보유하지 못했다.
- 이러한 축소는 노동 시장에 사기업에 의해 활용될 수 있는 기술을 지닌 매우 많은 전직 군인들이 존재하였음을 또한 의미하였다. 실제로 다수의 새로운 PMSCs가 군 경력 인사(글상자 14.2에 소개된 대표적인 사례 참조)에 의해 설립되었다.
- 냉전 동안에 아프리카, 중동, 아시아 및 라틴 아메리카와 같은 지역의 많은 국가들은 군사 및 안보 원조를 위해 두 초강대국 중 한 측에 의지할 수 있었는데 — 미-소 간 패권 투쟁의 대리인으로서 — 이 갈등이 종식되자 지원의 대부분도 중단되었다. 따라서 이들 국가는 군사보안의 필요성을 위해 다른 곳으로 관심을 돌려야만 했다.
- 탈냉전 시기에는 내전, 인종 분쟁 및 테러리스트와 군벌 같은 폭력적 비국가 행위자의 대두 등 과거와는 다른 양태의 안보위협이 폭증하였다. 이러한 위협 또한 군사 및 보안 조치를 위한 요건의 증대를 만든 것으로 보인다.

이런 상황 전개의 결과로, PMSCs는 오랜 양극 질서의 붕괴에 따른 공백을 채우고 새로운 안보위협의 대두에 대응하면서 번창하였다. 그러나 냉전의 종식은 얘기의 일부에 지나지 않는다. 위에서 언급한 첫 번째 주요 사항과 관련하여 본다면, 역사적으로 국가들은 평화와 안정의 시기에는 과거에도 군대를 축소시켰었고 새로운 위기가 등장한 경우에만 다시 군대를 확대시켰다. 그렇다면 왜 사기업들이 점차적으로 현 시기의 문제에 대한 해답의 일부로 인정되어 왔는가?

PMSCs의 확산에 대한 설명 중 또 다른 중요한 요인은 보다 광범위한 경제적, 정치적 맥락인데, 특히 세계화의 확산과 신자유주의 의제의 등장이라고 할 수 있다. 1980년대 이래 규제완화, 민영화 및 외주 등의 정책이 전 세계적으로 채택되었는데, 이는 자유시장 사고의 부활과 강력한 글로벌 영향력이 국가가 과거에 제공했던 폭넓은 서비스를 제공할 수 있는 능력을 침식하였다는 믿음에서 비롯된 것이었다. 그 결과 보건으로부터 교육 및 사법에 이르기까지 다수의 정부가 서비스의 제공에 있어서 더욱 더 시장 기제의 활용을 추구하였다. PMSCs에 대한 의존의 증가도 같은 추세의 일부로 이해될 수 있다. 어떤 국가도 군대를 완전히 민영화하지는 않지만, 다수의 국가가 시장 기반의 공급을 통해 군대를 보완할 수 있다고 믿는다.

아무튼 이런 추세는 21세기에 들어서 특히 2001년 테러와의 전쟁 이후 가속화된 것으로 보인다. 미국 주도의 침공 이후 이라크와 아프가니스탄에 현대 역사에 있어서 가장 많은 PMSCs — 그리고 가장 수익성 높은 계약의 원천 — 가 배치되었다. 이라크에서는 최정점인 2008년 약 16만 3,000명의 민간 업자가 미국 국방부 후원 하에 활동하였고, 아프가니스탄에서는 최정점인 2012년에 약 11만 7,000명이 활동하였다 (Schwartz and Church, 2013: 23-24). 따라서 최소한 숫자만 본다면 이들에 대해 민간 업자의 '군대'라는 말을 할 수 있을 것이다. 더구나 두 나라에서는 이들의 숫자가 정규군의 숫자와 비슷하거나 심지어 더 많았던 적도 있다.

누가 왜 민간군사보안기업을 고용하는가

비록 정부를 위해 일하는 민간 업자가 가장 주목을 많이 받는 경향이 있으나, PMSCs의 또 다른 특징은 그들의 고객이 매우 다양하다는 것이다. 아래에서는 여기에 대해 살펴본다.

그러나 먼저 PMSCs가 제공하는 서비스의 범주를 파악하는 것이 중요하다. 그래야만 왜 그들이 다양한 고객들을 유인하는지를 설명하는 데 도움이 될 것이다. PMSCs 요원들에 대한 전형적 이미지는 유사 군복과 짙은 색안경을 착용하고 중화기를 휘두르는 덩치 좋은 남자이다 — 즉, 대체로 또는 전적으로 전투에 적합한 개인이다. 그러나 실제로 직접적 전투는 PMSCs가 오늘날 수행하는 보편적 임무가 아니다 (심지어 다수의 민간 업자들은 무기를 소지하지도 않는다).

이는 한편으로 PMSCs가 용병으로 인식되기를 원하지 않고, 다른 한편으로 과거에 전투에 집중했던 PMSCs에 주목한 부정적 보도 때문이기도 하다 (아래에서 상술). 그러나 주된 이유는 PMSCs에 대한 가장 큰 요구가 다른 부문에 있기 때문이다.

글상자 14.3에서는 PMSCs가 제공하는 주요 서비스의 일부에 대해 자세히 설명한다. 이라크와 아프가니스탄 사례로 돌아가면, PMSCs 업자들은 그 두 나라에서 주로 군인들 숙식 제공, 건물 방호, 경호, 무기 유지 보수, 수송, 도로 및 다른 기반시설 재건축 및 경찰 및 군대 훈련 등의 임무를 수행하였다.

PMSCs가 서비스를 제공하는 주요 고객의 범주에는 다음이 포함된다.

- 정부
- 개인
- 민간 사업자
- 정부간기구(IGOs)
- 비정부기구(NGOs)

글상자 14.3 민간군사보안기업의 주요 활동

PMSCs가 제공하는 서비스를 범주화하는 여러 방법이 있지만, 다음과 같이 6개 부문으로 구분하는 것이 유용할 수 있다 (Ortiz, 2010: 45).

(1) **전투** – 직접적 교전으로부터 정규군 지원까지의 다양한 활동이 포함될 수 있다.
(2) **훈련** – 무기 및 전투 훈련만이 아니라 전술, 비포장도로 운전, 생존 기술 및 전장 처방 등도 포함된다.
(3) **지원** – 군수(종종 적대 지역에의 물품 및 용역의 공급 관리), 건설, 유지 보수 및 정보통신(IT) 서비스가 포함된다.
(4) **보안** – 가장 명확한 것은 개인, 건물 및 다른 시설 그리고 수송(개인 차량 및 호송대)의 보호이지만, 오늘날에는 여기에 데이터 및 컴퓨터 보안까지 포함된다.
(5) **정보** – 검색 및 감시 등의 방법을 통한 정보 수집 및 분석이 포함된다.
(6) **재건** – 분쟁이 종식된 이후 지뢰 제거, 기반 시설의 재건축 그리고 필수 서비스(수도와 전기와 같은)의 복구가 포함된다.

이 목록이 시사 하는 것처럼, PMSCs를 고용하는 것은 정부만이 아니다. 모든 종류의 고객들이 PMSCs를 고용하는 이유는 기존 국가의 보안이 부적절하다고 인식되는 맥락 때문이다 — 특히 세계에서 가장 불안정한 지역 그 중에서도 실패국가의 경우가 그러하다.

개인들은 자신, 가족 및 자산을 보호하기 위해 PMSCs를 고용하고 기업들은 영업, 기반시설 및 근로자들을 보호하기 위해 고용한다. 광산, 석유 및 가스(즉, 채굴산업) 등 분야의 사기업들은 종종 세계에서 매우 위험한 지역에서 작업하기 때문에 PMSCs의 보안 서비스를 필요로 하게 된다.

PMSCs와 관련하여 살펴보아야 할 가장 중요한 정부간기구는 유엔이다. 앞에서 살펴본 것처럼 유엔은 용병을 금지하기 위한 노력에 있어 가장 중요한 국제기구 중 하나이지만, 모순이라고 할 수 있을 만큼, 많은 PMSCs와 일을 같이 하여왔다. 유엔이 처한 어려움 중 하나는 유엔이 독자적인 군대나 경찰력을 보유하지 않는다는 점이다. 따라서 작전을 수행하고자 할 때 유엔은 회원국들이 제공하는 인력에 의존하게 된다. 그러나 많은 경우에 회원국들은 인력의 제공을 꺼렸던 것으로 드러났다. 국제사회의 행동실패 사례 중 가장 대표적인 것이 1990년대 중반 르완다에서 벌어진 대량 학살과 관련된 것이다. 당시 유엔 사무총장이었던 아난은 자신이 실제로 위기에 개입하기 위해 민간 병력을 고용할 것을 고려했었다고 회고했다. 결국 그는 그렇게 하지 않았고 "세상은 아직 평화를 민영화(privatize peace)할 준비가 되지 않은 것 같다"고 결론 내렸다 (Annan, 1998). 그러나 유엔이 PMSCs를 평화유지군으로 활용하는 데까지 가지는 않았지만, 르완다 사태 전후에 유엔은 다른 활동의 지원을 위해 민간 기업과 계약을 체결하였다 (Østensen, 2011). 그 예를 들면,

아래와 같다.

- 디펜스시스템리미티드(DSL: Defence Systems Limited)는 수단과 소말리아에서 유엔 아동기금(UNICEF: United Nations Children's Fund) 직원에 대한 경호, 그리고 앙골라에서 세계식량프로그램(WFP: World Food Programme)에 대한 경호를 제공하였다.
- 아머그룹(ArmorGroup)은 케냐에서 유엔 난민고등판무관사무소(UNHCR: UN High Commissioner for Refugees)와 계약을 체결하였다.
- 딘코(DynCorp)는 동티모르에서 유엔이 승인한 평화유지군에게 헬리콥터와 위성 네트워크 통신을 제공하였다.
- 피에이이(PAE: Pacific Architects and Engineers)는 아이티와 라이베리아에서의 유엔 임무에 민간 경찰력을 제공하였다.

이들 사례가 시사 하듯이, PMSCs는 다양한 인도주의 및 평화유지 활동의 지원을 위해 다수의 유엔 기구에 의해 활용되어 왔는데, 이는 비정부기구에 의해 고용된 PMSCs의 활동과 유사하다. 적십자(Red Cross), 국제원조구호기구(CARE International) 및 월드비전(World Vision)등이 그런 고용을 했던 몇 사례에 속한다. 직접적인 인도주의 구호 활동을 하거나 장기 개발 계획에 참여하는지에 상관없이 비정부기구 활동가들은 종종 군대로부터의 공격에 취약한 상황에 처했다. 이들 활동가는 자체적으로 무장하지 않기 때문에 몇몇 비정부기구는 직원들을 보호하기 위해 PMSCs의 서비스를 활용할 필요가 있었다고 할 수 있다. 더욱이 세계자연기금(WWF: Worldwide Fund for Nature) 같은 기구들도 코뿔소와 코끼리 등 멸종위기 동물들의 보호를 돕기 위해 PMSCs를 고용하여 왔다.

PMSCs 옹호자들에게 있어서 이는 다시 PMSCs가 전통적 용병과 얼마나 다른지를 보여주는 증거가 된다. 즉 그들은 단순히 이기적인 목적만이 아니라 인도주의, 평화유지 및 환경적 임무도 수행하는 것처럼 보인다. 그러나 그들의 고용주에 상관없이 PMSCs 고용의 (인지된)이점은 무엇인가?

PMSCs 고용을 지지하는 사람들은 다양한 주장들을 제시하는데, 그 중 다수는 보다 일반적으로 민간 서비스 제공을 지지하는 자유시장 옹호자들이 강조하는 주장을 반영한다. 그 내용은 아래와 같다.

- **비용** – 특히 세계적으로 다수의 정부가 예산 삭감을 시도하는 환경에 부합하는 아마 가장 중요한 주장은 민간 부분을 활용하는 것이 효율과 비용절감을 가져온다는 것이다. 군대는 보통 해당 국가 내에서 독점적 지위를 차지하기 때문에 그들은 효율적이 되거나 낭비적 지출을 피해야 할 유인이 없다. 반면 PMSCs는 경쟁적 시장 속에 존재하기 때문에 비용 효율성을 가져야 한다. PMSCs가 보다 저렴하게 활동할 수 있는 이유 중 하나는 국가의 군대는 상비군에게 그들이 실전에 배치되는지에 상관없이 비용 — 군인들의 봉급만이 아니라 식량, 숙소 등도 — 을 지불해야 하지만, 다수의 PMSCs는 특정 작전을 위한 특정 계약으로 인력을 고용하기 때문이다. 따라서 그들은 작전이 종결되면 더 이상 인력에 대해 비용을 지불할 필요가 없게 된다.
- **선택** – 자유시장의 이점에 대한 또 다른 주장은 그것이 더 큰 선택의 여지를 제공한다는 것이다. 다시 국가 군대의 독점적 지위라는 특징과

대조적으로 민간 시장은 PMSCs의 잠재적 계약자들에게 다양한 선택지를 제공한다. 이는 특정 부문에서는 특정 조직이 전문성 때문에 선택될 수 있는 반면, 다른 맥락에서는 다른 PMSCs가 선택될 수 있다는 것을 의미한다. 이는 또한 한 회사가 기대를 충족시키지 못하면 그 계약을 종결시키거나 최소한 갱신하지 않을 수 있고, 더 나은 회사를 찾을 수 있다는 것을 의미한다. 반면 군대는 부실하더라도 쉽게 대체될 수 없다.

- **혁신** – 자유시장의 세 번째 특징에 대한 주장은 그것이 국가보다 훨씬 나은 일련의 새로운 아이디어와 기술을 촉진시킨다는 것이다. 국가의 군대는 고도로 관료주의적이고 변화를 느리게 수용하는 반면, PMSCs는 계층 구조가 보다 간소화될 수 있고 보다 빨리 적응할 수 있다.
- **유연성** – PMSCs의 또 다른 이점은 국가로 하여금 추가 병력을 매우 신속히 배치할 수 있도록 전장의 기존 병력을 보완하는 소위 '증원' 능력을 제공할 수 있다는 것이다. 군대가 신병을 충원하고 훈련시키는 데에는 시간이 오래 걸리는 반면, PMSCs는 훨씬 신속하게 계약될 수 있다. 바로 이런 이유 때문에 이라크와 아프가니스탄에서 미국정부에 의해 많은 PMSCs 인력들이 고용되었다.
- **기술/경험** – 군사력이 보다 약한 국가에게 PMSCs는 그들 군대보다 훨씬 우위에 있는 세계에서 가장 선진화된 군대(왜냐하면 많은 인력이 미국, 영국 및 러시아 군 출신이기 때문이다)에 의해 훈련받은 인력의 기술과 지식에의 접근성을 부여한다. 심지어 주요 열강들도 이 영역에서 얻을 수 있는 이익이 존재한다. 많은 PMSCs는 국제적으로 인력을 모집한다. 이것은 그들이 원하는 대로 세계 각지에서 군사적 전문성을 확보할 수 있다는 의미인데, 이런 능력은 선진국 군대도 보유하지 못한 것일 수 있다.
- **정치** – 후술하는 것처럼 PMSCs에 대한 의존은 매우 논쟁적일 수 있다. 그러나 그렇게 하는 정치적 이점도 존재한다. 시체운반용 자루에 담겨진 사망한 군인이 고국으로 돌아오는 이미지는 종종 그 전쟁에 그들을 보낸 책임이 있는 정치인들에게 매우 큰 타격을 준다. 이런 모습들이 종종 미디어에 의해 군인 사상자 숫자와 함께 보도되는 반면, 민간 업자의 사망은 훨씬 적게 보도된다 — 그리고 대중의 분노를 야기할 가능성이 훨씬 적다. 정치인의 관점에서 본다면 이런 점이 그들의 고용을 고려함에 있어서 매우 중요한 요인이 될 수 있다.

민간군사보안기업의 부정적 측면

1990년대에 민간군사보안기업(PMSCs)이 전통적 용병과 거의 다름없이 직접 전투에 참여하는 여러 사례들이 대서특필되었다. 그 중 가장 악명 높았던 두 사례는 전직 남아프리카공화국 방위군 요원에 의해 설립된 이그재큐티브 아웃컴즈(EO: Executive Outcomes)와 영국 회사 샌드라인 인터내셔널(Sandline International)이었다. 이들 회사는 또한 서로 관련이 있었다.

EO는 여러 아프리카국가의 정부에 의해 고용되었다. 그러나 그 중 가장 중요한 사례는 1992년 앙골라완전독립민족동맹(UNITA) 반군과 싸우던 앙골라정부와 계약한 것과 1995년 혁명연합전선(RUF: Revolutionary United Front) 반군과 싸우던 시에라리온정부와 계약한 것이다. 유사하게 샌드라인 인터내셔널은 1997년에는 파푸아뉴기니정부를, 1998년에는 시에라리온정부를 지원하여 반군과의 싸움 참가하였다 (시에라리온 분쟁과 EO 및 샌드라인의 개입에 대해서는 8장의 논의를 참고).

EO와 샌드라인 인터내셔널의 옹호자들은 그들을 고용한 정부가 그들 국가를 혼돈의 나락으로 떨어뜨리려고 위협하는 내부 반군을 진압하기 위한 정당한 권리를 가졌음을 지적한다. 따라서 서방의 비판가들 — 자신들을 보호할 수 있는 정교한 경찰력과 군대를 지닌 안정된 사회에서 생활하는 — 이 독자적으로 반군들을 통제할 능력이 없는 정권들을 비난하는 것은 공평하지 않다는 것이다. 더구나 그들이 싸우던 많은 반군 그룹들은, 예를 들어, UNITA와 RUF, 잔혹 행위와 인권침해를 자행했다고 비난받았다 (물론 PMSCs가 대신하여 싸우던 정부들도 마찬가지였지만). 그러나 이 분쟁에의 EO와 샌드라인의 참여는 여러 이유로 논란을 일으켰다.

첫째, 1977년의 제네바협약의정서와 1989년의 유엔협약에 담긴 용병의 정의로 돌아가 본다면, EO와 샌드라인 인터내셔널은 모든 기준을 충족시킬 것이다. 왜냐하면 그들은 적대행위에 직접 참여하기 때문이다. 그렇게 그들은 용병 조직으로 범주화될 수 있었고, 이는 그들이 금지되었어야 한다는 의미이다 (물론 1990년대 그들이 활동했던 대부분의 국가는 협약을 체결하지 않았었다).

둘째, 그들의 활동은 비밀스럽고 — 그리고 아마 불법적일 수 있는 — 특징이 있다. 예를 들면, 샌드라인 인터내셔널은 다수의 추문에 연루되었다. 여기에는 파푸아뉴기니정부가 부건빌 지역의 반군을 평정하기 위해 비밀리에 계약했던, 후에 '샌드라인 사건(Sandline Affair)'으로 알려진, 사례가 포함되는데 — 추문이 드러났을 때, 그 결과 정부 자체가 붕괴되었다. 아울러 샌드라인 인터내셔널은 유엔의 금수조치를 위반하고 시에라리온에 무기를 제공했다고 기소되었다.

셋째, 그들의 요원들은 인권적 고민이나 국제인도주의 법률을 거의 유념하지 않았다 — 그들은 어떤 공식 군대의 일원도 아닌 상태로 전투에 참여하였고, 종종 그들의 활동은 거의 감독받지 않았다.

넷째, 그들은 아마 자신들이 도와주는 정부로부터 중대한 경제적 보상을 얻기 위해 서비스를 제공했을 수도 있다. 예를 들면, EO는 자신들의 군사 및 보안 활동의 대가로 석유와 다이아몬드와 같은 가치 있는 자원에 대한 채굴권을 받았다고 비난받았다. 비록 어떤 점에서는 그들이 활동하던 국가를 도와준 것이지만, 그럼에도 불구하고 거기에는 대가가 따랐다.

EO와 샌드라인 인터내셔널은 이후 해산되었고, 21세기에는 이와 유사하게 명확히 용병과 같은 방식으로 활동하는 PMSCs의 사례는 거의 존재하지 않는다. 그렇다고 해서 현대 PMSCs에 대한 논란이 없었다는 것은 아니다.

보스니아로부터 콜롬비아 및 콩고민주공화국에 이르기까지 각지에서 PMSCs가 관련된 추문들이 있었다. 그리고 그들은 회계부정으로부터 강간 및 살인에 이르기까지 모든 종류의 문제로 고발되었다. 그 중에서도 가장 유명한 사례는 이라크와 아프가니스탄에서 발생하였다 — 물론 이들 두 나라에서 고용된 민간 업자의 숫자를 고려한다면 이는 놀랍지 않다. 글상자 14.4는 이라크에서의 몇 가지 사례를 소개한다.

PMSCs가 기소된 많은 남용 사례 외에도 그들의 고용에 있어서 다른 잠재적인 부정적 측면이 존재한다. 예를 들면

- **비용** – PMSCs가 정규군보다 훨씬 저렴하게 작전을 수행할 수 있는 이유는 경비절감에 있다. 그런데 이런 경비절감에는 자신과 타인을 더 큰 위험에 처하게 하는 등의 대가가 따른다. 예를 들면, 2004년에 또 다른 블랙워터 논란이 발생했는데, 당시 반군이 2대의 블랙워터 스포츠실용차(SUVs)를 기습하여 4명의 요원을 살해하고 그들의 훼손된 시체를 팔루자의 다리에 내걸었다. 이 사건은 회사가 1대 당 3명의 요원 대신 2명을 태우고 보다 고성능의 장갑을 제공하지 않아서 발생한 것일 수 있다. 아울러, PMSCs의 고용과 관련된 간접비용이 존재한다. 특히, 많은 인력이 전직 군인들이기 때문에 PMSCs 자체는 아니지만 이미 정부가 수년 동안의 훈련과 경험에 대한 비용을 지불한 셈이 되는 것이다. 마지막으로 많은 연구들이 PMSCs의 고용이 주장만큼 정말 비용 절감 효과가 있는지에 대해 논쟁을 벌여왔다 (Chassy and Amey, 2011: 21–26).
- **동기** – PMSCs가 여러 차례 학대 추문에 관련되는 이유는 그들의 주된 동기가 이윤극대화이기 때문이라고 주장될 수 있다. 즉 그들의 고용주들이 싸우는 이유나 그들이 일하는 사람들에 대한 관심이 이유가 아니라는 것이기 때문이라

글상자 14.4 이라크에서 민간군사보안기업의 학대 의혹

이라크에서 민간군사보안기업(PMSCs)이 결부된 다수의 추문 사례가 있다 (글상자 14.2에서 언급한 '대표 영상'을 포함하여). 예를 들면

- 2003~2004년 – 아부 그라이브 교도소에서 미군 병사와 카시 인터내셔널(CACI international) 및 타이탄 코퍼레이션(Titan Corporation) 고용인들이 수감자 학대
- 2005년 – 자파타 엔지니어링(Zapata Engineering) 고용인이 민간인과 해병에게 총을 발사한 혐의로 미국 해병대에 의해 구금

그런데 모든 범주의 추문이 단 하나의 회사, 블랙워터로 귀결된다. 여기에는 다음과 같은 사례가 포함된다.

- 2005년 – 블랙워터 경비원이 접근하는 차를 향해 70발의 총알을 발사하였는데 사후 조사에서 정당하지 않은 것으로 밝혀짐
- 2006년 – 한 고용인이 이라크 부통령 경호팀 일원을 총으로 사살한 것으로 알려짐
- 2007년 – 바그다드의 니수르 광장에서 블랙워터 요원들이 여성과 아동을 포함하여 17명의 민간인을 살해하고 24명을 부상시킴. 이라크 정부와 미군 당국 모두 총격이 정당하지 않다고 비난.

니수르 광장의 학살은 이라크에서 PMSCs가 관련된 가장 끔찍했던 사건으로, 이 때문에 이라크 정부는 2009년에 블랙워터의 이라크 내 활동 면허의 갱신을 거부하였다.

는 것이다. 예를 들어, 정규군은 현지 주민들의 '전폭적 지지(hearts and minds)'를 얻기 위해 노력하지만, PMSCs에게 이런 지지가 최우선적 고려 사항이 아닐 수 있다.

- **감독** – PMSCs의 유연성과 혁신 능력의 이면은 그들이 정규군 관료 조직의 일원이 아니기 때문에 일반적으로 동일 수준의 감독이나 규제의 대상이 아니라는 점이다. 물론 그들은 그들의 계약 조건에 묶인다. 그러나 그것은 흔히 모호하게 서술되어 있고 인권 존중 등의 사항과 관련된 요건들을 거의 규정하지 않고 있다. 따라서 전체적으로 분명히 책임성과 투명성이 부족할 수 있다.
- **정치** – 니수르 광장에서의 블랙워터 학살과 같은 추문은 관련된 회사의 평판만이 아니라 그들의 고용주 — 니수르 광장 사례에서는 미국정부 — 의 평판도 훼손한다. 실제로 PMSCs의 활용이 이라크와 아프가니스탄(그리고 다른 곳)에서 미국의 이미지를 크게 악화시키는 데에 기여하였고, 이는 이들 두 나라에 대한 개입의 지지를 약화시키는 데에 기여하는 요인이었다. 경제적 비용 절감에 상관없이 PMSCs의 활용은 심각한 정치적 비용을 수반할 수 있다.

시장의 통제

PMSCs 및 그 고용인과 관련된 문제점들을 고려할 때 감독과 책임성을 강화할 수 있는 방법은 무엇인가? PMSCs가 본부를 가지고 있고 활동하는 각 국가들은 각자의 규제 기제를 가진다. 그러나 이 장에서는 국제적 수준에서 규제하기 위한 노력들에 중점을 둘 것이다.

하나의 해결책은 보다 많은 국가들이 1989년 유엔협약의 서명국이 되도록 설득하는 것이다. 그러나 현대 PMSCs는 협약이 제시한 용병의 범주에 일반적으로 잘 속하지 않기 때문에, 심지어 세계 모든 국가가 그것을 비준한다고 하더라도 크게 달라지지 않을 수 있다.

규제를 향한 보다 최근의 노력은 오늘날의 PMSCs가 과거의 용병과 동일하지 않다는 사실을 고려한 것이었다. 2009년에 유엔 용병 사용에 대한 실무그룹(Working Group on the Use of Mercenaries, 2005년 설립)은 민간군사보안기업의 규제, 감독 및 감시에 대한 국제협약 초안(Draft International Convention on the Regulation, Oversight and Monitoring of Private Military and Security Companies)을 제시하였다. 비록 실무그룹의 소관은 용병이었지만, 초안의 제목 자체는 그것이 PMSC 산업 자체를 분명한 우려 사항으로 다룰 필요를 인식했음을 보여준다.

협약 초안의 접근법은 국가가 자국 내에 본부가 있거나 자국 내에서 활동하는 PMSCs를 규제할 책임을 우선적으로 지도록 하는 것이었다. 그 중 주요 제안은 국가에 대한 다음과 같은 요구사항들을 포함한다.

- 자국 관할권 내에 등록하거나 활동하는 민간단체의 군사보안 활동에 대한 책임 수용
- '근본적 국가 기능(직접 무력 사용과 같은)'의 비국가 행위자에게로의 위임 또는 외주 불가
- 군사보안 서비스의 수출입 계약 및 인가를 규제할 수 있는 법령 통과 노력
- 그들이 계약하는 비국가 행위자들이 국제 인도주의 법률과 인권 규범에 따라 훈련받고 그것을

존중하도록 보장

(mgimo.ru/files/121626/draft.pdf)

중요한 점은 초안의 조항에서 분명히 PMSCs에 적용되는 '비국가 행위자'와 '민간단체'라는 용어가 사용된다는 것이다. 이로써 그들이 용병으로 분류되어야 하는지에 대한 골치 아픈 정의상 문제를 모두 회피한다.

그러나 초안은 유엔 회원국들로부터 제한된 지지를 얻는 데 그쳤고 강대국들로부터는 거의 지지를 받지 못했다. 이는 초안의 비준이 실현되기 어려웠다는 의미이다. 이는 PMSCs의 규제에 있어서 국가들이 '경성(hard)' 국제법의 사용에 합의하는 것이 매우 힘들다는 것을 잘 드러낸다.

대조적으로 앞에서 언급한 2008년 「민간군사기업에 대한 몽트뢰문서」는 '연성(soft)'법에 보다 가깝다 (비록 그 자체가 법이나 조약은 아니지만). 왜냐하면 그것은 구속력 있는 의무를 부과하지 않기 때문이다. 대신, 그 문서는 PMSCs에 적용되는 기존 법률들을 강조하고 좋은 관례적 사례들을 제시한다. 여기에는 인가 절차의 개선, 인력에 대한 적절한 검열, 그리고 무기 사용만이 아니라 인권과 같은 부문에서의 적절한 훈련 제공 등이 포함된다. 2013년 기준으로 몽트뢰문서에는 49개국(미국, 영국, 프랑스 및 중국 포함)과 3개 국제기구(유럽연합 포함)가 서명하였다.

몽트뢰문서는 국가를 위해 만들어진 것인 데 반해, 스위스정부는 2010년에 PMSCs를 대상으로 한 「보안제공자를 위한 국제행동강령(International Code of Conduct for Security)」을 만들었다. 이 강령은 몽트뢰문서와 유사하게 검열 및 훈련 등의 좋은 관례 부문들을 강조하고 있으며 인권에 대한 보편적 국제 규범들을 도입하였다. 2013년까지 600개 이상의 회사가 강령에 서명하였다.

PMSCs에 대한 규제의 부족을 우려하는 이들에게 이런 발전은 긍정적인 것으로 이해될 수 있다. 그러나 몽트뢰문서와 국제행동강령에 공통적인 문제는, 그들이 구속력이 없고 — 결정적으로 — 준수를 보장하는 강제 기제도 부재하기 때문에 국가나 PMSCs가 그들의 의무를 준수할지의 여부가 근본적으로 그들 스스로에게 달려 있다는 점이다. 따라서 이 접근법이 유효한지는 오로지 시간이 지나야만 알 수 있을 것이다.

결론

가까운 장래에도 PMSCs는 한동안 존재할 것이다. 실제로 그 지지자들은 그 활용을 확장시킬 여지도 남아있다고 생각할 수 있다 — 아마도 예를 들면, 평화유지군과 같은 역할을 수행할 수도 있는 것이다. 그러나 비판가들은 일부 PMSCs에 의해 자행된 학대 사례만이 아니라 전통적으로 국가가 수행하던 활동을 민간 기업에 외주를 주는 것 등과 관련된 보다 광범위한 이슈에 대해서도 우려한다. 이는 치안의 사적 재화로의 변환을 의미하는 것인가? 어쨌든 이 산업의 규제를 강화하는 것은 무기거래나 환경과 같은 다른 영역에서의 국제적 규제 강화만큼이나 어렵다는 점이 입증되었다. 그 근본적인 이유는 세계의 강대국들이 자국을 제한할 수도 있는 법제화에 관심을 가지지 않기 때문이라는 아주 익숙한 요인이다. 더구나 강대국만이 아니라 유엔과 같은 국제기구 역시 군사보안상의 필요 때문에 주기적으로 PMSCs를 고용한다면 자발적인 실천 지침 이상을 제도화하는 것은 거의 불가능할 것이다. 진짜 이빨을 지닌 강력한 제도가 곧 시행될 것 같지는 않다.

요점

1. PMSCs와 관련된 가장 중요한 질문 중의 하나는 그 인력들이 용병으로 간주되어야 하는가이다. 비록 많은 비판가들은 그렇다고 믿고 있지만, 오늘날 대부분 인력들은 직접 전투 작전에 참여하지 않고 있다. 때문에 국제법적인 정의에 따르면 그들은 일반적으로 용병으로 분류되지 않는다.
2. 탈냉전 시기에 군사보안 서비스를 제공하는 PMSCs에 대한 의존이 점차 증가하여 왔다 — 여기에는 국가만이 아니라 기업, 정부간기구 및 비정부기구 등도 포함된다.
3. PMSCs는 여러 이유로 활용되고 있는데, 그 인력이 정규 군대보다 저렴하기 때문일 수도 있고 상대적으로 신속하고 쉽게 배치될 수 있기 때문일 수도 있다.
4. PMSCs에의 의존의 문제점 중 일부는 종종 그들의 활동에 대한 감독이 불충분하고 그들이 — 고문과 살인 등 — 다양한 비윤리적이고 심지어 불법적인 행동에 가담한다는 것이다.
5. 국제 수준에서 PMSCs를 규제하려는 시도는 매우 제한적인 성과를 거둬왔다 — 대체로 국가와 PMSCs가 강제력이 없는 자발적 행동강령에 동의하도록 하는 수준에 머물렀다.

추천도서

Abrahamsen, R. and Williams, M.C. *Security Beyond the State: Private Security in International Politics*, Cambridge: Cambridge University Press, 2010.
Krahmann, E. *States, Citizens and the Privatisation of Security*, Cambridge: Cambridge University Press, 2010.
Ortiz, C. *Private Armed Forces and Global Security: A Guide to the Issues*, Santa Barbara, CA: Praeger, 2010.
Scahill, J. *Blackwater: The Rise of the World's Most Powerful Mercenary Army*, New York: Nation Books, 2007.
Singer, P. *Corporate Warriors: The Rise of the Privatized Military Industry*, Ithaca, NY: Cornell University Press, 2003.

제3부 국제기구와 안보

15장 환경안보 _ 피터 허프 … 233

16장 범죄와 안보 _ 피터 허프 … 249

17장 식량안보 _ 피터 허프 … 265

18장 보건과 안보 _ 피터 허프 … 282

19장 재난과 안보 _ 피터 허프 … 297

15장 환경안보

피터 허프(Peter Hough)

글상자 15.1 유엔 안전보장이사회와 환경문제

2007년에 영국 외무장관 베켓(Margaret Beckett)은 의장국 지위를 활용하여 몇몇 회원국들의 반대에도 불구하고 명확하게 환경문제를 논의하는 회의를 개최하였는데, 이는 기후변화가 '안보의제의 핵심에 위치할 만큼'의 함의를 지녔다는 추론을 바탕으로 한 것이었다 (Beckett, 2007). 이런 인식에 중요한 영향을 준 것은 영국정부를 대신하여 영국 경제학자가 2006년에 편찬한 『스턴리뷰(*Stern Review*)』였다. 이는 기후변화에 행동의 우선순위를 두어야 한다는 경제안보의 근거를 제공하였다. 스턴은 기후변화에 대응하지 않을 경우의 비용이 최소한 지속적으로 세계 GDP의 5%에 이르지만, 반대로 기후변화를 억제하기 위한 효과적 행동의 비용은 매년 세계 GDP의 1% 정도일 것으로 계산하였다 (Stern, 2006).

그러나 환경을 안보문제화하는 것은 국제관계에서 이례적이며 국제관계학에서도 아래에서 논의될 여러 이유로 논란이 되고 있다.

서론

환경변화의 문제를 안보 사안으로 인식하고 실천하는 일은 지난 반세기 동안 진전되어 왔지만, 이는 비군사문제를 그렇게 다뤄서는 안 된다는 전통적 현실주의 견해와 환경문제에 대한 고려가 군사화되지 말아야 한다는 생태학적 우려의 양 측면에서 여전히 논란이 되고 있다. 물론 안보문제화가 반드시 군사화를 의미하는 것은 아니다. 그러나 매년 수백만 명이 오염으로 사망하고 기후변화 또는 오존층 파괴 때문에 발생할 수 있는 전 세계적 재앙의 잠재성은 비상조치를 요구하기에 충분하다는 인간안보(결핍으로부터의 해방의 일종) 주장은 이 두 진영의 그늘에서 어려움을 경험하여 왔다.

1970년대와 1980년대 말에 세계적 영향을 주었던 두 가지 중요한 지정학적 변화가 환경을 확장된 안보 영역에 끌어들이는 데에 일조하였다. 이는 우선 자원고갈에 대한 두려움의 증가 때문이었고, 이어서 그런 우려를 다룰 수 있는 계기가 초강대국 경쟁의 그늘 속에서 마련될 수 있었기 때문이었다. 많은 이들에게 있어서 자원고갈과 군사력에 대한 정치적 계산의 연계는 1970년대의 경기침체기에 분명해졌고, 그리고 이어서 냉전의 종식 이후에 더욱 확실해졌다.

1970년대에 석유파동을 수반한 경기침체는 국제관계를 학문과 실천의 양 측면에서 동시에 흔들었다. 미국과 서방은 워싱턴을 중심으로 구축된 브레턴우즈(Bretton Woods) 통화체제 하에서 1950년대와 1960년대 동안 번성할 수 있었지만, 그 체제는 1970년대에 완전히 실패하였다. 이 시기 미국 패권은 1971년부터 1974년의 세계 경기 후퇴 중에 갑자기 멈칫하였다. 석유수출국기구(OPEC: Organisation of Petroleum Exporting Countries)가 다국적기업(MNCs: multinational corporations)으로부터 석유에 대한 정치적 통제권을 획득하면서 이 핵심 상품의 가격이 급등하였고, 이는 베트남전쟁의 천문학적 비용 상승과 결합하여 미국의 재정적자(차용을 통해 생긴 빚)의 규모를 엄청나게 증가시켰다. 때문에 채권자들과 다른 정부들은 달러가 가지는 금 교환 가치를 신뢰하지 않기 시작하였다. 아울러 유럽 경제의 회생과 국제경제의 주요 행위자로 부상한 일본의 등장은 미국의 패권이 과거 같지 않다는 것과 다른 통화가 달러와 경쟁할 만큼 부상했다는 것을 의미했다. 그 결과 달러는 1944년 브레턴우즈 회의 이래 지속되었던 세계 통화로서 기능하기에 충분하지 않게 되었다.

정점을 지난 석유 생산과 글로벌 경제의 탈 패권적 미래를 인식하여 1980년에 미국 카터 대통령은 '카터독트린(Carter Doctrine)'을 선언하였다. 이는 원거리 국가의 경제자원과 관련된 문제들도 미국 국가이익의 고려 대상이 될 수 있음을 분명히 하였다. 독트린은 석유 수입과 다른 경제적 이익을 보장하기 위해 군사적 행동도 가능하다는 점을 천명하였다.

> 페르시아만 지역을 통제하려는 외부의 어떤 시도도 미국의 사활적 이익에 대한 공격으로 간주될 것이며, 그런 공격은 군사력을 포함하여 필요한 모든 수단에 의해 격퇴될 것이다.
>
> (Carter, 1980)

물론 국제경제적 이익을 보호하기 위한 전쟁으로의 각오는 1980년 훨씬 이전에도 분명히 존재했다. 자원에의 접근성을 확보하는 것은 20세기 전반부를 대표했던 자급적 경제민족주의와 해당 천년의 상당 부분을 특징지었던 제국주의의 핵심 명분이었다. 카터독트린이 선언되기 24년 전에도 나세르(Gamal Nasser) 대통령의 수에즈 운하 국유화 조치에 위협을 느낀 영국과 프랑스는 운송로 보호의 명분으로 이집트를 침공하였다. 1970년대에 석유 가격이 상위정치(high politics)로 부상하면서 주요 경제자원 공급에 대한 위협의 중요성을 세밀히 검토하려는 시도가 증가했다. 이는 글로벌 인구과잉이 자원을 고갈시킬 수 있다는 신맬서스주의적(neo-Malthusian) 우려의 부상과 결합하였다. 이는 다시 1960년대 말에 생태학적 사회운동의 부상과 함께 자원이 환경악화만이 아니라 정치적 행위를 통해서도 위협받을 수 있다는 인식이 팽배해지면서 탄력을 획득하였다. 예를 들어, 에를리히(Paul Ehrlich)의 유명한 책 『인구 폭탄(*Population Bomb*)』은 인구과잉을 안보문제화하기 위해 극적인 언어와 은유를 사용하였다. "우리는 더 이상 인구 성장이라는 암의 증상만을 치료할 수는 없다. 암 그 자체가 반드시 제거되어야 한다." "모든 인간을 먹여 살리기 위한 전투는 끝났다" (Ehrlich, 1968: xi).

그러나 국가안보에의 잠재적 위협으로서 환경악화가 학계에서 중요성을 획득하고 일부 외교정책 결정자들의 생각에 영향을 미치게 된 것은 1990년대가 되어서였다. 석유파동(이란혁명으로 인해 1979년에 제2차 파동이 발생하였다)으로 인해 국가의 경제운용이 외교정책 수단으로 다시 대두되었지만, 냉전의 전략적 제약이 사라진 후에야 이라크를 대상으로 한 미국 주도의 걸프전에서 카터독트린이 전면적으로 실천되었다. 정의로운 전쟁, 오래 지체되었던 집단안보의 실현, 쿠웨이트의 해방 등이 전쟁의 명분이 될 수 있었지만, 석유공급의 안정화가 연합군 행동의 중요한 추가적 동기였음을 부인하기는 힘들다.

환경안보 문제화의 이론적 측면

1990년대 초기 탈냉전의 낙관주의가 환경문제의 '안보문제화'를 촉진했지만, 그런 접근법은 자원고갈 문제를 기반으로 하여 1970년대 초기부터 시작되었다. 현실주의에 대한 자유주의 비판의 거두 포크(Richard Falk)는 『위험에 빠진 지구(*This Endangered Planet*)』에서 "환경오염의 문제를 해결하기 위해 우리는 '국가안보'와 '경제성장'의 개념을 완전히 수정해야만 한다"고 주장하였다 (Falk, 1971: 185). 유사한 맥락에서 스프라우트(Sprout) 부부의 책 『지구정치를 향하여(*Toward a Politics of the Planet Earth*)』는 자원부족과 인구과잉에 의한 위협의 범위 때문에 국제관계학이 국가안보가 아니라 지구적 수준에 집중해야 한다고 선언하였다 (Sprout and Sprout, 1971). 거의 반세기를 더 거슬러 올라가 이런 인식이 대중화되기 전인 1948년에 오스본(Fairfield Osborn)은 자원부족이 전쟁의 원인이 될 수 있음을 주장하였다. "비옥한 토지의 감소와 인구 증가의 압력 때문에 개별 국가들이 공격적 태도를 보이게 되었고 그 결과 현재 국가군 사이의 분화가 나타났다" (Osborn, 1948: 200-201). 냉전이 본격적으로 전개되기 이전에 쓰인 이 책은 어떻게 하여 이런 분쟁이 20세기 후반의 안보의제를 지배하게 되는지를 잘 보여주었다.

국가안보 문제화

냉전종식에 즈음하여 그런 사고는 정치의 주류에 스며들기 시작하였고 심지어는 초강대국의 관심까지 끌게 되었다. 보수적이고 권위 있는 저널 『포린어페어스(*Foreign Affairs*)』에 미국 외교관 매튜스(Jessica Mathews)가 기고한 인상적인 글은 국가들이 환경문제로 인해 새롭게 부상한 위협들을 좌시해선 안 된다고 역설하였다. 미국정부의 국가안전보장회의의 구성원이었던 매튜스는 오스본, 포크, 그리고 스프라우트와 비슷한 생각을 하였으나 보다 국가중심적인 현실주의적 분석을 하였다. 특히 매튜스는 자원고갈이 빈곤국의 정치적 안정성에 미치는 영향을 외교정책의 고려사항에 더 많이 반영해야 한다고 주장했다. 이외에도 매튜스는 글로벌 함의를 지닌 오존감소, 기후변화, 삼림훼손 등의 환경문제가 국가안보의 관심사가 되어야 한다고 강조하였다. 왜냐하면 이들 문제는 지역 불안정의 근본원인이었기 때문이라는 것이다 (Mathews, 1989). 비록 덜 주목받았지만 이보다 4년 전에 전설적인 미국 외교관 케난(George Kennan) 역시 같은 저널의 기고문에서 세계가 '두 가지 유례없는 위험들' 즉 핵전쟁과 '현대 산업화와 인구과잉이 세계의 천연자원에 미치는 파괴적 영향'에 직면했다고 주장하였다 (Kennan, 1985: 216).

1980년대에 케난과 매튜스가 제기한 문제로부터 탈냉전의 새로운 세계질서의 흐름 속에서 새롭게 등장한 국제관계학의 한 연구경향은 자원을 위한 격화된 경쟁이 특히 저개발국들(LDCs)에서 점차 전쟁의 원인이 될 것임을 상정하였다. 캐나다 학자 호머딕슨(Thomas Homer-Dixon)과 미국 언론인 카플란(Robert Kaplan)이 이 분야 연구의 선두 주자였다 (Homer-Dixon, 1994; Kaplan, 1994). "환경적 결핍은 이미 세계의 여러 지역에서 폭력적 분쟁을 유발하고 있다. 이들 분쟁은 아마 향후 수십 년간 결핍에 의해 초래되거나 악화되는 폭력 급증의 초기 신호일 것이다" (Homer-Dixon, 1994: 6). 호머딕슨, 카플란 논제가 등장한 것과 비슷한 시기에 모든 자원 중에서도 가장 귀중한 자원인 물을 놓고 경쟁하는 '물전쟁(water wars)' 연구가 촉발되었다. 이 연구들은 어떻게 중동과 같은 건조지역에서 물에의 접근성이 점차적으로 무기로 사용될 수 있는지를 보여주었다 (Starr, 1991; Bullock and Adel, 1993).

다른 많은 이들도 결핍과 전쟁을 연결시키기 시작하였고, 특히 기후변화와 관련된 자원전쟁 연구가 새로운 흐름으로 등장하였다. 예를 들어, 듀폰트(Alan Dupont)와 피어먼(Graeme Pearman)은 지구온난화가 다섯 가지의 주요 방식으로 분쟁의 가능성을 증가시킨다고 주장하였다. 즉, 자원 부족, 물 부족 또는 홍수에 의해 토지가 사람이 거주할 수 없을 정도로 황폐화됨, 재난과 질병의 결과, 대량 난민 이동, 잔존 자원 원천에 대한 쟁탈전의 확대이다 (Dupont and Pearman, 2006). 호머딕슨의 연구와 유사하게 진행된 컬럼비아대학교의 경험적 연구에 따르면 1950년부터 2005년 사이에 엘니뇨(El Niño)/남방진동(Southern Oscillation)으로 인한 극단적 기후 현상의 영향을 받은 국가는 주요(즉, 최소한 25명의 사망자를 발생시킨) 내전이나 국제분쟁을 경험할 가능성이 그렇지 않은 국가에 비해 2배나 높았다. 그 연구에서 다룬 사례에는 엘니뇨가 페루를 덮친 1982년에 샤이닝패스(Shining Path, 페루의 좌익 게릴라 조직 – 역자 주) 내란이 시작되었다는 사실, 그리고 수단의 내전은 그 나라의 극단적 기후 조건의 출현과 함께 분출되었다는 사실이 포함된다. 그 연구는 "곡물 수확에 실패할 때 사람들은 생계를 꾸리기 위해 총을 들 수 있다"라는 결론을 내렸다 (Hsiang *et al.*, 2011).

인간안보 문제화

국가이익의 관점을 호출하여 환경 이슈를 안보문

제화하는 '확장 안보' 현실주의를 넘어서는 것은 비판안보 및 인간안보 접근법들인데, 이들은 환경변화가 사람들에게 제기하는 위협에 집중한다. 환경변화가 어떻게 인간안보 이슈가 될 수 있는지를 가장 잘 보여주는 경우가 기후변화에 의해 초래되는 위협이다. 지구의 평균 기온은 지난 세기 이래 지속적으로 상승하였고, 현재는 이것이 단순한 자연 현상이 아니고 대응을 하지 않으면 상승 속도가 빨라질 것이라는 생각이 거의 보편적으로 받아들여진다. 지구온난화의 주요 이유는 산업 배출가스의 증가에 의한 '온실효과(greenhouse effect)'라는 자연 현상의 악화이다. 주로 화석 연료의 사용을 통해 오랜 시간에 걸친 이산화탄소 및 메탄의 배출 증가가 지구표면에서 반사되는 적외선 햇빛의 일정량을 대기에 가두는 자연적 경향을 증가시키는 데에 기여한다. 이 현상의 함의는 다양하지만 그 중에 사막화, 극지방 만년설 해빙으로 인한 해수면 상승, 극단적 날씨의 증가, 그리고 열대성 질환의 확산이 포함되고 이 모두는 다양한 형태로 인간의 삶에 치명적 위협이 된다. 세계보건기구(WHO)는 1970년대 이래 매년 약 15만 명의 사망이 세계 기온의 점진적 상승 때문이라고 볼 수 있다고 발표하였다 (McMichael *et al.*, 2004). 대기 상층에의 염화불화탄소(CFCs: chlorofluorocarbons) 누적, 증가하고 있는 백내장과 피부암 위협 또한 냉전 말기에 보다 분명해졌고, 과거 — 그리고 아마 그 이후 — 보다 환경변화가 국제정치적으로 더욱 중요한 의제가 되도록 촉진하였다. 이렇게 세계적으로 위협적인 공해의 형태 외에 스모그(smog)와 연기 그리고 대기와 수질 오염에 의한 보다 장기적 오염 때문에 매년 700만 명 이상이 사망하였다 (표 15.1 참조).

환경변화의 다른 이슈들도 인간안보 개념으로 논의되기 시작하였다. 2008년에 EU와 독일정부가 출자한 싱크탱크인 생태계와 생물다양성의 경제학(TEEB: The Economics of Ecosystems and Biodiversity)은 기후변화의 정치적 그늘에 가려져 있던 전통적으로는 생태 중심적인 이슈의 면모를 일신하였다. TEEB의 보고서는 만약 인간이 수산자원, 삼림 및 다른 종들의 보호를 위해 더욱 전념하지 않는다면 2050년까지 세계 GDP가 7% 감소할 것이라고 주장하였다 (Sukhdev, 2008). 세계 곡물 및 에너지 가격이 전례없이 급등하던 시점에 공개된 이 보고서는 특히 적절한

표 15.1 2010년 공해로 인한 전 세계 사망자

1	가정 내 공기 오염(연기)	3,546,399
2	실외 공기 오염(부유 입자상 물질, ambient particulate matter)	3,223,540
3	납중독	674,038
4	물·위생시설 오염	337,476
5	오존	152,434
6	주거지 라돈노출	98,992

출처: Lim *et al.* (2012).

경고였다.

환경안보의 실제

이 책의 다른 장에서 논의되는 것처럼 하나의 이슈를 안보문제로 지정하는 것은 단순히 이론적 질문만이 아니라 '현실세계'의 중요성을 지니는 것이다. 전통적이고 현실주의적인 안보의 구상은 군사적 이슈(그리고 신현실주의자에게는 특정한 경제적 이슈)가 안보이슈이고 그렇기 때문에 아무리 중요한 '하위정치(low politics)' 이슈라 하더라도 정부가 이보다 군사적 이슈를 우선시해야 한다고 전제한다. 이런 입장을 옹호하는 논리는 애초에 국가가 안전하지 않으면 인간적 요구나 생태 중심적 고려가 다뤄질 수 없다는 것이다. 현실주의는 현실세계의 국제관계에 있어서 명백히 드러나지만 환경적 이슈의 안보문제화도 위에서 논의한 학술적 논의를 반영하여 권력의 회랑(corridors of power, 정부에서 중요 사항이 결정되는 상층부를 의미 – 역자 주)에 뚜렷이 나타나고 있다.

환경의 국가적 안보문제화

많은 국가들이 1990년대 이래 안보에 대해 보다 확장된 접근을 하여 왔다. 미국 클린턴 행정부는 소련의 위협이 사라지자 비군사적 이슈들도 '국가안보(national security)'적 긴급성에 포함되어야 한다는 학문적 조언자들과 그들의 주장이 담긴 많은 문헌들에 집중하였다. 그 영향은 미국이 발표하는 연례 외교정책 선언인 1994년의 '국가안보전략(National Security Strategy)'에 잘 반영되어있다.

> 모든 안보 위험이 현실적으로 군사적인 것은 아니다. 테러리즘, 마약거래, 환경악화, 인구급증 및 난민유입 등과 같은 초국가적 현상도 현재 및 장기적인 미국 정책에 안보적 함의를 지닌다. … 부상하는 일난의 초국가적 환경적 이슈들은 점차 국제적 안정성에 영향을 주고 있으며 결과적으로 미국 전략에 새로운 도전거리를 제공한다.
> (USA, 1994: 1)

안보에 대한 클린턴의 확장된 접근은 그의 특별 보좌관이었던 탈보트(Strobe Talbot)에서 기인한 바가 큰데, 그는 또한 나이(Joseph Nye)의 '소프트파워' 개념으로부터 영감을 받았다 (Nye, 1990). 나이의 소프트파워는 특히 정보의 세계에 기반을 둔 국력의 비군사적 차원을 지칭한다. 미국정부가 세계적 이슈에 대한 정보의 정상에 자리하는 것이 오존 파괴 등과 같은 문제를 잘 이해하는 데에 유용할 뿐만 아니라 세계에서 미국의 지위를 진전시키는 데에도 유용하다는 것이다. 자원전쟁 연구 문헌들은 1990년대 초기 클린턴 행정부에 특히 영향을 미쳤다. 환경악화가 군사적 불안정의 잠재적 원천이 될 수 있음을 확신시킨 것이다. 호머딕슨은 여러 차례 초대되어 고어(Al Gore) 부통령과 국무부에 브리핑을 한 것으로 알려져 있다. 1993년에 국방부 내에 환경안보담당 부차관(Deputy Under Secretary for Environmental Security)이라는 직위가 신설되었고, 환경 태스크포스(Environmental Task Force)가 미국 정보기관 네트워크의 일부로 창설되었다.

냉전의 그늘이 없어지면서 환경을 일부 안보문

제화하는 것을 허용하였지만, 사실 이런 우려는 1970년대와 1980년대에도 주기적으로 국제 외교 무대에서 문제시되었다. 물론 스톡홀름에서 개최된 1972년 UN 인간환경회의(Conference on the Human Environment)가 환경변화를 안보 의제로 다루지는 않았고 그것을 최우선적 국제정치 의제로 놓지도 않았다. 그 이유는 데탕트에도 불구하고 냉전과 임박한 글로벌 불황이 국제정치 의제를 주도했기 때문이다. 그럼에도 불구하고 '상위정치'가 회의에서 진행되었다. 가장 주목할 만한 것은 스웨덴 총리 팔메(Olof Palme)가 회의에서 전쟁에서의 제초제 사용을 '생태계 파괴(ecocide)'라고 비난하였다는 것이다. 당시 팔메는 미국이 베트남에서 사용했던 악명 높은 고엽제 에이전트 오렌지(Agent Orange)를 직접 거론하지는 않았지만, 그의 암묵적인 비판은 닉슨 행정부에 심각한 타격을 초래했고 결국 미국 대사가 스톡홀름으로부터 소환되었다. 두 나라 사이의 완전한 외교관계가 거의 1년 넘게 재개되지 않았다.

환경문제와 관련하여 주도권을 쥔 나라 중 스웨덴보다 다소 예측하기 어려웠던 것은 소련인데, 소련은 냉전 동안 가끔 '녹색 카드(green card)'로 게임하는 것을 선택한 바 있다. 1970년대 중반 소련은 미국의 에이전트 오렌지에 대한 반대를 정치적으로 활용할 수 있었고 전시의 의도적 환경파괴를 제한하는 국제법령(「1976년 환경변경기술의 군사적 또는 기타 적대적 사용의 금지에 관한 협약[ENMOD: Environmental Modification Treaty]」 및 1977년의 제네바협약 제1의정서)의 믿기 어려운 선구자가 되었다. 10년 후 고르바초프 집권 하에 변화하는 소련은 서방과의 화해 전략의 일부로 북극에서의 환경 협력을 하나의 올리브 가지(평화의 상징 – 역자 주)로 활용하였고 그 대표적인 것이 고르바초프의 1987년 무르만스크 연설이다 (Gorbachev, 1987).

냉전종식과 고르바초프의 퇴장 이후 등장한 서방 친화적 러시아는 최소한 수사적으로는 환경을 안보문제화하는 데에 전념하는 것으로 보였다. 1994년 정부의 환경안보위원회(Commission on Environmental Security)는 다음과 같은 선언을 채택하였다.

> 환경안보는 자연환경과 시민, 사회, 국가의 이익을 사람의 건강, 생물다양성, 생태계의 지속가능한 작동 및 인류의 생존을 위협하는 국내외적 영향과 부정적 과정 및 경향으로부터 보호하는 것이다. 환경안보는 러시아 국가안보의 불가결한 부분이다.
>
> (Russia, 1994: 55)

마찬가지로 1990년대에 탈공산화한 헝가리도 환경안보가 외교정책 고려대상 중 하나임을 명확하게 선언하였다.

> 환경보호의 맥락에서 드러나는 문제들과 국경을 초월하여 문명을 위협하는 위협들은 인류에게 가장 큰 위협이다. 우리의 자연자원과 자연서식지 및 가치의 보호는 환경 균형의 유지와 함께 우리 사회에 상승일로의 짐을 안겨준다. 열대 우림의 파괴, 오존층 손상, 온실효과 및 공기, 수질 및 토양 오염의 증가와 같은 세계적 문제들이 지구 전체를 위협하고 있다.
>
> (Hungary, 1998)

환경문제를 상위정치의 문제로 만드는 데에 주

력했던 보다 더 예측 가능했던 행위자는 북미대륙과 북유럽에서 등장하였다. 2004년의 핀란드 안보국방정책(Security and Defence Policy)은 자원결핍과 파괴가 불평등한 접근성과 함께 "분쟁의 가능성을 증가시켜 왔다"는 점에서 환경과 안보가 서로 연결되었음을 인정하였다 (Finland, 2004). 캐나다는 외교정책의 6가시 핵심 목표 중의 하나가 '지속가능한 발전의 사회, 경제, 환경의 축 사이의 상호작용과 인간안보 및 인권이 지속가능한 발전에 어떻게 연결되는지를 이해'하는 것이라고 선언하였다 (Canada, 2002). 2008년에는 영국이 10년 전에 미국이 걸었던 것과 비슷한 경로를 따랐다. 안전보장이사회의 구상에 의거하여 기후변화가 영국의 국가안보전략(National Security Strategy)에서 최초로 언급되었고 1년 후 기후에너지안보대사(Climate and Energy Security Envoy)직이 신설되었다. 2006년의 네덜란드 외교정책의제(Foreign Policy Agenda) 또한 환경악화가 글로벌 안보에 미치는 위협을 구체적으로 인정하였다. 그러나 네덜란드는 정책의 8가지 목표 중 하나가 '환경보호 및 개선'임을 선언함으로써 국가안보의 단순한 확장을 넘어섰다 (Netherlands, 2006).

환경을 안보의 대상으로 만드는 생태 중심적 경향은 최근 서방세계 외부에서 다른 정치적 형태로 진전되어 왔는데, 2000년대 후반 이후에 등장한 남미의 '신좌파'운동이 한 예이다. 이 운동의 특징인 서구 자본주의에 대한 비판적 입장과 토착민에 대한 집중은 자연에 법적 권리를 부여하는 형태로 나타났다. 2008년 에콰도르의 새 헌법은 자연이 '존재하고, 지속하고, 유지하고, 필수 주기, 구조, 기능 및 과정을 회생시킬 스스로의 권리'를 가진다고 선언하고, 정부로 하여금 '종족의 멸종, 생태계 파괴 또는 자연주기의 영구적 변화로 이어질 수 있는 모든 활동들을 예방하고 제한하는 조치'를 취하도록 강제하였다 (Ecuador, 2008).

다수의 국가가 환경보호를 헌법에 명시하긴 했지만, 그것이 확실하게 생태 중심적 개념으로 정의된 것은 아니었다. '자연의 권리(rights of nature)' 접근법은 볼리비아의 모랄레스(Evo Morales) 행정부에서도 이어졌는데, 볼리비아의 '어머니지구법(Law of Mother Earth)'은 '생태계와 지역 거주 공동체 균형에 영향을 미치는 대규모 기반시설 및 개발 계획에 의해 영향을 받지 않을' 자연의 권리를 보호하였다 (Bolivia, 2011). 두 나라에게 있어 환경적 권리라는 아이디어는 토착민 권리의 증진과 환경오염 유산 양자의 동시적 영향으로부터 비롯되었다. 오랫동안 주변화된 토착 아메리카대륙 주민(indigenous American, 모랄레스도 해당)의 권리는 보다 중요한 국내정치적 고려의 대상이 되었다. 그 이유는 이 분야와 관련된 국제적 대화가 증진되었기 때문이다. 특히 그것은 UN의 큰 틀 내에서 이사회(Trustee Council), 토착민에 대한 실무그룹(Working Group on Indigenous Populations), 인권이사회(Human Rights Council) 그리고 국제노동기구(International Labour Organization, 특히 협약169호)에 의해 주도되었다. 아울러 에콰도르의 석유와 볼리비아의 주석에 의한 장기간의 오염은 대부분의 개발도상국에서 목격되었던 수준을 초월하여 환경적 우려를 증폭시켰다.

어떤 국가들은 생태적 재난에 대처하기 위해 군대를 보냄으로써 가장 분명하고도 전통적인 방식으로 환경을 안보문제화 하였다. 2009년에 방글라데시는 사이클론 아일라(Aila)에 대한 국가적 대응을 주도하기 위해서 군 병력을 파견하였다. 더 중요한 사례로는 브라질이 삼림파괴에 대응하기 위해 2012년에 국가환경보안군(National Environmental Security Force)을 창설한 것이다. 즉 브라질은 아마존 우림에서의 불법 벌목이라는 큰 문제에 대처하고자 군과 경찰 병력을 조합했다.

앞에서 언급된 정치적 선언이나 구상이 환경변화를 최우선적 외교 과제로 만들지는 못했다고 볼 수도 있지만, 기후변화의 영향을 받은 국가들은 환경변화를 최우선 과제로 삼고 있다. 저지대 섬나라에게는 해수면 상승의 우려 자체가 가장 중요한 인간 및 국가안보위협이다.

> 우리는 우리나라 투발루제도가 영구히 유지되기를 바라고 산업화된 세계의 이기심이나 욕심 때문에 수면 아래로 가라앉지 않기를 원한다.
>
> 소포앙가(Saufatu Sopoanga), 투발루 총리, 2002년 지속가능발전 세계정상회담 (Sopoanga, 2002)

이들 정부는 외교적 포럼과 2009년에 몰디브 정부가 해저에서 각료 회의를 개최한 것과 같은 미디어 친화적 장을 통해 국제적 행동의 시급성을 강조하려 노력하였다. 그러나 자신들의 주장이 실천될 것인지에 대해 현실적인 평가를 한 후 몰디브와 키리바시의 정부는 전체 인구를 다른 지역으로 이주시킬 계획을 수립하였다.

환경의 정부간 안보문제화

냉전종식 직후 환경의 안보문제화가 본격적으로 대두되기 시작했지만 그 이전인 1970년대 초반에도 정부간 기구의 정치에서는 환경을 안보문제화하는 흐름이 존재했었다. 다시 한 번 유엔에서 환경이 안보문제화되는 데 있어서 스웨덴 총리 팔메가 중추적 역할을 하였다. 1982년 UN 군축안보위원회(Commission on Disarmament and Security)에서 팔메는 회원국들에게 집단안보(collective security) 고려를 넘어서서 '공동안보(common security)'를 수용할 것을 요구하고 인구과잉, 환경악화 및 자원결핍에서 비롯되는 위협에 초점을 맞추었다 (Palme, 1982). 2년 전에 팔메는 국제개발문제독립위원회(Independent Commission on International Development Issues)의 구성원이었다. 이 위원회는 "인류의 생존 기반인 생물권(biosphere)의 누적적이고 돌이킬 수 없는 악화의 전망이 제기하는 것보다 평화와 인류공동체의 생존에 더 큰 위협은 거의 없다"라고 천명함으로써 환경을 안보문제화하는 수사적 지원을 제공하였다 (ICIDI, 1980).

1980년대의 신냉전의 시작은 이러한 환경안보 의제의 진전을 제한하였다. 그러나 그 흐름은 1990년대의 다자주의의 부활 속에서 재개되었고 UN의 다수 조직에 구현되었다. 2004년에 유엔사무총장의 주도로 설립된 위협, 도전 및 변화에 관한 고위 패널(High-Level Panel on Threats, Challenges, and Change)은 이듬해 새천년정상회의(Millennium Review Summit)에서 다수의 정부가 지지한 보고서를 발간하였다. 이 보고서는 팔메의 공동안보를 떠올리게 하는 포괄안보의 새로운 비전을 제시하였다. 그 비전은 세계가 현재 및 가까운 장래에 반드시 고민해야 할 6가지의 위협군을 정리하고 있다. 여기에는 빈곤, 전염병 및 환경악화가 포함되었다 (UN, 2004). 2009년에는 2년 전 안전보장이사회가 기후변화에 대해 논의한 내용을 토대로 UN총회가 이 주제에 대한 논의를 지속하여 모든 UN 조직들이 기후변화를 우선순위에 두도록 하는 '기후변화와 가능한 안보 영향(Climate Change and its Possible Security Implications)'이라는 제목의 결의안이 통과되었다. 저지대 국가인 나우루가 초안을 만든 이 결의안은 만장일치로 채택되었다 (A64/350).

그러나 환경이 확장된 안보의 대상이 된 아마 가장 분명한 실례는 냉전의 전사인 북대서양조약기구(NATO)가 환경을 포용한 것이다.

> 정치적, 경제적, 사회적 그리고 환경적 요인의 중요성을 인정하는 넓은 의미의 안보 정의에 기초하여 NATO는 환경으로부터 초래되는 안보 위협에 주목한다. 여기에는 극단적 기후 조건, 천연자원고갈, 오염 등 — 재난, 지역 갈등 및 폭력으로 이어질 수 있는 요인들이 포함된다.
>
> (NATO, 2013)

환경문제에의 취약성과 싸울 필요를 강조하는 인간안보 접근법도 UN체계 내에서 최근의 두 사무총장, 사무국 인도지원조정국(Office for the Co-ordination of Humanitarian Affairs)의 인간안보팀(Human Security Unit), 그리고 특히 UN개발프로그램(UNDP)에 의해 강력히 주장되어 왔다.

> 안보 개념은 반드시 변화되어야 한다 — 국가안보에 대한 배타적 강조로부터 사람의 안보에 대한 더 많은 강조로, 군비를 통한 안보로부터 인간개발을 통한 안보로, 영토로부터 식량, 고용 및 환경안보로.
>
> (UNDP, 1993)

환경안보 문제화의 장점과 단점

환경의 안보문제화가 환영받을 것인가? 환경문제가 '안보'라는 정치적으로 중요한 명칭을 부여받을 자격이 있는지 여부는 복잡하고 매우 논쟁적인 질문이다. 한편으로는 환경문제의 복잡성과 일방적인 인간의 영향은 그것이 제기하는 위협의 규모에 대한 논란 혹은 종종 지리적으로 또는 시기적으로 멀리 떨어진 '불편한 진실'에 대한 부인으로 이어진다. 다른 한편으로 '안보'가 실제로 의미하는 것이 무엇인지에 대해 합의가 부족하다. 20세기에 있었던 3번의 세계적 전쟁에서 단련된 군사화되고 국가중심적인 국제관계의 관점을 고수하는 어떤 이들에게 환경적 도전은 그것이 전쟁을 유발하거나 국가의 주권적 기구를 위협하는 것으로 간주되어야만 안보의 관점에서 고려될 수 있다. 그러나 냉전종식 이후에 국제관계의 전통에 대한 존재론적이고 인식론적인 도전을 수용한 다른 이들에게 환경적 위협은 국가와 군사력에 대한 선입견을 버리고 다른 성격의 위협에 맞서는 것이 될 수 있고 되어야 하는 것이다. 세 번째 관점은 환경문제가 제기하는 위협의 범위에 대해서는 두 번째 관점에 동의하지만 안보문제화에 대해서는 반대한다. 그 이유는 그것이 부적절하게도 군사적인 '국가안보'적 대응을 초래할 위험이 존재하기 때문이다.

데어드니(Daniel Deudney)는 환경문제를 포함하기 위해 안보연구의 지평을 확장하자는 주장에 반대하는 3가지 이유를 제시한다.

1. 환경악화를 국가안보 위협으로 생각하는 것은 분석적으로 오해의 소지가 있다. 왜냐하면 국가안보에 대한 전통적 초점 — 국가 간 폭력 — 이 환경문제나 그 해결책 양자와 공통점이 없기 때문이다.
2. 환경적 인식과 행동을 고취하기 위해 민족주의적 감정을 자극하는 힘을 이용하려는 노력은 자칫 세계주의적 정치적 안정을 침식함으로써 역효과를 낳을 수 있다.
3. 환경악화는 국가 간 전쟁을 초래할 가능성이 매우 희박하다.

(Deudney, 1990: 461)

위의 3번은 특정 환경문제와 군사안보를 연결시킨 호머딕슨 접근법에 대한 직접적 반박이어서 분명 반론의 여지가 있다. 미국 및 다른 정부의 사고에 미친 영향에도 불구하고 환경적 결핍을 군사안보 사안으로 간주하는 접근법에 대한 비판은 지속적으로 있었다. 환경악화와 정치적 분쟁을 연결하는 경험적 증거는 호머딕슨도 인정하는 것처럼 분명하지 않다. 따라서 환경적 결핍이 국가 간 충돌을 야기하는 것처럼 보일 수도 있으나 실제로는 다른 변수들이 충돌의 원인일 수 있다는 회의론이 야기되었다. 자원과 인간 간 균형의 변화가 정치적 문제를 만든다는 전제에 대해 자원전쟁 회의론자들은 결함 있는 논리라고 생각한다. 비판자들은 수단의 가뭄과 다르푸르 위기 및 그 나라의 다른 내적 충돌을 연계시키는 것은 쉬운 일이지만, 그런 사례들은 사헬(Sahel, 사하라사막 주변의 대초원 – 역자 주)지역 삶의 불행한 현실일 뿐이고 그런 유혈사태의 책임은 잔자위드(Janjaweed, 수단정부 지원을 받는 무장 민병대 – 역자 주) 집단과 그들의 학살 행위를 눈감아 준 수단정부에 있다고 파악한다 (Brown and McLeman, 2009: 297). 또한 역사에서 환경적 재앙 및 극단적 기후 조건이 분쟁을 초래하지 않은 수많은 증거를 확인할 수 있다. 1930년대 미국의 대평원(Great Plains, 록키산맥 동쪽의 대초원지대 – 역자 주)을 강타한 극심한 가뭄은 분쟁을 촉발시키지 않았다 (Brown and McLeman, 2009: 296). 2010년 정치적으로 불안정한 아이티에 지진이 발생했을 때 다수는 분쟁의 발발을 예상했다. 그러나 분쟁은 일어나지 않았다. 수단이나 페루만큼이나 엘니뇨의 영향을 받은 호주에서도 명백한 경제적 및 정치적 이유로 내전이 발생하지 않았다. 이들 사례는 환경적 결핍보다는 분쟁과 저개발 및 민주주의의 결여 사이의 상관관계를 시사 하는 것일 수 있다.

데어드니의 두 번째 주장은 글로벌 문제가 개별 국가의 합리성 계산에 의존하기보다는 글로벌 대응이 필요하다는 점을 적절히 암시하고 있다. 이는 외교정책이 어떻게 구성되어야 하는지에 대한 전통적인 국가중심적 국가이익에 기반을 둔 모델에 대해 환경문제가 제기하는 규범적 도전을 의미한다. 그러나 인간안보 지지자들이 보기에 데어드니 주장의 약점은 다른 방식으로 국가주의적이라는 데에 있다. 민족주의는 대부분의 환경문제를 다루기에는 부적절한 정치 이데올로기이지만,

과연 누가 이것을 기후변화와 오염에 대한 해결책으로 실제 제시한 적이 있는가? 데어드니는 대부분의 전통주의자들과 마찬가지로 '안보'를 사람들의 삶과 연관되고 다양한 정치적 수준에서 조치가 취해질 수 있는 하나의 조건으로 보지 않고 '국가에 의한 군사적 대응이 요구되는 무엇'과 동일시한다. "폭력과 환경악화 양자는 사람들의 목숨을 빼앗을 수 있고, 행복을 축소시킬 수 있다. 그러나 생활이나 자산에 대한 모든 위협이 안보에 대한 위협은 아니다" (Deudney, 1990: 463). 이런 견해는 "'안보'가 '다른 국가에 대한 군사적 방어'와 동의어이며 다른 의미를 가질 수 없다"는 점을 분명히 표현하는 것이다.

인간안보 지지자들이 보기에 환경변화가 인간에게 가하는 위협의 범위는 특정 위협이 정치적 의제의 우선순위에 올라갔던 전통적 방식으로는 대처할 수 없을 정도로 광범위하기 때문에 국제관계이론과 국제정치적 처방은 여기에 적응할 방법을 찾아야 한다. 그렇지 않으면 이론과 처방은 더 이상 인간 행동과 필요에 의미 있게 연계되지 못할 것이다. 이미 매년 800만 명이 오염으로 사망하고 있고, 이는 더욱 악화될 것으로 전망된다. 반면 전쟁과 테러리즘의 위협은 이보다 훨씬 작다(매년 약 17만 명 사망). 오염과 자연재해로 인한 사망의 대부분은 정치적 행동에 의해 방지될 수 있었고, 따라서 그것을 방지하려는 조치가 취해지지 않으면 정치적 실패가 발생하였던 것이다. 환경악화 때문에 간접적으로 살해당하는 사람들은 위험하지 않은 것인가?

그러나 환경을 안보문제화하는 것에 대한 또 다른 우려는 합의의 부재, 그리고 이어지는 그것의 실제 의미에 대한 혼선이다. 드 와일드(Jaap de Wilde)는 환경안보 문헌들에서 나타나는 매우 다른 생각들에 근본적인 문제가 존재한다고 주장한다. 바로 ① 인간 행동에 의해 보호받아야 할 긴급한 안보대상으로서의 환경, ② 환경변화로부터 보호받아야 할 안보대상으로서의 인류문명이다(De Wilde, 2008: 598-599).

이런 주장은 안보문제화가 각기 다른 사상가, 정부 및 국제기구에게는 각기 다른 것을 의미하기 때문에 타당하다. 문명적 안보는 언급될 수도 있고 과거에도 가끔 주장된 바 있다. 그러나 그것은 특히 1960년대 말의 인구과잉 우려에 의해 촉발된 과잉반응을 고려할 때 과장이라는 비난을 받을 위험이 있다. 인간의 행동으로 인한 손상으로부터 환경을 보호하는 것은 이미 정치생태학이 다루고 있는 것으로 이해될 수 있고, 따라서 환경중심 정책을 위한 추가적인 불필요한 상표를 단지 대표하는 것이라고 비난받을 수 있다. 그러나 모호성 때문에 비판받고 있지만 다양한 강점을 지닌, 인간안보는 하나의 분명한 안보대상을 가진다 — 인간. 초국가적이고 글로벌한 특징을 갖는 환경문제를 고려한다면 인간은 이 부문에서 국가보다 더욱 명백한 안보의 고려대상이다. "경계가 지워진 집단들에게 있어서 영토안보는 '양질의 삶'을 달성하기 위한 근간이었을 것이다. 그러나 이제는 (지역을 포괄하는) 글로벌 환경의 안보가 인간안보의 기본 조건이다" (Dyer, 2001: 449).

인간안보는 환경주의자의 관점에서 보면 여전히 다소 문제가 있다. 왜냐하면 그 의미상 이는 문제를 정의함에 있어서 환경중심적이기보다 인간중심주의적이기 때문이다. 그러나 인간안보가 인간과 비인간 양자의 이해를 증진시키는 보호 장치인 글로벌 생물권의 맥락에서 이해되는 한 이것이 문제일 필요는 없다. 달비(Simon Dalby)는 기후변화와 자원고갈과 같은 이슈에 있어서 인간안보를 보장하는 핵심은 그런 문제를 '환경적 위협'의 맥락으로 정의하는 것을 멈추는 것이라고 주장한다. 달비는 안보를 세계 전체가 안보대상이라는 관점으로 정의한다. '생물권의 모든 부분에 있어서 상대적으로 방해받지 않는 생태체계의 보장'(Dalby, 2002: 106). 이렇게 생태적 관점에서 사고한다는 것은 사회경제적 변모가 그 결과에 있어서는 대기 또는 생물학적 발전과 전혀 별개의 것으로 취급되지 않는다는 것을 의미한다. 그렇다면 인간안보는 다음과 같은 생태 안보 논리에 병합될 수 있다. "사람들이 자신들의 필요, 권리 및 가치가 훼손될 수 있는 환경변화를 회피하거나 거기에 적응하기에 충분한 대안을 가지지 못했을 때, 그들은 환경적으로 불안하다고 얘기할 수 있다"(Matthew, Barnett, McDonald and O'Brien, 2010: 18). 도시화 또는 소비증가와 같은 인간적 현상이 자연계에 영향을 미치고 이것이 다시 인간안보에 함의를 가진다는 점을 인정하는 것이 위협의 관리를 증진시킬 수 있다. 안보위협은 오존층 구멍의 급속한 진행보다 훨씬 감지하기 힘들 수 있다. 그리고 그 해법도 프레온가스(CFCs)의 사용을 대체 물질로 교체하는 것보다 더 복잡하다. 이러한 복합성을 잘 이해하면 어려움들이 목전의 위기가 되기 전에 안정화시키는 데에 도움이 될 수 있다. 그러나 국제관계의 전통적 처방은 장기적이고 보다 근본적인 안보불안의 원천을 다루는 것보다 당면한 위기에 대응하도록 맞춰져 있다.

현실세계의 국제정치에 여전히 잔존하는 현실주의 전통의 영향 때문에 많은 이들은 환경의 안보문제화가 자연재난에 직면하여 군대를 파견하여 사태수습을 하는 것 말고는 별다른 유용성을 제시하지 못하면서 오히려 환경까지 군사화할 수 있음을 우려한다. 국가안보 문제화는 국가가 개입하도록 하고 환경 이슈가 마땅한 관심을 받을 수 있도록 한다는 점에서는 환영받을 수 있으나, 세 살 버릇 여든까지 간다는 말처럼, 이는 이슈를 현실주의 관점으로 구성하게 할 수 있다. 정부간 '상위정치'의 장에서 이뤄지는 환경변화에 대한 담론은 항상 자원전쟁이라는 주제나 환경으로 인한 인구이동의 급증이 야기하는 명백한 위협 등으로 한정되어 있었다. 환경악화는 그것이 생명 그 자체에 대한 위협이기보다는 그것이 전쟁과 불안정의 원인일 수 있기 때문에 중요하다고 여겨진다. 2007년 영국의 UN 대표는 기후변화와 관련하여 다음과 같은 안보적 함의를 인용하였다. 녹고있는 빙하와 해수면 상승으로 인한 국경분쟁, '불안정과 분쟁의 가능성'을 지닌 이주의 증대, 결핍으로 인한 분쟁; 빈곤으로 인한 분쟁 그리고 극단적 기후와 관련된 분쟁 (UNSC, 2007).

따라서 2007년 UN 안전보장이사회에서 기후변화에 대해 영국이 지지한 행동은 그 이슈에 대한 토론에 반대했던 중국이나 남아프리카공화국만큼이나 현실주의적이었다. 영국은 호머딕슨과 다른 이들의 자원전쟁 명제에 의해 설득되어 지구온난화를 완화시키는 것이 평화의 길이라고 믿었다. 또한 영국은 기 발간한 『스턴리뷰』의 기후변화에 대한 무대응의 비용이 행동의 비용을 훨씬 상회한다는 결론을 토대로 행동하는 것이 경제적으로도 의미 있다고 계산하였다. 가장 큰 피해를 입은 사람들 — 건조지대, 저지대 및 극지방 거주자들 — 에 대한 동정도 분명히 베켓, 블레어(Tony Blair) 및 노동당 정부의 사고에 영향을 미쳤을 것이다. 그러나 분명히 이해타산이 존재하였고 영국의 안전보장이사회 상임이사국 지위가 환경문제를 '전술적 안보문제화'하는 좋은 기회를 제공하였다. 이러한 안보문제화 움직임에 대한 논란에서 중국과 남아프리카공화국은 기후변화가 중요한 우려라는 점에 반대한 것이 아니라 안전보장이사회에서 이 이슈를 다루는 것이 자국의 국가이익에 합치되지 않는다고 보았던 것이다.

일부 국가가 기후변화에 관해 국가안보 카드를 사용할 때 다른 국가들은 그 선의를 본능적으로 의심한다. 왜냐하면 과거 세기 동안 모두가 참여했던 국제관계의 담론에서 국가안보가 함축하는 위험성 때문이다. 그것은 두 가지 점에서 정치의 군사화를 촉발한다. 하나는 다른 나라의 문제에 공격적으로 개입하는 것이고 다른 하나는 중무장된 국경 뒤로 방어적으로 후퇴하는 것인데, 둘 다 기후변화가 야기하는 다차원적 위협에 적합하지 않다. 기후변화의 안보문제화라는 수사도 이런 관념을 떨치는 데에 거의 효과가 없었다. 2007년과 2011년 안전보장이사회에서의 논쟁, 미국, 영국 및 다른 국가들의 외교정책적 선언, 그리고 호머딕슨 같은 학자들의 주장들은 실패국가, 자원분쟁 및 대량 이주 등과 관련된 국가안보 위협을 강조하여 왔다. 환경으로 인한 이주를 억제하기 위해 국경단속을 강화하는 것은 인간적인 관점에서는 모순되는 것이며, 다른 맥락에서 무법적 상황에 대한 군사력의 인도주의적 개입 해법도 환영받거나 유용할 가능성이 거의 없다.

안전보장이사회에서의 기후변화 논쟁에 대한 중국과 남아프리카공화국의 우려는 분명히 그들의 경제개발에 대한 악영향을 최소화하려는 의지와 관련이 있다. 그러나 그런 논쟁이 다른 곳에서보다 더 잘 다뤄질 수 있는 이슈라는 주장에는 어느 정도 타당성이 있다. 이론적으로는 기후변화가 글로벌 정치의 높은 자리에서 토론되어야 적절하다. 그러나 실제로는 UN 안전보장이사회가 언제나 강대국 현실정치(realpolitik)의 무대였다는 데에 문제가 있다. 이 무대에서 과거에는 소련과 미국의 냉전 모험주의가 방관되었고, 현재에는 이스라엘과 시리아의 국제법 위반이 여전히 무시되고 있다. 그 이유는 그들에 대해 계속되는 미국과 러시아의 후원 때문이다.

게다가 군사화는 불필요한 것만이 아니라, 아마도 옳지 않은 것일 수도 있다. 심지어 환경변화는 분쟁이 아니라 평화의 원천일 수 있다. 많은 가정과는 달리, 국경을 넘는 환경적 문제 또는 광범위한 자원결핍이 전쟁을 촉발한다는 물적 증거는 없다. 그리고 실제 환경은 평화구축의 맥락에서 '활용'될 수 있다. 고르바초프의 최초 친서방적 올리브 가지는 북극에서의 환경협력을 제도화하고 오염을 방지하자는 제안이었다. 평화구축의 보다 구체적인 예로는 분쟁 대상이었던 산악 지대를 보전지역으로 지정한 페루-에콰도르 콘도르산맥(Cordillera del Condor) '평화공원(Peace Park)'이다. 이것은 안데스산맥 두 이웃 국가가 장기간 지속된 국경분쟁을 완화시키기 위해 1998년에 의식적으로 추진한 성과이다 (Conca and Dabelko, 2002).

안보문제화의 또 다른 문제는 환경문제가 과장되고 유언비어의 원천이라고 비난하는 기득권의 반발을 불러온다는 점이다. 1960년대 말의 인구과잉에 대한 우려와 뒤를 이은 녹색혁명(Green Revolution, 품종개량에 의한 식량 증산 – 역자 주)을 통한 식량 증산 경험이 오늘날 필요하고도 시급한 국제적 행동을 억누르는 위험한 기후변화 회의론자들을 만들어내었다. 엄밀하게 연구되고 이미 증거가 분명해진 기후변화, 오염 또는 삼림 파괴 등의 부정적 결과에 집중하기보다 명백하게 입증되지 않은 환경변화와 전쟁 간의 추측성 연계에 집중하는 것은 이런 비난을 극복하는 데에 도움이 되지 않는다.

결론

환경 이슈를 안보 사안으로 고려하는 것은 학문적이고 정치적인 동력을 획득하였지만, 여전히 매우 논란이 많다. 이것은 단지 환경 이슈의 결과에 대해 서로 다른 이데올로기적 관점을 가진 사람들이 환경문제 해결의 우선순위를 다르게 부여하기 때문만은 아니다. 이는 동시에 타당성의 문제이기도 하다. 안보문제화에 저항하는 사람들에는 환경주의 회의론자들만이 아니라 이 이슈가 국가이익과 군사주의라는 정치와 분명히 연결되는 것에 불안해하는 환경주의자들도 있다.

군사적 전제가 극복되더라도 환경의 국가안보 문제화는 여전히 부적절한 해법으로 이어질 수 있다. 기술적인 응급조치, 위기 이후의 대응 그리고 머리기사를 장식하는 사건 등이 취약성의 근본적 원인을 다루는 종종 느리고 특별하지 않은 정치보다 훨씬 정치적으로 매력적이다. 그러나 절제되고, 점진적이고, 기술적인 해법이 환경변화로부터 초래되는 위험을 다루기 위해 보통 필요한 것이다. 오존층 파괴와의 싸움에서 국제적으로 정치적 성공을 달성한 것은 웅장한 정부들의 행동이 아니라 초국가적 과학자들과 시민사회 행위자들의 세심하고 장기적인 노력이었다. 그 결과는 「1985년 비엔나협약」의 「몬트리올의정서」였는데, 유엔환경프로그램(UNEP: UN Environment Programme)은 이것을 근거로 피부암과 백내장 발생을 방지한 사례가 각각 150만 및 1억 3,000만에 달한다고 주장한다 (UNEP, 2012). 이런 관점에서 본다면 환경정책은 분명히 인간안보를 위한 것이다. 그러나 대부분의 사람들은 산업적 배출(industrial emissions)에 대한 제한을 안보의 정치라고 생각하는 것은 아니다. 환경을 안보문제화하는 것의 문제는 여전히 남아있다. 프린스(Gwyn Prins)와 스탬프(Robbie Stamp)가 인상적으로 얘기한 것처럼 "당신은 오존 구멍을 총으로 쏠 수는 없다" (Prins and Stamp, 1991: 12).

요점

1. 환경변화의 이슈들은 자원고갈이 초래하는 분쟁에 대한 공포를 통해 종종 — 학술적, 정치적으로 — (확장된) 국가안보 우려로 간주되어 왔다. 그러나 이 명제는 논란의 여지가 있다.
2. 또한 환경변화의 이슈들은 오염으로 인한 사망자의 상당한 숫자 때문에 인간안보 주제로 간주되어 왔다. 그러나 이 역시 전통적인 안보

이론가들과 '안보의 꼬리표'가 부적절한 정치적 대응을 촉발할 것을 두려워하는 일부 생태주의자들 양자에게 논쟁을 불러일으킨다.

추천도서

Dalby, S. *Security and Environmental Change*, Cambridge: Polity, 2009.

Floyd, R. and Mathew, R. *Environmental Security. Approaches and Issues*, London and New York: Routledge, 2013.

Hough, P. *Environmental Security. An Introduction*, London and New York: Routledge, 2014.

Mathew, R.A., Barnett, J., McDonald, B. and O'Brien, K.L. (eds), *Global Environmental Change and Human Security*, Boston: MIT Press, 2010.

16장 범죄와 안보

피터 허프(Peter Hough)

글상자 16.1 코카인과 안보

콜롬비아의 코카인 사업은 범죄와 안보 간 다차원적 연계를 잘 보여준다. 콜롬비아의 국가안보와 그 시민들의 인간안보는 이 악명 높은 마약의 생산과 판매에 불가분하게 연계되어 왔다. 범죄조직의 권력은 이 상업의 통제를 위해 싸우고, 부패시키고, 살인을 저질러 왔으며, 길고 잔인한 내전의 양측도 자신들의 병력의 자금 조달을 위해 그것을 활용하여 왔다.

그러나 콜롬비아 코카인의 안보적 함의는 그 국경을 한참 넘어선다. 수익성이 좋은 코카인 거래는 멕시코와 다른 중앙아메리카 지역의 국가안보와 거기서 생활하는 사람들의 인간안보에 함의를 지닌다. 왜냐하면 국가 관리들의 부패와 화물 보호를 추구하는 범죄조직 간 전쟁이 주기적으로 통제를 벗어나기 때문이다. 코카인의 안보적 차원은 또한 이 거래의 종착점인 북미, 유럽 및 다른 지역으로까지 확장된다. 이들 지역에서는 마약의 불법적 판매와 소비로 인한 중독과 그 산업을 지탱하려는 범죄 때문에 많은 사람들이 죽거나 다친다.

국제정치 문제에 있어서 코카인이 '안보문제화'한 전형적 예는 콜롬비아정부의 마약왕들 및 '마약테러리스트들'과의 전쟁을 지원하기 위해 미국과 영국이 군대를 파견한 것이다. 그러나 또한 분명한 것은 그런 전통적 국가안보적 조치들이 그 조직들의 국제적 촉수들과 같은 코카인 산업을 막는 데 성공적이지 못했다는 점이다. 범죄로부터 국민과 국가를 지키는 일의 복합성은 콜롬비아정부가 영국 및 미국 군대를 유치하는 한편 동시에 런던과 워싱턴에 장관과 외교관들을 파견하여 그들 정부가 자국 시민들의 코카인 사용을 중단시킬 수 있도록 더 많은 조치를 취하도록 촉구했던 것에서 잘 드러난다. 이는 중독성 있는 하얀 가루와 관련한 자국과 세계 문제의 근본적 원인이 코카인 소비라는 점을 인식한 것이었다.

서론: 범죄의 세계화

세계화가 가져온 복합성과 역설은 국제범죄 사례를 검토할 때 분명해진다. 지난 4반세기 동안 세계가 정치 및 경제적으로 통합되면서 개인 및 국가안보가 여러 방면에서 증진되었을 수 있지만, 이는 동시에 특정한 형태의 안보불안 역시 가중시켰는데 국제범죄가 그 중에 주목할 만한 것이다.

범죄는 항상 인간안보의 우려 사항이었고 법과 질서의 유지는 항상 주권정부와 국내정치의 핵심 목표였다. 실제로 이것이 17세기 이래 주권국가 체제가 정치질서의 주춧돌이 되게 하는 핵심 명분이었고, 군벌, 귀족 및 침략자들에 의한 자의적 정의의 시대를 종식시킨 것이다. 어떤 경우에는 오랫동안 범죄가 국가안보 사안으로 인정될 만큼 정부의 우려가 되었던 사례가 존재한다. 19세기 중반에 등장한 이래 남부 이탈리아 조직범죄집단의 영향력 수준은 아직 로마의 주권적 권위가 구축되기 이전인 당시에도 상당하였고, 콜롬비아의 마약 거물들의 영향력도 마찬가지이다. 국제적 범죄 또한 20세기 초반 이탈리아 마피아의 활동이 미국으로 수출된 사례와 코카인과 다른 불법 상품 거래의 오랜 역사를 보면 전혀 새로운 것이 아니다. 그러나 국제적 범죄의 국가 및 인간안보 관련 함의는 지난 최근 몇 십 년간 상당히 증가되어 법과 질서가 단순히 주권과 국내정치 문제가 아니라 국제적인 성격을 가지게 만들었다.

1980년대 말 이래 범죄는 탈냉전 정치적 변화의 부작용과 다양한 형태의 세계화의 시작으로 한층 더 국제화되었다. 물론 이것을 뒷받침하는 통계는 불가피하게도 확실하지는 않지만, 꽤 설득력이 있다. 국제통화기금(IMF)은 1988년부터 1998년 사이에 세계적으로 범죄를 통해 취득된 자금이 850억 달러에서 5조 달러로 증가하였다고 추정한다 (Kendall, 1998: 264). 유럽평의회(Council of Europe)에 의해 수행된, 국제범죄에 관하여 가장 포괄적이고 신뢰할 수 있는 연구 중 하나는 살인에 대한 유죄 판결의 숫자가 1990년 10만 명 당 1.5명에서 1996년에는 2.9명으로 증가하였음을 보여준다 (CoE, 1999: Table 3.B.1.2). 이런 경제적 추이가 지속되어 현재 글로벌 암시장의 규모는 년간 2조 달러 또는 세계 국내총생산(GDP)의 6%에 이른다 (UNODC, 2011a). 실제로 유엔 데이터가 금융범죄를 충분하게 고려하지 않기 때문에 이 숫자는 보수적인 추정일 수 있다. 예를 들어, 글레니(Misha Glenny)는 글로벌 경제의 15%가 지하경제에 해당한다고 주장한 바 있다 (Glenny, 2008).

냉전의 종식

냉전의 종식이 여러 측면에서 범죄의 중요성과 우선순위의 상승을 촉진시켰다고 볼 수 있다. '실패국가'의 증가는 탈냉전 안보불안의 두드러진 증상이며 다수의 국제정치적 이슈에 영향을 미친다. 1990년대 이래 이 단어는 단일 정부가 국경 내부의 정치적 통제를 효과적으로 하지 못하여 과도기나 일시적 사회갈등을 넘어서는 상황에 처한 국가를 지칭하는 데에 사용되기 시작하였다. 사실상 그런 영토는 항구적 반란이나 무법천지의 상황에 처한 것으로 볼 수 있다. 실패국가의 숫자는 냉전종식 이후에 증가하였는데, 부분적으로 이는 그런 많은 국가들이 초강대국의 후원을 상실하였기 때문이다. 그 이유는 새로운 세계질서 속에서 이들이 과거와 같은 강한 군사안보적 매력을 지니지 못했기 때문이다.

실패국가의 전형적 사례는 아프가니스탄이다. 1979년에 소련의 침공을 당하면서, 아프가니스탄은 신냉전의 초점이 되었다. 미국은 무자헤딘(Mujahideen) 저항군에게 상당한 재정적, 군사적 지원을 제공하였다. 미국과 소련의 관계가 해빙기에 접어들면서 소련 고르바초프 서기장은 1988년에 이 지난한 유혈분쟁으로부터 병력을 철수할 것을 선언하였다. 이 조치가 두 초강대국 사이의 대리전을 종식시켰으나, 아프가니스탄에서의 분쟁은 끝나지 않았다. 이후에도 경쟁 분파들이 두 초강대국의 갑작스런 무관심으로 인한 권력의 공백상태에서 계속하여 내전을 진행시켰다. 이런 상황이 미국에 남긴 정치적 유산은 무자헤딘으로부터 비롯된 반미 테러리스트 그룹들의 부상을 통해 잘 설명된다. 그러나 아프가니스탄 또한 글로벌 헤로인 산업의 핵심 지역으로 재부상하였다. 역설적이게도 아프가니스탄의 무법적 상황을 증대시키고 서방에 대한 아편 수출의 부활을 초래한 것은 2001년 미국 침공으로 인한 탈레반 정권의 축출이었다. 왜냐하면 그 정권이 마약 생산에 대한 단속을 시작했었기 때문이다.

소말리아는 실패국가의 또 다른 전형적 사례이다. 소말리아는 소련의 지원을 받던 바레정부가 1991년에 무너진 이후 나라 대부분이 혼란 상태에 빠졌다. 이런 배경을 토대로 해적집단들이 어떻게 해안을 장악하고 이 지역을 항해하는 국제화물 및 여객선들의 골칫거리가 될 수 있었는지 이해할 수 있다. 심지어 해적들 스스로도 자신들의 행위를 주권이 부재한 상황에서 국제범죄자들에 대항하여 소말리아 해역에 대한 통제권을 장악하려는 것이라고 정당화하려 한다.

> 우리는 스스로를 해적이라고 생각하지 않는다. 우리가 생각하는 해적은 불법적으로 우리 바다에서 고기를 잡고, 쓰레기를 버리고, 무기를 소지하는 자들이다. 우리를 해안경비대처럼 생각하라.
>
> (Ali, 2008)

실패국가는 국제관계학에서 중요하다. 왜냐하면 그들은 주권국가체제에 대한 기존 관념과 모순되기 때문이다. 주권은 전통적으로 국가체제를 결속시키고 국제질서를 유지하게 만드는 고착제로 간주된다. 다면적인 주권 개념에서도 핵심 요소는, 1933년의 「국가의 권리와 의무에 대한 몬테비데오(Montevideo)협약」을 통해 국제법에 반영되었는데, 그것은 주권국가가 '효율적 통제'를 하는 정부를 가진다는 것이다. 효율적 통제를 하는 정부를 가졌다고 할 수 없는 국가들의 증가 — 아프가니스탄, 소말리아 또는 콜롬비아처럼 — 는 물론 전 세계 무법적 상황 증가의 이유이다.

실패국가를 특징짓는 주권의 완전한 해체 외에도 탈공산주의 변화에서 비롯된 약화된 국가 구조의 결과로 등장한 '마피오크러시(Mafiocracy, 마피아가 지배하는 정치체제 – 역자 주)' 현상이 존재한다 (Godson and Williams, 2000: 13). 탈냉전 정치 지형의 가장 중요한 특징 중 하나는 다수의 구 공산주의 국가들이 부분적으로 자유시장경제와 민주적 정치체제를 지닌 서구적 모델로 이행하는 과정이었다. 대부분의 서방 정부 및 분석가들에게 군사 충돌의 가능성을 축소시키고 심지어는 '역사의 종언'의 서막으로 환영받은 새로운 민주화의 물결은 동시에 세계에 새로운 안보위협을 가져왔다고 이해될 수 있다.

일당 국가에서 다당 민주주의로의 이행, 그리고 중앙집권적 계획경제에서 보다 다양하고 사기업 및 주주들이 존재하는 혼합경제로의 이행은 매우 어려운 과정이다. 빈곤과 사회적 격변은 항상 범죄가 번창할 수 있는 우호적인 조건인데, 심지어 성공적으로 이행한 국가에서도 다양한 종류의 암거래상과 불법거래자들로 인한 문제가 증가하였다. EU국가들은 이런 문제를 완화시키기 위해 원조와 EU 가입준비조치(accession preparations)를 통해 동유럽국가들에게 치안 자문 및 훈련을 제공하여 왔다. 더 동쪽에 있는 구 공산권 국가들이 자본주의 및 민주주의로의 이행과정에서 많은 어려움을 경험하면서 이 지역은 범죄가 만연하게 되었고 전 세계적으로 가장 큰 우려가 되었다. 노련한 기업인들, 주주 그리고 민간은행이 부재한 나라에서 급격하고 전반적인 사유화 프로그램의 실시는 불가피하게 주요 산업을 암거래상과 비양심적 개인들의 손에 들어가게 할 위험성을 가진다.

넓게 보면 러시아 경제의 4분의 1에서 3분의 1 가량은 암시장에 속해 있고, 공산주의 붕괴 이후 살인율도 치솟았다. 범죄조직 혹은 마피야(*mafiya*, 러시아 마피아를 지칭 – 역자 주)가 러시아 일상의 두드러진 특징이고 갈취 행위가 대부분의 도시에서 횡행한다. 이들 조직은 일반적으로 새로운 것이 아니라 공산주의시기에 성공적으로 억제되었던 갱단으로 거슬러 올라갈 수 있다. 그러나 탈냉전의 평화배당금의 일부가 더러운 돈이 되면서 근래 실직한 군사 및 안보요원들이 여기에 충원되었다. 마피야의 영향력과 활동은 또한 유럽과 세계 다른 많은 지역에까지 확장되어 왔다.

국제정치에 있어서 냉전종식과 함께 등장하고 세계평화를 위한 찬사에 찬물을 끼얹은 새로운 위협의 가장 분명한 사례는 무기급 핵물질의 암시장 거래 증가이다. 1990년대에만 거의 700차례의 그런 활동이 기록된 바 있는데, 이는 주로 구소련 국가들에 집중되었다 (Williams and Woesner, 2000). 당시 옐친(Boris Yeltsin) 대통령은 고르바초프로부터 과거 15개 공화국 중 14개 공화국과 6개 식민지를 빼앗긴 국가에 대한 통치권을 넘겨받았는데, 여기에는 막대한 양의 핵무기 저장고가 포함되었다.

탈공산주의 이행이 광범위하게 국가안보를 증진시키는 동시에 국제범죄의 촉매제 역할을 할 수 있음을 보여주는 또 다른 사례는 코소보의 경우다. 서구적 가치와 이해를 위해 싸우고 그에 의해 유지된 이 유고슬라비아 후계국가는 그 주권이 천천히 진화하는 동안 범죄의 천국이 되었다. 2005년 유엔 마약보고서(Drug Report)는 서유럽에 헤로인을 불법 유통시키는 핵심 주체로 코소보 조직범죄 그룹을 적시한 바 있고, 2007년의 보고서는 추가적으로 이들이 남미에서 서유럽으로 코카인을 이전시키는 핵심적 역할을 담당하기 시작했다고 지적하였다 (UNODC, 2005, 2007).

구 공산권 지역에서 범죄조직의 득세와 그들의 서방 진출은 일반적으로는 긍정적이었던 1990년대 국제관계 3가지 발전의 어두운 이면을 요약해준다. 철의 장막(Iron Curtain, 소련 영향권의 경계를 의미 – 역자 주)의 붕괴, 민주화, 그리고 세계화다. 그러나 물론 초국가적 범죄, 특히 마약거래가 냉전 시기에는 발생하지 않았다고 생각하는 것은 지나치게 단순한 것이다. 1990년대에 숫자가 급증하기는 했지만 마약거래는 냉전의 그림자가 더 이상 다른 정치적 이슈들을 가리지 않게 되면서 정부들로부터 더 큰 우선순위를 부여받게 되었다. 냉전 시기에는 부패한 국가의 정부들이 범죄활동에 연루되거나 심지어 그런 활동을 직접 지시했던 경우에도, 초강대국들은 그 정부들이 중요한 군사동맹이거나 자국에 의존적 국가라면 그런 활동을 눈감아주었다는 점은 분명하다. 코카인과 안보라는 주제로 돌아간다면, 강대국 외교정책에 있어서 중요한 국제범죄를 카드로 활용했던 냉전 현실정치(*realpolitik*)의 사례를 다수 관찰할 수 있다. 냉전 말기인 1989년 미국의 파나마 침공은 가장 좋은 예이다. 파나마정부의 전복으로 이어진 두 나라 관계 와해의 가장 중요한 이유 중 하나는 당시 노리에가(Manuel Noriega) 대통령이 파나마를 거쳐 미국의 도시로 향하는 코카인 흐름을 억제해달라는 미국의 요구를 거절한 것이었다. 1987년까지는 장성으로 이후에는 대통령으로서의 노리에가의 지하세계 마약과의 연계는 1980년대를 통틀어 미국인들에게 잘 알려져 있었다. 당시에 이런 측면은 아주 부정적으로 인식되지 않았다. 왜냐하면 그가 중앙아메리카에서 미국의 반좌파 활동을 지원했기 때문이다 (Tatham and McCleary, 1992). 1980년대 미국안보의 큰 부분은 미국 도시에서의 코카인 중독과 이와 관련된 범죄에 의한 위협보다 거의 전적으로 공산주의 위협의 관점에서 이해되었다. 1989년에 이르러 이것이 바뀌기 시작하였다. 마찬가지로 소련은 마약의 후원자가 전혀 아니었지만 동독의 호네커(Eric Honecker)가 개인적으로 코카인 수입과 판매에 관련되었다는 것을 알고 있었음에도 불구하고 그 심하게 퇴행적 공산주의 정권을 지지하였다. 소련은 또한 잘 알려진 코카인 카르텔과의 관련성에도 불구하고 콜롬비아무장혁명군(FARC: Revolutionary Armed Forces of Colombia)을 지원한 바 있다.

경제적 세계화

국경을 넘는 경제활동의 증가와 그런 변화에 조응하기 위한 글로벌 조치의 증가가 여러 측면으로 글로벌 범죄의 중요성의 제고에 영향을 미쳤다고 얘기할 수 있다.

그 중 하나는 단적으로 거래량의 증가이다. 합법적 상품의 거래를 위한 기회는 비용, 속도 그리고 국가보호주의보다 자유무역을 선호하는 글로벌 규정의 측면에서 과거 어느 시기보다 확대되었다. 그러나 그런 기회는 불법 상품의 거래를 위해서도 존재하였다. 범죄자들에게는 국제적으로 활동하는 것이 더 쉽고 비용이 적게 든다. 그리고 증가된 상품 거래량 자체가 국가 기관이 마약 및 무기 적하물과 다른 불법적 화물의 이동을 탐지하는 것을 훨씬 어렵게 만든다.

예를 들어, 마약 불법거래자들은 영업을 확대하기 위해서 세계화의 대표적 상징인 인터넷을 매우 효과적으로 사용하기 시작하였다. 조직들은 상호 소통과 활동에 대한 정보공유를 위해 암호화된 웹사이트를 활용하고, 동시에 정보통신 기술 전문가들을 해커로 고용하여 세관 데이터베이스에 저장된 정보를 변경하며 정부 관료들이 실제 사이트를 추적하지 못하도록 유령사이트를 만들었다. 상업을 촉진시키는 현대 기술이 어떻게 범죄에 활용될 수 있는지를 보여주는 극명한 사례가 있다. 호주의 마약밀매업자들은 합법적 운송회사가 운영하는 웹사이트를 버젓이 활용하여 구매자들에게 배달되는 상품의 위치를 추적할 수 있도록 했다(INCB, 2002: 2).

아울러 국경을 초월하는 금융 거래의 증가 또한 국제 기업인은 물론 국제범죄 조직에게도 기회를 제공하였다. 대규모 불법 활동은 보통 자금 세탁과 함께 이뤄지는데, 이는 범죄조직이 부정이득을 국가 당국으로부터 보호하기 위해 자금을 이동시키거나 합법적 사업에 투자하려 시도하기 때문이다. 이 과정은 범죄조직들이 주권국가체제의 대비가 충분하지 않은 점을 활용하는 법을 학습하여 자금을 이 나라에서 저 나라로 이동시킴으로써 점차 세계화되고 있다. 범죄수익을 그 범죄가 발생한 곳이 아닌 다른 나라의 합법적 사업에 투자하는 것은 범죄의 세계화가 국가체제에 제기하는 도전의 특징을 잘 보여준다. 한 범죄의 중요한 측면이 그것이 발생한 국가에서 범죄로 해석되지 않을 수도 있고, 심지어는 유익한 해외 투자로 간주될 수도 있다.

'지능범죄(white collar crime)'의 세계화는 금융 자유화의 일부 혜택 대신 국가와 개인이 부담해온 또 다른 비용이다. 미국과 영국 같은 많은 국가들이 내부로 들어오는 투자의 흐름을 누적시키기 위해 1990년대부터 의식적으로 은행과 금융서비스에 대한 '불간섭(hands off)' 접근법을 더 채택하기 시작하였다. 이런 정책이 한동안 다양한 결실을 맺기도 하였지만, 그러한 자발적인 주권적 통제의 완화는 2008년에 부정직한 금융관행의 만연으로 인해 글로벌 침체가 시작되면서 보다 의문시되기 시작하였다. 어떤 은행가는 보다 느슨해진 규제 환경을 부당하게 이용하였고, 다른 이들은 더 나아가 그들이 결코 적발되지 않을 것이라는 확신을 갖고 노골적으로 법을 위반하였다. 미국 금융업자인 매도프(Bernie Madoff)는 마침내 발각되어 2009년에 150년의 형을 선고받기 이전 몇 년 동안 월스트리트에서 무려 650억 달러에 달하는 사기를 자행하였다.

정치적 세계화

세계화는 범죄자들에게 그들의 활동 영역을 넓힐 수 있는 기회만을 제공하는 것이 아니다. 이는 동시에 범죄를 위한 새로운 기회를 창출하는 것으로 이해될 수 있다. 정치적 통합은 국가들이 글로벌 경제에 있어서 독립적 행동의 한계를 인식하여 인근 국가들과 새롭고 광범위한 경제적, 정치적 공동체를 만들어서 그들의 주권을 '결합(pooling)'하기 위해 노력하는 점차 상호의존이 심화되는 세계의 부산물이다. 현재까지 그런 정치적 통합이 가장 확장된 사례는 유럽연합이다. EU는 다분히 믿음의 도약(leap of faith, 확신이 없음에도 행동한다는 의미 – 역자 주)이다. 왜냐하면 이전에 시도되었던 유사한 경우가 존재하지 않기 때문이다. 그 결과로 28개 국가의 경제적 활동을 함께 아우르는 일은 의도하지 않은 효과를 가져왔다. 예를 들어, 조직범죄 집단들은 EU의 값비싸고 고도로 관료적인 공동농업정책(CAP: Common

Agricultural Policy)의 복잡성을 부당하게 활용하여 왔다고 알려진다. 올리브 생산자들에 대한 보조금 지급은 의도하지 않게 시칠리아에서 그 산업에 대한 '영향력'을 오래 유지해온 마피아를 재정적으로 지원하게 되었다. 1980년대 이후 EU 국가들 간 국경의 개방은 마피아에 더 도움이 되었는데, 그 이유는 그것이 동유럽에서 아드리아해를 넘어 남부 이탈리아로 가는 불법 이민자들에게 안전 통행을 보장하는 시장이 되었기 때문이다. 왜냐하면 거기서부터 이민자들이 유럽연합 내의 부유한 국가들이 있는 북쪽으로 보다 쉽게 이동할 수 있기 때문이다. 마약과 위조 상품들도 같은 경로를 따랐다. 따라서 EU의 단일시장이 기업에 제공하는 혜택은 '범죄를 위한 단일시장'을 동반한다고 볼 수 있다.

EU는 그런 진전에 대해 사법내무이사회(Justice and Home Affairs)라는 '축(pillar)'을 설립하는 한편 경제적 통합을 촉진시킬 수 있는 조치들과 함께 국가 간 경찰력의 조율을 확대할 수 있는 조치들을 추진하고 있다.

문화적 세계화

도시화라는 세계적 추세가 범죄 증가 이면의 요인이다. 왜냐하면 도시 거주자들이 통계적으로는 농촌 거주자들보다 훨씬 더 폭력적이고 불법적이기 때문이다. 브라질 도시의 살인율은 농촌 지역 비율의 3배를 넘는다 (*Small Arms Survey*, 2007: 230–231). 궁핍한 도시의 생활은 범죄조직의 확장과 밀접하게 관련된다. 그리고 이런 현상은 세계 선진국과 저개발국의 여러 대도시에서 증가하고 있다. 세계 인구의 6분의 1정도가 도시 빈민가에 거주하고 있으며 그 과반수는 후진국에 있다 (UN-Habitat, 2003). 도시의 범죄문화가 새로운 것이 아닌데, 그것이 이민경로 뿐만 아니라 글로벌 미디어를 통해서도 세계화된다는 것은 특징적이다. 최근 가장 큰 범죄조직으로 성장한 악명 높은 로스앤젤레스의 엠에스13(MS-13)은 세계에서 가장 살인율이 높은 두 나라인 온두라스와 엘살바도르에서 심각한 사회적, 정부적 위협이 되었다.

국제범죄를 고무시킨 또 다른 형태의 세계의 문화적 변화는 범죄사업 산물의 소비가 점차 국제화되었다는 것이다. 글로벌 범죄의 주요 이유 중 하나는 그런 상품과 서비스에 대한 글로벌 시장이 존재한다는 점이다. 기초 범죄학에서는 범죄의 통제가 그 행위의 공급 측면만이 아니라 수요 측면을 다루는 것이라고 가르친다. 그러나 그런 논리는 위협을 외재화시키는 것에 집중하는 국제안보의 전통적 활동에서는 종종 사라진다. 콜롬비아에 마약상들과 싸우기 위해 군대를 보내는 것은 문제에 대한 '어려운(tough)' 대응인 것처럼 보인다. 그러나 워싱턴과 런던이 직면한 더 어려운 도전은 그들 시민들에게 코카인이 덜 매력적으로 여겨지게 만드는 일일 것이다. 다른 많은 이슈와 마찬가지로 글로벌 범죄는 전적으로 '나쁜 땅(badlands)'에서 비롯된다고 간주하는 경향이 있지만, 실제 문제의 많은 부분은 집에서 보다 가까운 곳에 존재한다. 마약, 싸구려 해적판 상품 그리고 성매매업의 소비자들이 이러한 글로벌 범죄 부문을 영속시키는데, 이들은 일반적으로 부유하고 분명히 어엿한 국가들에 거주한다.

범죄의 세계화

범죄의 세계화의 주요 이유는 조직범죄 집단이 다국적기업의 사례 및 세계화의 흐름을 따르면서 의식적으로 다수의 국가에서 활동 영역을 구축하는 추세가 증가하고 있기 때문이다. 보다 저렴해진 국제 여행경비는 다른 영리 추구자들과 마찬가지로 범죄자들에게도 이득이 된다. 갓슨(Roy Godson)과 윌리엄스(Phil Williams)는 초국가적 범죄조직이 그들이 직접 활동하는 **모국**(*home state*), 범죄 행위를 자행하거나 그 상품을 판매하는 **소재국**(*host state*), 범죄활동이 소재국까지 무사통과하는 데에 이용되는 **운송국**(*transportation state*), 그리고 이익을 얻는 데 유리한 비밀 은행법규가 있는 **서비스국**(*service state*) 등을 어떻게 적절히 활용하는지를 잘 보여준다 (Godson and Williams, 2000: 115). 따라서 진정으로 초국가적인 활동은, 예를 들어, 콜롬비아 기반의 마약조직이 멕시코 관리에게 뇌물을 공여하여 마약의 이동을 가능하게 함으로써 미국시장에 접근할 수 있고, 거기서 나온 수익을 멀리 떨어진 케이먼제도의 은행 계좌에 유치할 수 있을 때 성립될 수 있다. 가장 큰 안보위협은 범죄사업의 원천이나 분배에 있는 것이 아닐 수 있다. 4만 명 이상의 멕시코 사람들이 2007년부터 2012년 사이에 남미 마약의 북미로의 이동과 관련된 조직 간 범죄 전쟁의 맥락에서 사망하였다 (BBC, 2011).

1994년 유엔의 국제조직범죄에 관한 회의(Conference on Internationally Organised Crime)에서 유엔 사무총장 부트로스-갈리(Boutros Boutros-Ghali)는 범세계적으로 활동하는 범죄조직의 문제를 강조하기 위해 '범죄자의 제국(empire of criminals)'을 언급하였는데, 이 또한 이들 많은 범죄조직들이 마음이 맞는 다른 조직들과 협력하여 활동 영역을 확장하고 있음을 지적하기 위한 것이었다. 다른 국가로 영향력을 확장하는 범죄조직의 역사는 매우 길지만, 이는 전통적으로 이민의 형태와 연결되어 있었다. 즉 1930년대 이래 마피아가 미국에서 영향력을 확장한 것은 대규모의 이탈리아 이민의 뒤를 이은 것이었고, 그것보다 범위는 작지만 1980년대부터 영국에서 증가한 자메이카 **야디**(*yardies*, 영국 내에서 활동한 자메이카 출신 범죄조직 – 역자 주)와 홍콩 **삼합회**(*triads*)의 활동도 마찬가지였다. 그러나 1990년대에 이르러서는 초국가적 범죄조직 간에 전략적 동맹의 형성이 관찰되었다. 이는 인구통계적 환경보다는 정치적 환경의 변화를 활용한 것이었다. 러시아 **마피야**는 남미 범죄 카르텔과 연계하여 '무기-마약 교환(guns for drugs)'이라는 지옥의 결혼을 한 것으로 알려진다 (Williams, 2001: 75–76). 국제적인 범죄 협력은 가끔 사회적, 정부 간 협력이 부재한 곳에서 번성하기도 한다. 예를 들어, 세르비아 및 알바니아 범죄조직은 발칸반도에서의 인신매매에 있어서 광범위하게 협력해온 것으로 알려진다 (Williams, 2006: 198).

범죄와 국가안보

어떤 국가에서는 국가안보가 국제정치적인 것이기보다는 다분히 국내정치적인 이슈였다. 예를 들어, 냉전기에 이탈리아에서는 정치적 폭력(가장 유명한 것은 붉은 여단[Red Brigade])과 범죄 폭력(가장 유명한 것은 마피아)으로 인한 국내적 위협이 국가안보 정책을 지배하였는데, 이는 나머지 서유럽국가들을 소련의 위협이 지배했던 것과 비슷한 수준이었다. 이런 사실은 이탈리아의 **카라비니에리**(*Carabinieri*, 이탈리아의 헌병경찰 조직)라는 준군사 경찰 조직의 상대적으로 대단하지 않은 군사력에 반해 그 존재와 중요성을 잘 드러내준다. 그러나 이런 상황은 더 많은 나라들이 최근에 들어 준군사 경찰력에 의존하면서 보다 보편적이 되었다. 그 이유는 국내와 국제적 안보 사이의 구분이 흐릿해지면서 마찬가지로 군대와 경찰의 전통적 역할 구분의 약화를 촉진했기 때문이다. 예를 들어, 미국에서 특공대(SWAT: Special Weapons and Tactics) 작전 횟수는 1980년대에 연간 3,000회에서 2000년대에는 4만 회로 증가하였다 (Kraska, 2005).

콜롬비아는 범죄에 의한 안보위협을 전형적으로 보여준다. 1993년에 진행된 콜롬비아 마약 거물 에스코바르(Pablo Escobar)에 대한 선진 기술을 바탕으로 한 국제적 군사작전은 탈냉전 시기에 범죄가 '국가안보(national security)' 영역에 진입했음을 입증하였다. 에스코바르는 몹시 분노하고 압박받은 콜롬비아정부가 미국으로부터 특수부대 델타포스(Delta Force)와 다양한 반범죄대원들을 개입시킨 이후에 마침내 살해되었다. 평범한 콜롬비아 국민들과 외국 시민들에게 중요한 인간안보 위협을 의미하는 동시에 범죄조직들(폭력적 정치조직과 연계되어)은 콜롬비아정부가 자국을 통제할 수 있는 능력을 심각하게 약화시켰다. 외국 군대가 마약왕들과의 싸움에 개입한 가운데 콜롬비아 영토의 많은 부분이 수년 동안 '마약테러분자(narco-terrorists)'의 수중에 놓였다. 물론 콜롬비아는 극단적 사례이다. 하지만 세계의 많은 나라에서 시민들을 공포에 떨게 하고, 경제에 해를 입히며, 기관들을 부패시키는 무장 세력에 의해 정부들이 점차 위협받고 있다.

그러나 조직범죄에 대한 전통적인 국가안보적 대응은 범죄자들이 국가에 침투하고, 국가를 부패시키고, 심지어 국가 자체가 되는 상황에서 그 한계가 분명해진다. 위에서 논의한 것처럼, 범죄 집단이 국가기구의 핵심적 부분을 매수하고, 정치적 영향력을 획득하는 **마피오크러시**와 법질서가 완전히 붕괴된 실패국가는 최근 들어 점점 더 흔한 일이 되고 있다. 엘리트들이 계획적으로 착복과 부패를 통해 시민들을 착취함으로써 통치기관 자체가 범죄의 원천이 되는 **도둑정치**(*kleptocracy*)의 역사는 보다 오래되었다. 이 단어는 1960년대 중반부터 1990년대까지 엄청난 규모의 세금과 외부원조를 화려한 궁전의 가구들과 비밀은행 계좌로 빼돌린 콩고의 악명 높은 통치자 마부토(Mobutu Sese Seko)의 사례 때문에 만들어진 것이지만, 현재도 아프리카와 중앙아시아의 여러 독재자들에게 적용될 수 있다.

범죄와 인간안보

아마 안보적 고려와 가장 관련 있는 것은 매년 약 50만 명이 살해되고 있고(UNODC, 2011b), 5명 중 1명이 심각한 접촉범죄(contact crime, 강도, 성범죄 및 폭행)의 피해자가 되고 있다는 사실이다 (Newman, 2002: 제1장). 물론 그 형태는 다양한데, 미주와 아프리카 지역에서 생명을 위협하는 범죄가 보다 만연하다. 총기 입수 가증성이 살인율의 국제적 차이를 설명하는 주요 요인일 수 있다. 예를 들어, 미주 대륙에서 발생하는 살인의 4분의 3 정도가 총기에 의한 것인데, 이는 유럽에서의 비율보다 세배 이상 높다 (UNODC, 2011b). 가장 중요한 초국가적 범죄에 수반되는 인적 및 경제적 비용이 표16.1에 제시되어 있다.

초국가적 범죄에 대한 국제적인 정치적 대응

치안유지에 있어서 국제공조의 가치는 이미 잘 알려져 있지만 범죄와 싸우기 위한 국제적 정치-법적 조치는 비교적 최근의 일이고 아직도 증가하는 문제에 비해 불충분하다.

인터폴

1923년에 설립된 인터폴은 의심할여지 없이 초국

표 16.1 초국가적 범죄로 인한 비용

		경제적 비용, 연간(US$)	인적 비용, 연간
1	부패	1조 6,000억(vii)	
2	사이버범죄	1조(vi)	
3	마약밀매	4,000억(i)	사망 20만 명(i)
4	위조품	2,500억(ii)	
5	환경범죄(기름, 야생동물, 산림, 어류)	336억(ii)	
6	인신매매	316억(ii)	피해 2,700만 명(v)
7	장물	200억(iii)	
8	해적행위	95억(iv)	사망 11, 인질 1,000명(iv)
9	장기밀매	9억(ii)	피해 7,000명
10	무기밀매	6억(ii)	사망 9만 9,000명(viii)
	합계	2조 1,000억(조세 회피는 제외), 이 중 1조 6,000억 돈세탁(i)	살인 피해 45만 명

출처: (i) 유엔 마약범죄사무소(UNODC, 2011b).
(ii) 글로벌금융청렴기구(Global Financial Integrity, 2011).
(iii) 베이커(Raymond Baker, 2005).
(iv) 국제이주기구(IMO, 2011).
(v) 미국 국무부(2011).
(vi) 영국 외무연방성(FCO, 2011).
(vii) BBC (2009) http://news.bbc.co.uk/1/hi/business/8350239.stm
(viii) 소형화기로 인한 사망이 전 세계 살인의 4분의 3정도이고 소형화기 거래의 4분의 1이 불법(*Small Arms Survey*, 2007)이라는 사실로부터 필자 추산.

가적 범죄에 대응하기 위한 세계적인 기관으로 가장 잘 알려져 있다. 그 회원국은 인상적이게도 세계적이어서 총 190개 국가가 가입되어 있다. 각 회원국은 프랑스 리옹의 본부에 대표를 보내고, 해당국 경찰력을 지원하고 서로 간의 협력을 촉진하는 정보 네트워크의 노드로 기능하는 국가범죄국(NCB: National Crime Bureau)을 유치한다. 190개의 NCB는 공동 수집된 정보자원의 데이터베이스로 연결된다. 여기에는 알려진 범죄자들, 차량과 같은 장물들에 대한 내용이 포함되는데, 이는 초국가적 범죄자들의 탐지와 그들의 송환절차 촉진을 지원하기 위한 것이다 (그러나 여전히 송환절차는 관련된 두 정부 사이의 양자적 문제임). 이렇게 정보교환이라는 핵심 기능 외에도 인터폴은 메르코수르(Mercosur, 1995년 발족한 남미공동시장 – 역자 주) 국가인 브라질, 아르헨티나, 파라과이 및 우루과이의 사례처럼) 경찰력의 지역적 협력을 한층 촉진시키려 노력한다. 또한 인터폴은 정부에는 송환협정의 진전 방법을 조언하고 경찰에는 정보기술 자원의 갱신을 지원함으로써 '부가가치 서비스 제공자'로서의 역할도 한다. 정부 간 기구로서 인터폴은 전통적인 의사결정 구조를 가지고 있다. 연례 총회(General Assembly)에는 각국이 정부가 임명한 대표를 보내는데, 새로운 절차의 도입은 단순다수 투표로 결정된다. 총회에서는 또한 13명의 각국 대표로 구성되는 집행위원회(Executive Committee)가 선출되는데, 집행위원회는 1년에 3차례 모여서 총회의 의제를 준비하고 결정 사항의 이행을 관리한다. 일상적인 행정은 사무총장(Secretary General)이 지휘하는 리옹의 상설사무국에서 담당하는데, 사무총장은 총회에서 3분의 2 다수결에 의해 5년 임기로 선출된다 (Interpol, 2012).

주요 목적 중에 '세계인권선언(Universal Declaration of Human Rights)의 정신'의 구현을 추구한다고 선언하고 있지만(인터폴헌장 2조), 인터폴은 항상 비정치적 역할을 수행하기 위해 노력하여 왔다. 헌장 3조는 이 점을 다음과 같이 분명히 하고 있다. "이 기관이 정치적, 군사적, 종교적 또는 인종적 성격의 개입이나 활동을 맡는 일은 엄격히 금지된다." 이는 바로 앞 조항과 다소 모순된다. 왜냐하면 인종적, 종교적 박해가 세계인권선언에서 금지된 범죄에 포함되기 때문이다. 그러나 그런 전제조건 없이 이런 성격의 조직이 방대한 회원국을 유지하는 것은 불가능할 것이다.

인터폴 활동에 있어서 또 하나의 한계는 인구와 GDP를 기반으로 계산되는 회원국 기금의 부족한 재원 문제이다. 이 점은 사무총장 노블(Ronald Noble)의 다음과 같은 말에서 분명히 드러난다. "우리는 겨우 3,000만 유로로 운영되는 기구가 다뤄야 하는 수십 억 달러짜리 문제를 가지고 있다" (Interpol, 2002). 쉡티키(James Sheptycki)는 도발적인 반어법을 활용하여 인터폴은 성장하는 과정에서 일련의 보호갈취(protection rackets)처럼 진화하였다고 주장한 바 있다. 명문조약이나 고정예산이 없는 대체로 비공식적 계약으로서 인터폴은 세계적 관심사에 속하는 글로벌 범죄와 싸우기보다는 불가피하게 '돈을 추구하고' 부유한 국가의 경찰이 의뢰한 불법 거래 사례에만 집중하게 된다는 것이다. 따라서 특정 국가가 불편해하는 정부관리 부패나 유독성 폐기물 투기 등의 문제는 국가들로부터 임시 파견된 인터폴 요원들의 시간을 거의 차지하지 않는다(Sheptycki, 2003). 인터폴은 분명히 전 세계에서 초국가적 범죄자들을 체포하는 데에 매우 유용한 경찰력 자산이다. 하지만 현재와 같은 모습으로는 초국가적 범죄의 부상을 막는 글로벌 정책을 발전시키는 데에 있어서 인터폴은 제한된 역할만 할 수 있다. "…필요한 것은 사회적 해악을 야기하는 범죄 활동들을 목표로 효율적이고 효과적일 수 있도록 경찰자원을 분배하는 합의된 계산이다" (Sheptycki, 2003: 53).

세계관세기구

인터폴과 비슷한 기구인 세계관세기구(WCO: World Customs Organisation)는 세관원들 사이의 협력을 촉진하고 불법 거래와 싸우기 위한 국가통관절차의 조율을 목적으로 한다. 브뤼셀에 본부가 있는 이 조직도 177개 회원국을 가지고 있을 정도로 세계적인 규모이며 50년 이상 활동하여 왔다. 그러나 인터폴과 마찬가지로 이 조직도 점차 복잡해지는 글로벌 범죄에 직면하여 실제 할 수 있는 일이 제한되어 있다. WCO가 스스로 인정하는 것처럼 "모든 국가의 관세행정 혹은 세계의 모든 지역에 효율적이고 효과적인 업무가 균등하게 확산되지 않았다" (WCO, 2006).

유엔

초국가적 범죄와 관련한 유엔의 역할은 다른 세계적 범죄 활동을 다루기 위한 활동으로 진전되기 이전에 마약거래에 대한 행동을 조율하려는 노력에서 비롯되었다. 유엔은 마약거래와 싸웠던 국제연맹(League of Nations)의 운용을 인계받았는데, 이는 국제연맹이 창설한 다수의 기능적 기구를 인계받은 것과 같은 맥락에 있다. 군사안보와 관련된 국제연맹의 노력이 실패했다고 해서 인류를 위협하는 다른 커다란 위협에 세계적으로 대처하고자 했던 연맹의 선구적 노력을 폄훼해선 안된다. 연맹의 아편 및 기타 위험약물 거래에 관한 위원회(Committee on the Traffic in Opium and Other Dangerous Drugs)는 마약위원회(CND: Commission on Narcotic Drugs)로 바뀌었는데, 유엔은 곧 그 역할을 확대하였고 1961년에는 마약단일협약(Single Convention on Narcotic Drugs)에 의해 CND의 자매 조직인 국제마약감시기구(INCB: International Narcotics Control Board)가 창설되었다. 이것이 유엔이 점점 논란이 가열되어온 이슈에 대해 글로벌 대응을 심화시키려는 노력을 보여준 것이다. 그러나 이후 30년에 걸쳐 창설된 다수의 그룹과 프로그램들이 혼선을 초래하여 냉전종식 직후 유엔은 다른 구조적 변화 조치들을 통해 합리화를 모색하였다.

1990년의 유엔총회 특별회의는 마약에 의한 위협의 성장을 인식하고, 이 정책 분야에서 난립하여온 소규모의 유엔 '알파벳 수프(alphabet soup, 영어 약자로 표기되는 기구 – 역자 주)'를 대체할 수 있는 단일 프로그램의 창설에 착수하였다. 유엔국제마약통제프로그램(UNDCP: International Drug Control Programme)은 1991년에 유엔의 정책을 조율하기 위한 활동을 시작하여 CND와 INCB를 하위 조직으로 포함시켰다. 유엔 활동의 추가적 합리화는 1997년에 UNDCP가 마약범죄

사무소(UNODC: Office for Drugs and Crime) 산하의 새로운 조직인 국제범죄예방센터(CICP: Centre for International Crime Prevention)와 활동을 통합함으로써 이뤄졌다. 이 조치는 1994년 나폴리에서 136개국 장관들이 참석한 중요한 회의를 후원했던 것에서 처음으로 드러났던 것처럼 유엔이 다양한 초국가적 범죄활동의 점증하는 중요성을 인정했음을 의미한다.

CICP는 난데없이 나타난 것이 아니라 그 전신인 범죄방지국(CPCJD: Crime Prevention and Criminal Justice Division)이 한층 업그레이드된 형태였다. CICP는 다분히 UNODC의 하급동업자여서 UNDCP에서 근무하는 상근직원이 300명이 넘는 것에 비해 CICP의 상근직원은 15명에 지나지 않는다. 그러나 CICP는 40명의 인력으로 구성된 별도의 조직인 범죄예방형사사법위원회(CCPCJ: Commission on Crime Prevention and Criminal Justice)의 지원을 받는다. CCPCJ는 또한 비군사적 문제에 대한 글로벌 정책 개발을 총괄하는 핵심 운영기구인 경제사회이사회(ECOSOC) 산하에 있다. CCPCJ는 압력집단, 학자 및 정치인들과 협력하여 CICP가 '형사사법을 위한 국제적으로 공인된 원칙들'을 마련하는 회의들을 조직하고 이런 활동은 CICP의 임무수행을 위한 지침을 만들기 위한 것이다.

이러한 회의들을 통해 도출된 최종적인 결과물이자 1994년 나폴리회의에 의해 촉발된 글로벌 행동계획(Global Action Plan)이 바로 2000년 11월 총회에서 채택되고 2003년에 발효된 「유엔초국가조직범죄협약(Convention Against Transnational Organized Crime)」이다. 협약 1조는 간략하게 그 목적을 '초국가적 조직범죄의 방지와 그것과의 싸움을 더 효과적으로 할 수 있는 협력을 촉진'하는 것이라고 서술하고 있다 (UN, 2000: 1). 협약의 다른 조항들은 초국가적 조직범죄와 관련된 광범위한 이슈들을 다루고 있다. 그 내용은 다음의 표에 요약되어 있다.

의정서

1. 인신매매
2. 이민자 불법 운송

표 16.2 유엔초국가조직범죄협약

2조에서 4조	협약 정의 및 범위
5조	조직범죄 집단에의 참여 불법화
8조에서 10조	부패
11조, 12조	처벌
13조, 14조	몰수에 관한 국제협력
15조	관할권
16조, 17조	범죄인 인도
18조에서 22조	상호 법적 지원 및 수사협력
23조	사법방해 불법화
24조	증인 보호
25조	희생자 보호
26조	범죄 공시 장려
27조	법집행 협력
28조	정보공유
29조	법집행 훈련 프로그램(입문 또는 개선)
30조	협약 이행에 있어서 저개발국(LDCs) 지원
31조	국내 수준에서 조직범죄 방지
32조에서 41조	이행

3. 총기류 불법 거래

2003년 이후 '당사국총회(Conference of the Parties)'가 정기적으로 개최되어 협약의 이행과 발전을 감독하고 있다. 협약은 자금세탁과 부패와의 싸움에 있어서 한층 강화된 국제적 조율의 장을 제공한다는 점에서는 진일보하였다. 그러나 대다수 정부 간 합의와 마찬가지로 협약에는 당사국들의 압력을 넘어서는 강제조치가 없다. 예를 들어, UNODC는 당사국들 사이의 의무적 정보공유를 필요한 다음 조치로 인정하고 있다.

유로폴

이 장의 앞에서 언급한, 완화된 국경통제에서 기인한 유럽연합 내 초국적 범죄의 증가는 1990년대에 회원국 경찰력들의 활동을 조율할 수 있는 인터폴 스타일의 유럽연합 내 기구의 창설에 대한 고려로 이어졌다. 유로폴(Europol)은 1992년 유럽연합조약(마스트리트조약[Maastricht Treaty])에서 EU의 정치적 통합과정 측면의 '사법내무이사회'의 창설과 함께 합의되어 1994년 1월에 탄생되었다. 인터폴과 마찬가지로 유로폴은 회원국들의 사무소체제로 역할을 하는 중앙 데이터베이스인 유로폴컴퓨터망(TECS: The Europol Computer Systems)을 가지고 있다. 아직은 초기 단계의 유로폴이지만, 그 규모는 이미 세계적 '모체(parent)'인 인터폴을 넘어섰다. 2011년에 그 예산은 8,400만 유로로 이는 10년 전 운영했던 예산의 두 배에 달했다. 헤이그 본부의 상설사무국 외에도 유로폴은 27개 회원국에 137명의 '유로폴 연락관(ELOs: Europol Liaison Officers)'을 상주시키고 있는데, 이들은 주로 경력 있는 경찰 및 세관요원으로 구성되어 있다(Europol, 2012).

경찰력 사이의 정보교환 도모라는 역할을 넘어서 유로폴은 사법공조까지 촉진하고 있다. 유럽사법네트워크(European Judicial Network)는 1998년에 회원국 변호사들을 위한 정보교환 서비스로 출범하였다. 2001년에 이런 발전은 유럽사법기구(Eurojust)의 설립으로 확장되었는데, 이는 검찰과 치안판사와 같은 법조계 대표들로 구성된 유로폴의 자매기관이다. 이것은 실제로 파급효과의 결과였다. 즉 국경을 넘는 범죄의 탐지를 개선하기 위한 노력들이 있었고, 여기에 국경을 넘는 범죄자 체포 역량을 개선하기 위한 의지가 뒤따랐던 것이다. 2008년「리스본조약(Lisbon Treaty)」은 유로폴을 EU의 정치체계에 완전히 통합시켰다. 유로폴은 가중다수결(qualified majority voting)로 의사결정을 함으로써 일방적인 국가거부권의 가능성을 차단시켰다. 유로폴의 예산과 정치적 성장을 고려한다면 범죄와의 싸움에서 EU의 정보, 법 및 정치적 역할이 계속하여 진화할 것이라고 전망할 수 있다.

결론

범죄가 안보 사안이라는 점은 어떠한 정치적 혹은 이론적 관점에서 보더라도 논란의 여지가 없다. 다수의 비군사적 이슈에 안보상 지위를 부여하는 것이 적절한지에 대해서는 많은 이들이 문제를 제기하지만, 법과 질서를 유지하는 것은 거의 보편적으로 정치적 우선사항으로 인식되는 동시에 국가와 그 국민을 위한 것이다. 법을 지키고 내부 안보를 유지하는 주권력(sovereign force)의 정당화를 국가마다 다르게 해석할 수 있지만, 그것은 모든 작동하는 국가에 분명히 존재하는 것이다.

그러나 증가하고 있는 초국가적 범죄로부터 법질서를 최고 수준으로 유지하는 것이 주권력만으로는 더 이상 충분하지 않다는 많은 증거에도 불구하고 이런 상황을 국제정치적으로 표현하기는 어려운 실정이다. 인터폴 사무총장 노블은 국제사회에 다음과 같은 호소를 통해 이런 점을 잘 표현하였다.

> 어떤 단일 국가도 국내외에서 발생하는 초국가적 조직범죄와 효과적으로 싸울 수 없다. 따라서 나는 국가들이 애당초 주권의 지속적 보전을 위해 절차적 혹은 실질적 주권의 일부를 포기해야만 한다고 제안하는 바이다.
>
> (Noble, 2003)

이 이슈의 본질은 역설적이다. 역사적으로 법질서의 유지는 주권을 위한 최선의 주장이었다. 베스트팔렌 이전 시기에는 주권적 국경과 경찰력이 부재했기 때문에 정의와 보호가 자의적으로 적용되었다. 따라서 그 국민과 제도를 보다 잘 보호하기 위해서 법질서에 대한 완전하고 배타적인 통제를 포기한다는 것은 세상의 대부분의 통치자들이 절대 싫어하는 일이었다. 많은 현실주의자들은 이를 베스트팔렌 이전 시기의 무법적인 '신중세(New Medievalism)'로의 신중하지 못한 후퇴로 생각할 것이다. 그러나 다른 이들에게 있어서 주권을 재조정하는 것은 정치적 임무 중 가장 핵심적인 — 법질서의 유지를 위한 실용적이고 필요한 조치가 될 것이다.

범죄자들은 국내 법집행에 있어서 전체론(holism)의 부재를 악용하곤 했다. 즉 그들은 부적절한 분권화를 활용하여 (미국의) 주 경계 혹은 (영국의)자치주 경계를 넘나들면서 활동하였고, 이에 대처하기 위해 뒤늦게 연방/국가 경찰력이 창설되었다. 많은 자유주의자들은 이런 상황이 이제는 세계적으로 대두되어 글로벌 경찰력을 향한 조치가 요구된다고 주장한다.

요점

1. 국제적 기반의 조직범죄가 새로운 현상은 아니다. 그러나 최근 수십 년간 이 현상은 탈냉전의 사회-정치적 변화와 세계화가 제공하는 기회를 악용하는 집단들에 의해 국가와 인간 안보에 대한 위협을 고조시켜왔다.
2. 이 점증하는 글로벌 범죄문제와 싸우기 위한 국제적인 정치적 조치들도 진전되어 왔지만 여전히 법질서를 주권적이고 국내적 고민으로 간주하는 경향의 지속성에 의해 제약을 받고 있다.

추천도서

Edwards, A. and Gill, P. (eds) *Transnational Organized Crime: Perspectives on Global Security*, London and New York: Routledge, 2006.

Glenny, M. *McMafia: Crime Without Frontiers*, London: The Bodley Head, 2008.

Madsen, F. *Transnational Organized Crime* (*Global Institutions*), Abingdon: Routledge, 2009.
UNODC, *Global Study on Homicide*, Vienna: UN Office for Drugs and Crime, 2011. http://www.unodc.org/documents/gsh/pdfs/2014_GLOBAL_HOMICIDE_BOOK_web.pdf, 2013 (검색일: 2014.4.12).
Williams, P. 'Strategy for a New World: Combating Terrorism and Transboundary Crime' in J. Baylis, J. Wirtz, E. Cohen and C.S. Gray (eds) *Strategy in the Contemporary World* (2nd ed.), Oxford: Oxford University Press, 2006, 192–208.

17장 식량안보

피터 허프(Peter Hough)

글상자 17.1 2007~2008년 아프리카 식량 폭동

2007년 봄부터 약 1년간 아프리카의 14개 국가(그리고 세계 다른 지역에서 최소 16개 국가)에서 급등하는 식량 가격과 그로 인한 기아 확대라는 문제로 큰 폭동 사태가 발생하였다. 바로 기니, 모리타니아, 모로코, 세네갈, 카메룬, 모잠비크, 부르키나파소, 코트디부아르, 에티오피아, 이집트, 마다가스카르, 소말리아, 튀니지, 그리고 짐바브웨에서다. 모잠비크, 코트디부아르, 이집트, 소말리아 그리고 튀니지에서의 폭동에서는 시위대들이 치안병력에 의해 살해당했다. 국가적 수준의 식량 폭동의 역사는 오래되었지만, 그런 폭동이 이렇게 국제화된 전례는 없었다. 2007~2008년 동안 급등하던 가격은 이후 안정되었지만, 식량 불안을 촉발시켰던 근저의 요인들은 잔존해 있다. 2011년에 알제리와 튀니지에서 식량 폭동이 재점화되어 후자의 경우는 벤 알리(Zine Ben Ali) 정부를 축출하는 혁명으로 이어졌고 아랍세계의 대부분 지역에서 시위와 혁명의 물결이 촉발되었다.

서론

2007~2008년 사이에 아프리카 시위대들에게 국가방위군을 전개했다는 사실은 식량 불안이 정부에 의해 국가안보적 문제가 될 수 있다는 점을 입증하는 것이었고, 역사는 이것이 이유가 있음을 보여준다. 프랑스혁명과 러시아혁명, 그리고 다른 많은 반란의 핵심 문제는 "누가 무엇을 가지는가(who gets what)"와 관련된 것이었다. 이는 강력한 정치체제가 전체 주민의 먹거리를 확보하는 데에 실패함으로써 권위가 실추되고 축출된 사례인 것이다. 더 적나라하게 얘기하자면, 식량 접근성은 인간안보의 핵심적 측면이다. 글로벌 차원에서 "누가 무엇을 가지는가"는 특히 적절한 질문인

데, 그 이유는 세계에 분명히 충분한 식량이 있지만 모든 사람들이 필요한 몫을 얻지 못하기 때문이다. 국제관계의 수행에 있어서 가장 힘든 문제는 국가적인 식량안보의 추구 — 이미 보유한 것을 축적하고 보호함으로써 — 가 이런 문제를 악화시키는 데 기여한다는 것이다.

이 장은 주기적 기근의 발생과 보다 근본적인 기아의 지속이라는 문제의 원인과 그에 대한 정치적 대응을 검토함으로써 관련된 정치적 딜레마와 '집합재의 문제(collective goods problem)'에 대해 논의한다.

기근

인간안보에 대한 가장 심하고 긴급한 경제적 위협은 기근을 통해 다가온다. 그러나 기근으로 인한 사망자를 계산하는 것은 여러 이유 때문에 매우 힘들다. 첫째, 기근은 기능적으로 질병, 가뭄 및 홍수와 같은 다른 위협과 관련된다. 홍수와 가뭄은 곡물을 완전히 제거하고 기근을 초래할 수 있지만, 직접 사망에 이르게 할 수도 있다. 반면 질병은 영양 상태가 좋지 않은 사람들을 전염시켰을 때, 일반적으로 더욱 치명적이다. 따라서 그런 자연재해에 따른 사람들의 정확한 사망 원인들을 결정하는 데에는 문제가 존재한다. 마찬가지로 기근에 의한 사망자의 숫자도 부정확하다. 둘째, 심지어 사망의 인과적 요인은 애매하다고 인정하더라도 재난 사망에 대한 통계수치는 악명 높게도 신뢰할 수 없다. 정부들은 숫자를 저평가하려는 경향이 있고 반정부 목소리는 정반대의 정치적 목적으로 종종 그 숫자를 과장한다. 이러한 한계에도 불구하고 1958~1962년 사이의 중국의 대기근(Great Famine)으로 인한 사망자는 약 3,000만 명에 달해서 역사상 가장 심각한 사례로 추정된다 (Becker, 2000). 중국은 역사상 두 번째로 심각했던 재해가 일어났던 국가이기도 한데, 1876~1878년 사이에 최소한 1,200만 명이 사망한 것으로 알려져 있다 (Davis, 2001). 100만 명 이상 사망한 것으로 잘 알려진 기근 중 인도에서 발생한 최소 7번의 사례가 있었고 (1770년, 1845~1847년, 1865~1866년, 1869년, 1876~1878년, 1897년, 1943~1944년), 다른 예로는 1932~1933년 소련 내 우크라이나, 1845~1847년 아일랜드, 그리고 1995년 이후 북한에서 발생한 사례들이 있다 (Hough, 2013).

기근의 원인

기근을 설명할 수 있는 다양한 요인들이 존재한다. 그 사망자 숫자와 함께, 기근의 원인은 분석자들과 정치인들 사이에서 빈번한 논쟁의 대상이 되기도 한다. 대부분의 기근은 자연적, 정치적 요인들이 조합된 결과이다. 인과성에 대한 논쟁은 이 두 개의 기여 요인의 상대적 비중을 어떻게 설정하는가에 집중된다. 예를 들면, 위에서 언급한 인도와 아일랜드의 기근 사례는 자연적 원인(전자에서는 가뭄, 후자에서는 감자 마름병)을 가지고 있었지만, 이들 재난도 일반적으로 식민통치에서 비롯된 현지 사정에 대한 무시 때문에 상황이 악화된 것으로 볼 수 있다. 북한의 기근은 자연적 기원(가뭄과 홍수에 의한)을 가졌지만 의심할 여지없이 경제적 자급자족을 추진했던 정부에 의해 크게 악화되었다. 즉 식량수입이 축소되는 동시에 국내 식량 공급이 부족했기 때문이다. 사람 때문에 발생한 정치적 기근의 가장 분명한 사례들은 공산국가 중국과 소련에서 발생했던 20세기의 끔찍했던 재난들이다. 중국의 기근은 수확물에 쏟아진 엄청난 강우량에 영향을 받았지만, 그 핵심 원인은 사람에 대한 영향에 상관없이 '대약진(Great Leap Forward)' 경제개혁 계획을 추진한 마오쩌둥(毛澤東)의 결정이었다는 데에는 의심의 여지가 없다. 우크라이나의 기근에서는 특별한 자연적 원인을 찾을 수 없고, 거의 전적으로 정치적인 것이었다고 볼 수 있다. 당시 스탈린은 소비에트 집단농장체제에 대한 열의가 부족하다는 이유로 그 지역 농민들을 처벌하기를 원하여 의도적으로 기근을 조장했다고 알려져 있다.

식량의 공급 및 수요의 균형과 관련하여 기근에 대한 세 가지의 근본적 설명이 존재한다.

1. 식량 공급의 감소
2. 식량 수요의 증가
3. 식량의 일상적 분배의 왜곡

이 중 특히 세 번째가 정치와 경제의 영향을 받는다. 이 세 가지 설명 모두가 기근이 발생하는 국가들의 상황에 다양하게 적용될 수 있다. 식량 공급은 수요를 충족시키기에 충분한 수준 이하로 떨어질 수 있다. 그것은 수확이 감소하거나 식량 공급이 따라가지 못할 속도로 인구가 증가할 수 있기 때문이다.

인구과잉은 확실히 지난 세기 중국과 인도에서와 같은 중요한 기근에 영향을 미쳤던 조건이었고, 이들 지역에서는 인구 증가를 늦추기 위한 급격한 국내정치적 행동이 촉구되었다. 이에 1960년대 말 미국의 저명한 경제학자였던 패독(William Paddock and Paul Paddock) 형제는 심지어 기근에 취약한 인도와 다른 국가들은 스스로를 책망해야 하고 그들 자신과 다른 모든 사람들의 이익을 위해 고통 받도록 방치되어야 한다는 도발적인 주장을 하였다. 인구과잉이 고질적인 부실한 정부와 결합됨으로써, 어떤 국가의 경우에는 식량원조가 시간의 낭비이고 그들은 '구제될 수 없는(can't be saved)' 집단의 일부로 간주되고 미국 및 다른 후원자들에 의해 무시되어야만 하는 것을 의미하였다. "식량을 '구제될 수 없는' 집단과 '보행이 가능한 부상자(walking wounded)' 집단에 낭비하면 안 된다. 그것을 스스로의 자원과 노력을 강화하고 생존을 위해 끝까지 투쟁할 수 있는 국가에 보내라" (W. and P. Paddock, 1967: 229).

비슷한 생각을 한 생태학자 하딩(Garret Hardin)도 식량 공급이 궁극적으로는 인구 증가에 의해 한계에 달한 세계의 국가들을 묘사하기 위해 선박재난 이후 바다에 떠있는 구명정의 유추를 제시하였다. 하딩의 주장은 기근문제에 대응하기 위해서 '구명정 윤리(lifeboat ethics, 긴급한 상황에서는 도덕 원리보다 사태의 긴급성을 고려해야 한다는 논리 – 역자 주)'를 적용해야 한다는 것이다. 즉 기근에 대응하기 위한 국제적 행동은 어리석은데, 왜냐하면 부유한 국가들도 그렇게 함으로써 자신의 '구명정'을 가라앉힐 위험성이 있기 때문이라는 것이다. 이는 우리 모두가 확실히 익사하도록 만드는 것보다는 제3세계의 과밀한 구명정이 가라앉도록 두는 것이 좋다는 의미이다 (Hardin, 1995).

이렇게 인구 증가의 글로벌 안보적 함의에 대한 종말론적 견해는 1960년대와 1970년대에 보편적이었고, 그 연원은 18세기의 맬서스(Thomas Malthus)의 저작으로까지 거슬러 올라갈 수 있다(Malthus, 1798). 그런 견해는 현재 거의 존재하지 않는다. 왜냐하면 맬서스주의와 신맬서스주의 전망의 골자였던 세계 인구가 세계 식량 공급을 초과하는 일이 실제 일어나지 않았고 가까운 시일 내에 일어날 것 같지도 않기 때문이다. 저개발 지역의 식량 수요는 지속적으로 증가하고 있으며 자연재해가 그 지역의 국가들을 덮쳐 지속적으로 식량 부족을 발생시키고 있다. 그러나 대부분의 기근 분석자들은 특정 사례를 설명함에 있어서 분배적 요인의 중요성을 강조한다. 현대 정부는 곡물 부족에 대해 식량 여분을 비축하고 농산물 가격을 보호함으로써 미리 대비할 수 있다.

기근을 설명하는 이런 접근법의 최고의 전문가는 센(Amartya Sen)이다. 센은 '권리 접근법(entitlement approach)'을 자세히 설명하고 있는데, 그에 따르면 모든 개인은 식량 공급이나 인구의 변화와 상관없이 당연히 정부에 의해 기근으로부터의 보호를 기대할 수 있어야 한다는 것이다. 민주평화론을 군사안보가 아닌 경제영역에 설득력 있게 적용하면서 센은 방대한 증거에 의거하여 다음과 같이 주장한다.

> 비교적 언론이 자유로운 독립적이고 민주적인 국가에서는 대규모의 기근이 발생한 적이 없다. … … 심지어 끔찍한 가뭄, 홍수 혹은 다른 자연재해를 경험했던 가장 빈곤한 민주국가들(1973년 인도, 그리고 1980년대 초 짐바브웨와 보츠와나의 경우)도 기근을 경험하지 않고 자국 국민들에게 식량을 공급할 수 있었다.
>
> (Sen, 1999: 6-7)

민주정부들은 안보가 직·간접적으로 위태로워지는 보통 사람들의 요구에 대해 미디어나 다른 우려하는 시민들의 압력을 통해 대응해야만 한다. 폭압적 독재자들이나 태만한 식민주의자들은 그럴 필요가 없다. 따라서 민주주의는 사람들에게 권리를 부여하는 만큼 사람들을 구할 수 있다. 그리고 세계 민주화의 확산은 기근과의 싸움에 희망을 제공한다. 이따금 식량 부족이 발생할 수 있지만 보통은 정부가 이에 대비할 수 있고, 정부가 문제를 적절히 다룰 수 없다면 국제사회가 개입할 수 있다. 만약 북한 정권이 고립주의 주체(*Juche*) 사상으로 스스로를 세계로부터 고립시켜 외부 지원이 불가능하게 만들지 않았다면 북한의 수많은 생명을 살릴 수 있었을 것이다. 즉 글로벌 경제에 편입되었다면 수많은 북한 주민들이 살 수 있었을 것이다. 인간의 권리에 가치를 부여하고 거기에 대응하는 국가였다면 더 많은 생명을 구할 수 있었을 것이다.

기근구호에 대한 글로벌 정책

글로벌 수준에서 기근 구호를 조율하는 핵심 기관은 식량농업기구(FAO: Food and Agricultural Organization)와 세계보건기구(WHO)가 결합되어 탄생한 유엔의 세계식량프로그램(WFP: World Food Programme)이다. 애초에 3년간의 특별 계획으로 시작된 WFP는 1963년에 정부간기구(IGO: Inter-Governmental Organization)의 모든 특징을 갖춘 '유엔의 식량무기(food arm)'로 진화하였다. FAO와 마찬가지로 로마에 본부가 있는 WFP는 집행이사회(Executive Board)의 지휘를 받고 상설사무국을 가지고 있다. 집행이사회는 연간 55억 달러에 이르는 예산으로 식량원조 할당지역에 대해 투표한다 (WFP, 2011). 지난 활동 전반에 걸쳐 이 식량원조는 일반적인 개발 목적보다는 자연재해나 분쟁의 영향으로 식량 부족을 경험하는 국가들에 점차 집중되어 왔다.

WFP가 제시하는 활동의 목적은 "기아와 빈곤의 근절이다. 식량원조의 궁극적 목적은 식량원조 필요성을 제거하는 것이어야 한다" (WFP, 2002b: 1). 그러나 실제로 WFP는 세계적인 긴급구호대이고, '식량안보'의 달성이라는 광범위한 목적 — '활발하고 건강한 삶의 유지를 위해 필요한 식량에 모든 이들이 항상 접근성 확보' (FAO/WHO, 1992) — 은 그 예산과 활동의 범위를 넘어서는 보다 근본적인 목표라고 할 수 있다.

기아

WFP에 의한 정부간 조율, 그리고 옥스팜(OXFAM), 카포드(CAFOD) 및 빈곤과의 투쟁(War on Want)과 같은 압력단체를 통한 비정부적 조율로 인한 글로벌 정치적 행동은 최근 수십 년간 기근의 출현을 줄이는 데에 도움을 주었다. 그러나 그런 단체들은 이런 주기적 재난들이 세계적 기아라는 '빙산'의 일각일 뿐이라고 곧바로 지적한다. 오늘날 식량의 수요와 공급 간 지역적 불균형의 단기적 결과보다 훨씬 많은 사람들이 빈곤에 의한 영양실조로 사망한다. WFP는 매일 25,000명이 기아 및 관련된 병으로 사망하고 세계적으로 10억명 이상이 영양실조로 고통 받는다고 주장하였다 (WFP, 2009).[1] 이 숫자도 보수적인 추정일 수 있다. 그러나 이 숫자는 의심의 여지없이 인간존재에 대한 다른 위협들보다 영양실조가 심각한 문제라는 것을 보여준다.

제도적으로는 FAO가 세계 식량 생산과 관련된 글로벌 정책의 핵심에 자리하고 있다. 이는 FAO의 주요 업무가 세계 식량 생산의 증가와 식량 분배 기준의 틀을 마련하는 것이기 때문이다. 세계적 기아의 규모를 인정하면서 FAO는 이 문제에 대한 스스로의 역할을 제시한다. "식량 생산은 1945년에 FAO가 설립된 이후 같은 기간 세계 인구가 두 배로 증가한 것을 넘어서는 속도로 전례 없이 증가하였다" (FAO, 2002). 특히 FAO는 1970년대와 1980년대 '녹색혁명(Green Revolution)'을 주도하였는데, 이는 세계적인 인구 증가가 지구의 식량 공급을 초과할 것이라는 신맬서스주의 우려가 선진국에서 개발도상국으로의 기술 이전에 의해 예방된 사례였다. 합성비료와 농약을 포함한 현대 농업기술들이 개발지원 프로그램과 성공적으로 결합되어 식량을 크게 증산하는 데에 도움이 되었다. 그렇다면 신맬서스주의적 종말이 극복되고 지구 상 모든 사람들이 하루에 최소 2,720 칼로리를 섭취하기에 충분한 식량이 공급되는 현재에도 왜 사망자 숫자가 여전한가 (FAO, 2002)?

이러한 놀라운 불평등과 국제정치 및 경제의 실패에는 다수의 요인들이 관련되어 있다.

세계 인구의 증가

더 많은 사람들이 존재하는 것으로도 식량과 그것을 경작하기 위한 토지의 수요가 증가한다. 여기에 인구 증가가 오염, 사막화, 삼림파괴 및 기후변화와 연계되어 그것은 자원에 한층 더한 부담으로 작용한다. 그러나 인구와 자원을 글로벌 시소(see-saw)의 양 끝으로 간주하는 것은 지나친 단순화의 위험성을 지닌다. 인구과잉을 비난하는 것은 식량과 자원 수요 증가의 대부분이 아프리카, 아시아 및 남미의 인구 증가가 아니라 선진국에서의 소비 증가에서 기인한다는 사실을 간과한다. 예를 들어, 북미 거주자들은 연간 평균 90킬로그램의 자원을 소비하는 반면 아프리카 거주자들은 연간 10킬로그램을 소비하는 것으로 추정된다 (FoE, 2009: 21). 그럼에도 불구하고 세계 인구 숫자와 그들이 사용하는 자원의 양 사이에는 어느 정도의 상관관계가 존재하는 것이 분명하다.

빈곤

빈곤은 사람들이 생존하는 데 필요한 식량을 충분히 확보할 수 없을 때에 대단히 많은 사람들을 직접적으로 사망하게 한다. 왜냐하면 그들은 식량을 구입하거나 생산하는 데 필요한 경제적 수단을 갖고 있지 못하기 때문이다. 세계의 경제적 불평등은 항상 존재했었지만, 오늘날에는 과거보다 훨씬 두드러진다. 그리고 이런 경향이 가까운 장래에 역전될 수 있음을 보여주는 증거는 거의 없다. 잘 알려진 80대 20의 비율은 이러한 글로벌 불평등을 표현하는 방법이다. 세계의 80% 사람들이 제3세계에 거주하는데 이들은 고작 세계 부의 20%만 보유한다. 따라서 이것을 역으로 풀이하면 '북방 선진국(global North)'에 세계 인구의 20%가 거주하는데, 그들이 보유하는 자원은 80%라는 것을 의미한다. 남과 북(North and South)이라는 단어는 개념으로서 점차 현실성을 상실하고 있는데 그 이유는 중국, 인도, 브라질과 같은 남에 해당되는 국가들의 경제 성장 때문이다. 그럼에도 불구하고 통계자료는 오늘날 세계의 '가진 자(haves)'와 '못가진 자(have-nots)'에 대한 유용한 정보를 제공해준다. 10억 명 이상의 사람들이 하루에 1.25달러 이하의 수입으로 생활한다. 그런데 가장 놀라운 것은 최근 수십 년에 걸쳐 가진 자와 못가진 자 사이의 차이가 심각하게 벌어졌다는 사실이다. 1960년에는 세계의 부유한 상위 20% 사람들(국가가 아니라)이 가지는 누적된 부가 하위 20% 사람들이 가진 것의 30배였는데, 이 비율이 1999년에는 74:1로 벌어졌다 (UNDP, 1999: 36-38).

식량 공급이 전적으로 경제적인 일만은 아니지만 확실히 그것은 원칙적으로 개인적 수준과 사회적 수준에서 돈을 소유함으로써 달성된다. 돈이 인류의 모든 병폐의 근원은 아니며, 그것은 또한 굶주림과 기아의 유일한 원인도 아니다. 한편으로 가뭄과 다른 자연현상이 식량 공급을 방해할 수 있다. 다른 한편으로는 식량을 구매하지 않고 스스로 식량을 조달하는 것도 가능하다. 그러나 돈은 자연재해로부터 사람들을 안전하게 지키거나 자연적 또는 경제적 장애 때문에 발생하는 식량 공급의 불안정으로부터 보호할 수 있다. 아울러 식량 공급과 관련된 자급자족은 개인적 혹은 국가적으로 안보를 달성하기에 점차 어려운 수단이 되고 있다. 부와 기대수명 사이에 엄밀한 상관관계는 존재하지 않지만, 특히 측정의 하위 수준에서는 그 관계가 놀라울 정도이다. 사하라사막 이남에서 1인당 GDP 지표의 바닥에 위치한 대부분의 국가들이 유엔 새천년개발목표(MDGs: Millenium Development Goals)의 기아 감축 지표에 있어서 마찬가지로 최하위에 위치한다. 2013년에 MDG의 기아 감축 목표에 가장 크게 미달하였던 국가는 부룬디(1990년 이래 상황이 점차 악화되었다)였는데, 부룬디는 당시 1인당 GDP 지표에서 하위 두 번째(콩고민주공화국이 최저)였다. 대체로 세계에서 가장 안보가 불안한 나라는 가장 빈곤한 나라이다 (UNECA, 2013; World Bank, 2013).

분쟁 또는 재해로 인한 공급 중단

평화와 식량안보 사이에도 약간의 상관관계가 존재한다. 위에서 언급한 부룬디의 경우는 가난할 뿐만 아니라 전쟁의 상흔을 경험하였는데, 이는 1990년대 중반 이후 진행된 거의 항구적 특징을 지니는 후투족과 투치족 사이의 내전에서 비롯된 것이다. 내전 상황에서 식량 공급은 불가피하게 공평하지 않게 되는데 그 이유는 공급이 군수 요구와 증가된 사회적 경쟁에 의해 왜곡되기 때문이다. 기아와 기근은 사실상 분쟁 상황과 병행하여 의도적으로 발생할 수도 있다. 1990년대 시에라리온에서 혁명연합전선(RUF: Revolutionary United Front)은 식량을 무기로 사용하여 반대진영 마을의 농작물을 파괴하고 그 마을 농업을 다이아몬드 산업으로 전환시켰다 (Sanchez *et al*., 2005: 27). 홍수와 가뭄으로 대표되는 자연재해 또한 식량 공급을 제한할 수 있고 따라서 재앙의 즉각적 여파를 넘어서는 인간안보적 함의를 지닌다.

가격 불안정성 증대

농산물 가격은 전통적으로 단순한 수요 공급의 경제학적 측면에서 다른 대부분 상품보다 더 변동이 심하다. 식량 수요는 항상 존재하지만 — 아마 상승할 것임 — 곡물이나 육류의 공급은 예기치 못한 기후변화에 매우 민감하다. 흉작에 대한 공포는 인류의 정신에 깊게 각인되어 있다. 심지어는 식량 부족 가능성이 희박한 부유한 국가에서조차 정부와 대중들은 신중하고 방어적 태도를 보이는데, 그런 공포가 그 이유를 부분적으로 설명해준다. 급격한 가격 상승이 더욱 치명적인 개발도상국에서는 77그룹(G77: Group of 77, 유엔의 개도국 그룹 – 역자 주)과 같은 정부 간 연대를 통해 1960년대부터 국제 식량수출 가격의 안정화를 위한 '공동기금'의 설립을 주장하여 왔다. 예를 들어, 유럽공동체(European Community)는 스타벡스(STABEX, 개발도상국에 대한 수출소득보상융자제도 – 역자 주) 기제를 도입하였는데, 이는 유럽공동체와 아프리카, 카리브 및 태평양의 구 식민지 국가들과의 무역관계를 규율하는 1975년 로메협정(Lomé Convention)의 일환으로 특정 곡물 가격의 하락으로 인한 소득의 손실을 보상해주기 위한 것이었다.

스타벡스는 2000년에 로메협정(범위가 보다 축소된 플렉스[FLEX]체제로 대체)의 만료로 중단되었다. 대체적으로 1970년대와 1980년대 초기의 급변 이후에 1990년대와 2000년대 초기에 식량 가격이 안정되면서 공동기금에 대한 요구가 감소하였다. 그러나 2007년 3월과 2008년 3월 사이에 발생한 가격 폭등으로 세계 식량 가격이 평균 56% 상승하였는데, 이 중에 밀은 130%, 쌀은 74% 상승하였다 (FAO, 2008). 여기에는 여러 요인들이 작용하였는데 공급 측면에서는 특히 호주와 유럽의 흉작을 포함시킬 수 있다. 수요 측면에서는 신흥시장 국가들의 경제적 성장, 그 중에서도 인도와 중국의 성장이 우유, 시리얼 및 육류 시장을 확장시켰다. 아울러 석유 가격의 큰 상승이 식량 가격에 영향을 미쳤다. 왜냐하면 그것이 운송비에 큰 영향을 미치기 때문이다. 또한 당시 금융 세계를 지배했던, 규제로부터 자유로운 거품경제와 연계된 곡물의 투기적 단기 매매가 세계적 가격에 영향을 미쳤다. 2008년의 글로벌 경제 붕괴의 배후에 있었던 여러 이슈가 식량 가격에 부정적 영향을 미쳤지만, 2007~2008년 사이의 가격과 수요의 급등에 대해서는 보다 장기적이고 근본적인 요인들이 설득력을 지닌다.

비옥한 토지의 환경적 저하

사막화와 삼림파괴라는 잘 알려진 환경변화는 식량 공급에 분명하고도 심각한 결과를 가져온다. 그리고 이 두 현상은 기후변화가 세계의 생산능력에 가하는 광범위한 위협의 원인이자 증상이다.

대중적인 생각과는 다르게 사막화 현상은 단순한 사막의 확장보다는 토지의 영구적이고 되돌릴 수 없는 질적 저하를 의미한다. 그것은 토지의 점진적 불량화라는 광범위한 문제의 증상인 가뭄보다 더 장기적인 현상이다. 따라서 북미 대륙의 대부분, 유럽연합(EU)의 13개 국가(특히 지중해 연안 국가들), 그리고 전체로는 110개 국가를 포함하는 많은 국가들이 사막화 현상의 영향을 받고 있다 (WER, 2009: 4). 척박해진 토지는 농사를 위해 재생되기가 거의 불가능하기 때문에 식량안보와 관련한 함의가 명백하다. 예를 들면, 아이티에서는 1960년대와 1980년대 사이에 비옥한 토지가 점진적으로 상실된 결과 곡물 생산이 절반으로 감소하였다고 추정된다 (Brauch, 2003). 척박해진 토지는 또한 자연 서식지를 파괴하여 인간의 식량안보에 연쇄적인 영향을 미칠 수 있다. 예를 들면, 호주의 건조지대에서 포유류 12%와 조류 8%가 20세기에 멸종하였는데, 건조지대가 아닌 곳에서의 멸종 비율보다 상당히 높다. 이는 다수의 원주민 종족의 사냥과 식량안보를 악화시켰다 (Pickup, 1998: 56-57).

차드, 카메룬, 니제르 및 나이지리아 국경들에 걸쳐 이어지는 광활한 담수호수인 차드호(Lake Chad)는 사막화의 극명한 사례이다. 이 호수의 면적은 1960년대에 2만 5,000평방킬로미터에서 오늘날에는 90% 축소되어 단지 2,500평방킬로미터에 지나지 않는다. 이 호수의 주된 수원인 샤리(Chari)강과 로고네(Logone)강의 유속은 최근 수십 년간의 가뭄, 강수량의 점진적 감소 및 용수 수요의 증가에 따라 계속 줄어들었다. 이 지역은 호수 내 수자원 감소와 주변 농경지의 침식의 결과로 고통받아왔다. 이들 네 나라는 이웃 국가인 리비아와 중앙아프리카공화국과 함께 설립한 차드호유역위원회(Lake Chad Basin Commission)를 통해 이런 문제와 싸우기 위해 정치적으로 조율을 하여 왔고, 주변 토지의 관리를 개선하는 성과를 거두기도 하였다. 그러나 전체적으로는 그들의 노력도 기후변화에 의해 침식되어 왔다.

사막화와 마찬가지로 — 실제로 그것과 연결되어 — 삼림파괴는 세계 나무의 점진적 감소를 의미한다. 이 또한 사막화와 마찬가지로 수세기에 걸친 현상인데, 이는 어느 정도 자연현상이기도 하지만 특히 산업화와 산업적 규모의 농사와 관련된 인간의 착취 때문에 가속화되었다. 2000년대에는 연평균 520만 헥타르의 순감소(코스타리카의 크기와 동일)가 있었는데, 이 숫자가 놀랍기는 하지만 이는 1990년대의 순감소인 연평균 830만 헥타르보다는 줄어든 것이다 (FAO, 2011a). 대규모 콩농장과 같은 지속 불가능한 농사 방식이 오늘날의 이런 감소의 80%를 차지하고, 목재, 종이 및 연료로 사용하기 위한 벌채가 나머지의 대부분을 차지한다 (Kissinger, Herold and De Sy, 2012: 5). 다른 요인에는 광산시설과 도시화의 확장을 들 수 있다.

삼림은 과일은 물론 인간에게 중요한 다른 식량을 제공하고, 식용으로 유용한 다수 동물 및 꽃가루 매개 벌과 같이 농업에 중요한 존재의 서식지를 공급한다. 아울러 삼림파괴는 사막화 현상을 악화시킨다. 왜냐하면 자외선 차단막이 제거됨으로써 대지 및 토양을 결속시키는 나무뿌리가 바싹 마르기 때문이다. 또한 물의 순환도 사막화에 의해 방해를 받는데, 이는 물 부족을 가중시키는 강수량과 유속의 양식에 변화를 촉발하기 때문이다.

비식용 작물로의 생산 전환

작물과 설탕의 생산으로부터 새롭고 수익성이 있는 바이오연료 시장으로의 전환이 세계 식량 공급의 축소에 영향을 미쳤다. 가장 널리 알려진 바이오연료에는 사탕수수에서 추출한 에탄올과 잡곡에서 추출한 바이오디젤이 포함된다. 세계은행의 보고서에 따르면 2002년부터 2008년 사이에 식량 가격 상승의 70%에서 75%정도가 미국과 영국의 바이오연료에 대한 보조금과 관세장벽의 결과였고, 이는 식량 생산을 감소시켰으며 보다 저렴한 원료를 힘들게 구하게 함으로써 시장을 교란시켰다 (Mitchell, 2008).

비옥한 토지의 국제적 판매

특정 국가에서 식량 공급에 영향을 주는 요인은 '토지 수탈(land grab)' 현상의 점증이다. 이는 제3세계의 경작지가 단기 수익을 노리는 서구 또는 중국 투자자들에게 팔리는 현상을 의미한다. 이 역시 세계 식량 공급을 감소시키는 데에 기여한다. 그런 투자자들은 종종 생산물을 바이오연료로 전환시키는데 이는 지역적 공급 부족을 더욱 악화시켜 정치적 불만의 원천이 되기도 한다. 한 추산에 따르면 2000년대에 2억 헥타르(영국 영토의 8배에 이르는 지역)의 토지가 외부에 팔리거나 임대되었다 (Anseeuw, Wily, Cotula and Taylor, 2011).

농산물 무역의 왜곡

1960년대 말에 수요가 공급을 추월할 것이라는 신맬서스주의 우려가 등장한 이래 세계 식량 생산은 점차 증가하여 왔다. 그러나 세계 식량 무역은 자유시장과는 거리가 멀었다. 즉 세계의 다른 지역에서 요구하는 만큼 효율적 생산자가 수출하게 함으로써 비교우위를 제공하게 하는 경제적 자유주의(Economic Liberal)의 전형은 분명히 존재하지 않았다. 선진국의 농업은 지난 60년간 국제무역 자유화로부터 상당히 면제되어 왔다. 그리고 많은 선진국에서 농업은 정부 보조금과 보호 장벽을 향유한다. 이는 제3세계 국가들 — 경제의 대부분을 농업에 의존하는 경향을 가지는 — 이 생산한 식료품을 선진국 시장에 수출할 수 있는 능력을 침식한다. 경제협력개발기구(OECD) 국가들에서는 매년 2,500억 달러가 농민을 인위적으로 지원하는 데 사용된다 (*The Economist*, 2010). 그리고 이런 자유시장의 왜곡에서 기인하는 개발도상국의 손해는 대외원조를 통해 그들에게 지원되는 총액을 일반적으로 훨씬 초과한다. 개발도상국들은 세계무역기구(WTO) 설립 이래 끈질기게 농업 무역의 자유화를 주장하여 왔다. 그러나 아직까지는 선진국의 기득권적 기업식 농업의 이해관계 때문에 이러한 노력이 거부되어 왔고 이는 '상대궁핍화(beggar thy neighbour, 타국의 희생을 통해 자국의 번영을 추구하는 정책 – 역자 주)' 경제정책의 가장 분명한 사례가 되고 있다.

남획

농업 생산과 마찬가지로 수산업과 그 생산물의 소비는 인구 증가와 함께 지난 70년간 소비 형태의 변화로 확대되어 왔다. 1950년에 글로벌 수산시장의 규모는 1,930만 톤이었으나 2009년에는 1억 6,300만 톤으로 증가하였다 (FAO, 2011b: 4). 그러나 농업에 있어서의 녹색혁명과 달리 인간의 창의력은 공급을 증가시키거나 유지하는 것이 아니라 더 많은 어류를 포획하는 방법의 학습에서만 성공하였고 이는 분명한 집합재 문제로 이어졌다. FAO는 현재 수산자원 57.4%가 '완전히 고갈'되었고, 29.9%가 과도하게 남용되어 13% 미만의 자원만이 지속가능하게 수확될 수 있다고 추정한다 (FAO, 2011b).

그러한 수산업의 성장과 자원의 격감은 훨씬 거대한 '대형 선박(factory vessels)'의 전개, 더 무차별적인 '부수어획(bycatch)', 그리고 양식(fish farming)의 대두 등 조업의 산업화에서 기인한다. 근본적인 문제는 어로작업이 정치적인 보전의 문제가 아니라 경제 및 사회적 이슈로 다뤄지는 경향이 있다는 점이다. 정부들은 국내정책적으로 수산업에 대해 보조금을 지원하는 데 중점을 두고, 외교정책에 있어서는 집합재 문제에 직면하여 '상대궁핍화'를 추구하며, 개발정책에 있어서는 원조 프로그램을 통해 저개발국가 수산업의 현대화를 장려하는 경향이 있다. 전 세계적으로 연간 260억 달러가 수산업에 지원되는데, 연료 보조금 64억 달러를 포함하여 그 대부분은 현대화에 투여된다 (World Bank, 2009). 이런 방식으로 "고기 대신에 낚싯대를 제공하라"는 개발정책의 고전적 교훈은 침식되고 있다. 왜냐하면 원조 프로그램이 산업화에 치중함으로써 실제로는 '낚싯대를 가진 사람'이 종종 망하게 되기 때문이다. 아울러 개발도상국이 자신의 수역에서 조업할 수 있는 권리를 선진국에게 판매하는 '바다 수탈(sea grab)' 현상도 증가하고 있다. 1980년대 이래 모리타니아와 세네갈과 같은 서부 아프리카국가들은 EU에 이어 중국과도 자신들의 배타적 경제수역 내에서 조업할 수 있는 권리를 부여하는 계약을 체결하였다. 애초에 이는 양측을 만족시키는 것으로 보였지만, 시간이 경과함에 따라 보다 정교한 장치를 활용할 수 있고 보조금으로 가격을 낮출 수 있는 상대와의 경쟁으로 인해 이 지역의 어업은 악화되어 왔다. 전체적으로 글로벌 수산업은 매년 약 50억 달러의 손실을 기록한다. 이것이 최적의 지속가능한 방식으로 운영된다면 매년 450억 달러의 이익을 창출할 수 있다 (World Bank, 2009).

식량안보와 국제정치경제 이론들

세계의 식량이 충분함에도 불구하고 어떤 사람들이 기아에 허덕일 수밖에 없는 이유에 대한 고민은 국제정치경제(IPE: International Political Economy)의 가장 근본적인 질문이다. 이와 관련하여 이 분야의 4개의 학파는 세계화되는 자본주의체제의 형평성에 대해 서로 다른 입장을 취한다.

중상주의

중상주의는 "자기 자신을 돌본다(looking after number one)"는 경제적 철학이고, 국제관계 현실주의 이론의 IPE 버전이라고 할 수 있다. 중상주의자에게 있어 식량안보의 핵심이 자족이고, 그들은 세계화에 유보적이어서 반드시 필요한 경우에만 식량과 다른 상품을 수입해야 한다고 주장한다. 제국주의나 정복을 통한 자족의 추구는 역사의 대부분을 장식했던 공격적 중상주의 버전이다. 보다 정교한 현대적 버전은 오늘날 세계 여러 지역에서 관찰되는 보호무역주의라는 경제적 민족주의이다. 중상주의는 자유무역의 분명한 옹호자들 — 미국, EU 및 일본 등 — 조차도 농산물 수입에 대해 높은 관세를 유지하고 그들의 농민과 어민 및 식량 수출업자들에게 보조금을 제공한 사례에서도 찾아볼 수 있다 (그런 시장조작 때문에 손해를 보는 국가들에게는 이것은 흔히 '덤핑[dumping]'으로 알려져 있다).

마르크스주의

마르크스주의적 분석은 구조적 경제 요인들이 흉작에 대한 특정 정부의 부적절한 정치적 대응만큼이나 기근 및 기아에 책임이 있다고 주장한다. 실제로 역사상 최악의 기근들 중 대부분이 19세기 후반에 발생했다는 점은 놀라운 일이다. 당시는 식량 무역이 급증한 유례없는 글로벌 경제 자유화의 시기였다. 마르크스 스스로도 그의 시대에 있었던 기근이 자본주의의 산물이라고 보았다. 그리고 그의 현대판 제자인 데이비스(Mike Davis)는 인도와 중국과 같은 식민지 또는 반식민국가들이 자국 국민들은 굶어 죽는 동안 글로벌 시장경제에 편입되어 선진국에 식량을 수출하도록 강요당했다는 설득력 있는 증거를 제시한다 (Davis, 2001: 27). 그런 아사자들은 현재의 경제적 세계화를 완화하여 경제안보를 위협할 수 있는 예기치 못한 요인들을 제대로 다뤄야 한다는 것을 보여주는 역사의 강력한 경고이다.

마르크스주의는 빈곤에 의한 기아의 지속성이 기근과 마찬가지로 실제로는 글로벌 경제에 의해 초래되고 세계의 부유한 측에 의한 의도적 무시의 결과라고 설명한다. 1960년대에 노르웨이의 평화 연구자 갈퉁(Johan Galtung)은 의도적으로 빈곤과 기아를 안보문제화하려는 의도에서 '구조적 폭력(structural violence)'이라는 개념으로 그런 현상을 압축하여 표현하였다.

> … 만약 객관적으로 방지될 수 있을 때에 사람들이 굶주린다면 폭력이 행사되는 것이다. 이는 과거의 포위공격 중에서처럼 분명한 주체-행동-객체(SAO: subject-action-object) 관계가 존재하거나 오늘날 경제관계가 조직화되는 방식에서처럼 그런 분명한 관계가 존재하지 않아도 상관없다.
>
> (Galtung, 1969: 170)

따라서 마르크스주의자들은 글로벌 기제들을 개혁하는 것이 세계에 식량을 공급하는 길이라는 것을 납득하지 못한다. 1990년대 중반에 쓴 격노한 논쟁적 글에서 우빈(Johan Uvin)은 FAO와 그 후예인 WFP의 활동 모두를 '국제기아레짐(international hunger regime)'의 구축으로 묘사하였다 (Uvin, 1994: 73-74). 우빈은 FAO가 다른 유엔 기구들 및 정부간기구들과 마찬가지로 가난한 사람들의 영양분 섭취 필요를 정면으로 다루기보다 저개발국가의 농업 생산 기계화를 통해 국제무역을 촉진하는 것에 관심이 있다고 주장한다. FAO는 원래의 취지와 다른 가치관을 바탕으로 인간의 고통을 구제하기보다는 선진국의 경제적 이득을 위한 대리인이 되었다고 비난받는다. 마르크스주의자들이 보기에 세상의 굶주린 사람들은 세상의 영양상태가 좋은 이들의 동정심을 기다려서는 결코 먹을 수 없다. 개발도상(*developing*)국은 결코 발전하지 않는다. 그들은 부유한 상대에 의해 체계적이고 의도적으로 착취당하는 종속국가이다. 글로벌 경제체제는 선진국의 게걸스런 자본주의적 탐욕을 충족시키기 위해 저개발국가들을 필요로 한다.

경제적 자유주의

경제적 자유주의는 마르크스주의 관점의 정반대에 위치하고 있다. 즉 저개발국가들은 수출주도형 산업이 번성하고 다국적기업(MNCs)들의 투자로부터 이득을 볼 수 있도록 스스로를 글로벌 경제에 통합시킴으로써 선진국의 발전을 가장 잘 모방할 수 있다고 주장하는 것이다. 이들 세계화주의자들 — 세계화 지지자들 — 에게 기아는 피해를 입은 국가들이 선진국가들의 경험과 동일한 경제발전을 추구함으로써 근절될 수 있는 것이다. 그렇다면 근대화를 위한 조건들 — 부, 민주주의, 교육, 국가 복지주의 및 소규모의 가족 — 도 창조될 수 있고, 이 모두가 빈곤을 해소하는 데 기여할 수 있다. 이런 견해가 가장 분명히 드러나는 사례가 1960년대 미국의 저명한 경제사학자 로스토우(Walt Rostow)의 '성장단계(Stages of Growth)'론이다. 로스토우는 선진국의 발전과정을 분석하여 모든 국가는 '도약(take off)' 및 소비자 주도의 부유한 사회라는 최종 단계를 향해 5개의 유사한 단계를 거쳤다고 결론을 내렸다 (Rostow, 1960). 대만, 한국, 홍콩 및 싱가포르와 같은 '아시아의 호랑이(Asia Tigers)' 신흥공업국(NICs: Newly Industrialized Coun-tries)들은 해외투자에 대해 스스로를 개방하고 수출주도 제조업을 발전시킴으로써 경제개발에 성공했다. 이런 사례들은 빈곤을 극복하는 글로벌 경로가 전근대에 갇혀 있는 국가들에게도 유효하다는 주장을 강화하는 데 기여하였다.

경제적 자유주의자들은 인간안보의 증진을 위해 글로벌 경제질서 자유화의 축소가 아니라 확대가 필요하다고 주장한다. 제2차 세계대전 이후 우리가 경험해온 자유국제경제질서(LIEO: Liberal International Economic Order)는 개별 국가들이 관세를 통해 자신만의 부를 축적할 수 있는 능력을 제한함으로써 세계 시민들이 보다 부유해질 수 있도록 허용했다. 개입주의 정부로부터 자유로운 국제무역은 교역량을 증가시킬 수 있고 '비교우위(comparative advantage)' 논리를 통해 인류의 이익 증진에 봉사할 수 있다. 더 자유로운 글로벌 무역은 국가가 자족을 추구하지 않고 국가 및 지역이 '모든 것을 조금씩(a bit of everything)' 생산하기보다 자신에게 가장 적합한 것을 생산할 수 있도록 한다. 자유주의의 논리에 따르면 그렇게 함으로써 더 많은 것이 생산되고 더 많은 것이 거래된다. 이런 관점의 선구자는 18세기 스코틀랜드 경제학자인 아담 스미스(Adam Smith)였는데, 그는 19세기 영국의 국제정책에 큰 영향을 미쳤다.

스미스의 현대적 제자 중 일부는 세계경제의 실패들이 LIEO가 충분히 자유주의적이지 않기 때문이라고 간주한다. 동시에 그들은 세계은행과 같은 세계 기구들이 '보상적 자유주의(compensatory liberalism)'라는 사회적 고려가 추가된 자유주의 경향으로 경도되는 최근 흐름에 대해 우려한다. 진정한 글로벌 자유시장경제의 주창자인 바우어(Peter Bauer)는 대외원조가 '돈을 부유한 나라의 빈곤한 사람들로부터 빈곤한 나라의 부유한 사람들로 이전시키는 탁월한 방법'이라고 주장한 바 있다 (*The Economist*, 2002a). 선진국에서 오는 구호가 저개발국 엘리트에 의해 허비되고 종속을 낳는다는 이 견해는 정치적 우파와 좌파가 세상에 대해 동일한 결론에 도달하고 있다는 점에서 흥미롭다. 그러나 좌파와 우파가 다른 점은 무역에 대한 관점이다. 경제적 자유주의자들은 글로벌 농업시장을 LIEO 하에서 진행된 산업 거래와 같은 방식으로 자유화할 것을 주장한다. 그렇게 함으로써 저개발국가들은 수출을 통해 빈곤을 극복할 수 있다는 것이다. 반면 마르크스주의자들(그리고 중상주의자들)은 보다 내생적인 경제적 접근법을 선호한다. 즉 국가 자립적인 '식량주권(food sovereignty)'에 주목하는 것이다.

1970년대에는 개발도상국들에게 보호주의적 수단이 허용되어야 한다는 신국제경제질서(NIEO: New International Economic Order) 의제가 대두되었다. 그러나 경제적 자유주의는 1980년대와 1990년대에 '워싱턴컨센서스(Washington Consensus, 미국정부 및 아울러 워싱턴에 본부가 있는 국제통화기금(IMF)의 중요성을 강조하도록 명명됨)'라는 이름으로 글로벌 경제담론과 실천에 재등장하였다. 1980년대의 부채 위기로 인해 신우파(New Right) '통화주의(monetarist)' 경제정책이 국제정치 무대에서 실행될 수 있는 기회를 부여받았다. 국가들의 대출상환 불이행 전망에 직면하여, 경제위기에 빠진 제3세계 국가들에 대한 구제금융에 있어서 세계은행과 IMF의 중점은 더 많은 대출로부터 '구조조정정책(Structural

Adjustment Policies)'으로 전환되어 인플레이션을 통제하고 국영기업보다 사기업을 통해 경제성장을 추구하는 법 제정의 지원을 강조하였다. 미국과 영국의 가난한 시민들이 국가보조에 덜 의존하여 자력구제를 하게 하는 것이 최선이라고 주장되었던 것처럼, 신자유주의자들(neo-Liberals)은 빈곤한 국가들의 발전을 촉진시키기 위해서는 지원금에 의존하기보다 스스로 재정 건전성을 유지하고 시장의 보이지 않는 손의 작동을 허용할 필요가 있다고 주장했던 것이다.

대안 세계화주의자

IPE 영역에서의 '자유무역 옹호', '자유무역 비판' 논쟁의 이론적, 실천적 측면에 대한 불만은 기아의 원인에 대한 덜 엄격하고 보다 합의적인 견해가 등장하도록 촉진하였다. 이러한 입장은 글로벌 구조적 힘이 해롭다는 점을 받아들이지만 동시에 전통 마르크스주의와 '보상적 자유주의(Compensatory Liberals)'의 경직성에 동의하지 않는 비판이론가(Critical Theorist)에 의해 주도되었는데, 이들은 여전히 자유무역이 옳다고 생각하지만 경제적 자유주의자들처럼 그것을 교조적으로 믿지는 않는다. 이들 개혁적(reformist) **대안 세계화주의자**(*alter-globalist*, 세계화와 자본주의에 대한 찬성파 혹은 반대파와는 다른)는 기아가 자본주의 세계경제에서 불가피하다는 주장에 동의하지 않지만 빈곤의 지속성에 대한 책임이 글로벌 정치의 실패에서 기인한다고 주장한다. 1990년대부터 IPE 담론에서 탈워싱턴컨센서스라는 이름으로 또 다른 글로벌 합의가 도출되기 시작했다. 이는 세계화를 통한 경제개발을 옹호하면서도 현대 글로벌 경제체제의 실패를 인정한다. 예를 들어, 세계은행의 전직 수석 이코노미스트인 스티글리츠(Joseph Stiglitz)는 빈곤에 미치는 세계화의 영향이 긍정적이기도 했고 부정적이기도 했으며, 이제 글로벌 경제와 더불어 글로벌 사회정의도 필요하다고 주장하였다 (Stiglitz, 2002).

대안 세계화주의자들에게 기아를 줄이는 일은 글로벌 자본주의를 포기하지 않고서도 국제제도를 개혁하고 정부들로 하여금 국제무역에서 덜 이기적으로 행동하기를 권장함으로써 달성 가능하다. 2000년대의 '빈곤의 역사화(Make Poverty History)' 운동은 기아로 인해 발생하는 일상적 사망에 대한 대중의 인식과 그런 비극을 줄이기 위한 정부의 구조적인 정치적 행동을 촉구하는 압력의 제고를 목표로 하였다. 따라서 '원조가 아니라 무역(trade not aid)'이 이 운동의 핵심 주장이 되었다. 이는 이 운동을 고무시킨 1980년대 밴드 에이드(Band Aid)/라이브 에이드(Live Aid) 운동(저개발국가의 기근을 구제하기 위해 모금을 한 자선 공연 형태 – 역자 주)이 집중했던 자선사업과는 대조되는 것이다. 따라서 대안 세계화주의자들은 사안에 따라 더 많은 정치적 개입이 필요하지만 다른 사안에서는 자유시장의 보이지 않는 손이 작동할 수 있도록 하는 '혼합 경제(mixed economy)'의 세계를 주장한다.

이러한 탈워싱턴컨센서스의 맥락에서, 그리고 수사를 넘어서는 합의에 바탕을 둔 진정한 국제개발 정책의 추진으로 진행시키기 위해서, 새로운 글로벌 개혁 의제인 새천년개발목표(MDGs)가 유엔총회에서 2000년에 채택되었다. NIEO와 달리,

MDGs는 IMF, 세계은행, OECD, 선진7개국그룹(G-7) 등 선진국이 주도하는 기구들에 의해서도 채택되어 말만 무성한 유엔보다 훨씬 강한 정치적 추진력을 가질 수 있게 되었다는 점이 중요하다. MDGs의 8가지 광범위한 목표에는 식량안보와 관련하여 함의를 가지는 다음과 같은 3가지 목표가 포함되었다.

- 극심한 빈곤과 기아의 반감
- 지속가능한 환경 보장
- 개발을 위한 글로벌 협력관계 구축(공정 무역과 지원 강화)

따라서 MDGs는 이상주의적 희망목록과는 거리가 멀고 국제사회가 평가받을 수 있는 실용적이고 식별 가능한 목표의 선정을 위한 노력이라고 볼 수 있다. 다양한 지표들의 계산 근거는 1990년 기준으로 설정되었고 목표들이 달성되었는지에 대한 판단은 2015년에 내리기로 결정되었다. 그러나 목표 달성을 향한 진전은 엇갈린다고 묘사하는 것이 가장 적절할 것이다. 하루에 1.25달러 미만으로 생활하는 사람들의 비율은 상당히 줄어들었다. 하지만 기아의 절대적 수준은 개선되지 않았다. 세계식량기구는 2009년에 영양실조 인구의 숫자가 처음으로 10억 명에 이르렀다고 추정하는데, 이는 1990년 수준을 훨씬 넘는 것이다 (WFP, 2009). 이들 숫자의 이면에는 모든 목표와 관련된 하나의 일반적 흐름이 자리한다. 아시아, 라틴 아메리카 및 북아프리카에서는 상당한 진전이 있었고 이 지역들에서는 다수의 목표들을 달성할 가능성이 크다. 그러나 사하라이남 아프리카 지역은 이런 개선에 보조를 맞추지 못하고 있다.

MDGs가 목표를 달성하지 못할 것이라는 우려와 2008년 경제위기 이후의 침체로 촉발된 식량안보에 대한 불안감의 고조가 보다 개혁적인 글로벌 정치 및 경제기구와 정책을 구축하려는 노력을 재개시켰다. 2008년에 반기문 유엔 사무총장은 글로벌 식량안보 위기 고위급 특별대책반(High-Level Task Force on the Global Food Security Crisis)을 출범시켰다. 이 대책반은 다음 해에 포괄행동계획(CFA: Comprehensive Framework for Action)을 채택하여 위기 시 가장 취약한 곳에 식량원조를 약속하는 동시에 장기적으로 취약성을 줄이는 방법을 모색하는 병행(two-track) 전략을 제시하였다. 2009년에 마드리드 식량안보회의에서 반기문 사무총장은 이 약속을 기반으로 하여 다음과 같이 주장하였다. “우리는 분석과 책임의 기반으로서 식량권(right to food)이라는 세 번째 트랙을 추가할 준비를 해야만 한다” (Ban, 2009). 2009년 마드리드회의는 비정부기구와 정부간기구의 세계적 네트워크인 농업 및 식량안보를 위한 글로벌 파트너십(Global Partnership for Agriculture and Food Security)을 출범시키고, 9억 달러의 기금을 마련하였다.

비슷한 방식으로 2008년의 인권이사회(Human Rights Council) 결의안도 국가들에게 ‘식량권의 실현에 부정적인 영향을 미칠 수 있는 정책과 수단을 재검토’할 것을 촉구하였다 (A/HRC/S-7/L. 1/Rev. 1). 세계 기아문제를 경제적 이해의 주빈석에서 다루려는 노력은 선진8개국그룹(G-8, ‘Group of Eight’, 서방선진7개국과 러시아)이 2009년 정상회담에서 (다수의 다른 국가들과 개인 기증자들과 함께) 라퀼라식량안보이니셔티브

(L'Aqilla Food Security Initiative)를 채택함으로써 분명해졌다. 이 이니셔티브는 이후 3년에 걸쳐 저개발국가의 식량 생산을 지원하기 위한 프로젝트에 200억 달러를 약속하였다. 2012년에 이니셔티브가 만료되자 비슷한 약속이 '식량 및 영양안보 증진을 위한 신동맹(New Alliance to Improve Food and Nutrition Security)'이라는 이름으로 이어졌다. 2013년에는 MDGs가 2015년에 종료된 이후에도 관리되어야 할 목표 — 유엔고위급패널(High-Level Panel) 포스트-2015 개발 목표 — 가 천명되었는데 이 새로운 목표는 국제사회를 향한 몇 가지 새로운 도전들을 언급하였다. 이는 정부 간 정책과 법이 세계의 이익을 충실히 대변하지 못했다는 인식에서 나온 것으로 여기에는 삼림파괴, 사막화, 기후변화 그리고 농업과 어업에 대한 과다보조 문제가 포함되었다 (글상자 17.2 참조).

따라서 세계 인구의 7분의 1이 기아로 지속적인 고통을 받지만, 국제사회가 보호만이 아니라 '식량 공급의 의무'도 가진다는 규범적 진전이 있어왔다. 식량권 — 건강권과 마찬가지로 — 에 대한 글로벌 담론의 대두는 시민사회, 다소 유연한 풀뿌리 활동가들, 유엔 그리고 심지어는 세계의 가장 부유한 국가들에서조차 분명히 관찰된다. 이것은 권리의 세계화 논지의 초기 증거일 수도 있다. 아직 실천에 옮겨지기까지는 다소 시간이 걸릴 수도 있으나 글로벌 식량권 관념에서는 큰 진전이 있었다.

결론

식량안보는 분명히 안보의 정치에 있어서 '안보대상(referent object)' 딜레마를 발생시킨다. 글로벌 차원에서는 식량안보가 국가안보와 동일한 것을 의미하지 않고 종종 그것에 직접적으로 모순된다. 왜냐하면 국가적 이익은 생산을 공유하기보다 비축함으로써 달성되는 것으로 이해되는 측면이 존재해왔기 때문이다. 선진국의 농업 보호주의는 선진국 농민들과 식량 생산업자들을 부유하게 한다. 그러나 그것을 폐기하더라도 그들의 생명이 위험에 처하지는 않을 것이다. 반면 저개발국의 생명은 이 보호주의의 왜곡된 영향으로 위협받는다. 인간안보 옹호자들과 현실주의 및 중상주

글상자 17.2 식량안보와 관련된 포스트-2015 개발 목표

5. 식량안보 및 충분한 영양 보장
- a) '기아의 종식 및 모든 사람에게 충분하고, 안전하고, 저렴하고 영양가 있는 식량권 보장'
- b) 영양결핍으로 인한 영아사망 감소
- c) 소규모농업생산의 지속가능한 성장에 집중
- d) 농업 및 어업의 지속가능한 방법 채택
- e) 수확 후 손실 및 음식 쓰레기 감소

9. 천연자원의 지속가능 관리
- c) 생태계와 생물다양성 보호
- d) 삼림파괴 감소 및 삼림재생 증대
- e) 토양질 개선 및 사막화 방지

의 비판자들에게 있어 이는 국가중심주의 때문에 인간안보가 실패한 명확한 사례이다. 탈워싱턴컨센서스는 개발을 국제정치의 전면에 부각시켰다. 하지만 모든 사람이 쓰기에 충분한 식량과 자원이 존재하는 세계에서 절대적 빈곤이 지속되는 것은 글로벌 정치가 유사하게 지속적으로 실패하여 왔음을 입증하는 것이다. 마르크스주의적 관점에서 이런 실패는 이들 자원에 대한 거버넌스를 개선함으로써 다뤄질 수 있는 문제가 아니다. 왜냐하면 이것은 자본주의의 착취적 성격에 깊게 내재되어 있는 문제이기 때문이다. 그러나 단기적 경제이익이 효과적인 지속가능한 거버넌스에 장애물이라는 점은 거의 의심되지 않지만, 정반대의 정치적 스펙트럼의 관점에서는 문제가 자유기업의 부재 때문에 식량과 연료에 대한 과다 보조를 통해 시장이 왜곡되기 때문이라고 볼 수도 있다. 식량에 대한 접근성을 어떻게 보장할 것인지에 대한 글로벌 합의는 진전되어 왔다. 그러나 논쟁은 지속되고 있으며 문제도 여전히 남아있다. 독자가 이 장을 읽고 있는 와중에도 수백 명의 사람들이 — 모면할 수 있는 사람들이 불필요하게 — 기아로 사망하고 있다.

요점

1. 기근은 가뭄과 같은 자연적 요인에 의해 촉발될 수 있지만, 또한 항상 식량 배분에 영향을 미치는 정치적 요인에 의해 설명될 수도 있다.
2. 오늘날 식량 불안정은 주기적 기근보다는 분배의 실패에서 비롯되는 보다 근본적인 기아의 문제와 보다 밀접하게 연계된다. 그리고 이는 10억 명 이상의 사람들에게 영향을 미친다.
3. 다양한 특정 요인들이 모든 이에게 충분한 식량이 존재하는 세상에서 발생하는 기아라는 글로벌 정치실패를 설명할 수 있다. 그러나 반세계화주의자들은 글로벌 수준에서 이를 자본주의의 불가피하고 의도적인 결과라고 주장한다. 반면에 세계화주의자들은 그 반대를 주장하고 이 문제가 농업과 어업 부문에서 시장 세력의 부재 때문이라고 주장한다.

주

1) WFP는 하루에 1,800칼로리 미만의 영양분을 섭취하는 상태를 영양실조로 정의한다.

추천도서

Paarlberg, R. *Food Politics: What Everyone Needs to Know*, Oxford: Oxford University Press, 2013.

Sanchez, S. and Dobie, Y. *Halving Hunger: It Can Be Done*, UN Millennium Project Task Force on Hunger, London: Earthscan, 2005.

Sen, A. 'Democracy as a Universal Value', *Journal of Democracy*, vol. 10, no. 3, 1999, 3–17.

18장 보건과 안보

피터 허프(Peter Hough)

글상자 18.1 부시와 '에이즈와의 전쟁'

2003년의 연두교서에서 조지 W. 부시 대통령은 새로운 계획의 추진을 발표하였다. 이 에이즈퇴치대통령비상계획(PEPFAR: President's Emergency Plan for AIDS Relief)은 5년에 걸쳐 후천성면역결핍증(HIV/AIDS)의 국제적 확산을 막기 위해 150억 달러를 투입하겠다는 것이었다. 부시 행정부는 미국 역사상 가장 끔찍한 테러 공격을 경험했고, 근대 역사에서 가장 논쟁적인 전쟁을 시작했으며, 역사상 두 번째로 심각했던 글로벌 경기침체를 촉발했던 것으로 보통 기억된다. PEPFAR는 그러한 기록에 포함되기가 힘들지만, 그것은 그 규모에서 전례가 없었고 100만 명의 아프리카 사람들의 생명을 구했다고 이후 주장되기도 하였다 (Bendavid and Bhattacharya, 2009). 이는 보건 이슈와 관련된 2가지 보편적 진리를 잘 보여준다. 이 문제는 국제정치 분석에 있어서 잘 드러나지 않는 경향이 있지만, 그럼에도 불구하고 심지어는 현실주의적 생각을 가진 정치인들에게도 점차 중요하게 인식되고 있다.

서론: 불건강의 세계화

질병은 오랫동안 인류에 대한 최대의 위협이었다. 의학의 지속적인 진전에도 불구하고 질병은 당분간 계속될 것이다. 14세기의 흑사병(Black Death)은 그 이전과 이후의 어떠한 군사적 충돌보다 많은 인명을 앗아갔다. 또한 1918년부터 1920년 사이 인플루엔자 대유행은 바로 직전에 있었던 세계대전보다 더 많은 사람들의 목숨을 앗아갔다. 6세기에 콘스탄티노플에서 시작되어 지중해 지역으로 전파된 '유스티니아누스 역병(Plague of Justinian)'은 비잔틴 로마제국의 몰락을 촉진한 전형적인 '국가안보' 이슈였다 (McNeill, 1989: 101–106). 아울러 이들 질병에 의한 위협은 다른 환경적 문제와 마찬가지로 초국가적이고 따라서 서로 영향을 미치지만 독립적인 단위들로 인위적으로 세분되어 있는 인류가 쉽게 대처하기 힘든 안보적 도전을 대표한다. 오늘날 후천성면역결핍증(AIDS: Acquired Immune Deficiency Syndrome)은 역사상 두 번째로 치명적이고 대부분의 사하라이남 아프리카인들과 다른 모든 대륙에 거주하는 수백만의 사람들에게는 군사적 충돌보다 훨씬 더 큰 위협을 대표한다.

그러나 기근 및 기아와 마찬가지로 주요 전염병과 유행병(국제적 수준의 전염병)은 근본적이고 지속적인 위협의 극적인 단계적 확대만을 보여준다. 1970년대 말 무렵에 질병과의 전쟁에서 인간이 승리하고 있다는 낙관주의가 대두되었다. 질병은 아마 결코 완전히 패퇴시킬 수 없는 인간의 적이다. 그러나 제2차 세계대전 이후 수십 년간, 과학과 의학의 진보가 다수의 질병을 근절시키고 최소한 다른 것들도 봉쇄할 수 있다는 믿음이 점차 증가하였다. 1939년의 디디티(DDT: dichlorodiphenyltrichloroethane) 발견에 이어 모기나 체체파리와 같은 질병유발 곤충에 대해 합성(유기적) 살충제를 사용한 공격이 개시되었다. 질병에 대한 방어는 항생제를 발견하거나 정교화된 의학의 중요 진보에 의해 강화되었다. 그 대표적인 것이 미생물 자체를 직접 공격하거나 위협적 질병에 취약한 사람들 모두가 면역력을 가지게 할 수 있는, 장기적 효과를 지닌 페니실린이다. 이런 합동 전략이 유엔 조직의 일부로 새롭게 구성된 글로벌 기구의 출범으로 이어졌다 — 세계보건기구(WHO)가 그것이다.

1940년대의 페니실린과 DDT라는 획기적 발명에 힘입어 WHO에게 글로벌 보건안보는 실현할 수 있는 꿈으로 보였다. 하지만 이 중요한 전쟁의 다수 전투에서 대부분 승리하지 못하였다. 1955년에는 말라리아 근절 프로그램이 시작되었는데, 이는 공중보건 역사에 있어서 가장 대규모 사업이었다. 1950년대 말과 1960년대에 인간 주거지 근처에서 사용된 DDT는 접촉한 모든 모기를 급속도로 죽였고, 그것이 사용된 모든 지역 내 질병을 사실상 전멸시켰다. 말라리아를 근절한 DDT의 성공은 이탈리아의 사르디니아(Sardinia) 지방에서 DDT가 광범위하게 사용된 전후의 감염자 숫자를 비교할 때 잘 드러난다. 그 섬에서 DDT가 사용되기 이전인 1942년에는 7만 8,000명의 감염자가 존재하였는데, 그 살충제가 사용된 지 수 년 뒤인 1951년에는 오직 9명의 감염자만 발생하였다 (McEwen and Stephenson, 1979: 23). 초기 대체 살충제들은 DDT의 성과를 따라가지 못했고, 말라리아는 아프리카, 서남아시아 및 남미에서 다시 창궐하였다. 실론(지금의 스리랑카)에서는 DDT가 1963년에 연간 말라리아 발생 숫자를 17번으로 줄였었는데, 그 사용을 철회하자 말라리아가 과거보다 훨씬 많은 수준으로 창궐하여 1970년에는 200만 건이 발생한 것으로 추정된다 (Hicks, 1992).

WHO 주도의 면역 활동은 1978년에 천연두(smallpox)를 완전히 근절하여 연간 200만 명가량의 목숨을 구했다. 또한 WHO 주도의 DDT 사용 활동은 실제로 그 질병을 박멸하지 않고서도 말라리아 때문에 발생하는 연간 사망자 숫자를 비슷한 수준으로 낮췄다. 이외에도 다른 성공 사례들에 고무된 WHO는 1977년에 질병과의 싸움에서의 승리가 시야 안에 있다고 낙관적으로 선언하면서 '2000년까지 모든 이들에게 건강(Health for All the Year 2000)'이라는 목표를 설정하였다. 그러나 20세기 말에 이르러, WHO의 주요 초점이 1차 보건의료(Primary Health Care, 모든 사람이 보건 서비스, 깨끗한 물 및 위생에 접근 가능하도록 하는)로 전환될 수 있을 것이라는 희망은 좌절되었다. 그 이유는 분명히 휴면 상태였던 질환의 재유행과 새롭고 심지어 더욱 치명적 질병의 창궐 때문이었다.

비록 인간 역사가 세계적 전염병의 주기적 창궐로 점철되어 왔지만 현대에 특징적인 다수의 요인들이 지난 반세기 동안의 질병의 뚜렷한 확산과 국제화에 대한 설명으로 제시될 수 있다.

인구학적 세계화

역사는 전염병과 질병의 세계적 유행이 기존에 고립되었던 인구들이 섞일 때 발생하는 경향이 있음을 보여준다. 로마제국은 과거에 알려지지 않았던 규모의 주기적 전염병을 경험하였고, 13세기에 마르코 폴로(Marco Polo)가 동서를 연결시킨 이후 새로운 질병이 아시아로부터 유럽으로 들어왔으며, 15세기 말부터 콜럼버스(Christopher Columbus)와 그 후예들을 따라 질병들이 유럽을 떠나 아메리카 대륙으로 향하였다 (Pirages and Runci, 2000: 176-180). 인간 집단은 다른 지리적 영역에서 (유전적으로)진화한 사람들에게 치명적일 수 있는 특정 계열의 질병에 대한 면역을 시간이 흐르면서 진화시킬 수 있다. 종종 외국 음식에 잘못된 비난이 가해지는 휴일질환(holiday ailments, 해외여행으로 발생하는 병리 현상을 일컫는 말 – 역자 주)의 만연은 이 현상이 지속적임을 입증하는 증거이다. 사람들 간 접촉의 유례없는 수준은 궁극적으로는 인간의 면역체계를 보다 유사하게 만듦으로써 치명적인 영향을 감소시킬 것이지만, 그렇게 되기까지 현존하는 글로벌 사회적 변화는 치료제이기보다 문제의 근원이다.

전 세계적으로 더 많은 사람들의 이동 또한 모든 사람들에게 위험한 질병들을 전례 없이 많은 수준으로 새로운 지역에 전파시키고 있다. 비행기와 국제운송은 위험 병원균 확산의 주요 매개체라고 잘 알려져 있다. 여행객들이나 곤충 혹은 설치류 매개체에 의해 직접적으로 병원체가 옮겨지는 것이다. 유럽에서 발생하는 홍역의 70%에서 86% 정도는 아시아와 아프리카에서 귀국하는 여행객들과 함께 유입되는 것으로 알려져 있다 (Chen and Wilson, 2008: 1421). 물론 이민자들은 특정 국가에 입국하기 전 당국으로부터 외래 질병에 대해 '검사'받을 수 있다. 그러나 이 방식은 여행객이나 다른 방문자들, 또는 특히 해외에서 귀국하는 시민들에 대해서는 가능하지도 않고 정치적으로 허용될 수도 없다.

사람들의 자발적 빈번한 이동이 질병 발생을 증가시켜온 것처럼 자연재해 혹은 인재 때문에 더 빈번하게 강요된 이동도 유사한 결과를 초래했다. 전쟁이나 기근을 경험한 국가에서 탈출한 사람들은 질병을 보유할 가능성이 크고 그 통제가 취약할 가능성이 크다. 만일 난민들이 운좋게도 그들을 환영해주는 선진국에서 피난처를 찾는다면, 난민 수용국은 그들을 돕고 질병의 확산을 방지할 수 있다. 더 큰 위험에 처한 사람들은 해외가 아니라 자국 내 다른 지역으로 이동을 강요받은 사람들이다. 그들은 엄밀하게는 난민이 아니라 '국내실향민(IDPs: internally displaced persons)'이다. 그런 이들이 국내 또는 해외 지원을 받을 가능성이 더 적으며, 과밀하고 비위생적 지역에 정착하게 될 가능성이 크다. 예를 들어, 2011년의 콜레라 사태로 모가디슈(Mogadishu)와 소말리아 내전에서 탈출하여 비위생적인 거주지에 밀집했던 IDPs들 중 수백 명이 사망하였다. 인간안보를 위협하는 다른 이유들의 증가와 마찬가지로 현 시대에 발생하는 '실패국가(failed states)'의 수적 증가 역시 질병에 의한 위험을 악화시켜왔다. 수단, 소말리아와 콩고민주공화국과 같은 사하라이남 아프리카국가들의 정치적 격변은 빈곤 및 공중위생과 위생규정의 저발전에 기여했다. 심지어 사하라이남 아프리카국가들보다 상대적으로 질서가 더 잘 유지되고 유행병에 덜 취약한 국가들에서도 안보에 대한 보건 위협이 정치적 격변과 함께 등장해 왔다. 1991년 공산주의 통치의 붕괴 이래 러시아가 경험한 정치적, 사회적, 경제적 전환 과정 어려움의 부작용 중의 하나는 결핵과 디프테리아(diphtheria)와 같이 백신으로 예방할 수 있는 질병의 부상이었다. 이들은 대부분 빈곤과 보건 예산의 삭감에서 기인하는 것이었다. 물론 실패국가 또한 질병의 지역적 재유행에 더해 이민과 질병의 글로벌 확산을 촉진시킨다.

경제적 세계화

여행과 마찬가지로 무역과 질병 확산 사이의 연관에 대해서는 충분한 논의가 있어왔다. 유럽에 도래했던 흑사병은 동방에서 수입된 상품이 직접적 원인이었다. 비록 그 이후 무역표준이 지속적으로 발전해 왔지만 최근 무역 연계의 급속한 확산은 질병 전파의 잠재적 경로를 더 많이 열었다고 할 수 있다. 특히 식량 생산 및 이동의 세계화는 식품매개 질병을 수반하였다. 예를 들어, 2011년에 독일에서는 대장균(E. coli: *Escherichia coli*)의 발병으로 40명 이상이 사망하였다. EU의 공동농업정책(CAP: Common Agricultural Policy)을 특징짓는 높은 수준의 행정체계에도 불구하고, 과학자들은 박테리아에 감염된 채소들이 어디서 들어왔는지 확신할 수 없었던 반면 독일과 스페인 및 다른 국가의 정치인들은 서로에게 비난의 손가락질을 했다. 과거에는 식량 생산 과정에서의 위생실패가 지역적 질병의 발생으로 국한되었지만 이제는 소비자가 점차 멀리 떨어진 곳에서 오기 때문에 세계화될 가능성이 커지고 있다.

경제적 세계화는 단일식량시장의 창출이라는 부수적 영향을 넘어서는 부정적 함의를 지닌다. 무역 및 여행을 통한 이익이 국고의 매우 중요한 부분이 되면서 정부들은 질병발생 인정에 수반되는 경제적 비용에 대한 우려 때문에 그것을 부정하거나 축소하여 왔다고 알려진다. 퍼래지스(Dennis Pirages)와 런사이(Paul Runci)는 1996년에 인도에서 발생한 폐렴이 관례적으로 WHO에 보고되지 않았는데 그 이유가 바로 전술한 이유 때문이었다고 지적한다 (Pirages and Runci, 2000: 190). 이런 누락은 잘 알려진 것처럼 2년 전 흑사병 전파로 발생한 것으로 추정되는 17억 달러의 손실 경험 때문이었다 (Heymann, 2001: 12). 여러 국가가 전염병에 대한 국제적 공포의 결과로 상당한 수입을 상실한 바 있다. 예를 들어, 영국의 여행 산업은 2001년에 발생한 '구제역(foot and mouth)'의 영향을 받았는데, 이는 구제역이 가축 간 전염병(cattle disease)이어서 인간에게는 위협이 되지 않음에도 불구하고 그랬다. 많은 사람들의 목숨이 이윤과 국가 위신이라는 제단에서 희생되어 왔을 가능성이 존재한다.

글로벌 환경변화

지구온난화가 자연 현상인지 아니면 인간이 초래한 것인지에 대해 질문을 하는 소수가 여전히 존재하지만, 지구의 평균 기온이 최근 수십 년간 상승하였고 이것이 특정 질병의 전파에 중요한 영향을 미쳤고 향후에도 미칠 것이라는 점에 대해서는 논쟁의 여지가 없다. 적도 지역 고유의 곤충 매개체 때문에 발병하던 열대성 질환들은 점차 온대 기후인 지역에서도 보편화되고 있다. 날씨가 따뜻해질수록 모기가 더 즉각적으로 번식하고 사람들을 문다. 그리고 말라리아와 다른 질환들도 최근에는 관련 곤충들의 일반적 서식지 밖의 국가에서도 보건 위협이 되고 있다. 예를 들어, 미국에서는 1999년 이래 뉴욕과 같이 북쪽에 위치한 지역도 웨스트나일 바이러스(West Nile virus)의 공격에 매년 여름 시달려왔다. 2006년에 영국에서 발생한 박테리아성 폐렴인 레지오넬라(Legionnaire's disease, 냉방병 – 역자 주)의 기록적 사례 때문에 보건청(HPA: Health Protection Agency)은 지구온난화로 초래된 전염병으로 영국에서 최초의 사망자가 발생했다고 발표했다 (Laurance, 2006). WHO는 대기오염이 매년 심장병으로 인한 세계 사망자의 5% 정도에 책임이 있고, 기후변화가 말라리아 및 설사병 사망자의 3% 정도에 책임이 있다고 추정한다 (Hughes *et al.*, 2010: 93).

오존층의 침식은 최근 피부암(malignant melanoma, 악성 흑색종)의 증가에 큰 영향을 미친 것으로 여겨진다. 오존층 파괴의 결과로 증가된 자외 복사선(ultraviolet radiation)의 수준은 1930년부터 세기말 사이에 피부암이 1,800%나 증가한 것에 대한 유력한 설명이다 (일광욕이 대중적으로 증가한 것이 또 다른 이유임)(UNEP, 2002: 제3장 및 제4장).

세계화와 연결된 보편적인 도시화도 전염성 질병 및 유행병의 증가에 영향을 미친다. 시골 지역의 손실로 인한 도시 인구 증가 추세는 18세기 유럽에서 시작된 산업화 이래로 관찰되어왔지만, 최근 수십 년간 후진국에서 이 흐름이 특히 두드러졌다. 이는 두 가지 차원에서 질병의 확산과 관련하여 중요한 함의를 지닌다.

a) 거대도시의 인구과잉이 많은 사람들을 비위생적으로 생활하도록 하고, 이는 열악한 위생시설과 관련된 질병과 다른 질병들이 많은 사람들 사이에 더 쉽게 전파될 수 있게 하는 조건을 제공한다. 이런 사례에는 주로 비위생적 음식과 물에 의해 전파되는 이질과 콜레라가 포함된다.
b) 전통적인 시골 지역으로의 도시 확장은 시골 환경과 연계된 질병 감염에 도시 인구들을 노출시킬 수 있다. 예를 들어, 삼림 벌채가 말라리아와 리슈만편모충증(Leishmaniasis)과 같은 열대성 질환의 확산에 기여했는데, 이는 열대성 곤충이 보다 많은 사람들과 접촉하게 되었기 때문이다. 아울러 다른 동물과의 접촉 증가로 인

해 전적으로 새로운 인간 질병이 출현했다고 추정되는데, 이는 **동물매개 감염질병**(*zoonotic* diseases)의 이종 간(cross-species) 전파를 허용한다. 1940년대 이후 출현한 300개의 새로운 질병 중 60%가 다른 동물로부터 인간에게 전파된 것이었다 (Laurance, 2010). AIDS는 원숭이로부터 인간에게 전염된 것으로 널리 알려져 있다.

도시화 이외에도 인간에 의한 환경의 변화 또한 기존 생태계의 평형을 깨트려 특정 질병의 재발을 초래할 수도 있다. 예를 들면, 아프리카에서의 대규모 댐 건설은 모기와 물 달팽이와 같은 수인성 질병 매개체의 확산에 기여하고 이는 리프트밸리열(Rift Valley Fever)과 주혈흡충증(schistosomiasis)의 전파를 촉진하고 있다 (NIC, 2000).

기술적 세계화

현대 의학과 해충 퇴치에 있어서의 세계화는 인간의 건강에 큰 혜택을 가져왔다. 그러나 이런 이득은 동시에 (인정하건대 상당히 낮은 수준의) 비용을 수반하였다는 점에 주목해야 한다. 1970년대 이래 진행된 질병과의 싸움에서 질병의 인간에 대한 역습의 배경이 되는 주요 요인은 인간 무기의 중복성 증가였다. 인간 전략의 세계화는 내성의 세계화라는 부작용을 동반하였다. 병원균과 그것을 옮기는 해충 모두 그들에 대해 사용되는 살충제와 항생제 치료제에 대한 면역력을 점차 발전시켜 왔다. 다수의 곤충과 설치류들은 지난 50년간 자신들에게 사용된 살충제와 살서제(rodenticide)에 내성을 지니게 되었고, 그 결과 말라리아와 같은 질병들이 거의 근절되었다가 다시 나타나게 되었다. 마찬가지로 과거에는 질병과 싸우는 데 효과적이었던 다수의 항생제들이 질병치료에서 점차 효력을 상실하게 되었다. 예를 들어, 가장 유명한 만병치료약인 페니실린도 더 이상 임질이나 폐렴을 치료할 수 있다는 보장이 없다. 아울러 내성 때문에 항생제 개발에 있어서 혁신의 확대가 필요해지고, 이는 치료비를 증가시키며 지구의 가장 가난한 국가들에 거주하는 사람들의 취약성을 악화시킨다. 살충제와 항생제 남용이 목표물의 내성을 강화시킨 부분적 원인이다. 따라서 이제 1950년대와 1960년대에 상상했던 것보다 더욱 능란해진 적에 대한 최선의 전략은 보다 신중한 사용이라고 이해된다. 오늘날 누구도 말라리아가 박멸될 수 있다고 생각하지 않으며, 자원은 점차 말라리아모기 제거를 위한 노력보다는 모기장 공급과 같은 예방적 전략에 투여되고 있다. 인간과 질병 사이의 분쟁에서 '박멸주의(eradicationist)' 시기는 지금 시점에서 볼 때는 장기전에서의 일시적 우세 국면에 불과했던 것으로 보인다.

경제개발과 질병 사이의 더 진전되었지만 도치된 관계는 기술적으로 선진화된 사회와 특히 관련된 특정 질병의 확산을 통해 관찰될 수 있다. 현대 의학 때문에 사망하는 사람보다 생명을 구하는 사람이 훨씬 많다는 데에는 의심의 여지가 없지만, 그래도 사망자 숫자는 여전히 상당하다. 유럽연합에서 매년 3만 7,000명 정도의 사람들이 황색포도상구균(독성쇼크증후군을 발생시키는 박테리아)과 같은 병원 내 감염으로 사망하는데, 이는 최근에 보다 보편화된 현대의 침습적 의료절차(invasive medical procedures)와 관련이 있다.

문화적 세계화

세계 각지에서의 질병 확산은 남에서 북으로의 일방통행적인 것이 아니다. 세계화 때문에 선진국들의 대량소비 사회와 관련된 '생활습관 질환(lifestyle illness)'들이 남진하고 있다. 즉 저개발국(LDCs: Less Developed Countries) 사람들이 현대화와 연계된 건강하지 않은 행동들을 따르고 있는 것이다. 예를 들어, 고지방, 고당분 음식의 섭취로 인해 비만, 심장병 및 당뇨병과 같이 과거에는 많지 않던 건강문제들이 이제는 다수의 저개발국(LDCs)에서 보다 보편적이 되었다. 아시아에서는 당뇨병으로 인한 사망자가 AIDS만큼이나 많다. 2030년이 되면 모든 사망 원인 중 당뇨병이 6번째로 높은 순위를 차지할 것으로 추정된다 (Mathers and Loncur, 2006). 흡연은 다수의 저개발국에서 보다 보편적(자국 내 시장 축소에 직면한 선진국 다국적기업에 의해 촉진) 현상이 되었고, 이는 폐암의 증가로 이어졌다. 저개발국가의 술과 마약이 선진국에서 공급된 것만은 아닐 수 있지만, 그 사용의 증가 및 연계된 중독과 바늘에 의한 감염은 문화적 수입으로 이해된다 (McMurray and Smith, 2001).

북극지방 토착민들의 건강문제의 증가 또한 문화의 세계화와 관련지을 수 있다. 비만과 당뇨병 증가는 영양 섭취가 서구적 소비 형태로 변화된 결과이다. 이동의 기계화와 일부 국가에서의 수렵 감소도 북극지대의 생활방식을 보다 덜 활동적으로 만듦으로써 비만이 증가하는 데 기여하였다 (Sharma, 2010). 알래스카 원주민들은 평균적 미국 시민들보다 술과 관련된 건강문제로 사망할 가능성이 거의 9배나 높다 (Seale, Shellenberger and Spence, 2006). 수백 년 전까지만 하더라도 북극 지역에는 암이 존재하지 않았지만, 폐암, 대장암, 유방암 등이 사회적 변화 때문에 급증하였다 (Friborg and Melbye, 2008). 전체적으로 비전염성 질병으로 인한 사망이 세계 전체 사망의 63%를 차지한다 (WHO, 2008).

보건의 국가안보 문제화

WHO헌장은 "모든 국민들의 건강이 평화와 안보의 달성의 핵심이다"(전문)라고 명시하고 있다. 이것은 유엔 창설 당시 군사적 안정과 국가들의 안보라는 전체 유엔체제의 핵심 목표가 안전보장이사회의 구성을 가능하게 했던 집단안보와 강대국 협력정치 조합 이상에 달려있다는 점을 인정한 것이었다. 이러한 인정은 이상주의 정신과 당시 국제관계를 특징지었던 것처럼 안보에 대한 보다 폭넓은 이해라는 두 가지 흐름을 반영한 것이었다. 물론 이는 곧 냉전에 의해 변화되었다. 비록 WHO가 냉전 시기에 몇 가지 주목할 만한 공중보건 활동의 수행을 진행하여 인간안보를 신장시켰지만, 보건의 국가안보적 측면은 냉전종식과 함께 대두된 이상주의의 부활 이전까지는 대체로 잊혀진 상태에 있었다.

세계보건기구(WHO) 사무총장 나카지마 히로시(中島宏)는 1997년의 논문과 여러 차례의 연설에서 국가안보-세계 보건 간의 연계를 다시 수립하여 조직의 활동에 대한 국가의 관심을 회복시키고자 노력하였다 (Nakajima, 1997). 2000년에는 한 차원 진전된 발전이 있었는데 유엔 안전보장이

사회가 AIDS의 국제적 위협에 대응하기 위한 결의안을 채택하였다. 그 회의에 앞서 당시 미국 부통령 고어(Al Gore)는 그 사례를 안보화의 관점에서 설명하였다.

> 안보의제의 핵심은 생명을 보호하는 것이다 — 그리고 우리는 이제 21세기의 첫 10년 동안 AIDS로 사망할 사람들의 숫자가 20세기 전체에 사망한 사람들의 숫자에 필적할 것임을 안다.
>
> (Gore, 2000)

이런 대대적 홍보에도 불구하고 결의안은 온건했다. 유엔 기관들의 협력 증진을 요청할 뿐이었고 "인체면역결핍증바이러스(HIV: human immunodeficiency virus)/AIDS 유행병이 만약 억제되지 않는다면 안정과 안보에 위협이 **될 수도 있다**(may, 강조 추가)"고만 추론하였다 (UN Security Council, 2000:2). 수백만 명의 목숨을 앗아가고 다수 국가들을 경제적으로 약화시키는 재앙에 직면한 상황에서 그런 절제된 표현은 한편으로는 숨이 막힐 정도이지만, 다른 한편으로 그것은 **현실정치**(*realpolitik*) 무대에서 보건문제가 토론된 첫 번째 경우였다는 점에서 여전히 중요하다.

최근 전염성 질병이 '안보문제화'된 것은 주류 정치학에서 환경의 안보문제화와 마찬가지로 종종 개인의 보편적 안보라기보다는 이 위협이 군사안보에 미치는 함의를 가지기 때문이었다. 피들러(David P. Fidler)는 이 현상을 정의하기 위해 **미생물정치**(*microbialpolitik*)라는 개념을 만들었다 (Fidler, 1999). 안전보장이사회 결의안은 HIV에 감염된 유엔 평화유지군에 의한 위험을 강조하는 반면, 미국 국무부의 질병에 대한 이해는 '미국이 긴요한 이익을 가지는 주요 국가에서 사회 및 정치적 불안정을 악화시키는' 잠재력에 초점을 두어 왔다 (National Intelligence Council, 2000: 2). 남부 아프리카는 이런 맥락에서 가장 자주 언급된다. 잠비아에서는 여러 명의 정부 각료들이 AIDS로 사망하였고 경찰과 군대 인원의 절반이 HIV 양성반응자로 추정되어 왔다 (Price-Smith, 2001: 14). 미국에 대한 탄저균 공격이 있던 2001년 이후 의도적으로 촉발되는 질병의 위협은 상위정치에서 다뤄져야 하는 문제로 격상되었고, 이는 해독제의 가용성과 전염병과 싸우기 위한 비상부대의 준비태세에 집중되었다. 2003년에 '전통적인' 안보 저널인 『서바이벌(*Survival*)』에 게재된 논문에서 프레스콧(E. M. Prescott)은 남반구 후진국의 보건문제에 선진국이 더 많은 지원을 해야 한다고 주장하였고 급성호흡기증후군(SARS: severe acute respiratory syndrome)의 발생에 대한 의료진의 국제적 협력 강화에 찬사를 보냈다. 왜냐하면 그것이 생물학 테러리즘 공격에 대비하기 위한 좋은 준비가 되었기 때문이다 (Prescott, 2003). 보건의 국가안보 문제화는 인간안보를 증진시키는 데에 어느 정도 긍정적인 이점을 제공하였다. 미국은 2002년부터 웨스트나일 바이러스의 재발에 더욱 잘 대처할 수 있게 되었는데, 그 이유는 생물학 테러리즘의 공포 때문에 병원 간의 정보 연계성이 강화되었기 때문이다 (*The Economist*, 2002b). 비록 생물학전쟁의 공포가 끔찍하긴 하지만 그런 방식으로 사망한 사람의 숫자는 극히 소수이며, 반면 비록 자연적으로 발생하기는 하지만 매년 질병의 결과로 생기는 수백만의 사망은 인간의 노력에 의해 방지될 수 있다는 점을 기억하는 것이 중요하다.

보건의 인간안보 문제화

전염병과 유행병의 충격이 자국 또는 다른 국가권력의 능력에 미치는 함의가 점차 국가의 외교정책 결정에 있어서까지 중요하게 고려되는 요인이 되는 반면, 질병에 의해 가장 위협받는 안보는 국가안보가 아니라 보통 사람들의 안보이다. 국제관계에서 상위정치, 하위정치 구분의 부적절함은 보건 이슈들을 다룰 때 가장 분명하게 드러나는데, 그 이유는 그것이 국경을 초월하고 다른 어떤 이슈들보다 훨씬 많은 숫자의 사람들을 위협하기 때문이다 (표 18.1 참조). 그러나 다른 비군사적 이슈들과 마찬가지로 전통적 기구에 의해 제시된 보건적 해결책은 적합하지 않을 수 있다. 예를 들어, 2011년 큰 지진 이후 유엔 병력이 제공한 거주지의 불충분한 위생시설 때문에 아이티 주민들 사이에 콜레라 전염이 발생하였다.

WHO는 정부 간 기구이지만, 보건권(right to health) 정신에 영향을 받아 인간안보와 연계된 독립적이고 세계적인 관점을 발전시켰는데 이는 전문가와 실제 일을 수행하는 활동가 의료진의 지식공동체 덕택이었다. 공중보건이라는 글로벌 선(good)의 제공에 있어서 WHO의 실적은 인류 역사에서 전례가 없을 정도이다. 정부들의 자선 협력이 천연두를 근절하여 매년 200만 명의 목숨을 구할 수 있을 것이라고는 생각할 수도 없다. 외국 의사들의 개입에 대한 정치적, 문화적 장벽을 극복하고 진정으로 글로벌 예방접촉 캠페인의 전개를 지원하는 일은 세계 속의 강력한 하나의 부분집합이 아니라 전 세계를 대표하는 조직에 의해서만 추진될 수 있었다. 1980년대와 1990년대 질병의 내성과 재확산이 증대되었던 시기에 여러 걸림돌에도 불구하고 WHO는 전체적으로 인류 보건에 전례 없는 개선의 시기를 주도하였다.

후진국의 기대수명은 이들 국가가 보건문제 때문에 지속적으로 타격을 받는다는 사실에도 불구하고 두드러지게 개선되었다. 세계의 (출생 시)기대수명은 WHO의 초기 50년간 46.5년에서 64.3년으로 38% 증가하였다. 이런 증가의 일부는 경제성장 때문이기도 하지만, 엄청난 향상은 경제발전과 현대화가 현저하게 진전되지 않은 세계 여러 지역에서 발생하였다. 아프리카의 기대수명은 36%(37.8년에서 51.4년으로) 증가한 반면, 미국과 캐나다의 기대수명은 11%(69년에서 76.9년으로) 증가하였다. 가장 큰 증가는 경제와 보건 모두의 발전이 두드러졌던 아시아에서 있었다(41.3년에서 66.3년으로) (WHO, 1999). 그러나 공중보건 개입(public health intervention)이 장수의 가장 중요한 이유라고 할 수 있다. 20세기의 사망률 감소 이유를 평가한 연구에서 프레스톤(Samuel H. Preston)은 대중적 가정과는 달리 경제발전은 1930년대부터 1960년대 사이 기대수명의 세계적 증가의 15~20%만 설명할 수 있다고 추산하였다. 이 개선은 질병 예방 및 치료와 관련된 대중적, 전문적 지식의 크나큰 진전에 기인한 것이었다(Preston, 1975). 세계은행(World Bank, 1993)과 세계보건기구(WHO, 1999)의 후속 연구들도 이런 결론을 재확인하였다.

다른 안보 분야와 마찬가지로, 보건과 관련하

표 18.1 세계의 치명적 질병들

	질병	원인	주요 발병 지역	연간 사망자
1	허혈성 심혈관계 및 뇌혈관계 심장 질환	잘못된 식습관, 비만	전 세계, 특히 동아시아와 유럽에서 심각	1,730만
2	암	흡연, 잘못된 식습관	전 세계, 특히 동유럽과 북미에서 일반적	760만(폐암 140만, 위암 70만, 간암 70만 등)
3	기관지염 등 상기도 장애	흡연	전 세계, 특히 동아시아에서 심각	420만
4	하기도 질환	기침 및 재채기에 의한 독감 및 폐렴 바이러스 전파	전 세계, 그러나 저개발국에서 치명적	350만
5	주산기 질환	연쇄상구균(streptococcus) 등의 산모를 통한 태아 감염	저개발국, 특히 사하라이남 아프리카	260만
6	설사	수인성 바이러스, 박테리아 및 기생충(예: 콜레라, 이질, 대장균)	저개발국, 특히 사하라이남 아프리카	250만
7	소화기 질환, 간경변 및 위궤양 등	잘못된 식습관, 음주	전 세계, 특히 아시아에서 심각	220만
8	AIDS	체액에 의한 바이러스 전파	전 세계, 그러나 사하라이남 아프리카에서 주로 발생	180만
9	결핵	기침과 재채기에 의해 전파되는 세균성 감염	저개발국, 특히 아프리카와 서남아시아에서 주로 발생	130만
10	당뇨병	잘못된 식습관, 과도한 설탕 섭취	전 세계, 특히 북미, 동유럽 및 중동에서 일반적	130만

출처: WHO (2009).

여 세계화는 양날의 칼이다. 그것은 새로운 위협과 도전을 수반하지만, 동시에 기존 및 새로운 위협에 보다 잘 대처할 수 있는 새로운 기회도 제공한다. 인간을 통한 질병의 전파 기회는 그 어느 때보다 크지만, 그에 대한 싸움을 조직화할 수단도 그 어느 때보다 크고 더욱 강화될 수 있을 것이다. 확장되고 심화되는 현대 글로벌 환경의 정치적 특질은 모든 사람들, 특히 취약한 후진국 사람들의 보건안보를 증진시킬 수 있는 다양한 가능성을 제공한다.

기술적 세계화의 활용

최근에 질병의 확산을 억제하고 통제하는 지식과 수단을 진전시키는 컴퓨터와 통신기술 사용에 중요한 성과가 있었다. WHO는 2002년에 보건연구접근 히나리(HINARI: Health InterNetwork Access to Research Initiative) 프로그램을 출범시켰다. 이는 세계화의 열매가 세계적으로 잘 공유되지 않는다는 지속적인 비판을 상쇄하기 위한 노력이었다. 저개발국의 의학 지식을 개선하기 위한 수평적 전략의 일환으로 WHO는 8,000

개 이상의 온라인 의학 저널에 대한 무료 또는 저가의 인터넷 접속을 보장하였고 의료전달체계 개선을 위한 저렴한 소프트웨어 개발을 지원하였다. 민간 정보체계인 프로메드(ProMED)와 트레블메드(TravelMED)도 유사한 서비스를 제공하지만, WHO의 전 세계적 범위와 공공 지향성은 그 네트워크에 향후 발전을 위한 더 큰 중요성과 확장성을 부여한다.

정보기술(IT: Information Technology)의 발전 또한 세계적 수준에서 질병의 발병을 탐지하고 대응할 수 있는 능력을 강화하는 데에 도움을 주었다. WHO는 거의 모든 국가가 참여한 가운데 보유한 확고한 인식론적 지도력을 기반으로 이런 발전의 선두에 자리할 수 있었고, 질병통보에 관한 기존의 세계적 규칙에 보다 확실한 권위를 부여하여 더 나은 발전을 위한 길을 열어두었다. 1997년에는 심각한 질병 발생 시 국가가 WHO에 공식 통보하는 것에 의존하는 기존 체제를 개선하려는 발병확인체제(Outbreak Verification System)가 시작되었다. 앞에서 언급한 것처럼, 어떤 국가들은 그런 정보제공을 주저할 수도 있고 어떤 국가들은 그것을 효율적으로 할 수 있는 능력이 부족할 수도 있다. 이 체제의 일부가 바로 세계공중보건정보네트워크(GPHIN: Global Public Health Intelligence Network)인데, 이 네트워크는 주기적으로 유행병 정보에 대한 인론매체를 살피고 그것을 WHO에 넘겨 검증하고 조기경보체제 내의 적절한 기관에 알리는 역할을 한다. 이런 발전의 중요성은 이 체제가 작동한 초기 2년 동안 최초 보고의 71%가 공식 출처보다 비공인(일반적으로 언론) 출처로부터 수집되었다는 사실에서 잘 드러난다 (Grein *et al*., 2000: 100).

2000년에 출범한 글로벌 발병 및 경보대응네트워크(GOARN: Global Outbreak and Alert Response Network)는 다양한 지역 및 특정 질병 감시 네트워크를 세계화하고 조율하여 단일한 '네트워크의 네트워크(network of networks)'로 만듦으로써 조기경보체제 능력을 더욱 강화하였다. GOARN은 또한 참여 국가 및 기구들의 자원을 끌어 모아 국제적 전문가 그룹이 신속히 구성되어 발병 장소로 파견될 수 있도록 노력하였다. 예를 들어, 2000년에 우간다에서 에볼라(Ebola)가 발병했을 때 GOARN의 지도하에 국제적으로 신속한 대응이 가능했고, 2003년에는 비밀스럽기로 악명 높은 중국정부도 애초에 SARS의 발병을 경시하다가 신속히 실토하게 되었다. 중국은 2003년의 SARS 발병으로 1조 달러의 손실을 본 것으로 추정된다. 다음 해에 같은 질병이 재차 발병했을 때 중국정부는 그 사실을 즉각 보고하였고 최초 발병 사실을 은폐한 책임이 있는 관료를 파면하였다 (Upton, 2004: 76). WHO의 전염병 국장인 헤이먼(David Heymann)은 심지어 "이 체제가 1980년대 초반에 존재했었다면 AIDS는 오늘날 경험하는 것과 같은 세계적 수준의 전염병이 되지는 않았을 것"이라고 주장하였다 (Heymann, 2001: 12).

정치적 세계화의 활용

보건은 세계시민사회에서 가장 오래된, 그리고 가장 중요한 측면 중의 하나이다. 옥스팜(OXFAM) 및 세이브더칠드런(Save the Children)과 같은 압력단체는 오랫동안 질병 환자들의 어려움을 강조하여 왔다. 그러나 최근에는 이 분야에서도 비정부기구(NGO) 활동이 의미 있게 진전되어 왔다. 새로운 유형의 압력단체 간 협력은 점차 저개발국 의료진을 지원하기 위해 선진화된 통신기술을 활용하기 시작하였다. 예를 들어, 미국에 기반을 둔 새털라이프(SatelLife)는 저개발국과 선진국 의료진들을 연계하기 위해 위성을 활용한다. 테피넷(TEPHINET: Training Programs in Epidemiology and Public Health Interventions Network)은 1997년에 만들어져서 비영리 기반으로 도움을 지원한다. 의료업 자체도 글로벌 수준에서 점차 분위기 쇄신을 주도하고 있다. 보건 전문가들로 구성된 그룹인 메드액트(MedACT)는 정부들로 하여금 군사안보와 경제개발 정책의 보건적 함의에 더 많은 주의를 기울일 것을 촉구한다. 이는 위기 상황에서 인간적 어려움의 감경을 추구하는 적십자(Red Cross) 같은 전통적인 중립적 그룹보다는 훨씬 분명한 정치적 입장을 취하는 것이다. 공중보건과 국제관계 전반에 있어서 압력집단들의 급진화는 국경없는의사회(MSF: Médecins Sans Frontières, Doctors Without Borders)의 활동에 의해 가장 잘 대변된다. MSF는 의도적으로 주권의 통제를 무시하는 활동을 전개한다. MSF는 해당 국가의 정부로부터 구체적으로 입국 요청을 받지 않은 상태에서 의료진을 그 국가에 파견함으로써 개인의 치료받을 권리에 대한 명백한 정치적 선언을 한다. 글로벌 '생존권(right to life)'. 환경과 인권 관련 글로벌 정치에서 가장 잘 알려진 유엔-비정부기구 공생은 보건 영역에서도 마찬가지다. 공중보건 압력단체는 WHO와 건강한 관계를 유지하고 있으며, GOARN과 같은 계획에 있어서도 광범위한 자문활동을 해오고 있다.

환경의 정치에서 관찰되었던 석유화학회사의 '녹화(greening)'와 같이 글로벌 시민사회의 성장과 소비자 의식의 제고 때문에 개발도상국에서 운영되는 다국적기업(MNCs)들은 자신의 대중적 이미지 개선을 위해 노력하게 되었다. 냉소적인 사람들은 종종 자선 기부를 하는 다국적기업에 제공되는 세금우대조치와 박애주의라는 표면적 홍보를 통한 이익추구를 지적한다. 그러나 기업들이 막대한 자금을 글로벌 공중보건에 기부하고 글로벌 선에 지속적으로 기여하고 있는 것은 분명한 사실이다. 동시에 공중보건을 침식하는 다국적기업들의 노골적인 냉소적 활동들은 압력단체에 의해 점차 더욱 강조될 것이고 더욱 계몽된 소비자들에게서 그들의 이미지를 악화시킬 것이다. 2001년 브라질과 남아프리카공화국에서 있었던 HIV 약품 특허와 관련된 제약회사와 미국정부의 행동을 역추적하면 이러한 분명한 실례를 확인할 수 있다. 여러 미국 제약회사와 미국정부는 남아프리카와 브라질 회사들이 보다 저렴한 버전의 복제 HIV 약품을 시판하는 것을 금지하도록 하는 법적 소송을 제기했다가 취하한 적이 있다. 두 건의 소송에서 쟁점은 세계무역기구(WTO)의 무역관련 지적재산권(TRIPS: Trade Related Intellectual Property Rights) 준수 여부였다. 두 건에 대한 세계적인 대중적 항의는 소송 취하를 유도하였고, 이는 부의 극대화와 인간안보라는 때때로 경쟁적인 가치들을 대표하는 국제법들 사이의 반복되는 충돌에서 중요한 승리를 대표한다.

민주주의 및 정부로부터의 건강보호에 대한 시민권 개념의 확산 또한 글로벌 보건의 개선에서 중요한 요인들이었다. 민주주의 환경에서는 기아 가능성이 적다는 센(Amartya K. Sen) 명제의 논리는 공중보건 일반에 대해서도 마찬가지로 유효하다. 투표로 권한을 부여받은 시민들은 자신들의 보건 확보를 등한시하는 정부를 인내할 가능성이 적다. 인도의 케랄라주는 센과 다른 이들에 의해 경제적 어려움에 직면한 가운데에서도 인간개발에 성공한 사례로 강조되어 왔다. 1970년대에 케랄라 주정부는 심각한 정치적 저항에도 불구하고 사회보장 관련 규정과 토지 재분배를 포함한 주요 개혁 조치를 도입하였다. 주 경제의 성장 정체에도 불구하고 케랄라 시민들의 생활은 기대수명의 대폭 증가를 포함하여 이후 20여 년 동안 획기적으로 개선되었다. '지지주도(support-led)' 접근법에 대한 센의 옹호는 단순히 민주적 정치체와 더 좋은 보건을 등치시키지 않는다. 왜냐하면 센은 더 부유하고 보다 민주적인 국가보다 중국과 쿠바와 같은 나라가 충분한 자금의 공중보건과 교육 체제를 갖춤으로써 자국 국민에게 어떻게 더 나은 보건을 제공할 수 있었는지를 강조하고 있기 때문이다 (Dreze and Sen, 1991: 221–226). 마르크스주의/마오쩌둥주의(Maoist) 정부들은 일반적으로 공중보건에 본능적, 이념적으로 헌신하는 경향이 있다. 이는 반드시 사회에 의해 추동될 필요가 없는 것이다 (케랄라 정부 또한 좌파였다). 그렇다면 공중보건 수준의 향상에 기여한 것은 단순히 민주화라기보다는 사회적 책임을 지는(socially-responsive) 정부의 세계화라고 할 수 있다.

결론

글로벌 보건의 국가안보 문제화와 1990년대 이후 WHO 프로그램에의 민간 자금 유입은 '전 인류에 건강을'이라는 사회보장 접근법이 보다 불균등한 자선적 접근으로 변환이 될 수 있다는 우려를 자아냈다. 예를 들어, 개럿(Laurie Garrett)은 HIV/AIDS에 대한 국제사회의 강조가 실제로는 그 감염에 시달리는 다수 국가들의 종합적 보건을 악화시켰다고 주장한다. 그 이유는 HIV 의료진이 종종 다른 보건 종사자들과 격리되었고 자금도 공중보건 예산으로부터 빠져 나갔기 때문이라는 것이다. 이런 구분이 발생하는 이유는 그 질병에 부여된 오명과 비정부기구를 통해 활동하는 국제 기부자들의 선호 때문이다. 그리고 이런 현상은 후진국 의료진의 선진국으로의 두뇌유출에 의해 더욱 악화된다.

> 기니비사우(Guinea-Bissau)는 자국민을 위해 기부된 충분한 ARV(HIV 항레트로바이러스(anti retroviral drug) 약품을 가지고 있지만, 그것을 주민들에 배분할 의사들이 부족해서 이 약품들은 뜨거운 부둣가 창고에서 익어가고 있다.
>
> (Garrett, 2007)

어떤 이들은 기업이 글로벌 공중보건 사업에 직접 참여하는 것에 대해 보다 냉소적이다. 유엔과 HIV-레트로 약품 제조업체 사이의 동반자 관계 발전에 대한 옥스팜의 반응은 특히 회의적이었다. "… 제약 부문의 기업들은 박애의 섬을 제공한다. 동시에 그들은 자신들의 수익성을 증진시킬 수 있는 글로벌 특허체제를 추진하는데, 이는 수백만의 사람들을 불필요한 고통에 처하게 할 수 있다" (Oxfam, 2002: 8).

1970년대 중반부터 선진국이 '복지반발(welfare backlash)'을 경험하기 시작하면서 유사한 우려가 제기되었다. 당시의 노령화 인구와 높은 수준의 실업률 때문에 국가의 지원 비용이 증가하기 시작했다. 이 때문에 예상했던 것보다 더 많은 사람들이 복지 안전망(welfare safety net)에 의존하게 되었다. 서유럽과 북미 국가들은 공중보건에 민간의 해법을 결합하면서 다양하게 대응하였는데, 이는 '복지혼합(welfare mix)'으로 설명된다 (Rose and Shiratori, 1986). 그러나 그것을 지지하는 경제적, 정치적 주장에도 불구하고 전면적인 복지제도의 붕괴는 어떤 국가에서도 발생하지 않았다. 그 이유는 한편으로 여론이 복지제도를 하나의 권리로 간주하고 다른 한편으로 공중보건 종사자들이 강력하게 그 붕괴에 반대했기 때문이다. 마찬가지로, 글로벌 차원에서 활동하는 의료진과 과학자들은 WHO의 인간중심적 '전 인류에 건강을' 이란 전략이 유지되도록 강력하게 로비하고 있다. 글로벌 공중보건을 위한 지식공동체는 영향력이 크다. 왜냐하면 그들의 의견은 일반적으로 특정한 지엽적 이해가 아닌 공익 제공이라는 명분을 지향하는 것으로 이해되기 때문이다. WHO의 지위는 2003년 SARS 발병에서 분명하게 드러났다. 당시에 정부와 대중들은 베이징과 토론토와 같이 SARS가 침투한 도시로 가지 말라는 WHO의 권고를 권위 있는 '금지(ban)'로 해석하였다. 그리고 신종플루 유행병(swine flu pandemic)이 극심한 공포를 자아냈던 2009년에도 정부와 대중들은 WHO의 권위에 힘을 실어주었다. 세계 일반 대중들의 WHO 인정은 개인 안전에 대한 우려에 자극받은 실용적 차원과 타인의 고통을 공감하고자 하는 인식 확대의 차원에서 모두 증가하고 있다. 새로운 비정부기구의 성장, 국제적 지향성을 지닌 의사들, 그리고 WHO의 지속적 노력이 함께 글로벌 보건정치에서 하나의 문화를 창출하는 데에 기여하였다. 비록 WHO의 목표달성이 1970년대에 생각했던 것보다 훨씬 어렵다는 것이 입증되고는 있지만 WHO내의 지배담론은 전 인류에의 보건권에 기반을 두고 있다.

몇 가지 상충점에도 불구하고 국가안보와 인간안보가 글로벌 보건 거버넌스를 통해 상호 증진될 수 있다는 인식이 확대되고 있다. 글로벌 공중보건 이슈에서 논의되는 인간안보 논리와 별도로 단순히 확대된 안보국가-공리주의 논리도 그런 행동을 지지한다. 베네타(Solomon Benatar), 다르(Abdallah Daar)와 싱어(Peter Singer)는 다음과 같이 주장한다.

> 보건 윤리에 있어서 글로벌 의식구조를 발전시키는 것이 바람직하고 필요하다. 우리는 또한 이 변화가 단순히 이타주의에 기반을 둘 필요가 없고, 장기적인 이기심에 기반을 둘 수 있다고 주장한다. 예를 들어, B형 간염과 관련된 수학적 모델링을 통해 영국에서 1명의 보균자를 예방하는 데 필요한 자원이 방글라데시에서는 4,000명의 보균자를 예방할 수 있다는 점이 밝혀졌다. 통계적으로는 이들 중 4명이 영국으로 이주할 것으로 예측된다. 따라서 영국이 방글라데시의 B형 간염 예방 프로그램을 후원하는 것이 자국에 보편적 예방접종 프로그램을 도입하는 것보다 4배 이상 비용 효율이 높다고 할 수 있다.
>
> (Benatar, Daar and Singer, 2003: 133)[1)]

이런 논리가 점진적으로 정부 간 정치에 등장하고 있다. 이런 맥락에서 누구나 동의할 수 있는 가장 분명한 '국가'이익 옹호자인 조지 W. 부시 대통령도 2003년에 AIDS에 대한 미국의 글로벌 캠페인을 개시할 수 있었던 것으로 보인다. 아프리카의 정치적 안정이 그 캠페인의 가장 중요한 목적이었을 수도 있다. 하지만 인간안보도 그 결과 더불어 개선되었다. 국가이익이 글로벌 거버넌스에 연계되는 한 본질적으로 자기주도적 정책이 글로벌 공공선(common good)에 기여하고 더 나아가 인간과 국가안보를 증진시키는 데 기여할 수 있다는 낙관론의 여지가 존재한다.

요점

1. 질병은 오랫동안 국가안보 및 인간안보 모두에 지대한 영향을 미쳐왔다.
2. 오늘날 세계화와 관련된 사회적, 경제적 그리고 환경적 변화는 초국가적 보건 위협을 고조시켜왔다.
3. 그러나 세계화는 또한 초국가적 보건문제를 다루기 위한 큰 기회도 제공한다. 이는 의학지식을 전파하고 세계보건기구의 활동과 위상을 강화하는 데에 IT를 활용함으로써 가능하다.

주

1) 이러한 추정은 Gay, N. and Edmunds, W. 'Developed Countries Should Pay for Hepatitis B Vaccine in Developing Countries', *British Medical Journal*, vol. 316, 1998, 1457을 기반으로 한 것이다.

추천도서

Elbe, S. *Security and Global Health: Toward the Medicalization of Insecurity*. Cambridge: Polity Press, 2010.

Garrett, L. 'The Challenge of Global Health', *Foreign Affairs*, vol. 86, no. 1, 2007, 14–38.

Pirages, D. and Runci, P. 'Ecological Interdependence and the Spread of Infectious Disease', in M. Cusimano, (ed.), *Beyond Sovereignty: Issues for a Global Agenda*, 4th ed., Boston, MA: Wadsworth, Cengage, 2011, 264–281.

19장 재난과 안보

피터 허프(Peter Hough)

글상자 19.1 2011년 일본 쓰나미

2011년 3월 11일에 일본에서 발생한 역사상 가장 강력한 지진(리히터 진도 9.0)이 쓰나미(tsunami)를 촉발시켰다. 그 거대한 파도가 일본 동북부 해안의 도시들을 휩쓸었고 이에 후쿠시마 제1원자력발전소에서 누출이 발생하였다. 2만 8,050명이 쓰나미 때문에 사망하였는데 (CRED, 2011), 이 중에는 세 명의 원자력발전소 노동자가 포함되었다. 또한 주변 지역 수천 명의 사람들이 쓰나미 피해와 원자력 위기 때문에 새로운 거처를 구해야 했다. 비록 대중의 방사능 노출 정도는 위험하지 않다고 공식 보고되었지만 많은 이들은 장기적 보건문제가 출현할 것이라고 우려한다.

끔찍한 사망자 숫자와 방사능 누출과 관련된 지속되는 공포를 제외하고도, 이 재난은 특히 다음과 같은 점을 부각시킨다.

- 여러 형태의 자연적 위험의 상호연결성
- 자연재해와 산업재해의 상호연결성
- 지진에 대처한 오랜 역사와 건실한 산업 안전관리 기록을 지닌 부유한 민주주의 국가의 사람들도 재난에 직면하여 안전하지 않을 수 있음

서론

이 책에서 다뤄진 모든 이슈들 중에서 여러 형태의 재난은 안보의 관점에서 가장 적게 고려되고 따라서 가장 대응 빈도가 적다. 그러나 '자연적' 또는 인간 때문에 발생하는 재난 또는 사고는 세계적으로 인간의 삶에 매우 중요한 위험을 대표한다. 이런 흐름은 최근 수십 년간 증가하였고 앞으로도 지속될 가능성이 있다. 따라서 이 장은 다수의 연결된 요인들을 검토하고 평가할 것이다. 첫째, '자연' 또는 '인간'에 의한 다양한 형태의 재난, 둘째, 그런 재난에 사람들을 취약하게 만드는 요인들 그리

고 마지막으로 재난에 대한 국제정책과 그것을 안보 사안으로 다루는 사례들이다.

표 19.1이 제시하듯이, 사람들은 정적(political enemy) 때문에 사망할 가능성보다 재난이나 사고에 의해 사망할 가능성이 381(이 표의 다른 모든 범주를 합산하여 전쟁/정치 폭력 범주로 나누면 약 318임, 즉 이 숫자는 318의 오기로 추정됨 – 역자 주)배나 높다. 미국의 2001년 교통사고 사망자 숫자만 보더라도, 매 26일마다 9·11공격 사망자 숫자와 같은 수준의 사망자가 발생했다(Wilson and Thomson, 2005). 자연재난으로 인한 사망자 숫자는 다소 가변적이다. 그러나 도표 19.1에서 볼 수 있듯이 갑작스런 치명적 영향이라는 관점에서 2010년 아이티 지진과 2004년 인도양 쓰나미 — 두 경우 모두 20만 명 이상의 목숨을 앗아갔다 — 와 같은 재난들이 최근의 어떤 전쟁이나 내전도 압도한다.

표 19.1 2008년 전 세계 사망자 유형

질병/건강악화	5,225만
재난/사고	363만
자살	78만
범죄 폭력	54만
전쟁/정치 폭력	18만

출처: WHO (2011), Hough (2013)에 게재.

이 분야에서 유엔의 주요 정보 원천인 재난역학

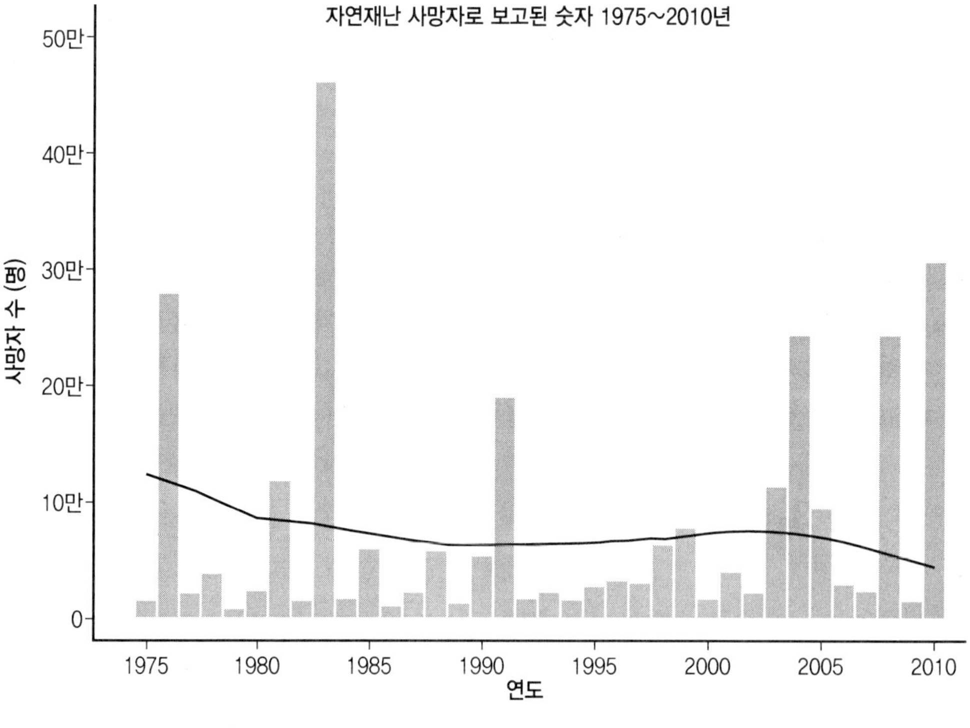

도표 19.1 자연재난으로 인한 전 세계 사망자, 1975~2010년

출처: CRED (2011), Hough (2013)에 게재.

연구소(CRED: Centre for Research on the Epidemiology of Disasters)는 자연재난을 네 가지 유형 즉, 지구물리학적(geophysical), 수문학적(hydrological), 기상학적(meteorological), 기후학적(climatological)으로 분류하고 있다. 그러나 실제로는 다수의 재난들이 연결되어 있어서 특정 재난을 하나의 유형으로 규정하는 일은 어려울 수 있다.

지구물리학적 재난

지진력(seismic forces) — 지구 내부로부터 비롯되는 자연적 운동 — 은 여러 방식으로 재난을 촉발할 수 있다.

화산 분출

화산 활동에 의한 인명 위협은 매우 다양한 형태로 온다. 가장 익숙한 화산 활동의 위협적인 이미지는 언덕 아래로 흘러내리는 용암의 모습이다. 그러나 오늘날 용암의 흐름은 생명에는 하나의 작은 위협일 뿐이다. 왜냐하면 일반적으로 그 흐름은 느리고 잘 관찰될 수 있어서 인근 거주지 주민들을 충분히 피난시킬 수 있기 때문이다. 용암 흐름보다 일반적으로 더 치명적인 것은 '화산쇄설류(pyroclastic flow)' — 화산 가스와 파편 혼합물의 이동인데, 이것은 화산의 비탈에서 형성될 수 있다. 로마의 도시 폼페이가 이런 방식으로 파괴되었음은 잘 알려져 있고, 20세기 화산 활동으로 인한 많은 사망자도 이런 방식으로 발생하였다. 1902년에 마르티니크(Martinique, 서인도 제도 남동부의 프랑스령 섬 – 역자 주)의 몽펠레(Mount Pelee) 산 근처에서 2만 9,000명이 사망하였다. 물과 섞인 화산 잔해 — '화산이류(lahars, 대량으로 수분을 함유한 화산재 등이 산의 사면을 타고 흐르는 현상 – 역자 주)' — 도 마찬가지로 위험할 수 있다. 왜냐하면 주로 이것은 용암이나 화산쇄설류보다 더 멀리, 더 빠르게 이동하기 때문이다. 1985년에 콜롬비아의 네바도델루이스(Nevado del Ruiz) 산이 분출했을 때 2만 3,000명이 사망하였는데, 당시에 상대적으로 소규모 분화가 화산쇄설류를 생성했고 이것이 정상에 있던 눈과 합쳐지면서 계곡 아래 수 킬로미터 떨어진 마을인 아르메로(Armero)를 집어 삼켰다.

또한 잠재적으로 위험한 것은 '테프라(tephra)'인데, 이것은 화산 폭발 때 빠른 속도로 분출될 수 있는 다양한 고체들이다. 녹은 용암 덩어리들이 공중에서 식어서 '화산탄(volcanic bombs)'을 만들어내고, 흑요석(volcanic glass)과 화산재가 거주지에 쏟아질 수 있다. 1991년에 필리핀의 피나투보(Pinatubo) 산의 분출은 200명 이상을 죽음에 이르게 했는데, 그것은 테프라가 인근 거주지의 지붕을 붕괴시킨 결과였다. 테프라는 또한 항공기를 추락시키고, 번개를 일으키며, 시설물과 작물을 손상시킴으로써 연쇄적인 재난을 만들 수 있다. 1815년에 발생한 인도네시아의 탐보라(Tambora) 산의 분출은 역사상 가장 크고 치명적이었는데, 바로 이어 발생한 기근으로 테프라와 화산쇄설류로 인한 직접 사망자 1만 명 외에 추가로 8만 2,000명이 사망하였다 (University of North Dakota, 2002). 아울러 화산 분출로 이산화탄소, 일산화탄소, 이산화황, 황화수소 및 기체 형태의 염산과 황산을 포함한 다량의 유해 화학물질이 배출될 수도 있다. 심지어 분출 없이 화산에서 유독가스가 분출될 수도 있다. 1986년에 카메룬에서는 니오스

(Nyos) 호의 휴화산 분화구(칼데라)에서 누출된 이산화탄소 구름에 의해 1,700명이 사망하였다. 가스는 지하의 마그마로부터 호수로 스며들었고, 이어 일련의 수중교란(disturbance in the water)에 의해 대기 중으로 방출되었다 (Coch, 1995: 97).

지진

지진은 다른 어떤 자연재난보다 분명히 재난 발생 시 사회적 요소의 중요성을 보여준다. 지각에서의 지진 충격의 규모를 완전히 예측할 수는 없지만, 그런 충격이 발생하는 지역은 잘 정리되어 있다. 지진 활동은 지각판 가장 자리에서 가장 활발하다. 대표적으로 태평양판과 북아메리카판이 만나는 지점인 산안드레아스 단층선(San Andreas Fault Line)을 들 수 있다. 지진의 인류 위협은 거의 전적으로 지진 그 자체보다는 취약 지역의 인공 구조물을 파괴하는 지진파의 2차 효과에 의한 것이다.

지진으로 인한 직접적 사망은 드물지만, 만약 사람이 지진파로 인해 확장되거나 이동된 단층선 아래로 떨어지면 사망할 수 있다. 보다 일반적으로는 여전히 상대적으로 드문 사망 형태이기는 하지만 사람들이 무너지는 건물에 의해 사망할 수 있다. 지표단층작용보다 더욱 중요한 것은 지표면에 가해지는 지진파의 흔들림 효과이다. 지진파의 진폭, 빈도 및 지속성의 조합이 지진동(ground motion)의 크기를 결정할 것이다. 이것은 일반적으로 지진의 진앙지(지진파 근원, 중심 바로 위 지표면 지점)에서 두드러진다. 지진동 자체는 인류에게 특별히 해롭지는 않지만 그것이 인류의 환경에 미치는 영향은 대단히 파괴적일 수 있다.

- 건물 붕괴: 지진이 발생했을 때 가장 일반적인 사망 원인은 주택이나 다른 건축물 붕괴이다. 최근에 가장 재앙적이었던 지진들, 예를 들면, 1976년 중국의 탕산(Tang-shan)과 2010년 아이티 지진들은 이런 방식으로 거의 25만 명 정도의 목숨을 앗아갔다. 도시 대부분의 건물들은 주진(principal earthquake) 때 파괴되었고, 남아 있는 건물들도 이어진 여진 때 무너졌다. 따라서 지진이 발생하기 쉬운 지역 건물의 설계와 위치는 안보위협의 규모를 결정하는 핵심적 요인이다. 지진 취약 지역의 어떤 도시들, 예를 들면, 도쿄나 샌프란시스코 등에서는 건축에 있어서 특정한 안전중시 공사기법을 요구하는 규정을 실행해 왔고 그 결과 시민들에 대한 안보위협이 현저하게 감소한다.
- 화재: 지진에 의해 발생하는 구조적 피해는 희생자들이 석조물에 부딪히거나 떨어져서 사망하는 것 이외의 다른 방식으로도 치명적일 수 있다. 일반적 연쇄 반응 중 하나는 미진(earth tremor)이 발생한 마을에서 화재가 번지는 것이다. 1906년에 샌프란시스코 그리고 1923년에 도쿄에서 발생한 유명한 지진 당시 대부분 사망자는 조리 및 난방 도구 파손으로 발생한 화재에 의한 것이었다. 도쿄에서는 석조 건축물의 붕괴로 인한 사망을 방지하기 위해 특별히 고안된 목조 건물을 통해 화재가 신속히 번졌다.
- 액상화(*Liquefaction*): 지진에 의한 사망은 지진에 의한 교란으로 지하의 물이 지표면으로 스며나오게 하는 지질학적 조건이 만들어질 때, 즉 액상화로 알려진 과정 속에서 발생할 수 있다. 이는 중요한 지반 침하 또는 홍수로 이어질 수 있다. 1985년 멕시코시티 지진의 희생자들 중 많은 사람들이 이런 방식으로 사망하였다.

- 산사태(*Landslides*): 지진은 또한 바위나 흙이 마을 위 비탈에서 떨어지게 하여 위험을 야기할 수 있다.

쓰나미

'쓰나미'라는 일본 단어(원래 의미는 '항구 파도[harbour wave]')는 여전히 가끔 '해일(tidal waves)'로 지칭되는 현상에 대한 보다 정확한 표현이다. 이 거대한 파도는 조수(tides)에 의한 것이 아니라 화산 분출 또는, 대부분 지진에 의해 만들어진다. 쓰나미는 100에서 150km의 폭(일반 파도의 100배 크기)을 지니고, 시속 640에서 960km의 속도로 수백 킬로미터를 이동한다. 그러나 공해(high seas) 상에서는 그 높이가 1미터 미만일 수 있기 때문에 쓰나미를 감지하는 것이 매우 힘들다(Whittow, 1984: 554). 지금까지 역사상 가장 파괴적이었던 쓰나미는 2004년 12월 인도양에서 발생하였는데, 이는 인도네시아의 아체(Aceh)와 인도의 안다만 제도(Andaman Islands) 근처의 인도 및 유라시아 지각판들의 주변을 따라 발생한 지진에 의해 촉발되었다. 인도네시아, 스리랑카, 인도, 태국, 말레이시아, 몰디브 및 소말리아에 닥친 급속한 해안 범람으로 23만 명이 사망하였다(CRED, 2011).

수문학적 재난

극단적 강우는 여러 형태로 재난을 촉발할 수 있다.

홍수

역사적으로 홍수는 무생물세계로부터 오는 인간에 대한 위협 중 단연코 가장 큰 안보위협이다. 1931년과 1959년 중국에서 발생한 홍수로 각각 370만과 200만 명이 사망하였는데, 이 숫자는 거의 대부분의 전쟁에서의 사망자보다 많은 뿐만 아니라 훨씬 단기간에 발생한 것이다 (CRED, 2011). 비록 최근에는 치명성 측면에서 폭풍과 쓰나미에 추월당했지만, 이 사망자들 대부분은 또한 사이클론(열대성폭풍)의 영향에 의한 홍수의 결과였다. 홍수는 종종 다른 자연 현상의 여파로 발생하지만, 여러 방식으로 인명에 직접적 위협이 될 수 있다.

'돌발 홍수(flash floods)'는 집중호우가 지면이 물을 흡수할 수 있는 수준을 초과할 정도로 내릴 때 발생하고 급속하고 광범위한 대홍수를 촉발한다. 2010년 파키스탄 북부에서 이런 방식으로 거의 2,000명이 사망하였다. '하천성 홍수(Riverine floods)'는 많은 강우량 때문에 하천이 제방을 무너뜨릴 때 발생한다. 이것이 가장 위험한 형태의 홍수인데, 그 이유는 이것이 비교적 흔하게 발생하고 강들은 종종 인구 밀집 지역을 통과하여 흐르기 때문이다. 중국의 황하 수계(Huang Ho river system)는 지구상에서 가장 위험한 자연 지형이라고 할 수 있어서 수세기에 걸쳐 수백만의 생명을 앗아갔다. 홍수의 추가적 위험은 강으로부터 물이 과도하게 유입될 때 또는 해빙이 호수나 바다를 범람하게 할 때 발생한다.

익사가 홍수로 인한 사망의 가장 중요한 이유이지만, 이 역시 여러 방식으로 발생한다. 사람들은 단순히 범람하는 강물에 빠지고, 건물이나 차 안에 갇히거나 범람한 물에 따라온 침전물에 걸릴 수도 있다. 무너지는 건물들과 나무도 추가적 위험이 되고, 구조적 피해는 또한 감전사, 그리고 심지어는 매우 역설적이게도 화재에 의한 사망으로 이어질 수도 있다. 저체온증과 수인성 질병들도 종종 홍수와 연결된다. 그러나 홍수는 예견할 수 없을 때에만 위험이 된다. 정기적이고 계절변화에 따른 강의 범람은 관리될 수 있을 뿐만 아니라 인간에게 도움이 되는 방향으로 활용될 수 있다. 왜냐하면 강의 제방을 넘어 나오는 토사층(silt deposit)은 토양을 비옥하게 만들기 때문이다. 벵골 말에 '홍수'를 의미하는 두 개의 다른 단어가 존재한다는 것은 시사점이 있다. 바르샤(*Barsha*)는 일상적이고 유익한 홍수를 의미하는 반면 보나(*bona*)는 보다 드물고 파괴적인 큰 홍수를 지칭한다.

눈사태와 산사태

대량의 눈과 얼음이 산비탈 아래로 갑작스럽게 이동하는 현상은 눈사태로 불리는데, 이는 계곡에서 사람들을 직접 질식시켜 사망하게 하거나, 더 일반적으로는 건물을 파괴함으로써 사망에 이르게 할 수 있다. '젖은(wet)' 눈사태는 산의 눈이 녹기 시작하는 봄철에 발생하는 경향이 있는데, 이것이 가장 파괴적일 수 있다. 역사상 가장 큰 눈사태는 1970년 페루에서 발생하였는데, 당시 지진 때문에 얼음과 빙하 바위로 구성된 젖은 '판 눈사태(slab avalanche)'가 페루의 가장 높은 산인 와스카란 산(Nevado Huascaran) 비탈을 타고 빠르게 흘러내렸고 이에 융가이(Yungay) 거주자 2만 여명 대부분이 사망하였다. 공중에 날리는 가루 눈사태는 보다 덜 위험하지만 여전히 사람들을 사망하게 할 수 있다. 왜냐하면 이런 눈사태 직전에 종종 눈사태 바람이 전조현상으로 나타나는데, 이 바람 때문에 기압이 급격히 변화하여 주택들이 폭발할 수 있다 (Whittow, 1984: 45).

산사태는 다른 지열적(geothermal) 및 기상학적 현상의 일반적 연쇄반응 중 하나이기도 하고 때로는 사람이 만들어 내기도 한다. 하지만 산사태는 산비탈에 축적된 토양과 바위에 작용하는 중력의 자연적 과정에 의해 독자적으로 발생할 수 있다. 빗물이 전형적으로 이 과정의 촉매제이다. 예를 들어, 2010년 중국 북부에 내린 장기간의 집중호우가 간쑤(Gansu) 지방에 진흙사태(mudslide)를 촉발시켜서 1,765명이 사망한 바 있다 (CRED, 2011).

기상학적 재난

특정한 대기 환경에서 기인하는 잠재적으로 위험한 폭풍은 주로 다음과 같은 두 가지 형태로 발생한다.

사이클론(열대성폭풍)

(북미에서는) 허리케인(hurricane) 또는 (동아시아에서는) 태풍으로 다양하게 지칭되는 열대성폭풍(Cyclones)은 열대지방의 저기압 지역을 중심으로 발생하는 폭풍 전선(storm system)이다. 폭풍 바람은 폭풍의 고요한 '눈(eye)' 주위를 순환(북반구에서는 반시계 방향으로, 남반구에서는 시계 방향으로)하고, 보통은 폭우를 동반한다. 열대성폭풍의 가장 치명적인 결과는 폭풍 해일에 의한 해안침수인데, 이는 바람이 거대한 파도를 발생시키기 때문이다. 1970년 방글라데시의 갠지스 삼각주(Ganges delta) 지역에서 30만 명 이상이 사

망한 것이 바로 이런 현상 때문이었다. 풍해와 하천성 홍수도 열대성폭풍 때문에 발생하여 사람들을 사망에 이르게 할 수 있다.

회오리바람

열대성폭풍과 비슷하게 회오리바람(Tornadoes)도 저기압 눈 주위로 회전하는 폭풍이다. 그러나 대조적으로 회오리바람은 보다 폭이 좁고 보다 빠르며 일반적으로 바다보다는 내륙에서 시작된다. 가장 치명적인 회오리바람 역시 1989년에 방글라데시에서 발생했는데, 당시 사투리아(Saturia) 마을 주변에서 1,300명이 사망하였다 (Castello-Cortes and Feldman, 1996: 27). 회오리바람은 예상할 수 없는 방식으로 지표면을 가로질러 이동하지만, 그 폭이 좁은 깔때기 모양이기 때문에 피해는 다분히 국지적으로 발생한다. 회오리바람으로 인한 피해는 다음과 같은 세 가지 형태로 발생하는 경향이 있다. 1) 회오리바람에 수반되는 강풍은 건축물에 직접적으로 또는 파편들을 충돌시킴으로써 심각한 피해를 초래할 수 있다. 2) 회전바람과 저기압 소용돌이 — 상승기류(updraught) — 는 큰 물체 심지어는 사람까지 회오리 깔때기 속으로 '빨아들여' 몇 킬로미터 떨어진 곳으로 옮길 수 있다. 3) 극도의 저기압인 회오리바람의 눈이 이 현상의 가장 위험한 요인이다. 그리고 내부의 압력과 그 외부의 압력 차이 때문에 그 눈에 들어간 건축물은 폭발하기 쉽다.

기후학적 재난

기온 측면에서의 기상이변 또한 재난의 원인이 될 수 있다.

극한 기온

'열파(hot wave)'와 '한파(cold wave)'는 둘 다 목숨을 빼앗을 수 있다. 가장 치명적인 장기간의 폭염이 2003년에 서유럽과 2010년에 러시아에서 발생하여 두 경우 모두 5만 명 이상 사망하였다 (CRED, 2011). 미국의 연간 자연재난 사망 원인 중 첫째와 둘째는 각각 극도의 추위와 극도의 더위이다 (Goklany, 2007). 단기간의 극적인 기온의 상승은 열사병을 초래할 수 있고, 장기간의 한파는 저체온증이나 동상을 통해 직접적 사인이 될 수 있다. 그러나 대부분의 저온과 관련된 사망은 송전선 단절이나 거주지를 덮친 대설에 의해 간접적으로 초래된다. 이런 사례에서는 예측 불가능성이 중요한 위험이다. 모스크바나 다른 러시아 도시가 경험한 섭씨 38도의 기온은 세계의 다른 지역에서는 사망의 원인이 되지 않았을 것이다. 그러나 그것은 전례가 없었고 그 결과로 발생한 더위와 스모그는 열사병의 급증으로 이어졌고 노약자들의 병을 악화시키는 데 기여했다.

산불

산불은 건조하고 바람이 많은 삼림 지역에서 통상적으로 발생한다. 가뭄과 열풍이 초목들을 마르게 한 상태에서 이들이 번개나 다른 힘에 의해 점화될 수 있고, 이것이 바람에 날려 다른 나무나 관목에 확산되어 화재를 발생시킨다. 미국과 호주는 여름에 특히 산불에 취약하다. 1871년에 미국 위스콘신주와 미시간주에서 사상 최악의 산불이 발생했는데, 당시 약 1,500명이 사망하였다 (Smith, 2001: 248). 호주에 1974년과 1975년에 걸쳐 발생한 들불이 호주 전체 면적의 거의 15%를 불태웠고(Smith, 2001), 2009년에 발생한 산불은 180명의 목숨을 앗아갔다 (CRED, 2011).

그러나 산불이 애초에 자연재난으로 인정되어야 하는지에 내해서는 논란의 여지가 있다. 왜나하면 그 80% 정도가 근본적으로는 인간에 의한 것으로 임업, 농업 또는 다른 형태의 토지 사용에 있어서의 부주의나 무지로부터 비롯되기 때문이다 (Goldammer, 1999: 69). 실제로, 최근에 발생한 다수의 산불은 자연적인 것도 아니고 사고도 아니라는 점이 점차 분명해져왔다. 캘리포니아에서 발생한 산불의 4분의 1 정도가 방화의 결과라는 의견도 제시되었다 (Smith, 2001: 256). 2002년 호주에서는 대중들의 공분이 발생하였는데, 이는 2001년과 2002년에 걸쳐 뉴사우스웨일스(New South Wales)주의 광대한 지역을 휩쓸었던 '블랙 크리스마스(Black Christmas)' 산불이 몇 명의 청소년에 의해 특별한 동기는 없지만 의도적으로 시작된 것이 드러났기 때문이다. 그것이 의도적이든 아니면 우발적이든 주택들의 산림지역 잠식이 증가하면서 인간의 측면은 더욱 중요해졌다. 그리고 특정 지역에서는 산불이 점차 일반적, 심지어는 정기적 현상이 되고 있다.

홍수와 지진이 과거에는 가장 치명적 자연재난이었지만, 기간이 흐르면서 홍수방제가 개선되면서 그 충격이 완화되어 왔다. 그러나 폭풍, 쓰나미, 그리고 극한 기온은 최근에 더 빈번해지고 치명도를 높여왔다 (표 19.2 참조).

표 19.2 자연재난 유형별 연간 평균 사망자, 2000~2010년

1	지진	40,888
2	쓰나미	22,798
3	폭풍우	15,636
4	극한 기온	13,884
5	홍수	5,673
6	눈사태/산사태	1,038
7	산불	71
8	화산 분출	54

출처: CRED (2011), 가뭄은 제외.

인재와 사고

교통

주요 교통 재난들은 지난 백년 동안 정치 쟁점화되어, 사고 이후에 정부들이 빈번하게 국내보안 대책들을 제정하였다. 1912년 유명한 타이타닉 재난이 구명보트와 다른 조치 제공에 있어서의 약점을 노출시킨 이후에 다수 국가들은 해상보안 법규를 대폭 수정하였다. 이는 전형적인 '소 잃고 외양간 고치기(closing the stable door after the horse has bolted)'로서, 다른 국내적 및 국제적 정치 조치들에도 영향을 주었다. 항공 및 철도 여행도 마찬가지 애기를 할 수 있다.

그러나 타이타닉을 침몰시킨 빙산이 그 불운한 배에 닥친 위험의 극히 일부분만 보여주었던 것처럼, 여행으로 인한 생명에의 가장 중요한 위험도 대체로 무시된다. 도로 교통사고로 인한 연간 사망자는 전 세계적으로 100만 명이 훨씬 넘고,

이는 정치 및 범죄에 의한 사망자 모두를 합한 것보다 많다. 이런 사망은 꾸준히 그리고 보편적으로 발생하기 때문에 산발적으로 발생하는 여객선, 철도 또는 항공 사고만큼 주의를 끌지 않는 경향이 있고 따라서 논란의 여지가 더 적다. 이런 현상이 최소한 선진국에서는 다소 변화하기 시작하였다. 이는 국가별 교통사고 사망자 차이에 대한 통계가 보다 잘 보여준다. 이에 프랑스정부는 2003년에 교통사고 사망자를 줄이기 위한 캠페인을 시작했다. 교통안전 수칙의 강화를 통한 캠페인의 결과 연간 사망자가 20% 줄었다 (WHO, 2004: preface). 그러나 일반적으로 사고에 대한 국내정치적 행동은 개인교통보다 대중교통에 보다 더 엄격했던 경향이 있다. 그 이유는 보다 큰 규모의 사망자가 더 많은 주목과 대중의 우려를 촉발하기 때문이다. 그럼에도 불구하고 오늘날 도로, 철도, 해상 및 항공 관련 사망자 대부분은 개발도상국에서 발생한다. 서유럽과 북미는 세계 운송수단의 60%를 보유하지만 사망자는 전체의 14%에 불과하다 (Jacobs and Aeron-Thomas, 2000).

구조물

교통사고와 비슷하게 구조물 파괴에 의한 재난은 건축이 시작된 이래 발생하여 왔지만, 산업시대에 이르러 보다 흔해지고 위험해졌다. 공공건물의 붕괴 또는 소실은 19세기 유럽과 북미에서 다반사가 되었다. 그러나 교통사고 경우와는 대조적으로 선진국에서의 구조물 사고로 인한 위협은 최근 몇십 년 동안 감소해 왔다. 이는 보건 및 안전 법규가 그런 건물을 더욱 안전하게 만들도록 진전되어 왔기 때문이다.

산업

근대적 생활과 가장 밀접한 관련이 있는 현상이 산업화이다. 이는 그 자체로 산업화 이전 경제활동보다 훨씬 위험한 고용 및 생산 형태와 연계된다. 구조물 재난과 비슷하게 중대한 산업 사고들은 방지될 수 있다. 역사상 최악의 재난들 대부분은 산업화 및 경제발전 초기에 있는 국가들에서 발생하였다. 서구에서 그런 재난이 두드러졌던 시기 역시 19세기였지만, 산업안전 법규들의 진전에 따라 그 사망자 숫자가 20세기에는 줄어들었다. 그리고 최근 수십 년 동안에는 개발도상국이 사고의 주된 무대였다.

세계에서 가장 최악의 산업 사고는 1984년 12월 3일 인도의 보팔(Bhopal)에서 발생하였다. 살충제 카바릴(Carbaryl)을 생산하는 동안 유니언 카바이드(Union Carbide) 공장의 실수로 생산 과정에서 사용되던 40톤의 맹독성 화학물질인 아이소사이안화 메틸(MIC: methyl-isocyanate)이 방출되었다. 공장 근처에서 살던 사람들 가운데 최소 2,500명이 사망하였고 인접 지역에서 18만 명 정도가 다양한 장기적인 건강 악화 및 선천적 장애로 고통 받았다.

개인

여행 중에, 직장에서 그리고 공공건물에 모여 있을 때 경험하는 것 외에도 사람들은 점차 집에서나 여가 활동 중에도 생명의 위험에 직면한다. 현대적 생활의 특징들인 전기기구 및 취사설비의 비중이 계속 증가하면서 그런 기구 및 설비는 세계 사람들이 직면하는 '일상적 위험(everyday dangers)'의 한 요소가 되고 있다. 세계보건기구(WHO)는 매년 30만 명 — 대부분 놀던 아이들 — 이상이 익사하는 것으로 추정한다 (WHO, 2011). 많은 사고사가 개인적 또는 집안 활동에서 기인한다. 예를 들면, 튀김 용기에서 화재가 발생하거나 집을 수리하다가 사다리에서 떨어져 사고가 발생한다. 마찬가지로, 대부분의 나라에서는 가정안전 관련 법규가 가정 내 안전을 개선하는 데 기여하여 왔다. 그러나 그런 '평범한(mundane)' 방식으로 죽을 가능성을 그대로 수용하는 경향도 관찰된다.

재난에의 취약성

최근 수십 년간 재난의 빈도와 치명성 증가에 영향을 미친 다수의 요인들이 존재한다.

빈곤

1991년부터 2005년 사이에 개발도상국들에서 자연재난으로 인한 사망자 숫자는 경제협력개발기구(OECD) 국가들 사망자의 10배에 달했다 (Ferris and Petz, 2011). 이것은 돈으로 자연재난으로부터의 안전을 어느 정도 살 수 있음을 분명히 보여주는 것이다. 특히 사람들에게 안전을 가져온 것은 경제발전과 연계되어 잘 발전되어온 법적 환경이다. "인도의 도시에 있는 다층 건물의 10%만이 내진 규범에 따라 지어진다는 것은 '불가항력(Act of God)'이 아니다" (Wisner, 2000).

그러나 뱅코프(Greg Bankoff)는 자연재난 대처의 초점을 기술적 대응으로부터 근본적 취약성 해소로 바꾸는 것은 위험에 처한 사람들의 안전을 근대화 및 전통적 경제발전 개념과 등치시키는 위험을 가져온다고 경고한다. 개발도상국 사람들 대다수를 '취약'하다고 지정하게 되면 그 사람들은 오직 선진국의 기술적 지원으로만 '살릴(saved)' 수 있다는 관점을 강화하게 된다 (Bankoff, 2001). 안전보다 경제 성장을 우선시하는 것은 때때로 저개발국가 주민들을 보다 취약하게 만든다. 왜냐하면 그들의 '개발'을 촉진하는 것은 사실상 그들을 인구과잉의 도시에 살게 하거나 안전하지 않은 교통수단을 통해 출근하도록 만들기 때문이다. 아울러 허리케인 카트리나(Hurricane Katrina)에 이은 2005년 뉴올리언스 홍수는 부적절한 관리(governance)와 사회적 배제 때문에 부유한 선진국 주민들 일부도 안전하지 못할 수 있다는 점을 보여주었다. 따라서 자연재난을 고려함에 있어서 '취약'과 '저개발' 또는 '빈곤' 간 모종의 상관관계가 존재할 수는 있지만, 그 양자들이 단순히 동일시되어서는 안 된다. 이런 점은 2011년 뉴질랜드 크라이스트처치(Christchurch)와 같은 해 일본에서 발생한 지진으로 확연히 드러났다. 자연적, 사회적, 지역적 및 세계적으로 다양한 요인들이 결합하여 특정한 개인들을 자연재해에 취약하게 만든다.

정보의 개선

자연재난의 숫자가 증가하고 있는 것처럼 보이

는 이유는 단순히 세계 언론에 더 많은 재난이 보도되기 때문이라고 주장할 수도 있다. 훨씬 많아진 글로벌 미디어의 카메라와 글로벌 인식공동체(epistemic community) 발전을 위해 합치된 노력들 때문에 지속적으로 과거보다 훨씬 많은 사건들이 부각되고 있다. 1970년대와 1980년대에 기록된 세계 연간 자연재난 숫자는 일관적으로 두 자리였지만, 1990년대 이래 그 숫자는 세 자리로 증가했다. 마찬가지로, 연간 인재로 인한 '대참사(대규모 사고)' 숫자는 1970년과 1986년 사이에 두 자리로 기록되었는데, 1987년 이후부터는 지속적으로 세 자리 숫자가 유지되고 있다 (Swiss Re, 2012).

인구 증가

'사람이 관련되지 않는 재난은 없기' 때문에 (Loretti, 2000), 세상에 사람들이 많을수록 자연적 위험 또는 치명적 사고 가능성도 높아진다는 점에서 인구 증가는 인간안보에 함의를 지닌다. 세계 인구 증가의 대부분이 현재는 개발도상국에 주로 한정되어 있고 이 지역의 재난경감 정책은 경제와 마찬가지로 저개발된 상황이기 때문에, 어느 때보다 많은 사람들이 자연적 위험과 사고에 노출되어 있다.

도시화

개발도상국 인구의 급성장은 주로 주요 도시의 성장으로 나타난다. 이런 새로운 거대도시(*megacities*)의 약 절반이 지진 및 폭풍 활동에 취약한 지역에 위치해있다. 2010년 아이티 지진의 결과로 사망한 25만 명의 대부분은 수도인 포르토프랭스(Port au Prince)를 둘러싼 산비탈에 인접한 판자촌 거주민들이었다. 1984년 보팔에서 사망률이 높았던 이유는 노동자 가족들을 수용하기 위해 공장 주변에 우후죽순처럼 난립한 부실 건축 주거지 때문이었다.

사고는 도시 환경에서 훨씬 많이 발생하지만, 대부분의 국가들이 공공건물에 대한 안전기준을 강화한 결과로 사망자는 19세기 후반과 20세기 전반에 고점에 이르렀다가 점차 감소해 왔다. 그러나 이런 형태의 사고는 과밀한 주거 및 업무 환경이라는 특징을 지니는 현대 세계에서 완전히 근절될 수는 없다. 1666년에 런던의 대부분을 파괴한 런던 대화재(Great Fire) 당시 사망자가 겨우 대여섯 명뿐이었다는 점은 시사하는 바가 있다.

난민

최근에 유입되는 난민과 국내실향민의 증가 또한 자연재난의 숫자와 치명성의 증가에 영향을 미쳐왔다. 절망적이고 종종 환영받지 못하는 사람들은 안전하지 못한 장소에 정착할 가능성이 있다. 최근 30년 동안에 약 200만 명에 달하는 아프가니스탄 사람들이 이웃 파키스탄으로 탈출했는데 이들은 도심의 빈민가 혹은 산자락과 같은 시골의 변두리로의 이주를 선택할 수밖에 없었다 (Matthew and Zalidi, 2002: 74-75). 두 곳 모두 위험에의 취약성을 증가시키는데, 전자는 지진이나 건축물 붕괴, 후자는 산사태 등으로 위협을 받는다.

환경변화

자연재난은 종종 합리적이고 자연스런 이유로 발생한다. 열대성폭풍은 대양이나 대기 중에 지나치게 축적된 열을 소멸시키는 '안전판(safety valve)'으로 이해될 수도 있다 (Ingleton, 1999). 이런 인식이 많은 기후학자로 하여금 더 빈번하게 발생하는 열대성폭풍과 다른 극단적 기후 현상과 맞물려 1990년대부터 증가한 엘니뇨(El Niño)가 지구온난화와 연계된 것일 수 있다고 주장하게 하였다 (Mazza, 1998; Trenberth, 1998). 2003년과 2010년의 유럽 열파 현상은 지구온난화와 자연재난 사이의 상관관계를 보다 확증하는 증거를 제공한 셈이다.

환경변화의 또 다른 부작용 중의 하나는 많은 자연재난들이 자연적 방어능력의 상실로 촉발되거나 악화된다는 것이다. 따라서 토지이용에 있어서의 변화가 재앙적인 부작용을 초래할 수도 있다. 예를 들면, 강기슭의 전통적 초목들이 상실되면 이는 홍수 가능성을 증가시킬 수 있고, 산기슭의 초목이 상실되면 소규모 산사태 가능성이 더욱 증가될 수 있다 (UNEP, 2002: Chapter 3, p. 10).

개발 추진

자연재난 대응 준비는 인간안보보다 개발을 우선시하면서 약화될 수 있다. 니카라과와 온두라스는 국제통화기금(IMF) 구제금융의 조건을 충족시키기 위해 일련의 구조조정(Structural Adjustment) 정책을 시행하고 있었다. 문제는 그런 정책이 두 국가의 사회복지 제공능력을 약화시켰고 그 결과 1998년에 발생한 허리케인 밋치(Hurricane Mitch)에 대한 양국의 대처 역시 크게 미흡했다 (Comfort *et al.*, 1999).

스미스(Keith Smith)는 1984년이 기술적 재난의 분수령이 되는 해였다고 주장한다. 보팔 사고 외에도 그 해에 브라질 꾸바떵(Cubatao)의 석유 화재로 508명이 사망하였고, 멕시코시티 석유가스 폭발로 540명이 사망하였다 (Smith 2001: 322). 통틀어서 그 해에 발생한 주요 사고로 인한 사망자 숫자가 이전 40년간 발생한 기술적 재난으로 사망한 숫자보다 많았다. 특히 위의 3가지 재난 사례는 산업발전에 전력을 기울이던 저개발국가에서 발생한 것이었다. 이는 자연재난은 물론 산업재해에도 사회-경제적 측면이 존재함을 시사하였다. 1984년 이전에 이런 유형의 사망은 대부분 선진국에서의 소규모 사고로 인한 것이었다. 이런 사실은 산업재해가 불운하지만 불가피한 형태의 부수적 피해이고 지속적 경제 성장과 대량 소비주의로부터 얻게 될 전반적 이득에 의해 상쇄된다는 주장에 신빙성을 부여하였다. 그러나 산업재해가 현재 가장 두드러지는 곳은 '신흥시장국(emerging markets)'이다. 사망자 숫자가 1998년부터 2001년까지 선진국에서는 안정되거나 하락하는 추세인데 중국에서는 산업현장 사망자 숫자가 7만 3,500명에서 9만 500명으로 라틴 아메리카에서는 2만 9,500명에서 3만 9,500명으로 증가하였다 (ILO/WHO, 2005).

1984년의 재난들은 또한 기술적 사고들이 또 다른 차원에서 국제정치경제적 이슈가 되었다는 점을 보여준다. 유니언 카바이드는 미국 기반의 다국적기업(MNC)인데, 조사 결과 보팔 공장의 안전기준은 모국의 웨스트버지니아 공장보다 훨씬 느슨했다는 점이 분명하게 드러났다. 이 재난은 압력 단체에게 공격의 빌미를 제공하였고, 비평가들은 세계화가 '바닥으로의 경쟁(race to the bottom, 경제 활성화를 위해 정부가 기업 활동 규제를 완화하거나 세금을 감축하는 현상 – 역자 주)'과 같으며 그 속에서 다국적기업들이 국내 안전조치 제약을 회피하고 공장 운영을 위해 임금이 낮고 안전규제가 낮은 장소를 추구한다고 우려하였다.

근대화

새로운 보건 및 환경 위협과 마찬가지로 자연재난도 근대화를 촉진시키는 글로벌 경제적 흐름이 주도한 사회적 변화와 연계될 수 있다. 인간-환경 균형의 변화는 자연재해를 촉진시키거나 사람들을 '규칙적(regular)' 재해에 보다 취약하게 만들 수 있다. 로페즈(Maria Lopez)는 1980년대 필리핀에서 현대적 농장 건설에 의해 고지대로 밀려나면서 열대폭풍과 산사태에 더 취약해진 자급농업 부족들에 주목하였다 (Lopez, 1987). 아울러 사람과 자연 현상 사이의 전통적 관계는 세계화에 의해 더욱 약화되었을 수 있다. 사회적 대응기제는 극단적인 기상 또는 지열적 사건에 취약한 지역에도 시간의 흐름에 따라 발전할 수 있다. 그러나 그러한 사회적 대응기제 역시 근대화 및 개발과 관련된 극심한 사회-경제적 변화에 의해 약화될 수 있다. 선의의 외부 개입도 가끔 쓸모없는 것으로 드러날 수 있다. 방글라데시에서 홍수에 대처하는 전통적 방법에는 이동식 가옥 건축, 귀중품 매장, 임박한 폭풍과 관련된 동물들의 특정 행동 양태에 대한 대응이 포함되는데, 외부기관들은 그런 대응들을 간과하는 경향이 있었다. 방글라데시 내 비정부기구 활동에 대한 보고서에 따르면 좋은 장비를 갖춘 구호 기관들이 가끔 지역 주민들보다 홍수에 대비가 덜 되어 있고, 그런 그들이 대응 작전을 지휘했기 때문에 심각한 결과가 초래되었다 (Martin and Taher, 2000).

사고로 인한 사망은 현대 세계의 중요한 특징 중의 하나이다. 물론, 사고에 의한 사망자는 항상 존재하여 왔다. 그러나 이런 형태의 인명위협은 기술적 발전과 밀접한 관련이 있고 산업화 및 근대의 시작과 함께 증가하여 왔다. 실제로 현재와 같이 인식되는 형태의 사고는 인류 역사 대부분에서 존재한 적이 없다. 산업화 이전 과학의 진보는 불운한 일이 설명 가능하고 따라서 방지될 수 있다고 이해할 수 있도록 하는 수단을 제공했다는 점에서 중요했다. 그린(Judith Green)은 "1650년 이전에는 사고란 단순히 하나의 일이나 사건이었고 따라서 유럽의 담론에서 동기도 없고 예측할 수도 없는 사건의 개념을 위한 공간은 존재하지 않았던 것으로 보인다"고 주장한다 (Green 1997: 196). 현대적 기술과 법규가 우리의 안전을 증진시킬 수도 있지만, 동시에 범람원(floodplain), 해안 및 단층선 주변에 위치한 도시 지역에서의 현대적 생활은 근본적으로 덜 안전하다.

재난에 대한 국제정책

재난으로부터 사람들을 보호하기 위한 정치적 조치들은 19세기 후반 '사회보장(social security)' 조치의 등장으로까지 거슬러 올라갈 수 있다. 당시 산업화 과정에 있던 국가들에서 작업장 사고가 급격히 증가하였다. 사고나 자연재해로부터 사람들을 보호하려는 보건 및 안전 조치들은 오늘날 선진국, 특히 그런 조치들이 요구될 수 있는 민주주의 국가에는 잘 정착되어 있다. 그러나 현재까지 재난에 대한 국제정책은 다분히 간헐적이고 영향력이 미약하다.

전통 안보적 대응

자연재난은 정부가 국가안보를 '확장'시킬 수 있는 손쉬운 기반을 제공한다. 왜냐하면 군대가 구호 활동에 용이하게 활용될 수 있기 때문이다. 유럽에서는 탈냉전 '평화배당금(peace dividend)' 때문에 군대가 점차 이런 비군사적 활동에 간여하게 하였다. 북대서양조약기구(NATO)가 이런 활동 임무를 증대시킨 것이 대표적 사례이다. 1998년에 NATO의 탈냉전 구조조정이 시작되었다. 그 일환으로 브뤼셀 본부에 시민들을 군사 위협보다 자연위협으로부터 보호하기 위해 군사적 자원을 활용하는 단위가 창설되었다. 유럽-대서양 재난구호조정센터(EADRCC: Euro-Atlantic Disaster Relief Coordination Centre)는 NATO의 작은 부분이다. 하지만 그 창설은 NATO의 안보 개념 확장뿐만 아니라 NATO 회원국의 방위를 넘어서는 활동 범위의 확장을 잘 보여주었다. 유럽대서양협력평의회(EAPC: Euro Atlantic Partnership Council, 동유럽국가와 서유럽 중립국들을 유럽안보 틀 내에 묶기 위해 NATO 회원국과 구소련 및 동유럽국가들이 창설한 안보기구 – 역자 주) 국가들의 군사 및 민간 전문가들로 구성된 유럽-대서양 재난대응군(EADRU: Euro-Atlantic Disaster Response Unit)은 EADRCC에 의해 EAPC 역내, 예를 들어, 미국의 허리케인 카트리나 사태, 그리고 역외, 가장 중요하게는 2005년 파키스탄 정부의 지진구호 활동 요청 등 최근의 주요 재난에 대응하기 위해 파견되었다. EADRCC의 성과는 동남아국가연합(ASEAN: Association of South East Asian Nations)으로 하여금 2004년 이래 민군 합동 훈련인 지역재난관리프로그램(Regional Programme on Disaster Management)의 발전을 촉진하게 하였다.

재난은 가끔 외교적 적대감과 상반되는 안보 협력과 조정을 촉진시킬 수 있다. 『캠브리지 리뷰 오브 인터내셔널 어패어스(*Cambridge Review of International Affairs*)』의 2000년 특집호는 '재난 외교(disaster diplomacy)'를 조명하면서, 정보공유를 통해 공통의 위험을 최소화하는 '안보공동체(security communities)'가 공통의 위협에 직면한 이웃 국가들 사이에서 어떻게 출현할 수 있는지를 다뤘다. 1999년에 발생한 지진이 그리스와 터키를 강타한 이후 두 나라 관계가 호전되었다. 이 경우는 공통의 어려움에 직면한 두 정부와 사회가 문화적, 정치적 차이를 극복한 전형적인 사례이다. 어떤 측면에서 이 사례는 사회적 수준에서의 근본적인 인간적 공감이 현실정치(realpolitik)를 극복하고 보답 받은 것이지만, 커-린지(James Ker-Lindsay)는 이 사례는 그 이상을 시사한다고 주장한다. 세계를 놀라게 했던 두 정부 간 협력의 수준은 지진이 발생하기 수개월 전 외교장관 회의에서 달성된 합의의 결과였다 (Ker-Lindsay, 2000). 비슷하게도 2001년에 인도에서 발생한 지진 피해는 파키스탄의 구호 제공을 촉진하였는데, 이 때문에 양국 지도자들은 2년만에 첫 회동을 갖기도 하였다. 이런 사건들은 관계 개선에 도움을 줄 수 있지만, 안보공동체가 발전하기 위해서는 보다 체계적 수준의 협력과 정보공유가 필요하다. 자연재난 구호에 있어서 NATO의 역할은 진전될 것으로 보이고 그 회원국 및 협력국 간 위험의 분담과 완화가 정례적 특징이 되고 있다.

인간에 의한 사고와 관련하여 '국가'안보 기관들이 정부 간 정책에 참여하는 것은 전례가 드문 일이다. 왜냐하면 그런 재난의 규모가 그 기관들을 덜 중요하게 만드는 경향이 있어 왔고 군사적 조치들이 재난에 동원되는 것은 거의 부적절했기 때문이다.

그러나 안보의 다른 영역에서와 마찬가지로 심화 대신 확장은 부적절한 군사적 해결과 비효율적인 자원배분으로 이어질 수 있다. '테러와의 전쟁'이 정부로 하여금 자국 시민에 대한 다른 위협에 소홀히 대처하게 할 것이라는 우려는 2005년 뉴올리언스 홍수 재난 당시 미국 행정부의 대처를 통해 명확해졌다. 이 지역에 연방재난관리청(FEMA: Federal Emergency Management Agency)이 보낸 1차 구호물자들은 화학 테러리즘의 여파를 다루는 데 필요한 물품들로 구성되었다.

자연재해에 대한 국제적, 제도적 대응

재난에 대한 유엔의 활동은 1990년대부터 점진적으로 증가하여 왔다. 1990년대는 1989년 총회 결의안 46/182에 의해 자연재난 경감을 위한 10년(IDNDR: International Decade for Natural Disaster Relief, relief 대신 reduction이 공식적 명칭임 – 역자 주)으로 지정된 바 있다. 이 시기에 이 정책 영역에서 전례 없는 수준의 국제협력이 고무되었고 특정 재난 형태에 대비하는 다수의 인식공동체가 형성 또는 심화되었다. 그러나 같은 시기 자연재난으로 인한 사망자 숫자도 급증하였는데, 이는 초국가적인 과학협력이 비록 환영되기는 하였지만 충분하지 않았음을 잘 보여준다.

IDNDR 접근법은 대체로 근본적 취약성을 다루는 것보다 기술적 해결책을 적용하는 것이었다. 글로벌 산불감시센터(GFMC: Global Fire Monitoring Centre), 쓰나미범람 모델링 교환프로그램(TIME: Tsunami Inundation Modeling Exchange Programme) 및 열대성폭풍프로그램(TCP: Tropical Cyclone Programme) 등의 다수의 부문별 조치가 출범되었는데, 이들은 초국가적 조기경보 능력을 향상시켰다. 브리튼(Neil Britton)은 "의심할 여지없이 IDNDR이 국가들로 하여금 자연재해로부터 제기되는 위협에 집중하도록 고무했고 국제적으로 더 큰 협력이 진전되도록 하는 데 효과적이었다. 그럼에도 불구하고 재난감소의 사회적 결과를 축소하는 근본적인 과제는 여전히 남아있다"고 논평한다 (Britton, 2001: 45). IDNDR 사무국도 "과학과 기술의 적용이 자연재난의 위험을 감소시키는 데에 있어서는 핵심적이었지만, 1990년대 초기에는 이런 조치만으로는 충분하지 않았다는 것이 분명했다"고 인정한다 (Jeggle, 1999: 24).

보건의 정치에서 관찰된 것과 유사하게, 글로벌 수준에서는 자연재난으로부터 사람들을 보호하기 위한 사회적 차원이 인식공동체에서 중요성을 획득하고 보다 중요한 기술적 전략과 함께 작동한다. IDNDR에 이어 창설된 재난경감국제전략(ISDR: International Strategy for Disaster Reduction)은 특정 형태 재해에 대한 기술적 해결책을 연구하지만, IDNDR 시기보다 훨씬 통합적인 접근법을 취한다. 유엔 산하 기구들도 주안점을 보다 사회 지향적 전략으로 이동시켰다. 2001년부터 유엔개발프로그램(UNDP)은 세계취약성보고서(World Vulnerability Report) 작성을 시작하였는데, 이는 사회경제적 관점에서 세계에서 가장 취약한 인구의 위치 식별을 통해 재난경감을 지원하기 위한 연간지수이다. 이를 통해 UNDP는 사회경제적 관점에서 자연재해 문제에 접근할 것으로 기대되었다. 보다 놀라운 변신을 한 것은 세계은행(World Bank)이었다. 재난 후 복구사업에만 자금을 빌려주던 세계은행은 영역을 대폭 확장했다. 1998년에 설립된 재난관리소(DMF: Disaster Management Facility)는 보험과 공교육 개선을 통해 국가의 대비를 개선하는 것을 목적으로 한다(Arnold and Merrick, 2001). 또한 글로벌 시민사회의 영역에서는 글로벌 재난정보네트워크(GDIN: Global Disaster Information Network)가 1998년에 출범하였는데, 이는 사건 이후에 희생자들에게 자금을 제공하는 것이 아니라 잠재적 희생자들에게 정보를 제공한다는 분명한 목적을 가지고 학계, 산업계, 정부간기구, 압력집단 및 정부의 전문가들을 연계한다. 2005년에는 또 다른 진전이 있었는데, 당시 중앙긴급대응기금(CERF: Central Emergency Response Fund)이 유엔총회의 결의안에 따라 긴급 구호(재난만이 아니라 전쟁 및 질병에 대해서까지)의 전개를 관리하기 위해 창립되었다.

이 모든 것에도 불구하고, 국제 재난구호 기부에는 여전히 주목할 만한 불균형이 존재한다. 2010년에 지진 피해를 입은 아이티 사람들에게 제공된 1인당 자금은 홍수 피해를 입은 파키스탄 사람들에게 제공된 것보다 거의 8배나 많은 액수였다 (Ferris and Petz, 2011: 23). 또한 재난에 대한 국제적 대응은 선제적이 아니라 사후적인 경향이 있다. 이것은 비효율적일뿐만 아니라 종종 낭비적이다. 2006년에 모잠비크정부는 자신들에게 임박한 홍수에 대비하기에 필요한 200만 파운드에 달하는 긴급 구호를 요청하였지만, 세계에 보여줄 비극적 이미지가 없어서 자금이 제공되지 않았다. 곧이어 예상대로 홍수가 닥치자 국제사회가 6,000만 파운드를 확보하였으나 너무 늦었다 (Ashdown, 2011). 따라서 여전히 글상자 19.2가 보여주듯이 '국제사회'의 재난 대응 능력에 대해서는 불만이 남아있다.

인재에 대한 국제법적, 제도적 대응

사람이 만든 사고에 맞서 국제법을 통해 인간안보를 증진시키기 위한 노력들은 실제 20세기 초반으로까지 거슬러 올라갈 수 있지만, 그 영향은 미미하였다. 1901년에 창설된 국제노동법협회(International Association for Labour Legislation)의 활동을 흡수하여 1919년에 국제연맹(League of Nations)체제의 일부로 창설된 국제노동기구(ILO: International Labour Organization)는 노동자 안전을 목표로 활동을 시작하였다. ILO의 1929년 산업재해방지권고(R31: Prevention of Industrial

글상자 19.2 2011년 인도주의 비상사태 대응 검토 보고서

영국 정치인 애쉬다운(Paddy Ashdown)은 2011년 영국정부에 의해 국제 재난구호 활동 검토 위원회 위원장에 임명되었다. 위원회 보고서는 "유엔은 주도할 수 있는 유일한 합법적 권위이지만 종종 주도하기에는 너무 약하고 느리다"고 평가하고 그 재난구호 활동에 있어서 다음과 같은 주요 요인에 더욱 집중해야 한다고 제안하였다.

- **탄력성(resilience)**: 재난 발생을 방지하기 위한 사회기반시설 투자.
- **지도력(leadership)**: 유엔은 '간부(leadership cadre)' 양성에 투자할 필요.
- **혁신(innovation)**: 재난에 최선으로 대처할 방법에 대해 더 많은 고려 필요. 예를 들어, 담요나 식량보다 자금이 더욱 효과적일 수도 있음.
- **책임성(accountability)**: 구호원조 수혜자들은 반드시 취약성 및 성별 등의 사회적 이슈가 다뤄질 수 있도록 상담 받아야 함.
- **협업(partnership)**: 구호는 다자적이어야 하고 비정부기구(NGOs)를 포함해야 함.
- **'인도주의 공간(humanitarian space)'**: 재난의 정치적 맥락 — 예컨대 국가들은 자신들이 환영받지 못하는 곳에서 '중립적' 비정부기구와 함께 일하는 상황 등에 대해 고민해야 하고, 필요한 경우 유엔의 군사적 지원을 확보할 수 있도록 준비해야 함.

(Ashdown, 2011)

Accidents Recommendation)는 재해와 그 원인에 대한 정보가 체계적으로 수집되어야 한다는 전년도 국제노동회의(ILC: International Labour Conference) 결의안을 포함했다. 노동자 안전을 다루는 수많은 ILO 협약들은 수십 년 동안 초안이 마련되어 서명된 결과였다. 그 절정은 중요산업재해방지협약(C174: Prevention of Major Industrial Accidents Convention)으로써 이 협약은 비준 국가들이 안전사고 정보를 전파하고 위험시설을 거주지로부터 멀리 설치하도록 의무화하였다. 이들 조항들은 산업 안전에 대한 사회적 통념 및 대부분의 선진 산업국가들의 국내 법령과 일치한다. 그러나 중요한 한계는 그 조항들이 원자력 산업, 군사 시설 또는 (파이프라인을 제외한) 외부 운송에는 적용되지 않는다는 내용이 협약에 명시되어 있다는 사실에서 비롯된다. 그럼에도 불구하고, 이 협약의 비준은 미진하였다. 이로써 정부들이 국제적인 안전정책에 큰 관심이 없음이 확실해졌다. "만약 모든 ILO 회원국들이 이미 준비가 되어 있고 쉽게 이용할 수 있는 최선의 재해방지 전략 및 실천을 활용했다면 약 30만 명의 사망(전체 36만 명 중)을 … 막을 수 있었을 것이다"(Takala, 2002: 6).

1986년의 체르노빌 재난과 냉전 비밀주의 종식에 자극되어 유엔 산하 국제원자력기구(IAEA: International Atomic Energy Agency)는 1990년대 당시까지 가장 광범위한 법적 도구인 원자력 안전에 관한 협약(Convention on Nuclear Safety)을 성문화하였고 이는 1996년에 발효되었다. 이 협약은 발전소 위치와 건설 및 응급 장비 등의 다양한 이슈를 포함한다. 그러나 '원칙(principles)'과 '행동강령(code of practice)' 대신에 '협약'이

란 단어를 사용함으로써 IAEA의 기준을 강화하려 하였지만, 이것이 강력한 법적 조치는 아니었다. IAEA 스스로의 표현에 의하면, "협약은 장려(incentive) 도구이다. 협약은 통제와 제재를 통해 참여국들의 의무 이행을 보장하기 위한 것이 아니다" (IAEA, 2012).

사입과 고용에 있어서 안전에 대한 글로벌 표준은 무역을 촉진시키기 위한 표준들과 비교했을 때 형편없다. ILO와 IAEA는 세계무역기구(WTO)가 공산품을 개방하도록 국가에 강제하는 것처럼 산업시설 근처 노동자들과 시민들을 보호하도록 국가에 강제할 수 있는 권한이 없다. 다수의 정치활동가들이 경제적 세계화를 세계 선진국의 이윤추구 동기에 의해서만 인도되는 규제 없는 자유주의(unfettered Liberalism)의 위험한 실천으로 간주하는 이유가 바로 여기에 있다. 그러나 '규제 없는 자유주의'는 산업화되고 현대화된 국가들의 정치적 진화로부터 시작된 정치체제가 아니고, 그것이 글로벌 정체를 위한 것이라고 믿을 이유도 없다. 서유럽과 북미의 산업화는 그런 사회적 변화에 의해 위험에 처한 사람들을 보호하기 위한 정책의 출현을 촉진하였다. 이는 연민 및 지지 증가를 추구하는 정치적 실용주의 양자에 기반을 둔 것이다. 19세기 후반에 국가복지를 지원한다는 관점에서 산업화 국가들은 하나의 이념적 합의를 도출하였는데, 글로벌 수준에서도 그런 합의에 대한 지지가 서서히 결집되고 있다.

결론

재난은 이례적 안보문제이지만 대부분의 사람들에게는 가장 대표적인 안보 우려인 전쟁과 테러리즘보다 훨씬 큰 위협을 의미한다. 만약 '안보대상(referent object)'이 인간안보 접근에서처럼 개인이라면 자연 및 인간이 초래하는 재난이 안보 사안이라는 것에 의심의 여지가 없다. 만약 안보대상이 전통적인 '국가'안보 접근법에서처럼 국가라면 '안보화(securitisation)'가 덜 명확해진다. 왜냐하면 한 나라 전체를 파괴하거나 위협하는 재난의 전례가 존재하지 않기 때문이다. 2011년에 일본은 1945년 미국의 핵공격에 직면했던 것과 같은 수준의 위협을 받지 않았다. 그럼에도 불구하고 2011년 후쿠시마 제1원자력발전소 재난은 1945년 이래 일본에서 벌어진 가장 파괴적인 사건이었다. 그리고 많은 이들은 그런 비군사적 위협이 장차 일본과 다른 대부분의 나라들이 직면하게 될 가장 큰 비상사태가 될 수 있다고 주장한다.

어떤 이들은 재난의 '안보문제화'를 방해하는 또 다른 장벽으로 '계획적 범행의도(malice afore-thought)'와 같은 명시적으로 위협적인 인과요인의 부재를 지목한다. 심지어 맥팔레인과 풍 콩은 인간안보를 지지하면서도 자연재난과 사고는 "'조직적 피해(organized harm)'라는 시험을 통과하지 못한다 — 쓰나미, 교통사고, 바이러스의 확산 및 흉작 등은 보통 그 희생자들을 해치기 위해 개인들이 조직하는 것이 아니다"라는 입장을 피력한다 (MacFarlane and Foong Khong, 2006: 275). 그러나 대부분의 인간안보 주창자들이 보기에 이런 관점에는 인명에 대한 직접적이고 의도적인 위협만이 안보로서의 가치가 있다는 치명적인 운명론이 담겨있다. 모든 재난에는 인간적 요소가 존재한다. 자연재난은 전적으로 '자연적(natural)'인 것이 아니다. 자연재난은 잠재적으로 위험한 사건 — 지진과 같은 — 이 사람들을 위험하게 만드는 사회적 요인들과 상호작용을 할 때 발생한다. 따라서 사람들은 내진 설계 건축을 감독하는 법규 등의 정치적 행동을 통해 보다 안전해질 수 있다. 그러나 후쿠시마에서와는 다르게 대부분 사람이 관련된 사고들은 전적으로 자연과 관계없이 점차 전 세계에 확산되고 있는 현대 인간의 사회적 실천 때문에 발생한다. 그런 사고로부터 사람들을 보호하는 일은 따라서 선진국 정부들이 멀게는 19세기 후반부터 담당하던 정치적 과제이다. 당시 '사회보장' 정책들은 변화하는 경제적, 사회적 조건에 대응하기 위해 진전되기 시작하였다. 따라서 재난은 전쟁 및 범죄와 같은 사회체제의 문제보다 더 피하기 힘든 것이 아니며, 사람들은 최소한 어느 정도는 그것으로부터 안전해질 수 있다.

또한 재난이 — 최소한 어느 정도는 — 세계적 해법을 필요로 하는 세계적 문제라는 것에 대해서는 의심할 여지가 없다. 자연재난은 지질학적, 인간적인 관점 양자 모두에서 세계적 문제이다. 자연적 차원은 인간의 노력과 창의력의 결합을 통해 더욱 잘 대처될 수 있고, 취약성의 사회-경제적 차원은 세계적 행동에 의해 더욱 잘 다뤄질 수 있다. 노동자들의 사고나 저개발국가 산업시설 인근 거주민들의 사망사고는 더 이상 세계 선진국 사람들의 상대적으로 안전한 생활과 무관한 불운한 문제가 아니다. 선진국의 소비자들도 유례없이 이런 조직적 실패와 기능적으로 연계되어 있으며, 그들도 이런 사실을 점차 인식하고 있다. 국가 간 경쟁과 주권은 재난 대처와 관련하여 사후 지원을 위해 군대를 파견하는 경우를 제외하고는 제공할 것이 거의 없다. 2004년 인도양 쓰나미와 2010년 아이티 지진과 같은 재난에 대한 정부 간 대응은 인상적일 수 있다. 하지만 그런 사건들 — 세계 언론의 주목을 끌지 못한 사건들도 — 또한 여전히 아주 많은 사람들이 현재 불필요하게 불안한 상태에 처해 있다는 것을 잘 보여준다. 산발적인 인간 연민의 흐름이 아니라 인간안보에 의해 주도되는 글로벌 거버넌스가 작동했더라면 이들 비극만이 아니라 잘 보도되지 않는 일상적인 사건들의 희생자 대부분을 구할 수 있었을 것이다. 구체적으로는 조기경보체제와 건축법규의 실행을 통해, 보다 일반적으로는 취약성이 자연 및 사람이 초래하는 위험을 재난으로 변화시키는 방식에 대한 이해를 통해 그들이 구해질 수 있었을 것이다.

요점

1. 재난은 전쟁, 테러리즘 및 다른 정치적 살인의 사망자를 합산한 것의 거의 4배에 달하는 사람들의 목숨을 앗아간다. 그러나 그들은 보통 안보문제로 다뤄지지 않는다.
2. 인간이 초래한 재난과 사고는 대부분 피할 수 있고 따라서 단순한 운명의 장난이 아니라 정치적 사안이다.
3. 또한 자연재난은 사회-정치적 현상이다. 왜냐하면 그것이 주는 위협의 많은 부분이 사건 자체가 아니라 인간 취약성에 의해 설명될 수 있기 때문이다.

4. 재난에 대한 글로벌 정책은 인간 취약성의 근본적 원인을 다루는 적극적인 것이라기보다 사후에 구호활동을 전개하는 반응적인 경향이 있었다.

추천도서

Centre for Research on the Epidemiology of Disasters (CRED), http://www.cred.be/, 2011.

Coppola, D. *Introduction to International Disaster Management* (2nd ed.), Oxford: Butterworth-Heinemann, 2011.

Smith, K. and Petley, D. *Environmental Hazards, Assessing Risk and Reducing Disaster*, 5th edn, London and New York: Routledge, 2009.

제4부
국제기구와 안보

20장 유엔과 보호책임 _ 브루스 필빔··· 319

21장 북대서양조약기구: 지속성과 변화 _ 앤드류 모란 ··· 340

22장 지역안보기구들 _ 피터 허프 ··· 356

20장 유엔과 보호책임

브루스 필빔(Bruce Pilbeam)

글상자 20.1 르완다 대학살

1994년 4월과 7월 사이 르완다 내전에서 대량 학살이 자행되어 약 80만 명이 희생되었다. 후투족 민병대가 투치족을 일방적으로 학살한 것이다. 어린이들을 포함하여 피해자들은 총과 칼 그리고 마체태(정글용 칼)로 죽임을 당했고 여성들은 조직적으로 강간을 당했다. 그러나 당시 유엔 안전보장이사회는 르완다에서 진행하던 소규모 평화유지작전의 확대개편을 거부했고 그 소규모의 평화유지군에게조차 대량학살 저지임무를 명령하지도 않았다 — 결국, 유엔은 학살을 방조한 것이나 다름없었다.

이러한 유엔의 기능적 '실패'는 르완다에만 국한된 것이 아니었다. 그러한 방조는 1990년대 다른 대량학살에서도 재현되었다. 결국 유엔이 지구 곳곳에서 벌어지고 있는 분쟁들에서 해야 할 역할이 무엇인지에 대한 논란이 일어났고 그것은 오늘날 21세기에도 지속되고 있다.

서론

최근 수십 년간 우리는 인도적 위기의 폭발적 증가를 목도했다. 그러한 증가는 탈냉전이 수반한 내전과 인종갈등의 확산 — 보스니아, 르완다, 소말리아 그리고 시리아 — 때문이었다.

이러한 위기들은 유엔이 다루어야만 하는 가장 어려운 사례들이었다. 잔혹 행위와 인간적 고통에 관해 전해지는 이야기와 사진은 세계 시민의 분노를 자아냈고 훨씬 더 적극적이고 강력한 유엔의 개입을 촉구하는 목소리가 증가했다. 특히 그 가운데 공통된 목소리는 유엔이 민간인 보호를 위해 소위 '인도적 개입'을 허용하고 감독하라는 요구였다.

그러나 유엔이 인권남용 문제해결에 더 나서야 한다는 세계적인 정서에도 불구하고 우리가 간과하지 말아야할 몇 가지 난제들이 있다. 그것들은 외부 세력에 의한 주권 및 내정 간섭과 관련되어 있다. 즉 그 문제들은 다음의 것들이다.

- 국가 주권의 원칙을 깨는 것은 언제 가능한가?
- 분쟁이 어느 단계에 이르렀을 때 개입해야 하는가?
- 누구에게 개입을 위임시킬 것인가?
- 개입은 어떤 형태여야 하는가?
- 분쟁의 시시비비를 가리고 지원해야 할 세력과 처벌해야 할 세력을 구분해야 하는가?

이러한 질문들과 이외에 다른 질문들까지 다루는 것이 바로 이 장의 주요한 초점이다.

집단안보: 전쟁과 분쟁의 해결책?

오늘날 국제분쟁과 인권남용을 해결하는 데 있어서 누가 주도해야 하는지를 고려할 때 공통된 생각은 당연히 유엔이 주도해야 한다는 가정이다. 그러나 세계평화의 도구로서 유엔에 부여된 희망과 기대를 이해하기 위해선 우선 정치인들과 사상가들이 수 세기 동안 탐구해온 전쟁과 분쟁의 해결방안부터 살펴볼 필요가 있다. 세계문제에서 무력분쟁을 제거하고자 했던 많은 이들이 찾은 방안은 집단안보체제의 창출이었고 이 때문에 글로벌 평화를 수호하기 위해 유엔이 창출되었다. 따라서 유엔 설립자들이 왜 그러한 믿음을 갖게 되었는지를 보다 상세히 살펴볼 필요가 있다.

안보에 대한 전통적인 현실주의 접근법(2장을 참조)은 '자력구제' 모형을 기반으로 하고 있다. 그 모형에 따르면 모든 국가는 이익추구경쟁을 벌이기 때문에 모든 국가는 자국의 안보를 스스로 책임져야 한다. 이 때문에 국가들은 동맹을 결성한다. 그러나 동맹결성은 제한된 수의 국가들에게만 허용되고 동맹은 동맹국의 이해관계에 부합될 때까지만 유효하다. 대조적으로 집단안보는 훨씬 많은 국가들의 참여가 가능하고 보다 장기적이거나 혹은 영구적으로 유지가 가능하다. 이 때문에 옹호자들은 집단안보가 더 우월한 국가안보 수단이라고 주장한다.

집단안보의 기본적인 생각은 한 회원국에 대한 안보위협을 회원국 전체에 대한 안보위협으로 간주한다는 것이다. 따라서 회원국 전체는 통합된 전선을 구축하여 위협받은 회원국을 지원한다. 옹호자들은 자신의 국가자원에만 의존해야 하는 자력구제보다 집단안보가 더 효율적인 국가안보 수단이라고 주장한다. 대부분의 현실주의자들이 선호하는 세력균형 접근법에 따르면 파괴적인 군비경쟁은 불가피하다. 그러나 집단안보는 그러한 군비경쟁 예방에도 일조한다. 세력균형은 국가들이 적의 국력과 대등해지기 위해 계속 투쟁하고, 한쪽이 압도적인 군사적 우위를 차지하지 못할 때 작동한다. 따라서 이 접근법의 초점은 경쟁과 분쟁에 맞춰져 있다. 이와 달리 집단안보는 평화를 촉진시킨다.

이러한 안보의 개념화를 현실주의 접근법과 구분짓는 또 다른 점은 집단안보가 도덕적 요인에 기초하고 있다는 것이다. — 위협받은 회원국을 지원하도록 동기부여를 하는 것이 이익추구가 아니라 도덕적 책무라는 점에서 그러하다 (물론 도덕적 요인이 아닐 수도 있다).

그러나 집단안보의 작동을 위해선 다양한 조건들이 충족되어야 한다. 예를 들어, 모든 회원국들은 다음의 조건에 합의해야 한다.

- 무엇이 안보위협을 구성하는지에 대해 유사한 입장을 공유해야 한다.
- 위협을 가한 당사국 분별에 대한 합의가 있어야만 한다.
- 위협을 가한 당사국이 어떤 국가이든지간에 위협에 대한 대처는 동일해야 한다 (위협을 가한 당사국이 어떤 회원국과 우호적인 관계에 있다 할지라도).
- 타국의 방위를 위해 자국의 정치적 이해관계를 희생할 의지가 있어야 한다.
- 타국의 방위를 위해 자국의 재정적·인적 비용을 지불할 각오가 있어야 한다.

위와 같은 조건들 때문에 현실주의자들은 집단안보체제의 장기적인 생존에 대해 회의적이다. B국과 C국의 전쟁이 A국의 이해관계와 무관한 데다가 참전할 경우 A국이 중대한 비용을 지불하게 될지도 모른다면 왜 A국이 참전할 것이라고 기대해야 하는가? 설상가상으로 참전이 A국의 이해관계를 손상시킬지도 모른다면, 왜 A국의 참전을 기대해야 하는가?

이러한 비판에도 불구하고 많은 이들은 집단안보가 세계평화를 성취하기 위한 최상의 도구라고 주장한다. 그러나 이러한 이상을 어떻게 실현시킬 것인가? 한 가지 방법은 특정 형태의 국제적 권위체를 창설하고 그 권위체로 하여금 국가행동의 평화 지향성을 책임지도록 하는 것이다. 이 방법은 제1차 세계대전 직후에 처음으로 시도되었고 1919년 국제연맹의 창설로 이어졌다. 국제연맹은 집단안보체제를 통해 국제평화와 협력을 증진시킬 목적으로 설립되었다. 절정기에는 회원국 수가 58개국에 달했다.

그러나 국제연맹은 실패한 실험임이 드러났다. 그 이유 가운데 가장 중요한 것은 미국의 불참이었다 — 국제연맹 아이디어를 제공한 사람이 윌슨(Woodrow Wilson) 미국 대통령이었다는 사실에도 불구하고 말이다. 영국과 프랑스 같은 주요 강대국들이 국제연맹을 적극 지지하지 않은 것도 실패의 또 다른 이유였다. 전반적으로 국제연맹은 권력, 자원, 회원국들의 의지력 모두 부족했다. 그 결과, 1930년대 이탈리아, 일본, 독일 그리고 소련 등이 저지른 공격적 행동을 제압하기 위한 영향력을 발휘할 수 없었다. 많은 이들이 보기에 이 10년 동안의 비참한 실적은 국제연맹이 권력 없는 잡담장소에 불과했다는 사실을 여지없이 보여주었다.

1939년 제2차 세계대전의 발발과 함께 국제연맹은 역사 속으로 사라지고 말았다 (사실 공식적으로는 제2차 세계대전이 완전히 종식된 직후인 1946년에 해체되었다). 제2차 세계대전을 예방하지 못한 무능력 때문에 국제연맹의 운명은 밀봉되었다. 그러나 이러한 실패에서 얻은 교훈은 국제연맹을 계승하여 창립한 유엔의 중요한 자산이 되었다.

유엔: 목적과 역사

국제연맹과 같이 유엔도 세계대전, 이번엔 제2차

세계대전 직후에 창립되었다. 공식 출범은 창립국의 과반수가 헌장을 비준한 직후인 1945년 10월 24일 이루어졌다. 헌장에는 유엔의 목적, 조직구조, 운영규칙 등이 포함되었다. 헌장 전문의 문구, '전쟁의 재앙으로부터 후세들을 보호하기 위해'는 유엔의 고귀한 야심을 보여준다. 헌장 1조의 문구, '국제평화와 안보를 유지하기 위해' 역시 유엔의 목적이 무엇인지를 재차 강조하고 있다. 1조는 또한 인권개선과 같은 목적도 포함하고 있다. 그러나 원래 이것은 국가 간의 무력분쟁을 예방하는 유엔의 주요 목적 — 안보에 대한 전통적 인식 — 에 비하면 매우 부차적이다.

출범 당시 유엔 회원국은 51개국이었다. 그리고 국제연맹과 달리 유엔의 성공을 기대할 수 있는 한 가지 이점이 있었는데, 바로 미국이 회원국이었다는 점이다. 1945년 이후 회원국은 증가하여 오늘날 193개국이 되었다. 이것은 사실상 세계의 모든 독립국가를 포함한 것이다. 유엔이 명백한 합법성을 부여받았다고 볼 수 있는 이유는 회원국 모두가 발언권을 보유하고 있기 때문이다 — 물론 앞으로 살펴보겠지만, 회원국들이 행사하는 국력과 영향력의 측면에서는 결코 평등하지 않다.

유엔 회원국이 되고자 하는 국가는 유엔의 규칙과 결정을 준수하는 것에 합의해야 한다. 그러나 동시에 국가 주권이 존중되어야 한다는 원칙은 유지된다. 2조에는 "이 헌장의 어떠한 규정도 어떤 국가의 국내 관할권 안에 있는 문제에 간섭할 권한을 유엔에 부여하지 않는다"는 문구가 명시되어 있다. 유엔은 세계정부가 아닌 독립국가 간의 분쟁을 해결하기 위한 토론의 장이다.

집단안보라는 용어는 헌장 그 어디에서도 명시적으로 드러나 있지는 않다. 다만 그 정신을 함축하고 있다. 예를 들어, 1조에 있는 '평화에 대한 위협의 방지 및 제거를 위한 유효한 집단적 조치를 취하는'이라는 문구가 그 증거다. 냉전 시기 유엔의 집단안보 적용의 주요한 초점도 국가 간의 무력분쟁이었다. 그러나 집단안보에 대한 유엔의 해석은 단일하거나 고정적이지 않았다. 그 이유는 안보개념의 확장과 관련된 최근의 논쟁(이 책의 이전 장들에서 논의된)이 수용되어 왔기 때문이다. 그리하여 2004년 유엔 사무총장이 의뢰하여 작성된「더욱 안전한 세계: 우리가 공유해야 할 책임성(*A More Secure World: Our Shared Responsibility*)」이라는 제목의 보고서는 전통적인 국가 간 무력분쟁 중심의 해석을 넘어 집단안보에 대한 '종합적' 개념을 채택했다 (UN High-Level Panel on Threats, Challengers and Change, 2004). 이 보고서는 위협의 여섯 가지 유형을 나열하고 있다. 또한 그러한 위협들이 전 세계에서 문제를 양산하고 있기 때문에 집단적으로 대처할 필요가 있음을 역설하고 있다.

- 기아, 전염병, 그리고 환경 악화를 포함한 경제적·사회적 위협들
- 국가 간의 분쟁
- 내전, 인종청소 그리고 기타 대규모 잔혹 행위를 포함한 국가 내부의 분쟁
- 핵무기, 방사능무기, 화학무기 그리고 생물학무기
- 테러리즘
- 초국적 조직범죄

이 장은 위에서 두 번째와 세 번째 위협에 초점을 맞추고 있다. 그러나 최근에 와서 유엔은 과거

보다 훨씬 다양한 범주의 안보위협들을 해결하기 위해 임무 확장에 주력하고 있다.

조직과 권력

도표 20.1은 유엔의 조직구조를 보여주고 있다. 그림에서 알 수 있듯이 유엔은 6개의 주요 기관을 갖고 있다. 이 가운데 안보현안을 다루는 가장 중요한 기관이 바로 안전보장이사회다. 헌장 24조에는 "국제평화와 안보의 유지를 위한 일차적 책임을 안전보장이사회에 부여하며"라는 문구가 명시되어 있다.

그러나 안전보장이사회의 역할을 상세히 살펴보기에 앞서 다른 두 개의 주요 기관인 유엔총회와 유엔 사무국의 역할을 간략하게 살펴볼 필요가 있다.

총회

총회는 유엔의 주요 심의기관이면서 정책결정기관이기도 하고 동시에 대표기관이기도 하다. 193개 회원국 전체가 총회에 참가하며 회원국은 그들의 영토나 인구 규모에 상관없이 오직 한 표만 행사할 수 있다. 평화와 안보같이 중요한 현안들에 대한 결정은 총회에 출석하여 투표하는 회원국 3

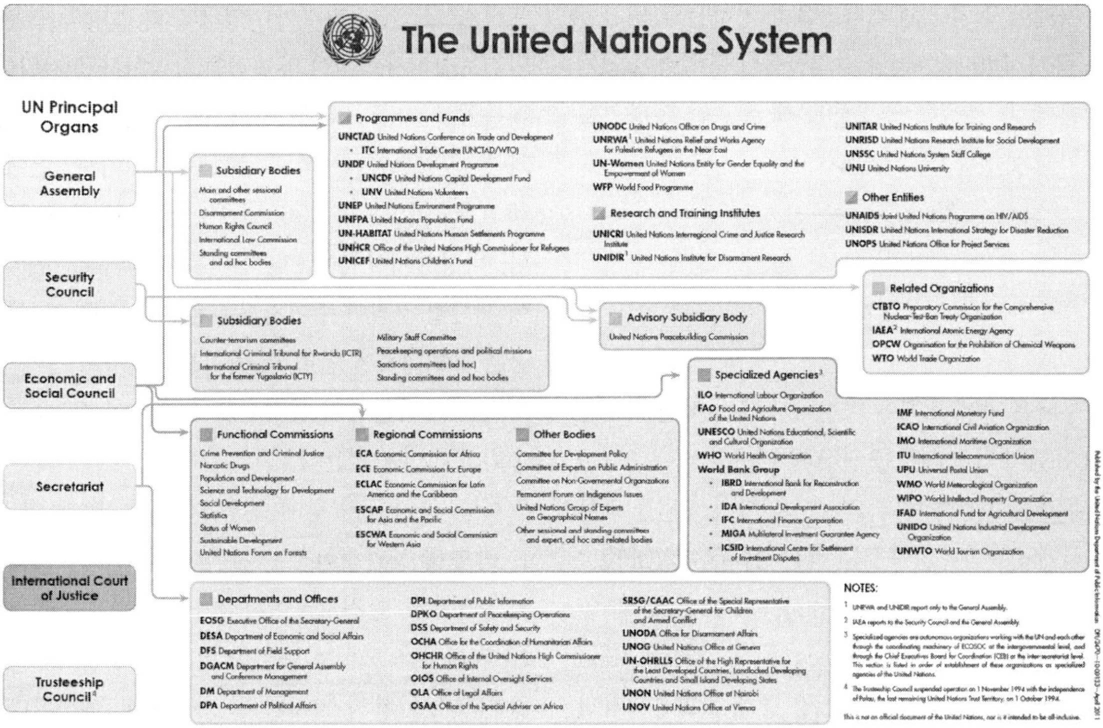

도표 20.1 유엔체계

출처: www.un.org/en/aboutun/structure/org_chart.shtml

분의 2 이상의 찬성으로 이루어진다.

1국1표제라는 총회의 평등성은 소국들에게 이점을 주는 것처럼 보일 수 있다. (미국, 러시아 그리고 중국 같은) 주요 강대국들은 경제적으로 그리고 군사적으로 강력함에도 불구하고 수적으로는 소수에 불과하기 때문이다. 그러나 총회의 권력이 갖는 결정적 한계는 총회에서 통과된 결의안이 권고적 성격만을 갖는다는 점이다. 따라서 결의안들은 구속력이 없다. 유엔 역사에서 안보문제와 관련된 결의안의 무기력함을 가장 잘 보여주는 것이 바로 이스라엘-팔레스타인 분쟁이다. 이스라엘은 유엔이 창설된 지 3년만인 1948년에 건국되었다. 유엔총회는 이스라엘 건국으로 촉발된 이스라엘-팔레스타인 분쟁에서 절대다수의 찬성으로 수차례에 걸쳐 팔레스타인을 지지하는 결의안들을 통과시켰다. 그러나 결의안들이 구속력이 없기 때문에 그 분쟁을 해결하는 데 유효한 영향력을 미치지 못했다.

사무국

사무국은 세계 도처에 파견되어 있는 직원들과 함께 유엔의 일상 업무를 관장한다. 유엔 사무총장이 사무국을 총괄하며 약 4만 4,000명의 직원들이 사무국에 소속되어 있다. 사무국은 평화유지부(DPKO: Department of Peacekeeping Operations)와 인도지원조정국(OCHA: Office for the Coordination of Humanitarian Affairs)을 통해 평화유지작전 집행업무와 국제분쟁 중재업무를 실행한다. 안전보장이사회가 주요 결정을 하지만 그러한 결정의 집행은 사무국 소관이라는 점에서 사무국은 안보문제에서 중대한 역할을 담당하고 있다. 또한 사무총장은 안전보장이사회가 해결해야 할 의제를 설정할 수도 있다.

안전보장이사회

이미 언급했듯이 안전보장이사회의 주요 역할은 안보 현안을 해결하는 것이다. 안전보장이사회는 총 15개 회원국으로 구성되어 있다. 제2차 세계대전 직후 유엔이 창립되었을 때 5개 승전국 — 중국(1971년 이전까지는 중화민국이, 1971년 이후부터는 중화인민공화국이 상임이사국 – 역자 주), 프랑스, 소련(현 러시아), 영국 그리고 미국 — 은 안전보장이사회에서 영구적인 상임이사국 지위를 획득했다. P5로 지칭되기도 하는 5개 상임이사국과 함께 비상임이사국도 있다. 비상임이사국은 원래 6개국이었으나 1965년 10개국으로 확대되었다. 비상임이사국은 2년 임기로 선출되지만 연이어 재선될 자격이 주어지지는 않는다. 비상임이사국은 5개 대륙별 안배 및 안전보장이사회 전체의 지리적 세력분포의 형평성을 고려하여 선출되고 총회의 추인을 받는다.

다른 국가들이 갖지 못한 P5의 첫 번째 이점은 당연히 상임직이라는 지위다. 두 번째 이점은 거부권이다. 안전보장이사회가 의사결정을 할 때 15개 이사국 모두는 동일한 한 표를 행사하며 의결은 9개 이상의 이사국 찬성 투표로 결정된다. 절차상으로만 본다면 — 다루어야 할 의제와 주제에 따라 — 상임이사국과 비상임이사국을 합쳐 9

개국 이상의 어떤 조합도 가능하다. 그러나 제재나 군사력 사용의 승인과 같은 중대한 문제의 경우 5개 상임이사국 전체의 동의가 필요하다. 따라서 사실상 P5 각국은 찬성 투표를 하지 않음으로써 동의하지 않는 사안에 대해 거부권을 행사할 수 있다. 1945년부터 2012년 사이 중국, 프랑스, 영국, 미국 그리고 소련/러시아는 각각 9번, 18번, 32번, 83번 그리고 128번의 거부권을 행사했다 (Global Policy Forum, 2012).

이러한 두 가지 이점은 많은 논란을 야기했다. 그러한 혜택이 왜 P5에만 주어져야 하는가? 주어져야 한다고 보는 입장의 근거는 두 가지다. 첫 번째는 국제문제 해결에 강대국을 참여시키기 위해서라도 그러한 혜택이 주어져야 한다는 주장이다. 그러한 혜택이 없다면 (미국과 같은) 강대국은 처음부터 유엔에 참여하지 않았을 것이기 때문이다. 강대국의 불참은 유엔의 장기적인 지속성을 위협할 수도 있다. 실제로 국제연맹이 실패한 이유 중 하나도 그것이었다.

두 번째는 각국이 보유한 국력과 자원이 동등하지 않기 때문에 가장 많은 국력과 자원을 보유한 강대국들이 의사결정에서 더 많은 영향력을 가져야 한다는 주장이다. 강대국들의 동의가 결의안의 이행과 성공을 상당부분 보장할 수 있기 때문이다. 이외에 주목해야 할 또 다른 한 가지는 P5 모두 핵보유국이라는 점이다. 물론 P5 이외에도 핵보유국이 존재하지만 글로벌 차원에서 핵전쟁을 감행할 능력을 갖춘 국가들은 P5로 한정된다. 이러한 점에서 불편하게 느껴질 수도 있는 P5의 상임이사국 지위와 거부권은 오히려 P5에게 책임감을 부과하여 그들을 국제평화와 안보문제에 묶어두는 방법이다.

그럼에도 불구하고 많은 비판가들은 안전보장이사회의 설립 자체가 1945년도에는 필요했을지 모르지만, 21세기에는 그 존재 자체가 시대착오적이라고 주장한다. 특히 안전보장이사회의 운영이 비민주적이고 불평등하다는 점에서 더욱더 그렇다고 주장한다.

개혁안 지지자들은 모든 이사국이 비상임직으로 선출되어야 한다고 주장하면서 상임직 폐지를 제안했다. 혹은 상임직을 폐지할 수 없다면 상임직의 수를 늘려야 한다고 제안했다. 막강한 경제력과 유엔 기여금 규모에서만 보면 독일과 일본은 유력한 상임직 후보국이다. 그러나 유엔 출범 이후 경제력 및 정치력 분포의 변동을 감안할 때 인도와 브라질 같은 신흥 강국 역시 상임직 후보국이 될 수 있다.

개혁안에는 상임이사국의 거부권 폐지도 포함되어 있다. 이에 찬성하는 이들은 거부권 폐지가 유엔을 과거보다 더욱 효과적으로 만들 것이라고 주장한다. 실제로 단 하나의 거부권 때문에 절대다수 회원국의 의사가 무시되는 경우가 많았다.

그러나 안전보장이사회의 개혁은 P5의 의사에 달려 있다는 점이 문제다 — 개혁 동참 여부와 그 시기도 불투명하다.

국제분쟁에 대처하는 힘

그렇다면 국제분쟁과 갈등에 대처할 수 있는 유엔 — 특히 안전보장이사회 — 의 힘은 무엇인가? 국제연맹과 달리 유엔은 헌장에 의해 실제적인 힘을 부여받았다. 예를 들어, 자체적인 무력과 군대를 부여받지 못했지만, 유엔은 의사결정 사항을 집행하기 위해 회원국들의 군사적 자원을 동원할 수 있다. 분쟁 해결과 관련해서는 헌장의 6장과 7장이 가장 중요하다.

'분쟁의 평화적 해결'이라는 제하의 6장은 주로 예방과 관련되어 있다. 평화적인 수단을 사용하도록 분쟁 당사국들을 설득하여 분쟁이 무력충돌로 비화하는 것을 막는 것이다. 이러한 목적을 위해 6장의 33조는 분쟁 당사국들이 우선적으로 '교섭, 심사, 중개, 조정, 중재재판, 사법적 해결, 지역기구나 지역협약 또는 당사국들이 선택하는 다른 평화적 수단에 의한 해결'에 호소할 것을 촉구하고 있다. 따라서 분쟁에 대한 강압적 개입은 최후의 수단이 된다.

대조적으로 7장은 '평화에 대한 위협, 평화의 파괴 및 침략행위에 관한 조치'와 관련해 13개의 조항들을 명시하고 있다 — 다시 말해 7장은 분쟁이 전쟁으로 비화하여 강압적 조치가 필요하다고 판단되는 경우에 초점을 맞추고 있다. 7장의 몇몇 주요 조항들은 글상자 20.2에 나와 있다. 예를 들어, 41조는 안전보장이사회에 경제제재를 포함한 비군사적 조치를 행사할 수 있는 힘을 부여하고 있다. 그리고 비군사적 조치가 불충분하다고 판단될 경우 42조는 평화를 유지하고 회복하기 위한 군사조치의 사용을 승인하고 있다. 그리고 군사조치의 사용에 필요한 자원을 회원국들이 동원해야 함을 명시하고 있는 43조는 집단안보의 원칙을 반영하고 있다. 흥미로운 점은 안전보장이사회 이사국이 아닌 국가들의 군사력 사용이 전면 금지되어 있지는 않다는 사실이다. 이와 관련해 51조는 개별적 자위권의 행사를 허용하고 있다.

유엔이 국제평화와 안보를 유지하기 위해 실제로 어떠한 노력을 해왔는지 그리고 그러한 노력이 시간이 지나면서 어떻게 진화해왔는지를 이해하기 위해선 창설 당시부터 현재까지 유엔이 어떻게 기능해왔는지를 먼저 살펴보는 것이 유용할 것이다.

냉전: 집단안보에서 평화유지로

유엔이 창설되자마자 냉전이 시작되었다. 냉전과 미소 간 경쟁구도에서 파생된 적대감과 불신은 유엔의 운영에 엄청난 파급효과를 가져왔다. 특히 집단안보를 위한 협력이 불가능했다. 전쟁 근절이라는 유엔의 목적이 실현되기를 바라는 것은 허망한 바람이었다.

안전보장이사회 상임이사국인 미소 양국은 주요한 국제적 사안에 대해 매번 다른 입장을 표명했고 상대 국가의 이해관계를 훼손하기 위해 결의안에 반대하는 거부권을 빈번하게 행사했다. 실제로 유엔 창설 직후 10년간 소련은 거부권을 무려 79차례나 행사했다. 이 때문에 안전보장이사회는 공동전선을 구축할 수 없었고 결국 평화와 안보를 위해 헌장이 보장한 권력도 무용지물이 되고 말았다.

안전보장이사회는 1950년에 발발한 한국 — 공산국가인 북한과 비공산국가인 남한으로 분단된 국가 — 전쟁에서 침략국 북한을 대상으로 한 무력사용을 승인했다. 16개국 군대로 편성된 연합군(미군이 대다수였지만)은 유엔 후원 하에 한국전에 참전했다. 이것이 집단안보의 성공적인 예시로 인용되기도 한다. 그러나 한국전쟁의 시시

글상자 20.2 평화에 대한 위협에 대처할 수 있는 유엔의 힘

유엔헌장

7장:

평화에 대한 위협, 평화의 파괴 및 침략행위에 관한 조치

39조

안전보장이사회는 평화에 대한 위협, 평화의 파괴 또는 침략행위의 존재여부를 결정하고, 국제평화와 안보를 유지하거나 이를 회복하기 위하여 권고하거나 또는 41조 및 42조에 따라 어떠한 조치를 취할 것인지를 결정한다.

41조

안전보장이사회는 그의 결정을 집행하면서 무력사용을 수반하지 않는 어떠한 조치를 취해야 할 것인지를 결정할 수 있으며 또한 회원국에 대하여 그러한 조치를 적용하도록 요청할 수 있다. 이 조치는 경제관계 및 철도, 항해, 항공, 우편, 전신, 무선통신 및 다른 교통 통신수단의 전부 또는 일부의 중단과 외교관계의 단절을 포함할 수 있다.

42조

안전보장이사회는 41조에 규정된 조치가 불충분할 것으로 인정되거나 또는 불충분한 것으로 판명되었다고 인정되는 경우 국제평화와 안보의 유지 또는 회복에 필요한 공군, 해군 또는 육군에 의한 조치를 취할 수 있다. 그러한 조치는 회원국의 공군, 해군 또는 육군에 의한 시위, 봉쇄 및 다른 작전을 포함할 수 있다.

43조

국제평화와 안보의 유지에 공헌하기 위해 모든 회원국은 안전보장이사회의 요청 그리고 특수합의나 합의에 따라 국제평화와 안보의 유지에 필요한 통과권을 포함한 병력, 원조 및 시설을 안전보장이사회가 사용할 수 있도록 하는 것에 약속한다.

51조

이 헌장의 어떠한 규정도 회원국에 대하여 무력공격이 발생한 경우 안전보장이사회가 국제평화와 안보를 유지하기 위하여 필요한 조치를 취할 때까지 개별적 또는 집단적 자위의 고유한 권리를 침해하지 않는다.

출처: www.un.org/en/documents/charter/chapter7.shtml

비비를 가리는 것은 논외로 하더라도 중요한 점은 안전보장이사회가 군사적 개입을 결의하던 순간에 소련이 (마오쩌둥[毛澤東]의 중공이 중국의 공식정부로 인정되지 않는 것에 대한 불만표시로) 그 회의에 불참했었고 이 때문에 연합군의 파견과 무력사용이 승인될 수 있었다는 사실이다. 만약 중공 문제가 없었다면 소련은 확실히 그 회의에 참가하여 거부권을 행사했을 것이고 한국전쟁의 양상은 달라졌을 것이다. 소련이 안전보장이사회 회의에 다시 참가한 1951년부터 미소 간 교착상태는 재개되었고 유엔은 통합적인 행동을 조율할 수 없었다. 1960년대 미국이 베트남전쟁(공산진영인 북베트남과 비공산진영인 남베트남 간의 분쟁)에 군사적으로 개입했을 때에도 유엔 안전보장이사회는 미국의 무력사용을 승인하지 못했다.

냉전이 초래한 이러한 긴장 구도와 마비 상태

에 빠진 안전보장이사회 때문에 유엔은 모든 조건이 충족된 군사적 행동 대신 대안적 접근법을 통해 국제분쟁에 대처하기 시작했다. 그 접근법이 바로 평화유지였다. 따라서 유엔 평화유지작전의 기원과 수적 증가는 집단안보가 효과적으로 작동하지 못한 데서 비롯된 것으로 이해되어야 한다. 실제로 평화유지작전에 대한 기대는 매우 낮았다. 유엔이 향후에도 전쟁과 분쟁의 문제를 완전히 '종식'시킬 수 없다고 평가되었기 때문이다. 따라서 유엔은 분쟁이 확전되는 것을 방지하고 분쟁 상황을 개선하는 데 주력했다.

평화유지의 개념을 정의하는 것은 극도로 어려운 일이다. 집단안보의 개념과 마찬가지로 평화유지도 유엔헌장에서 명시적으로 언급되지 않았기 때문이다. 이런 측면에서 평화유지는 종종 헌장 6장에 명시된 분쟁해결을 위한 비군사적 조치와 헌장 7장에 명시된 군사적 조치 사이에 존재하는 중간적 조치로 이해되어 왔다. 이 때문에 평화유지는 (2대 사무총장을 지낸 함마슐트[Dag Hammarskjold]에 의해) '헌장 6.5장'으로 지칭되기도 했다.

평화유지가 무엇을 의미하는지를 이해하기 위한 유용한 출발점은 그것을 분쟁의 사전 단계, 진행 단계, 사후 단계와 관련된 평화활동들 가운데 한 가지 유형으로만 보는 것이다. 글상자 20.3은 평화 및 안보와 관련하여 유엔이 관여하는 활동들의 영역을 보여주고 있다. 평화유지에 대한 유엔 스스로의 정의는 다음과 같다. '무력사용이 중지되었지만 매우 깨지기 쉬운 평화 상태를 보존하기 위한 방법'. 다른 말로 하면 평화유지는 적대적인 무력행위가 중지된 이후 전개되는 활동으로서 평화가 어떻게 성취되든 간에 우선 무력행위가 재발되지 않도록 취하는 조치를 의미한다. 물론 이러한 정의는 여전히 많은 질문을 남기고 있다. 그러나 평화유지의 성격이 지속적으로 변화하고 있기 때문에 평화유지라는 이름으로 수행됐던 모든 활동들을 포괄할 수 있는 단 하나의 고정된 정의를 내리는 것은 사실상 불가능하다.

대신 냉전 시기 동안의 평화유지작전의 유형을 더욱 잘 이해하기 위해선 이것의 간략한 역사를 살펴볼 필요가 있다 (UN, 2014).

1948년부터 1988년까지 유엔은 총 13번의 평화유지 임무를 수행했다. 그러한 임무의 대부분은 두 초강대국이 평화유지 작전수행을 수용할 수 있을 정도로 냉전의 경쟁구도와 이해관계의 중심에서 매우 멀리 떨어진 지역들에서만 수행되었다. 또한 작전을 위해 군대를 파견한 국가들 역시 중립국이거나 비동맹국가들 — 스웨덴, 노르웨이, 아일랜드, 캐나다 그리고 인도 — 로 한정되었다. 냉전에 몰입한 P5는 평화유지 임무에 군대를 파견하지 않았다.

이 기간에 유엔 평화유지작전들의 활력과 효과는 증가하기도 하고 감소하기도 하는 등 일관적이지 못했다. 최초의 임무는 1948년 이스라엘과 팔레스타인 간의 정전 상황을 관리하기 위해 파견된 유엔 정전감시기구(UNTSO: UN Truce Supervision Organization)를 통해서였다. 이와 유사했던 두 번째 임무는 1949년 카슈미르에서의 정전 상황을 관리하기 위해 파견된 유엔 인도-파키스탄 정전감시단(UNMOGIP: UN Military Observer Group in India and Pakistan)을 통해서였다. 두 사례에서 평화유지작전들의 강도와 소관은 그다지 크지

글상자 20.3 평화와 안보 활동의 영역

예방외교 – 국가 내의 또는 국가 간의 긴장과 분쟁이 폭력적인 분쟁으로 고조되는 것을 막기 위한 구조적 또는 외교적 수단의 활용을 의미한다.

평화조성 – 진행 중인 분쟁의 원인을 해소할 수 있는 수단들의 동원을 의미하며 동시에 협상을 통해 적대적인 당사자들 간의 합의를 도출하기 위한 외교적 행동을 의미한다.

평화유지 – 무력사용이 중지되었지만 매우 깨지기 쉬운 평화 상태를 보존하기 위한 방법의 사용을 의미한다.

평화강제 – 안전보장이사회의 승인을 받은 군사력 사용을 포함한 다양한 범주의 강제적 조치의 시행을 의미한다.

평화구축 – 분쟁관리의 모든 수준에서 분쟁 당사국들의 정상국가로서의 능력을 개선함으로써 분쟁의 발생 또는 재발생의 위험도를 낮추기 위한 다양한 수단들의 활용을 의미한다.

United Nations Peacekeeping Operations: Principles and Guidelines (2008)
출처: pbpu.unlb.org/pbps/library/capstone_doctrine_eng.pdf

않았다. 그 작전들은 감시활동으로 국한되었다. 파견된 요원도 100명에서 200명 수준에 불과했다. 심지어 그들은 비무장 상태였다 (또 하나 공통적인 것은 그들이 오늘날까지도 현장에 파견되어 있다는 점이다).

그러나 1950년대 중반 이후 평화유지작전의 규모와 범위가 확장되기 시작했다. 1956년 수에즈 운하에서 영국, 프랑스, 이스라엘군의 철수를 감시하기 위해 파견된 유엔긴급군(UNEF 1: UN Emergency Force)이 최초의 무장 작전이었다. 이때 수행된 작전명에 평화유지라는 명칭이 처음으로 사용되었다. 최초의 대규모 평화유지작전은 1960년에 설립된 유엔 콩고민주공화국임무단(ONUC: UN Operation in the Congo)을 통해 이루어졌다. 이 임무단에 파견된 군 요원의 수는 많을 때는 거의 2만 명에 육박했는데, 이것은 냉전 시기 평화유지작전 가운데 가장 큰 규모였다. 이후에도 유엔 평화유지작전의 역할은 지속해서 증가하여 그 활동 범위가 사이프러스(Cyprus)와 중동으로까지 확대되었다.

그러나 1970년대 중반 들어, 평화유지작전은 퇴조하기 시작했다. 1975년부터 냉전 구도의 해빙이 시작된 1980년대 말까지 평화유지작전은 — 1978년 유엔 레바논임시주둔군(UNIFIL: UN Interim Force in Lebanon) — 단 한 차례만 수행되었다. 이러한 급감은 작전 수행을 위한 재정의 한계와 냉전의 지속으로 인한 긴장구도 때문이었다. 냉전의 종식이 목전에 이르렀을 때 평화유지작전이 재개되었다. 바로 1988년 아프가니스탄에서 소련군의 철수를 감시하기 위한 임무가 그것이었다.

평화유지작전이 수행되던 냉전 시기는 전통적인 평화유지작전의 시대로 알려져 있다. 따라서 냉전은 세계의 침략자들을 진압하기 위해 대규모 군대를 동원해야 한다는 관점이 평화협정·군대철수·정전·완충지대에 대한 분쟁 당사자들의 준수 여부를 감시하는 상대적으로 작은 단위의 조직만으로도 충분하다는 관점으로 사고가 전환되는 시기였다. 이렇게 변화된 관점의 예외가 야심찬 목표를 가지고 대규모 군대를 동원한 콩고 작전이었다. 이러한 평화유지직진 간의 차이점에도 불구하고 냉전 시기 평화유지작전은 크게 세 가지 처리 원칙에 기반하여 수행되었다.

- 분쟁 당사자들의 동의
- 공정성 (즉, 평화유지군은 특정 세력을 옹호할 수 없다)
- 자위적 조치나 위임된 방어가 아닌 경우 일체의 무력사용 금지

이 장의 서두에서 제기된 질문으로 돌아가면, 위의 원칙들은 평화유지작전이 언제 그리고 어떠한 환경에서 수행되어야 하는지 그리고 평화유지군이 어떻게 행동해야 하는지를 명시하고 있다. 즉, 평화유지군은 분쟁 당사자들이 동의할 때 평화유지작전을 수행하되, 중립적 태도를 유지해야하고, 무력사용을 극도로 자제해야 한다. 결국 이러한 원칙들은 분쟁을 해결하는 데 있어서 평화유지군의 역할에 대한 한계를 분명히 정하고 있다. 이 원칙들을 비판적으로 보자면 평화유지작전의 목표는 전쟁 및 대량 잔혹행위의 완전 제거가 아닌 것이다. 그러나 이것은 평화유지작전이 논란에 휩싸이지 않도록 마련한 방어 장치이자 냉전 시기의 양 진영이 모두 수용할 수 있도록 배려한 차선책인 것이다. 또한 이 원칙들은 유엔헌장에서 보장된 국가주권을 침해하지 않으려는 지속적인 노력이기도 하다. 그러나 탈냉전이라는 변화된 맥락은 이 원칙들을 고수하기보다 다른 원칙들을 채택해야 할 필요성을 증가시켰다. 그러한 필요성은 평화유지작전의 대상이 되는 문제들이 탈냉전 시대에 전개된 양상들을 살펴봄으로써 이해될 수 있다.

탈냉전 시대: 변화된 시대에 걸맞은 변화된 유엔?

1990년 8월 2일 이라크군은 소국 쿠웨이트를 기습 공격했다. 그리고 개전 며칠 만에 후세인(Saddam Hussein)의 군대는 전쟁승리를 선포했고 쿠웨이트는 그의 수중에 떨어지고 말았다. 그렇다면 당시 국제사회의 대응은 어떠했는가?

개전 직후 소집된 유엔 안전보장이사회는 침략을 규탄하고 이라크군의 철수를 요구하는 결의안을 채택했다. 이후 몇 달간 더 많은 결의안들이 채택되었고 결국 결의안 678 — 같은 해 11월 29일에 채택 — 을 통해 이라크 철수시한을 1991년 1월 15일로 정했다. 철수가 진행되지 않을 경우 '모든 필요한 수단'을 동원하여 그 결의안을 강제로 집행할 예정이었다. 1월 15일이 지나도 이라크군이 철수하지 않자 미국 주도하에 결성된 34개국 연합군이 유엔의 승인 하에 쿠웨이트로 진군했다. 치열한 접전 없이 이라크군은 격퇴되었고 쿠웨이트는 해방되었다. 1991년 2월 28일 조지 H. W. 부시 미국 대통령은 종전을 선언했다.

알려진 바와 같이 몇몇 비판가들은 걸프전쟁을 제국주의적 도박으로 치부했다. 그들은 중동 석유 통제권 획득·지역에 대한 영향력 확보·글로벌 패

권의 회복을 노린 미국의 압박 때문에 연합군이 결성되어 작전이 수행되었다고 주장한다. 그러나 유엔을 지지하는 이들에게 그 전쟁은 유엔의 중심적 역할을 회복시킨 순간이자 전조였다. 평화활동이 작동했던 이전의 국제적 맥락과 매우 차별되는 점은 냉전 경쟁구도가 종식되었다는 것이다. — 특히 (1991년 12월에 해체된) 소련이 이라크를 대상으로 한 무력사용 결의안에 대해 거부권을 행사하지 않았다. 이 때문에 오랜 기간 경쟁해왔던 강대국들이 마침내 집단안보의 효과적인 작동을 위해 협력할 것처럼 보였다. 조지 H. W. 부시 대통령은 탈냉전 시대를 '신세계질서'로 명명했고 유엔이 그러한 질서를 구축하는 데 중심적 역할을 할 것이라는 희망적인 전망이 대세가 되었다.

그러나 일련의 사건들은 낙관적인 전망대로 전개되지 않았다. 탈냉전 시대가 평화와 조화의 신질서를 가져올 것이라는 믿음은 국가 내에서 발생한 내전의 세계적 확산으로 인해 산산조각 나버리고 말았다. 이 현상은 유엔 같은 기구들에게 특별한 딜레마를 야기했다. 걸프전쟁 동안 취해진 국제적 행동 — 침략국에 대한 합법적인 응징 — 은 (많은 비판가들이 보기엔 아니지만) 연합군에게 이론의 여지가 없는 법적, 정치적, 도덕적 정당성이 있는 것처럼 보였다. 이에 반해 1990년대의 내전에서는 그러한 정당성을 찾기 어려울 만큼 훨씬 더 복잡한 시나리오가 전개되었다. 신세계질서에도 불구하고 내전에 국제공동체가 어떻게 대응해야 하는지에 대한 어떤 명확한 합의가 존재하지 않았다. 이러한 혼란은 유엔의 역할에 크나큰 영향을 미쳤다.

인도적 개입과 평화유지의 새로운 유형들

1990년대 내전이 특별한 우려의 대상이 되었던 이유는 그것이 민간인에 미치는 파급력 때문이었다. 따라서 국제공동체의 내전 개입을 정당화하기 위해 사용된 인도적 개입이라는 개념도 1990년대 초에 등장했다.

인도적 개입은 인권유린과 광범위한 잔혹 행위를 예방하거나 중지시키기 위해 그러한 행위가 자행되고 있는 해당국의 동의 없이 해당국에 가해지는 군사적 위협이나 무력사용으로 정의된다. 여기에서 제기되는 질문은 그러한 위협이나 무력사용이 국가 주권 및 유엔헌장 1장 2조에 명시된 내정을 간섭받지 않을 권리에 미치는 영향에 관한 것이다. 그러나 탈냉전 시기 개입의 가장 중요한 특징은 인도주의가 국가 주권에 우선한다는 점이다. 탈냉전 시기 인도적 개입은 전통적인 안보 측면에서 정당화되기보다 국가안보를 넘어서는 (이전 장들에서 논의된) 인간안보라고 하는 보다 광범위한 개념에서 정당화되었다.

평화유지작전 또한 변화하기 시작했다. 가장 두드러진 변화는 실행된 작전의 숫자다. 냉전종식이 다가오고 안전보장이사회에서의 교착상태가 완화되기 시작하자 평화유지작전의 수는 크게 증가했다. 1988년부터 1993년 사이 새롭게 시작된 작전은 20건에 달했고 이것은 이전 40년간 누적된 작전의 수보다 많은 것이었다 (2014년 현재 4개 대륙에서 실행되고 있는 유엔 평화유지작전은 16건이다). 또한 P5를 포함하여 훨씬 더 많은 국가들이 평화유지작전에 자국 군대를 파견했다. 이것은 냉전적 긴장구도의 완화 때문에 가능한 것이었다 (그러나 오늘날 평화유지군의 대부분은 인도, 파키스탄, 방글라데시와 같은 개발도상국에서 파견된 군대로 구성되어 있다).

그러나 가장 중요한 것은 분쟁의 유형 변화로 인한 평화유지작전의 유형 변화다. 탈냉전 시기의 내전은 정치적, 경제적, 종교적, 인종적, 민족주의적 긴장들을 포함한 매우 다양하고 상호 연결된 요인들에 의해 촉발되었다. 또한 내전은 국가의 사회적, 정치적, 경제적 구조의 빈번한 와해를 초래했다. 이 때문에 평화유지작전도 전통적인 접근방식 — 앞서 살펴보았듯이 감시역할에 국한된 — 에서 더욱 야심적인 접근방식으로 진화했다. 광범위한 인도적 고통의 완화는 물론 장기적이고 지속가능한 평화 환경의 구축이 그것이다.

평화유지작전의 유형을 구분할 때 전통적인 접근방식은 종종 '1세대' 평화유지작전으로 그리고 보다 규모가 크고 정교한 목적을 지닌 평화유지작전은 '2세대' 평화유지작전으로 지칭된다. 후자는 장기적인 평화구축(글상자 20.3을 참조)을 위해 수행되는 복잡하고 다차원적인 작전이다. '3세대' 평화유지작전은 인도적 보호를 위한 평화강제 — 즉, 무력사용 — 에 해당된다 (혼동하지 말아야 할 것은 이러한 세대별 구분이 연대기적 구분과 반드시 일치하지 않는다는 점이다 — 가령, 냉전 시기에 수행된 작전의 대다수가 1세대에 속하긴 하지만, 위에서 언급된 냉전 시기의 콩고 작전은 3세대에 속한다. 무력이 적극적으로 사용되었기 때문이다.)

구체적으로 살펴보면 1990년대 이후 수행된 평화유지작전은 여러 측면에서 전통적인 접근방식과 확연히 구분된다. 예를 들어, 작전 중 수행된 활동의 범주가 다음과 같은 것들을 포함할 정도로 크게 확장되었다.

- 인도적 지원물자 제공
- 인권유린 감시
- 민간인 보호 — 예를 들면, '안전한 피난처' 제공
- 전투 요원의 무장해제 및 해체
- 거버넌스와 경제발전을 위해 지속가능한 제도의 구축
- 선거 감시

이러한 활동 범주의 확장은 자연스럽게 평화유지작전에 참가하는 인력의 다양화로 이어졌다. 즉 군인 외에도 인권 전문가, 인도적 지원물자 관련 종사자, 법 전문가 그리고 경제학자 등의 참여가 대폭 증가했다.

현대의 평화유지작전은 전통적인 평화유지작전의 근간이 되었던 처리원칙들과 모순되는 면이 적지 않았다. 따라서 많은 우려와 의문점들이 제기되었다. 오직 두 명의 명확한 행위자만이 분쟁의 당사자라면, 보호받아야 할 대상과 처벌받아야 할 대상을 구별하기 쉬울 것이다. 그러나 다양한 행위자 — 부족, 파벌 또는 민병대 — 가 연루된 내전이라고 하는 '엉망'인 조건 하에서는 단 하나의 행위자의 동의에 입각해 작전을 수행하는 것이 거의 불가능하다. 아마도 가장 중요한 것은 평화강제 작전이 기존의 처리원칙과 모순된다는 점이다. 후자는 무력사용이 자위적 조치로 국한되어야 함을 명시하고 있다. 예를 들어, 1993년부터 1995년 동안 수행된 유엔 소말리아작전 II(UNOSOM II: United Nations Operation in

Somalia II)에서는 전투요원들의 무장해제와 인도적 지원물자의 안전한 배분을 위해 무력사용이 승인되었다. 그러나 기존의 처리원칙을 위반하는 것은 여러 가지 중대한 문제를 야기할 수 있다. 특히 유엔이 표방한 중립적이고 공정한 기구로서의 위상이 손상될 수 있다.

조사대상이 되고 있는 유엔

1990년대의 인도적 개입은 엄청난 논란을 불러일으켰다. 지지자들은 인도적 개입이 인권 및 정의의 일반 가치와 표준을 지키기 위한 것임을 강조했다. 그러면서 그들은 인도적 개입을 이미 한참 전부터 국제공동체가 당연히 했었어야 할 책무라고 주장했다. 비판자들은 국가 주권에 대한 침해는 어떤 이유에서든 정당화될 수 없다고 반박했다. 분쟁의 예방 및 해결 그리고 민간인 보호에 있어 유엔의 실적이 기대에 미치지 못했다는 점도 비판자들에게 힘을 실어주었다. 실제로 많은 사례에서 유엔 개입은 인도주의라는 정치적 수사에도 불구하고 '실패'로 인식되고 있다.

보스니아와 헤르체고비나 – 유엔이 안전 지역으로 선포한 피난민 주거지 스레브레니차(Srebrenica)에서 5,000명에서 8,000명에 달하는 비무장 무슬림 성인남자와 소년이 세르비아군에 의해 죽임을 당했다. 유엔 보호군(UNPROFOR: UN Protection Force)의 존재에도 불구하고 1992년부터 1995년 사이 약 20만 명이 대량학살을 당했다. 다른 많은 사람들도 종교적·인종적 박해와 더불어 사회적 격변과 혼란으로 인해 큰 고통을 받았다.

소말리아 – 내전이 발발한 1991년과 1992년 사이 불과 2년 동안 대략 35만 명이 목숨을 잃었다. 그들 대부분은 분쟁 당사자 간의 교전뿐만 아니라 기아와 질병 때문에도 사망했다. 유엔 소말리아작전 I(UNOSOM I)은 이러한 희생을 예방하지 못했고 평화강제를 수행한 UNOSOM II조차도 분쟁 당사자들의 폭력을 중단시키지 못했다. 1990년대 말에는 사망자 수가 오히려 50만 명으로 증가했다. 집을 잃은 수십만 명이 난민 신세로 전락했다. 이 분쟁은 오늘날까지도 지속되고 있다.

르완다 – 이 장을 시작할 때 잠시 언급했던 사망자 80만 명(그리고 1990년 이전의 내전에서 희생된 사망자) 외에도 1990년부터 1994년 사이 수백만 명의 난민이 발생했고 그들 가운데 상당수는 인접 국가들인 자이레(현재의 콩고민주공화국), 부룬디 그리고 탄자니아로 피난을 떠났다. 유엔 르완다지원단(UNAMIR: UN Assistance Mission for Rwanda)이 파견되었으나 안전보장이사회는 끔찍한 인도적 재난을 멈추기 위한 군대나 권한을 UNAMIR에 제공하지 않았다. 개입이 실패로 끝난 소말리아의 전례 때문이었다.

결국, 유엔은 보스니아와 소말리아에서의 개입 실패와 르완다에서의 비개입 때문에 질타를 당했다. 당시 현장 지휘관들은 그들에게 주어진 위임이 너무 약했고 (무력사용이 허용되는 시점이나 작전의 목표가) 모호했으며 가용자원(군대와 무기)이 너무 빈약했다는 점을 공통적으로 지적했다 — 예를 들면, UNAMIR 사령관 달레어르(Roméo Dallaire, 2003) 중장의 회고록을 참조. 국제사회의 의지, 개입의 급박성에 대한 인식 그리고 개입의 성격에 관한 합의 모두 부족했기 때문에 위와 같은 일들이 발생한 것이다.

1990년대 말까지도 인도적 개입에 관한 논란은 끊이지 않았다. 바로 1999년에 발생한 코소보 사태 때문이었다. 인도주의라는 명분하에 NATO는 유고군을 대상으로 공습을 감행했다. 그러나 이 때문에 강대국 간 심각한 분열이 초래되었고 인도적 개입에 대한 커다란 우려가 고조되기 시작했다. 공습 이전에 러시아와 중국이 거부권을 행사하여 안전보장이사회는 결의안을 도출하지 못했다. 심지어 총회의 다수도 그 결의안에 반대했다. 결과적으로 NATO 공습은 유엔 승인 없이 감행된 것이었다. 이것은 개입의 도덕적이고 합법적인 정당성에 대한 회의감을 증폭시켰고 안보문제와 관련된 유엔의 권위를 실추시켰다. 비판가들은 그 공습이 사태를 해결하기보다 악화시킨 측면이 더 크다고 주장하면서 인도주의라는 명분하에 사용되는 수단에 대해 문제제기를 했다.

이상의 예들을 통해 알 수 있는 것은 인도적 개입과 관련된 언제·어떻게·누가 등의 기초적인 의문들이 1990년대 말 현재에도 여전히 해결되지 못하고 있었다는 점이다.

21세기: 보호책임?

인도적 개입의 정당성에 대한 법적·정치적·윤리적 논란과 그에 따른 분열 및 불확실성이 증대되고 있던 2001년, 아난(Kofi Annan) 사무총장은 총회에서 다음과 같은 발언을 했다.

> … 인도적 개입이 정말로 주권에 대해 수용 불가할 정도의 공격이라고 한다면 르완다 또는 스레브레니차 같은 사태가 또다시 발생할 때 우리는 방관해야 합니까? — 조직적인 대규모 인권 유린이 우리 모두의 인간성을 파괴하는데도 말입니까?
>
> (Annan, 2000: 34).

이러한 문제의식을 반영하여 2000년 9월, 캐나다정부는 주요 재단들과 함께 인도적 개입과 국가 주권에 관한 국제위원회(ICISS: International Commission on Intervention and State Sovereignty)를 설립했다. 이 위원회가 부여받은 임무는 인도적 개입과 관련된 모든 범주의 사안들을 검토하고, 인도적 개입의 시점과 수행에 관한 보다 명료한 원칙과 지침을 포함한 보고서를 작성하는 것이었다. 그 보고서는 인도적 개입 찬반론자들의 합의를 바탕으로 작성되었다.

'보호책임(*The Responsibility to Protect*)'이라는 제목의 보고서는 2001년에 출간되었다 (ICISS, 2001). 여기서 더욱 명확하고 보다 많은 이들이 수용할 수 있는 새로운 원칙이 제안되었다 — 이는 보고서의 제목과 동일한 보호책임(R2P: Responsibility to Protect)이라는 원칙이다. 2005년 150개국 각국 수반과 정부 대표들이 모인 유엔 세계정상회담(UN World Summit)에서 R2P는 만장일치로 채택되었다. 2006년에는 안전보장이사회가 R2P를 지지하는 결의안을 통과시켰다. 이후 2009년 반기문 사무총장은 R2P의 목표를 실현할 수 있는 방법에 관한 보고서, 「보호책임의 이행(*Implementing the Responsibility to Protect*)」을 출간했다.

그렇다면 새로운 원칙은 무엇을 표방하고 있는가? 2001년 보고서에는 성찰해볼 필요가 있는 많은 내용들이 담겨있다 (물론, 유엔이 그 보고서의 의견과 권고 모두를 채택한 것은 아니다). 이 보고서에 따르면 보호책임에는 세 가지의 중요한 책임이 있다 — 예방의무, 반응의무 그리고 재건의무. 이것은 보호책임이 분쟁의 모든 단계, 즉 사전 단계, 진행 단계, 사후 단계에 적용되어야 한다는 것을 의미한다. 특히 이 보고서는 군사적 개입이 언제 정당화될 수 있는지에 대한 일련의 원칙들을 명시하고 있다 (또는 언제 정당화될 수 없는지). 그 내용은 글상자 20.4에 요약되어 있다.

그러나 2001년 ICISS 보고서에서 제시된 이상적 차원의 원칙이 아닌 현실적인 차원에서 R2P를 이해하기 위해선 2005년 유엔 세계정상회담에서 채택된 결과문건(the Outcome Document)에 주목할 필요가 있다. 결과문건이 국제공동체가 수용한 보호책임에 대한 최종안이기 때문이다 (UN General Assembly, 2005). 이 안의 두 문단이 R2P가 무엇을 의미하는지를 요약하고 있다.

문단 138번 – "개별 국가는 대량학살, 전쟁범

글상자 20.4 보호책임-군사적 개입을 위한 원칙들

(1) 정당한 이유의 임계치

인명 보호 목적을 위한 군사적 개입은 예외적이고 매우 특별한 조치다. 군사적 개입이 허용되기 위해선 심각하고 막대한 인명 피해가 있거나 그러한 피해가 임박해야 한다. 예를 들면, 다음과 같다.

A. 집단 학살의 의도 유무에 관계없이, 가령 의도적인 국가행동, 국가의 방조, 인명 보호를 위해 행동할 국가 능력의 부재 또는 실패국가의 상황 때문에 **대규모 인명 손실**이 발생했거나 예상되는 경우, 또는

B. 살해, 강압적인 추방, 테러 또는 강간 등으로 인해 **대규모 '인종청소'**가 발생했거나 예상되는 경우.

(2) 예방적 원칙들

A. **올바른 의도**: 개입하는 국가들이 어떠한 동기를 갖고 있든지 간에 개입의 주요 목적은 인명 피해를 중지시키거나 예방하는 것이 되어야 한다.

B. **마지막 호소**: 위기의 예방 또는 평화적 해결을 위한 다른 모든 비군사적 수단을 동원한 후에만 군사적 개입은 정당화될 수 있다.

C. **비례적인 수단**: 군사적 개입 계획 수립 시 그 규모, 개입 기간, 사용될 무력의 정도는 위에서 정의된 인명 보호라는 목적에 부합되도록 최소화되어야 한다.

D. **합리적인 전망**: 인명 피해를 중지시키거나 예방하기 위한 군사적 개입은 군사적 개입을 안했을 시 초래될 상황과 비교하여 인명 보호를 더욱 개선할 수 있어야 한다.

(3) 정당한 권위

A. 인명 보호를 위한 군사적 개입의 승인은 유엔 안전보장이사회에 귀속된다. 군사적 개입을 승인받는 임무는 안전보장이사회 이외의 권위체에 의존하는 것이 아니라 안전보장이사회가 승인할 수 있도록 설득하는 것이다.

(ICISS, 2001: 12)

죄, 인종청소 그리고 반인륜적 범죄로부터 자국민을 보호해야 할 의무를 갖는다."

문단 139번 – "국제공동체는 유엔을 통해 대량학살, 전쟁범죄, 인종청소 그리고 반인륜적 범죄로부터 타국 국민을 보호하기 위해 헌장 6장 및 8장에 의거 적절한 외교적, 인도주의적 그리고 다른 평화적인 수단을 사용해야 할 의무를 갖는다. 이러한 맥락에서 평화적 수단이 부적절하고 개별 국가들이 명백하게 그들의 국민을 보호하는 데 실패한다면 우리는 안전보장이사회를 통해 조속히 그리고 결정적인 방식으로 집단안보를 수행할 준비태세를 갖춰야 한다. 이러한 절차는 헌장, 특히 7장에 의거하여 이루어져야 하며 적절하다고 판단되는 관련 지역기구와의 협조를 통해 사례별 특수성에 맞춰 수행되어야 한다 …."

여기에는 무수히 많은 이해관계의 접점이 있다. 첫째, 이 문단들은 보호책임의 범위를 명시하고 있다 — 즉, R2P는 네 가지 특수한 영역과 관련되어 있다 (대량학살, 전쟁범죄, 인종청소 그리고 반인륜적 범죄). 따라서 보호책임은 극악한 범죄에만 해당하며 인권유린과 관련된 모든 경우에 대해서 적용되지는 않는다. 둘째, 이 문단들은 보호책임이 국가들에 우선적으로 귀속되어 있음을 분명히 하고 있다. 그러면서 국가들이 그러한 책임을 지는 데 실패할 때에만 유엔(지역기구와 함께)의 개입을 허용하고 있다. 셋째, 이 문단들은 무력사용을 평화적 수단들이 완전히 소진되었을 경우로만 한정시키고 있다.

이렇게 R2P의 목적은 상반적 주장들이 타협된 결과로 변질되었다 — 국가 주권을 강조하는 특수성 주장 대(對) 인권과 인도주의를 강조하는 보편성 주장. 그럼에도 불구하고 보호책임의 유효성에 관한 의견은 크게 엇갈렸다. 양측의 주요 주장은 글상자 20.5에 요약되어 있다.

그렇다면 이러한 R2P 적용기준은 실제 개입사례에서 어떠한 영향력을 미쳤는가? 2005년 국제공동체가 받아들인 이 적용 기준이 전 세계에서 진행 중인 분쟁에 큰 영향을 미쳤다는 증거는 아직 없다. 다르푸르(Darfur), 스리랑카, 가자(Gaza) 지구 그리고 체첸(Chechnya)과 같은 지역에서 인권남용과 인도적 긴급사태가 발생했을 때 어떤 형태로든 국가나 국제사회가 R2P를 시도한 정황은 없다.

위와 같은 사례들에서 개입이 실현되지 않은 것에 대한 설명은 많다. 그러나 의심의 여지가 없는 단 하나의 요인은 있다. 바로 테러와의 전쟁이다. 이것은 21세기 군사적 개입에 관한 모든 논쟁을 압도해버렸다. R2P 논쟁은 1990년대 개입 방향이 재설정될 수 있는 기회였고 그러한 논쟁을 바탕으로 ICISS의 R2P 보고서가 작성되었다.

이 보고서는 2001년 12월에 출간되었다. 그러나 몇 개월 전인 2001년 9월, 조지 W. 부시 미국 대통령은 테러와의 전쟁을 선포했다. 곧이어 시작된 미국 주도의 아프가니스탄 침공(2002년) 및 이라크 침공(2003년)은 군사적 개입의 윤리와 관련된 모든 논쟁을 집어삼켰다. R2P는 테러리즘 척결이라는 명분 하에 미국이 시도한 개입을 정당화하지는 않았다 — 미국은 인권보다 체제변환에 우선순위를 두었다. 그러나 테러와의 전쟁, 아프가니스탄 침공 및 이라크 침공은 R2P 논쟁을 일거에 훼손시켜 버렸다.

어찌 되었든 21세기로 진입하면서 인도적 개

글상자 20.5 R2P에 대한 찬반 주장들

찬성 주장	비판적 주장
• 세계정상회담 결과문건에 명시된 현 R2P의 적용기준은 전통적인 인도적 개입이 강조해온 개입 주체의 권리에서 인권남용으로 고통을 받는 시민들의 권리로 초점을 변경했다. • 세계정상회담 결과문건에 명시된 현 R2P의 적용기준은 개입이 언제 정당화될 수 있는지(잔혹행위의 예방)에 대한 지침을 제공하고 있다 — 동시에 국가 주권도 존중하고 있다. • 세계정상회담 결과문건에 명시된 현 R2P의 적용기준은 군사적·강압적 수단만이 아닌 비강압적 수단들(예를 들면, 외교)도 강조한다. • 세계정상회담 결과문건에 명시된 현 R2P의 적용기준은 분쟁의 모든 단계를 고려하고 있다(사전 단계, 진행 단계, 사후 단계). • 세계정상회담 결과문건에 명시된 현 R2P의 적용기준은 인도적 목적 이외에(그리고 남용을 위해) 개입이 활용되는 것을 예방한다.	• R2P의 범주가 너무 협소하다 — R2P가 왜 네 가지 특수 상황에만 적용되어야 하는가? • R2P 본래의 목적이 너무 퇴색되었다 — 국가주권 보호에 방점을 둔 세계정상회담 결과문건에 명시된 현 R2P의 적용기준은 국가의 인권남용에 대해 충분한 제어역할을 할 수 없다. 또한 그 적용기준 해석에 따라 R2P 시행여부가 결정될 수 있다는 점에서 오용 가능성이 크다. • R2P는 서구 제국주의의 도구에 불과하다 — 다른 말로 하면 강대국이 약소국의 내정에 간섭하는 것을 정당화할 수 있다. 이러한 주장은 주로 남반구에서 제기되고 있다. • R2P는 선별적으로만 적용될 것이다. 특히 P5는 그들의 이해관계와 충돌할 경우 R2P를 승인하지 않을 것이다 — 일례로 러시아는 R2P가 체첸 문제에 적용되는 것을 좌시하지 않을 것이고, 중국도 R2P가 티베트 문제에 적용되는 것에 대해 거부권을 행사할 것이다.

입을 지지하던 세계인들의 열정은 급격히 식어버렸다. ICISS의 2001년 보고서 이후 10년간 R2P는 마치 주장과 수사의 영역에서만 존재하는 관념인 것처럼 보였다. 그러나 '아랍의 봄(the Arab Spring)'으로 알려진 2011년의 저항과 반란의 물결이 R2P에 생명을 불어넣어 주었다. 이 기간 동안 R2P는 국제사회의 중심 지위로 복귀했을 뿐만 아니라 내전과 폭력이 발생한 리비아에 개입하기 위한 정당성의 근거로 활용되었다. 안전보장이사회도 리비아 위기와 관련된 결의안을 통과시켰다. 결의안 1973은 R2P의 언어로 넘쳐흘렀다. 안전보장이사회는 '리비아 시민들을 보호하기 위한 리비아 당국의 책임'을 누차 강조했고 리비아정부군의 공격으로부터 '시민들과 시민들이 밀집해 있는 지역을 보호하기 위해' 침공 직전까지 '모든 필요한 수단들'을 동원했다 (UN Security Council, 2011). 비행금지구역이 설정되었고 NATO 공습이 이어졌다 — 유엔의 완전한 제재조치와 함께.

그러나 또 다시 의견이 엇갈리고 말았다. R2P 지지자들은 리비아 사례가 R2P에 대한 국제공동체의 새로운 공약 준수라고 주장했다. 이에 반해 어떤 이들은 이전보다 더 비판적인 입장을 개진했다. 예를 들어, 싱 푸리(Hardeep Singh Puri) 인도 유엔 대사는 "리비아는 R2P에 오명을 씌웠다"라고 언급했다. NATO는 시민보호를 목적으로 한 결의안을 정권교체를 위해 오용하려 했고, 따라서 표면상으로 리비아 지도자 카다피(Muammar Gaddafi) 대령을 축출한 반란세력을 지지했다는 것이다 (Bolopian, 2001 재인용).

이후에도 R2P에 대한 지지는 시리아 사례를 계기로 하여 한 번 더 유보되었다. 2011년에 시리아 내전이 발발했지만, 안전보장이사회는 리비아 사태 때와는 다르게 결의안을 도출하지 못했다. 2014년 6월 러시아와 중국은 안전보장이사회에 제출된 4개의 결의안에 대해 거부권을 행사함으로써 아사드(Bashar al-Assad) 시리아 대통령체제를 겨냥한 R2P를 위협했다 (아사드는 오랫동안 러시아의 동맹이었다). 결국 많은 논평가들의 눈에 R2P는 사망판정을 받은 것처럼 보였다 (예를 들면, Gottlieb, 2013을 참조).

그러나 R2P의 소생 여부에 관계없이 그리고 그것의 강점과 약점이 무엇이든 간에 분명한 것은 창안자들의 기대와 달리 R2P가 인도적 개입이라는 거부하기 힘든 명분에도 불구하고 합의를 이끌어내지 못했다는 점이다.

결론

유엔이 집단안보체제를 통해 전쟁으로부터 세계를 구할 것이라는 기대는 1945년 출범 직후부터 실현될 수 없는 것이었다. 냉전과 마비된 안전보장이사회 때문이었다. 마찬가지로 냉전종식이 평화와 협력의 신세계질서를 만들어낼 것이라는 기대 역시 빠르게 산산이 조각나버렸다. 복잡한 내전의 전개양상은 대응방안이 없던 유엔을 위기에 빠트렸다. 21세기에도 여전히 해결되지 않고 있는 질문은 바로 이것이다. 유엔이 본래의 목적을 완수할 수 있도록 — 보호책임이나 다른 독트린을 통해 — 충분한 공동의 근거를 발견하고 합의에 이르는 것이 가능한가?

요점

1. 유엔은 국제평화와 안보를 유지하기 위해 설립되었다 — 심지어 낙관주의자들은 유엔이 전쟁을 완전히 근절시킬 것이라고 기대했다.
2. 유엔헌장은 유엔에 강압적 무력을 승인하는 권한을 포함하여 국가 간 분쟁을 해결할 수 있는 막강한 권력을 부여한 것처럼 보였다 — 그러나 이러한 권력을 효과적으로 사용하기 위해선 안전보장이사회의 합의를 필요로 한다. 물론 그러한 합의는 좀처럼 보기 어렵다.
3. 평화유지는 국가 간 분쟁을 해결함에 있어서 분쟁에 연루된 국가들을 돕는 유엔의 주요 수단이었다. 그러나 그 임무가 항상 성공한 것은 아니었다.
4. 최근에 와서 보호책임이 국제사회에 공론화된 이후 인도적 위기에 유엔이 개입할 것을 촉구하는 목소리가 크게 증가했다. 그러나 보호책임의 작동을 위해 요구되는 정치적 조건, 개입 시점과 방법에 대한 의견이 크게 엇갈리고 있다.

5. 유엔을 훨씬 더 대표적이고, 반응적이고, 효과적으로 만들기 위한 많은 개혁 시도가 있어왔다. — 안전보장이사회의 구성이나 평화유지작전의 운영과 관련된 개혁안들. 그러나 무엇보다 유엔 내에서 넘어야 할 장애물들(회원국들의 국익추구)이 너무 많다.

추천도서

Bellamy, A.J. *Global Politics and the Responsibility to Protect: From Words to Deeds*, London: Routledge, 2011.

Bellamy, A.J., Williams, P. and Griffin, S. *Understanding Peacekeeping*, 2nd ed., Cambridge: Polity Press, 2010.

Chandler, D. *From Kosovo to Kabul and Beyond: Human Rights and International Intervention*, London: Pluto Press, 2006.

Weiss, T.G., Forsythe, D.P., Coate, R.A. and Pwase, K.-K. *The United Nations and Changing World Politics*, 6th ed., Boulder, CO: Westview Press, 2010.

Weiss, T.G. and Daws, S. (eds) *The Oxford Handbook on the United Nations*, Oxford: Oxford University Press, 2007.

21장 북대서양조약기구: 지속성과 변화

앤드류 모란(Andrew Moran)

글상자 21.1 북대서양조약기구(NATO)

북대서양조약기구(NATO: North Atlantic Treaty Organization)는 서유럽으로까지 영향력을 미쳤던 소련을 억지하기 위해 1949년에 창설되었다. 그 이후 NATO는 현대사에서 가장 성공한 정치군사 동맹으로 기능했고 냉전 시기의 적이 소멸했음에도 불구하고 현재까지 존속하고 있다. 그러나 냉전 시기의 명확한 안보위협이 사라지자 불명확한 안보위협들이 등장했다. 불명확한 안보위협들은 테러리즘, 핵확산, 사이버전쟁부터 에너지안보와 실패국가에 이르기까지 그 범주가 매우 다양해졌다.

급속히 변화하는 국제환경에 대처하고자 할 때 NATO가 그러한 대처에 부합되는 조직인가라는 질문을 해야 할 시점이 드디어 왔다.

서론

NATO는 역사상 최초의 동맹이 아니며 미래에 우리가 보게 될 마지막 동맹도 아니다. 동맹들은 수세기에 걸쳐 국가 간 관계에서 중대한 역할을 해왔고 그 과정에서 형성과 와해를 반복해왔다. 지금까지 출간된 동맹에 관한 가장 영향력 있는 연구를 수행한 왈트(Stephen Walt, 1987: 1)는 동맹을 '두 개 이상의 독립국가 간에 형성되는 공식적 또는 비공식적 안보협력'으로 정의하고 있다. 동맹은 위협적인 국가를 견제하기 위해 형성된다. 와이츠만(Patricia Weitsman, 2004: 27)도 유사한 설명을 제공하고 있는데 그는 동맹을 '동맹조약 서명국들에게 안보를 제공하기 위한 쌍무적 또는 다자적 합의'로 정의하고 있다. "국가들이 같은 편을 어떻게 선택하는지가 국제체제의 전개양상을 결정짓는다"라고 주장할 만큼 왈트에게 있어서 동맹은 중요한 요소이다 (Walt, 1987: 1).

개별 국가들이 동맹에 참여하는 이유는 국가마다 다를 수 있다. 왈츠(Kenneth Waltz, 1979)에 따르면 국가들은 국력이 충분하지 못해서 주권이 위협받을 수 있다고 믿을 때 안보를 유지하기 위해 동맹에 참여한다. 따라서 그러한 국가들은 외부적이든 내부적이든 간에 유사한 위협에 직면하게 되면 안보목표를 공유한 타국들과 동맹을 결성한다. 제한된 자원만을 보유한 약소국들에게 동맹은 생존을 보장할 수 있는 유일한 선택이며 강대국 지배를 예방하는 세력균형의 수단이기도 하다.

왈츠는 동맹 참가국들이 자국의 동맹을 더 강화하고 확장시키기 위해 노력하는 반면 다른 동맹은 약화시키기 위해 노력한다 (Waltz, 1979)고 주장한다. 왈트는 국가들 각각이 직면한 위협이 얼마나 큰가 그리고 국가들이 동맹으로부터 얼마나 많은 지원을 기대할 수 있는가에 따라 동맹의 형태가 결정된다 (Walt, 1987)고 주장한다. 이러한 두 가지 고려사항은 동맹의 지속성에도 영향을 미친다. 미어샤이머(John Mearsheimer)는 위협인식이 강할수록 동맹의 응집성도 강할 것이라고 주장하면서 동맹의 응집력이 일정하지 않음을 강조한다 (Mearsheimer, 1990). 실제로도 현실주의자들은 동맹의 유연성을 인정한다 — 동맹은 정말 사랑해서 하는 결혼이라기보다는 세력균형을 작동시켜 국가이익을 보존하기 위해 하는 편의상의 결혼에 불과하다.

베버(Max Weber, 1997)는 동맹이 위계적일 수도 있고 평등적일 수도 있다고 본다. 동맹 참여국 간에 국력이 상대적으로 균등하게 분포되어 있을 때는 평등적이고 그것이 불균등할 때는 위계적이라는 것이다. 다른 학자들은 국가들이 '편승'을 선택하여 패권국과 결탁한다고 주장하기도 한다 (Thompson, 1977). 이것은 패권국이 동맹 내의 약소국들에 대해 효과적인 안보우산을 제공할 수 있을 정도로 가장 강력할 때 가능하다. 코헤인(Robert Keohane, 1984)은 리더십을 얻고자 하는 패권국의 현명한 이기심 때문에 안보우산이 제공될 것이라고 보았으나 다른 시나리오도 존재한다. 가령, 패권국은 동맹을 통해 약소국들을 보호하기보다는 자국의 이기심을 충족시키기 위한 정복전쟁에 활용할 수도 있다. 또는 자원을 동맹에 투자하지 않고 '무임승차'하려는 약소국들을 위협하여 비용지불을 요구할 수도 있다. 이 때문에 마사라(Carlo Masala, 2003)는 위협이 감소할 경우 동맹 내의 약소국들이 그들과 패권국의 국가이익 간의 상충을 감내하지 않는 경향이 있다는 사실을 발견했다.

직관적으로 보더라도 동맹은 공통된 가치와 이념을 공유한 국가들 간에 형성되는 것이 당연하다. 예를 들어, 리세카펜(Thomas Risse-Kappen, 1996)은 NATO의 형성 원인 가운데 하나가 제2차 세계대전 전승국들 간에 공유된 가치와 세계관이라고 주장한다. 따라서 NATO는 위협인식에 기초하여 형성되었다기보다 정체성에 기초하여 형성되었다는 것이다. 이와 유사한 주장을 하는 가우바츠(Kurt Gaubatz, 1996)는 한발 더 나아가 새로운 가설을 제시하고 있다. 정치적 쿠데타나 혁명으로 인해 동맹국들이 지지를 철회함으로써 동맹이 약화되는 경우가 빈번한 불안정한 국가들과 달리 리더십과 대중의 선호가 지속성을 띠는 자유민주국가들 간의 동맹이 훨씬 견고하다는 것이다. 실제로도 국가이익과 협력이 수렴되고 제도화되어 습관처럼 지속될수록 응집력은 강화된다. 그러나 러셋(Bruce Russett, 1971)과 왈트(Walt, 1987)는 공통의 문화와 정체성을 강조하는 '친밀감 이론들'이 동맹형성의 근본적 원인이 아닌 보조적인 측면을 과장한다고 비판했다.

외교와 경제적 상호작용 그리고 경제적 지원을 위해 동맹이 결성되기도 하지만 많은 이론가들은 동맹이 오로지 군사력에 관한 것이고 개전과 종전이라는 목적을 위해 형성되는 것이라고 단언한다. 예를 들어, 오스굿(Robert Osgood, 1968)은 동맹을 '특정 국가나 국가군 간에 군사적 자원을 사용함에 있어 협력하기로 천명한 공식적 합의이자 특정 환경에서 군사력의 사용(일방적으로 또는 동맹국들과 협의 하에)을 고려하거나 군사력을 사용하는 가입국들을 지원하는 의무를 명시한 공식적 합의'로 정의하고 있다 (Osgood, 1968: 17). 스나이더(Glenn Snyder, 1997) 역시 유사한 정의를 내리고 있다. 그에 따르면 '동맹은 동맹국 외부에 있는 국가들을 대상으로 특정 환경에서 군사력을 사용할지 여부를 결정하기 위한 가입국들 간의 공식적인 협의체'로 정의된다. 그러나 스나이더는 한 가지 조건을 더 추가하고 있다. "동맹의 주요한 기능은 공동의 적에 대항하여 군사력을 결집하는 것이지 동맹국 서로를 보호하는 것이 아니다"라는 것이다 (Snyder, 1997: 4).

흥미롭게도 몇몇 학자들은 동맹이 가입국의 군사안보를 증진시키기보다 오히려 반대동맹의 형성을 초래하여 국제체제의 안정성을 저해한다고 주장한다. 예를 들어, NATO의 형성은 소련으로 하여금 바르샤바조약기구(Warsaw Pact)를 창설토록 했다. 그러나 다소 특이한 점은 NATO가 평시에 형성되었다는 것과 존재이유가 사라졌음에도 불구하고 존속하고 있다는 것이다. NATO 지지자들은 NATO가 자기 억지(self-deterrence)라는 인식을 바탕으로 형성되었다고 본다. 가입국 가운데 그 어느 국가도 전쟁을 원하지 않았고 자기 억지가 그러한 가능성을 차단시켰다는 것이다.

NATO의 기원

제2차 세계대전이 종식되면서 나타난 두 가지 현상이 NATO의 기원이 되었다. 독일의 재무장에 대한 영국 및 프랑스의 우려와 미국이 유럽에 대한 관여를 줄이고 고립주의로 회귀할 것이라는 두려움이 그것이다. 마샬플랜(Marshall Plan)은 유럽을 재건시키겠다는 미국의 재정 공약을 확인시켜주는 조치였으나 영국과 프랑스는 1947년 3월 덩케르크조약(Treaty of Dunkirk)에 서명함으로써 상호 안보와 지원을 약속하는 동맹을 체결했다. 1년 뒤인 1948년 3월 덩케르크조약은 브뤼셀조약(Treaty of Brussels)으로 확대 개편되어 룩셈부르크, 벨기에, 네덜란드를 포함하게 되었고 이에 서유럽국가들은 보다 큰 군사협력과 집단안보를 추구할 수 있게 되었다. 이것이 소위 1954년에 창설된 서유럽연합(WEU: Western European Union)의 기초가 되었다. 이러한 동맹결성 움직임에서 어느 정도의 '친밀감'이 작용했다고 볼 수도 있다. 그러나 두 가지의 공통된 위협요인들이 동맹결성에 더 큰 영향을 미쳤다. 하나는 독일이었고 다른 하나는 소련이었다. 특히 소련은 1948년에 민주적으로 선출된 체코슬로바키아정부를 전복시킨 체코

슬로바키아 공산당을 비밀리에 지원했고 미국·영국·프랑스 연합군이 관리하던 서베를린을 봉쇄하여 다시 한번 유럽 전역을 파국으로 몰 수 있었던 베를린 위기와 베를린 공수작전(Berlin airlift)을 초래했다. 이러한 사건들의 전개 속에서 소련의 호전성 억제는 더 강력한 범대서양 합의를 통해서만 성취될 수 있다는 믿음이 확산되었다. 그 결과 1949년 4월 워싱턴조약(Washington Treaty)이 체결되었고 미국의 대(對)유럽안보 공약인 NATO가 결성되었다.

NATO를 창설한 12개국은 NATO헌장 전문에서 그들이 "집단방위, 평화유지 및 안보증진을 위해 함께 총력을 기울일 것이다"라고 천명했다. 헌장에는 처음부터 특정한 적이 명시되지 않았지만 급증하는 소련의 위협이 창설의 이유임은 너무나 명백했다. 1947년 트루먼(Harry Truman) 대통령은 공산주의 봉쇄가 미국의 최우선 목표임을 선언했다. 사실 그의 이러한 외교정책은 마샬플랜을 통해 이미 수행되고 있었다. 또한 NSC-68이라는 제목의 문서에도 나와 있듯이 그의 국가안전보장회의(National Security Council) 구성원들 모두는 봉쇄정책이 군사적 압박을 통해 전 세계 곳곳에서 이루어져야 한다는 데 이미 합의한 상태였다. 냉전시기 동안 미국은 유럽 전역에 30만 명에 달하는 군대를 주둔시켰다.

그러나 NATO 창설은 소련을 저지하는 데에만 그 목적이 있지 않았다. 미국과 유럽 간의 유대관계를 증진시키는 것은 물론 좌파 세력의 발호에 저항하는 서유럽인들의 사기를 진작시키는 것에도 목적이 있었다. 덩케르크조약 이후 독일의 부활을 염려하는 많은 서유럽국가들 역시 NATO에 가입했다.

이러한 세 가지 목적은 NATO의 초대 사무총장 이스마이(Hastings Ismay)의 발언을 통해서도 알 수 있다. NATO의 목적이 무엇이냐는 질문에 대해 그는 러시아인들의 대(對)서유럽 영향력을 차단하고 미국인들의 서유럽에 대한 관여를 유도하며 독일인들의 재기를 막는 것이라는 유명한 발언을 남겼다.

명백한 것은 집단안보가 NATO의 핵심적인 목표였다는 점이다. 이것은 NATO 헌장 5조에도 명시되어 있다. "당사국들은 유럽과 북미 당사국들에 대한 무력공격을 당사국 전체에 대한 공격으로 간주한다." 그리고 공격 이후 각 동맹국은 '필요하다면 무력사용을 포함한 그러한 공격에 상응한 조치'를 취한다.

NATO 창설에 대응하여 소련 역시 1955년에 바르샤바조약기구를 창설했다. 이외에도 바르샤바조약기구의 창설은 '재무장한' 서독의 NATO 참여에 대비하기 위한 것이었고 중부유럽 및 동유럽에서의 군사력에 대한 통제를 유지하고자 하는 소련의 필요를 반영한 것이기도 했다.

출범 당시 NATO의 의사결정 구조는 체계적이지 않았다. 동맹조약이 체결된 당시만하더라도 NATO에는 대규모 작전 수행을 조율할 군사적 명령체계가 부재했다. 1949년 소련이 핵실험에 성공하고 1950년에 한국전쟁이 발발하고 나서야 의사결정 구조에 변화가 나타나기 시작했다. 상설기관으로 최고 의사결정기관인 북대서양이사회(Council of Members)가 파리에 개설되었고 곧이어 사무총장과 군사위원회 같이 보다 구체적인 지침을 이행하는 의사결정 단위들도 만들어졌다. 북대서양이사

글상자 21.2 NATO 가입국

NATO 가입국은 총 28개국이다 (2017년에 가입한 몬테네그로까지 포함하면 2019년 현재 29개국이다 – 역자 주).

1949년 창설 당시 12개국(벨기에, 캐나다, 덴마크, 프랑스, 아이슬란드, 이탈리아, 룩셈부르크, 네덜란드, 노르웨이, 포르투갈, 영국 그리고 미국)이 가입했다.

그리스와 터키는 1952년에, 독일은 1955년에 그리고 스페인은 1982년에 가입했다.

1999년에는 체코, 헝가리 그리고 폴란드가 가입하면서 회원국이 확대되었다.

2004년에는 불가리아, 에스토니아, 라트비아, 리투아니아, 루마니아, 슬로바키아 그리고 슬로베니아가 가입했다.

가장 최근인 2009년에 가입한 국가는 알바니아와 크로아티아다.

NATO조약 10조는 회원국 확대에 대한 조건을 다음과 같이 명시하고 있다. 회원자격국은 '이 조약의 원칙들을 준수하고 발전시킬 의지가 있으며 북대서양 지역의 안보에 공헌하고자 하는 모든 유럽국가'에 열려있다.

NATO의 의사결정기구인 북대서양이사회는 가입국 모두의 합의를 바탕으로 새로운 가입국을 초청할 수 있는 권위를 갖고 있다. 보스니아-헤르체고비나, 조지아, 몬테네그로 그리고 마케도니아(2019년 1월 북마케도니아로 국명을 변경함 – 역자 주) 모두 NATO 가입을 적극적으로 원하고 있는 국가들이다.

회, 사무총장 그리고 군사위원회는 NATO군의 작전 및 명령 체계를 유럽연합군최고사령관(SACEUR: Supreme Allied Commander Europe)의 지휘 하에 두기로 결정했다. 초대 SACEUR은 미국 장군이었고 후에 대통령이 된 아이젠하워(Dwight D. Eisenhower)였다.

국가 주권의 문제, 국가이익의 충돌 그리고 NATO가 직면해 있는 위협에 어떻게 대처할 것인지에 대한 방법에 이르기까지 시작부터 NATO는 논란의 중심에 있었다. 이와 관련하여 한 가지 주목할 만한 사건이 있다. 드골(Charles de Gaulle) 장군의 주도로 프랑스가 1966년에 NATO의 통합군사조직에서 탈퇴했는데 그 이유는 핵무기개발을 포함한 국방정책의 자율성 유지였다. 프랑스가 NATO의 정치조직에도 지속적으로 참여해왔고 NATO의 다양한 임무에도 크게 기여해왔지만 1966년의 탈퇴 사건 이후 NATO 본부는 벨기에 브뤼셀로 이전되었다. 흥미로운 것은 본부가 유럽에 상주하고 있음에도 불구하고 '유럽연합군최고사령관'은 항상 미국 장군들이 도맡아왔다는 점이다.

모두 그런 것은 아니지만 많은 논평자들은 소련의 정치군사적 위협에 대한 두려움 때문에 군사와 정치 사이의 균열이 없었고 그 결과 NATO가 오랫동안 존속할 수 있었다고 본다. 이외에 냉전 시기 NATO의 주요한 성과임에도 불구하고 저평가되고 있는 것은 부활한 서독이 유럽을 불안정하게 하지 않으면서 NATO 가입국이 되도록 만든 것이다.

NATO는 냉전종식 이후에도 왜 존재하는가?

베를린 장벽이 무너지고 냉전이 종식되자 많은 학자들은 NATO의 사명이 수명을 다했고 따라서 NATO의 존속은 다양한 비판에 직면하게 될 것이라고 보았다. 대표적인 학자가 바로 미어샤이머와 왈츠인데 이들은 소련과 같은 명백한 현재적 위협의 부재가 NATO의 동맹 기능을 상실케 했다고 주장한다 (Waltz, 1979; Mearsheimer, 1990). 1989년 균열이 시작되어 1991년 공식적으로 해체된 바르샤바조약기구의 경우 이러한 주장은 설득력을 얻을 수 있다.

그러나 쇠퇴할 조짐이 전혀 없는 NATO의 경우 그들의 주장은 반증된다. 1990년 이후 12개국이 새로이 가입하여 NATO 회원국은 거의 2배가 되었다. 그리고 NATO가 실제로 군사력을 사용한 것은 냉전이 아닌 1994년 보스니아에서였다. 이후에도 NATO는 중대한 역할을 수행했는데 리비아, 보스니아, 코소보, 아프가니스탄 같은 원거리 전장에서의 전투, 아덴만(Gulf of Aden)에서의 해적 소탕 작전, 다르푸르(Darfur)에서 작전을 수행하던 아프리카연합(AU: African Union)에 대한 병참지원, 인도네시아 해일 피해복구 지원 그리고 허리케인 카트리나 정화작업 지원 등이 그것이다.

이외에도 무력공격을 당한 가입국에 대한 지원 의무를 명시하고 있는 헌장 5조에 의거하여 NATO는 2001년 9·11테러 당시 행동을 개시했다.

이러한 일련의 행동을 통해 NATO는 특정 적국의 도발을 억지하기 위한 군사동맹의 역할에서 벗어나 유럽 전역은 물론 유럽 이외의 지역에서 평화와 안보의 수호자 역할을 담당하게 되었다. 전통적으로 영향력을 행사하던 범위를 확장한 것이다. 그 결과 NATO는 변화하는 탈냉전 세계의 지정학에 맞도록 자신의 목표를 재정립했다. 작전반경을 유럽으로만 한정하지 않았을 뿐만 아니라 작전대상도 테러리즘이나 에너지 및 식량안보와 같은 글로벌 안보문제로 확대시켰다. 유럽 밖의 안보문제가 종국적으로는 NATO 회원국에까지 영향을 미칠 수 있기 때문이다. 결국 현재의 기능과 역할을 보면 NATO는 특정 지역의 집단안보기구라기보다 왈랜더와 코헤인(Celeste Wallender and Robert Keohane, 1999)이 묘사한 '안보관리제도'가 되었다.

NATO의 확장과 '평화를 위한 동반자관계'

탈냉전 시대에 적응하기 위해 NATO가 취한 가장 중요한 조치는 냉전의 동서 구분선을 넘어 동진(東進)한 것이다. 이렇게 회원국을 확대시킴으로써 한때 적대국이었던 국가들을 흡수하기 시작했다. 이러한 조치에 문제가 없는 것은 아니었다. NATO는 회원국 확대가 불안정을 야기하지 않을 것임을 확신시켜줘야 했다. 우선 바르샤바조약기구 가입국이었던 국가들에 대한 기존 가입국들의 우려를 불식시켜야 했다. 다음으로 구(舊)소련의 통제로부터 벗어나긴 했으나 부활한 러시아를 두려워하는 신규 가입국들의 입장도 고려해야 했다.

1999년에는 폴란드, 체코, 헝가리, 2004년에는 에스토니아, 라트비아, 리투아니아, 슬로바키아, 슬로베니아, 루마니아, 불가리아, 2009년에는 알바니아와 크로아티아가 NATO에 가입했다. 이 12개국 모두 구(舊)소련의 통제 하에 있던 국가들이다. NATO는 이러한 신생독립국가들의 민주주의를 육성해야 한다고 주장하면서 회원국 확대를 정당화했다. 그러나 많은 이들이 보기에 회원국 확대는 호전적인 러시아로부터 그 국가들을 보호하기 위한 조치였다. 실제로 1990년대에 NATO는 동유럽의 신생독립국가들을 실망시키지 않으면서 동시에 러시아와 불편한 관계로 지내지 않기 위해 힘든 길을 걸어야 했다.

따라서 NATO는 상징적인 멤버십 — '평화를 위한 동반자관계(Partnership of Peace)' — 을 창출함으로써 이러한 상황을 극복하고자 했다. 러시아를 포함하여 대부분의 동유럽국가들과 구(舊)소련 국가들에게 이 상징적인 멤버십을 부여했다. 이러한 조치는 1994년 2월 NATO 브뤼셀 정상회담에서 전격적으로 이루어졌다. 물론 논란이 계속되었다. 독일은 구(舊)공산국가들의 NATO 가입을 옹호한 반면 영국과 프랑스는 그 국가들의 가입에 덜 우호적이었다. 독일은 가입허용이 신생민주국가들을 안정시키는 데 도움이 될 것이며 러시아가 NATO를 위협으로 인식하지 않을 것이라고 주장했다. 반대로 영국과 프랑스는 러시아가 위협적인 대상이 아니라면 NATO 확대는 불필요한 조치라고 맞섰다 — 특히 이 신생독립국가들은 경제적으로나 군사적으로나 취약했기 때문에 그들의 가입허용은 NATO의 부담을 증가시키는 동시에 러시아를 자극할 뿐이라는 것이다.

1997년 5월 NATO와 러시아는 안보에 관한 '기본조약(Founding Pact)'에 서명함으로써 핵안보, 평화유지작전 및 반테러활동을 포함한 안보문제를 논의하기 위한 영구적인 장치를 제도화했다. 이에 추가하여 러시아는 자국 핵미사일의 목표로 더 이상 NATO 가입국을 설정하지 않겠다고 선언까지 했다. 이로써 양측은 서로를 적으로 간주하지 않게 되었지만 '기본조약'은 사실 NATO 확대를 수용할 수밖에 없는 러시아 국력의 상대적 쇠퇴를 반영한 것이기도 했다.

러시아와 NATO

냉전 때와 달리 서방과 러시아의 관계가 1990년대에는 크게 개선되었다고 주장할 수도 있다. 예를 들어, 정기적인 정상회담, NATO 확대에 대한 수용, 테러와의 전쟁에서 보인 협조적인 자세 그리고 테러집단의 재원이 되는 아프가니스탄 아편농장에 대한 공동 추적활동 등이 그러한 주장을 뒷받침한다. 그러나 반대의 증거도 많다. 1999년의 코소보 전쟁과 2003년의 이라크 침공에서 보인 비협조적인 태도, 이란 핵개발과 내전 중인 시리아에 대처하는 방식의 차이 그리고 동유럽과 중부유럽에 탄도미사일 방어체제(소위 국가미사일방어체제)를 구축하려는 미국과의 갈등과 같은 것들이다.

그러나 쿱찬(Charles Kupchan, 2010)에 따르면 미국과 NATO는 러시아를 배제한 탈냉전 질서 구축을 시도함으로써 시작부터 전략적 실수를 범하고 말았다. 서방은 동유럽과 중부유럽을 포용했지만 러시아를 외부자로 취급하면서 러시아의 불만을 무시했다. 이 때문에 러시아는 국제문제에서 사사건건 서방과 대립했다. 도이데니(Daniel

Deudenny)와 아이켄베리(G. John Ikenberry)는 이 점을 더욱 직설적으로 지적하면서 "워싱턴의 정책결정자들은 마치 러시아가 더 이상 중요하지 않으며 미국은 원하는 것이면 무엇이든 할 수 있는 것처럼 행동했다"고 주장했다. 추가적으로 NATO는 1990년대 러시아에 민주주의가 정착될 수 있는 기회를 활용하지 못했다. 그 결과 푸틴(Vladimir Putin)이 집권한 러시아는 보다 권위주의적이고 반서방적인 국가가 되어버렸다.

이제 이러한 관계가 향후 어떻게 전개될지는 불확실하다. 러시아와 국경이 인접한 발틱(Baltic)국가들은 새로운 문제에 봉착하게 되었다. NATO가 동유럽 전역에 안정과 안보를 증진시키기 위해 노력하고 있는 것과 달리 러시아는 자국의 지역적 영향력을 증가시키고 서방의 추가적인 동유럽 잠식을 더 이상 묵과하지 않으려하고 있기 때문이다. 러시아는 탈냉전 시기에 자국의 상대적 쇠퇴를 활용하여 서방이 단행한 NATO 및 EU 확대를 모멸적인 것으로 인식하고 있다. 조지아와 우크라이나가 NATO 가입의사를 밝힌 것에 대해 러시아는 그것이 자국의 안보를 위태롭게 만든다고 보았다. 왜냐하면 두 국가의 가입은 러시아 영향력이 투사되는 지역을 축소시키기 때문이다.

설상가상으로 러시아는 스스로를 지역 강대국이자 적극적인 반미국가로 재정립하고 있으며 실제로도 국력이 상당부분 회복세로 돌아섰다. 2007년 뮌헨에서 푸틴은 조지 W. 부시 대통령의 외교정책을 공개적으로 비판하면서 미국만 초강대국이 아님을 강조했다. 우크라이나 위기 역시 러시아가 여전히 강제적 수단을 동원하여 자국의 입장을 관철시킬 의지가 있음을 보여주었다. 앞으로 러시아는 자국의 영향력이 투사되는 지역의 확장을 계속 시도할 것이다. 이러한 시도를 관망할 것인지 그리고 그러한 시도가 초래할 장기적인 결과가 무엇이 될지는 NATO에게 새로운 도전이 되고 있다.

미국과 영국은 보다 글로벌한 문제를 해결하기 위해 유럽 외의 지역으로까지 NATO의 역할을 확대해야 한다고 보지만 대부분의 NATO 가입국들, 특히 동유럽 가입국들은 영토방위를 가장 중요하게 본다. 그러나 NATO 가입국 가운데 천연가스와 원유의 상당량을 러시아에 의존하고 있는 서유럽 가입국들은 NATO 동유럽 가입국들에 대한 영토방위 공약이 자칫 러시아와의 분쟁에 연루될 가능성을 증가시킨다고 우려한다. 이 때문에 NATO는 헌장 5조의 집단방위 공약을 신규 동유럽 가입국들에게 제공하기 어려웠고 러시아는 이 점을 활용하여 2014년 크림반도(Crimea)를 병합했다. 이외에도 서유럽 가입국들은 러시아에 대한 제재에 있어 미국이 의도한 것보다 훨씬 완화된 조치만을 시행했다. 왜냐하면 그 국가들은 NATO와 러시아 간 긴장이 고조될 경우 러시아의 위협에 직면한 동유럽국가들로부터 대규모 난민이 유입되는 것을 원치 않았기 때문이다 (거리상 미국에게는 절대로 일어나지 않을 문제다). 이것이 유럽국가들 간의 결속력을 저해하고 있다. 동유럽국가들은 아프가니스탄의 안보가 자국의 안보에 직접 영향을 미쳐서가 아니라 자국의 안보가 NATO와 밀접하다고 믿었기 때문에 아프가니스탄 전투에 참가했다. 이것이 바로 동유럽국가들의 NATO 가입 역설이다. 이유가 어찌되었든 유럽의 분열은 러시아를 가장 이롭게 한다.

세계화와 새로운 위협들의 출현

냉전종식 이후 세계는 테러리즘, 핵확산, 사이버 전쟁, 에너지안보에서부터 실패국가가 초래하는 문제들에 이르기까지 복잡한 안보의제들이 점증하고 있는 추세를 목도하고 있다. NATO 역시 이러한 추세에 대응하기 위해 변화하고 있다.

구(舊)유고슬라비아 해체 당시 전개된 일련의 사건들은 NATO가 새로운 위협에 대응한 최초의 예시다. NATO가 무력을 처음 사용한 때는 보스니아 사태가 발생한 1994년이었다. 코소보 사태가 발생한 1999년에는 대규모 공습을 단행함으로써 NATO의 무력사용이 절정에 달했다. 무력사용의 빈도가 높아진 이유는 두 가지다. 첫째는 '인종청소'의 재발을 예방하기 위해 인도적 개입을 요구한 대중과 정치권의 압력이다. 유엔이 이미 '안전지대'로 지정한 스레브레니차(Srebrenica)의 무슬림 거주지에서 세르비아군이 8,000명이 넘는

글상자 21.3 리비아

아랍의 봄(Arab Spring) 여파로 리비아에서 잔혹한 무력충돌이 발생하자 카다피(Muammar Gaddafi) 대령을 권좌에서 끌어내리려는 시도가 전개되었다. 유엔 안보리는 '필요한 모든 수단을 동원하여' 시민을 보호하기 위한 결의안 1973호를 통과시켰다. 그 결과 처음에는 미국 주도로 소규모 연합군만이 동원되었지만 곧이어 프랑스, 영국, 이탈리아 그리고 캐나다가 참가했고 이 국가들은 시민보호를 위해 리비아 영공에 '비행금지' 구역을 설정하는 군사행동에 돌입했다. 미국과 영국은 카다피의 방공망을 무력화시키기 위해 순항미사일 공격을 가했고 프랑스는 벵가지(Benghazi)와 인접해 있는 리비아 군시설을 폭격했다. 그러나 미국은 이슬람 세계에서 발생한 무력충돌에 깊숙이 관여하기보다 '아래에서 주도하기를' 원했다. 이에 NATO의 유럽국가들이 리비아 문제를 책임져야 했다. 그러나 NATO의 유럽국가들 내에서도 이견이 존재했다. 독일과 터키는 비행금지 구역 설정만으로 충분하다고 보았고 영국과 프랑스는 카다피 군대를 공격하는 등의 보다 적극적인 역할이 필요하다고 보았다. NATO의 지속된 공습은 카다피 군대를 궤멸시켰다. 2011년 10월 20일 리비아 탈출을 시도하던 카다피는 시민군에게 체포되어 즉결 처형되었다.

2011년도 NATO 사무총장인 라스무센(Anders Fogh Rasmussen, 2011)에 따르면, 리비아 작전은 "능력과 의지로 무장되어 있고 언제나 행동할 준비가 되어 있는" NATO가 얼마나 중요한지 그리고 "정치적 제약이 군사행동을 얼마나 지체시켰는지"를 잘 보여주고 있다. 즉 군대는 이미 전투태세가 완료된 상태였으나 정치인들은 행동할 의지가 부족했다는 점을 그는 지적하고 있다.

리비아 문제는 오바마(Barack Obama) 행정부 내에서도 분열을 초래했다. 한쪽은 인도주의적 이유로 아랍의 봄을 지원해야 한다고 주장했던 사람들이다. 다른 한쪽은 게이츠(Bob Gates) 국방장관 같은 사람들로서 이들은 리비아 문제가 미국의 국익은 물론 전략적 이익과도 무관하기 때문에 미국은 유럽국가들의 개입과 관여가 실패하지 않도록 측면 지원만 해야 한다고 주장했다.

무고한 시민들을 학살했다. 둘째는 그 분쟁들이 인접국들로 확산되어 유럽국가들이 더 큰 전쟁에 연루될 수도 있다는 우려다.

이 당시에 NATO는 미가입국의 시민들을 보호하기 위해 작전을 수행했다. 그 작전은 본질적으로 NATO를 평화유지기구로 탈바꿈시켰다. 사실 유엔과 유럽은 작전수행에 대한 합의점을 찾는 데 어려움을 겪고 있었다. 이에 반해 NATO는 이미 행동에 돌입했고 NATO 가입국인 미국의 개입이 자동으로 허용되었다.

'테러와의 전쟁' 역시 NATO의 역할을 확대시켰다. 특히 이라크에서 NATO군은 후세인(Saddam Hussein) 제거 이후 이라크 군대의 훈련을 책임졌다. 2003년 아프가니스탄에서도 NATO는 국제안보지원군(ISAF: International Security Assistance Force)을 통솔했다.

세계화라는 배경 속에서 복잡한 안보우려가 폭증하고 있는 가운데 NATO는 유엔 안보리 결의안을 집행하는 이전에 없던 역할까지 도맡게 되었다. 그 역할은 보스니아에만 국한되지 않았고 위에서 상술했듯이 세계 도처로 확대되었으며 가장 최근엔 리비아의 정권교체 작전까지 주도했다.

유럽 대 NATO?

NATO는 가입국들 간의 긍정적인 관계를 유지시키는 데 있어 중요한 역할을 한다. 1990년에 재통일된 독일을 NATO에 가입시켜 '신생' 독일에 대한 두려움을 완화시킨 것도 그러한 역할에 해당된다. 투명성 제고, 세력균형 그리고 안보정책의 탈국가화를 가능케 함으로써 NATO는 가입국 간 상호 의심을 줄이는 역할을 하고 있다 (Duffield, 1994/95). 1990년대 이후 독일은 NATO의 이러한 역할이 자국에 대한 주변국들의 우려를 불식시키는데 매우 유익하다는 것을 알게 되었다 (Duffield, 1998).

유럽이 NATO의 미래에 대해 우려하기 시작한 것은 1990년과 1991년 즈음이었다. 당시 유럽공동체(EC: European Community)는 공동외교안보정책(CFSP: Common Foreign and Security Policy) 수립을 논의하는 중이었고 1992년 2월 마스트리히트조약(Maastricht Treaty)을 통해 CFSP 수립을 결정했다. 이러한 결정은 미국에게 딜레마와 같은 상황을 초래했다 — 냉전이 종식되고 미국의 정책적 초점이 국내문제에 맞춰짐에 따라 미국은 유럽인들이 그들 스스로 안보문제를 해결하기를 바라면서도 NATO의 운명을 위태롭게 하지 않는 방식으로 해결하기를 원했다.

그러나 CFSP 수립 이전에도 유럽은 수차례에 걸쳐 미국의 영향에서 벗어나고자 시도했다. 그러한 시도는 WEU이 창설되었던 1950년대 중반 처음 있었고 미테랑(Francois Mitterrand) 프랑스 대통령이 EC의 독자적인 안보역량 강화를 주창했던 1984년에도 있었다. 클린턴(Bill Clinton) 대통령의 재임시절 미국은 WEU가 독자적으로 수행한 군사작전들을 묵인했다. 예를 들어, 1994년 프랑스와 독일은 '유럽군(Eurocorps)'을 창설했다. 1996년에는 '연합합동특수임무부대(Combined Joint Task Forces)'에 관한 합의가 있었고 이를 통해 WEU는 NATO의 인적·물적 자원을 활용하여 독자적인 작전을 수행할 수 있게 되었다. 이 합의가 가져온 긍정적인 결과 중 하나는 프랑스가

NATO의 통합군사조직에서 탈퇴한 지 30년 만에 복귀했다는 점이다. 또한 유럽연합(EU) 역시 신속배치군(rapid deployment force)을 창설하고 2003년 콩고민주공화국에 처음으로 유럽만의 군대를 파견했다 — NATO라는 테두리 바깥에서 이루어진 최초의 유럽 다국적 군사작전 — 그리고 NATO가 보스니아에서 철수한 2004년, 평화유지작전이 EU로 이관되자 신속배치군은 여기에서도 활동했다. 이후에도 신속배치군은 NATO군과 함께 코소보에 주둔하며 활동했다.

그러나 유럽국가들이 자신들의 국력의 한계를 깨닫는 데에는 많은 시간이 요구되지 않을 것이다. 유럽은 미국이 NATO를 통해 제공하고 있는 안전보장을 상쇄할 만큼의 준비가 되어있지 않다.

정치적 응집력과 정치적 개혁

제2차 세계대전 이후 미국과 유럽 사이에 구축되어온 정치·경제적 교량이 NATO의 건재를 가능하게 만드는 주요한 요인임에는 틀림없다. 그러나 NATO의 내구성은 냉전 동안 NATO 자체 내에서 군사계획, 군사작전 및 명령체계 등을 통합시켜온 결실이기도 하다. 그 결과 NATO는 21세기 신종 위협들에 대해서도 가장 신속하고 효과적으로 대처할 수 있게 되있다. 이 때문에 NATO를 구시대적 유물로 치부할 수는 없다.

NATO의 통합성이 유지되어야 하는 이유는 탈냉전 시대에 부여받은 NATO의 역할 때문인데 그 역할은 민주적 개혁을 촉진하고 인권을 보호하는 것이다. 냉전시대 NATO는 군부통치 하에 있던 그리스, 터키 그리고 포르투갈의 가입을 환영했다. 그러나 이제 NATO 가입의 선행조건 가운데 하나는 자유민주주의다. 이것은 민주평화이론의 함의를 부분적으로 반영하고 있지만 동시에 그것은 동맹의 응집력을 강화하기 위한 조치이기도 하다. 특히 동맹의 회원국이 확장됨에 따라 그것이 응집력에 미칠 영향에 대한 고려는 매우 중대해졌다. 구(舊)소련의 위성국가였던 국가들의 가입이 증가함에 따라 그 국가들은 군에 대한 문민통제를 포함한 민주개혁 시행을 요구받았다.

그러나 EU 확대를 둘러싸고 나타난 논쟁과 마찬가지로 많은 비판가들은 NATO의 수용력을 의심했다. 어떤 이들은 NATO의 민주화 임무가 NATO에 더 큰 안정성을 가져올 것이라고 주장한 반면 다른 이들은 회원국 확대를 멈추어야 한다고 주장한다.

9·11사건 직후에 발발한 아프가니스탄전쟁에서 호주, 스웨덴 그리고 한국과 공조한 이후 NATO 사무총장 스헤퍼르(Jaap de Hoop Scheffer)는 이들 국가와 핀란드, 일본 그리고 뉴질랜드를 NATO에 가입시키고자 했다. 그러나 그의 시도는 이루어지지 않았다. 대상국들이 가입을 원하지 않은 것도 있었지만 NATO가 지향하는 범대서양주의가 훼손될 것이라고 우려하는 몇몇 유럽국가들의 반대가 결정적이었다. 이외에도 유럽국가들은 위 국가들의 가입을 허용할 경우 NATO가 미국의 군사적·패권적 이익 수호를 위한 도구로 전락하게 될 것이라고 우려했다 — 실제로 스헤퍼르 사무총장의 제안은 조지 W. 부시 대통령의 지지를 받았다. NATO가 '범대서양 지역을 넘어' 확장하려 한다면 확장 대상을 유럽국가들로 한정하고 있는

NATO 헌장 10조의 수정이 불가피하다. 확장과 관련된 논란은 NATO의 근원적인 우려를 재점화했다 — NATO의 역할이 글로벌 차원의 것이라면 외부 세계와의 관계형성은 중요하다. 그 역할이 유럽에만 국한된 것이라면 그러한 관계형성은 중요하지 않거나 부차적인 것에 불과하다.

회원국 확대와 관련하여 또 다른 논란은 바로 NATO의 책임성 부분이다. 힐과 스미스(Christopher Hill and Michael Smith, 2005)는 유엔이나 아프리카연합처럼 NATO 역시 민주적 정당성이 부족하다고 주장한다. 특히 그들은 대중이 NATO의 정책결정권자 및 발언권이 강한 가입국과 상호작용하도록 규정하고 있는 조항이 부재하다는 점을 지적하고 있다 (Hill and Smith, 2005). 실제로 스노든(Edward Snowden)이 폭로한 정보당국들의 의심을 살만한 무책임한 행동들에는 NATO의 투명성 결여도 포함되어 있었다. 아마도 이것은 NATO가 미국과 함께 군사적 활동에 관여하는 동맹이기 때문에 그런 것으로 보인다.

이러한 문제를 해결하기 위한 한 가지 방법은 NATO 가입국들이 자국의 국가이익과 우선순위를 자제하는 것이다. 이러한 절제야말로 NATO를 위한 접착제가 될 수 있다. 예를 들어, 2003년의 이라크전쟁에서 영국은 미국의 이해관계를 지지한 반면 프랑스와 독일은 침공을 반대했다. 그리고 터키는 미 지상군이 자국의 영토를 통해 이라크로 진입하는 것을 불허했다. 2011년의 리비아 공습에서는 28개 NATO 가입국 가운데 단 8개국만이 참여했다. 독일은 그 공습에 정당성을 부여한 유엔 결의안에 동참하지 않았을 뿐만 아니라 NATO의 공중경보통제용 항공기로부터 그리고 지중해에서 임무를 수행 중인 전투함으로부터 자국의 승무원들을 철수시켰다. 독일은 대부분의 경우 무력사용에 주저하는 경향이 있다.

방위비 분담은 종종 유럽과 미국 사이에 마찰을 일으키는 원인이 되기도 한다. NATO의 경제력은 상당히 강하다. 전체 가입국들의 경제력 총합은 전 세계 GDP의 절반에 육박한다. 그러나 이러한 수치가 항상 NATO의 방위비 재원으로 직결되는 것은 아니다. 냉전이 종식되었을 때 유럽국가들은 NATO 방위비의 34%를 분담했다. 그러나 2012년에 이르면 그 수치는 21%로 급감한다. 물론 이것은 유럽국가들의 긴축재정을 초래한 2008년의 경제위기 때문이기도 하다. 그럼에도 불구하고 각 국의 GDP에서 2%를 NATO 방위비에 기여해야 한다는 원칙을 지킨 유럽국가들은 단 4개국(영국, 프랑스, 그리스, 알바니아)에 불과하다.

유럽국가들의 방위비 분담금 감소는 정책결정자들 간에 불편한 관계를 초래했는데 미 국방장관 게이츠는 NATO에서 한 최근의 연설에서 충분한 분담금을 지불하지 않는 유럽을 비판했다. 그러면서 미국의 방위비 분담금 지출(미국 GDP의 2%에 해당하는 미국의 방위비 분담금은 유럽국가들이 지불하는 방위비 분담금 평균의 대략 3배)에 '무임승차'하는 것을 비난했다. 그러면서 그는 NATO가 효과적으로 작동하기 위해선 방위비를 보다 공평히 분담할 필요가 있으며 유럽이 다른 지역도 아닌 자신의 뒷마당 안보에 대해 더 큰 책임감을 가져줄 것을 당부했다 — 더 이상 안보의 '소비자'가 되지 말고 안보의 '생산자'가 되어 줄 것을 당부한 것이다.

게이츠 국방장관이 우려하는 것 중 하나는 적

극적으로 분쟁에 참여하는 국가들과 그렇게 하는 것을 꺼려하는 국가들로 NATO가 양분되는 것이다. 가령, NATO의 모든 가입국들이 아프가니스탄에 군대를 파병한 것은 아니었다. 영국은 프랑스나 독일보다 훨씬 더 많은 기여를 했다.

미국은 안보우려가 급증하고 있는 아시아-태평양 지역으로 외교안보정책의 '중심축을 이동'시키고 있었고 유럽인들은 자신들의 중요성이 저평가된 것에 대해 불만을 표출하고 있었다. 공교롭게도 이 시점에 게이츠 국방장관이 위의 연설을 한 것이었다. 따라서 유럽의 경제적 어려움과 미국의 유럽 거리두기가 복합되어 NATO의 기능저하 혹은 기능마비 심지어는 해체로 이어지지 않을까하는 두려움이 증폭되었다. 비교해보면 같은 해 아시아의 방위비 지출은 유럽을 크게 앞질렀다.

NATO 사무총장 라스무센은 그가 고안한 '스마트방위(smart defence)'가 경제적 어려움을 겪고 있는 유럽에 적합할 수 있다고 주장한다. 그는 군사적 장비와 군사적 능력의 통합·공유에 바탕을 둔 스마트방위를 통해 NATO가 축소된 방위비를 가지고도 더 많은 일을 할 수 있다고 본다. 이러한 장비와 능력의 통합·공유는 국가별로 가장 잘하는 전문분야를 더욱 발전시킬 수 있고 장비와 능력의 중복을 피하여 자원낭비를 예방할 수 있게 한다. 그러면서 그는 영토방위에 초점을 맞추는 것만으로는 충분치 않다고 경고한다. 러시아의 부활, 테러리즘, (유럽과 인접한) 북아프리카 같은 지역들에서의 급변사태 가능성, 핵무기의 확산 그리고 사이버전쟁 등과 같은 외부의 위협들에 맞서 NATO가 성공적으로 임무를 지속하기 위해선 가입국 모두의 투자와 협력을 필요로 한다(Rasmussen, 2011).

NATO의 미래

NATO는 서유럽과 미국에게 집단안보를 제공해야 하는 본래의 사명을 성공적으로 수행했다. 또한 1989년 베를린 장벽의 붕괴 이후 유럽의 평화와 안정을 유지함에 있어서도 도구적인 역할을 적절

글상자 21.4 네트워크군 구상

2014년 ISAF의 아프가니스탄 임무가 종료되자 NATO는 작전의 중점을 '관여작전에서 준비태세작전으로 전환할 예정에' 있다. 이것은 NATO가 언제든지 핵심 임무를 수행할 수 있도록 최고의 준비태세를 유지할 것임을 의미한다. 'NATO군 2020'이라는 재검토 계획의 일환인 네크워크군 구상은 교육훈련의 확대, 작전훈련의 확대 그리고 기술의 숙련 등을 통해 준비태세작전을 강화하기 위한 것이다. 이 구상은 NATO 가입국들이 '다 같이 일사분란하게 의사소통하고 훈련하며 작전수행 능력을 입증할 수 있는' 기회를 증진시킬 것으로 기대되고 있다. 특히 이 구상이 적용된 NATO의 신속대응군은 NATO 대변환의 성공여부를 판가름할 시험대가 될 것이다.

www.nato.int/cps/en/natolive/topics_98527.htm
(검색일: 2014.6.30)

히 수행했다. 이에 대해 이의를 제기할 사람은 거의 없다. 그러나 이러한 성공 때문에 NATO가 21세기에도 계속 존재해야 한다는 당위성이 보장될 것인가? 이에 대해 많은 논평자들은 NATO의 목적이 불분명하기 때문에 보장될 수 없다고 주장한다.

그들의 주장을 검증하는 것은 어려운 일이다. 왈츠(2000)는 베를린 장벽 붕괴 이후에도 10년간 NATO가 존속할 수 있었던 이유를 유럽의 정세 불안정을 초래하지 않으려는 미국의 '통제'에서 찾았다. 마찬가지로 왈트(1997) 역시 미국의 헤게모니가 NATO의 존속 이유라는 데 동의하고 있다. 그러나 왈랜더(Wallander, 2000)는 새로운 안보환경에 직면할 때마다 NATO가 자신의 자산을 활용하여 잘 적응해왔음에 주목하고 있다. 가령, 특정 적국을 억지하기 위해 고안된 군사동맹 NATO가 자신의 역할을 유럽 및 다른 지역에서의 평화와 안보 수호자로 재조정한 것이 명징한 예다. 이러한 재조정 과정에서 NATO는 스스로를 혁신하여 탈냉전 세계의 변화하는 지정학적 정세에 적응했고 그 결과 집단안보라고 하는 본래의 사명 이외에 평화유지작전, 인도적 개입 같은 새로운 임무를 수행하고 있으며 40여 개국과 동반자관계를 발전시키고 있다.

여기서 흥미로운 것은 NATO의 역할에 관한 가입국들 간의 상반된 입장이다. 오래전에 가입한 국가들은 위와 같은 변화를 환영하고 있지만 최근에 가입한 국가들은 향후 구(舊)소련처럼 부활할지도 모를 러시아로부터 자신들을 지켜줄 보호자 역할을 원하고 있다. 이러한 입장 차이는 NATO의 우선순위를 결정할 때 가입국 간 반목을 초래할 수도 있다. 증가추세에 있는 국제테러리즘에 대한 NATO의 대응에서 그러한 조짐을 엿볼 수 있다. 가입국들은 국제테러리즘에 대처하는 방식을 두고 논란을 벌여 응집력에 균열이 생겼고 그 결과 NATO의 대응은 일관적이지 못했다.

이러한 문제의 해결을 위해 NATO와 미국은 현재의 위협보다 잠재적 위협에 대한 보다 정확한 합의를 도출해야 한다. 그렇지 않다면 향후 NATO가 일관된 목표를 명시하고자 할 때마다 논란이 계속될 것이다. 공통된 위협인식이 NATO 가입국들 간 응집력을 제고할 것이다. 이러한 관점에서 보면 2014년 우크라이나 사태에서 드러난 러시아의 행태는 NATO를 위한 기회의 창을 열어주었다.

2014년 3월 푸틴은 크림반도를 병합했다. 그러면서 러시아의 국익이 도전받을 때 러시아는 강압외교와 이를 뒷받침하기 위한 군사력 사용을 적극 고려할 것이라고 선언했다. 다시 말해 푸틴은 자신이 원할 때마다 군사적 방식으로 개입할 것임을 명백히 주장한 것이었다. 당연히 이러한 주장은 중부유럽 및 동유럽국가들의 커다란 우려를 자아냈다.

결국 푸틴의 행동은 NATO의 존재이유를 재확인시켜준 계기가 되었고 대서양 동반자관계에 새로운 생명을 불어넣어주었다. 그러나 이로 인해 우크라이나, 조지아 그리고 몰도바의 NATO 가입은 더욱 어렵게 되었다. 이들 국가 모두 가입의사를 표명했으나 푸틴은 이를 용납하지 않을 것이다. 그는 이미 우크라이나에서 그의 말이 허풍이 아님을 증명했다. 이러한 상황은 러시아에 관여하려는 NATO의 시도를 강하게 제어했다. 하드파워(hard power, 경성권력)가 유럽에서는 더 이상 중요하지 않다는 세간의 믿음은 여지없이 깨져버렸다. 많은 이들은 이제 구(舊)소련 공화국들로 구성된 유라시아연합(Eurasian Union) 창설을 시도하는 러시아를 두려워하고 있다.

따라서 NATO가 직면해 있는 문제는 이러한 새로운 도전에 맞서 가입국들을 어떻게 규합할 것인가이다. 원칙적으로 NATO의 모든 가입국들은 러시아의 행태에 반대하고 있다. 그러나 집단안보가 작동되어야 할 때 가입국들의 참전의사는 얼마나 일치할 것인가? 그리고 러시아와 타협해야 한다면 가입국들의 양보 정도는 얼마나 일치할 것인가? 동유럽 및 중부유럽국가들이 느끼는 안보불안은 2008년 남오세티야(South Ossetia)를 사이에 두고 벌어진 러시아와 조지아 간의 전쟁에서 비롯되었다. 그리고 2014년 러시아의 크림반도 병합으로 인해 그러한 안보불안은 증폭되었다. 그러나 독일, 프랑스 또는 영국 시민들은 그들이 러시아의 다음 목표라고 생각할 것인가? — 지금과는 달리 본래 NATO 창설의 동기는 바로 그러한 생각이었다.

흥미로운 것은 이러한 문제가 비단 러시아에만 국한된 것이 아니라는 점이다. 현재는 크림반도 문제가 NATO의 미래와 관련된 쟁점을 주도하고 있지만 지난 10년간 유럽국가들은 정치적 정체성을 문제 삼으면서 미국, 특히 부시 행정부와 불편한 관계에 있었다. 왜냐하면 유럽인들이 설정한 이익 및 가치가 부시 행정부의 그것과 매우 달랐기 때문이다. 부시 대통령은 '테러와의 전쟁' 동안 NATO의 임무가 지구 곳곳에서 전방위적으로 수행되기를 적극 원했다. 동시에 그는 급증하는 미국의 재정적자를 완화하기 위해 유럽이 더 많은 방위비 분담금을 지불해야 한다고 종용했다.

이에 부시 행정부의 외교정책 의제들에 대한 유럽인들의 심기가 매우 불편해지기 시작했다. 동시에 세계 도처에서 미국의 패권야욕에 대한 비난이 빗발쳤다. 따라서 몇몇 유럽국가들은 대서양 너머에 있는 미국이 그들의 동지인지를 의심하는 지경에까지 이르렀다. 그러면서 그 국가들은 장기적으로 NATO에 대한 한 가지 도전이 있다면 그것은 바로 외교, 안보 그리고 방위와 관련된 정책 조율 구조를 심화시키고 있는 EU가 될 것이라고 주장했다. 즉 NATO 가입국들이 NATO에서 이탈하여 EU에 안보를 의존하게 될 지도 모른다는 주장이다. 이러한 주장이 아직은 비주류의 목소리이기는 하지만 행동으로 이어지게 된다면 NATO의 미래는 밝지 않을 수도 있다.

결론

세계화 시대에는 안보가 영토방위에만 국한되지 않는다. 다시 말해 미국과 유럽의 안보는 이제 지역적 문제가 아닌 글로벌한 문제를 해결해야만 성취될 수 있는 것이 되었다. 이러한 변화는 NATO의 역할이 군사적인 문제에 국한될 것인지 아니면 탈냉전 시대에 들어 수행한 평화유지, 국가재건, 재난구호 등으로 확장될 것인지 같은 의문점들을 양산하고 있다.

아프가니스탄에서의 철수가 시작되면 NATO는 원래의 위치인 유럽으로 복귀하게 될 것이다. 그리고 1990년대에 얻게 된 '글로벌 NATO'라는 인식은 감소하게 될 것이다. 그리고 가까운 미래 동안에는 아프가니스탄에서와 같은 또 다른 임무에 관여하지 못하게 될 수도 있다 (아프가니스탄에 가장 많은 군대와 자원을 투입한 국가는 미국이다).

그러나 NATO처럼 거대한 기구와 관련된 정치는 복잡하다. NATO가 21세기에 수행하기를 원하는 것이 무엇인지 그리고 미국과 유럽이 상호 받아들 수 있는 조건 하에서 NATO가 목표를 성취할 수 있는 방법이 무엇인지에 대한 답을 구하는 것이 해결과제이다. 왜냐하면 동맹국일지라도 원하는 바가 다를 수 있기 때문이다. NATO는 유럽이 하드파워를 투사할 수 있도록 했지만 동시에 다른 지역에서 수행하는 미국의 작전까지 지원해야 하는 족쇄이기도 했다. NATO가 글로벌한 역할을 수행하지 않는다면 미국은 NATO를 외면할 것인가? 왈트(1997)가 주장했듯이 다극체제에서 동맹은 견고하지 못하다. 왜냐하면 다극체제에는 동맹으로 선택할 수 있는 강대국이 많기 때문이다. 따라서 현재의 동맹 공약은 당연시될 수 없다.

왈트(1998/99)는 NATO와 오스카 와일드(Oscar Wilde)의 장편소설 『도리안 그레이(*Dorian Gray*)』를 비교하고 있다. 이 소설에서 도리안 그레이는 " 나이가 들어가면서 외모가 더욱 어려지고 멋있어지는 — 그러나 점점 타락해가는" 주인공이다. 그러면서 왈트는 "NATO가 예전처럼 활발하게 임무를 수행해주기를 바라는 시점에 우리는 우리가 모르는 사이에 죽어 시체가 되어버린 NATO를 보게 될지도 모른다"고 경고했다. 러시아의 최근 행태는 NATO를 되살렸다. 그러나 그 효과가 얼마나 지속될지는 장담할 수 없다.

요점

1. NATO는 현 시대에서 가장 성공한 군사-정치 동맹이다.
2. 냉전종식 이후 현재까지도 존속하고 있지만 NATO의 목표는 불명확한 상태에 있다.
3. NATO가 유럽과 본래의 방어동맹 역할에만 초점을 맞춰야 하는가? 아니면 적극적으로 글로벌한 안보문제 해결에 나서야 하는가?
4. 공유된 위협인식과 비용절감의 방식으로 안보문제를 해결한다면 NATO는 계속해서 존속할 것이다.
5. 미국의 정책결정자들이 NATO에 대한 공약을 유지하게 하려면 유럽은 미국과 위협인식을 공유함으로써 결속력을 강화해야 한다.
6. NATO가 비정상적인 동맹으로 보이는 이유는 그것이 너무 오랫동안 유지되고 있다는 사실과 전시 동맹이 아닌 평시 동맹이라는 사실 때문이다.

추천도서

Gates, R, (2011), 'The Security and Defense Agenda (Future of NATO)', 10 June, available at http://www.defense.gov/speeches/speech.aspx?speechid=1581, (검색일: 2014.7.10).

Kaplan, L.S. *NATO Divided, NATO United: The Evolution of an Alliance*, Westport, CT: Praeger, 2004.

Modelski, G. 'The Study of Alliances: A Review', *Journal of Conflict Resolution*, vol. 7, no. 4, 1963, 769–776.

Snyder, G. *Alliance Politics*, New York: Cornell University Press, 1997.

Theis, W.J. *Why NATO Endures*, New York: Cambridge University Press, 2009.

Walt, S. *The Origins of Alliances*, New York: Cornell University Press, 1987.

Waltz, K. *Theory of International Politics*, Reading, MA: Addison-Wesley, 1979.

22장 지역안보기구들

피터 허프(Peter Hough)

글상자 22.1 정부간국제기구(IGOs)와 2011년의 리비아 개입

시민군이 점령한 도시 벵가지를 대상으로 한 리비아 독재자 카다피의 대량학살이 임박했을 때 몇몇 정부간국제기구들은 긴급 회동을 갖고 유혈사태를 방지하는 방안에 대해 논의했다. 유엔 안전보장이사회는 결의안 1973을 통해 국제공동체가 '모든 필요한 수단들'을 동원하여 유혈사태를 막아야 한다고 호소했다. 그러나 리비아 사태와 관련된 지역차원의 정부간국제기구들은 결의안 1973을 제각각으로 해석하면서 자신들이 사태 해결을 주도하고자 했다. 아프리카연합(AU: African Union)은 휴전을 제안하면서 리비아의 변화를 위한 계획을 제시했다. 그러나 리비아 시민군은 — 카다피가 오랫동안 AU의 재정적 지원자였다는 사실과 그동안 AU가 정부군의 대량학살을 제어하는 데 효과적이지 못했다는 사실을 염두에 둔 — AU의 제안을 거절하고 대신 다른 정부간국제기구가 행동해줄 것을 요청했다. 결국 시민군 대표들은 런던에서 AU를 배제한 채 북대서양조약기구(NATO), 유럽연합(EU: European Union), 아랍연맹(AL: Arab League) 및 이슬람회의기구(OIC: Organization of the Islamic Conferences)와만 회동을 가졌다. 이 회동에서 '비행금지 구역'을 설정하는 방안이 합의되었다. 이에 따라 비행이 금지된 구역에서 시민군을 향한 폭격이 감행될 경우 리비아정부군은 공격대상이 되고 카다피도 권좌에서 제거될 수 있게 되었다. 이 방안은 NATO에 의해 절차대로 이행되었고 시민군은 혁명을 성사시켰으며 카다피는 처형되었다.

이러한 개입은 정부 간 안보협력의 성공적인 예시인가? 임박한 대량학살이 방지되었고 독재자 제거를 통해 내전이 종식되었다는 점에서 보면 긍정적인 측면이 있다. 그럼에도 그 개입은 논란의 소지가 있다. 많은 분석가들과 리비아 사태를 관망한 다수의 국가들은 NATO가 유엔이 부여한 권한을 과도하게 사용했다고 주장하면서 NATO의 행태는 과거 석유가 풍부한 중동국가의 내정에 간섭했던 서구 제국주의의 부활과 다를

계속

바 없다고 비판했다. 그러면서 그들은 강제개입이 유엔의 정당성을 약화시킬 것이며 향후 중국이나 러시아가 유엔의 '보호책임(Responsibility to Protect)' 임무에 비협조적이도록 만들 것이라고 주장했다. 또한 그러한 개입이 리비아 사태를 다루는 데 더욱 적합한 지역기구의 역할을 훼손할 뿐만 아니라 유럽 방어라는 NATO의 역할에 혼선을 주게 될 것이라고 비판했다.

서론

이 장은 안보를 다루는 지역차원의 정부간국제기구의 성장을 검토하고 그러한 성장이 세계질서와 안보에 긍정적인 영향을 미칠지 아니면 부정적인 영향을 미칠지를 평가하고 있다.

군사안보는 정부 간 협력에서 가장 전통적인 분야에 해당되지만 정부간국제기구 설립을 통해 성취될 가능성이 가장 적은 분야이기도 하다. 주권은 이러한 역설을 설명할 수 있다. 오래전부터 국가들은 침략을 받아 주권이 상실될지도 모른다는 두려움에 시달려왔다. 이 때문에 국가들은 우호적인 국가나 적국의 적국과 동맹을 맺어왔다. 그러나 주권 때문에 국방은 출입금지구역이 되곤 한다. 이러한 경향은 우호적인 국가들이 상호간에 경제적 또는 외교적 이익을 얻고자 보다 공식적인 정부간국제기구에 참여하고자 할 때 나타난다. 그러나 비군사적 형태이든 군사적 형태이든 간에 경제적 또는 외교적 목적을 위해 설립된 정부간국제기구가 무력침공을 제외한 덜 임박하고 덜 명백한 위협에 대처하기 위한 안보수단이 되면서 오늘날 주권의 문제는 복잡하게 되었다.

정부간국제기구는 일종의 공식화된 국경을 가로지르는 협력을 의미한다. 따라서 명시적인 규칙과 명백하게 규정된 의사결정과정이 정부간국제기구에 내재되어 있다. 정부간국제기구는 국가 간 조약 이상의 것이다. 물론 조약의 결과로서 정부간국제기구가 창설되기도 한다. 변화하는 환경에 따라서 영속적이기도 하고 진화하기도 한다는 점에서 정부간국제기구는 '그 나름의 수명'을 갖고 있다. 각각의 정부간국제기구에는 본부와 사무국이 존재하며 정부간국제기구의 임무는 특정한 정책결정과정을 통해 수행된다. 또한 가입국의 요청이 있을 시 그러한 정책결정과정을 통해 구속력 있는 새로운 규칙이 만들어지기도 한다. 이 장 후반에서 검토되겠지만 대부분의 안보지향적인 정부간국제기구는 상대적으로 최근에 와서야 설립되었다. 하지만 안보문제에 관한 한 덜 공식적인 정부 간 국제협력이 훨씬 일반화되어 있고 더 오래된 역사를 지니고 있다. 우선 이 문제를 먼저 살펴보도록 하자.

제도화되지 않은 지역안보협력

동맹

상호 간 안보이익을 얻기 위해 국가들이 '유지연

합(coalitions of the willing, 有志聯合: 희망자 연합으로 번역이 가능한 개념으로 미국의 방침에 동조하는 국가들 간의 연합이라는 의미다. 2003년 이라크전쟁에서 미국이 채택한 개념이다. 미국의 국익에 따라 그리고 변화하는 국제정세에 대응하기 위해 쟁점별로 다양한 동맹관계를 유연하게 체결한다는 발상에서 나온 개념이다 – 역자 주)'을 결성하는 것은 오래된 역사를 갖고 있다. 그러나 이러한 동맹을 정부간국제기구로 보기에는 무리가 있다. 일반적으로 동맹 그 자체는 어떤 대단히 안정적인 것이라기보다는 '목적을 위한 수단으로서 협력을 사용하는' 일시적인 편의에 의한 결혼에 불과하다 (Bailes and Cottey, 2006: 199). 1648년의 베스트팔렌조약(Treaty of Westphalia)을 통해 (최소한 유럽의) 국제관계에서 주권이 공고화된 이후 군사동맹은 위기 때마다 결성되어 왔다. 여기서 말하는 위기란 세력균형상태가 다른 국가나 다른 동맹의 공격적 안보정책에 의해 위협받는 상황을 의미한다. 18세기 및 19세기에 시도된 프랑스의 확장정책은 다른 유럽 강대국들의 대동맹(Grand Alliances)에 의해 좌절되었다. 20세기에는 유럽 내 두 개의 동맹들이 충돌하여 제1차 세계대전이 발발했다. 제1차 세계대전이라는 재앙은 전쟁을 방지해야 하는 동맹의 기능적 역할에 오점을 남겼다. 이에 동맹을 대체하는 실험적 조치로서 집단안보(collective security)가 고안되었고 이의 실행을 위해 국제연맹(League of Nations)이 창설되었다. 그러나 제2차 세계대전 발발로 그 실험이 실패하자 강대국들은 다시 예전으로 돌아가 동맹을 결성하여 결국 독일과 일본에게 패배를 안겼다. 이 당시에 결성된 동맹은 매우 강고했지만 — 어떤 의미에서는 제도화되었지만 — 그것을 정부간국제기구로 보기에는 여전히 무리가 있다. 왜냐하면 그 동맹은 특정 전쟁만을 다루기 위해 일시적으로 형성된 것이기 때문이다. 이것은 처칠(Winston Churchill)의 말에 잘 투영되어 있다. 제2차 세계대전 당시 처칠은 소련과의 동맹을 주선했고 그것 때문에 비판을 받았다. 그러나 그는 독일을 패배시키기 위해서라면 잠시 동안이라도 "악마와 거래할 것이다"라며 세간의 비판을 일축했다. 그의 말대로 소련과의 동맹은 1945년 제2차 세계대전이 종식되자마자 해체되었다.

제2차 세계대전 이후에도 몇몇 동맹들은 오래 유지되었고 전쟁만을 목적으로 활동하지도 않았다. 이 점에서 그 동맹들은 공식적인 정부간국제기구와 유사성을 보이기도 했다. 1940년대 이후 미국은 일본, 이스라엘, 호주 그리고 (영국과 NATO의 관계 이외에) 영국과 쌍무적 동맹을 유지해오고 있다. 명시적인 조약이 있는 미일동맹을 제외하면 바로 앞에서 언급한 쌍무적 동맹들은 명시적인 조직적 틀이 부재함에도 불구하고 높은 수준의 군사·정보 협력을 성취해왔다. 또한 '유지연합'은 최근의 국제관계에서 주요한 특징이 되고 있다. 유지연합은 나폴레옹(Napoleon Bonaparte), 빌헬름 2세(Kaiser Wilhelm II) 또는 히틀러(Adolf Hitler)보다 훨씬 위협의 강도가 덜한 독재자들과의 전쟁을 수행하기 위해 형성된 단발성 동맹이다. 이 동맹들은 유엔이나 NATO와의 관계 속에서 임무를 수행해 왔다. 그러나 2003년의 이라크 전쟁에서는 유엔이나 NATO를 통해서가 아닌 미국·영국·호주만으로 구성된 '영어권 국가 동맹'이 맹위를 떨쳤다.

국제레짐

정부간국제기구보다 덜 공식적이면서 동맹보다 덜 명시적인 정부 간 국제협력을 국제레짐(International Regimes)이라고 하는데 국제레짐은 안보정치에서 두드러지게 나타나고 있다. 국제레짐은 국제협력에 대한 포괄적인 개념으로써 정부간국제기구까지 포함하고 있으며 1980년대에 널리 사용되었고 다음과 같이 정의된다. "국제관계의 특정 영역에서 행위자들이 기대하는 바가 수렴되는 명시적 혹은 묵시적인 원칙, 규범, 규칙 그리고 정책결정절차" (Krasner, 1983: 1). 최근 수십 년 사이에 성장한 국제안보레짐에서 가장 유력한 형태는 지역무기통제 합의에 기초한 협력이다. 예를 들면 냉전이 종식되자마자 탄생한 1990년의 유럽재래식무기감축조약(CFE: Conference on Conventional Armed Forces in Europe)이 그것이다. 이 조약은 NATO 가입국과 바르샤바조약기구(Warsaw Pact) 가입국 간에 체결되었고 군대와 항공기를 획기적으로 감축시켰다. 물론 미국의 미사일 방어체제가 유럽으로 확장될 계획에 저항하는 의사표시로 2007년 러시아가 CFE 참여를 유보했지만 1992년에 발효된 CFE는 오늘날까지도 유효하다.

특정 지역에서 (미국, 러시아, 영국, 중국 그리고 프랑스와 같은 공식적인 핵보유 국가들에 의한) 핵무기의 생산 및 그 어떤 사용도 불법화시키는 비핵지대(NFZ: Nuclear Free Zones)도 1960년대 이후 확산되어왔다. NFZ는 1968년의 핵확산금지조약(NPT: Nuclear Non-Proliferation Treaty)의 사찰시스템을 활용하고 있다. 틀라텔로코조약(Treaty of Tlateloco) — 또는 중남미핵무기금지조약(Treaty for the Prohibition of Nuclear Weapons in Latin America and the Caribbean) — 은 광대한 그 지역의 모든 국가들을 비핵화하는 데 성공했다. 또한 이 조약은 1970년대 브라질의 핵무기개발을 포기시키기 위한 외교적 지렛대로도 작용했다. 남태평양비핵지대조약인 라로통가조약(Treaty of Rarotonga)은 호주 및 뉴질랜드를 포함하여 오세아니아 지역의 거의 모든 국가들을 대상으로 구속력을 행사하고 있다. 이 조약은 1980년대 초 프랑스가 핵실험을 해왔던 남태평양에서 체결되었다는 점에서 의미가 있다. 같은 맥락에서 구(舊)소련의 '스탄'국가들(카자흐스탄, 우즈베키스탄, 타지키스탄, 키르기스스탄, 그리고 투르크메니스탄)도 2009년의 세미팔라틴스크조약(Treaty of Semipalatinsk)을 통해 중앙아시아 비핵지대에 포함되었다. 지정학적인 고려가 상당 부분 배제된 상황 속에서 체결된 1959년의 남극조약(Antarctica Treaty)에도 비핵지대와 같은 특성들이 포함되었다.

세계화는 각 국의 국방장관 및 법무장관들이 회동해야 할 기회와 필요성을 크게 증가시키고 있으며 이러한 회동은 비공식적이지만 정기적으로 개최되고 있다. EU는 이러한 방식을 통해 범죄 및 안보 의제들을 점진적으로 해결하면서 과거 이 문제들을 다루는 데 소극적이었던 로마조약(Treaty of Rome)을 보완하고 있다. 유사하게 1996년에 설립된 북극이사회(AC: Arctic Council)에는 — 미정부의 주장을 반영하여 — 국방 의제를 다루지 않는다는 명시적인 규칙이 있지만 북극권 8개국 참모총장들이 2012년 처음으로 뉴펀들랜드에서 회합을 가졌다. 그리고 그들은 이 회합이 정기적으로 개최될 것이며 긴급한 민간인 구호가 필요할 시 적극적으로 군대를 파견하는 데 협력을 아끼지 않을 것임을 선언했다. 이 선언은 북극이사회의 구속력 있는 최초의 정책이 되었다 (해양수색구조에 대한 합의). 같은 맥락에서 미주대륙의 국방장관들은 1990년대 중반 이후 미주기구(OAS: Organization of American States)의 틀 밖에서 관련 의제를 논의하기 위해 반년마다 회합을 가져오고 있다. 시민사회가 고위 정치에 참여하고 있는 예도 있다. 바로 아시아태평양 지역의 국방장관과 군사지도자들의 회동인 샹그릴라대화(Shangri-La Dialogue)가 그것이다. 샹그릴라대화는 2002년 국제전략문제연구소(IISS: International Institute for Strategic Studies)에 의해 시작되었다 (Bailes and Cottey, 2006: 205).

조직화된 초국적 범죄의 증가는 모든 국가들이 직면하고 있는 공통된 위협이다. 이 때문에 초국적 범죄를 다루기 위한 정부 간 협력과 국제레짐이 증가하고 있다. 킴벌리 프로세스(Kimberley Process)는 유엔총회 결의안(A/RES55/56)에 따라 '피의 다이아몬드' 거래를 저지하고자 2003년에 도입된 인증 계획이다. 이 인증 계획은 다이아몬드 구매가 합법적인 정부를 전복시키려는 반란군 및 그 동맹들을 재정적으로 지원하지 않는다는 것을 보증하기 위한 것으로서 현재 89개국 이상이 참여하고 있다 (Kimberley, 2013). 동아프리카 해안, 특히 소말리아 같은 실패국가의 '주권적' 해역에 출몰하는 해적의 범죄도 안보불안을 야기하고 있는데 이를 성공적으로 해결하고 있는 국제레짐도 등장했다. 바로 지대한 영향을 갖고 있는 유엔, 인터폴(Interpol) 그리고 EU와 협력하여 몇몇 국가들이 수행하고 있는 정보공유 및 해군 공동작전이 그것이다.

안보공동체

비공식적인 (개인적이든 사회적이든) 국경 넘나들기가 공식적인 정부 간 국경 넘나들기보다 지역안보를 더욱 잘 증진시킬 수 있다는 인식은 1950년대 도이치(Karl Deutsch)의 기념비적인 저작에서 비롯되었다 (Deutsch *et al.*, 1957). 도이치의 안보공동체(Security Communities)는 제도적이라기보다는 심리적인 것이었다. 그의 연구는 일상적인 커뮤니케이션이 평화로 가는 길이라는 것을 보여주기 위해서 사회적 국경 넘나들기를 측정했다. 그의 연구에 따르면 '타인(the other)'에 대한 이해는 다른 관점에 대한 수용력을 높임으로써 차이점이 평화적으로 해결될 가능성을 높인다. 제도적으로 공식화되기 이전에 형성된 북유럽국가들과 캐나다-미국 간의 유대관계는 안보공동체의 유명한 전형에 해당된다. 안보공동체는 여전히 폭넓게 적용되고 있는 개념이며 오늘날 그 개념에 부합되는 것이 바로 지역차원의 정부간국제기구다. 왜냐하면 지역차원의 정부간국제기구에 내재된 규칙과 그 안에서의 정치적 협력이 다른 영역으로 '파급효과(spill over)'를 발생시키고 있기 때문이다.

유럽 지역 정부간국제기구로부터의 안보 파급효과

이전 장에서 논의된 NATO는 그 스스로를 군사동맹에서 정부간국제기구로 변형시킨 흔치 않은 사례에 해당한다. 왜냐하면 정부간국제기구에서 동맹으로 변형되는 경우가 일반적이기 때문이다. 정부간국제기구를 통해 특정 정책분야에서 공동 관리한 경험이 성공적일 경우 그러한 경험은 연쇄효과를 발생시켜 안보협력에 이르게 한다 — 국가들 간의 정치통합 연구에서 '파급효과'로 이해되는 현상.

유럽안보협력기구(OSCE)

유럽안보협력회의(CSCE: Conference on Security and Cooperation in Europe)의 지원 하에 유럽은 탈냉전질서로 변화하였고 그 결과가 CFE였다. CSCE는 냉전을 종식시킬 것 같았던 데탕트 시기인 1973년에 창설되었다. CSCE 내에서 논의된 협상들은 1975년의 헬싱키협정(Helsinki Treaty)을 탄생시켰다. 이 협정 하에서 소련 진영은 공산권에 관여하지 않겠다는 서방측의 약속을 보장받는 대신 철의 장막(Iron Curtain) 내에 있는 시민들의 인권과 정치적 자유를 개선시키기로 합의했다. 데탕트 시기가 소멸되어 동-서 긴장이 첨예했던 1980년대 초에도 CSCE 내에서 양 진영 간의 논의는 지속되었고 그 결과 CSCE는 10년

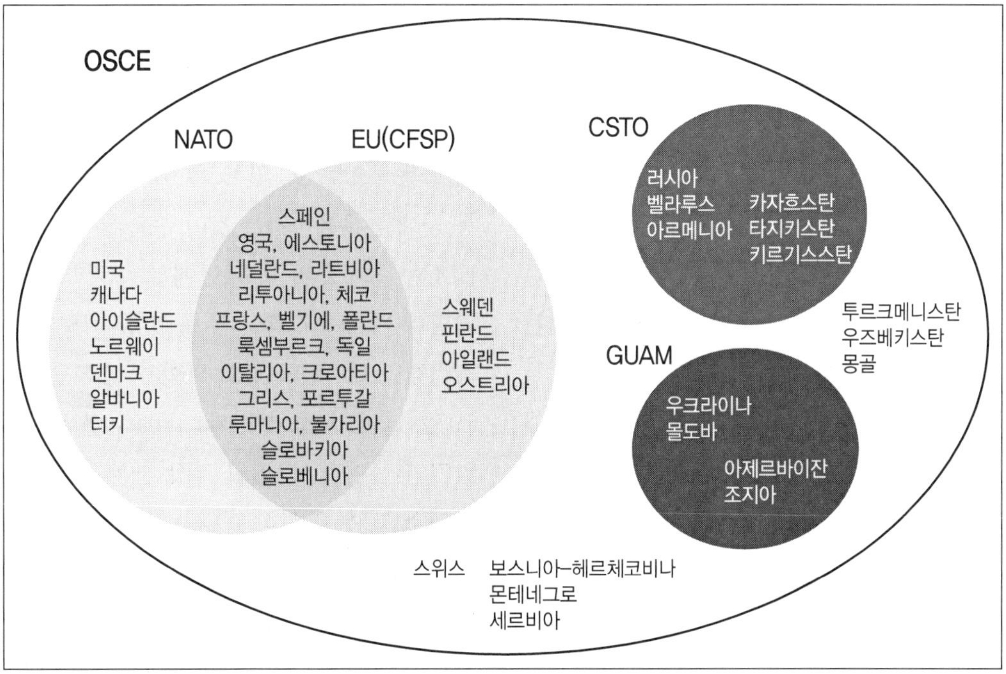

도표 22.1 유럽의 안보 정부간국제기구들 간에 중첩되는 회원국

후 냉전의 공식적인 종식을 위한 대화 창구가 될 수 있었다. NATO 및 바르샤바조약기구 가입국들이 비준한 1990년의 새로운 유럽을 위한 파리헌장(Charter of Paris for a New Europe)은 냉전을 역사의 뒤안길로 사라지게 했다. 그리고 그 헌장은 냉전 시기 두 개의 전사 집단을 대체하는 동시에 유럽안보를 책임지기 위한 새로운 제도적 틀의 초석을 마련했다.

CSCE는 1975년에 유럽안보협력기구(OSCE: Organisation for Security and Cooperation in Europe)로 개편되면서 공식화되었다. 그리고 비엔나(Vienna)에 OSCE 상설 본부가 설치되었고 가입국이(유럽의 모든 국가와 미국, 캐나다 그리고 몽골을 포함하여) 57개국으로 증가했다. 그럼에도 불구하고 OSCE는 1990년 관점에서 보면 유럽안보의 주요한 행위자가 되지 못했다. 그 이유는 서유럽이 NATO를 OSCE보다 중요하게 생각했기 때문이다. 그러나 OSCE는 평화와 안보문제에 관한 범유럽적인 대화창구로 기능해왔다. OSCE는 CFE의 원활한 이행을 위한 정보교환 시설을 관리해왔고, 1990년대 중반에 독립한 보스니아-헤르체고비나의 '국가건설' 과정에서 중요한 역할을 수행했다. 그리고 초국적 범죄 분야에서는 인신매매를 해결하기 위한 사무국을 개설하여 국제협력의 초점을 제공하고 있다. 특히 인신매매 문제를 유럽에 국한시키지 않고 세계적 문제로 환기시키는 데 앞장서고 있다.

EU

유럽공동체(EC: European Communities)를 탄생시킨 1957년의 로마조약에는 국방이나 안보협력이 의식적으로 포함되지 않았다. 그러나 1992년의 마스트리히트조약(Maastricht Treaty)을 통해 EC가 EU로 변화되고 EU라는 정부간국제기구의 능력이 괄목할 만큼 성장하자 국방이나 안보협력이 추가되었다. 곧이어 공동외교안보정책(CFSP: Common Foreign and Security Policy)까지 수립되었다. 그러나 가입국 간의 논쟁이 시작되었고 그 결과 국방이나 안보협력은 브뤼셀의 정책 분야에서 후순위가 되었다. 평화와 안보가 로마조약 체결의 주요 동인이었고 이보다 6년이나 앞서 프랑스, 서독, 네덜란드, 벨기에, 룩셈부르크 그리고 이탈리아가 유럽석탄철강공동체(ECSC: European Coal and Steel Community)를 출범시켰지만 국방과 공식외교의 정책적 조율은 유럽방위공동체(EDC: European Defence Community)의 실패 그리고 NATO의 인기라는 두 가지 이유 때문에 금기시되어 왔다. EDC는 1950년 프랑스가 제안한 구상이었다. 독일을 군사적으로 결박할 목적으로 EC 및 ECSC에 가입한 6개국이 공동 군대를 운용하자는 것이 주요골자였다. 그러나 EDC는 프랑스가 1954년에 스스로 그 구상을 폐기함에 따라 현실화되지 못했다. 이렇게 된 가장 직접적인 이유는 프랑스 의회가 EDC 출범을 위한 1952년의 파리조약(Paris Treaty)을 비준하지 않았기 때문이다. 그리고 가장 근본적인 이유는 영국이 EDC에 참여하지 않는다는 것에 대한 우려(영국 내 유럽회의주의, 즉 유럽통합과정에 대해 반발하는 이념이 영국의 EDC 및 ECSC 참여를 가로막았다)와 주권손상에 대한 프랑스 내의 우려 때문이었다. 유럽에 대한 경제적 부담 때문에 유럽 단독만의 EDC 성공을 지지했으나 실패를 목도한 미국은 서독을 재무장시켜 NATO에 가입시켰다. 이에 대한 반작용으로 소련은 동유럽 공산진영 5개국 및 동독과 함께 바르샤바조약기구를 창설했다. EC 내에서 안보협력을 소생시켜보려는 노력이 1960년대 중반에 이르러 완전히 좌초하게 되자 프랑스는 1966년 NATO의 통합군사조직에서(NATO 회원국 지위는 유지한 채) 탈퇴했다. 이러한 연유로 외교정책과 안보는 1990년대까지도 EC의 공식의제가 되지 못했다. 외교와 안보는 브뤼셀과 교감하는 워싱턴 소관이 되었다.

1990년대 초에 이르러서야 CFSP가 가능해졌다. 두 가지 이유 때문이다. 첫째는 (1973년에 가입한 영국과 덴마크가 유럽통합의 심화에 저항함에 따라 통합이 지체된 1980년대 이후) 재차 활기를 띠게 된 유럽통합이었고, 둘째는 무역에서만 통합된 움직임을 보였던 것에서 이제는 외교적 사안에 대해서도 통합된 목소리를 내야 한다는 가입국들 간의 의견 일치였다. 물론 (EC 규정상 위반임에도 불구하고 CFSP 불참이 허용된) 덴마크가 적극 반대했지만 영국이 입장을 바꿔 지지의사를 표명했기 때문에 CFSP는 순조롭게 시작되었다. 이 시기에 다시 점화된 '독일문제'는 파리와 런던을 한자리에 모이게 만들었다. 1990년대 독일 통일이 초래한 유럽 정세의 불안정성을 1950년대 초 히틀러의 제3제국(Third Reich)에 이은 제4제국의 부상 가능성에 대한 두려움과 비교할 수는 없지만 EC 내에서 이미 가장 강력한 서독이 통일로 더 강력해질 경우 영국과 프랑스의 영향력이 크게 반감될 수 있다는 우려가 증폭되었다. 이러한 우려는 세력균형 정치를 작동시켰다. 또한 탈냉전으로 인해 NATO가 계속 유지될지 여부도 불확실해졌다. 이에 영국은 미국과의 '특수 관계'를 대체할 대안을 모색해야 했다.

그러나 NATO의 지속이 반드시 CFSP의 장애물은 아니었다. 미국은 여전히 유럽방위 공약을 천명하고 있었다. 다만 미국은 유럽이 방위분담금을 좀 더 부담해주기를 바라고 있었다. 그렇게 된다면 미국과 유럽은 냉전 시기 때보다 더욱 평등한 관계가 될 것이라고 워싱턴은 주장했다. 따라서 EU가 NATO 범위 내에서 안보 역할을 할 수 있을 것이란 희망적인 전망이 가능해졌다. 이러한 목적을 위해 오랫동안 잊고 있었고, 얼어붙어 있던 유럽의 안보제도가 다시 그 모습을 드러냈다. — 서유럽연합(WEU: Western European Union). 1948년 브뤼셀조약(Brussels Treaty)에 의해 탄생한 WEU는 NATO의 전신이었다. 프랑스, 영국 그리고 베네룩스 국가들이 가입한 WEU는 향후 독일의 군사적 부활을 억제하는 데 주안점을 두었다. 그러나 소련이 독일보다 서유럽에 대한 훨씬 큰 위협임이 명백해지자 미국이 관여하여 WEU는 NATO에 흡수되고 말았고 결국 WEU 소생 계획은 탈냉전에 와서도 실현되지 못했다. 왜냐하면 1950년대 후반에 모든 EC 가입국들은 NATO에도 가입했었으나 1990년대에는 그렇지 못했기 때문이다 (도표 22.1 참조).

따라서 WEU는 2011년에 해체되었고 NATO와의 중복된 기능을 어떻게 해결할지에 대한 숙제는 미완으로 남게 되었다. 그러나 안보문제에 있어서만큼은 EU는 협력을 거듭해 나갔다. 1998년의 생말로선언(St Malo Declaration)은 프랑스와 영국 간 방위협력의 증진을 예고했고, 유럽안보방위정책(ESDP: European Security and Defence Policy)의 산파역할을 했다. 그리고 이듬해 1950년대 초에 구상된 것보다는 훨씬 작은 규모이긴 하지만 유럽 초국경여단(European cross-border military brigades)이 창설되었다. 그리고 NATO의 세르비아 공격작전이 종료된 2005년에는 영국 주도로 창설된 EU 평화유지군(EU-FOR peacekeeping force)이 보스니아-헤르체고비나에 배치되었다. 2년 후에는 전직 NATO 사무총장인 솔라나(Javier Solana)가 신설된 EU 외교장관직을 수행했다. 그러나 일반적으로 EU 안보협력은 가입국들 간 정책 지향의 차이로 인해 군사적 차원이라기보다는 외교적 차원에 머물고 있다. 아일랜드, 스웨덴, 핀란드 및 오스트리아가 중립적 입장을 취하고 있고 덴마크가 미국과의 협력을 중시하는 범대서양주의를 고집하고 있기 때문에 EU의 군사적 역할이 심화되고 있지 않다. 이전 장에서 논의했듯이 아프가니스탄 작전 수행과 관련해 가입국 간 이견이 불거짐으로 인해 NATO의 미래 역시 여전히 불투명한 상태다. 동시에 유럽 스스로를 방위할 수 있는 유럽의 능력에 대한 회의적 시각도 거둬지지 않고 있다. 그나마 다행인 것은 영국과 프랑스가 — 2003년의 이라크전쟁에 대한 시각 차이를 제외하면 — 1940년대 이후 그 어느 때보다 긴밀하게 협력하고 있고 NATO(2009년 프랑스는 NATO에 완전히 복귀했다)와 ESDP 모두를 활용하는 이중트랙에 합의했다는 점이다.

범죄 분야에서도 EU 협력은 최근 상당한 발전을 성취했다. 이러한 성공은 파급효과를 통해 확산되고 있다. 1990년대 초의 단일시장프로그램(Single Market programme) 때문에 가입국 간의 국경통제가 완화되었고 부득이하게 EU 내 초국경 범죄가 증가했다. 이러한 상황은 가입국들의 경찰력 공조를 위한 위임기구를 탄생시켰는데 그것은 인터폴과 유사하지만 그보다 훨씬 개선된 유로폴(Europol)이라는 기구다. 1992년 마스트리히트조약에서 합의되어 1994년 1월부터 활동을 시작한 유로폴의 창설은 EU의 정치통합 과정에서 '사법 및 내무(Justice and Home Affairs)' 분야가 만들어진 것과 맥을 같이 한다. 2000년대에 유로폴의 예산은 2배로 증가했고 2008년 리스본조약(Lisbon Treaty)에 따라 유로폴은 EU의 정치체제에 편입되었다 — 이점에서 CFSP와는 다르다. 특히 특정 국가의 거부권 행사로 수사가 방해받지 않도록 유로폴의 의사결정은 만장일치제가 아닌 가중다수결제(qualified majority voting)로 제도화되었다. 이로써 EU 차원에서 진행되는 범죄와의 전쟁은 보다 심화될 수 있게 되었다.

스트라스부르그에 본부를 두고 있는 유럽평의회(CoE: Council of Europe)는 EC, EU보다 먼저 생겼고 49개국이 참여하고 있는(벨라루스 독재정권을 제외한 유럽 동서 전역을 포괄) 기구이다. 유럽평의회는 브뤼셀 중심의 통합과정에 가려 평가절하되어 있지만 유럽인권조약(ECHR: European Convention on Human Rights)과 유럽인권재판소(ECtHR: European Court of Human Rights)를 통해 유럽대륙 전반에 걸쳐 인간안보의 증진에 큰 공헌을 하고 있다. 세계에서 가장 지대한 영향력을 갖고 있는 인권레짐인 ECHR과 ECtHR은 인권규범을 위반한 국가들을 정기적으로 기소하고 성적 소수자와 같은 개인들을 보호하는 데 있어 유엔 인권기구들보다 훨씬 큰 역할을 맡고 있다.

구(舊)소련 공간의 정부간국제기구

NATO와 달리 바르샤바조약기구는 냉전의 종식과 함께 해체되었다. 그 결과 구소련 국가들과 동맹들은 적대관계였던 서유럽의 그늘 속에 남게 되었다. 구소련 국가들인 발트(Baltic) 3국(라트비아, 리투아니아 그리고 에스토니아)에 이어 구소련의 동맹 6개국(체코, 폴란드, 동독, 루마니아, 불가리아, 유고슬라비아-유고슬라비아 해체 이후 탄생한 슬로바키아, 슬로베니아, 크로아티아는 NATO에 가입한 반면 보스니아-헤르체코비나, 몬테네그로는 가입하지 않았다. 코소보는 아직 정식 국가로 인정받지 못한 상태다 – 역자 주)도 NATO에 가입했다. 이에 반해 나머지 12개 소비에트 사회주의 공화국들(SSRs: Soviet Socialist Republics, 러시아, 벨라루스, 아르메니아, 카자흐스탄, 타지키스탄, 키르기스스탄, 투르크메니스탄, 우즈베키스탄, 우크라이나, 몰도바, 아제르바이잔, 조지아 – 역자 주)은 독립국가연합(CIS: Commonwealth of Independent States)으로 묶여 과거의 유대관계를 지속했다. 소련 해체라는 급박하고 예견되지 못한 상황 속에서 15개국(위의 12개 SSRs와 발트 3국 – 역자 주)이 독립을 선언했으나 여러 난제들이 남아있었다. 대부분의 신생독립국가들에는 (이전의 러시아화 정책으로 인해) 다수의 러시아인들이 분포되어 있었고 새로운 옐친(Boris Yeltsin) 정부에 의해 빠르게 도입된 탈집중화와 시장화에도 불구하고 해당 국가들의 러시아에 대한 경제적 의존도는 여전히 높았다. 안보 역시 문제였다. 신생독립국가들에 주둔해 있던 러시아 군대는 러시아로 돌아가야 했지만 불안정한 질서유지와 치안 문제로 인해 주둔을 계속했다.

1994년 CIS는 자유무역지대를 출범시키는 동시에 집단안보조약(CST: Collective Security Treaty) 체결을 성사시켰다. 이후 5년 뒤인 1999년 CST는 갱신되었지만 다수의 CIS 가입국들은 시야를 서유럽으로 넓혔다. 그 국가들은 모스크바와의 연결고리를 유지하기보다 워싱턴 및 브뤼셀과 연결되기를 갈망했다. 그리고 발트 3국 및 구소련의 동맹 6개국이 했던 전철을 밟는 대담성을 보였다. 조지아, 우크라이나, 우즈베키스탄, 아제르바이잔 그리고 몰도바는 아예 CST 갱신에 참여하는 것을 거부하고 대신 1996년에 창설한 그들만의 느슨한 동맹인 구암(GUUAM: 가입국 국가명의 첫 글자를 모아 만든 기구 이름)을 더욱 발전시키는 데 주력했다. 이 구SSRs 5개국은 러시아의 과도한 군사적 개입을 우려했다. 특히 조지아의 수도 트빌리시(Tblisi)와 몰도바의 수도 키시너우(Chisnau)에 있는 대규모 러시아인 거주지를 보호한다는 명분으로 러시아가 개입할 여지가 높았다. 또한 1996년 탈레반(Taliban)이 아프가니스탄에서 권력자로 부상하자 이슬람공포증(Islamophobia)을 동반한 중앙아시아에 대한 러시아의 관심도 급증했다. 이에 중앙아시아에 위치한 GUUAM 5개국은 부담을 느낄 수밖에 없었다. 여기에 추가하여 기독교 국가 아르메니아에 대한 러시아의 지원도 GUUAM 5개국의 우려를 증폭시키는 데 한몫 했다. 왜냐하면 당시 러시아 영향을 차단하려는 아제르바이잔이 아르메니아와 영토분쟁 중이었기 때문이다. GUUAM 창설이 워싱턴에서 체결된 사실은 그 5개국의 지정학적 지향점에 대한 실마리를 제공한다. 심지어 이 5개국 가운데 몇몇은 NATO 가입을 원했다. 그러나 2006년 우즈베키스탄이 탈퇴하자 가입국 국가명의 첫 글자로 만든 GUUAM은 명칭을 GUAM으로 변경해야 했다. 우즈베키스탄은 CIS/CST와 우호적인 관계를 갖는 방향으로 급선회했다. 그 이유는 2005년 우즈베키스탄 안디잔(Andijan)에서 발생한 정부군의 민간시위대 대학살 때문이었다. 냉전 시기 미국과 다른 서방국가들은 이슬람 근본주의를 탄압한 우즈베키스탄의 권위주의적 세속 정권을 현실주의 관점(*realpolitik*)에서 지원했다. 그러나 냉전이 종식되자 미국과 서방국가들은 안디잔 대학살에 대해 거세게 비판했고 이것이 우즈베키스탄의 GUUAM 탈퇴를 야기했다. 여전히 모스크바에 우호적인 구소련 6개국(벨라루스, 아르메니아, 카자흐스탄, 타지키스탄, 키르기스스탄, 우즈베키스탄을 말하는데 도표 22.1에서는 우즈베키스탄이 CSTO에 가입해 있지 않은 것으로 나와 있다. 그 이유는 우즈베키스탄이 미국과 러시아 사이에서 헤징을 하며 CSTO 가입과 탈퇴를 반복하고 있기 때문인 것으로 보인다 – 역자 주)은 집단안보조약기구(CSTO: Collective Security Treaty Organization)로 개명한 이전의 CST에 가입해 있다. 가입국의 수적 감소에도 불구하고 러시아군이 주도하여 창설한 CSTO 신속대응군(rapid reaction forces)은 아르메니아와 벨로루스에서 공동 여단으로서 활동하고 있으며 타지키스탄 내전 당시 평화유지군으로서의 임무도 수행하는 등 지역안보의 수호자 역할을 맡고 있다. 이러한 러시아의 적극적인 활동과 2008년 러시아-조지아전쟁은 모스크바가 중앙아시아 사막에 새로운 경계선을 그리고 있음을 전 세계에 드러낸 것이다.

아프리카 지역 정부간국제기구로부터의 안보 파급효과

아프리카연합(AU)

AU헌장에 따라 그 가입국들은 아프리카연합(AU)의 개입을 요청할 수 있다. AU는 인종청소나 전쟁범죄가 발생했을 시 가입국들의 즉각적인 대응을 의무화하고 있다. 그러나 평화유지와 분쟁중재의 역할과 관련된 AU(또는 전신인 아프리카통일기구[OAU: Organization of African Unity])의 과거 실적은 그다지 좋지 않다. 1990년대와 2000년대, AU와 OAU는 앙골라, 아이보리코스트(또는 코트디부아르), 마다가스카르, 소말리아, 수단, 코모로스에서 내전 해결을 위한 외교적 역할을 담당했다. 그러나 인명피해가 가장 많았던 1994년의 르완다 인종청소를 예방하는 데에는 (유엔과 마찬가지로) 실패하고 말았다. OAU는 1992년 아루샤 평화프로세스(Arusha Peace Process)를 중재했지만 르완다 대참사로 인해 1993년 분쟁예방관리 및 분쟁해결기구를 부속기관으로 창설했다. 2000년대 들어 출범한 아프리카 공동방위안보정책(CADSP:

Common African Defence and Security Policy)은 평화유지 및 분쟁해결에서 보다 의미 있는 역할을 하겠다는 OAU의 의지가 투영된 결과였다. CADSP는 평화안보의회(Peace and Security Council), 평화안보집행위원회(Commissioner for Peace and Security) 그리고 5개 여단으로 편성되어 아프리카 전 지역에 파견되는 아프리카연합군(African Standby Forces)으로 구성되어 있다.[1] 이후 AU는 부룬디(2003/4), 다르푸르(Darfur, 2004) 그리고 소말리아(2007)에서 평화유지작전을 수행했다. AU는 부룬디에 3,000명의 군대를 파견하여 민병대 세력들을 무장해제 시켰고 인도적 지원물품을 안전하게 수송했다. 이것은 이듬해에 시작된 유엔군의 개입을 수월하게 만들었다 (이전에는 인종간 내전의 무정부적 성향 때문에 유엔군조차 개입을 주저했다). 소말리아에서 수행한 AU의 평화유지작전은 유엔군의 본격적인 개입을 위한 정지(整地) 작업이 되었다. 이에 반해 다르푸르에서 AU는 자신의 한계를 절감하고 외부 세력이나 비(非)아프리카 강대국의 지원에 상당부분 의존해야 했다. 7년 후인 리비아 사태에서도 AU는 무기력했다. 이러한 단독 작전수행의 어려움은 2013년과 2014년 말리와 중앙아프리카공화국 사태에서도 반복되었고 결국 사태 해결을 위한 평화유지작전은 두 국가를 식민통치했던 프랑스에 의해 수행되었다.

이외에도 AU는 아프리카 대륙을 평화롭게 만들기 위해 노력했는데 가장 대표적인 것이 바로 펠린다바조약(Treaty of Pelindaba)에 근거하여 탄생한 아프리카비핵지대(African Nuclear Free Zone)이다. 이것은 2009년에 발효되었다. 정리하면, AU의 평화유지 작전은 진화하고 있지만 외부의 지원에 크게 의존하고 있는 실정이다.

서아프리카경제공동체(ECOWAS)

AU와 비슷한 역할을 하는 서아프리카경제공동체(ECOWAS: Economic Organisation of West African States)도 평화유지작전을 수행하면서 서아프리카 지역을 보호하는 데 주력하고 있다. 1978년 16개국 간의 무역지대로 출범한 ECOWAS는 아부자에 본부를 두고 있다. 3년 후 ECOWAS 가입국들은 상호 불가침에 관한 의정서에 합의하고 1981년에는 상호방위조약을 체결했다. ECOWAS가 최초로 평화유지군을 배치하고 중재역할을 한 것은 1990년 라이베리아 내전에서였다. 그러나 ECOWAS 감시단(ECOMOG: ECOWAS Monitoring Group)의 중재역할은 성공하지 못했다. ECOMOG가 제시한 휴전협정은 오래가지 못했고 결국 1993년 유엔 평화유지군이 파견되어 ECOMOG는 보조적인 역할만을 맡게 되었다. 한동안 ECOWAS는 유엔의 허가를 받지 않고 활동했고 그러한 활동은 나이지리아에 의해 주도되었다. 이에 대해 가입국들은 우려했고 결국 1997년에 우려하던 일이 발생했다. 내전이 발발하자 시에라리온정부는 AU나 ECOWAS가 아닌 식민지 모국이었던 영국에게 군대파견을 요청하여 사태를 수습했다. 1999년 ECOWAS는 보다 효과적인 평화유지임무를 수행하고자 분쟁해결기구(Mechanism for Conflict Resolution)를 부속기관으로 창설했다. 그러나 위기가 발생할 때마다 각국 정부는 유럽의 평화유지군을 더욱 선호했다. 2011년 코트디부아르 내전 당시에도 반(反)인도 범죄를 자행한 그바그보

(Laurent Gbagbo) 대통령 축출과 사태 해결은 프랑스가 주도했고 ECOWAS의 역할은 보조적인 것에 국한되었다.

그러나 다행스러운 것은 ECOWAS가 인간안보를 증진시키는 역할을 하고 있다는 점이다. ECOWAS는 재판 — 표면상 인권 전담 법관들은 아니었지만 — 을 통해 2008년 한 소녀가 노예로 매매되는 것을 예방하지 못한 니제르정부에 대해 역사적인 평결을 내린 바 있다.[2)]

남아프리카개발공동체(SADC)

1992년 무역지대로 출범한 남아프리카개발공동체(SADC: Southern African Development Community) 역시 빠르게 안보 역할을 맡게 되었다. SADC는 단독 작전이 가능한 성공적인 예이다. 1994년 레소토에서 내전이 발발하자 정부는 개입을 요청했고 이에 대해 남아프리카공화국, 보츠와나, 짐바브웨가 즉각적으로 행동을 개시하여 내전을 종식시켰다. 이러한 성공에 고무되어 SADC는 1996년 정치, 방위 및 안보기관을 신설했다. 이 때문에 남아프리카 지역은 상대적으로 안정적인 상태 — 정부 간 차원에서는 — 에 있다. 이렇게 누적된 협력의 성공경험은 파급효과를 통해 정보공유 및 범죄소탕 분야로까지 파급되었다.

중동 지역 정부간국제기구로부터의 안보 파급효과

아랍연맹(AL)과 이슬람회의기구(OIC)

1945년에 출범한 아랍연맹(AL)은 중동과 북아프리카를 포괄하고 있으며 22개국이 가입해 있다. 이보다 더 규모가 큰 이슬람회의기구(OIC)는 1969년 라바트 정상회담을 계기로 출범했으며 4개 대륙에 분포되어 있는 57개국이 가입국으로 참여하고 있다. AL과 OIC는 팔레스타인 문제에 대해서는 한목소리를 내왔지만 시아파와 수니파 간의 종파분쟁이 격화된 1979년의 이란혁명 이후부터는 분열 양상을 보이고 있다. 이후 발생한 이란-이라크전쟁 및 이라크-쿠웨이트전쟁은 그러한 분열 양상을 더욱 부채질했다. 1990년대 초까지만 해도 두 기구는 보스니아와 소말리아 내전에서 외교적 역할을 수행했으나 종파분쟁이 격화되자 더 이상의 주요한 역할을 하지 못하고 있다.

걸프협력회의(GCC)

결속력이 매우 강한 걸프협력회의(GCC: Gulf Cooperation Council)는 아랍세력의 성공적인 단합을 대표한다. 리야드에 본부를 둔 GCC는 사우디아라비아, 쿠웨이트, 바레인, 카타르, 오만 그리고 아랍에미리트 간의 무역지대 및 외교클럽으로 1981년에 창설되었다. GCC의 창설문에는 군사협력에 대한 어떠한 언급도 없었지만 창설된 그 해 GCC 최고회의에서 방위조약이 체결되었다. 피비린내 나는 이란-이라크전쟁이 한창이던 1983년 GCC는 양국에 평화안을 제안하는 등 지역의 안보문제 해결에 적극적이었다. 1990년 이라크가 GCC 가입국 쿠웨이트를 침공하자 GCC의 결속력은 시험대에 올랐다. 다행히도 GCC는 즉각적인 이라크의 철군을 요구했고 '반도방패(Peninsular Shield)'라는 연합군을 결성하여 후세인(Saddam Hussein)의 군사적 팽창정책으로부터 사우디아라비아의 북동쪽을 방어했다. 그리고 곧이어 유엔군에 가담하여 후세인을 격퇴했다. 종전 이후에도 존속한 반도방패는 규모를 2배 이상 늘려 10만 명이 넘는 군대로 재편성되었다. 이것은 GCC 가입국들이 직면해 있는 내적·외적 안보위협 때문이다. 내적인 안보위협과 관련하여, 군주제(monarchical regimes)인 가입국들 모두 반란에 대한 두려움을 갖고 있는데 이것이 그들을 결속시키는 한 가지 이유가 된다. 특히 아랍세계를 휩쓸었던 최근 몇 년간의 혁명적 물결(아랍의 봄 – 역자 주)때문에 그러한 두려움은 극대화되었다. 2011년 바레인에서 군주제에 대항하는 대중봉기가 있었을 때 GCC 최강국 사우디아라비아는 즉각 군대를 파견하여 소요를 진압했다. 외적인 안보위협은 수니파 GCC를 위협하는 시아파 종주국 이란의 존재다. 많은 이들은 이란이 GCC 가입국 내의 시아파 세력을 배후조종하고 있다고 본다. 심지어 이란은 역사적인 근거를 바탕으로 바레인을 병합해야 할 대상으로 보고 있다. 2008년의 위키리크스(Wikileaks) 폭로는 이러한 GCC 가입국들의 두려움뿐만 아니라 '뱀의 머리를 잘라버리기 위해' 미국을 활용하려는 사우디아라비아의 노력을 잘 보여주고 있다 (Guardian, 2010).

아시아 및 태평양 지역 정부간국제기구로부터의 안보 파급효과

아세안(ASEAN)

1967년 창설 직후부터 현재까지 동남아시아국가연합(ASEAN: Association of South East Asian Nations)은 줄곧 안보공동체로 변모하고자 노력해왔고 소기의 목적을 달성했다. 부유한 민주국가 싱가포르부터 개발독재국가 미얀마에 이르기까지 매우 다양한 국가들로 구성되어 있어 경제공동체라는 종래의 목적이 지체되어 왔던 것과 비교할 때 이것은 놀라운 성과다. 1976년의 동남아우호협력조약(TAC: Treaty of Amity and Cooperation in South East Asia)과 1994년의 ASEAN지역안보포럼(ARF: ASEAN Regional Forum)은 몇몇 군사훈련이 공동으로 수행될 수 있는 기초를 마련했다. 이후 미국이 해당 조약과 포럼에 참가하게 되었고 옵서버 자격을 부여받은 중국도 참여하게 되었다. ASEAN은 1990년대 후반 시민봉기로 혼란해진 캄보디아에 관여하여 외교적 영향력을 행사했다. 당시 캄보디아는 ASEAN 가입신청을 한 상태였다. ASEAN은 시민봉기를 안정시키기 위한 정치개혁을 가입조건으로 제시했다. 일본이나 중국의 영향력 확대에 대한 두려움은 동남아시아 지역협력의 주요 원동력이었다. ASEAN은 그 두 강대국과 적대적 관계가 되기보다 우호적 관계가 됨으로써 그러한 두려움을 상쇄시켰다. 2003년 중국은 남중국해 영유권 분쟁에도 불구하고 TAC에

서명했다. 그것이 중국의 경제이익에 부합되기 때문이다.

이외에도 ASEAN이 성취한 안보협력 분야는 다양하다. 방콕조약(Treaty of Bangkok)에 따른 비핵지대 합의와 NATO를 모방하여 만든 ASEAN 재난관리 및 비상대응합의(AADMER: ASEAN Agreement on Disaster Management and Emergency Response)가 대표적이다. 특히 2009년부터 발효 중인 AADMER을 통해 자연재해 구호에서 협조할 수 있는 능력이 대폭 개선되었다. 정치협력도 폭넓게 진행되고 있다. 덜 제도화된 통합이라는 약점이 오히려 가입국의 다양성 수용이라는 장점이 되고 있다. 때문에 정치협력은 비공식적이고 합의를 바탕으로 한 상호존중, 주권 존중 및 내정 불간섭이라는 특징의 '아세안방식(ASEAN way)'을 통해 이루어지고 있다.

태평양제도포럼(PIF)

호주, 뉴질랜드, 서남태평양 제도 간의 외교포럼으로 1971년에 창설된 태평양제도포럼(PIF: Pacific Islands Forum)은 안보레짐임을 명시화하고 있다. 특히 2000년의 비케타와선언(Biketawa Declaration)에 따라 PIF 가입국들은 위기 시 상호 간 군사지원 또는 경찰지원을 하는 데 합의했다 — 물론 호주나 뉴질랜드로부터의 일방적인 지원이기는 하다. 1990년대에 남태평양제도의 작지만 몇몇 독립국가들에서 주민폭동과 치안마비가 급증했고 이로 인해 실패국가들이 양산될 것이라는 우려가 있었다. 이러한 우려가 호주 및 뉴질랜드와 나머지 도서국가들 간의 협력을 촉진했고 2003년 솔로몬제도에서, 2004년 나우루에서 그리고 2006년 통가에서 호주가 주도한 '지역원조계획(Regional Assistance Missions)'의 토대가 되었다. PIF는 인간안보 측면에서도 기여한 바가 컸다. 2009년 피지정부에 의한 인권남용과 반민주적 행태에 대해 PIF는 피지의 가입국 자격을 보류했다. 솔로몬제도를 대상으로 한 지역원조계획이 시행된 지 10년이 지나자 그것은 성공적인 것으로 판명되었다. 폭도들이 무장해제 되었고 질서가 회복되었다. 이에 지역원조계획은 지역 경찰을 재교육하고 경제발전계획을 실행하는데 주안점을 두는 '국가건설(national building)' 접근법으로 전환되었다.

미주 지역 정부간국제기구로부터의 안보 파급효과

범미주의에 입각해서 창설된 미주기구(OAS)는 분쟁 예방 및 해결 사무소(Office for the Prevention and Resolution of Conflict)를 통해 역내 평화를 유지할 수 있는 잠재력을 갖고 있다. 그러나 니카라과 내전이 발발한 2005년 중재에 나섰던 OAS의 위상과 역할은 냉전 시기에 비해 많이 축소되었다. 미국의 패권을 인정하고 미국의 영향력을 묵인해왔던 남미가 탈냉전 시기에 와서는 스스로의 목소리를 내기 시작했기 때문이다.

브라질, 아르헨티나, 우루과이, 파라과이 그리고 베네수엘라를 회원국으로 둔 남미공동시장(Mercosur: Common Market of the South)에는 항상 경제적으로나 정치적으로나 협력해야 할 유인이 많았다. 이에 반해 안보협력은 오늘날까지도 제한되어있다. 2013년 우루과이 강에서 수행된 Mercosur 공동 해군훈련과 같이 몇몇 조율된 군사훈련들은 존재하나 평화유지를 위한 장치들은 없다. 아마 최근 수십 년간 국가 간 분쟁이 부재했기 때문인 것으로 보인다. Mercosur는 안보공동체를 연구하기에 좋은 사례다. 물론 지역강대국인 브라질과 아르헨티나의 우호적인 관계가 지속되는 것은 유럽통합의 근간이 된 프랑스와 독일의 우호적인 관계보다는 덜 극적이다.

대부분의 남미국가들에게 위협적인 것은 전쟁이나 폭동이 아닌 조직범죄다. 이에 Mercosur는 인터폴 지역국의 도움을 받아 특수경찰 협력을 심화시켰다. 또한 가입국 내무장관 회의(Conference of the Home Secretaries)가 1996년 이후 범죄소탕 협력을 위한 대화의 장이 되어왔다. 마찬가지로 1993년 무역지대로 창설된 중미통합체제(SICA: Central American Integration System)도 2007년부터 안보구상 마련에 역점을 두기 시작했다. 그 구상은 지속적인 마약범죄를 해결하기 위한 것으로 가입국 간 정보공유 확대에 초점을 두고 있다.

이웃해있는 Mercosur와 안데스공동체(ACN: Andean Community of Nations)는 2008년 서명식을 갖고 남미국가연합(UNASUR: Union of South American States)을 발족시켰다. UNASUR에는 남미방위의회(South American Defence Council)가 있다. 남미안보협력의 새 지평을 주도하고 있는 UNASUR는 창설된 해에 폭동이 발생한 볼리비아에 개입하여 모랄레스(Evo Morales) 대통령에 대한 지지입장을 표명했다. 동시에 폭도들의 민간인 학살 조사에도 착수했다.

지역주의가 글로벌 안보에 이르는 길인가?

안보 현안들과 씨름하는 정부간국제기구의 확산은 '신지역주의(new regionalism)'가 초래한 현상 가운데 하나다. 국제정치경제(IPE: International Political Economy) 분야에서 논쟁을 불러일으킨 신지역주의는 1990년대 이후 다양한 형태의 무역지대들이 수적으로 크게 증가한 추세를 일컫는 용어다(신지역주의 이전의 지역주의는 1950년대 서유럽으로만 한정된 현상이었다). 안보 관련 정부간국제기구의 확산이 어떠한 결과를 가져오게 될지에 대한 논쟁은 IPE 분야의 논쟁과 마찬가지로 광범위한 주제들을 다루고 있다. 지역안보기구들은 글로벌 평화의 초석이 될 것인가 아니면 안보현안을 더욱 복잡하게 만드는 장애요인이 될 것인가? 지역무역지대 옹호자들은 그 지대들이 작지만 실제적인 문제들을 단계별로 해결해나가면서 종국적으로는 글로벌 자유무역으로 귀결될 것이라고 주장한다. 이러한 논리의 연장선에서 보면 지역안보협력의 경우도 그리 될 것으로 추론할 수 있다. 1990년대 초 부트로스 갈리(Boutros Boutros-Ghali, 1992) 유엔 사무총장은 그러한 추론을 바탕으로 평화를 위한 의제(Agenda For Peace)를 발표하면서 지역기구를 "강대국들이 자신들의 영향력을 투사하기 위해 과거에 만들었던 세력권의 부활과 유사하긴 하지만 건강한 제도주의를 정착시킬 수 있는 기구"라고 언급했다. 전례를 보면 글로벌 규모의 국제기구들은 집단안보를 작동시키는 데 효과적이지 못했다. 이것은 그 기구들이 맡아왔던 가장 중대한 국제적 책무가 다른 대상에게 양도되어야 함을 의미한다. 이러한 일은 1990년대 중반 유고슬라비아에서 실제로 일어났다. 유고슬라비아가 분리 해체되면서 발발한 보스니아전쟁에서 무기력했던 유엔 대신 NATO가 개입하여 사태를 수습한 것이었다. 유럽 이외의 지역에서도 해당 지역기구는 유엔 안전보장이사회 5개 상임이사국의 선의를 기다릴 필요 없이 현지에 맞는 안보 해결책을 제공하고 있다.

그러나 많은 이들이 지역무역지대를 글로벌 무역을 보다 자유롭게 만드는 초석이 아닌 장애물로 보는 것과 같이, 비판자들은 국제안보 정치에 등장한 기구들과 정부 간 구상들을 글로벌 평화와 질서를 유지하는 장치라기보다 오히려 혼란을 가중시킬 수 있는 '모호하고 난해한 약어들의 집합(alphabet soup)'으로 본다. 위의 예에서 언급된 '실제적인 양도' 역시 지역기구들이 유엔과 공조할 때만 가능하다. 물론 지역기구들이 완전히 독립적으로 활동할 수 있는 것은 아니지만 많은 국가들은 지역기구와 정부 간 구상이 글로벌 집단안보라는 유토피아에 대한 대안이 될 수 있다고 본다. 1999년 코소보전쟁에서 유엔을 대신하여 NATO가 작전을 수행한 사례나 2003년 이라크전쟁에서 유엔과 NATO를 대신하여 미국, 영국, 호주가 작전을 수행한 사례는 1990년대 초까지만 하더라도 역대 최고로 인정받던 글로벌 권위체의 실행능력에 대한 회의감을 증폭시켰다.

코소보전쟁에서 NATO의 개입이 유엔의 개입을 유도한 것이 아니라 후자가 못한 것을 전자가 해결했다는 사실도 그러한 회의감을 증폭시키는 데 한몫을 했다. 그러나 주의해야 할 점이 있다. NATO는 군사적인 '초강대국'을 포함하여 유엔 안전보장이사회 상임이사국의 3/5을 가입국으로 보유하고 있는 매우 이례적인 지역기구다. 이것이 여타의 다른 지역기구들과의 큰 차이점이다. NATO 이외의 대다수 지역기구들은 지역경찰이라는 임무를 독자적으로 수행할 수 있는 능력이 있음을 아직 입증하지 못했다. 러시아의 군사력이 인접 가입국들로 손쉽게 투사될 수 있는 CSTO의 경우 능력보다는 그 기구의 성격상 지역경찰로서는 부적합하다. GCC는 상당히 선진적인 지역안보 장치들을 보유하고 있고 가입국들 간 이해관계의 충돌도 적다. 때문에 그 지역의 내적 질서를 유지할 수 있는 능력을 갖추고 있다. 그러나 지역의 내적 질서를 넘어서는 안보문제에 관여할 정도는 아니다. GCC 회원국들에게 있어 궁극적인 안보 수호자는 여전히 미국이다. GUAM은 미국이 없다면 유명무실해질 지역기구에 불과하다. ECOWAS는 서아프리카 평화를 위해 고군분투하고 있지만 GCC와 마찬가지로 능력의 한계를 인정하고 과거 식민지 모국인 프랑스 및 영국에 의존하는 경향을 보이고 있다. SADC가 그나마 ECOWAS, GUAM, GCC보다 더 뛰어난 실적을 보여주고는 있다. 그러나 SADC의 5개 가입국 가운데 2개국은 군주에 의존하는 정체(政體)이고(스와질란드와 레소토) 짐바브웨에서는 인도적 재앙이 발생했었다는 점을 고려하면 SADC에 대한 향후 전망은 불투명하다. PIF도 기능상 그 존재 이유를 입증했지만 호주가 제공하는 보호 장치가 없다면 있으나 마나 한 지역기구에 불과하다. 2011년 리비아 사태 당시 NATO가 보호책임 작전을 주관했다는 것은 사실상 AU, OIC, AL 모두 지역경찰 임무를 수행할 수 없었다는 것을 의미한다. ASEAN, Mercosur 그리고 EU가 한때 숙적이었던 인접국들이 안보공동체를 구축하는 데 도움을 준 것은 사실이다. 그러나 동남아, 남미, 유럽에서 아직 심각한 안보위기가 발발하지 않았기 때문에 그 지역기구들 모두 지역경찰로서의 능력을 검증받은 상태는 아니다.

지역안보기구는 현실주의나 자유주의 관점에서도 문제의 소지가 있다. 자유주의 관점에서 보자면 지역안보기구는 국제법, 유엔 그리고 집단안보의 적절한 기능을 침식하거나 왜곡할 수 있다. "평화와 안보를 구현하려는 지역기구들은 보다 계몽된 세계질서의 멋진 경계가 아닌 지역지배를 위한 철의 세력권이 될 수 있다" (Henrikson, 1996: 70). 마찬가지로 2011년 NATO의 리비아 작전에 대해 쾰러(Hans Köchler)는 국제변호사들의 다수 견해를 다음과 같이 요약하고 있다.

> 사실상 무제한적인 권위를 이해 당사국들과 지역기구에게 위임 — 1990~1991년의 걸프전쟁 결의안 이후 관례가 되어버린 — 한 것은 유엔헌장은 물론 법의 국제적 통치원리와도 명백히 양립 불가능하다.
>
> 지역기구의 가입국들이 원하는 대로 행동하게끔 방조할 경우 그들이 유엔과 안전보장이사회를 대신하게 될 것이다. 그리고 허가받은 강제력 행사를 빙자하여 그들의 이익을 도모할 것이다. 이것이야말로 국제평화와 안보를 위협하는 것이다.
>
> (Köchler, 2011)

현실주의 관점에서 보자면 글로벌 차원이든 지역적 차원이든 국제기구는 '거짓된 약속(false promise)'만을 제시하고 (Mearsheimer, 1995) 유연한 동맹을 통한 세력균형 질서를 흐트러트리는 왜곡된 행위자에 불과하다. 동맹은 주권적 질서를 침해하기보다 강화하기 때문에 1970년대 불(Hedley Bull, 1977: 254)이 예언한 바 있고 1990년대 반세계화론자들에 의해 다시 부각된 '신중세주의(New Medievalism)'를 극복할 수 있는 수단이다. 신중세주의는 글로벌 거버넌스가 국가들을 소멸시킴으로써 부지불식간에 탈주권 혼란이 초래될 위험성을 일컫는다. 이런 의미에서 신중세주의는 1648년 베스트팔렌체제 질서가 구축되기 이전인 유럽 주권부재 시대의 혼란에 비견될 수 있다. 중복된 역할을 하는 기구들이 혼재하는 세계에서 정치적 반응성과 책임성은 모호해질 것이고 안보의 영역에서는 책임전가의 위험성이 만연해져서 어떤 강대국도 위기 시에 본래의 역할을 맡으려 하지 않을 것이다.

그러나 자유주의적 혹은 현실주의적 캔버스에 지역안보기구에 대한 긍정적인 그림을 그리는 것 또한 가능하다. 서유럽, 북아메리카, 라틴아메리카, 동남아시아 그리고 걸프 지역의 국가들은 정부간 협력이 평화 지향적 힘이라는 것을 방증하고 있다. 이것은 자유주의적 통합주의자나 영국 현실주의학파의 '국가들의 사회(society of states)'라는 용어의 측면에서 보더라도 그러하다. 예를 들어, 영국학파에 고무된 코펜하겐(Copenhagen)학파의 지역안보복합체(Regional Security Complex)라는 개념은 질서의 근원이 '개별 국가의 안보문제조차 서로 떨어져서 생각할 수 없을 만큼 아주 밀접하게 연결된 안보문제를 공유한 국가집단'에 있다고 본다 (Buzan, 1991: 190). 신중세주의를 배격하는 구조적 현실주의자에게도 지역안보기구는 유용한 수단이 될 수 있다. 사실 지역안보기구는 강대국 또는 패권국이 국력을 투사할 수 있는 무대로서 기능한다. 미어샤이머가 정부간국제기구의 자율성에 대해 부정적인 입장을 피력하는 이유는 "강대국들이 국제제도를 만들고 그 기능을 설정하기 때문에 국제제도는 강대국들의 지위를 공고히 하거나 그들의 국력을 증진시키는 하수인에 불과하다"는 인식 때문이다 (Mearsheimer, 1995: 13). 미국의 국력은 의심할 여지없이 NATO 성공의 근간이고 동시에 간접적으로 GCC와 다른 덜 공식적인 지역적 레짐들의 기능을 지원한다. 러시아도 CSTO를 통해 자국의 영향력을 투사한다. 규모가 작은 지역안보기구들 역시 브라질, 남아프리카공화국, 사우디아라비아, 호주 그리고 나이지리아 같은 지역강대국들에게는 하나의 무대가 된다. 그들은 그 무대를 자국의 국력을 투사하고 이해관계가 반영될 수 있는 '뒷마당(backyards)'으로 활용한다.

또한 지역기구와 관련된 이러한 논쟁은 사회구성주의자들과 비판이론가들이 정부간주의(intergovernmentalism)와 초국가주의(supranationality)라는 두 가지 대척점 간의 고전적인 변증법을 초월하여 그들의 이론을 설파할 수 기회를 제공한다. 즉 그러한 논쟁 속에서 사회구성주의자들과 비판이론가들은 주권이 객관적이고 외생적으로 주어진 불변의 개념이 아닌 진화하는 내생적인 개념이자 상호주관적인 개념이라는 인식을 제고시킬 수 있다. 신지역주의는 지리적으로 고정된 지역 그 이상의 것을 의미한다. 안보에 대한 위협이 글로벌화되고 있는 것을 감안한다면 지역이라고 하는 것은 "내향성(introverted)을 띠기보다 외향성(extroverted)을 띤다" (Soderbaum, 2003: 5). 이러한 지역기구들은 긴급한 위협을 억지하기 위해 급조된 동맹과 차원이 다르다. 그것들은 우리가 현재 직면해 있는 장기적인 위협과 변화무쌍한 세계에 대처하기 위한 수단이다. 그것은 반응적이라기보다 본능적인 것으로서 미래를 관리하기 위한 시도다 (Rasmussen, 2001).

지역안보기구와 유엔

유엔이 평화유지에 대한 임무를 지역안보기구에 위임해야 한다는 생각은 지난 20년간 실제로 현실화되었지만 사실 지역안보기구의 출현은 비교적 최근의 일이다. 그러나 글로벌 안보기구의 경우에도 그랬지만 그러한 생각의 실현은 냉전 때문에 지체되어 왔다. 유엔헌장의 8장은 '지역기구'를 언급하고 있으며 특히 "국제평화와 안보의 유지와 관련된 문제를 해결하기 위해 지역기구가 존재해야 하고 존재할 때 지역적 행동이 가능하다"라고 명시하고 있다. 또한 8장 53조(1항)은 "안전보장이사회는 그 권위 하에 취해지는 강제조치를 위해 적절한 경우에는 지역기구를 이용한다. 그러나 안전보장이사회의 허가 없이는 어떠한 강제조치도 지역기구에 의해 취해져서는 안된다"라고 명시하고 있다. 그러나 이러한 문구가 작성되었던 1940년대에는 지역기구가 거의 존재하지 않았고, 출현하기 시작했을 때에는 유엔 안전보장이사회 5개

상임이사국 간의 이견 때문에 임무를 수행하지 못했다.

1990년대 초 신세계질서가 도래하자 반세기 전에 뿌린 씨앗이 뒤늦게나마 유엔 정치에서 꽃을 피우기 시작했다. 1993년 안전보장이사회는 더 강력한 평화유지작전을 수행하기 위해 지역기구와 논의를 시작했고 작전을 조율했다 (결의안 25184). 그리고 이듬해 총회에서 그러한 논의와 조율이 앞으로도 지속될 것이라는 내용이 포함된 '평화유지작전에 대한 종합적 재검토(Comprehensive Review of Peacekeeping)' (A/RES/48/42)가 발표되었다. 1994년 부트로스 갈리 유엔 사무총장은 NATO, EU, AU, CIS, AL, OAU 그리고 OAS를 포함한 다수의 지역기구 수장들과 만남을 가졌다. 이것은 최초의 역사적 사건이었다. 국제기구 수장들 간의 만남은 비공식 형태이긴 하나 정기적으로 이루어지고 있고 참여도 확대되었다.

이후 유엔과 지역기구간의 상호작용은 더욱 일상화되었다. 유엔과 EU 간의 '업무소통(desk to desk)'은 2003년부터 시작되었고 유엔과 CoE 간 업무소통은 UN-OSCE 참모 회동이 처음으로 개최된 2005년부터 시작되었다. NATO와 CSTO는 뉴욕에서 사무국 차원의 협력에 관한 공동성명(2005년과 2010년 두 차례에 걸쳐)을 발표했다. 2005년 유엔총회는 세계정상회담의 결과(World Summit Outcome)를 발표하면서 이러한 업무소통이 글로벌한 추세가 되어야 한다고 선언했다. "유엔헌장 8장에 따라 우리는 유엔과 지역기구 및 하위지역기구들과의 더욱 강력한 연대를 지지한다."

결론

유관기관들 간의 보완성이 증가하고 있는 시대가

글상자 22.2 유엔과 지역안보기구의 동반자관계

2006년 아난(Kofi Annan) 유엔 사무총장의 주도로 '지역적-지구적 안보 동반자관계: 도전과 기회(*A Regional-Global Security Partnership: Challenges and Opportunities*)'라는 보고서가 작성되었다. 유엔 안전보장이사회의 2005년도 결의안 1631에 근거하여 작성된 이 보고서는 다음과 같이 언급하고 있다.

"유엔은 분쟁해결에 있어 어떠한 독점적 지위를 행사해서는 안된다. 당면 현안을 처리함에 있어 지역기구와 같은 중재자가 때로는 더 좋은 역할을 할 수도 있다" (UNGA and UNSC, 2006: 7).

"때로는 지역적 대처가 갈등을 예방하거나 종식시키기 위한 최선의 방법일 수 있다. 또는 유엔 단독의 직접적인 개입이나 지역기구와의 공동 개입이 효과적인 방법일수도 있다" (UNGA and UNSC, 2006: 9).

이 보고서는 책임소재의 명확성이 기구 간 협력을 보다 증진시킬 수 있고, 지역기구들의 임무수행능력의 격차 — 특히 아프리카 — 가 해소되어야 하며, 기구 간 조율을 증대시킬 수 있는 전담조직이 유엔 정치문제부서 내에 설치되어야 한다고 제안했다.

대두하고 있다. 두 가지 유형의 거버넌스는 공동의 이해관계를 바탕으로 평화와 안보에 대한 글로벌적·지역적 책임성을 공유하기로 합의하고 있다. 이러한 흐름이 세력균형이나 집단안보의 차원에서 보면 — 최소한 이론적으로는 — 다소 엉망으로 보이거나 말끔하게 정리되어 있지 못한 것처럼 보일 수 있다. 그러나 이러한 공생관계는 유엔의 지구경찰 역할이 지역기구들 없이는 불가능하며 지역기구들의 지역경찰 역할도 유엔 없이는 불가능하다는 인식을 바탕으로 출현했다. 물론 그러한 공생관계가 어떤 지역에서는 성공적으로 평화와 안보 증진에 기여하는 반면, 다른 지역에서는 기여하지 못할 수도 있다. 또는 두 기구 간에 이해관계가 충돌하는 지역이 있을 수도 있다. 그럼에도 불구하고 그러한 공생관계로 인하여 상당수 국가안보 문제들이 해결되고 있다. 또한 그간 도외시되었던 비군사적인 인간안보도 개선되고 있고 과거 그 어느 때보다도 잘 다뤄지고 있다. 공생관계는 신중세주의가 초래한 연방제가 아니다. 그것은 다양하고 불균등하게 진행되고 있는 현 세계화 시대의 불가피한 선택이다. EU조차도 '유럽식 맞춤형 일품요리(구미에 맞는 음식을 메뉴판에서 고르듯 이해관계에 부합하는 사안에 대해서만 협력을 하는 지역기구를 의미한다. 즉 가장 성공한 지역기구인 EU조차도 유엔과 역할을 분담하여 선택적으로만 안보문제를 담당한다는 의미 – 역자 주)'를 지향하고 있다. 물론 공생관계는 섬세한 조율을 필요로 하며 그렇게 진행되고 있다. 2011년 리비아 사태 당시에 나타난 불협화음은 안전보장이사회 결의안 문구의 모호성 때문이었다. 이러한 문제점은 학습효과와 지속적인 조율을 통해 개선될 것으로 보인다.

최근 수십 년간 지역안보기구의 출현이 세계평화에 어떠한 영향을 줄 것인지에 대한 논쟁이 벌어졌다. 그 와중에 전쟁은 크게 감소했고 이것은 지역기구의 긍정적인 역할에 힘을 실어주고 있다. 왜냐하면 이 기간 동안 고전적인 세력균형이나 글로벌한 집단안보가 작동하지 않았기 때문이다. 2000년대 들어와 국가 간 전쟁은 확실히 드문 사건이 되었고 내전은 1990년대 초에 비해 절반가량 줄었다. 분쟁으로 인한 연간 사망자 수도 크게 감소했다. 1980년대에는 16만 4,000명에 이르던 사망자 수가 1990년대에는 9만 2,000명 그리고 2000년대에는 4만 2,000명으로 급감했다 (World Bank, 2011: 52; Uppsala/PRIO, 2010). 이러한 평화지향적인 추세가 지역차원의 정부간국제기구의 생산적인 역할 때문이라고 단정할 수는 없다. 무수히 많은 다른 설명 요인들의 영향력을 배제할 수 없기 때문이다. 그러나 확실한 것은 글로벌한 세력균형의 작동이나 집단안보의 온전한 기능을 기대할 수 없는 상황에서 더욱 평화로운 세계는 두 가지 이외의 것을 통해 달성되어야 한다는 점이다.

요점

1. 안보를 다루는 지역차원의 정부간국제기구는 최근 수십 년간 세계 도처에서 놀라울 정도로 성장했다. 다만 그들의 질서유지 능력은 동일하지 않았다.

2. 지역안보협력의 비제도적인 형태도 성장했다.
3. 어떤 이들 — 몇몇 현실주의자들 — 에게 이러한 성장은 세력균형의 작동을 위한 동맹체제를 침식하기 때문에 환영받지 못하고 있다. 마찬가지로 또 다른 이들 — 몇몇 자유주의자들 — 에게도 유엔 기능의 약화를 초래한다는 이유로 환영받지 못하고 있다.
4. 그러나 다른 이들은 이러한 신지역주의를 긍정적으로 보고 있다. 유엔이 관여하기를 주저하는 곳에서도 지역기구들은 개입을 마다하지 않고 있기 때문이다.

주

1) 북아프리카, 동아프리카, 중앙아프리카 그리고 ECOWAS 지역.
2) Hadijatou Mani Koraou v. Niger, 2008.

추천도서

Bailes, A. and Cottey, A. 'Regional Security Cooperation in the Early 21st Century' in SIPRI, *SIPRI Yearbook 2006: Armaments, Disarmament and International Security*, Stockholm International Peace Research Institute, 2006.
UNGA and UNSC, *A Regional-Global Security Partnership: Challenges and Opportunities*, Report of the Secretary General, A/61/204–S/2006/590, 28 July 2006.

제5부 사례연구

23장 미국: 탈냉전과 9·11 이후 시대의 역할을 찾아서 _ 앤드류 모란 … 381

24장 러시아, 흑해 지역 그리고 안보 _ 툰치 아이바크 … 392

25장 중국: 안보와 위협인식 _ 피터 허프, 샤힌 말리크 … 404

26장 유럽에서의 안보: 제도구축의 승리? _ 더못 맥캔 … 414

27장 아프리카에서의 안보 _ 피터 허프 … 424

28장 북극 _ 피터 허프 … 435

29장 아랍의 봄과 민주주의: 문제점과 전망 _ 제프리 헤인즈 … 447

30장 이스라엘·팔레스타인 분쟁 _ 로날드 란타 … 456

31장 라틴 아메리카의 인간안보, 국가안보 그리고 환경안보: 볼리비아와 브라질 _ 로이드 페티포드, 닐 휴즈 … 466

32장 한반도의 기회: 남한과 북한에서의 인간안보, 환경안보 그리고 국가안보 _ 로이드 페티포드, 펠릭스 앱트 … 476

33장 우주와 안보 _ 이안 쉴즈 … 486

34장 결론: 다음은 어디로? _ 샤힌 말리크 … 497

23장 미국: 탈냉전과 9·11 이후 시대의 역할을 찾아서

앤드류 모란(Andrew Moran)

글상자 23.1 단극체제의 종말?

탈냉전 직후 많은 이들은 세계가 단극체제에 돌입했다고 주장했다. 크라우써머(Charles Krauthammer, 1990)는 미국 독주의 시대가 향후 30~40년간 지속될 것이라는 전망을 내놓기도 했다. 그는 미국이 경제적으로나 군사적으로 압도적인 세계 유일의 초강대국이라고 단언했다.

눈앞에 보이는 적이 존재했던 냉전은 미국 외교정책의 방향성을 명확히 했고 그에 따라 공산주의 봉쇄라는 명백한 목표가 존재했다. 그러나 급작스런 탈냉전은 미국의 안보를 위협하는 실체가 무엇인지를 불분명케 했다. 한 가지 확실한 것은 미국이 빠르게 세계화되고 있는 복잡한 국제사회의 일원이 되었다는 것뿐이었다. 클린턴(Bill Clinton) 미 대통령은 자국 이익의 우선순위를 재설정하고자 했다. 그러면서 그는 미국이 이 새로운 세계화를 주도해야 하고, 민주주의와 자본주의를 세계 도처에 확산시켜야 하며, 경제정책이 미국 외교정책의 핵심이 되어야 한다고 역설했다. 예를 들어, 미국은 그러한 목표를 달성하고 지역적 안정성을 높이기 위해 구소련 국가들에 대한 원조를 단행했다. 이후 10년간 미국은 더욱 번영해지고 세계와도 평화롭게 지내는 듯 보였다. 그러나 2001년 9월 11일, 알카에다(al-Qaeda)가 미국을 공격했다.

안보와 부시 대통령 시대

9·11이 미국인들의 정신 상태에 미친 파괴적 영향을 평가하기란 어려운 일이다. 어느날 거의 3,000명에 육박하는 시민들이 커터 칼로 무장한 19명의 사람들에 의해 희생되었다. 그들은 납치한 4대의 비행기로 미국의 힘을 상징하는 건물들을 들이박았다 — 경제력을 상징하는 세계무역센터에 2대, 군사력을 상징하는 국방부 펜타곤(Pentagon)에 1대 그리고 정치력을 상징하는 백악관이나 미 의

회를 목표로 했지만 펜실베이니아 평원에 추락한 1대. 1861~1865년 사이에 발발한 피비린내 나는 남북전쟁 이후 가장 많은 미국 시민들이 희생되었다. 그것은 영국이 백악관을 소각한 1812년 이후 워싱턴 DC에 가해진 최초의 공격이었다.

조지 W. 부시 대통령은 알카에다와 그 수장 빈 라덴(Osama bin Laden)에 대한 '테러와의 전쟁(War on Terror)'을 선포했다. 이후 미국은 국경을 넘어 아프가니스탄과 이라크에서 전쟁을 개시했고 파키스탄과 예멘 같은 국가에서 비밀작전을 수행했다. 현실주의적 입장을 반영하는 2002년 국가안보전략(National Security Strategy)은 '최선의 방어가 공격'임을 명시하고 있다 (NSS, 2002). 테러리즘은 이제 미국안보의 최우선 관심사가 되었다. 외교정책 경험이 부족했던 부시 대통령은 숙련된 외교정책 경험을 가진 전문가들을 대거 등용했다. 그들 모두는 미국이 세계 유일의 초강대국이라는 크라우써머의 관점을 공유했다. 그들은 클린턴 대통령의 다자주의적 접근방식에서 일방주의적 접근방식으로 급선회했다. 이것은 이전과 다른 공격적인 외교행태로 나타났다. 기후변화협약을 이행하기 위한 교토의정서(Kyoto Protocol on climate change) 거부, 국제형사재판소(International Criminal Court) 설립 반대, 그리고 국제대인지뢰금지조약(international ban on landmines) 서명 거부 등이 그것이다.

이러한 새로운 접근법은 소위 '네오콘(neo-conservatives)'이 주도했다. 네오콘은 '도전받지 않는 미국의 글로벌 리더십 그리고 강력한 군사력으로 뒷받침되는 자유·민주주의·시장경제로 구성된 미제국의 확산'을 옹호한 '새로운 미국의 세기를 위한 프로젝트(PNAC: Project for a New American Century)'라는 싱크탱크 회원들이었다 (Williams, 2005; Nuruzzaman, 2006: 248).

부시독트린

테러와의 전쟁을 수행하면서 부시 대통령은 미국의 새로운 대전략을 제시했다. 핵심은 선제공격전략 — 위협을 가하는 적의 선제공격 전에 적을 공격할 수 있는 권리 — 이다. 미국은 오래전부터 자국 방어의 수단으로 그러한 권리가 있음을 암묵적으로 표방해왔으나 공개적으로 공표한 적은 없었다. 부시 대통령은 이 전략이 억지와 봉쇄라는 냉전 독트린의 폐기임을 선언하면서 냉전 독트린은 알카에다처럼 죽는 것을 마다하지 않는 비국가 행위자(non-state actor)에게 비효과적이라고 주장했다.

여기서 그치지 않고 미 행정부는 체제변환과 민주주의의 공격적 확산을 옹호했다. 부시 대통령은 '깡패국가(rogue states)'인 이라크, 이란, 북한이 '악의 축(axis of evil)' 구성원들이며 그들이 테러리스트를 지원하고 세계평화를 위협한다고 역설했다. 이런 의미에서 세 국가의 체제는 변환되어야 하고 필요하다면 이들 국가의 지도자들도 힘으로 제거되어야 했다.

이 접근법은 '테러와의 전쟁'이 각국의 정부들, 안보 부서들과 법집행 부서들 간의 정보공유와 협력을 통해서 수행되는 전쟁이 아닌 미국 단독의 군사작전임을 의미했다. 부시 대통령은 그 전쟁을 현실주의 프레임으로 재구성하면서 다음과 같이 경고했다. “우리는 테러리즘을 지원하거나 테러리스트에게 은신처를 제공하는 국가들을 추적할 것이다. 전 세계의 모든 국가들은 이제 우리 편인지 아니면 테러리스트 편인지 양단간의 결정을 해야 한다” (Bush, 2001).

더 나아가, 많은 논란에도 불구하고 부시 대통령은 깡패국가들이 미국을 향해 발사할지도 모르는 탄도미사일들을 요격할 수 있는 국가미사일방어체제의 개발을 강행했다. 러시아는 이러한 요격미사일과 조기경보체제가 국경이 인접한 체코 및 폴란드에 설치될 가능성에 주목하고 있다. 이러한 미국과 러시아 간 긴장은 부시 행정부의 일방적인 반탄도미사일조약(anti-ballistic missile treaties) 탈퇴로 인해 더욱 악화되었다. 1970년대 초 미소 간에 체결된 반탄도미사일조약은 탄도미사일 요격시스템을 갖춘 쪽이 그렇지 못한 상대국의 보복능력을 무력화시키면서 동시에 선제공격의 유인을 가질 수 있다는 우려 때문에 요격미사일의 개발에 제한을 둔 조약이었다. 많은 이들이 알고 있듯이 국가미사일방어체제는 9·11테러와 같은 공격들을 예방하는 데 효과적이지 못하다. 그럼에도 미국은 국가미사일방어체제를 위해 5년간 국방비 예산을 두 배나 증액시켰고 그 결과 2006년 국방비는 6,040억 달러에 달했다 — 전 세계 국방비 지출의 45%와 비슷한 규모다. 부시 대통령은 “미국의 국가안보를 위한 국방비 증액은 국제사회의 승인을 필요로 하지 않는다”라고 언급함으로써 외교정책의 일방주의적 성격을 재천명했다 (Bush 2004).

부시 대통령은 ‘선치’, ‘민주주의’, ‘자유’, 그리고 ‘해방’ 같은 용어를 빈번히 사용하고 빈 라덴과 다른 테러리스트들을 악당으로 부르면서 일방주의 외교정책의 도덕적 재구성을 시도했다. 그러나 이에 대한 비판이 없는 것은 아니었다. 하버드대학교의 정치학자 호프만(Stanley Hoffman, 2003)은 “맥락상 그의 외교정책은 세계지배의 독트린이나 다름없다”라고 했고 다른 이들은 미국이 일방주의적인 제국주의 국가가 될지도 모른다고 우려했다.

아프가니스탄

2001년 미국의 아프가니스탄 침공은 부시독트린이 실행된 최초의 사건이었다. 미국이 규정한 비정부테러집단과 직접 교전하고 빈 라덴과 알카에다에 은신처를 제공한 탈레반 정권을 전복하기 위한 전쟁이었다. 거의 모든 국가는 미국의 침공을 숨죽이며 바라보았고 단 두 개국만이 탈레반 정권의 외교권을 인정했다. 아프가니스탄은 유엔에서의 국가권리를 박탈당했고 세계에서 인권남용이 가장 심각한 국가로 지정되었다.

미국 주도의 연합군은 탈레반을 권좌에서 빠르게 끌어내렸지만 빈 라덴을 포함한 다수의 지도자들과 알카에다 요원들은 탈출에 성공했다. 미국은 곧 장기전의 수렁에 빠졌고 누가 적인지 불확실한 상황 속에서 고군분투해야 했다. 대통령 임기가 거의 끝나갈 즈음 민주정치의 기본조건 이식이 완료되었고 아프가니스탄 최초의 선거가 열렸다. 그러나 수도 카불 외곽의 안보는 여전히 불안했고, 격멸된 것으로 보인 탈레반은 급속히 회복하여 군사 및 민간 목표물에 대한 공격을 감행하기 시작했다. 미국 시민들은 아프가니스탄 침공의 정당성을 의문시하기 시작했고 곧이어 철군을 요구하기에 이르렀다. 미 행정부는 이러한 와중에 제2차 이라크전쟁을 개시함으로써 아프가니스탄 주둔 미군을 이라크로 파병하는 전술적 실수를 범하고 말았다.

이라크

저널리스트 우드워드(Bob Woodward, 2002)에 따르면 9·11 직후 부시 대통령은 럼스펠드(Donald Rumsfeld) 국방장관에게 이라크 침공을 위한 군사적 준비태세 확인을 명령했다. 네오콘들은 시종일관 후세인(Saddam Hussein) 제거 및 민주제도의 강제이식이 중동 전역에 민주화혁명을 촉발할 것이라고 주장했다 (Rothkopf, 2005).

아프가니스탄 침공 시에는 국제사회가 상당부분 묵인하고 암묵적 지지를 보냈으나 2003년 3월의 이라크 침공은 각각 유엔, NATO 그리고 미국 시민사회 내부의 논쟁과 분열을 야기했다. 부시 대통령은 후세인이 자국 시민들을 잔혹하게 탄압하고 중동과 세계의 안정을 위협하는 독재자라고 주장하면서 안보의 관점에서 이라크 침공을 정당화했다. 이러한 정당화는 후세인이 대량살상무기 개발 및 테러리즘 지원과 밀접히 관련되어 있다는 세간의 정보와 맞물리면서 힘을 얻었다. 동시에 그러한 정보는 9·11공격과 이라크 침공을 연계시키려는 미 행정부의 시도에도 힘을 실어주었다. 그러나 그러한 정당화와 시도 모두 허위 정보에 근거한 잘못된 것들이었음이 드러났다. 많은 이들은 미국의 침공이 이라크의 엄청난 비축 석유를 수탈하기 위한 자원전쟁이라고 주장했다 (미국은 세계에서 석유사용량이 가장 많은 국가이다).

미국의 '충격과 공포(shock and awe)' 전술은 빠른 승리에 일조했다. 처음에 이것은 중동에서 미국 국력의 신뢰성을 입증하는 것처럼 보였다. 이로 인해 이라크 다음으로 목표가 될 것을 우려한 리비아의 카다피 대령은 그의 핵확산계획 포기를 선언하기에 이르렀다. 2003년 5월 부시 대통령은 종전을 선언했다. 그러나 종전의 기쁨은 오래가지 않았다. 후세인의 제거는 이라크 내의 더 많은 폭력과 유혈분쟁으로 이어졌다.

쿠웨이트에서 사담 후세인의 군대를 퇴각시키기 위해 50만 명의 미군이 투입되었던 1990년의 제1차 이라크전쟁과 달리 미국은 2003년엔 20만 명의 미군만을 배치했다. 이것은 미군이 이전과 비교할 수 없을 정도의 최첨단 기술로 무장한 강력한 군대라는 자신감의 표현이었다. 그러나 미군은 대항세력이 비대칭전쟁을 활용하여 수행하는 '치고 달리는' 전쟁에서 지독한 좌절감을 맛봐야 했다. 더구나 70만 명에 달하는 이라크 군대의 해체는 그 수만큼의 실업자와 반란군을 양산했고 타국에서 온 이슬람원리주의 무장투쟁세력과 결부되어 이라크 정치상황을 악화시켰다. 또한 이라크 내 무슬림 양대 종파인 시아파와 수니파 간의 전면적 내전까지 발생했다. 2012년 말경에 이르면 4,000명의 미국인이 사망했고 3만 명의 미국인이 부상을 입었다. 이라크 시민을 포함하면 사망자 수는 10만 명을 넘었고 부상자는 수십만 명, 난민은 수백만 명에 달하게 되었다.

미국의 전쟁비용도 엄청나게 높았다. 전쟁비용

을 교전에만 국한하지 않는다면 그 액수는 천문학적으로 증가했다. 많은 이들은 이 전쟁을 통해 미국 국력의 한계가 드러났다고 평가했다. 논쟁의 여지가 있지만 외견상 미국은 아프가니스탄과 이라크 모두에서 승전했다. 그러나 평화를 가져오지는 못했다. 국제사회는 두 국가에 대한 침공을 반대했고 두 국가의 재건을 위한 재정지원을 거부했다. 즉 미국은 국제사회로부터 고립되기 시작했다. 중동에 친미 민주국가를 이식하고자 했으나 실패로 끝난 전략은 이제는 이란을 더욱 대담하게 만들었다. 이로 인해 미국과 유엔의 관계는 소원해졌고 부시독트린에 기초한 군사작전이 의도와는 다르게 전개될 수도 있다는 두려움이 미 외교가에 퍼졌다.

또한 '테러와의 전쟁'에만 초점을 맞춘 부시 대통령 때문에 행정부가 다른 안보위협들을 등한시했다는 비판이 쇄도했다. 이를 테면 2006년 북한의 제1차 핵실험을 막지 못한 것, 이란의 핵무기 개발을 위한 지속적인 핵연료 비축을 방치한 것, 중동 전역에서 군비경쟁을 촉발시킨 것 등이다. 이외에도 미국의 비확산정책은 이중적 기준 때문에 비판을 받았다. 즉, 미국은 이미 대량살상무기를 보유한 이스라엘을 계속 지원했고, 인도와도 핵기술 거래를 위한 협정을 체결했다.

부시 대통령의 재임 중 러시아에서는 푸틴 주도의 민족주의가 창궐했다. 푸틴 대통령은 2007년 뮌헨 연설에서 미국이 주도하는 단극질서는 거센 도전에 직면하게 될 것이라고 경고했다. 실제로 그는 러시아가 미국과 대척점에 있는 가장 강력한 행위자로서 할 수 있는 모든 가능한 압박 정책을 추진했다. 유엔 안보리 상임이사국으로서 이라크 침공을 반대하고 북한과 이란에 대한 미국 주도의 유엔 안보리 결의안을 약화시킨 것, NATO 참가 의사를 밝힌 우크라이나와 조지아의 신생민주주의를 위협한 것, 국가미사일방어체제에 반대한 것 등이 그것이다. 심지어 미국이 자국의 뒷마당으로 간주해왔던 라틴아메리카에서조차 반미주의가 확산되기 시작했다. 자원이 풍부한 베네수엘라의 차베스(Hugo Chavez)가 그러한 움직임에 불을 지폈다.

설상가상으로 왈트(Stephen Walt, 2010)가 '잔혹한 군사독재 하에서나 가능했을 것들'로 묘사한 정책들을 부시 대통령이 추진함에 따라 미국의 신뢰성은 급락했다. '관타나모와 다른 해외 시설들에서 행해진 체계적인 고문, 인신보호법 보류, 테러리스트 피의자의 비밀 송환, 목표암살, 그리고 재판 없는 무제한적 구금' 등이 그것이다. 이에 추가하여 애국법, 스노든(Edward Snowden)의 내부고발로 드러난 국가안보국의 권한 남용, 그리고 테러리스트 피의자를 대상으로 한 적법한 절차 없이 설립된 군사재판소 역시 신뢰성 급락에 영향을 미쳤다. 많은 이들은 국경안전이라는 명분 하에 미 행정부가 정당화했던 모든 것을 의심했다.

부시의 유산

조지 W. 부시 대통령의 재임 기간에 취해진 정책들은 최근 미국 역사에서 가장 많은 논란을 일으켰다. 그러나 레플러(Melvyn Leffler, 2004)는 세간의 주장과는 달리 부시 행정부가 미국 외교정책의 전통에서 보면 단절성보다는 지속성을 보였다고 주장한다. 특히 그는 선제공격이 부시 행정부만 추진했던 정책이 아니며, 해외에서 민주주의를 확산시키려한 정책 역시 미국의 예외주의에 녹아있는 신념을 반영한 것에 불과하다고 주장한다.

부시 대통령은 그의 정책들이 성공적이었다고 확신했다. 9·11 이후 미국 본토에 대한 테러리스트의 공격이 성공한 적이 없었다는 사실이 그러한 확신을 더욱 강화시켰다. 그는 중국의 영향력 상쇄를 위해 지정학·지경학적으로 중요한 인도와의 관계를 강화시켰고 클린턴 행정부가 도외시했던 아프리카에까지 대규모 원조를 제공했다. 수긍하기 어렵지만 부시 대통령의 지지자들은 후세인의 몰락과 2011년에 시작된 민주화운동인 아랍의 봄(Arab Spring) 사이에 직접적인 연관성이 있다고 말하기도 한다.

아마도 부시 행정부 외교정책에 대한 가장 영향력 있는 평가는 미국 학자인 나이(Joseph Nye, 2011)의 평가일 것이다. 그는 부시 대통령의 재임 중 미국이 이라크에서 하드파워(hard power, 경성권력)를 공격적으로 사용한 것이 미국 소프트파워(soft power, 연성권력)의 쇠퇴를 초래했다고 주장했다. 왜냐하면 상황이 악화되었고 많은 이들은 미국이 자국 가치를 무력으로 수출하려 한다고 두려워했기 때문이다. 다시 말해 9·11이 발발하자마자 미국은 소프트파워를 크게 확대시킬 기회가 있었음에도 불구하고 부시 행정부는 그러한 기회를 걷어찼고 이는 미국의 국제적 위상을 손상시켰다.

오바마의 외교정책

부시 대통령과 마찬가지로 오바마(Barack Obama) 대통령 역시 외교정책적 경험이 부족했다. 클린턴 대통령으로부터 평화롭고 돈독한 국제사회와의 관계 및 1969년 이후 최초인 재정흑자를 물려받았던 부시 대통령과 달리 오바마 대통령은 예외적으로 가장 어려운 시기에 대통령이 되었다. 그는 미국 시민들이 지지하지 않는 두 개의 전쟁(이라크와 아프가니스탄), 테러와의 전쟁 그리고 하강국면에 있는 경제상황을 물려받았다.

시작부터 오바마 대통령은 부시 행정부가 경제안보, 핵확산, 기후변화 그리고 사이버전쟁을 포함한 중대한 안보현안들을 외면한 채 테러와의 전쟁에만 집중하면서 이라크와 아프가니스탄에서 필요 이상으로 많은 국가자원을 낭비했다고 비판했다. 그러면서 그는 매우 차별적인 외교정책을 추진했다. 특히 그는 해외에서의 미국 역할을 축소하는 동시에 의도하지 않은 결과에 이를 수도 있는 부시 행정부식의 군사개입을 추진하지 않을 것임을 천명했다 (NSS, 2010).

이러한 입장은 부시 행정부가 도외시했던 다자주의적인 접근방식으로의 선회를 의미했다. 다시 말해 다극적 세계에서 미국의 역할은 선제공격이 아닌 국제제도를 활용한 민주적 가치의 확산으로 재규정되었다. 외교는 이러한 새로운 접근방식의 중요한 요소가 되었다. 외교 대상은 유럽의 전통적인 동맹국들은 물론 모든 국가들을 포함하였고 외교 의제는 새로운 안보문제와 세계화가 야기한 경제적 문제들로 확장되었다.

오바마 대통령은 중국, 인도, 러시아 및 브라

질 같은 신흥 강국들과의 관계개선에 외교의 우선순위를 두었고 큰 사안에서 협력을 이끌어내기 위한 협상카드로 작은 사안에서 양보하는 전략을 채택했다. 이와 관련한 논쟁적인 사안이 바로 집권 초기 중국과의 관계에서 인권문제를 정치화하지 않은 것이었다. 또한 그는 외교의 주요 목표가 아시아·태평양 국가들과의 경제적, 정치적 유대관계를 강화하는 것임을 명확히 했다. 이것은 '아시아로의 회귀(Asian Pivot)'로 알려져 있다. 이것은 경제적 그리고 정치적 힘이 서구에서 아시아·태평양 지역으로 이동하고 있다고 보는 퍼거슨(Niall Ferguson, 2011)이나 나이(Nye, 2011) 같은 많은 분석가들의 관점을 반영한 것이었다. 물론 '아시아로의 회귀'를 선의로만 바라볼 수는 없다. 중국이라는 잠재적 신흥 패권국을 견제하기 위해 아시아·태평양 지역 국가들을 포섭하려는 숨은 의도가 내포되어 있기 때문이다.

또한 오바마 대통령은 기독교와 이슬람 간의 문명충돌을 예고한 헌팅턴(Samuel Huntington)의 관점을 거부하고 이슬람 국가들과의 관계를 정상화시키고자 했다. 집권 첫해에 그는 카이로에서 미국과 이슬람 세계의 관계가 상호이해와 존중에 기초하게 될 것이라는 획기적인 연설을 했다. 그렇다고 해서 오바마 대통령이 무력사용을 주저한 것은 아니었다. 파키스탄, 예멘 그리고 기타 지역에서 드론을 활용해 지속적으로 알카에다 요원들을 사살한 작전과 2011년 5월 미 해군 특수부대(Navy Seals)가 빈 라덴을 사살한 극적인 사건 등이 이를 잘 보여준다.

또한 오바마 대통령은 "우리의 힘만으로 우리 자신을 지킬 수 없고 힘만으로는 우리가 원하는 대로 할 수 없다"는 점을 강조했다 (Obama, 2009). 힐러리 클린턴(Hilary Clinton) 국무장관이 하드파워의 사용을 비상시에만 국한시킨 것도 같은 맥락에 있다. 더 나아가 그녀는 '스마트파워(smart power)' — 소프트파워에 더 많이 의존하는 (부시 대통령과 달리) — 의 활용을 강조했다 (Clinton, 2009). 나이(Nye, 2004)와 노셀(Suzanne Nossel, 2004)이 처음으로 제안한 스마트파워는 오바마 행정부 외교정책의 여러 분야에 적용되었다. 이란의 핵무기 야심을 다루기 위한 미국의 접근방식이 대표적인 사례다. 오바마 행정부는 이란 핵문제에 관여하고자 하는 국가들과 연대세력을 구축한 후 이들과 함께 건설적인 대화로 회유하고 강력한 제재로 강압하여 이란을 대화의 장으로 유인했고 핵문제 자체에 집중하기보다는 중동에 평화를 정착하기 위한 거시적 틀 속에서 주고받기 식으로 이란의 핵문제를 논의했다.

동시에, 그는 미국의 전통적인 국가관계에도 관심을 기울였다. 부시 대통령 재임 동안 불편해진 러시아와의 관계를 복원하고자 했다. 2010년 양국은 새로운 전략무기감축협정에 서명함으로써 양국의 핵무기를 크게 감소시켰다. 그리고 오바마 대통령은 부시 대통령이 구상했던 국가미사일방어체제의 폐기를 선언했다 — 물론 보다 낮은 수준의 미사일방어체제가 개발될 예정이지만 그것은 러시아의 사찰을 받아야 한다. 그러나 이러한 관계개선은 곧바로 위태로워지기 시작했다. 러시아가 지원하는 시리아정부군이 화학무기를 사용하여 승기를 잡았을 때 오바마 대통령과 미 의회는 즉각적인 조치를 취하는 데 주저했고 이것이 푸틴 대통령을 대담하게 만들었다. 2014년 러시아는 크림반도를 합병함으로써 지역적 영향력을 복원했다. 그 결과 냉전시대만큼은 아니지만 양국 관계는 다시 냉랭해지고 말았다.

중국과의 관계 역시 불확실해졌다. 오바마 대통령은 중국의 급성장이 초래하는 정치적·경제적 불안정에 대처하고자 '미중전략경제대화(US-China Strategic and Economic Dialogue)'를 시작했다. 그러나 장기적으로 볼 때 많은 이들은 중국을 미국의 가장 커다란 위협으로 간주하고 있다. 왜냐하면 중국이 국제투자를 통하여 아프리카, 라틴아메리카 그리고 중동을 자국에 의존적이게 만들면서 동시에 그들 지역에 군사적·경제적 힘을 투사하고 있기 때문이다. 인도가 미국을 위해 중국의 대항마가 되어줄지 여부도 불확실하다.

취임 직후부터 이라크 침공에 비판적이던 오바마 대통령은 2010년 8월 31일 종전을 선언했고 미군은 2011년 말까지 이라크를 떠나야 했다. 그러나 2014년 6월, 이라크 침공 유산의 실체가 드러났다. 수니파 이슬람원리주의 무장투쟁세력인 이라크-이슬람국가(ISIS, 이후 이슬람국가 IS로 개명함 – 역자 주)가 이라크 영토의 상당부분을 폭력적으로 점령·통제하고자 시도했다. 이러한 내전 때문에 오바마 행정부는 이라크 내 미국 이익을 보호하기 위해 특별보좌관들을 급파할 수밖에 없었다. 이라크 내전이 주변 국가들로 확산될 것을 우려한 미국은 부시 행정부 때 대결구도에 있었던 이란정부와 대화를 시작했다. 양국은 ISIS 세력의 확대를 예방하기 위한 최우선적 방법이 무엇인지를 논의했다.

오바마 행정부는 아프가니스탄 정책에도 변화를 주었다. 즉 민주주의를 확산하고 인권을 보호하는 데 주안점을 두었던 이전 정부의 정책을 폐기하는 대신 그 지역의 안보를 증진시키는 군사적 임무에만 초점을 두었다. 이러한 정책적 변화는 언젠가는 미군이 아프가니스탄을 떠나게 될 것이라는 전망에서 비롯된 것이다. 그런데 이러한 정책적 변화는 핵무장 국가인 파키스탄 때문에 복잡해지고 말았다. 파키스탄의 안보기관들은 탈레반과 연계를 가지고 있었고 그 기관들 내에는 알카에다를 지지하는 인사들이 다수 포진해 있었다. 이러한 상황에서 미국이 탈레반의 복귀를 일체 허용하지 않으면서 철수하기란 쉽지 않다. 특히 아프가니스탄의 군대와 경찰을 훈련시켜 자생력을 높이려는 미국의 의도가 성공하지 못했기 때문에 더욱 그렇다. 많은 이들은 미군이 철수하자마자 안보상황이 급격히 불안정해졌던 이라크의 경험이 아프가니스탄에서 재현될까 우려한다.

테러와의 전쟁 역시 난제를 남겼다. 집권하자마자 오바마 대통령은 관타나모 수용소 폐쇄, 구금 및 심문에 대한 재검토, 고문 금지를 명령함으로써 부시 행정부의 인권남용을 해결하고자 했다. 그러나 수용소에 있는 테러리스트 피의자들의 본국은 그들의 송환이 오히려 본국을 위태롭게 할 수도 있다는 두려움 때문에 송환받기를 주저했다. 이러한 이유로 관타나모 수용소는 폐쇄되지 않았고 오바마 대통령은 좌절감을 맛보아야했다. 이외에도 빈 라덴이 사살된 2012년 5월 오바마 대통령은 테러리즘에 대한 승리를 자축했을 수도 있었으나, 4개월 뒤 리비아 벵가지(Benghazi)에서 미 영사관을 대상으로 한 이슬람 무장집단의 공격이 발생했고 이때 리비아 주재 미 대사와 3명의 미국 민간인이 살해되었다.

분명한 것은 오바마 대통령이 미국의 해외 공약을 축소시키고 국내문제의 개혁에 집중하기를 원한다는 점이다. 그는 '낡아빠진' 냉전식 대결구도를 탈피하고자 했고 군비증강보다는 군축협정을 선호했다 (Obama, 2012). 아랍의 봄 당시에 미국이 취한 대처방식이 그러했다. 한 보좌관은 리비아 사태 당시 대통령의 행동을 '뒤에서 주도하는' 것 같았다고 회상했다. 즉 그러한 행동은 미국이 또 다른 전쟁에 연루되지 않고 이슬람과 아랍 세계에서 미국의 위상이 더 이상 손상되지 않기를 바라는 대통령의 희망을 반영한 것이었다 (Lizza, 2011).

물론 경제적인 이유도 있다. 2008년의 금융위기는 부시 대통령으로부터 재정적자를 물려받은 오바마 대통령을 더욱 궁지로 몰아넣었다. 미 합동참모본부 의장(Chairman of the Joint Chiefs of Staff)인 멀린(Michael Mullen)도 미국안보의 가장 큰 단 하나의 위협으로 국가채무를 지목했다. 미 국방예산이 향후 10년간 4,870억 달러 삭감될 것이란 2012년 초의 발표는 멀린의 주장이 틀린 것이 아니었음을 증명했다. 궁극적으로 오바마 대통령은 국제적인 안보부담이 미국 일방의 공약으로 유지되기보다는 모든 국가들에 의해 공유되는 세계를 추구하고 있다. 이러한 세계라면 미국은 국가자원을 보다 절감할 수 있고 새로운 군사 분쟁에 연루될 가능성을 차단할 수 있을 것이며 동시에 지배국가로서의 위상은 유지될 것이다.

이러한 오바마 대통령의 바람은 2014년 미 육군사관학교 연설에서 가장 잘 드러난다. 당시 그가 던진 화두는 미국이 지배국가로서의 위상을 유지할 수 있을 것인가에 대한 것이 아니라 지배국가로서 어떻게 국제사회를 이끌어야 할 것인가에 대한 것이었다. 그에게 군사적 해결은 도구상자 안에 있는 다양한 도구들 가운데 하나에 불과했다. 그가 말했듯이 "최고의 망치를 가졌다고 해서 모든 못을 다 박으려고 해서는 안된다" (Obama, 2014). 대신에 그는 소프트파워 외교에 초점을 맞춘 새로운 외교정책 독트린을 제안했다. 그러면서 국제적 동반자관계를 통해 테러리즘에 맞서기 위한 재정기금을 출범시켰다. 그러나 많은 미국 시민들은 이 독트린을 새로운 어떤 것이 아닌 단지 미국의 국제적 역할을 축소하는 것이라고 보았다 — 미국은 10년간의 전쟁을 치른 후 어디로 향해야 할지 알지 못한 채 우선 글로벌 책임의 상당 부분을 내려놓고 있다.

미국 국력의 미래

1941년 2월, 『타임지(*Time*)』 발행인인 루스(Henry Luce)는 20세기가 '미국의 세기(America's century)'가 될 것이란 문장을 남겨 유명세를 탔다. 21세기가 시작되었을 때에도 타임지는 냉전승리와 자유시장경제의 지구적 확산을 통해 미국의 세기가 지속될 것이라고 전망했다. 그러면서 미국은 세계와 평화롭게 공존할 것이고 미국의 경제는 더욱 번창할 것이라고 주장했다.

2001년의 9·11사태, 아프가니스탄과 이라크에서의 실패, 그리고 2008년의 경제위기는 21세기 시작부터 미국의 단극질서를 흔드는 듯이 보였다. 2004년 미국의 국가정보위원회는 미래를 전망하면서 미국은 지배국가가 아닌 강대국 중 하나로 전락할 것이라고 예측했다. 그러면서 국가정보위원회는 국가권력의 약화와 개인권력의 강화, 국력의 다극적 분포, 국가에서 비공식적 네트워크로의 권력이동이 미국과 서구의 우위를 잠식하고 있다고 평가했다 (National Intelligence Coucil, 2004, 2008 and 2012).

많은 분석가들은 중국이 미국에 가장 중대한 안보위협이 될 것이라고 예견한다. 경제가 급성장하면서 국제적 야심을 드러내고 있는 중국은 세계 도처에서 부상하고 있는 신흥 경제국들과 정치적 연대를 강화하고 있다. 여기서 주목할 만한 것은 중국과 신흥 경제국들의 외교정책이 미국의 선호와 빈번하게 상충되고 있다는 점이다. 특히 중국은 미국의 탈냉전 대전략인 자유시장경제와 민주주의의 확산을 자국의 외교정책에 전혀 반영하고 있지 않다. 더욱 우려스러운 것은 스스로 지역적 지배국임을 자처하면서 군사력, 특히 해군력 증강에 박차를 가하고 있는 중국의 의도다.

그러나 자카리아(Fareed Zakaria, 2009)가 언급했듯이 미국 및 서구의 몰락에 대한 두려움은 잘못된 것일 수 있다 — 다른 국가들이 부상하고 있는 것일지도 모른다. 하스(Richard Haass, 2008)는 만성적인 재정적자와 군사적 과대팽창으로 미국의 국력이 쇠진해지고 있는 반면, 세계화가 동반한 상호의존성이 증가함에 따라 비극(非極) 또는 무극(無極) 시대가 출현했다고 본다. 단기적으로는 중국을 포함해서 미국의 국력에 도전할 국가가 없을 것이다. 미국은 여전히 세계에서 가장 큰 기업들의 대다수와 주도적인 대학들의 상당수 그리고 최강의 — 상당한 투사력까지 갖춘 — 군사력을 보유하고 있다. 이런 의미에서 아이켄베리(Ikenberry, 2011b)는 "이 새로운 국제질서에서 미국은 지배할 수는 없을 것이나 주도할 수는 있을 것이다"라고 언급했다. 요페(Josef Joffe, 2009)가 표현한 대로 미국은 '디폴트파워(기본은 하는 주요 강대국 – 역자주)'의 지위를 유지할 것이다.

결론

미국의 안보적 관심사는 냉전종식 이후 변화해왔다. 공산주의를 봉쇄하고 억지했던 단순한 정책은 새로운 접근법으로 대체되었다. 그 접근법은 민주적 규범의 확산을 통한 평화추구와 경제안보를 병행하는 것이었다. 미국은 이 접근법을 통해 1990년대 세계화를 주도하고자 했다. 9·11테러공격은 그러한 접근법에 수정을 가하도록 했다. 테러리즘을 안보적 관심사의 최우선 순위로 설정한 부시 행정부는 선제공격과 군사적 확장을 통한 공격적 독트린을 추진했다. 이 독트린 하에서 미국은 아프가니스탄 및 이라크에서 전쟁을 수행했고 동시에 광범위한 테러와의 전쟁까지 수행했다. 많은 이들은 그러한 과정에서 부시 대통령이 급부상한 중국, 지역패권국으로 재출현한 러시아, 서구에서 아시아·태평양 지역으로의 권력이동, 자원고갈, 핵확산, 기후변화 그리고 사이버전쟁 등과 같은 복잡한 안보현안들을 도외시했다고 비판한다. 오바마 대통령은 이러한 긴급 안보현안들을 해결하기 위해 미국 외교정책을 재조정해야 했다. 나이가 주장한 대로, "21세기 미국 국력의 문제는 … 그것이 쇠퇴한다는 데에 있지 않다. 문제는 가장 강력한 국가조차도 원하는 것을 얻으려면 타국의 도움이 반드시 필요하다는 현실인식을 바탕으로 무엇을 해야 할 것인지에 있다" (Nye, 2010: 12). 결국, 미국의 안보는 타국을 적대시하는 정책이 아닌 타국과 함께 하는 정책을 통해 달성될 수 있다.

추천도서

Foreign Affairs, at www.foreignaffairs.org.
Foreign Policy, at www.foreignpolicy.com.
The Washington Quarterly, at www.twq.com.

Ikenberry, G.J. *American Foreign Policy: Theoretical Essays*, 6th Edition, Boston: Wadsworth, 2011.
Jentleson, B. *American Foreign Policy: The Dynamics of Choice in the 21st Century*, 5th Edition, New York: W.W. Norton, 2014.
Kupchan, C. *No One's World: The West, the Rising Rest, and the Coming Global Turn*, New York: Oxford University Press, 2012.
Nye, J. *The Future of Power*, New York: Public Affairs, 2011.

24장 러시아, 흑해 지역 그리고 안보

툰치 아이바크(TunÇ Aybak)

글상자 24.1 신냉전?

2008년의 조지아전쟁과 뒤이은 2014년의 우크라이나와 러시아 간의 위기는 러시아와 서방세계 간의 신냉전이 시작될 수도 있다는 안보 우려를 낳았다. 2014년 메드베데프(Dimitriy Medvedev) 러시아 총리는 러시아의 우크라이나 크림반도 병합에 대한 국제사회의 제재조치를 비난하면서 서방세계가 우려하던 발언을 했다. "속도가 느리긴 하지만 확실히 우리는 제2차 냉전시대로 진입하고 있다" (Bloomberg TV, 2014년 5월 19일).

서론

서방과 러시아가 흑해 지역에서 외교적·군사적으로 맞붙고 있는 현상은 탈냉전 유럽질서의 지정학적 변동이 초래한 거대한 충돌의 맥락에서 이해되어야만 한다. 그 지역의 군사적 분쟁은 국지적 사안을 놓고 벌이는 소규모 충돌이 아니다. 2008년 코카서스(Caucasus) 남부에서 발생한 군사 분쟁은 소련 해체 이후 러시아가 자국의 국경을 넘어 개시한 최초의 전쟁이었다. 러시아의 조지아 침공은 흑해를 포함한 유라시아 지역의 영토와 주권의 근간인 탈냉전 유럽질서를 흔든 사건이었다. 이것은 러시아의 영향권이 흑해 주변으로까지 확장된 '친서방 지역'과 인접해 있다는 것을 확인시켜주었다.

이런 맥락에서 2014년 크림반도 분쟁은 러시아의 대(對) 서방 외교안보정책의 정점이었다. 조지아전쟁과 크림반도 병합은 유럽의 지정학에 대한 러시아 국가 엘리트의 사고방식 및 푸틴(Vladimir Putin)이 이끄는 러시아의 지정학적 위상과 관련된 다양한 관점과 전략의 차원에서 평가되어야만 한다.

변방에서 중심으로

유럽에서 러시아의 존재감은 언제나 컸다. 그러나 그러한 존재감은 안정적이지 못했다. 러시아는 거의 50년 동안 스스로 고립을 선택한 유라시아 제국이었고 1991년 소련의 급작스런 해체는 러시아의 국가와 사회에 심대한 영향을 주었다. 소련 해체 이후 러시아 국가 엘리트는 탈냉전 상황에 맞게 그들 스스로를 재조정해왔다. 1990년대 초 빌 클린턴 행정부가 구(舊)소련의 영역에 성공적으로 진출한 반면 옐친(Boris Yeltsin) 러시아 대통령은 산적한 국내문제와 치열한 체첸(Chechnya)전쟁으로 골머리를 앓는 통에 미국의 행보를 따라갈 수 없었다. 구소련 국가 엘리트들은 유럽의 국제정치에서 러시아가 변방화되는 것에 잘 대처해왔지만 옐친 행정부는 러시아의 국제적 위상을 증진시킬 수 있는 일관된 외교정책 목표를 수립하지 못했다. 유럽연합(EU)의 통합과정이 심화되고 확대되면서 서방세계는 러시아의 전통적인 영향권에까지 경제적·군사적 영향력을 투사했다. 북대서양조약기구(NATO)의 점증하는 위상은 물론, 러시아 서쪽 경계인 흑해 지역으로까지 확장되고 있는 유럽통합 계획에 대해 러시아 고위 관료들이 우려하는 것은 너무나 당연했다. 다른 한편, 러시아인들은 자신들의 뒷마당에서 유럽-대서양 세력의 존재감이 강화되고 있는 추세를 뒤집을 능력이 없었다. 1998년도에 불어 닥친 금융위기는 러시아로 하여금 그러한 추세를 눈뜨고 바라볼 수밖에 없도록 했다. BTC 파이프라인(카자흐스탄, 아제르바이잔, 조지아, 터키를 잇는 세계에서 두번째로 긴 송유관으로 영국, 미국, 터키, 노르웨이, 이탈리아, 프랑스, 일본 등이 컨소시엄을 구성하고 있다 – 역자 주)을 활용하여 카스피해(Caspian Sea) 에너지 자원과 서방세계를 연결하는 새로운 파이프연결 사업과 NATO 군사시설의 동진은 러시아의 지정학적 영향권을 잠식했다. 이 때문에 러시아 국가 엘리트와 시민사회는 1990년대를 경기침체와 정치적 변방화로 점철된 우울한 시기로 기억한다.

그러나 1999년도부터 반전이 시작되었다. NATO가 참전한 1999년의 코소보전쟁 당시 모스크바는 공세적 대응을 통해 '구소련 공화국'에서의 영향력 복원을 시도하여 세계의 주목을 끌었다. 같은 해 12월 31일 옐친 대통령은 푸틴을 대통령으로 지명했고 이듬해 푸틴은 4년의 임기를 시작했다. 옐친 대통령이 집권한 9년간은 혼란기였다. 그러나 이제 러시아에는 강력한 리더십이 등장할 것으로 예견되었다. 이러한 기대가 가능했던 이유는 신임 대통령이 정치권에서는 무명이었지만 그가 과학기술관료이자 KGB 출신이었기 때문이다. 푸틴 대통령의 권력 장악은 집권 2기인 2005년에 정점을 찍었다. 대애국전쟁(Great Patriotic War, 제2차 세계대전 당시 독일에 맞서 싸운 전쟁 – 역자 주) 승전 60주년을 기념하는 자리에서 그는 구소련에 대한 향수를 자극했고 구소련의 해체를 "20세기의 가장 큰 지정학적 재앙"이라고 언급했다. 서방과의 직접적인 대결을 피하면서도 그는 옐친 행정부 하의 러시아와 러시아인들이 서방으로부터 적절한 대우를 받기는커녕 모멸을 당해왔다고 주장함으로써 국민정서를 자극했다. 그 결과 국내에서 그의 대중적 인기는 하늘로 치솟았다. 그의 목표는 서방과 동등한 '정상적인 강대국'으로서의 위상을 되찾고 수치스러운 1990년대의 악몽으로부터 벗어나는 것이었다. 이러한 그의 정치적 행보를 '제국' 그리고 '제국건설'의 시각으로 보는 것은 과도한 비판이다. 그러한 시각은 타국의 영토를 직접적이고 공식적으로 통제할 때나 가능하다. 전반적으로 러시아는 유라시아 신생독립국가들의 영토주권에 대한 간섭을 자제해오고 있다. 이런 의미에서 조지아전쟁은 매우 특수한 예외적 사례였다. 일반적으로 러시아는 외교적 수단, 에너지 외교 그리고 소프트파워를 통해 영향력을 행사해왔다.

2007년 2월 뮌헨에서 개최된 국제안보회의 연설에서 푸틴 대통령은 트레닌(Dmitri Trenin, 2006)의 표현을 차용하여 "서구에 '다층적으로 복속된' 관계에서 벗어나 국제무대에서 독립적 목소리를 낼 수 있었던 전통적인 국제적 위상"으로의 복귀를 천명했다. 러시아가 유라시아 국제정치에서 주요 행위자로 재부상함에 따라 러시아를 서방으로 편입시키고자 했던 탈냉전의 희망은 사라졌다. 뮌헨 연설에서 푸틴 대통령은 유럽·대서양 제도를 러시아 서쪽 경계로까지 확장하려는 시도를 공개 비판하면서 다음과 같이 언급했다. "NATO는 자신의 최전선을 우리 국경 바로 앞까지 확대하고 있다. 이것은 자신의 군 현대화나 유럽의 안보증진과 아무런 관련이 없다. 그것은 상호신뢰를 감소시키는 심각한 도발과 다름없다. 우리는 질문할 권리가 있다. 이러한 확장은 누구를 염두에 둔 것인가? 바르샤바조약기구(Warsaw Pact)가 해체된 이후 NATO가 우리를 위해 취한 안전보장조치가 있었는가?" (Putin, 2007). 러시아 엘리트의 전략적 관점에서 보자면 서방의 동진은 NATO가 약속한 안전보장조치의 위반인 동시에 1997년 NATO와 러시아 간에 체결된 상호 관계 및 협력, 안보에 관한 기본협정의 위반인 셈이다. 푸틴 대통령의 연설이 있고 15개월이 지난 뒤이자 러시아의 조지아 침공이 있기 2개월 전 메드베데프가 새로운 대통령으로 선출되었다. 그는 베를린 연설에서 NATO와 유럽안보협력기구(OSCE: Organization for Security and Cooperation in Europe)를 공개 비판하면서 "냉전종식은 유럽 문명의 세 줄기인 러시아, 유럽연합 그리고 북미 간에 순수하게 동등한 협력체제가 구축되는 것을 가능하게 했다. 러시아를 제외한 범대서양주의는 이제 구시대적 사고가 되었다. 오늘날 우리는 밴쿠버에서 블라디보스토크에 이르는 총체적인 유럽-대서양 지역의 일체성에 대해 논의해야만 한다. 이러한 협력은 우리 삶의 지상명령이다"라고 발언했다. 또한 그는 "국가들을 변방화·고립화시키거나 지역별로 안보수준의 차이를 만들어내는 것"에 대해서도 경고했다 (Medvedev, 2008).

크렘린은 현재의 탈냉전 안보 아키텍쳐(security architecture)가 작동하고 있지 않다는 점을 수차례 강조해왔다. 2008년 8월에 발발한 남오세티야(South Ossetia)전쟁을 예방하지 못했던 것 이외에도 러시아 입장에서 탈냉전 유럽안보 아키텍처가 실패한 사례들에는 NATO의 동진, 1999년 NATO의 유고슬라비아 폭격, 미국의 탄도미사일 동유럽 설치 계획, 개정 유럽재래식무기감축조약(CFE: Conventional Forces in Europe Treaty)의 유명무실화 그리고 2008년 코소보의 독립선포 인정 등이 있다. '메드베데프독트린(Medvedev doctrine)'은 '푸틴이즘(Putinism)'이라고 불릴 수 있는 모든 사상들과 인식들을 총망라했다. 이러한 이유 때문에 메드베데프독트린은 별 뜻 없이 자동으로 튀어나온 서구에 대한 반감이 아니다. 그것은 지난 20년간 러시아가 심혈을 기울여 개발한 일련의 원칙들과 담론들로 구성된 지정학적 방책이다. 러시아 외교정책의 기본원칙들은 러시아어를 사용하는 시민들의 권리보장, 러시아어를 사용하는 공동체와 러시아의 통합을 보호하기 위한 군사력 사용, 그리고 러시아와의 우호적인 관계에 있는 구소련 공화국들의 주권과 영토적 독립에 대한 인정 등 일관적이다. 2012년 3월 푸틴은 또 다시 대통령으로 선출되어 3번째 임기를 시작했다. 그는 러시아 문명권이라는 독트린을 제시했다. 이전과 달리 2013년에 출간된 러시아 외교정책 문서는 푸틴독트린의 이념적 원칙들을 보다 강력하게 천명했다. 2008년의 러시아 외교정책 문서는 냉전 잔재의 극복 그리고 '이념시대의 종말'에 방점을 두었으나 2013년의 러시아 외교정책 문서는 '문명적 다양성' 및 러시아와 서구 간 이념적 차별성을 강조했다 (Russia, 2013).

흑해 지역을 냉각시킨 분쟁

오래전부터 흑해는 러시아의 역사와 정체성에서 중심적이고 전략적인 역할을 했다. 냉전 시기 흑해 지역은 NATO와 바르샤바조약기구가 마주한 최전선이자 대서양 국가들과 소연방이 대립한 전장이었다. 흑해 지역은 동서관계가 냉랭했던 곳으로, 자본주의와 사회주의라는 경쟁하는 두 이념이 국경과 지역기구의 구성원을 결정짓던 지역이다.

구소련 해체 이후 흑해에서 러시아의 존재감은 크게 감소했다. 러시아는 흑해 연안의 다른 독립국들과 구소련 당시의 국경을 공유해야 했다. 그 결과 구소련이 보유했던 흑해 해안선의 30%만 갖게 된 러시아는 주요 항구도시 및 해안의 거점들을 상실하게 되었다. 과거 러시아 제국과 구소련이 흑해 해안의 북쪽 및 북동쪽 전 지역을 통제했던 시대가 종식된 것이다. 흑해 지역에서 진행된 몇몇 지정학적 사건들은 러시아 외교정책을 크게 변화시켰다. 특히 불가리아와 루마니아를 비롯한 많은 구소련 공화국들을 NATO나 서방이 주도하는 양자조약에 가입시킨 것이나 EU 회원국 대상을 구소련 공화국들까지 확대시킨 사건들은 유럽·대서양 제도가 흑해의 서쪽 해안선까지 이식된 것을 의미했다.

흑해 지역에서 러시아가 가졌던 지정학적 '특전'은 러시아와 그 지역 사이에 형성되어온 역사적, 문화적, 정치적 그리고 군사적 유대관계에서 비롯된다. 흑해의 하위 지역인 코카서스 남부는 러시아가 오래전부터 국경문제로 골치를 앓았던 곳이다. 이곳은 코카서스 북부에서 전개된 최근의 사건들(제1차 체첸전쟁, 제2차 체첸전쟁, 압하지야전쟁, 남오세티야전쟁 – 역자 주)과도 밀접히 관련되어 있다. 역사적으로 말하면, 흑해와 카스피해 사이에 위치해 있는 광의의 코카서스 지역은 러시아의 역사적 정체성을 형성하는 데 중심적 역할을 한 곳이다. 러시아 제국과 구소련은 오래전부터 이 지역을 근대화시키고 개발한 주체였다. 러시아 제국과 이슬람이 코카서스에서 충돌한 사건에서 영감을 얻어 탄생한 것이 문명충돌론(Clash of Civilizations Thesis)이다. 그 만큼 코카서스 지역은 러시아 정체성의 영구적인 경계나 다름없다. 2005년 연례연설에서 푸틴 대통령이 "러시아는 유라시아 대륙에서 문명적 임무수행을 지속해야 한다"라고 언급한 것도 위에서 언급한 역사적 맥락에서 나온 것이다.

명목상 하나의 민족을 지향했던 구소련이 해체되자 사람들은 명확한 인종적 차이를 공개적으로 언급하게 되었고 동시에 민족주의적 얼망에 사로잡히게 되었다. 약한 국가적 정체성과 강한 인종적·민족적 정체성의 조합은 역내 갈등 및 외부 세력의 개입을 촉진시키는 환경을 만들어냈다. 이러한 체제적인 변동은 매우 불균등했고 불완전하게 진행되었다. 이것이 오늘날 코카서스 지역 국가들이 근대화를 추진하는 발전모델과 발전경로에서 매우 커다란 차별성을 보이는 이유가 되었다.

러시아는 코카서스 남부의 독립국가들(아르메니아와 아제르바이잔)에서 자국의 군사적, 정치적, 경제적 존재감을 유지하려 하면서 자국 영토의 일부인 코카서스 북부에서 발생한 체첸인의 반란도 진압하고자 했다. 그런데 코카서스 남부의 독립국가들이 경제발전과 근대화를 위해 EU와 NATO 가입을 고려하자 러시아는 유럽·대서양 제도의 군사적, 정치적 영향력의 확장을 우려하기 시작했다. 러시아의 독립국가연합(CIS: Commonwealth of Independent States) 창설은 영토적 통합성을 강조하여 유럽·대서양 제도를 밀어내려는 방어적 조치였다. 동시에 러시아는 친서방국가 내에서 분리주의를 주장하며 러시아로의 편입을 시도한 몰도바 내의 트란스니스트리아, 조지아 내의 남오세티야 공화국과 압하지야 공화국, 그리고 아제르바이잔 내의 나고르노-카라바흐 공화국과 같이 준(準)국가들을 적극적으로 지원했다. 이들 분리주의 운동을 지지하기 위해 러시아는 정치적·경제적·외교적 지원, 국가건설 자금지원, 분리 상태로의 현상유지, '코소보 선례'와 같이 분리를 거부하는 국가에 대한 군사적 위협 그리고 분리주의 세력이 만든 정치결사체에 대한 국가인정 등의 방법을 동원했다. 사실, 푸틴 대통령의 집권 2기 때 러시아의 영향력은 쇠퇴하고 있었다. 이 때문에 이 시기 푸틴 대통령은 러시아와 인접한 흑해 및 코카서스 지역에 경제적, 정치적 힘을 행사함으로써 강대국으로서의 지위를 복원해야만 했다.

코카서스 하위지역 이외에도 러시아는 여전히 흑해 지역 전반에 영향력을 행사할 수 있다. 2014년의 크림반도 병합 이전에도 러시아 해군은 크림반도에 주둔하고 있었다. 우크라이나와 갈등국면에 있을 때에도 주둔하고 있었다는 사실은 흑해 해안선의 축소에도 불구하고 러시아가 여전히 흑해 지역의 최강자라는 것을 상징한다. 따라서 우크라이나와 조지아 내에서 있었던 국내 분리주의 갈등은 러시아의 지역적 이해관계 및 흑해에서의 정체성과 직접적으로 관련되어 있다.

가장 중요한 것은 냉전종식 이후 에너지 수송통로로서 흑해가 갖는 중요성이 크게 증가했다는 사실이다. 러시아의 원유와 천연가스 수출이 증가하고 경제가 기하급수적으로 성장함에 따라 흑해를 가로지르거나 흑해 주변을 지나는 파이프라인들이 추가로 신설되었고 이에 따라 흑해는 에너지 수송의 요충지가 되었다. 강력한 군사력과 함께 에너지는 러시아의 새로운 외교적 도구가 되고 있다. 그러나 흑해의 지정학을 에너지와 파이프라인 정치로 환원하는 것은 너무나 단순한 분석이다. 이 지역 갈등의 근간은 다른 데에 있다.

주권민주주의

조지아 위기는 EU와 러시아 사이에 맺은 전략적 동반자관계의 근간을 흔들었다. 브뤼셀에 있는 한 선임연구원이 지적했듯이, “2008년 8월 8일부터 22일 사이에 있었던 조지아와 러시아 간의 작은 전쟁은 정상적인 지도에 나와 있는 유럽의 국경선이 영원할 것이라는 믿음을 산산조각 내버렸다. 이것은 21세기에 일어난 유럽 최초의 전쟁이다. 러시아는 19세기와 20세기 초 유럽을 지배했던 현실주의 패러다임을 복원시켰다” (Emerson, 2008). 그러나 러시아와 EU 사이의 신뢰성이 위기에 봉착한 것은 흑해를 둘러싸고 일어났던 이전 사건들에 대한 러시아의 반응에 기인한 바가 크다. 2000년대 중반 우크라이나와 조지아에서 발생한 소위 색채혁명(coloured revolutions)의 전환적 성격은 흑해 지역의 탈냉전 국제정치는 물론, 크렘린 정계의 심장부에도 충격을 주었다. 색채혁명의 주요한 결과 중 하나는 유럽에서 러시아가 차지하는 위상에 대한 재개념화 및 재평가였다. 다른 한편, 러시아의 행보를 조지아전쟁에서 나타난 ‘현실주의 패러다임’의 기본원리로만 이해하는 것은 단순화의 위험성이 있다. 푸틴 대통령의 리더십 하에서 러시아의 외교정책은 이전보다 훨씬 더 규범성을 띠게 되었다. 러시아 외교정책은 현실주의적 처방을 따르기도 하지만 ‘규범공세(normative offensive)’라고 하는 일련의 실천적 가치들을 따른다. 마카리체프(Andrey Makarychev, 2008)는 규범공세가 바로 러시아의 소프트파워라고 주장한다. 그에 따르면 러시아 외교정책의 규범적 요인들은 두 개의 축, 즉 물질적 이익과 반대되는 일련의 관념들 그리고 일방주의와 대비되는 다자주의로 구분된다. 푸틴 대통령의 리더십 하에서 개발된 규범적 담론 전략과 개념들은 러시아의 변방화를 저지하는 것을 최우선 목표로 하고 있다. 또 다른 목표는 탈냉전 질서의 기반과 기본원칙을 부정하기보다는 새로운 유럽질서에 진정한 정체성을 새겨 넣는 것이다.

우크라이나와 조지아에서의 색채혁명은 러시아가 스스로를 강대국이라고 인식해왔던 것에 중대한 충격을 주었다. 러시아의 주요 관심은 흑해 지역에서 반러시아 체제의 등장을 예방하는 것이었다. 크라스터프(Ivan Krastev, 2005)가 우크라이나 오렌지혁명의 여파에서 통찰을 얻어 주장했듯이, “러시아 정책의 주요 목표는 반러를 표방한 오렌지혁명과 과도기적 정부체제로 인해 초래될 수 있는 정치적 위기에 대응하는 것이었다. 이를 위해 러시아는 효과적인 관념, 제도, 네트워크 그리고 미디어 사회기반시설을 도입하고자 했다. 이러한 도입이 성공한다면 러시아는 흑해 지역에서 국가적 차원이 아닌 보다 깊숙한 사회적 차원에서 영향력을 회복할 수 있었다. 따라서 러시아는 흑해 지역 국가들에서 태동 중인 민주주의를 억압하는 것이 아닌 민주주의가 정착될 수 있도록 지원할 것이다 — 단, 러시아가 생각하는 민주주의를 위해.” 이것을 뒷받침하는 것이 바로 서구가 지원한 색채‘혁명’에 대한 반응으로서 크렘린이 고안한 ‘주권민주주의(Sovereign Democracy)’라는 개념이다. 한 영향력 있는 논문에서 크라스터프는 ‘주권민주주의’ 프로젝트가 유럽으로부터의 이탈이 아닌 ‘다른 유럽’이 되는 것을 의미한다고 주장했다. 푸틴 대통령의 보좌관인 수르코프(Vladislav Surkov)가 창안한 주권민주주의 개념은 19세기 프랑스의 정치사상가 기조(Francois Guizot)의 반대중주의(anti-populism)와 독일의 정치철학자 슈미트(Carl Schmitt)의 반다원주의(anti-pluralism)에 기초한다. 수르코프는 다음과 같이 말하고 있다. "나는 민주주의가 주권보다 더 중요하다고 말하는 사람들을 종종 보곤 한다. 우리는 그것에 동의하지 않는다. 우리는 두 가지 모두 필요하다. 국가의 독립을 위해 싸우는 것은 매우 가치 있는 일이다. 물론 유럽으로 도망치는 것이 어떤 이들에게는 좋은 일이 될지도 모른다. 그러나 그들은 안식처라고 생각한 그곳에서 환영받지 못할 것이다. 러시아는 유럽문명권이긴 하나 유럽이라기보다는 유럽 중심에서 거리가 먼 변방 지역으로만 간주되고 있다. 이런 측면에서 우리는 유럽과 불가분한 관계다. 우리는 유럽과 친구가 되어야만 한다. 유럽은 우리의 '적'이 아닌 경쟁자일 뿐이다. 그런데 유럽은 러시아를 상대할 만한 '적수'로 보지도 않는다. 이것이야말로 치욕스러운 것이다. 이럴 바엔 차라리 지금처럼 '적'이 되는 것이 더 낫다" (Svetlichnaja and Heartfield, 2010).

러시아 정계의 관점에서 보자면, 국가는 사회 및 제도의 궁극적인 표현이다 (Makarychev, 2008). 푸틴의 러시아에서는 국가가 사회 속으로 침투해 들어간다. 연설이 있을 때마다 푸틴 대통령은 국가가 사회 속으로 성공적으로 침투해 들어갔을 때에만 강력한 시민사회가 번성할 수 있다고 언급해왔다. 시민사회는 분화된 가치와 다원적인 이익을 대변하는 역할이 아닌 사회의 모든 부분들을 일체화시키는 역할을 해야 하는 것으로 이해된다. 2007년 의회선거 기간 동안 푸틴 대통령은 러시아 정치체제를 비판하는 사람들을 공개적으로 공격했다. 푸틴 행정부와 푸틴 주변의 러시아 정계는 우크라이나 오렌지혁명 당시 적극적으로 활동한 시민사회조직들이 서구 정부들과 깊이 연루되었을 것이라고 의심했다. 쉴라펜토흐(Vladimir Shlapentokh, 2007)가 주장하듯이 "모스크바는 2004년 우크라이나의 정치적 소요를 단순한 내부 갈등으로 보지 않았다. 모스크바는 그것을 외세의 내정간섭이라는 정치적·이념적 위협으로 보았다." 실제로 푸틴 대통령은 우크라이나에서 사용된 것과 동일한 방법이 러시아 체제를 약화시키는 데 사용될지도 모른다고 우려했다. 서구가 지지하고 지원하는 시민사회협회, 비정부기구(Non-Governmental Organization), 그리고 사회운동이 외세의 영향력 확장으로 간주되는 것과 달리 러시아에서 시민사회의 형성은 서구 시민사회가 밟아온 경로와 본질적으로 다르다. 러시아 시민사회의 지향성은 국가 일체성을 훼손한다기보다 그것을 강화한다는 점에서 본질적으로 국가주의적이다.

이러한 주권에 방점을 두는 러시아의 통치방식은 포스트모던(post-modern)한 유럽식의 통치방식과 정반대 의미를 지닌다. 러시아가 유럽과 달리 주권에 방점을 두는 통치방식을 채택하게 된 이유는 러시아와 유럽의 근대화 경로가 매우 달랐기 때문이다. 노이만(Iver Neumann, 2008)에 따르면, 포스트모던한 유럽식의 통치방식에 합리성이 부여되기 시작한 시점은 16세기다. 푸코(Michel Foucault)는 그 시기에 자유로운 시민사회에 기초한 통치방식이 유럽의 새로운 표준이 되었다고 주장한다. 그러나 유럽식의 통치방식은 다른 근대화 경로를 밟았던 러시아의 역사에서 보면 커다란 문제의 소지가 있는 것이었다. 노이만의 표현을 빌자면, 통치체제의 기초로써 강한 국가를 강조해온 러시아의 전통으로 인해 러시아의 근대화는 유럽과 동일시될 수 없었다. 러시아 국가는 러시아 사회를 통해서 주권을 행사한다. 그러면서 노이만은 "러시아가 간섭을 자제하는 통치방식이 아닌 국가 간섭을 노골화하는 통치방식에 합리성을 부여하는 패권적 신자유주의 모델을 고수하는 한 서구는 러시아를 완전한 자격을 갖춘 강대국으로 인정하지 않을 것이다"라고 결론내리고 있다 (Neumann, 2008: 151). 그러나 바로 이러한 이유 때문에 러시아가 주권민주주의라는 개념을 개발한 것이다. 주권민주주의는 러시아가 서구의 비판과 패권적 영향력을 수용하지 않을 것임을 의미한다. 동시에 그것은 러시아가 국제사회의 동등한 일원으로 대우받기를 원한다는 것을 의미한다. 푸틴과 메드베데프 모두 공개석상에서 명시적으로 주권민주주의 개념을 사용하지는 않고 있지만 주권민주주의가 수반하는 많은 담론은 러시아 엘리트 사고방식의 근간을 이루고 있다.

유라시아주의 대 대서양주의

주권민주주의라는 담론이 포스트모던/포스트베스트팔렌(post-Westphalian) 유럽 정치질서의 확장에 대한 반응이라면, 유라시아주의는 구소련 유라시아 공간에까지 확장되고 있는 유럽·대서양 질서에 대응하기 위한 또 다른 전략적 담론이다. 소련이 소멸한 이후 구시대적인 지정학적 이해관계가 되살아났다. 지정학적 담론으로서의 유라시아주의는 1990년대 중반 이후 다양한 형태와 지향성을 띄면서 정치적 영향력을 갖기 시작했다. 어떤 의미에서 유라시아주의는 소련 해체 이후 러시아의 정체성 위기에 대한 해결책으로 등장한 문명적 대안이기도 하다 (Tsygankov, 2007). 유라시아주의는 적용대상에 따라 그 의미가 달라지기도 하고 러시아 역사의 다양한 소재에서 영감을 얻어 내용이 변화하기도 한다. 유라시아주의 권위자인 라루렐(Marlene Laruelle, 2008)은 자신의 저서에서 유라시아주의에 대한 종합적인 정의를 제시하고 있다. 유라시아주의는 러시아와 그것의 '주변부'가 유럽과 아시아의 중간적 위치에 있다거나 양쪽 모두의 특성을 갖고 있다는 것을 의미하기도 하고, 러시아의 특성이 슬라브 민족과 투르크-무슬림의 융합에서 탄생한 혼합문화라는 것을 의미하기도 하며, 러시아가 아시아 특징을 더 강조해야 한다는 것을 의미하기도 한다. 따라서 유라시아주의는 중간과 중심이 혼재된 개념이다. 그것은 러시아가 유럽의 변방이라는 관점을 거부한다. 반대로 그것은 러시아의 위치를 구세주와 같은 '제3의 길'로 해석한다. 이것은 국가와 시장의 중간, 그리고 아시아와 유럽 중간에 있는 모델을 제시하는 탁월한 러시아 '예외주의'다. 이런 의미에서 유라시아의 경계는 유럽을 포함하기도 하고 배제하기도 한다. 또한 유라시아주의는 국가가 해체된 구소련 공간에서 국가적 존엄을 회복해 나가는 근대화 프로젝트이며 사회정의와 평등주의의 실현을 강조한다. 이 때문에 유라시아주의를 채택한 러시아는 유럽 중심적 근대화 프로젝트와 결별할 수밖에 없다. 결국 유라시아주의는 러시아 역사의 사상적 조류의 영향을 받은 러시아적 근대성의 산물이다.

라루렐에 따르면, 2000년대 초반 이후 유라시아주의는 러시아 지식인층의 정치적 상상과 국정운영에 매우 커다란 영향을 미치고 있다. 예를 들어, 2003년에 치간코프(Andrei Tsygankov, 2003)는 유라시아주의를 러시아 국가 및 사회의 지정학적 상상 속에 있는 균질적인 담론으로 이해하기보다는 몇몇 지적 지류와 학파로 구성된 다양한 담론전략으로 보는 것이 더욱 의미가 있다고 주장한다. 지적 지류와 학파는 일견 모순되어 보일 수도 있는 친서방 지경학 집단과 고립주의 집단 그리고 팽창주의 집단에 이르기까지 다양하다.

유럽통합과 대척점에 서있는 탈소비에트 지역주의

러시아 유라시아주의 전략의 또 다른 실천적 지침은 유라시아 지역기구들을 통해 탈소비에트 국가들과 경제단위들을 재통합하는 것이다. 1991년 러시아는 CIS를 창설하여 탈소비에트 유라시아에서 자국의 유산을 유지하고자 했다. CIS는 우크라이나와 조지아에서의 색채혁명 이후 민주화가 진행 중인 CIS 회원국들에 대한 서구의 개입을 견제하기 위해 서구의 선거감시기구에 대한 대안으로 유라시아판 선거감시체제를 도입했다. 그러나 CIS는 러시아의 장기적인 이익을 실현하는 데에는 실패했다. 몇몇 회원국들은 그들 자신만의 지역기구를 형성하여 EU나 NATO와 연대하고자 했고 다른 회원국들은 CIS를 탈퇴했기 때문이다. 러시아의 개입 이후 조지아는 CIS를 탈퇴했고 우크라이나는 CIS 출범 때부터 참여하지 않았다. CIS 정상회담이 개최되었지만 참석하는 고위 대표단이 매우 적었기 때문에 러시아는 좌절감을 맛봐야 했다.

약해지는 영향력을 회복하기 위해 러시아는 벨라루스, 아르메니아, 우즈베키스탄, 키르기스스탄 그리고 타지키스탄과 함께 집단안보조약기구(CSTO: Collective Security Treaty Organization)를 창설했다. 출범 직후부터 러시아는 이 기구를 NATO의 확장과 영향력에 대한 견제 및 조지아와 우크라이나의 NATO 가입에 대한 정치적 시위를 위해 활용했다. 그리고 CSTO가 탈소비에트 국가들의 안보동맹임을 명확히 했다. 그 밖에도 러시아는 상하이협력기구(SCO: Shanghai Cooperation Organization)에서 적극적인 역할을 했다. 이 기구는 중앙아시아 4개국과 유라시아의 또 다른 강력한 행위자인 중국을 회원국으로 하고 있다 (2019년 현재 인도와 파키스탄이 추가되어 정회원국은 8개국이며 이외에 준회원국 4개국, 협력파트너 2개국, 초청국가 1개국 및 초청기구 2개기구, 대화상대국 6개국 등이 있다 – 역자 주). SCO 내에서도 중국의 유라시아 관여를 우려하는 목소리가 존재하기는 하지만 상하이협력기구는 중국의 탈소비에트 공간 활용을 합법화하고 있다. CSTO와 SCO는 본질적으로 안보와 방위 관련 사안들을 다루는 지역기구인 데 반해 최근 러시아가 탈소비에트 공간에 유라시아관세동맹(ECU: Eurasian Customs Union, 러시아, 벨라루스, 카자흐스탄 그리고 아르메니아)을 설립하려는 시도는 유라시아에 대한 EU의 영향력 확대에 따른 반응이다.

일반적으로 러시아의 국가주도형 유라시아 지역경제통합계획은 서구의 신자유주의적 세계화의 시장주도 정책이 CIS 각 국에 미치는 부정적 효과에 대한 방어적 반응으로 이해되어야 한다. 제안된 바 있는 유라시아연합(Eurasian Union) 역시 자본주의 세계경제에 대한 대안적 질서가 아니라 그러한 세계경제에 연착륙하기 위한 러시아의 전략적 구상이다. 제안된 시점이 러시아의 세계무역기구(WTO: World Trade Organization) 정식 가입 직후라는 것은 유라시아연합이 방어적인 것임을 방증한다. 최근 아르메니아가 EU의 동방동반자 구상(EPI: Eastern Partnership Initiative)이 아닌 ECU에 참가할 것이라고 선언한 것은 러시아에 유리한 국면을 조성했다. 그러나 2013년 11월 빌뉴스에서 개최된 EPI 정상회담 직후에 일어난 우크라이나 사태는 유라시아 경제통합이라는 푸틴 대통령의 전략적 구상을 재촉하게 되었다. 이런 의미에서 우크라이나 사태를 재조명해볼 필요가 있다.

우크라이나 위기

2013년 11월, 우크라이나정부는 EU와의 노사조약협약 및 포괄적무역합의서(Association Agreement and Comprehensive Trade Agreement)에 서명하는 것을 유보한다고 선언했다. 그러면서 '국가안보상의 이유'와 러시아 및 CIS 국가들과의 무역관계에 대한 고려사항 때문에 그러한 결정을 했다고 발표했다. 2013년 12월 야누코비치(Viktor Yanukovych) 대통령은 푸틴 대통령과 천연가스 수입가격을 낮추기 위한 합의에 서명했다. 이 합의를 통해 우크라이나는 EU가 제공할 수 있는 것보다 더 많은 재정적 지원을 받을 수 있을 것으로 기대했다. 왜냐하면 러시아가 그 합의에 어떤 조건부 요구도 추가하지 않았기 때문이다. 실제로, 유라시아경제연합(EEU: Eurasian Economic Union)에 가입할 것인지 또는 EU와의 노사조약협약에 서명할 것인지에 대한 딜레마는 오래전부터 내재해 있던 우크라이나의 친서방 서부 지역과 친러시아 동부 지역 간 갈등을 표면화시켰다. 러시아와의 합의는 우크라이나 서부 지역에서 대중봉기를 촉발했고, 이는 다시 친서방 합의에 반대하는 우크라이나 동부 지역의 대중봉기로 이어졌다. 우크라이나 시민들이 목격한 독재자들 간의 적나라한 연대는 흑해 지역 민주주의의 전망을 어둡게 했다.

인구 대다수가 러시아인인 크림반도의 병합은 러시아의 전략적 승리이긴 했지만 장기적으로 볼 때 우크라이나의 발칸화(Balkanisation)는 흑해 지역은 물론 다른 지역의 안정성에도 파급효과를 미치게 될 것이다. 우크라이나는 러시아의 역사와 지정학에서 언제나 특별한 의미를 가졌다. 첫째, 크림반도 세바스토폴(Sevastopol) 항구에 주둔한 러시아 해군은 지중해 동쪽과 시리아 타르투스(Tartus) 항구에 있는 러시아 해군기지에 대한 접근성 확보를 위해 전략적으로 필수적이다. 세바스토폴 항구 임대기간은 2025년까지 연장된 상태였다. 둘째, 러시아는 항상 우크라이나 동부 지역과 크림반도 전역에서 러시아어를 사용하는 친러성향 시민들을 보호하는 데 많은 노력을 기울여 왔다. 우크라이나가 러시아와 서방 사이의 완충지대로 남아있는 한, 모스크바는 우크라이나의 NATO 및 EU로의 접근을 인내해 왔다. 그러나 친러 성향의 우크라이나정부를 전복시키려는 우크라이나 시민사회의 시도 및 외세의 관여는 러시아 정책결정자들이 보기에 자국의 뒷마당에서 자국의 중대 이익을 훼손시키는 대중반란과 다를 바 없었다.

이러한 이유 때문에 크림반도 병합은 러시아의 정치적 영향력 확대로 이해되기보다 러시아와는 일정부분 무관하게 전개된 사건들에 대한 수세적 반응으로 이해되어야만 한다. 러시아는 효과적으로 우크라이나로부터 크림반도를 보호했지만 동시에 직접적인 본토 개입에는 주저했다. 이는 아마도 러시아가 우크라이나 동부 지역의 친러 봉기를 만족스러운 대리전으로 간주해서 주저했던 것으로 보인다. 그러나 크림반도 병합에도 불구하고 포로셴코(Petro Poroshenko) 우크라이나 대통령은 EU와의 노사조약협약에 서명했다. 이것은 러시아 개입의 한계를 명백히 보여준 사건이었다.

우크라이나 동부 지역에 거주하는 상당수의 러시아어 사용 인구는 러시아가 우크라이나의 내정에 간섭할 수 있는 정치적 지렛대 역할을 한다. 우크라이나 사태가 있기 전만 해도 EU와 러시아는 공개적이고 직접적인 지정학적 경쟁자가 아니었다. 오히려 당시까지의 상황은 EU 및 NATO의 영향력 확장에 대한 야심이 흑해 지역에서 차단되는 듯이 보였다. 푸틴 대통령 역시 공개적으로 경고하면서 "NATO가 우크라이나까지 영향력을 확장한다면 러시아는 흑해에서 퇴출될 것이다"라고 언급했다 (Putin, 2014). 그러나 크림반도 사태는 서방과 러시아 간의 근본적인 차이점을 드러냈고 흑해 지역은 유럽·대서양주의와 유라시아주의가 대치하는 최전선이 되었다. 전략적 요충지인 크림반도는 이제 1954년 이래 처음으로 러시아에 귀속되었다. 과거처럼 우크라이나가 소련의 일부였다면 크림반도는 아무런 문제를 일으키지 않았을 것이다. 그러나 오늘날의 크림반도 병합은 러시아를 가장 중요한 흑해 지역 세력으로 다시 만들어 버렸고 그 결과 지역안보 맥락에 대한 수정이 불가피해졌다.

결론

러시아와 서방 간의 신냉전이 도래할 것인가? 누가 보더라도 냉전이 명확했던 1945년부터 1990년까지의 시기와 달리 현재는 그 질문에 대해 명확한 답을 제시하기가 쉽지 않다. 냉전 시대에는 핵무기에 기초한 양극체제 하에서 자본주의와 사회주의 진영 간의 명백한 이념 경쟁이 존재했다. 오늘날엔 첨예한 이념적 경쟁구도가 사라졌다. 경제발전 모델에서도 큰 차이가 없다. 러시아가 글로벌 자본주의와 서구의 시장주도 모델과 반대되는 그리고 자국의 이해관계가 반영된 국가주도형 지역주의 전략을 고집하고 있긴 하지만 러시아는 글로벌 자본주의 정치경제에 동참하기를 원하고 있다. 또한 러시아는 지역적·글로벌 문제에 영향력을 행사할 때 효과적인 에너지 카드를 사용하고 있지만 동시에 러시아의 에너지 수출은 에너지 시장에서 큰 비중을 차지하는 서구의 수요에 의존하고 있으며 소련 시대와 달리 러시아는 글로벌 시장의 영향력으로부터 자유롭지 못하다.

푸틴 대통령 집권 하에서 러시아는 '강대국 지

위'를 복원하고 변방화를 저지하기 위해 고군분투해왔다. 이 시기 러시아의 외교정책은 '러시아 예외주의'로 특징지어질 수 있는 문명적 정체성을 강조했다. 이것은 탈냉전 질서에 적응하기 위해 고안된 방법이었다. 러시아는 더 이상 냉전시기 양극체제 때의 외교안보정책을 추진하지 않는다. 다만 미국의 단극체제에 저항할 뿐이다. 러시아 외교정책이 작동하는 조건들은 매우 다양하고 냉전 시기 때보다 훨씬 복잡해졌다. 현재 러시아가 직면해 있는 주요 도전들은 다극석 글로벌 정치경제의 복잡한 경제적 상호의존에 어떻게 대응할 것인가의 문제와 인접 지역에서 자국의 영향력과 이해관계를 어떻게 보호할 것인가의 문제로 요약될 수 있다.

추천도서

Allison, R., Light, M. and White, S. *Putin's Russia and the Enlarged Europe*, Blackwell: London, 2006.

Laruelle, M. *Russian Eurasianism: An Ideology of Empire*, Baltimore, MD: John Hopkins University Press, 2008.

25장 중국: 안보와 위협인식

피터 허프, 샤힌 말리크(Peter Hough and Shahin Malik)

글상자 25.1 중국의 국가안보전략

2014년 중국의 시진핑(習近平) 주석은 새로운 정부기구인 중앙국가안전위원회(Central National Security Commission)를 발족시켰다. 그리고 취임연설에서 중국이 당면한 안보현안 가운데 최우선 순위 11가지에 대한 그의 견해를 발표했다.

- 정치안보
- 국토안보
- 군사안보
- 경제안보
- 문화안보
- 사회안보
- 과학기술안보
- 정보안보
- 생태안보
- 자원안보
- 핵안보

서론

위에서 열거된 안보현안들은 보통 서구에서 안보에 접근하는 방식보다 훨씬 미묘하다는 점에서 상당히 충격적이다. 군사안보가 최우선 순위가 아니라는 점과 내부적 위협을 외부적 위협보다 더욱 중시한다는 점이 그렇다. 중국이 이렇게 자국의 이익을 새롭고 세간의 이목을 끄는 방식으로 발표했다는 것은 안보에 대한 접근법이 과거보다 더욱 대외적으로 투명하게 되었음을 의미한다. 하지만 이것은 오랫동안 구축되어온 종합적인 전략을 공개적으로 발표한 것에 불과하다. 안보에 대한 중국의 관점은 이전부터 서구의 정통 모델과 놀라울 정도로 차별적이었다. 안보를 다차원적으로 정의한다는 점과 외부 질서보다 내부 질서를 더 강조한다는 점이 바로 그렇다. 이 장은 중국, 중국시민 그리고 더 넓은 세계를 위한 안보의 재개념화가 최근에 와서 왜 더욱 중요해졌는지를 탐색한다.

국가안보

중국은 단 한 번도 자국의 국가안보 순위를 공개적으로 발표한 적이 없다. 그렇다고 해서 2014년 처음으로 공개 발표된 국가안보의 우선순위가 놀랄 만큼 새로운 것은 아니다. 그 우선순위는 기술적 진보에 상응하여 부분적으로 수정되어오긴 했지만 중국 정치사상의 오래된 전통을 반영하고 있다는 점에서 크게 변화된 것은 없다. 다른 강대국들과 달리 중국은 항상 국가안보를 다변성과 내적 지향성의 측면에서 정의해왔다. 물론 현실주의가 중국의 정책결정자들에게 이질적인 개념은 아니다. 냉전시기 동안 중국의 안보전략도 다른 강대국의 안보전략과 다르지 않았다. 다만 미국과 소련 양국의 위협에 직면해 있었기 때문에 이에 대한 대응 차원으로 보는 것이 더욱 타당하다. 그러나 중국의 안보학계는 탈냉전이라는 변화된 환경에서 현실주의가 얼마나 적실한지를 놓고 지속적인 논쟁을 벌여왔다. 중국은 탈냉전 이후 조성된 상대적으로 온화해진 국제환경으로부터 많은 혜택을 누리게 되었다. 소련의 위협 제거, 급속한 경제성장 그리고 세계경제와의 교류증가 등이 그것이다. 이외에 미중관계의 지속적인 긴장에도 불구하고 중국은 미국을 시급한 안보위협으로 인식하지 않고 있다. 이러한 인식은 미국의 위세가 대단했던 테러와의 전쟁 때에도 그랬다. 2014년 3월, 러시아가 크림반도를 병합함으로써 우크라이나는 내전 직전의 상황으로까지 가게 되었고 이로 인해 미러관계가 외교적으로 파열되었다. 그런데 이 당시에도 중국은 미국을 위협으로 인식하지 않았다. 남중국해에서도 중국은 석유가 풍부하게 매장되어 있는 서사군도(islands of Paracel)와 남사군도(islands of Spratly)에 대한 영유권을 주장하는 많은 국가들(필리핀, 베트남, 말레이시아, 브루나이, 대만)과 마주하고 있지만 2014년 6월 현재까지 그 국가들을 향해 일체의 군사적 적대행위를 하지 않았다. 영유권 주장과 관련하여 가장 호전적인 베트남에 대해서도 중국은 군사적 해결보다는 법적 해결을 위해 쌍방 간의 입장을 유엔으로 이관했다.

다른 한편, 중일관계는 최근 몇 년간 악화되어 왔는데 일본의 센카쿠(중국명: 댜오위다오) 열도 — 천연가스가 풍부하게 매장되어 있고 어획량이 풍부한 무인도로써 중일 양국 모두 영유권을 주장하고 있다 — 국유화 조치가 발단이 되었다. 양국 간 군사적 충돌은 일본의 오랜 동맹인 미국을 끌어들일 가능성이 있어 확전에 대한 우려가 커지고 있다. 중국이 국제무대에서 경제적으로나 군사적으로 강력한 행위자로 급부상 중이기 때문에 그러한 우려가 실현될 가능성이 매우 커지고 있다. 그러나 궁극적으로 중국은 내부의 불만과 저항을 용인하지 않는 비민주적 정치체제이기에 안보과제의 초점은 내부 단속과 결속에 맞추어져 있다. 국제무대에서 중국의 국경과 이익이 현재까지는 잘 보호되고 있기 때문에 더욱 그렇다.

정치안보

내부의 반대와 저항으로부터 국가제도와 이념을 지켜내는 것이 중국정부의 정치적 최우선 순위라는 것은 이미 잘 알려져 있다. 중국정부는 이것이 잘 해결되면 외부 위협에 대한 대처도 자연스럽게 이루어질 것이라고 본다. 사회적 혼란에 대한 중국정부의 두려움은 개인주의보다 국가주의와 일당독재를 절대시한 마오주의(Maoist) 때문만이 아니다. 그러한 두려움은 중국의 정치 및 문화에 오래전부터 내재되어 있던 것이다. 이념적으로 법과 질서를 강조해온 강성입장은 기원전 3세기경으로까지 그 기원을 거슬러 올라갈 수 있다. 당시는 사회적 소요가 끊이지 않았던 전국시대(戰國時代)였고 이런 가운데 유가사상(儒家思想)과 도가사상(道家思想)은 그 영향력을 잃고 있었다. 이때 등장하여 유력해진 사상이 바로 한비자(韓非子)가 체계화한 법가사상(法家思想)이었다. "자비, 도덕, 사랑 그리고 아량은 쓸모없는 것이다. 가혹한 처벌과 지독한 형벌만이 국가의 질서를 유지할 수 있다" (Armesto, 2003: 146-147). 이러한 국가중심적 안보관점은 유럽의 전체주의보다 2천년 정도 앞섰고 1989년 천안문 광장 시위자들에 대한 대학살이나 당내 최고지도집단에 대한 이견을 용납하지 않는 문화에서도 명확히 드러난다.

최근의 사건들은 천안문 사태 이후에도 그러한 관점에 변화가 없다는 것을 보여주고 있다. 예를 들어, (튀니지 재스민혁명[Jasmine Revolution]에 고무받은) 민주화 운동이 2011년 2월 20일 시작되었다. 시위 주동자들의 목적은 성격상 정치적이었고 요구사항은 더 큰 국가 책임성과 투명성이었다. 그러나 곧이어 소집된 북경 및 다른 도시의 대규모 경찰병력은 초보 수준의 민주화 시위를 진압했다. 우리는 튀니지나 이집트에서 발생한 대중운동이 중국에서도 발생할 가능성이 있는지를 질문해보아야 한다. 중국이 경제성장을 구현하고 있고 대중이 성장의 혜택을 보고 있다는 점에서 국가 간의 차이는 중요하다. 이집트와 튀니지는 경제성장에 실패했고 양국의 시민들은 빈곤의 고통을 느껴야했다. 더구나 이집트와 튀니지에는 리더십 계승절차가 없었다. 가령, 이집트의 경우 무바라크(Hosni Mubarak)가 약 30년간 통치했다. 중국은 일당체제를 고수하고 있긴 하지만 리더십 계승 절차가 존재하고 새로운 최고지도자(Paramount Leader)는 5년 임기 두 차례가 경과된 후 임명된다 (그러나 2018년 3월 11일에 개최된 중국인민대표대회에서는 3연임 이상 금지로 규정된 국가주석 임기 조항을 삭제한 개헌안이 의결되어 사실상 시진핑 주석의 장기 집권을 공식화했다 – 역자주).

중국에서는 정치적 시위가 매우 드물게 발생하긴 하지만 최근 몇 년 사이에 특정 사안들에 대한 시위가 증가하는 추세에 있다. 그러한 시위에서 시민들은 직접 거리로 나가 그들의 불만사항들을 알리기 시작했다. 시위에 이르게 한 사안들의 유형은 주로 경찰의 잔혹성, 공직자 부패, 토지 횡령 그리고 지역적인 불만 등이다. 2006년과 2010년 사이 시위 건수는 2배가 되어 무려 18만 건의 '대중시위'가 발생했다 — 아랍 전체의 시위보다도 많다. 그러나 가장 놀라운 것은 이러한 시위에도 불구하고 중국은 대부분의 아랍국가들보다 훨씬 안정적이라는 사실이다. 이에 대해서는 많은 이유들이 존재한다. 대부분의 시위들이 지역적 사안에 국한되어 있기 때문에 또는 중앙당국이 그러한 불만사항들을 수용하기 때문에 안정적일 수 있다. 이유야 어찌되었든 시위자들이 중국의 정치체제를 전복하려 한다기보다 공산당을 합법적 권위체로 인정하고 자신들의 목소리를 관철시키려 한다는 점에서 인상적이다. 시위가 해방구 역할을 하고 공산당이 부차적 사안들에 대해서 용인하는 한 민주주의의 부재 속에서도 안정성이 유지될 수 있다는 점을 중국이 보여주고 있는 것이다. 그러나 한 가지 요인이 사회적 불만을 작게, 그리고 '체제 내에' 머물도록 만들고 있는데 바로 경제적 성장이 그것이다. 다시 말해 중국 내 사회적 불만은 경제적 하강국면에서는 혁명적으로 변화될 잠재력을 갖고 있다. 이 때문에 중국은 방위비 예산을 외부위협에 대응하는 것보다 국내안보를 증진하는 것에 더 많이 배정하고 있다. 예를 들어, 2013년 인민해방군에는 7,406억 위안(1,190억 달러)이 배정된 반면 국내안보 예산에는 7,691억 위안이 배정되었다.

국토안보

중국은 티베트의 평화적 저항과 신장(新疆)의 폭력적 봉기에 직면해있다. 그러나 중국만큼이나 영토가 크고 인종적으로 다양한 인도나 러시아와 비교할 때 중국의 상황은 심각해보이지 않는다. 그럼에도 불구하고 처음으로 소집된 중앙국가안전위원회는 방망이로 무장한 시위대조차도 국가에 대한 심각한 위험으로 간주될 수 있다는 입장을 발표했다. 이것은 중국이 국내 질서를 얼마나 중히 여기는지를 재차 보여준다. 신장 봉기는 수 세기에 걸친 위구르인(740년경 터키 동부에서 동쪽으로 이주한 투르크-몽골계의 후손)에 대한 중국인들의 정치적, 문화적, 종교적 박해에서 비롯되었다. 중국정부의 끊임없는 공격 때문에 서방과 국제사회는 위구르인들을 지원하고 있는데 그 지원의 정도는 매우 미약하다. 그러나 신장을 향한 중국의 정치적, 사회적, 문화적 탄압정책은 오히려 알카에다로부터 영감을 받은 테러리스트들을 양산하고 있다. 다시 말해, 그러한 탄압은 위구르인들의 폭력적 봉기를 유발할 수밖에 없고 위구르인들은 반란과 저항의 노하우를 얻기 위해 알카에다 같은 외부 조직들과의 연대를 강화한다. 미국이 주도한 테러와의 전쟁은 탄압에 저항하는 위구르인들의 정당한 노력에 장애가 되었다. 테러와의 전쟁을 빌미로 중국은 정치경제적 평등과 인권 개선을 위해 투쟁하는 위구르인 단체들을 테러리스트로 규정했기 때문이다. 그 결과 중국은 국제사회로부터 어떤 비판이나 압력도 받지 않으면서 위구르인들에 대한 탄압을 지속하고 있다.

중국의 인권유린과 소수민족 탄압이 두드러지는 또 다른 지역은 티베트 자치구이다. 티베트인들은 중국이 자신들을 식민지화했다고 주장하는 반면, 중국은 티베트 지역에 대한 자국의 주권이 수 세기 전으로까지 거슬러 올라간다고 주장한다. 이 때문에 1950년 수천 명의 중국군이 티베트를 침공한 이후, 티베트는 중국 안보의 중대한 관심사가 되면서 많은 티베트인들은 탄압과 심각한 인권유린으로 고통을 받고 있다. 1959년에 시도된 반란이 실패하자 14번째 달라이라마(Dalai Lama, 모든 티베트인들의 영적 지도자)가 추방되었고 티베트 '망명정부'가 인도에 수립되었다. 그곳에서 달라이라마는 세계가 티베트에 관심을 가져주길 호소하는 운동을 지속적으로 전개하고 있다. 티베트는 중국의 전략적 핵심 지역이기 때문에 티베트인들이 가까운 장래에 독립을 얻기란 매우 어려운 일이다. 티베트는 중국의 서쪽 국경과 매우 길게 인접해 있는 동시에, 중국의 아시아 경쟁상대인 인도와도 국경이 인접해 있다.

위의 두 가지 예시는 중국의 소수민족 대처방식이 크게 잘못되어 있음을 잘 보여주고 있다. 지난 30년간 군사·경제적으로 크게 성장했음에도 불구하고 중국 내 (약 55개에 이르는) 소수민족들은 지속적으로 박해받고 있고 중국의 급속한 경제성장이 가져다준 혜택을 전혀 받지 못하고 있다. 소수민족은 중국 전체 인구의 8% 미만에 불과하지만 그들의 거주지는 중국 국경 지역에서 요충지에 해당한다. 이것은 그들과의 관계가 안정되어야만 향후 러시아 및 중앙아시아와의 경제 및 에너지 협력이 가능하다는 것을 의미한다. 2008년 티베트 반란과 2009년 신장 반란, 그리고 다수의 사회적 소요들은 소수민족들의 불만이 극에 달했음을 의미한다. 소수민족들의 요구사항은 중국으로부터의 완전한 독립이며 최소한 더 많은 자치권을 중앙정부에게서 부여받는 것이다. 대만이 적극적으로 독립을 추진한다면 중국은 미국과의 충돌을 감수하더라도 대만의 독립을 저지하고자 할 것이다. 따라서 티베트나 신장 문제의 해결은 중국이 대만 문제를 어떻게 바라보고 대처해오고 있는가를 고려하는 것으로부터 시작해야 한다. 만약 대만이 중국으로부터 완전한 독립을 쟁취한다면 티베트와 신장 역시 대만의 선례를 따르고자 적극적인 독립운동을 전개할 것이고, 이것이 성공한다면 중국 제국은 종말을 고하게 될 것이다 — 이것은 중국 최고지도층이 절대로 용납할 수 없는 상황 전개이다.

군사안보

중국은 의심할 여지없이 군사 강국이다. 그러나 숫자로만 본다면 세계에서 가장 많은 군대를 보유하고 있음에도 불구하고, 중국정부는 안보현안 순위에서 군사안보를 세 번째로 언급하고 있다. 서방세계는 이 점을 놀랍게 보고 있다. 중국의 핵무기 보유량 수준은 미국과 러시아에 비해 한참 뒤쳐져있다. 그러나 중국의 핵무기는 글로벌 지배를 위한 것이 아니라 영국이나 프랑스처럼 최소한의 억지력을 보유하기 위한 것으로 이해되어야만 한다. 1950년대 초의 한국전쟁은 중국 현대사에서 중국이 타국에 군사적으로 개입한 유일한 사례였다. 이것은 유엔 안보리 상임이사국 'Big 5' 중에서 중국이 다른 4개국보다 타국에 대한 개입을 훨씬 자제하고 있다는 증거다. 그러나 1960년 격렬했던 소련 및 인도와의 국경분쟁, 대만에 대한 지속적인 영토권 주장, 동중국해 및 남중국해의 몇몇 군도들에 대한 영유권 주장에서와 같이 중국은 자국 국경과 후배지를 방어할 때에는 서슴없이 이빨을 드러내곤 했다. 이러한 중국의 국경 관리전략은 팽창적이라기보다 방어적이다. 중국의 지정학 사상가들에 따르면, 중국은 남서쪽으로는 히말라야, 북쪽으로는 고비사막과 시베리아라는 불모지, 동쪽과 동남쪽으로는 바다라는 자연 방벽들로 둘러싸인 한족의 '섬'과 같다. 이러한 지정학적 위치는 일본, 인도, 러시아 같은 적국들의 접근을 차단해왔다. 이런 맥락에서 잠재적으로 약한 지역, 즉 남쪽의 불교도들이 거주하는 티베트와 서쪽의 무슬림들이 거주하는 신장 같은 완충지대에 대한 통제는 매우 막중한 임무이다.

중국의 외교정책은 지역적 패권 유지와 글로벌 강대국으로서의 지위 유지라는 긴밀히 연결된 두 가지 목표를 추구해왔다. 서구 강대국들이 서로 그랬던 것처럼, 인도 및 일본과의 경합은 중국 외교정책의 영구불변한 특징이다. 제2차 세계대전 이후 서방세계의 엘리트들은 중국을 자신들과 협조하기를 원하는 강대국으로 보아왔다. 이러한 서방세계의 인식은 최근 들어 급속해진 중국의 성장 훨씬 이전부터 존재했다. 베이징 관점에서 보면 현재 중국의 강대국 지위는 정상적인 질서로의 복귀에 해당된다. 19세기 중반과 20세기 사이가 중국에게는 불행한 정치공백 기간이었다. 이 시기는 중국이 방심하여 근거리와 원거리에 있는 모든 적들을 불러들였고, 약탈도 허용해야만 했던 나약한 기간이다. 유럽 열강들의 반(半)식민주의 지배를 예고한 영국과의 아편전쟁부터 1930년대 일본의 침략에 이르기까지 중국은 아시아 최강국 및 세계적인 무역 대국으로서의 오랜 역사에서 비켜나 모욕적이고 대국답지 않은 굴종의 시기를 경험했다.

힘의 정치를 강조하는 패러다임에서 살짝 비켜나있는 서구의 분석가들은 중국의 부상을 방어적 사고방식에서 본다. 그들에 따르면 중국은 글로벌 패권을 추구하기보다 억지와 힘의 균형을 통해 굴종적인 역사가 재현되는 것을 막고자 한다. 따라서 이들은 향후 'G2' 관계가 느슨한 정략결혼의 형태가 될 것이라고 예측한다. 미중 양국은 이념도 다르고 서로 패권적 야심이 있다고 의심하기도 한다. 그러나 양국은 현상을 유지하는 데 있어 공통된 이해관계를 공유하고 있고 무역과 통화가 너무나도 긴밀하게 얽혀있는 뜻밖의 동반자이기 때문에 적대적일 수가 없다 (Brzezinski, 2009a). 이와 달리 보다 비관적이고 전통적인 서구의 현실주의는 '중국이 세계를 지배하는' 시대를 예측한다. 중국이 미국을 쓰러뜨릴 때 새로운 역사와 국제관계의 장이 열릴 것이다 (Jacques, 2012).

경제·자원안보

일찍이 산업화를 시작하여 19세기에 경제적으로 성공한 유럽, 미국 그리고 일본에 비해 같은 시기 중국은 낙후되어 있었고 쇠퇴일로에 있었다. 이러한 측면에서 1950년대 후반과 1960년대 초반에 시작된 마오쩌둥(毛澤東)의 대약진운동(Great Leap Forward)은 후발 추격을 위한 시동이었다. 자본주의와 세계화를 포용하기 위한 최근의 '일대일로(一帶一路, One belt, One road)' 역시 같은 맥락에서 이해될 수 있다.

중국이 경제안보와 자원안보를 추구함에 있어서 외부지향적임을 보여주는 징후는 여러 가지가 있다. 러시아 및 동남아시아와의 무역관계가 강화되고 있으며 최근 몇 년 사이에는 더 멀리 아프리카와 북극에까지 중국의 이해관계가 확장되고 있다. 아프리카와의 경제적 유대관계를 진전시키기 위해 2000년부터 2014년까지 중국은 무역액을 100억 달러에서 2,000억 달러로 증가시켰다. 지난 30년 동안 중국은 북극에서의 존재감을 꾸준히 강화해왔다. 기후변화로 인한 북극항로의 개설 가능성 및 해저자원에 대한 접근 용이성은 중국을 북극개발에 참여하도록 했다. 중국은 정기적인 북극탐사를 이미 1980년대부터 준비했고, 스피츠버겐 제도에 과학기지를 설치했으며, 세계에서 가장 큰 쇄빙선 설룡호(雪龍)를 운용하고 있다. 이를 통해 상업적인 해상 운송과 신에너지 공급루트 확보와 관련된 이익의 도모를 준비하고 있다. 따라서 중국은 최근 몇 년 사이 북위도에서의 외교활동에 전력을 다하고 있다. 일례로 중국은 아이슬란드 레이캬비크에서 가장 큰 대사관을 보유하고 있으며, 2007년 아이슬란드 총리의 의례적인 베이징 방문을 호화행사로 탈바꿈시켰고, 이듬해에는 유엔 안전보장이사회 비상임이사국이 되려는 아이슬란드의 노력을 지지하면서 경제적 투자도 병행했다. 동시에, 논란거리이긴 하지만 중국 부동산 투자업계의 거물인 황누보(黃怒波)가 300평방km 면적에 달하는 아이슬란드 북동쪽 지역에 대한 구매 의사를 밝히기도 했다. 2012년엔 원자바오(溫家寶) 중국 총리가 40년 만에 처음으로 북유럽 순방 중 스웨덴을 거쳐 아이슬란드를 방문했다. 또한 북극이사회(Arctic Council)에서 임시 옵서버로서만 인정되었던 스웨덴과 노르웨이의 정식 옵서버로의 승격을 적극 지원하기도 했다.

경제성장으로 인한 수요 증가 때문에 중국은 경제안보와 자원안보의 문제 해결을 위해 외부세계로 눈을 돌렸다. 이것은 굴종의 시기였던 19세기와의 결별이자 세계적인 경제행위자였던 19세기 이전의 찬란했던 과거로의 복귀이다.

문화안보

문화안보는 중국의 새로운 안보관심사로 부각되고 있다. 2002년부터 2012년 사이 후진타오(胡錦濤) 주석은 기회가 있을 때마다 각종 연설에서 문화안보의 중요성을 언급했다. 본질적으로 문화안보는 정치안보의 외피(外皮)이기도 하다. 서방과의 문화적 교류가 많아질수록 중국의 이념과 규범이 불안정하게 될 것이라는 두려움으로 인해, 중국의 문화안보를 증진시키려는 전략들은 방어적이면서 동시에 선제적 형태를 취하고 있다. '위험한 서구 미디어'에 대한 검열, 소위 '온라인 만리장성(Great Firewall)'을 통한 인터넷 검색엔진들에 대한 악명 높은 검열 등이 그것이다. 물론 중국의 소프트파워를 투사하고 긍정적인 이미지를 표출하려는 시도도 있다. 호화롭게 준비된 2008년의 베이징 올림픽과 아프리카 투자를 수행하고 있는 매력공세(charm offensive)가 그것이다 — 아디스아바바에 있는 아프리카연합(AU) 신(新)청사처럼 말이다.

사실 중국에 전해진 엄청나게 많은 서구의 영향력은 새로운 것이 아니다. 중국은 19세기부터 수입된 서구의 이념들과 경합해왔다. 경합에서 비롯된 문제는 주기적으로 문화 정체성과 관련된 우려를 증폭시켰다. 그러나 이제 급부상 중인 중국은 자국의 소프트파워를 활용하여 전 세계에 신자유주의적 사상을 강제하려는 서구의 강력한 정치·군사적 영향력과 미디어의 효과를 시정할 수 있다. 중국인들은 서구의 신자유주의를 제국주의의 한 형태로 볼 가능성이 크다. 그들이 보는 제국주의의 목표는 자원을 통제하려는 물리적인 것이 아니라 이념적인 지배다. 자국의 이념을 수출함으로써 서구의 이념공세를 상쇄하는 것이 공식적인 정책은 아닐 수 있지만, 위에서 제시된 몇 가지 예들은 국제수준에서 직면하게 되는 서구의 도전들에 대항하기 위한 시도임에는 틀림없다. 불만을 표출하는 개인들에 대한 엄중한 단속 및 선전·선동에 부합하는 미디어를 통해 내부결속을 다지는 것은 문화 정체성 및 이념에 관한 공식적 관점을 가지고 시민들의 순응적 태도를 증진시키는 방법이다.

정보안보

최근 몇 년간 베이징은 정보기술 측면에서 미국에 뒤쳐지고 있다는 우려에 휩싸였다. 중국은 산업스파이를 통해 경쟁우위를 선점할 목적으로 서방 기업들의 웹사이트를 해킹하고 오류를 일으키게 하는 등 사이버전쟁 활동의 최전선에 있었던 것으로 알려져 있다. 2014년 미국 법원은 그러한 스파이 활동에 연루된 것으로 알려진 중국의 군사요원들에 대한 체포영장을 처음으로 발부했다. 중국이 서방 기업들, 정치인들, 그리고 다른 전략적 자산들에 대한 스파이 활동을 적극적으로 수행하고 있다는 증거는 증가하고 있다. 2014년 4월 미 행정부 보고서는 중국이 미국의 우주기술 유출을 시도했다는 것 때문에 우주기술에 대한 더 강력한 보안통제를 제안한 바 있다. 유사하게 2013년에도 유럽의 외교관들은 중국이 그들에 대한 스파이활동을 했다는 것을 인지했다. 그러나 항상 그래왔듯이 중국은 해당 사실을 인정하지 않았고 미국과 유럽을 공개적으로 비난했다. 『사이버전쟁의 내부: 사이버 지하세계의 지도(*Inside Cyber Warfare: Mapping the Cyber Underworld*)』의 저자인 제프리 카(Jeffrey Carr)에 따르면, 서방(특히, 미국)의 지적 재산권을 훔치려는 시도의 배후에는 인도와 러시아를 비롯한 많은 국가들이 있다. 그러나 많은 정보당국들과 기업들은 그중에서도 중국이 단연 선두라는 데에 이견이 없다. 일례로 미국 기업들로부터 훔친 정보의 80%가 바로 중국에 의한 것이라고 알려져 있다.

생태안보

중국이 생태안보를 주창한 것은 멀리서 보면 놀라운 것일 수 있지만 가까이서 보면 사실 그것은 내부결속을 위한 눈속임에 불과하다. 최근 몇 년간 중국은 환경과 관련된 사회운동의 증가추세를 목도했다. 그러한 환경운동은 비민주적이고 사회적으로 보수적인 분위기에선 용납되기 어렵다. 2007년 샤먼(廈門)에서 화학공장의 위치에 불만을 제기하는 시위가 있었다. 그 화학공장은 파라자일렌(paraxylene)을 생산했는데 이전했던 공장이 다시 들어오게 되자 주민들이 반대한 것이었다. 2012년에도 유사한 사건이 전개되었는데 이때는 치둥(啓東)의 종이공장을 위한 폐기물 파이프 건설에 반대하는 시위가 발생했다. 이듬해에는 운남성 쿤밍(昆明)에서 파라자일렌을 생산하는 석유화학공장 건설에 반대하는 연속적인 시위들이 발생했다. 이렇게 증가하는 환경관련 시위에 대응하는 차원에서 2013년 중국정부는 향후 4년간 주요 오염물질의 배출을 30%까지 감축하는 것을 목표로 반오염 종합대책안을 선포했다. “눈으로 볼 수 있는 스모그는 빈부 격차에 관계없이 모든 사람에게 영향을 미친다. 환경위기는 지속적으로 사회적 논란을 유발할 수 있고 사회적 안정을 해칠 수 있다” (Coonan, 2013).

인간안보

주지하다시피 개인보다 공동체를 강조해온 오래

된 문화, 위계사회, 공산주의라는 특징을 모두 갖는 국가에서 인간안보라는 개념은 거의 통용되지 않는다. 이러한 맥락에서 개인들은 국가경제개발을 추진하는 과정에서 많은 고통을 감수해야 했다. 19장에서 논의했듯이, 중국에서는 서방이나 일본보다 한참 뒤떨어진 안전기준이 통용되고 있다. 그 결과 중국은 자연재해와 산업재해 사망자가 세계에서 가장 많은 국가가 되었다. 공산주의 이전의 시대와 공산주의 시대로 거슬러 올라가면 두 개의 악명 높은 '의도된 재난'이 있었는데 이것들은 국가이익이 인간안보보다 훨씬 중요하게 취급된 사례들이다. 1938년 일본의 만주사변에 저항하며 싸운 장제스(蔣介石)정부는 의도적으로 황하의 제방을 무너뜨렸다. 이를 통해 중국군은 일본군의 진격속도를 늦추려했다. 그러나 농토는 황폐화되었고 수십만 명의 중국인들이 희생되었으며 집을 잃은 수백만 명의 중국인들이 끔찍하게 절망적인 상황에 처하게 되었다. 마오쩌둥의 공산주의 시대인 1958년과 1962년 사이에는 역사상 최악의 기근이 발생했다. 이 기근은 추수기에 내린 폭우에 일정 부분 기인한 바도 있지만, 이보다 훨씬 중요한 원인은 '대약진운동'이라는 경제개혁계획을 추진하면서 공장노동의 경험이 전혀 없는 농민들을 산업현장에 강제 배치하기로 한 마오쩌둥에게 있었다.

그러나 동시에 중국의 국가중심적 안보가 다수 중국인의 안보를 증진했다는 점도 주지되어야 한다. 중국정부는 1인당 GDP가 비슷한 그 어떤 국가들보다 더 좋은 보건의료체제와 복지 수준을 중국인들에게 제공하고 있다. 이와 함께 최근 수십 년간의 인상적인 경제성장은 수백만 명을 가난으로부터 해방시켰다.

결론

이 사례연구는 지역적·글로벌 강대국으로 급부상한 중국이 국가 안팎으로부터 분출되는 수많은 위협들에 직면해 있음을 보여주고 있다. 소련의 붕괴, 러시아와 체첸 간의 전쟁, 인도 내의 카슈미르 무슬림 분쟁, 터키 내의 쿠르드족 분쟁, 그리고 부룬디 내의 후투족 분쟁 등은 소외된 사람들이 더 나은 권리를 보장받기 위해 봉기한 것을 보여주는 사례들이다. 중국 역시 그러한 문제에 직면해 있다. 폭력양상으로 치닫고 있는 신장 봉기, 티베트의 독립에 대한 요구 그리고 기타 소수민족들의 자치권 요구가 증가하고 있는 추세를 감안할 때 인종적·민족적 내전이 발생할 가능성이 확실히 존재한다 — 특히 중국의 중앙권력이 그러한 요구를 수용할 수 없거나 수용할 의지조차 없다면 더욱더 그러하다. 국력이 급부상함에 따라 중국이 세계와 아시아에서 더 많은 발언권을 원하게 될 것임은 분명하다. 따라서 중국은 자국의 영토, 정치이념, 문화를 보호하기 위한 조치들을 취하고 있다. 동시에 아프리카와 같이 멀리 떨어진 지역에서도 자국의 경제적 이익과 자원이익을 보호하기 위해 막대한 소프트파워를 사용하고 있다. 아직까지는 미국이 아시아·태평양 지역을 포함하여 글로벌적으로 압도적인 영향력을 행사하고 있다. 그러나 중국이 자국의 요구사항들을 관철시키고자 할 때 미국이 그것을 어떻게 수용할지를 두고 보는 것은 흥미로운 일이 될 것이다. 중국의 요구사항들이 미국의 이익을 침해하기 시작했기 때문이다.

추천도서

Carr, J. *Inside Cyber Warfare: Mapping the Cyber Underworld*, 2nd Edition, Sebastopol, CA: O'Reilly Media, 2011.

Craig, S.L. *Chinese Perceptions of Traditional and Non-traditional Security Threats*, http://www.StrategicStudiesInstitute.army.mil/, March 2007 (검색일: 2014.7.14).

Jacques, M. *When China Rules the World: the End of the Western World and the Birth of a New Global Order*, 2nd Edition, London: Penguin, 2012.

Ong, R. *China's Security Interests in the 21st Century*, London and New York: Routledge, 2007.

US-China Security Perceptions Survey: Findings and Implications, http://carnegieendowment.org/files/us_china_security_perceptions_report.pdf (검색일: 2014.7.12).

26장 유럽에서의 안보: 제도구축의 승리?

더못 맥캔(Dermot McCann)

글상자 26.1 유럽에서의 폭력

유럽은 인류역사에서 가장 폭력적이고 파괴적인 분쟁들을 눈앞에서 목격했다. 20세기에도 유럽은 글로벌 차원에서 전개되는 국가 간 경쟁의 진앙지였다. 냉전종식 이후 혁신적인 형태의 제도협력이 결과적으로 유럽에서의 지속가능한 평화를 보장할 수 있는 것처럼 보였다. 그러나 조지아나 우크라이나에서 전개된 최근의 사건들은 극렬하게 불안정상태였던 과거로의 회귀가 현실화될 수도 있다는 우려를 증폭시키고 있다.

서론

폭력적 갈등과 심각한 안보결핍으로 점철된 오랜 시기가 지난 이후 최근 수십 년간 유럽은 상당할 정도의 평화와 안정을 구가해왔다. 거의 예외 없이 유럽국가들은 더 이상 서로를 안보에 대한 위협으로 간주하지 않고 있으며, 군비지출은 크게 감소해왔고, 테러리즘에서부터 기후변화에 이르기까지 새롭게 출현하는 안보위협에 대한 대처는 국가 간의 매우 높은 수준의 집단적, 협력적 행동을 통해 나타나고 있다. 이 때문에 유럽은 국가 간 갈등을 극복하고 새로운 안보위협에 집단적으로 대처할 능력을 제고하기를 바라는 다른 지역들의 참고모델이 되고 있다. 이번 장의 사례연구는 유럽이 정신적으로 크게 손상을 입은 과거와 단절하고 국가관계를 안정화시키며 수많은 새로운 안보위협을 해결할 수 있도록 한 제도적 기제와 정책들을 탐색할 것이다. 이와 함께 정치적·경제적 긴장이 유럽대륙 전반에 만연해지고 있는 현 국면에서 유럽의 황금기가 얼마나 지속될 수 있는지도 평가할 것이다.

국가 간 체제의 안정화: '안보공동체' 건설

유럽의 국제정치는 오랫동안 국가 간 경쟁으로 점철되어 왔다. 그러한 경쟁은 세력균형 정치와 대립적인 동맹들의 형성으로 나타났고 결국엔 전면전으로 이어졌다. 지난 세기만 하더라도 두 차례의 세계대전과 냉전이 유럽대륙을 소진(消盡)시켰고, 가장 심각한 방식으로 유럽국가들과 유럽인들의 안보를 위협했다. 이런 측면에서 본다면 작금의 상대적으로 안정적이고 평화로운 유럽의 상태는 실로 주목할 만하다. 국가 간 경쟁과 이익분쟁은 지속되고 있지만 유럽 강대국 간의 전쟁발발은 이제는 상상할 수조차 없는 것으로 간주되고 있다. 1990년대 발칸반도에서 내전이 발발했을 때와 같이 유사상황이 발생했을 시 이웃 국가들은 상황을 유럽 전역으로 확대하기보다는 완화하기 위해 총력을 기울여왔다. 이러한 놀라운 변화를 설명하기 위해 많은 분석가들은 지난 반세기 동안 일어난 다채로운 제도구축 과정에 주목해왔다. 국가 간 관계는 북대서양조약기구(NATO)와 유럽연합(EU) 같은 국제기구들의 복잡한 태피스트리(tapestry, 여러가지 색실로 그림을 짜 넣은 직물 – 역자 주)를 통해 중재되고 관리되어 왔다. 이러한 제도들은 '안보공동체(security community)' 구축에 있어 커다란 역할을 했다고 평가받고 있다. 그러한 공동체 내에서 국가 간 분쟁은 "평화적인 수단을 통해 해결되어 왔고 이러한 분쟁 해결의 관례가 지속될 것이라는 기대가 매우 높으며 그 결과 전쟁이 발발할 가능성은 상상할 수 없거나 있더라도 매우 낮다" (Cottey, 2013: 13). 실제로 유럽의 안보정책은 주요한 위협이 유럽공동체 외부로부터 온다는 것을 전제로 그 내용과 방향이 결정되고 있다 (Cottey, 2013: 14).

NATO

NATO는 유럽의 안보공동체에서 가장 중심적 역할을 한다. 1949년에 설립되어 냉전이 지속된 40년 동안 NATO는 서유럽안보의 기반이었다. NATO는 대부분 서유럽국가들로 이루어진 상호방위조약이었으며, 실질적인 주도국은 미국이었다. NATO의 핵심목표는 소련 및 소련 동맹국들이 서유럽에 가하는 군사적 위협을 억지하는 것이었다. 이를 위해 NATO는 동유럽의 그 어떤 공격도 격퇴할 수 있는 대규모의 통합적 군사능력을 배양했다. 그러나 냉전이 종식되고 소련이 해체되자 NATO의 향후 역할에 대한 의구심이 증폭되었다. 이러한 의구심은 NATO의 태동을 고려할 때 자연스러운 것이다. 적이 사라진 마당에 NATO의 기능은 무엇이 되어야 하는가? NATO의 기원과 목적을 고려할 때 급진적으로 변모된 탈냉전 시기의 유럽을 관리할 대행자로서 NATO가 적절한지에 대한 논란이 끊이지 않았다. 더구나 NATO는 미국의 국력이 유럽으로 투사된 제도적 상징에 불과하다는 비판이 거셌다. 주요한 적의 부재에도 불구하고, 미국은 막대한 비용을 들이면서까지 유럽에서 자국의 존재감을 유지하고자 할 것인가?

세계적인 관심사가 된 NATO의 불확실성에 대한 논란이 있은 후 1990년대 중후반에는 NATO의 새로운 전략적 역할에 대한 대략적인 윤곽이 드러났다. 이 새로운 전략은 네 가지 특징으로 구성되어 있다는 점에서 매우 중요하다. 첫째, 1990년대 초반까지만 해도 유럽의 안보문제에 대한 명확한 의사표현을 자제한 채, 제한적으로만 관여하던 미국은 NATO와 유럽 전역에서 지도적 역할과 군사적 존재감을 유지하기로 결정했다. 이로써 미국은 다시 유럽 방위공동체의 중심적인 행위자가 되었나. 둘째, NATO는 작전목표와 관여의 지리적 범위를 다양화하기 시작했다. 방어동맹으로 시작했지만 NATO는 행동의 기준을 보다 광범위하고 보다 유연하게 만들기 시작했다. 1992년 초 NATO는 유고슬라비아전쟁에 개입하여 보스니아-헤르체고비나에 비행금지지역을 설정했다. 분쟁이 고조됨에 따라 NATO의 참전 수준도 높아졌다. 1999년 NATO는 세르비아에 78일간 폭격을 감행했고 세르비아의 코소보 정책을 변경시켰다. 그리고 코소보 평화유지군(KFOR: Kosovo Force)의 일원으로서 지상군을 배치했다. 10년이 지나자 NATO는 냉전 시기의 목표와 단절하고 관여의 범위를 유럽 이외의 지역으로 확장했다. 9·11테러 직후인 2001년, NATO는 미국의 아프가니스탄 침공을 지지하면서 아프가니스탄에 군대를 파견했다. 냉전 시기 군사적 행동을 실제로 이행한 적이 없던 NATO가 이제는 유럽과 유럽 이외의 지역에서 의지와 능력을 갖춘 안보집행자로서 스스로를 규정한 것이다. 셋째, NATO는 유럽을 양분했던 두 개의 적대적 군사진영을 하나로 통합했다. 이것은 과거에 경합했던 군사동맹인 바르샤바 조약기구(Warsaw Pact) 소속 중·동부 유럽국가들을 회원국으로 받아들임으로써 이루어졌다. 실제로 에스토니아, 라트비아, 리투아니아와 같이 이전에 소련의 공화국이었던 국가들이 NATO에 가입했다. 냉전이 종식된 시점에 NATO 가입국은 16개국이었으나 2009년이 되자 그 수가 28개국으로 증가했다. 이것은 NATO가 그 국가들의 주요 문제를 주권침해 없이 해결하면서 동시에 국가 간 안보관계를 다루었기 때문에 가능한 것이었다. 넷째, 회원국 자격부여가 어렵거나 바람직하지 않을 경우 NATO는 쌍무적 관계와 협력적 조치들의 그물망을 만들어 안정적이고 협력적인 관계를 형성해왔다. 러시아를 포함하여 22개국은 NATO와 평화를 위한 동반자관계(PfP: Partnership for Peace)를 맺었다. PfP는 NATO와 비회원국 개별 간 협력관계 구축을 위해 마련된 것이었다. PfP에서 다루는 의제의 범위는 국방개혁, 국방계획, 민군관계, 군대 간 협력 및 훈련, 재난 대책 등을 포괄한다.[1] 2010년에 이르러 NATO는 서방이 냉전 시대에 만든 방위동맹에서 포괄적인 범유럽 군사동맹으로 스스로를 변모시키는 데 성공했다. 그것의 정책적 소관은 매우 광범위해졌고 유연해졌으며 주변 지역 및 국가들과의 관계는 중층적인 제도협력을 통해 공고해졌다. 이로써 NATO는 탈냉전 유럽의 국제관계를 관리하는 중추적 역할을 하게 되었다.

EU

EU는 유럽안보공동체의 두 번째 기둥이다. 회원국, 구조 및 주요 활동에 있어서 EU와 NATO는 상당부분 차이점이 있지만 EU는 그 창설부터 핵심목표가 안보공동체 건설이었다. 제2차 세계대전의 여파 속에서 EU는 서유럽국가들 간의 관계를 안정시키고 관리하기 위해 고안되었다. 당시는 서유럽국가들이 서로를 향해 총부리를 겨누고 전쟁을 치른 직후였다. 특히 EU는 1870년 독일이 통일된 이후 3차례의 대규모 전쟁(프랑스-프로이센전쟁, 제1차 세계대전, 제2차 세계대전 – 역자 주)에 참전한 두 국가, 독일과 프랑스를 화해시키는 데 총력을 기울였다. 그러나 EU는 국방이나 외교정책 사안에 초점을 맞추기보다 회원국 간의 경제통합을 통해 안보공동체를 건설하고자 했다. 국경을 가로지르는 무역이 성행하였고 시장이 개방되었으며 공동의 '초국적' 제도들이 설립되었다. 이 모든 것들은 회원국들에게 이익이 되는 방식으로 공동의 정책과 시장규제를 마련하고 법제화하며 집행하기 위해서였다. 이러한 혁신으로 인한 경제성장과 번영은 국가 간 협력의 습관을 길러주고 지속시켜 왔다. 회원국들 간의 경제적 상호의존을 크게 심화하고 공유된 거버넌스 메커니즘을 창출하여 유럽의 안보가 향상되었다.

NATO의 경우와 마찬가지로 냉전의 종식은 EU가 기능하던 맥락을 크게 변화시켰고 EU의 역할에 대한 근본적인 의문점을 낳았다. 이에 대한 대응으로 EU는 마스트리히트조약(1991)의 타결을 통해 마련된 **공동외교안보정책**(CFSP: Common Foreign and Security Policy)을 제시했다. CFSP의 광범위한 목표들은 '평화를 유지하고 국제안보를 강화하는 것', '국제협력을 증진시키는 것' 그리고 '민주주의, 법의 지배 그리고 인권과 기초적 자유에 대한 보장을 공고히 하는 것' 등이다.[2] CFSP는 회원국들의 개별 외교정책과 혼선을 일으키지 않으면서 외교수단을 통해 집단적으로 추구될 수 있는 공동입장을 조율하는 데 방점을 둔다. 리스본조약(Lisbon Treaty, 2009) 발효 이후 출범한 유럽대외관계청(EEAS: European External Action Service)이 그러한 조율업무와 EU의 외교임무를 관장하고 있다. 또한 1990년대 유고슬라비아 위기 해결 과정에서 제대로 대처하지 못했던 경험으로부터 학습한 EU는 유럽대륙에서든 멀리 다른 지역에서든 분쟁지역에 개입할 수 있는 군사적 능력을 제고하는 데 주력했다 (**공동안보방위정책**[CSDP: Common Security and Defence Policy]). 예를 들어, 2003년 EU는 마케도니아와 콩고민주공화국을 대상으로 한 유엔의 제재와 평화유지 임무를 위해 군대를 파견한 바 있다. EU는 외교정책과 방위분야에서 단독으로 행동할 수 있는 능력을 발전시키고 있다. 그러한 능력은 규모 면에선 크지 않더라도 커다란 파급효과를 낼 수 있다.

위와 같이 조율된 외교정책 수단들을 제공한 것도 중요하긴 하지만, EU가 탈냉전 유럽의 국제관계 안정성에 미친 가장 큰 공헌은 자유민주주의와 자본주의체제로의 전환에 성공한 중·동부 유럽국가들에게 EU 회원국 자격을 부여한 것에 있다. 국내정치·경제 제도들을 EU의 기준과 규범에 맞도록 조정한 대가로 정치·경제적으로 취약한 중·동부 유럽국가들은 경제적 기회와 정치적 정당성을 제공받았다. 일례로 (구소련 공화국 3개국을 포함하여) 과거 공산국가였던 11개 중·동부 유럽국가들의 EU 가입이 허용되었다. 또한 6개 이상의 구소련 공화국들이 EU의 유럽주변국가정책(ENP: European Neighbourhood Policy)에 참여하고 있다. 이 정책은 개발 프로젝트 보조금을 제공하고 유럽 시장에 대한 우호적인 접근성을 보장하며 업무와 연구를 위한 무비자입국을 허용함으로써 EU와 이웃국가들 간의 우호관계를 증진시키고 있다. 이외에도 EU 회원국 자격 부여를 통한 안정화 전략은 유럽에서 지속적으로 채택되고 있다. 1990년대 유고슬라비아전쟁을 억제하고 종식시키려던 EU의 노력은 실패로 귀결되긴 했지만, 유고연방 해체로 인해 등장한 신생국들 가운데 시장경제와 자유민주주의 채택을 천명한 국가들에게 회원국 자격을 부여하는 EU의 보상 전략은 커다란 성공을 거두었다. 크로아티아와 슬로베니아가 EU에 가입했고 세르비아와의 가입조건 협상도 상당부분 진척되고 있다.

안보: 국가 간 관계를 넘어서

잠재적인 국가 간 분쟁만이 유럽의 안보를 위협하는 것은 아니다. 최근 몇 년 사이에 새로운 안보위협 요인들의 증가추세가 확연히 나타나고 있다. 국제테러리즘의 증가에서부터 기후변화가 미치는 불안정한 영향력 및 주변 지역의 빈곤·경제정책 실패에 이르기까지 새로운 안보위협 요인들의 범주는 매우 다양해지고 있다. 테러리스트들은 지난 20년 동안 유럽에 치명타를 입힐 수 있는 능력을 확실히 보여주었다. 기후변화는 '현재의 추세·긴장·불안정을 악화시키는 위협 승수'로 작용하고 있고 동시에 유럽과 인접한 '해체 위기의 갈등지향적' 국가들과 지역들에게는 과중한 부담을 지우고 있다.[3] 경제적 저발전은 유럽으로 밀고 들어오는 대규모의 이주민을 양산하고 있고 그로 인해 정치적 불안정이 초래되고 있으며 이런 정치적 불안이 테러리즘에 불을 지피는 경우도 있다. 이러한 예시들을 통해 알 수 있는 것은 유럽안보에 대한 위협이 국가의 호전성이 아닌 국가약화 또는 국가실패에서 온다는 사실이다. 그러나 국가 간 경합에 대한 대처방식과 마찬가지로 이러한 도전들에 대해 유럽은 EU와 같은 집단적 제도를 통해 일관된 정책으로 대처한다는 점에서 독특하다. 이러한 집단적 해결방식은 부분적으로 비전통 안보위협의 성격 그 자체에 기인한 바가 크다. 비전통 안보위협 요인들을 해결하기 위해 유럽국가들은 개별적인 국가정책으로 대응한다. 그러나 비전통 안보위협 요인들의 성격과 규모를 고려할 때 개별적인 국가행동만으로는 효과를 보기 어렵다. 국제테러리즘의 본질은 그것이 국경을 가로질러 발생한다는 점이다. 국제테러리즘을 성공적으로 격퇴하기 위해선 국가들이 협력해야만 한다. 기후변화의 원인을 해결하고 부정적인 결과에 대처하는 것은 지역적이고 글로벌 차원의 집단행동을 통해서만 가능하다. 유사하게 유럽의 인접 국가·지역에서 나타나는 기아와 저발전의 문제는 특정 국가의 해결능력을 넘어설 만큼 규모가 크다. EU가 이러한 안보위협 요인들을 해결하기 위한 장치로서 각광받고 있다는 사실은 집단적·제도적 문제해결 방식에 대한 유럽국가들의 친숙함과 그러한 방식의 효과에 대한 신뢰성을 간접적으로 보여준다.

이러한 분야들에 대한 정책을 생산하는 EU의 역할은 사례에 따라 다양하다. 일례로 EU의 공헌은 회원국들의 유관부서들 간의 협력과 조화를 가능하게 하고 증진시키는 데 있다. 반테러리즘과 관련하여 2002년에 도입된 유럽체포영장(EAW: European Arrest Warrant)이 좋은 예시다. EAW 때문에 EU 회원국 A에서 테러리즘이나 다른 심각한 범죄로 기소된 인물이 회원국 B나 C로 도피

하더라도 그를 체포할 수 있게 되었다. 또한 개별 국가의 법체계는 이제 EU의 합의에 따라 테러리스트의 자산을 동결하거나 몰수할 수 있는 사법적 질서를 상호 존중하게 되었다. 논란의 소지가 많은 테러리즘 공격에 대한 개념정의도 EU에 의해 합의되었고 이러한 합의의 결과로 테러리스트, 테러집단 그리고 테러공격에 대한 리스트 작성도 가능해졌다. 2005년에 만들어진 대외국경관리청(Frontex: European Border and Coast Guard Agency)이라는 EU의 부서는 회원국 전체를 대상으로 한 고도의 균일한 국경 감시와 통제를 관장하고 있다. 개별 유럽국가들은 테러리스트의 자금세탁 활동을 척결하기 위해 국내법들을 제정하여 시행하고 있다. 국가적 차원의 반테러리즘 정책들이 효과를 보는 이유는 높은 수준의 법적 통합과 협력적 운용 때문이다. EU의 관여가 없었더라면 이는 가능하지 않았을 것이다.

이외에도 EU는 유럽대륙 외부의 환경을 우호적으로 조성함으로써 유럽안보에 대한 위협을 완화시키기도 한다. 기후변화와 관련된 예를 들면, EU는 온실가스 배출량의 증가를 억제하기 위해 '20-20-20' 공식을 채택했다. 이를 통해 회원국들은 2020년까지 EU 온실가스 배출량을 20% 감축해야 하고 모든 에너지의 20%를 재생가능한 자원에서 충당해야 하며 에너지 소비량을 20% 감축해야 한다. 동시에 EU는 모든 선진국들을 포함하고 법적 구속력이 있는 배출량 억제 체제를 발전시킴으로써 20-20-20 공식의 글로벌 확장을 시도하고 있다. 이러한 시도는 1997년에 타결된 기후변화 교토의정서(Kyoto Protocol on climate change) 협상 과정에서 몇 가지 결실로 이어졌다. 이후 EU는 코펜하겐(Copenhagen) 당사국총회(2009)와 더반(Durban) 당사국총회(2011)에서 2012년에 공약기간이 만료되는 교토의정서의 연장을 주장했다. 그러나 이것은 성공하지 못했다. 그럼에도 불구하고 EU의 시도는 지속되고 있으며 그 시도는 기후변화와 관련된 글로벌정치에서 중심적 역할을 하고 있다. 유럽대륙 외부의 환경을 우호적으로 조성함으로써 유럽안보에 대한 위협을 완화시키려는 전략은 발전 분야에도 적용되고 있다. 이는 저발전 국가들이 더욱 안정적일 수 있도록 그리고 타국에 위협이 되지 않도록 그들 국가의 국내 구조와 정책의 개혁을 유도하는 전략이다. EU와 78개의 아프리카·카리브해·태평양 지역의 저발전 국가 간에 체결된 2000년의 코토누협정(Cotonou Agreement)이 좋은 예시다. 이 협정에 따라 EU는 국내 개혁을 증진시키는 민주주의와 시장제도를 도입한 저발전 국가들에 대해 경제 보조금과 무역 양보안을 제공하는 다층적인 정책을 추진하고 있다. 그러한 개혁 조치는 공고한 법의 지배를 통해 인권보호를 강화하는 것에서 개별 국가의 모든 발전 자원들에 대한 투명하고 책임성 있는 관리에 이르기까지 실로 다양하다 (Holland and Doidge, 2012: 76). 이러한 EU의 전략은 자유주의적 국제경제질서에 통합된 정치적으로 안정된 국가가 유럽안보에 덜 위협적일 것이라는 믿음에 기초하고 있다.

안정성에 대한 도전들

냉전종식 이후 유럽이 높은 수준의 평화와 안보를

성취했다는 것을 부인할 수는 없지만 그러한 성공을 뒷받침하는 제도들의 내구성과 효과의 지속성은 당연시될 수 없다. 최근 몇 년간 유럽 전역에서 정치·경제·사회·군사적 긴장이 고조되고 있다. 이러한 긴장들을 관리하고 억제할 수 있는 NATO와 EU 같은 제도들의 역량과 그러한 제도들에게 중심적 역할을 양도하려는 국민국가들의 의지는 유동적이며 그렇기에 의구심이 들 수밖에 없다. 이러한 문제의 성격과 원인은 다양하지만, 유럽 제도들의 내부적 취약성에서 비롯되는 문제와 그 제도의 운영에 대한 외부적 도전에서 기인하는 문제로 구분할 수 있다.

'안보공동체'의 내적 취약성

유로화(euro)의 위기는 안보 행위자인 EU의 통합성과 효율성에 대한 주요 도전이다. 유로화 위기의 심각성과 이로 인한 채권국과 채무국 간의 복잡한 상호작용은 수많은 정치적·대중적 논란을 야기했다. 채권국 독일의 '강권(diktats)'에 대한 채무국 그리스의 분노는 양국의 대중 언론매체를 통한 상호간의 모욕적인 비난으로 이어졌다. 여기서 중요한 것은 두 가지이다. 하나는 이 위기가 EU 회원국들의 첨예한 갈등을 표면화시켰다는 점이다. 다른 하나는 EU가 강대국들의 권력행사 도구로 전락했다는 점이다. 이로 인해 EU가 주요 강대국들의 선호를 충족시키는 정책을 취약한 국가의 분노한 시민들에게 강요할 수 있다는 우려가 증폭되고 있다. 이러한 사건전개는 EU가 효과적으로 작동하는 데 필요한 상호신뢰를 부식시키고 있으며 유럽안보공동체의 주요한 제도적 구성요소 중 하나를 약화시키고 있다. EU 회원국 간의 관계를 복원하지 않고서는 이 위기를 극복할 수 있을지는 분명치 않다. 그러나 이 위기는 집단적 제도에 언제든지 분열될 수 있는 내재적인 가능성이 있다는 것을 상기시켜 주었다. 회원국 간 관계가 불안정한 방향으로 변화할 가능성은 언제나 존재한다.

유럽안보공동체의 또 다른 기둥인 NATO의 효율성과 내구성에 대한 의구심도 존재한다. 이러한 의구심은 부분적으로 유럽에서 리더십을 유지하고자 하는 미국의 공약에 대한 신뢰성 저하에 기인한다. 왜냐하면 오바마(Barack Obama) 대통령이 '동아시아로의 중심축 이동(Pivot to Asia)'이라는 미국의 전략적 지향을 밝혔기 때문이다. 분명하지는 않지만 미국의 정책적 초점이 이동한다는 것은 유럽의 지정학적 중요성이 감소하고 있다는 것을 시사한다. 따라서 향후 유럽대륙에 대한 미국의 관여의 성격과 정도는 바뀔 것이 확실하다. 동시에 유럽국가들이 자신들의 안보에 대한 책임을 완전히 떠맡을 능력이 있는지에 대한 의구심도 증가하고 있다. 이를 뒷받침하는 주목할 만한 사례가 바로 영국과 프랑스가 주도한 최근의 리비아 개입 사태다. 당시 미국의 병참지원 및 기술지원이 없었다면 NATO의 군사작전은 성공하지 못했을 것이다. 유럽국가들은 출격 횟수의 75%와 공습의 90%를 수행했고 작전을 위한 함정과 해군 항공기의 85%를 동원했지만 '정보·감시·정찰(ISR: Intelligence, Surveillance and Reconnaissance) 능력의 75%, 공중 급유의 75%, 그리고 표적 인도의 90%'를 미국에 의존했다 (Chatham House, 2012: 2–3). 미국의 이러한 지원이 없었다면 유럽국가들은 효과적인 군사작전을 전개하는

데 커다란 차질을 빚었을 것이다. 중단기적으로 이러한 무능력을 극복하기는 어려울 것이다. 왜냐하면 유럽 전역에서 방위비 삭감이 계속되고 있기 때문이다. 1990년에는 16개 NATO 회원국 가운데 6개국만이 GDP의 2%만을 방위비에 지출했는데 2012년에는 28개 NATO 회원국 가운데 단 3~5개국만이 그 정도를 지출했다 (측정방법에 따라 차이가 있을 수는 있다). 노르웨이와 에스토니아만 방위비를 삭감하지 않고 있다 (Chatham House, 2012: 4). 유럽에서 리더십을 유지하고자 하는 미국의 공약에 대한 불확실성과 미국의 군사적 존재감을 대체하기 위한 유럽국가들의 자조방안 부족이라는 두 가지 요인의 조합은 유럽안보공동체의 주요 구성요소들의 장기적 내구성에 의문을 제기한다.

외부로부터의 위협들: 러시아와 국가 간 경합의 부활

많은 국제관계 분석가들은 복잡하고 다층적인 제도들이 국가 간 경합을 무기한으로 억제할 능력을 갖고 있는지에 대해 의구심을 갖고 있다. 이러한 입장은 국제체제 성격에 관한 광범위한 논쟁을 기반으로 한다. 현실주의자들은 오래전부터 제도의 변혁적인 힘과 '안보공동체'에 대해 회의적인 시각을 견지해왔다. 유럽의 예를 들면, '공격적 현실주의'를 주도하는 한 이론가는 독일이나 러시아 같은 강대국들이 불가피하게 패권적 지위를 추구할 수밖에 없으며 그로 인해 유럽은 새천년이라는 전환기에 "위험한 강대국 간의 안보경쟁'을 목격하게 될 것"이라고 주장한다 (Mearsheimer, 2001: 396). 이렇게 되면 현실주의에 바탕을 두었지만 유럽에서만은 예외로 치부되었던 국가 간 경합의 원리는 자연스럽게 다시 설득력을 얻게 될 것이다. 2000년대 중반 이후 푸틴 대통령이 집권한 러시아의 정책들에는 미어샤이머가 예측한 몇 가지 행태적 특성들이 나타나있다. 푸틴의 주요 관심은 러시아를 세계무대에서 자국의 이익을 효과적으로 추구할 수 있는 경제적·군사적 능력을 갖춘 강대국 반열에 다시 올려놓는 것이다. 집권 초기 그는 이슬람 테러리즘에 대한 공동 대응에 초점을 맞췄기 때문에 광범위한 친서방 정책을 표방했다. 따라서 그는 구소련 공화국이었던 우즈베키스탄과 키르기스스탄에 미군이 배치되는 것까지 용인했다. 그러나 지난 10년 동안 서방과의 관계는 악화되었다. 1997년에 체결되어 2007년에 만료된 EU-러시아 동반자협력협정(EU-Russia Partnership and Cooperation Agreement)은 새로이 체결되지 않고 있고 EU-러시아 동반자현대화협정(EU-Russia Partnership for Modernization) 같은 보다 더 협력적인 경제구상 논의는 수면 아래로 가라앉았다. 러시아는 호전적인 서방세력이 자국을 포위·봉쇄하려 했던 과거가 재현되지 않을까 하는 깊은 우려를 갖고 있기 때문에 NATO와 EU의 동진을 위협으로 인식하고 있다. 구소련 공화국이었던 조지아의 예를 통해 이를 알 수 있다. 조지아 사카쉬빌리(Mikheil Saakashvili) 대통령은 러시아의 영향에서 벗어나고자 친서방 정책의 일환으로 NATO 가입을 시도했는데 이것이 러시아의 침공을 초래했다. 러시아는 조지아정부가 친러시아 성향의 남오세티야 주민들을 대상으로 의도적인 인종청소를 자행했기 때문에 조지아 침공이 정당하다고 주장했다. 전쟁은 단 5일 만에 종료되었고 러시아는 남오세티야에 대한 통제권을 획득했다. 이를 통해 러시아는 소수민족으로 살고 있는 러시아인과 자국의 이익을 보호하기 위해 타국에 개입할 수 있는 능력을 성공적으로 과시했다. 시야를 보다 넓히면, 이 분쟁은 러시아, NATO, 그리고 EU 간 인식의 차이가 점점 증가하고 있음을 보여준다. NATO와 EU는 협력과 평화유지의 차원에서 정책추진을 하고 있는 데 반해, 러시아는 그러한 정책을 본질적으로 준(準)제국주의적이며 러시아의 희생을 발판으로 서구의 힘을 확장시키려는 것으로 본다. 조지아전쟁은 NATO의 동진을 효과적으로 제지했다. 그럼에도 불구하고, EU는 냉전종식 직후에 채택했던 것과 같은 관여와 제도건설 전략을 지속했다. 그러나 2013~2014년의 우크라이나 위기는 그러한 전략의 지속적인 효과에 대한 심각한 의문을 일으켰다. 2013년 후반, EU-우크라이나 무역협정 협상이 결렬되었다. 그 협정에 대한 러시아의 반대 때문에 우크라이나 정부는 협상 막판에 서명하기를 거부했다. 이것은 우크라이나 내의 '협정 찬성파'의 봉기를 초래했고 그 결과 우크라이나정부는 실각하고 말았다. 이것은 다시 우크라이나 동부에 대한 러시아의 개입과 크림반도의 강제합병을 촉발시켰다. 이러한 사건들은 탈냉전 이후 발생한 위기 가운데 가장 심각한 것에 해당한다. 우크라이나의 국가적 일체성도 위협받고 있다. 더욱 근본적인 문제는 국가 간 경합의 재출현이 빠르게 진행되고 있다는 점이다. 대륙의 안보를 장기적으로 지속시키려는 고도로 제도화된 유럽'안보공동체'의 능력에 회의를 품게 한다.

결론

유럽의 폭력적인 분쟁의 역사를 고려할 때 강력한 지역제도 구축을 통한 안정화 시도는 놀랄 만큼 성공적이었음이 입증되었다. 냉전이라는 긴장상태, 냉전종식 이후 어렵게 진행된 유럽대륙의 정치·경제적 재통합 그리고 세계화 과정이 초래한 안보위협 등은 지역제도들을 통해 효과적으로 관리되어 왔다. 이 때문에 유럽은 정치적 경합과 경제적 취약성에 시달리는 다른 지역들의 지향점이 되었다. 그러나 이러한 성공이 지속되리란 보장은 없다. 유럽에 대한 미국의 공약은 퇴색되고 있다. 경제·통화 위기와 유럽안보정치의 중요 행위자인 영국의 예고된 탈퇴가 EU의 내구성을 위협하고 있다. 또한 강대국에 휘둘리는 불안정한 힘의 정치를 제도적 혁신이 압도할 것이라는 믿음이 오랫동안 유럽을 지배했지만 조지아 및 우크라이나 사태는 그러한 믿음을 산산조각 내버렸다. 유럽 '안보공동체'의 평화적인 영향력이 지속된 지난 수십년이 격동적인 유럽 역사 속에서 잠시 행복한 찰나에 불과할지, 아니면 유럽 정치의 확실한 변화를 공고히 할지는 두고 보아야 할 것이다.

주

1) http://www.nato.int/cps/en/natolive/topics_50349.htm, (검색일: 2014.4.14).
2) EU, 외교안보정책 http://europa.eu/pol/cfsp/index_en.htm, (검색일: 2014.3.21).
3) EU 집행위원회가 EU 정상회의 및 고위급 대표단에게 제출한 보고서, "기후변화와 국제안보(Climate Change and International Security)" (2008: 3) http://www.consilium.europa.eu/uedocs/cms_data/librairie/PDF/

EN_clim_change_low.pdf, (검색일: 2014.5.1).

추천도서

Chatham House, European Defence and Security 2012: Commitments, Capabilities and Cash, Conference Summary, Rapporteur: Benoît Gomis, 2012. http://www.chathamhouse.org/sites/default/files/public/Research/International%20Security/0112confsummary.pdf (검색일: 2014.1.10).

Cottey, A. *Security in 21st Century Europe*, New York: Palgrave Macmillan, 2013.

Holland, M. and Doidge, M. *Development Policy in the European Union*, New York: Palgrave Macmillan, 2012.

Mearsheimer, J.J. *The Tragedy of Great Power Politics*, New York: Norton, 2001.

27장 아프리카에서의 안보

피터 허프(Peter Hough)

서론

아프리카는 너무 거대하고 다양성이 존재하는 대륙이기 때문에 일반화하기 어렵지만 그럼에도 불구하고 안보에 관한 흥미로운 사례연구의 보고(寶庫)이기도 하다. 1950년대와 1960년대 식민지 유산이 거둬지고 다양한 이해상관자들이 등장하기 시작하면서 수많은 전쟁과 무장봉기가 들끓게 되었다. 이 때문에 '검은 대륙'에서의 정치는 엉망이 되기 일쑤였고 국가적 군사안보를 '하위정치'보다 우위에 두는 전통은 대부분의 아프리카인들의 곤경을 이해하거나 해결하는 데 있어 만족스럽지 못한 방법이었다. 국제정치에서 인간안보 문제가 최초로 제기된 시공간은 유엔과 아프리카단결기구(OAU: Organization of African Unity)가 공동 개최한 1991년의 범아프리카회의였다. 이로부터 2년이 지나서야 유엔은 『인간발전보고서(*Human Development Report*)』를 통해 오늘날 널리 통용되고 있는 인간안보라는 개념을 채택했다.

> 안보의 개념은 군사적 고려를 넘어 확장되고 있다. (그것은) 삶의 기초적인 필요조건들을 위협받지 않으면서 요구할 수 있고 자유가 보장된 상태에서 사회문제에 참여할 수 있으며 모든 기초적인 인권을 향유할 수 있는 시민 개인의 안보 측면에서 재구성되어야만 한다.
>
> (아프리카 리더십 포럼, 1991)

인간안보가 주목받기 훨씬 이전, 그리고 국가안보가 전성기였던 냉전시대에도 아프리카의 가장 시급한 문제들은 북미와 유라시아를 잠식했던 핵무기로 인한 절멸의 공포가 아니었다. 대다수 아프리카인들의 삶을 위협한 요인들은 전쟁이나 테러리즘이 아닌 기근, 기아, 질병이었다. 이러한 현상은 탈냉전이 시작되고 30년이 지난 현재까지도 지속되고 있다. 표 27.1은 아프리카인들이 그들의 삶을 위협하는 가장 큰 하나의 요인을 지목한 설문조사 결과인데 이것은 전통적인 안보 우선순위가 아프리카인들이 우려하는 안보결핍과 얼마나 동떨어져 있는지를 명확히 보여준다. 이 장의 사례

표 27.1 아프리카인들의 가장 큰 두려움[1]

1	경제적 불안보[2]	37%
2	질병[3]	21%
3	부패	7%
4	문맹	6%
5	전쟁	6%
6	정치갈등	5%
7	환경파괴	3%

출처: BBC (2004).

연구를 통해 필자는 아프리카 전역에서 나타나고 있는 국가안보 및 인간안보와 관련된 몇 가지 주요한 특징들을 살펴보고 이 두 가지 안보 간의 불균형이 세계 그 어떤 대륙에서보다 아프리카에서 가장 심각하다는 것을 보여주고자 한다.

국가안보

아프리카는 전통적인 안보 접근법이 갖는 한계를 두 가지로 보여준다. 1) 안보의 대상인 '국민국가'가 명확하지 않다. 그리고 2) 타국 정부로부터의 군사적 위협이 불안보의 주요 요인이었던 적은 거의 없다. 따라서 '군사력의 위협, 사용 그리고 통제'의 측면에서 안보의 개념을 정의하는 현실주의는 아프리카에서 통용되기 어렵다. 대중의 인식과는 달리 아프리카는 국가 간 측면에서만 보면 비교적 평화로운 대륙이다. 왜냐하면 국가 간의 전쟁 횟수가 미미하기 때문이다. 특히 아프리카 대륙이 보다 발전되고 민주적인 유럽보다 더 평화롭다는 점에서 몇몇의 학자들은 민주평화에 필적하는 '아프리카평화(African Peace)'라는 용어를 만들어내기도 한다 (Henderson, 2008). 그 대륙에서 식민지 유산이 거둬지기 시작한 1960년대 이후 주요한 국가 간 전쟁은 단 3차례에 불과했다. 1978~1979년에 있었던 탄자니아의 우간다 침공(인도적 개입으로 간주되기도 한다), 에티오피아와 에리트레아 간의 전쟁(1998~2000년) 그리고 수단과 남수단 간의 전쟁(2013년~)이 그것이다. 여기서 우간다 침공을 제외한 2개의 전쟁들은 에리트레아와 남수단이 각각 에티오피아와 수단으로부터의 분리 독립을 주창하는 가운데 발발한 내전 형태의 전쟁이었다. 아프리카는 중세 시대부터 20세기에 이르기까지 유럽 역사에서 두드러졌던 그리고 아시아 역사에서도 간헐적으로 나타났던 강대국 간 분쟁의 소용돌이들을 경험하지 않았다.

그러나 헨드릭스(Karel Hendricks)는 아프리카평화가 국가 간 전쟁에 관한 구시대적 해석에 기초해 있기 때문에 적절한 용어가 아니라고 주장한다. 최근의 아프리카 역사에서 고전적인 의미의 국가 간 전쟁은 거의 없었지만 오늘날의 전쟁 양상은 완전하게 내전이거나 부분적으로만 내전인 경우가 대다수다. 헨드릭스는 1945년 이후 세계 내전의 30%가 아프리카에서 발생했고 그 내전 대부분이 사실상 국제화된 분쟁이었다는 사실에 주목한다 (Hendricks, 2012: 52). 1990년대 중반 아프리카에서의 분쟁 증가는 평화로운 탈냉전 신세계질서를 위협했다. 이것은 자원전쟁과 새로운 유형의 전쟁에 관련된 이론들의 산파역할을 했다. 이 이론들은 아프리카 분쟁이 이 책 전반에서 다루고 있는 환경악화와 실패국가로 인해 촉발될 새로운 분쟁시대의 서곡이라고 예측했다 (Homer-

Dixon, 1994; Kaldor, 1999). 저명한 미국의 저널리스트인 카플란(Robert Kaplan)은 『다가오는 무정부상태(*The Coming Anarchy*)』라는 저서를 통해 그러한 예측을 공론화시켰다. 그 책에서 그는 탈냉전 아프리카를 '질병, 인구과잉, 이유 없는 범죄, 자원부족, 난민이주, 해체되고 있는 민족국가 및 국경, 사적 군대·군사기업·국제 마약 카르텔로의 정치권력 이동'으로 특징지어지는 위험한 비극적인 장소로 묘사하고 있다 (Kaplan, 1994: 144). 취약한 국가를 전복하려는 폭도들에게 자금을 제공하고자 범죄를 저지르고 자원을 강탈한 군벌들은 1990년대 콩고, 소말리아, 시에라리온에서의 혼란한 내전들을 양산했다. 이러한 사례들은 카플란의 주장을 뒷받침했다.

이러한 '무정부상태'가 아프리카 전역으로 확산되는 속도와 규모는 이미 예측이 가능했다. 아프리카에서만 내부 봉기가 크게 증가한 것을 설명하기 위해 지난 50년 동안 수많은 일반적인 설명이 진화했기 때문이다.

'독재자' 현상

1950년대와 1960년대 아프리카를 휩쓸었던 변화의 바람이 만들어낸 낙관주의는 대부분 오래가지 못했다. 제국주의 소멸로 인해 출현한 자치 민주국가 10개국 가운데 6개국(레소토, 나이지리아, 시에라리온, 소말리아, 수단 그리고 우간다)은 10년을 못가서 권위주의 체제로 후퇴했다 (Marshall, 2006: 13). 누구나 잘 이해하고 있듯이, 민주주의가 정착하기 위해선 시간이 필요하다. 성급한 제도 도입은 붕괴하기 쉽다. 수단의 민주주의는 1958년 아부드(Ibrahim Abboud)에 의해 짓밟힌 이후 현재까지도 회복되지 않고 있다. 1971년 스티븐슨(Siaka Stevens)이 국가 헌법을 갈기갈기 찢어 놓기 전까진 놀랍지만 시에라리온도 엄연한 민주국가였다. 이들 국가 외에도 식민지에서 해방된 많은 국가들에서 독재자들이 등장했고 그들은 국가 내 어느 누구의 견제도 받지 않고 국가를 외부 세계와 차단시켰다. 아프리카 사회주의라는 자신만의 브랜드를 유행시키며 전 세계 도처로부터 존경을 받았던 케냐의 카리스마적인 지도자 케냐타(Jomo Kenyatta)는 1969년 야당들의 정치활동을 금지하고 국회를 폐쇄했다. 군사통치, 정실인사, 만성적인 부패가 대륙 전체를 뒤덮었고 지배 엘리트들이 국가의 부를 약탈하는 **도둑정치**(*kleptocracy*)가 만연했다. 예를 들어, 콩고에서는 모부투가 민주적으로 선출된 루뭄바(Patrice Lumumba) 정권을 1965년에 (미국과 이전 식민지 모국인 벨기에의 지원을 받아) 전복시켰다. 그는 30년 넘게 그 거대한 국가를 운영하면서 개인 사치품을 위해 수조 원을 착복하고 수많은 비밀 은행계좌를 개설했다. 국내의 정치적 견제와 균형은 아프리카 신생 민주국가에서는 작동하지 않았다. 서방세력은 민주주의를 육성하는 것보다 소련의 이익이 아프리카에 반영되는 것을 막는 데 더 관심이 있었다. 2011~2012년 독재자들의 폭정에 맞선 아랍의 봄 봉기에도 불구하고 아프리카 독재자들은 여전히 건재하다.

인위적인 국경선

20세기 중반 이후 유럽의 식민지배가 성공적으로

종식되었다. 그러나 아프리카 지도를 대충 훑어만 보아도 국가 간 질서의 정상적인 경로로서의 민족적 자결권이 전혀 작동하지 않았음을 알 수 있다. 아프리카에는 거대하고 다양한 국가들이 존재하고, 이러한 국가들은 인종을 고려했다고는 하지만 제멋대로 그려진 국경선 — 확연히 드러나는 직선 — 으로 구분되어 있다. 이러한 국경선의 상당수는 문자 그대로 모래 위에 그린 직선이다. 영국과 프랑스는 제국주의답게 지역 문화에 대한 고려 없이 편의상 직선으로 국경선을 그어 버렸다. 그 결과 나이지리아에는 최소 250개의 다른 인종들이 그리고 우간다에는 최소 40개의 인종들이 뒤섞여 공존하게 되었다. 그러한 인종들은 크게 아랍과 아시아에 기원을 두고 있으며 다시 3개의 차별적인 아프리카 언어 집단으로 구분되는 무수히 많은 종족들로 구성되어 있다. 또한 아프리카 인종 집단의 상당수는 국경선에 구애받지 않고 왕래를 한다. 가나와 코트디부아르에 걸쳐 거주하는 아칸족(Akan) 그리고 콩고민주공화국과 동아프리카 전역은 물론 르완다와 부룬디에 걸쳐 거주하는 후투족과 투치족이 바로 그들이다.

이러한 인종과 국가 간 불일치는 종종 내전으로 이어지기도 하는데 문제는 그 내전이 이웃해있는 '독수리 국가들(vulture states, 타국의 불행을 이용하여 이익을 취하는 국가들 – 역자 주)'의 기회주의적인 개입으로 인해 국제화된다는 점이다(Hendricks, 2012). 이 국가들은 자국의 국력을 신장시키기 위해 내전 중인 국가를 붕괴시키거나 내전의 상황을 악화시킨다. 르완다 내전에 개입한 우간다, 소말리아 내전에 개입한 에티오피아, 차드 내전에 개입한 수단 그리고 수차례에 걸쳐 콩고 내전에 개입한 앙골라, 르완다, 짐바브웨가 바로 독수리 국가들이다.

자원의 저주이론

거대하고 인종적으로 분화되어 있으며 부패한 국가는 정치적으로 불안정할 수밖에 없다. 문제는 그런 국가에서 수익성이 좋은 광물자원이 갑자기 발견된다면 정치적 불안정성이 더욱 증폭된다는 점이다. 나이지리아, 앙골라 그리고 적도기니는 원유 수출을 통해 엄청난 부를 창출하고 있다. 그러나 이러한 부는 "누가 무엇을 얻어야 하는지"에 대한 이익분배 다툼에 기름을 부어 폭도들로 하여금 국가해체를 시도하게 했다. 가장 최근엔 다이아몬드와 코발트 같은 광물자원의 혜택으로 인해 콩고민주공화국과 중앙아프리카 전역에서 범죄가 창궐했고 인종갈등이 심화되었다.

종교적 근본주의

사하라 사막을 가로질러 존재하는 그리스도교와 남하하는 이슬람교가 만나 단층선을 이루고 있다는 점에서 아프리카 역시 종교적으로 분열되어 있다. 이러한 특성 때문에 나이지리아, 수단, 코트디부아르 그리고 말리에서 종교분쟁이 발생하고 있다. 이외에도 이슬람 근본주의는 알제리와 이집트 같은 북아프리카의 뚜렷한 이슬람 세속주의와도 충돌하고 있다. 한 보고서에 따르면 인구의 40% 이상이 무슬림인 아프리카국가들 가운데 70%가 불안정하다. 이에 반해 인구의 40% 이상이 무슬림인 아프리카 이외의 국가들에서는 절반에 해당하는 33% 정도만 불안정하다 (Marshall, 2006: 31). 그러나 그리스도교 근본주의 역시 아프리카 불안정의 한 요인이다. 남수단을 주요 근거지로 하고 우간다 북부에서 활동하는 그리스도교 근본주의 군사집단인 신의 저항군(Lords Resistance Army)은 그 잔혹성과 집요함으로 악명이 높다.

안정성의 징후들

그러나 아프리카와 관련된 전쟁 데이터를 세심히 보다보면 아프리카 상황을 낙관적으로 전망할 수 있는 근거가 발견된다. 카플란의 주장에 부합되는 사례들이 다수 존재하는 것도 사실이지만 사하라 사막 이남의 아프리카에서 만연하던 폭력적 무정부상태는 1990년대 중반 이후 크게 완화되고 있다. 오슬로 평화연구소(Peace Research Institute of Oslo)에 따르면 (PRIO, 2014), 사하라 사막 이남 아프리카국가들 가운데 30개국(비율로는 66%)이 독립 이후 폭력분쟁을 경험했고 그러한 경험의 상당수는 1960년대와 1990년대 사이 급격한 증가추세를 보이던 내전에서 비롯된 것이다 (PRIO, 2014; Strauss, 2012). 그러나 그러한 추세는 1991년에 최고치에 이른 후 2000년대에 들어오면서 1990년대의 절반 수준으로 대폭 감소했다 (Marshall, 2006: 2; Strauss, 2012). 실제로 좀 더 시기적 범위를 넓혀 1960년부터 2008년 사이의 기간을 살펴보면 아프리카의 국가별 분쟁 연루 횟수는 평균 1.65회로서 1.88회를 기록한 아시아보다도 낮다 (아시아와 아프리카 사이에 걸쳐있는 중동은 평균 1.14회로 두 대륙보다 더 낮다는 점에서 평화로운 지역이다) (Strauss, 2012: 183–185). 또한 아프리카의 전쟁양상도 크게 변화했는데 바로 전쟁의 기간이 단축되고 살상의 정도가 약해졌다는 점이다. 규모 측면에서 보더라도 가장 최근의 군사분쟁들은 전면전이 아닌 소수 파벌들 간의 소규모 충돌이었다. 이념적 냉전으로 얼어붙었던 각종 갈등 요인들이 탈냉전과 함께 해동되어 전쟁이라는 형태로 분출되었고, 이것이 라이베리아, 시에라리온, 르완다 그리고 콩고민주공화국 등 아프리카 전역에서 나타났다. 그러나 이후, 라이베리아와 시에라리온은 정치적 안정을 회복했고 모잠비크와 앙골라 내의 분쟁 및 에티오피아와 에리트레아 간 분쟁은 종식을 앞두고 있다. 수단과 콩고민주공화국 같이 주목할 만한 예외적 사례들이 있긴 하지만 대체적으로 아프리카의 곪은 상처들은 아물고 있다.

아프리카가 무정부상태에서 후퇴한 주요 이유 중 하나는 아프리카연합(AU)의 역할이다. AU는 국경선이 영국과 프랑스에 의해 임의적으로 그려진 것일지라도 모든 국가들이 국경선과 주권적 권리를 준수하도록 장려했다. 또한 군사력을 통한 개입이 필요할 경우 군사적 취약성을 보완하기 위해 외부의 도움을 구하는 방안을 마련하는 실용주의 노선을 채택했다 (이에 대해서는 22장을 참조). 최근 중국의 대 아프리카 투자도 냉전 주역들의 무관심으로 비어있던 경제적 공백을 메꾸는 데 도움이 되었다. 서방의 우려와 달리 그러한 투자는 아프리카에 부담이 되는 정치적 조건을 수반하지 않았고 중국도 아프리카 각국 내의 반란세력을 지지하여 분할 통치하려는 의도를 갖지 않았다. 제도적 취약성과 동질성 부족에도 불구하고 아프리카국가체제는 표면상 안정적이고 회복 중에 있는 것으로 보인다. 아프리카가 겪고 있는 대부분의 불안보는 국가안보 개념을 탄생시킨 국가 간 권력투쟁 같은 것들에서 비롯된 것이 아니다.

인간안보

국가안보 측면에서 사고하는 방식의 명백한 한계와는 달리, 인간안보 접근법이 지닌 타당성은 세계에서 가장 빈곤하고 통치력이 빈약한 다수의 국가들이 있는 아프리카에서 완전히 입증된다. 예를 들어, 최근 몇 년간 에이즈(HIV/AIDs) 바이러스로 인한 세계 사망자의 절반이 사하라 사막 이남 아프리카 주민들이었다 (UNAIDS, 2011: 7). 그리고 그들 가운데 최소 90%는 에이즈 바이러스가 아니더라도 이미 말라리아 때문에 사망할 수밖에 없었다 (WHO, 2013).

빈곤

속담에 있듯이 돈으로 "사랑을 살 수는 없다." 그러나 돈으로 삶에서 가장 귀중한 것들을 지킬 수 있는 수단을 살 수는 있다 — 바로 안보다. 표 27.2는 세계에서 부유한 국가들의 기대수명이 가난한 국가들의 기대수명보다 더 길다는 것을 보여주고 있다. 부와 기대수명 사이의 정확한 상관관계는 없지만 하위순위에서 도드라지는 부와 기대수명 간의 순위 일치도는 매우 충격적이다. 또한 세계에서 가장 빈곤한 사람들은 대체로 세계에서 가장 안보가 결핍된 삶을 살고 있고 그들 대부분이 아프리카인들이다. 표 27.2에서와 같이 사하라 사막 이남 아프리카국가들은 유럽과 아시아에 비해 순위에서 크게 밀려나있다 (표에는 없지만 북미까지 고려된다면 순위의 격차는 더욱 심각해진다).

그러나 소득과 기대수명을 비교할 때 몇 가지 예외들이 있을 수 있는데 기대수명이 돈보다 안보와 밀접한 경우의 사례들이 그것이다. 적도기니는 아프리카에서 가장 부유한 국가이고 1인당 GDP로 볼 때도 세계 45위에 해당한다. 그러나 이 국가의 기대수명은 고작 51세에 불과하여 최하위 기대수명 국가 가운데 13위를 기록하고 있다. 적도기니는 원유생산을 통해 엄청난 수출이익을 창출하고 있지만 동시에 부패, 부실한 통치, 사회적 혼란 등에 시달리고 있다. 유엔개발프로그램(UNDP: UN Development Programme)은 경제적 윤택

표 27.2 빈곤의 대가 – 부와 기대수명

2009년 1인당 GNP 순위 구매력평가지수[4]		2009년 기대수명 순위 (194개국 순위)	2009년 인간 개발지수 순위 (187개국 순위)
최상위 ($40,000 이상)			
1	카타르	39 (79.4)	37
2	룩셈부르크	26 (80)	25
3	아랍에미리트	49 (76.5)	30
4	노르웨이	13 (81.1)	1
5	싱가포르	3 (81.1)	26
최하위 ($700 이하)			
183	니제르	171 (54.7)	186
184	에리트레아	154 (61.6)	177
185	라이베리아	166 (56.8)	182
186	부룬디	184 (50.4)	185
187	콩고민주공화국	194 (48.4)	187

출처: BBC (2004).

함의 측면에서만 발전을 평가하는 것의 한계점을 인식하고 새로 고안한 '인간개발지수(Human Development Index)'를 통해 한 국가의 발전가능성을 순위화하고 있다. 이 지수는 소득, 기대수명, 교육성취를 고려하여 한 국가의 부가 시민 전체를 위해 사용되고 있는지를 보다 종합적으로 평가하고 있다. 따라서 적도기니처럼 여러 가지 이유로 인해 국가 자원이 시민 전체를 위해 사용되지 않는 국가들은 GDP 평가와 달리 인간개발지수로 볼 때는 덜 발전된 것으로 평가된다. 또는 마다가스카르처럼 시민 전체의 보건의료와 교육시스템이 상대적으로 잘 갖춰져 있는 국가들은 GDP 평가와 달리 인간개발지수로 볼 때는 더 발전된 것으로 평가된다. 동시에 인간개발지수로 볼 때 가장 발전된 국가가 부국인 경우도 있으나 반드시 그런 것은 아니다. 이로부터 결론내릴 수 있는 것은 바로 인간안보를 성취하기 위해선 돈 이상의 것, 가령 선치(good governance)가 필요하다는 점이다.

이 책의 많은 장들에서도 확인된 바와 같이 빈곤은 질병, 재난, 범죄, 분쟁에 대한 취약성을 증가시키는 거의 모든 불안보의 주요 원인이다. 냉전종식은 비군사적 의제들이 글로벌한 주목을 받을 수 있는 기회를 제공했다. 그러나 이 때문에 제1세계와 제2세계 간 경합구도가 약해졌고 그 결과 두 세계는 제3세계에 더 이상 공들이지 않게 되었다. 즉, 제3세계가 곤란한 처지에 놓이게 된 것이다. 1970년대와 1980년대 많은 아프리카국가들은 전략적 이해관계를 가진 두 초강대국의 관심을 끌 수 있었고 양국의 지원을 받을 수 있었다. 그러나 냉전종식으로 인해 서유럽과 북미의 관심과 초점은 탈공산주의 전환 국가들로 집중되었고 남반구 지역 특히 아프리카는 변방화되고 말았다. 이러한 제3세계의 위기의식은 1980년대 들어 더욱 가속되었다. 원래부터 다양한 국가군으로 구성되어 있던 제3세계 국가들은 그러한 변방화에 대처하기 위한 나름의 방편을 추구하면서 더욱 이질화되었고, 결국 한배를 탄 동지적 관계는 유지되기 어려웠다. 제3세계 국가들은 자신들이 석유수출기구(OPEC: Organization of the Petroleum Exporting Countries) 국가들만큼 풍부한 석유매장량을 보유하고 있지 못하다는 사실을 재인식하게 되었다. 리비아와 알제리 같은 국가들의 경제성장은 제3세계로 하여금 선진국 시장에 대한 개척을 시도하게 했다. 이미 '아시아의 호랑이(Asian Tigers)'나 '신흥공업국(Newly Industrialised Countries)'으로 지칭되는 태국, 한국 그리고 대만은 현대적인 제조품을 효율적으로 생산하고 가격경쟁 전략으로 선진국 시장을 개척함으로써 선진국 대열에 동참했다. 이러한 전례 역시 제3세계를 추동했다.

아프리카국가들이 저발전에서 헤어 나오지 못하는 이유로 도둑정치와 부실통치가 지목되기도 하지만 (콩고민주공화국처럼) 그 국가들의 상당수는 브레튼 우즈(Bretton Woods)의 자유주의 국제경제 질서(LIEO: Liberal International Economic Order)가 강제한 불평등의 피해자였다. 자유주의 국제경제 질서는 제조품 무역에만 한정되었기 때문에 아시아의 호랑이들과 브라질 같은 국가들만 선진국에서 '가격경쟁'으로 이득을 볼 수 있었다. 이에 반해 농산물 수출 — 아프리카 대부분 국가들의 경제적 주력 상품 — 은 북반구의 보호주의 때문에 판로가 완전히 차단되었다. 따라서 자유주의 국제

경제 질서 하에서 아시아의 호랑이들은 대체적으로 서구 선진국들의 발전경로를 모방할 수 있었지만 대다수 아프리카국가들은 자국의 취약한 제조품 시장을 외국과의 경쟁에 노출시키기만 했다. 그 결과 아프리카는 구조조정(Structural Adjustment) 발전모델이 제시한 쓴 약의 개선효과를 전혀 누리지 못했다. 예를 들어, 세계은행(World Bank)은 모잠비크에 대출조건으로 주력산업인 캐슈넛 산업에 대한 보조금 지급 중단을 강요했는데 그 결과 2000년대 초 해당 산업은 붕괴하고 말았다.

사하라 사막 이남 아프리카가 수출이나 시장개방을 통해 빈곤으로부터 벗어나 시민들의 인간안보를 증진시킬 수 있는 기회를 부여받지 못했다는 인식이 국제적으로 공론화되었다. 그 결과 2000년대에 들어와 새롭고 더 개혁적인 지구발전 의제가 탄생했다. 바로 탈워싱턴컨센서스(Post-Washington Consensus)다. 유엔총회는 2000년에 민영화, 보수적 통화정책, 채무탕감에 초점을 맞췄던 워싱턴컨센서스보다 인간에게 진정으로 필요한 것들에 더 많은 강조점을 두는 새천년개발목표(MDGs: Millennium Development Goals)를 채택했다. 국제통화기금(IMF), 세계은행, 경제협력개발기구(OECD: Organization for Economic Cooperation and Development) 그리고 G7 — 말만 무성한 유엔이 아니라, 북반구가 주도하고 더 많은 정치적 권력을 갖고 있는 제도들 — 역시 MDGs를 채택했다. 8가지의 차별적인 인간안보 주제로 구성된 이 목표는 다음과 같다.

- 극단적인 빈곤과 기아를 절반 수준으로 줄인다
- 일반적인 기초교육을 성취한다
- 성평등을 촉진하고 여성에게 동기부여를 한다
- 어린이 사망률을 2/3까지 줄인다
- 산모 사망률을 3/4까지 줄인다
- 에이즈, 말라리아, 다른 질병들의 확산을 차단하고 예방한다
- 환경의 지속가능성을 증진시킨다
- 발전을 위한 글로벌한 동반자관계를 개발한다(공정무역과 더 많은 보조금).

MDGs는 유토피아적 희망사항 목록과는 거리가 멀다. 대신 이 목표는 국제공동체가 판단하기에 실용적이고 입증이 가능한 것들을 설정한 시도다. 설정은 1990년도를 기준으로 했고 목표달성 시한은 2015년도였다. 그러나 2015년이 된 현재 MDGs가 얼마나 성취되었는지를 평가한다면 그 결과는 성공도 실패도 아닌 '유보' 정도이다. 왜냐하면 MDGs가 여타의 다른 글로벌개발정책보다 훨씬 사회적 지향성을 갖는 모델임에도 불구하고 앞서 언급했던 지표에서 남반구 순위가 그대로 유지되고 있다는 사실 때문이다. 하루에 1.25달러 미만으로 생계를 잇는 절대빈곤층의 세계인구 비중은 크게 줄었지만 절대빈곤층의 기아 수준은 개선되지 않았다. 세계식량프로그램(WFP: World Food Programme)의 추정에 따르면 영양실조로 고통 받는 사람들의 수는 2009년 사상최초로 10억 명에 이르렀는데 이것은 기준설정 년도였던 1990년도의 영양실조 인구수를 초과한 수치였다(WFP, 2009). 이 수치를 풀어서 해석하면 MDGs가 성취되고 있는 일반적인 추세가 도출된다. 아시아, 남미 그리고 북아프리카는 상당한 진전을 이루었고 향후 그 목표를 완전히 성취할 가능성이 있다. 이에 반해 사하라 사막 이남 아프리카는 그

러한 진전도 이루지 못했고, 가능성도 없어 보인다. 지구 전체적으로 보면 빈곤감소 목표는 이미 성취되었지만 사하라 사막 이남 아프리카의 45개국 가운데 단 19개국만이 2013년에 그러한 목표를 달성했을 뿐이다 (IMF, 2013). 여덟 번째 목표의 하위 목표 가운데 하나는 공정무역이다. 제조품 무역 자유화에 필적할 만큼의 농산품 무역 자유화가 이루어지기 위해선 세계무역기구(WTO)의 무역협상인 도하 라운드(Doha Round)가 타결되어야 한다. 그러나 이것은 아직도 이루어지지 않고 있다. 그렇다고 해서 이러한 실패를 보상하기 위한 보조금이 증가한 것도 아니다 (여덟 번째 목표의 다른 하위 목표). 이것은 2008년 이후 전세계경제가 하강국면에 있었기 때문이다. 따라서 글로벌한 경제기득권을 유지하려는 이해관계 때문에 아프리카 많은 국가들은 잠재력을 키울 수도 없고 빈곤과 취약성으로부터 자국민을 해방시킬 수도 없는 처지에 놓여 있다.

거버넌스

앞서 논의했듯이, 아프리카는 '실패국가'를 만들어내는 만성적인 국내정치적 불안정 때문에 엉망진창이 되어왔다. 로트버그(Robert Rotberg)는 실패국가를 '내부적 폭력에 휘둘리고 시민들에게 긍정적인 정치적 재화를 제공하는 것을 포기한' 국가들로 정의하고 있다 (Rotberg, 2004: 1). 그러한 정치적 재화 가운데 가장 중요한 것은 당연히 안보다. 평화기금회(FFP: Fund for Peace)는 널리 알려진 압력단체인데 실패국가지수라는 것을 매년 발표한다. 2013년도 실패국가지수 순위에 따르면 가장 심각한 20개 실패국가 가운데 15개국이 아프리카국가였다. 그리고 15개국 가운데 최악의 실패국가 1위에서 5위는 순서대로 소말리아, 콩고민주공화국, 수단, 남수단 그리고 차드였다 (FFP, 2013). 특히 소말리아와 콩고민주공화국의 사례는 실패국가 배후의 두 가지 설명요인들이 무엇인지 보여준다. 바로 탈식민 과정에서 나타난 불안정과 탈냉전에서 비롯된 정치적 변화이다. 광대한 영토를 사유화하고 잔혹하게 운영하던 벨기에의 국왕 레오폴드2세(Leopold II)의 식민통치가 갑작스럽게 종식되자 콩고는 1960년에 독립하게 되었다. 이로 인한 권력의 공백은 주변국들까지 끌어들이는 복잡한 내전으로 이어졌다. 당시 유엔 안전보장이사회는 단합된 의견을 제시하지도 못했고 이사국 각 국의 입장도 변덕스러웠다. 이런 상황에서 유엔의 평화유지작전은 콩고 내전을 억제할 수 없었다. 이로 인한 결과는 모부투의 폭정과 오늘날까지도 지속되고 있는 인종분쟁 및 범죄의 증가였다. 소말리아의 경우, 한때 소련의 지지를 등에 업고 위세가 대단했던 바레(Siyaad Barre) 정권이 무너진 1991년에 내전이 시작되었고 콩고에서처럼 유엔의 개입은 실패했다. 콩고와 소말리아 양국 모두에서 조직적 범죄들이 횡행했고 공공보건 시스템이 무너져 질병이 창궐했으며 영양실조가 만연했다.

'국가의 경제기능이 마비된 국가들'을 다 제쳐놓고 부국만을 고려하더라도 아프리카에는 또 다른 문제가 있다. 바로 인간안보보다 국가안보가 우선시되는 문제(세계적인 문제이기도 하다)다. 예를 들어, 남아프리카공화국은 에이즈 퇴치에 동참하지 않는다는 비판을 받아왔다. 이에 대응하고

자 남아프리카공화국은 에이즈 퇴치비용으로 전년도 대비 3배나 증가한 10억 달러를 2002년 예산에 책정했다. 그러나 이러한 증액은 턱없이 부족하다. 남아프리카공화국 시민들은 모잠비크, 짐바브웨 또는 다른 국가로부터의 무력침공을 우려하지 않고 있다.[5)] 오히려 그들은 에이즈의 위협을 걱정하고 있다. 그럼에도 불구하고 국방비로 책정된 2002년 예산은 210억 달러에 달했다. 이 당시 남아프리카공화국에는 에이즈 감염환자가 약 500만 명(총인구의 11%) 있었고 에이즈는 오랫동안 가장 큰 사망원인이었다. 같은 해 전체 사망자의 40%가 에이즈 때문인 것으로 추정되기도 한다 (Dorrington, Bradshaw and Budlender, 2002). 실제로 남아프리카공화국은 외부적인 군사 위협에 직면해 있지 않다. 물론 현재 책정된 국방비가 적정하다는 주장도 있다. 첫째, 다양한 분야에 책정된 정부예산을 비용 크기로만 직접 비교하는 것은 문제가 있다는 것이다. 왜냐하면 각 분야별로 요구되는 비용이 다르기 때문이다. 둘째, 남아프리카공화국이 군사적으로 위협받고 있지 않는 사실이 바로 엄청난 물량을 통한 국방정책의 성공을 보여준다는 것이다. 그러나 이러한 주장들이 받아들여진다 해도 에이즈는 남아프리카공화국에서 심각한 문제이며 이를 해결하기 위해선 훨씬 더 많은 재원이 반드시 필요하다. 예를 들어, 우간다는 전쟁의 상흔이 아물지 않은 빈곤국이지만 단합된 공공 정보운동을 통해 1990년대 후반까지 에이즈를 절반수준으로 감소시켰다 (Ammann and Nogueira, 2002).

그러나 아프리카 정치의 최근 추이를 보다보면 아프리카 상황을 낙관적으로 전망할 수 있는 근거가 다시 발견된다. 최근 몇 년간 민주화가 진행되었다. 그 결과 독재국가의 수는 1989년에 36개국(41개국 가운데)으로 최고치에 이르렀다가 2004년엔 단 5개국(43개국 가운데)으로 대폭 감소했다 (Marshall, 2006: 3). 2011년부터 시작된 아랍의 봄 봉기와 그 여파는 아프리카의 민주화를 더욱 촉진하고 있다. 인간안보 역시 개선되고 있다. 소수인종에 대한 국가의 차별정책이 1980년대 중반부터 2000년대 중반 사이 약 70% 정도 감소했다 (Marshall, 2006: 3). 수단, 콩고민주공화국 그리고 소말리아 같은 사례들을 제외한다면 아프리카의 거버넌스 추세는 앞서 살펴본 내전 추세와 마찬가지로 개선되고 있다.

결론

국가안보에 대한 전통적 우려 — 전쟁과 내란 — 는 아프리카의 주요 문제이다. 그러나 그러한 우려는 정말 시급한 우려와는 거리가 멀다. 상위정치와 하위정치를 구분 짓는 전통도 아프리카 문제를 해결하는 데 도움이 되지 않는다. 아프리카 안보는 전쟁에 관한 것도 아니고 국가에 관한 것도 아니다 (오로지 국가의 취약성이나 부재로 인한 결과가 아프리카 안보의 핵심이다). 세계은행이 주지하고 있듯이, “갈등과 폭력의 형태는 ‘평화’나 ‘전쟁’ 또는 ‘집단적 폭력’이나 ‘정치적 폭력’의 범주에 잘 부합하는 것이 아니다” (World Bank, 2011). 이와 더불어 ‘국방’이나 ‘억지’와 같은 전통적인 개념도 아프리카에선 통용되지 않는다. 아프리카에는 안보문제를 야기하는 행위자들이 매우 다양하기 때문에, 취약성은 복잡한 문제이고 시민들을 보호하는 것은 쉬운 일이 아니다. 국내적으로 아프리카 대륙 전반에 걸쳐 정부들의 질과 정책적 이행도가 개선되어 왔고 AU를 통한 역내 거버넌스 역시 안정성에 크게 기여해왔다. 이제 개선되어야 할 것은 아프리카의 경제성장을 억제하고 있는 국제 거버넌스와 불공평한 무역질서이다.

주

1) 케냐, 탄자니아, 모잠비크, 가나, 나이지리아, 카메룬, 말라위, 잠비아, 르완다 그리고 코트디부아르의 시민 7,671명을 대상으로 한 BBC World Service의 여론조사.
2) '경제적 불안보'는 '빈곤'(24%), '실업'(10%), 그리고 '빈약한 경제발전'(3%)을 합친 수치다.
3) 질병은 '에이즈'(14%)와 '불건강'(7%)를 합친 수치다.
4) '국민총생산'을 의미하는 GNP는 국민경제가 1년간 생산한 최종생산물을 시장가격으로 평가한 총액이다. 인구수로 나눈 GNP가 1인당 GNP다. 그리고 해당 국가 화폐의 구매력으로 GNP를 조정하여 상대적 실제 구매력을 나타낸 것이 '구매력평가지수(PPP: Purchasing Power Parity)'다.
5) 2005년도 여론조사에 따르면 남아프리카공화국인들의 단 4%만이 전쟁을 가장 큰 안보위협이라고 답했다 (Human Security Centre, 2005).

추천도서

Henderson, E. 'Disturbing the Peace: African Warfare, Political Inversion and the Universality of the Democratic Peace Thesis', *British Journal of Political Science* 39(1), 2008, 25–58.

Hendricks, K. 'African Vultures: The New Prevalence of Interstate War in Africa', *Amsterdam Social Science* 4(1), 2012, 49–66.

Marshall, M. *Conflict Trends in Africa 1946–2004*, Report for UK Government, London: Department for International Development, 2006.

Strauss, S. 'Wars Do End! Changing Patterns of Political Violence in sub-Saharan Africa', *African Affairs* 111/443, 2012, 179–201.

28장 북극

피터 허프(Peter Hough)

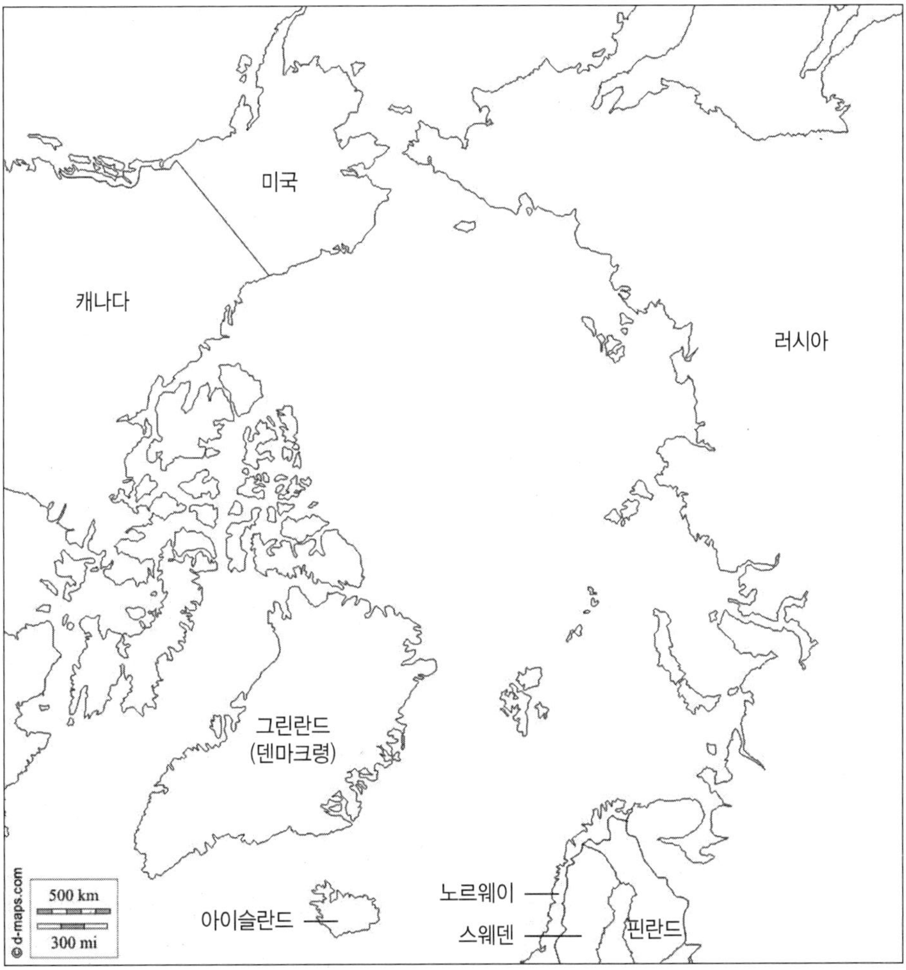

도표 28.1 북극

출처: http://d-maps.com/carte.php?num_car=3197&lang=en

서론

북극은 국제문제에서 변방으로 취급되어 도외시되던 지역이었다. 그러나 문자 그대로도 은유적으로도, 기후변화는 북극을 빙하 속에 감춰졌다가 해빙된 경제기회의 장소로 만들었다. 가장 중요한 것은 그 동안 접근이 어려웠으나 기술적 진보로 인해 시추가 가능해지고 있는 북극의 석유와 가스 자원이다. 이 지역 국가들의 해양영토 영유권 주장과 세간의 이목을 끄는 외교적 공세가 빈번해지고 있는 것은 새로운 자원쟁탈전과 말 그대로 추운 지방에서의 전쟁인 냉전 시대로의 진입을 예고하고 있는 것이나 다름없다. 그러나 관련국들이 북극 자원을 향해 돌진할 것이라는 전망과는 달리 현실은 매우 평화롭다. 그들 모두 한가로이 산책하듯 천천히 북극에 접근하고 있다. 군대를 파병하기보다 변호사와 지질학자들을 고용 — 심지어는 공유 — 하여 새로운 부가 몰려있는 지역에 대한 조사를 수행하는 등 상호 협력을 통해 신중하게 접근하고 있다. 전통적 안보관점으로 바라보면 이해하기 어려운 상황이 전개되고 있는 것이다. 북극의 환경변화와 관련된 국가안보적 관점들은 매우 과장되어 있는 반면 그 지역 토착민들의 인간안보가 곤경에 처해있는 상황은 이제서야 세계의 주목을 받고 있다.

북극과 국가안보

신냉전?

러시아 북극 탐사대의 잠수함에서 나온 로봇이 역사상 처음으로 북극점 해저에 국기를 꽂았던 2007년, 북극은 평소와 달리 전 세계 언론의 전면에 등장했다. 이렇게 이목을 끄는 행위는 정복으로 점철된 과거를 재현한 조치였고 동시에 정복이 미래에도 횡행할 수 있음을 보여준 사건이었으며 서구 언론과 정치인들의 러시아 공포증(Russophobic), 즉 '곰'에 대한 두려움을 되살린 상징이기도 했다. 또한 현대 첨단기술을 활용한 동서 간의 지정학적 힘겨루기의 예고편처럼 보였다. 러시아의 선제적 행위에 대한 서구의 민감한 반응은 캐나다 외무장관 맥케이(Peter MacKay)의 TV 인터뷰 내용을 통해 알 수 있다. "여러분, 세계 아무 곳에나 국기를 꽂은 후 '이곳은 우리의 영토다'라고 말해선 안 됩니다." 그러나 최근 몇 년 사이 절제된 목소리이긴 하지만 캐나다 역시 북극 연안국인 덴마크 및 노르웨이와 함께 북극 해저에 대한 영유권을 주장하느라 바빴다. 북극 빙하의 유실은 항해, 어업, 그리고 가장 중요한 지하자원 개발에 대한 새로운 가능성을 열어주었다. 즉 석유와 가스 시추 비용이 줄어들면서 많은 국가들과 다국적기업(MNCs: Multinational Corporations)은 북극에 잠재해 있는 이익에 눈을 뜨게 되었다.

러시아 북극 탐사대의 로봇이 북극 해저에 국기를 꽂았던 그 시점에 미국지질조사국(USGS: US Geological Society)은 '북극의 미개발 석유 및 가스에 대한 조사(Survey of Undiscovered Oil and

Gas in the Arctic)'를 수행하고 있었다. 탐사결과 북극은 언론의 주목을 받게 되었고 현실정치의 영역으로 진입하게 되었다. 캐나다, 덴마크, 그린란드, 노르웨이, 러시아 출신 지질학자들의 공동 작업을 통해 수행된 이 탐사결과는 현재까지도 가장 많이 인용되고 있는 북극 자원에 대한 최신의 정보다. 이 탐사결과에 따르면 북극에는 미개발된 전 세계 화석연료의 22%가, 미개발 석유와 가스의 각각 13%와 30%가 매장되어 있다 (표 28.1을 참조). 이러한 매장량은 알래스카, 캐나다, 러시아의 북쪽 해안에서 이미 개발되어 확인된 매장량을 제외한 수치이며 확인된 전 세계 매장량의 10%에 해당된다. 미개발 자원의 84%가 인접한 해안 지역에 매장되어 있으며, 그 중 상당수는 북극 연안 국가들의 200마일 배타적 경제수역(EEZ: Exclusive Economic Zone) 밖에 있다. 따라서 아직까지는 특정 국가의 주권적 통제 하에 있지 않다 (USGS, 2008).

러시아 북극 탐사대의 로봇 사건과 USGS의 탐사결과는 상승효과를 만들어냈는데 안타깝게도 그것은 위기의식을 느낀 서구 매체와 학계의 날카롭고 적대적인 반응들이었다. 첫째는 영국의 유명 군사전문지 『제인스 인텔리전스 리뷰(*Jane's Intelligence Review*)』의 2008년 기사였다. 그 기사는 최근 조지아를 상대로 전쟁을 벌인 러시아의 모험적 태도가 북극권 국가들로 하여금 자원선점을 위한 "예방공격을 고려하도록 만들고 있다"고 주장했다 (Galeotti, 2008). 두 번째는 보수적인 유명 외교지 『포린 어페어스(*Foreign Affairs*)』에 전직 미 해안경비대 고위관료가 기고한 기사였다. 이 기사에서 그는 북극의 정치적 환경이 무정부상태로 변화하고 있기 때문에 '무력 벼랑 끝 전술(armed brinkmanship)'이 횡행해질 것이라고 경고했다. "미국이 다자주의 접근법으로 국제사회를 이끌지 못한다면, 외교적 공백상태에 방치된 북극은 불 보듯 뻔한 정치적 상황에 빠지게 될 것이다" (Borgerson, 2008: 73). 셋째는 '북극 게임(The Polar Game)'이라는 주제의 특집호를 발간한 『유라시아 지정학 리뷰(*Eurasian Review of Geopolitics*)』다. 이 특집호는 이미 냉동고에 처박혀 있던 냉전적 사고방식을 해동시켰다. "북극에서 러시아가 취한 공격적인 자세는 미국, 캐나다, 북유럽 국가들로 하여금 독자적인 북극 연대를 모색하도록 이끌었고, 영국 같은 우호적인 국가의 참여를 유도하여 북극에서 서방의 존재감을 강화시키고 말았다" (Cohen, 2008: 36).

표 28.1 북극에 매장된 석유와 가스 추정치

	석유 1억 배럴	액화 가스 1억 배럴	천연가스 1조 입방피트	총량 1억 배럴 상당
미개발 매장량	900	440	1,669	4,120
확인된 매장량	400	85	1,100	2,400

출처: USGS (2008).

북극에 이해관계가 걸린 국가들의 외교정책 문서에서도 에너지안보이익에 대한 중요성이 강조되고 있는데 이것은 위의 반응들과 맥을 같이한다. "2020년과 그 이후까지의 러시아 북극 정책 요강(*The Fundamentals of Russian State Policy in the Artic up to 2020 and Beyond*)"은 새로운 경제이익을 보호할 군사조직 및 연안경비대의 창설을 천명하면서 대륙붕 경계의 확장 시도를 기정사실화했다. 그리고 북극이 2020년까지 러시아의 최우선 순위의 전략적 자원기지가 될 것임을 명시하고 있다 (Russian Government, 2009). 조지 W. 부시 행정부의 마지막 업적 가운데 하나는 "북극에 관한 국토안보 강령(Homeland Security Directive on the Arctic)"을 발간한 것이었다. 이 강령은 1994년 이후 최초의 공식적인 북극 이익수호에 관한 외교정책의 표명으로서 북극에서 미국의 존재감 강화를 천명했다 (US Government, 2009). 이미 캐나다정부는 "북극을 활용할 것인가 빼앗길 것인가"라는 전략을 수립하여 북극 도서 주변에서 해군작전을 정기적으로 실시하고 있으며 콘월리스섬(Cornwallis Island)의 레졸루트만(Resolute Bay)에 군사기지 건설을 계획하고 있다. 그리고 2009년에는 기존의 전략, 작전, 계획을 대폭 개선한 『북극종합전략(*Comprehensive Northern Strategy*)』을 발간했다. 하퍼(Stephen Harper) 총리와 맥케이 외교장관의 재임 시절 캐나다정부는 북극 문제에 대해 군국주의적 발언을 해왔다. 북미 매체는 영화 〈닥터 스트레인지러브(*Dr. Strangelove*)〉에서와 같은 무모한 일이 실제로 발생할 뻔했다고 보도했다. 보도에 따르면 2009년 오바마 대통령이 오타와를 방문한 바로 그 시간에 맥케이 장관은 보퍼트해(Beaufort Sea) 상공에 진입한 러시아 전투기를 '요격'하기 위해 전투기 발진을 명령했다. 그러나 미국 관리는 러시아 전투기가 캐나다 영공에 진입하지 않았음을 확인시켜 주었다. 이것은 북극에서 무력 벼랑 끝 전술이 횡행할 것이라는 포린 어페어스의 예측에 들어맞는 사건이었다 (Byers, 2010: 2-3). 노르웨이 역시 2009년에 상징적인 조치로서 스타방게르(Stavanger) 근처 알타(Jalta)에 있던 합동군사참모본부를 북극권 북쪽에 위치한 보되(Bodø) 근처 레이탄(Reitan)으로 이전시켰다.

노르웨이, 캐나다, 덴마크도 러시아와 마찬가지로 EEZ의 끝에서 다시 150km나 연장된 대륙붕 해양영토를 주장하고 있다. 이들 국가들은 유엔해양법협약(UNCLOS: UN Conference on the Law of the Sea)에 의해 설립된 국제해양법재판소(ITLOS: International Tribunal for the Law of the Sea)에 지질학적 증거를 이미 제출했다. 미국은 이러한 움직임에 동참하지 않았는데 그 이유는 UNCLOS 당사국이 아니기 때문이다. 고립주의적 성향인 미 의회는 미국의 국가이익이 국제정치기구의 영향 하에 놓이게 되는 것을 반대해왔다. 이 때문에 미국은 UNCLOS에 따른 영해·접속수역·배타적경제수역·대륙붕의 구획기준을 따르고 있지 않다. 이것은 현실주의자들이 주장하는 '합리적 행위자(rational actor)' 외교정책 모형이 아닌 자유주의자들이 주장하는 '관료정치(bureaucratic actor)' 외교정책 모형의 전형적인 예시에 해당한다. 미국은 내적인 정치역학 때문에 자국의 국가이익을 증진시킬 정책을 이행하지 못하고 있다. 부시 대통령, 오바마 대통령, 힐러리 클린턴 국무장관 그리고 미 해군은 의회의 비준을 받기 위해 시도했으나 실패했고 현재 북극에서 진행 중인 '경합'에서 뒤쳐져 있다. 러시아, 노르웨이, 덴마크, 캐나다가 주장하는 대륙붕은 상당 부분 중첩되어 있다. 이 지역들은 특히 북극점을 가로지르고 있는 로모노소프 해령(Lomonosov Ridge)을 포함하고 있는데, 이는 코펜하겐, 모스크바 그리고 오타와가 역점을 두고 주권적 권리를 요구하는 영역이다. 북극해의 중첩되는 많은 지역들에서 나타나고 있는 북극대륙 영토와 북극해 도서 관련 분쟁은 언론에서도 주목하고 있는 중요사안이다.

북극 상공의 뜨거운 대기?

북극의 자연환경이 변화하고 있는 것은 분명한 사실이지만 경제적·정치적 환경은 세간에서 예측하는 것처럼 빨리 데워지지 않고 있다. USGS의 탐사결과 발표와 그 발표에 대한 민감한 반응에도 불구하고, 이 발견들이 모든 것을 드러내지는 못했다. 이 결과는 미개발 북극 에너지 자원에 대한 이전의 추정치와 크게 다르지 않았고 2000년도 탐사결과와도 대동소이했다. 그럼에도 불구하고 2007년도 USGS의 탐사결과 발표가 주목받은 이유는 같은 시점에 행해진 러시아 북극 탐사대 로봇의 북극점 국기 퍼포먼스 때문이었다. 그러나 도드스(Dodds)가 지적하듯이, 그 퍼포먼스는 북극자원을 개발하기 위한 '국가차원의 행동(statecraft)이라기보다는 일종의 연출기법(stagecraft)'이었다 (Dodds, 2010: 63). 라블로프(Sergey Lavrov) 러시아 외무장관이 그 당시에 지적했듯이 그것은 1969년 '성조기'가 달에 꽂혀진 것에 비견될만한 일종의 쇼맨십이었다. 이 사건은 러시아와 서방 간의 대결처럼 보도되었지만, 서방이 러시아의 로봇 탐사를 위한 재원의 일부를 부담했다는 사실은 간과됐다 (Baev, 2010).

가장 큰 대형 석유기업들이 북극에 많은 관심을 갖는다고 해서 이것이 검은 금을 향해 몰려드는 것으로 이어지지는 않는다. 무분별한 시추와 개발을 억제하고 매장량을 미래의 전략자산으로 활용하고자 하는 '자원민족주의(resource nationalism)'가 부상하고 있기 때문에 석유기업들은 눈앞에 보이는 단기적인 이익에 골몰하지 말도록 강요받고 있다. 특히 푸틴이 옐친에 이어 집권한 1999년부터 러시아는 국가통제의 일환으로 자국의 에너지 기업과 외국투자기업들에 더 많은 영향력을 행사해왔다. 그러나 노골적으로 간섭하기보다 컨소시엄 형태의 국제협력과 국제투자를 유도하고 있다. 그렇게 하면 석유 대기업들의 전문성을 높이고, 시추와 개발 속도를 어느 정도 늦추며 국가 간 쟁탈전을 막을 수 있기 때문이다.

USGS는 '그 탐사결과에 담긴 매장량 수치에 현혹되지 말 것'을 경고하고 있다. 왜냐하면 "그러한 수치는 가장 중요한 탐사 개발 비용과 같은 경제적 가치를 반영하지 않기 때문"이다 (USGS, 2008). 에너지의 잠재적 기회를 평가하는 것은 북극의 빙하와 바위 밑에 있는 석유와 가스의 매장량을 추정하고 그러한 추정치를 세계 매장량과 비교하는 등의 단순한 작업이 아니다. 탐사, 시추, 채굴 그리고 수송과 관련된 비용은 북극의 지역에 따라 천차만별이다. 2008년 세계경제위기가 초래한 경제적 하강국면은 탐사·시추·채굴·수송 관련 비용의 부담을 더욱 부각시켰고 북극 채굴권을 취득한 기업들도 아직 작업을 시작하지 못하고 있다. 예를 들어, 2007년 바렌츠해(Barents Sea)에서 발족한 러시아의 가즈프롬(Gazprom), 프랑스의 토탈(TOTAL), 노르웨이의 스타토일(Statoil) 간의 선구적인 공동투자사업인 슈톡만(Shtokman) 가스전 개발계획은 아직까지도 시행되지 않고 있다. 그 이유는 사업수익성에 대한 주주들의 의구심이 증폭되어 개발계획 취소결정과 재개결정이 반복되었기 때문이다.

예측 가능한 미래로 한정한다면 기온상승에도 불구하고 북극에서 가능한 작업 기간은 연간 길어봐야 고작 3개월에 불과하다. 지구온난화의 영향으로 녹고는 있지만 여전히 일 년 내내 두꺼운 빙하의 표면과 겨울철 24시간 내내 칠흑 같은 어두움 또한 현실적인 문제가 될 것이다. 연안에서 진행되는 탐사·시추·채굴·수송 관련 비용은 내륙에서보다 훨씬 클 것이고 북극처럼 원거리일 경우 그 비용은 몇 배 더 클 것이다. 지구온난화 때문에 북극 항로를 사용하는 것이 수월해지겠지만 그것은 먼 미래의 일이다. 북대서양에서 캐나다 북극해를 통해 태평양으로 나가는 북서항로는 짧은 기간 동안만 사용가능할 것이며, 빙하에서 떨어져 나온 빙산들은 새로운 위험요소가 될 것이다.

2010년 4월 오슬로를 방문한 메드베데프 러시아 대통령은 노르웨이와 40년 외교분쟁을 종식시키는 합의서를 체결했다. 그 합의서는 바렌츠해를 두 국가가 양분하는 방안에 관한 것이다. 양국 외교장관은 후속 공동성명에서 다음과 같이 선언했다. "국제법은 평화와 집단이익을 위해 집행되어야 한다. 우리는 그러한 집행이 북극에서 증명될 것임을 확고히 믿는다" (Store and Lavrov, 2010). 이 성명은 전 세계를 충격으로 몰아넣었으나 쌍방 모두에게 이익이 되는 결과에 이르렀다는 점에서 부정적인 것만은 아니다. 왜냐하면 대립적인 주장만 일삼던 양국이 그 어느 국가도 채굴할 수 없는 '회색지대' 창출에 합의했기 때문이다. 그 지대는 바렌츠해의 12%에 달할 만큼 광활하다. 사실, 러시아의 북극 정책은 서방에서 묘사하듯이 호전적이지 않았다. 오히려 협력적인 측면이 더 많았다. 이것은 고르바초프(Mikhail Gorbachev)의 1987년 무르만스크(Murmansk) 연설로 거슬러 올라갈 수 있다. "모든 사람이 확신할 수 있는 것은 소련의 중대한 이익이 북극을 평화와 협력의 지대로 만드는 데 있다는 점이다. 소련은 지구의 북쪽, 북극과 극지 지역 그리고 모든 북극 연안 국가들이 전장이 되는 것을 예방하는 데 총력을 기울일 것이다" (Gorbachev, 1987). 물론 러시아가 바렌츠해에 대한 영유권 주장을 단념한 것은 아니다. 하지만 고르바초프 연설 이후 러시아가 서방에 제시한 북극 접근법은 일관되게 유화적이었다. 이 연설 정신을 계승한 푸틴 총리는 2010년 모스크바 국제북극포럼에서 다음과 같이 언급했다. "북극을 평화와 협력의 지대로 만드는 것은 시대의 사명이다" 왜냐하면 "북극에서 혼자 사는 것이 매우 어렵다는 것을 누구나 잘 알고 있기 때문이다" (Putin, 2010).

북극 지역에도 해결이 그나마 용이한 분쟁지역 한 곳이 있다 — 보잘 것 없는 무인도인 배핀만(Baffin Bay)의 한스섬(Hans Island)을 두고 벌이는 캐나다와 덴마크 간의 비현실적이고 우습지만 대체로 긍정적 측면이 많은 분쟁이다 — 이 분쟁은 북서항로의 한복판에 있는 한스섬을 양분하거나 공동 관리함으로써 해결될 가능성이 매우 높다. 해양영토 분쟁은 국제관계에서 흔히 일어나는 일이지만 어족자원과 해수 때문에 전쟁이 발발한 사례는 매우 드물다. 미국-러시아 그리고 미국-캐나다는 각각 베링해(Bering Sea)와 북서항로·보퍼트해를 놓고 분쟁 중에 있다. 그러나 이 분쟁은 러시아와 노르웨이가 우호적으로 해결한 바렌츠해 분쟁보다 해결이 훨씬 용이하다. 실제로 미국과 캐나다는 1980년대부터 상대국의 항해를 허용하고 해안경비를 조정하기 위한 합의서를 채택했고, 이를 통해 북서항로·보퍼트해에서의 협력을 증진시켜왔다. 양국 간 타협은 쌍방 모두에게 이익이 되는 결과가 될 것이다. 왜냐하면 캐나다가 (북방 영토의 경계선 확장에 기초하여) 영유권의 대상으로 지목한 곳이 200마일 배타적 경제수역을 넘어서는 보퍼트해에서 상당히 넓은 면적이지만 (등거리선 획정에 기초하여), 미국이 지목한 영유권 대상의 해역에는 미치지 못하기 때문이다. 따라서 보퍼트해 분쟁의 반전은 캐나다의 주장과 미국의 주장이 각각 미국과 캐나다를 이롭게 한다는 데 있다 (Byers, 2011). 1990년 이후 베링해협을 놓고 미국과 러시아 간 줄다리기 협상이 진행되어 왔으나 현재까지도 러시아 의회인 두마(Duma)의 거부로 협약체결에 이르지 못했다. 러시아 민족주의자들의 눈에 고르바초프는 망국을 초래한 대명사이다. 따라서 그들은 그가 주도한 협상과 협약을 미국에 국가자산을 팔아넘기는 과정으로 간주했다. 그러나 실제는 달랐다. 미소 양국은 외무장관 베이커(James Baker)와 세바르드나제(Eduard Shevardnadze)가 타결시킨 합의안을 존중했다. 우리가 보기에 정부 간 차원의 평화공존이 국내정치에 의해 가려져 있을 뿐이다.

외교적 언사들은 에너지안보와 관련하여 국가이익 추구와 제로섬 게임과 같은 성격을 표방한다. 이유는 모두가 이를 원하기 때문이다. 그러나 현실주의는 실제로 일어나고 있는 우호적인 협력관계를 의도적으로 은폐한다. 현실주의는 '북극 5개국'간의 자원쟁탈전을 예측하고 있고 우리 역시 그렇게 전개될 것을 예상하지만 위에서 살펴보았듯이 실제로는 협력적 관계가 북극 국제관계의 대세를 이루고 있다. 가장 거친 외교적 공세는 러시아나 미국이 아닌 캐나다가 가장 두드러지지만, 캐나다의 공세 역시 행동보다는 외교적 수사에 그치고 있다. 그랜트(Shelagh Grant)는 "북극에서의 주권적 권리 주장은 종이장 주권에 불과하다"고 단언한다 (Grant, 2010: 418). 신형 쇄빙선이 건조되지도 않았고 캐나다가 공언한 레졸루트만 군사기지 건설도 시작되지 않았다. 또한 전 세계가 알고 있는 것과 달리, 캐나다의 대중여론은 북극 해양영토보다 북극 내륙지역에 더 많은 관심이 있다 (MSGA, 2011). 하퍼 총리와 맥케이 외교장관은 국제적인 관객보다는 자국의 대중 앞에서 연극을 한 것이다.

북극에서의 정부 간 협력은 자유주의 모형의 설명력을 입증하고 있다. 물론 신현실주의와 영국학파의 관점에서도 이러한 협력이 설명될 수 있다. 가령, 전 세계에서 가장 강력한 두 군사대국은 북극에서의 영향력을 공고히 구축하기 위해 암묵적으로 세력균형 정치를 활용할 수 있다. 미국과 러시아 그리고 노르웨이, 덴마크, 스웨덴, 아이슬란드, 캐나다, 핀란드가 회원국으로 참여하고 있는 북극이사회(Arctic Council) 같은 기구의 활용이 그것이다. 이 기구를 통해 양국은 멀리 있는 다른 세력들 — EU나 중국 — 의 관여를 예방하고 자국의 목소리가 크게 제약되지 않는 북극이사회에서 건설적인 역할을 함으로써 북극에서의 현상유지를 꾀할 수 있다. 19세기의 유럽협조체제(Concert of Europe)나 현재의 EU 및 WTO와 같이 북극 관련 제도는 글로벌 거버넌스가 국가이익을 압도하는 증거라기보다는 관련 국가들의 이해관계를 대변하는 편의장치인 것이다.

대륙붕 경계의 확장시도 역시 매우 합법적인 방식을 통해 이루어지고 있다. 러시아, 캐나다, 덴마크, 노르웨이 모두 인내심을 가지고 UNCLOS에 이의제기하는 방식을 택하고 있으며 ITLOS의 중재를 수용하기 위해 노력하고 있다. 이러한 움직임은 공개적으로 천명된 '일루리샷선언(Illulissat Declaration)'에 기인한다. 이 선언에서 북극 5개국은 2008년 그린란드에 모여 다음과 같이 선포했다. "우리는 법(UNCLOS)을 엄격히 준수할 것이며 중첩되는 모든 주장들의 평화적인 해결을 원한다" (Illulissat, 2008). 이 선언은 북극이사회 회원국이지만 이사회가 자문을 구하지 않는 3개국(북극해 국가가 아닌 스웨덴, 아이슬란드, 핀란드)을 약 오르게 하는 반면, 평화적인 북극 분할이 북극 5개국의 이익에 부합한다는 사실을 보여주고 있다. 예를 들어, 역외 국가들이나 환경주의자들은 북극을 남극 스타일의 '세계 공원' 보존지역으로 만들 것을 제안해 왔으나 일루리샷선언은 북극 5개국이 북극을 자신들의 관할 밖에 두는 것에 반대한다는 점을 명확히 하고 있다. 덴마크 외교장관 묄러(Per Stig Møller) 역시 "전 세계 많은 국가들이 북극쟁탈전에 참여할 것이라는 근거 없는 소문과 믿음이 있다. 이 선언이 그러한 소문과 믿음을 완전히 불식시킬 수 있게 되기를 희망한다"고 언급했다 (Møller, 2008) (북극해에 직접 인접해 있지 않은 덴마크가 북극 5개국이 된 이유는 그린란드가 덴마크령이기 때문이다 – 역자주).

북극에서의 인간안보

세계화가 북극에 도달하기까지 많은 시간이 걸렸다. 그러나 북극인들의 삶에 미치는 세계화의 환경적·사회적 충격은 매우 컸다. 다른 지역에서의 세계화가 그러하듯이, 산업화, 근대화 그리고 다국적기업들의 투자는 커다란 기회를 가져다주는 동시에 새로운 인간안보 문제를 야기하고 있다.

환경적 충격

기후변화: 기후변화로 인해 북극에 쏠린 관심은 인간안보가 어떻게 훼손될 수 있는지를 잘 보여주고 있다. 대다수의 북극인들은 세계에서 가장 심각한 환경적 충격을 체감하고 있다. 기후변화에 관한 정부 간 패널(IPCC: Intergovernmental Panel on Climate Change)의 보고서에 따르면 20세기 동안 북극의 평균 기온은 지구 평균 기온의 2배에 이를 정도로 상승했고 북극의 해빙은 지난 10년 사이에 3.3%나 감소했다 (IPCC, 2007).

15장에서 설명했듯이 기후변화의 주요한 영향 가운데 하나는 북극 빙산의 용해에 따른 해수면 상승이다. 이것은 장기간의 혹서, 가뭄, 해안범람, 하천범람 그리고 해양산성화를 빈번히 초래함으로써 인간의 삶에 중대한 위협을 가져온다. 인간안보에 영향을 주는 이러한 요인들이 세계 도처에서 나타나고 있지만, 온난화가 가장 심각한 북극에서 가장 뚜렷하게 나타나고 있다. 북풍이 더욱 강해지고 있고 강수량이 증가하고 있으며 하천의 유속이 빨라지고 있기 때문에 오염도 악화되고 있다. 거대한 시베리아강의 유속은 1980년대 중반 이후 20년간 15~20% 정도 더 빨라졌다 (Usher *et al.*, 2010). 녹아버린 얼음의 바다유입이 염도와 해류를 변화시키기 때문에 오염과 식량 생산도 큰 문제에 직면하게 될 것이다. 또한 남극과 마찬가지로 북극에서의 이러한 변화는 태양광선 반사율을 변경시켜 지구온난화를 더욱 가속화시키고 있다. 왜냐하면 태양광선을 반사해오던 해빙(海氷)이 녹고 있기 때문이다.

오염: 환경문제의 세계화를 보여주는 그래픽을 통해 알 수 있는 것은 북극 지역이 유럽· 북미·아시아의 산업 활동으로 인한 오염에 장기간 노출되어왔다는 사실이다. 북반구의 겨울과 봄에 대기 중으로 방출된 유황, 질소, 탄소가 누적되어 나타난 스모그가 현재의 북극 연무다. 북극해를 오가는 수송수단이 배출하는 탄소가 이 북극 연무와 상승효과를 만들어 온난화와 사회적 변화를 크게 악화시킬 가능성이 매우 높아지고 있다 (Law and Stohl, 2007).

15장에서 언급했던 잔류성 유기오염물질(POPs: Persistent Organic Pollutants)은 북극의 환경과 북극인들의 건강을 치명적으로 손상시키고 있다. 농약과 산업 화학물질이 북극에서 거의 사용되고 있지 않음에도 불구하고 POPs의 영향이 발견되고 있다는 사실은 너무도 충격적이다. POPs는 분해가 매우 느리고 생명체의 지방조직에 축적되며 먹이사슬의 높은 단계로 갈수록 농축되기 때문에 POPs는 그것이 사용되었던 곳에서 수천 킬로미터 떨어진 동물들에게 축적될 수 있다. 즉, POPs의 축적은 어류나 수중 포유류로부터 시작하며, 생물축적의 과정을 통해 상위 포식자에게 가장 높이 축척된다. 북극의 최상위 포식자인 북극곰과 북극늑대가 POPs에 오염되어 있는 이유가 바로 이것이다 (Tenenbaum, 2004).

이외에도 북극의 음식에서 수은과 납이 발견되고 있는데 이것은 오염물질이 국경을 손쉽게 넘어간다는 것을 잘 보여준다. 북미와 유럽의 수은방출은 정치적 환경운동으로 인해 1980년대부터 급감했다. 그러나 이러한 급감은 중국의 석탄 발전소 난립으로 인한 수은 배출로 상쇄되고 말았다. 이 뿐만 아니라 그 수은은 대기를 통해 먼 거리에 있는 북극까지 오염시켰다. 그 결과 북극의 어족자원이 수은에 오염되었고 생물축적의 과정을 통해 수은이 확산·농축되고 있다. 대기를 통해 날아가던 수은이 북극 상공에서 눈과 섞여 지상과 북극해에 떨어지게 되고 그것을 바다새와 해양 포유류가 섭취하게 되는 것이다.

건강

북극인들의 인간안보는 환경적 충격과 세계화가 초래한 사회적 변화 때문에 위협을 받고 있다.

질병노출: 세계화가 필히 동반하는 부작용 가운데 하나는 해로운 유형의 질병들에 노출되는 강도와 횟수의 증가다. 정치적 식민지화가 생물학적 식민지화로 이어진다는 것은 이제 학계의 정설이다. 1940년대 초 캐나다 이누이트족(Inuit) 사이에 유행하던 나선 수막염, 폐결핵, 유행성 감기, 폐렴은 전시에 북극 남쪽에서 올라온 군인 및 군 관련 종사자들의 증가 때문에 갑작스럽게 나타난 질병들이었다. 위 현상은 군수품을 싣고 퀘벡에서 온 배들이 북극에 도착하면서 가속화되고 있다. 가장 충격적인 것은 평범한 감기가 북극 원주민들

에게 매우 치명적이라는 사실이다. 세계 대부분 지역에서 하찮은 질병으로 간주되는 감기가 이렇게 치명상을 입힐 수 있는 이유는 북극 원주민들의 유전저항이 부재하기 때문이다 (Duffy, 1988: 87-89).

최근 몇 년 사이 선진국에서는 거의 사라진 것으로 판명된 질병들이 북극에서 창궐하고 있다. 2010년 캐나다 북부의 에스키모족 자치구인 누나부트(Nunavut)에서는 99명의 폐결핵 환자가 발생했는데 이것은 캐나다의 폐결핵 평균 발병률보다 62배나 많은 것이었다. 세계에서 가장 부유한 국가 가운데 하나인 캐나다와 현격히 차이가 나는 생활 수준이 이러한 질병을 창궐시켰다. 1940년대와 1950년대 북극에서 창궐한 전염병도 같은 이유로 그렇게 된 것이었다. 캐나다 이누이트족 성인의 대다수는 당시에 걸린 병을 완전히 치료하지 못했다. 그러한 질병은 잠복기를 거쳐 유전적 변형을 하기 때문에 이누이트족은 치료가 더욱 어려워진 잠재적 보균자가 되고 말았다. 또한 당시 캐나다 행정부는 미숙하고 몰이해적인 방식으로 이 전염병에 대처했다. 이것으로부터 파생된 트라우마는 이누이트족들이 항생제 처방을 꺼리게 만들었다 (White, 2010). 이런 측면에서 캐나다 이누이트족의 약 10%가 19세기에 치료차 북극 남쪽의 진료소로 이주(때로는 강제이주)했다가 원래의 터전으로 돌아가지 않았다는 사실은 놀랍지 않다 (Grygier, 1994).

생활습관병: '생활습관병'이 보편화됨에 따라 북극인들이 크게 위협받고 있다. '북극 딜레마'로 표현되는 북극의 오염 증가가 다양한 부작용을 낳았는데, 그 중 하나가 건강문제라는 것이다. 납, 수은 또는 POPs 중독에 대한 두려움 때문에 북극인들은 그들의 전통적인 음식을 멀리하게 되었다. 북극 원주민의 상대적 빈곤과 장거리 운송으로 인한 가공식품의 상대적으로 높은 가격, 이 두 가지 요인이 복합되어 원주민들이 전통 식단에서 소외되는 '영양전이(nutrition transition)'가 특히 치명적이다. 장거리 수송에 가장 적합한 '서구' 음식들은 당연히 신선한 열매나 채소가 아닌 튀긴 베이컨, 비스킷, 탄산음료 같은 가공식품이다.

문화의 세계화 또한 서양음식을 매력적으로 보이게 하고 있어 북극의 건강 불안보를 증폭시키고 있다. 비만과 당뇨의 발병률 증가도 서구식 소비 패턴을 닮아가는 영양전이에서 비롯됐다. 일부 공동체에서 관찰되는 사냥활동 감소와 차량이동 증가 또한 북극인들의 운동량을 줄임으로써 비만 문제를 악화시켰다 (Sharma, 2010).

알래스카 원주민들의 술과 관련된 질병 사망률은 평균적인 미국인들보다 거의 9배나 높다 (Seale, Shellenberger and Spence, 2006). 지난 100여 년 전만해도 북극에는 암이 존재하지 않았다. 그러나 현재는 사회적 변화로 인해 폐암, 결장암, 유방암 발병률이 빠르게 치솟고 있다 (Friborg and Melbye, 2008). 캐나다 이누이트족의 폐암 발병률은 세계에서 가장 높다 (Krummel, 2009: 515).

자살: 러시아 북부 원주민들의 자살률은 세계에서 가장 많은 자살이 발생하는 국가의 3배가 넘는다. 동그린란드는 세계에서 자살률이 가장 높은 지역 가운데 하나다 (인구 10만 명 당 1,500명) (Krummel, 2009: 511). 캐나다에서 발간한 보고서에 따르면 19세에서 24세의 연령대에 있는 누나부트 이누이트족 남성의 자살률이 캐나다에 산

재해 있는 비슷한 인구학적 집단들의 자살률보다 약 50배가량 더 높다. 상식적으로 본다면 이러한 현상은 춥고 어두우며 외로운 생활방식 때문이라고 볼 수도 있겠지만 사실 상당부분 세계화에 기인한다. 근대 이전의 시기에 자살은 북극에서 거의 발생하지 않았다. 1960년대에도 자살은 누나부트에서 단 1건만 발생했다. 그러나 그 이후 급속한 사회적 변화 속에서 젊은이들은 선진국의 우울증과 비슷한 소외감에 노출되었고, 그 결과 교육 실패, 성적 좌절, 술, 마약, 사소한 범죄 등 상당한 '역사적 정신외상'에 시달리게 되었다. 젊은 누나부트 남성들이 겪는 정신적 장애도 자살처럼 50배가량 더 높은 것은 아니지만 매우 심각한 상황에 놓여 있다. 이에 대한 설명 역시 생물학적이라기보다는 사회적이라야 하며, 실제로 사회적 변화의 양상이 정신 장애 현상을 가장 잘 설명한다. 1960년대에는 알래스카 이누이트족의 자살률이, 1970년대 후반에는 그린란드 이누이트족의 자살률이 그리고 1980년대에는 누나부트 이누이트족의 자살률이 대폭 증가하기 시작했다. 바로 같은 시기에 식민지배 하듯이 단행된 근대화가 그들의 공동체를 변화시켰고 전통적인 사냥 종사자들이 감소했다 (Nunavut, 2008: 16-17).

세계화는 북극인들에게 새로운 기회를 가져다주었으나, 동시에 외부 세계와의 접촉에 대비하지 못한 그들을 새롭고 다양한 불안보에 노출시켰다. 세계화의 불균등한 성격들이 지구 도처에서 목격되고 있다. 북극은 그러한 성격들을 온전히 보여주고 있는 축소판이다. 이누이트족의 기대수명은 북극 연안 국가들의 평균에 한참 못 미친다. 캐나다와 그린란드에서 기대수명의 격차는 10년 이상으로 벌어져 있다. 예를 들어, 캐나다 남성의 경우 기대수명은 77.2세인 반면 누나부트 이누이트족의 경우는 66.6세에 불과하다 (Krummel, 2009: 509).

결론

국제관계에서 정치적 수사와 정치적 현실은 동일하지 않다. 특히 북극 정치에서 강경한 외교정책 표명과 선언적 조치들은 종종 늑대 옷을 입은 양들의 울음소리와 같다. 모험심에서 비롯된 것이든 이윤추구에서 비롯된 것이든 간에 북극탐사는 언제나 상징주의, 맹목적 애국주의 그리고 과시욕을 동반했다. 인간은 '남성 우월주의자의 환상' 속에 내재해 있는 잔혹한 방식을 통해 자연을 정복하고자 했다 (Ditmer *et al*., 2011). 그러나 현실과 마주했을 때 그러한 환상은 여지없이 깨져버렸다. 본국에서 아주 멀리 떨어져 있는 데다가 매우 열악한 개발환경에서 이익을 창출하려면 민족적 경쟁보다 협력을 필요로 한다. "성공적인 외교정책은 큰 몽둥이를 든 채 부드럽게 말할 때 가능하다"는 전통적인 격언과 달리, 우리가 북극에서 목격한 것은 '당근이 가득 들어 있는 가방을 맨 채 거칠게 말하는' 경우가 대다수였다. '북극 5개국' 및 서방의 다국적기업과 러시아를 동지적 관계로 만들고 있는 에너지 카르텔은 신냉전 민족주의가 아닌 초국적 공생의 명징한 예시를 보여주고 있다. 1920년대 유콘(Yukon) 지역의 금과 1960년대 알래스카의 석유 발견으로 초래된 개발과 이익에 대한 경쟁과는 달리 향후 북극에서의 에너지 개발은 아주 오랜 시간이 걸릴 것이며 간만 보는 형국이 될 것이다 — 에머슨(Charles Emmerson)의 용어로 표현하면 '북극 자원을 향한 느린 돌진'(Emmerson, 2010: 197)이라 할 수 있다. 지구온난화는 물리적·경제적 변화의 위협에 노출된 북극 원주민들을 향한 세간의 관심을 증폭시켰다. 동시에 지구온난화가 북극 석유를 향한 경쟁과 신냉전을 초래하여 북극이 뜨거운 정치적 대기로 가득 찰 것이라고 예측하는 주장들도 다수 등장했다. 북극을 세심히 지켜본 이들에게 한 가지 희망이 있다면 그것은 북극의 환경변화에 대해 쉴 새 없이 울리는 거짓된 국가안보 경종이 곤경에 처한 북극 원주민들의 인간안보문제를 환기시킬 수 있는 단 한 차례의 모닝콜을 울려주는 것이다.

추천도서

Arctic Governance Project – collation of papers from researchers from all eight Arctic states. http://www.arcticgovernance.org/.

Byers, M. *Who Owns the Arctic? Understanding Sovereignty Disputes in the North*, Vancouver: Douglas & McIntyre, 2010.

Hough, P. *International Politics of the Arctic: Coming in From the Cold*, London and New York: Routledge, 2013.

Young, O. 'The Future of the Arctic: Cauldron of Conflict or Zone of Peace?' (Review Article), *International Affairs*, vol. 87, no. 1, 2011, 185–193.

29장 아랍의 봄과 민주주의: 문제점과 전망

제프리 헤인즈(Jeffrey Haynes)

글상자 29.1 아랍의 봄

지난 6개월 동안 우리는 중동과 북아프리카에서 발생하고 있는 놀라운 변화를 목도하고 있습니다. 광장에서 광장으로, 도시에서 도시로, 국가에서 국가로 시민들이 그들의 기본적인 인권을 요구하기 위해 들고 일어섰습니다. 2명의 지도자가 권좌에서 물러났습니다. 더 많은 일들이 나타날 것입니다. 그리고 이 국가들은 우리와 멀리 떨어져 있지만 우리는 경제, 안보, 역사, 신념과 관련된 우리의 미래가 이 지역에 달려있음을 알고 있습니다.

(2011년 5월 19일 백악관 대변인실에서 미 대통령이 중동과 북아프리카에 대해 한 발언)[1)]

서론

아랍의 봄은 2010년 10월 튀니지에서 시작되었다. 이것은 아랍인이 다수인 중동과 북아프리카(MENA: Middle East and North Africa) 국가들에 커다란 영향을 미쳤고 이 때문에 정치적 관심이 증폭되었다. 그러나 4년이 지난 지금 아랍의 봄이 MENA 국가들의 민주주의를 촉진시켰는지의 여부는 확실치 않다. 그 이유는 아랍의 봄과 관련된 일련의 사건들에서 어떠한 동질성도 나타나지 않았기 때문이다 (민주주의가 꽃을 피운 아랍의 봄으로 귀결된 국가들도 있는 반면, 내전이 격화되거나 새로운 독재자의 등장으로 이른바 아랍의 겨울을 겪고 있는 국가도 적지 않다 – 역자 주). 어떤 경우엔 구체제의 독재자들이 건재하고(시리아, 장기간 독재를 하던 하페 알아사드[Hafez al-Assad]의 차남인 바샤르 알아사드[Bashar al-Assad]가 2000년에 집권을 시작했다. 아랍의 봄 여파로 알아사드 정권에 저항하는 시민군을 대상으로 정부군이 무자비한 탄압을 하면서 내전이 시작되어 2019년 현재까지도 상황이 해결되지 않고 있다 – 역자 주), 다른 경우엔 선거를 통해 등장한 새로운 지도자가 민주적일지 의심스러운 상태다 (이집트, 장기간 독재를 하던 무바라크[Hosni Mubarak] 대통령이 축출되고 무슬림형제단[Muslim Brothers]의 무르시[Mohamed Morsy]가 최초의 민선 대통령으로 취임했으나 1년 만에 군부쿠데타로 축출되고 2019년 6월 현재 간첩혐의로 재판받는 와중에 급사했다. 현재 이집트는 군부쿠데타를 주도했던 알시시[Abdul Fattah al-Sisi] 대통령이 집권한 상태다 – 역자 주). 아랍의 봄의 귀결에 대한 불확실성에도 불구하고 정치개혁과 경제성장에 대한 대중의 관심은 여전히 뜨겁다. 아랍의 봄이 동반하고 있는 정치개혁에서 종교 — 특히 정치적 이슬람(political Islam) — 가 어떤 역할을 할지는 중대한 사안이다. 따라서 이 사례연구는 아랍의 봄의 정치적 맥락, 정치적 이슬람 및 정치 간의 관계 모두를 살펴보고자 한다.

정치, 종교 그리고 아랍의 봄

민주화가 진행 중인 국가(튀니지, 아랍의 봄을 촉발시킨 튀니지의 재스민혁명은 23년간 통치하던 독재자 벤 알리[Zine Ben Ali]대통령을 축출하는 데 성공했으나 정국이 불안정한 상태에 있다 – 역자 주), 불완전한 민주국가(이집트), 그리고 아직 민주화가 일어나지 않는 국가들(리비아, 2011년 보호책임의 발동으로 철권통치자 카다피가 축출되었으나 권력공백 상태에 빠져 2014년부터 내전이 재개되었다. 2019년 현재까지도 리비아는 극심한 혼란상태에 있다 – 역자 주, 시리아)과 관련된 최근의 논쟁은 정치개혁에 초점을 맞추고 있다. 특히 그 지역에서는 종교의 정치개입이 만연해 있기 때문에 정치개혁에서 종교가 어떤 역할을 할 것인가가 논쟁의 최대 화두이다. MENA 국가들이 정치적 변화를 위해 노력하고 있지만 이 과정에서 종교의 역할은 중심적 위치에 있다.

종교 행위자들이 정치적 결과에 어떻게 영향을 미칠 것인가에 대한 질문은 MENA국가들뿐만 아니라 최근 수십 년간 많은 국가들의 민주화 과정에서도 제기된 바 있다. 제2차 세계대전 직후 비교정치학자들은 서독, 이탈리아, 일본을 포함하여 미국의 영향을 받은 국가들에서의 민주화 성패를 결정짓는 데 있어 정치문화가 중요하다는 점을 발견했다 (Linz and Stepan, 1996; Stepan, 2000; Huntington, 1991). 이와 더불어 종교적 전통 — 이탈리아의 로마 카톨릭과 서독의 기독교 민주주의 — 이 제2차 세계대전 당시 전체주의였던 국가들의 정치문화를 재정립하는 데 중요하다는 인식이 지배적이었다 (Casanova, 1994). 따라서 제3의 민주화 물결 시기에(1970년대 중반에서 1990년대 사이, 헌팅턴[Samuel Huntington]에 따르면 민주화의 물결은 크게 3가지로 나뉜다. 제1의 물결은 절대군주제가 몰락하고 입헌군주제와 공화제가 출현한 19세기 초부터 제1차 세계대전이 끝난 시기를 말한다. 제2의 물결은 군국주의 국가였던 독일, 일본, 이탈리아 및 식민지로부터 해방된 다수의 신생독립국가들이 민주주의를 채택했던 제2차 세계대전 종전 이후 1970년대 초반까지의 시기를 말한다. 제3의 물결은 남유럽, 남미, 동아시아, 동유럽에서 민주화가 확산되던 1974년부터 1990년까지의 시기를 말한다. 이러한 맥락에서 보면 아랍의 봄은 제4의 물결에 해당된다 – 역자 주) 학자들은 종교가 민주화에 미치는 영향에 주목했다 (Huntington 1991). 실제로 폴란드 출신 교황인 요한 바오로 2세(John Paul II)와 폴란드 로마 카톨릭 교회는 공산주의 정권을 약화시키고 탈공산주의 체제를 민주주의로 전환시키는 데 큰 역할을 했다 (Weigel, 2005, 2007).

유사한 사례들이 더 많이 나타났다. 1980년대와 1990년대 로마 카톨릭 교회가 민주화에 미친 영향은 폴란드를 넘어 라틴 아메리카, 아프리카 그리고 아시아 일부 지역에까지 광범위하게 나타났다. 같은 시기 미국에선 개신교, 종교적 우파집단들의 성장이 있었고 이들은 공화-민주 양당의 선거결과에 지속적이고 주목할 만한 영향을 미쳤다. 마찬가지로 모로코에서 인도네시아에 이르는 무슬림 사회에서도 다양한 정치적 이슬람(무슬림 형제단과 같은 이슬람 운동)이 확산되고 있다. 이들은 알제리, 이집트, 모로코 등에서 선거 판세와 결과에 파문을 일으키고 있다. 인도에서는 힌두교 세력이 인도국민당(*Bharatiya Janata Party*)의 선거승리에 크게 일조했고, 이스라엘에서 유대교의 정치적 역할도 익히 알려져 있다. 결국, 종교가 지속적으로 정치에 개입하고 있다는 증거는 세계 도처에서 확인된다. 최근의 아랍의 봄은 수차례에 걸쳐 밀어닥친 민주화의 물결에도 강고히 버텼던 MENA국가들에 영향을 미치고 있다. 위의 많은 사례들에서 나타났듯이 MENA국가들에서도 종교가 정치변화의 폭과 방향에 영향을 미칠 것은 자명하다.

그러나 어떤 영향을 미칠 것인가? 초기 연구들은 그리스도교 집단이든 이슬람교 집단이든 종교 행위자들이 민주화 과정에서 핵심적 역할을 하지 못한다고 결론내린 바 있다. 예를 들어, 1980~1990년대 중부유럽과 동유럽의 탈공산주의 민주화 사례들에 초점을 맞추었던 린쯔(Juan Linz)와 스테판(Alfred Stepan)은 종교(그리스도교)가 민주화에 미치는 영향력이 크지 "않다"고 주장했다 (Linz and Stepan, 1996). 1990년대 중반 MENA 국가들을 연구한 할리데이(Fred Halliday, 2005) 역시 제3의 민주화 물결 당시 MENA가 민주화 대열에 동참하지 못했던 이유는 이슬람 특성 때문이 아니라 공고화된 비종교적인 사회적·정치적 장애물 때문이라고 주장했다. 그에 따르면, 민주화를 방해한 장애물들은 '강력한' 지도자가 수십 년간 통치하며 만들어 놓은 권위적인 법질서와 제도들 그리고 파편화되어 결집되지 않는 시민사회 등이다. 할리데이는 그러한 장애물들이 '이슬람 독트린'(사우디아라비아의 와하비즘[Wahhabism, 이슬람 극단주의의 근원으로서 수니파의 한 분파이다. 와하비즘의 내용 가운데에는 민주주의와 양립할 수 없는 정치관이 있다. 이슬람 신앙을 가진 악한 통치자의 억압이 비무슬림 통치 하의 종교적 혼돈보다 낫다는 가치관이 그것이다 – 역자 주])에 의해 강화되는 측면이 있지만 그러한 장애물들이 이슬람적이라고 단정짓지 말아야 한다고 주장했다. 즉, 무슬림을 반민주주의자와 동일시하지 말아야 하며, 무슬림이 독재자와 권위적인 법질서를 선호한다고 결론내리지 말아야 한다는 것이 그의 논지이다.

민주화에 미치는 종교의 영향에 관한 또 다른 관점은 헌팅턴(Huntington, 1996)의 주장이다. 린쯔 및 스테판 그리고 할리데이와 달리 그는 제3의 민주화 물결 기간 동안 종교가 긍정적이든 부정적이든 민주화 결과에 중대한 충격을 주었다고 단언한다. 그에 따르면 그리스도교는 개신교든 카톨릭이든 제3의 민주화 물결(1970년대 중반부터 1990년대 후반까지) 당시 민주주의의 대확산과 민주화 성공의 중대 요소였던 것에 반해 동방정교회, 이슬람, 불교 및 유교는 민주주의에 우호적이지 않았거나 심지어는 민주화를 저해하기도 했다. 결론적으로 종교가 최근 민주화에 미치는 영향에 대한 학문적 합의는 존재하지 않는다. 여러 저명한 학자들이 서로 다른 결론을 주장하고 있다. 다음은 린쯔와 스테판, 할리데이 그리고 헌팅턴의 관점에서 추론될 수 있는 잠정적 결론들이다.

- 종교적 전통은 민주화와 민주주의를 어느 정도 촉진시킬 수 있는 핵심 요소를 갖고 있다.
- 종교적 전통에는 언제나 다양한 목소리들이 있다. 그러나 특정 시점에 민주화를 어느 정도 수용할지에 대해선 강력한 발언권을 갖고 있다.
- 종교 행위자들이 민주화 결과에 미치는 영향은 미미하다. 다른 한편 그들의 영향력은 민주화에 이르는 방식에서는 중요할 수 있다.

이러한 결론들은 아랍의 봄에 관한 아래의 설명에서 길잡이 역할을 하게 될 것이다.

아랍국가에서의 종교, 민주화 그리고 시민의 자유

이 봉기는 2011년 초 이집트와 튀니지에서 시작되었다. 리비아의 카다피정부는 같은 해 국제적 개입으로 전복되었다. 2011년부터 현재까지 시리아, 바레인(그러나 시아파가 주도한 반정부시위는 걸프지역에서의 왕정전복운동의 확산을 우려한 수니파 사우디아라비아가 군대를 파병함으로써 유혈 진압되었다. 당시 시위를 주도했던 살만[Sheikh Ali Salman]는 2019년 종신형을 받고 복역 중이다 – 역자 주) 그리고 예멘(약 1,000명의 사상자가 속출한 봉기로 인해 30년 넘게 통치해온 살레[Ali Abdullah Saleh] 대통령이 퇴진했다. 그러나 권력공백 상태에서 2014년 내전이 발발했고 2018년 현재 분쟁 당사자 간에 휴전협정이 조인되었지만 여전히 불안정한 상황에 있다 – 역자 주)에서 정치적 격변들이 발생했다. 이에 비해 규모는 훨씬 작지만 알제리(부테플리카[Abdelaziz Bouteflika] 대통령의 장기집권에 대한 불만이 있었으나 아랍의 봄 당시에는 커다란 소요가 없었다. 그러나 5선에 도전하려는 그의 권력욕과 치솟는 실업율에 분노한 시민들의 저항으로 2019년 그는 퇴진했다 – 역자 주)와 모로코(모하메드 6세[Mohammed VI]는 입헌군주제로 헌법을 개정하고 선거에 의해 총리를 선출하겠다고 약속함으로써 아랍의 봄을 피했다 – 역자 주)에서도 정치적 소요가 있었다. 공교롭게도 위 사건들은 미국이 파키스탄에 은신하고 있던 알카에다 지도자 오사마 빈 라덴을 사살한 2011년 5월 전후에 발생했다. 빈 라덴이 MENA 이슬람 과격주의자들에게 우상과 같은 존재였음에도 불구하고 놀랍게도 그의 죽음은 아랍의 봄에 정치적 파급효과를 갖지 못했다.

다른 한편, 한 세대 전에 공산주의가 종식된 중

부유럽과 동유럽에서의 민주화와 탈권위주의 국면에서 종교가 갖는 역할에 대해 많은 연구가 진행되었는데, 그것이 오늘날 아랍의 봄의 전개양상 예측에 도움이 될 수 있다. 그러나 단순한 질문 — 제3의 민주화 물결에 영향을 받지 않은 MENA에서 아랍의 봄은 어떠한 유형의 정치적 결과를 잉태할 것인가? — 으로는 유용한 답을 얻어내기 어렵다. 이와 유사한 또 다른 질문 — 아랍의 봄에서 종교의 역할은 무엇인가? — 역시 만족스러운 답을 얻어내기 어렵다.

그럼에도 불구하고 2010년 가을부터 MENA국가들에서의 근본적인 정치교체 요구가 수면 위로 떠오르면서 학계의 국제적 관심은 그 국가들에 집중되었다. 그러한 관심은 사건의 전개과정에서 종교의 영향력과 관련된 명백하고 일반적인 유형이 없음에도 불구하고 높았다. 이는 부분적으로 아랍의 봄이 아직 초기 단계였고 따라서 일반적인 유형이 곧 관측될 것이라는 기대가 강했기 때문이었다. 현재까지도 이 지역에서 획기적인 정치적 변화가 확산될지의 여부는 불확실하다. 그 이유는 시리아 아사드정부의 지속적인 국내 저항세력 무력화 시도(실제로 크게 성공하고 있는)와 아사드정부에 대한 이란의 강력한 지지와 비교했을 때, 시리아 저항세력을 지원하는 외부 세력이 거의 부재하기 때문이다. 결론적으로 아랍의 봄이 시작된 지 4년이 지났지만 민주주의 도입이라는 결실을 맺음으로써 시민봉기가 잦아들거나 약화될 조짐이 보이지 않는다. 오히려 시리아내전은 국제전쟁으로 확대되고 있으며, 예측하기 어려운 역내 불안정성을 증가시키고 있다. 또한 그것은 국가실패나 심지어는 국가 붕괴로까지 이어질 수 있는 종파간 갈등의 심각한 위험성까지 높이고 있다.

2010년 후반 이후, 아랍의 봄에서 관측되는 종교의 역할은 두 가지로 요약될 수 있다. 하나는 아랍의 봄 영향권에 있는 국가들에 반권위주의와 민주화에 관련된 종교 행위자들이 확실히 존재한다는 점이다. 다른 하나는 민주화 결과의 측면에서 명확한 양상이 나타나고 있지 않다는 점이다. 우리가 알고 있는 것은 이집트와 튀니지에서의 시민 봉기가 재임자를 물러나게 했고 그 두 국가에서 다양한 이슬람주의자들이 외견상으로는 민주적인 선거에서 승리했다는 점이다. 그러나 민주적으로 당선된 이슬람주의자들은 세속주의적인(secularism) 민주국가든 이슬람주의 국가든 어느 특정 방향으로 국정을 운영할지에 대해서는 공식입장을 표명하지 않고 있다. 그 이유는 이슬람주의자들이 온건파와 극단파로 나뉘어져 있기 때문이다.

이러한 결과들은 구체제 붕괴 후 '이슬람'이 어떻게 통치할 것인지, 진정한 민주주의가 이집트와 튀니지에 안착될 수 있는지, 또는 민주적 무슬림 국가가 탄생할 수 있는지에 대한 명확한 청사진이 없다는 증거다. 안정성, 안보 그리고 체제의 수명, 이 모든 것과 관련된 민주화 전망에 있어 가장 중요한 것은 바로 물질적 고려사항이다. 일자리 확대와 복지 개선을 요구하는 시민 및 급격한 증가 추세에 있는 인구압박에 대해 새로운 정부는 어떻게 대처할 것인가? 이집트와 튀니지의 시민들 — 이들은 세계가 목도하는 가운데 반정부시위를 통해 권력자를 권좌에서 끌어내린 젊은 층 다수를 포함한다 — 에게 정부의 종교적 색채는 중요하지 않다. 그들에게 중요한 것은 삶의 환경을 빠르게 개선할 수 있는 능력이다. 이에 대한 증거는 터키다. 정의개발당(*AKP: Adalet ve Kalkmma Partisi* , Justice and Development Party) 정부는 2002년 집권 이후 일자리, 복지, 안보 측면에서 경제성장을 잘 견인해왔고, 그 결과 집권여당은 2011년 총선에서 과반수가 넘는 득표를 했다. 이것은 이 정부가 '보다 더 종교적이기' 때문에 나타난 결과가 아니었다 — 사실 집권여당과 그 지도자는 정의개발당이 종교정당이 아닌 독일의 기독민주당과 유사한 '보수적 민주정당'임을 강조하는 데 심혈을 기울여 왔다 (Haynes, 2012).

이집트, 튀니지 그리고 리비아는 물론 향후 시리아에서도 터키와 같은 정치적 변화가 나타난다면 MENA국가들은 "인구의 90% 이상이 무슬림인 국가는 민주주의와의 공존이 불가능하다"라는 오명에서 벗어날 수 있다. 이를 위해 독재자에 대항한 아랍의 봄 같은 사건이 증거가 될 필요는 없다. 많은 수의 무슬림 국가들 — 위에서 언급한 터키, 2억 명이 넘는 인구와 세계에서 가장 많은 무슬림을 보유한 인도네시아, 150만 명의 무슬림을 보유한 방글라데시 — 에서 나타난 최근의 중대한 민주적 진전은 이슬람 '그 자체가' 민주화에 심각한 장애가 아님을 명확히 보여준다.

이외에 이슬람의 정치적 역할을 포함한 국내적 환경이 아랍의 봄 민주화의 결과를 전부 설명할 수 있는 것은 아니다. 리비아 카다피 정권을 전복시킬 때에는 총력을 기울였지만 시리아 아사드 대통령을 축출하는 것에는 주저하는 국제사회의 일관적이지 못한 개입 역시 아랍의 봄 민주화의 향방에 커다란 영향을 미쳤다. 서방은 아랍의 봄과 관련하여 두 가지 입장을 가진 국가들로 나뉜다. 하나는 MENA국가들에 더 많은 민주주의가 정착되기를 바라는 입장이다. 다른 하나는 이슬람주의자들이 권좌에 오르는 것을 서방 안보에 치명적이라고 보는 입장이다. 후자 입장은 1996년에서 2001년 사이 탈레반(Taliban) 치하의 아프가니스탄이 서방에 보여준 적대적 행위가 MENA국가들에서 재현될지 모른다는 두려움에 기초하고 있다. 특히 아랍의 봄이 수반할 수밖에 없는 불안정, 안보불안 그리고 시계제로의 맥락에서 극단적 이슬람주의자들이 창궐할 것이라는 우려가 그러한 두려움을 증폭시키고 있다. 이에 반해 전자의 입장을 갖고 있는 영국 수상 카메론(David Cameron)은 2011년 5월 아랍의 봄을 경험하고 있는 국가들의 사회복지와 민주화를 위해 재정을 지원할 것임을 발표했다. 영국정부는 국제개발부(Department of International Development) 예산 가운데 1억 1,000만 파운드(1억 6,500만 달러)를 MENA국가들의 민주화를 위해 사용할 것임을 선언했다. 영국 외무부도 그들을 민주화시키는 데 도움이 되는 세 가지 초석(정치참여의 증대, 법 지배의 확충, 언론 자유의 확대)을 위해 2011년~2015년 동안 4,000만 파운드(6,000만 달러)가 사용될 것이라고 선언했다. 마지막으로 영국정부는 경제개혁, 특히 청년고용을 증가시키고 반부패 장치를 강화하며 민간투자를 장려하기 위해 7,000만 파운드(1억 500만 달러)를 추가 기부하겠다고 발표했다. 요약하면 아랍의 봄에 반응하여 영국정부가 중단기적 자금지원을 천명한 목적은 3가지다. MENA국가들의 민주화에 이바지하고, 이슬람 극단주의 세력의 정치공백 활용을 차단하며, 영국을 비롯한 서방의 안보가 저해되는 것을 막는 것이다.

그러나 낙관하기에는 이르다. 1990년대 초 소련 붕괴 후의 탈공산주의 중부유럽과 동유럽이 민주화와 민주적 공고화에 성공한 것과 달리 MENA국가들에서는 전혀 다른 시나리오가 전개될 가능성이 크다. 이유는 세 가지다. 첫째, 이 지역은 광범위한 종파 간 분쟁으로 점철되어 있다 — 살육에 이를 수도 있는 무슬림 간(이라크, 시리아, 바레인) 그리고 무슬림과 그리스도교 간(튀니지, 이집트) 분쟁들을 포함한 다양한 종파분쟁 등이다. 모든 시민이 한뜻으로 독재정권에 대항했음에도 불구하고 이집트와 튀니지에서는 종파분쟁이 격화될 조짐을 보이고 있고 시리아의 종파분쟁은 시아파 종주국 이란과 수니파 종주국 사우디아라비아 간 그리고 미국과 러시아 간 대리전으로 인해 상황이 더욱 복잡해지고 있으며 폭력양상이 극단으로 치닫고 있다. 이집트에서는 콥틱교(Coptic) 신도와 무슬림이 카이로 임바바 지역에서 충돌하여 최소 15명이 사망한 사건이 있었다. 곧이어 2010년 12월엔 알렉산드리아의 콥틱 교회를 대상으로 한 유혈사태가 발생했다. 튀니지의 튀니스에서는 초교파 학교 교리 때문에 폴란드 출신 카톨릭 신부 리빈스키(Marek Rybinski)가 살해되었다. 또한 이슬람주의자들은 튀니스의 유대교 대회당을 포위하여 불을 질렀다. 바레인에서는 수니파와 시아파 간 폭력사태가 발생했다. 시리아에서는 아사드가 주도하는 알와이트(Alawite) 소수파 정부가 불리한 정치국면을 모면하고자 수면 아래 있던 종파분쟁을 수면 위로 끄집어 올렸다.

둘째, 종파분쟁 외에도 MENA국가들의 민주화를 위협하는 또 다른 요인은 바로 만성적인 경제적 피폐다. 사실 이 문제 때문에 시민들은 권위주의 정부에 대항하여 봉기했다. MENA국가들은 상대적으로 높은 원유가격에도 불구하고 지속적인 경기침체를 경험하고 있다. 전반적으로 GDP와 사회복지 역시 악화되고 있다. 그리고 가장 큰 문제는 이 모든 것들이 세계에서 가장 빠르게 인구가 성장하고 있는 지역에서 발생하고 있다는 점이다. 이집트가 바로 그 예이다. 논란의 여지가 있지만 2011년 초 무바라크 정권을 전복시킨 원인은 봉기의 전면에 나섰던 젊은이들의 경제적 좌절감이었다. 경제의 중추이자 GDP에서 가장 큰 부분을 차지하는 관광수입과 주식시장은 급락했고 평년보다 훨씬 밑도는 성장세를 보였다. 국제통화기금(IMF)에 따르면 2010년 5.1%였던 성장률이 2011년에는 1%로 급감했다.

셋째, 사우디아라비아와 이란은 MENA에서 오래된 숙적관계다. 사우디아라비아는 자국의 가장 밀접한 동맹인 무바라크 정권의 몰락에 민감한 반응을 보이고 있다. 이란 역시 자국의 동맹인 아사드 정권의 몰락을 수수방관하지 않고 있다. 바레인 정권은 사우디아라비아가 파견한 군대 — 얼마나 오랫동안 파견되어 있을지는 불분명하지만 — 로 연명하고 있다. 이란은 사우디아라비아의 또 다른 최대의 적이자 내전 중인 예멘에 정치적 혼란을 가중하여 사우디아라비아 주변 정세를 불안정하게 만들고 있다.

전반적으로 지금까지 살펴본 바에 따르면 민주화로의 여정을 시작한 MENA국가들의 민주화 전망은 밝지 않다. 민주주의 공고화에 대한 전망은 더욱 좋지 않다. 점진적인 역행은 지역적·국제적 불안정의 여파로 어떤 경우 국가실패로 귀결될 수도 있다. 이러한 국면에서 종교의 역할은 불명확하다. 이슬람주의자들은 민주적 게임법칙인 선거절차에 순응하는 자세를 보여주었다 (이집트와 튀니지). 물론 이것만으로는 종교적 근본주의에 대한 세속주의자들의 두려움을 덜어주지는 못한다. 왜냐하면 이슬람주의자들이 권력을 공고화하기 위해 종교를 이용할 수도 있기 때문이다. 실제로 20년에 걸친 알제리 내전의 원인인 군사쿠데타를 정당화하기 위해 1990년대 초 종교가 이용된 적이 있었다. 쿠데타 세력은 알제리의 장기적인 정치·경제발전을 위해 아무것도 하지 않았다.

결론

이 사례연구는 종교와 민주화의 관계 — 특히 2010년 후반에 시작되어 MENA를 휩쓸고 있는 아랍의 봄에 미치는 정치적 이슬람의 효과 — 를 다루었다. 이집트와 튀니지의 경우처럼 종교 행위자가 때로는 민주화 결과에 중요할 수도 있다. 그러나 대부분의 경우 이슬람주의자들을 포함한 종교 행위자들은 민주화와 매우 양면적 관계에 있다. 이것은 부분적으로 정치 행위자들을 대체한 종교 행위자들이 합법적 행위자로 인정받지 못해 나타난 현상이다. 가장 확실한 방법은 이슬람주의자들을 민주적 선거절차에 따라 권좌에 오르게 하고 그들이 무엇을 하는지를 관찰하는 것이다. 만약 그들이 민주주의를 직간접적으로 훼손시킨다면 거리시위를 통해 민주주의 방향으로 선회하도록 그들을 압박하는 방법도 있다.

MENA 지역 아랍국가들의 민주화를 전망할 때 간과해선 안 될 또 하나의 중요한 요인은 바로 외부 세력이다. 서방은 1980년대와 1990년대 중부 유럽과 동유럽을 포함하여 제3의 민주화 물결의 주요한 지지자였다. 민주화를 촉진하기 위해 막대한 자금이 투입된 야심찬 프로그램들이 1980년대와 1990년대에 시작되었지만, 시간이 지나면서 서방은 이러한 지원이 오히려 역효과를 낼 수 있다는 것을 깨닫기 시작했다. 민주화는 이슬람주의자들이 정부에서 활동할 수 있는 기회를 넓혀주었다. 이것은 이미 이집트와 튀니지에서 나타나고 있다.

그러나 아랍 봉기의 과정과 결과는 명확하지도 않고 일방향적이지도 않다. 어떤 경우엔 튀니지, 이집트 — 집권하자마자 붕괴했지만 — 와 같이 이슬람주의자들이 집권했고, 다른 경우엔 리비아처럼 세속적 행위자들이 현존 체제를 전복시키고 (일시적이나마) 집권했다. 결론적으로 MENA 내 정치적 사건에서 종교 행위자들의 장기적인 역할은 결코 명확하지 않다. 그리고 이슬람과 민주주의 사이의 관계는 공간과 맥락에 따라 다양하다고 판단된다.

주

1) http://www.whitehouse.gov/the-press-office/2011/05/19/remarks-president-middle-east-and-north-africa.

추천도서

Halliday, F. *The Middle East in International Rela-*

tions: Power, Politics and Ideology. Cambridge: Cambridge University Press, 2005.

Haynes, J. 'Religion and democracy: The Case of the AKP in Turkey', in J. Fox (ed.), *Religion, Politics, Society, & the State*. Oxford: Oxford University Press, 2012, 73–88.

Huntington, S. *The Third Wave: Democratization in the Late Twentieth Century*. Norman: University of Oklahoma Press, 1991.

Huntington, S. *The Clash of Civilizations and the Remaking of World Order*. New York: Free Press, 1996.

Linz, J. and Stepan, A. *Problems of Democratic Transition and Consolidation. Southern Europe, South America, and Post-Communist Europe*. Baltimore and London: John Hopkins University Press, 1996.

Stepan, A. 'Religion, Democracy, and the "Twin Tolerations"', *Journal of Democracy*, vol. 11, no. 4, 2000, 37–57.

Weigel, G. *Faith, Reason, and the War against Jihadism: A Call to Action*. New York: Doubleday, 2007.

30장 이스라엘-팔레스타인 분쟁

로날드 란타(Ronald Ranta)

글상자 30.1 국가(國歌)

이 마음에 유대인의 영혼이,
여전히 갈망하는 한,
저 멀리 동방의 끝을 향하여,
눈이 아직 시온을 향하는 한,
우리의 희망은 아직 사라지지 않았네.
2000년 동안의 그 오랜 희망이,
속박없는 나라를 세운다는, 우리땅에서,
시온과 예루살렘의 그 땅에서.
(이스라엘의 국가)

나는 바람의 의지와 무기의 불과 함께하리라.
투쟁의 땅에서 나의 조국의 결정과 함께하리라.
팔레스타인은 나의 집, 나의 승리를 결정하는 길이다.
팔레스타인은 나의 집, 팔레스타인은 나의 불
팔레스타인은 나의 화산, 저항의 땅이다.
깃발의 그늘에서 맹세하리라.
나의 땅, 나의 조국, 고통의 불과 함께 하리라.
나는 전사로 태어나서 전사로 남으리라.
나는 나의 조국으로 돌아갈 때까지 전사로 죽으리라.
전사여!
(팔레스타인 국가 중에서 일부분)

서론

19세기 말에 시작된 이스라엘-팔레스타인 분쟁은 현재까지도 진행 중에 있다. 이 분쟁은 중동과 국제정치의 향방을 결정할 정도로 중요한 역할을 하고 있으며 아랍과 이스라엘 간 분쟁의 한 구성요소이기도 하다. 난민, 수자원, 안보 같은 주요 분쟁 사안들은 이스라엘과 팔레스타인, 인접 국가들 그리고 국제적 행위자 모두에게 심대한 영향력을 미치고 있다. 이 분쟁을 종교나 인종 문제로 바라보는 시각도 존재하나 사실 이 분쟁은 두 민족 사이의 영토와 주권에 관한 것이다. 이 장은 이스라엘-팔레스타인 분쟁에 대한 독자들의 이해를 넓히고, 이 분쟁에 이 책의 핵심 장들에서 논의했던 주요 개념들과 용어들을 적용하는 데 목적을 두고 있다.

이 분쟁을 분석하는 다른 방법들이 있다. 영토, 주권, 자원과 관련된 명백한 이해관계와 목표를 가진 양측의 분쟁으로 볼 수도 있지만 분쟁의 지속성과 분쟁해결이 요원한 상황을 이해하기 위해선 다른 형태의 분석이 요구된다. 심리학, 두려움, 타자에 대한 증오, 피해의식 그리고 종교와 이념적 고려사항 같은 사안들이 때로는 영토나 주권보다 분쟁을 설명하는 데 더 효과적일 수도 있다. 그러므로 독자들은 양측의 역사와 심리 그리고 양측의 상반된 주장에 주목할 필요가 있다.

추가하여, 아래에서 언급하겠지만 양측 모두 일관된 하나의 입장을 가진 단일 행위자가 아니라는 점을 유념해야 한다. 이스라엘은 국가이긴 하지만 한 국가 내에 상반된 이해관계를 가진 다수의 정파와 이익집단이 존재한다 — 예를 들면, 이스라엘 평화운동단체, 이스라엘 유대인 정착민 그리고 정당들 각각은 팔레스타인과의 분쟁에서 각기 다른 목적을 추구하고 있다. 팔레스타인 아랍계 주민들은 정상 국가를 갖고 있지 못할 뿐만 아니라 지리적으로 그리고 정치적으로 분할되어 있다. 하마스(Hamas)가 통치하는 가자지구(Gaza Strip)와 팔레스타인 자치정부(PA: Palestinian Authority)가 통치하는 서안지구(West Bank)가 그것이다.

역사적 개론

기원전 135년 로마인들은 반란을 진압하고 반란에 참가한 유대인들을 예루살렘에서 추방했다 (로마의 식민지배에 맞선 제2차 유대-로마전쟁으로 바르 코크바[Bar Kokhba]가 주도한 반란이었다 – 역자 주). 로마인들은 추방된 유대인들의 거주 지역을 팔레스타인이라고 명명했고(엄밀히 말하면 예루살렘을 제외한 현재의 이스라엘, 가자지구, 서안지구를 합친 영토가 팔레스타인이다 – 역자 주) 이것이 지역명이 되어 현재까지 사용되고 있다. 이스라엘/팔레스타인의 현대적 국경은 1923년 영국과 국제연맹(League of Nations)에 의해 설정되었다.

19세기 말, 팔레스타인 인구의 대다수는 비유대인이었다 (대부분 무슬림이었고 소수의 개신교인들도 있었다). 그러나 시오니즘(Zionism, 유대민족주의)이 부상하면서 유대인의 팔레스타인 이주과정이 시작되었고 그에 따라 팔레스타인 아랍계 주민들은 시오니즘과 대척점에 있는 반유대주의로 결집하기 시작했다. 시오니즘의 주요 목적은 유대 민족의 팔레스타인(히브리어로 Eretz Israel, 에레츠 이스라엘 – 이스라엘의 역사적인 성경적 땅이자 유대교가 창시된 장소)으로의 복귀와 그곳에 유대 국가를 수립하는 것이다. 두 민족 모두 동일한 영토인 이스라엘-팔레스타인을 그들의 고국으로 주장하고 있다. 이들 간에 종종 발생하는 폭력분쟁은 오스만 제국의 붕괴, 영국의 위임통치(1919~1948년)와 제2차 세계대전 그리고 홀로코스트(1939~1945년)라는 복잡한 역사적 전개에 기인한다.

영국의 위임통치 기간 동안 분리안을 포함한 몇몇 해결방안들이 제시되었는데, 이들 모두 양측으로부터 거부되었다. (600만 명의 유대인이 학살당하고 수십만 명의 난민이 발생한) 홀로코스트의 참상과 제2차 세계대전 당시 양측의 요구를 수용하겠다고 약속한 영국의 난처한 입장(영국은 제1차 세계대전 당시 독일편에 가담한 오스만 제국 내의 아랍인들의 반란을 지원하면서 아랍인들에게 팔레스타인 내 독립국가 건설을 약속했는데 이것이 바로 맥마흔선언[McMahon declaration]이다. 동시에 영국은 제1차 세계대전에서 유대인의 자본을 활용하기 위해 유대인들에게도 팔레스타인 내 독립국가 건설을 약속했는데 이것이 바로 밸푸어선언[Balfour Declaration]이다 – 역자 주)을 고려하여 유엔총회는 팔레스타인을 유대인 거주지역과 아랍계 주민 거주지역으로 분리하는 방안을 승인했다 (1947년 11월 29일–결의안 181).

곧이어 1948년, 전쟁이 발발했다. 처음에는 유대인과 팔레스타인 아랍계 주민 간의 내전으로 시작되었지만, 이후엔 이스라엘(유대인 국가)과 인접 아랍국들 간의 국제전으로 비화되었다. 전쟁은 이스라엘의 압승으로 끝났고 그 결과 팔레스타인 영토의 대부분이 이스라엘로 귀속되었다. 이스라엘로 귀속되지 않은 영토는 요르단 관할의 서안지구와 이집트 관할의 가자지구다 (두 곳을 합쳐도 이스라엘-팔레스타인 전체 지역의 22%에 불과). 이 전쟁은 대량 난민사태도 초래했다. 약 75만 명의 팔레스타인 아랍계 주민들이 난민이 되었다. 유엔 결의안에도 불구하고 이스라엘은 그 난민들의 복귀를 허용하지 않았다. 강탈과 추방을 초래한 그 전쟁은 난민들에게 나크바(Nakba, 대재앙)가 되었다. 반대로 이스라엘 사람들에게 이것은 독립전쟁이었다. 홀로코스트로 인한 유대인의 고통과 전쟁으로 인한 팔레스타인 아랍계 난민의 비극적 처지 때문에 두 민족은 강한 피해의식을 공유한다. 따라서 양측의 갈등은 때로는 피해자 집단 간의 싸움으로 비춰지기도 한다.

팔레스타인 아랍계 난민(Palestinian refugees): 유엔에 따르면 대략 470만 명의 팔레스타인 아랍계 난민들이 있으며(2012년) 그들 대다수는 1948년 전쟁 난민의 후손이다. 이스라엘 점령지와 요르단에도 각각 200만 명, 레바논과 시리아에도 각각 50만 명의 난민이 존재한다. 유엔 소속인 팔레스타인 난민구호기구(UNRWA: UN Relief and Works Agency)가 이들을 지원하고 있다. 난민들의 삶은 이들이 거주하는 국가에 따라 천차만별이다. 예를 들어, 레바논에 거주하는 난민들은 가장 기본적인 권리마저 박탈당한 채 살아가고 있다. 팔레스타인측은 난민들이 이스라엘/팔레스타인으로 귀환할 수 있도록 국제사회가 조치해줄 것을 요구하고 있다. 이러한 요구는 국제법적으로도 명시되어 있다 (유엔 결의안 194). 때문에 팔레스타인측은 난민들이 그들의 고향과 미래의 팔레스타인 국가로 귀환하거나 그들이 거주하는 국가에서 시민권을 얻어야 하며 보상도 받아야 한다고 주장한다. 이스라엘측은 자국이 난민문제를 만들지 않았기 때문에 책임질 필요가 없다고 주장한다. 그리고 60년이나 지난 지금 그들의 복귀는 가능하지도 않고 설령 가능하다 하더라도 그것이 이스라엘의 유대 국가 정체성을 잠식시킬 것이기 때문에 반대한다. 그러면서 이스라엘측은 과거 아랍국가들에서 추방된 수십만 명의 유대 난민들이 이스라엘로 귀환했던 것처럼 팔레스타인 아랍계 난민들도 이스라엘이 아닌 미래의 팔레스타인 국가로 귀환해야 한다고 주장한다. 이 문제는 수백만 명의 팔레스타인 아랍계 난민의 운명과 이스라엘의 운명 모두와 관련이 있다. 왜냐하면 팔레스타인 아랍계 난민의 이스라엘/팔레스타인 복귀는 이스라엘의 유대 국가 정체성을 혼란에 빠트릴 수 있는 인구학적 위협이기 때문이다.

1967년, 이스라엘과 인접 아랍국가들 간의 6일 전쟁으로 알려진 6월전쟁은 분쟁의 역학을 변화시켰다. 이 전쟁에서 승리한 이스라엘은 영토를 3.5배 확장할 수 있게 되었고 그 결과 서안지구, 동예루살렘, 그리고 가자지구가 이스라엘 영토에 편입되었다. 따라서 당시로써는 이스라엘 점령지역이라고 일컬어진 서안지구와 가자지구의 미래가 바로 현재의 갈등(수백만에 이르는 팔레스타인 아랍계 주민들, 팔레스타인 아랍계 주민들을 위협하는 유대인 정착촌, 유대인 정착촌 확장을 제한할지도 모르는 팔레스타인 아랍계 난민의 귀환 문제 등)의 핵심이 되었다. 팔레스타인 아랍계 주민들이 이스라엘 점령지역(Occupied Territories, 가자지구와 서안지구)에 대한 소유권을 주장할 수 있는지의 여부는 뜨거운 논란 가운데 있다. 그러나 국제사회는 이러한 주장이 가능하다고 보고 있으며, 많은 경우 가자지구와 서안지구를 점령된 팔레스타인 영토로 언급하고 있다.

1988년, 팔레스타인 해방 기구(PLO: Palestinian Liberation Organization) — 팔레스타인 민족주의 그룹들을 대표하는 기구로서 아라파트(Yasser Arafat)가 이끌었다 — 는 두 국가 안(two states solution)에 합의했다. 이 합의는 이스라엘 점령에 대항한 팔레스타인 아랍계 주민들의 첫 번째 봉기 — 첫 번째 인티파다(Intifada, 흔들기)로 알려진 — 의 결과로 이루어졌다. 이전까지는 이스라엘과 PLO 양측 모두 협상으로 문제를 해결하는 데 별 관심과 노력을 기울이지 않았다. PLO는 이스라엘을 파괴하고 폭력을 통해 이스라엘 점령지역을 해방하고자 했다. 평화를 원한다는 입장을 표명했지만 이스라엘 역시 그 점령지역에 유대인 정착촌을 지속적으로 건설했고 팔레스타인 아랍계 주민들의 기본 권리를 박탈했다. 이 때문에 많은 이들은 이스라엘이 영토 확장에만 관심을 기울이고 있다고 본다.

영토와 국경

1993년 이스라엘과 PLO는 오슬로협정(Oslo Accords)에 합의했다. 이 협정으로 이스라엘은 점령지역 일정부분을 PLO에 이양했고 민주적 선거절차를 통해 PA가 탄생했다. 또한 팔레스타인 아랍계 주민 다수가 거주하는 A지역에는 제한적이지만 주권이 허용되었다. A지역을 제외한 점령지역 나머지는 B지역(공동 통제) 또는 C지역으로 지정되었다. 전체 점령지역의 60% 이상을 차지하는 B, C지역은 여전히 이스라엘의 통제를 받고 있다. 이스라엘은 안전상의 문제 때문에 B와 C지역을 왕래하는 팔레스타인 아랍계 주민들의 이동에 심각한 제한을 가하고 있다. 다른 한편, 팔레스타인 해방과 관련된 정치세력들 가운데 하마스(이슬람 저항운동)는 오슬로협정의 수용을 거부했다. 왜냐하면 하마스는 그 협정을 이스라엘 점령지역 인정 내지는 항복으로 간주했기 때문이다. 또한 정작 중요한 유대인 정착촌, 예루살렘, 미래의 국경, 수자원 같은 주요 사안들은 오슬로협정에서 다루어지지 않았다. 따라서 이 협정은 일시적일 수밖에 없고 양측은 점령지역의 최종 상태에 관해 어떤 합의에도 도달하지 못하고 있다.

수자원안보: 사막지대라는 지역적 특성상 수자원안보는 중동지역에서 중요한 문제일 수밖에 없다. 이 때문에 수자원안보는 이스라엘과 팔레스타인 아랍계 주민들 간의 관계는 물론 이스라엘과 인접국 간의 관계를 논의할 때 빠질 수 없는 사안이다. 예를 들어, 이스라엘이 시리아 및 레바논과 지속적으로 충돌하는 이유 역시 수자원에 대한 접근성 때문이다. 서안지구 수자원은 이스라엘의 통제 하에 있으며 이 때문에 서안지구 아랍계 주민들은 수자원 사용에 있어 부당한 대우를 받고 있다. 서안지구 유대인 정착촌 주민들은 서안지구 아랍계 주민들보다 농업과 사적 소비를 위한 물 할당량에서 더 큰 혜택을 보고 있다. 이를 타개하고자 서안지구 아랍계 주민들이 우물 파기를 시도하자 이스라엘은 그마저도 금지했다. 이외에도 이스라엘은 서안지구 동쪽과 길게 맞닿아 있는 요르단 강 수자원도 통제하고 있기 때문에 서안지구 아랍계 주민들은 지속적인 어려움을 겪고 있다.

오슬로협정이 타결된 1993년 이후 개최된 수차례의 협상에서 영토와 미래 국경의 문제는 가장 중대한 사안이 되었다. 팔레스타인 아랍계 주민들은 가자지구나 서안지구에 그들만의 독립국가 건설을 요구하고 있고 수도로서 동예루살렘을 요구하고 있다. 즉 그들은 1967년 당시의 휴전선(그린라인으로 불리움)으로 이스라엘이 철수할 것을 요구하고 있다. 그들은 두 국가 안을 받아들임으로써 역사적인 팔레스타인 영토의 78%에 대한 권리를 이미 포기했다고 주장한다. 그들이 보기에 이것은 엄청난 희생이다.

이스라엘은 협상할 용의가 있음을 수차례 내비친 바 있다. 그러나 이스라엘의 제안은 팔레스타인 아랍계 주민들이 요구하는 최소 기준에 한참 못 미치는 것이었다. 이스라엘은 그린라인으로 철수할 의사가 없음을 명백히 하면서 그러한 철수는 완충지대를 좁혀 국경 방어를 위험에 빠트릴 수 있다고 주장한다. 그럼에도 불구하고 이스라엘은 몇몇 지역으로부터 철수할 조짐을 보이고는 있다. 예를 들어, 이스라엘은 2005년 가자지구로부터 유대인 정착촌을 철거하기 시작했다. 그러나 하마스의 잇따른 로켓포 공격은 추가적인 철수가 더 많은 공격을 초래할 것임을 보여주었다. 이스라엘은 이 분쟁이 영토에 관한 것이 아니라 역사적인 고국 땅에서 유대 국가를 건설하려는 이스라엘의 권리를 인정하지 않기 때문에 발생하는 것이라고 주장한다. 그러면서 가자지구에서의 철수는 고통스런 양보를 통해 평화를 추구하는 자국 의지의 증거라고 주장한다. 이와 함께 추가적인 철수는 안전 문제와 서안지구에 설치한 유대인 정착촌을 고려하여 추진될 것이라고 주장하고 있다.

팔레스타인 아랍계 주민들은 이스라엘이 점령지역에서 철수할 의지가 없다고 주장한다. 유대인 정착촌 설치, 토지수탈, 분리장벽 설치 그리고 가자지구에 대한 지속적인 봉쇄는 이스라엘의 비타협적인 태도를 보여줄 뿐만 아니라 팔레스타인 아랍계 주민들에 대한 통제와 점령지역의 영구화를 추구하는 증거라고 주장한다.

분리장벽: 이스라엘은 8미터 장벽을 포함한 일련의 장벽들을 지속적으로 설치하고 있다. 표면상 이 장벽들은 그린라인의 연장선으로 보일 수도 있다. 이스라엘은 이것이 테러리스트들의 침투를 저지하기 위한 임시조치라고 주장하면서 장벽 건설이 시작된 이후 자국에 대한 공격이 현저히 감소했다고 주장한다. 이에 대해 팔레스타인 아랍계 주민들은 점령지역을 영구화하기 위해 장벽을 살라미전술처럼 활용한다고 반박한다. 그러면서 그들은 그린라인의 2배나 되는 장벽들이 유대인 정착촌과 아랍계 주민들을 분리하는 구획선 역할을 하고 있다고 주장한다. 또한 장벽들이 그린라인 안쪽으로(그린라인에서 팔레스타인 아랍계 주민들의 거주지 쪽으로 – 역자 주) 건설되고 있는데 이 때문에 그린라인으로만 계산했을 때의 미래 팔레스타인 국가 영토 가운데 자그마치 10%가 상실된다. 문제는 여기서 그치지 않는다. 장벽은 팔레스타인 아랍계 주민 공동체와 그들의 농장 및 마을까지 분리시키고 있다.

이제 독자들은 양측이 제안한 그 어떤 해결책도 이스라엘이 건설 중인 유대인 정착촌, 미래 팔레스타인 국가 수립의 가능성, 수자원, 성지 관리, 예루살렘의 운명 그리고 양측의 안보같은 모순을 내포할 수밖에 없다는 점을 이해할 수 있을 것이다.

종교의 영향

분쟁이 종교 때문에 발생한 것은 아니지만 종교가 분쟁을 증폭시킬 수는 있다. 이 때문에 전 세계도처에 있는 종교 공동체들에게 종교를 중시하는 유대인과 팔레스타인 아랍계 주민 간 분쟁이 갖는 함의는 매우 중요하다. 이스라엘/팔레스타인 지역은 그리스도교인, 무슬림 그리고 유대교인 모두에게 성스러운 땅으로 인식되고 있다. 종교 그 자체가 분쟁의 직접 원인은 아니지만 분쟁을 지속시키고 악화시키는 역할을 할 수는 있다. 양측의 종교집단들은 성경 또는 코란의 수많은 문구 가운데 배타성과 폭력성이 언급된 문구만을 인용한다. 종교가 민족주의와 연동되면 평화는 더더욱 요원해진다. 유대인 정착촌 주민들은 점령지역에서 그들의 행동을 정당화하기 위해 구약을 활용하고 있고 하마스와 다른 이슬람 집단들은 유대인들에 대한 공격을 정당화하기 위해 코란을 활용하고 있다.

이스라엘 탄생 이후, 유대 국가 내에서 종교의 지위에 대한 논쟁이 지속되었다. 종교는 다양한 정도로 시오니즘의 특징을 띄고 있다. 유대인들은 국가와 종교적 공동체를 동일시하고 있으며 이스라엘은 유대인이 다수인 유일무이한 국가다 (이스라엘의 인구는 대략 800만인데 그 가운데 1/4은 비유대인이다). 또한 점령지역에는 유대인의 종교적 정체성과 직결되는 장소들이 다수 존재하고 있다. 1967년 전쟁을 통해 현재의 점령지역(특히 서안지구와 동예루살렘)을 획득한 이후, 종교는 유대인의 공적이고 정치적인 삶에서 이전과 비교할 수 없을 만큼 커다란 역할을 하게 되었다. 유대인들에게 전쟁은 이스라엘 영토 확장을 위한 새로운 부르심이었던 것이다. 그러나 이스라엘은 점령지역을 관리할지언정 국가의 영토로 병합하는 것에는 반대했다. 수백만의 비유대인들을 포함하는 것은 유대국가, 이스라엘의 정체성을 뒤흔들 것이기 때문이었다. 유대주의와 이스라엘/팔레스타인의 땅(에레츠 이스라엘)은 그들의 시조인 아브라함(Abraham)과 그 후손들에게 신이 약속한 땅이다. 이 약속이 구약의 핵심이고 이스라엘이 그 땅에 대한 소유를 주장하는 근거가 된다. 유대 근본주의 집단들(그들 다수가 서안지구와 동예루살렘의 유대인 정착촌에 살고 있다)은 온전히 자신들의 것이라고 믿는 땅에 대해 타협하는 것을 못마땅하게 생각한다.

최근 몇 년 동안 종교는 팔레스타인 아랍계 주민들의 정치적 삶에서 중요한 역할을 하고 있다. 하마스는 PLO와 오슬로협정을 반대하고 있다. 왜냐하면 성스러운 땅은 신이 무슬림에게 온전히 약속한 땅이므로 어떠한 타협도 용납될 수 없기 때문이다.

하마스로 일컬어지는 이슬람 저항운동은 첫 번째 인티파다가 일어나던 1987년에 설립된 정치 군사조직이다. 2006년 하마스는 팔레스타인 아랍계 주민들을 대상으로 한 의회선거에서 승리했다. 그러나 이를 인정하지 않는 PLO 및 다른 팔레스타인 정파들과 무력충돌이 있었다. 하마스는 현재 가자지구를 통제하고 있는 반면 PLO(이후에는 PA – 역자 주)는 서안지구를 통제하고 있다. 이스라엘은 하마스를 평화의 장애물로 보고 있다. 왜냐하면 이스라엘이 테러리즘으로 간주하는 행동을 서슴없이 자행하고 있기 때문이다. 그러나 최근 몇 년간 하마스 지도자들은 보다 유연한 입장을 표명해왔고 특정 조건에서라면 두 국가 안을 받아들일 용의가 있음을 내비쳤다.

이스라엘/팔레스타인 땅에는 이슬람교와 유대교 모두 성스럽게 여기는 장소들이 포함되어 있다. 이것이 종교 간 경쟁을 촉발하고 있다. 그 장소들 가운데 가장 중요한 곳은 예루살렘에 있는 성전산(Temple Mount)이다. 양측은 성전산에 대한 완전한 주권적 소유를 그 어떤 합의에서도 절대 포기하지 않고 있다. 동예루살렘에 위치한 성전산에는 성궤(Ark of the Covenant)를 모시기 위해 솔로몬왕(King Solomon)이 건축한 고대 성전이 있었다고 알려져 있는데 유대인들은 통곡의 벽(Wailing Wall, Hakotel Hama'aravi) — 유대인에게 가장 성스러운 장소 — 이 바로 그 성전의 일부분이라고 믿고 있다. 또한 유대인들은 솔로몬 성전이 기초석(Foundation Stone) — 창조가 시작된 초석 — 위에 지어졌다고 믿는다. 1948년부터 1967년까지 19년간 요르단 통제 하에 있을 때 유대인들은 통곡의 벽에서 기도하는 것을 금지당했다. 따라서 이스라엘은 그 장소에 대한 통제권을 포기하길 주저한다.

무슬림들은 무하마드(Mohammed)가 성전산(이들은 숭고한 성소[Noble Sanctuary, al-Haram al-Sharif]라고 부른다)에서 승천했다고 믿고 있다. 이곳에 건축된 이슬람 사원은 메카 이전까지는 이슬람 최초의 예배방향(first Qibla)이었다. 이런 면에서 예루살렘은 무슬림에게 메카와 메디나 다음으로 가장 성스러운 도시다.

예루살렘 외에도 요셉의 무덤(Tomb of Joseph), 라헬의 무덤(Tomb of Rachel) 그리고 선조들의 무덤(Tomb of the Patriarchs) 같은 중요한 종교적 장소들이 많이 있는데 그 중 대다수는 서안지구에 있다. 세 명의 선조(아브라함, 이삭[Issac], 야곱[Jacob])가 묻힌 곳으로 추정되는 선조들의 무덤도 서안지구의 남쪽 도시 헤브런(Hebron, al-Khalil)에 있다.

성스러운 땅에는 그리스도교인들에게도 가장 신성한 장소들이 많이 있다. 동예루살렘에 있는 성묘교회(Church of the Holy Sepulchre), 베들레헴(Bethlehem)에 있는 예수탄생교회(Church of the Nativity) 그리고 나사렛(Nazareth)에 있는 수태고지교회(Basilica of the Annunciation)가 그것이다.

예루살렘

이 도시는 분쟁의 축소판이다. 예루살렘은 유대인과 팔레스타인 아랍계 주민들이 직면하고 있는 안보, 종교, 법 그리고 인구학적 문제들을 집약하고 있다. 예루살렘은 이스라엘의 수도로써 기능하고 있지만, 팔레스타인 아랍계 주민들은 동예루살렘이 미래의 팔레스타인 국가의 수도가 될 것이라고 주장한다. 2000년 이스라엘 총리 바라크(Ehud Barak)와 팔레스타인 대통령 아라파트는 중동평화협상의 최종타결을 위해 캠프 데이비드(Camp David)에서 마주했다. 그러나 예루살렘 문제와 성전산 소유권에 대한 이견 때문에 중동평화협상이 결렬되었고, 그 결과 폭력의 새로운 순환이 시작되었다 (두 번째 인티파다). 이 사태로 5,000명이 넘는 팔레스타인 주민과 1,000명이 넘는 이스라엘 주민들이 사망했다. 양측 희생자의 대다수는 민간인이었다.

유엔의 분리안(결의안 181)에 따라 예루살렘은 국제도시가 될 예정이었다. 그러나 1948년 전쟁 이후 그 도시는 구시가지와 종교적 성지들을 포함하고 있는 동예루살렘과 이스라엘의 수도인 서예루살렘으로 나뉘고 말았다. 1967년 전쟁 동안 이스라엘은 동예루살렘을 점령하여 병합했고 동서 통합 예루살렘이 자국의 영구적인 수도가 될 것임을 선포했다. 국제사회는 이 결정을 인정하지 않았다. 예루살렘을 둘러싼 비난과 이에 맞서는 이스라엘의 지속적인 정책 때문에 많은 이들은 두 국가 안의 타결 가능성을 매우 낮게 보고 있다. 이스라엘은 예루살렘에 대한 정책을 안보, 종교, 인구의 측면에서 추진하고 있다. 특히, 유대인 정착촌 건설, 안보장벽 건설, 토지 수탈, 가옥 파괴 그리고 자연고고학적 공원 조성 등을 행동에 옮김으로써 예루살렘의 도시 공간을 변형시켰다.

동서 예루살렘 통합 이후 이스라엘은 위의 행동들을 통해 이루고자 하는 몇 가지 목표를 설정했다. 즉, 자국 행동에 대한 국제사회의 지지를 얻는 것, 동예루살렘 인구에서 유대인 비중을 크게 늘리는 것, 통합 예루살렘을 현대적이고 성공적인 도시로 변모시키는 것, 동예루살렘을 유대인 정착촌으로 둘러싸는 것 등이다. 그러나 이스라엘은 이러한 목표들을 달성하는 데 실패했다. 국제사회는 만장일치로 이스라엘의 행동을 거부했다. 예루살렘은 해외대사관이 단 한 곳도 없는 세계에서 유일무이한 곳이 되었다. 대부분의 대사관은 텔아비브(Tel Aviv)에 있다. 이스라엘의 노력에도 불구하고 팔레스타인 아랍계 주민들은 여전히 동예루살렘 인구의 절대다수를 차지하고 있고 예루살렘에서도 꽤 큰 비중을 차지하고 있다 (1/3 정도 수준). 그들 대부분은 이스라엘 시민권을 거부했고 미래 팔레스타인 국가에 자신들의 미래를 걸었다. 사회경제적 지수의 측면에서도 예루살렘은 성공적이지 못했다. 실업과 가난이 심각한데 특히 팔레스타인 아랍계 주민들의 경우가 가장 심각하다. 동예루살렘에 있는 팔레스타인 아랍계 주민들의 삶의 조건은 서예루살렘에 있는 유대인들과는 판이하다. 대다수 팔레스타인 아랍계 주민들이 이스라엘 시민권을 거부함에 따라 그들의 실업과 빈곤 해결은 점점 더 어려워지고 있다. 요약하자면, 이스라엘의 노력에도 불구하고 예루살렘은 명목상 통합되었지만 실제로는 분리된 채 유지되고 있다.

점령지역에 있는 유대인 정착촌

1967년 이후, 이스라엘은 서안지구에 유대인 정착촌을 건설해왔다. 그러나 제네바협약(Geneva Convention)에 따르면 정착촌 건설은 불법이다. 심지어 이스라엘 국내법상으로도 많은 수의 정착촌들도 불법이다. 유대인 정착촌 건설로 인해 팔레스타인 아랍계 주민들은 자신이 소유한 토지를 강제로 빼앗기고 있다. 그러나 유대인들, 특히 정착촌 유대인들은 서안지구가 이스라엘 고대 영토의 일부분이었기 때문에 정착촌 건설은 합법적이며 정당한 행동이라고 주장한다. 그럼에도 불구하고 이 문제는 이스라엘 내에서조차 논란의 대상이 되고 있다. 평화운동을 지지하는 유대인들은 정착촌 건설을 반대하고 있다. 다수의 정착촌 유대인들이 그린라인 주변에 거주하고 있다. 서안지구와 동예루살렘에는 50만 명이 넘는 정착촌 유대인들이 거주하고 있다 (2012년 기준). 팔레스타인 아랍계 주민들은 동예루살렘 내부와 그 주변에 거주하는 정착촌 유대인들을 분쟁해결의 주요 장애요인으로 보고 있다. 정착촌 유대인들은 정착촌이 예루살렘의 일부분임을 명확히 하고 이에 대해 타협할 여지를 남겨두지 않고 있다. 팔레스타인 아랍계 주민들은 이스라엘이 동예루살렘과 서안지구를 분리하기 위해 정착촌들로 동예루살렘을 포위하고 있다고 비난한다.

안보와 테러

팔레스타인과의 협상에서 이스라엘은 미래 팔레스타인 국가의 비무장화와 전략적 요충지인 요르단강 계곡에 대한 통제를 요구해왔다. 이스라엘은 팔레스타인과의 평화협상이 진정한 안보를 보장할 수 있을지에 대해 의구심을 갖고 있다. 이스라엘은 팔레스타인 내부 정치가 분열되어 있다는 것을 잘 알고 있고 특히 테러 집단으로 간주하고 있는 하마스의 행동을 수년간 경험했기 때문이다. 팔레스타인은 안보가 더욱 절실한 쪽은 세계에서 가장 선진적인 군대를 보유한 이스라엘이 아닌 절대적으로 열세인 자신들이라고 반박한다. 또한, 이스라엘이 안보라는 명분으로 활용하고 있는 분리장벽들이 사실은 점령을 가속하기 위한 것임을 지적하고 있다. 양측 모두 상대방이 국제법을 위반하고 있으며 정치적 목적을 위해 민간인 테러를 하고 있다고 비난한다.

양측은 안보를 정의하고 폭력사용을 정당화하는 방식에 있어 커다란 차이점이 있다. 이스라엘에게 있어 안보란 개인의 안전, 팔레스타인 아랍계 주민들의 폭력으로부터의 자유, 유대국가로서의 정체성을 의미한다. 다른 한편, 팔레스타인측은 이동의 자유, 경제발전, 주권을 안보로 이해하고 있다.

이스라엘은 하마스를 테러집단으로 규정하고 있다. 하마스가 폭력수단을 통해 파괴를 호소하고 있기 때문이다. 이스라엘은 보통 팔레스타인 아랍계 주민들의 폭력을 테러리즘으로 정의하고 있지만, 정착촌 유대인들의 폭력에 대해서는 동일한 기준을 적용하지 않고 있다. 이것은 보통 **가격표 보복**(*price tagging*, 팔레스타인 아랍계 주민이 유대인에게 손해를 입힌만큼 그대로 보복한다는 의미로서 이스라엘 극우 민족주의자들의 테러 행위를 정당화하는 용어 – 역자 주)으로 지칭되곤 하다. 하마스와 팔레스타인 무장단체는 민간인을 겨냥한 자살폭탄테러와 로켓공격을 감행하고 있다.

그들은 그러한 공격을 순교 작전, 저항 등의 용어로 미화한다. 하마스는 이러한 공격이 이스라엘의 지속적인 점령과 탄압에 맞서기 위한 정당한 전술이자 합법적인 저항 행동이라고 주장한다. 그러면서 하마스는 군사적 열세와 팔레스타인 아랍계 주민들에 대한 이스라엘의 공격 때문에 비대칭적 군사작전(자살폭탄과 로켓 공격)이 필요하다고 주장한다. 그러나 최근 몇 년간 하마스는 자신의 입장을 완화해오고 있다는 점에서 귀추가 주목된다.

결론

이 장은 이스라엘-팔레스타인 분쟁을 살펴보았다. 분쟁의 역사를 간략하게 요약했고 핵심 장들에서 논의된 주요 개념들과 관련된 사안들을 살펴보았다. 팔레스타인 아랍계 주민들에게 이 분쟁은 추방과 강탈뿐만 아니라, 예속과 권리박탈에 관한 것이다. 따라서 그들은 이 분쟁을 역사적 부당함(injustice)의 측면에서 설명하고 점령에 맞선 자신들의 저항권과 주권적 권리를 강조한다. 유대인들에게 이 분쟁은 역사적인 고국 땅에 건설한 유대 국가가 외부 위협으로부터의 자유와 안전을 누릴 권리에 관한 것이다. 따라서 이 분쟁은 개인의 안보 및 유대 역사와 긴밀히 연결되어 있다. 무엇보다 이 분쟁의 핵심은 영토에 있다. 처음에는 이스라엘·팔레스타인 영토 전체를 둘러싼 갈등이 이제는 동예루살렘을 비롯한 서안지구와 가자지구 점령지역에 관한 분쟁으로 이어지고 있다.

추천도서

Caplan, N. *The Israel-Palestine Conflict: Contested Histories (Contesting the Past)*, Chichester: Wiley-Blackwell, 2009.
Harms, G. and Ferry, T.M. *The Palestine-Israel Conflict: A Basic Introduction*, 3rd Edition, London: Pluto Press, 2012.
Farsoun, S.K. *Palestine and the Palestinians: A Social and Political History*, Boulder: Westview Press, 2006.
Shindler, C. *A History of Modern Israel*, Cambridge: Cambridge University Press, 2008.

31장 라틴 아메리카의 인간안보, 국가안보 그리고 환경안보: 볼리비아와 브라질

로이드 페티포드, 닐 휴즈(Lloyd Pettiford and Neil Hughes)

글상자 31.1 볼리비아와 브라질: 두 개의 다른 사례연구

- 두 개의 매우 상이한 사례연구 대상인 볼리비아와 브라질은 라틴아메리카의 차이점과 유사점을 동시에 보여준다.
- 식민지 경험과 천연자원 개발은 두 국가를 이해하기 위한 열쇠이다. 그러나 긴 공동 국경에도 불구하고 양국은 매우 다른 경로를 밟았다.
- 좌절과 낙관이 교차해 온 오랜 역사를 가진 볼리비아는 최근 모랄레스(Evo Morales)가 이끄는 좌파 성향의 포퓰리즘 하에서 낙관이 우세한 국면에 있다.
- 볼리비아의 주요 의제는 원주민 다수의 권리, 천연자원의 무분별한 사용 그리고 코카(coca) 잎의 사용이다.
- 브라질은 인종과 관련된 다양한 난제들을 갖고 있다. 그럼에도 불구하고, 21세기 경제 대국으로 부상하고 있다.
- 브라질의 주요 의제 중 대다수는 경제개발에서 파생된 모순에서 비롯된다.

서론

라틴 아메리카 안보에 관한 사례연구를 부탁받았을 때 우리는 즉각적으로 볼리비아와 브라질을 떠올렸다. 얼핏 보면 두 나라는 매우 달라 보이지만, 차이점만큼 유사점도 많다. 양국의 차이점을 찾다 보면 무엇보다 축구 실력을 연상하게 되는데 이외에도 차이점은 우리가 아는 것보다 훨씬 많다 — 브라질은 세계에서 가장 뛰어난 축구를 구사하는 국가지만, 볼리비아는 세계적으로 유명한 축구 스타를 배출하지 못했다. 언어 측면에서 보면 브라질 대부분 지역에서는 포르투갈어를 사용하고, 볼리비아에서는 스페인어나 원주민어를 사용한다. 지형 측면에서 보면 볼리비아는 육지로 둘러싸여 있는 반면 브라질은 라틴 아메리카에서 가장 긴 해안선을 가지고 있다. 인구 구성에서 보면 브

라질 인구는 약 2억 명이고 그 가운데 원주민 비중은 0.5%도 안 된다. 이에 반해 볼리비아 인구는 약 1,000만 명에 불과하나 원주민 비중은 무려 60%에 이른다. 경제 규모 차이는 축구 순위 차이보다 훨씬 인상적이다. 브라질은 글로벌 차원에서 유력국가(BRICs 중 하나 — 러시아, 인도, 중국과 함께 냉전종식 이후 등장한 거대 경제권)지만, 볼리비아 경제는 매우 작고 주변부에 속한다.

그러나 다른 면에서 보면 양국은 유사성도 있다. 특히 두 나라는 사회적· 경제적으로 발전을 저해하는 높은 빈곤율과 불평등을 공유하고 있다는 점에서 비슷하다. 이외에도 역사적 유사성(식민지 경험과 1820년대에 독립한 것), 이베리아 반도의 문화적 유산, 군부독재의 정치적 유산 그리고 '룰라(Lula da Silva)'와 '모랄레스' 같은 좌파성향의 포퓰리스트이자 카리스마적인 정치인들의 집권 등 양국 간 유사한 점이 많다. 그러나 거시적 측면에선 유사성이 돋보일 수 있으나 미시적으로 보면 유사성을 찾기가 생각만큼 쉽지 않다. 마찬가지로 라틴 아메리카의 안보를 살펴볼 때, 역사, 문화, 정치 그리고 경제모델만을 본다면 대략적인 유사성을 발견할 수 있으나 칠레/에콰도르, 아르헨티나/페루와 같이 다양한 국가 쌍을 세밀하게 비교하면 각국이 직면해 있는 안보과제가 극명하게 다르다는 것을 알 수 있다.

지구 남반구에 위치한 라틴 아메리카와 아프리카의 많은 국가들에서 그랬듯이 풍부한 천연자원은 종종 저주나 다름없었다. 브라질의 에너지 분야가 이를 잘 보여주는 사례다. 천연자연 개발에 필요한 시간과 기술이 확보될 경우 나타날 일을 고려하면 차라리 그러한 자원이 없는 것이 축복일 수도 있다. 광물과 다른 부는 이해관계로 인한 외부 세력의 침입/점령, 몰수, 전쟁/군사화를 초래했고 잉여가치를 극대화하기 위한 원주민 착취까지 초래했다. 늘 그렇듯이 소수의 국가는 부유해졌고 다른 국가들은 지구상의 지옥이 되어버렸다. 볼리비아 포토시(Potosi) 외곽에 있는 세로리꼬(Cerro Rico)가 좋은 예이다. 은이 풍부하게 매장되어 있던 이 지역에서 이제 은을 찾아볼 수 없을 만큼 완전히 고갈되었고 마을은 피폐화되었다.

이런 식으로 특정 국가나 지역이 외부 시장에 포함되기만 하면 종종 이런 질문이 제기되곤 한다. "외국의 다국적기업과 글로벌 경제에 의한 착취보다 더 나쁜 것은 무엇인가?" 이 질문은 그만큼 다국적기업과 글로벌 경제에 의한 착취가 극도로 악랄하다는 것을 의미한다. 이러한 착취 패턴에서 벗어나고자 하는 국민과 국가는 개인 차원이나 국가 차원에서도 커다란 위험을 감수하고 있다. 자본주의가 초래한 안보 위험은 다른 형태의 안보로 채우기 힘들다. 왜냐하면 그러한 위험에서 이익을 얻는 기득권층이 강력하기 때문이다.

인간안보와 자율성을 성취하는 것도 어렵다. 미래에 무엇이 일어나든 간에 국민 전체의 안보가 위태로워질 수밖에 없다는 것을 보여주는 북한 사례(전쟁, 재통일, 경제시스템의 급격한 변화 또는 유사한 것들 — 추가적인 설명은 32장을 참조)는 라틴 아메리카에 희망을 주지 못한다.

유엔개발프로그램(UNDP)의 인간개발지수(HDI: Human Development Index)에서 높은 평가를 받고 있는 쿠바 사례는 라틴 아메리카에 긍정적 메시지를 제공한다. 그러나 이것도 문제가 없는 것은 아니다. 자본주의의 착취 속에서 자율성을 확보하기란 매우 어려운 일이다. 수 세기 동안 짓밟힌 볼리비아 원주민들에게 권력을 주고 자원에 대한 통제권을 되찾으려는 모랄레스의 시도에서 그러한 어려움이 발견된다. 그것은 또한 브라질, 베네수엘라, 에콰도르 그리고 니카라과에서 좌파 정부가 등장한 맥락이기도 하다. 역사적 패턴에서 벗어나 미국에 맞서는 것은 무수한 딜레마와 중대한 안보의 역설을 야기한다. 아래에서 더 자세히 살펴보자.

볼리비아

볼리비아는 행복하고 번영한 사회가 되지 못한 채 21세기에 진입했다. 그러나 좌절로 점철된 500년의 역사에도 드물지만 낙관의 시대가 있었다. 그 낙관이 21세기에 다시 타오르려면 광물자원의 이면에 있는 탐욕, 외부의 착취, 편견, 불평등과 등을 돌려야 한다. 볼리비아는 미국과 인접해 있지는 않지만 미국의 자본주의적 착취에 영향을 받기엔 아주 가까웠다.

이러한 역사에도 불구하고, 많은 것들이 변화하고 있다. 물론 2009년 온두라스에서 발생한 사건들이 증명하듯이 미국이 자국의 뒷마당(1823년 먼로독트린[Monroe Doctrine] 이후 미국이 독점적 영향력을 갖게 된 라틴 아메리카와 카리브해 연안지역 전역을 아우르는 넓은 지역)에 심어놓은 꼭두각시 군대가 더 이상 제 역할을 못 하고 있다. 따라서 토지개혁과 더 많은 형평성을 요구할 수 있는 해방구들이 출현했다. 비록 그러한 요구가 때로는 무기력하게 제압되었지만(콜롬비아의 경우), 브라질, 베네수엘라, 니카라과에서는 저항의 목소리가 효과가 있었다. 이것이 항상 거대한 변화를 가져오는 것은 아니지만, 확실히 중요한 변화를 일으킬 수 있다. (최초의 원주민 출신 대통령 모랄레스가 선출된) 볼리비아가 그러한 변화를 주도하는 위치에 있다.

모랄레스는 중대한 구조적이고 역사적인 도전에 직면해 있다. 기적이 없다면, 볼리비아의 산적한 안보문제를 제한된 시간 안에 해결하는 것은 불가능해 보였다. 그러나 현재 모랄레스는 그러한 제약을 극복하며 안보문제를 해결해 나가는 리더십을 보여주고 있다. 그 리더십은 미국과의 관계를 재정립하는 것, 볼리비아의 반제국주의적 입장에 동조하는 역내 국가들과의 지역통합을 추진하는 것, 천연자원에 대한 통제권을 되찾기 위해 단기적 경제이익을 포기하는 것, 코카 잎의 문화적 그리고 역사적 중요성과 관련된 원주민 문화를 재발견하는 것, 2003년 가스전쟁의 상흔에서 벗어나지 못한 수도 라파즈(La Paz) 외곽의 엘알토(El Alto) 원주민 공동체(그에게 압승을 가져다준 공동체이기도 함)를 배려하는 것, 그리고 사회복지와 환경문제(수자원의 사유화와 같은 문제)에 대한 재강조 등에서 잘 나타난다. 모랄레스 리더십 하에서 가장 주목할 만한 것은 볼리비아가 2013년 말 첫 번째 인공위성을 쏘아올림으로써 우주시대에 진입했다는 점이다. 18세기 스페인의 식민지배에 대항한 지도자의 이름을 딴 인공위성 투팍 카타리(Tupac Katari)는 디지털 전화통신에 혁명을 가져올 것으로 기대되고 있다. 특히 개선된 무선전화 서비스와 디지털 TV 및 인터넷 접근성 때문에 비도시 지역 주민들이 가장 많은 혜택을 받게 될 것이다.

코차밤바(Cochabamba)의 원주민들과 함께 일

하면서 그들을 조직했던 모랄레스의 경험은 국가적 차원에서 수자원 사유화에 맞서 투쟁을 전개할 때 도움이 되었다. 모랄레스와 그의 정치정당 그리고 전 사안에 걸쳐 정의와 안보를 요구하는 원주민들의 등장은 볼리비아 안보문제의 복잡한 성격을 보여준다. 다른 한편, 브라질에서는 원주민 공동체의 목소리가 미약하다. 대신 방대한 경제 규모를 가진 브라질은 그 어느 때보다 글로벌 경제에 통합되어 있다. 이런 이유로 경제성장은 천연자원의 엄청난 개발착취를 동반한다. 지금까지 논의한 것만 보더라도 안보문제는 오랜 군사독재의 유산을 공유하는 라틴 아메리카의 두 나라에서조차 매우 차별적이라는 것을 알 수 있다. 이 짧은 장에서는 이제 볼리비아가 직면해 있는 몇 가지 특수한 안보문제들을 살펴볼 것이다.

정권에 대한 위협들

모랄레스 정권은 케추아(Quechua)어와 아이마라(Aymara)어를 구사하는 원주민의 전폭적인 지지를 받고 있다. 일반적으로 원주민들은 다수의 가난한 노동자 계층 또는 소수의 중산층을 구성하고 있다. 그 원주민들은 주로 안데스(Andean) 산악지대 그리고 차페어(Chapare)나 융가스(Yungas) 같은 저지대 코카 재배 지역에 살고 있다. 모랄레스에게 가장 덜 우호적인 지역은 동부의 산타크루즈(Santa Cruz)주인데 이곳은 위 지역들과 판이한 세상이다. 그래서 볼리비아 방문자들에 대한 조언은 고산병 극복에 대한 조언과 유사하다. 당신이 산타크루즈 주도인 델라시에라(de la Sierra)에 방문한다면 그러한 조언을 필요로 하지 않는다. 그러나 만약 라파즈에 처음 간다면, 단순히 더 많은 산소가 폐에 필요하다는 것, 그 이상을 기대해야 한다. 원주민과 마주칠 일은 더 적고, 극성스럽고 종종 인종주의적인 문화를 마주하게 될 것이다. 번창한 산타크루즈와 무질서한 엘알토 같은 고산지대 도시 간의 차이는 이미 널리 알려져 있다. 그래서 볼리비아는 한 국가가 아닌 두 개 이상의 국가가 합쳐진 것처럼 느껴지기도 한다.

두 지역 간의 긴장은 모랄레스 집권 이후 수면위로 떠오르게 되면서 본격화되었다. 개발도상국에서와 같이 이런 긴장은 천연자원 때문에 일어난다 — 산타크루즈는 볼리비아에서 가장 많은 원유와 천연가스가 매장되어 있는 지역이다. 모랄레스는 이러한 자원을 국가경제와 사회발전을 위해 사용하기를 원했지만, 초국가적 기업집단의 지원을 받는 산타크루즈 주정부는 지역의 기득권 유지를 위해 이에 크게 반발하고 있다. 이 과정에서 산타크루즈 지방정부는 볼리비아로부터의 분리를 요구하는 동시에 산타크루즈 내 모랄레스 지지자들에 대한 무장 공격을 조직했고, 심지어 미 대사관과 반체제 무장 세력의 지원에 힘입어 쿠데타까지 모의했다. 성공하지는 못했지만 이러한 시도는 국가안보에 대한 국내정치적 위협이 존재한다는 것을 보여준다. 사실 이러한 위협은 라틴 아메리카 국가들이 독립하자마자 시작되었을 정도로 오래되었고 그 국가들의 운명에 큰 영향을 주었다.

기후, 환경 그리고 천연자원

기후는 여러 가지 방법으로 인간안보를 위협하고 있다. 브라질처럼 열대지역에 위치한 볼리비아의 인구는 세계 곳곳의 열대지역 국가에서 발병하는 질병에 노출되어 있다. 즉 건강안보가 위협받고 있다. 주요 위험은 모기를 통해 전염되는 말라리아, 뎅기열, 황열병 같은 것들이다. 예를 들어, 2009년 볼리비아 역사상 최악의 뎅기열 전염병은 3만 명 이상을 감염시켰고 적어도 18명의 목숨을 앗아갔다.

빙하가 녹는 것도 라파즈와 엘알토 두 도시의 물 공급에 위협이 되고 있으며 반복적인 홍수와 가뭄은 지역 농업에 큰 피해를 주고 있다. 1990년대 초, 최초의 지속가능발전 장관회의(Ministry of Sustainable Development)가 개최된 볼리비아의 환경파괴 사례는 지구기후변화 논쟁에서 도덕적 자각과 자성을 위한 토대를 마련했다. 즉 볼리비아의 환경파괴는 북반구 선진국들의 천연자원 개발착취에 기인하고 있음에도 불구하고 그들은 책임을 회피하기에 급급하다. 볼리비아는 선진국이 후진국에 '기후 부채(climate debt)'가 있다는 것을 보여줌으로써 환경안보와 책임소재를 연결하는 중요한 사례가 된다. 그러나 이러한 도덕적 우위는 정치적 힘으로 연결되지 못하고 있다. 모랄레스는 파차마마(Pachamama, 어머니지구)라는 아이콘을 창안하여 선풍을 일으키고 있지만, 경제성장을 위해 채굴에 의존해야 하는 경제 구조가 그나마 이용 가능한 도덕적 견인력을 줄이고 있다. 성장의 당위성이 환경안보에 대한 모랄레스의 입지를 약화시키고 있는 것이다. 이외에도 모랄레스는 볼리비아 아마존을 관통하는 고속도로 건설 계획을 추진하고 있다. 그러나 완공될 도로에 대한 토지소유권을 주장하는 팁니스(Tipnis) 원주민들은 완강히 저항하고 있다. 환경에 대한 영향과 공동체에 가해지는 존재적 위협 때문에 팁니스 원주민들은 모랄레스와 그의 정부에 저항하고 있다.

코카와 원주민

이미 널리 알려져 있듯이 코카 잎을 따서 썰고 뭉개는 과정을 통해 코카는 부유한 국가의 누군가에게 매우 귀중한 백색 마약 가루가 된다. 이 때문에 코카는 게릴라 군대의 자금원이 될 수 있다 (이전의 페루 그리고 현재의 콜롬비아에서와 같이). 그것은 생산자와 판매자를 부유하게 만들 수 있고 다른 이들의 생계 수단이 될 수도 있다. 수요자와 공급자가 명확하진 않지만 글로벌 시장의 측면에서 보자면, (고가 상품으로서의) 코카인은 생산자에게 좋은 투자대상이다. 다른 한편, 소비국들은 그러한 마약 생산을 위협으로 보기도 한다. 중독자 치료가 공급자 처벌 및 차단보다 더욱 효과적이라는 과학적 증거를 외면한 채 미국은 빈번히 가난한 농부 생산자들만 처벌하고 있다. 이 방법이 덜 효과적일지라도 정치적 부담이 있는 부유한 마약 중독자에 대한 공격보다는 훨씬 쉽다. 문제는 이러한 처벌이 바로 미국 마약단속국(DEA: Drug Enforcement Administration)이 다른 국가에 간섭하는 통로가 되며 이런 간섭이 안보를 불안하게 만든다는 것이다.

굶주림으로 고통 받는 이들이 코카 잎을 따서 씹으면 극심한 고통이 완화된다. 뜨거운 물에 그것을 넣어 마시면 고산병 완화에 도움이 된다 (이 과정에서 중독될 가능성은 전혀 없으며 그 과정에서 먹는 코카는 담배나 차보다 해롭지도 않다). 시장에서 코카 다발을 거래하고, 음식을 사며, 그것의 사용과 관련된 의식과 문화를 숭배하는 것은 원주민들의 삶이다. 실제로 볼리비아에서 코카는 저가 상품인 동시에 원주민들에게 문화적으로 중대한 의미를 갖고 있다. 그러나 미국은 코카를 오용하는 자국민의 탐욕과 어리석음을 외면한 채 코카 생산자에게로만 책임을 전가하고 있어 볼리비아 농민들은 어려움을 겪고 있다. 물론 많은 돈을 벌 수 있어서 코카 잎을 생산하고 수출하게 된 것은 맞다. 그러나 이것이 볼리비아가 생산과 수출을 시작한 유일한 이유는 아니다. 재배지역에서 모랄레스가 시도하는 많은 것들은 지역 시장을 위한 소규모 판매를 합법화하는 것이다 — 또는 볼리비아의 원형으로 돌아가려고 하는 것이다. 아직 큰 성과는 없지만 모랄레스 체제는 코카로 만든 차와 아침용 시리얼 시장을 개척하고 있다.

바다 접근성과 국가안보

19세기 후반(1879~1883), 칠레와의 태평양전쟁(War of the Pacific)에서 볼리비아가 해양진출로를 빼앗긴 이후 양국 간 군사적 긴장이 오랫동안 지속되어 왔다. 이 때문에 볼리비아는 바다가 아닌 세계에서 가장 높은 호수 — 티티카카(Titicaca)호수 — 에 해군을 보유하고 있다. 매년 바다의 날(3월 23일)에 볼리비아의 국가적 분노가 퍼레이드와 여러 행사를 통해 표출되고 있다. 양국 간 긴장에 대해 불만을 표시해온 현 모랄레스 정부는 태평양 접근성 확보를 방해한다는 명분으로 칠레를 국제사법재판소(ICJ: International Court of Justice)에 제소한 상태다.

브라질

잔혹한 살해와 호흡조차 힘든 (고산지대) 조건에서도 살아남은 원주민들이 다수인 볼리비아와 달리 브라질 전체 인구에서 차지하는 원주민 비중은 극히 작다. 브라질의 정치인들은 인종문제를 다룰 때 '용광로'라는 수사를 즐겨 사용한다. 그러나 미국이 노예제도를 폐지한 후에도 공식적으로 이를 폐지하지 않았던 국가이자 피부색의 짙고 옅음(예를 들어, 오바마는 브라질에서 '흑인'으로 간주되지 않는다)에 따라 차별이 있는 국가 브라질에서 그러한 수사는 과장에 불과하다. 엄청난 사회적 불평등과 인간안보가 위협받고 있는 현실에는 인종적 특성이 존재한다. 더 가관인 것은 오늘날까지도 현대판 노예제가 존속한다는 점이다.

그럼에도 불구하고 브라질은 군사적 위협, 경제 상황, 에너지 발전, 세계적인 역할과 같은 거시적 차원에서 보면 매우 안정적인 국가처럼 보인다. 그러나 다음에서 이러한 사안들을 좀 더 세밀하게 살펴본다면 '인간안보'라는 것이 브라질 같은 국가에게 왜 그렇게 중요한 것인지가 드러난다. 자원 주도 성장을 지속하고 있는 국가에서 사치재화 매매가 경제성장보다 3배나 더 많다는 사실은 불평등이 얼마나 심각한지를 보여주는 하나의 작은 예다.

경제

브라질은 세계 경기침체 속에서도 신용등급이 올라가는 등 역동적인 수출주도형 경제로 발전했다. 이것은 선순환을 통해 국내 부채를 탕감하고 더 많은 성장을 촉진한다. 경제는 현재 안정적이고 그 어느 때보다 다양하고 탄력적이다. 그리고 몇몇 다른 국가와 달리 브라질은 세계화에 적응하기 위한 정치적 비용을 이미 지불했다. 추가로 노동력의 학력 역시 높고 다양한 무역상대국과 거래하고 있다.

전반적으로 브라질의 경제발전은 여전히 부패로 인해 지연되고 있다 (때로는 부패가 반대의 역할을 하기도 한다). 그러나 거시적 차원에서 보면 물가가 치솟고 있고 커다란 성장 잠재력의 상당 부분이 활용되지 않고 있다. 다음에서 보겠지만 브라질의 에너지 관련 경제성장은 계획에 의해 성취되었다기보다는 상당 부분 행운이 작용한 결과였다. 이 때문에 브라질은 엄청난 불평등에도 불구하고 점진적인 부의 확산과 소득증가를 누리고 있다. 정치 규모 그 자체와 복잡하게 짜깁기 된 정치환경이 경제적 상승세를 유지하는 데 커다란 장애가 되더라도 브라질은 발전추세를 지속시키는 데 도움이 되는 인적, 물적 자원을 많이 보유하고 있다. (브라질 국기에 녹아있는) '질서와 진보'에 문제가 없는 것은 아니지만 이 두 가지는 경제 분야에서 만큼은 시간이 지나면서 증가하고 있는 듯이 보인다.

에너지

자원의 저주는 위에서 언급되었다. 그러나 브라질은 적당한 시기에 적절하게 개발하여 부를 획득하는 데 성공했다. 예를 들어, 1970년대 세계 석유파동 이후 브라질은 에탄올(ethanol) 연료에 주목했는데 사탕수수(브라질의 전통적인 주요 작물)가 그 연료의 주요 구성요소임을 차후에 알게 되었다. 이로써 브라질은 원유와 천연가스 자급률을 높일 수 있게 됐다. 또한 같은 시기에 경제를 왜곡시킬 만큼의 엄청난 원유매장량을 보유한 베네수엘라만큼은 아니지만 브라질 역시 (연안에서의 발견 때문에) 원유수출국이 될 잠재력을 갖고 있음이 밝혀졌다.

에탄올 사업은 이중연료 엔진(휘발유, 에탄올, 혼합)의 출시와 역내 자동차 사업의 호황으로 인해 잘 진척되고 있다. 수력 발전 역시 브라질의 가용전력에 보탬이 되고 있다. 다양한 발전소는 바이오 디젤(bio-diesel)에 적합한 것으로 판명이 났고 일조량이 많은 광대한 국가인 만큼 풍력발전과 태양발전의 잠재력도 매우 크다. 그러나 이것들은 아직 본격적으로 개발되지 않았다. 이외에도 브라질은 상당량의 우라늄을 보유하고 있다. 다른 말로 하면 브라질은 자국이 필요하면 언제라도 꺼내서 사용할 수 있는 엄청난 에너지를 비축하고 있다. 아마존에서의 사탕수수 생산뿐만 아니라 곧 상용화될 수력발전과 연안 원유개발 그리고 석탄사용은 환경파괴 및 악화 우려를 낳고 있지만 브라질은 미래 에너지안보에 대한 필요를 충족시킬 수 있다.

군대와 주권

역사적으로, 브라질은 전략적 요충지인 리오 파라나(Rio Parana)를 놓고 남쪽 인접국들과 적대적 긴장관계를 유지해왔다. 특히 파라과이와는 19세기 말부터 무력 대치해왔다. 다행히도 소위 삼국동맹전쟁(War of the Triple Alliance, 1864~1870)

이후 브라질과 남쪽 인접국들 간의 갈등은 감소했다. 관계를 해빙시킨 주요 원인은 지역협력과 지역통합의 과정이었다. 이것은 아르헨티나, 브라질, 파라과이 그리고 우루과이가 1991년의 아순시온협정(Treaty of Asuncion)에 서명하면서 시작되었고 그 결과 익히 알려진 남미공동시장(MERCOSUR)이 출범했다.

전통적인 안보문제의 부재는 브라질을 외향적으로 만들었고 경제대국으로서의 세계적 책임을 맡도록 추동했다. 브라질 군대는 새로운 임무를 찾고 있다. 군부독재 시절(1964~1985) 동안의 정권보위 역할에서 완전히 벗어나 이제 군대는 연안 원유저장소 방어를 그들의 역할로 재규정하고 방어 능력을 개선시키는 데 주력하고 있다. 전반적으로, 브라질은 국제사회에서 강대국으로 인정받지 못하는 것에 대해 매우 불만족해 있으며 아마존이 브라질의 배타적 사용과 통제를 위한 자원이 아니라는 주장에 분개하고 있다.

전통적인 안보위협이 없는 대신 브라질은 마치 자국이 강대국으로서 마땅히 무엇인가를 해야 한다는 책임성의 덫과 같은 심리적 위협에 직면해 있다. 그래서 아마존은 인류의 재산이고 외부의 도움이 필요하다는 국제사회의 우려와 제안에 대해 브라질은 불편함(아마존을 보호하기 위한 국제적 조치의 필요성에 대해서는 강대국으로서 마땅히 공감하지만 동시에 그러한 조치가 강대국으로서의 주권적 지위를 침해하는 것에 대해서는 동의하지 않는다는 의미 - 역자 주)을 드러내고 있다 — (기본적인 관리와 법집행을 통해) 영토의 광대한 부분에 대한 효과적인 주권을 행사하지 않고 있음에도 불구하고(즉, 명백한 자국 영토인 아마존에 대한 배타적 소유권을 강력히 주장하지 않고 있음에도 불구하고 - 역자 주), 중국과 미국(아마 인도네시아도)만이 현재 더 많은 이산화탄소를 대기로 배출하고 있다. 이것의 3/4이 벌목에 기인하고 있다.

브라질 시민들은 전통적인 외부의 위협들보다 이러한 내적 주권결핍이 더 많은 국가안보적 함의를 갖고 있다고 본다. 예를 들면, 다음과 같다. 인간안보의 영역에 해당되는 노예노동을 통해 아마존에서 무쇠가 생산된다. 그러나 브라질은 노예제 척결과 원주민(인구비중은 작지만 그래도 상당수가 존재) 권리 보호를 위한 예산이 충분치 않다고 주장한다. 이러한 상황에서 아마존 벌목을 가속화하는 원주민 빈곤 문제와 주권침해에 민감한 브라질의 두려움까지 더해진다면 유용할 수 있는 외부의 도움까지도 간섭으로 간주되어 거절될 수 있다. 국가안보적 관점이 지배적이게 되면 정책적 효율성과 인간안보는 약화된다.

결론

축구에 대한 애정(비록 수준차이는 있지만), 이베리아 반도의 유산, 역사적으로 자원집약적인 경제구조 및 인접한 국경의 측면에서 보면 볼리비아와 브라질은 상당히 유사하다. 그러나 양국의 안보문제를 분석할 때는 유사하지 않은 것들에 주목해야 한다. 여행객이 보기에 얼핏 유사하게 보이는 국가들도 무수히 차별적인 안보과제를 갖고 있다는 것이 이 짧은 글에서도 명확히 드러난다. 안보과제에 반응하는 행태를 예측할 때 국가 특성이 어떤 효과가 있을지를 평가하는 것은 쉬운 작업이 아니다. 볼리비아는 원주민들이 그들의 처참한 상황에 대해 체념할 수밖에 없는 국가 특성들로 가득했다. 그럼에도 불구하고 그러한 국가 특성이 모랄레스가 집권한 현 볼리비아의 행태를 설명하지 못하는 것을 이미 살펴보았다. 다른 한편, 브라질은 반인종주의 신화를 선전해왔다 (그러나 볼리비아와 완전히 다르게 노예노동까지 존재하는 국가다 – 역자 주). 브라질은 "모든 것이 결국에는 잘될 것이다. 그리고 그게 아니라면 그것은 우리가 아직 결말에 도달하지 못했기 때문이다"와 같은 긍정적인 의식이 풍부한 사회이다. 그렇다면 이러한 차이점들이 라틴 아메리카 안보의 차별성을 설명할 수 있을 것인가? 우리가 생각하는 답은 그렇다이다. 그 이유는 다음의 항목들에 요약되어 있다. 이것은 남미 대륙 전반에 적용될 수 있다.

- 전통적·군사적 안보: 국가 간 분쟁은 긴밀한 지역협력과 통합 때문에 완화되고 있다. 역사적으로 냉전시대의 반공정권 보위 역할이 급격히 축소됨에 따라 전통적 외부 위협도 부재하게 되었다. 그 결과 군대는 새로운 역할을 찾고 있다.
- 미국 패권의 영향: 미국은 라틴 아메리카 반정부 무장 세력에게 자금을 제공하고 지원함으로써 라틴 아메리카 안보에 영향을 주고 있다. 볼리비아 산타크루즈주의 분리주의 운동과 쿠데타 시도가 미국의 지원 하에 진행되었듯이 미국에 의한 체제변환은 라틴 아메리카국가들에게 주요한 안보위협이 되고 있다.
- 국내적 위협: 가장 큰 국가안보위협은 여전히 국내 문제에서 비롯된다.
- 심리적 위협: 최근 몇 년간 좌파 정부(브라질의 노동당과 룰라, 볼리비아의 사회주의를 향한 운동과 모랄레스)가 등장했음에도 불구하고 브라질의 경우 미국으로의 쏠림현상이 더욱 강하게 나타나는 등 실제 정책은 매우 달랐다. 그럼에도 불구하고 미국과의 관계를 어떻게 정립할 것인가 — 그 지역의 역사적인 지배와 이해관계를 고려했을 때 — 는 라틴 아메리카 전역의 심리적 안보의 중대한 측면이 되고 있다.
- 주권과 경제: 라틴 아메리카에서 경제안보와 주권은 상호 밀접하게 연결되어 있다. 특히 자원에 대한 주권적 통제는 주요한 사안이다. 이것은 라틴 아메리카의 글로벌 경제 편입 그리고 미국에 대한 의존과 관련된 심리적 안보와도 연결된다.
- 환경안보: 브라질의 주권과 아마존과 관련된 사안들이 명징한 예이다. 이것은 '티핑 포인트(tipping points)'처럼 위험이 임박하고 있다. 해수면 상승과 지구온난화의 과정들이 온실가스 흡수원의 부족 때문에 지속되고 있다. 그나마 다행인 것은 환경과 발전을 둘러싼 균형적인 행동들이 대륙 전반에 걸쳐 나타나고 있다는 점이다. 물론 그러한 행동들은 암묵적이든 명시적이든 현실과 타협한 산물이기 때문에 모순점을 내포할 수밖에 없다. 모랄레스는 어머니지구라는 망토를 걸치고 있지만 그의 발전 전략은 화석연료에 기반하고 있다. 유사하게 2002년 필자들 중 한명은 지구의 벗 칠레지부(Friends of the Earth in Chile)로부터 충격적인 말을 전해 들었다. 그것은 가능한 빨리 환경훼손을 감수한 자원개발을 통해 기술과 자본을 구비한 선진국이 되어야 한다는 논리였다. 선진국이 되면 기술과 자본으로 다른 저개발국 환경을 훼손하면서 자원을 개발할 수 있고 자국의 환경을 보호

할 수 있기 때문이라는 것이다. 그리고 이 논리의 증거가 바로 칠레라는 것이었다.

- 인간안보: 냉전 시기 공산주의에 대한 미국의 강박관념은 라틴 아메리카 정치에 대한 군사적 개입을 초래했고 인간안보를 저해했다. 또한 권위주의적인 기업우선 정권의 탄생이나 위협적인 군사쿠데타를 간헐적으로 초래했다. 어떤 국가도 이러한 운명을 피하지 못했다 (코스타리카는 예외일 수 있다). 높은 수준의 불평등과 사회적 부조리는 이러한 정치적 유산에서 비롯되었다. 그러나 이러한 현상은 기업 합리성이 통용되고 사회적으로 민주적인 체제가 들어선 이후에도 증가하는 추세에 있다. 글로벌 경제로의 편입이 구조적 영향력을 발휘하기 때문인 것으로 보인다.

라틴 아메리카국가들이 직면해 있는 차별적인 안보문제에 대한 분석은 다른 지역에도 적용될 수 있다. 이 연구는 다른 지역들에도 적용될 수 있는 척도를 제시했다. 안보에 대한 전통적인 접근법은 라틴 아메리카가 직면한 안보문제에 관해 많은 것을 말해줄 수 없다. 물론 군대가 탈냉전 시기 자신의 역할을 어떻게 재조정할지는 중요하다. 정치가 더 자유롭고 공정해질수록(미국과 냉전의 영향력이 감소할수록) 안보의 주요 측면들은 다음과 같은 방향성을 갖게 된다. 즉, 국가에 이로운 방식으로 천연자원을 개발하면서도 글로벌 경제와 조화롭고 환경을 고려하며 동시에 역사적인 불평등을 해소하는 것 등이다.

추천도서

Dangl, B. *The Price of Fire: Resource Wars and Social Movements in Bolivia*, Edinburgh: AK Press, 2007.

Dangl, B. *Dancing With Dynamite: Social Movements and States in Latin America*, Edinburgh: AK Press, 2010.

Rohter, L. *Brazil on the Rise: The Story of a Country Transformed*, Basingstoke: Palgrave Macmillan, 2012.

Tavares, R. *Security in South America: The Role of States and Regional Organisations*, London: Eurospan, 2014.

Ungar, M. *Policing Democracy: Overcoming Obstacles to Citizen Security in Latin America*, Baltimore: John Hopkins University Press, 2011.

32장 한반도의 기회: 남한과 북한에서의 인간안보, 환경안보 그리고 국가안보

로이드 페티포드, 펠릭스 앱트(Lloyd Pettiford and Felix Abt)

글상자 32.1 목표

- 이 장은 알려진 것들이 거의 없지만 많은 사람들과 분석가들이 놀라울 정도로 많이 알고 있다고 생각하는 국가가 바로 북한이라는 사실에 주목한다.
- 이 장은 한반도 안보의 진전을 극도로 더디게 하는 북한에 대한 편견과 정치적 수사의 역할을 탐색한다.
- 이러한 맥락에서 이 장은 북한이 실제로 얼마나 위협적인지를 분석한다.
- 이것은 북한의 위협이 미국 대중매체들에 의해 크게 왜곡됐음을 보여주는 동시에 그러한 왜곡된 시선을 거두면 한반도 안보가 지금까지와는 다른 방식으로 재구성될 수 있음을 보여준다.
- 체제붕괴 시점이 임박해 있다는 반복된 주장에도 불구하고 북한은 건재함을 과시해왔다. 우리는 결론에서 그러한 북한에 대해 서방국가들이 관여할 수 있는 가장 좋은 방법을 제시하고자 한다.

서론: 수사와 현실

이 장에서는 김정은의 북한, 북한 내 안보상황 그리고 한반도 안보상황에 대해 너무나 손쉽게 찾아볼 수 있는 세간의 주장들을 요약하는 데 주안점을 두고 있지 않다. 그리고 김씨 일가의 유산에 대한 분석도 시도하지 않는다. 그러한 주장과 분석은 근본적으로 결함이 있고 이해불가한 사회를 향한 자동적인(어떤 측면에서는 당연한) 분노를 촉발할 뿐이다. 이와 달리 우리가 시도하는 것은 더욱 미묘한 미래 지향적(앱트[Felix Abt]의 참여관찰에 기초한) 설명이다. 인권유린, 군사력(핵무기 포함) 증강, 가식적이고 공격적인 행태 등은 북한에 대한 자동적인 혐오반응을 불러일으키기 마련이며 이것은 다시 북한에 대한 그 어떤 온정적인 태도나 정책을 적대시하게 한다. 그러나 우리는 북한 주민들에 대한 온정적인 입장이 필요하다고 주장하면서 위와 같은 편협한 반응은 북한에서 가장 불쌍한 희생자들이 '처해있는' 삶의 조건을 개선하는 데 전혀 도움이 되지 못한다고 주장할 것이다. 따라서 이 장에서 제공하고자 하는 메세지는 미개발된 인적·물적 자원이 풍부한 북한(조선민주주의인민공화국)과 북한 주민들을 위한 희망적인 조언이다. 이 장의 목적은 인권유린, 비효율, 세습체제 그리고 '비정상적인 광기'의 행태 — 이러한 것들은 이미 널리 알려져 있다 — 이외의 것들을 탐색하여 왜 한반도가 지금 이렇게 불안정한 상태에 있는지와 한반도의 미래와 안보가 무엇이 되어야 할지를 분석하는데 있다.

나는 친구와 최근의 북한 관련 핵미사일 공포에 관한 의견을 나눈 적이 있다. 그가 먼저 나의 생각을 물었다. 비록 전문가는 아니었지만 나는 "북한에서의 자본주의(A Capitalist in North Korea)"라는 제목이 붙은 앱트의 증언록을 포함하여 관련 내용을 다룬 수십 권의 책들을 읽었다. 나는 남북한이 대화하고는 있지만 편견으로 가득한 가정에 입각하여 쌍방 모두 서로의 주장에 귀 기울이지 않는 대화만을 고집하고 있다고 말했다. 또한 북한이 정상궤도에서 이탈한 것은 맞지만 왜 이탈되었는지를 충분히 수긍할 수 있다고도 말했다. 그러자 친구는 어서 빨리 나를 "올바른 방향으로 계도해야 한다"고 느낀 것 같았다. 친구는 (수십 개의 5분짜리 북한 관련 CNN 단편에서 볼 수 있는) 위에서 언급한 인권남용, 비효율, 세습체제 그리고 '비정상적인 광기'의 행태를 나에게 말해주었다. 우리가 거의 알지 못하는 국가에 대해 사람들은 놀랍게도 전문가처럼 서슴없이 주장하곤 한다.

여기서 우리가 시도하는 것은 미래의 한국 — 또는 남북한 — 을 위해 진정한 안보가 무엇이 되어야 하는지를 기존의 통념과 다른 방식으로 제시하는 것이다. 이를 위해 우리는 한반도 문제를 우회적으로 보고자 한다. 북한에 대해 분노하기는 쉽다. 그러나 기포드(Mike Gifford, 영국의 현 북한 대사)가 언급했듯이, 진정한 도전과 나아가야 할 길은 평양이 외부 세계와 상호작용하도록 설득하는 것이다. 이런 맥락에서 그는 영국의 부총리 클래그(Nick Clegg)가 했던 말을 인용하고 있다. "열린 사회들은 국내에서는 민주주의와 자유를 선택하고 해외에서는 관여와 책임성을 선택한다."

남북한에 대한 몇 가지 편견들

한반도를 둘러싼 안보사안들을 살펴보기에 앞서 우선 북한에 대한 편견들을 살펴보고 그러한 편견들의 유용성과 적절성을 평가하고자 한다. 광기에 어린 지도자가 굶주리고 로봇 같은 사람들을 지배하고 있는 시대착오적인 국가의 대명사, 이것이 바로 북한에 대한 서방세계의 인식이다. (거의) 모든 북한 주민들은 거대한 감옥에서 지옥 같은 삶을 살고 있다. 북한은 핵무기 야심을 통해 세계평화를 위협하고 있고 위조지폐에서 납치와 암살에 이르기까지 모든 범주의 국제범죄에 연루되어 있다. 일반적인 캐리커처와 마찬가지로 이러한 묘사는 현실을 어느 정도 반영하고 있다. 그러나 그것은 북한의 능력을 엄청나게 과장하고 있다. 서구의 망상이 지니는 효과는 북한이 매우 약한 손으로 비겁한 포커 게임을 하도록(강자의 위협에 맞서 약자가 취할 수 있는 비정상적인 공격적 태도를 지칭 - 역자 주) 유도한다는 점이다(Cumings, 2005). 기아 상태에 빠져 있는 다수의 국민, 국민을 기만하고 불편하게 하는 악랄한 정치지도자들 그리고 부당한 투옥 등은 북한뿐만이 아닌 '많은' 국가에서 일어나고 있는 정치현상들이다. 그리고 오늘날 (부와 타락을 공급하는) 국제범죄는 초국적 현상이기 때문에 그것을 특정 국가의 탓으로 돌리는 것은 온당한 평가가 아니다. 또한 서방세계의 좋은 국가들 역시 부정한 일들에 연루되어 있다는 것이 놀랄만한 일도 아니다. 사람들은 보통 카스트로(Fidel Castro)에 대한 미 중앙정보국(CIA: Central Intelligence Agency)의 암살시도를 알지 못한다. 하지만 독재국가가 서방국가의 시민을 납치하여 비밀감옥에서 고문하는 것에 대해서는 이론의 여지 없이 반민주적인 행태라고 비난한다. 카스트로와 관련된 사건은 절차상 국제법을 명백히 위반한 것임에도 불구하고 이에 대한 비난을 찾아보기 힘들다. 물론 북한 역시 미국 내 소득 불평등, 투옥, 기회의 불평등이 인종적 특징과 밀접한 관련성이 있음을 지적하는 데 주저함이 없다.

다른 한편, 서구인들이 보기에 (남한으로도 불리는) 한국은 북한이 '본받아야 할 표상'과 같은 존재로 간주된다. 그러나 서구가 만들어낸 한국의 성공 신화는 두 가지 점을 간과하고 있다. 첫째는 분단 이후 오랫동안 북한이 몇 가지 측면에서는 한국보다 우월했다는 점이고, 둘째는 한국의 경제발전이 민주국가에서 용납되기 어려운 잔혹한 노동탄압적인 정책에 의해 성취되었다는 점이다. 또한 한국에 우호적인 주장은 탈북자 대부분이 북한 출신인 것을 부끄럽게 생각하지 않고 있으며 북한의 리더십을 비판하지 않는다는 점을 간과하고 있다. 오히려 그들은 한국사회에 편입되는 데 많은 어려움을 겪는다. 그러한 어려움은 표면상 한국에서 호환되지 않는 북한의 기술, 북한에서 사는 동안 체득한 세계관과 관련되어 있지만 사실 그보다는 한국사회의 구조적인 병폐 때문이다. 일례로, (학교에서의 무자비한 경쟁으로 시작되는) 자본주의적 압박은 세계에서 가장 높은 자살률로 귀결되고 있는데, 이에 익숙하지 않은 탈북자들이 느끼는 압박감은 우리의 상상을 초월한다. 북한 역시 이 점을 비난하는 데 주저함이 없다.

북한에 대한 외부의 인식이 여러 측면에서 잘못되었듯이 한국에 대한 북한의 고정관념 역시 국가안보 차원에서는 정당하더라도 똑같이 잘못된 것이다. 그러한 고정관념에 기초한 선전·선동은 정보화 시대에 조롱거리가 되기에 십상이다. 그럼에도 북한은 한국인들을 부르주아 엘리트와 그들의 악마 같은 후원자 양키들의 압제하에 있는 사람들로 끊임없이 묘사하고 있다. 또한 한국인들이 사회주의 천국인 북한 동포와 함께 살기를 동경한다고 선전하고 있다. 하지만 한국이 냉혹한 자본주의와 불완전한 민주주의일지라도 탈북자들이 38선 이남에 도달했을 때 느끼는 안도감은 북한의 선전·선동이 얼마나 허황된 것인지를 증명해준다. 북한에서의 자살률이 한국보다 낮다는 것은 북한이 한국보다 더 살기 좋아서가 아니다. 그것은 북한이 자살조차도 허용하지 않는 사회이기 때문이다. 즉, 자살은 반역으로 간주되어 남아 있는 가족들이 처벌된다.

비록 북한 주민 대부분이 이러한 거짓 선전을

모른다 할지라도 북한이 스스로 노동자의 천국이자 사회주의의 요새로 묘사하면서 한국을 비하하는 것은 어이없는 코미디다. 북한은 거대한 건물이나 웅장한 조각상을 과시함으로써 스스로 사회주의의 대표작으로 미화하곤 한다. 아름답지는 않지만 인공적으로 조성된 평양의 거대 건축물들이 놀랍기는 하다. 그러나 이러한 것들 모두 속 빈 강정에 불과하다. 소련의 지원을 받던 냉전 시대와 달리 현재 평양의 기반시설들은 가동이 정지된 상태에 있고 녹슬어 있으며 주민들은 영양실조와 실업 상태에 있다. 그런데도 북한은 한국, 미국, 심지어 캐나다가 자국의 실제 상황보다 더 열악한 상태에 처해있다는 터무니없는 선전을 아직도 하고 있다. 북한에 대한 우리의 고정관념 역시 마찬가지일 수 있다. 예를 들어, 대다수의 북한 주민이 기아상태에 빠져있을 것이라고 보는 서방세계의 편견은 스미스(Hazel Smith)에 의해 반박된다. 북한의 식량안보를 연구해온 그에 따르면 "북한의 영양실조는 다른 아시아국가들보다 상황이 나쁘지 않다." 물론, 심각한 기근이 있었던 것은 사실이다. 그러나 다른 시기엔 국가배급체제가 잘 작동했고 주민들은 자신의 집 주위에 작은 텃밭을 갖고 있었다. 우리는 아주 잘못된 편견과 고정관념을 거리낌 없이 받아들이는 데 익숙하다. 예를 들면, 우파단체인 리버티 인 노스코리아(LiNK: Liberty in North Korea)는 2,400만 동포가 인류 역사상 정치적 압제가 가장 심한 체제 하에 살고 있다고 주장한다.[1] 그러나 북한 전문가인 마이어스(B.R. Myers)에 따르면 그러한 수치는 최소 반으로 줄어든다. 심지어 그는 "여성들이 살기에 북한보다 훨씬 더 나쁜 국가들이 즐비하다"라고 말한다.[2]

남북 간 경제적 격차는 이제 동서독의 차이보다 몇 배 더 커졌다. 한민족의 문화적 우수성과 재통일의 당위성에 관한 빈말들 그리고 북한의 붕괴가 임박했다는 많은 논자들의 빗나간 예측들이 요란하지만, 이제 한국인들은 (안보상의 이유로) 통일을 환영하는 만큼이나 재통일의 경제비용에 대해 우려하고 있다. 북한 엘리트들은 자신의 권력이 북한체제의 생존과 직결되어 있다는 것과 남북간 체제경쟁에서 이미 패배했다는 것 그리고 북한의 현 사회구조와 급격한 개혁이 양립가능하지 않다는 것을 이미 잘 알고 있다 — 역사가 이를 이미 증명하고 있다.[3] 북한의 '보통' 사람들이 굶주리고 있으며 몇 가지 기본적인 자유의 권리조차 누리고 있지 못하다는 사실 — 이와 관련한 모든 편견에 대해서는 데믹(Babara Demick, 2009) 참조 — 보다 더 큰 문제는 그들이 외부세계를 알지 못한다는 것과 그들이 외부에서 얼마나 이상하게 보이고 있는지를 알지 못한다는 점이다. 그 결과 북한에서 살면서 '체득한' 것들이 세계적인 보편성과 너무 괴리되어 있다. 이런 의미에서 북한 주민들은 인간안보와 동떨어진 삶을 살고 있다. 인간안보는 현 북한 정권에 의해서 제대로 제공되고 있지 않을 뿐만 아니라 앞으로 있을지도 모를 제2차 한국전쟁에서 그들은 가장 취약한 계층으로 전락할 가능성이 크다. 또한 그들은 현 지구상의 보편적 사회경제체제인 자본주의에 적응할 준비도 되어 있지 않다. 이런 상황에서 한국 주도로 통일이 진행되어 한국인들이 북한 사람들의 재산과 토지를 자본주의 방식대로 처리한다면 북한 주민들의 인간안보는 통일 후에 더욱 악화될 수도 있다.

북한에 대해 말할 때 자주 사용되는 '악의 축(axis of evil)'과 과장된 경악스러움(스위니[John Paul Sweeney]가 프로듀서로 있는 BBC의 *Panorama*가 명징한 예다)이 만연한 상황에서 이 장은 이제 세 가지를 논하고자 한다. 첫째, 북한으로 인해 발생하는 위협의 객관적 실체를 규명할 것이다. 북한의 위협은 분명 존재한다. 2,400만의 인구를 가진 북한은 (질적 수준은 차치하더라도) 세계에서 4번째로 큰 상비군을 보유하고 있다. 둘째, 북한에 대한 과장된 위협과 서방세계의 편견을 성찰함으로써 대북 관여가 어떻게 진행되어야 하는지 그리고 현재의 '손가락질' 외교(finger-pointing diplomacy)가 왜 비효과적일 수밖에 없는지를 주장하고자 한다. 마지막으로 한반도 안보를 증진시킬 수 있는 정책들을 도출하고자 한다. 특히 우리는 북한의 붕괴를 희망하는 이들에게 그것이 초래할 위험성을 말하고자 한다. 북한이 통제되지 않는 방식으로 또는 폭력적인 방식으로 붕괴할 경우 그것은 한반도 전역을 불안정하게 만들 수 있다. 이것은 경제적 불안정을 주변국들로 파급시킬 뿐만 아니라 (핵무기 그 자체는 아닐지라도) 핵물질 및 핵장치를 확산시킬 수도 있는 위험성을 갖고 있다. 이 세 번째와 관련한 내용을 항상 유념해야 한다. 그 이유는 1989년 동유럽 공산국가들이 총 한 발 쏘지 못하고 무기력하게 몰락했다고 비판하는 북한의 시각 때문이다.

북한의 위협

이렇게 다양한 캐리커처나 가정들은 한반도가 직면해 있는 안보의제들의 진정한 의미를 숙고하지 못하게 한다는 점에서 중대한 문제가 된다. '악마'와 대화하는 것이 어렵듯이 북한을 악으로 규정하면 북한과의 대화는 가능하지 않을 것이다. 과장이 만연해있다. 북한의 공격이 임박해 있다는 통념과 달리 서울 사람들의 일상생활은 매우 평온하다. 이것은 북한을 악마화하는 것이 얼마나 과장되어 있는지를 단적으로 보여준다. 이러한 과장은 전 세계 그 어느 지역에서보다 한반도에서만 유별나게 강하다. 크고 무서워 보이는 가정집 거미와 마주쳤을 때 피가 얼어붙는 공포를 체험한 사람들이 우리 가운데 몇이나 될 것인가? 거미가 당신을 보고 느꼈을 공포가 당신이 그 거미를 보고 느꼈을 공포보다 훨씬 클 것임에도 불구하고 당신은 신발 바닥으로 그 빈약한 생명체를 때려죽이려고 할 것이다. 위협에 대한 인식은 심리적인 것이기 때문에 위협의 실체는 과장되는 경우가 많다. 북한의 폭정체제가 공포를 자아낸다 할지라도 그 공포가 북한이 체감하는 한미동맹의 대북 핵공격 공포보다 클 수는 없다. 그런데도 우리는 전자가 후자보다 더 크다고 생각하는 경향이 있다.

하지만 여전히 북한에 대한 일방적 주장들만이 난무하고 있다. 북한은 법체계가 없는 무정부상태이므로 안보문제가 매우 조심히 다루어져야 한다는 주장이 대표적이다. 이외에도 몇 가지가 더 있는데, 충격적인 불평등과 기아사태에 이르게 한 정책결정자가 건재할 수 있는 국가, 경화(언제든지 금이나 다른 화폐로 바꿀 수 있는 화폐, 이를테면 달러 – 역자 주)를 벌기 위해 역공학(retro-engineering, 기존의 제품을 분해하여 그 제품 제조에 사용된 기술을 발견하는 작업 – 역자 주)으로 무기를 제조하여 판매하는 국가, 국민들에게 우스꽝스런 거짓말과 선전·선동을 강제로 주입하고 소중한 자원의 대부분을 무력과 무기에 쏟아붓는 (그렇다고 최신장비도 아니고 핵무기도 조잡해서 오히려 더 걱정을 자아내는) 비밀국가 등이 그것이다. 실제로 북한에는 경제안보가 부재하고 환경안보 역시 생산독려를 위한 자포자기식 정책들 — 방목을 위해 키우는 염소 떼들이 초목을 황폐화시키고 있다 — 때문에 위협받고 있다.

그렇다면 근본적인 질문으로 돌아가서, 북한사람들이 우리와 얼마나 다른지를 반문해볼 필요가 있다. 아래에서 설명하겠지만 답은 크게 다르지 않다는 것이다. 일반적으로 세계 도처의 정치인들은 그들이 감정적, 물질적 안보를 획득하기 위해 얼마나 노력하고 있는지, 국가 안팎의 숙적들 및 새로운 적들과 어떻게 맞서 싸워왔는지, 세계에서 얼마나 영광된 위치에 있는지를 자랑스럽게 말하곤 한다. 마찬가지로 북한 지배엘리트들도 권력과 특권을 추구하며 그것들을 유지하기 위해 모든 자원들을 동원하고 권좌에 오르게 되면 정당성을 얻기 위해 전력을 다한다. 정치적(관료적) 행위의 이러한 유사성을 고려할 때 다음 질문은 북한 사회와 지배엘리트들에 관여할 수 있는 최선의 방법이 무엇인가에 대한 것이다. 혹자는 현재의 대북 압박정책이 북한을 언젠가 무너뜨릴 것이라고 주장한다. 북한이라는 중무장한 생쥐를 구석으로 몰아넣는 것은 사실 매우 현명치 못한 방법이다. 북한 군대의 단결심이 약할 수도 있지만, 그래도 목숨을 걸고 저항한다면 많은 피해를 초래할 수 있기 때문이다. 스탈린그라드(Stalingrad)에 있던 붉은 군대(Red Army) 모두가 공산주의를 신봉했는지 알 수는 없다 (그들은 아마 선택권 없이 전장으로 내몰렸을 것이다). 하지만 싸우는 이유가 애국심의 발로였든, 강제로 떠밀린 것이었든, 정치적 충성심 때문이었든 간에 그들이 '모국'을 위해 맹렬하게 싸웠을 것이라는 데에 이의를 제기할 사람은 없다.

이러한 맥락에서 누군가는 한국의 안보가 북한을 얼마나 통제할 수 있는지에 달려 있다고 말할 수도 있을 것이다. 따라서 한반도의 안보는 북한의 군사적 야심(미친 지도자들은 말할 것도 없고)을 제재와 양자·다자 외교를 통해 억제하고 북한을 고립시킬 때 달성될 수 있는 것으로 이해된다. 사실 이것이 통념이기도 하다. 이러한 통념은 북한이 자국민들을 압제하고 엘리트 특권을 유지하며 위험한 무기개발을 강행하기로 작정했다는 것을 전제로 한다. 따라서 북한 주민들이 김씨 일가의 거짓된 선전·선동에 속지 않게 되고 날조에 기초한 사상누각(house of cards)이 무너지게 되는 소위 '차우세스크 순간(Ceausescu moment, 1965년부터 1989년까지 공산국가 루마니아의 국가주석이었던 차우세스크는 1989년 12월 22일 자신의 정권이 무너지자 도주를 시도하다가 총살되었다 – 역자 주)'이 일어날 때까지 미치광이들을 압박해야 한다는 것이 통념의 결론이 된다. 이를 위해 구체적으로 제시된 것들은 북한의 수입을 차단하고 경제발전을 억제하며 가능하면 많이 북한을 배척하고 압력을 행사하는 것이다. 그러나 이러한 주장의 문제는 김씨 왕조의 통제가 놀라울 정도로 강력하고 북한 주민들의 충성심이 여전히 견고하며 북한의 가공할만한 무기들이 완성단계에 있다는 점이다. 광기에 대한 개념으로 보자면 북한은 미친 집단임에 분명하다. 그렇다면 그러한 광기에 동일한 광기로 대응하는 서방의 대북정책은 온전한 것일까?

한반도 안보딜레마의 이면

우리는 도덕적 분노가 국가안보나 국제정책 수립을 위한 견고한 기반이 될 수 없다는 점을 강조하고자 한다. "밀어붙여, 밀어붙여, 밀어붙여"와 같은 서구세계의 정책은 안보 그 자체보다는 반복적인 안보'위기'를 초래할 수 있다. 누군가 당신의 목을 조른다면 당신은 당신의 잘못이 무엇이든 간에 일단 살기 위해 총력을 다해 맞서 싸울 것이다. 이런 상황에서 당신이 잘못을 뉘우치고 변화되기는 매우 어려울 것이다. 여기서 우리는 (저자 중 한 명이 '현장에서' 체득한 신뢰할 수 있는 경험을 바탕으로) 투자(돈)와 아이디어(통념파괴)를 활용할 줄 아는 영리함이 안보를 성취할 수 있는 유일한 방법임을 강조하고자 한다. 북한은 소규모 군사적 충돌을 넘어선 대량 무력충돌에서는 패배할 수 밖에 없다는 점을 분명히 인지하고 있다. 그렇다고 해서 북한이 무력사용을 포기할리는 없다. 그러나 아이디어의 힘을 통해 북한의 무력사용을 포기시킬 수 있다. 이 방법이야말로 북한 주민 전체를 위한 인간안보를 실현시킬 수 있고 북한 엘리트들이 사회주의이념에 반하는 정책을 추진했다는 이유로 총살되는 것을 막을 수 있다.

이런 의미에서 관여는 사반세기 전에 이미 종식된 냉전의 틀에 여전히 갇혀있는 지구상 마지막 장소를 위한 유일한 출구가 될 수 있다. 한반도는 60년 전부터 정전상태(armistice)에 있지만 사실상 남북한은 열전(Hot War) 상태에 있다. 북한을 옥죄고 구석으로 몰아넣는 미국의 정책은 본래의 의도와 달리 체제붕괴로 이어지지 않고, 오히려 일반 북한 주민들만 고통받게 하고 있다. 가장 심각한 것은 이러한 정책이 북한을 핵무장으로 몰아간다는 것이다. 북한 엘리트들은 후세인이나 카다피가 핵폭탄을 보유했더라면 권좌를 유지했을 것이라고 본다. 실제로 미국의 북한 압살정책은 의도와 달리 아주 터무니없는 결과로 이어졌다. 북한이 합법적으로 벌어들이는 소득의 상당 부분이 미국의 정책으로 인해 효과적으로 차단은 되었으나 이에 따라 북한은 합법적인 수입원을 불법 수입원으로 대체할 수밖에 없게 됐다.

한 가지 분명한 예는 다음과 같다. 한국광물자원공사의 추정에 따르면 북한의 금 매장량은 대략 2,000미터톤(metric tons)에 이른다. 그럼에도 불구하고 북한은 그러한 엄청난 자산으로부터 이득을 볼 수 없는데 그 이유는 소위 민군겸용 물품인 시안화나트륨(sodium-cyanide: 금추출, 살충제, 플라스틱과 같은 민간용품 뿐만 아니라 사린[sarin] 신경가스 생산에도 사용될 수 있다)이 대북 수출금지품목으로 지정되어 있기 때문이다. 다시 말해 북한은 시안화나트륨이 없기 때문에 야금작업을 할 수가 없다. 실제로 북한과의 금 거래는 현재 금지된 상태에 있다. 문제는 민군겸용 물품들의 거래금지가 북한의 민간경제와 주민 대다수에게 가장 고통스러운 조치라는 점이다.

예를 들어, 그러한 물품에는 식량이나 의약품 재처리를 위해 필수적이지만 동시에 화학무기를 위해 전용될 수도 있는 화학약품들이 포함되어 있다. 가령, 앱트는 중국에 있는 자신의 제약공장 실험실 및 약품의 오염 여부를 탐지하는 데 유용한 시약을 반입하고 있었다. 그러나 그 시약들은 베이징 공항에서 몰수당했다. 중국은 그 시약들의 수입을 허용해 왔지만, 미국 주도의 제재로 인해 일반 주민들은 더 안전하고 효과적인 약품 활용의 혜택을 박탈당했다.

세계 곳곳에서 대부분의 오토바이와 자동차들은 알루미늄 합금으로 만들어진다. 그러나 그 합금 역시 탄도미사일과 가스 원심분리기에 전용될 수 있다는 이유로 금지 품목이 되었다. 1960년 이후 북한의 제조업체들은 대부분 알루미늄 합금과 관련된 기술과 원료를 사용해 왔는데, 이 같은 제재는 현재 북한에 큰 타격을 주고 있다.

북한을 국제은행시스템과 단절시키는 금융제재 같은 다른 처벌조치들은 북한이 진행 중인 합법적 사업수단들을 불법적인 지하경제로 몰아넣을 수 있고 현금택배(cash couriers)와 같은 비전통적 지불수단에 의존하게 만들 수 있다. 서구의 금수조치들은 사실상 불법적 행동들을 목표로 삼은 것이 아니라, 그들이 불법을 저지르게끔 강요하면서 합법적 사업들을 손상시켰다. 진짜 범죄자들은 제재가 거의 효과가 없는 암시장(black market)을 이용한다.

금융제재와 다른 제재들은 합법적인 외국인 투자마저 축소한다. 이는 결과적으로 자본주의의 확산을 막는다. 또한 이는 열악한 환경하에서 외국인 판매자와 구매자를 찾기 위해 고군분투하는 무역업자와 제조업자와 같은 중산층 사업가 계급의 출현을 막는다. 비공식적 경제가 북한 주민들의 생계를 지탱하고 있고, 새로운 일자리를 창출하고 있으며, 많은 이들의 고통을 덜어주고 있는 유일한 창구가 되고 있다는 점에 주목해야 한다. 따라서 제재조치들은 긍정적일 수 있는 시장의 힘(북한 사회에서 가장 중요한 변화요인을 구성하고 있는)을 약화시키고 있으며 특히 식량 부족 사태를 악화시키고 있다. 그로 인해 북한의 대외원조에 대한 의존도가 높아지고 있다.

외부에서 강요된 고립이 아닌 관여는 북한의 변화와 더 좋은 한반도 안보 환경에 이르게 할 것이다. 외국인과 북한 주민의 상호작용이 많을수록 피할 수 없는 개혁과 변화의 압력도 거세실 것이다. 북한 내 교육을 담당하는 외국인과 북한에 서 사업을 하려는 외국 기업이 바로 이 변화의 촉진자 역할을 한다. 왜냐하면 그들은 북한 주민들의 통념에 도전하는 새로운 아이디어들을 전달하고 있기 때문이다. 해외 경험이 있거나 유학 경험이 있는 북한 주민들도 변화를 촉진한다. 1950년대 소련이 서구세계에서 공부하도록 허용한 4명의 학생 가운데 2명이 페레스트로이카(Perestroika)와 글라스노스트(Glasnost)의 주창자가 되었다. 그들 가운데 한 명은 공산당 중앙위원회 비서이자 고르바초프의 최측근이 된 야코블레프(Aleksandr Yakovlev)였다. 전문가들에 따르면 소련의 개혁과 개방을 진두지휘한 것은 고르바초프가 아닌 야코블레프였다. 흥미롭게도 그 4명의 학생 모두 미국에서 공부했다. 정상적인 미소 외교관계가 없었다면 애당초 이와 같은 일은 일어나지도 않았을 것이다. 소련에 했던 것과 달리, 미국은 관계를 정상화하고 양국 대사관을 설치하자는 북한의 요구를 반복적으로 묵살해왔다. 언젠가 북한의 야코블레프를 보길 원한다면 미국은 이러한 정책을 서둘러 변경해야 할 것이다.

2013년 12월, 미 국무장관 존 케리(John Kerry)는 북한의 지도자 김정은을 '새로운 사담 후세인'으로 지칭했다.[4] 같은 시기 국제위기그룹(International Crisis Group)은 "베이징은 워싱턴의 태도에서 비롯된 북한의 불안감이 완전히 해소될 수 있을 때만 비로소 북한 비핵화가 성취될 수 있다고 본다"는 분석을 내놓았다.[5] 불행하게도 오랫동안 실패해온 정책들과 강대국 간 이익의 충돌은 한반도와 주변 정세의 데탕트와 안보 및 북한 개혁의 걸림돌이 되고 있다.

결론

이 장은 북한에 대한 흔한 주장들과 선입견들을 피하고자 했다. 모두 알고 있다시피 북한은 많은 군대를 보유하고 있다는 점에서 군사적 위협이 된다. 모두 알고 있다시피 우리처럼 생각하지 않는 사람들이 핵무기를 개발한다면 세계는 안전해지지 않을 수 있다. 또한 북한 주민들 가운데 어떤 사람들은 적도 기니와 사우디아라비아 그리고 콜롬비아와 미국에 이르기까지 세계 곳곳에 감금된 다른 사람들만큼이나 고통 속에 살고 있을 수 있다. 그러나 6자회담이나 각종 양자회담은 우리가 보기에 한반도의 인권안보, 경제안보, 그리고 환경안보를 증진시킬 수 있는 방법으로 적절해 보이지 않는다. 인권남용을 인지하고 규탄하는 것은 매우 비밀스러운 사회에 경종을 울리는 역할을 할 수 있다. 그러나 인권남용을 막고 사회를 변화시키는 데에는 실효성이 없다.

결론적으로 사람들은 그들이 거의 알지 못하는 사회에 대해 너무도 많은 주장들을 거리낌 없이 한다. 실제로 우리는 북한에 대해 잘 알지 못하는 사람이 수년간 평양에서 살았고 평양 외의 지역도 방문했던 사람과 트위터 논쟁에서 그렇게 하는 것을 보았다. 예를 들어, 북한이 매우 불운한 역사를 갖고 있고 북한 주민들의 인간적 존재가치가 존중받지 못하고 있다고 말하는 것이 그것이다. 우리는 이러한 주장을 논박하지 않을 것이다. 그러나 대부분의 사람들은 반복적인 체벌과 벌 받는 방에 가두는 것이 버릇없는 아이들을 다루는 최상의 방법이 아님을 잘 알고 있다. 한반도 안보 증진의 기회는 여러모로 쉽게 오지 않는다. 순수한 의도를 가지고 북한에 관여하려는 노력이 배가되지 않는다면 그리고 한국이 북한에 보내는 안보위협을 역지사지의 자세로 인식하지 않는다면 남북관계는 긴장상태로 유지될 것이다. 우리의 조언은 북한의 부정부패나 폭정을 장려하자는 것이 아니다 — 그리고 앱트 자신의 경험이 증명하듯이 우리의 조언대로 하는 것은 결코 쉬운 일이 아니다. 그러나 우리의 조언은 북한이 악의 축이라는 선입견을 극복하기 위한 비전을 제시하는 데 있다. 북한은 압박에 굴복한 적이 없으며 오히려 더욱 완고하게 자국의 입장을 견지해 왔다. 따라서 가장 최근의 유엔 인권보고서가 북한을 더욱 옥죄는 경제제재로 이어진다면, 누구의 안보가 영향을 받게 될 것이고 그 결과 누가 고통받게 될 것인지를 반문해보아야 한다.

주

1) Hazel Smith: http://www.nknews.org/2013/10/what-was-the-biggest-change-in-north-korea-over-the-past-5-years/
2) http://www.newrepublic.com/article/115948/br-myers-purge-kim-jong-uns-uncle
3) 참고사항: 독일통일이 순조롭고 평화롭게 이루어진 이유는 브란트(Willy Brandt) 서독 수상이 추진한 동방정책(Ostpolitik) 때문이었다 (동방정책은 김대중 한국 대통령의 햇볕정책과 유사하다). 실제로도 두 지도자는 막역한 동료관계이기도 하다. 브란트 총리는 동방정책(예를 들면, 쌍방향 여행왕래, 무역 및 사업거래 등)을 통해 동유럽에 관여했다. 그 결과 동방정책의 영향을 받은 동독인들이 거세게 독일의 통일("우리는 한 민족이다!", Wir sind das Volk!)을 요구했고 동독 지도자에게는 정권을 포기하는 것 이외에 다른 선택(만에 하나 있다면 대량 유혈사태)이 없었다.
4) http://nypost.com/2013/12/15/kim-jong-un-is-the-new-saddam-hessein-john-kerry/
5) http://www.crisisgroup.org/en/regions/asia/north-east-asia/china/254-fire-on-the-citygate-why-china-keeps-north-korea-close.aspx)

추천도서

Abt, F. *A Capitalist in North Korea: My Seven Years in the Hermit Kingdom*, North Clarendon, VT: Tuttle Publishing, 2014.

Cumings, B. *Korea's Place in the Sun: A Modern History*, (Updated Edition), London: W.W. Norton & Co., 2005.

Lankov, A. *The Real North Korea: Life and Politics in the Failed Stalinist Utopia*, Oxford: Oxford University Press, 2013.

Myers, B.R. *The Cleanest Race: How North Koreans See Themselves and Why It Matters*, Brooklyn, NY: Melville House Publishing, 2010.

Demick, B. *Nothing to Envy: Ordinary Lives in North Korea*, New York: Spiegel & Grau, 2009.

Oberdorfer, D. and Carlin, R. *The Two Koreas: A Contemporary History*, New York: Basic Books, 2013.

33장 우주와 안보

이안 쉴즈(Ian Shields)

글상자 33.1 우주공간의 군사화에 관한 상반된 관점

우주공간은 평화적인 목적을 위해 그리고 경제 발전 수준이나 과학발전 수준에 관계없이 모든 국가의 이익과 혜택을 위해 개발되고 사용되어야 한다. … 우주공간에서의 군비경쟁은 국제평화와 국제안보를 심각히 위협할 수 있기 때문에 그러한 군비경쟁은 예방되어야만 한다.

'우주공간에서의 군비경쟁 예방
(Prevention of an arms race in outer space)',
유엔총회 채택 결의안
A/RES/55/32, 2001년 1월

우리는 우주라는 새로운 전장에서 싸워야 할 것이다. 정치적으로 민감한 말이지만 이 말과 같은 일이 일어날 것이다. 어떤 이들은 이것을 듣기 원치 않겠지만 우리는 — 단언컨대 — 우주 전역에서 싸우게 될 것이다. 이 때문에 미국이 지향성 에너지(대[對] 핵미사일용 빔 무기 – 역자 주)와 직격파괴 체계와 관련된 개발프로그램을 보유하고 있는 것이다. 언젠가 우리는 우주에서 지상에 있는 모든 목표물 — 배, 비행기, 육상 목표물 — 에 대해 관여할 수 있게 될 것이다.

미국 우주사령부 총사령관 애쉬(Joseph W. Ashy)
Aviation Week and Space Technology,
1996년 8월 9일자
Progressive Magazine, 2000년 1월호에
게재된 그로스먼(Karl Grossman)의
*Master of Space*에서 인용

서론

지난 70년 동안 초강대국 간 경쟁을 초래한 양극체제는 새로운 형태의 단극체제(어쩌면 우리가 모르는 구시대적 형태의 재출현일수도)로 변화되었고 이와 더불어 힘에 대한 우리의 이해도 진화해

왔다. 마찬가지로 인류가 우주를 사용하는 방식도 진화해왔다. 초창기 우주 진출은 미소 간 국가적 명예에서 비롯된 경쟁이었다. 하지만 쌍방은 이미 커뮤니케이션과 감시라는 군사적 활용도의 측면에서 우주가 가진 무한한 잠재력을 간파하고 있었다. 초창기 국가적 명예로 시작된 우주경쟁은 곧 지상에서의 군비경쟁을 모방하기 시작했다. 그러나 커뮤니케이션과 감시 측면에서 우주가 제공하는 이점은 군사적인 사용에만 국한된 것이 아니었다. 지상에서의 군사적 발전이 급속하게 상업영역으로 파급되는 것과 같이 우주의 활용도 민간차원으로 확대되었다. 값비싸고 비효율적인 해저 케이블에 의존하기보다 위성연결을 통해 대양을 가로질러 커뮤니케이션할 수 있게 되었다는 것 그 자체가 인류의 삶을 개선시키는 것이었다. 마찬가지로 (암석형태의 거시적 변화를 우주에서 포착한 뒤 특정 지역을 대상으로 한 상세한 조사가 가능해진) 석유탐사에서 (허리케인의 눈을 추적할 수 있는) 기상예보에 이르기까지 인공위성이 보내오는 사진은 곧 비군사적 용도로 활용되기 시작했다. 기술과 예산에서 압도적 우위를 점했던 미국이 냉전을 승리로 이끌었듯이 미국은 우주경쟁에서도 주도권을 잡았다.

다른 한편, 초강대국 간 경쟁이 우주경쟁으로 파급된 것과 동일하게 지상에서의 경제활동도 우주궤도로 확산되었다. 미국의 상업적 기업들은 우주궤도를 통한 이익창출을 시도하면서 인공위성 개발, 발사 및 탐사와 관련된 제반 사업에 뛰어들었다. 동시에 위성사진(전자기 스펙트럼-레이더에서 자외선 그 이상까지)은 물론이고 위성방송을 위한 대역폭 개발에 참여하는 기업들도 출현하게 되었다. 이러한 현상은 곧 미국 이외의 다른 국가들에서도 나타났다. 이 기업들 간 경쟁은 자동차 생산과 같은 다른 분야에서 만큼이나 치열했다. 따라서 많은 국가들은 우주공간에서의 존재감을 통해 국가적 자부심과 상업적 이익 모두를 도모했다. 알제리와 인도 같은 국가들도 인공위성 등을 운용하고 있다. 이런 측면에서 우주는 국가와 비국가 행위자들이 지상에서 벌이는 경제활동과 경쟁이 복제되는 공간이 되고 있고, 그에 따라 우주공간에서의 안보문제가 시급한 현안으로 떠오르고 있다. 경제적 세계화가 개별 국가와 지역을 더욱 밀접하게 만들었다면 (크게 주목받지 못하고 있지만) 점증하고 있는 우주 의존도는 그러한 경제적 세계화를 더욱 가속하고 있고 이젠 우주 없는 경제적 세계화를 상상하기가 어렵게 되었다. 위성궤도는 국가별로 할당되고 있지만(더욱 유용한 궤도를 할당받기 위한 치열한 경쟁이 벌어지고 있다) 우주 지리의 재구성은 지도 위에 인간이 그린 선과 달리 궤도 물리학과 수학에 기초해 있다. 소프트파워가 하드파워 만큼이나 중요한 시대라고는 하지만 하드파워에 중대한 함의를 갖는 우주는 글로벌한 경제활동을 가능하게 하고 개별 국가 간의 상호연결과 상호의존을 심화시켜 세계를 축소시키는 메커니즘으로 작용하고 있다. 우주의 그러한 역할이 눈에 잘 띄지는 않지만 '우주 없는 하루'를 이젠 상상하기 어려운 시대가 되었다. 우선 하드파워와 우주 간의 관계를 살펴보도록 하자.

우주와 하드파워

초창기 우주 쟁탈전은 여러 측면에서 냉전시기 동서 경쟁구도와 크게 닮아있다. 그러나 우주 진출이 군사적 이점 확보라는 로드맵에 의해 시작되었는지는 불명확하다. 대륙간 탄도미사일이 도달할 수 있는 최고지점인 우주를 군사적으로 활용해야 한다는 인식이 존재하기는 했지만 미소 양국이 나치 독일 과학자들의 업적을 연구하기 전까지는 그러한 인식조차 없었다. 그러나 초강대국 간 경쟁이 본격화되면서 그러한 인식은 지배담론이 되었다. 우주에 기초한 시스템들 — 첩보위성, 커뮤니케이션 위성 또는 상상하기만 했던 가공할만한 무기체계들 — 이 중요해짐에 따라 우주지배는 국가안보의 당위가 되었다. 소련의 스푸트니크호(Sputnik) 발사에 미국이 받은 충격은 국가적 명예의 상실 그 이상이었다 — 후발추격을 위해 당초 계획했던 '살인광선(death ray)'과 지구감시 위성 개발은 백지화 되어버렸고 설상가상으로 소련은 인류최초로 유인 우주선 발사까지 성공시켰다. 이후 미소 양국은 우주의 군사적 활용도를 극대화하기 위한 기술개발, 즉 보다 효율적인 발사장치, 보다 지속성이 강한 위성, 보다 안전한 커뮤니케이션 장치와 감시-스파이-장치 개발 경쟁에 몰두했다. 이러한 경쟁은 다시 새로운 하이테크 산업의 육성으로 이어졌다. 이러한 경쟁의 주요 동인은 국가의 자존심이었다 — 유인 우주선 아폴로(Apollo)의 달 착륙은 과학적 또는 군사적 목적뿐만 아니라 국가적 허영심에서 비롯되었다고 볼 수도 있다. 그러나 이후 군사적 활용도가 경쟁의 주요 동인이 되었다.

시작부터 우주경쟁은 지구에서의 경쟁구도를 복제했다. 커뮤니케이션과 지상관측을 위한 우주사용은 핵무기 경쟁이 가속화됨에 따라 많이 증가했다. 예를 들어, 핵억지 전략에서 선제공격 능력보다 2차 보복공격 능력이 더욱 중요해짐에 따라 지상과 해상에서 발사되는 미사일들을 항구적으로 감시할 필요성이 커졌다. 이것은 더욱 세밀한 능력과 신뢰성을 가진 위성 개발로 이어졌다. 그러한 위성은 중계위성들과의 교신망을 통해 적국의 미사일 발사를 실시간으로 탐지하여 2차 보복공격을 가능케 했다. 다른 한편, 우주라고 하는 극도로 열악한 환경 때문에 우주에 핵무기를 배치하려는 당초 계획은 좌절되었다 (아래 참조). 특히 발사 장치의 오작동(발사하자마자 핵로켓이 폭발할 경우의 시나리오)과 목표추적의 어려움(적도만이 정지궤도가 될 수 있었고, 따라서 미국과 소련이 있는 중위도에서는 이동하는 목표물을 추적하는 것이 가능하지 않았다)에 대한 우려는 그러한 계획을 더욱 비현실적으로 만들었다. 대신 보다 현실적이고 기술적 장벽이 덜한 유인 전략폭격기와 대륙간 탄도미사일 개발에 박차를 가했다. 그러나 1960년대 초에 이르면 우주의 군사적 활용도가 매우 높아지게 되는데 전자기펄스(EMP: Electro-Magnetic Pulse)가 그것이다. 핵폭발은 전자기 스펙트럼 전체로 확산되는 엄청난 에너지 펄스를 방출하는데 우주에는 그러한 펄스를 약화시키는 대기가 없다는 점에서 우주는 다시 미소 양국의 주목을 끌었고 곧 이어 일련의 외기권 실험이 진행되었다. 그 결과 우주에서의 폭발은 상대국 인공위성을 일소할 수 있다는 것이 증명되었다. 이로 인해 양국은 다시 우주 플랫폼과 EMP

방어위성 개발에 주력하게 되었다. 즉 제로섬 게임(zero-sum game)이 진행되었고 현실주의 패러다임이 지배했다. 그러나 양국은 1967년이 되면서 외기권 실험을 중지했다. 그리고 핵탄두의 우주배치를 금지하고 외계 영유권 주장을 금지하는 우주천체조약(OST: Outer Space Treaty)을 체결했다. 냉전이라는 맹렬한 경쟁에도 불구하고 체결된 OST는 우주사용에 관한 모든 제반사항을 규정하고 있는 유일한 조약이며 현재까지 효력을 발휘하고 있다. 이후 많은 국가들은 국가이익을 도모하기 위해 이 조약의 개정을 시도해 왔다.

그럼에도 불구하고 냉전 시기 동안 우주의 전방위적 사용은 급속히 진전되었고 지상에서 전개되는 기술적 군비경쟁이 또다시 우주로 복제되었다. 이전보다 훨씬 개선된 능력을 갖춘 첩보위성들이 개발되었다. 초기의 첩보위성들은 흑백 '습식필름(wet film)'의 형태로 촬영 사진을 지구로 전송했지만 구름 때문에 식별에 어려움이 있었다. 그러나 전자이미지 수집기술의 발전(현재 우리가 일상적으로 사용하는 디지털카메라와 스마트폰에도 이 기술이 적용되고 있다)과 적외선, 자외선 그리고 레이더의 사용은 구름과 밤의 한계를 극복하여 보다 선명한 이미지의 전송이 가능해졌다. 커뮤니케이션 기술의 급진전으로 위성 간의 통신이 가능해졌으며 실시간 커뮤니케이션의 범위가 전 지구적으로 확장되었다. 아폴로 계획, 국제우주정거장(International Space Station) 그리고 우주셔틀 구상은 우주경쟁이 진행 중임을 보여주는 증거인데 반해 전략방위구상(SDI: Strategic Defense Initiative) — 스타워즈프로그램(Star Wars programme)으로 잘못 알려져 있다 — 은 우주경쟁에서 미국이 승리했음을 보여주는 증거다.

대기 상층권에서의 고열 레이저에 관한 초기 연구에 따르면, 일련의 우주기반 레이저(우주에는 대기가 거의 없기 때문에 모든 형태의 빛과 마찬가지로 레이저 에너지의 강도가 발사에서 타격까지 일정하게 유지될 수 있다)는 대륙간탄도미사일이 탄도궤도의 정점에서 우주로 잠시 진입하는 그 짧은 순간에 미사일의 목표유도 시스템을 파괴할 수 있을 것으로 기대되었다. 당시 조지 루카스 영화사(George Lucas film)가 제작한 공전의 히트작, 〈스타워즈〉에 등장한 레이저 발사 인공위성은 미국으로 하여금 어떠한 선제 핵 공격도 사전에 제압할 수 있는 인공위성 무기개발에 박차를 가하도록 영감을 주었다. 이것이 억지이론에 미친 함의는 매우 중대했다 (미소 간 핵탄두 및 핵투발수단의 균형과 2차 보복공격능력의 균형이 달성된 상태에서 양국은 상호확증파괴[MAD: Mutual Assured Destruction]를 통해 상호 간 선제공격의 유인을 억제해왔다. 그러나 소련의 선제공격능력 및 2차 보복공격능력까지 무력화시킬 수 있는 무기의 개발은 오히려 미국의 소련공격을 촉발할 것이라는 안보학계의 우려를 자아냈다 – 역자 주). 비록 그러한 기술은 입증된 적이 없었으나 (사실 실행된 적도 없다) 그러한 무기개발 시도는 1980년대 미소 간 무기경쟁을 촉발했고 승기를 잡지 못한 소련은 1986년 아이슬란드 레이캬비크(Reykjavik)에서 개최된 미소 정상회담과 후속회담에 나오게 되었다. 이런 방식으로 SDI가 소련에 미친 군사적 위협은 냉전을 평화적으로 종식시켰다.

그러나 우주경쟁은 끝나지 않았다. 서방은 우주전장의 디지털화와 네트워킹이라는 또 다른 기술적 돌파구를 마련했다. 디지털 기술의 진전과 인터넷의 등장은 동시적 공동작업과 정보공유를 가능케 했다 (물론 인터넷은 원래 미군 연구프로젝트의 산물이었다). 1980년대 후반과 1990년대 초 사이 디지털 기술과 인터넷은 군사영역은 물론 민간영역에까지 커다란 파급효과를 일으켰고 오늘날 군사혁신(RMA: Revolution in Military Affairs)으로까지 이어졌다. 대용량 데이터, 특히 이미지 데이터를 포착·전송하고 실시간으로 다양한 유저들과 정보를 공유할 수 있는 능력은 군사적 효율성을 엄청나게 증대시켰다. "언덕 너머에 무엇이 있는가"와 같은 군사정보 분야의 핵심적 질문은 더 이상 답하기 어려운 문제가 아니었고 언덕 너머의 사진을 이제 모든 작전 참가자들이 공유할 수 있게 되었다. 실시간 스틸사진과 동영상 공유가 현실이 되었기 때문에 사진을 복사하고 배포할 필요가 없어졌다. 모든 형태의 데이터 — 특히 군대가 필요로 하는 (동맹이든 적군이든) 타국 군대 배치, 주시대상 정보, 보급수송 상태에 대한 업데이트 등 — 는 이제 디지털화되고 공유될 수 있다. 이러한 진전은 정보지식 습득량을 증가시키는 것뿐만 아니라 동시적 '상황인식(situational awareness)'을 가능케 했다. 동시적 상황인식은 기술적으로 진전되고 네트워크화되어 있으며 디지털화되어 있는 군대에게 압도적인 우위를 제공할 수 있었고 1993년 걸프전쟁이 그것을 입증했다. 이 전쟁에서 동시적 '상황인식'이 가능했던 미군은 후세인의 아날로그식 군대를 매우 손쉽게 제압했다. 다른 국가들, 특히 중국의 인민해방군은 걸프전쟁에서 나타난 미군의 우세를 면밀히 분석한 후, 오직 우주만이 전쟁의 새로운 양상을 가능케 할 수 있으며 승패를 결정짓는 유일한 요인이라고 결론지었다. 완전히 새로운 스타일의 전쟁은 우주를 통해서만 가능하므로 우주의 활용은 미래 전쟁에서 절대적인 전제조건이 되었다. 중국 군사전략에 급격한 두 가지 변화가 일어났다. 디지털화와 네트워킹의 원리를 수용할 수 있도록 군대를 혁명적으로 근대화하고 우주에서의 군사작전 능력을 높임으로써 중국의 인공위성을 보호하고 — 필요하다면 — 적국 인공위성의 공격을 차단하는 것 등이다. 실제로도 이와 같은 우주 의존도는 증가하고 있다. 선진국이 배치하고 있는 소규모 무기를 포함한 거의 모든 무기체계는 우주에 의존하는 추세이며, 세계 곳곳에서 일어나고 있는 (자연재해를 포함한) 위기에 대한 대처 또는 통신, 정찰, 항해와 같은 군사작전을 위한 모든 긴급사태 대책들의 경우에도 그렇다. 여기서 우려되는 것은 이러한 의존성이 어떠한 상황으로 전개될지에 대해 그 누구도 진지하게 고민하지 않고 있으며 우주에 의존하지 않는 군사작전 역시 전혀 고려되지 않고 있다는 점이다.

이러한 의존성이 초래한 상황은 이미 심각한 상태에 있다. 군대(그리고 미 중앙정보국[CIA] 같이 하드파워를 사용하는 조직들)의 경우 우주에 대한 의존은 전 분야에 걸쳐 이루어졌고, 이에 대한 성찰은 찾아보기 어렵다. 오늘날 강대국들은 원거리에서 전쟁을 수행하고 있다. 8,000마일 떨어진 아프가니스탄에서 선제적인 군사작전을 수행하고 있는 미국이 아주 명징한 예다. 우주가 없다면 그러한 군사작전들은 불가능했을 것이다. 수많은 통신·정찰 위성들을 통해 작동하고 있는 지구위치측정체계(GPS: Global Positioning System)는 군대, 함정, 항공기의 이동을 위한 정보, (주파수 도약방식을 채택하고 있는 무선통신에 필요한) 타이밍 시그널 및 스마트 무기의 목표유도 시스템을 제공함으로써 오늘날 4세대 전쟁을 가능케 하고 있다. 아프가니스탄 상공에서 작동하고 있는 무인 항공기들 — 더욱 대중적인 용어로는 드론(drone) — 은 통상 대륙 건너편에서 조종되고 있다. 라스베가스, 네바다 외곽 사막의 건물에서 파일럿들은 시원한 에어컨 바람을 맞으며 아프가니스탄의 일상생활을 감시하는 — 때로는 그 생활을 끝내버리는 — (시금은 일과로 여겨지는) 임무를 수행하고 있는데 이 모든 것이 바로 무주공산(無主空山) 같은 우주에 대한 접근가능성 때문이다. 현대 전쟁은 이러한 우주사용의 자유와 접근가능성이 보장되지 않으면 수행될 수 없다. 이러한 이유로 우주가 구시대적인 하드파워를 통한 쟁탈의 대상이 된다면 그 결과는 파국이 될 것이다. 또한 그러한 쟁탈에서 승리하는 데에는 많은 장애물이 도사리고 있다. 자국의 우주사용 능력과 우주 접근성을 보존하면서 적국의 우주사용 능력과 우주 접근성을 거부할 수 있을 것인가? 이에 대한 해답을 구하기에 앞서 우선 이 문제가 군사영역에만 국한되지 않는다는 것을 살펴볼 필요가 있다.

우주와 비군사적 활용

우주에 대한 접근성이 모든 국가에 보장된다는 가정하에 군대가 우주 의존도를 증가시켰다면 최소한 군 내부 누군가는 그러한 상황이 초래할 위협을 인지하고 대안을 고려해야만 한다. 그러나 현재까지 그러한 경고음은 나오지 않고 있다. 안타깝게도 이러한 상황은 민간영역에서도 동일하게 반복되고 있다. 우리의 일상적인 삶은 놀라울 정도로 우주에 의존하고 있다. 우선 기상예보를 생각해보자. 대서양을 항해하며 수집한 기상정보를 북미와 유럽에 전송하는 '기상선'은 이미 사라진 지 오래다. 오늘날에는, 십자형태의 촘촘한 그물망 카메라를 장착한 항공기가 지구 전체를 찍어 기온과 풍속 등을 세계 각국의 기상청으로 (당연히 인공위성을 통해) 전송한다. 이러한 데이터는 대기권 상층에서 무엇이 일어나고 있는지를 이해하는 데 매우 중요하며 이를 바탕으로 기상 예보를 한다. 기상 영역의 우주 의존성은 여기에 그치지 않는다. 바로 지구 전체를 가로지르는 구름들을 한눈에 볼 수 있는 시각 이미지가 그것이다. 우리는 TV 뉴스 기상예보를 통해 이미 그러한 이미지를 보는 것에 매우 익숙해져 있고 (우주 의존성이 얼마나 심각한지를 알지 못한 채) 그것을 당연시 여기고 있다. 우주가 없다면 기상예보는 가능하지 않을뿐더러 예보의 정확성 역시 많이 감소할 것이다. 이것은 여가와 레저는 물론 항해사와 항공기 조종사들에게도 매우 유용하고 선진국의 경제에도 중요하다. 모든 주요한 슈퍼마켓 체인들은 주문량을 정교하게 조정하기 위해 이러한 기상예보를 활용하고 있다. 여름철에 열대야가 예보된다면 샐러드용 채소와 아이스크림에 대한 주문량을 늘리고, 한 주간 춥고 습기가 많은 기상이 예보된다면 뿌리채소와 편안한 음식 재고를 늘린다.

품목당 매우 적은 이윤을 내지만 대량으로 거래되는 식품 관련 회사들에게도 그러한 데이터는 매우 중요하며 그러한 데이터의 정확성 역시 우주에 (간접적으로라도) 의존하고 있다. 그러나 이러한 의존성은 (가장 현저한 예시인) 음식 영역에만 해당되지 않는다. 적기(適期) 공급 물류사업이 두 번째 예시다. 서구의 지역 슈퍼마켓 재고는 평균 5일을 넘기지 못한다 — 부패하지 않는 음식들이나 구운 콩 통조림 등은 제외. 제외품목 이외에 신선함을 유지해야 하는 모든 식품들(육류, 채소, 생선, 유제품)을 배달할 때 이제 인공위성으로 배송 과정이 추적되는 시스템과 GPS를 장착한 트럭은 필수적이다. 그러한 시스템과 트럭이 있어야만 해외배송 관련 주문과 배달의 커뮤니케이션이 가능하기 때문이다. 이것은 자연스럽게 세 번째 예시 즉, 텔레커뮤니케이션을 위한 인공위성 의존성으로 이어진다. 오늘날 우리는 해저 케이블에 의존한 전화를 사용했던 당시에 겪었던 울림현상이나 짜증나는 시간지연 없이 아주 명료하고 선명한 통화를 지구 전역에서 할 수 있게 되었다. 인도에서 인도로 전화를 할 때 인도 콜센터를 이용하는 것보다 유럽 회사를 이용하는 것이 더욱 저렴하다. 다시 말해 인공위성을 활용한 유럽 회사의 텔레커뮤니케이션 비용이 인도의 저렴한 인건비보다 더 저렴하다 — 심지어 전화가 50, 500 또는 5,000 킬로미터 밖에서 걸려오는지에 관계없이 통화의 질은 매우 좋다. 선진국 경제의 모든 측면은 이제 인공위성 커뮤니케이션에 의존하고 있다 (수많은 개발도상국들도 마찬가지인데, 인공위성을 쏘아 올릴 능력이 없더라도 자국만의 인공위성을 보유하는 것은 이제 필수가 되었다) — 지구 반대편의 주식시장에 있는 무역업자와 전화로 관련 정보를 주고받고 논쟁하는 것이 이제는 일상이 되어버렸다. 여행객들이 이메일을 확인하기 위해 인터넷 카페에 들리거나 해외에서 스카이프(Skype) 같은 프로그램으로 고국에 있는 가족 및 친구들에게 안부를 전하는 것도 이젠 일상이 되었다. 인터넷 카페가 없더라도 여행객들은 호텔의 무선 인터넷을 활용할 수 있다 — 이젠 주머니에 들어갈 만한 사이즈의 스마트폰이 인터넷 카페를 대체하고 있다.

마찬가지로 세계는 텔레비전의 인공위성 방송에 익숙해져 있다. 즉 뉴스의 실시간 생중계, 스포츠 생중계 또는 저렴한 광역 방송 등이 그것이다. 인공위성 방송이 손쉽게 사용 가능하고 우리 삶의 필수적인 요소가 되고 있다는 주장의 가장 충격적인 예시는 바로 시리아 국경에 산재해 있는 난민캠프 사진들이다. 난민 캠프 텐트 내부에 인공위성 수신 텔레비전들이 즐비하게 놓여있는 것을 보는 것이 이젠 놀랄만한 일이 아니기 때문이다. 난민들의 인간적 고통은 변함없지만 — 그들은 고향과 조국에서 폭력적으로 추방당했다 — 그래도 이제 그들은 그들에게 우호적인 방송진행자와 마주할 수 있게 되었다. 네 번째 예시인 GPS는 평균적인 유럽인들, 북미인들 그리고 모든 세계시민들의 일상적인 삶에서 우주에 의존하지 않는 것이 없음을 보여주고 있다.

바로 내비게이션(navigation) — 당신이 길 안내 지시를 무시하다가 길을 잃었을 때 운전대를 돌리라고 당신에게 '끊임없이 잔소리하는(Sally Sat-Nag)' — 이 그것인데 이는 GPS가 우리의 일상으로 깊숙이 스며들었음을 보여준다. GPS는 모든 형태의 다른 장거리 길 안내 수단들을 대체하고 있다. 선박과 항공편을 이용할 때 여행객들이 GPS에 의존하는 만큼 상업적 선박·항공 운송 역시 우려할 정도로 GPS에 의존하고 있다. 이러한 상황에서 GPS가 갑자기 기능하지 않는다면 세계화가 심화되고 있는 오늘날의 무역은 커다란 위기에 직면하게 될지도 모른다. 그럼에도 불구하고 GPS에 대한 우리의 의존도는 계속해서 증가하고 있다. 누구나 소지하고 있는 스마트폰에는 내비게이션 기능이 작동하기 위한 그리고 스마트폰(결국 당신)의 위치를 실시간으로 전송하기 위한 GPS 수신 장치가 내장되어 있다 — 그 장치가 스마트폰과 세계를 연결하는 안테나 역할을 한다. 이러한 정보는 상업적 가치를 지닌다. 현재 그러한 정보는 재판매의 형태로 여기저기로 복제되고 있으며(정보 복제의 형태는 연령별 그리고 성별) 그 과정에서 개인들이 검은 거래에 연루될 가능성도 커지고 있다. 법적 제약은 있지만 기술적으로만 보면 이제 경찰과 정보부서도 그러한 정보를 취급할 수 있으며 이 때문에 개인의 일상생활이 감시받는 상황에 이를 수 있다. 그러나 시기적으로 한 단계 더 뒤로 거슬러 올라간다하더라도 우리는 모든 모바일폰 역시 GPS 작동에 의존했다는 사실을 깨닫게 된다. GPS는 시간차를 측정함으로써 작동한다. 이러한 원리는 모든 GPS 인공위성이 믿을 수 없을 정도로 정확하고(차이가 있다면 100억 분의 1초) 안정적이며 무료로 세계 곳곳에 시간 시그널을 송출할 수 있게 한다는 점에서 중요하다.

기능상 유사하지만 상업 위성은 군사 위성보다 더 많이 운용되고 있고 그 적용범위는 GPS로만 한정되지 않는다. 커뮤니케이션과 감시. 위성통신, 위성 TV 방송 또는 상업용 여객기에서의 휴대폰과 인터넷 사용 등이 가능한 이유는 인공위성의 데이터 전달자 역할 때문이다. 실제로 비행 중인 상업용 여객기들은 지상의 항공통제소와 연락을 주고받으며 사고 예방적 관리를 위해 엔진상태에 관한 데이터를 지속적으로 전송한다. 인공위성이 없다면 이것은 가능하지 않았을 것이고 그에 따라 안전이 담보되지 않아 민간 항공사들은 많은 이윤을 남기지 못했을 것이다. 감시와 관련하여, 상업용 인공위성 회사들은 아마존 열대우림의 건강상태와 규모를 상시 점검하거나, 먼 바다에서 연료를 방출함으로써 바다를 오염시키는 불법 선박을 탐지하거나, 지질학자들이 석유와 희귀한 광물을 탐사하는 데 유용한 모든 형태의 전자마그네틱 이미지를 판매한다. 우주를 상업적으로 활용하고 있는 분야는 지금까지 언급된 예시를 넘어 지속적으로 확대되고 있다.

미래에는 이러한 상업적 활용의 가능성이 지금과는 비교할 수 없을 정도로 그 범위가 확장될 것이다. 위성발사 비용이 저렴해지고 지구 중력으로부터 벗어나는 데 값비싸고 위험하고 일회성인 탄화수소(hydrocarbon) 추진 로켓이 아닌 대안적 방법이 개발된다고 가정하면(이미 진행 중인 많은 연구가 있다) 더 저렴하고 더 접근하기 쉬운 우주 진출이 가능해질 것이다. 이렇게 되면 금속이 풍부한 소행성을 채굴하는 것과 같은 활동들이 상업적으로 실행 가능해질 것이고 지구 희귀광물의 고갈문제가 해결될 수 있다. 또한 생명공학적 연구와 제품 생산이 거의 무중력 상태에서 수행될 수도 있고, 태양광 에너지 우주 정거장에서 지구로 전기를 송출하는 방법이 개발된다면 지구에서 배출되는 이산화탄소의 총량을 감소시킬 수도 있다. 달 역시 우리에게 많은 개발(티타늄, 핵융합에 필수적인 수소 동위원소를 채굴하여 전기나 저중력 생산을 할 수 있다)의 기회를 제공할 수 있다. 반면, 우주관광은 최소한의 규모를 제외하고는 아직 가능하지 않다. 이외에도 개발이 가능한 흥미진진한 분야들은 무궁무진하며 실현가능성이 매우 높다 — 기술이 발전함에 따라 공급이 수요를 창출하게 되는 상업적 조건이 현실화되고 있다. 물론 이 모든 것들은 국민국가 수준이 아닌 글로벌 차원에서 우주의 안보가 전제될 때 가능하다. 따라서 우주법을 더욱 정교하게 만들 필요성도 높아지고 있다. 현재 우주사용에 관한 포괄적인 법은 존재하지 않는다고 보아도 무방하다. 1967년의 OST가 현존하는 유일한 법이다. 그러나 이 낡은 법은 지구 궤도에 핵무기를 설치하거나 대기권 밖에서 핵실험을 하는 것만을 금지하는 데 그치고 있다. 또한 주권적 권리행사와 관련해서도 달, 소행성 또는 기타 행성들에 대한 '영토적 주장'을 인정하지 않고 있을 뿐이다. 이 조약을 최신화하려는 모든 노력은 현재까지도 성공하지 못했다. 대신 국가들은 궤도 공간의 무질서한 사용을 방지하기 위해 국제전기통신연합(ITU: International Telecommunication Union)이 지정한 궤도 배분을 준수하고 있다 (우주는 광대하지만, 활용 가능하고 유용하며 접근이 용이한 궤도는 그렇지 못하다). 우주 의존도가 더욱 심해질수록 우주사용 규제를 강제할 수 있는 강력한 법적 레짐에 대한 필요성 역시 높아지고 있다.

결국 우주는 하드파워의 제고를 위해서만 존재가치를 인정받고 있는 것은 아니다. 우주의 비군사적 활용은 더욱더 많아질 것이다. 그렇다면 어떤 특정 국가나 기업의 우주활용 능력을 심각하게 제한할 수 있는 위협의 성격은 무엇인가?

우주와 위협

우선, 우주 그 자체가 극도로 적대적인 환경임을 주지해야 한다. 가장 손쉽게 알 수 있는 산소 부족은 인류를 포함한 산소에 의존하는 모든 형태의 생명체에 위협이 된다. 또한 탄화수소가 산소 없이 불타지 않기 때문에 상당량의 분사제 연료와 산소를 지구에서 가져와야만 인공위성과 우주정거장의 궤도 기동이 가능하다는 것도 산소 부족에서 오는 또 다른 위협이다 (반대로, 약간의 대기와 중력효과가 있는 궤도에서는 기동 시 발생하는 마찰효과가 위성과 우주정거장을 위협한다). 실제로 모든 위성들은 제한된 양의 연료와 산소를 탑재한 채 발사되고 있으며 일단 궤도에 진입한 이후에는 연료 재주입이 불가능하다. 이보다 더 위협적인 것은 바로 태양 환경의 효과다. 위성들이 지구 그림자를 벗어날 때마다 직면하게 되는 극단적인 고온, (우주복과 우주정거장에 내장된 특수 보호 장치가 없다면 인간에게 극도로 위험할 수 있는) 태양방사, 태양표면의 폭발, 소행성, 먼지덩어리 등이 위협적인 환경 요인들이다. 위성들은 매우 빠른 속도로 지구 궤도를 도는데 이때 부딪히는 극소의 먼지입자들이 가랑비에 옷 젖듯이 위성들을 천천히 파괴한다. 이것이 한정된 연료비축의 문제와 결합되면 위성들의 수명은 더욱 짧아지게 된다. 수명이 다한 위성들은 지구 대기권으로 떨어지면서 — 운이 좋으면 — 불타거나(물론 우주정거장처럼 커다란 물체의 경우는 불타지 않을 수 있고 그에 따라 유독성 표면물질이나 연료로 인해 큰 문제가 야기될 수 있다) 아니면 여분의 궤도로 들어가 '한 자리 차지'하게 된다.

그러나 가장 유용한 궤도는 이미 포화상태로 치닫고 있으며, 수십 년 전에 우주비행사가 버린 갖가지 장비와 핫셀블라드(Hasselblad) 카메라에서부터 폐기된 인공위성의 부속품들에 이르기까지 각종 잔해들로 오염되고 있다. 심지어 위성에서 벗겨진 페인트 파편까지 위협적일 수 있는데 이번에 퇴역한 미국의 우주왕복선이 궤도에서 그러한 파편 때문에 후진한 적도 있다. 후진하지 않았다면 조종석과 승무원들이 위태로웠을 것이다. 최근의 히트작인 영화 〈그래비티(*Gravity*)〉가 보여주듯이 우주잔해는 위성과 위성이 기하급수적으로 충돌하는 재앙적 연쇄반응을 일으킬 가능성이 있다. 우주잔해가 만들어진 최악의 사례는 2007년 1월 11일 시행된 중국의 위성 파괴 시험이었다. 당시 중국은 자국의 기상위성 가운데 하나를 파괴하기 위해 운동에너지를 이용한 탄도미사일을 정면충돌시켰다. 이때 파괴된 기상위성 FY(風雲)-1C는 사상 최다수의 잔해를 남겼다. 골프공 정도 크기이거나 더 큰 잔해들이 2,300개가 넘는 등 전체적으로 잔해의 수가 대략 15만 개에 이른다. 현재로선 이러한 위성 파괴 시험을 불법으로 간주할 수 없는데 이러한 현실은 더 강력한 법적 레짐이 필요하다는 것을 방증한다. 그 잔해들은 그 궤도를 앞으로 수십 년 동안 사용할 수 없게 만들었을 뿐만 아니라 인접 궤도들로 퍼져나가고 있고 중국 자신을 포함하여 모든 국가에 부정적 파급효과를 내고 있다.

그렇지만 궤도에 있는 위성들을 파괴하는 것은 대단히 어려운 일이다. 자연발생했거나 인간이 만들어낸 잔해들이 태양방사 및 태양표면의 폭발과 함께 위성들의 수명을 단축시키긴 하지만 궤도에 있는 위성을 파괴하는 것은 상당한 기술을 필요로 한다. 왜냐하면 그 잠재적 파괴대상은 우주라는 광대한 3차원 공간 속에서 극도로 빠르게 움직이는 작은 물체이기 때문이다. 중국식의 위성파괴 시도는 목표대상의 경로에 대한 상세한 지식은 물론, 목표대상이 원격 조정되지 않을 것이라는 가정 그리고 지구 지표의 적합한 장소 — 지구 자체도 궤도를 돌기 때문에 위성의 궤도와 일치하는 — 에서 미사일을 발사할 수 있는 능력을 필요로 한다. 위성을 파괴하는 다른 방법들이 존재하긴 한다. 대기가 존재하지 않는 우주에서 레이서의 위력은 더욱 강해지기 때문에 레이저는 위성파괴에 효과적이다. 또한 1958년과 1962년 사이 미소 양국이 외기권 핵실험(현재는 금지)을 통해 입증한 바와 같이 핵무기 폭발 때 발생하는 전자기 펄스의 위력은 외기권에서 극대화된다. 따라서 우주에서의 핵폭발 역시 위성과 잔해 파괴에 효과적일 수 있다. 문제는 통제가 불가능한 전자기 펄스의 특성상 그 영향이 파괴대상 위성뿐만 아니라 모든 위성에 영향을 미친다는 점이다. 이것은 타국의 우주활용 능력을 떨어뜨리기 위해 자국의 우주활용 능력 저하까지 감수해야 하는 악순환을 초래할 수 있다.

재래식 전술로 (방어에 취약한) 지상의 위성 발사장소와 지휘통제소를 공격하거나 컴퓨터 네트워크에 의해 형성된 가상공간 공격을 통해 타국의 위성을 장악함으로써 타국의 우주활용 능력을 떨어뜨리는 대안이 있다. 실제로 타국 위성의 통제권을 획득하려는 시도가 있었고 이를 방어하기 위한 암호화 작업도 진전되어 왔다. 그러나 가상공간 공격 역시 위성과 위성을 충돌시켜 우주잔해를 만들 가능성이 크다. 다른 한편으로 가상공간 공격에 대한 방어의 측면에서 보면 위성의 회피기동은 필연적으로 제한된 비축연료를 급속히 소진시킨다.

이러한 위협요인들을 요약하면 우주는 본질적으로 적대적인 환경임이 틀림없다. 아폴로 달 착륙 계획을 제외하면 인류가 지구에 근접한 궤도(160km/99mile과 2,000km/1,200mile 사이의 고도 — 우리가 휴일에 비행기를 타고 여행을 하는 거리보다도 짧다)를 넘어 진출을 감행한 적이 없음을 알아야 한다. 또한 위성을 의도적으로 파괴하는 것은 쉬운 일이 아니며 그러한 시도가 우주활용 능력에 미칠 중대한 부정적 효과 역시 주지해야 한다. 마지막 분석에서 요구되는 것은 우주에 대한 접근을 보장하는 것이다. 그렇다면 지구 전체에 득이 되는 방식으로 상업적·군사적 활용의 지속성을 유지하는 방법은 무엇인가?

결론

우리는 모두 우주에 의존하고 있고 그러한 의존성이 급증하고 있음에도 불구하고 이러한 사실은 인지되지 못하고 있다. 얼마 되지도 않는 사용 가능한 궤도는 이미 포화상태에 있고 그 결과 치열한 공간경쟁이 예상된다. 그럼에도 우주사용에 제한을 두고 규칙을 정하는 법적 레짐은 매우 불완전하며 낙후되어 있다. 그러한 법적 레짐을 최신화하고 개선하려는 시도는 국가이익이라는 제단에 희생되어 왔다. 우주에 대한 타국의 접근이나 자국의 우주활용 능력에 대한 타국의 도전을 제압하려는 시도는 극도로 어려우며 그러한 시도의 대부분은 자국의 우주활용 능력까지 손상시킬 수 있는 파국적 결과를 맞이할 수 있다. 다행히도 현재의 추세는 모든 국가의 우주 접근성을 보장하는 방식으로 바뀌고 있다. 이를 위해 손상된 위성을 방치하지 않고 안전하게 새로운 위성으로 교체하기 위한 사고 예방적 연구들이 막대한 재원에 힘입어 신속하게 진행되고 있다. 이것이 가능한 이유는 위성의 소형화와 생산비용의 하락 때문이다(이것은 다시 발사 비용을 낮춘다). 결국, 우주 의존도는 계속해서 증가할 것이다. 이제 이런 질문을 던질 시점이 왔다. "우주가 없다면 우리의 삶은 어떻게 될 것인가?"

추천도서

Dolman, E.C. *Astropolitik: Classic Geopolitics in the Space Age*, London: Frank Cass, 2002.

https://www.gov.uk/government/uploads/system/uploads/attachment_data/file/33691/SpacePrimerFinalWebVersion.pdf

McDougall, W.A. *The Heavens and the Earth: A Political History of the Space Age*, Baltimore: Johns Hopkins University Press, 1985.

Shaw, M. *International Law* (5th Ed.), Cambridge: Cambridge University Press, 2002.

34장 결론: 다음은 어디로?

샤힌 말리크(Shahin Malik)

글상자 34.1 자기 자신과 전쟁 중인 학문

안보학이라고 하는 학문은 자기 자신과 평화롭게 지내지 못하고 있다. 안보학계 내부의 소통 통로를 따라 깊은 분열의 골이 존재한다. 그러한 분열은 안보라는 개념 그 자체에 관심을 갖고 있는 이론가들 사이의 다양성에 기인한다. 시작부터 안보학계의 구성원들은 안보의 기원과 개념 그리고 안보를 연구하는 가장 좋은 방법이 무엇인지에 대해 논쟁해왔다. 즉 수많은 의문점들이 끊이지 않는 논쟁들을 양산해왔다. 안보학계 내부의 분열은 어떠한 상태인가? 글로벌한 안보의 제들을 분석할 때 우리는 연구의 초점을 어디에 두어야 하는가? 안보학계 내부의 분열에도 불구하고 안보학은 미래에 성공할 수 있을 것인가?

서론

이 책은 너무나 다양하고 많은 장으로 구성되어 있기 때문에 마지막 장에서 그 모든 것을 요약하기도 어렵지만, 특히 결론을 쓰는 것은 더더욱 어려운 일이다. 1장을 시작하면서 강조했듯이 우리는 3가지 목표를 지향하고 있다 — 안보학계 내부의 지적 논쟁을 이해하기 위한 틀을 제공하는 것, 작금의 안보환경을 총체적으로 조망하는 것 그리고 글로벌적으로 중요한 다수의 지역에서 관측되고 있는 현실세계의 안보역학을 사례연구를 통해 보여주는 것. 이 책은 이러한 목표를 상당 부분 성취하고 있다. 각각의 장들은 안보학과 관련된 주요 쟁점들을 다루고 있다. 1부는 '안보'의 의미와 관련된 논쟁을 촉발하고 안보학의 발전에서 지대한 역할을 한 다양한 이론들을 소개하고 있다. 이 이론들은 안보의 대상을 선택할 때 안내자 역할을 맡는다.

이론들은 크게 두 가지 범주 — 전통적 접근법과 비판적 접근법 — 로 구분되는데 이론에 따라 안보의 성격, 안보를 성취하는 방법 그리고 안보의 수혜자에 관한 관점이 다르다. 제2차 세계대전 이후 안보학의 주류는 현실주의였고 현실주의자들은 현실주의가 국제체제에 대해 가장 정확한 설명을 제공한다고 자부했다. 그들은 국가를 가장 중요한 행위자로 보았고 따라서 구성원의 생존을 위해 국가안보가 가장 중요하며 안보학은 오로지 군사적 위협에만 초점을 맞추어야 한다고 주장해왔다. 그들에게 있어 국제체제는 무정부상태와 같고, 그러한 상태에서 국가에 대한 가장 큰 위협은 타국으로부터 오며, 국가의 안보는 국력 — 특히 군사력 — 을 통해 달성됨으로 국력 그 자체가 목표가 되어야 한다. 그러나 이 책은 현실주의만 소개하는 데 그치지 않는다. 1부의 몇몇 장들은 현실주의가 제시하는 전통적 접근법들의 협소하고 '과도하게 군국주의적인' 입장에 반대하는 대안적인 접근법들을 소개하고 있다. 이러한 비주류 대안적 접근법들은 비판적 안보연구로 명명되고 있다. 많은 장들에서 소개하고 있듯이 비판적 안보연구는 전통적 안보연구와 달리 많은 분파로 나누어져 있다. 안보를 성취하는 열쇠가 개인의 해방에 있다고 보는 부스(Ken Booth)에서부터 국제체제 근간의 성격에 대한 현실주의적 관점을 배척하고 국제체제가 근본적으로 공정한지 의문을 제기하면서 자신의 비판이론을 구축한 콕스(Robert Cox)에 이르기까지 다양한 분파가 존재한다. 이러한 비판이론가들은 현존하는 국제구조들로부터의 이탈·해방을 고민하지 않고 그러한 구조들에 순응할 것을 강조하는 현실주의자 및 자유주의자의 대척점에 서 있다. 페미니즘에 기초한 비판적 접근법도 소개되고 있는데 4장에서 우리는 이 특별한 접근법이 현실주의와 같은 전통적 접근법을 어떻게 비판하고 있는지 보여준다. 페미니스트에 따르면 현실주의는 남성 우월주의 관점을 대변하고 있다. 왜냐하면 현실주의가 상정한 국제체제에서는 남성이 절대다수인 군대, 외교계, 정계의 의견만 당연시되기 때문이다. 따라서 페미니스트들은 세계 인구 절반만의 의견에 불과한 전통적 접근법이 사회적 약자인 여성들을 소외시키고 있다고 지적한다. 이외에도 1부는 1990년대 중반 유엔이 주창하여 세간에 널리 알려진 인간안보라고 하는 새로운 연구 분야도 소개하고 있다. 인간안보 분야는 아직 개념적으로 공고하지 않지만 — 인간안보가 무엇인지에 대한 개념적 합의가 부재하기 때문이다 — 그럼에도 불구하고 전통적 접근법이 옹호하는 협소한 안보 개념에 도전할 만큼 그 위상이 커지고 있다.

안보연구에서 군사력의 중요성을 강조하는 전통적 접근법의 커다란 영향력을 고려할 때 2부는 군사력이 새천년에도 안보의 핵심 축이 될 수 있을지 여부를 평가하고 있다. 그러한 평가는 다양한 범주의 안보의제에 대해 수행되고 있다. 7장에서는 전쟁과 평화의 정의 및 성격을 검토한다. 이들 중 일부는 8장에서 더욱 자세히 다루고 있다. 또한 이 장에서는 실패국가와 전쟁 및 평화의 관계를 설명하고 있는 칼더(Mary Kaldor)의 새로운 전쟁이론도 소개하고 있다. 이 이론에 따르면 전쟁과 평화는 세계화의 부정적 효과를 국가가 얼마나 잘 제어하는지에 달려 있다. 이외에도 7장과 8장은 전쟁의 변화하는 성격을 분석하고 있으며 국가 간 분쟁은 놀라울 정도로 감소한 반면, 비국가 행위자들이 중요한 역할을 하는 내전이 크게 증가하고 있다는 증거를 제시하고 있다. 9장과 10장에서는 각각 대량살상무기(특히 핵무기)와 무기거래라고 하는 상호 관련되어 있으면서도 차별적인 분야가 다루어지고 있다. 9장에서 우리는 핵무기의 유형과 핵무기 투발수단은 물론 엄청난 살상력을 갖는 핵무기가 어떤 조건 하에서 두 적대국 간 안정성에 이바지할 수 있는지를 분석했다. 특히 핵무기와 안정성의 관계와 관련해서 상반된 주장을 하고 있는 왈츠(Kenneth Waltz)와 세이건(Scott Sagan) 간의 유명한 논쟁도 소개되고 있다. 이외에 비국가 행위자가 핵기술을 탈취하는 악몽 같은 시나리오, 북한 핵 개발의 위험성, 핵보유국 이란에 대한 두려움 등의 예시들을 동원하여 국제사회의 핵확산 저지 노력도 조명하고 있다. 10장은 국제사회가 여전히 핵 확산의 위험에 직면하고 있지만, 전세계적으로 수천만 명의 사망자를 낸 것은 제2차 세계대전 이후 한번도 사용되지 않았던 핵무기가 아닌 소형 재래식무기였다는 점을 지적하고 있다. 소형무기 및 경화기(輕火器)는 오늘날 지구촌에서 벌어지고 있는 내전에서 사용되고 있다. 10장은 보잘것없어 보이는 재래식무기의 성격과 효과를 분석하고 있다.

11장과 12장은 최근 몇 년간 테러리즘이 상당한 종교적 색채를 띠고 있다는 사실에 근거하여 두 가지 주제를 다루고 있다. 2001년 9·11테러는 이슬람 극단주의자들에 의해 발생했고 이것은 종교가 세계정치에서 중대한 역할을 하게 만든 계기가 되었다. 그 비극적인 사건 이후 (모두는 아니지만) 대부분의 테러 공격은 알카에다나 그와 연계된 단체들에 의해 자행되어 왔다. 11장에서 우리는 주요 개념들, 테러리즘과 싸우는 데 있어서 중요한 정보의 역할, 그리고 세계화의 영향 등을 분석함으로써 종교적 테러리즘의 확산현상을 거시적으로 조명하고 그 함의를 도출하고 있다. 곧이어 12장에서는 종교와 국제분쟁의 관계를 보다 상세하게 분석한다. 특히 종교분쟁을 다루고 있는 헌팅턴의 영향력 있는 저작, 『문명의 충돌(*Clash of Civilization*)』이 소개되고 있다. 그리고 안보학 이론들이 종교분쟁을 어떻게 바라보고 있는지를 포함하여 다양한 사안들을 다룬 후에 그 이론들(현실주의, 자유주의 그리고 마르크스주의)의 설명력이 그다지 성공적이 못했다는 결론을 내리고 있다. 이에 추가하여 헌팅턴의 문명충돌론에 대한 세밀한 경험분석을 수행했는데 오히려 문명충돌론의 단점들만 주목받는 결과가 도출되었다.

2부의 마지막인 13장과 14장은 각각 정보와 안보 그리고 민간군사보안기업을 다루고 있다. 여기서 우리는 국제체제에서 군사력이 여전히 중요하다는 것을 강조한다. 13장에서는 국가안보에 관한 정보의 성격과 중요성, 14장에서는 거침없이 부상하고 있는 민간군사보안 영역을 분석했다. 특히 14장은 냉전 이후 민간군사기업들이 어떻게 성장했는지를 분석하면서 세계 곳곳에서 일어나는 많은 내전을 그 원인으로 지목하고 있다. 13, 14장은 안보학의 군사적·국가중심적 가정 — 현실주의 및 자유주의 같은 전통적 접근법에 포함된 — 을 다룬 2장과 맥을 같이한다

3부 역시 이 책에서 중요한 역할을 한다. 여기서 우리는 안보의 비군사적 요인들을 강조한다. 이 부분에서 다루어지는 예시와 주제의 상당 부분

은 안보학 내에서도 가장 최근 경향인 비판적 안보학과 아주 밀접하다. 안보학은 제2차 세계대전 직후에 시작되었으며 그것의 궁극적인 목적은 외부의(그리고 내부의) 위협으로부터 국가를 보호하는 것이었다. 그러나 3부의 목적은 안보학이 그러한 목적을 성취하지 못했다는 것을 보여주는데 있다. 부스, 콕스 그리고 티크너(Anne Tickner) 같은 학자들은 현실주의가 전 세계 도처의 인간집단들이 실제로 경험하고 있는 안보결핍과 안보취약성을 제대로 설명해 주는가에 대한 의문을 제기한다. 이들 비판이론가들은 개인을 위협한 존재가 바로 국가였다는 점을 지적한다. 따라서 비판적 안보학은 안보의 궁극적인 대상 — 국가 또는 인간 — 이 무엇이 되어야 하는지를 놓고 전통주의자들과 논쟁을 벌이기 시작했다. 이런 의미에서 3부는 **보건안보**, **식량안보** 그리고 **환경안보** 같은 주제를 다루고 있고 동시에 **자연재난**이 국가의 안보는 물론 인간의 안보를 위협한다는 점을 강조한다.

4부의 20장, 21장, 22장은 안보를 증진하는 글로벌적·지역적 제도들의 역할과 기능을 소개하고 있다. 20장에서 우리는 유엔의 역사, 유엔이 조직되는 방식 그리고 유엔의 헌장 법조문들을 분석하고 있다. 헌장 법조문들은 국제평화와 안보의 유지와 같은 유엔의 임무에 정당성을 부여하는 권위이기 때문에 이에 대한 분석이 반드시 필요하다. 이러한 분석을 바탕으로 유엔이 수행하고 있는 탈냉전 시대의 평화작전을 평가하고 있다. 평화작전은 지구 이곳저곳에서 급격하게 증가하고 있는 내전들을 대상으로 진행되고 있다. 내전의 급증은 국제사회에 전례가 없는 큰 문제이다. 이러한 문제들에 대처하기 위해, 유엔은 평화작전 수행과 관련된 새로운 원칙을 계속해서 도입하고 있다. 새로운 원칙들은 평화유지의 2세대 범주에 속하는 것으로 냉전 시기에 행해진 전통적인 방법은 물론 탈냉전 시기에 적합한 평화강제라고 하는 훨씬 강제적인 방법까지 포함하고 있다. 따라서 우리는 새로운 원칙들의 정확한 의미는 물론 그러한 원칙들이 적용된 위기사례들을 분석함으로써 유엔이 수행하고 있는 평화작전의 최신경향(이를테면 보호책임)을 소개하고 있다. 21장은 분석의 초점을 회원국들의 안보를 증진시키고 있는 북대서양조약기구(NATO)로 옮기고 있다. 안보제도의 역사적인 정신 및 현재적 기능을 고려하기에 앞서 우리는 동맹형성의 몇 가지 원인에 대한 분석을 시도하고 있다. 이 장의 특별한 관심사는 NATO가 탈냉전 시기에 자신의 역할을 찾는 데 성공했는지의 여부다. 왜냐하면 소련의 멸망과 함께 NATO의 존재근거도 사라져 버렸기 때문이다. 22장은 NATO 이외에 안보문제를 전담하는 지역 정부간국제기구들(Intergovernmental Organizations)로 분석의 초점을 옮기고 있다. 따라서 분석의 대상은 범유럽 동맹들(CSCE와 WEU), 비핵지대, 구소련의 동맹들 그리고 킴벌리 프로세스(Kimberley Process) — 유엔이 주도하여 2003년에 도입된 제도로서 목적은 '피의 다이아몬드' 거래를 제재하고 차단하는 것이다 — 같은 글로벌 합의 등이다. 우리는 분석의 대상을 유럽에만 국한하지 않고 아프리카, 중동 그리고 미주 대륙의 정부간국제기구들로까지 확장하고 있다. 동시에 이런 형태의 지역주의가 지역안보와 세계안보를 촉진하는 성공적인 길이 될 수 있을지 평가하고 있다.

마지막으로, 5부에서 우리는 다양한 사례연구

를 수행하고 있다. 안보학에 관한 많은 저서들은 주요 개념 및 이론에 부합하는 소수의 예시적 사례만을 사용하는 경향이 있다. 이에 반해 이 방대한 책에서 우리는 아주 다양하고 매우 상세한 사례연구들을 수행하고 있다. 강연자로서의 오랜 경험에 비추어볼 때 모든 청중은 안보학의 개념과 이론의 중요성을 인식하고 있지만 그것들을 현실 세계와 연결시켜 이해하려 할 때 많은 어려움을 겪는다고 토로한다. 사례연구들로만 구성된 5부는 이론과 실제를 연결함으로써 앞서 소개된 안보학의 개념과 이론을 청중들이 경험적으로 이해하는 데 큰 도움이 될 것이다. 5부를 통해 청중들은 탈냉전 시기 강대국들의 목표, 다양한 지역들에서의 안보역학, 인간안보의 현실 등 대단히 폭넓은 사안들을 이해할 수 있게 될 것이다.

주제의 폭넓은 다양성

이 책을 읽고 확실히 알게되는 것은 바로 안보학이라는 학문이 매우 폭넓은 주제들을 다루고 있고, 안보를 바라보는 관점들이 대단히 차별적이라는 점이다. 이 책은 안보학의 성공이 국제체제의 안보역학을 설명하고 이해하기 위한 이론적 도구의 유용성에 달려있음을 잘 보여주고 있다. 국제관계학자 및 안보학자들에게 어떠한 이론이 채택되어야 하는지를 설파하는 것은 우리의 목적이 아니다. 이 결론을 쓰는 동안에도 우리는 시리아 내전, 이라크 내 잔혹하고 오래된 종파분쟁, 파키스탄 내 이슬람 극단주의자들의 끊이지 않는 폭동, 한반도와 인도대륙에서 전개되고 있는 핵무기개발과 시험 그리고 가장 최근에 일어난 러시아의 크림반도 병합과 우크라이나 내전 등을 염두에 두어야 했다. 이러한 사건들(그리고 이 밖의 다른 사건들)을 통해 알 수 있는 한 가지는 국력이 안보학의 중심적인 특징이라는 점이다. 또한 안보에 대한 전통적인 관점들이 여전히 안보학의 주류임을 보여주는 증거들이 많다는 것도 사실이다.

그러나 부스는 "복합적 상호의존의 증가, 주권의 침해, 글로벌 커뮤니케이션의 진전, (국가 간) 전쟁의 효용성 감소, 환경악화, 폭발적인 인구 증가 등은 비국가 행위자들의 국세적 영향력이 증기하고 있음을 의미한다"라고 주장하면서 국가중심적인 가정을 고수하고 있는 안보학계를 환기한 바 있다 (Booth, 1991: 314). 그의 초기 저작, 『안보와 해방(*Security and Emancipation*)』이 1991년도에 출간된 이후 비판이론가들은 안보학의 지평을 넓혀왔고 그 결과 안보학의 이론적·현실적 경계들이 놀라울 정도로 확장되어 왔다. 그럼에도 불구하고 9·11 이후 발생한 사건들은 국력이 여전히 효용성을 갖고 있다는 것을 각성시키고 있다. 이에 대해 논쟁의 여지가 없다는 것은 인정해야 한다. 그러나 빈곤으로 인한 사회적 황폐화가 여전히 전 세계 곳곳에서 일어나고 있다. 환경악화도 지속되고 있으며 과학자들은 치명적인 유행성 독감이 임박해 있다고 경고하고 있다. 세계화로 인해 범죄는 한 국가 내에 머물지 않고 초국적 형태로 진화하고 있다. 자연재해의 살상력은 엄청나서 전쟁보다 더 많은 사망자를 초래하고 있다. 학자들은 전통적 접근법이 이러한 문제들을 성공적으로 해결할 수 있는지에 대해 진지하게 성찰해야만 한다. 안보학의 미래와 관련한 학자들 간의 논쟁은 1990년대 후반에 시작되었고 아직까지도 해결되지 않고 있다. 인간들이 직면해 있는 위협의 성격과 안보의 개념에 대해 어떠한 합의점도 도출되지 못한 채 안보학계는 논쟁으로만 가득 차 있다. 이러한 상황이 지속될 경우 지적 유희를 즐기는 논쟁만 만연해질 것이고 대학 내에서 학파간 자리싸움이 치열해질 것이며 국제체제에서 발생하는 사건들에 대한 설명력을 강화하려는 학술적 노력만 배가될 것이다.

마지막으로, 나는 안보학 내에서 영향력이 있는 두 명의 학자가 제기한 몇 가지 의견을 생각하게 된다. 냉전종식 직후 저명한 현실주의자인 왈트(Stephen Walt)는 안보학 내에서 일어나고 있는 영역확장 움직임에 반대하는 입장을 표명했다. 그는 안보학의 영역이 전쟁연구에만 국한되어야 하며 안보학은 '군사력의 위협, 사용 그리고 통제에 대한 연구'로 정의되어야 한다고 역설했다. 또한 군사적인 영역 밖으로 주제를 확대할 경우 다음의 문제들을 감수해야 할 것이라고 주장했다.

> 안보학의 영역을 과다하게 확장할 위험성이 있다. (그리고) 이러한 논리라면 오염, 질병, 아동학대 또는 경제쇠퇴 같은 주제들도 안보에 대한 위협요인으로 간주될 수 있다. 안보학을 이렇게 정의하는 것은 지적 일관성을 훼손하고 실제로 해결해야 할 문제들에 대한 해결책 마련을 어렵게 할 수 있다.
>
> (Walt, 1991: 227)

오늘날 왈트는 안보학의 현실주의 학풍을 주도하고 있다. 그러나 이 책의 많은 장들에서 우리가 보여주고 있듯이 그리고 지난 20년간 국제사회에서 일어난 사건들을 통해 알 수 있듯이 전통적 접근법만 고수하기가 매우 어려워지고 있다. 안보학의 영역 확대가 되돌릴 수 없는 추세가 되어버린 현 상황에서 현실주의는 이제 주류가 아닌 안보학의 작은 한 분파로써 다른 분파들과 경쟁해야 한다.

마지막으로 인용할 학자는 프리드만(Lawrence Freedman)이다. 그의 주장은 이 책의 목표와 부합된다. 2002년에 그는 "마르크스는 사람들이 스스로 선택한 환경이 아닌 곳에서 환경을 변화시킬 역사를 만든다라고 썼다"와 같은 문장을 통해 우리를 각성시키고 있다. 그러면서 안보학은 "개인들이 역사를 어떻게 만들고 그들이 직면한 환경을 어떻게 재구성하는지"를 파악하는 데 도움이 되어야 한다고 역설하고 있다 (Freedman, 2002: 341). 인용하면 다음과 같다.

> … 우리는 아직도 인간문제에서 무력으로 인한 충돌을 없애지 못했다. 우리는 여전히 2001년 9월 11일에 일어났던 사건과 같은 많은 극단적인 상황에 직면하게 될 것이다. 아주 멀리 있는 빈곤한 사람들조차도 세계 최대의 부국에 치명타를 가할 수 있는 공격. 가장 현대적인 민간항공 기술을 활용한 그 공격은 군사 기술에서 가장 원시적인 수단을 통해 시작되었다 — 칼.
>
> (Freedman, 2002: 341)

즉, 21세기에 우리 주변의 매우 복잡한 환경에서 안보학이 성장하기 위해서는 이러한 사건들에 대한 명확한 답변과 설명을 제공해야 할 것이다.

추천도서

Booth, K. 'Security and emancipation', *Review of International Studies*, vol.17, 1991.

Baylis, J., Wirtz, J., Cohen, E. and Gray, C.S. (eds), *Strategy in the Contemporary World: An Introduction to Strategic Studies*. Oxford: Oxford University Press, 2002.

Browning, C.S. and McDonald, M. 'The Future of Critical Security Studies: Ethics and the Politics of Security', *European Journal of International Relations*, vol. 19, no. 2, 2011.

Morgan, P.M. *International Security: Problems and Solutions*, Washington: CQ Press, 2006.

Kolodziej, E.A. *Security and International Relations*, Cambridge: Cambridge University Press, 2005.

용어해설

7·7　2005년 7월 7일 영국 내 자생적인 이슬람 테러리스트들이 런던 중심부 지하철 및 버스 등 교통시스템을 공격했다. 이 사건에 대한 약칭이다.

9·11　2001년 9월 11일 알카에다(al-Qaeda)가 미국을 대상으로 시도한 테러공격을 의미하는 약칭.

가설(hypothesis)　두 개의 현상들을 잇는 인과관계에 대한 추측.

경험적(empirical)　사실적 증거(데이터)나 관찰에 의존하는 것을 의미한다.

고엽제(defoliant)　잎이 무성한 초목을 고사시키기 위해 사용되는 제초제.

공리주의(utilitarian)　어떤 것의 효용을 극대화하려는 목적을 갖고 행해지는 행태. 정부들이 물질적 이익을 얻기 위해 상호 협력하는 상황을 묘사하기 위해 국제관계학에서 가장 많이 통용되는 용어.

공생적(symbiotic)　두 행위자가 상호 이익을 위해 공존하는 관계.

구성주의(constructivism)　국제현상은 불변의 인간 본성이나 다른 기계적인 자연법칙의 필연적인 결과물이 아닌 '사회적 과정'의 결과물이라고 주장하는 국제관계학의 패러다임.

구조조정(structural adjustment)　국제통화기금(International Monetary Fund)으로부터 자금을 대출받기 위해 특정 국가가 수용해야 하는 조건들을 통칭하는 용어. 그러한 조건들은 통상 공공지출 삭감과 같은 보수적인 통화정책을 수반한다.

국가 간 전쟁(inter-state war)　둘 이상의 국가들 간의 전쟁.

국가 내 전쟁(intra-state war)　내전을 참조할 것.

국가(state)　국제체제의 주요 행위자.

국가미사일방어(national missile defense)　미국을 목표로 불량국가들이 발사한 미사일들을 요격하기 위해 고안된 지대공 반탄도미사일 시스템.

국가주의(statist)　사회보다 국가에 초점을 맞추는 사조.

국가중심주의(state-centricism)　국제관계학에서 다른 행위자들보다 국가의 역할과 동기에 더 많은 강조점을 두는 분석.

국내총생산(GDP: gross domestic product)　일정 기간 동안 한 국가 내의 모든 경제활동으로부터 생산된 최종 생산물들의 가치 총합.

국유화(nationalisation)　경제의 특정 부문을 국가통제 하에 두는 과정.

국제레짐(international regime)　특정 국제영역에서 행위자들의 행동에 영향을 미치는 공식적인 또는 비공식적인 규칙 및 정책결정과정의 체계.

국제비정부기구(INGO: international non-governmental organisation)　정부 대표자가 아닌 민간 개인들로 구성된 국제기구.

군비축소(disarmament)　비축무기와 무력의 점진적인 또는 종합적인 감축.

군비통제(arms control)　군사적 행동의 가능성을 낮추기 위한 국가 간의 협력.

권력(power)　국가가 보유하고 있는 물질적 자원.

권위주의적인(authoritarian)　비(非)민주적인.

규범적인(normative) 도덕에 기반한.

급조폭발물(IED: improvised explosive device) 아프가니스탄과 이라크에서 테러리스트들이 군사시설이나 군인을 공격하기 위해 사용했던 폭발물로 가내 수공업 형태로 제작.

남방후진국(global South) (주로 남반구에 위치해 있는) 저개발국가들.

내전(civil war) 특정 국가의 자원과 영토를 통제할 목적으로 국가 내에서 일어난 무력갈등.

다극(mutipolar) 국가든 비국가 행위자든 주요 세력이 많은 상황의 세계를 의미함.

다자주의(multilateral) 둘 이상의 국가들이 협력하여 행동하는 행태.

단극(unipolar) 한 국가 또는 한 세력이 세계를 지배하는 상황을 의미. 지배국가는 패권국으로 지칭되기도 한다.

대량살상무기(weapons of mass destruction) 원자폭탄, 방사능물질 무기, 치명적인 생화학무기 그리고 앞의 무기들에 필적할만한 파괴력을 지닌 무기 등을 포함하는 무기의 범주.

동구권(eastern bloc) 냉전 시기 소련의 동유럽 7개 위성국가 — 동독, 폴란드, 헝가리, 체코슬로바키아, 루마니아, 불가리아, 유고슬라비아.

동맹(alliance) 군사적, 경제적 또는 다른 무엇이 되었든 간에 안보를 증진시킬 목적으로 둘 이상의 국가들 간에 형성된 연합체.

레짐(regime) 국제레짐 참조.

마르크스주의(Marxism) 전쟁의 원인으로 계급갈등, 특히 자본주의 국가 내의 그리고 자본주의 국가 간의 갈등을 지목한 마르크스(Karl Marx)의 저작물에 의해 영향을 받은 학파.

무기거래(arms trade) 재래식무기의 수출입.

무인항공기(unmanned combat air vehicles) 테러용의자를 감시하고 추적하기 위해 사용되는 원격조정 무인항공기.

무정부상태(anarchy) 국제체제의 질서를 정의하는 방식. 전 세계적인 중앙정부의 부재를 의미.

민간군사보안기업(PMSCs: Private military and security companies) 군사 및 안보와 관련된 일체의 서비스를 제공하는 사적 기업.

보코 하람(Boko Haram) 통상 '서구의 교육은 죄악이다'라고 번역되며, 나이지리아에서 서구의 영향력 확대에 반대하며 결성된 폭력적인 이슬람 극단주의 집단.

보호책임(R2P: Responsibility to Protect) 국가가 자국 시민들의 인권을 보호해야 하나 그렇지 못할 경우 국제공동체가 대신해서 그 역할을 수행해야 한다고 주장하는 독트린.

북방선진국(global North) (주로 북반구에 위치해 있는) 세계에서 가장 부유하고 발선된 국가들.

분쟁(conflict) 양립할 수 없는 목적을 성취하고자 하는 둘 이상의 행위자 간의 대립.

비국가 행위자(non-state actor) 국가 이외에 국제적인 정치적 중요성을 갖는 기구인 국제비정부기구(INGOs)와 정부간국제기구(IGOs)를 총칭하는 용어.

비판이론(Critical Theory) 모든 지식은 역사적이고 따라서 주관적일 수밖에 없음을 강조하는 '프랑크푸르트 학파'가 창안한 이론적 접근법. 이들에 따르면 지식이 객관적일 수 있다는 주장은 허상에 불과하다.

사이버전쟁(cyberwarfare) 은행, 공공기관, 국방 관련 이동통신 같은 타국의 사회기반시설이나 국방능력을 컴퓨터 기술로 공격하는 행동.

사회운동(social movement) 정치적 변화를 이끌어내기 위한 시민들의 대중 활동.

사회적 구성(social construct) 객관적이고 경험적으로 실재하는 대상이 아닌 참여자의 주관적인 인식 속에서 정의되는 대상.

상호의존(interdependence) 국제정치에서 행위자들이 서로에게 더욱 의존적이 되도록 만드는 연결망.

상호파괴적인 전쟁(internecine) 분쟁 당사자 모두를 파괴하는 전쟁.

상호확증파괴(mutually assured destruction) 일방이 다른 일방에게 핵무기로 선제공격을 한다 해도 후자가 충분한 핵무기를 보유하여 2차 보복공격이 가능할 경우 쌍방 간의 전쟁이 예방될 수 있다는 아이디어. 핵전쟁은 최소한 수천만 명의 사상자를 양산할 수 있기 때문에 쌍방 모두 선제공격을 자제할 것이라는 기대에 기초해 있다.

새로운 전쟁이론(New Wars thesis) 최근의 전쟁들은 싸우는 대상 및 싸우는 목적의 측면에서 과거의 전쟁들과 질적으로 차별적이라고 보는 이론.

성문화하다(codify) 법령으로 나타내다.

세계화(globalisation) 정치, 경제, 그리고 문화를 포함한 모든 영역에서 증가하고 있는 글로벌한 상호연결성이 수반하고 있는 현상.

세력균형이론(balance-of-power theory) 단 하나의 국가가 자국의 의지를 타국들에게 관철시키거나 그들을 지배할 만큼 충분히 강력해지는 것을 예방하기 위한 국력의 분포 및 그러한 분포로 회귀하는 기제를 설명하기 위한 이론.

소극적 평화(negative peace) 직접적인 폭력의 부재상태 — 사람들에게 직접적으로 자행되는 폭력의 부재.

소프트파워(soft power, **연성권력**) (군사력이나 경제력이 아닌) 문화적 요인들을 통한 정치적 영향력.

소형무기 및 경화기(SALW: small arms and light weapons) 개인 단독으로 사용할 수 있는 무기.

스턱스넷(Stuxnet) 이스라엘과 미국에 의해 개발된 컴퓨터 바이러스로 이란의 핵프로그램을 공격하기 위해 사용된 바 있다.

신제국주의(neo-imperialism) 공식적인 제국적 통치 없이도 한 국가가 다른 국가를 경제적으로 지배하는 상태를 일컫는 신조어.

신현실주의(Neorealism) 왈츠(Kenneth Waltz)에 의해 창시된 현실주의의 한 갈래. 국가행태를 설명하고자 할 때 국제체제의 구조에서 원인을 찾아야 한다고 보는 국제관계 패러다임.

신흥시장(emerging markets) 급속한 경제발전을 성취하고 있는 국가들.

실패국가(failed state) 국내에서의 무력사용과 영토통제에 대한 합법적인 독점권을 상실한 국가.

안보공동체(security community) 전쟁을 상상할 수 없을 정도로 우호적이고 친밀한 관계를 유지하는 국가들의 공동체.

알카에다(al-Qaeda) '근본'으로 번역되기도 하는 알카에다는 무슬림 세계에서 서구의 영향력을 추방하고자 하는 극단주의 무슬림 집단들의 네트워크. 그러한 목적을 위해 서슴없이 폭력을 사용한다.

양극(bipolar) 두 개의 국가 또는 두 개의 세력이 세계를 양분하여 지배하는 상황을 의미.

양자주의(bilateral) 사안을 해결함에 있어서 두 국가 간에 합의하여 행동하는 행태.

유토피아주의(utopianism) 이상주의 참조.

유행병(pandemic) 국제적으로 확산되는 질병.

이론(theory) 개인, 집단, 국가 그리고 국제체제에서 나타나는 행태들에 대해 가설화된 유형.

이상주의(idealism) 제1차 세계대전 직후인 1920년대와 1930년대에 국가 간의 높은 수준의 협력을 이끌어내기 위해 정치인들과 학계가 주창한 철학사조. 국제연맹(League of Nations)의 창설에 크게 일조했다.

인간안보(Human Security) 1990년대 중반 인간은 모든 형태의 위협으로부터 보호받아야 함(두려움으로부터의 자유와 결핍으로부터의 자유)을 역설하면서 유엔이 최초로 사용한 용어.

인구과잉(overpopulation) 한 국가가 보유한 자원으로 먹여 살릴 수 있는 적정 인구의 수를 넘어선 상태.

인도적 개입(humanitarian intervention) 인권유린과 인도적 재난을 예방하거나 중지시키기 위해 취해지는 무력의 사용이나 무력사용의 위협. 대상국가의 동의 없이 취해질 수 있다.

인식공동체(epistemic community) 국적과 문화의 차이에 구애받지 않는 특정 분야 전문가들의 초국적 단체.

인식론(epistemology) 사물과 세계를 이해하기 위한 방법이자 지식생산에 관한 이론.

인식적 합의(epistemic consensus) 인식공동체 간의 광범위한 합의.

일방주의(unilateral) 한 행위자(국가)만의 능력과 의지만으로 행동하는 행태.

자문화중심주의(ethnocentricism) 자신이 속한 국가가 타국보다 우월하다고 보는 경향.

자유주의(Liberalism) 평화롭고 조화로운 세계를 만들기 위해 인간 이성의 능력을 강조하는 철학사조.

재래식무기(conventional weapons) 대량살상무기(WMD) 이외의 무기들.

재생가능자원(renewable resources) 풍력과 같이 고갈되지 않는 천연자원.

적극적 평화(positive peace) 직접적인 형태의 폭력을 극복하는 것 이외에도 (불평등한 사회구조에서 비롯된) 구조적 폭력이나 (특정 사회의 신념이나 가치체계에서 파생된) 문화적 폭력까지 극복하여 성취된 평화.

전략핵무기(strategic nuclear weapons) 대륙간탄도미사일을 사용하여 전장이 아닌 적국의 본토를 공격하기 위한 핵무기.

전술핵무기(tactical nuclear weapons) 실제 전장에서 적을 궤멸하기 위해 개발된 핵무기.

전염병(epidemic) 돌발적으로 발생한 지엽적인 유행병.

전염병학의(epidemiological) 전염병 연구와 관련된.

전쟁(war) 둘 이상의 정체(政體) 간에 행해지는 조직화된 폭력.

정보(intelligence) 정책결정자의 의사결정을 가능케 하는 첩보(information)의 한 형태로써 비밀스러운 특성을 지님.

정보주기(intelligence cycle) 정책결정자나 작전책임자의 정보 요청 때문에 수집되고 분석된 후 그들에게 제출되는 과정.

정부간국제기구(IGO: inter-governmental organisation) 둘 이상의 국가들의 정부 대표자들로 구성된 국제기구.

제1세계(First World) 냉전 시기 고도로 발전된 자본주의 진영 국가들을 총칭하는 용어.

제초제(herbicides) 식물병해충을 제거하는 데 사용되는 화학약제.

젠더(gender) 문화적, 종교적, 정치적 그리고 다른 여러 맥락에서 경험과 학습을 통해 체득된 생물학적 성별 간의 사회적 차이.

존재론(ontological) '연구대상이 무엇인지'에 대한 연구.

주권(sovereignty) 국가들이 국경 내에서 배타적 권위를 가지면서 국제공동체의 멤버십 지위를 누릴 수 있도록 하는 법적 자율성.

지속가능한 평화(sustainable peace) 장기적으로 유지되는 평화

지시대상(referent object) 안보에서 보호되어야 할 객체(예를 들면, 국가 또는 개인).

집단안보(collective security) 특정 회원국에 대한 위협을 회원국 전체에 대한 위협으로 간주한다는 안보협정. 따라서 모든 회원국들은 특정 회원국에 대한 위협에 맞서 연합해야 할 의무를 갖는다.

집합재의 문제(collective goods problem) 개별적인 차원에서는 행동할 유인이 없기 때문에 집단적인 차원에서만 해결이 가능한 문제.

철의 장막(Iron Curtain) 냉전 시기 동유럽 동맹국들을 서유럽과 단절시키기 위해 소련이 견고하게 구축한 경계를 일컫는 용어.

초강대국(superpower) 냉전 초기 강대국들의 국력 총합보다도 월등한 국력을 보유한 미소 양국을 지칭하던 용어.

초국가적(supranational) 국가 상위의 정치적 권위.

초국가적(transnational) 단일 국가의 경계를 넘어 각국의 사회들이 연결되는 현상을 설명하기 위한 용어.

총력전(total war) 공격대상 국가의 기반시설은 물론 그 국가의 전투원과 비전투원 모두 공격대상이 되는 전쟁.

테러리즘(terrorism) 어떤 목적, 특히 정치적 목적을 달성하기 위해 비국가 행위자들이 행하는 폭력의 위협 또는 폭력의 사용. 목표대상은 주로 비전투원인 민간인들이다.

통합(integration) 국가들이 자국의 경제적 그리고 정치적 책임성을 더 큰 정치적 단위체로 이관하는 과정.

파급효과(spillover) 저위 정치 분야에서의 통합이 고

위 정치 분야에서의 통합으로 이어지는 경향성.

패권(hegemony) 경제관계에서 압도적인 국제적 지배력과 리더십을 보유한 단 하나의 국가가 행사하는 영향력.

패러다임(paradigm) 일련의 이론들과 접근법들이 공유하는 핵심적인 가정들의 집합.

페미니즘(Feminism) 여성의 압제와 해방과 관련된 역사를 이론화하기 위해 다양한 범주의 분석도구들을 활용하는 접근법.

평화구축(peacebuilding) 평화를 공고히 하는 데 필요한 구조와 기제를 구축하는 노력을 의미한다.

평화유지(peacekeeping) 통상 분쟁이 종식된 이후에 시도되는 활동으로 평화를 유지하는 데 목적이 있다.

포괄적 안보(widened security) 군사적 방위에만 한정되지 않는 국가적 안보사안.

하드파워(hard power, **경성권력**) 보통 군사력을 의미하나 타국에 대한 강력한 경제제재를 강제할 수 있는 경제력도 포함된다.

합리성(rationality) 국제체제의 행위자들은 가장 적은 비용으로 그들이 가장 선호하는 결과를 얻기 위해 노력한다는 가정.

핵분열탄(fission bomb) 원자폭탄이 가장 명징한 예로써 원자가 쪼개질 때 발생하는 에너지가 폭발력이 된다. 폭발을 위해 쪼개질 수 있는 물질은 두 가지로써 우라늄 235와 플루토늄이 그것이다.

핵융합탄(fusion bomb) 수소폭탄이 가장 명징한 예로써 두 개의 수소 원자가 합쳐지는 과정에서 발생하는 에너지가 폭발력이 된다.

핵확산금지조약(Non-Proliferation Treaty) 핵무기의 확산을 방지하기 위해 고안된 조약으로 1968년에 체결되었다. 이 조약은 민수용 핵개발을 허용하고 있지만 군사용 핵개발은 금지하고 있다.

현실정치(realpolitik) 국가들이 행하는 비도덕적이고 이기적인 이익추구 행동.

현실주의(Realism) 국제정치를 권력과 자원을 차지하기 위해 벌이는 영구적인 쟁탈전으로 바라보는 철학사조.

화석연료(fossil fuels) 화석화된 유기물질에서 나온 연료 (예를 들면, 석유, 석탄 및 천연가스).

휴전(ceasefire) 분쟁 당사자들 간의 합의에 따른 무력충돌의 중지.

힘(force) 통상 군사무기와 관련되어 있지만 행위자들이(국가나 비국가 행위자) 강압을 실행하거나 위협을 할 때 사용하는 수단을 의미.

참고문헌

2011 National Counterterrorism Report on Terrorism, available at www.nctc.gov/docs/2011_NCTC_Annual_Report_Final.pdf (Accessed 31.1.2013).

Abrahamsen, R. and Williams, M.C. *Security Beyond the State: Private Security in International Politics*, Cambridge: Cambridge University Press, 2010.

Abt, F. *A Capitalist in North Korea: My Seven Years in the Hermit Kingdom*, North Clarendon, VT: Tuttle Publishing, 2014.

African Leadership Forum, 'The Kampala Document: Towards a Conference on Security, Stability, Development and Cooperation in Africa', www.africaaction.org/african-initiatives/kampall.htm, 1991 (Accessed 23.7.2003).

Ahmed, A. and Forst, B. (eds) *After Terror: Promoting Dialogue Among Civilizations*, London: Polity, 2005.

Aldrich, R., Andrew, C. and Wark, W. (eds) *Secret Intelligence: A Reader*, London: Routledge, 2008.

Ali, S. Interview by J. Gettlem, *New York Times*, 30 September 2008.

Alison, M. 'Women as Agents of Political Violence: Gendering Security', *Security Dialogue*, vol. 35, no. 4, 2004, 447–463.

Allison, R., Light, M. and White, S. *Putin's Russia and the Enlarged Europe*, Blackwell: London, 2006.

Almond, G., Appleby, R.S. and Sivan, E. *Strong Religion: The Rise of Fundamentalisms Around the World*, Chicago and London: University of Chicago Press, 2003.

Amies, N. 'Alliance of Civilizations: Intercultural Peace Forum or Talking Shop?', *Deutsche Welle*, 28 May 2010. Available at: www.dw.de/dw/article/0,,5610155,00.html (Accessed 15.3.2012).

Ammann, A. and Nogueira, S. 'Governments as Facilitators or Obstacles in the HIV epidemic', *British Medical Journal*, 324, 26 January 2002, 184–185.

Anderson, S. and Sloan, S. *Historical Dictionary of Terrorism*, London: Scarecrow Press, 2002.

Annan, K. 'Press Release: Secretary-General Reflects On "Intervention" In Thirty-Fifth Annual Ditchley Foundation Lecture', www.un.org/News/Press/docs/1998/19980626.sgsm6613.html, 26 June 1998 (Accessed 28.6.2014).

Annan, K. *We the Peoples: The Role of the United Nations in the Twenty-first Century*, www.un.org/en/ga/search/view_doc.asp?symbol=A/54/2000, 2000 (Accessed 28.6.2014).

Anseeuw, W., Wily, L., Cotula, L. and Taylor, M. 'Land Rights and the Rush for Land. Findings of the Global Pressures on Land Research Project', Rome: International Land Coalition, 2011.

Armesto, F. *Ideas That Changed the World*, London: Dorling Kindersley, 2003.

Arnold, M. and Merrick, P. 'Development for Disaster Reduction – the Role of the World Bank', *Australian Journal of Emergency Management*, vol. 16, no. 4, Summer 2001.

Ashdown, P. *Humanitarian Emergency Response Review*, UK Department for International Development, www.dfid.gov.uk/emergency-response-review, 2011 (Accessed 20.9.2011).

Ashley, R. 'Living on Borderlines: Man, Post Structuralism, and War', in J. Der Derian and M.J. Shapiro (eds), *International/Intertextual Relations: Postmodern Readings of World Politics*, Lexington, Mass.: Lexington Books, 1989.

Ashley, R. 'The Poverty of Neorealism' in *Neorealism and its Critics*, Edited by Robert Keohane, New York, Columbia University Press, 1986, 255–300.

Axworthy, L. 'Human Security and Global Governance: Putting People First', *Global Governance*, 7, 2001.

Ayson, R. 'Selective Non-proliferation or Universal Regimes?', *Australian Journal of International Affairs*, vol. 59, no. 4, 2005.

Baev, P. 'Russian Policy in the Arctic: A Reality Check', in D. Trenin and P. Baev (eds), *The Arctic. A View From Moscow*, Washington: Carnegie Endowment for International Peace, 2010.

Bailes, A. and Cottey, A. 'Regional Security Cooperation in the Early 21st Century', in SIPRI, *SIPRI Yearbook 2006: Armaments, Disarmament and International Security*, Stockholm International Peace Research Institute, 2006.

Bajpai, K. 'Human Security: Concept and Measurement', *Kroc Institute Occasional Paper (Number 19)*, Notre Dame, Indiana: University of Notre Dame, 2000.

Baker, R. *Capitalism's Achilles Heel*, Hoboken, NJ: Wiley and Sons, 2005.

Ban Ki-Moon, Closing Remarks, Madrid High Level Meeting on Food Security for all, 26–27 January 2009.

Bankoff, G. 'Rendering the World Unsafe: "Vulnerability" as Western Discourse', *Disasters*, vol. 25, no. 1, 2001, 19–35.

Baylis, J., Wirtz, J., Cohen, E. and Gray, C.S. (eds), *Strategy in the Contemporary World: An Introduction to Strategic Studies*, Oxford: Oxford University Press, 2002.

BBC, *Pulse of Africa*, World Service, 2004, http://news.bbc.co.uk/1/shared/spl/hi/pop_ups/04/africa_the_pulse_of_africa/html/1.stm (Accessed 12.6.2005).

BBC, 'Corruption Costs $1.6tn, UN Says', http://news.bbc.co.uk/1/hi/business/8350239.stm, 2009 (Accessed 21.10.09).

BBC, 'Mexican Drug-Related Violence', www.bbc.co.uk/news/world-latin-america-10681249, 2011 (Accessed 8.10.2011).

Becker, J. *Hungry Ghosts: Mao's Secret Famine*, New York: Free Press, 2000.

Beckett, M. Speech at the UN Security Council, 16 April, *UK Foreign and Commonwealth Office Press Release*, 2007.

Bellamy, A.J. *Global Politics and the Responsibility to Protect: From Words to Deeds*, London: Routledge, 2011.

Bellamy, A.J., Williams, P. and Griffin, S. *Understanding Peacekeeping*, 2nd ed., Cambridge: Polity Press, 2010.

Bellamy, I., 'Towards a Theory of International Security', *Political Studies*, vol. 29, no. 1, 1981, 100–105.

Benatar, S.R., Daar, A.S. and Singer, P.A. 'Global Health Ethics: the Rationale for Mutual Caring', *International Affairs*, vol. 79, no. 1, 2003, 107–138.

Bendavid, E. and Bhattacharya, J. 'The President's Emergency Plan for AIDS Relief in Africa: An Evaluation of Outcomes', *Annals of Internal Medicine*, vol. 150, no. 10, 2009, 688–695.

Bergen, P. *The Longest War: Inside the Enduring Conflict between America and Al- Qaeda since 9/11*, New York: Free Press, 2011.

Betts, R. 'Analysis, War, and Decision: Why Intelligence Failures are Inevitable', *World Politics*, vol. 31, no. 2, 1978, 61–89.

Bigo, Didier, 'International Political Sociology' in *Security Studies: An Introduction*, 2nd Edition, Edited by Paul D. Williams, London, Routledge, 2013, 120–133.

Bloom, M. *Bombshell: The Many Faces of Women Terrorists*, London: Hurst, 2011.

Bolivia, *Law of Mother Earth*, Law 071, 2011.

Bolopian, P. 'After Libya, the Question: To Protect or Depose?', *LA Times*, 25 August 2011.

Booth, K. 'Security and Emancipation', *Review of International Studies*, vol. 17, no. 4, 1991, 313–326.

Booth, K. (ed.) *Critical Security Studies and World Politics*, Boulder, CO: Lynne Rienner, 2005.

Booth, K. *Theory of World Security*, Cambridge: Cambridge University Press, 2007.

Booth, K. and Dunne, T. *Terror in Our Time*, Abingdon: Routledge, 2012.

Borgerson, S. 'Arctic Meltdown', *Foreign Affairs*, vol. 7, no. 2, 2008, 63–77.
Boutros-Ghali, B. *Agenda for Peace*, New York: United Nations, 1992.
Brachman, Z. 'Watching the Watchers: Al-Qaeda's Bold New Strategy', *Foreign Policy*, November 2010.
Brauch, H.G. 'Desertification. A New Security Challenge for the Mediterranean', in W.G. Kepner, J.L. Rubio, D.A. Mouat and F. Pedrazzini (eds), *Desertification in the Mediterranean Region*, Dordrecht: Springer, 2003.
Britton, N. 'A New Emergency Management for the New Millennium?', *Australian Journal of Emergency Management*, vol. 16, no. 4, Summer 2001, 44–54.
Brown, H. 'New Nuclear Realities', *The Washington Quarterly*, Winter 2007–8, 7–22.
Brown, O. and McLeman, R. 'A Recurring Anarchy? The Emergence of Climate Change as a Threat to International Peace and Security', *Conflict, Security & Development*, vol. 9, no. 3, 2009, 289–305.
Browning, C.S. and McDonald, M. 'The Future of Critical Security Studies: Ethics and the Politics of Security', *European Journal of International Relations*, vol. 19, no. 2, 2011.
Brownmiller, S. *Against Our Will: Men, Women and Rape*, New York: Fawcett Books, 1993.
Brzezinski, Z. 'Moving Toward a Reconciliation of Civilizations', *China Daily*, 15 January, 2009a.
Brzezinski, Z. 'What Next for NATO?', *Foreign Affairs*, September/October 2009b.
Bull, H. *The Anarchical Society: A Study of Order in World Politics*, London: MacMillan, 1977.
Bull, H. *The Anarchical Society: A Study of Order in World Politics*, 4th ed., New York: Columbia University Press, 2012.
Bullock, J. and Adel, D. *Water Wars: Coming Conflicts in the Middle East*, London: St. Edmundsbury Press, 1993.
Bundy, M. *Danger and Survival*, New York: Vintage Books, 1988.
Bush, G.W. 'Address to Joint Session of Congress and the American People', 20 September 2001, http://georgewbush-whitehouse.archives.gov/news/releases/2001/09/20010920-8.html (Accessed 2.7.2011).
Bush, G.W. *State of the Union Speech*, 29 January 2002, available at http://georgewbush-whitehouse.archives.gov/news/releases/2002/01/20020129-11.html (Accessed 2.7.2011).
Bush, G.W. *State of the Union Speech*, 20 January 2004, available at http://georgewbush-whitehouse.archives.gov/stateoftheunion/2004/ (Accessed 1.7.2011).
Buzan, B. *People, States and Fear: An Agenda for International Security Studies in the Post-Cold War Era*, 2nd edition, London: Harvester Wheatsheaf, 1991.
Buzan, B. and Hansen, L. *The Evolution of International Security Studies*, Cambridge: Cambridge University Press, 2009.
Buzan, B., Waever, O. and de Wilde, J. *Security: A New Framework for Analysis*, Boulder: Lynne Rienner Publishers, 1998.
Byers, M. *Who Owns the Arctic? Understanding Sovereignty Disputes in the North*, Vancouver: Douglas and McIntyre, 2010.
Byers, M. 'Cooling Things Down: the Legalization of Arctic Security', paper presented at conference entitled *Carnegie Council's Programme on U.S. Global Engagement: a Two-Year Retrospective*, Carnegie Council for Ethics in International Affairs, US, June 1–3, 2011.
Byman, D. 'Terrorism after the Revolutions', *Foreign Affairs*, vol. 90, no. 3, May/June 2011, 48–54.
Campaign Against Arms Trade, 'SIPRI assessment of UK arms export subsidies', www.caat.org.uk/resources/publications/economics/subsidies-sipri-2011.pdf, 2011 (Accessed 28.6.2014).
Canada, *Foreign Affairs Agenda 2003*, Ottawa, 2002.
Canadian Peace Alliance, 'Transformation Moment: A Canadian Vision of Common Security', *Report of the Citizens' Inquiry into Peace and Security*, March 1992.
Cants, W. 'Al-Qaeda's Challenge', *Foreign Affairs*, September/October 2011.
Caplan, N. *The Israel–Palestine Conflict: Contested Histories (Contesting the Past)* Chichester: Wiley-Blackwell, 2009.
Caprioli, M. 'Democracy and Human Rights versus Women's Security: A Contradiction?', *Security Dialogue*, vol. 35, no. 4, September 2004, 411–428.

Carlile, A. 'The Definition of Terrorism', *Report by Independent Reviewer of Terrorism Legislation*, presented to Parliament March 2007, London: UK Government.
Carnegie Council, www.carnegiecouncil.org/resources/articles_papers_reports/0102.html (Accessed 19.11.11).
Carpenter, T. *NATO Enters the Twenty-First Century*, London: Frank Cass, 2000.
Carr, J. *Inside Cyber Warfare: Mapping the Cyber Underworld*, 2nd Edition, Sebastopol, CA: O'Reilly Media, 2011.
Carter, J. *US President State of the Union Address*, 23 January, Washington DC,, 1980.
Casanova, J. *Public Religions in the Modern World*, Chicago and London: University of Chicago Press, 1994.
Castello-Cortes, I. and Feldman, M. *Guinness Book of World Records 1997*, London: Guinness, 1996.
Chandler, D. *From Kosovo to Kabul and Beyond: Human Rights and International Intervention*, London: Pluto Press, 2006.
Chassy, P. and Amey, S.H. 'Bad Business: Billions of Taxpayer Dollars Wasted on Hiring Contractors', Project on Government Oversight, http://pogoarchives.org/m/co/igf/bad-business-report-only-2011.pdf, 2011 (Accessed 28.6.2014).
Chatham House, 'European Defence and Security 2012: Commitments, Capabilities and Cash, Conference Summary', Rapporteur: Benoît Gomis. www.chathamhouse.org/sites/default/files/public/Research/International%20Security/0112confsummary.pdf (Accessed 10.1.2014).
Chen, L. and Wilson, M. 'The Role of the Traveler in Emerging Infections and Magnitude of Travel', *Med Clin North America*, vol. 92, no. 6, 2008, 1409–1432.
Chomsky, N. 'Drain the Swamp and There Will Be No More Mosquitoes', *The Guardian*, 9 September, 2002.
Chomsky, N. *Failed States: The Abuse of Power and the Assault on Democracy*, New York: Metropolitan Books/Henry Holt, 2006.
Chomsky, N. and Otero, C.P. *Radical Priorities*, New York: AK Press, 2003.
Clausewitz, C. von, *On War*, rev. ed., ed. and trans. M. Howard and P. Paret, Princeton, NJ: University Press, [1832] 1984.
Clinton, H. *Foreign Policy Address at the Council on Foreign Relations*, 15 July 2009, available at www.state.gov/secretary/rm/2009a/july/126071.htm (Accessed 19.7.2011).
Clutterbuck, L. 'Terrorists Have to Be Lucky Once; Targets, Every Time', at www.rand.org/commentary/2008/11/30/DNA.html, 2012 (Accessed 12.12.2012).
Coch, N. *Geohazards. Natural and Human*, Englewood Cliffs, US: Prentice Hall, 1995.
Cockburn, C. 'Militarism and War', in L.J. Shepherd (ed.), *Gender Matters in Global Politics: A Feminist Introduction to International Relations*, London: Routledge, 2010, 105–115.
CoE, *European Sourcebook on Crime and Criminal Justice*, PC-S-ST (99)8 DEF: Strasbourg: Council of Europe, 1999.
Cogan, C. 'Hunters not Gatherers: Intelligence in the Twenty-first Century', *Intelligence and National Security*, vol. 19, no. 2, 2004, 304–321.
Cohen, A. 'Russia's Race for the Arctic', *Heartland Eurasian Review of Geopolitics*, vol. 2, no. 36, 2008, 28–36.
Cohn, C., Kinsella, H. and Gibbings, S. 'Women, Peace and Security Resolution 1325', *International Feminist Journal of Politics*, vol. 6, no. 1, June 2010, 130–140.
Comfort, L., Wisner, B., Cutter, S., Pulwarty, R., Hewitt, K., Oliver-Smith, A., Weiner, J., Fordham, M., Peacock, W. and Krimgeld, F. 'Re-framing Disaster Policy: The Global Evolution of Vulnerable Communities', *Environmental Hazards*, vol. 1, 1999, 39–44.
Commission on Human Security (CHS), *Human Security Now: Final Report*, New York: CHS, 2003.
Conca, K. and Dabelko, G. (eds) *Environmental Peacemaking*, Washington DC: Woodrow Wilson Press, 2002.
Contest: The United Kingdom's Strategy for Countering Terrorism, July 2011, London: HMSO.
Coonan, C. 'Beijing Orders its Industries to Cut Emissions', *Independent*, 17 June 2013, 33.

Coppola, D. *Introduction to International Disaster Management* (2nd ed.), Oxford: Butterworth-Heinemann, 2011.

Cottey, A. *Security in 21st Century Europe*, New York: Palgrave Macmillan, 2013.

Country Reports on Terrorism, 2013, United States Department of State Publication, Bureau of Counterterrorism, Released April 2014, US State Department, www.state.gov/documents/organization/225886.pdf (Accessed 18.5.2014).

Cox, R. 'Social Forces, States and World Orders: Beyond International Relations Theory', *Millennium: Journal of International Studies*, vol. 10, no. 2, 1981, 126–155.

Cox, R. *Approaches to World Order*, Cambridge: Cambridge University Press, 1995.

Craft, C. and Smaldone, J.P. 'The Arms Trade and the Incidence of Political Violence in Sub-Saharan Africa, 1967–97', *Journal of Peace Research*, vol. 39, no. 6, 2002, 693–710.

Craig, S.L. *Chinese Perceptions of Traditional and Non-traditional Security Threats*, www.StrategicStudiesInstitute.army.mil/, March 2007 (Accessed 14.7.2014).

Cramer, C. 'Does Inequality Cause Conflict?', *Journal of International Development*, vol. 15, no. 4, 2003, 397–412.

CRED, *International Disaster Database*, Centre for Research on the Epidemiology of Disasters: Brussels, www.cmdat.be/, 2011 (Accessed 20.9.2011).

Cumings, B. *Korea's Place in the Sun: A Modern History*, (Updated Edition), London: W.W. Norton and Co., 2005.

Dalby, S. 'Security and Ecology in the Age of Globalization', *The Environmental Change and Security Project Report*, vol. 8, Summer 2002, 95–108.

Dalby, S. *Security and Environmental Change*, Cambridge: Polity, 2009.

Dallaire, R. *Shake Hands with the Devil*, Toronto: Random House Canada, 2003.

Dangl, B. *The Price of Fire: Resource Wars and Social Movements in Bolivia*, Edinburgh: AK Press, 2007.

Dangl, B. *Dancing With Dynamite: Social Movements and States in Latin America*, Edinburgh: AK Press, 2010.

Darby, J. and MacGinty, R. (eds) *Contemporary Peacemaking: Conflict, Peace Processes and Post-War Reconstruction*, 2nd ed., Basingstoke: Palgrave Macmillan, 2008.

Davies, P. 'Intelligence Culture and Intelligence Failure in Britain and the United States', *Cambridge Review of International Affairs*, vol. 17, no. 3, 2004, 496–520.

Davis, M. *Late Victorian Holocausts: El Nino Famines and the Making of the Third World*, London and New York: Verso, 2001.

De Wilde, J. 'Environmental Security Deconstructed' in H. Brauch (ed.), *Globalization and Environmental Challenges* (vol. 3), Berlin: Springer, 2008, 595–602.

Demick, B. *Nothing to Envy: Ordinary Lives in North Korea*, New York: Spiegel and Grau, 2009.

Detraz, N. *International Security and Gender*, Cambridge: Polity Press, 2012.

Deudney, D. 'The Case Against Linking Environmental Degradation and Security', *Millennium*, vol. 19, no. 3, 1990, 46–76.

Deutsch, K.W., Burrell, S.A., Kann, R.A., Lee, M.Jr., Lichterman, M., Lindgren, R., Loewenheim, F.L. and van Wagenen, R.W. *Political Community and the North Atlantic Area*, Princeton: Princeton University Press, 1957.

Diehl, P.F. (ed.) *The Politics of Global Governance: International Organizations in an Interdependent World*, London: Lynne Rienner Publishers, 2005.

Ditmer, J., Moisio, S., Ingram, A. and Dodds, K. 'Have You Heard the One About the Disappearing Ice? Recasting Arctic Geopolitics', *Political Geography*, vol. 30, no. 4, 2011, 202–214.

Dodds, K. 'Flag Planting and Finger Pointing: The Law of the Sea, the Arctic and the Political Geographies of the Outer Continental Shelf', *Political Geography*, vol. 29, 2010, 63–73.

Dolan, C. *In War we Trust: the Bush Doctrine and the Pursuit of Just War*, Aldershot: Ashgate, 2005.

Dolman, E.C. *Astropolitik: Classic Geopolitics in the Space Age*, London: Frank Cass, 2002.

Dorrington, R., Bradshaw, D. and Budlender, D. 'HIV/AIDS Profile in the Provinces of South Africa – Indicators for 2002', Centre for Actuarial Research, University of Cape Town, 2002.

Doyle, M. *Liberal Peace: Selected Essays*, New York: Routledge, 2012.

Dreze, J. and Sen, A. *Hunger and Public Action*, Oxford: Clarendon, 1991.
Drozdiak, W. 'The Brussels Wall: Tearing Down the EU-NATO Barrier', *Foreign Affairs*, May/June, vol. 89, no. 3, 2010, 7–12.
Duffield, J. 'NATO's Functions After the Cold War', *Political Science Quarterly*, vol. 109, Winter 1994/5, 763–787.
Duffield, J. *World Power Forsaken: Political Culture, International Institutions, and German Security Policy After Unification*, Stanford, CA: Stanford University Press, 1998.
Duffy, R. *The Road to Nunavut: the Progress of the Eastern Arctic Inuit since the Second World War*, Montreal: McGill-Queen's University Press, 1988.
Dunne, T. 'The Social Construction of International Society', *European Journal of International Relations*, vol. 1, no. 3, 1995, 367–389.
Dupont, A. and Pearman, G. *Heating up the Planet: Climate Change and Security*, Lowry Institute Papers 12, Sydney: Lowry Institute, 2006.
Duyvesteyn, I. and Angstrom, J. (eds) *Rethinking the Nature of War*, London: Routledge, 2004.
Dyer, H. 'Environmental Security and International Relations: The Case for Enclosure', *Review of International Studies*, vol. 27, 2001, 441–450.
Economist The, 'Economic Focus. A Voice for the Poor', May 4: 93, 2002a.
Economist The, 'Mother Nature's Biological Warfare', August 10: 42, 2002b.
Economist The, 'Ploughing On', 1 July 2010.
Ecuador, 'Rights for Nature', *Constitution*, adopted 28 September 2008.
Edwards, A. and Gill P. (eds) *Transnational Organized Crime: Perspectives on Global Security*, London and New York: Routledge, 2006.
Ehrlich, P. *The Population Bomb*, New York: Balantine, 1968.
Elbe, S. *Security and Global Health: Toward the Medicalization of Insecurity*, Cambridge: Polity Press, 2010.
Elshtain, J.B. 'Woman, the State, and War', *International Relations*, vol. 23, no. 2, 2009, 289–303.
Emerson, M. *Post-Mortem on Europe's First War of the 21st Century. CEPS Policy Brief No. 167*, 27 August 2008.
Emmerson, C. *The Future History of the Arctic*, London: The Bodley Head, 2010.
Enloe, C. *Bananas, Beaches and Bases: Making Feminist Sense of International Politics*, London: Rivers Oram Press, 1989.
Europol, 2012 http://www.europol.eu.int/index.asp?page=ataglance&language= (Accessed 19.6.2012).
Executive Office of the President United States, *National Strategy for Countering Terrorism*, Washington DC: Government Printing Office, 2003.
Falk, R. *This Endangered Planet*, New York: Random House, 1971.
FAO, 'FAO: What It Is – What It Does', www.fao.org/UNFAO/e/wmain-e.htm, 2002 (Accessed 5.4.2002).
FAO, *Women and the Right to Food: International Law and State Practice*. Rome: Food and Agricultural Organization, 2008.
FAO, 'Forestry', Rome: Food and Agricultural Organization, www.fao.org/forestry/30515/en/, 2011a (Accessed 23.6.2013).
FAO, 'Review of the State of World Marine Fishing Resources', FAO Fisheries and Aquaculture Technical Paper 569. Rome: FAO, 2011b.
FAO/WHO, 'Final Report of the International Conference on Nutrition', Rome, 5–11 December 1992.
Farah, D. and Braun, S. *Merchant of Death: Money, Guns, Planes, and the Man Who Makes War Possible*, Hoboken, NJ: John Wiley and Sons, 2007.
Farrall, L. 'How Al-Qaeda Works', *Foreign Affairs*, vol. 90, no. 2, March/April 2011, 128–138.
Farsoun, S.K. *Palestine and the Palestinians: A Social and Political History*, Boulder: Westview Press, 2006.
Failed State Index, *Fund for Peace*, http://ffp.statesindex.org/rankings-2013-sortable, 2013 (Accessed 7.3.2014).
Feinstein, A. *The Shadow World: Inside the Global Arms Trade*, London: Hamish Hamilton, 2011.

Ferguson, N. *Civilization: The West and the Rest*, London: Penguin, 2011.
Ferris, E. and Petz, D. (eds) *A Year of Living Dangerously. A Review of Natural Disasters in 2010*, London: Brookings Institute, 2011.
Ferris, J. 'Netcentric Warfare, C4ISR and Information Operations', in L.V. Scott and P.D. Jackson (eds), *Understanding Intelligence in the 21st Century*, London: Routledge, 2004, 54–77.
FFP (2013) *The Failed States Index 2013*, http://ffp.statesindex.org/rankings-2013-sortable (Accessed 28.6.2014).
Fidler, D. *International Law and Infectious Diseases*, Oxford: Clarendon Press, 1999.
Finland, *Finnish Security and Defense Policy 2004*, Helsinki: Prime Minister's Office, 2004.
Floyd, R. *Security and the Environment. Securitisation Theory and US Environmental Security Policy*, Cambridge: Cambridge University Press, 2010.
Floyd, R. and Mathew, R. *Environmental Security. Approaches and Issues*, London and New York: Routledge, 2013.
FoE, *Overconsumption? Our Use of the World's Natural Resources*, Vienna: Friends of the Earth Austria, 2009.
Foucault, M. *Discipline and Punish: The Birth of the Prison*, London: Penguin Books, first translation 1978.
Freedman, L. 'Conclusion: The Future of Strategic Studies', in J. Baylis, J. Wirtz, E. Cohen and C. Gray (eds), *Strategy in the Contemporary World: An Introduction to Strategic Studies*, Oxford: Oxford University Press, 2002, 328–342.
Freedman, L. *The Evolution of Nuclear Strategy*, 3rd ed., London: Palgrave Macmillan, 2003.
Freedman, L. 'War in Iraq: Selling the Threat', *Survival*, vol. 46, no. 2, 2004, 7–49.
Friborg, J. and Melbye, M. 'Cancer Patterns in Inuit Populations', *The Lancet Oncology*, vol. 9, no. 9, 2008, 892–900.
Froese, R. and Quaas, M. 'Rio+20 and the Reform of the Common Fisheries Policy in Europe', *Marine Policy*, vol. 39, 2003, 53–55.
Fukuyama, F. *The End of History and the Last Man*, New York: Free Press, 1992.
Fund for Peace, 'Fragile States Index 2014', http://ffp.statesindex.org/rankings-2014, 2014 (Accessed 28.6.2014).
Gaddis, J.L. *Strategies of Containment: A Critical Appraisal of Post-war American National Security Policy*, revised edition, Oxford: Oxford University Press, 2005.
Galeotti, M. 'Cold Calling. Competition Heats Up for Arctic Resources', *Jane's Intelligence Review*, October 2008, 8–15.
Galtung, J. 'An Editorial', *Journal of Peace Research*, vol. 1, no. 1, 1964, 1–4.
Galtung, J. 'Violence, Peace and Peace Research', *Journal of Peace Research*, vol. 6, no. 3, 1969, 167–191.
Galtung, J. 'Three Approaches to Peace: Peacekeeping, Peacemaking, and Peacebuilding', in J. Galtung (ed.) *Peace, War and Defense: Essays in Peace Research*, Vol. II, Copenhagen: Christian Ejlers, 1976, 282–304.
Galtung, J. 'Cultural Violence', *Journal of Peace Research*, vol. 27, no. 3, 1990, 291–305.
Garrett, L. 'The Challenge of Global Health', *Foreign Affairs*, vol. 86, no. 1, 2007, 14–38.
Gartzke, E. 'Globalization, Economic Development, and Territorial Conflict', in M. Kahlera and B. Walter (eds) *Territoriality and Conflict in an Era of Globalization*, Cambridge: Cambridge University Press, 2006, 156–186.
Gartzke, E. 'The Capitalist Peace', *American Journal of Political Science*, vol. 51, no. 1, 2007, 166–191.
Gaubutz, K.T. 'Democratic States and Commitment in International Relations', *International Organization*, vol. 50, no. 1, 1996, 109–150.
Gause, F.G. III 'Can Democracy Stop Terrorism?', *Foreign Affairs*, vol. 84, no. 5, September/October 2005, 62–76.
Gay, N. and Edmunds, W. 'Developed Countries Should Pay for Hepatitis B Vaccine in Developing Countries', *British Medical Journal*, vol. 316, 1998, 1457.
Gélinas, J. *Juggernaut Politics: Understanding Predatory Globalization*, London: Zed Books, 2003.

Gibson, I. 'Human Security Post 9-11: Gender Perspectives and Security Exclusion', *Ritsumeikan Annual Review of International Studies*, vol. 3, 2004, 157–175.
Githens, M., Norris, P. and Lovenduski, J. *Different Roles, Different Voices,* New York: Harper Collins, 1994.
Gladwell, M. and Shirky, C. 'From Innovation to Revolution', *Foreign Affairs,* vol. 90, no. 2, March/April 2011, 153–154.
Gleditsch, N., Wallensteen, P., Eriksson, M., Sollenberg, M. and Strand, H. 'Armed Conflict 1946–2001: A New Dataset', *Journal of Peace Research,* vol. 39, no. 5, 2002, 615–637.
Glenny, M. *McMafia: Crime Without Frontiers,* London: The Bodley Head, 2008.
Glenny, M. *Dark Markets: Cyberthieves, Cybercops and You,* London: The Bodley Head, 2011.
Global Policy Forum 'Changing Patterns in the Use of the Veto in the Security Council', www.globalpolicy.org/images/pdfs/Changing_Patterns_in_the_Use_of_the_Veto_as_of_August_2012.pdf, 2012 (Accessed 28.6.2014).
Godson, R. and Williams, P. 'Strengthening Cooperation against Transsovereign Crime', in M. Cusimano (ed.) *Beyond Sovereignty: Issues for a Global Agenda,* Boston: St. Martins, 2000.
Goklany, I. *Death and Death Rates Due to Extreme Weather Events,* London: International Policy Press, 2007.
Goldammer, J. 'Wildfire', in J. Ingleton (ed.) *Natural Disaster Management. A Presentation to Commemorate the International Decade for Natural Disaster Reduction (IDNDR),* Leicester: Tudor Rose: 1999, 67–69.
Goldstein, J.S. 'Think Again: War', *Foreign Policy,* September/October, 2011, 1–9.
Gorbachev, M. 'Speech at the Ceremonial Meeting on the Occasion of the Presentation of the Order of Lenin and the Gold Star to the City of Murmansk', *Murmansk,* 1 October 1987.
Gore, A. UN Security Council Opening Session, 10 January 2000.
Gottlieb, S. 'Syria and the Demise of the Responsibility to Protect', *National Interest,* http://nationalinterest.org/commentary/syria-the-demise-the-responsibility-protect-9360, 5 November 2013 (Accessed 28.6.2014).
Grant, S. *Polar Imperative: A History of Arctic Sovereignty in North America,* Vancover: Douglas and McIntyre, 2010.
Green, J. *Risk and Misfortune. The Social Construction of Accidents,* London: UCL Press, 1997.
Grein, T.W., Kamara, K.B., Rodier, G., Plant, A.J., Bovier, P., Ryan, M.J., Ohyma, T. and Heymann, D.L. 'Rumors of Diseases in the Global Village: Outbreak Verification', *Emerging Infectious Diseases,* vol. 16, no. 2, March/April, 2000, 97–102.
Grice, A. 'Cameron: We were wrong to call Mandela a terrorist', *The Independent,* 28 August, at www.independent.co.uk/news/uk/politics/cameron-we-were-wrong-to-call-mandela-a-terrorist-413684.html, 2006 (Accessed 12.11.2012).
Grygier, P. *A Long Way from Home: The Tuberculosis Epidemic Among the Inuit,* Quebec: McGill-Queens University Press, 1994.
Guardian, 'US Embassy Cables: Saudi King Urges US Strike on Iran', *Guardian,* 28 November 2010.
Guerin, O. 'US Drone War in Pakistan Prompts Fear and Anger', 12 October, at www.bbc.co.uk/news/world-asia-19842410, 2012 (Accessed 17.10.2012).
Haass, R. 'The Age of Nonpolarity', *Foreign Affairs,* vol. 87, no. 3, May/June 2008, 44–56.
Hagerdorn, J. 'The Global Impact of Gangs', *Journal of Contemporary Criminal Justice,* vol. 21, no. 2, 2005, 153–169.
Hagerty, D.T. 'South Asia's Big Bangs: Causes, Consequences and Prospects', *Australian Journal of International Relations,* vol. 53, no. 1, 1999, 19–22.
Haken, J. *Global Financial Integrity, Transnational Crime in the Developing World,* Washington DC: GFI, 2011.
Halliday, F. *The Middle East in International Relations: Power, Politics and Ideology,* Cambridge: Cambridge University Press, 2005.
Hammond, P. 'Review Article: Making War and Peace', *Contemporary Politics,* vol. 9, no. 1, March 2003, 83–90.

Hanson, M. 'The Future of the NPT', *Australian Journal of International Affairs*, vol. 59, no. 3, 2005.

Hardin, G. 'Lifeboat Ethics: The Case Against Helping the Poor', in W. Aitken and H. LaFollette (eds) *World Hunger and Morality*, New Jersey: Prentice Hall, 1995.

Harms, G. and Ferry, T.M. *The Palestine–Israel Conflict: A Basic Introduction*, 3rd Edition, London: Pluto Press, 2012.

Haynes, J. 'Al-Qaeda: Ideology and Action', *Critical Review of International Social and Political Philosophy*, vol. 8, no. 2, 2005a, 177–191.

Haynes, J. 'Review Article: Religion and International Relations After "9/11"', *Democratization*, vol. 12, no. 3, 2005b, 398–413.

Haynes, J. 'Religion and Democracy: The Case of the AKP in Turkey', in J. Fox (ed.), *Religion, Politics, Society, & the State*, Oxford: Oxford University Press, 2012, 73–88.

Haynes, J. *An Introduction to International Relations and Religion*, 2nd ed., London: Pearson, 2013.

Held, D., McGrew, A., Goldblatt, D. and Perraton, J. *Global Transformations: Politics, Economics and Culture*, Cambridge: Polity, 1998.

Henderson, E. 'Disturbing the Peace: African Warfare, Political Inversion and the Universality of the Democratic Peace Thesis', *British Journal of Political Science*, vol. 39, no. 1, 2008, 25–58.

Hendricks, K. 'African Vultures: The New Prevalence of Interstate War in Africa', *Amsterdam Social Science*, vol. 4, no. 1, 2012, 49–66.

Henrikson, A. 'The United Nations and Regional Organizations: "King Links" of a "Global Chain"', *Duke Journal of Comparative and International Law*, vol. 7, no. 35, 1996, 35–70.

Herman, M. *Intelligence Power in Peace and War*, Cambridge: Cambridge University Press, 1996.

Herman, M. *Intelligence Service in the Information Age*, London: Frank Cass, 2001.

Herz, J. 'Idealist Internationalism and the Security Dilemma', *World Politics*, vol. 2, no. 2, 1950, 171–201.

Heymann, D. 'The Fall and Rise of Infectious Diseases', *Georgetown Journal of International Affairs*, vol. 2, no. 2, Summer/Fall, 2001, 7–14.

Hicks, J. 'DDT – Friend or Foe?', *Pesticide News, Journal of the Pesticides Trust*, 17 September 1992.

Hill, C. and Smith, M. *International Relations and the EU*, Oxford: Oxford University Press, 2005.

Hirst, P. *War and Power in the 21st Century*, Cambridge: Polity Press, 2001.

Hirst, P., Thompson, G. and Bromley, S. *Globalization in Question*, 3rd ed., Cambridge: Polity Press, 2009.

Hoffman, B. *Inside Terrorism*, Revised edition, New York: Columbia University Press, 2006.

Hoffman, B. *Inside Terrorism*, New York: Columbia University Press, 2008.

Hoffman, S. 'The High and the Mighty: Bush's National Security Strategy and the New American Hubris', *American Prospect*, vol. 13, no. 28, 2003, http://prospect.org/article/high-and-mighty (Accessed 31.10.2014).

Holland, M. and Doidge, M. *Development Policy in the European Union*, New York: Palgrave Macmillan, 2012.

Homer-Dixon, T. 'Environmental Scarcities and Violent Conflict: Evidence from Cases', *International Security*, vol. 19, no. 1, 1994, 5–40.

Hoogensen, G. and Stuvøy, K. 'Gender, Resistance and Human Security', *Security Dialogue*, vol. 37, no. 2, 2006, 207–228.

Hopf, T. 'The Promise of Constructivism in International Relations Theory', *International Security*, vol. 23, no. 1, Summer 1998, 171–200.

Hopkins, N. 'War on al-Qaida Drawing to a Close, says Obama', *The Guardian*, 1 December 2012.

Hough, P. *International Politics of the Arctic: Coming in From the Cold*, London and New York: Routledge, 2013.

Hough, P. *Understanding Global Security* (3rd ed.), London: Routledge, 2013.

Hough, P. *Environmental Security. An Introduction*, London and New York: Routledge, 2014.

Hsiang, S., Meng, K. and Cane, M. 'Civil Conflicts are Associated with Global Climate', *Nature*, vol. 476, 2011, 438–441.

Hudson, H. 'A Feminist Reading of Security in Africa', http://www.issafrica.org/Pubs/Monographs/No20/Hudson.html, 1998 (Accessed 28.10.2014).
Hudson, H. 'Doing Security as Though Humans Matter: A Feminist Perspective on Gender and the Politics of Human Security', *Security Dialogue*, vol. 36, no. 2, 2005, 155–174.
Hudson, V.M., Caprioli, M., Ballif-Spanvill, B., McDermott, R. and Emmett, C.F. 'The Heart of the Matter: The Security of Women and the Security of States', *International Security*, vol. 33, no. 3, Winter 2008/09, 7–45.
Human Security Centre (2005) *Human Security Report*, http://www.humansecurityreport.info/component/option,com_frontpage/Itemid,1/ (Accessed 13.7.2012).
Hunt, K. 'The War on Terrorism', in L.J. Shepherd (ed.) *Gender Matters in World Politics: A Feminist Introduction to International Relations*, London: Routledge, 2010, 116–126.
Huntington, S. *The Third Wave: Democratization in the Late Twentieth Century*, Norman: University of Oklahoma Press, 1991.
Huntington, S. 'The Clash of Civilisations?' *Foreign Affairs*, vol. 72, no. 3, 1993, 22–49.
Huntington, S. *The Clash of Civilizations and the Remaking of World Order*. New York: Free Press, 1996.
Huntington, S. 'The Lonely Superpower', *Foreign Affairs*, vol. 78, no. 2, March/April 1999, 35–49.
Hughes, B.B., Kuhn, R., Peterson, C.M., Rothman, D.S. and Solorzano, J.R. *Improving Global Health (Patterns of Potential Human Progress)*, Oxford: Oxford University Press, 2010.
Hungary, Resolution No. 94/1998. (XII.29) of the Hungarian National Assembly on 'The Basic Principles of the Security and Defence Policy of the Republic of Hungary', 1998.
Hurrell, A. 'There are no rules (George W. Bush): International order after September 11', *International Relations*, vol. 16. no. 2, 2002, 185–204.
IAEA, *Convention on Nuclear Safety*, 2012. http://www-ns.iaea.org/conventions/nuclear-safety.asp (Accessed 13.6.2012)
ICIDI, *North-South: The Report of the International Commission on International Development Issues*, London: Pan Books, 1980.
ICISS (International Commission on Intervention and State Sovereignty), *The Responsibility to Protect*, http://responsibilitytoprotect.org/ICISS%20Report.pdf, 2001 (Accessed 28.6.2014).
Ikenberry, G.J. *American Foreign Policy: Theoretical Essays*, 6th Edition, Boston: Wadsworth, 2011a.
Ikenberry, G.J. 'The Future of the Liberal World Order: Internationalism After America', *Foreign Affairs*, vol. 90, no. 3, May/June, 2011b, 56–68.
ILO/WHO, *World Day for Safety and Health at Work: A Background Paper*, Geneva: International Labour Organization, 2005.
Ilulissat, *The Ilulissat Declaration*, Governments of Denmark, Norway, Russia, US and Canada, 28 May, http://arctic-council.org/filearchive/Ilulissat-declaration.pdf, 2008 (Accessed 12.5.2011).
IMF, 'Sub-Saharan Africa. Keeping the Pace', *World Economic and Financial Surveys*, New York, IMF, 2013.
IMO, 'Piracy: Orchestrating the Response', background paper www.imo.org/About/Events/WorldMaritimeDay/2011/background/Pages/default.aspx, 2011 (Accessed 4.10.2013).
INCB, 'Report of the International Narcotics Control Board for 2001' E/INCB/2002/1, New York: International Narcotics Control Board, 2002.
Ingleton, J. (ed.) *Natural Disaster Management. A Presentation to Commemorate the International Decade for Natural Disaster Reduction (IDNDR)*, Leicester: Tudor Rose, 1999.
The Institute for Economics and Peace, *Global Terrorism Index*, at www.visionofhumanity.org (Accessed 10.12.2012).
Intergovernmental Panel on Climate Change, *Fourth Assessment Report Climate Change International Affairs*, vol. 79, no. 1, 2007, 107–138.
Interpol, 'An Overview. Foreword', www.interpol.int/Public/ICPO/Overview.pdf, 2002 (Accessed 4.8.2005).
Interpol, 'An Overview', http://www.interpol.int/, 2012 (Accessed 14.3.2012).

Jacobs, G. and Aeron-Thomas, A. 'A Review of Global Road Accident Fatalities', TRL Report 44, Transport Research Laboratory, Crawthorne, UK. www.transport-links.org/transport_links/filearea/publications/1_771_Pa3568.pdf, 2000 (Accessed 15.9.2011).

Jackson, R., Murphy, E. and Poynting, S. (eds) *Contemporary State Terrorism: Theory and Cases*, London: Routledge, 2010.

Jacques, M. *When China Rules the World: The End of the Western World and the Birth of a New Global Order*, 2nd Edition, London: Penguin, 2012.

Jeggle, T. 'The Goals and Aims of the Decade', in J. Ingleton, *Natural Disaster Management. A Presentation to Commemorate the International Decade for Natural Disaster Reduction (IDNDR)*, Leicester : Tudor Rose, 1999.

Jentleson, B. *American Foreign Policy: The Dynamics of Choice in the 21st Century*, 5th Edition, New York: W.W. Norton, 2014.

Jervis, R. *Perception and Misperception in International Politics*, Princeton, NJ: Princeton University Press, 1976.

Jervis, R. 'Reports, Politics, and Intelligence Failures: The case of Iraq', *Journal of Strategic Studies*, vol. 29, no. 1, 2006, 3–52.

Joffe, J. 'The Default Power: The False Prophecy of America's Decline', *Foreign Affairs*, vol. 88, no. 5, September/October 2009, 21–35.

Jett, D. *Why Peacekeeping Fails*, Basingstoke: Palgrave, 2000.

Johnson, C. *Blowback: The Costs and Consequences of American Empire*, New York: Henry Holt, 2000.

Johnson, L. (ed.) *Handbook of Intelligence Studies*, London: Routledge, 2009.

Juergensmeyer, M. *The New Cold War? Religious Nationalism Confronts the Secular State*, Berkeley: University of California Press, 1993.

Jung, D. (ed.) *Shadow Globalization, Ethnic Conflicts and New Wars: A Political Economy of Intra-state War*, London: Routledge, 2002.

Kaldor, M. *New and Old Wars: Organised Violence in a Global Era*, 1st ed., Cambridge: Polity Press, 1999.

Kaldor, M. 'Wanted: Global Politics', *The Nation*, vol. 273, no. 14, 5 November 2001, 15–18.

Kaldor, M. *New and Old Wars: Organized Violence in a Global Era*, 2nd ed., Oxford: Polity Press, 2006.

Kaldor, M. *New and Old Wars: Organized Violence in a Global Era*, 3rd ed., Cambridge: Polity Press, 2012.

Kaldor, M. 'In Defence of New Wars', *Stability: International Journal of Security and Development*, vol. 2, no. 4, 2013, 1–16.

Kant, I. *Perpetual Peace*, trans. L.W. Black, Indianapolis: Bobbs-Merrill, [1795] 1957.

Kaplan, L.S. *NATO Divided, NATO United: The Evolution of an Alliance*, Westport, CT: Praeger, 2004.

Kaplan, R. 'The Coming Anarchy', *The Atlantic Monthly*, 273, 1994, 44–76.

Katzenstein, P. (ed.) *The Culture of National Security: Norms and Identity in World Politics*, New York: Columbia University Press, 1996.

Kegley Jr., C.W. 'The Neoidealist Moment in International Studies? Realist Myths and the New International Realities', *International Studies Quarterly*, vol. 37, no. 2, June 1993, 131–146.

Kendall, R.E. 'Responding to Transnational Crime', *Transnational Crime*, 1998, 269–275.

Kennan, G. 'Morality and Foreign Policy', *Foreign Affairs*, vol. 64, 1985, 205–218.

Keohane, R. *After Hegemony: Cooperation and Discord in the World Political Economy*, Princeton, NJ: Princeton University Press, 1984.

Keohane, R.O. 'Beyond Dichotomy: Conversations between International Relations and Feminist Theory', *International Studies Quarterly*, vol. 42, no. 1, March 1998, 193–198.

Keohane, R.O. and Nye, J.S. *Power and Interdependence: World Politics in Transition* (3rd ed.), New York: Longman, 2001.

Ker-Lindsay, J. 'Greek-Turkish Rapprochement: The Impact of Disaster Diplomacy?', *Cambridge Review of International Affairs*, vol. XIV, no. 1, Autumn-Winter 2000, special section, *Disaster Diplomacy*, eds. I. Kelman and T. Koukis, 214–294.

Kimberley, www.kimberleyprocess.com/en/about, 2013 (Accessed 2.11.2013).

Kissinger, G., Herold, M. and De Sy, V. *Drivers of Deforestation and Forest Degradation. A Synthesis Report for REDD+ Policymakers*, 2012.

Kissinger, H., Schulz, G.P., Perry, W.J. and Nunn, S. 'A World Free of Nuclear Weapons', *Wall Street Journal*, 4 January 2007 at http://online.wsj.com/news/articles/SB116787515251566636 (Accessed 5.4.2014).

Köchler, H. 'Resolution 1973 and the Intervention in Libya. Are they Legal?' *Silvia Cattori Political Writings*, www.silviacattori.net/article1645.html, 2011 (Accessed 13.11.2013).

Koizumi, J. *Comments by Mr. Junichirō Koizumi at the International Symposium on Human Security*, Tokyo, 15 December 2001.

Kolodziej, E.A. *Security and International Relations*, Cambridge: Cambridge University Press, 2005.

Krahmann, E. *States, Citizens and the Privatisation of Security*, Cambridge: Cambridge University Press, 2010.

Kraska, P. 'Researching the Police-Military Blur: Lessons Learned', *Police Forum*, vol. 14, no. 3, 2005, 1–14.

Krasner, S. *International Regimes*, Ithaca and London: Cornell, 1983.

Krastev, I. 'Russia's Post-Orange Empire', Opendemocracy.net, 20 October 2005 www.opendemocracy.net (Accessed 23.10.2009).

Krause, K. and Williams, M. *Critical Security Studies: Concepts and Cases*, London: Routledge, 1997.

Krauthammer, C. 'The Unipolar Moment', *Foreign Affairs*, vol. 70, no. 1, 1990/91, 23–33.

Krauthammer, C. 'The Unipolar Moment Revisited', *The National Interest*, vol. 70, no. 1, Winter 2002–03, 22–33.

Kristensen, H. and Norris, R. 'Global Nuclear Weapons inventories, 1945–2013, *Bulletin of Atomic Scientists*, vol. 69, 2013, 75.

Krummel, E. 'The Circumpolar Inuit Health Summit: A Summary', *International Journal of Circumpolar Health*, vol. 68, no. 5, 2009, 509–518.

Kupchan, C. 'NATO's Final Frontier', *Foreign Affairs*, vol. 89, no. 3, May/June 2010, 100–112.

Kupchan, C. *No One's World: The West, the Rising Rest and the Coming Global Turn*, New York: Oxford University Press, 2012.

Lacina, B. and Gleditsch, N.P. 'Monitoring Trends in Global Combat: A New Dataset of Battle Deaths', *European Journal of Population*, vol. 21, no. 2–3, 2005, 145–166.

Langer, J., 'Stuxnet's Secret Twin', at www.foreignpolicy.com/articles/2013/11/19/stuxnets_secret_twin_iran_nukes_cyber_attack, 2013 (Accessed 22.2.2014).

Lankov, A. *The Real North Korea: Life and Politics in the Failed Stalinist Utopia*, Oxford: Oxford University Press, 2013.

Larsen, J.A. and Wirtz, J.J. (eds) *Arms Control and Cooperative Security*, Boulder, CO: Lynne Rienner Publishers, 2009.

Laurance, J. 'Climate Change Blamed for Legionnaire's Disease Outbreak', *The Independent*, 18 October 2006.

Laurance, J. 'Deadly Animal Diseases Poised to Infect Humans', *The Independent*, 4 January 2010.

Laurelle, M. *Russian Eurasianism: An Ideology of Empire*, Baltimore, MD: John Hopkins University Press, 2008.

Law, A.K. and Stohl, A. 'Arctic Air Pollution: Origins and Impacts', *Science*, vol. 315, 2007, 1537–1940.

Layne, C. 'Kant or Cant: The Myth of the Democratic Peace', *International Security*, vol. 19, no. 2, Fall 1994, 5–49.

Leaver, R. 'The Failing NPT: the Case for Institutional Reform', *Australian Journal of International Affairs*, vol. 59, no. 4, 2005, 417–424.

Leffler, M. 'Bush's Foreign Policy', *Foreign Policy*, vol. 144, 2004, 22–28.

Lenin, V.I. *Imperialism: The Highest Stage of Capitalism*, Moscow: Progress Publishers, [1917] 1966.

Levy, J.S. and Thompson, W.R. *Causes of War*, Oxford: Blackwell, 2010.

Lim, S. *et al.*, 'A comparative risk assessment of burden of disease and injury attributable to 67 risk factors and risk factor clusters in 21 regions, 1990–2010: A systematic analysis for the Global Burden of Disease Study 2010,' *Lancet*, vol. 380, 2012, 2224–2260.

Linz, J. and Stepan, A. *Problems of Democratic Transition and Consolidation. Southern Europe, South America, and Post-Communist Europe*, Baltimore and London: John Hopkins University Press, 1996.

Livingston, I. and O'Hanlon, M. 'Afghanistan Index – Also Including Selected Data on Pakistan', Brookings Institution, 13 December, 2012, www.brookings.edu/~/media/programs/foreign%20policy/afghanistan%20index/index20121213.pdf (Accessed 14.12.2012).
Lizza, R. 'The Consequentialist: How the Arab Spring Remade Obama's Foreign Policy', *The New Yorker*, 2 May 2011, available at www.newyorker.com/reporting/2011/05/02/110502fa_fact_lizza (Accessed 15.7.2011).
Lopez, M. 'The Politics of Lands at Risk in a Philippine Frontier', in P.D. Little and M.M. Horowitz (eds) *Lands at Risk*, Boulder, US: Westview Press, 1987.
Loretti, A. 'The Health Sector in Disaster Reduction and Emergency Management', keynote address for the session: 'Managing and Preparing for Disasters', *International Public Health Congress*, Health 21 in Action, Istanbul, 8–12 October 2000.
Lovenduski, J. 'Introduction', in M. Githens, P. Norris and J. Lovenduski (eds), *Different Roles, Different Voices*, New York: HarperCollins, 1994 ix–xvi.
Lowenthal, M. *Intelligence: From Secrets to Policy*, 5th edn., Washington DC: Congressional Quarterly, 2012.
Lynn-Jones, S.M. 'Realism and Security Studies', in C.A. Snyder (ed.), *Contemporary Security and Strategy*, New York: Routledge, 1999.
Lyon, D. *Surveillance Studies: An Overview*, Oxford: Polity, 2007.
MacFarlane, S. and Foong Khong, Y. *Human Security and the UN. A Critical History*, Bloomington, US: Indiana University Press, 2006.
MacKay, P. *Question Period*, August 2, CTV, 2007.
MacQueen, N. *Peacekeeping and the International System*, Abingdon: Routledge, 2006.
Machiavelli, N. *The Prince*, Chichester: Capstone, [1532] 2010.
Madsen, F. *Transnational Organized Crime (Global Institutions)*, Abingdon: Routledge, 2009.
Makarychev, A. 'Russian Policy after Colour Revolutions', *PONARS Eurasia Policy Memo No. 4*, March, 2008.
Malthus, T. *An Essay on the Principle of Population*, London: J. Johnson, 1798.
Marshall, M. *Conflict Trends in Africa 1946–2004*, Report for UK Government, London, Department for International Development, 2006.
Masala, C. *Den Blick nach Süden? Die NATO im Mittelmeerraum (1990-2003). Fallstudie zur Anpassung militärischer Allianzen an neue sicherheitspolitische Rahmenbedingungen*, Baden-Baden: Nomos, 2003.
Mathers, C. and Loncur, D. 'Projections of Global Mortality and Burden of Disease from 2002 to 2030', *PLoS Medicine*, vol. 3, no. 11, 2006, 2011–2030.
Mathew, R.A., Barnett, J., McDonald, B. and O'Brien, K.L. (eds) *Global Environmental Change and Human Security*, Boston: MIT Press, 2010.
Mathews, J. 'Redefining Security', *Foreign Affairs*, vol. 68, no. 2, 1989, 162–177.
Mathews, J. 'Power Shift', *Foreign Affairs*, vol. 76, no. 1, 1997, 50–66.
Matin, N. and Taher, M. 'Disaster Mitigation in Bangladesh: Country Case Study of NGO Activities', Report for Research Project NGO National Disaster Mitigation and Preparedness Projects: An Assessment of the Way Forward, ESCOR Award no. R7231, 2000.
Matthew, R. and Zalidi, A. 'People, Scarcity and Violence in Pakistan', in R.A. Matthew, M. Halle and J. Switzer (eds) *Conserving the Peace: Resources, Livelihoods and Scarcity*, Geneva: International Institute for Sustainable Development, 2002, 57–98.
Mazza, P. 'The Invisible Hand: Is Global Warming Driving El Nino?', *Sierra Magazine*, vol. 83, May/June, 1998.
McDougall, W.A. *The Heavens and the Earth: A Political History of the Space Age*, Baltimore: John Hopkins University Press, 1985.
McEwen, F. and Stephenson, G. *The Use and Significance of Pesticides in the Environment*, New York: Wiley, 1979.
McMichael, A., Campbell-Lendrum, D. and Kovats, S. 'Global Climate Change', in M.J. Ezzati, A. Lopez, A. Rodgers and C. Murray (eds), *Comparative Quantification of Health Risks: Global*

and Regional Burden of Disease Due to Selected Major Risk Factors, Geneva: World Health Organization, 2004.

McMillan, S.M. 'Interdependence and Conflict', *Mershon International Studies Review*, vol. 41, no. 1, 1997.

McMurray, C. and Smith, R. *Diseases of Globalization. Socioeconomic Transition and Health*, London: Earthscan, 2001.

McNeill, W. *Plague and Peoples*, Toronto: Doubleday, 1989.

Mearsheimer, J. 'Back to the Future: Instability in Europe after the Cold War', *International Security*, vol. 15, no. 4, 1990, 5–56.

Mearsheimer, J. 'The Case for a Ukrainian Nuclear Deterrent', *Foreign Affairs*, vol. 72, no. 3, Summer 1993, 50–66.

Mearsheimer, J. 'The False Promise of International Institutions', *International Security*, vol. 19, no. 3, 1994/1995, 5–49.

Mearsheimer, J. *The Tragedy of Great Power Politics*, New York: Norton, 2001.

Mearsheimer, J. 'E.H. Carr vs. Idealism: The Battle Rages On', *International Relations*, vol. 19, no. 2, June 2005, 139–152.

Mearsheimer, J. 'Structural Realism', in T. Dunne, M. Kurki, and S. Smith (eds), *International Relations Theories: Discipline and Diversity*, Oxford: Oxford University Press, 2006.

Mearsheimer, J.J. and Walt, S.M. 'An Unnecessary War', *Foreign Policy*, no. 134, January/February, 2003, 50–59.

Medvedev, D. Speech. Berlin. 5 June 2008 at www.ln.mid.ru/brp_4.nsf/0/C080DC2FF8D93629C3257460003496C4 (Accessed 14.6.2013).

Milner, H. 'The Assumption of Anarchy in International Relations: A Critique', in D.A. Baldwin (ed.), *Neorealism and Neoliberalism: The Contemporary Debate*, New York: Columbia University Press, 1993.

Ministry of Foreign Affairs of Japan, Human Security, www.mofa.go.jp/policy/human_secu/sympo0112_pm.html (Accessed 17.2.2014).

Minteh, B. and Perry, A. 'Terrorism in West Africa – Boko Haram's Evolution, Strategy and Affiliations', paper presented at the Mid-West Political Science Association's 71st Annual Conference, Palmer House Hotel, Chicago, Illinois, USA, 2013.

Mitchell, D. *A Note on Rising Food Prices*. Policy Research Working Paper 4682, Washington DC: World Bank Development Prospects Group, 2008.

Modelski, G. 'The Study of Alliances: A Review', *Journal of Conflict Resolution*, vol. 7, no. 4, 1963, 769–776.

Møller, S. *Press Release after Ilulissat Declaration*, 28 May 2008, Ilulissat, Greenland.

Monk School of Global Affairs (MSGA), *Rethinking the Top of the World: Arctic Security Public Opinion Survey*, University of Toronto, 2011.

Moore, M. 'Arming the Embargoed: A Supply-Side Understanding of Arms Embargo Violations', *Journal of Conflict Resolution*, vol. 54, no. 4, 2010, 593–615.

Morgan, P. *International Security: Problems and Solutions*, Washington: CQ Press, 2006.

Muldoon, James P. (ed.) *The New Dynamics of Multilateralism: Diplomacy, International Organizations and Global Governance*, Boulder: Westview Press, 2011.

Münkler, H. *New Wars*, trans. P. Camiller, Cambridge: Polity Press, 2005.

Mychajlyszyn, N. and Shaw, T. *Twisting Arms and Flexing Muscles: Humanitarian Intervention and Peacebuilding in Perspective*, Aldershot: Ashgate, 2005.

Myers, B.R. *The Cleanest Race: How North Koreans See Themselves and Why It Matters*, Brooklyn, NY: Melville House Publishing, 2010.

Nakajima, H. 'Global Disease Threats and Foreign Policy', *Brown Journal of World Affairs*, vol. 4, no. 1, 1997, 319–332.

National Intelligence Council (NIC), 'The Global Infectious Disease Threat and its Implications for the United States', NIE 99-17D, Washington DC: National Intelligence Council, 2000, http://www.cia.gov/cia/publications/nie/report/nie99-17d.html (Accessed 8.2.2002).

National Intelligence Council (NIC), 'Mapping the Global Future', December 2004, available at www.foia.cia.gov/2020/2020/pdf (Accessed 1.6.2011).

National Intelligence Council (NIC), 'Global Trends 2025: A World Transformed', November 2008, available at www.dni.gov/nic/PDF_2025/_2025_Global_Trends_Final_Report.pdf (Accessed 1.6.2011).

National Intelligence Council (NIC), 'Global Trends 2030: Alternative Worlds', 2012, available at www.dni.gov/index.php/about/organization/national-intelligence-council-global-trends (Accessed 1.12.2012).

National Security Strategy, 2002 at http://georgewbush-whitehouse.archives.gov/nsc/nss/2002/index.html (Accessed 2.7.2011).

National Security Strategy, 2006 at http://georgewbush-whitehouse.archives.gov/nsc/nss/2006/ (Accessed 2.7.2006).

National Security Strategy 2010 at www.whitehouse.gov/sites/default/files/rss.viewer/national_security_strategy.pdf (Accessed 1.7.2011).

NATO *Environmental Security*, http://www.nato.int/cps/en/natolive/topics_49216.htm 2013 (Accessed 18.10.2013).

Netherlands, *Policy Agenda 2006*, Ministry of Foreign Affairs, Netherlands

Neumann, I. 'Russia as a Great Power: 1805–2007', *Journal of International Relations and Development*, vol. 11, 2008, 128–151.

Neumann, P. 'Negotiating with Terrorists', *Foreign Affairs*, vol. 86, no. 1, January/February 2007, 128–138.

Newman, G. (ed.) *Global Report on Crime and Justice*, United Nations Office for Drug Control and Crime Prevention, New York: Oxford University Press, 2002.

Newton, A. 'The "Talking Cure": Intelligence, Counter-terrorism, Doctrine and Social Movements', *Intelligence and National Security*, vol. 26, no. 1, 2011, 120–131.

Noble, R. 'Interpol's Way: Thinking Beyond Boundaries and Acting Across Borders through Member Countries' Police Services', Secretary General of Interpol speech delivered at Tufts University, Boston, 1 March 2003.

Norris, P. and Inglehart, R. *Sacred and Secular. Religion and Politics Worldwide*, Cambridge: Cambridge University Press, 2004.

Nossel, S. 'Smart Power', *Foreign Affairs*, vol. 83, no. 2, March/April 2004, 131–142.

Nunavut, *Nunavut's Health System. A Report Delivered as Part of Inuit Obligations Under Article 32 of the Nunavut Land Claims Agreement 1993*, Iquailut: Nunavut Tunngavik, 2008.

Nuruzzaman, M. 'Beyond Realist Theories: "Neo-Conservative Realism" and the American Invasion of Iraq', *International Studies Perspectives*, vol. 7, no. 3, 2006, 239–253.

Nye, J. *Bound to Lead. The Changing Nature of American Power*, New York: Basic Books, 1990.

Nye, J. *Soft Power: The Means to Success in World Politics*, New York: Free Press, 2004.

Nye, J. *Understanding International Conflicts: an Introduction to Theory and History*, 6th Edition, New York: Pearson Longman, 2007.

Nye, J. 'The Future of American Power: Dominance and Decline in Perspective', *Foreign Affairs*, November/December, vol. 89, no. 6, 2010, 2–12.

Nye, J. *The Future of Power*, New York: Public Affairs, 2011.

Nye, J. and Lynn-Jones, S.M. 'International Security Studies: A Report of a Conference on the State of the Field', *International Security*, vol. 12, no. 4, 1988, 5–27.

Obama, B. 'A New Strategy for a New World', Washington DC, 15 July 2008 at http://my.barackobama.com/page/content/newstrategy (Accessed 1.7.2011).

Obama, B. 'Inaugural Address', 21 January 2009, www.whitehouse.gov/the-press-office/president-barack-obamas-inaugural-address (Accessed 1.7.2011).

Obama, B. 'Remarks by President Barack Obama', speech at Hradcany Square, Prague, Czech Republic, 5 April, 2009b, www.whitehouse.gov/the_press_office/Remarks-By-President-Barack-Obama-In-Prague-As-Delivered (Accessed 5.4.2014).

Obama, B. 'Remarks by the President in Address to the Nation on the Way Forward in Afghanistan and Pakistan', 1 December, 2009c, at www.whitehouse.gov/the-press-office/remarks-president-address-nation-way-forward-afghanistan-and-pakistan (Accessed 10.7.2011).

Obama, B. 'Remarks by the President in the Defense Strategic Review', 5 January 2012, www.whitehouse.gov/the-press-office/2012/01/05/remarks-president-defense-strategic-review (Accessed 7.2.2012).

Obama, B. 'Remarks by the President at the United States Military Academy Commencement Ceremony, 28 May 2014, available at http://www.whitehouse.gov/the-press-office/2014/05/28/remarks-president-west-point-academy-commencement-ceremony (Accessed 4.11.2014).

Oberdorfer, D. and Carlin, R. *The Two Koreas: A Contemporary History*, New York: Basic Books, 2013.

Ohmae, K. *The End of the Nation State*, London: HarperCollins, 2008.

Omand, D. *Securing the State*, London: Hurst and Company, 2010.

Ong, R. *China's Security Interests in the 21st Century*, London and New York: Routledge, 2007.

O'Rourke, K.H. and Williamson, J.G. 'When Did Globalisation Begin?', *European Review of Economic History*, vol. 6, no. 1, 2002, 23–50.

Ortiz, C. *Private Armed Forces and Global Security: A Guide to the Issues*, Santa Barbara, CA: Praeger, 2010.

Osborn, F. *Our Plundered Planet*. New York: Grosset and Dunlap, 1948.

Osgood, R. *Alliances and American Foreign Policy*, Baltimore, MD: Johns Hopkins University Press, 1968.

Østensen, A.G. 'UN Use of Private Military and Security Companies: Practices and Policies', Geneva Centre for the Democratic Control of Armed Forces, www.dcaf.ch/content/download/45662/678940/file/SSR_PAPER3.pdf, 2011 (Accessed 28.6.2014).

Oxfam, *Cut the Cost. Patent Injustice: How World Trade Rules Threaten the Health of Poor People*, Oxford: Oxfam, 2002.

Oxfam, 'Campaigning for a Bulletproof Arms Trade Treaty', www.oxfam.org.uk/get-involved/campaign-with-us/our-campaigns/rights-in-crisis/arms-trade-treaty, 2012 (Accessed 5.7.2012).

Paarlberg, R. *Food Politics: What Everyone Needs to Know*, Oxford: Oxford University Press, 2013.

Paddock, W. and Paddock, P. *Famine 1975*, London: Weidenfield and Nicolson, 1967.

Palme, O. *Common Security. A Programme for Disarmament*, London: Pan Books, 1982.

Pant, H. (ed.) *Handbook of Nuclear Proliferation*, New York: Routledge, 2012.

Paris, R. 'Human Security: Paradigm Shift or Hot Air?', *International Security*, vol. 26, no. 2, Autumn 2001, 87–102.

Peng Er, Lam, 'Japan's Human Security Role in Southeast Asia', *Contemporary Southeast Asia*, vol. 28, no. 1, April 2006, 141–159.

Petito, F. 'The Global Political Discourse of Dialogue among Civilizations: Mohammad Khatami and Vaclav Havel', *Global Change, Peace & Security*, vol. 19, no. 2, 2007, 103–125.

Petito, F. 'Dialogue of Civilizations as an Alternative Model for World Order', in M. Michalis and F. Petito (eds.) *Civilizational Dialogue and World Order: The Other Politics of Cultures, Religions and Civilizations in International Relations*, New York: Palgrave, 2009, 47–67.

Petito, F. and Hatzopoulos, P. *Religion in International Relations. The Return from Exile*, New York: Palgrave, 2003.

Pew Research Global Attitudes Project (2011) 'Muslim-Western Tensions Persist', available at www.pewglobal.org/2011/07/21/muslim-western-tensions-persist (Accessed 20.4.2014).

Pew Research Centre, 'Drone Strikes Widely Opposed: Global Opinion of Obama Slips, International Policies Faulted', 13 June 2012, at www.pewglobal.org/2012/06/13/global-opinion-of-obama-slips-international-policies-faulted/ (Accessed 12.11.2012).

Phillips, A. *Feminism and Politics*, Oxford: Oxford University Press, 1998.

Pickup, G. 'Desertification and Climate Change: The Australian Perspective', *Climate Research*, vol. 11, 1998, 51–63.

Pierre, A.J. (ed.) *Cascade of Arms: Managing Conventional Weapons Proliferation*, Cambridge, Mass.: World Peace Foundation, 1997.

Pillar, P. 'Think Again: Intelligence', *Foreign Policy*, January/February, 2012.

Pingeot, L. *Dangerous Partnership: Private Military and Security Companies and the UN*, Global Policy Forum, www.globalpolicy.org/images/pdfs/GPF_Dangerous_Partnership_Full_report.pdf, 2012 (Accessed 28.6.2014).

Pinker, S. *The Better Angels of Our Nature: Why Violence Has Declined*, New York: Viking, 2011.

Pirages, D. and Runci, P. 'Ecological Interdependence and the Spread of Infectious Disease', in M. Cusimano (ed.) *Beyond Sovereignty: Issues for a Global Agenda*, New York: St Martin, 2000, 177–193.

Prescott, E. 'SARS. A Warning', *Survival*, vol. 45, issue 3, 2003, 207–226.

Preston, S. 'The Changing Relationship between Mortality and Level of Economic Development', *Population Studies*, vol. 29, no. 2, 1975, 231–248.

Prezelj, I. 'Challenges in Conceptualizing and Providing Human Security', *HUMSEC Journal*, Issue 2, 2008. www.humsec.eu/cms/index.php?id=327 (Accessed 18.2.2014).

Price, R. and Reus-Smit, C. 'Dangerous Liaisons? Critical International Theory and Constructivism', *European Journal of International Relations*, vol. 4, no. 3, 1998, 259–294.

Price-Smith, A. *The Health of Nations: Infectious Diseases, Environmental Change, and Their Effects on National Security and Development*, Cambridge, MA: MIT Press, 2001.

Prins, G. and Stamp, R. *Top Guns and Toxic Whales: The Environment and Global Security*, London: Earthscan, 1991.

PRIO, *Data on Armed Conflict*, www.prio.no/Data/Armed-Conflict/?id=348 2014 (Accessed 12.2.2014).

Putin, V. *Speech*. 43rd Munich Security Conference, 10 February 2007, www.securityconference.de/konferenzen/rede.php?sprache_en&id_179 (Accessed 12.6.2013).

Putin, V. Speech at the International Forum, '*The Arctic. Territory of Dialogue*', 23 September. http://premier.gov.ru/eng/events/news/12304/, 2010 (Accessed 3.10.2011).

Putin, V. Speech, *Russia Today*, 17.04.2014.

Rapoport, D. 'The Four Waves of Modern Terrorism', in A. Cronin and J. Ludes (eds) *Attacking Terrorism*, Washington, DC: Georgetown University Press, 2004, 46–73.

Rasmussen, A.F. 'NATO After Libya', *Foreign Affairs*, vol. 90, no. 4, July/August 2011, 2–6.

Rasmussen, M. 'Reflexive Security: NATO and International Risk Society', *Millennium Journal of International Studies*, vol. 30, no. 2, 2001, 285–309.

Rid, T. 'Think Again: Cyberwar', *Foreign Policy*, March/April 2012, 80–84.

Risse-Kappen, T. 'Collective Identity in a Democratic Community: The case of NATO', in P. Katzenstein (ed.) *The Culture of National Security: Norms and Identity in World Politics*, New York and Chichester: Columbia University Press, 1996, 357–399.

Roberts, A. 'Lives and Statistics: Are 90% of War Victims Civilians?', *Survival*, vol. 52, no. 3, 2010, 115–136.

Rohter, L. *Brazil on the Rise: The Story of a Country Transformed*, Basingstoke: Palgrave Macmillan, 2012.

Rose, R. and Shiratori, R. (eds) *The Welfare State East and West*, New York: Oxford University Press, 1986.

Rostow, W. *The Stages of Economic Growth*, Cambridge: Cambridge University Press, 1960.

Rotberg, R. (ed.) *When States Fail: Causes and Consequences*, Princeton, NJ: Princeton University Press, 2004.

Rothkopf, D.J. 'Inside the Committee That Runs the World', *Foreign Policy*, vol. 147, 2005, 30–40.

Rothschild, E. 'What is Security', *Daedalus*, vol. 124, no. 3, 1995, 53–98.

Ruggie, J. *Constructing the World Polity: Essays on International Institutionalism*, London: Routledge, 1998.

Russett, B. 'An Empirical Typology of International Military Alliances', *Midwest Journal of Political Science*, vol. 15, 1971, 262–289.

Russett, B.M. and Oneal, J.R. *Triangulating Peace: Democracy, Interdependence, and International Organizations*, New York: W.W. Norton and Company, 2001.

Russia, *Environmental Security of Russia*, issue 2, the Security Council of the Russian Federation, Moscow, 13 October 1994.

Russia, *The Foreign Policy Concept of the Russian Federation*, Moscow: Ministry of Foreign Affairs, 12 February 2013.

Russian Government, *Fundamentals of Russian State Policy in the Arctic up to 2020 and Beyond*, Moscow, 2009.

Sagan, S. and Waltz, K. *The Spread of Nuclear Weapons: A Debate Renewed* (2nd ed.), New York: Norton, 2002.

Sagan, S.D. 'The Perils of Proliferation: Organisation Theory, Deterrence Theory, and the Spread of Nuclear Weapons', *International Security*, Spring, vol. 4, 1994, 66–107.

Saikal, A. 'The Iran Nuclear Dispute', *Australian Journal of International Affairs*, vol. 60, no. 2, 2006, 193–199.

Sakwa, R. 'New Cold War or Twenty Years Crisis? Russia and International Relations', *International Affairs*, vol. 84, no. 2, 2008, 241–267.

Sanchez, S., Swaminathan, M.S., Dobie, P. and Yuksel, N. *Halving Hunger. It Can be Done*, UN Millennium Project Task Force on Hunger, London: Earthscan, 2005.

Sarkees, M.R. 'The COW Typology of War: Defining and Categorizing War', www.correlatesofwar.org/COW2%20Data/WarData_NEW/COW%20Website%20-%20Typology%20of%20war.pdf, 2010 (Accessed 28.6.2014).

Scahill, J. *Blackwater: The Rise of the World's Most Powerful Mercenary Army*, New York: Nation Books, 2007.

Schlosser, E. *Command and Control: Nuclear Weapons, the Damascus Accident, and the Illusion of Safety*, London: Penguin Press, 2013.

Schmid, A. and Jongman, A. *Political Terrorism: A New Guide to Actors, Authors, Concepts, Databases, Theories and Literature*, New Brunswick, NJ: Transaction Press, 2005.

Schwartz, M. and Church, J. 'Department of Defense's Use of Contractors to Support Military Operations: Background, Analysis, and Issues for Congress', Congressional Research Service, www.fas.org/sgp/crs/natsec/R43074.pdf, 2013 (Accessed 28.6.2014).

Scot, L. 'Secret Intelligence, Covert Action and Clandestine Diplomacy', *Intelligence and National Security*, vol. 19, no. 2, 2004, 322–334.

Seale, P., Shellenberger, S. and Spence, J. 'Alcohol Problems in Alaska Natives: Lessons from the Inuit', *American Indian and Alaska Native Mental Health Research: The Journal of the National Center*, vol. 13, no. 1, 2006, 1–31.

Sen, A. 'Democracy as a Universal Value', *Journal of Democracy*, vol. 10, no. 3, 1999, 3–17.

Shafer, J. 'Live and Let Live: State Secrets in the Snowden Era', *Foreign Affairs*, vol. 93, no. 2, 2014, 136–142.

Shah, P.Z. 'My Drone War', *Foreign Policy*, March/April, 2012, 56–62.

Shankar Jha, P. *The Twilight of the Nation State: Globalisation, Chaos and War*, London: Pluto Press, 2006.

Sharma, S. 'Assessing Diet and Lifestyle in the Canadian Arctic Inuit and Inuvialuit to Inform a Nutrition and Physical Activity Intervention Programme', *Journal of Human Nutrition and Dietetics*, vol. 23, special supplement, 7 September 2010, 5–17.

Shaw, M. *International Law* (5th Ed.), Cambridge: Cambridge University Press, 2002.

Shepherd, L.J. (ed.) *Gender Matters in Global Politics: A Feminist Introduction to International Relations*, London: Routledge, 2010.

Shepherd, L.J. 'The State of Feminist Security Studies: Continuing the Conversation', *International Studies Perspectives*, vol. 14, 2013, 436–439.

Sheptycki, J. 'Global Law Enforcement: A Protection Racket', in A. Edwards and P. Gill (eds) *Transnational Organized Crime: Perspectives on Global Security*, London and New York: Routledge, 2003, 42–58.

Shindler, C. *A History of Modern Israel*, Cambridge: Cambridge University Press, 2008.

Shlapentokh, V. 'Perceptions of a Threat to the Regime as a Major Factor of Russian Foreign Policy', *Johnson's Russia List*, 2007, available at http:www.cdi.org/Russia/Johnson (Accessed 13.5.2013).

Shlapentokh, V., Woods, J. and Shiraev, E. (eds) *America. Sovereign Defender or Cowboy Nation?* Aldershot, UK and Burlington, VT: Ashgate, 2005.

Shulsky, A. (revised by Schmitt, G.) *Silent Warfare: Understanding the World of Intelligence*, 3rd ed., Washington DC: Brassey's, 2002.

Shupe, A. 'The Stubborn Persistence of Religion in the Global Arena', in E. Sahliyeh (ed.) *Religious Resurgence and Politics in the Contemporary World*, Albany: State University of New York Press, 1990, 17–26.

Simon, S. and Martini, J. 'Terrorism: Denying Al-Qaeda Its Popular Support', *The Washington Quarterly*, vol. 28, no. 1, Winter 2004–05, 131–145.

Singer, P. *Corporate Warriors: The Rise of the Privatized Military Industry*, Ithaca, NY: Cornell University Press, 2003.

Sjoberg, L. (ed.) *Gender and International Security*, London: Routledge, 2010.

Sledge, M. 'The Toll of 5 Years of Drone Strikes: 2,400 Dead', *Huffington Post*, www.huffingtonpost.com/2014/01/23/obama-drone-program-anniversary_n_4654825.html, 23 January 2014 (Accessed 28.6.2014).

Small Arms Survey 2002: Counting the Human Cost, Oxford: Oxford University Press, 2002.

Small Arms Survey 2007: Guns and the City, Geneva: SAS, 2007.

Small Arms Survey, 'Weapons and Markets', www.smallarmssurvey.org/weapons-and-markets.html, 2014 (Accessed 28.6.2014).

Smith, B. 'Poison Pen', www.nrapublications.org/index.php/16708/poison-pen/, 2013 (Accessed 28.6.2014).

Smith, D.E. *Religion and Political Development*, Boston, MA: Little Brown, 1970.

Smith, K. *Environmental Hazards. Assessing Risk and Reducing Disaster*, London and New York: Routledge, 2001.

Smith, K. and Petley, D. *Environmental Hazards. Assessing Risk and Reducing Disaster*, 5th edn, London and New York: Routledge, 2009.

Smith, S. 'The End of the Unipolar Moment? September 11th and the Future of World Order', *International Relations*, vol. 16, no. 2, 2002, 171–183.

Smith, S. 'The Contested Concept of Security', in K. Booth (ed.), *Critical Security Studies and World Politics*, Boulder, CO: Lynne Rienner, 2005.

Sobek, D. *The Causes of War*, Cambridge: Polity Press, 2009.

Soderbaum, F. 'Introduction: Theories of New Regionalism', in F. Soderbaum and T. Shaw (eds) *Theories of New Regionalism. A Palgrave Reader*, London: Palgrave, 2003.

Sokolski, H. and Ludes, J. *Twenty-First Century Weapons Proliferation: Are We Ready?* London: Frank Cass, 2001.

Sopoanga, S. 'Statement by Tuvalu', Johannesburg: World Summit on Sustainable Development, 2 September 2002.

Sprout, H. and Sprout, M. *Toward a Politics of the Planet Earth*, New York: Van Nostrand Reinhold, 1971.

Stark, H. 'Mossad's Miracle Weapon: Stuxnet Virus Opens a New Era of Cyber War', *Speigel On Line*, 8 August 2011, www.speigel.de/international/world/mossad-s-miracle-weapon-stuxnet-virus-opens-new-era-of-cyber-war-a-778912-druck.html (Accessed 1.5.2014).

Starr, J. 'Water Wars', *Foreign Policy*, vol. 82, Spring 1991, 17–36.

Steans, J. *Gender and International Relations*, Cambridge: Polity, 2013.

Stepan, A. 'Religion, Democracy, and the "Twin Tolerations"', *Journal of Democracy*, vol. 11, no. 4, 2000, 37–57.

Stern, J. *The Ultimate Terrorists*, Cambridge, MA: Harvard University Press, 1999.

Stern, J. 'Mind Over Martyr: How to Deradicalize Islamic Extremists', *Foreign Affairs*, January/February, 2010, 95–108.

Stern, N. *The Economics of Climate Change – the Stern Review*, Cambridge: Cambridge University Press, 2006.

Stiglitz, J. *Globalization and its Discontents*, New York and London: Norton, 2002.

Stiglitz, J. *Making Globalization Work*, London: Allen Lane, 2006.

Stockholm International Peace Research Institute (SIPRI), *SIPRI Yearbook 2012: Armaments, Disarmament and International Security*, Oxford: Oxford University Press, 2012.
Stohl, R. and Grillot, S. *The International Arms Trade*, Cambridge: Polity Press, 2009.
Store, J. and Lavrov, S. *Joint Communique*, Globe and Mail, 2010.
Strauss, S, 'Wars do end! Changing Patterns of Political Violence in sub-Saharan Africa', *African Affairs*, March 2012, 1–23.
Strindberg, A. and Wärn, M. *Islamism. Religion, Radicalism and Resistance*, Cambridge: Polity, 2011.
Sukhdev, P. *Economics of Ecosystems and Biodiversity-TEEB*, Germany: Helmholz Association, 2008.
Svetlichnaja, J. and Heartfield, J. 'Sovereign Democracy: Dictatorship over Capitalism in Contemporary Russia', *Radical Philosophy*, vol. 159, Jan/Feb 2010, 38–43.
Swiss Re, 'Natural and man-made catastrophes in 2011', Sigma study 2/2012, 2012.
Sylvester, C. 'Tensions in Feminist Security Studies', *Security Dialogue*, vol. 41, 2010, 607.
Synder, G. *Alliance Politics*, Ithaca, NY: Cornell University Press, 1997.
Takala, J. *Introductory Report: Decent Work, Safe Work*, XVI World Congress on Safety and Health at Work, Vienna, 27 May 2002.
Talmadge, C. 'Deterring a Nuclear 9/11', *The Washington Quarterly*, Spring 2007, 21–34.
Tatham, C. and McCleary, R. 'Just Cause? The 1989 US Invasion of Panama', in R. McCleary (ed.) *Seeking Justice. Ethics and International Affairs*, Boulder, CO and Oxford: Westview Press, 1992.
Tavares, R. *Security in South America: The Role of States and Regional Organisations*, London: Eurospan, 2014.
Tenenbaum, D. 'POPs in Polar Bears: Organochlorines Affect Bone Density', *Environmental Health Perspectives*, vol. 112, no. 17, 2004, A1011.
Theis, W.J. *Why NATO Endures*, Cambridge: Cambridge University Press, 2009.
Thomas, S. *The Global Transformation of Religion and the Transformation of International Relations. The Struggle for the Soul of the Twenty-First Century*, New York and Basingstoke: Palgrave Macmillan, 2005.
Thompson, W.S. 'The Communist International System', *Orbis*, vol. 20, no. 4, 1977, 841–856.
Tickner, J.A. *Gender in International Relations: Feminist Perspectives in Achieving Global Security*, New York: Columbia University Press, 1992.
Tickner, J.A. 'Feminist Responses to International Security Studies', *Peace Review: A Journal of Social Justice*, vol. 16, no. 1, 2004, 43–48.
Transparency International, *Government Defence Anti-Corruption Index 2013*, http://government.defenceindex.org/sites/default/files/documents/GI-main-report.pdf, 2013 (Accessed 28.6.2014).
Trenberth, K. 'El Nino and Global Warming', *Journal of Marine Education*, vol. 15, no. 2, 1998, 12–18.
Trenin, D. *The End of Eurasia: Russia on the Border between Geopolitics and Globalization*, Washington DC: Brooking International Press, 2002.
Trenin, D. 'Russia Leaves the West', *Foreign Affairs*, vol. 85, no. 4, July/August 2006, 87–96.
True, J. *The Political Economy of Violence Against Women*, Oxford: Oxford University Press, 2012.
Tsygankov, A. 'Mastering Space in Eurasia: Russia's Geopolitical Thinking after the Soviet break-up', *Communist and Post Communist Studies*, vol. 36, 2003, 101–127.
Tsygankov, A. 'Finding a Civilizational Idea: "West", "Eurasia", and "Euro-East" in Russian Foreign Policy', *Geopolitics*, vol. 12, no. 3, 2007, 375–399.
UK FCO, 'Cyber Crime', *Global Issues*, www.fco.gov.uk/en/global-issues/cyber-space/, 2011 (Accessed 25.6.2011).
Ullman, R. 'Redefining Security', *International Security*, vol. 8, no. 1, Summer, 1983, 129–153.
UN, www.unifem.org/gender_issues/violence_against_women/facts_figures.html, nd (Accessed 20.4.2014).
UN, 'Secretary-General Salutes International Workshop on Human Security in Mongolia', two-day Session in Ulaanbaatar, May 8–10, 2000. Press Release SG/SM/7382.
UN, *United Nations Convention Against Transnational Organized Crime* www.unodc.org/unodc/en/treaties/CTOC/, 2000.

UN, *A More Secure World. Our Shared Responsibility*, United Nations Secretary-General's High-Level Panel on Threats, Challenges, and Change, New York, 2004.

UN, *Small Arms Review. International Small Arms Survey*, 2006.

UN, 'A New Global Partnership: Eradicate Poverty and Transform Societies Through Sustainable Development', *Report of the UN High Level Panel of Eminent Persons on the Post 2015 Development Agenda*, New York: United Nations, 2013.

UN, 'Peacekeeping', www.un.org/en/peacekeeping/operations/, 2014 (Accessed 28.6.2014).

UNAIDS, *World AIDS Day Report. How to Get to Zero Faster, Smarter, Better*, Geneva, UNAIDS, 2011.

UNDP *Human Development Report. People's Participation*, Oxford: Oxford University Press, 1993.

UNDP, *Human Development Report 1994*, Oxford: Oxford University Press, 1994.

UNDP, *Human Development Report. Globalization with a Human Face*, Oxford: Oxford University Press, 1999.

UNDP, *Humanity Divided: Confronting Inequality in Developing Countries*, www.undp.org/content/undp/en/home/librarypage/poverty-reduction/humanity-divided–confronting-inequality-in-developing-countries.html, 2014 (Accessed 28.6.2014).

UN Economic Commission for Africa (UNECA), *Assessing Progress in Africa Towards the Millennium Development Goals 2013. Food Security in Africa: Issues, Challenges and Lessons*, Geneva: UN, 2013.

UNEP, *GEO 3: Global Environmental Outlook*, http://geo.unep-wcmc.org/geo3/ 2002 (Accessed 3.10.2002).

UNEP (2012) South Sudan Joins Montreal Protocol, http://www.unep.org/Documents.Multilingual/Default.asp?DocumentID=2666&ArticleID=9010&l=en (Accessed 12.5.2013).

UN General Assembly, 'In Larger Freedom: Towards Development, Security and Human Rights For All', *Report of the Secretary-General*, A/59/2005, 21 March 2005.

UN General Assembly, 'Resolution 60/1. 2005 World Summit Outcome', www.unrol.org/files/2005%20World%20Summit%20Outcome.pdf, 2005 (Accessed 28.6.2014).

UNGA and UNSC, *A Regional-Global Security Partnership: Challenges and Opportunities*, Report of the Secretary-General, 28 July 28 A/61/204–S/2006/590, 2006.

UN-Habitat, *The Challenge of Slums. Global Report on Human Settlements*, London: Earthscan, 2003.

UN High-Level Panel on Threats, Challenges and Change, *A More Secure World: Our Shared Responsibility*, www.un.org/en/peacebuilding/pdf/historical/hlp_more_secure_world.pdf, 2004 (Accessed 28.6.2014).

UN Security Council, 'Resolution 1973', http://daccess-dds-ny.un.org/doc/UNDOC/GEN/N11/268/39/PDF/N1126839.pdf, 2011 (Accessed 28.6.2014).

Ungar, M. *Policing Democracy: Overcoming Obstacles to Citizen Security in Latin America*, Baltimore: John Hopkins University Press, 2011.

United States Geological Society *Survey of Undiscovered Oil and Gas in the Arctic*, 2008.

University of North Dakota *Volcano World* http://volcano.und.nodak.edu/vwdocs/volc_images/southeast_asia/indonesia/tambora.html (Accessed 3.10.2002).

UNODC, *World Drug Report*, Vienna: UN Office for Drugs and Crime, 2005.

UNODC, *World Drug Report*, Vienna: UN Office for Drugs and Crime, 2007.

UNODC, *The Globalization of Crime. A Transnational Organized Crime Threat Assessment*, Vienna: UN Office for Drugs and Crime, 2010.

UNODC, *Global Study on Homicide. Trends, Context Data*, Vienna: UN Office for Drugs and Crime, 2011a.

UNODC, *Overview of Global and Regional Drug Trends and Patterns*, Vienna: UN Office for Drugs and Crime, 2011b.

United Nations Security Council, Resolution 1308, 17 July 2000, S/RES 1308.

UNSC, Letter dated 5 April 2007 from the Permanent Representative of the United Kingdom of Great Britain and Northern Ireland to the United Nations, addressed to the President of the Security Council, 5 April S/2007/186, 2007.

Uppsala/PRIO, *Armed Conflict Dataset*, www.prio.no/Data/Armed-Conflict/UCDP-PRIO/2010 (Accessed 3.6.2013).
Upton, M. 'Global Health Trumps the Nation-State', *World Policy Journal*, Fall, 2004, 73–78.
US, *Trafficking in Persons Report*, Washington DC: State Department, 2011.
US Government, *Homeland Security Directive on Arctic Regional Policy*, 2009.
USA, *National Security Strategy Document*, Washington DC, 1994.
Usher, M. with Callaghan, T.V., Gilchrist, G., Heal, B., Juday, G.P., Leong, H., Muir, M.A.K. and Prestrud, P. 'Human Impacts on the Biodiversity of the Arctic', *Encyclopedia of the Earth*, 2010, http://www.eoearth.org/article/Human_impacts_on_the_biodiversity_of_the_Arctic (Accessed 15.12.10).
Uvin, P. *The International Organization of Hunger*, London and New York: Kegan Paul, 1994.
Valentino, B. 'The True Cost of Humanitarian Intervention', *Foreign Affairs*, November/December, 2011, 60–73.
van Creveld, M. *The Transformation of War: The Most Radical Reinterpretation of Armed Conflict Since Clausewitz*, New York: Free Press, 1991.
Vinokurov, E. and Libman, A. *Eurasian Integration: Challenges of Transcontinental Regionalism*, Basingstoke: Palgrave Macmillan, 2012.
Wadley, J.D. 'Gendering the State', in L. Sjoberg (ed.) *Gender and International Security*, London: Routledge, 2010, 39.
Waever, O. 'Securitization and Desecuritization', in Lipschutz, R. (ed.) *On Security*, New York: Columbia University Press, 1998, 46–86.
Wallander, C. and Keohane, R. *Imperfect Unions: Security Institutions over Time and Space*, Oxford: Oxford University Press, 1999.
Wallander, C. 'Institutional Assets and Adaptability: NATO after the Cold War', *International Organization*, vol. 54, no. 4, 2000, 705–735.
Walt, S.M. *The Origins of Alliances*, New York: Cornell University Press, 1987.
Walt, S.M. 'The Renaissance of Security Studies', *International Studies Quarterly*, vol. 35, no. 2, June, 1991, 211–239.
Walt, S.M. 'Why Alliances Endure or Collapse', *Survival*, vol. 39, no. 1, 1997, 156–179.
Walt, S. 'The Ties that Fray: Why Europe and America are Drifting Apart', *The National Interest*, no. 54, Winter 1998–1999, available at http://nationalinterest.org/article/the-ties-that-fray-why-europe-and-america-are-drifting-apart-900 (Accessed 29.10.2014).
Walt, S.M. 'Delusion Points: Don't Fall for the Nostalgia – George W. Bush's Foreign Policy Really was that Bad', *Foreign Policy*, 8 November 2010, at www.foreign policy.com/articles/2010/11/08/delusion_points (Accessed on 8.7.2011).
Waltz, K. *Man, the State and War*, New York: Columbia University Press, 1959.
Waltz, K. *Theory of International Politics*, Reading, MA: Addison-Wesley, 1979.
Waltz, K. 'The Emerging International Structure of International Politics', *International Security*, vol. 18, no. 2, 1993, 44–79.
Waltz, K. 'Globalization and American Power', *National Interest*, vol. 59, 2000, 46–57.
Waltz, K. 'Structural Realism After the Cold War', *International Security*, vol. 25, no. 1, Summer 2000, 5–41.
Waltz, K. *Man, the State, and War: A Theoretical Analysis*, rev. ed., New York: Columbia University Press, 2001.
Waltz, K. 'Why Iran Should Get the Bomb. Nuclear Balancing Would Mean Stability', *Foreign Affairs*, vol. 91, no. 4, July/August, 2012, 2–5.
Warner, M. 'Wanted: A Definition of Intelligence', *Studies in Intelligence*, vol. 46, no. 3, 2002, 15–23.
WCO, 'About Us', www.wcoomd.org/home_about_us.htm, 2006 (Accessed 22.11.2006).
Weber, M. *From Max Weber*, trans. and ed. H.H. Gerth and C. Wright Mills, London: Routledge and Kegan Paul, [1921] 1991.
Weber, M. *Gesammelte Aufsatze zur Wissenschaftslehre*, Tubingen: Mohr, 1997.

Weigel, G. *Witness to Hope: The Biography of Pope John Paul II, 1920–2005*, New York: HarperCollins, 2005.
Weigel, G. *Faith, Reason, and the War Against Jihadism: A Call to Action*, New York: Doubleday, 2007.
Weiss, T.G. and Daws, S. (eds) *The Oxford Handbook on the United Nations*, Oxford: Oxford University Press, 2007.
Weiss, T.G, Forsythe, D.P., Coate, R.A. and Pease, K.-K. *The United Nations and Changing World Politics*, 6th ed., Boulder, CO: Westview Press, 2010.
Weitsman, P. *Dangerous Alliances: Proponents of Peace and Weapons of War*, Redwood City, CA: Stanford University Press, 2004.
Wendt, A. 'Anarchy Is What States Make of It: The Social Construction of Power Politics', *International Organization*, vol. 46, no. 2, Spring 1992, 391–425.
Wendt, A. 'Constructing International Politics', *International Security*, vol. 20, no. 1, Summer 1995, 71–81.
WER, *World Ecology Report: Desertification, its Effects on Land and People*, vol. 21, no. 1, 2009.
Wesley, M. 'It's Time to Scrap the NPT', *Australian Journal of International Affairs*, vol. 59, no. 3, September 2005, 283–299.
Western, J. and Goldstein, J. 'Humanitarian Intervention comes of Age', *Foreign Affairs*, November/December, 2011, 48–59.
WFP, 'Hunger', wwwwfp.org/hunger/stats, 2009 (Accessed 28.6.2009).
White, P. 'TB Once Again Stalking the Arctic', *Globe and Mail*, 12 December 2010.
Whiteneck, D. 'Deterring Terrorists: Thoughts on a Framework', *The Washington Quarterly*, Summer 2005, 187–199.
Whittow, J. *The Penguin Dictionary of Physical Geography*, London: Penguin, 1984.
WHO, *World Health Report*. Part 1, 'Health and Development in the Twentieth Century', Geneva: WHO, 1999.
WHO, *World Report on Road Traffic Injury Prevention*, Geneva: World Health Organization, 2004.
WHO, *Global Burden of Disease 2008*, Geneva: World Health Organization, 2009.
WHO, *The Burden of Health Care Associate Infections Worldwide*, Geneva: World Health Organization, 2010.
WHO, *Global Burden of Disease 2008*, Geneva: World Health Organization, 2011.
WHO, *10 Facts on Malaria*, www.who.int/features/factfiles/malaria/en/, 2013 (Accessed 11.2.2014).
Wilkinson, C. 'The Copenhagen School on Tour in Kyrgyzstan: Is Securitization Theory Useable Outside Europe?', *Security Dialogue*, vol. 38, no. 1, 2007, 5–25.
Wilkinson, P. *Terrorism versus Democracy: The Liberal State Response*, 2nd ed., Abingdon: Routledge, 2006.
Williams, M. 'What is the National Interest? The Neoconservative Challenge in I.R. Theory', *European Journal of International Relations*, vol. 11, no. 3, 2005, 307–337.
Williams, P. 'Transnational Criminal Networks', in J. Arquilla and D. Ronfeldt (eds), *Networks and Netwars: the Future of Terror, Crime and Militancy*, Santa Monica, CA: RAND, 2001, 61–97.
Williams, P. 'Strategy for a New World: Combating Terrorism and Transboundary Crime' in J. Baylis, J. Wirtz, E. Cohen and C.S. Gray (eds) *Strategy in the Contemporary World*, 2nd ed., Oxford: Oxford University Press, 2006, 192–208.
Williams, P. and Woesner, P. 'Gangs Go Nuclear', *World Today*, 7–9 December 2000.
Wilson, N. and Thomson, G. 'Deaths from International Terrorism compared with Road Crash Deaths in OECD Countries', *Injury Prevention*, vol. 11, 2005, 332–333.
Wisner, B. 'Disasters. What the United Nations and its World Can Do', *United Nations Chronicle (online edition)* XXXVIII, 4. www.un.org/Pubs/chronicle/2000/issue4/0400p6.htm2000 (Accessed 13.8.2002).
Woodhouse, T. and Ramsbotham, O. *Humanitarian Intervention in Contemporary Conflict: A Reconceptualization*, Cambridge: Polity, 1996.
Woodhouse, T. and Ramsbotham, O. (eds) *Peacekeeping and Conflict Resolution*, London: Frank Cass, 2000.

Woods, M. 'Reflections on Nuclear Optimism: Waltz, Burke and Proliferation', *Review of International Studies*, vol. 28, 2002, 163–189.

Woodward, B. *Bush at War: Inside the Bush White House*, London: Simon and Schuster, 2002.

Woollacott, M. 'Keeping our Faith in Belief', *The Guardian*, 23 December, 1995.

World Bank, *World Development Report 1993: Investing in Health*, New York: Oxford University Press, 1993.

World Bank, *World Development Report: Investing in Health*, Washington DC, 1993.

World Bank, 'The Sunken Billions', *World Bank Publications*, Washington DC: 2009.

World Bank, *Conflict, Security and Development. World Development Report 2011*, http://wdr2011.worldbank.org/fulltext 2011 (Accessed 4.1.2012).

World Bank, *GDP per capita ppp*, http://data.worldbank.org/indicator/NY.GDP.PCAP.PP.CD 2013 (Accessed 3.11.2013).

World Economic Forum, *The Global Gender Gap Report 2013*, www3.weforum.org/docs/WEF_GenderGap_Report_2013.pdf (Accessed 15.7.2014).

World Food Programme, *Mission Statement*, Rome: WFP, 2002a.

World Food Programme, *WFP in 2000: A Quick Glance*, Rome: WFP www.wfp.org/aboutwfp/facts/2000.html, 2002b (Accessed 5.4.2002).

World Food Programme, *WFP Management Plan 2012-14*, Rome: WFP, 2011.

World Health Organization, *Global and Regional Estimates of Violence Against Women: Prevalence and Health Effects of Intimate Partner Violence and non-partner Sexual Violence*, Geneva: WHO, 2013.

Young, O. 'The Future of the Arctic: Cauldron of Conflict or Zone of Peace? (Review Article)', *International Affairs*, vol. 87, no. 1, 2011, 185–193.

Youngs, G. 'Feminist International Relations: A Contradiction in Terms? Or: Why Women and Gender are Essential to Understanding the World we Live in', *International Affairs*, vol. 80, no. 1, 2004, 75–87.

Zakaria, F. *The Post-America World*, New York: W.W. Norton and Company, 2009.

찾아보기

I

ILO ☞ 국제노동기구 참조.
IAEA ☞ 국제원자력기구 참조.
IMF ☞ 국제통화기금 참조.

N

NATO ☞ 북대서양조약기구 참조.

ㄱ

가중다수결(qualified majority voting) 262, 364
간접적 폭력 97
갈퉁(Johan Galtung) 97, 108, 276
결핍으로부터의 자유(freedom from want) 58, 65, 72, 74–75
경성 윌슨주의(Wilsonianism with teeth) 27
경제협력개발기구(OECD: Organisation for Economic Cooperation and Development) 57, 274, 279, 306, 431
고전현실주의(Classical Realism) 13, 15–19, 29, 99
공격현실주의(Offensive Realism) 18–19
공동농업정책(CAP: Common Agricultural Policy) 254, 285
공동안보(common security) 241–242
공동안보방위정책(CSDP: Common Security and Defence Policy) 417
공포 정치(Reign of Terror) 163
공포로부터의 자유(freedom from fear) 58, 65, 72, 75
교토의정서(Kyoto Protocol) 70, 382, 419
구성주의 29, 78–90, 185–186, 194
구조적 무정부(structural anarchy) 17–20, 22, 27
구조적 폭력(structural violence) 97, 276
구조조정정책(Structural Adjustment Policies) 277
구조주의(Structuralism) 41–42
국가미사일방어(NMD: National Missile Defense) 132, 346, 383, 387
국가범죄국(NCB: National Crime Bureau) 259
국가안보국(NSA: National Security Agency) 197, 206–207, 385
국가안보전략(National Security Strategy) 140, 238, 240, 382
국가안전부(Ministry of State Security) 197
국가정보위원회(National Intelligence Council) 198, 389
국가테러대책센터(NCTC: National Counterterrorism Center) 172
국경없는의사회(MSF: Médecins Sans Frontières) 293
국내실향민(IDPs: internally displaced persons) 285, 307
국제노동기구(ILO: International Labour Organization) 240, 312–314
국제대인지뢰금지조약(international ban on landmines) 382
국제마약감시기구(INCB: International Narcotics Control Board) 260
국제범죄예방센터(CICP: Centre for International Crime Prevention) 261
국제사면위원회(Amnesty International) 159
국제원자력기구(IAEA: International Atomic Energy Agency) 129, 134, 142, 313
국제이주기구(IMO: International Organization for Migration) 69
국제통화기금(IMF: International Monetary Fund) 119, 121, 250, 277, 279, 308, 431, 453
국제투명성기구(TI: Transparency International) 155
국제형사재판소(ICC: International Criminal Court) 71, 74–75, 382
군비경쟁 5, 64, 137, 320, 385, 486–487, 489
군사혁신(RMA: Revolution in Military Affairs) 208, 490
근대화이론 183
글로벌 제로 140–141
글로벌 행동계획(Global Action Plan) 261
급조폭발물(IED: Improvised Explosive Devices) 167, 174

ㄴ

나이(Joseph Nye) 22–23, 238, 386–387, 390
남아프리카개발공동체(SADC: Southern African Development Community) 159
녹색혁명(Green Revolution) 247, 269, 274, 309
니버(Reinhold Niebuhr) 15, 99

ㄷ

다국적기업(MNCs) 234, 276, 288, 293, 436, 445
다탄두각개유도미사일(MIRVs: Multiple Independently Targeted Re-entry Vehicles) 131
대량살상무기(WMD: Weapons of Mass Destruction) 10, 61, 89, 128, 142, 145, 204, 384–385, 499
대인지뢰금지협약(APMBC: Anti-Personnel Mine Ban Convention) 73, 158
더티밤(dirty bomb) 173
데리다(Jacques Derrida) 42–43
데어 데리안(James Der Derian) 43
도둑정치(kleptocracy) 257, 426, 430
도일(Michael Doyle) 109
드고끄(Muriel Degauque) 171
드론 57, 105–106, 172, 175, 196, 206, 209, 387, 491
디아스포라(diaspora) 120

ㄹ

라포포트(David Rapoport) 164
럼스펠드(Donald Rumsfeld) 203, 208, 384
로고스중심주의(logocentrism) 42
로메협정(Lomé Convention) 271
리스본조약(Lisbon Treaty) 262, 417

ㅁ

마르크스(Karl Marx) 49, 98, 183, 275, 502; 마르스크주의 99–100, 112, 275–278, 499
마약범죄사무소(UNODC) 260
마오주의(Maoist) 169, 294, 406, 409, 412
마오쩌둥(毛澤東) 267, 327
마키아벨리(Niccolo Machiavelli) 15, 166, 212
마피오크러시(Mafiocracy) 251, 257
만델라(Nelson Mandela) 166
매도프(Bernie Madoff) 254
맥기네스(Martin McGuinness) 166
맥베이(Timothy McVeigh) 169, 177
맨해튼 프로젝트 129
맬서스(Thomas Malthus) 268
모겐소(Hans Morgenthau) 16, 99
모사드(Mossad) 196–197
몬트리올의정서 247
몽트뢰문서(Montreux Document) 214, 228
무역관련 지적재산권(TRIPS: Trade Related Intellectual Property Rights) 293
무인항공기(UAVs: Unmanned aerial vehicles) 106
무자헤딘(Mujahideen) 155, 205, 251
문명의 충돌(clash of civilizations) 181, 187–190, 194, 387, 499
문제해결이론 35–36
미생물정치(microbialpolitik) 289
미어샤이머(John Mearsheimer) 18–19, 25, 27, 341, 345, 374, 421
민간군사보안기업(PMSCs) 119, 212–215, 227, 499

ㅂ

바더-마인호프(Baader-Meinhof) 164, 166, 171, 177, 200
바루크계획(Baruch Plan) 142
바마코선언 158–159
반 크레펠트(Martin van Creveld) 111
반탄도미사일(ABM: Anti-Ballistic Missile)조약 17, 70, 132, 383
방어현실주의(Defensive Realism) 18–19
베긴(Menachem Begin) 166
베버(Max Weber) 122, 183, 341
베스트팔렌조약(Treaty of Westphalia) 12, 184, 194, 213, 358
보건권(right to health) 290, 295
보코 하람(Boko Haram) 169, 189
봉쇄전략 17, 343
부분핵실험금지조약(PTBT: Partial Test Ban Treaty) 142
부시독트린(Bush Doctrine) 27, 70, 382–383, 385
부잔(Barry Buzan) 6–7, 9, 23, 26–28, 50, 85–87
북대서양조약기구(NATO: North Atlantic Treaty Organization) 10, 74, 137, 156, 200, 242, 310–311, 334, 337–338, 340–366, 370–375, 384–385, 393–396, 400, 415–417, 420–422, 500
분열물질금지조약(FMCT) 142
붉은 여단(Red Brigade) 166–167, 177, 257
비밀정보부(Secret Intelligence Service, MI6) 197–198, 200–201, 207, 210
비판안보연구(CSS: Critical Security Studies) 25, 31, 33–35, 40, 42, 44, 63
빈 라덴(Osama Bin Laden) 69, 168, 173, 175, 177, 181, 190, 201, 205, 382–383, 387–388, 450

ㅅ

사이버전쟁(cyber warfare) 106, 174, 178, 340, 352, 386, 411
사회구성주의 9, 35, 48, 77, 80, 83

상호확증파괴(MAD: Mutual Assured Destruction) 131–132, 489
새로운 전략무기감축조약(New START: new Strategic Arms Reduction Treaty) 140, 387
새천년개발목표(MDGs: Millennium Develpment Goals) 65, 271, 278, 431
색채혁명(coloured revolutions) 397, 400
성금요일협정(Good Friday Agreement) 176, 179
세계무역기구(WTO: World Trade Organization) 274, 293, 314, 432
세계보건기구(WHO: World Health Organization) 55, 237, 268, 274, 283, 288, 306
세계식량프로그램(WFP: World Food Programme) 223, 268, 431
세계은행(World Bank) 55, 119, 273, 277–279, 290, 312, 431
세계인권선언(Universal Declaration of Human Rights) 64, 259
세계취약성보고서(World Vulnerability Report) 312
센(Amartya Sen) 268
소극적 평화 97, 107
소프트파워(soft power, 연성권력) 74, 238, 386–387, 389, 394, 397, 410, 487
소형무기 및 경화기(SALW: Small Arms and Light Weapons) 69, 75, 145–147, 158, 499
슐츠(George Shultz) 140
스노든(Edward Snowden) 206
스미스(Adam Smith) 277
스탈린(Joseph Stalin) 99, 171, 204, 267
스턱스넷(Stuxnet) 136, 196, 209
스티글리츠(Joseph Stiglitz) 118, 278
스푸트니크(Sputnik) 131, 488
식량권(right to food) 279–280
식량농업기구(FAO: Food and Agricultural Organization) 268
신국제경제질서(NIEO) 277
신마르크스주의 185–186, 194
신보수주의자(neoconservative) 70
신자유제도주의(Neoliberal Institutionalism) 13, 20, 22
신자유주의 12, 22–25, 81, 83–84, 220, 278, 399, 410
신좌파(New Left) 164, 240
신현실주의 12–14, 17–19, 22, 25, 27–30, 43, 51, 77, 91–94, 98, 101, 238, 441
신호정보(SIGINT: signals intelligence) 197, 202
실패국가(failed state) 67, 112, 120, 124, 126–127, 174, 177, 222, 246, 250–251, 257, 285, 340, 348, 360, 370, 425, 432, 498

ㅇ

아난(Kofi Annan) 67–68, 192, 222, 334
아라파트(Yassir Arafat) 166, 459, 463
아랍의 봄(Arab Spring) 178, 201, 203, 348, 386, 389, 426, 433, 447–452
아일랜드 공화국군(IRA: Irish Republican Army) 165, 199
아파르트헤이트(apartheid, 인종차별) 133, 166
아프리카민족회의(ANC: African National Congress) 166
아프리카연합(AU: African Union) 159, 218, 345, 356, 366–367, 410, 428
안보공동체 23, 175, 310–311, 360, 369, 373, 382, 415–417, 421
안보딜레마(security dilemma) 24–25, 64, 140–141, 178
안보화(securitisation) 9, 85–89, 289, 314; 안보화이론(Securitization Theory) 78, 87–88
알자와히리(Ayman Al-Zawahiri) 168
알카에다(al-Qaeda) 26–28, 67, 89, 106, 134, 157, 163–174, 167–169, 172, 175, 177–182, 186, 189–191, 201–202, 205–207, 381–383, 387, 407, 450, 499; 알카에다화(al-Qaedafication) 175
압둘무탈랍(Umar Abdulmutallab) 177, 203
앙골라완전독립민족동맹(UNITA) 224
애슐리(Richard Ashley) 42–43
액상화(Liquefaction) 300
억지 6, 10, 28, 132–138, 140, 342, 345, 353, 374, 382, 409, 415, 433; 억지이론 5, 26, 489
연방수사국(FBI: Federal Bureau of Investigation) 175, 197, 201, 206
열대성폭풍프로그램(TCP) 311
영구평화론(Perpetual Peace) 99
영상정보(IMINT) 202
오타와협약(Ottawa Treaty) 157–158
옥스팜(Oxfam) 156, 159, 269, 292, 294
왈츠(Kenneth Waltz) 17–18, 22, 25, 29, 98–102, 134–135, 137, 341, 345, 353, 499
외로운 늑대(lone wolf) 165, 203
워싱턴컨센서스(Washington Consensus) 277, 431
웨더맨(Weathermen) 164, 175
웨버(Ole Waever) 86–87
웬트(Alexander Wendt) 77, 79–82, 84–85, 101, 242
윌슨(Woodrow Wilson) 20–21, 321; 윌슨주의 27
유럽사법재판소(European Court of Justice) 207
유럽안보협력기구(OSCE: Organisation for Security and Cooperation in Europe) 362, 394
유럽재래식무기감축조약(CFE: Conference on Conventional Armed Forces in Europe) 359, 361–362, 394
유로폴(Europol) 262, 364
유엔개발프로그램(UNDP) 56, 58, 61–

62, 67, 71, 73, 75, 118, 312, 429, 467
유엔국제마약통제프로그램(UNDCP) 260
유엔여성개발기금(UNIFEM: United Nations Development Fund for Women) 55
유엔초국가조직범죄협약(Convention Against Transnational Organized Crime) 261
이그재큐티브 아웃컴즈(EO: Executive Outcomes) 121, 224
이란혁명(Iranian Revolution) 137, 164, 182, 187, 202, 235, 368
이슬람 근본주의 188–189, 366, 427
이슬람협력기구(Organization of Islamic Cooperation) 193
인간안보 8–10, 25, 28–29, 34, 36–37, 46–48, 52, 56, 58–60, 62–78, 86, 124, 166, 233, 237, 240, 242–245, 249–250, 257, 265–266, 271, 277, 281, 285, 288–290, 293, 295, 307, 312, 314–315, 331, 364, 368, 370, 412, 424–425, 429–433, 442–443, 467, 471, 473, 479, 482, 498, 501; 인간안보기금(Trust Fund for Human Security) 72–73; 인간안보 네트워크(HSN: Human Security Network) 71, 73–75; 인간안보위원회(CHS: Commission on Human Security) 71, 73
인식공동체(epistemic community) 307, 311
인적정보(HUMINT) 202
인터폴(Interpol) 258–260, 262–263, 360, 364, 371

ㅈ

자본주의 평화(capitalist peace) 126
자원전쟁 236, 238, 243, 245, 384, 425
자위(self-defence)권 98, 110, 153, 326
자유노조(Solidarity) 205
자유이상주의(Liberal Idealism) 13, 20–23, 25, 27
자유제도주의 13
자유주의 7, 12–14, 17, 20–30, 33, 36, 51, 77, 85, 99–100, 107–110, 112, 125–127, 186, 203, 277, 373, 441, 498–499
자유평화이론(Liberal Peace Theory) 20, 126
재난 외교(disaster diplomacy) 310
재래식무기 129, 141, 145, 149–150, 154, 157–161, 499; 유엔 재래식무기등록제도(UNROCA) 145, 160
재스민혁명(Jasmine Revolution) 406, 448
저개발국(LDCs: Less Developed Countries) 236, 255, 274, 276–277, 280, 288, 291, 293, 308, 310, 474
적극적 평화 97, 107
전략무기감축협정(START: Strategic Arms Reduction Treaty) 17, 142
전략무기제한협정(SALT: Strategic Arms Limitation Treaty) 142
전략방위구상(SDI) 132, 489
전미총기협회(NRA: National Rifle Association) 154
정보복합체(intelligence community) 197–198, 201, 203, 205, 207–208, 210
제네바협약(Geneva Conventions) 64, 160, 216–219, 239, 464
종속이론 183
중거리핵미사일폐기조약(INF) 142
중상주의 275
중앙정보국(CIA: Central Intelligence Agency) 16, 137, 197–198, 200–209, 490
중요산업재해방지협약(C174) 313
직접적 폭력 97, 107
집단사고(group think) 204

ㅊ

차르 봄바(Tsar Bomba) 130
철의 장막(Iron Curtain) 252, 361
초세계화론자(hyperglobalist) 116
촘스키(Noam Chomsky) 126, 172, 205
총력전 95

ㅋ

카(E. H. Carr) 15
카젠스타인(Peter Katzenstein) 80, 82, 85
카터독트린(Carter Doctrine) 234
카플란(Robert Kaplan) 236, 426, 428
칸트(Immanuel Kant) 14, 20–21, 99–100, 109
칼더(Mary Kaldor) 67, 112–114, 116–117, 119–120, 124–125, 498
캠프데이비드협정(Camp David Accords) 107
코소보 평화유지군(KFOR: Kosovo Force) 416
코헤인(Robert Keohane) 22–23
콕스(Robert Cox) 35–37, 40, 44, 62
콜롬비아무장 혁명군(FARC: Revolutionary Armed Forces of Colombia) 253
크메르 루주(Khmer Rouge) 38, 171
클라우제비츠(Carl von Clausewitz) 15, 93, 95, 111–112
키신저(Henry Kissinger) 16, 140, 204
킬링필드(Killing Fields) 38

ㅌ

타밀타이거(Tamil Tigers) 167, 175
탈구조주의(Post-Structuralism) 8, 35, 40–44, 79–80
탈레반(Taliban) 69, 106, 144, 156–157, 169, 178, 191, 206, 209, 251, 365, 383, 388, 452
탈보트(Strobe Talbot) 238
탈식민주의(Post-Colonial) 8, 35, 40, 43–44

탈실증주의 14, 26, 30, 78–80, 82–83
테러와의 전쟁(War on Terror) 27, 63, 70–71, 73, 94–95, 106, 141, 148, 156, 190, 208, 221, 331, 336, 346, 354, 382, 385–386, 390, 405, 407
테피넷(TEPHINET) 293
통화교환협정 72
투키디데스(Thucydides) 15, 98
트리플캐노피(Triple Canopy) 215
특정 재래식무기금지협약(CCW) 158
티크너(J. Anne Tickner) 26, 50, 52, 54, 500

ㅍ

파놉티콘(panopticon) 42–43
페미니즘 8–9, 26, 35, 46–49, 51–52, 59–60, 79, 88, 498
평화구축(peacebuilding) 57, 72, 108, 246, 329, 332
평화배당금(peace dividend) 69, 252, 310
평화유지군 56, 144, 147, 222–223, 289, 319, 330, 332, 364, 366–367
포괄적핵실험금지조약(CTBT: Comprehensive Test Ban Treaty) 140, 142
포괄행동계획(CFA: Comprehensive Framework for Action) 279
푸코(Michel Foucault) 42–43, 398
프랑스혁명 163, 265
피네모어(Martha Finnemore) 85
피의 다이아몬드(blood diamond) 121, 360, 500

ㅎ

하드파워(hard power, 경성권력) 22, 353, 355, 386–387, 487–491, 494
하딩(Garret Hardin) 267
하마스(Hamas) 166–167, 175, 196, 457, 460–462, 464–465
하이브리드 전쟁(hybrid wars) 112
헌팅턴(Samuel Huntington) 172, 181–182, 185, 187–192, 387, 448–450, 499
헤즈볼라(Hezbollah) 139, 166, 192, 196, 204
혁명연합전선(RUF: Revolutionary United Front) 121, 224, 271
현실정치(realpolitik) 15, 17, 21, 246, 289, 310, 437
현실주의 5–10, 12–20, 24–30, 33–37, 39–44, 50–51, 61–63, 65, 68–69, 77–82, 87–89, 96, 112, 174, 185–186, 233, 235–238, 275, 280, 320, 341, 373, 382, 397, 405, 421, 425, 441, 489, 498, 500, 502
호머딕슨(Thomas Homer-Dixon) 236, 238, 243, 245
홉스(Thomas Hobbes) 15, 49
회색시장(grey market) 152–153

저자 소개

란타(Ronald Ranta)는 런던대학교 정치 및 아랍-이스라엘 갈등 학과의 조교수이다. 그는 동양아프리카연구대학(SOAS), 킹스턴대학교 및 바스대학교에서 강의한 바 있다. 그는 『무의사결정: 이스라엘과 점령지구 1967−1977(*Non Decision Making: Israel and the Occupied Territories 1967−1977*)』(Palgrave Macmillan, 2014)의 저자이다. 그는 현재 이스라엘 정체성의 구축에 있어서의 팔레스타인 사람들의 처지를 다루는 『팔레스타인 문화, 이스라엘 정체성: 중동의 식량 언어 경쟁(*Palestinian Culture, Israeli Identity: Contesting Food and Language in the Middle East*)』(Ashgate, 근간)을 집필 중이다.

말리크(Shahin Malik)는 런던 메트로폴리탄대학교 국제관계안보학과에 2000년에 부임하여 현재 부교수이다. 그는 버밍엄대학교에서 박사학위를 취득하고 웨일즈스완지대학교에서 강의한 바 있다. 그는 안보연구 석사과정 주임교수이자, 국제관계 석사 과정의 강의와 행정에 참여하고 있으며 국제관계 학부과정에서 필수과목을 강의하고 있다. 대표 저서로는 『평화유지와 국제연합(*Peacekeeping and the United Nations*)』(Dartmouth, 1996), 『냉전의 해체와 재구성(*Deconstructing and Reconstructing the Cold War*)』(Ashgate, 1999) 및 『세계정치(*World Politics*)』(Pearson, 2011) (공저) 등이 있다.

맥캔(Dermot McCann)은 플로렌스에 있는 유럽대학원대학(European University Institute)에서 수학했다. 그의 강의와 연구는 주로 유럽 및 유럽연합 정치에 중점을 두고 있다. 최근에 『유럽연합의 정치경제: 제도주의적 관점(*The Political Economy of the Eureopean Union: An Institutionalist Perspective*)』(Polity, 2010)을 출간하였다.

모란(Andrew Moran)은 미국정치경제로 박사학위를 취득하였고 국제관계 학부와 국제개발 프로그램 학부 과정 주임교수로 재직하는 런던 메트로폴리탄대학교에서 1993년부터 강의하고 있다. 그는 *Presidential Studies Quarterly, White House Studies, Political*

Studies, Party Politics, The Amicus Journal 및 (자신이 서평담당 편집인인) *Democratization* 등의 학술지에 논문을 게재하였으며, *BBC News 24*, *CNN*과 *Bloomberg TV* 등에 출연한 바 있다. 그의 연구 주제는 외교정책, 미국 역사와 정치, 사형제도, 사이버공간 및 국제관계를 포함한다.

스미스(Edward Smith)는 런던대학교 박사과정 학생이다. 그는 미국 주요 외교정책 이슈를 다루는 상원 국제관계위원회와 상원 전체회의의 행동을 비교하는 논문을 작성 중이다. 그는 런던대학교에서 미국 외교정책 분야로 이학 석사(MSc)를, 그리고 에섹스대학교(Essex)에서 국제관계 석사를 취득하였다. 그는 런던 메트로폴리탄대학교에서 국제관계 이론과 국제안보와 관련한 여러 과정에서 강의를 해오고 있다. 그의 관심 연구분야는 국제정치의 현실주의, 니콜라스 스파이크만(Nicholas Spykman)의 사상, 그리고 미국 외교정책에 미치는 국내정치의 압력 등이다.

스톡스(Wendy Stokes)는 런던 메트로폴리탄대학교 정치국제관계학과의 지도교수이다. 그녀는 옥스퍼드대학교의 세인트 안토니스 칼리지(St. Antony's College)와 런던 길드홀 대학교 대학원 과정에서 수학하였다. 그녀의 주 연구 분야는 젠더와 정치, 정치에 있어서의 여성, 그리고 민주주의와 대표제 등이다. 그녀는 『현대 정치의 여성(*Women in Contemporary Politics*)』(Polity, 2005)를 출간하였고, 현재 영국의 여성 정치운동에 대해 연구하고 있다.

실즈(Ian Shields)는 32년간 영국 공군에서 전략임무를 수행한 발칸폭격기(Vulcan Bomber)와 허큘리스수송기(Hercules)를 운용하는 항법사로 근무하였다. 그는 편대장 임무와 다양한 참모 보직을 수행한 후 런던 킹스칼리지에서 전쟁연구 석사학위를 취득하고 캠브리지 퀸스칼리지에서 국제관계 석사학위를 취득함으로써 학자의 길로 진로를 변경하였다. 그는 현재 런던 메트로폴리탄대학교 부교수로 안보적 관점에서 국제관계를 강의하고 있다.

아이바크(Tunc Aybak)는 현재 미들섹스대학교 법과대학의 국제정치프로그램(International Politics Programme)의 학과장이다. 그는 터키 안카라대학교의 국제관계외교학과를 졸업하고 헐대학교에서 국제법과정치 전공으로 박사학위를 취득하였다. 그는 미들섹스대학교에서 국제정치 학부와 국제관계 석사 프로그램에서 주로 지정학, 외교, 외교정책분석, 국제정치경제 및 유럽정치 등의 분야를 강의하고 있다. 주 연구 영역은 터키와 러시아 외교정책, 유럽에서의 시민권과 정체성 문제, 유럽연합의 확장, 에너지 지정학과 수송관이며, 특히 흑해와 중동 지역의 인간 안보 문제에 관심을 가지고 있다. 그는 현재 『유럽 최후의 변방(*Europe's Final Frontier*)』과 『수송관의 비판적 지정학(*Critical Geopolitics of Pipelines*)』에 게재될 연구를 진행하고 있다.

압트(Felix Abt)는 스위스의 기업가이다. 2002년에 스위스 엔지니어링 그룹인 에이비비(ABB)가 그를 북한 지사장으로 임명하였다. 이후 그는 북한에서 수년간 거주하면서 극소수 외국 기업인 중의 한 명으로 활동하였다. 그 경험을 통해 그는 그가 목도한 다면적인 사회를 묘사하기 위해 『북한의 자본주의자(*A Capitalist in North Korea*)』 라는 책을 쓰기로 결심하였다. 당시 (그리고 현재) 북한은 유엔으로부터 무거운 제재를 받고 있어서 사업을 하기가 극도로 힘든 상황이었다. 그러나 그에게 북한은 성형수술과 남한 티비 드라마가 널리 유행하고 햄버거를 사기 위해 한 블록 정도만 걸어가면 되는 곳이었다. 그는 면밀한 감시를 받았고 스파이 혐의를 받기도 하였다. 그러나 그는 북한의 젊은이들은 보다 밝고 개방적인 미래를 기대하면서 비즈니스 과목을 수강하는 등 희망을 가지고 있음을 알게 되었다. 위 책에서 저자는 세계에서 가장 비밀스런 국가에 대해 이색적인 사실과 통찰을 제공한다.

페티포드(Lloyd Pettiford)는 노팅엄트렌트대학교에서 재직하고 있으며, 환경정치, 민주화 등 다양한 국제관계 이슈와, 국제정치 이론, 외교정책 분석 및 지역 연구 등과 관련한 다양한 저서를 출간하였다. 현재 그는 인문대학 부학장이자 홀로코스트와 제노사이드 및 라틴아메리카 연구 등에 대해 강의하고 연구하고 있다.

필빔(Bruce Pilbeam)은 셰필드대학교에서 박사학위를 취득했고, 런던 메트로폴리탄대학교 정치국제관계학과 부교수이다. 주요 강의 및 연구 분야는 국제관계, 국제갈등해소(Internatioal Conflict Resolution) 및 미국정치이다. 저서로는 『보수주의의 위기?(*Conservatism in Crisis?*)』 (Palgrave Macmillan, 2003) 및 *Political Studies*와 *Journal of Political Ideologies* 등의 학술지 논문 등 다수가 있다.

허프(Peter Hough)는 런던의 미들섹스대학교를 기반으로 국제관계를 강의한다. 그는 런던정치경제대학교를 졸업했다. 주요 관심 분야는 인간안보와 세계 환경정치이다. 단독 저술 저서 중 대표작으로는 『글로벌 안보의 이해(*Understanding Global Security*)』 (3판, Routledge 2013), 『북극의 국제정치: 새로운 회원(*International Politics of the Arctic: coming in From the Cold*)』 (Routledge, 2013) 및 『환경 안보: 서설 (*Environmental Security: an Introduction*)』 (Routledge, 2014) 등이 있다.

헤인즈(Jeffrey Haynes)는 런던 메트로폴리탄대학교의 연구 부처장, 사회과학대학장, 그리고 사회과학인문학부의 종교갈등협력연구센터(Centre for the Study of Religion, Conflict and Cooperation)장이다. 주 연구 분야는 종교와 국제관계, 종교와 정치, 민주주의와 민주화, 개발학 및 비교정치와 세계화이다. 그는 1986년 이래 총 200여 개에 이르는 책, 학술 논문 및 북 챕터를 저술하였다. 그 중 최근의 것으로는『근대 세계의 종교와 정치변화(*Religion and Political Change in the Modern World*)』(편) (London: Routledge, 2014),『종교, 세속주의, 그리고 정치(*Religion, Secularism and Politics*)』(가이 벤포랏[Guy Ben-Porat]과 공편) (London: Routledge, 2014),『유엔의 신앙기반 기구들(*Faith-based Organisations at the United Nations*)』(New York: Palgrave Macmillan, 2014) 및『종교와 정치 편람(*Handbook of Religion and Politics*)』(편) 2판(London: Routledge, 2015) 등이 있다.

휴즈(Neil Hughes)는 노팅엄대학교의 근대언어교육(Modern Language Teaching) 학과장이다. 스페인어 전공자인 휴즈의 주요 연구 분야는 스페인과 라틴 아메리카 정치경제, 그리고 언어와 지역연구 교육에 있어서의 전문용어 용법이다.

역자 소개

고봉준 _ bjko@cnu.ac.kr (1~19장 번역)

서울대학교 외교학과 졸업
켄트주립대학교 정치학 석사(공공정책)
노트르담대학교 정치학 박사

현 충남대학교 정치외교학과 교수
충남대학교 사회과학연구소장
한국국제정치학회 대외협력이사
국회미래연구원 국제전략 자문위원

제20기 통일교육위원(대전협의회)
한국국제정치학회 편집이사 역임

주요 논저
『핵무기의 정치』(역서, 명인문화사)
『미래전쟁과 육군력』(공저, 한울)
『북한 핵 개발 고도화의 파급영향과 대응방향』(공저, 통일연구원)
"피해제한과 억지: 한반도 사드배치의 이론적·실제적 함의," 『한국정치연구』
"남중국해와 미국의 선택," 『한국지방정치학회보』 외 다수

김지용 _ jykim.peacekorea@navy.ac.kr (20~34장 번역)

연세대학교 경제학과 졸업
연세대학교 국제관계학 석사
뉴욕주립대 정치학 박사

현 해군사관학교 교수
국방부 군사명저번역출간위원회 위원

UN International Campaign to Ban Landmines, Asia-Pacific Coordinator
국립외교원 외교안보연구소 객원교수, 중앙대 교수 역임

주요 논저

"When Economic Interdependence Meets Power Politics: Predicting the Direction of East Asian Regionalism in Asia's Paradox" (*The Korean Journal of Defense Analysis*) 외 다수

"세력전이와 외교전략: 중앙아시아 국제관계(1990–2015)를 중심으로" (국제관계연구)

"세력전이와 해양패권 쟁탈전: 공공재-전환재 경쟁을 중심으로" (글로벌정치연구)

"야당의 의회 장악력, 지도자의 재임시점 그리고 청중비용: 2016–2022년 동안의 미국 행정부의 군사위협 신뢰성 예측" (국방연구)

"위기 시 청중비용의 효과에 관한 이론 논쟁 및 방법론 논쟁의 전개과정 고찰 1994–2014" (국제정치논총)

"청중비용 억지위협의 타이밍과 신뢰성: 2017 한반도 위기 진단을 위한 경험 분석" (국가전략)

"청중비용이론과 한반도 위기, 2010–2015" (평화연구) 외 다수

명인문화사 정치학 관련 서적

정치학 분야

정치학개론: 권력과 선택, 15판 Shively 지음 / 김계동, 민병오, 윤진표, 이유진, 최동주 옮김

정치학의 이해 Roskin & Cord & Medeiros & Jones 지음 / 김계동 옮김

비교정부와 정치, 제10판 Hague, Harrop, McCormick 지음 / 김계동, 김 욱 외 옮김

정치학방법론 Burnham 외 지음 / 김계동 외 옮김

정치이론 Heywood 지음 / 권만학 옮김

정치 이데올로기: 이론과 실제 Baradat & phillips지음 / 권만학 옮김

민주주의국가이론 Dryzek, Dunleavy 지음 / 김욱 옮김

신자유주의 Elisabeth S. Clemens 지음 / 최영미 옮김

정치사회학 Cahill, Martijn Konings 지음 / 박기덕 옮김

포커스그룹: 응용조사 실행방법 Krueger, Casey 지음 / 민병오, 조대현 옮김

문화로 읽는 세계 Gannon, Pillai 지음 / 남경희, 변하나 옮김

거버넌스의 정치학: 한국정치의 새로운 패러다임 모색 김의영 지음

한국현대사의 재조명 한국전쟁학회 편

여성, 권력과 정치 Stevens 지음 / 김영신 옮김

국제관계 분야

국제관계와 세계정치 Heywood 지음 / 김계동 옮김

국제정치경제 Balaam, Dillman 지음 / 민병오 외 옮김

국제기구의 이해: 글로벌 거버넌스의 정치와 과정, 제3판 Karns, Mingst, Stiles 지음 / 김계동 외 옮김

현대외교정책론, 제3판 김계동, 김태효, 유진석 외 지음

외교: 원리와 실제 Berridge 지음 / 심양섭 옮김

세계화의 논쟁: 국제관계 접근에서의 찬성과 반대논리, 제2판 Haas, Hird 엮음 / 이상현 옮김

세계화와 글로벌 이슈 Snarr 외 지음 / 김계동 외 옮김

현대 한미관계의 이해 김계동, 김준형, 박태균 외 지음

글로벌 환경정치와 정책 Chasek, Downie, Brown 지음 / 이유진 옮김

핵무기의 정치 Futter 지음 / 고봉준 옮김

비정부기구(NGO)의 이해 Lewis, Kanji 지음 / 최은봉 옮김

한국의 중견국 외교 손열, 김상배, 이승주 외 지음

자본주의 Coates 지음 / 심양섭 옮김

지역정치 분야

동아시아 국제관계 McDougall 지음 / 박기덕 옮김

동북아 정치: 변화와 지속 Lim 지음 / 김계동 옮김

일본정치론 이가라시 아키오 지음 / 김두승 옮김

현대 중국의 이해 Brown 지음 / 김흥규 옮김

현대 미국의 이해 Duncan, Goddard 지음 / 민병오 옮김

현대 러시아의 이해 Bacan 지음 / 김진영 외 옮김

현대 일본의 이해 McCargo 지음 / 이승주, 한의석 옮김

현대 유럽의 이해 Outhwaite 지음 / 김계동 옮김

현대 동남아의 이해 윤진표 지음

현대동아시아의 이해 Kaup 편 / 민병오, 김영신 외 옮김

미국정치와 정부 Bowles, McMahon 지음 / 김욱 옮김

미국외교정책: 강대국의 패러독스 Hook 지음 / 이상현 옮김

세계질서의 미래 Acharya 지음 / 마상윤 옮김

알자지라 효과 Seib 지음 / 서정민 옮김

일대일로의 국제정치 이승주 편

북한, 남북한 관계 분야

북한의 외교정책과 대외관계: 협상과 도전의 전략적 선택 김계동 지음

북한의 체제와 정책: 김정은시대의 변화와 지속 체제통합연구회 편

북한의 통치체제: 지배구조와 사회통제 안희창 지음

남북한 체제통합론: 이론 · 역사 · 경험 · 정책 김계동 지음

한국전쟁, 불가피한 선택이었나 김계동 지음

한반도 분단, 누구의 책임인가? 김계동 지음

한류, 통일의 바람 강동완, 박정란 지음

안보, 정보 분야

전쟁과 평화 Barash, Webel 지음 / 송승종, 유재현 옮김

국제안보: 쟁점과 해결 Morgan 지음 / 민병오 옮김

전쟁: 목적과 수단 Codevilla 외 지음 / 김양명 옮김

국가정보: 비밀에서 정책까지 Lowenthal 지음 / 김계동 옮김

국가정보의 이해: 소리없는 전쟁 Shulsky, Schmitt 지음/ 신유섭 옮김

테러리즘: 개념과 쟁점 Martin 지음 / 김계동 외 옮김